U0566617

中国社会科学院文库
法学社会学研究系列
The Selected Works of CASS
Law and Sociology

中国社会科学院文库·法学社会学研究系列
The Selected Works of CASS · **Law and Sociology**

物权法的实施

第一卷

The Implementation of the Property Law

物权确定

孙宪忠 等 著

社会科学文献出版社
SOCIAL SCIENCES ACADEMIC PRESS (CHINA)

《中国社会科学院文库》出版说明

《中国社会科学院文库》(全称为《中国社会科学院重点研究课题成果文库》)是中国社会科学院组织出版的系列学术丛书。组织出版《中国社会科学院文库》，是我院进一步加强课题成果管理和学术成果出版的规范化、制度化建设的重要举措。

建院以来，我院广大科研人员坚持以马克思主义为指导，在中国特色社会主义理论和实践的双重探索中作出了重要贡献，在推进马克思主义理论创新、为建设中国特色社会主义提供智力支持和各学科基础建设方面，推出了大量的研究成果，其中每年完成的专著类成果就有三四百种之多。从现在起，我们经过一定的鉴定、结项、评审程序，逐年从中选出一批通过各类别课题研究工作而完成的具有较高学术水平和一定代表性的著作，编入《中国社会科学院文库》集中出版。我们希望这能够从一个侧面展示我院整体科研状况和学术成就，同时为优秀学术成果的面世创造更好的条件。

《中国社会科学院文库》分设马克思主义研究、文学语言研究、历史考古研究、哲学宗教研究、经济研究、法学社会学研究、国际问题研究七个系列，选收范围包括专著、研究报告集、学术资料、古籍整理、译著、工具书等。

中国社会科学院科研局

2008 年 12 月

第一卷 参加人

孙宪忠 中国社会科学院法学研究所研究员、法学教授、法学博士

谢鸿飞 中国社会科学院法学研究所副研究员、法学教授、法学博士

常鹏翱 北京大学法学院副教授、法学博士

汪志刚 景德镇陶瓷学院副教授、法学博士

陈　鑫 中国青年政治学院副教授、法学博士

袁　震 西北政法大学副教授、法学博士

刘道远 北京工商大学法学院副教授、法学博士

廉高波 西北政法大学副教授、法学博士

赵　英 国务院法制办干部、法学博士

崔　欣 律师、法学博士

李贺忠 律师、法律硕士

毛瑞兆 山西大学法学院副教授

目　录

前　言

本书是中国社会科学院重大课题研究项目“物权法实施中的重大法律问题研究”成果的第一部分，也是这个成果的主报告。我们完成的这个研究成果包括主报告和分报告两个部分，主报告研究的核心是市场交易和民众生活需要解决的“物权确定”这个问题，现在将其作为第一卷出版；分报告研究的核心是“城镇拆迁涉及物权”问题，我们将其编为第二卷出版。这里我们简要介绍一下项目设计的大体情形和第一卷的主要内容，第二卷的内容在它的前言中介绍。

在《物权法》2007 年颁布之后的一段时间里，我国上下曾经花费比较长的时间对该法律进行了宣传。宣传的重点是该法对于进一步促进改革开放、确立和发展市场经济体制以及保障民生的重要作用。这些宣传当然非常重要，该法的出台确实无疑具有十分重大的政治象征意义；但立法功能实现主要并不是靠政治宣传，而是要靠贯彻实施。像中国《物权法》这样一个对改革开放、对国计民生具有重要影响的法律，只有通过贯彻实施，才能够将其功能发挥出来。对此我们遗憾地发现，我国社会包括立法者、司法者、政府官员、法学界以及社会相关者，对于该法的贯彻实施问题似乎不大重视。这一点应该引起大家的关注。

也就是因为这样，中国社会科学院法学研究所民法课题组向中国社会科学院提出了进行“物权法实施中的重大法律问题研究”的申请，该申请在2008年荣幸地获得了中国社会科学院重大项目的批准和资助。经过数年努力，该项研究在2011年底完成了。我们完成的项目成果共有两份。其一是该项目研究的主报告，其主要内容可以概括为“物权确定”这四个字。这四个字含义并不复杂，但是涉及法律问题内容相当丰富，实践价值也很重大。比如大家都熟悉的房屋买卖，其实是房屋所有权的交易，这个交易涉及订立合同、支付房价、交付房屋、办理过户登记手续等事务；但是对于买方而言，这一交易的核心是买方取得房屋所有权。这个问题就是交易中所有权确定的问题。在我国类似问题还有，具有重要意义的城市中的建设用地使用权、农民的土地承包经营权、抵押权等权利在交易中的确定问题，这都属于这个题目的研究范畴。此外，这一研究内容还不仅仅涉及因为交易造成的物权确定问题，而且还要涉及因为历史和其他原因造成的地权确定问题。这些问题，既涉及法思想方面的政策选择问题，也涉及法技术方面的理论和实践问题。

显然，从《物权法》的实施这个角度看，物权确定这个问题，对于中国《物权法》的实施发挥核心作用。现在就该项研究涉及的几个问题，本人在此作出简要介绍。

一 基本意义和研究思路

我国历史的法学文献虽然没有物权和物权法这样的法律概念，但是却有非常丰富的物权和物权法思想。比如，“定分止争”这个在先秦时期就已经很熟知的概念，就指出了在法律上明确了所有权归属之后，社会的基本财产秩序就会稳定的道理。当代社会，《物权法》是涉及我国基本经济制度、市场交易和人民群众最必需的财产关系的法律，它的内容十分丰富；也就是因为这样，该法的制定与实施意义重大。不论任何法律，制定它都不是目的，而在实践中贯彻实施它才是立法的目的，因为立法者改造社会、推进社会进步的目标，只有通过法律的实施才能够得以实现。但是，《物权法》的实施却会遇到几个独特的问题，需要认真研究解决。这些问题是：

1. 物权法要反映的核心制度在我国还不能说已经定型，这个问题必须在实施该法时予以研究解决。比如，我们在第一卷中通过多个专题讨论的所有权问题就是这样。在《物权法》中，所有权因为反映了经济体制的核心要求，因此它在我国一系列物权中居首要地位。虽然我国市场经济体制已经基本建立，但是经济体制的转型还没有完成，尤其是涉及公有制经济的一些体制问题，还没有实现市场经济的要求。中国建设社会主义国家已经六十多年，所有权、所有制问题一直是法律上的核心问题；但是问题在于，现在我国社会普遍承认的关于所有权、所有制的法思想，基本上还是在改革开放之前，从前苏联继受的那一套。这些和我国《物权法》要表达的市场经济体制的要求是不一致的。因为我国独特的所有权历史背景问题，《物权法》建立的所有权制度，比如公有制企业的所有权制度、农村地权制度等，还处在我国经济体制转型之中。这一点虽然很多人不愿意承认，但是这是完全不可回避的问题。那么，如何在这些国计民生的核心部分实施《物权法》？这些问题，就需要学术界的研究。本项研究成果在这一方面进行了努力，力争对这些问题提出合法合理的答案。

2. 《物权法》倡导民权思想，这一点和我国现行法律的一些制度和社会习惯的思维方式不符，这也需要从实施该法的角度予以解决。《物权法》是按照民权原则制定出来的，该法的很多方面都体现了对于普通民众的权利予以充分承认和保护的思想，这一点其实是近现代法学文明的突出标志。但是，因为社会思想固有的惰性特征（哲学上把这一点称之为意识形态的惰性特征），社会思想的转变总是要滞后于经济体制改革的发展，因此在旧体制下形成多年的一些制度，以及因此而形成的社会观念，构成了妨害《物权法》实施的障碍。这种情形，在《物权法》制定过程中就曾经出现过，甚至形成了名闻一时的政治风波。《物权法》生效后，反对该法民权思想的各种观念并没有平息，反而有时更加显著。尤其是在近些年来出现的城镇拆迁问题、农村征地问题，各种思想激烈碰撞，更加强烈地折射出在民权承认和保护这个问题上制度与思维的相互摩擦。这些情形构成了实施《物权法》根深蒂固的障碍。对此非常需要研究。为了突出研究重点，我们选择了引起社会普遍关注的城镇拆迁涉及物权法问题研究。在这个问题的研究过程中，本项目主持人参加了国务院相关部门修改“城镇拆迁条例”，以及最后转为制定“国有土地上房屋征收与补偿条例”的工作，项目研究的一些比较重要设想已经在该条例2011年1月颁布时得到了体现。研究成果的分报告也就是“城镇拆迁与物权法问题研究”，已经制作成这一研究成果的第二卷。此外，在第一卷“物权确定”的建筑物区分所有权、农地权利等相关部分，我们也突出分析了这一方面的问题。

3. 所有权以及其他物权在发生变动时的分析与裁判规则，也就是学术界所说的“物权变动”规则，在《物权法》制定之前其实已经有立法的规范，不过这些立法和指导这些立法的法理有重大缺陷；《物权法》对这些缺陷已经作出了本质修正，对这些修正的法律进行解释性的探讨，对于该法的贯彻意义十分重大。因为，《物权法》作为民法裁判规则，主要依据的就是物权变动的规则，但是我国法律界对于物权变动的法理并不十分清晰，甚至坚持《物权法》之前的旧法理者，也不在少数。物权变动，比如所有权依据买卖转移、抵押权设立、所有权的消灭等，可以因为交易行为发生，也可以因为非交易行为发生，这是《物权法》要解决的核心问题之一。本次《物权法》立法，其中关于物权变动规则的建立始终争议很大。从表面上看，争议围绕着某种法学流派的坚守或者废弃而展开，但是实质上，争议的核心是，在物权变动涉及的裁判规则的选择方面，应该以发达的市场经济体制的要求作为导向，还是以所谓一般民众的认识水平为导向。在《物权法》之前形成的“主流”法学观点，即使在法学上有关键的缺陷，但是因为人云亦云的结果，形成了所谓的“多数人说”。这样，我国法律界对于科学的物权法原理的接受还有一些距离。在历史上，任何科学理论得到普遍接受的过程都比较漫长。看来我国法学界在接受物权变动的科学法理方面，还是要走一段道路。也正是因为这样，我们在本课题的研究过程中，再一次在《物权法》关于交易中的物权分析和裁判规则方面下了一些工夫，从理论和实践相结合的角度，对我国法律界关于物权变动的理论作出了比较清晰的探讨。希望以此为《物权法》在这些核心规则的实施上铺平道路。

4. 《物权法》还存在着巨大的制度完善的任务，这也需要在法律实施时予以完成。在制定该法的过程中，也许是考虑到一些人所说的法律概念和规则不易理解的问题，在正式颁布的该法文本中，删减了一些必要的法律概念和规则。这样，《物权法》中的一些概念是模糊的，一些规则失去了准确性，还有一些应该建立的规则，实际上没有建立起来。在法律实施时，这些问题也是必须解决的。我国正是要通过法学的研究对这些规则进行补正，这对于该法的贯彻实施意义也是很重要的。

总而言之，《物权法》可以说是联系市场经济实践和民众生活的最密切法律，它的内容的复杂，以及受社会关注的程度超过了其他法律，它的实施所要研究的问题之多也超过了其他法律。因此《物权法》实施方面的研究，理论意义和实践价值确实非常显著。

二 论述结构及各专题主要内容

《物权法》实施涉及的法律问题非常多，也非常大，因此我们必须对自己的研究范围确定一个合理的边界。通过现实调查、分析典型案例等多种形式进行调查研究之后，课题组最终确认，在课题设计时间有限的情况下，我们可以先研究如下四个方面的问题：第一，公民个人的财产权利的制度建设问题，也就是我国社会习惯使用的“私有财产”如何得到法律充分承认和保护的问题。比如，征地拆迁涉及的个人权利的承认与保护、城镇住宅小区中的“物业”的权利承认和保护的问题。这一问题最为社会大众所关注。第二，公共财产秩序的建立、公共财产保护方面的制度建设问题。即国家财产、集体财产、公司企业这些法人的财产权利，如何建立有效的法律运作制度的问题，比如公有制企业的财产权利怎样科学建立的问题。第三，农民土地权利的行使、保护以及农民专业合作社的物权制度建设问题。这个问题看似简单，其实最为复杂，因为社会所说的农民权利，从物权的角度看其实包括很多权利类型，除了土地所有权、土地承包经营权这些大家熟知的权利类型之外，还有农村行业合作社的所有权、乡镇建设用地使用权这些权利类型。这些权利，有些在《物权法》中得到了反映，有些并没有得到反映。但是不管《物权法》是怎样规定的，它们都已经成为社会的热点问题，因此很值得研究。第四，《物权法》中物权变动规则的理解和制度完善问题，比如不动产物权的变动、车辆等准不动产物权的变动、动产物权变动以及权利质权的设立与登记问题等等。虽然《物权法》以及其他的法律法规对此建立了一些制度，但是社会对于这些制度中的法律科学原理似乎并不是很理解，因此在法律贯彻过程中出现了很多问题。

在研究体例的选择上，我们确定了专题研究的方法，这样便于在一个专题下集中讨论研究。但是即便如此，还有几个特别重要的专题，即使是一个专题下，也无法将其深入展开。比如，关于《物权法》第3条规定的“一体承认、平等保护原则研究”这个专题，因为内容太多，无法通过一个专题说清楚。《物权法》规定的“一体承认、平等保护”的原则，体现了我国改革开放最为重大的法律意识形态变更，对我国国计民生意义重大。在原来我们设计的研究思路中，“一体承认、平等保护”原则的研究占据着十分重要的地位。但是该题目的研究内容很多，在有限的时间里我们没有可能将其研究透彻。因此我们选择了这一方面比较有典型性的“城镇拆迁涉及的物权法律制度研究”这个题目，并且将它从原来的总体研究报告中分立出来，制作成为一个分支性著作。这个分支性著作，就是我们完成的项目分报告，也就是我们本次出版的第二卷。

除去项目分报告即第二卷之外的其他研究成果，被凝结在本书之内。它包含十三个专题。它们是：1. 物权变动规则一般原理和规则；2.《物权法》中的不动产登记问题；3. 动产交付的理论与实践；4. 动产善意取得的法理基础及其适用；5.《物权法》中公有制企业财产权利问题；6. 建筑物区分所有权制度的难点研究；7. 中国农村土地权利状况调查；8. 我国农村土地物权制度的历史、现状及其改革趋势分析；9. 土地承包经营权确认问题；10. 农民专业合作社财产所有权问题研究；11. 农村集体建设用地使用权研究；12. 权利质权的公示问题研究；13. 我国物权法上的占有制度研究。

为了方便理解，在此简要介绍一下本书各专题的主要内容（分报告的内容在第二卷中呈现）。

第一个专题，是物权变动的基本原则、法理和制度问题的研究。民法建立的规范财产秩序的法律制度，主要是以规范交易比如买卖这样的法律行为作为核心来展开的。对于交易，过去社会大众的理解就是订立合同。但是从民法意义上说，订立合同只是产生了债权，而产生债权之后并不能绝对保障交易目的的实现，比如订立买卖合同并不意味着买受人可以绝对地取得所有权等物权。类似于所有权取得这样的问题，就是物权法中的一个特殊问题——物权变动问题。这一问题的法律制度，对于市场经济体制的发展和人民群众权利保护意义显著。但是，对于《物权法》中的物权变

动制度，中国法学研究历来薄弱，社会大众更不大理解。现在即使立法对以前的制度作出了重大的改变，很多人还是不太理解其中的含义。因此，我们将这个问题作为一个重点问题来研究，重点内容不仅仅是理解《物权法》所确立的物权变动规则，还要准确理解物权变动的基本原则和法理。而且我们在将这一部分的法律科学原理仔细梳理之后，还专门就不动产登记、动产交付、动产善意取得这些问题逐一仔细地进行梳理。

第二个专题，是不动产登记制度的研究。完善的不动产登记制度是建立清晰的不动产支配秩序与安全的不动产变动秩序的重要保障。客观地看，《物权法》所确立的统一而协调的不动产登记制度在我国的全面建立仍是一项巨大的挑战。不动产登记法律问题研究将探讨《物权法》采取的不动产登记要件主义的现实贯彻，不动产登记对于物权变动的具体影响以及不动产登记制度各个不同的环节。

第三个专题，是动产交付的理论与实践问题。动产物权交易是商品流通的主要形式，对物权法所确立的交付规则及其适用问题进行研究具有重大的现实意义。该部分将重点讨论交付的法律性质、功能和效力以及各种交付形态的适用问题，并结合《物权法》，就以上问题进行相应的解释学阐述，同时对这些规则在适用中可能遭遇的一些疑难问题提出相应的法律解决方案。

第四个专题，是动产善意取得的法理基础及其适用问题。动产善意取得制度是保护交易安全的重要制度，目前我国《物权法》已经建立了相关制度，但是如何准确把握该制度，尤其是理解其法理基础是一个关键的问题。该部分将结合我国物权法的规定，对动产善意取得的法理基础进行理论阐释，并联系实践，对现实争议给出我们的答案。

第五个专题，是《物权法》中公有制企业财产权利问题。与“国家”（其实是政府）相关联的国有财产或者公共财产的管理问题是我国物权法实施中的一个重大问题，全部清理此中物权法问题，从本课题研究的角度看还是个太大的题目。因此我们从中选择了国有资产中的一个核心问题，即政府投资企业的财产权利问题，作为本课题的研究内容。我们希望通过公有制企业的财产权利的研究，厘清在国民经济中发挥主导作用的公有制企业从设立到运作的基本物权关系，为我国进一步改革服务。这些问题的研究，或许会对国有财产或者公共财产的支配与管理秩序的建立发挥一定的参考作用。

第六个专题，是城镇小区建筑物区分所有权中的物权问题研究。现在我国城镇住宅基本上都实现了小区化，此中物权，和人民的基本权利息息相关，但是法律问题非常复杂。因此我们花费了较大的篇幅来探讨其中的问题。

第七个专题，中国农村土地权利状况调查，这是我们为了本课题的研究而组织进行的一项社会调查的成果。这一工作，覆盖全国20多个省、自治区、直辖市的100余个市（县），257个乡镇，1000多个自然村。该项调研在内容上涉及了农村集体土地所有权、土地承包经营权、宅基地使用权的运行情况以及农村集体土地的征收补偿情况。该项调研的主要目的是全面了解与掌握《物权法》所设置的各项农村土地物权制度的现实运行状况及其现实问题。

第八个专题，我国农村土地物权制度的历史、现状及其改革趋势分析。关于我国农村土地物权制度的历史、现状及其改革研究是对我国农村土地物权制度进行的一项综合性研究。该专题首先对中国农村土地物权制度的历史演进过程（特别是中国现行农村土地物权制度的形成过程）进行了分析，挖掘了中国现行农村土地物权制度形成与发展的历史与文化因素。随后，该专题对我国《物权法》所确立的各项农村土地物权制度及其体系进行了法律分析，探讨了存在于农村土地上的集体土地所有权、土地承包经营权、宅基地使用权、建设用地使用权以及其他农村土地物权的法律属性、权利构造以及运行实施的问题。接下来，该专题探讨了存在于农村土地上的国家地权与农民地权的冲突，集体地权与农民个人地权的冲突以及农民个人地权之间的冲突，并从解决冲突构建和谐社会的视角探寻了完善我国农村土地物权制度的方案。最后，该专题分析了完善我国农村土地物权制度的政策环境与宏观环境，并在分析完善我国农村土地物权制度的思路基础上展望了我国未来农村土地物权制度的发展。

第九个专题，土地承包经营权确认问题。土地承包经营权的确权纠纷是农村现实中最为常见的一类农民个人地权纠纷，该项纠纷伴随着农业税的废除与农业种植补贴的推行曾在农村中普遍出现。《物权法》实施以后，土地承包经营权的确权问题因关系到农民的稳定而备受关注。土地承包经营权的确认问题研究旨在对有关土地承包经营权确认的理论和法律进行比较全面的梳理，提出处理此类问题的具体方法。

第十个专题，农民专业合作社财产所有权问题研究。当前我国农民专业合作社发展迅速，他们是农民在土地承包经营权的基础上“重新组织起来”的重要农村经济形式，在此基础性上形成了新型物权。为了鼓励农民在土地承包经营权的基础上重新组织起来，我国立法机关于2006年制定了《中华人民共和国农民专业合作社法》。本部分着重探讨农民专业合作社的财产权性质及其运作机制。

第十一个专题，农村集体建设用地使用权研究。这一主题，要探讨农村土地建设这个目前很有争议的问题。虽然《物权法》之前的法律都承认了这一权利类型，但是在《物权法》中，集体建设用地使用权制度却没有规定。这就是一个有争议的问题，基本法律不承认、不规定，而其他的法律却规定了这一权利。农村民众以及地方政府对此各执一词。本专题通过分析我国集体建设用地使用权的发展状况，总结我国集体建设用地使用权地方立法经验，提出完善我国农村集体建设用地使用权制度的立法建议。

第十二个专题，权利质权的公示问题。该部分对我国《物权法》中权利质权的公示进行了研究。尤其是对《物权法》中权利质权公示制度在实践中存在的不足之处进行了深入分析和探讨，试图结合《物权法》的相关规定和物权变动公示的一般原理，从纷繁复杂的关于权利质权公示的规章、规则和操作实践中，总结出目前存在的问题，并为下一步如何落实《物权法》中的权利质权公示提供一个解决的思路。

第十三个专题，我国物权法上的占有制度的适用和完善问题。该部分对占有制度的一般理论、占有制度运作中的占有人与回复请求权人之间的法律关系、占有的保护等问题进行了探讨。

三　任务承担者

本课题组成员，以中国社会科学院法学研究所民法研究室的研究人员为主，另外吸收了在本所博士后流动站的研究人员、本所博士研究生和硕士研究生、本所进修的一些大学老师等。在该项研究的主报告部分，参加研究的人员和担负的工作如下（分报告参加者的情况在第二卷中呈现）：

孙宪忠，中国社会科学院法学所研究员，民法研究室主任，项目负责人，博士生导师。负责项目的整体设计、某一专题主要内容的确定；独自撰写第一专题、第二专题、第五专题；并且参与撰写第八专题、第十一专题。负责本项目审定和统稿等。

谢鸿飞，中国社会科学院法学所副研究员，法学博士，参与了项目设计的总体规划和最后的审定工作。

常鹏翱，北京大学副教授，法学博士，原中国社会科学院法学研究所副研究员，参与了项目设计，负责不动产登记等专题部分的写作以及最后的审定工作。

陈鑫，中国青年政治学院副教授、法学博士，中国社会科学院法学所博士后流动站研究人员，撰写第六专题。

刘道远，北京工商大学副教授、法学博士，中国社会科学院博士后流动站研究人员，负责撰写第七专题。

廉高波，西北政法大学副教授，中国社会科学院博士后流动站研究人员，负责撰写第十专题。

汪志刚，景德镇陶瓷学院法学系副教授，中国社会科学院法学所法学博士，负责撰写第三专题、第四专题。

袁震，西北政法大学民商法学院讲师，中国社会科学院法学所法学博士，负责撰写第八专题。

赵英，河北省政府法制办公室干部，中国社会科学院法学所法学博士，负责撰写第十二专题。

崔欣，中国社会科学院法学研究所博士研究生，撰写第十一专题。

李贺忠，中国社会科学院法学所法律硕士，撰写第九专题。

毛瑞兆，山西大学法学院副教授，中国社会科学院法学所进修人员，负责撰写第十三专题。

另外，中国社会科学院学部委员王家福研究员、学部委员梁慧星研究员、法学所张广兴研究员、于敏研究员、渠涛研究员、薛宁兰研究员等参与了本项目的研讨会并提出了很有价值的建议，法学所博士研究生雷秋玉、邹双卫、李来孺、潘诗韵、李爱平、郭延辉、李敏等也参与了研究资料整理方面的工作。

总体上看，《物权法》实施涉及的法律问题范围广大而且利益关系尖

锐复杂，而我们的能力有一定限度；在课题研究时间有限的情况下，我们目前只是将我们的思路完成到第一卷和第二卷中。如果假以时日，后续的研究同样是可以展开的，比如，公共财产权利更为深刻广泛的研究等，就非常有价值。这些未尽的思路，我们将继续展开研究。对此，我们恳切地希望得到广大读者的批评指正，也希望得到谅解。

还应该说明的是，目前的探讨既然以“物权法实施中的重大法律问题研究”为题，那么，成果当然会有一定的学理性要求；但是我们在写作过程中已经注意到加强文笔的平易化，尽量将一些比较深奥的法理以民众化的语言解读出来，因此本书对于法律实践家和其他人士也应该是具有可读性的。

最后需要声明的是，各个专题的研究者的工作都是非常认真努力、卓有成效的。但是作为项目负责人，本人应该对于该项目的整体承担责任。事实上，本书的基本结构、基本指导思想、基本学术观点均来自于本人，而且最终审定由本人完成，因此，本人对于本书担负全部的责任。

孙宪忠

二〇一二年一月

专题一
物权变动规则一般原理和规则

引　言

市场交易的目的，虽然就一般社会大众而言，都是关于一些具体的物品的交易，比如购买汽车、购买房屋、购买生活用品等；但是从法律工作者的角度看，这些交易的本质是权利的交易，也就是说，买卖其实是所有权的买卖，比如买房子其实购买的是房屋的所有权。这一认识并不是法律家的想象，而完全是法律社会里的一项最基本的分析：我们即使是居住在一个房屋里，也不能证明我们对这个房屋具有足够的受法律保护的权利；但是如果我们取得了对于房屋的所有权，那么，无论我们怎么处置这个房屋，包括我们的居住和使用，我们的行为也会受到法律的承认和保护。

法律社会里，交易的本质是所有权这样的物权交易。这样的道理，从我们理解和贯彻中国《物权法》具有十分重要的意义，因为，《物权法》要解决的一个很大的问题，就是法律社会里，类似于所有权这样的权利如何取得、如何变更以及如何消灭这些问题。我们已经知道，所有权只是物权的一种（当然是最基础的权利），但是同时我们也应该知道，物权取得也不是只有买卖这么一种形式。比如中国《物权法》第9条提到的“物权设立”，就是依据一个法律根据创设一个新的物权，比如设立建设用地使用权、抵押权。这样的交易虽然不像所有权移转那样为社会大众熟知，但是在市场实务中也是常见的，它们在法律制度上和所有权移转有很多共性。

这些类似于所有权取得、抵押权设立的法律活动，在法学上被称为“物权变动”，它们一共有四种情形：（1）物权设立，指创设一个物权。在中国《物权法》中，可以设立的物权有土地承包经营权、建设用地使用权、宅基地使用权、地役权、抵押权、质权等。（2）物权的移转，指将一个既存的物权在民事主体之间转移。在社会生活中这种情形被称为“物权转让”，我国《物权法》也使用了这个概念。现实生活中所有的物权都存在着被转让的可能，比如所有权、建设用地使用权、土地承包经营权可以独立地转让；而抵押权、质权等，虽然不可以独立地转让，但是可以附着于它们所担保的债权转让。（3）物权的变更，指物权的内容或者期限的变更，比如变更土地使用权的期限等。（4）物权的消灭，其含义我们可以一望而知，物权既然有生也会有灭，不可能恒久存在。即使是不动产所有权这样的物权，也是有可能消灭的。

物权变动是中国《物权法》最为重要的制度之一，该法第二章“物权的设立、变更、转让和消灭”规定的就是这一制度。在此我们还要指出的是，在《物权法》中明确地建立物权变动制度，是中国《物权法》的特色。因为其他一些国家或者地区的民法典物权编中，并没有这一制度系统的规定。我国《物权法》在立法体例上的一个重要发展，就是适应市场经济和人民生活的需要，编制了一个“大总则”；而中国《物权法》总则之所以这么大，就是因为物权变动制度系统的纳入。这一点是其他国家或地区的物权立法所没有的。①

从市场经济发展和人民群众的生活来看，物权变动制度的建立实践意义显著。在此之前，不但一般的中国民众、而且中国很多的法律专家经济活动家们也都认为，交易的主要问题甚至全部的问题是合同方面的问题。

① 如《日本民法典》，其“物权法”编总则一章只有5个条文；我国台湾地区“民法”，其“物权法”编总则一章也只有8个条文。目前我国《物权法》“总则”部分有38个条文。

确实，从市场交易角度看，人们从事买卖首先会订立合同，但是订立合同并不是交易的目的，取得标的物以及标的物上的所有权才是买卖的目的。这一点我们从交易的典型形式即买卖中就可以看出，买卖的目的并不是订立合同，而是在于标的物以及标的物上的所有权的移转。物权变动规则要解决的，其实就是类似于买卖中所有权发生移转这样的核心问题。

中国《物权法》建立的物权变动制度，在法理上意义也很重大：它纠正了中国法学界多年以来"通说"的法理缺陷。在此之前的民法著述均认为，物权变动的制度，应该全部纳入合同法的制度建设，而不应该纳入物权法的制度建设。此前的民法学通说认为，物权法解决的是静态财产关系问题，而动态财产关系问题应该交由合同法解决。依据这种看法，所有权等物权的交易被理解为纯粹的合同事务，似乎买卖就是订立合同，合同订立了就要履行，合同履行了，所有权就取得了。但是，这样的认识是大而化之的，它把合同的成立和合同的履行理解为是一回事，认为合同成立了就必然会履行；认识不到合同也有可能得不到履行、没有履行的合同仍然会产生法律后果（比如要发生违约责任等）的道理。中国民法学长期以来就是以这种大而化之的学问作为主流的。

现在，中国《物权法》把物权变动的制度从合同法中解脱出来，纳入自身的范畴，这就是一个重要的学术进步。这里面有两个基本的民法原理。其一，因为依据合同只能产生债权，或者说是请求权，债权人根据生效的合同取得请求对方当事人履行合同的权利，而不是支配标的物的权利，这是民法学特别是债权法的基本原理。其二，"契约应该履行"不等于契约肯定履行，① 更不等于契约已经得到了履行，因此，不能因为合同的生效而自然而然地发生物权变动的结果（比如，不能认为买卖合同生效就一定会发生所有权移转的结果）。以前在我国流行的民法学理论，在这些非常重要的法学原理上有明显的不足。这些有缺陷的法理，后来又造成

① 契约应该履行，pacta sund servanda，寺院法上的一项原则。此前在中国法中被误认为是罗马法的原则。但是，罗马法契约法并没有这一原则，它对合同的基本认识是可诉的合同才有强制执行的效力、不可诉的合同甚至无法纳入审理；到寺院法时代，人们才确立了一切合同均有约束力的观念，建立了契约应该履行的普遍认识。对此，可见 Deutsches Rechtslexikon，Band 2，1994，Seite。

了一系列立法的漏洞。[①]

《物权法》对于物权变动所建立的制度，在法理上纠正了民法学界的“通说”错误，在立法上改变了先前立法的失误。也就是从这些分析我们可以知道，从市场经济发展和人民群众生活来看，物权变动的规则的理解和贯彻，成为我国《物权法》学习和贯彻的一个非常重大的问题。这里，有法理方面的认识需要进一步澄清，因为现在还有一些学者和法律实践家没有掌握这些规则中的法理，甚至还有一些学者和法律实践家还是采用已经被中国《物权法》否定的法律规则来教学和分析裁判案件。由此可见，物权变动的法律理论和规则的研究，意义是很显著的。

在中国《物权法》建立物权变动的规则之后，涉及类似于所有权取得这样的法律技术性规则，也都发生了重大的改变。首先，这些案件不能再作为合同法问题来看待了。其次，中国《物权法》在这一方面建立了许多新的制度，比如不动产登记制度、重大动产的登记制度、动产交付制度、债权以及票据质押的登记或者交付制度等，这样，物权变动的法律技术规则系统，也发生了重大的改变。最后，在中国《物权法》中，物权变动有一般规则性制度，但是也有一些例外性规则，这些例外性规则虽然做法和一般规则有别，但是实践价值也是很大的。

从法律贯彻的角度看，尤其是从法院司法的角度看，物权变动的规则系统实践意义最为显著，因为法院等司法部门涉及市场交易中的物权分析和无权裁判时，主要应该适用的规则其实都在这里。也就是因为这样，本研究课题将物权变动的法理和规则理解当作我们研究的重点，并且划分为六个专题来研究讨论。这些专题就是：“物权变动的一般原理和规则”的专题、“不动产登记”专题、“一般动产交付和大型动产的登记”专题、“善意取得”专题、“权利质押中的登记和交付”专题、“农村承包经营权的确权问题”专题。不过为了理解的方便，我们没有将后面两个专题和前面四个专题归并为一体，而是将它们纳入农村地权部分以及担保问题部分来研究和讨论的。

---

① 对这里的法理探讨，有兴趣者请参阅孙宪忠：《物权法的基本范畴及主要制度反思》，《中国法学》1999 年第 5 期和第 6 期。该论文收集在作者《论物权法》文集（初版，法律出版社，2001，再版 2008 年版）的首篇。

一　立法的思维逻辑和体系结构

（一）物权法之前的一般认识

如上所述，在市场经济实践和人民生活中，当事人之间通过订立买卖合同等法律行为取得标的物以及标的物的所有权、通过订立抵押合同等行为设立物权这些“物权变动”，是经常发生的法律事实。《物权法》制定之前，我国法学界对于物权变动涉及的法学原理的研究并未充分展开，那时多数学者掌握的理论是传来取得（继受取得）和原始取得的理论。在这一理论中没有物权变动的理论价值，其内容完全被传来取得理论涵盖。传来取得理论的要点大约如下：（1）传来取得，就是指依据合同的取得，因此“物权变动”的制度，当然是合同法的制度的一部分；而不是《物权法》制度的一部分。（2）所有权等物权的取得，因为合同生效可以直接发生。多数民法学著述认为，合同发生的效果，包括了合同的履行效果，合同履行就必然会发生所有权移转。因此可以把合同生效当作物权变动的有效的工具，或者说，可以直接依据合同的生效或者无效来判断。（3）从传来取得的角度看，不必考虑第三人的存在，也不必考虑第三人利益保护的问题。因为，即使有第三人的存在，如果合同成立生效了，物权的取得应该认为随之有效；如果合同被撤销，则物权变动随之也被撤销，第三人在此中的地位和作用无法显示。

比如，一个买卖合同在履行之后被撤销，那么买受人因为履行合同所取得的所有权自然而然应该返还给出卖人；即使物权已经被第三人取得，所有权也应该返还给原所有权人。原则上原所有权人也可以直接向任何人提起“所有权返还请求权”，甚至可以向第三人主张这一权利。

图1－1是一个社会大众比较熟悉的交易：甲乙之间订立了一个房屋买卖合同，并且履行了这一合同，即甲向乙交付了房屋，乙向甲支付了房屋的价款。甲和乙就是这个交易的当事人。乙在取得房屋的所有权之后，又将它转让给丙。这时候，丙就成为和甲没有法律关系，但是又受到这个法律关系牵连的人，即第三人。第三人被牵连的原因在于：甲和乙之间的合

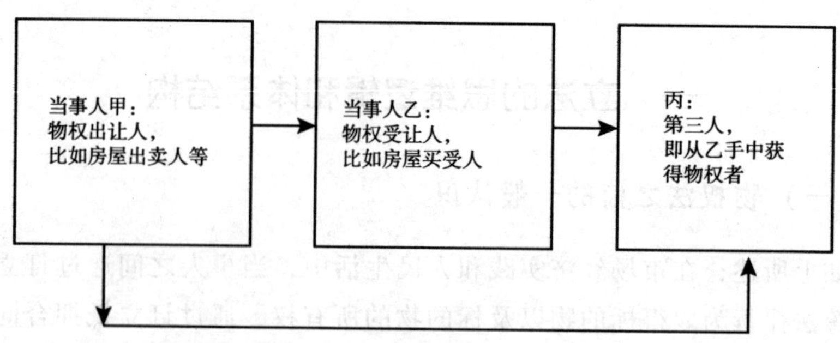

图1-1 第三人在传来取得制度下的地位图示

同是可以被撤销的，也是可以被宣告无效的；在这个合同被宣告无效或者被撤销之后，依据传来取得理论和相应规则，房屋即使已经被第三人取得，那么也应该返还给甲。甲可以直接向丙行使“所有权追击权”。这样，丙的利益无法得到保护。

这个图示的交易，说明了传来取得理论的基本缺陷：不考虑交易中第三人的存在以及其正当利益。传来取得理论的基本观点是，所有权是根据合同的取得，[①] 所以合同有效时，所有权的取得有效；而合同失效时，所有权的取得自然失效。这样即使标的物以及标的物的所有权为第三人取得，此时也应该返还给原来的所有权人。

中国《物权法》编制初期，传来取得的观点，也就是将物权变动作为合同法的固有范畴的观点，在民法学界占据主流地位。在《物权法》之前颁布的一些涉及物权变动的法律规则中，可以清楚地看到有一些核心的条文内，存在着传来取得理论的踪影。[②] 这种理论明显的缺陷，归根结底是那个时代人们不太理解交易安全的重要价值，而过多地考虑了“原所有权人”的利益。这一点多多少少和农业社会交易不发达有关。后来为弥补这一缺陷，罗马法在传来取得理论的基础上建立了善意取得理论，其要点是，是否对于第三人给予法律保护，取决于第三人对于前手交易中的瑕疵

① 周枏：《罗马法原论》，商务印书馆，1994，第313页。

② 1994年《城市房地产管理法》第36条，关于“不动产合同不登记者不生效”的规定；1995年《担保法》关于抵押合同不登记不生效的规定，以及质押合同不交付占有不生效的规定；1999年《合同法》第51条关于债权合同的生效以处分权作为条件的规定，以及第58条合同无效后所有权人可以无条件地主张所有权返还的规定；等等。

是否知情以及是否利用了这里的瑕疵。[①] 这一点虽然有一定的积极意义，但是在本质上也无法解决交易安全保护的基本要求问题，因为第三人依据善意取得享有的保有其物权取得的权利，在法律上仅仅只是一项抗辩权。而这项抗辩权是有缺陷的，这个缺陷就是，该项抗辩的提起，意味着第三人必须自负举证责任，证明他自己的善意；而且该举证责任与物权公示原则无关，也就是与不动产登记和动产的占有无关。这样，第三人的抗辩很难成就。[②] 所以罗马法中的善意取得理论也存在着无法解决交易当事人的交易安全保护的问题。这一点是我国很多学者至今也没有认识到的。

中国民法学界曾经被认为是“主流”的观点，之所以在物权变动这个非常重要的制度规则方面出现法理上的缺陷，和这些学者的法学知识背景有很大的关联。当时很多曾经流行的观点，和法国民法、日本民法的观念有着密切的联系。法国民法、日本民法等在物权变动的制度设计方面，信守传来取得理论，建立了依据合同法规制物权取得的立法体例。依据合同法来规制物权取得的立法体例，创制于1804年的《法国民法典》。该法典第1583条规定，买卖合同成立之后，即使标的物未成就，即使价金未支付，标的物的所有权也应该归属于买受人。依据这个规定，只要买卖合同生效了，买受人的所有权取得也就完成了。而且，合同是所有权取得的唯一的、充分的法律根据。该法律规定的这一特征，在中国法学界被广泛地称为“债权意思主义”的立法模式，[③] 其含义是：法国民法中的买卖合同是债权合同，在法国民法典的立法者看来，可以完全根据这个债权合同发生所有权的取得，或者说，可以依据债权合同确认所有

① 近年来，中国法学界也出现了一些研究善意取得制度的著述。但是其中一些有影响的著述，对于善意保护理论的理解及其应用范围的解读，还是存在着认识的极大缺陷。比如，一些法学家认为，善意取得所保护的第三人，只是发生在“委托占有”的情形，而不是发生在如本文图示所展现的那种交易中的第三人的情形。对此，参见梁慧星等《中国物权法研究》（上），法律出版社，1998，第73页以下，以及王利明：《物权法论》，中国政法大学出版社，1998，第59页以下；崔建远：《无权处分辩》，《法学研究》2003年第1期等，这种观点极大地限制了善意保护理论的应用价值。

② 对此问题的法理探讨，下文还有专题讨论。也可以参见孙宪忠《论物权法》，法律出版社，2001，第198页以下。

③ 对此请参见梁慧星、陈华彬《物权法》，法律出版社，2004，第70页。

权取得的法律效果。

但是把法国民法典在所有权取得问题上的立法模式确定为“债权意思主义”的提法，它来源于日本民法学，而不是来源于法国民法学。因为在法国民法典中，并没有物权和债权的区分，那么哪里来的“债权意思”呢？“债权意思主义”又是从何说起呢？由此可见，这一说法并不符合法国民法典的立法者的本意。其实，法国民法之所以规定合同是买受人所有权取得的充分法律根据的原因，并不是该法典的立法者对于债权和物权的认识，而是他们基于法国大革命时代的理念，对契约自由的认识。法国大革命时代，人们废弃了法律来源于上帝、来源于君主的封建观念，依据理性法学观念，《法国民法典》制定时代人们普遍认为，应该依据意思自治原则确立法律来源于人民的思想；而人民为自己制定法律的方式就是订立合同。这一观念的产生，直接反映在了《法国民法典》之中。该法典第1134条第1款关于契约法律效力的规定，就揭示了这一立法的精神：人民的意思表示，可成为法律。[①] 在民法发展史上，这一条款具有非常重要的革命意义，因为此前的任何立法都没有这样说过。也就是因为这个条文等所反映的立法精神，使得该法深得后来很多人的喜爱。但是从法律技术的角度来看，《法国民法典》也确立了自己独特的所有权取得的逻辑：因为契约就是法律，所以契约缔结的效果，等于契约的履行。[②] 所以，依据一个合同可以直接发生物权取得。比如该法典第1583条规定，买卖合同成立，买受人也就取得了所有权。

从这一段历史的真实情况可以看出，主导《法国民法典》立法者的，是“合同就是法律”这种革命性的激情，而不是什么“债权意思主义”。日本民法学关于“债权意思主义”的这个提法，多多少少使人们产生了对《法国民法典》立法者的一个误解：这些立法者居然认为依据债权可以直接取得物权！如果真的是这样，那么法国人的法律知识也太简单了！但是历史不是这样的。须知，物权和债权的区分，在《法国民法典》中没有得到反映，立法甚至没有采用这样的概念体系，其原因是那个时代的革命激情，使得该法典的立法者能够采纳了理性法学时代的

① 该条文规定：依法成立的契约，在缔约当事人之间产生法律的效力。

② 对此，可以参阅 Konrad Zweigert &Hein Koetz《比较法总论》，贵州版，第156页。

意思表示理论（该理论可以展现革命的激情），但是却没有采纳债权和物权这些概念的区分。[①] 在《法国民法典》中，立法者认为，合同只是人民的意志，而不是神或者君主的意志！《法国民法典》的立法者对于合同的认识仅此而已，绝对不是要将合同中的意思表示限制在债权方面。在《法国民法典》颁布之后，该国的法学家们曾经倾注了极大的精力来阐述该法典中意思自由的精神，同时他们也试图以此为基础来说明为什么能够依据合同来直接取得所有权以及其他物权，法国立法者再次使用了"广义财产权"这个概念，力图说明依据合同取得财产权就是所有权等物权，但是，事实上法国学者在这一方面所作的努力，从比较法学的角度看似乎很不成功，[②] 因为我们中国人实在难以理解依据合同直接取得所有权的道理。

将法国民法对于合同的这种革命性认识理解为债权意思主义，这一点在日本法学中非常普遍，后来也被中国很多学者照猫画虎地搬来使用，认为《法国民法典》的立法者建立了以债权合同作为所有权取得的全部根据的立法模式。但是在欧洲，一般把法国法的这种立法模式称之为"同一主义"或者"合意原则"，它的基本意思就是：依据合同一个意思表示，就可以发生所有权等物权取得的结果。或者说，只要当事人意思表示一致了，所有权等物权就发生了移转。[③] 这种情形只是那种"一手交钱、一手交货"的即时清结的交易，也就是当事人订约的同时即履约、如果不履约也不产生法律后果的交易。但是，在不履约的情况下如果没有法律后果发生，那就违背了法律的本意。最关键的问题是，这种交易模式下产生的法律规则，完全不能适用于远期合同、远程合同下的交易规范的需要；如果在远期合同情况下，还有第三人加入交易，那么这种立法模式的缺陷就更

---

① 《法国民法典》的立法理由之一，就是要让"一个聪明的外行"也能够读得懂该法典，以体现其人民性。但是潘德克顿法学关于物权债权的区分这些学说，不符合这一革命的要求。对此，可以参阅 Konrad Zweigert &Hein Koetz《比较法总论》，贵州版，第 156 页。

② 对此，中国的学者可以参阅尹田《当代法国物权法》，法律出版社，1996，第一章以下。该书引述了很多法国法学家关于"广义财产权"的讨论，但还是没有阐明"广义财产权"的含义。

③ Priciple of consens，Konsensus Prinzip，对此的详细讨论，见〔德〕特德雷夫·约斯特《区分原则与同一原则的体系比较分析》，王晓馨译，载孙宪忠主编《制定科学的民法典——中德民法典立法研讨会文集》，法律出版社，2002，第 93 页以下。

加暴露无遗了。[①] 道理很简单，同一主义的立法模式不能给予第三人任何保障。

日本民法制定时，采纳了法国民法在物权取得方面的立法模式。该法典第 176 条规定，物权变动因当事人的意思表示一致而生效。多数日本学者认为，这里的意思表示是债权性质的意思表示；但是也有学者认为这个意思表示只能是物权性质的意思表示。[②]

在民法发展史上，法国民法、日本民法的这些理论缺陷虽然已经被产生于德国的潘德克顿法学替代，[③] 而且我国自从清末变法时期，就认识到潘德克顿法学的优势，从而主动地接受了潘德克顿法学。[④] 潘德克顿法学的基本特点，是承认物权和债权的法律效果的区分，为了满足物权和债权不同的法律效果的区分，就必须为物权变动和债权变动建立不同的法律根据；这个法律根据的区分，主要是作为民事权利变动的最基本的法律根据法律行为的区分。潘德克顿法学，不仅仅在民法的法理上达到了通彻和完善，而且在民法实践上也能够充分地满足复杂交易生活的需要。在中国现代法治变革初期，中国民法学界的先人经过认真思考，接受了这一理论，在 20 世纪的 30 年代颁布的中国历史上第一部民法中，物权变动的制度就是按照这一理论建立起来的。目前在我国台湾地区的立法和司法一直保持

① 对此，请参阅孙宪忠：《物权法的基本范畴和主要制度反思》，《中国法学》1999 年第 5 期和第 6 期，后收入《论物权法》文集，法律出版社，2000 年初版，2008 年修订版。

② 〔日〕田山辉明：《物权法》，陆庆胜译，法律出版社，2001，第 35 页。

③ 法学上所说的潘德克顿，大体上有三种不同含义。其一，是罗马皇帝尤士丁尼安编撰《民法大全》的一部分即《学说汇纂》(degesitae)，该词，以拉丁语发音为“Pandectarum”，是当时著名法学家的言论集，依皇帝旨意，可以作为有效的法律渊源，但是本身不是立法的产物。一般将其称为“潘德克顿”。其二，指 14 世纪后，德国法学界在继受罗马法后在改造《学说汇纂》的基础上形成的德国普通法，约形成于 16 世纪，以当时《当代法典汇编》(usus modernus pandectarum) 为代表。它在未统一的德国发挥着普通法的作用，直到《德国民法典》生效后其作用才归于式微。一般将其称为“潘德克顿体系”。其三，指 19 世纪德国境内以民法典的编纂 (pandectarum) 作为研究对象而形成的法学 (Pandetistik) 学派，以萨维尼为代表。19 世纪末制定的《德国民法典》是这种法学最典型的产物。这就是后世所说的“潘德克顿法学”。潘德克顿法学的主要贡献，在于对于支配权和请求权、物权和债权的法律性质的区分，以及对于这两种权利的变动的根据的区分；并依据这种区分建立的新民法典编纂结构。对此，可以参阅的文献有 Wieacker, Privatrechtsgeschichte der Neuzeit, 2. Auf. 1967, S 430 ff。

④ 关于中国民法继受潘德克顿法学的情形，请参阅孙宪忠《潘德克顿法学在中国：引入、衰落和复兴》，《中国社会科学》2008 年第 3 期。

着这一传统。但是，中国法学界在改革开放初期的时候，一方面法学界还受到意识形态下阶级斗争学说的束缚，另一方面也没有人掌握涉及潘德克顿法学所需要的外国语言，因此没有人了解关于物权变动的科学学说；非但如此，在后来法学界很多人借助于语言的方便接受了日本法学之后，反而非常简单地否定了潘德克顿法学，尤其是否定了从法律行为的角度也就是从民法上的意思自治原则的角度理解物权变动的物权行为理论。

（二）折中主义的缺陷

在物权变动的立法模式这个领域里，20 世纪 90 年代之后，在中国出现了“折中主义”理论，这一理论后来甚至成为中国法学界的主流观点，到现在也被许多人支持。但是这一理论在法学上正如“折中主义”这个名称所揭示的那样，它不是一个透彻而且周延的理论；这一理论传入我国后对我国的立法和经济生活造成相当妨害。这些问题，通过我们下面的分析会清楚地看到，因此《物权法》编制之初，我们就放弃了这一理论。①

根据一些坚持“折中主义”观点的著述的阐发，我们可以看到这一理论的基本认识是：债权意思主义在坚持意思表示理论这一点上是具有正当性的；它仅仅只有一个缺陷，那就是从物权变动的角度看它不符合物权公示原则，因此，只要给债权意思表示的法律效果增加一个能够符合物权公示原则的公示方式即可。这个公示方式，在不动产方面就是行政法意义上的不动产登记；在动产方面就是事实行为的动产交付。这一做法也被称为“债权形式主义”，因为，债权的意思表示现在和不动产登记或者动产交付这些形式结合起来了。

这种观点之所以被称为“折中主义”，在坚持这一观点的学者看来，它一方面坚持了法国民法上倡导意思表示理论的优点，又坚持了德国民法上倡导物权公示原则保护交易安全的优点，因此这种观点其实是法国民法和德国民法两种立法模式优点的折中。② 按照这些学者的看法，这种做法

① 对此可以参阅孙宪忠《中国物权法总论》，法律出版社，2009，第 445～447 页。虽然部分学者坚持认为中国《物权法》采纳了这一理论，但是这些说法均不是起草《物权法》总则部分的初衷。

② 对此请参见梁慧星、陈华彬《物权法》，法律出版社，2004，第 71 页。

能够把债权意义上的合同和“物权公示方式”相结合，以期达到既坚持合同法中的意思自治原则、又坚持物权公示原则保护交易安全的作用的目的。而坚持这一观点者的真实动机，就是不愿意承认无论是在法理上还是在实践效果上更为可取的、以物权行为理论为核心的潘德克顿法学，这一点这些学者历来也不讳言。只是为了不采取某种理论，而不仔细探讨这种理论的科学性与否，这种做法给人留下很多疑问。

本课题负责人对于这一理论如何出台的历史进行了一段时间的追踪，发现这一理论最盛行的其实还是日本而不是欧洲，这一点完全不是日本法学界或者中国法学界所说的那样。[①] 这种观点来源于日本民法学界的研究成果，基本资料和论证都受到日本固有民法的学术的限制——既不能彻底地承认意思自治原则，也不能彻底承认债权和物权的法律效果区分。[②] 如上所述，该理论中所说的“债权意思”，在法国民法典立法的时候是根本不存在的，而日本学者以及中国部分学者坚持这一意思就是债权意思。日本法学家们认为，这种观点不是他们的首创，而是来源于瑞士民法等，但是来自瑞士民法的第一手研究资料说明，瑞士民法立法同样是物权行为理论的产物，并不是这种样子。[③] 这种总是假托他人来阐发自己的理论方法，本身就给人带来很多疑问。

折中主义或者债权形式主义的理论缺陷十分明显：那就是，债权意思和公示形式到底如何相加？如何解释这一相加的后果？在这种理论背景下，如下法学问题是无法解决的：

(1)“债权形式主义”或者“债权意思的形式主义”中的形式一词到底是什么含义？不动产登记或者动产交付本来只是物权公示方式，将其称之为一种“形式”，而“形式”当然是针对“内容”而言；如果坚持这个前提，我们就必须要问，它到底是哪一个内容的形式？因为债权没有所谓

---

① 关于这一理论的细致表述，请参阅王茵《不动产物权变动和交易安全：日德法三国物权变动模式的比较研究》，商务印书馆，2004。本书作者是本人指导的博士研究生，已经于2003年取得法学博士学位。

② 我国学者持这一理论者，在论证这一理论的时候，也有引用欧洲比如瑞士法的资料的情形，但是这些资料都是从日本学者那里引用的二手资料。比如，陈华彬：《物权法原理》，国家行政学院出版社，1998，第132～137页。

③ 对此，请参阅常鹏翱《另一种物权行为理论》，《环球法律评论》2010年第2期。

的形式问题，而且我们是在讨论依据法律行为导致物权变动的制度设计这个题目，而且我们都知道，在法律行为理论中，所谓法律行为的形式就是意思表示的形式，在这里使用“形式”一词，而且把这个形式定义为不动产登记或者动产交付，把它们和债权的意思“加”在一起，难道不动产登记或者动产交付是债权意思的表现形式吗？如果不是，那么它又是什么内容的形式呢？目前否定物权行为理论的学者，不论是日本的还是中国的，对这样的问题似乎从来没有考虑过。事实上，从 20 世纪 90 年代开始，中国民法立法在接受了这一观点之后，就是把不动产登记或者动产交付当做债权意思表示的形式，因此导致中国民法立法出现重大失误。[①]

债权的本质是对人权和请求权，如果以法律行为为根据产生债权，那么该项法律行为的生效，只需要当事人的意思表示一致，一般不需要任何形式，更不需要不动产登记或者动产交付作为形式。这一法理认识，应该得到基本的遵守。

（2）诚如某些中国学者所言，债权形式主义理论是适用于物权变动的理论，而不是适用于债权发生效果的理论；但是，即使债权生效无疑、即使债权已经到达履行期限甚至债权人已经提起了履行请求权，那么物权变动就会必然随之发生吗？这一理论持有者的构想，是依据“契约应该履行”的古老原则，[②] 得出了契约履行就会发生物权变动的基本逻辑；因此可以把合同的生效和物权变动的公示方式相结合，确定物权变动的效果。这一逻辑一般人可能认为没有什么问题，但是从法律科学的角度看并非如此。因为，契约应该履行这个原则固然是正确的，但是即使契约有效、即使契约到达履行期限甚至债权人提起了履行请求权，但是物权变动的发生却不是必然随之而发生的。我们可以购买房屋的合同为例：一个通过订立合同购买房屋者，在合同规定的履行期限到达时，完全有权利向出卖人提

---

① 显然，中国民法立法一度规定“不动产合同不登记则不生效”、“动产合同不交付占有不生效”等，就是将不动产登记当做债权意思表示的形式。对这样的法理重大缺陷，下文还要仔细分析。

② “契约应该履行”，即寺院法中 Pacta sund servanda 原则，以前被我国法学界误认为来源于罗马法。罗马法时期确定的基本规则是“不具备法律认可的形式要件的合同不可诉”（Ex nudo pacto action non oritur）对此见 Deutsche Rechtslexikon Bund 2. 1994，Seite 1275。到《法国民法典》时期，这一规则才演化成为著名的“依法订立的契约，具有法律的约束力”的原则（该法第 1134 条）。

出交付房屋的请求权。但是房屋以及房屋的所有权是否会必然发生移转呢？当然不是。合同约定的房屋可能尚未建造完毕，也可能因为客观的原因永远无法交付；也可能因为市场的原因出卖人将房子已经交付给了他人；甚至还有设置抵押而被移转给他人的情形，总之，买受人依据生效的合同取得标的物及其所有权只是一种可能，而不是一种绝对——当然此时如果出卖人不能交付房屋，则应向买受人承担违约责任。即使是这样我们也应该知道，合同生效、债权有效，物权变动却并不随同债权绝对发生，这就是债权法律行为和法律效果相对性的道理。

也就是因为契约应该履行不等于契约绝对会履行，因此我们应该了解也是应该坚持的法理是：标的物的交付和所有权的移转，不是债权意思表示的结果，因为债权人主张债权并不会必然导致物权变动。

(3) 债权形式主义虽然承认了物权和债权的法律性质的区分，但是之后，它却将不动产的物权变动本身，理解为行政管理意义上的“公信力”的结果，也就是把不动产物权的设立、移转等涉及民众重大权利的变动，理解为行政管理体制授权或者确权的结果。比如，它把买卖时买受人取得所有权这个事实，理解为公共权力对于民众的“确权”或者“授权”，甚至是一种“许可”。这不但违背了所有权在转移之前已经存在于出卖人手中的事实，违背了双方当事人有明确的移转所有权的意思表示的事实，而且它完全否定了民法社会里民事主体依据自己的意思表示追求物权变动的法律效果的正当伦理，否定了民法社会意思自治的本质。毫无疑问，这种理论为公共权力侵害民众基本权利造成了口实。

简而言之，折中主义最主要的缺陷，是不能从民法的角度理解物权公示原则，它始终坚持不动产登记是公共权力向民事权利赋予权利，而不承认民事权利的自然正当性。持有这种观念的很多人最初对于将不动产登记制度写入《物权法》持反对态度，因为依据这种观点来看不动产登记时，不动产登记只能被理解为一种行政法上的制度，就像日本民法学常见的理解那样。

同样，我们可以看出，在动产物权变动制度方面，该理论将动产交付理解为一种事实行为，这在法理上更是难以成立。一个人向别人移转所有权这么大的事情，都不能由意思表示的角度理解，那么意思自治原则还有什么价值？而且，这种观点无法符合民事生活的实际情形。比如一架飞机

或者汽车的买卖，当事人要达成多项关于标的物以及标的物所有权移转的协议以及多次交付的行为，才能最后完成所有权的变动。比如，一架空中客车飞机的所有权从法国转移到中国，其间当事人自然要达成多项标的物转移的协议和所有权转移的协议；而且，标的物转移的协议和所有权移转的协议也不是一回事，因为飞机有“国籍”和登记方面的规则。如果把这些协议和交付解释为事实行为，进而从行政管理的角度理解这里的所有权转移问题，那真是匪夷所思。

目前，我国一些学者还在坚持这种“债权形式主义”观点。如上所述，该理论基本的缺陷，就是它不能脱离传来取得理论的束缚，而不能接受科学的物权变动理论。它总是将债权意义上的合同作为物权变动的根据，不认可物权变动应该拥有独立的民法上的法理根据，尤其是法律行为方面的根据。

如果仔细研究就可以看出，折中主义学说其实并不承认物权和债权的区分。这种学说最初的出现，就是被用来替代物权和债权相互区分的理论的。依据这一理论，物权与债权发生变动的法律根据都是合同，所以它们并没有真正的法律效果的区分。由于交易中物权变动和债权变动完全“同一化”；依法理只能产生相对权的法律根据（债的合同）被直接作为物权这种绝对权的法律根据；物权变动无效时，债权意义上的合同也无法生效。①

但是，一个合同只有等到履行的时候才能生效，那么履行之前它有什么法律意义？显然，坚持“折中主义”或者“债权形式主义”的学者似乎没有认识到这个十分重大的问题。从罗马法的“法锁”理论开始到潘德克顿法学的债权理论，从大陆法系的合同法理论到英美法系的“credit”理论，都认为合同在当事人意思表示一致之后就应该生效，这时合同所生的效果，在罗马法被称为“法锁”，在德国民法被称为“债”，这个法律效果就是约束双方当事人，让他们按照合同的约定履行合同。所以此时合同必须生效，不生效就没有交易信用；所以，此时不让合同生效的立法，违背

① 这就是“不动产的合同不登记不生效”、“动产合同不交付占有不生效”的立法规则。这些规则，在中国《担保法》第 41 条、第 64 条，以及《城市房地产管理法》第 36 条，和最高人民法院 1995 年关于审理房地产案件的司法解释之中有充分的反映。

法律基本信义和基本规则。而20世纪90年代我国立法受“债权意思主义”影响之后，规定合同只有到履行后才生效，这一立法，实在是普天之下所未见之无理。

“债权意思主义”理论的缺陷如此明显，而中国一些学者只是为了不承认“物权行为理论”就非要坚持它，这就有些偏颇了。其实从法理的透彻性、周延性的角度看，承认物权行为理论可以说没有一点儿障碍。这一点不但专门从事物权法学研究者能够看得出来，而且司法工作者也看得十分清楚。事实上，中国最高法院的司法解释一直在尽着很大的努力来避免适用债权意思主义的理论和规则。

（三）《物权法》编制时关于物权变动规则的基本思路

对同一主义立法模式、债权形式主义观点，在理论上实践上的缺陷，我们在编制《物权法》学者建议稿的总则部分时已经有了比较多的认识，而且我们已经明确，这就是我们应该在《物权法》立法建议稿中要解决的主要问题之一。在编制《物权法》总则编的物权变动规则时，我们已经确定的基本思路或者说法理逻辑是：

（1）将合同的成立生效和物权变动区分为两个法律事实。在交易生活中，一般而言订立合同是交易的手段，而取得标的物及其物权是交易的目的。在法律制度设计上，我们必须承认潘德克顿法学的基本知识体系，将合同产生的法律效果和物权变动的法律效果区分开，将交易手段和交易目的区分为不同的法律事实。

（2）按照原因行为和结果行为的规则，合同必须先于物权取得生效。对于债权变动和物权变动这两个不同的法律事实，民法学说已经建立了良好的法律规则，这就是：合同生效后首先产生债权的约束力，目的就是以此约束当事人履行合同，因此合同不可以到履行时方可生效，1994年以来中国民法出现的不动产合同不登记则不生效、动产合同不交付占有不生效的规则必须废止。

（3）将合同生效的法律效果和物权变动的效果区分开。因为“契约应该履行”并不等于契约绝对肯定地履行，因此，合同生效不等于物权变动生效。

（4）物权变动必须有自己独立的法律根据，这一根据应该与物权公示原则相结合。因物权与债权有法律性质的区分，故物权变动必须具备与物权性质相一致的法律根据，这就是物权公示行为。物权公示行为被规定为《物权法》的基本原则之一，因此物权变动一般以不动产登记为要件，而动产物权变动一般以动产交付为要件。这样，物权与债权不但在法律效果上有了明确的区分，而且发生变动的法律根据也有了明确的区分。我们在撰写《物权法》立法建议稿时，已经明确必须从这一角度为物权变动建立独立而且系统的法律根据。

（5）在我国已经建立市场经济体制的前提下，必须突出法律行为作为物权变动主要的法律根据这个特点，因此，必须在依据法律行为发生物权变动的制度设计中，尽可能地贯彻既符合当事人意思自治原则，又符合物权基本原理的物权行为理论。因此，即使在立法中不明确物权行为理论，但是在制度建设上面，也要按照物权行为理论的原则，建立物权变动的模式。①

在上述这些基本思路明确后，在起草《物权法》学者建议稿的过程中，本课题负责人负责撰写总则部分。当时确定的关于物权变动规则的撰写思路是：（1）在《物权法》的总则部分，写入物权变动的基本规则，使得这一规则整体脱离合同法的规范体系；（2）在物权变动的基本制度设计中，突出法律行为的作用，将物权变动是否依据法律行为区分为两个大的部分；（3）将依据法律行为发生的物权变动再进一步区分为不动产物权变动和动产物权两个细部，尤其在不动产物权变动部分建立详细的不动产登记制度。这样，物权变动的基本制度基本上完全脱离合同法，其法律根据完全脱离债权意义的合同，因此从法学理论上看，物权变动的规则脱离了传来取得理论的束缚。这就和法国民法、日本民法以及支持这些民法立法的法学理论发生了脱离，基本上回到了潘德克顿法学的道路上了。同时经过这样的塑造，《物权法》总则制度，已经不再是像《日本民法典》的物权编总则或者我国台湾地区民法物权编总则那样只有十个左右的条文，而是一个很大的体系构造，其条文数量相比传统民法有相当大的增加。

---

① 对上述思考，可以参阅孙宪忠《物权法的基本范畴和主要制度反思》，《中国法学》杂志1996年第5期和第6期；《论我国物权变动的基础及其结果的区分原则》，《法学研究》1999年第5期。这些论文收集在孙宪忠《论物权法》，法律出版社，2001年初版、2008年再版之中。

经过十多年的立法磨合，我国《物权法》在最后颁布时所确定的物权变动规则，接受了本课题负责人的这种创制。因此，《物权法》关于物权变动的基本逻辑是：物权变动应该首先按照其法律根据进行区分，其次应该按照物权的标的予以区分。依据法律行为发生的物权变动，应该遵守物权性质对于法律行为的要求，也就是对于处分行为的生效要件的要求，即处分行为应该以“公示”作为生效的要件，这一点和我国《担保法》第41条等所规定的将登记作为抵押合同的生效要件的做法已经发生了本质的区别。[①] 所以，一般情况下，不动产物权变动应该纳入登记；动产物权变动应该交付占有。[②] 物权与债权不仅仅应该有法律性质的区分，而且应该有法律根据的区分。而这一法律根据中，最主要的是法律行为方面的区分。这一设计的基本目的是强调民法社会的基本特征是意思自治，这一点应该在物权变动方面有必要的反映。这种立法观念，对于改变中国过去强调公共权力决定民事权利、民事权利附属于公共权力的流行观念，以实现市场经济条件下民法社会的基本要求，即建立准确地按照当事人真实意思表示决定物权变动的规则是十分必要的；另外，这一设计能够满足市场经济保障交易安全的需要。

当然，上述这些法理没有能够完全充分地在当时撰写立法理由中展现出来，其原因在于十多年以前，在我国民法学界“多数人”尚不能认同上述法理的情况下，本课题负责人在起草《物权法》总则以及物权变动规则的设计采取了理论上婉转的方式，以求尽量减少无谓的争执；但在具体制度设计方面，则尽量做到贯彻科学法理，以求制度的严格与准确。因此在中国社会科学院法学研究所编制的《物权法》学者建议稿中，[③] 我们撰写了“区分原则”这个其他国家或者地区的立法所没有的原则，[④] 其基本的

① 当然，《担保法》的这一规定是严重错误的。这些错误，已经因为《物权法》的颁布而得到了纠正。依据中国《物权法》第178条的规定，《担保法》的这些规则已经不能再适用了。

② 〔德〕迪特尔·梅迪库斯：《德国民法总论》，邵建东译，法律出版社，2000，第213页；王泽鉴：《民法总论》，台湾三民书局，2000，第282页以下；Harm Peter Westermann, BGB-Sachenrecht, C. F. Mueller Verlag, 1994, S. 4 - 5。

③ 梁慧星教授为课题组负责人。课题成果由社科文献出版社于2001年出版。

④ 对此，见孙宪忠编撰的《物权法》学者建议稿总则部分，载孙宪忠：《争论与思考——物权立法笔记》，中国人民大学出版社，2006。

含义，就是要强调物权和债权不但在法律效果上是互相区分的，而且在法律根据方面也是要互相区分的。在当时中国民法学界多数人坚持根据“两毛钱买一个黄瓜、一手交钱一手交货”交易现实反对该原则的提出的情况下，本课题组负责人撰写论文，向社会说明了区分原则的科学性道理。[①]之后，又向司法界等同仁多次介绍区分原则在立法以及司法裁判方面的科学性。此后不久，最高法院出台的几个司法解释，在确立依据合同发生所有权取得的案件分析与裁判规则时，接受了区分原则。[②]

由于上述思路的转变，中国《物权法》的学者建议稿的总则部分纳入了不动产登记制度、动产交付制度，突出了依据法律行为发生物权变动部分；对非依据法律行为发生物权变动的规则，也遵循了潘德克顿法学的原则。之后我国最高立法机关编制的几个《物权法》立法草案以及最后颁布的法律，在总则部分的体系构造方面基本上也采纳了这些设想。当然，这些法理获得了立法的认可，或者说《物权法》最后建立了这样的体例，这当然也可以说是法学界和立法者对于市场经济体制产生了共同认识的结果。

我国《物权法》关于物权变动的规定，主要的条文是该法第一编“总则”部分的第二章“物权的设立、变更、转让和消灭”，即学术界所谓的“物权变动”。该章共三节，第一节“不动产登记”，第二节“动产交付”，第三节“其他规定”，这一部分有 23 个条文。《物权法》第二章第一节和第二节规定的，是依据法律行为发生的物权变动，它们的差异在于不动产和动产的区分；而第三节规定的，是非依据法律行为发生的物权变动。

此外，该法第二编“所有权”部分的第九章“所有权取得的特别规定”也是关于物权变动的重要规定，这一部分有 11 个条文。由于所有权立法在《物权法》中的核心地位，此节所规定的“所有权取得的特别规定”，自然会对《物权法》的整体制度设想产生决定性作用。此外，在农村土地承包经营权部分、地役权部分，抵押权与质权部分，《物权法》规

① 对此，见孙宪忠《论我国物权变动的基础及其结果的区分原则》，《法学研究》1999 年第 5 期。

② 对此，请参阅最高人民法院《关于审理商品房买卖合同纠纷案件适用法律若干问题的解释》（2003 年 3 月 24 日由最高人民法院审判委员会第 1267 次会议通过，自 2003 年 6 月 1 日起施行）第 6 条。

定了涉及这些权利变动的一些特殊的法律规则。因此我们可以概括地说，《物权法》第二章的规定是物权变动的基本制度，其他部分的规定属于特别规定。

二 公示原则

（一）立法意义

上文提到，我国《物权法》为交易情形下的物权变动提供了不同于债权的法律根据，这个法律根据就是物权公示。顾名思义，物权公示，就是将物权变动的各种情形依据法律承认的方式向社会予以展示，依据这些展示使物权变动的效果获得社会的承认和法律的保护。① 物权公示的一般方式是不动产登记和动产交付，但是在立法上，不应该排斥其他的公示方式（这一点下文有较多探讨）。因为交易情形下的物权变动为市场经济生活和人民群众往来的常规，所以《物权法》把物权公示规定为一项立法的基本原则。

当然，物权变动并非都因为交易而发生，交易行为之外也还会发生物权变动的情形，这就是我国《物权法》第二章第三节规定的那些物权变动的情形。在法学理论上，传统民法将这些物权变动从所有权取得的角度称之为“原始取得”，这一称呼显然不大符合我国目前物权变动的情形，因此我们在立法创制时把它们称为“非依据法律行为的物权变动”。非依据法律行为发生的物权变动的法律效果，属于物权公示原则之外的情形，这一点下文我们会予以探讨。

公示原则是《物权法》关于物权变动的最基本的原则。当前世界各国制定法中涉及物权变动的，均建立相关公示制度；而且一般情况下各种立法模式中的公示方式，在不动产领域均为不动产登记，在动产领域为动产的占有与交付。我国《物权法》在总则部分第 6 条规定：“不动产物权的设立、变更、转让和消灭，应当依照法律规定登记。动产物权的设立和转让，应当依照法律规定交付。”根据这一规定，我们可以看出，我国《物

---

① Baur/Stuerner, Lehrbuch des Sachenrechts, 16 Auflag, C. H. Beck, 1992.

权法》在物权变动领域建立了公示原则，而且它所建立的公示方式与世界各市场经济国家或者地区的立法无异。

为了满足公示原则的要求，考虑到物权体系的复杂性，也就是各种物权的实际效力的共同性和差异性，《物权法》在把各种公示方式作为物权发生变动的法律根据时，它所规定的各种物权取得其效果所需要的公示方式虽然原则上形同但是细节上并不是完全一致的。《物权法》在总则部分建立了详细的不动产登记制度和动产交付制度，而在农村土地权利变动，大型动产的物权变动、地役权的设定、有些特殊的抵押权的设定以及权利质权的设定方面，法律规定的这些权利发生物权效果的条件和一般的法律根据还是有所差别的。这些，在本书的下文，我们会予以逐一探讨。

但是还应该指出的是，《物权法》总则规定的不动产登记和动产交付，是我国《物权法》规定的物权公示的一般方式。在这些一般方式之外，立法是否承认其他的公示方式，或者立法是否许可有其他的公示方式，在解读我国《物权法》时同样是一个必须解决的问题。比如，不动产登记之外，我国立法是否承认不动产占有作为一种公示方式？比如，买卖房子的交易，在没有办理登记之前买受人已经获得的对于房屋的占有，是否也能够发挥公示的作用？我们已提出这个问题，大家就应该知道这个问题的重大意义，因为这一方面的法理理解和法律适用，涉及千千万万户居民的住房所有权这个重大的利益。在现实中我们经常能够遇到的对于民众利益保护不足的司法与执法，就是因为在这些问题上没有能够准确地理解法理和法律。

此外在动产交付之外，我国《物权法》是否承认动产占有也在发挥公示的作用？如果承认它们作为一种公示方式，那么它们的法理和实际作用到底是哪些？对这些问题的探讨意义也是很显著的。

无论如何，我们应该首先掌握的，是交易情况下物权变动的法律根据的一般规则。重点应该掌握的领域当然是不动产登记制度、一般动产交付制度、大型动产的登记制度、权利质押的登记和交付制度等。因为物权公示原则涉及的内容非常多，我们在本专题内只是探讨该原则的一般情形的法理和实践操作的一般规则，至于不动产登记制度、一般动产交付制度、大型动产的登记制度、权利质押的登记和交付制度的细致情形，我们会在其他专题里讨论。

（二）公示原则对物权变动的实际作用

为什么要建立公示原则？归根结底，是因为在现实交易中当事人行为涉及的民事权利必须有债权和物权的区分，也就是先订立合同而发生债权然后履行合同再发生物权的两个事实的区分；而且在此中，依据合同债权的享有并不绝对地意味着就能够取得物权，也就是说债权并不是物权变动的充分根据。① 这一原理造成了物权立法方面必须解决的问题是：必须通过物权公示原则来为物权变动提供法律根据。具体来说，物权公示原则在物权变动中所发挥的独特作用是：

1. 在依据法律行为发生的物权变动时，公示原则发挥实质性的决定作用

在依据法律行为发生物权变动时，立法是否承认公示原则在其中发挥作用，自古以来，有不同的立法例。罗马法时代规定“曼兮帕蓄”的交易方式，物权的取得必须具有客观得以辨认的方式，否则即为无效。② 所以，在当事人以其意思表示来发生物权变动的效果时，物权变动生效必须公示的做法由来已久。

总体来看，就公示原则对于物权变动所发挥的作用而言，世界上的立法有实质性作用和形式性作用两种立法体例。所谓实质主义的公示，即不动产登记以及动产的交付，对于物权变动发挥决定性作用的立法体例。③ 这种立法体例被称为公示要件主义。通俗地说，这种立法体例的要求，就是不动产物权的抵押、移转等，不经过不动产登记不发生物权变动的效果。而动产物权的变动，比如所有权的移转或者质押的设立，不经过占有的交付，不发生物权的效力。德国民法、希腊民法、瑞士民法、奥地利民法、我国1930年民法等，均采纳公示实质主义的立法体例。我国《物权法》颁布之前的担保法和城市房地产法等，在解释上也采纳公示实质主义的立法体例。德国法系，一直坚持这一原则。这一做法称之为“实质主义

① 这一法理前文已经略有述及，对此理论的细致讨论有兴趣者，可以参阅孙宪忠《中国物权法总论》，法律出版社，2009，第四章关于“物权法基本范畴”的讨论。

② 曼兮帕蓄的含义，见〔意〕彼得罗·彭梵得《罗马法教科书》，黄风译，中国政法大学出版社，1992，第212页以下。

③ 史尚宽：《〈物权法〉论》，台湾荣泰印书馆有限公司，1979，第27页。

公示”。

如上所述，法国大革命时代，因为意思自治原则得到绝对的强调，法国民法典依据合同即是法律、合同订立就应该履行的推理，建立了合同一经成立就发生物权变动的效果的立法体例。[①] 这一规则在法理上的缺陷，上文已经多次谈到。因此，法国法的立法者在1855年制定自己的不动产登记法时，建立了“不动产的物权变动，不登记者不可以对抗第三人”的原则。这样，在世界上就出现了“登记对抗”的立法例。《日本民法典》制定时，将这一规则应用于不动产和动产的物权变动，以公示行为作为对抗第三人的普通原则，[②] 这样，世界民法知识体系中，关于物权变动的规则就出现了“公示对抗”的立法例。在这种立法例下，公示行为对于物权变动并没有决定的效力，而只有证明的效力。这种情况，也被称为“形式主义”的公示。法国民法等拉丁法系民法以及日本民法等，采纳公示形式主义的立法体例。

在我国《物权法》制定过程中，考虑到交易活动和人民生活中依据法律行为发生的物权变动属于常规的情形，基于法理上的“公示要件主义”，我国《物权法》建立了公示实质主义的原则。《物权法》第9条规定：“不动产物权的设立、变更、转让和消灭，经依法登记，发生效力；未经登记，不发生效力，但法律另有规定的除外。”关于动产物权，《物权法》第23条规定：“动产物权的设立和转让，自交付时发生效力，但法律另有规定的除外。”

在质权设立方面，《物权法》也是明确规定，依据法律行为设立质权的，质权在公示时生效。这些法律条文是：

第224条　以汇票、支票、本票、债券、存款单、仓单、提单出质的，当事人应当订立书面合同。质权自权利凭证交付质权人时设立；没有权利

---

① 对此见《法国民法典》第1583条的规定。对此中的法理问题，请参阅K. 茨威格特和海因·克茨合著《比较法总论》，潘汉典等译，贵州人民出版社，1992，第162页以下。

② 对此，请参阅《日本民法典》第176条规定：“物权的设定及移转，只因当事人的意思表示而发生效力。”同时，关于不动产的物权变动，该法第177条规定：“不动产物权的取得、丧失及变更，除非依登记法规定进行登记，不得以之对抗第三人。”关于动产物权的变动，该法第178条规定：“动产物权的让与，除非将该动产交付，不得以之对抗第三人。”

凭证的，质权自有关部门办理出质登记时设立。

第225条　汇票、支票、本票、债券、存款单、仓单、提单的兑现日期或者提货日期先于主债权到期的，质权人可以兑现或者提货，并与出质人协议将兑现的价款或者提取的货物提前清偿债务或者提存。

第226条　以基金份额、股权出质的，当事人应当订立书面合同。以基金份额、证券登记结算机构登记的股权出质的，质权自证券登记结算机构办理出质登记时设立；以其他股权出质的，质权自工商行政管理部门办理出质登记时设立。

基金份额、股权出质后，不得转让，但经出质人与质权人协商同意的除外。出质人转让基金份额、股权所得的价款，应当向质权人提前清偿债务或者提存。

第227条　以注册商标专用权、专利权、著作权等知识产权中的财产权出质的，当事人应当订立书面合同。质权自有关主管部门办理出质登记时设立。

知识产权中的财产权出质后，出质人不得转让或者许可他人使用，但经出质人与质权人协商同意的除外。出质人转让或者许可他人使用出质的知识产权中的财产权所得的价款，应当向质权人提前清偿债务或者提存。

第228条　以应收账款出质的，当事人应当订立书面合同。质权自信贷征信机构办理出质登记时设立。

通过这些规定，我们可以清楚地看到，中国《物权法》在物权变动这个核心环节采纳的是公示实质主义的立法体例。

但是在此必须明确的是，不论是基于实质主义的公示规则，还是基于形式主义的公示规则，公示对于物权变动的影响，也都是仅仅限于依据法律行为发生物权变动的领域。这个大前提，不论是法律学习还是贯彻，都必须有清楚的认识，不可以将公示原则的决定作用应用于非基于法律行为的物权变动，也就是传统民法所谓的“原始取得”的情形。

2. 在非依法律行为发生物权变动的情况下，公示发挥证明权利变动的作用，公示方式只是物权进一步处分的前提条件

非依据法律行为发生的物权变动，不论在上述哪一种立法体例中，都遵守原始取得的基本规则，认可物权的变动在公示之前生效。我国《物权法》对于这些物权变动效力的规定，也是按照这些原则建立起来的。按照

《物权法》的规定，依据公共权力、继承、事实行为等发生物权取得或者消灭的，物权的变动自这些法律根据成就的时候发生效力。但是如果权利人希望进一步处分其不动产物权，则必须先将其权利纳入不动产物权登记（第31条）。这一规定的目的，同样是为了保护交易安全。依此规则，可从法律解释的角度得出一个结论：如果权利人并不希望进一步处分其物权，权利人可以不将其权利纳入登记。

（三）常规性公示的例外情形

《物权法》在规定物权公示原则的一般效力的同时，多次规定“法律另有规定的除外”，表明我国《物权法》在规定物权公示原则时，除建立不动产登记制度和动产交付制度这些基本的公示方式之外，尚有法定的例外规则。以下依据不动产与动产的区别分而叙述。

1. 不动产物权变动的例外情形

（1）《物权法》第127条规定农村土地承包经营权的设立，采取依据合同生效原则。这样做的原因是中国农村是个熟人社会，村民和村民之间都很熟悉；尤其重要的是，确定农民的承包方案并订立承包合同的时候，法律规定要开村民大会（《物权法》第59条）。召开村民大会本身就是物权公示原则的应用，所以法律规定这种权利可以依据合同而直接生效。

（2）《物权法》第158条所规定的地役权的设立，也采取依据合同生效原则。地役权的设立不是因为它已经有公示，而是该项物权一般情况下是不针对第三人的，所以在地役权的设立制度中，不必过多考虑物权排他性以及保护第三人的规则，因此一般情况下可以不纳入登记而生效。如果当事人希望纳入登记，当然也可以。

对于以上两种导致物权变动生效的合同，如果依据物权变动的法律效果来看，当然不可以将其理解为债权合同。原因很简单，依据债权合同只能产生债权意义上的请求权，而不能产生物权；所以这里的合同只能理解为物权合同。如果不承认物权契约，就不能理解这里的立法规则，而且还容易产生债权契约产生物权的误解。从土地承包经营权设立必须召开农民集体大会的角度看（《物权法》第59条），这一物权的设立也是符合物权公示原则的。

2. 动产物权变动的例外情形

（1）《物权法》第24条规定的准不动产的物权变动，采取登记对抗主义的立法模式。该条规定，车辆、船舶的物权变动，实行登记对抗主义。立法这样规定的原因，是中国目前在现实生活中，车辆、船舶非常之多，民间转移非常频繁，要求物权变动统一登记生效是不可能的，因此立法不得已采取了登记对抗主义。

（2）《物权法》第188条规定的建设中的准不动产抵押和第189条规定的企业抵押，也采取了登记对抗主义原则，此系因在企业抵押中财产众多，很难做到登记要件主义，尤其是企业占有物中有一些成品、半成品的情形，登记也不可能发生实际的效果。

通过《物权法》关于动产物权、权利物权的公示方式的规定可以看出，在我国，法定公示方式不是单一的，而是多种方式并存。正因为这样，我们就会清楚地看出不同公示方式背后，都存在当事人物权行为的因素。因为这多种公示方式都是遵从民法社会的基本规则即意思自治原则而发挥作用的，而当事人的意思自治的表现，就是当事人通过这些不同的方法，推动着物权变动的实现。

（四）公示原则的效果：《物权法》第16条解读

《物权法》第16条规定："不动产登记簿是物权归属和内容的根据。"这个条文在《物权法》中具有核心价值，因为物权裁判的核心规则皆来源于此。

1. "根据"的含义：登记上的推定

该条所说的"根据"，在解释上应该理解为物权推定的根据，理论上称为"权利正确性推定"。从司法实践的角度看，这个推定就是关于某人拥有某个物权的推定。物权拥有的法律推定是保护物权秩序的基本手段。推定的基本含义，就是在没有其他根据的情况下法律认为登记是正确的，法官会将登记的内容作为裁判的基础；如果当事人另有法律根据可以改变甚至推翻不动产登记簿记载的内容，在法律上当然是许可的。《物权法》第19条所说的更正，就是推翻不动产登记簿推定作用的依据。通过第19条的规定，可以确认第16条所说的"根据"不是绝对的肯定。在法理上，这个推定应该包括权利人的正确性推定、权利内容的正确性推定、权利人

拥有权利的善意推定、权利人对于权利损害赔偿的受领权的推定等四个方面的内容。这些内容都是十分重要的裁判规则，它们对于法律实务上分析和裁判确权案件是十分必要的。在司法实践中，经常会遇到关于物权拥有方面的争议，对这些争议的解决，就要依赖《物权法》的这些规定。①

2. 法理的演绎：动产占有的推定

与此相对应，对于动产物权的推定，也应该因此而成立。这就是“占有推定原则”，即将动产的占有人推定为物权拥有人。

当然这种推定是可以被举证和司法裁判推翻的。但是在未被推翻之前，占有推定发挥着保护物权稳定的作用。从这一角度看，占有是动产物权的公示方式之一，它的主要功能就是发挥占有推定，而推定也包括类似于不动产登记对于不动产物权的四个方面：权利人的推定、权利内容的推定、权利人持有权利的善意推定、损害赔偿受领权的推定。以此产生的主要法律制度是占有保护。虽然占有推定原则在《物权法》颁布时被删除，但是从《物权法》对于占有的规定来看，应该说我国《物权法》也承认了这些规则。在确定交付作为动产物权交易中的公示方式的同时，对于动产占有是否可以成为公示方式的问题，比如占有是否可以发挥类似于《物权法》第16条那样的“权利推定”的作用，《物权法》没有直接的规定。从《物权法》第十九章规定“占有”来看，当然可以认为我国《物权法》承认了“占有权利推定”的实际规则。

三　区分原则

（一）概念以及立法意义

所谓区分原则，即在依据法律行为发生物权变动时，物权变动的原因与物权变动的结果作为两个法律事实，它们的成立生效依据不同的法律根据的原则。

---

① 在物权立法的学者建议稿起草时，考虑到这一方面的规则在物权裁判中具有核心的应用价值，曾经设计过多个条文。目前的立法只有一个条文，显得太简化了。

上文谈到，区分原则是我们为了纠正20世纪90年代中国民法学界受“折中主义”影响出现的法理和立法错误而提出的对策性原则。它的使用借鉴了潘德克顿法学、尤其是借鉴物权行为理论的研究成果，其主要功能是针对交易生活现实提出的一项分析和裁判物权变动中的债权行为和物权行为生效条件的原则。它的概念对一般民众而言显得有些陌生，但是其含义很容易理解，而且对司法者而言是一项分析和裁判案件的最常用而且是最基础的规则。

不论是在市场经济生活还是在一般民事经济生活中，不论是专门从事交易的企业或者工商户，还是一般的社会民众，都经常会发生依据法律行为的、目的在于物权的设立、移转、变更和消灭的行为。比如，一般的民众也会买房子，买家具、买车、买各种用品，取得这些物品的所有权；而经商的企业或者其他团体，都要不断地从事买卖行为，不断地取得所有权，并出让其所有权；此外他们还经常要为债权事项设立抵押，也要依据法律行为发生其他各种各样的物权取得或者消灭等。在这些行为中，当事人之间会首先订立一个债权意义的合同，然后通过合同的履行达到物权的取得或者消灭的目的。在这些物权的取得以及消灭活动中，当事人的行为涉及订立合同和履行合同这两个方面的法律事实。区分原则正是在对这两个法律事实进行法理分析的基础上，为准确的分清订立合同的法律效果和法律根据、与履行合同的法律效果和法律根据而建立起来的一项重要的物权分析和裁判的原则。

上文多次谈到，在20世纪90年代，中国民法学界受到折中主义或者是债权形式主义观点的影响，在依据法律行为发生物权变动的制度设计方面，比如依据订立买卖合同取得房屋所有权这样的制度设计方面，出现了严重的法理混乱和立法逻辑混乱。首先，1994年的《城市房地产管理法》中出现了“合同不登记不生效”的规定。接着，《担保法》关于合同与物权变动之间关系的规定使得这一方面的问题更加严重：该法第41条规定，以合同设定抵押权时，“抵押合同从登记之日起生效”。第64条第2款规定：“质押合同自质物移交于质权人占有时生效”。同时以期间出现的中国法院的司法解释也开始按照这一混乱的逻辑来解释合同与物权变动的关系问题。如：（1）“土地使用者就同一土地使用权分别与几方签订土地使用权转让合同，均未办理土地使用权变更登记手续的，一般应当认定各合同无效……”（2）在土地使用权抵押时，如果未办理登记手续，则应当认定抵押合同无效。[①] 之后，1999 年《合同法》则更清楚地确立了债权与物权不加区分的制度。该法第 51 条把订立债权意义的合同的行为称之为“无权处分”，规定订立合同必须要有物权人追认，否则就是“无权处分”等；该法的 132 条，出现了买卖合同的生效，以标的物的存在和出卖人的所有权或者处分权作为前提条件的规则。其实依据合同只能产生债权，根本就没有物权意义上的处分的问题，因此订立债权合同的时候，根本不涉及对物的处分，因此也就不必将物的存在以及物权的存在当作前提条件。

在这种法理混乱和制度混乱的作用下，司法实践中出现了很多不应该出现的“立法的司法不能”的情形，也就是因为立法的错误，导致司法者左右为难、无法裁判的困境。[②] 在这种情况下，从法理上呈请债权于物权之间基本的法理，建立清晰明确的裁判制度，成为《物权法》制定时的一项重要任务。因此在编制《物权法》学者草案时，我们提出了建立区分原则的设想。[③] 经过一段时间的磨合，首先是法院系统采纳了“区分原则”的设想，理论界也开始逐渐认识到这一原则的基础意义和现实价值。

中国《物权法》最终采纳了“区分原则”。该法第 15 条规定：“当事人之间订立有关设立、变更、转让和消灭不动产物权的合同，除法律另有规定或者合同另有约定外，自合同成立时生效；未办理物权登记的，不影响合同效力。”这一规定很清楚，就是订立债权合同只是依据请求权建立的法律根据，不能将物权变动的结果当作其合同生效的原因的规定。这一规定很显然就是依据区分原则的要求，对债权关系建立的规则。它纠正了

---

① 1995 年 12 月 27 日最高人民法院印发的《关于审理房地产管理法施行前房地产开发经营案件若干问题的解答》第 14 条第 1 句，第 15 条，第 16 条。

② 对于这里的实际案例，请参阅孙宪忠《从几个典型案例看民法基本理论的更新》一文中评议的几个案例。该文载《争论与思考——物权立法笔记》文集，中国人民大学出版社，2006。

③ 对此见拙作《论物权变动的原因及其结果的区分原则》，《法学研究》1999 年第 5 期。但是必须说明的是，当时写作这一论文，主要是为了说服“中国物权法立法”课题组中部分同仁接受物权变动与债权变动相区分的观念，因此，在区分原则的法理探讨方面，该论文并不彻底。该论文与本书的表述不符合的，请以本书为准。

《合同法》第51条等规定。如果结合该法第9条“不动产物权的设立、变更、转让和消灭，经依法登记，发生效力；未经登记，不发生效力”的规定，以及该法第23条“动产物权的设立和转让，自交付时发生效力”的规定等，就可以更加清楚地看到有关该原则的立法脉络。

在动产物权依据法律行为发生变动的情形，适用区分原则当然也是顺理成章的。其基本的规则就是：当事人的目的在于发生动产物权变动的合同，在当事人意思表示一致时生效（这一点就是中国《民法通则》的立法精神）；未发生标的物交付的，不影响合同的效力。

《物权法》的规定，可以说纠正了上文谈到的从《房地产管理法》到《合同法》制定时期，中国法学界的理论错误和因此而产生的立法错误。从立法的重要意义上看，这一部分内容因此成为《物权法》学习和研究的重点。

（二）区分原则的法理基础——负担行为与处分行为的区分

1. 从法律行为看权利变动

区分原则，应用在当事人依据法律行为发生物权变动的情况下，它的基本要求，是债权变动的法律根据必须与物权变动的法律根据相互区分。物权与债权相互区分的法理基础，其实是请求权与支配权的区分。① 支配权比如所有权，只有一个方面特定的权利人，因此权利人可以独断性地形成自己行使权利的意思，而且独断性地实现这个意思。比如，一个房屋的所有权人，可以在自己认为适当的任意时间进入自己的住房。而请求权法律关系中有两个对立的特定权利人，比如买卖合同中的出卖人和买受人，因此权利人实现其权利必须得到对方的意思配合，否则其权利无法实现。比如，出卖人只能在买受人同意支付买卖价款时，才能如愿获得价款；而买受人也只有在出卖人交付房屋时，才能够获得房屋以及房屋的所有权。物权和债权的区分的本质就在这里：权利人行使权利的意思形成和权利实现之间的不同，物权人依据其意思实现权利时其效果意思是绝对的，而债权人依据其意思实现权利时其效果意思是相对的。

① 关于支配权与请求权的区分，尤其是关于它们区分的法理和实践意义的讨论，请参阅孙宪忠《中国物权法总论》，法律出版社，2009，第34页以下。

这些知识在民法基本理论学习时很有必要掌握，因为它们对于我们理解民法的科学体系非常必要。

既然物权与债权的法律效力是有本质区分的，而权利在进入交易机制时也就是发生变动时必须依据与权利相适应的法律根据，那么，这两种权利在发生变动的时候，也就是在产生权利、移转权利、消灭权利的时候，它们所依据法律根据就肯定是不一样的。

在民法社会里，民事权利发生变动的主要法律根据就是法律行为。坚持这一点，对于物权变动中法律行为所发挥的作用就会建立良好的基础性认识。也就是基于这个一般的知识，我们也会明白，请求权（包括债权）变动的法律行为和支配权（包括物权）变动的法律行为是有着本质区分的。在潘德克顿法学中，作为法律根据，支持请求权变动的法律行为就是负担行为；支持支配权变动的法律行为就是处分行为。区分原则的法理基础，就是负担行为与处分行为的区分。这里的道理非常简单：物权与债权的区分，是法律上两种重要的民事权利的效力的区分；而这些权利进入交易的时候，就是依据法律行为作为根据来达到债权变动与物权变动的目的的时候，就有了负担行为和处分行为这两种基本的法律行为的区分。所以，负担行为与处分行为之间的区分，不但是法理逻辑的结果，而且是清楚认识和区分交易不同阶段上当事人的效果意思发生不同的实际效果的必要。这一点在分析和裁判交易案件时，是非常必要的知识。

关于请求权与支配权的区分，物权与债权的区分，中国民法学理论上基本还能够承认,① 上文已经对此进行了探讨。但是关于负担行为与处分行为的法理及其实践作用，目前在中国大陆的民法著述中鲜有探讨；个别涉及的描述，也有许多不准确甚至是误解性的表达，甚至一些民法著述把

① 中国《物权法》制定过程中，甚至该法实施之后，也还是有学者否定物权和债权这些概念的区分。其理由，一方面是民众难以理解这些抽象的概念，另一方面是交易规制不需要这些概念也可以，比如两毛钱买一根黄瓜，或者买一个杯子，一手交钱一手交货，没有必要从中抽象出债权和物权。对此，见梁慧星等《中国物权法研究》（上），法律出版社，1998，第175页。这些认识的不足，在于不理解市场经济体制下的交易安全问题。一手交钱一手交货本身没有太大的交易安全问题，而债权与物权的区分是为了保障交易信用和交易安全。对此本文已有述及。

处分行为这种最为重要的法律行为描述成为非常荒谬的东西。[①] 考虑到处分行为理论在支持物权变动方面所发挥的核心作用，考虑到中国法学界在这一理论上的不足，我们在此必须稍稍细致地介绍一下这种理论。考虑到本节内容只是探讨物权变动的法律根据的问题，因此对于该理论涉及的学术争议部分，此处暂时不予阐述，对那些批评否定处分行为存在的客观性的观点，本文基本上不讨论，读者自己可以依据自己的法学知识予以判断。

2. 概念意义

其实，正如请求权和支配权的区分是民事权利的基本区分一样，负担行为与处分行为是法律行为中最基本的区分。这一理论不但在法理上十分科学，而且实践作用也非常积极。

所谓负担行为（Verpflichtungsgeschäfte），就是民事主体向一个或者多个相对人承担某种作为或者不为某种作为的义务的法律行为。[②] 它的直接的法律后果就是给特定的相对人之间确定给付义务，从而在相对人之间建立起债权法律关系。以中国学者通俗的说法，就是订立债权合同，并且依据合同建立债权债务关系。现在我们都可以接受的法理是：一个合同成立生效后就会在当事人之间产生一种债权性质的约束力，依据这种约束力，当事人一方向相对人承担着履行合同或者给付标的物的义务。因此这种目的在于发生债权效果的行为在德语法学中的本意是“义务行为”。

而处分行为（Verfügungsgeschäfte），指的是直接将某种即存的权利予以变更、出让、设置负担或者予以抛弃的行为。[③] 比如将所有权移转给他人或者在所有权上设置负担（抵押权等）的行为。[④] 对它们的区别，我们

① 参见梁慧星《中国民法是否承认物权行为》，载《民法学说与立法研究》，中国政法大学出版社，1993，又见梁慧星《如何理解合同法 51 条》，2000 年 1 月 8 日《人民法院报》。中国法学界多数否定处分行为理论者，其观点皆出于此。对此可以参阅的有陈华彬：《论基于法律行为的物权变动——物权行为及无因性理论研究》，《民商法论丛》第 6 卷，第 140 页以下；王利明：《物权行为若干问题探讨》，《中国法学》1997 年第 3 期，以及王轶：《物权变动论》，人民大学出版社，2001，等。

② 〔德〕卡尔·拉伦茨：《德国民法通论》（下册），王晓晔等译，谢怀栻校，法律出版社，2003，第 435 页。

③ 〔德〕卡尔·拉伦茨：《德国民法通论》（下册），王晓晔等译，谢怀栻校，法律出版社，2003，第 436 页。

④ Karl Larenz, Allgemeiner Teil des Bürgerlichen Rechts, 7 Auflage, Verlag C. H. Beck, 1989, Seite 332 - 333.

可以简单地总结为：负担行为是产生请求权的法律行为；而处分行为是产生支配权变动的行为。

正如债权与物权的区分在民事财产权利系统中具有基础性意义一样，负担行为与处分行为的区分，是交易性行为中最基本的法律行为分类。对此可以举例说明。比如，甲公司和乙公司订立了一个买卖合同，约定合同订立后第6个月由乙公司向甲公司交付某种精密机床若干台。但是，合同的订立，并不能保障合同肯定能够得到履行。因为，有可能发生一些主观、客观上的情况，使得合同的履行成为不可能或者没有必要。但是，合同不能履行，或者没有必要履行时，不能因此而得出合同无效的结论。因为根据合同所产生的权利是相对权、对人权、请求权，所以当事人意思表示一致这一法律事实，完全能够满足合同生效的法律条件。在合同不能履行或者不必要履行时，为清理当事人之间的法律关系，也必须以合同有效成立作为基本前提。所以，上述合同应该是在双方当事人意思表示一致时生效。此时的生效，旨在在当事人之间发生债权法律关系的约束力。这就是负担行为的生效。

合同订立后第6个月，也就是在债权法上的约束力顺利产生之后，乙公司应该交付的精密机床已经制造出来（或者其已经采买到自己手中），乙公司才具有了实际向甲公司交付的实际能力和权利，其向甲公司的交付指定的机器，履行了自己合同，完成了所有权的实际移转。在这一交易中，由于当事人订立合同（负担行为）时的意思表示已经先行完成而且生效，所以后来当事人交付标的物以及接受标的物的行为，同样是依据自己的意思完成的；这个以标的物移转作为目的（效果意思）的法律行为，就是以所有权的实际移转为目的的处分行为。萨维尼因此这样说："交付是一个独立的意思表示……而且只有通过它才能成交。"[①] 从当事人交易中意思自治的角度看，如果只有债权性的意思表示即负担行为，而没有物权性的意思表示即处分行为，交易是无法最后完成的。

在任何一种以物权的设立、转移、变更为目的的交易中，如果交易能

---

① 〔德〕K. 茨威格特、H. 克茨：《法学总论》第15章《"物权契约理论"——德意志法系的特征》，孙宪忠译，《外国法译评》1995年第4期。该译文后收入译者文集《论物权法》，法律出版社，2003年初版，2008年再版。

够顺利完成，这就会产生负担行为，也会产生处分行为。其中，负担行为是这一交易的原因，所以这一行为又被称为原因行为或者基础行为；而后来发生的物权实际设立、转移、变更的行为，是交易的结果，所以它又被称为结果行为。[①]

但是，如果交易无法最后成就，比如该项精密机床最后没有交付，那么不能因此得出合同也同时无效的结论。所以，负担行为首先是独立生效的。由此推而广之，我们可以得出合同的效力不能取决于物权处分行为无效的结论。这一点可以说是交易的常识。

在债权行为也就是负担行为独立生效的情况下，我们当然可以理解：处分行为也是独立存在的。在法学上，一个纯粹的、与债权完全无关的处分行为也是存在的，比如单方法律行为中的处分行为，如一项实体性物权或者权利的放弃（包括物权的放弃、债权的放弃、其他财产权利的放弃等），再如一项程序性权利的放弃（比如放弃抵押权的顺位权[②]）。同样，双方的处分行为也是独立存在的，当事人按照设立、移转、变更和消灭物权的效果意思所为的行为，再如票据处分行为等，就是这样的行为。[③] 比如，一个购买房屋的交易，在房屋的所有权“过户”时双方当事人的意思表示，就是这样的行为。所有权“过户”无疑是当事人意思表示的结果，它的效力必须根据法律行为的一般生效条件处理。在现代物权法理论的诞生地德国法学中，这种双方当事人所为的处分行为，被称为“物权合意”，它是区别于债权合同的另一个法律行为。[④]

我们就此可以得出一个结论：负担行为和处分行为的区分是一种客观现实的存在；在任何一个以物权的设立、转移、变更的交易中，都存在着负担行为与处分行为的区分。这一区分的原因，首先当然因为任何以财产权利为交易对象的交易中，都要涉及支配权与请求权这两种基本的权利划

① 民法关于法律行为的分类，有原因行为和结果行为的区分。这一区分对于清晰分析交易的逻辑非常有价值。但是在中国多数民法总论的教科书中都没有提及这一点。

② 中国《物权法》第194条。

③ 对此，请联系上文“物权绝对原则”部分物权效果意思的分析的阐述。

④ 对此，请参见 Prof. Friedrich Quack，Muenchener Kommentar zum BGB，Band 6 Sachenrecht，3 Auflage，Verlag C. H. Becks，1997，Seite 115 - 116。对此的汉语介绍，请参见孙宪忠《德国当代物权法》，法律出版社，1997，第60页以下。

分。由于这两种权利的效力有根本的不同，支持这两种权利变动的法律根据当然也是不同的。在负担行为生效之后，后来的处分行为以不同的法律根据生效，不具备这种法律根据时，处分行为就不生效。由于支配权与请求权的区分是民事权利的基本区分，所以负担行为与处分行为的区分，也是法律行为的基本区分。这一区分在法律上被称为“区分原则”（Trennungsprizip）。

一般来说，中国法学界对于债权法意义上的合同的本质特征均予以认可，认为它是发生债权法律关系的根据之一。由于这一基本认知基础，应该说从法理上承认负担行为是顺理成章的。如果能够认识到债权法上的合同只是发生债权效力，那么当然也应该认识到，债权合同作为法律行为不是物权发生变动的根据；从依据法律行为发生物权变动的角度看，这种情况下的法律行为，就是处分行为。

所以，理解处分行为并不是玄妙不可及的事情。只要能够理解债权法上的合同生效之后产生债权、而债权生效后当事人同样以意思表示作为本质发生的物权变动的行为，就是处分行为。由于该行为的基本效果意思是处分一个既存的权利，如物权的出让、放弃，债权的放弃、转让等，所以它在法学上才被称为处分行为（Verfügungsgeschäft）。如果处分行为指向一个确定的物权，如物权的出让，则这一行为被称为物权行为（dingliches Verfügungsgeschäft）；[①] 如果处分行为指向一个物权之外的权利，如债权、票据权利的放弃等，则该行为被称为“准物权行为” （Para dingliches Rechtsgeschäft）。中国学术界部分人将这种行为归纳为事实行为，这是因为看不到或者有意识压抑物权变动中当事人意思表示的原因。

3. 处分行为外在特征——形式主义原则

处分行为作为法律行为，其效果意思的内容是设立、移转、变更和消灭支配权（主要是物权），这种意思表示的外在特征，是它必须具备一定的外在形式才能生效。这种外在形式，是由物权的本质属性所决定的。因为物权的本质在于绝对权、对物权、对世权、支配权和排他权，因此，当事人发生这样的法律效果的意思表示，必须具有能够为外在世界所知悉的特征。比如，当事人目的在于一般的动产物权的设立或者移转的处分行

① Deutsches Rechtslexikon, Band 3. 2. Auflage, Verlag C. H. Beck, 1994, Seite 52 - 53.

为，其意思表示应该在标的物交付时生效。因此一般动产买卖中，标的物的所有权在标的物交付时移转至买受人手中，这是当事人移转所有权的效果意思的结果。但是，有的动产物权的处分行为，法律要求具备的形式要件是登记，比如机动车、船舶和飞行器，当事人之间关于这些物权的处分行为，在登记时生效。不动产物权的处分行为，一般是以不动产登记作为形式要件，但是法律有时也常常承认其他的形式要件（比如中国《物权法》中土地承包经营权的设立，以召开村民集体大会为要件）。因为这一点，物权法上建立了公示原则，对此下文将详细阐述。

处分行为中的意思表示，常常是和它的形式要件结合在一起的，但是意思表示和它的形式要件并不是一回事。法律行为理论中，效果意思是当事人要达到某种法律结果的内心意愿（民法上一般称之为“真意”），依据当事人的真意来确定法律关系的结果，是法律行为制度建立的出发点。近现代民法基本理念，就是来源于此。① 但是，当事人关于处分行为的内心真意，必须以某种形式表达出来，而且这种形式是符合物权特征的形式。以购买房屋发生的所有权登记为例：当事人双方有移转所有权的合意，然后他们通过不动产登记将这一意愿予以实现。

处分行为的意思表示一般形成于形式要件产生之前或同时，但是有时候也会发生在形式要件之后。② 意思表示与其形式要件同时发生的，比如动产的交付；意思表示发生在形式要件之前的，比如不动产登记之前当事人关于不动产物权的合意（如抵押合约、过户合约等）；意思表示发生在形式要件之后的，比如所有权人将保留顺位的抵押权，交付给抵押权人的情形。

但是无论如何，处分行为的意思表示总是在具备法律要求的形式要件的情况下才可以生效，也就是发生当事人效果意思确定的法律后果。与债权相比，因为权利性质不同，债权的意思表示也就是负担行为，则不必具

① Hans Hattenbauer：Grundbegriffe des Buergerlichen Rechts，Verlag C. H. Beck，1982，Seite 58－75. 本书即汉斯·哈腾豪尔著的《民法基本概念》，其中特别表现民法理念发展的第一章“民法上的人”、第十章“法律行为概念的产生及发展”已经由孙宪忠翻译为汉语，有兴趣者可以在“中国法学网”（Iolaw. cass. org. cn）“孙宪忠文集”中阅读到这些译文。

② 参见〔德〕弗里德里希·克瓦克《德国不动产物权变动中的合意与登记》，孙宪忠译，载孙宪忠：《论物权法》，法律出版社，2008，第650页以下。

备这些公示性的形式要件。这就是债权变动和物权变动的法律根据的区分。王泽鉴教授准确地将这一区分表述为：债权变动发生法律效果的根据，不要物、不要处分权、不要公示；而物权变动发生法律效果的根据，必须要物、必须要处分权、必须公示。[①] 债权法律效力与物权法律效力的区分、这两种权利依据法律行为发生变动的根据的区分，形成民法科学最为基础的理论。

（三）法国法和德国法在此点的比较

如上所述，区分原则是确定支配权（主要是物权）变动的原因与其结果之间关系的基本法律规则。因为对物权与债权之间的区分认识不一，对法律行为理论的认识不一，在大陆法系内部的法国民法和德国民法之间，就出现了很大的差异。对此我们简要地予以比较分析，以加深对区分原则的理解。[②]

1. 法国民法中的同一主义原则

如上所述，《法国民法典》基于革命时代的认识，建立了合同就是法律、合同订立就等于合同履行的规则。在依据买卖合同取得所有权这个核心规则方面，该法第 1583 条规定："当事人双方就标的物及其价金相互同意时，即使标的物尚未交付、价金尚未支付，买卖合同即告成立，而标的物的所有权即依法由出卖人移转于买受人。" 按《法国民法典》的规定，以买卖合同发生所有权转移的，所有权转移的表征就是合同：只要双方当事人的合同成立、生效，则标的物的所有权当然发生转移。只是对待建不动产也就是将要建设的不动产的买卖，法律规定可以对买卖合同进行公证，但是所有权的移转仍然是在买卖合同成立之时（《法国民法典》第 1601－2 条）。另外，关于抵押权的设定，该法规定的基本原则是："协议抵押权，仅得由具有让与不动产能力的人同意设定。"[③]

---

① 参见王泽鉴《民法总论》，三民书局，2000，第 284 页以下。

② 此处的分析比较，参照有前列 Baur/Stürner 书第 178 页以下；史尚宽：《物权法论》，第 20 页以下；王泽鉴：《民法物权（一）通则·所有权》，三民书局，1992，第 61 页以下；谢在全：《民法物权论》（上），五南图书出版公司，1989，第 64 页以下等。

③ 此处关于《法国民法典》的译文，引自马育民译《法国民法典》，北京大学出版社，1982。

根据这些规定可以看出，在法国法中，物权变动与债权变动的法律效果是一致的，它们的法律根据也是同一的。一项法律行为，如果能够发生债权法上的效力，也就能够发生物权法上的效力，债权和物权在法律上总是同时存在和发生的。这就是欧洲民法学上所称的“同一主义原则”。[①] 中国民法学界多使用日本法学传入的概念，将这种立法称为“债权意思主义”。但是日本法学的这种称呼并不准确，因为法国法并没有采纳债权这个概念。

法国法如此处理物权变动问题立法的原因，在于法国民法中并无严格而且准确的物权与债权的区分；法国民法中并没有形式意义上的物权立法；而学者们关于物权的认识，是把物权定义为“广义财产权”。所谓广义财产，“指为民事主体拥有的财产和债务的综合，亦即属于民事主体之具有经济价值的权利义务的综合。”[②] 从这一表述可以看出，法国法并没有清楚地认识到、或者说没有在立法中确立物权与债权的界限。由于没有物权与债权的界限，故也就没有物权变动与债权变动的界限。从法律根据的角度看，法国民法不承认区分原则的原因，在于法国大革命时代涌现的高度“意思自治”的革命热情和“契约必须履行”原则的结合。[③] 在高度重视“合同即法律”的精神下，立法者产生了“合同成立之后必然会得到履行”的立法观念。同一原则立法在实践上不论是对当事人还是对第三人的交易安全都有着很大的风险。这些上文均已经分析了。

2. 德国民法中的区分原则

德国民法、瑞士民法、奥地利民法及中国旧《民法》采用的“区分原则”。这些法律规定，物权变动的成立、生效，不但需要当事人意思表示一致，而且还需要物权的公示，即动产的交付和不动产登记，并且以动产的交付和不动产的登记作为物权变动生效的根据。

---

① 〔德〕特德雷夫·约斯特：《区分原则与同一原则的体系比较分析》，王晓馨译，载孙宪忠主编《制定科学的民法典——中德民法典立法研讨会文集》，法律出版社，2002，第93页以下。

② 尹田：《法国物权法》，法律出版社，1998，第2页以下。

③ 对此有兴趣者，请参阅〔德〕K. 茨威格特与 H. 克茨《比较法总论》，潘汉典等译，贵州人民出版社，1992，第162页以下。对此的细致分析，可以参阅孙宪忠《争议与思考——物权立法笔记》，中国人民大学出版社，2006，第380页以下。

《德国民法典》第 873 条第 1 款规定："为转让一项土地的所有权，为在土地上设立一项权利以及转让该项权利，或者在该权利上设立其他权利，在法律没有另行规定时，必须有权利人和因该权利变更而涉及的其他人的合意，以及该权利变更在不动产登记簿上的登记。"第 929 条第 1 款第 1 句规定："为让与一项动产的所有权，必须由所有权人将物的占有交付与受让人，并就所有权的移转由双方达成合意。"[①] 德国民法中的合意，指专门为发生物权变动的效果而产生的物权意思表示，即物权契约，[②] 也就是上文阐述的双方处分行为。德国民法对于物权变动的基本规定，其基本特征是在发生物权变动时，不仅仅需要双方当事人交付物或进行不动产登记的事实，而且还需要双方当事人就物权变动进行新的合意，即建立纯粹的物权意思表示一致；而且物权变动的原因，并不是当事人债权法上的意思的结果，而是该物权合意的结果。这样，物权法上的意思，就成了物权变动的直接原因。这种立法，完全是负担行为与处分行为相互区分原则的结果。

中国旧《民法》第 758 条规定："不动产物权，依法律行为而取得、设定、丧失及变更者，非经登记，不生效力。"第 761 条第 1 款第 1 句规定："动产所有权之让与，非将动产交付，不生效力。"一般认为，中国旧《民法》立法的法理完全与德国民法一致。

《瑞士民法典》第 656 条第（1）项规定："取得土地所有权，须在不动产登记簿登记。"第 714 条第（1）规定："动产所有权的移转，应移转占有。"[③] 这些规定的关键在于，双方当事人订立的合同本身并不发生物权的变动，而只是在动产的交付或不动产登记后才真正发生物权变动，这与法国法和日本法的规定有非常清楚的区别。这一立法的法律思考，就是关于物权变动的区分原则。它不把物权变动的时间界限确定在意思表示一致的时候，而是确定在物的交付或者登记的时候。如果没有进行动产的交付或不动产登记，物权不发生变动。这些规则，也是区分原则应用的特征。

---

① 本文关于《德国民法典》的译文，皆为作者自译。译文来源是：Bürgerliches Gesetzbuch, 34. Neubearbetete Auflage, Stand 10, Deutscher Taschenbuch Verlag, 1993。

② 孙宪忠：《德国当代物权法》，法律出版社，1997，第 61 页以下。

③ 关于《瑞士民法典》的译文，引自殷生根译《瑞士民法典》，法律出版社，1987。

（四）中国《物权法》的改进：区分原则的基本含义

1. 概述

上文多次谈到自20世纪90年代中国修订、制定《合同法》之时，中国民法学界与民法立法对于债权形式主义的采纳以及这种采纳带来的法理混乱和立法错误。中国法学界曾经的主流观点是，按照债权形式主义，不动产登记或者动产交付是债权意思表示的表现形式，因此，债权合同和物权变动被立法规定同时生效、同时失效。这些法律规则在《城市房地产管理法》、《担保法》、《合同法》以及一些司法解释中可以说是屡见不鲜。

事实上，“同一主义”、“债权形式主义”的立法模式进入中国后，在司法实践中立即带来一系列混乱，因此在《城市房地产管理法》颁布不久，中国法院的司法解释就开始采取措施以纠正其不足。如在土地使用权转让的合同与土地使用权登记的问题上，司法解释机关坚持：“转让合同订立后，双方当事人应按合同约定和法律规定，到有关主管部门办理土地使用权变更登记手续，一方拖延不办，并以未办理土地使用权变更登记手续为由主张合同无效的，人民法院不予支持……”[①] 这个解释与“不动产合同不登记不生效”的同一主义立法观念是完全不同的。但是，因为民法理论界对于同一主义原则的支持，这种立法观念后来仍然表现在《合同法》之中。后来在《商品房预售合同的司法解释》中，区分原则还是得到了强调，这个司法解释明确要求不可以将合同的生效取决于不动产登记。

从这些情况看，我国司法机关对同一主义、折中主义或者债权形式主义这些模模糊糊的理论基本上是否定的，本课题负责人多次在法院系统实际调查，发现司法者多数不认可债权形式主义或者同一主义，尤其是经济发达地区的司法者。本书涉及的很多支持物权行为理论以及区分原则的案例，就是他们提供的。这种情况，为中国《物权法》否定债权形式主义、采纳区分原则建立了良好的基础。

《物权法》第9条和第15条的条文，清楚表达了“区分原则”的立法

---

① 1995年12月27日最高人民法院印发的《关于审理房地产管理法施行前房地产开发经营案件若干问题的解答》的第12条、第14条。

思想。第9条的含义就是强调不动产登记对于物权变动发挥实质性作用的原则。从《物权法》第15条的内容看，属于当事人之间订立的以物权变动为目的、但是其本身事实上属于债权意义上的合同法的条文，或者说是关于作为物权变动的原因行为的条文。

《物权法》建立的“区分原则”，否定了1995年《担保法》、《城市房地产管理法》以及当时最高人民法院所作的司法解释中关于物权设立以及移转的规定，甚至也纠正了合同法中关于原因行为效果的不当规则。应该特别指出的是，担保法的相关规定在《物权法》制定过程中有了本质改进。比如担保法对于抵押权设立，规定的是不登记合同不生效；对于质权的规定是不交付占有合同不生效。这些都按照区分原则予以纠正了。

当然，从立法技术和逻辑上看，目前第9条和第15条的规定还是不足够的，但是在我国独特的法学发展历史背景下，这些条文的立法意义是显著的。事实上，在《物权法》颁布之前，我国司法系统就已经采纳了“区分原则”，并按照这一原则裁判案件了。

在立法采纳这一原则之后，批评者最主要的意见，是该原则又增加了民法的专业术语和概念；换句话说，该原则增加了民法学的专业程度。这一点在一些学者看来是不符合法律应有的亲民的特征的。[①] 对此我们认为，法律是一门科学的专业，从科学的角度看，概念并不可怕，所有的科学学科，都是由很多概念组成的。而且我们应该看到，法律科学和其他科学一样，它不是常识，不能将一般民众的理解与否当作唯一的标准，而应该把是否有利于科学司法、准确司法当作首要标准。

在此必须指出，区分原则适用的基本前提，是依据法律行为发生物权变动的情形；物权变动的根据不是法律行为时，这一原则不适用。

2. 原因行为（负担行为）的生效

在以双方法律行为从事以物权变动为目的的交易时，当事人之间实现肯定会发生负担行为，即物权变动的原因行为。对这一行为的成立和生效，区分原则的基本要求是：原因行为只能按照原因行为的生效要件判断

---

① 对此，请参见尹田《对物权立法若干重大争议问题的看法》，载《民法思维之展开——尹田民法学讲演集》，北京大学出版社，2008；以及王轶：《物权变动论》，中国人民大学出版社，2001，第52～54页。

其是否生效，物权是否发生变动，不是该行为的生效要件。如果该行为是一项债权关系的约定，那么该行为的成立与生效，都应该按照债权关系法律行为的判断标准确定。至于后来的物权变动是否成立生效，对原因行为没有决定作用。因为，正如上述所言，任何合同成立后都有最后不能履行或者没有必要履行的问题；不能履行或者没有必要履行时，不能反过来一律认为合同无效。

对这一规则中的法理，我们可以将其简要归纳为：(1) 负担行为的成立生效，不以标的物的成就为必要条件；而处分行为的成立生效，必须以标的物的成就为必要条件。因为，当事人订立合同时标的物还可能没有生产出来；但是在履行合同时，标的物一定要客观存在。(2) 负担行为的成立生效，不以当事人对标的物的处分权为必要条件；而处分行为的成立生效，必须以当事人具有处分权为必要条件。如上文引用的《意大利民法典》第1478条第1款的规定那样，买卖合同成立时，出卖人不一定有处分权，合同照样成立；只要出卖人在合同履行时能够取得这一权利即可。(3) 负担行为的成立生效，不以标的物的交付为必要条件；而处分行为的成立生效，必须以标的物的交付为必要条件。①

对于这一点，中国《物权法》在立法中终于非常明确地承认了。该法第15条规定："当事人之间订立有关设立、变更、转让和消灭不动产物权的合同，除法律另有规定或者合同另有约定外，自合同成立时生效；未办理物权登记的，不影响合同效力。"这也就是说，未能发生物权变动的情况下，不能否定有效成立的合同的效力。因为合同仍然是有效的合同，违约的合同当事人一方应该承担违约责任。依不同情形，买受人可请法院判决强制实践履行，即强制出卖人交付或办理登记，或判决其支付损害赔偿金。

这一规定，可以说非常清楚地表达了本书上文阐述的思想。通过这一规定，可以明确地说，20世纪90年代作为主流民法观念"同一主义"或者"债权形式主义"被立法彻底放弃了。这是中国民法尤其是物权法学发展的一个十分重大的进步。

---

① 参见王泽鉴《民法总论》，三民书局，2000，第284页以下；〔德〕迪特尔·梅迪库斯：《德国民法总论》，邵建东译，法律出版社，2001，第207页以下。

3. 物权变动（处分行为）的生效

从上面的叙述可以看出，物权的设立、移转、变更和废止，在法律上是一个独特的法律行为即处分行为。因此，物权的各项变动，应该遵守处分行为的生效条件。这一点是区分原则的另一个基本要求。

根据上述关于处分行为的生效条件的探讨，可以看出，处分行为的生效条件是：标的物成就，即标的物已经客观存在并且已经特定化；处分人具有处分权；进行交付，即动产的实际交付、不动产的登记（拟制交付），或者其他从客观上可以表示物权变动的行为。

这一要求可以作如下理解：

（1）不能认为已经生效的合同均能发生物权变动的结果，即仅仅以生效的合同作为物权变动的充分法律根据。因为，只能产生请求权效力的行为不能产生物权排他性效力的效果。

（2）物权变动必须符合法律规定的公示要件。一般情况下，公示方式是不动产登记与动产的占有交付，但是法律规定了其他公示方式的，当然也应该许可。无论如何物权的变动必须以公示的行为作为其基本的表征。但是正如上文所述，当事人的处分行为能够为其他客观可以认定的事实加以证明或者表征时，该行为照样可以生效，物权的变动可以成立。比如，房屋买卖中当事人订立合同之后出卖人在登记过户之前将房屋实际交付给买受人的情形，当事人订立合同后将该合同予以公证的情形，出卖人在登记之前将自己的房屋权利证书交付给对方的情形等，都属于这类情况。①

（五）合同生效而物权未发生变动时的责任

合同生效、当事人物权变动没有发生的情形，就是当事人订立合同、合同生效后，因为客观或者主观的原因而没有履行的情形。因为客观原因无法履行的，比如合同到达履行期而发生不可抗力的情形。因为主观原因无法履行的，比如当事人一方放弃请求权、拒绝履行或者因为自身原因无法履行的情形。这种情况依据同一主义无法得到自圆其说的解释，只有依

① 2008年《最高人民法院关于审理建筑物区分所有权纠纷案件具体应用法律若干问题的解释（征求意见稿）》第1条，对于业主（建筑物区分所有权人）的身份证明，并不仅仅只要求不动产登记，其他具有公示性质的行为，也可以作为所有权的证明。对于此中的法理，请参见下文关于“公示原则”的论述。

据区分原则才能合理的处理。所以本书不再探讨同一主义立法对这一问题的立法例。

依据区分原则，在物权变动的原因行为生效，而物权变动没有成就的情况下，如果无法履行并非当事人的过错（即“合同履行的嗣后不能”），那么当事人可以不承担责任。但是如果当事人有过错，那么对于不履行合同有过错的当事人应该追究违约责任。中国的司法解释也坚持了这一点。比如，在土地使用权“一权二卖”的情况下，后一合同的买受人通过办理登记取得了权利而前一合同的买受人无法取得土地使用权的，“转让方给前一合同的受让方造成损失的，应该承担相应的民事责任。”① 在立法以及支持立法的主流法学出现逻辑错误的情况下，法院的司法解释在此没有明确此处“民事责任”的性质。但是从法理上看，这一责任当然是违约责任。显然，从要求转让方（即出让人）承担因其过错使得买受人不能取得权利的责任即违约责任这一点来看，司法解释承认，合同的约束力不是根据物权是否发生变动为标准来判断的，而是根据当事人所订立的合同来判断的。这也是区分原则的正确运用的例子。至于违约责任的承担条件、具体类型以及承担的方式等，中国合同法有详细的规定。按照中国现行合同法的规定，违背合同规定的义务而不能就其违约举证说明无过错者，就应该承担合同法上的违约责任。

但是没有发生物权变动，无论如何不能作为当事人违约的免责事由。这正是本课题负责人提出区分原则所要解决的问题。我们依据上文的分析就可以看出，在法律责任承担这个问题上，按照债权形式主义的观点，违约责任在此就可能被涤除。如依据中国《担保法》规定，抵押权的设定，不登记者合同无效。如果按照这一规定，物权变动未发生时也就是没有登记的时候，这个时候合同也被规定为是无效的；既然合同是无效的，那么就没有约束力，则违约人也就不承担责任。所以，按照债权形式主义的观点，可以得出当事人在以合同约定物权变动、而在事实上未发生物权变动时，违约人可以免责的结论。这对无过错一方当事人是非常不公平的。本文作者提出区分原则，就是为了科学地理清两种不同的法律责任，即正确

---

① 1995 年 12 月 27 日最高人民法院印发的《关于审理房地产管理法施行前房地产开发经营案件若干问题的解答》第 12 条、第 14 条。

区分物权变动中原因行为的责任与物权法上的责任，从而达到解决这个问题的目的。

（六）区分原则实务问题讨论

1. 非违约一方的请求权问题

按照区分原则，在未发生物权变动的情况下，合同仍旧可能成立生效；此时，当然会发生未违约一方当事人的请求权。这一点对于建立交易诚信、保护交易安全制度是非常必要的。

在贯彻《物权法》时，我们应该首先注意的，就是要依据区分原则来清理此前立法中出现的法理混乱和立法混乱。对这些法理混乱的立法，我们还是要不厌其烦地指出它们的出处。例如，《担保法》第41条规定，当以合同设定抵押权时，“抵押合同从登记之日起生效”。第64条第2款规定：“质押合同自质物移交于质权人占有时生效”。司法解释也有这样的问题。如：(1)“土地使用者就同一土地使用权分别与几方签订土地使用权转让合同，均未办理土地使用权变更登记手续的，一般应当认定各合同无效……”(2)在土地使用权抵押时，如果未办理登记手续，则应当认定抵押合同无效。[①]

从一般的买卖交易中我们就可以清楚看出这些立法的错误：当事人在交易中当然是先订立合同，然后，在交付房屋后再办理不动产登记。这一逻辑顺序应该说没有人不知道。但是，如果依据上面这些立法，当事人订立的合同只有到交付房屋之后办理完登记手续（其实这就是合同的履行）才能够生效，此前合同一直是不生效的！这也就是说，合同只有履行之后才能生效，未履行的不生效！根据无效合同没有约束力的规则，那么就必然会有一方当事人可以毫无顾忌地违约，而另一方当事人对此毫无救济的请求权。

坚持区分原则，在合同生效而物权变动未成就的情况下，合同仍然有效，合同当事人中非违约的一方依法享有主张违约责任的债权请求权，他们的正当利益就能够得到保护。因合同仍然是有效的合同，违约的合同当

---

① 1995年12月27日最高人民法院印发的《关于审理房地产管理法施行前房地产开发经营案件若干问题的解答》第14条第1句、第15条、第16条。

事人一方应该承担违约责任。依不同情形，买受人可请法院判决强制实际履行，即强制出卖人交付或办理登记，或判决其支付损害赔偿金。

2. 确定交易不同阶段的法律效果、保护第三人的正当利益

交易比如订立买卖合同，一个最为常见的法律争议，就是什么时候发生债权发生的效果，什么时候发生物权的效果。区分原则就是针对这一问题提出来的，它是区分债权发生效果、物权发生效果最基本的理论。这个理论的核心，就是从法律行为这种最常见的法律根据的角度，将债权与物权从法律效果和法律根据两个方面区分开。对此上面已经进行了细致的探讨。

在这一方面司法实践中常常出现的问题，是将合同的生效当作物权变动的充分根据，直接把合同生效当作物权变动生效。比如，以当事人之间订立的买卖合同，作为判断买受人是否取得所有权的根据；以当事人之间订立的抵押合同，作为抵押权设定的根据等；以当事人之间订立的土地使用权转让的合同，作为判断土地使用权取得根据等。[①] 这种做法最大的问题，是损害交易中的第三人。在确立区分原则之后，这些问题都可以顺利解决。

按照区分原则，即使是当事人之间的合同已经生效，但是如果尚未发生不动产物权登记或者动产的占有交付，则不应认为物权已经发生变动。因此，不能按照合同生效则物权必然发生变动的思想规范现实的交易秩序。因为，合同的生效，只是产生了关于发生物权变动的请求权，而不是实际的物权变动。合同只有债权法上的约束力，即合同的相对权、对人权上的约束力，而没有发生物权法上的约束力，即绝对权、对物权上的约束力。合同是不能当然地发生物权变动的结果的，物权的变动必须以不动产登记和动产占有的交付作为事实根据。

违背区分原则的这一要求，就必然会损害第三人的合法利益及正当交易秩序。在作为原因行为的合同成立生效之后，有可能会发生合同所指向的标的物被第三人取得的情况。如上所述，物权法上的第三人，指的是没有参与物权变动的法律关系，但是又与这一变动有利害关系的人。保护第

① 对此，可以参考拙作《论物权变动的原因及其结果的区分原则》，《法学研究》1999 年第 5 期上引用的两个现实的案例。实际上这样的案例还很多。

三人利益有一个基本的前提条件，就是要判断当事人与第三人之间的物权变动是否已经发生和成就。这就需要把债权的变动与物权变动区分开，不能认为合同一生效就发生了物权变动。私法上更不能根据债权法上的合同，来排斥第三人的合法权利及利益。

3. 区分原则是否难于理解?

将一个交易划分为债权意义上的合同成立生效、之后才是物权变动的生效这两个阶段、两个法律事实，并且对它们依据不同的法律根据予以调整，这一点稍有法学训练的法律人士都应该能够理解。

在《物权法》的立法过程中，一些专家和社会人士提出，区分原则不符合民众熟悉的“一手交钱、一手交货”的交易情形，他们担心民众看不懂这样的法律规则，从而妨害了法律的“人民性”。这种观念一直困扰着立法者和参与立法的学者。但是这样的担心是不必要的。因为立法是不是符合“人民性”的原则，评判的标准是法律给予民众权利充分的承认和保护、能够在裁判结果上做到公正和迅捷，经得起科学的考察；让民众读得懂法律不应该是立法科学性的首选标准。因为，法学是一门科学，不论在哪个国家，都只有经过一定的培训之后人们才能够掌握法学和法律。在人类历史上，法律的知识历来都是最为复杂的，现代法律知识更加专业化，不要说一般的民众，就是其他领域里著名的专家也常常不能够理解法律概念，更无法系统读懂法律的含义。对立法提出让一般民众读得懂的要求，实际上是不尊重法律科学性的表现。

4. 对中国《合同法》第 51 条等的批评

上文多次提到中国《合同法》第 51 条的立法缺陷，因此有必要对其中的法理问题阐述清楚。虽然这不是本文的主题，但是考虑到这一立法条文和“区分原则”密切相关，因此我们可以在此简要讨论一下。

对此我们可以举一个常见的合同案例。比如，在商事活动中，某商场和供货商订立了一个未来取得某物的合同，而且供货商也不是物的实际制造人。此时，供货商需要和生产商再订立一个生产该产品的合同。这种合同与合同形成的“链式交易”的情形不论在国内还是国际上都很常见，因为合同制度给社会提供了足够的法律信用，那就是合同成立之后发生的债权约束力，可以在一般情况下保障合同得到履行；如果当事人一方不能履行的，就要承担违约责任。

但是因为有了中国《合同法》第 51 条的规定，我们需要考虑的，是商场和供货商之间订立的合同的法律效力如何？中国《合同法》第 51 条要求，该合同必须得到所有权人追认才能生效。但是在供货商和生产商订立合同之前，货物的所有权人尚不明朗，所以这个合同在成立的时候不能生效，而只能处于“效力待定”的状态。所谓效力待定，也就是既不是生效也不是不生效，而是等到所有权人追认之后再生效。那么在该案例中，如果作为生产商的所有权人一直没有找到又该如何？尤其重要的是，因为寻找生产商并与其订立进一步的合同、最后向商场提供货物是供货商的义务，而其不积极履行这个义务会怎么样？显然，按照《合同法》第 51 条，最后合同是无效的，那么供货商不会承担任何法律上的义务。这样商场的权利就受到了法律不保护信用的损害。

对于中国《合同法》第 51 条的制定，主持该法学者建议稿的梁慧星教授解释到：“因为我国不采物权行为理论”，因此这种合同，所有权人追认或者“处分人”（即合同中的出卖人）[①] 届时取得处分权的，合同有效；反之，权利人不追认并且处分人事后也未取得处分权的，合同无效。这里的无效，不是处分行为无效，而是买卖合同无效。[②]

按照这一理解，出卖人向买受人承担合同法上的债权义务，应该是在其取得标的物的所有权或者他和买受人订立的合同得到所有权人追认之后。结合上述案例，我们可以看出，出卖人和买受人之间订立的合同，最后形成了出卖人愿意履行则予以履行，出卖人不履行也不受法律制约的局面。显然，这就是交易法律规制的“不诚信”。

《合同法》颁布后，第 51 条立法上如此清晰的缺陷立刻引起法学界多数人的批评。在认识到该条文立法损害诚实信用原则的基础上，一些参与过《合同法》立法的学者提出，可以依据缔约过错责任的法律制度，来补救该条文对于“无权处分人”不追究责任的立法缺陷。[③] 其含义就是让类似于此案中的买受人，享有合同不生效时追究出卖人缔约过错责任的权利。这一想法不能说没有意义，但是存在基本概念的理解错误。因为，缔

---

① 括号文字为本文作者所加。正如本案例所示，订立合同的时候并没有发生物的处分的事实，所以这些学者将出卖人称为“处分人”是不妥当的。

② 梁慧星：《如何理解合同法第 51 条》，2000 年 1 月 8 日《人民法院报》。

③ 王利明：《论物权处分》，《中国法学》2001 年第 3 期。

约过错责任是缔约的附从责任或者附随责任，而不是合同责任，因此利用这一责任保护买受人是严重不足够的，买受人不但要承担由此而来的举证责任，而且这种责任永远也达不到合同责任的明确性和严肃性。

在此我们不禁要问，为什么有明明白白的正确法理不引用，而要采取缺陷弥补措施呢？

近年来，一大批年轻学者认识到区分负担行为和处分行为的理论价值和实践意义，提出坚持区分原则，正确处理类似于《合同法》第 51 条立法这样的问题。因此，按照区分原则，该案例中涉及的规则应该是，买卖合同是确定有效的而处分行为效力待定。[①] 因为买卖合同并非效力待定，而是自始有效，这样“无权处分人”作为有效合同的债务人，在不能履行时必须承担违约责任甚至赔偿责任，而且相对人也可以解除合同。[②] 显然，依据这些观点，法律可以在当事人、第三人之间建立良好的交易信用，为市场经济秩序发展建立良好的法制基础。

自古以来，法律都是为了社会发展的需要而不断创新，从来没有一种法律是为了某一些法学家的观点，而有意识地限制经济生活的发展。

四　物权变动规则中的物权行为理论

（一）多种公示方式中统一法理问题

在结合上文关于物权公示原则和区分原则的讨论之后，我们还是要再来总体讨论一下在中国《物权法》中，依据法律行为发生物权变动规则中的统一法理问题，以及与此密切相关的立法解读问题。这个问题十分重要，因为我们前面一再强调，依据法律行为发生的物权变动是最常见而且是最重要的，那么我们就必须回答如下这些问题：这里所说的导致物权变动的法律行为到底是什么行为？它们是不是某些学者还在坚持的“债权意思表示”？我们为什么要坚持这里的法律行为是物权行为？坚持物权行为理论究竟有什么好处？

---

① 王闯：《试论出卖他人之物与物权处分》，《人民司法》2000 年第 11 期。

② 韩世远：《无权处分与合同效力》，1999 年 11 月 23 日《人民法院报》。

1. 多种公示方式中必有其统一的法理

上文我们提到，物权公示的方式，一般是不动产登记和动产交付，但是，我国《物权法》还承认了这些典型的公示方式之外的其他公示方式，也承认依据这些公示方式可以发生物权变动的效果。比如，在不动产物权登记之外，《物权法》第127条关于土地承包经营权的设立以召开村民大会作为公示方式的规定（对此条的理解，应结合《物权法》第59条召开村民大会的规定，对此，下文将作出解释）；以及《物权法》第158条关于设立地役权的规定等。在第23条规定的一般动产以交付作为公示方式之外，《物权法》第24条规定了动产登记，第224条到第228条又规定了权利的交付和权利登记。在下文我们的分析中还可以看到，《物权法》第124条还间接地承认了不动产的占有作为公示方式的有效性。这样，对这些公示方式作为物权变动的法律根据，我们可以提出一个这样的问题，即这些不同的公示方式究竟有没有一个统一的民法上的根据？

提出这个问题意义是很显著的。因为，从现在的立法看，物权的公示方式比较多，而且这些公示方式在不同的交易中发挥的作用并不完全一致，这样，我们就有必要明确这样一个问题：归根结底，究竟是什么在决定着物权的变动？法官或者其他的司法者、执法者能不能掌握一个统一的法理上的逻辑和规则？

当然，《物权法》作为科学立法的产物，在物权变动这个基本制度设计上，我们必须遵从科学的原理。事实上，在上文中我们也多次提到，如何坚持从民法原理的角度理解物权公示原则的问题。事实上从我们一开始设计中国《物权法》的物权变动规则时，我们就已经坚持了其中一个基本原则：在民法社会里意思自治原则是基本原则；在物权变动时公示方式不过是当事人意思表示的形式而已，不论这些形式有多少，但是其核心是当事人关于物权的设立、变更、转移和消灭的意思表示。这样，物权变动制度就有了统一的原理，那就是：由当事人的意思表示所推动的、符合公示条件的民事活动。

2. 物权公示方式是物权意思表示的外在表现形式

如何认识物权公示原则的法理，在大陆法系以及我国民法学说上存在着极大争议。这些争议从法律行为的角度看，可以归纳为“物权法律行为外在形式说”和“法律行为无关说”两种截然不同的观点。

所谓“物权法律行为外在形式说”，是指物权的公示方式其实是当事人之间关于物权的设立、转移、变更和废止的意思表示的展示方式。王泽鉴教授对此有十分清晰的表述，他认为，物权合意是对物的交付行为中存在的意思表示的抽象，所以必须有一个具有公示性的行为来表达或者说记载这一“物的合意”。[①] 这一观念的来源，当然是萨维尼关于“交付是一个独立的契约”的学说。萨维尼认为，交付包含着“双方当事人对占有物和所有权转移的意思表示……仅该意思表示本身作为一个完整的交付是不足够的，因此还必须加上物的实际占有取得作为其外在的行为”。[②] 萨维尼的这一论述，揭示的是物权行为的一个特性，即作为一种法律行为必须借助于外在形式予以展示的原则，即“形式主义原则”。依据这一原则，不动产登记就是不动产物权变动的意思表示的外在形式，而动产交付是动产物权变动的意思表示的外在形式。

同样，依据形式主义原则，物权合意必须借助于外在形式才能予以表达，而表达出来的物权合意才有生效的可能。所以，不动产登记成为不动产物权变动的生效要件，动产的交付成为动产物权变动的生效要件。民法的理论至此在民法最基本的意思自治原则的基础上形成了和谐统一。

那么，物权合意在不动产登记之外还有无其他外在的表达方式？法律是否许可当事人关于不动产的物权行为在登记之外得以表达并许可它们发生物权的效果？德国民法对此是予以认可的，《德国民法典》第 873 条第 2 款规定的各种意思表示，就是登记之外的物权意思表示。依据德国权威的法律解释，这些具有一定公示方式的物权行为，是可以发生一定的物权效果的。[③]

从这一点来看，我们就很容易理解，中国《物权法》规定的物权公示方式，为什么可以有多种。这其实是符合法理的。

---

① 王泽鉴：《民法学说与判例研究》（第 5 册），中国政法大学出版社，1991，第 138 页。

② 〔德〕K. 茨威格特、H. 克茨：《“抽象物权契约”理论——德意志法系的特征》，孙宪忠译，参见孙宪忠《论物权法》，法律出版社，2001，第 652 页。

③ Prof. Friedrich Quack, Munchener Kommtar zum Burgerlichen Gesetzbuch, Verlag C. H. Beck, 1997. 关于德国民法典第 873 条的注释，已由孙宪忠翻译并以《德国不动产物权变动中的合意与登记》为名编入《论〈物权法〉》文集。关于该条第 2 款的含义，见该书第 708 页以下。《德国民法典注释》是德国百名著名学者的集体成就，总成果为 9 卷，合汉字千万字。本文所引为该书《物权法编》主编德国联邦最高法院大法官弗里德里希·克瓦克。

从这些分析可以看出，交易情况下，也就是依据法律行为发生的物权变动之中，有一个统一的法律根据，就是当事人之间的物权意思表示，或者说，就是物权法律行为。这个行为，就是当事人依据自己的内心真意，来发生物权设立、移转、变更和消灭的效果的法律行为。上面我们提到，在现实的交易中当事人会首先订立一个债权意义的合同，在这个合同中，当事人所作出的意思表示，就是债权行为，其核心是要在当事人之间发生债权法上的约束力。债权行为中的这个核心的意思表示，就是民法在法律行为理论科学上所说的债权效果意思。因为债权的本质是请求权，所以合同成立后就会发生债权。但是我们基于交易社会的实践常识也可以知道，即使合同生效，即使当事人行使了债权，合同也不会绝对得到履行，物权变动也不会绝对发生，所以依据生效的合同会发生违约责任。在这一前提下，我们完全可以理解如下一点：如果要发生物权变动的结果，那当事人肯定要重新作出关于设立、移转、变更和消灭物权的新的具体的意思表示。这个意思表示就是物权法律行为。但是物权行为作出后，必须考虑的问题是，因为物权的本质是支配权、处分权，而支配物、处分物会涉及第三人的利益，因此这个处分的意思表示必须借助于物权公示原则，已获得社会的承认和法律的保护。因此物权行为必须在符合物权公示原则的情况下才能生效。如果没有公示方式者不符合相适应的公示方式，那么即使物权行为作出了也不可以生效。①

这就是在我国民法学上一度被完全否定的物权行为理论，或者处分行为理论。这个理论的核心是：交易中的物权变动，或者说依据法律行为发

① 上文已经多次谈到中国民法一度坚持的“不动产合同不登记不生效、动产合同不交付不生效”这些规则的危害问题，也指出这些问题都是“债权形式主义”这种不完善的理论造成的。但是日本法学界有学者认为，在买卖合同这种常见的交易中，当事人之间债权的意思表示和物权的意思表示一般都是同时作出的；如果坚持意思表示作为物权变动的原则，那么物权变动应该和债权合同同时生效，因此“不动产合同不登记不生效、动产合同不交付不生效”的规则也是可以成立的。这一观点是2005年初在日本东京召开的一次中日民商法研讨会上，日本民法学界的前辈星野英一教授提出的观点。这一观点，在中国法学界也有不少使用。对此请参阅崔建远《无权处分辩》；梁慧星：《如何理解合同法51条》，2000年1月8日《人民法院报》。但是，这个观点是有明显失误的，它没有认识到债权行为的生效条件和物权行为的生效条件之间的应有差别：即使债权行为和物权行为同时作出，它们也不能同时生效或者同时无效。对这一点，请参阅上文关于负担行为和处分行为的讨论，并参阅王泽鉴《台湾民法第108条》。

生的物权变动，本质是当事人的意思自治的结果；不过物权的意思表示应该以公示作为生效要件。这样，民法的原理在物权变动方面也得到了坚持，并且实现了意思自治原则和物权公示原则的统一。

依据这种理论，《物权法》要采用的各种不同的公示方式，其实都是民法上不同权利效果的要求：有些物权变动针对第三人的法律效果强硬，那么物权公示方式在这些物权变动中就应该发挥“公示要件”的作用，也就是不公示则物权变动无效的作用（请注意这一规则与“债权形式主义”规则的区分）；如果某种物权变动本身不针对等三人或者针对第三人的效力弱小一些，则公示方式并不发生要件性作用。所以物权行为理论对于物权变动所建立的法理其实也是开放的，而不是僵硬不化的。

这一理论在中国前些年很少得到认可，但是，随着市场经济体制的建立和交易的复杂化，该理论的优势得到了越来越多的认可。《物权法》的物权变动制度基本上是依据这一理论建立起来的。

在法学界尤其是我国法学界，历来存在关于物权公示行为的另一种法理探讨，其基本特征是否定物权变动中包含有当事人的意思表示或者法律行为，它不认为交易中的物权公示的各种方法，归根结底是当事人法律行为的作用，或者意思自治原则的作用。这种观点，我们称之为“物权变动与法律行为无关说”。这种观点认为，在交易产生的物权变动中，就是依据法律行为发生的物权变动中，只有一个法律行为，那就是债权行为；而物权变动本身的根据，在不动产物权和动产物权方面有所区别：不动产物权的变动，是当事人的债权意思表示和行政法上的不动产登记的结果，或者“行政公信力”的结果（此即“登记统一公信力学说”）；动产物权变动是一种事实行为，物权变动与物权法律行为无关。[①] 在这些学者看来，“债权形式主义”才是一种妥当的理论。

上文我们已经谈到，这种观点一度被我国民法学界认为是一种主流的观点，但是近年来已经逐渐失去了主流的地位，我国法学界近年来已经有

① 对此，可见梁慧星《中国民法是否承认物权行为》，《法学研究》1989 年第 6 期；董安生：《民法法律行为》，中国人民大学出版社，2002，第 128～130 页；王利明：《物权行为若干问题探讨》，《中国法学》1997 年第 3 期；王轶：《物权变动论》，人民大学出版社，2001；崔建远：《从解释论看物权行为与中国民法》，《比较法研究》2004 年第 2 期等。

很多著述对此进行了批评，[①] 本专题研究上文也再次阐明了本课题负责人的主要观点。这一观点法理混乱和实践效果的缺陷，会得到越来越多的人的认可。

3. 从物权效果意思和公示方式相结合的角度理解物权变动的有效性

从实践的角度看，确认物权行为的客观存在，并且按照法律行为理论来处理相关物权变动问题，意义更为显著。在分析和裁判一项依据法律行为发生的物权变动是否有效的时候，应该首先分析的，是当事人是否作出了物权意思表示，并且能够结合物权公示原则来分析这一意思表示是有效性，这样就能够准确的作出分析和裁判。在此我们也可以简要总结如下：

（1）确认物权变动中当事人的意思发挥作用，突出了当事人的处分行为，在交易的关键方面贯彻了民法的意思自治原则，使得物权变动的各项结果，能够符合民事权利的内心真实意愿。这样，不仅仅债权（交易的原因）发生变动要符合当事人真意，而且物权变动（交易的结果）也能够以当事人的真实意愿来得到确认。[②] 如果一项不动产登记和动产交付不符合当事人的处分意思，即使债权人拥有债权，物权变动也不应该生效。这一原则的坚持非常必要。对此我们以下面这个案例分析就可以看出来：

2008 年，中国出现了著名的“三鹿奶粉案件”，该案件最后导致三鹿公司破产。在三鹿公司破产清算之前，该公司实际上已经停止运作。此时该公司尚欠某银行一笔贷款尚未归还，而同时它还在此银行有一笔存款。在三鹿公司破产清算的过程中，该银行利用控制存款账户的方便，抢先将三鹿公司名义下的存款划为己有，清偿了自己的债权。[③]

在分析这个案件时，一般法律人都会认识到银行的做法是不当的，但是银行的做法到底错在哪里，案件受理机构、三鹿公司的破产清算人一直

---

① 对此有兴趣者，可以参阅孙宪忠《物权行为理论探源及其意义》，《再谈物权行为理论》，这两篇论文均收录入作者《论物权法》文集（法律出版社，2001 年初版，2008 年再版）之中。另外，还可以参阅田士永《物权行为到底是什么》，《比较法研究》2005 年第 3 期；李永军：《我国民法上真的不存在物权行为吗》，《法律科学》（西北政法学院学报）1998 年第 4 期；葛云松：《物权行为理论研究》，《中外法学》2004 年第 6 期。

② 对此有兴趣者，可以参阅孙宪忠《交易中的物权确认问题》，该论文收集在《争议与思考——物权立法笔记》，中国人民大学出版社，2006。

③ 该案情形来源于法院对本课题负责人的咨询，而不是来源于媒体报道。鉴于学术研究的需要，本文在此引用了这个典型的案件，请有关方面见谅。

难以作出结论。其实，这个案件中银行的错误，就在于它只是一个债权人，它只能行使请求权，可是它却行使了处分权，处分了债务人的财产。债权如果依据法律行为实现也就是债权清偿行为，这种行为与一般的物权变动一样，在清偿的时候需要债权人与债务人的处分行为，需要符合当事人意思表示的公示方式。但是，本案中债权实现欠缺最基本的条件，就是没有处分意思表示，或者说，没有处分行为。如果债务人有处分其财产为债权人清偿的意思表示，债权的实现才是正当的。因此本案银行的行为就构成了侵权行为。如果我们能够认识到处分意思在本案中的作用，我们也就能够认识到物权意思表示在一般物权变动中的核心作用。

相反，如果按照“债权形式主义”的观点来分析此案，那么结论会如何呢？按照这种观点，物权变动中只有债权意思而不必考虑处分意思；另外，交付也只是事实行为，其正当性不必考虑当事人的内心真实意愿。如果按照这种观点处理此案，那么银行的行为会如何定性呢？当然其享有正当的债权，然后也有了一个债权划账的事实行为，那么，银行的行为就是正当的，不受指责的。

物权行为理论和债权形式主义之间分析案件的巨大差异还在于：我们知道，类似本案所指银行的行为，其核心的错误在于它损害了第三人的平等受偿权，如果依据物权行为理论来处理此案，第三人的平等受偿权会得到保护；而按照债权形式主义理论来处理此案，第三人的平等受偿权不会得到承认和保护。通过这个具体案件的分析，我们会更加清楚地理解我们否定债权形式主义、坚持物权行为理论的真意。

（2）依据当事人的处分意思和公示原则相结合的原则来进行物权分析和裁判，法院等机构裁判和处理物权案件不但非常准确，而且非常方便。在分析和裁判依据法律行为发生的物权变动时，法院和有关裁判机构当然首先要看是否存在不动产登记和动产交付这些一般的公示方式，这当然是很重要的；但是，在分析和裁判物权变动的案件时还要进一步掌握的，是物权公示方式并非仅仅这么两种，而且还一定有其他的方式。因为公示方式其实是物权意思表示的形式，当事人所要表达的物权意思表示，在采取其他有可能被法律认可的方式时，应该承认其效果。这样，就会使得物权裁判更加符合当事人意愿，也就会更加公正。对此，我们在下文分析中国《物权法》第 142 条的“但书”条款时，会看到这种分析方法的巨大价值。

(3) 在明确交易中的权源是当事人的处分行为而不是登记“确权”、“授权”之后，当事人的权利会避免受到不当登记行为的侵害。债权形式主义观点的一个缺陷，就是将依据法律行为发生的物权变动，最终解释为官方确权或者官方授权行为。因为坚持这些观点的学者也认识到，依据债权合同不能产生出物权，因此债权意思表示不能够直接导向物权变动，因此他们提出了不动产登记中官方行为的确权或者授权，以此来作为物权受让人获得物权的权源。债权形式主义的这一观点，恰恰是其一个明显的缺陷。因为物权受让人获得的权利，是物权出让人处分而来的，怎么能够将其归结为官方的确权或者授权呢？如依此说，对民事权利损害巨大。我国现实中多次出现不动产登记机构依据债权形式主义的这一说法，侵害民众权利的现象。一些登记机关认为，既然物权来源于登记，那么登记机关就有权力可以授权也有权力可以不授权。这一方面的现实非常严峻。在《物权法》制定过程中，我们曾经为解决这个问题设计了很多制度，现在《物权法》的第 13 条、第 22 条就是这样产生的。

司法机构或者其他物权裁判机构应该理解，不动产物权登记不是确权或者授权，而是公示方式。这样，民众的权利会受到很多的承认和保护。在民事生活中，在市场经济体制国家里，所有的民事权利的登记（包括民事主体资格的登记）都是民法制度的一部分，原因就是民事权利的渊源并不是公共权力，不动产登记当然也是这样，一切物权变动中的公示方式也是这样。从公共权力“赋权”、“确权”、“授权”等的角度理解公示原则，不仅不符合民法原则，而且对于民事权利造成了根本伤害。这一点我国立法者、司法者和法学界人士应该有清晰的认识。

（二）《物权法》第 142 条“但书”的解读

《物权法》颁布后，有关该法对于物权行为理论采纳与否的争论事实上还在继续。一些学者坚持说，我国《物权法》没有采纳这一理论。但是这一解读不符合《物权法》立法的本意。如上所述，在本课题负责人编制物权法总则部分的学者建议稿时，采纳物权行为理论的积极成果，是一个基本的指导思想。关于公示原则、区分原则等物权变动的基本原则的设计，则直接来源于物权行为理论。如上所述，《物权法》规定的公示方式，

以不动产登记和动产交付为主，但是同样承认了其他的公示方式的法律效果；同时，这些公示原则是在区分原则的基础上发挥作用的。结合区分原则和这些多种公示方式，我们可以清晰地看到，在债权意思之外，物权法律行为所发挥的作用。

上文曾经指出，物权行为理论在一些复杂的交易案件分析和裁判中可以发挥其他理论无法替代的积极作用。对此我们可以《物权法》第 142 条规定的但书为例来进行解读。

《物权法》第 142 条首先规定地上建筑物、构筑物及其附属设施的所有权归属于土地物权权利人，但是这一条文又规定了一个特别有意义的“但书”，即如果建筑物、构筑物的占有人等有相反证据证明自己的权利时，这些建筑物、构筑物可以不归属于土地物权人。

这一规定具有重要的理论价值，因此在《物权法》制定过程中以至于颁布的前夕，几位核心专家在讨论《物权法》最后定稿时，就这一条文仍然有比较激烈的争论。争论的缘故在于：在《物权法》第 6 条以及第二章第一节规定了不动产物权依据不动产登记簿来予以确定的前提下，第 142 条所指的土地物权人的物权，当然是已经纳入到不动产登记簿之中的，因此这一权利可以扩展到地上建筑物以及构筑物的物权归属；但是该条文中的但书在登记之外确立了物权变动的根据，这就打破了“登记统一公信力”的原则。如果在不动产登记之外承认其他物权根据（如该条规定的但书），势必导致对于“登记公信力”理论的破坏，而转向承认以物权的独立意思为核心、以多种物权公示作为客观要件来确认物权变动的物权行为理论。

在登记公信力理论中，不动产物权变动的效力来源于不动产登记机关作为国家机关的公共信服力，物权交易中没有当事人的独立意思表示，或者该意思表示不发挥作用。而物权行为理论认为，不动产物权变动的本源是当事人在交易中的意思自治，即当事人对于物权交易的推动，而登记只是物权独立意思的客观表征方式和生效要件，或者说，不动产登记以及权利登记，都只是法律承认和保护民众交易的方法。物权变动的“权源”是民众自己的权利，而不是政府或者法院的公共权力。

从民事活动的基本特征看，物权变动和债权变动，应该都是当事人效果意思追求的结果，在民法理论和实践上必须彻底地坚持意思自治原则。

因此应把不动产登记理解为当事人不动产物权发生变动的意思表示推动的结果，或者理解为物权变动的生效要件，而不能把不动产物权变动解释为行政权力的物权授权，这才是符合民法基本精神的。而法学争议的关键，应该是理论对于实践的解释力，也就是理论能够更好地实现法律公平正义的价值，能够为社会大多数民众利益保护发挥作用。

《物权法》第 142 条的但书条款的内容是，一般条件下房屋的所有权和土地权利都依据不动产登记簿来确认和保护，但是如果房屋的占有人另有相反证据的除外。这里的“相反证据”，指的就是房屋购买人已经占有住房、而没有办理房屋所有权登记的情形；这个但书要解决的现实问题是，民众买房子都是先发生房屋的占有交付，过一段时间才发生所有权取得登记。在我国实践中，所有权取得登记常常不能按时进行，购买人居住多年未办理登记的现象非常普遍。建设部曾经做过一个调查，到 2004 年底在武汉居住三年以上没有办理登记的住户有 20 万户，而三年以下没有办理登记的数字更大。依此推算，全国已经居住多年而没有办理登记的老百姓的住房，大约有上千万户，涉及的利益主体近亿人。对如此巨大的物权变动的现实问题，如果只是采取“登记统一公信力学说”，以登记作为物权确认的唯一手段，在裁判上就只能得出一个令人遗憾的结论：因为这些房屋还没有登记到购买人的名义下，这些房屋的所有权就只能认定还保留在开发商的手里。在这种情况下，在我国将会有近一亿居民的住房权益受到威胁甚至损害。

问题在于：购买人取得房屋占有的时候，也就是开发商或者房主交付占有的时候，他们之间就真的没有什么转让占有以及移转所有权的意思表示吗？为什么不承认这个意思表示并加以保护呢？笔者一直认为，物权独立意思在符合公示原则的前提下，也应该许可其发生物权确认的效果。[①] 比如，不动产购买人已经获得标的物的实际占有，这就符合了公示原则。而开发商或者出卖人向购买人交付占有，肯定是其交付房屋所有权的意思表示推动的结果，购买人接受这一交付同样是取得所有权的意思表示推动的结果。交付房屋的客观要件完全可以证明物权转移的意思表示，交付也

① 参见孙宪忠《交易中物权归属的确定问题》，《法学研究》2005 年第 2 期，另参见孙宪忠《房屋买卖交付而未登记的法律效果分析》，2005 年 2 月 2 日《人民法院报》。

有公开性的效果，所以应该获得法律的认可。

从上述现实可以看出，只承认不动产登记的“公信力”，而不承认物权变动中的意思表示的观点，在现实中消极的作用是很大的。联系到该项“但书”的立法背景，我们可以清楚地看出，承认物权行为理论与否并不仅仅具有理论价值。物权行为理论对于市场经济条件下建立物权变动的公平规则、对于解释这些规则，都是十分重要的。不论立法者如何理解和接受物权行为理论，但是颁布的法律文本显示，立法最终采纳了关于支持物权行为理论的论证。

（三）《物权法》第106条的简要解读

上文提到，在《物权法》制度设计时我们有意识地没有采纳“传来取得”理论，目的就在于按照物权行为理论建立保护第三人的制度，为我国市场经济体制下的交易建立交易安全机制。这些思考体现在《物权法》第106条的规定之中。

首先，我们先对《物权法》第106条的条文含义进行必要的分析。该条规定，“无处分权人将不动产或者动产转让给受让人的，所有权人有权追回”，但是接着又规定“除法律另有规定外，符合下列情形的，受让人取得该不动产或者动产的所有权”。它的前半句话是强调原所有权人返还请求权可以直接向第三人行使，这一点正是罗马法的传来取得理论的体现，我国《合同法》第58条也贯彻了这一思想。以此观念，当事人之间的债权行为被撤销或者被宣告无效的时候，第三人的物权取得在原则上也会被宣告无效，第三人保护的思想就无从说起。但是，从该条后半句的用语看，前半句规定的情形反而是法律上的例外。《物权法》本条的规定，强调的是对于第三人的保护，它把所有权人的返还请求权处理成为立法中的例外，而将第三人的保护规则确定为常规。可见，《物权法》的立法思想和合同法时代坚持的“传来取得”思想是有区别的。

这一规定在我国目前的法学界被称为“善意取得”制度。但这一条文规定和传统民法中的“善意取得”已经有本质的区别。传统民法所说的“善意取得”，就是依据第三人对于前手交易的瑕疵是否知情或者应否知情为标准，来确定第三人已经发生的权利取得应否得到法律的承认和保护。

目前我国立法机关关于“善意取得”的解释，也是这样的。[①] 这种条件下确立的“善意”，其实可以称为“主观善意”，即以第三人的主观心态来确定的善意。

这种“善意”正是我们在立法时有意识地要加以改造的方面。因为这种理论下“善意”的和《物权法》已经确立的公示原则没有直接的联系，在理论上和实践上具有巨大的漏洞。在我们的研究成果中，我们已经多次指出，这种缺陷已经被更加科学的理论来弥补了。这就是，德国民法依据物权公示原则，确立了“客观善意”的标准，解决了罗马法中“主观善意”标准的不足。[②] 从《物权法》第106条来看，应该说采纳了德国民法的“客观善意”标准。该条规定的不许原所有权人行使追回权的第一个条件，是“受让人受让该不动产或者动产时是善意的”；第二个条件是“以合理的价格转让”；第三个条件是“转让的不动产或者动产依照法律规定应该登记的已经登记，不需要登记的已经交付给受让人”。这三个条件中，第一个条件虽然承认了“善意取得”，但是应该特别注意的是后面的两个条件，它们更加强调的是交易的客观公正性，尤其是物权公示原则的作用。在现实经济生活中，一般的交易都能够做到后面的两个条件。如果满足了后面两个条件，即做到了客观善意，那么第一个条件所要求的主观善意，就已经成为无法裁判的法律根据了。而强调交易的客观标准尤其是用物权公示原则来切断前手交易的瑕疵，这其实就是德国民法中“从无权利人处取得”或者物权行为理论中的“抽象性原则”的体现。

有学者认为第106条总体的规定都是“善意取得”，如果这样坚持，那么我们也不可以将该条文按照罗马法的标准来解释，而应该依据公示原则的标准来解释。如果仅仅把“善意”理解为权利取得人对于其前手交易瑕疵的不知情或者不应该知情，而不考虑物权公示原则的因素，那么，实践中仍然可能造成裁判不公正的情形。原因很简单，如果违背物权公示原则来确定权利取得人的善意，那么这样的“善意”也许在债权意义上具有一定的意义（比如当事人之间没有恶意同谋订立合同的情形），但是没有

---

① 立法机关在颁布《物权法》条文的同时，也颁布了几个关键概念的解释。该解释明确规定，善意仅仅是指权利取得人的主观心态。见《中华人民共和国第十届全国人民代表大会第五次会议文件汇编》，人民出版社，2007，第172页。

② 参见孙宪忠《论〈物权法〉》，法律出版社，2001，第198页以下。

《物权法》的意义，因为主观善意无法确定物权的归属，以其作为标准违背了《物权法》第16条所确定的原则。①

对《物权法》第106条进行解读时应该注意，不能将该条文仅仅限制在那些借用、租赁等所谓“委托占有”而无权处分的情形。这样的理解将会把因各种交易产生的物权变动排斥于这一条文的适用范围之外，这不仅仅极大地限制了立法的本意，而且也不符合立法的本意。该条文强调，依据不动产登记和动产占有来推定正确权利人，以及确定其处分权，这完全不是“委托占有”而“无权处分”的情形。该条文的主要应用价值，其实是交易中的物权变动，即依据法律行为发生的物权变动，也就是在物权已经依据法律行为转移给第三人之后，交易的债权行为撤销，导致向第三人出让物权的出让人形成“无权处分”的情形。

① 2007年12月4日中央电视台第12频道报道，所有权人甲出国时，将其住房委托乙照看。其后，乙编造了一份继承案件以及该案件的公证文书，声称自己继承了该房屋，并将该房屋以市场价出卖给丙。在双方交付后乙消失。审理此案时，丙的律师提出“善意取得”的抗辩。但是，该律师提出的“善意”就是一项只具有债权意义，而没有物权意义的抗辩。因为在建立不动产登记制度之后，任何人不得提出不知不动产登记的善意抗辩，丙在购买此房屋时没有注意到该案房屋的不动产登记状况，而只是依据合同与公证取得房屋，因此其行为不符合不动产“善意取得”的条件。从该案的情形看，立法以及学术界将“善意取得”中的善意仅仅理解为取得人主观心态无瑕疵的观点，是有严重缺陷的。

专题二
《物权法》中的不动产登记问题

引　言

在本项目研究“物权变动规则一般原理和规则”这个专题中，我们已经就不动产登记的一般法理进行了仔细的探讨。通过这些探讨，我们已经知道，不动产登记是中国《物权法》确定的不动产物权变动的最主要、最基本的公示方式。因此我们已经理解，不动产登记制度是按照物权公示原则建立起来的，它是《物权法》的内在制度之一。

在这一专题中，我们将就不动产登记在《物权法》中如何实现物权公示原则的细节制度进行更为仔细的探讨。中国《物权法》在第二章第一节专门规定了“不动产登记”一节，就不动产登记在实现依据法律行为实现物权变动的细节，也就是物权的设立、变更、转让和消灭的各种情况发挥作用进行了较为细致的规定。另外，该章第三节提到了非依据法律行为发生物权变动的情况下登记的作用问题，在该法其他部分比如抵押权部分也提到了不动产登记的作用问题。我们在本专题将会把这些制度融为一体，探讨其统一的法理和具体制度规则。

中国当前的不动产登记制度并非不存在，改革开放初期至今，中国在

林权登记、土地登记、城市房地产登记、水面登记、草原登记等方面已经建立的大体完善的制度。但是，现有的不动产登记制度是根据自然资源管理的需要建立起来的，因此这些制度具有鲜明的行政法特色。也就是因为这样，这些制度建立的时候基本上没有考虑到包括物权法在内的民法原理，不能够适应市场经济体制对于物权变动的制度建设的需要。目前我国的不动产登记制度所面临的主要任务，是必须对此进行改造。正是因为这种行政法性质的不动产登记制度已经大体臻于完善的缘故，将其改造为符合物权公示原则需要的相关制度，显得十分困难。

中国《物权法》第 10 条第 2 款在现有不动产登记制度改造方面只是提出了一个大体的原则，而没有进一步的措施。显然，这一改造是中国《物权法》贯彻施行的一个大问题。本专题研究将这一问题作为核心来讨论，以求为中国不动产登记制度按照《物权法》原理科学发展提供可资借鉴的资料。

一 概念及意义

中国《物权法》第 14 条规定："不动产物权的设立、变更、转让和消灭，依照法律规定应当登记的，自记载于不动产登记簿时发生效力。"这一规定，将登记要件主义的立法原则进一步进行了阐发和强化。依据中国《物权法》的立法思想，不动产物权依据法律行为发生的变动，遵守《物权法》第二章第一节的法律规则。因此，本专题的阐述也是以此作为核心，对于不动产登记涉及物权原理的细节问题一一讨论。对于该法其他涉及不动产登记的规则，我们也会予以顾及，但是我们会说明其不同。

依据法律行为发生物权变动，我们在"物权变动的一般原理和规则"部分已经指出，这就是依据物权法律行为发生的物权变动。物权行为是法律行为的一种类型，它同样具有法律行为的一般特点。比如，从法律效果的角度看，依据物权行为发生的物权变动，可以区分为依据单方法律行为发生的物权变动、依据双方法律行为所发生的物权变动和依据多方法律行为发生的物权变动三种不同的情形。依据单方法律行为发生的物权变动，如所有权人抛弃自己的物；依据双方法律行为发生的物权变动，比如双方当事人设立抵押权或者发生所有权的移转；依据多方法律行为发生的物权变动，比如公司发起人将物品或者资金投入公司法人等。这些行为中，双方行为发生的物权变动为典型，因此，这里的讨论以双方行为发生的物权变动为出发点，间或也会述及其他两种情形的物权变动。

根据双方的意思表示所发生的物权变动，为物权变动的常规情形，这一点在市场经济体制下更是如此，因此，以下的内容对于当前中国《物权法》的实践意义显著。

由于准不动产的物权变动一般是比照不动产的规则，所以本专题也可能会涉及与准不动产登记的比较分析，但是本专题并不专门研究准不动产登记。

（一）概念

所谓“不动产物权登记”，即经权利人申请国家专职部门将申请人的不动产物权变动事项记载于国家不动产物权登记簿的事实。简称为不动产登记。不动产登记事实上包括两层含义：一是登记与否的事实状态；二是登记的过程或者程序。在《物权法》学上，应该首先探讨的是指登记与否对不动产物权的影响，所以《物权法》上所说的不动产登记，主要是指登记与否的事实。至于不动产如何登记的过程的规则，是《不动产登记法》主要解决的问题。但是，在登记程序对《物权法》实体权利具有影响时，《物权法》也应该探讨这些程序问题，比如，中国《物权法》关于不动产登记制度的规定，大体上是依据初始登记、变更登记、更正登记和涂销登记这种登记的程序展开的，立法的逻辑是各种不同登记环节上的物权变动问题。下文的探讨，实际上也是按照这一逻辑展开的。

在《物权法》之中为什么要规定不动产物权登记制度？这一问题，对于中国不动产法制、准不动产法制是一个基础性的理论问题。对这个问题的回答，涉及中国的不动产登记、准不动产登记的一系列重大而且基础的问题。在中国多数法学学科中，不动产物权登记以及准不动产物权登记只是被当作纯粹的行政管理手段，因此关于物权登记的立法，自然而然属于行政法。虽然中国《物权法》已经颁布，但是中国法学界似乎对于物权变

动以及物权公示原则普遍都不了解。[①]

在市场经济体制国家里，这一问题没有疑问。例如，德国民法学尤其是物权法学中公认，不动产登记法属于物权程序法，即不动产物权如何变动必须依据的程序法。而日本的不动产法把不动产登记法作为它的特别法。[②] 这也就是说，不动产登记法在这些国家里，并不是作为行政法而是作为民法不动产法的必要组成部分。

（二）意义

不动产物权登记的意义，就是完成物权公示原则的要求，通过登记为不动产物权交易提供具有国家公信力支持的、统一的、公开的法律基础。具体来说，这一法理根据包括如下几点内容：

1. 不动产登记是为不动产物权变动（包括不动产物权交易）提供法律基础

如上所述，不动产物权具有强烈的排他性，因此法律建立不动产物权变动的制度时，一方面要保障物权变动的完满实现，另一方面要保障对于第三人的交易安全。因此，不动产物权登记，在《物权法》上的本质，一是对于当事人之间不动产物权变动的法律承认，赋予不动产物权变动的充分法律效力；另一方面也是给予第三人足够的警示，为第三人提供安全告诫。所以，不动产登记首先是为了完成物权公示原则的要求，并不是为了进行行政管理。

登记之后，物权变动的效果会得到法律充分承认和保护，当事人之间的物权变动即会发生物权变动的法律效果。

2. 国家设立不动产登记机关所为登记具有国家公信力

在建立不动产登记的市场经济国家，不动产登记的机关有的是法院，有的是司法部门。中国1930年建立登记登记制度时，本来也是以法院为登记机关。但是当时军阀割据，法律难以贯彻，故当时的国家建立了以国家

---

① 其实一些民法学家对此问题也不是十分理解的。在《物权法》起草之初，一些民法学家批评笔者起草的“《物权法》总则”写入不动产登记制度的做法。对此，可以参阅孙宪忠《中国〈物权法〉关于不动产登记制度的基本考虑》，载《论〈物权法〉》文集，法律出版社，2001，或2008（修订版）。

② 〔日〕北川善太郎：《日本民法体系》，李毅多、仇京春译，科学出版社，1995，第64页。

地政部门为不动产登记机关的体制，这种体制在我国台湾地区沿用至今。但不管是在哪一种机关，这些机关都是国家机关。因为不动产物权是涉及国计民生的重要权利，故法律无不要求国家出面承担登记的责任，以国家行为的严肃性作为保障，使得不动产登记具有取得社会一体信服的法律效力。这种法律效力，就是不动产登记的国家公信力。

所谓“公信力”，即社会公众信服、法律予以保障的法律效果。从《物权法》变动的角度看，“公信力”可以来源于民间（比如，法国传统民法规定，由公证人担任不动产物权变动的公信证明。当代美国一些州以及我国香港地区规定，由律师事务所提供物权变动的公信证明）。但是，由国家设立的不动产登记机关所作的登记所提供的公信力，是任何民间的证明都无法比拟的。

大陆法系，不动产登记具有国家公信力，这是其不动产登记制度的本质特征之一。不动产登记具有国家公信力是不动产登记的“权利正确性推定效力”的根据。不论当事人实在的不动产物权如何，司法机关只能首先以国家建立的不动产登记簿上记载的权利为正确的权利，并依此建立不动产物权的交易秩序；同时，如果第三人依据不动产登记簿取得登记的权利，则他取得的权利当然应该得到保护（“善意保护作用”）。

3. 国家进行的不动产登记具有统一性，是不动产物权统一的法律基础

国家不动产登记机关，对于不动产登记的管辖，如同司法管辖，在国家法律整个管辖范围内都能发挥作用，这样，通过不动产登记，国家为不动产物权提供了一个在整个法律实施范围内有效的法律基础。从市场经济的发展和人民群众的生活需要来看，国家为不动产物权所提供的统一效力意义巨大。有了这个统一的基础，在整个法律实施范围内发生的一切不动产物权交易（实际上是整个不动产市场）才有了统一的法律基础和规则。如果没有这个统一基础，公正的、有序的不动产物权流转制度的建立就完全是一句空话。

（三）当代世界主要登记制度简要比较

1. 实质主义登记与形式主义登记

当代世界各个国家与地区建立的不动产登记制度有相当大的区别，原因在于立法所依据的法理有相当的差别。在学理上和实践中与中国现行立

法有一定关系的模式，有大陆法系模式、英美法系模式、中国香港法的模式、中国传统模式等。

中国的不动产立法主要受大陆法系立法的影响。在大陆法系国家里，民法典关于不动产登记对于依据法律行为发生的物权变动的效力，有实质主义登记和形式主义登记两种不同的立法模式。[①]

所谓“形式主义登记”，指的是登记对不动产物权变动只具有确认或者证明的作用，而没有决定其能否生效的作用的立法模式。这种立法模式是法国1855年不动产登记法创立的，后来为《日本民法典》等所继受。1804年的《法国民法典》对不动产物权的各种变动，除协议抵押权的成立需要公证之外，其他各种物权变动，不论是依据事实行为还是法律行为的物权变动，均不再要求其他的生效条件。但是在半个世纪之后，法国立法者认识到立法上“同一主义”的缺陷，改行“对抗主义”。其核心内容是，登记对于物权变动没有决定的作用，而只有证明的作用。《日本民法典》立法时采纳了《法国民法典》的做法。法国与日本民法的这种做法，法学上称之为“登记的对抗要件主义”。

所谓“实质主义登记”，即不动产物权依法律行为的各种变动，包括不动产物权设立、转移、变更和废止等行为，非经登记不得生效的立法模式。其含义是一切依据法律行为发生的不动产物权变动，除具有双方当事人的意思表示一致这一必要条件之外，而且还必须将该意思表示予以登记，并自登记时起不动产物权的设立及转移方可有效成立。这种模式为《德国民法典》创立，为《瑞士民法典》和现在仍在我国台湾地区生效的中国旧《民法》采纳。《德国民法典》第873条第1句规定：“为转让一项地产的所有权，为在地产上设立一项权利以及转让该项权利或者在该权利上设立其他权利，如法律没有另行规定，必须有权利人和因该权利变更而涉及的其他人的合意，以及权利变更在不动产登记簿上的登记。”第875条第1句规定：“为放弃一项地产的权利，如法律没有另行规定，必须有权利人放弃其权利的意思表示，以及该项权利不动产登记簿的涂销登记。”据此规定，不动产的登记就不仅仅只具有确认或者证明不动产物权变动的法律行为的效力，而且还具有决定其能否生效的作用，不登记者物权变动

---

① 史尚宽：《〈物权法〉论》，荣泰印书馆股份有限公司，1979，第39页以下。

不能生效。《德国民法典》的这一规定，被《瑞士民法典》和中国旧《民法》继受。瑞士民法第656条第1句规定："取得土地所有权，须在不动产登记簿登记。"第666条第1句规定："土地所有权，因登记注销或土地灭失而消灭。"中国旧《民法》第758条规定："不动产物权依法律行为而取得、设定、丧失及变更者，非经登记，不生效力。"这种做法，建立了双重法律事实作为不动产物权变动的根据的立法模式。所谓"双重法律事实"，即当事人的意思加上不动产登记，这两个条件在法律上缺一不可。

中国《物权法》第9条规定："不动产物权的设立、变更、转让和消灭，经依法登记，发生效力；未经登记，不发生效力，但法律另有规定的除外。"对这一规则，结合"区分原则"的规定，就可以看出中国《物权法》当然也是遵守了要件主义的立法原则。

实质主义登记和形式主义登记有如下差别：

（1）依法律行为方式创设、移转、变更、废止物权时，形式主义登记认为该行为属于"泛意思表示"，或者就是债权债务关系性质的法律行为，与一般债权法的合同没有本质的不同。而实质主义登记认为该合同包含着两种契约：一种是原因行为，其目的在于使当事人之间发生一般债的请求权的法律关系；另一种是结果行为，即"物权契约"，就是专门以物权的变动为目的而成立的，其结果是发生物权关系变动的法律关系的契约。《德国民法典》把这种契约命名为"合意"（Einigung），以示其与债权法上的契约或者"合同"（Vertrag）的区别。

（2）依据形式主义登记的立法体例，物权变动是债权债务合同的必然结果，故对当事人的行为完全按合同法的规则规范。这种立法的出发点是合同一经订立生效，则肯定能够得到履行的假想，所以它规定合同生效时物权随即发生变动（如《法国民法典》第1583条，买卖合同成立生效所有权便随之转移）。但实质主义登记的立法规定认为，合同订立生效不一定能够得到履行，合同产生的债权法上的约束力不能自然产生《物权法》的排他效力。所以它规定当发生物权变动时，在当事人之间的债权合同关系之外，还应该有物权变动的合意，还要求必须将其合意进行不动产物权登记，而且物权的变动只有在登记之后才能生效，即登记对不动产物权的变动发挥着实质的效力。

（3）按照形式主义登记的立法，物权变动是债的合同的当然结果，因

此债的合同的无效必然会导致物权变动行为的无效；实质主义登记的立法认为物权变动不是债的合同的直接结果，债权合同无效不能直接导致物权变动无效，因为物权变动被认为是物权合意的结果。因此，当不动产物权登记之后，不能随意被当事人撤销。如果原因行为被撤销，因该行为受损失的当事人可以针对相对人提出不当得利返还，保护自己的利益。

形式主义登记的历史溯源是罗马法的《法学阶梯》学派。罗马法的这一流派对动产和不动产的法律规定并无严格划分，因此它的关于法律行为的有效成立只源于当事人的“泛意思表示”，法律基本上不考虑法律行为的形式要件，更没有考虑到不动产物权变动的特殊性。而实质主义登记来源于罗马法的“学说汇纂”学派，以及因此发展而来的德国普通法学。[①]

从科学主义立法的角度看，实质主义登记的基本理论更加符合法理。这一理论将物权和债权的法律效果，从静态到动态作出了清晰的区分：物权依法律行为变动时，法律必须依据当事人债权意思表示与物权意思表示在时间上不一致来建立法律规制；即使当事人的物权意思表示也与具体权利实际转移是两个事实而并非同一事实。因此，不动产物权的变动只能以登记作为公示手段，而不能仅仅依据占有作为公示手段。揭示这一特点的，是德国法学家萨维尼的物权行为理论，只有这一理论，才能够系统而且协调地从民法意思自治原则和交易安全保护的角度，建立科学的不动产物权变动的法律制度。[②]

2. 托伦斯登记制和契据（合同）登记制

英美法系采取的不动产登记制度，影响最大的是托伦斯登记制。托伦斯登记制的基本特点，是首先由政府进行一次土地总清理，将土地按照行政区划做成不动产登记簿或者土地登记簿；然后将社会民众的土地具体权利“对号入座”。即首先进行按照土地的权利人确定其权利的“地籍”总登记或者初始登记；后来的不动产物权变动则在此基础上进行变更登记。这种登记体例在国际上有很大的影响。[③] 这种登记的基本特点，是“土地编成”，即以土地的区域编号，然后将地权纳入。这样，人们在查询时可

---

① Konrad Zweigert/Hein Koetz , Einfuehrung in das rechtsverglsichung, Seite 216, 1971.

② 关于物权行为理论，参见孙宪忠《物权行为理论探源及其意义》以及《再论物权行为理论》，载《论物权法》，法律出版社，2001，2008 年修订版。

③ 李鸿毅：《土地法论》，著作人自办发行，1991，第 254 页以下。

以从土地的行政区划入手、然后从土地的区域编号查询地权状况。从登记的内容看，托伦斯登记的主要意义是确定了土地的“地籍”，即土地与行政区划之间的地理位置关系，从而为现代化的登记制度（如登记的电子化）确定了基础。在这种情况下的地籍，其实就是法律上的所有权以及其他独立物权的“地籍”，就是所有权或者其他独立物权如地上权的“籍贯”。

我国目前实现的不动产登记制度，兼有要件主义登记和托伦斯登记的特色。“地籍”在中国就是农村集体土地所有权的“权籍”，在城市就是建设用地使用权的“权籍”。托伦斯登记制条件下的登记，其法律效力与实质主义登记相同。

我国香港地区建立的不动产登记制度，为契约登记或者合同登记。依香港《土地登记条例》，凡涉及不动产的一切交易的合同均应登记，包括物权变动的登记和债权关系的登记，如租赁关系也应该登记。登记的资料，是按照交易的合同编号，以方便人们查询。当然，对先纳入登记的交易即合同，法律给予充分保护，使其可以排斥在时间上先生效的合同。[①]这种不动产登记虽然不是典型的物权变动登记，但是，通过这种登记，可以赋予已经取得的不动产权利物权的效力。比如，对一宗不动产的买卖合同的两个买受人而言，登记在先的合同买受人，可以比订立在先的合同买受人优先取得指定不动产。此时登记发挥的作用，类似于德国法的预登记或者预告登记。[②]

中国古代不动产登记也被称为“契据登记”，但是本质与香港的做法完全不同，因为中国古代所谓的“契”，其实是所有权证书。这种“契”的基本做法是，经权利人申请，由政府经过勘验以及取证，将土地的权利以及房屋的权利制作成“地契”和“房契”。这些契据又区分为正本和副本，政府保留其正本作为官方档案，权利人保存其副本即“地契”或者“房契”，作为自有权利的凭证。土地权利人可以将地契或者房契作为自己

① 洪秉戎、关道培：《香港法律指南》，郑振武译，中银集团培训中心出版，1999，第207页以下。

② 德国法中的预登记，指的是为保障一项以不动产物权取得为目的的债权人的利益，在该债权生效而物权变动未来生效的情况下，将该债权所涉及的物权变动提前纳入登记。对此请参见孙宪忠《德国当代物权法》，法律出版社，1997，第153页以下。

的权利证明，在其处分不动产时，比如出卖、抵押土地及房屋时，用交付地契或者房契的方法表示土地所有权的移转、表示土地抵押关系的成立等。所以这种契据，还具有现代发达国家“不动产证券”的意义。这种登记模式，在新中国成立后一段时间内仍然采用。

只是这种制度适应当时中国社会，对于今天复杂的物权类型以及交易社会，这种做法就已经不足够了。

3.《物权法》之前中国的做法

1949～1956年，中国也曾建立有不动产登记制度，但是后来不幸中断30多年。到20世纪80年代和90年代恢复登记制度时，登记只是作为不动产行政管理部门进行管理的一种手段，或者是行政管理部门对土地物权变动进行监督管理的手段。[①] 而汽车、船舶等的登记，法律的功用也是如此。因此这种登记和民法上的不动产物权变动没有法律上的联系。

在1987年中国开始在不动产领域确立市场经济体制之后，有关不动产物权的立法，虽然没有直接按照物权公示原则来建立不动产登记制度，但是均规定不动产物权的设立、变更与废止必须进行登记。20世纪90年代中国恢复不动产登记制度时，就已经借鉴托伦斯登记模式和要件主义的登记理论，确立不采纳形式主义登记模式，而是采取实质主义登记模式。虽然中国立法一度受债权形式主义的影响，建立了不动产合同不登记则无效的规则，但是这一期间内，中国法院一般是把登记作为不动产物权变动的实质要件来对待，而不是将其作为合同生效的条件来看待的。中国《物权法》从开始起草，即确立按照实质主义登记规定建立不动产登记制度，[②] 后来这些立法观念在立法中得到了充分的承认。

---

① 关于不动产登记的行政管理性质，最明确的规定是中国1994年制定的城市房地产管理法第五章的规定：“房地产权属登记管理”，该法关于登记的规则基本上都是从管理的角度制定的。

② 对此，可以参阅本课题研究中的“物权变动的一般原理和规则”部分。也可以参阅孙宪忠《土地登记的法理和登记机关的选择》，以及《中国〈物权法〉关于不动产登记制度的基本考虑》，载《论〈物权法〉》文集，法律出版社，2001，2008年修订版；《〈物权法〉总则建议稿》，载《争议与思考——物权立法笔记》，中国人民大学出版社，2006，第73页以下。

二　《物权法》确立的不动产登记制度

我国《物权法》第一篇总则基本原则部分明确确立了不动产登记的实质主义登记原则，即登记要件主义，但在随后又规定了可以不予登记的不动产物权，以及采取登记对抗主义的不动产物权。因此，从总体上可以说，我国《物权法》确立了登记要件主义为原则，登记对抗主义为补充的不动产登记制度。《物权法》第6条规定："不动产物权的设立、变更、转让和消灭，应当依照法律规定登记。"第9条规定："不动产物权的设立、变更、转让和消灭，经依法登记，发生法律效力，未经登记，不发生法律效力，但法律另有规定的除外。"第14条规定："不动产物权的设立、变更、转让和消灭，依照法律规定应当登记的，自记载于不动产登记簿时发生效力。"第16条规定："不动产登记簿是物权归属和内容的根据。"第6条所述的除外规定，体现在《物权法》第9条第2款、第28条、第29条、第30条、第31条、第127条、第129条、第155条、第158条，以及其他一些特别法的规定中，本书将在下文中详细讨论。

（一）实质主义登记原则的应用

如上所述，所谓实质主义登记，是指不动产物权的设立、转移、变更和废止等依据法律行为的各种变动，非经登记不得生效的立法模式。《物权法》第6条和第9条确定了不动产登记采纳实质主义登记原则。《土地登记办法》第2条进一步明确了土地登记，是指将国有土地使用权、集体土地所有权、集体土地使用权和土地抵押权、地役权以及依照法律法规规定需要登记的其他土地权利记载于土地登记簿公示的行为。依据我国法律规定，不登记不发生法律效力的不动产物权主要包括以下几种：

1. 建设用地使用权，即原来立法规定的土地使用权

指土地的使用人为营造建筑物、构筑物或从事其他工作而使用国有土地的权利。《物权法》第139条规定：设立建设用地使用权的，应当向登记机构申请建设用地使用权登记。建设用地使用权自登记时设立。登记机构应当向建设用地使用权人发放建设用地使用权证书。《土地登记办法》第2条第2款规定：国有土地使用权，包括国有建设用地使用权和国有农

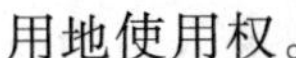

用地使用权。

2. 集体土地所有权

所谓集体土地所有权，是指劳动群众集体对属于其所有的土地依法享有的占有、使用、收益和处分的权利，是土地集体所有制在法律上的表现。《土地管理法》第11条第1款规定：农民集体所有的土地，由县级人民政府登记造册，核发证书，确认所有权。《土地登记办法》第2条明确规定：土地登记包括将集体土地所有权记载于土地登记簿公示的行为。《物权法》第58条和第60条明确规定了农民集体土地所有权及其行使方式。《物权法》第58条规定："集体所有的不动产和动产包括：（一）法律规定属于集体所有的土地和森林、山岭、草原、荒地、滩涂；（二）集体所有的建筑物、生产设施、农田水利设施；（三）集体所有的教育、科学、文化、卫生、体育等设施；（四）集体所有的其他不动产和动产。"第60条规定："对于集体所有的土地和森林、山岭、草原、荒地、滩涂等，依照下列规定行使所有权：（一）属于村农民集体所有的，由村集体经济组织或者村民委员会代表集体行使所有权；（二）分别属于村内两个以上农民集体所有的，由村内各该集体经济组织或者村民小组代表集体行使所有权；（三）属于乡镇农民集体所有的，由乡镇集体经济组织代表集体行使所有权。"

3. 集体建设用地使用权

所谓集体建设用地使用权，是指农民集体和个人进行非农业生产建设依法使用集体所有的土地的权利。《物权法》第12章明确规定了建设用地使用权。该章第151条规定：集体所有的土地作为建设用地的，应当依照土地管理法等法律规定办理。《土地管理法》第11条第2款规定：农民集体所有的土地依法用于非农业建设的，由县级人民政府登记造册，核发证书，确认建设用地使用权。

4. 集体农用地使用权（不含土地承包经营权）

所谓集体农用地使用权，是指依法使用集体土地进行农业生产的权利，这种权利虽然没有在《物权法》中规定，但是在《土地管理法》等法律中有所规定。比如，国营农场使用国有土地的权利，就是这样一种权利。《土地登记办法》第2条第2款规定：集体土地使用权，包括集体建设用地使用权、宅基地使用权和集体农用地使用权（不含土地承包经营权）。第35条规定：依法使用本集体土地进行农业生产的，当事人应当持农用地使用合同，申请集体农用地使用权初始登记。

5. 建筑物所有权

所谓建筑物所有权，是指建筑物的所有人依法对自己的建筑物所享有的占有、使用、收益和处分的权利。我国《物权法》专章规定了业主的建筑物区分所有权制度。建设部2008年制定和施行的《房屋登记办法》，对以房屋所有权登记为核心的建筑物所有权登记制度进行了明确规范。

6. 建设用地使用权抵押权

所谓建设用地使用权抵押权，是指建设用地使用权人在法律许可的范围内不转移建设用地的占有而将建设用地使用权作为债权担保，在债务人不履行债务时，债权人有权对建设用地使用权及其上建筑物、其他附着物依法进行处分，并以处分所得的价款优先受偿的担保性土地他项权利。依据《物权法》的规定，以建设用地使用权抵押的，应当办理抵押登记。抵押权自登记时设立。

7. 建筑物和其他土地附着物抵押权

所谓建筑物和其他土地附着物抵押权，是指建筑物和其他土地附着物的所有权人在法律许可的范围内不转移建筑物和其他土地附着物的占有而将建筑物和其他土地附着物作为债权担保，在债务人不履行债务时，债权人有权对建筑物、其他附着物依法进行处分，并以处分所得的价款优先受偿的担保性建筑物和其他土地附着物他项权利。依据《物权法》的规定，以建筑物和其他土地附着物抵押的，应当办理抵押登记。抵押权自登记时设立。

8. 土地承包经营权抵押权

所谓土地承包经营权抵押权，是指土地承包经营权的权利人在法律许可的范围内不转移承包土地的占有，而将土地承包经营权作为债权担保，在债务人不履行债务时，债权人有权对土地承包经营权进行处分，并以处分所得的价款优先受偿的担保性土地承包经营权他项权利。依据《物权法》的规定，以招标、拍卖、公开协商等方式取得的荒地等土地承包经营权抵押的，应当办理抵押登记。抵押权自登记时设立。

9. 正在建造的建筑物抵押权

所谓正在建造的建筑物抵押权，是指正在建造的建筑物所有权人在法

律许可的范围内不转移正在建造的建筑物的占有，而将正在建造的建筑物作为债权担保，在债务人不履行债务时，债权人有权对正在建造的建筑物进行处分，并以处分所得的价款优先受偿的担保性正在建造的建筑物他项权利。依据《物权法》的规定，以正在建造的建筑物抵押的，应当办理抵押登记。抵押权自登记时设立。

10. 海域使用权

所谓海域使用权，是指民事主体基于县级以上人民政府海洋行政主管部门的批准和颁发的海域使用权证书，依法在一定期限内使用一定海域的权利。《物权法》第122条规定：依法取得的海域使用权受法律保护。《海域使用管理法》第3条规定：海域属于国家所有，国务院代表国家行使海域所有权。任何单位或者个人不得侵占、买卖或者以其他形式非法转让海域。单位和个人使用海域，必须依法取得海域使用权。第6条规定：国家建立海域使用权登记制度，依法登记的海域使用权受法律保护。第19条规定：海域使用申请经依法批准后，国务院批准用海的，由国务院海洋行政主管部门登记造册，向海域使用申请人颁发海域使用权证书；地方人民政府批准用海的，由地方人民政府登记造册，向海域使用申请人颁发海域使用权证书。海域使用申请人自领取海域使用权证书之日起，取得海域使用权。第20条规定：海域使用权除依照本法第19条规定的方式取得外，也可以通过招标或者拍卖的方式取得。招标或者拍卖方案由海洋行政主管部门制订，报有审批权的人民政府批准后组织实施。海洋行政主管部门制订招标或者拍卖方案，应当征求同级有关部门的意见。招标或者拍卖工作完成后，依法向中标人或者买受人颁发海域使用权证书。中标人或者买受人自领取海域使用权证书之日起，取得海域使用权。

11. 探矿权

所谓探矿权，是指自然人或者法人在依法取得的勘查许可证规定的范围内，勘查矿产资源的权利。《物权法》第123条规定：依法取得的探矿权受法律保护。《矿产资源法》第3条规定：矿产资源属于国家所有，由国务院行使国家对矿产资源的所有权。地表或者地下的矿产资源的国家所有权，不因其所依附的土地的所有权或者使用权的不同而改变。勘查矿产资源，必须依法申请、经批准取得探矿权，并办理登记；但是，已经依法申请取得采矿权的矿山企业在划定的矿区范围内为本企业的生产而进行的勘查除外。《矿产资源法实施细则》第5条规定：国家对矿产资源的勘查实行许可证制度。勘查矿产资源，必须依法申请登记，领取勘查许可证，取得探矿权。

12. 采矿权

所谓采矿权，是指自然人或者法人在依法取得的采矿许可证规定的范围内，开采矿产资源和获得所开采的矿产品的权利。《物权法》第123条规定：依法取得的采矿权受法律保护。《矿产资源法》第3条规定：开采矿产资源，必须依法申请、经批准取得采矿权，并办理登记。《矿产资源法实施细则》第5条规定：国家对矿产资源的开采实行许可证制度。开采矿产资源，必须依法申请登记，领取采矿许可证，取得采矿权。

13. 取水权

所谓取水权，是指自然人或者法人在依法取得的取水许可证规定的范围内，直接从江河、湖泊或者地下取用水资源的权利。《物权法》第123条规定：依法取得的取水权受法律保护。《水法》第7条规定：国家对水资源依法实行取水许可制度和有偿使用制度。但是，农村集体经济组织及其成员使用本集体经济组织的水塘、水库中的水的除外。国务院水行政主管部门负责全国取水许可制度和水资源有偿使用制度的组织实施。第48条规定：直接从江河、湖泊或者地下取用水资源的单位和个人，应当按照国家取水许可制度和水资源有偿使用制度的规定，向水行政主管部门或者流域管理机构申请领取取水许可证，并缴纳水资源费，取得取水权。但是，家庭生活和零星散养、圈养畜禽饮用等少量取水的除外。实施取水许可制度和征收管理水资源费的具体办法，由国务院规定。

14. 养殖权

所谓养殖权，是指自然人或者法人在依法取得养殖使用证规定的范围内，从事养殖生产的权利。养殖权以及下文所述的捕捞权又统称渔业权①，其具体内容和相关程序性规定在我国《渔业法》中有比较具体的规定。《物权法》第123条规定：依法使用水域、滩涂从事养殖的权利受法律保护。《渔业法》第11条规定：国家对水域利用进行统一规划，确定可以用于养殖业的水域和滩涂。单位和个人使用国家规划确定用于养殖业的全民

① 孙宪忠：《中国物权法总论（第二版）》，法律出版社，2009，第142页。

所有的水域、滩涂的，使用者应当向县级以上地方人民政府渔业行政主管部门提出申请，由本级人民政府核发养殖证，许可其使用该水域、滩涂从事养殖生产。核发养殖证的具体办法由国务院规定。集体所有的或者全民所有由农业集体经济组织使用的水域、滩涂，可以由个人或者集体承包，从事养殖生产。《渔业法实施细则》第 10 条规定：使用全民所有的水面、滩涂，从事养殖生产的全民所有制单位和集体所有制单位，应当向县级以上地方人民政府申请养殖使用证。全民所有的水面、滩涂在一县行政区域内的，由该县人民政府核发养殖使用证；跨县的，由有关县协商核发养殖使用证，必要时由上级人民政府决定核发养殖使用证。

15. 捕捞权

所谓捕捞权，是指自然人或者法人在依法取得的捕捞许可证规定的范围内，从事捕捞的权利。《物权法》第 123 条规定：依法使用水域、滩涂从事捕捞的权利受法律保护。《渔业法》第 23 条规定：国家对捕捞业实行捕捞许可证制度。海洋大型拖网、围网作业以及到中华人民共和国与有关国家缔结的协定确定的共同管理的渔区或者公海从事捕捞作业的捕捞许可证，由国务院渔业行政主管部门批准发放。其他作业的捕捞许可证，由县级以上地方人民政府渔业行政主管部门批准发放；但是，批准发放海洋作业的捕捞许可证不得超过国家下达的船网工具控制指标，具体办法由省、自治区、直辖市人民政府规定。捕捞许可证不得买卖、出租和以其他形式转让，不得涂改、伪造、变造。到他国管辖海域从事捕捞作业的，应当经国务院渔业行政主管部门批准，并遵守中华人民共和国缔结的或者参加的有关条约、协定和有关国家的法律。《渔业法实施条例》第 15 条规定：国家对捕捞业，实行捕捞许可制度。从事外海、远洋捕捞业的，由经营者提出申请，经省、自治区、直辖市人民政府渔业行政主管部门审核后，报国务院渔业行政主管部门批准。从事外海生产的渔船，必须按照批准的海域和渔期作业，不得擅自进入近海捕捞。近海大型拖网、围网作业的捕捞许可证，由国务院渔业行政主管部门批准发放；近海其他作业的捕捞许可证，由省、自治区、直辖市人民政府渔业行政主管部门按照国家下达的船网工具控制指标批准发放。内陆水域的捕捞许可证，由县级以上地方人民政府渔业行政主管部门批准发放。捕捞许可证的格式，由国务院渔业行政主管部门制定。第 16 条规定：在中华人民共和国管辖水域，中外合资、中外合作经营的渔业企业，未经国务院有关主管部门批准，不得从事近海捕捞业。

（二）依据形式主义登记原则确立的不动产物权。

所谓形式主义登记，是指登记不具有决定不动产物权的设立、转移、变更和废止等依据法律行为的各种变动是否生效的作用，而只是对不动产物权的变动起到确认或者证明的作用。依据我国法律规定，可以不予登记即发生法律效力的不动产物权主要包括以下几种：

1. 土地承包经营权

该项不动产物权是依据合同设立的。《物权法》第127条规定，土地承包经营权自土地承包经营权合同生效时设立。县级以上地方人民政府应当向土地承包经营权人发放土地承包经营权证、林权证、草原使用权证，并登记造册，确认土地承包经营权。第128条规定：土地承包经营权人依照农村土地承包法的规定，有权将土地承包经营权采取转包、互换、转让等方式流转。流转的期限不得超过承包期的剩余期限。未经依法批准，不得将承包地用于非农建设。第129条规定：土地承包经营权人将土地承包经营权互换、转让，当事人要求登记的，应当向县级以上地方人民政府申请土地承包经营权变更登记；未经登记，不得对抗善意第三人。

2. 林权

所谓林权，简单地说是指法律确认的国家、集体、自然人、法人对森林、林木、林地所享有的权利。林权是一个比较宽泛，同时也一个比较复杂的概念，具体来说，林权应当包括：国有森林、林木、林地所有权；国有森林、林木和林地使用权；集体所有的森林、林木和林地所有权；集体所有的森林、林木和林地使用权；自然人和法人的林木所有权；森林采伐权等。《物权法》只有127条在规范土地承包经营权时一并提到林权，其他部分并未有林权的明确规定。《森林法》及其实施条例主要从行政管理的角度对森林、林木、林地的登记进行了规范，并未从物权法的角度对登记公示制度及其相关效力进行明确。依据我国法律规定，农民集体所有和国家所有依法由农民集体使用的林地，国家实行农村土地承包经营制度。从这个角度说，对国有林地和集体林地签订的土地承包经营合同确定的林权，适用形式主义登记原则确定不动产物权，对其他属于林权范围内的不

动产物权仍应依照实质主义登记原则确定不动产物权。

3. 草原使用权

所谓草原使用权，是指自然人或者法人依法享有的对草原资源的经营、使用和收益的权利。依照《草原法》规定，集体或者个人可以承包使用国家和集体所有的草原。草原使用权由县级政府登记造册，核发草原使用证。《物权法》第127条规定，土地承包经营权自土地承包经营权合同生效时设立。县级以上地方人民政府应当向土地承包经营权人发放土地承包经营权证、林权证、草原使用权证，并登记造册，确认土地承包经营权。从这个角度说，草原使用权应当自土地承包经营权合同生效时设立。

4. 地役权

所谓地役权，是指为使用自己不动产的便利或提高其效益而按照合同约定利用他人不动产的权利。《物权法》第158条规定：地役权自地役权合同生效时设立。当事人要求登记的，可以向登记机构申请地役权登记；未经登记，不得对抗善意第三人。

5. 宅基地使用权

所谓宅基地使用权，是指农村集体经济组织的成员依法享有的在农民集体所有的土地上建造个人住宅的权利。根据我国《物权法》的规定，宅基地使用权人依法对集体所有的土地享有占有和使用的权利，有权利用该土地建造住宅及其附属设施。《物权法》未规定宅基地使用权的设立必须登记才发生法律效力，该法第155条规定：已经登记的宅基地使用权转让或者消灭的，应当及时办理变更登记或者注销登记。

（三）目前生效的涉及不动产登记的法律法规

目前中国法律法规中规定不动产登记制度者如下：

1.《物权法》

该法于2007年3月16日制定，自2007年10月1日起施行。该法单独设立一节规范不动产登记制度，主要内容包括：不动产物权登记生效以及所有权可以不登记的情形、不动产登记机构和国家统一登记制度、申请登记应当提供的材料、登记机构应当履行的职责、登记机构的禁止行为、登记的效力、合同效力和物权效力区分、不动产登记簿效力及其管理机构、不动产登记簿与不动产权属证书关系、不动产登记资料的查询复制、不动产更正登记和异议登记、预告登记、登记错误赔偿责任、登记收费、不动产物权变动登记公示原则的例外等。

2.《土地管理法》

该法于1986年6月25日制定，1988年12月29日、2004年8月28日两次修正。该法明确了集体土地所有权、集体建设用地使用权、国有土地使用权的登记发证部门，土地权属和用途变更应当办理登记手续。

3.《土地管理法实施条例》

该条例于1998年由国务院通过并发布，自1999年1月1日起施行。该条例对不动产登记进行了明确规定，主要内容包括：国家依法实行土地登记发证制度，土地登记内容和土地权属证书式样由国务院土地行政主管部门统一规定，土地登记资料可以公开查询，不动产物权的设立登记、变更登记、注销登记及其登记发证机关等。

4.《土地登记办法》

该办法于2007年11月28日由国土资源部审议通过，自2008年2月1日起施行。该办法是为落实《物权法》的规定，专门规范不动产登记中的土地登记专门制定的。该办法规定的主要内容包括：土地登记的定义、登记原则和登记机构、登记程序的启动、登记申请原则及其例外、登记申请的材料要求、委托登记、登记申请的处理、登记手续的办理、土地登记簿的内容、土地权利证书与登记簿的效力顺位、权利证书的种类、土地总登记、初始登记、变更登记、注销登记、更正登记、异议登记、预告登记、查封登记、行政机关的更正登记、信息共享和异地查询、登记资料的公开查询制度、土地和房屋登记的协调、土地登记的公告、土地权利证书的补发、法律责任等。

5.《城市房地产管理法》

该法于1994年7月5日制定，自1995年1月1日起施行，2007年8月30修订。该法专章规定了房地产权属登记管理，明确了国家实行土地使用权和房屋所有权登记发证制度；县级以上地方人民政府土地管理部门是土地使用权登记的主管部门；房产管理部门是房屋所有权登记的主管部门；房地产抵押的应当向县级以上地方人民政府规定的部门办理抵押登记；明确了县级以上地方人民政府可以由一个部门统一负责房产管理和土地管理工作的，可以制作、颁发统一的房地产权证书。

6.《房屋登记办法》

该办法于2008年1月22日由建设部审议通过，自2008年7月1日起施行。该办法是为落实《物权法》的规定，规范不动产登记中的房屋登记，以及建筑物、构筑物登记专门制定的，和《土地登记办法》一起，为《不动产登记法》的制定打下了良好的基础。该办法的主要内容包括：房屋登记的定义、主管机关、承办机构、程序、原则、登记材料的公示、登记单元界定、登记材料的要求、登记申请的原则及其例外、共有房屋的登记申请、代理登记、登记费用、受理登记申请凭证、登记申请的审查、实地查看、房屋登记的条件、登记申请的撤回、不予登记的情形、登记申请的办理期限、登记簿的记载内容、房屋权属证书的发放、房屋登记簿效力优先原则、房屋权属证明登记证明的补发、登记资料的档案管理、登记信息系统建设、房屋登记簿的统一、持证上岗制度，国有土地范围内房屋所有权设立、转移、变更、注销登记，抵押权设立、变更、转移、注销登记，最高额抵押权设立、变更、转移登记，在建工程抵押权设立、变更、转让、消灭、转为房屋抵押权的登记，地役权设立、变更、转让、消灭登记，预告登记、更正登记、异议登记、异议登记的注销，依据生效法律文件的登记、依据生效法律文件进行的撤销登记及善意第三人保护，集体土地范围内房屋的初始登记、变更登记、转移登记、抵押权登记、地役权登记、预告登记、更正登记、异议登记，法律责任，房屋登记簿和管理规范的制定，房屋权属证书、登记证明的统一，其他建筑物、构筑物的参照登记，施行日期等。

7.《森林法》

该法于1984年9月20日制定，自1985年1月1日起施行，1998年4月29日修订。该法规定国家所有的和集体所有的森林、林木和林地，个人所有的林木和使用的林地，由县级以上地方人民政府登记造册，发放证书，确认所有权或者使用权。

8.《森林法实施条例》

该条例于2000年1月29日由国务院发布并实施。该法规定，国家所有的森林、林木和林地分别由国务院林业主管部门、省级、市级、县级人民政府登记核发证书，确认所有权；单位和个人的林木所有权，集体所有的森林、林木和林地的使用权，由县级人民政府登记造册，核发证书，确认森林、林木和林地的所有权和使用权；改变森林、林木和林地所有权、使用权的，应当依法办理变更登记手续；县级以上人民政府林业主管部门应当建立森林、林木和林地权属管理档案等。

9.《草原法》

该法于1985年6月18日制定，自1985年10月1日起施行，2002年12月28日修订。该法规定，全民所有制单位、集体经济组织等使用的国家所有的草原，由县级以上人民政府登记，核发使用权证，确认草原使用权。未确定使用权的国家所有的草原，由县级以上人民政府登记造册，并负责保护管理。集体所有的草原，由县级人民政府登记，核发所有权证，确认草原所有权。依法改变草原权属的，应当办理草原权属变更登记手续。

10.《海域使用管理法》

该法于2001年10月27日制定，自2002年1月1日起施行。该法规定的有关海域使用权的登记内容主要包括：海域使用权的分级审批制度；海域使用权的分级登记制度——国务院批准用海的，由国务院海洋行政主管部门登记造册，向海域使用申请人颁发海域使用权证书；地方人民政府批准用海的，由地方人民政府登记造册，向海域使用申请人颁发海域使用权证书；等等。海域使用申请人自领取海域使用权证书之日起，取得海域使用权。海域使用权证书的发放和管理办法，由国务院规定等。

11.《矿产资源法》

该法于1986年3月19日制定，自1986年10月1日起施行，1996年8月29日修订。该法明确规定了依法取得的探矿权、采矿权应当办理登记，并明确了采矿许可证的分级审批和颁发制度，但对探矿权、采矿权的具体登记程序和方法则没有明确规定。

12.《矿产资源法实施细则》

该细则于1994年3月26日由国务院发布并实施。该法规定：国家对矿产资源的勘查、开采实行许可证制度；勘查矿产资源，必须依法申请登记，领取勘查许可证，取得探矿权；开采矿产资源，必须依法申请登记，领取采矿许可证，取得采矿权。该细则关于探矿权、采矿权的登记规定，主要是从行政管理的角度进行规范的，与物权法的不动产物权登记公示制度有较大的不同。

如上所述，中国《物权法》建立的不动产登记立法模式，是以实质主

义登记作为基本原则，但是在农村地权、地役权等方面采取了符合中国国情的灵活方式（参见本研究中对于农村土地承包经营权的讨论），而在准不产登记方面采取了形式主义的登记体例。

三 登记基本内容以及登记种类

（一）登记内容

所谓登记内容，就是不动产登记机关应当在不动产登记簿上加以记载的内容。从性质上来划分，登记内容可以分为两大部分：其一，是不动产的自然状态的登记；其二，是关于不动产物权的登记。

不动产自然状态的登记包括的主要内容，是按照“土地编成主义”或者“地籍编成主义”的规则，确立土地的地籍以及相关不动产在不动产地籍图上的位置。土地编成主义，简要地说，就是按照土地的自然状态，编制土地权利簿册。具体地说，指的是土地登记簿册的编成，按照土地地表的自然延伸的而展开，法律依据土地地表的连接，建立每一宗土地的权利支配范围，并将其合并成为法律上的土地地籍，并以此建立全部的不动产登记。这一方面应该登记的主要内容有：（1）土地地籍，即土地所处的地理位置。这一点在托伦斯登记模式下，已经和土地的行政区划联系在一起，因此，登记的首要内容，是确立土地在行政区划上的准确位置。（2）土地的面积及其四邻界址。（3）土地的自然性质，即关于土地为耕地还是建筑地的登记。当土地为耕地时，属何种耕作地（如农林种植，园林、渔业养殖等）。土地为建筑地时，是否已经有建筑物、有何种建筑物以及建筑物的大体状态的登记等等。这些登记内容对不动产的价值有很大的决定意义，但这一部分登记内容主要是登记的技术性问题，基本上不属于《物权法》探讨范围。

不动产物权登记，是不动产法的基本内容，它包括土地上以及地上或者地下的建筑物上的各种物权权利的登记。这一部分登记内容包括如下需要在法律上解决的问题：

1. 登记自愿

非依法律行为发生的不动产物权变动，不必把登记作为权利变动的生效要件。但是为交易安全计，法律禁止未经登记的各项不动产物权所进行的进一步的处分。所以立法对这些物权变动纳入登记，实际上采取的是鼓励的态度，而不是强制的态度。这种情形，在法学上称为“登记自愿”。

2. 登记强制

依据中国《物权法》第9条第1句，不动产的实体权利的变动，比如抵押权的设立、依据土地出让方式的建设用地使用权的设立、不动产所有权的转移等，不登记不生效。这样，就这些物权变动而言，法律建立的体制就是“登记强制”。

实体性物权就不动产而言，指的是可以对不动产占有使用并获得一定物质利益的权利。在传统民法中，所有权、地上权、地役权、人役权、用益权、抵押权等不动产物权，都是不动产的实体性物权。目前中国民法中的实体性不动产物权，包括不动产所有权、建设用地使用权、抵押权等。这些权利（农村土地承包经营权和宅基地使用权除外）依据法律行为发生变动时，法律要求不登记不生效。这就是登记强制。

依《物权法》定主义原则，对应纳入登记的物权，应该由法律作出明确的规定。在传统民法中，依法应予以登记的不动产物权有：所有权、住宅所有权与部分所有权、地上权与住宅地上权、支配权限制、物权先买权与买回权、可预告登记的所有权取得请求权、用益权、役权、长期居住权与长期使用权，特别使用权、实物负担、抵押权、土地债务、不动产质押权等。日本不动产登记法第1条规定的应该予以登记的不动产物权有所有权、地上权、永佃权、地役权、先取特权、质权、抵押权、承租权、采石权等。中国解放初期制定的土地登记规则规定的应予以登记的不动产物权有：所有权、地上权、永佃权、地役权、典权、抵押权、耕作权。依国际上许多国家和地区的做法，不动产租赁权也应予以登记。[①]

中国《物权法》对必须登记的不动产物权变动已经规定了基本原则。依据《物权法》的规定，可知应该予以登记的不动产物权，有城市建设用地使用权、集体土地所有权、集体土地建设用地使用权、抵押权等他项权利。另外，依据《房地产管理法》等，应予以登记的还有公民自有房屋所有权以及房屋上设立的抵押权等。这些规定意义重大但非常不全面。比

① 王家福主编《经济法律大辞典》，中国财政经济出版社，1992，第797页。

如，对于行使公共权力的公法法人参与的物权活动取得的不动产物权是否登记需要立法明确；对于铁路、公路、水库、涵洞等重要的不动产物权变动，是否登记以及如何登记，也是要进一步明确的。从法学原理的角度看，这些物权变动当然应该纳入强制登记的范畴。

所以，从《物权法》实施的角度看，中国立法必须尽快制定《不动产登记法》，其中一个重要的内容，就是关于可以纳入登记的不动产物权的规定。

3. 程序权利登记

与实体权利相对应的是程序性权利，指的是人们在行使权利或者取得利益的程序方面所享有的权利。

不动产法中所谓的程序权利登记就是指顺位登记。所谓顺位，指的是不动产物权在不动产登记簿上所占据的以登记的时间先后确定的顺序上的位置。一切不动产客体物上均可承担性质各不相同的多个如上述所列的不动产物权。如一处地产之上，即可同时存在所有权、以单纯使用为目的的用益权、以使用收益为目的的用益权、以管线架设为目的的地役权、租赁权、依顺位排列的多个抵押权等。这些权利是否能够全部得到实现，完全取决于所处于的登记顺位。比如，依民法《物权法》的原理，在实现抵押权时（也就是以抵押的标的物变价清偿债权的时候），先于抵押权成立的用益物权（如地役权）和租赁权不得涤除，而后于抵押权成立的用益物权和租赁权则应该涤除。[①] 中国《物权法》第 190 条[②]规定了抵押权设立在后时不得涤除设立在先的租赁权的规则。以此法理，设立在后的抵押权也不能涤除设立在先的其他物权（如用益物权）。

因顺位问题比较复杂，而且现实中问题较多，下文将对此作专门的探讨。

（二）登记的基本种类

不论是在《物权法》中还是在不动产登记法中，制度的建立都是按照

---

① 史尚宽：《〈物权法〉论》，著作人自办发行，荣泰印书股份有限公司，1979，第 255 ~ 256 页。

② 《物权法》第 190 条：订立抵押合同前抵押财产已出租的，原租赁关系不受该抵押权的影响。抵押权设立后抵押财产出租的，该租赁关系不得对抗已登记的抵押权。

登记的基本程序展开的。这些登记的基本程序，即从物权的初始登记开始，经过变更登记等，到物权的涂销登记结束。从不动产物权的实体法角度看，这些登记在《物权法》上的意义大体是：

1. 初始登记

所谓初始登记，指不动产的所有权人依法在规定的时间内对其权利进行的第一次登记。初始登记的原因，一般既可能是因为新的不动产登记法付诸实施，需要对全部的不动产所有权进行清理性登记；也有可能是对新产生的不动产进行登记，如新建设成的楼宇、房屋等，需要进行初始所有权登记。

在不动产登记簿的设置中，初始登记也就是不动产所有权的登记，一般记载于登记簿的第二部分，第一部分为不动产自然状态的登记。

在各种不动产实体权利登记中，初始权利登记是最值得研究的问题。初始登记，其实就是不动产所有权的初始登记，是所有权登记中的特别的登记程序（抵押权等设立物权的登记，法学上为变更登记而不是初始登记），有的国家立法也称之为总登记。[①] 因为是第一次登记，其权利对以后的不动产物权变动具有原始根据的意义，故法律对该登记一般均规定有特别的申请程序和申请条件。

在上述举例中所说的新建成的建筑物的初始权利登记的问题，在法学上是一个很有争议的问题，这个问题必须在此交代明确。争议的关键是，建筑物的建筑人何时开始享有所有权，即建筑物的所有权何时产生？这个问题的答案，笔者在关于事实行为发生的物权变动的论述中已经阐述，[②] 因此不能坚持未经登记不可以享有所有权的观点。据调查，截至目前，中国个别地区的不动产的管理部门在其部门规则中规定，建成的房屋，不登记者不承认其所有权。这一提法是不正确的。因为，既然有建成的建筑物存在，而这些建筑物作为权利的客体，就必然有所有权存在它的上面（即使是一堵墙壁，也会有其所有权存在）。依据法律客观公正的原则，该建筑物的所有权必然归属于建筑人。故未经初始所有权登记的建筑物，建筑人已经有了事实上的所有权，法律也应当对它进行保护。国际上普遍承认

① 参见中国旧土地登记法第 61 条，日本不动产登记法第 100 条等。

② 参见孙宪忠《中国物权法总论》，法律出版社，2009，第 89 页。

在建造之中的建筑物也可以设立抵押权，中国《物权法》第187条对此也有清楚的承认。既然可以设立抵押权，就等于承认作为抵押权基础的所有权的存在，因为抵押权的本质是对于所有权人权利的限制，是对所有权设置的负担。

不过，关于建筑中的建筑物的所有权到底何时在事实上成立的问题，法学上一直有不同的看法，现在国际上对该问题的答案是："建筑物的建筑达到一定阶段就可以承认建筑物的所有权，这个阶段是：已有房顶及四壁即可，地板和天蓬尚未完成也没有关系。"① 因此，尚未建成的建筑物或者构筑物，也可以纳入初始登记，其所有权也可以在登记簿上得到反映。这样，我们就能够理解为什么建筑中的建筑物也可以设立抵押权等物权负担了。

建筑物的这种情况与新生土地不一样，因为，新生土地（如河流冲积、海滩淤积土地）是自然而生的，没有人的劳动因素，本来也没有所有权。所以新生土地如果法律许可私人取得所有权的，则必须在初始登记之后才能确定所有权。

2. 他项权利登记（以及变更登记）

从不动产登记的程序法的角度看，初始登记也就是所有权登记之后的权利设立登记和转让登记均称为"他项权利登记"。但是在《物权法》学中，或者在不动产实体法中，这些登记被称为"变更登记"，它们是《物权法》上对不动产所有权（包括相当所有权的不动产物权）的各种物权限制的登记。在中国，它主要是指：（1）创设用益物权和担保物权的物权登记，如在不动产上创设建设用地使用权、抵押权等。设立有物权化倾向的租赁权的登记，从实践操作的角度看也包括在内。（2）移转用益物权或者担保物权的登记，比如移转建设用地使用权的登记，移转主债权附从的抵押权的登记等。（3）权利内容的变更登记，如建设用地使用权的权利人变更土地使用目的，或者扩大与缩小原来的权利期限等的登记等。

3. 预告登记

预告登记是在当事人所期待的不动产物权变动所需要的条件缺乏或者尚未成就时，也就是说权利取得人只对未来物权变动享有请求权时，法律

---

① 〔日〕北川善太郎：《日本民法体系》，李毅多、仇京春译，科学出版社，1995，第20页。

为保护这一请求权而为其进行的登记。预告登记制度为德国民法所创立，中国《物权法》也采纳了这一制度。下文将详细探讨预告登记这一制度。

4. 更正登记和异议登记

所谓更正登记，即对错误等内容的纠正登记。异议登记是对登记的内容提出异议抗辩，限制登记的“正确性推定”效力，以保护特定人利益的登记。中国《物权法》也采纳了这一制度。对此下文也将细致地予以讨论。

5. 涂销登记

涂销登记，或者称为废止物权登记，包括权利人抛弃其不动产物权的登记，和不动产其自然灭失（如土地和房屋因自然灾害而灭失）的登记等。

四 登记机关

在不动产制度中，登记机关确定有着十分重要的意义，因为不动产登记对不动产物权的各种作用，说到底是通过不动产登记机关的工作实现的。中国《物权法》建立了登记要件主义原则；该法第 10 条第 2 款规定，中国要“实行统一登记制度”；第 16 条规定：“不动产登记簿是物权归属和内容的根据。不动产登记簿由登记机构管理。”依此规定，也可以清楚地看出不动产登记机关和不动产登记簿制度的重要法律意义。但是，因为中国还没有建立其统一的不动产登记法，没有建立统一的不动产登记制度，因此，对于登记机关和登记簿的研究意义显著。

（一）不动产登记机关的法律性质

不动产登记机关的法律性质的确定，决定于《物权法》对于登记意义的认识。

德国不动产登记法规定，由地方法院负责不动产登记，这是因为实行严格的要件主义的缘故。但是作为法院的不动产登记局并不是普通法院，而是专门管辖不动产登记的司法机构。因此在德国，不动产登记行为是司法行为，其行为的结果和法院初审判决的效力等同，因不动产登记而产生的争议不必再次起诉，而是直接向上一级法院上诉。因此在德国民法中，不动产登记机关是司法机关，其工作是司法工作。对于不动产登记机关进行登记的职责行为的性质，法学家们主要有三种看法：（1）登记是国家行政管理行为，这是以前一些人的看法，现在已经无人坚持此说；（2）因为登记行为具有决定当事人的实体民事权利的作用，故当代有一些人认为它是司法性质的管理行为；（3）当前大多数人根据不动产登记对于不动产物权变动具有的程序意义，认为登记行为是一种程序司法行为或者司法程序行为。① 目前德国法学，以不动产登记为程序性司法行为，是绝大多数人的观点。

依日本不动产登记法，日本的不动产登记机关为法务局、地方法务局、派出所这些司法行政机构。如前所述，日本的不动产登记法为民法的特别法，是对于物权变动赋予对抗效力的法律，而不是关于国家行使主权管理社会事务的法律。故在日本，不动产登记机关的职责行为仍然属于民事司法性质的行为。

中国现代法制变革时期，即20世纪20年代，在建立当代不动产制度之初也曾把法院作为不动产登记机关，但当时军阀割据，法制基础混乱，故国家才改以具有民事司法意义的民事行政部门登记的体制。但在国际上，大多数国家均实行司法机关登记的体制，而登记机关的职责行为的性质一般也被认定为司法行为。

前苏联法学，在扭曲地理解劳动价值论的基础上，否定了土地的价值和财产属性，虽然土地法也建立土地登记等制度，但是这些登记只具有自然资源管理的意义，不动产登记机关当然被认为是行政管理机构，不动产登记法也被认为是行政管理法之一。这一做法和理论长期贯彻于中国，因此中国法学界多数人至今坚持前苏联法学的认识。

从实质主义登记原则、公示要件主义原则出发，不动产登记机关应该是司法机关，而不是行政机关。即使由行政机关负责不动产登记事务时，该行政机关的性质也不是一般的行政管理性质，而是民事司法行政性质。所以从事不动产登记的官员，应该具有司法官员的特征，他们从事业务的资格必须通过特别的条件才能取得。这一点在中国也应该是这样。

---

① Dr. Joachim Kuntz / Dr. Hans Herrman usw. Grundbuchrecht, Verlag W de G, 1991, Seite 119 - 120.

（二）不动产登记机关的设立以及管辖权问题

因为不动产登记的本质是不动产的所有权和其他物权的登记，故关于不动产登记机关的设立，首先应当考虑的问题是登记的地域管辖问题，即是根据权利人的户籍还是根据不动产的地籍确定登记地的问题。在这一问题上，各国法律无一例外地采纳了属地主义原则，即根据不动产的所在地确定登记地的原则，无论本国人还是外国人均无例外。中国旧土地登记规则（1946 年）第 4 条规定："土地登记，由土地所在地之市县办理之。"德国《土地登记条例》第 1 条即关于不动产登记机关及其管辖的规定，其中第 1 款是："不动产登记由地方法院（不动产登记局）进行。不动产登记局对位于本区域内的地产有管辖权。"从这些国家和地区立法来看，登记管辖的属地主义原则，即不动产登记由不动产所在地的地方登记机关管辖，是国际上普遍承认的不动产属地主义原则的具体体现。

中国《物权法》第 10 条第 1 款规定："不动产登记，由不动产所在地的登记机构办理。"这就是属地主义原则的贯彻。

不动产登记机关的设立级别也是一个应当考虑的问题。德国的不动产登记局一般设立在县一级。与中国目前普遍的做法相同，中国目前的不动产登记机关，一般也是在县一级。

应当说明的是，根据不动产登记法的基本原理，不论登记机关选择在哪一级，登记机关都对本区域内的登记事物具有统一的管辖权。这是因为，登记必须按照物权公示原则，对市场提供统一的不动产交易资讯，和统一的、恒久的不动产交易法律根据。在一个登记区域内，法律不允许有开天窗式的把个别不动产交给他人登记管辖的现象发生。但是，如果该登记区域内某一特定地区事务繁多，登记机关可以在该地区建立登记派出所，[①] 实行特别地域派出管辖。比如在一些商业特别繁茂而建筑物地籍复杂的地段，就可以建立这种派出管辖。

在一桩不动产跨越两个以上登记区域时，德国法律允许权利人自己选择其中一个登记机关进行管辖，日本法律规定由司法行政长官确定登记管辖机关，而中国 20 世纪 30 年代的旧法律规定，由建筑物的门牌所在地的

① 参见日本《不动产登记法》第 8 条。

登记机关管辖。

总之，不动产登记机关只能依地域设立，而不能依权利人的身份设立。这是不动产物权公示原则的要求。中国目前一些地方实行的所谓“分级登记”制，即按照登记申请人（政府设立的企业法人）的行政级别确定登记机关的做法，是不符合法理的，当然也是不符合国际通常做法的。

（三）登记机关的职权与责任

1. 登记机关的职权

登记机关的职权，就是依据法律为当事人的物权进行登记，并管理不动产登记簿。中国《物权法》第 12 条规定：“登记机构应当履行下列职责：（一）查验申请人提供的权属证明和其他必要材料；（二）就有关登记事项询问申请人；（三）如实、及时登记有关事项；（四）法律、行政法规规定的其他职责。申请登记的不动产的有关情况需要进一步证明的，登记机构可以要求申请人补充材料，必要时可以实地查看。”

按照不动产登记的一般程序，登记由当事人提起申请，登记机关根据当事人的申请进行登记。但是，因为不动产物权登记事关重大，登记机关如何审查申请人提交的资料，在法律上成为研究的重要问题之一。在法学上，对此有所谓实质审查与形式审查的区别。所谓实质审查，指的是对于当事人申请的意思表示的真实性、当事人权利义务的真实性进行的审查。而形式审查，指的是仅仅对于当事人提供的法律资料形式上的真实性的审查，比如对于当事人身份的真实性、签字盖章的真实性的审查等。《物权法》颁布之前，有关部门制定的“登记规则”要求登记机关对当事人的申请进行实质审查，学术界也有一些支持这一要求的主张。但是，登记机关进行普遍的实质审查是一项无法完成的任务，因此，中国《物权法》在此建立的基本规则是，以形式审查作为原则，以实质审查作为辅助。登记机关主要的职责，是查验申请人提供的权属证明和其他必要材料是否齐备，而且其身份、签字盖章是否真实等；并且按照这些资料将当事人物权变动的事项纳入登记。这就是“形式审查”原则，即登记机关以审查当事人法律资料的形式要件的真实性。相对应的“实质审查”，指的是审查当事人交易中意思表示是否真实。实质审查一般情况下是法院的职责。

依据传统民法，只有在不动产所有权初始登记或者注销登记的情形下，法律才要求进行实质审查。比如当事人建造房屋完成进行初始登记，因为这是最基本的物权登记，所以登记机关应该就该所有权是否已经确切发生、所有权支配的真实范围以及所有权人的状态等进行审查。这些就是对于所有权真实性的审查，即实质审查。中国《物权法》在这一方面也规定了登记机关“必要时可以实地查看”的职责。

2. 登记机关不得利用职权创收原则

20 世纪 90 年代以来，中国开始恢复《物权法》意义上的不动产登记制度，适逢中国市场经济体制发展的高潮时期，但是由于不动产登记制度脱离民法、脱离物权公示原则日久，登记机关普遍对于不动产登记的性质认识混乱，再加上登记收费的利益冲动，登记机关制定了一些具有“行政创收”嫌疑的制度，比如随意甚至登记程序要求当事人缴费；比如登记之前要求对于不动产进行评估，然后按照评估价值的比例收费等。更为不堪的，是建立所谓的“年检制度”，要求当事人每年于固定的时期将其已经纳入登记的不动产物权重复登记，以收取登记费用。这些做法严重违背了物权公示原则，损害了立法的严肃性和民众的权利。对这些问题，学术界提出多次的建设性批判。[①] 中国《物权法》因此在第 13 条规定了如下内容：“登记机构不得有下列行为：（一）要求对不动产进行评估；（二）以年检等名义进行重复登记；（三）超出登记职责范围的其他行为。”此外，该法第 22 条规定：“不动产登记费按件收取，不得按照不动产的面积、体积或者价款的比例收取。具体收费标准由国务院有关部门会同价格主管部门规定。”

这些规定，对于解决中国不动产登记中出现的问题应该能够发挥积极的作用。

3. 登记机关的赔偿责任

中国《物权法》对于登记机关的错误造成的当事人损失，规定登记机关应该承担赔偿的责任。该法第 21 条第 2 款规定：“因登记错误，给他人造成损害的，登记机构应当承担赔偿责任。登记机构赔偿后，可以向造成

① 对此，可以参阅孙宪忠《中国物权法关于不动产登记制度的基本考虑》，载《论物权法》，法律出版社，2001，2008（修订版）。

登记错误的人追偿。”

对于登记机关的赔偿责任，到底是过错责任还是严格责任的问题，《物权法》颁布之后有不同看法。一种观点认为，立法在这里规定的是严格责任，即不动产登记机关应该对一切登记错误造成的当事人损失负责，包括对于登记申请人的过错造成的错误登记的损害赔偿责任，也应该由登记机关承担。[①] 对此，笔者认为，将这一责任理解为严格责任固然对于加强登记机关的责任心有积极作用，但是从立法原理上看，这一观点是不能成立的。因为，登记机关的法律责任应该与其职权相联系。在登记机关的审查职权限于形式审查的时候，其需要承担的法律责任就应该限制在过错责任的范围内；如果其审查责任是实质审查的时候，其需要承担的法律责任，应该就是严格责任。所以就登记机关的赔偿责任，不应该一概而论。

登记机关既然是国家机关，国家赔偿在任何国家都只能依据过错责任规则，而不能以严格责任作为承担责任的基本原则。所以，登记机关应该因为自己的过错承担法律责任。

五　不动产登记簿和权属证书

（一）不动产登记簿的设置与掌管

中国《物权法》第16条规定：“不动产登记簿是物权归属和内容的根据。不动产登记簿由登记机构管理。”从这一规定可以看出不动产登记簿在《物权法》和不动产法的制度设置中的核心意义。在此就登记簿与《物权法》相关的问题予以阐述。

不动产登记簿即记载不动产物权事项的专用簿册。根据物权公示原则，不动产登记簿实质上成为不动产物权的法律根据，它具体地实现着登记对不动产物权的三大效力，即物权变动根据效力、权利正确性推定效力、善意保护效力。人们不但要根据不动产登记簿来完成不动产物权的设立和转移，而且根据不动产登记簿确定某人是否对某项不动产具有权利，法院也只能首先根据不动产登记簿对权利进行保护。故不动产登记簿在不

① 胡康生主编《中华人民共和国物权法释义》，法律出版社，2007，第63页以下。

动产《物权法》中的地位十分重要。

在各国或者地区的不动产登记法中，不动产登记簿由不动产登记机关专门掌管。不动产登记机关以不动产登记簿为根据，为本管辖区域的全部不动产建立地籍。在托伦斯登记体制中，地籍的建立和国家的行政区划以及地形图相联系，因此地籍簿册可以方便地与行政区划地形图联系起来查找。这一点为土地的法律资源调查提供了很大的便利。

不动产纳入登记之后，任何一桩不动产都必然在不动产登记簿上有一个确定的位子，不论它是私有的或者是官方的。其实，地籍在法律上就是不动产的所有权籍，因为所有权为基本物权，其他物权都是建立在不动产所有权之上的权利类型，只有依据不动产的所有权才能建立地籍体系。

（二）不动产登记簿记载的内容

中国尚未制定不动产登记法，因此关于不动产登记簿上记载的内容，尚无法依据法律确定。

根据德国不动产登记施行法规，不动产登记簿记载的内容主要有：关于不动产自然状态的文字描述，如土地是耕地还是建筑地，地上是否有建筑物以及建筑物的状态等；关于不动产的四邻界止的表述；关于不动产物权的记载。其中，关于不动产物权的记载是不动产登记簿的重点部分，法律规定这一部分必须包括三个部分，而且每一部分都必须设置专门的簿册。这三个部分是：（1）所有权，记载不动产所有权的来源及其变更，即不动产所有权从原始产生以及后来移转的状况；（2）用益物权及其他权利限制，记载不动产负担的用益物权以及根据民法典对不动产所有权的处分限制、异议抗辩以及预告登记等；（3）担保性权利，记载抵押权、土地债务、定期金土地债务以及对这些变价权的预告登记等。由此可见，德国不动产登记簿的设置完全是根据民法典的物权体系建立的。

日本的不动产登记簿分为土地登记簿和建筑物登记簿两类，但这两类登记簿建立在统一的登记机关里，而且建筑物的登记簿中必须明确建筑物和土地的法律关系。此外，每一宗土地或者每一幢建筑物备有一簿册，而每一簿册又分为：（1）标示部，记载该不动产按照国家行政区划确定的编号；（2）甲部，记载不动产所有权，主要是所有权的变迁；（3）乙部，记载所有权所承受的限制，比如用益物权和担保物权等，另外，该不动产因

为公法上的原因所承担的限制，比如法院发布的“假处分”（比如诉讼保全）措施，也登记在这一部分。

中国1934年制定的、现在台湾地区仍然生效的“旧土地法”以及“土地登记法”等，规定的登记内容，与日本法的做法基本一致。但是由于采用要件主义登记原则，因此，登记的法律效果和日本法不同。

由于不动产登记本质是不动产物权登记，物权登记时对涉及物权的事项必须清楚记载。比如：（1）物权种类及关系；（2）物权成立、权利转让及变更有关的条件及期限；（3）权利的内容及范围；（4）当事人和权利人如果是多数人时，则应记载共有人之间的关系；（5）登记期日及管辖机关的签字等。

（三）不动产登记簿的特点

1. 统一性

由于不动产登记具有为不动产交易提供法律基础的基本功能，因此市场经济体制下的各国立法均要求在一个登记管辖区域内，实行统一的不动产登记制度。这就是说，不动产登记，不能实行多部门、多级别的登记。否则，在不动产登记簿上“开天窗”时，就无法建立统一的不动产法律根据。

中国《物权法》立法时，经过艰辛的努力，最终在其第10条写上了“建立统一不动产登记制度”的原则。但是中国现实中不动产登记并不统一，对此下文还要谈到。

2. 官方性

即不动产登记簿只能是国家专门机构通过特别程序制作的档案文献，具有特别的规格和形式，不是私人制作的比较随意的文件。法律上所谓的登记，均与国家的行为有关，登记都是在国家或者政府机关进行，比如法人登记、婚姻登记等。不动产登记也是一种国家登记。作为一种物权变动的公示方式，它与动产物权变动的公示方式交付的区别是，交付只具有社会承认的法律意义，而不动产登记兼具有社会承认和国家承认的意义。因此不动产登记的公示效力即“公信力”远远大于动产的交付。这一点体现了国家对于不动产这种重大社会财富的支配秩序和交易安全必须给予极大关注的立法精神。

英美法系以及我国香港地区的立法，承认律师登记的法律效果。但是从法理上看，这种“登记”只具有证明的效果，而不具有登记的效果。

3. 公开性

指不动产登记簿记载的资料，必须向社会公开，必须许可关系人查询和复制，并作为关于不动产权利的最有效的证据使用。国家登记的有些资料是国家的秘密，不能向社会公开。但是不动产登记，是为了实现物权公示原则的要求而建立的制度，所以，不动产登记簿必须是公开的，而不是秘密的。不动产登记是为贯彻物权公示原则而建立的制度，物权公示原则的要求就是利用不动产登记的公开性，达到将物权变动展示给社会的目的。因此，不动产登记簿必须向社会公开，必须许可一切利害关系人查询。在实现不动产登记的电子化（即电脑化）以后，不动产登记的公开性会越来越强，不动产的交易安全会越来越有保障。

中国《物权法》第18条规定：“权利人、利害关系人可以申请查询、复制登记资料，登记机构应当提供。”20世纪90年代之前，不动产登记簿长期作为“秘密”档案，不许可利害关系人查询。90年代中期这种情形有了根本扭转。依据《物权法》这一规定，不动产登记的公开性得到了充分的实现。

4. 恒久性

即不动产登记簿是国家长期保留的档案，只要不动产存在，不动产的登记簿就会存在，不得由任何机关销毁。在世界上，有些国家的不动产登记簿保存的资料已经有数百年的历史，我国历史上因为民众对于“地契”、“房契”的信赖，不动产登记资料保留历史最为长久，但是这种局面在“文化大革命”之中彻底毁灭。

不动产登记是恒久保存的资料，对于不动产交易的安全提供了切实的保障。不动产权利因为不动产登记的恒久性，获得了法律承认和保护的稳定性，这种优势是其他民事权利完全无法比拟的。

（四）权属证书

我国历史上长期存在的“地契”、“房契”等所有权证书，至今仍然得到民众的信赖。地契和房契的存在，说明中国民众很早以前就知道不动产所有权这些高度抽象化的权利不同于债权的特征，也说明中国民众很早就知道不动产所有权的转移必须借助于政府公信力支持的物权证书来表达的

法律道理。这些所有权证书演化到今天，就是我国当前普遍使用的不动产物权证书，有“房地产证”、“建设用地使用权证”、“房产证”等。20世纪90年代以来，中国不动产管理部门非常重视不动产所有权证书的发放工作，民众对于拥有证书作为所有权证明也持有高度的信赖。

但是，这些证书如果脱离不动产登记簿存在于世，则会出现证书与登记簿之间的矛盾，而且证书与登记簿相比显然公信力方面有缺陷。因此从《物权法》的原理角度看，立法只能以不动产登记簿作为物权的根据，而将这些证书作为权利人自己掌握的权利证明文书。因此，中国《物权法》第17条规定：“不动产权属证书是权利人享有该不动产物权的证明。不动产权属证书记载的事项，应当与不动产登记簿一致；记载不一致的，除有证据证明不动产登记簿确有错误外，以不动产登记簿为准。”据此规定，登记机关颁发的权属证书只是不动产登记簿的外在表现形式，不动产物权的根据仍然是不动产登记簿。[①]

根据这一规定，不动产物权变动不能仅仅以交付这些权利文书作为充分的生效要件，而仍然应该以不动产登记作为生效要件。

六 基本登记程序

因为中国不动产登记法尚未制定，参考世界各国及我国台湾地区的不动产登记法，中国不动产登记应该建立的一般程序性的原则有：

1. 合法原则

该原则的基本要求是，不动产登记机关的活动不但要遵守专门的不动产登记法，而且登记权利的种类和内容必须以民法典所确定的物权种类为根据。

2. 申请原则

该原则的要求是，登记首先由当事人，受益人或涉及的机关提起登记申请。各国法律一般规定，不允许登记机关在没有申请人提起申请的情况下就进行登记，涂销，或者更正；但是登记机关发现自己的错误登记时，

① 对此制度设计方面的考虑，请参阅孙宪忠《争议与思考——物权立法笔记》，中国人民大学出版社，2006，第82页以下。

可以经过特别程序予以更正。

3. 形式审查原则

该原则的意思是，登记机关只是审查登记申请人提供的资料的形式要件，比如合同等法律文书上的签字盖章的准确性等，而不审查申请人内心的真实意思表示。只要申请人提供的资料能够满足法律所规定的程序性条件，不动产登记机关即为其登记。登记机关对申请人与相对人的关于实体法律关系的法律行为不予审查。比如，登记机关一般只是审查登记申请人的申请和相关权属文书和初始登记是否一致，而不查验当事人物权设立、物权移转时所做的意思表示是否符合其真实心愿。

形式审查原则建立的原因是：在设立物权、移转物权时，不动产登记机关既不享有权利也不承担义务进行调查和举证，所以登记机关无法对申请人进行交易的真实意愿进行实质审查。另外，不动产登记机关无权、也没有必要改变当事人依据自己的意愿建立的财产法律关系。在德国，法学家认为如果登记机关进行实质审查，则不但当事人违背意思自治的原则，还有可能引起对登记机关不必要的纠纷。只有在不动产登记有害于公共利益时，不动产登记机关才进行调查和举证，并作出是否登记的决定。① 德国法学的这一考虑，中国制定不动产登记法时也应该采纳。

4. 法定文字登记原则

即登记机关只能使用本国法律确定的法定文字，而不能使用方言和外国文字登记的原则。同时，法律要求登记只能使用法定文字，而不能使用画线、括号、涂抹加其他线条和符号等不具有公信力的技术手段。

5. 精确性原则

即对涉及的登记事宜必须使用确切的文字表述的原则。不但物权类型的表述，不能随意使用缩略语、俗语、部分人的惯用语（比如网络语言）等，而且登记中其他事宜的表述，如不动产担保中的确定金额，地上权中的确切期限和租金等，凡是纳入登记的，均必须清晰、明确、肯定。

6. 证据原则

即要求登记申请人及不动产登记机关提供必要的证据的原则。

---

① Dr. Joachim Kuntz/Dr. Hans Herrman usw. Grundbuchrecht, Verlag W de G, 1991, Seite 112.

七 顺位制度

（一）概念、特征以及意义

中国《物权法》第194条只是在抵押权制度中承认了顺位制度，但是，这一制度及其原理并不仅仅只在抵押权制度中发挥作用，传统民法中地上权、抵押权可以同时存在，我国现实中类似情形也常常出现。所以在此根据《物权法》原理以及发达国家和地区的立法，对顺位制度进行探讨。

1. 概念

所谓顺位，就是某个具体的不动产物权在不动产登记簿记载的一系列权利顺序中占有的位置。任何不动产均可以承担性质不相同的多个物权，如所有权、以单纯使用为目的的用益物权（如传统民法中以建筑为目的的地上权）、以使用收益为目的的用益物权（如传统民法中的永佃权）、以管线架设为目的的地役权以及依顺位排列的多个抵押权等。在我国，城市建筑物越来越高，因此《物权法》第136条承认了一宗土地之上可以设立多个建设用地使用权。

不动产因为具有多用性和很高的价值，所以这些权利可以同时存在于不动产登记簿上，而且这些权利在不动产登记簿上排列为顺序；其中每一个权利所占据的位置，就是该权利的顺位。

任何一项不动产物权的变动都有可能涉及他人的利益。其中以排斥他人权利为目的设立的抵押权最为明显，所以中国《物权法》第194条有抵押权顺位的规定。在不动产物权上设立一项抵押权，就必须考虑到不动产物权上有无其他的抵押权或者他项权利的存在，因为一项不动产物权上在设定多个他项权利如两个以上的抵押权时，这些权利的实现必然存在着竞争。解决不动产物权竞争矛盾的方法，就是依法确定这些权利实现的先后顺序。而这一顺序的法律制度，就是顺位制度。

不动产物权的顺位是依据登记制度建立起来的。登记在先的权利，具有优先的顺位，可以绝对先行实现。按照物权公示原则，一切不动产物权的变动都应该纳入登记，即使是不动产物权的废止，也要涉及他人的利益，所以也必须登记。登记因此不但确定了不动产物权的合法性，而且也同时建立了该物权的顺位。

2. 特征

登记顺位的特征有如下几点：（1）顺位主要是不动产物权的法律制度，一般的动产物权（除准不动产物权之外）没有这一制度。因为一般的动产物权以占有的交付作为公示手段，一经交付，其他限制物权无法设立，故一个动产上只能存在一个限制物权，所以无法在动产物权上建立顺位。（2）顺位是为不动产的限制物权设立的法律制度。一般情况下只有所有权之外其他不动产物权，如用益物权和抵押权等，才有顺位的问题。一宗不动产上只有一个所有权，所以所有权一般无顺位。但是在德国法中，有“所有权人的抵押权”的顺位问题，依据法理，这种权利在我国法律中也有产生的可能，因此在这里简要介绍。这种权利产生的原因是，一个抵押权人同时成为不动产的所有权人时（比如抵押权人买得该项不动产），因为担心他的所有权被后续顺位的抵押权实现时涤除，所以他可以同时保留自己的所有权和抵押权以及该抵押权的顺位。这种情况的本质还是抵押权的顺位问题，而不是所有权的顺位问题。① （3）顺位由登记而生，某一权利的精确顺位依不动产登记簿为准。

（二）“程序性权利”顺位权

顺位制度对不动产物权的实现具有“程序性权利”的重要意义。顺序优先的权利，享有比后续顺位优先实现的权利。因此在《物权法》学上，可以成立“顺位权”这个概念。顺位权是不动产物权的次序权，或者程序权。故顺位制度的法律意义可以用一句话概括，即：优先顺位的权利对后续顺位的权利有绝对排斥的效力。这一效力表现在两个方面：

（1）优先顺位的权利优先实现，后续顺位的权利只有在优先顺位的权利实现之后才能有实现的机会。

（2）后续顺位的权利不得登记有妨害优先顺位权利的内容，否则这些内容无效。

但是，顺位并非对一切不动产物权的实现都具有决定意义。所有权因为是完全物权和充分物权，它根据其本来性质不但排斥一个物上有两个所有

① 所有权人抵押权，还可以依据“顺位保留”建立。对此见下文“顺位保留”。

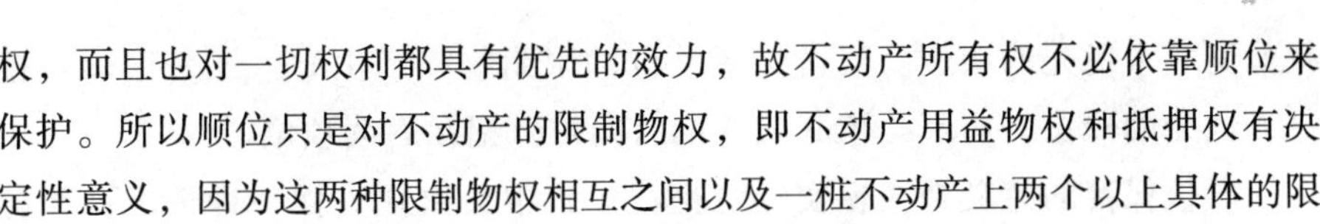

权，而且也对一切权利都具有优先的效力，故不动产所有权不必依靠顺位来保护。所以顺位只是对不动产的限制物权，即不动产用益物权和抵押权有决定性意义，因为这两种限制物权相互之间以及一桩不动产上两个以上具体的限制物权相互之间没有优先权，从而必须依靠顺位来确定他们之间的效力次序。

这一点对中国的不动产事业有非常重要的意义，因为中国的土地，只有建设用地使用权才可以进入市场，土地所有权反而不能进入市场交易，而建设用地土地使用权本身就是不动产限制物权。但是这种权利本身在房地产市场中发挥着基础性权利即“准所有权”的作用，城市中的土地地籍反而要依据该项权利来建立。该项权利负担的抵押权的顺位，应该成为建设用地使用权的限制性权利的顺位。另外，因为“法定物权变动”依据公认的法理具有比按照当事人意思表示发生的物权变动更为强大的效力，所以法定物权变动不受顺位制度的约束。

（三）顺位制度的原则

1. 顺位依登记时间确定的原则

不动产物权的顺位依其纳入登记的时间确定，这是顺位确定的基本原则。对同一权利有数人提出登记申请时，以登记机关收到申请的时间先后决定登记的顺序。

2. 后序顺位权利人不得进行损害优先顺位权利人利益登记的原则

依顺位优先的权利优先实现的原则，优先顺位的权利对后序顺位权利有绝对的排斥权利，因此，后序顺位的权利人如果追求损害优先顺位权利人利益并企图依靠登记来达到这一目的时，那么这一登记自始无效。

3. 权利人的顺位以登记中的时间顺序表示原则

这一原则世界各国基本上都予以采纳。在不动产登记簿上登记的各个限制物权的成立时间，同时也就是确定个权利顺位的依据。比如《德国民法典》第 879 条的规定：同种性质的权利，其顺位依登记的次序确定；不同性质的权利，以登记所记载的日期确定其顺位；同一日登记的权利，其顺位相同。同顺位的权利人，彼此没有优先权。

（四）顺位保留

所谓顺位保留，就是不动产的所有权人为将来必然产生的一项限制物权保留一个优先的顺位。当被保留顺位的限制物权产生时，经登记而直接进入优先的顺位，而不必依其成立的时间被登记在后续顺位。

顺位保留的意义是在现实经济交往中常常会出现这样一种情况：债务人优先考虑的经营目的尚未实现，而其次的经营目的却实现了；但是，为了优先考虑的经营目的，债务人必须为其中的债权人建立抵押权。比如，土地的所有权人为不动产的开发而需要较高额的贷款，为保证出借人的利益，他应该将其土地为出借人设立第一顺位的抵押权。但是在他尚未找到如此的出借人时，却找到了愿意为他的其他项目贷款的出借人。为不动产的开发利益需要，他就有保留第一顺位的抵押权的必要。在用益物权关系中，也会有这种顺位保留的必要性。

进行顺位保留的条件是：（1）做顺位保留的权利，必须是范围特定的权利，既是用益权，还是抵押权，必须在不动产登记簿上明确限定，不能只保留不确定名称的权利顺位。（2）做顺位保留的权利是抵押权时，该抵押权所担保的债权的数额必须明确肯定。（3）此保留顺位的权利必须在不动产登记簿中登记。

顺位保留依土地所有权人单方面的意思并纳入登记而成立。因顺位保留具有物权成立的意义，故民法典要求其成立必须符合物权成立的一般原则。

被保留顺位的权利在顺位保留阶段尚不是独立权利，而是不动产的所有权的一部分，而且与不动产的所有权不可分割，不可以独立地变价，不可以单独被强制执行，而只能由所有权人嗣后与取得人达成合意而移转给取得人。①

（五）顺位变更

既然权利人拥有顺位权，那么这项权利就可以由权利人自己处分，这样就发生了顺位变更的情形。顺位变更即同一不动产所负担的同种性质的两个限制物权人，自愿将他们的顺位予以交换的行为。比如第一顺位的抵

① 通过顺位保留制度的建立以及顺位转移的制度，也可以看出在法律和法学中承认“物权独立意思表示”或者“独立物权法律行为”的现实性和必要性，以及中国法学中那种否定这种法律行为的观点的不足。

押权人和第三顺位的抵押权人就他们的顺位所进行的交换。顺位变更的结果，是顺位这种独特的不动产程序权的变更。中国《物权法》第194条承认了抵押权的顺位变更。

依据法理，可以确定顺位变更的条件如下：

1. 依法理，顺位变更只限于同一不动产所负担的同种性质的物权的顺位

性质不同的权利，顺位不可以变更。比如抵押权与抵押权的顺位的交换，即可以实现顺位变更。不同种类的物权的顺位，比如地上权的顺位与抵押权的顺位就不可以交换。

2. 当事人之间达成协议

这种协议，依据法理是一种典型的物权契约。

3. 登记

这一登记从技术上来说，属于不动产物权的变更登记。依据《物权法》的法理，当事人之间的协议也只能是登记之后生效。

顺位变更和顺位保留一样，都是实践的需求。因此中国法律应该建立这样的制度。

八 预告登记

（一）概念、原理及意义

1. 概念与原理

所谓预告登记，就是为保全关于不动产物权的请求权而将此权利进行的登记。这种登记是不动产登记的特殊类型：其他的不动产登记都是已经完成的不动产物权的登记，即完成权的登记；而预告登记所登记的，不是不动产物权，而是目的在于将来发生不动产物权变动的请求权，即不动产物权的取得权；而且预告登记的本质特征是使得被登记的请求权具有物权的效力，纳入预告登记的请求权，对后来发生的与该项请求权内容相同的不动产物权的处分行为，具有排他的效力，以保障将来只能发生请求权所期待的法律结果。也正因为此，预告登记也是不动产《物权法》的必要组成部分之一，它是特殊的登记形式。

预告登记，为德国中世纪民法创立的制度（Vormerkung），中国法学界过去对此的翻译并不一致，有暂先登记、预登记、预先登记等，日本民法中的“假登记”，部分具有预告登记的意义。根据中国旧《民法》和汉语习惯，中国《物权法》学者建议稿将其名称确定为“预告登记”，[①] 后被立法采用。中国《物权法》第 20 条就是关于中国不动产预告登记制度的规定。该条第 1 款规定了预告登记的含义以及法律效果，其内容是：“当事人签订买卖房屋或者其他不动产物权的协议，为保障将来实现物权，按照约定可以向登记机构申请预告登记。预告登记后，未经预告登记的权利人同意，处分该不动产的，不发生物权效力。”该条第 2 款规定预告登记的失效，其内容是：“预告登记后，债权消灭或者自能够进行不动产登记之日起三个月内未申请登记的，预告登记失效。”

中国《物权法》采纳了预告登记制度，但是它的内容过于简单，为实践应用的需要，法学上对此的研究还应该进一步的发展。

2. 意义

预告登记是一项关于不动产物权的请求权（一般情况下是一项债权）的登记。请求权依据其法理只发生相对权的效果，因此其成立生效与不动产物权登记无关。但是在现实生活中，有些关于不动产物权的请求权，具有法律应该优先保护的特别性质，因此法律通过预告登记，赋予这种请求权具备物权的效力。

预告登记的本质是限制现时登记的权利人处分其权利，保障请求权人实现其目的。预告登记的实践意义在于：权利人所期待的物权变动有极为重要的意义，非要发生这种变动不可；而法律也认可这种变动对权利人的意义，并由法律予以保障。比如，无住房者购买预售的住房，因涉及“居者有其屋”这种生存权即基本人权的要求，法律承认买受人获得住房的权利有特殊保护的必要，从而许可将这种债权纳入物权登记。法律做这种设计的原因，是购房者在与预售者订立合同后，只享有合同法上的请求权，请求权没有排他的效力，所以购房者无法防止预售者将房屋出卖给他人的情形发生——如果发生房主将房屋转让第三人的情形，购房者只能以对方

---

① 对此制度设计方面的考虑，请参阅孙宪忠《争议与思考——物权立法笔记》，中国人民大学出版社，2006，第 113 页以下。

违约要求违约赔偿，而无法获得指定的房屋，这样立法保护的“居者有其屋”的目标就会落空。但是，如果购房者将他的这一请求权纳入预告登记，因预告登记具有物权的排他效力，预售者任何违背预告登记内容的处分行为（不仅仅出售，也包括设定抵押、出租等行为）均为无效。这样，购房者将来肯定能够获得指定的房屋。从此可以看出，预告登记对解决类似住房预售这样一些敏感的社会问题有着特殊的作用。在其他关于不动产物权变动的请求权中，基本的情形与此类似。

中国《物权法》第 20 条，没有像德国民法那样许可广泛意义的请求权纳入预告登记，而仅仅只是承认了以购买住房为目的的债权，才有纳入预告登记的资格，原因就是因为这种权利具有重大的人文价值。

由于在经济生活中常有撕毁合同的行为，而撕毁合同的一方常常是经济上的强者，而相对人常常是弱者，故建立预告登记制度，符合法律关于保护弱者的价值取向。因此，在德国中世纪民法建立预告登记制度之后，奥地利民法、《德国民法典》采纳了这一制度，瑞士民法、日本法、中国旧《民法》也均采纳这一制度。

（二）预告登记所保全的请求权

预告登记制度建立的目的，是保全一项移转、变更和废止不动产物权的请求权，而不是广泛意义上的请求权。依据中国《物权法》第 20 条第 1 款，被许可纳入预告登记的请求权，仅仅只是“当事人签订买卖房屋或者其他不动产物权”之后获得的请求权，也就是以住房所有权取得为核心的、涉及建设用地使用权的物权取得权。由于该项制度在中国属于新建立的制度，所以对此项请求权的特性，在法学上必须有所说明。

1. 预告登记所保全的请求权的发生原因

预告登记所保全的请求权，是关于未来发生不动产物权变动的请求权。从国际上看，这一请求权根据发生的原因大体上有：保全目的在于移转不动产物权的请求权（比如买得一项不动产的请求权）；保全一项目的在于消灭不动产物权的请求权（如为顺位保全的目的，登记一项消除抵押权的请求权等）；保全关于不动产物权变更的请求权（比如将一种耕作地变更为建筑地的请求权）等。但是，预告登记在实践中最为广泛的使用，仍然是为了保全一项以取得不动产物权如住房所有权的请求权。

《德国民法典》第 883 条第 1 款第 1 句规定（预告登记的性质和效力）：“为保全目的在于转让或者废止一项土地上的物权的请求权，或者土地上负担的物权请求权，或者变更这些物权的内容或其顺位的请求权，可以在土地登记簿中将其纳入预告登记。”中国旧土地法第 79 条之一[①]第 1 款（预告登记）规定：“声请保全左列请求权之预告登记，应由请求权人检附登记名义人之同意书为之。（一）关于土地权利移转或使其消灭之请求权。（二）土地权利内容或次序变更之请求权。（三）附条件或期限之请求权。”

预告登记所保全的请求权产生的法律根据有多种：根据合同产生的请求权；根据法律规定产生的请求权；根据法院的指令产生的请求权（比如诉讼保全）；根据政府的指令产生的请求权；以及遗产分割等方面的请求权。这些请求权必须具有一个共同的特征：请求发生变动的物权，必须是可以纳入登记的物权。

2. 请求权的附期限、和附条件

预告登记所保全的请求权，可以附条件，也可以附期限。一般预告登记所保全的物权变动发生在未来。请求变动的权利，就是对未来行为的权利，但是未来的行为是由债权意义的合同来确定的。因此，当事人可以对合同约定特别的生效条件或者期限。合同就此条件成就时或者期限到达时而发生其效果，这也就是请求权发生效力的附条件或者附期限。

请求权附期限和附条件时，这些期限以及条件也必须纳入预告登记。因为预告登记具有排他性效力，而所附的期限或者条件对第三人的利益也有重大的影响，因此请求权所附期限或者所附条件，也应该纳入登记。

（三）预告登记性质和效力

预告登记的法律性质，其实就是一种特殊的担保，即借助于不动产登记的作用，以物权的法律效力来保障债权目的的实现。预告登记效力属于物权性质，但是纳入登记的请求权本身却没有物权效力，只是登记这种公示的行为，使得这种请求权具有了排他效力。经预告登记保全的请求权，

---

① “第 79 条之一”，表示原第 79 条后土地法制定之后新加的条文。

不但可以对抗不动产的所有权人和其他物权人，也可以对抗任意第三人，这就达到了保障请求权中的物权取得权的法律效果。

预告登记的对抗或者排斥的作用表现在：预告登记所保全的请求权可以排斥任何第三人取得指定不动产物权的行为。这一作用的实现，具体来说可以表现为如下方面：

1. 保全效力

即保全请求权发生所指定的效果的效力。具体来说，就是排斥后来的其他物权变动的效力。《德国民法典》第883条第2款规定："在预告登记之后对相关土地及权利的处分，如对请求权的实现造成妨碍或者损害者，则属无效。此规定适用于以强制执行、扣押人情形下的处分或者破产管理人的处分。"中国旧土地法（1930年）第79条之一的第2款第1句规定：前项"预告登记未涂销前，登记名义人就其土地所为之处分，对预登记之请求权有妨碍者无效。"

如上所述，在一项不动产物权变动的债权行为成立之后和物权变动发生之前，虽然不动产的现时权利人已经承担了未来发生物权变动（比如移转其所有权或者其他物权）的债的义务，但因为合同相对人享有的债权没有对抗第三人的效力，所以相对人的获得物权变动的目的不一定会实现（原因既可能是不动产所有权人将物卖给第三人，也可能是所有权人破产）。而在将这种请求权依预告登记的方式进行登记之后，后来的违背预告登记的不动产物权变动是无效的，因此相对人及纳入登记的请求权人的目的就会得到保全。

2. 顺位保证作用

预告登记在保全请求权这种实体权利的同时，同时因为登记，还保全了请求权人取得权利的有利顺位，使得其请求权具有排斥后序登记权利的效力。其实，预告登记的本质，就是借助于顺位制度来实现所保全的请求权的优先地位。

3. 破产保护效力

即在相对人陷入破产时（请求权的履行条件并未成就，期限尚未到达），排斥他人而保障请求权人发生指定的效果。这一效力，同样适用于相对人死亡，其财产纳入继承程序的情形，继承人不得以继承为由要求涤除预告登记。

中国《物权法》第20条规定："当事人签订买卖房屋或者其他不动产物权的协议，为保障将来实现物权，按照约定可以向登记机构申请预告登记。预告登记后，未经预告登记的权利人同意，处分该不动产的，不发生物权效力。"这一规定基本上全部承认了上述预告登记的法律效果。但是中国《物权法》将预告登记仅仅限制在保障住房买受人的所有权取得权方面，这一点显得过分拘谨，未能充分思想该制度设计的本意。本来，预告登记可以在更加规范的情况下发挥作用。

（四）预告登记中义务人的抗辩权

预告登记所保全的请求权在纳入登记之后具有物权效力；但是，如果本来对此项请求权享有抗辩权的，则该项抗辩权，不因预告登记而消除。比如，房屋出卖人和买受人之间达成一项关于未来交付房屋所有权的债权协议，而且买受人将其所有权取得的请求权纳入预告登记了；此时，出卖人的一些抗辩权，比如同时履行抗辩权等，并不因此预告登记而被废止。

建立预告登记制度的目的，只是对被保全的请求权提供物权性质的保障，并不是改变请求权本来的法律关系。义务人享有的针对请求权的抗辩权，是根据请求权本来的法律关系产生的权利。义务人的抗辩权，根据请求权的产生原因有多种。如根据买卖合同产生的债不成立的抗辩权、同时履行的抗辩权、同地履行的抗辩权、不安抗辩权等等。比如，在前例涉及的预售房屋买卖合同中，购房人享有请求义务人交付房屋的权利，而义务人也有要求购房人同时支付房屋价款的权利；如果购房人不能按时交付房屋的价款，则义务人也就享有同时不交付房屋的抗辩权。这是合同的基本法律关系。购房人取得房屋所有权的请求权虽然得到了预告登记的保全，但是，该登记并未改变因为合同所产生的法律关系，更不能因此而消除义务人的权利。抗辩权就是其中一项最基本的权利。义务人行使抗辩权的结果，能够达到暂时或者永久地中止物权变动的结果的目的。如上例，如果买受人不能支付房屋的价款，则出卖人可以行使抗辩权拒绝交付房屋，中止物权的变动，维护自己的利益。

抗辩权的行使，只是维护义务人根据原来的法律关系享有的权利和利益。至于行使抗辩权能否最终形成消除预告登记的结果，这一点在中国法

律中还不明确，因此还应当根据请求权人进一步的意思而定。根据原因行为与物权变动为两个法律事实的区分原则，不应因行使抗辩权而直接达到消除预告登记的效力的结果。至于预告登记的义务人在行使抗辩权时，是否因此而同时消除预告登记的效力，[①] 应该由“解除预告登记”的制度加以规定。

（五）预告登记的生效与失效

预告登记，在指定的请求权纳入登记时起生效。预告登记属于“意定物权变动”，即根据当事人的法律行为发生的物权变动，因此只能在登记时生效；并且不登记者不生效。

关于预告登记的失效，中国《物权法》第 20 条第 2 款规定：“预告登记后，债权消灭或者自能够进行不动产登记之日起三个月内未申请登记的，预告登记失效。”预告登记具有典型的物权效力，它能够防止登记后不利于被保全的请求权的任何物权变动发生。故它对被保全的请求权人相当有利。但是，要发生请求权指向的物权变动，请求权人还必须在约定或者规定的时间行使其请求权，并以自己的行为实现物权的变动。如前面举例中所说的买受人购买住房的请求权，在纳入预告登记后，已经得到了切实的保护，但是，预告登记并不能代替履行购房合同，更不能代替房屋所有权移转的登记。故在合同约定的条件成就或者期限到达时，买受人应当积极地履行自己的义务，如支付房款等，同时应当办理房屋所有权的移转登记。通过这样的行为，预告登记的真正目的才能实现。

但是在经济生活中也有另一种情形，即请求权人届时并不积极地行使自己的请求权，对原来希望发生的物权变动，也采取消极的态度。这种情形虽然对于请求权人自己可能无关紧要，但对预告登记承受义务的人却相当不利。因为，由于预告登记的作用，该义务人也无法与第三人发生物权性质的交易，这种状态的延续，就是义务人的财产损失。故从公平原则出发，必须在法律上赋予义务人及其他利害关系人解除预告登记的权利，以保护其利益。因此，预告登记应该受到正当的限制。

国外限制预告登记的立法做法是，建立预告登记解除制度，即被预告

---

① 《德国民法典》第 886 条。

登记保全的请求权，权利人届时不行使其权利的，利害关系人通过涂销登记的方式解除该项登记。被解除的预告登记自涂销该登记时丧失其效力。我国的立法是，规定预告登记确保的不动产物权取得权人，在可以将其权利纳入登记之日起3个月而不行使该项权利的，预告登记失效。这种情形，其实只适应物权取得权的一种情形，不适合消灭物权的预告登记。

还应该指出的是，在权利人怠于行使物权取得权的原因和情形不明确时，中国立法没有进一步的规则。对此可以参照的立法所采取的方法，是不动产的所有权人通过法院制作的执行令，来解除预告登记，并通过公示催告的方式送达。比如，《德国民法典》第887条（预告登记债权人的公示催告）规定："请求权被预告登记保全的权利人下落不明时，如此情形符合第1170条对解除抵押权所规定的条件时，可以用公示催告的方式解除预告登记的权利人的权利。预告登记，自除权判决宣告时失效。"

九 变更登记损害第三人利益的情形

（一）发生的原因

因不动产的多用性，又因不动产物权变动的法定公示方式是登记而不是交付，故不动产物权，即使是限制物权，均可以负担多重第三人的权利或者利益。比如，在国外实践中，土地所有权上可以负担地上权，而地上权还可以负担抵押权；而土地所有权在负担地上权的同时，也可以负担抵押权，还可以负担债权性质的租赁权。地上权在负担抵押权的同时，也可以负担用益物权、空间权、租赁权等。除这些权利之外，第三人还可能对不动产享有利益，如配偶一方对以另一方名义享有的物权和债权等利益，即为第三人利益。这一点和动产有所不同，因为动产物权变动的法定公示方式为占有交付，故动产物权的公示只能是一次性的行为，交付之后，就可能涤除其他的权利，故一般动产不可能负担多重权利。

这些情形，在中国实践中已经多有发生。中国市场经济体制已经相当完善，不动产负担多重权利或者利益，在中国现实中已经发生了不少争议案例。

不动产负担第三人的权利或者利益原因是多方面的。它可能是《物权

法》上的原因，如在不动产上设定用益物权或者担保物权时，用益物权或者担保物权的权利人，是这里的第三人。第三人也可能根据债权法上的原因产生，如因债权关系产生的租赁、借用，承租人借用人就是第三人。此原因也可能来自于身份关系法，如夫妻相互有利用对方不动产物权或者债权的利益，未成年人子女也有类似利益。甚而，第三人利益有可能据公法而产生，如第三人依据行政指令利用不动产物权人的不动产的情形。

中国《物权法》在这一点上没有采纳学者建议稿的制度设想。考虑到实践的需要，在此依据法理对这一问题作出必要的探讨。

（二）第三人的同意权

根据《物权法》发达国家和地区的立法，变更的不动产物权、或者因放弃而废除的不动产物权上存在第三人的权利或者利益时，而物权的变更和放弃损害第三人权利和利益的，则这些行为应得到第三人的同意。比如，《德国民法典》第 876 条（有负担物权的废除）规定："如一项土地上的物权负担有第三人的权利而废止该有负担的物权时，必须有该第三人的同意。如要废止的物权存在于他人所有的土地上，而该土地上还存在着第三人的权利，则还应征得该第三人的同意，但该第三人的权利与废止的权利无关者除外。第三人的同意应向不动产登记机关和因该放弃而受利益者表达之；该同意不可撤销。"[①] 该法第 877 条（物权的变更）规定："变更土地上的物权，适用……第 876 条的规定。"

第三人的同意权，不一定具有阻断权利人变更、放弃物权的效力。因为第三人的权利毕竟只是设置在权利上的一种负担，虽然这种负担具有合法性，但是却不具有否定本原性权利的效力。所以，在这种情况下，未经第三人同意而变更、放弃物权，使第三人利益受损害的，对第三人权利和利益的存在负有义务的人，有责任予以赔偿。这里的意思是，第三人同意与否虽然不一定能够阻止不动产物权的变更和放弃，但肯定可以成为其提

① 在国内流行的《德国民法典》的译本中，该条的法定题目被译为"废除设定的权利"，给人的印象是，该条文只涉及设定的权利如用益物权和担保物权，而不包括所有权。但是这一翻译有明显的错误，其要害是对"Aufhebung eines belasteten Rechtes"中的关键词 belasteten 的意思理解为"被设定"，而其本来意义为"被设置负担"。法条内容中的含义因此也基本上搞反了。因这一译文对理解物权废除的制度有关键作用，故特别提请注意。

起赔偿请求的根据。

对第三人的损害负赔偿责任者，为“对第三人权利和利益的存在负有义务”的一方，即第三人权利和利益原来设定时负有义务的当事人一方，而不是物权变更中的相对人一方，也不是物权放弃时的受益人一方。其中的法理，即权利义务关系的对应性，有义务者，方承担责任。

十 更正登记和异议抗辩登记

在不动产登记簿记载发生错误的情况下，法律建立异议抗辩登记和更正登记制度，以防止错误登记发生错误的结果，保护正当权利人的利益。

（一）更正登记

1. 概念以及意义

所谓更正登记，即不动产物权人或者登记机关发现登记的错误而进行的予以更正的登记。中国《物权法》第19条第1款规定：“权利人、利害关系人认为不动产登记簿记载的事项错误的，可以申请更正登记。不动产登记簿记载的权利人书面同意更正或者有证据证明登记确有错误的，登记机构应当予以更正。”

更正登记是不动产登记的重要程序之一。至于更正的内容，中国《物权法》没有详细规定。从法理看，一切纳入登记的内容，包括权利人、权利类型、标的物、担保物权担保的债权数额以及期限等，都可以予以更正。

更正登记与下文阐述的异议抗辩登记同样是保护事实上的权利人（即真正权利人）以及真正权利状态的法律措施。与异议抗辩登记不同的是，更正登记是彻底地终止现时登记权利的正确性推定效力，彻底杜绝第三人依据不动产登记簿取得现时登记的物权。故更正登记是对原登记权利的涂销登记。考虑到这种登记的法律效果，法律必须在不动产登记法中规定明确的更正登记的条件和程序。

不动产物权的更正登记是为了消除登记权利与真正权利不一致的状态，故凡是建立不动产登记制度的国家，其法律中必然建立有更正登记制度。更正登记可以由权利人或者利害关系人提出（申请更正），当然也可以由登记机关自己提出（自为更正）。

对登记机关自为的更正登记，虽然中国《物权法》没有予以规定，日本及中国旧登记法未许可，但是依据法理不应该拒绝。因为，登记机关发现自己的记载有错误时，自为更正当然应该。故德国法律予以许可。因登记机关进行的更正登记不是当事人的意愿推动的，故此种登记被称为“强制更正”（Berichtigungzwang）。[①] 有错误就应当纠正，在登记机关自己发生错误登记时，当然应当许可登记机关自己更正。另外，考虑到因为自然原因发生的不动产变故可能有权利人不愿申请更正的情形，以及权利人及利害关系人怠于提起更正登记的申请而妨害交易的情形，再如不动产物权因继承和事实行为等已经发生移转而取得人怠于进行变更登记的情形，以及登记机关自己发现有明显错误的登记（如书写错误）的时候，登记机关自为更正实属必要。

2. 更正的发起

更正登记有两种方式，一种是申请更正，即经权利人（包括登记上的权利人和事实上的权利人）以及利害关系人申请的登记；另一种是自为更正，即登记机关自为的更正登记。这是中国目前的不动产登记规则已经建立的制度。对登记机关自为的更正登记，应该由登记机关提前以公示催告的方式通知权利人和利害关系人，这样就可以及时而且较彻底地消除错误登记带来的不利影响。

依据中国《物权法》第 19 条的规定，更正的申请可以由权利人自己提起，也可以由利害关系人提起。至于什么人是这里的“利害关系人”，中国《物权法》没有细致的规定。对此可以参考《德国民法典》第 894 条（更正登记）的规定：“土地登记簿记载的土地物权、在此权利上设定的物权、或者依据第 892 条第一款[②]确定的处分限制，与真正的权利状态不一致时，其权利未被登记、未被正确登记、或者被一个并不存在的权利负担的登记或者权利限制的登记受到损害的人，可以要求因更正登记而涉及其权利者的同意，为更正登记。”这里“受到损害的人”，就既包括权利人，也包括利害关系人。

---

① 许可登记机关自为更正登记的条文为德国土地登记条例第 82 条，法理上的解释见 Holzer/Kramer，Grundbuchrecht，Verlag C. H. Beck，1994，Seite 137。

② 关于登记公信力的条款。

在德国民法中，更正登记请求权不受时效限制，这一点是申请更正的原则。[①] 这一规则，来源于物权的绝对性（事实上的物权的绝对性）。在承认支配权和请求权的区分原则之后，中国法学界对此不应该感到不解。

（二）异议登记

1. 概念以及意义

登记权利作为正确权利只是法律为稳定法律秩序所作的一种推定，而并不是绝对肯定。因此，在“正确性推定”意思中，就已经包含了登记权利和事实上的权利不相符合的可能性。事实上的权利是权利人的真正权利，法律不但要予以承认和保护，而且应当许可权利人或者利害关系人依据真正的权利状态对现时登记的权利进行更正。但是，考虑到更正程序较长、举证有待时日以及与登记权利人之间的争议一时难以化解的情况，法律有必要建立异议抗辩的登记制度，作为一种临时性的保护真正权利人利益的措施。

所谓异议登记，或者异议抗辩登记，就是对事实上的权利人以及利害关系人对于现时登记的权利的异议的登记。该登记的直接法律效力是使得申请人具有中止现时登记的权利人按照登记权利的内容行使权利的抗辩权利。中国《物权法》第 19 条第 2 款第 1 句规定：“不动产登记簿记载的权利人不同意更正的，利害关系人可以申请异议登记。”据此，异议抗辩登记在中国建立起来。

异议抗辩纳入登记后，登记权利的正确性推定作用失去其效力，第三人也不得以登记的公信力按照登记的内容取得登记的不动产物权。故异议抗辩登记作为一种对事实上的权利人和利害关系人利益进行保护的有效措施，属于不动产《物权法》不可分割的必要组成部分。

在中国旧《民法》中，原来也采纳了异议抗辩登记制度，但是后来的法律修改，将其纳入民事诉讼法中的“假处分”制度。所谓假处分，属于民事诉讼法中一种保全性质的强制执行程序，其目的在于将争议的法律关系状态暂时保持不变，以防止权利人处分其权利后，使得将来无法恢复。但是在 1946 年制定土地登记规则时，考虑到这一制度的积极意义，又恢复这一制度，将其纳入限制登记之中。因此在中国台湾地区生效的现行“民法”

---

① 《德国民法典》第 898 条。

中，这种登记被称为限制登记或者禁止处分登记。[①] 在日本不动产登记法中，这种登记被称为假登记或者假处分登记，[②] 其基本的意思并无差异。

2. 成立以及效力

从中国《物权法》和《德国民法典》等法律的对照可以看出，中国法律中的异议抗辩登记的成立，和其他国家或者地区的立法有很多相同点也有重大的不同点。相同点，主要集中在异议登记的生效都以登记为要件、异议登记成立后都有限制现时权利人处分的效力。而它们的一个重大的不同，就是中国《物权法》第 19 条第 1 款规定的“不动产登记簿记载的权利人不同意更正的，利害关系人可以申请异议登记”这个前提条件，在其他国家或者地区的立法中是没有的。我们知道异议登记制度建立的主要目的是因为更正登记耗时过长，此期间内有可能发生新的权利处分，损害利害关系人利益，因此才许可利害关系人提起异议并将其予以登记，以限制现时权利人的处分行为。如果从这一点看，笔者坚持的观点是：利害关系人一旦知悉登记权利的错误就有权利提起异议登记，以保护自己的权利或者利益。从法理分析我们可以知道，将“权利人不同意更正”作为异议登记成立的前提条件的理解是不正确的，此时，即使登记簿上的权利人同意更正，也有可能发生损害真正权利人利益的结果。对这样的问题，希望制定不动产登记法时能够予以修正。

异议登记的主要效力，就是对抗现时登记的权利的正确性，即中止不动产登记权利正确性推定的效力和公信力效力，以维护事实上的权利人和真正的权利状态。其法律本质，是对现时登记权利人的处分权设置限制，使其在一定期限内不可按照登记的内容处分不动产物权。

3. 异议登记的失效、损害赔偿责任

异议登记的主要特征是其具有明显的临时性。这种登记依据法理和制度目的不能长期存在。为不动产物权的不稳定状态早日恢复正常，法律必须限制异议登记生效的期间。根据中国的经济社会实际，中国《物权法》第 19 条第 2 款第 2 句规定：“登记机构予以异议登记的，申请人在异议登

---

① 中国旧土地登记规则第 123 条等。参见李鸿毅《土地法论》，作者自己发行，1991，第 348 页以下。

② 日本不动产登记法第 32 条、第 33 条。

记之日起十五日内不起诉，异议登记失效。”立法者如此编制法律条文的出发点是，利害关系人在登记权利人不同意更正的情况下会以起诉的方法来强制之，这一点固然有很多道理和现实性价值，但是，考虑到（1）登记权利人是否同意，不应该是异议登记的前提条件；（2）利害关系人在诉讼之外还有很多权利救济的措施，因此，中国《物权法》的这一规定，与法理和实践有所不合。

在限制异议抗辩登记人任意行为方面，可以考虑建立针对该项抗辩的“除斥期间”制度。对此，笔者在撰写《中国〈物权法〉学者建议稿》时已经有充分的探讨和设想。①

中国《物权法》第19条第2款第3句规定：“异议登记不当，造成权利人损害的，权利人可以向申请人请求损害赔偿。”该规定的含义是：异议最终不成立时，利害关系人应该就其行为给登记权利人造成的损害承担损害赔偿责任。此赔偿责任由申请人承担，而不是由登记机关承担，是法律关于“自己责任原则”的体现。

十一　不动产的合并与分立、权利混同

（一）不动产的合并与分立

1. 概念、意义

所谓不动产的合并，即两个以上的不动产在不动产登记簿上合并登记为一个不动产。而不动产的分立，指的是一个不动产在不动产登记簿上分立为两个以上的不动产。不动产在登记簿上的合并与分立在日常生活中并不罕见，大者如大中型企业的合并与分立，小者如家庭购买的不动产的合并，以及分家析产造成的不动产分立等。不动产的合并与分立，并不是不动产在责任形态上的合并与分立，而只是其在不动产登记簿上的合并与分立。所以不动产的合并与分立实质是特殊的不动产物权变更。在国外有土地与房屋所有权的合并与分立、地上权的合并与分立，在中国有房屋所有

---

① 对此有兴趣者，请参阅孙宪忠《争议与思考——物权立法笔记》，中国人民大学出版社，2006，第101页以下的讨论。

权、城市建设用地使用权合并登记与分立登记等。

一般而言，不动产的合并与分立经由当事人申请，由不动产登记机关依据变更登记的规则将其纳入登记。

2. 涉及第三人的情形

不动产的合并与分立，导致不动产物权的变更，有时候只涉及当事人自己的物权，有时候会涉及第三人的物权或者其他权利。此时，《物权法》应该建立因应措施。

根据世界上《物权法》发达国家的立法经验，一般的要求是：不动产的合并与分立涉及第三人利益时，必须得到第三人的同意。这一规则与上述不动产物变更和放弃必须保护第三人利益的立法理由相同。不动产的合并与分立涉及第三人利益时，必须得到他人的同意。未得到第三人同意的不动产合并与分立对第三人利益造成损害时，由合并或者分立后的不动产承担连带赔偿责任。之所以要求变动后的不动产为第三人的利益承担连带赔偿责任，关键是合并与分立的当事人之间的协议对第三人来说只有相对性，对第三人来说均无排他的效力；而且当事人在其承担责任时一般会互相推诿，使第三人利益不能及时得到补偿。所以他们应该承担连带责任。

同时，为了保护不动产物权人，限制第三人滥用同意权，一般国家要求第三人行使同意权时应该采取书面形式，而且该项同意向不动产登记机关表达之后，即不可以撤销。

建立不动产的合并与分立的制度，基本目的是消除因此而带来的对交易安全的妨害，以及对第三人利益提供保障。因此，合并与分立的登记非常必要。在中国旧土地法中，当事人必须在不动产合同与分立之后的一定期限内必须办理登记，逾期不办理的，不但要自己承担其民事责任，而且还要承受很重的罚款。① 对这些可以借鉴的制度，也可以在中国将来制定的不动产登记法中采纳。

（二）不动产物权的混同

1. 概念、意义

法学上所谓权利的混同，指的是一个标的上的多个权利为一个权利主

---

① 中国旧土地法第 72 条、第 73 条等。

体取得的情形。混同有多种类型：如公法上的权利与私法上的权利的混同；《物权法》上的权利与债权法上的权利的混同；一个标的物上的多个物权的混同等。其中，不动产物权的混同，即指一宗不动产上的多个物权同时为一个主体取得的情形。

不动产因为特殊的经济性能和法律制度，会产生物权与物权的混同。如对一座房屋享有抵押权的人，通过正常的购买，又取得了房屋的所有权，这就形成了所有权与抵押权的混同。传统民法中也会有地上权与所有权的混同等多种情形。在中国，由于土地进入市场机制的权利形式是建设用地使用权而不是土地所有权，因此在建设用地使用权只是设定抵押权、其他用益物权的情形应该是多见的。这样，也会发生建设用地使用权和抵押权等其他物权的混同。

多项以同一标的为客体的权利归属于一人之后，多项权利的共存既无必要，又带来交易上的麻烦，故必须建立处理混同的规则，并因此产生特殊的不动产登记的问题。考虑到中国《物权法》制定时没有建立相应制度，在此对其中的大体规则予以探讨，作为未来制定不动产登记法的参考。

2. 不动产物权混同的规则

关于不动产物权的混同，德国民法从两个方面加以处理：首先，规定一般情况下由所有权吸收其他权利的原则；其次，从保护第三人的利益出发，规定在发生混同时所有权人的所有权和其他物权均不消灭，从而产生所谓的“所有权人地上权”、“所有权人抵押权”、“所有权人土地债务”等制度，以保护所有权人的特殊利益。这些规则看似复杂，却严格地保护了当事人的物权以及相关利益。中国台湾地区“民法”和日本民法直接在《物权法》的总则中规定所有权吸收其他物权的原则，并把对所有权人特殊利益的保护以及第三人利益保护作为但书条款。从立法内容上看，中国台湾地区“民法”和日本民法的做法比较简便易行。根据这些经验，中国《物权法》如果获得进一步发展，则法律可以采纳的不动产物权混同的规则。其中主要的原则是：

（1）吸收原则。

所谓吸收原则，是指在权利混同的情况下，由效力较为强大的权利吸收效力较为弱小的权利的原则，即只为权利人保留一项较大权利的原则。

这一原则是罗马法建立的，现代国家法律普遍应用。

罗马法建立的混同的处理规则是：由效力较为强大、权能较为充分的权利吸收其他权利，由基础性权利吸收限制性权利，比如由所有权吸收用益权等限制物权，有地上权吸收设置其上的抵押权等。这样做的道理，是因为效力更为强大的权利或者权能更为充分的权利可以包容其他的权利，故建立该原则不会损害权利人的任何利益，而且可以带来交易的便利。所以自罗马法以来，各国法律一般均承认这一规则。在不动产物权与物权的混同中，因为所有权的效力最强大，权能最充分，故以所有权吸收其他物权为基本原则。由于中国不动产物权的特殊国情，建设用地使用权实际上具有所有权的特征，所以可以在中国建立了“不动产的所有权、建设用地使用权吸收其他物权，使其他物权归于消灭”的基本原则。

在其他物权消灭之后，所有权人及国有土地使用权人当然应该申请涂销其他物权。这些物权的涂销，同时意味着其顺位的涂销。对此可以借鉴的立法，比如中国旧《民法》第 762 条（所有权与其他物权的混同）第 1 句的规定：“同一物之所有权及其他物权，归属于一人者，其他物权因混同而消灭。”

在所有权、建设用地使用权之外，其他权利的混同也适用较大权利吸收较小权利的原则。

（2）保留的特殊性。

所谓保留的特殊性，是指在某些特殊权利混同情况下适用吸收原则会损害权利人利益时，则不适用吸收原则，而保留权利人权利及其顺位的情形。

此处的保留，是对吸收原则的排除。这种情形比如：一个不动产上设定有多个物权，包括用益物权和担保物权；其中的一个顺位优先的用益物权人或者担保物权人取得了不动产的所有权；如果依据吸收原则，此时取得所有权的权利人，其拥有的用益物权或者担保物权应该被涂销。但是，因为其他用益物权或者担保物权人的权利以及顺位没有被涂销，所以，如果所有权取得人的用益物权或者担保物权被涂销，则其他物权人的权利顺位会依次递进，最后成为所有权取得人的合法负担，即成为他的所有权所负担的用益物权或者担保物权。这样，所有权取得人的权利就会被他人限制、甚至被其他人追夺而去。比如，第一顺位的抵押权人取得标的物的所有权时，他的所有权如果吸收了他的第一顺位抵押权，则后续顺位的抵押权就会向同一标的物主张权利，从而消灭所有权取得人的权利。

所以在上述情况下，法律建立“保留的特殊性”规则，规定此时所有权人并不吸收自己的抵押权，这样所有权人保留了第一顺位的抵押权；所有权人利用其抵押权的第一顺位，可以达到排除其他物权人的目的。《德国民法典》第889条（不因混同消灭）规定：“一项设定在他人土地上的物权，在土地的所有权人取得该项物权时，或者当该项物权的权利人取得土地的所有权时，均不当然消灭。”

在不动产物权的混同涉及第三人时，均会发生适用保留的特殊性规定。而在适用保留的特殊性规则的情况下，出现了所有权人同时又是抵押权人的情形，这就是我们所说的“所有权人抵押”、“所有权人抵押权”、“所有权人地上权”等情形。依理推之，在所有权人抵押权之外，所有权人地上权、所有权人地役权等情形同样有产生的道理和可能。

十二　建立中国不动产登记制度的“五统一原则”

现代意义上的不动产登记制度是依据物权法的原理建立起来的，而我国目前的不动产登记制度基本上是依据行政管理的原则建立起来的。其中的原因，是新中国成立之后很长时间里否定了市场经济体制，不动产法整体退出了交易法制，不动产登记只是一种行政管理的手段。这种情形在中国延续近四十年，因此一代多人不知道不动产登记的基本法理，就是依据物权公示原则建立的交易法律基础的理论。目前还有很多人坚持不动产登记属于行政管理这一认识，立法以及司法在很多方面还是贯彻这一认识。

正是由于这一历史原因，不但由不动产管理机构制定的不动产登记规则距离物权公示原则的要求比较远，而且此前制定的一些涉及不动产登记的法律法规也没有考虑到物权公示原则的要求。《城市房地产管理法》第五章规定的“房地产权属登记管理”，确定了许多不动产的登记机关，并明确登记的任务就是为了管理。至于登记和不动产物权变动之间的关系，不论是该法还是与该法同时制定的《担保法》，都没有符合法理的答案。因此，必须根据《物权法》的法理来重建不动产登记制度。《物权法》第

一次建立《物权法》意义的不动产登记制度，但是相关登记的法律和机构设置等还没有改变。

多年前笔者提出，为保障中国不动产交易法律基础的统一，必须在不动产登记方面建立“五个统一原则”。[①] 经过长期的讨论，这一观点在《物权法》颁布的最后关头才被采纳。该法第10条第2款规定了“国家对不动产实行统一登记制度”这个基本原则。这里的统一登记，就是指笔者提出的“五个统一”。但是，同样是这一条文规定：“统一登记的范围、登记机构和登记办法，由法律、行政法规规定。”从后一句话可以看出，统一不动产登记，也就是在不动产法领域里建立统一的法律根据的要求，目前还是无法实现。因此在这里再次讨论这一问题，并简要讨论这一方面的想法。

（一）统一法律依据

依据《物权法》的法理，统一中国不动产登记的法律制度，必须首先从编制统一的“不动产登记法”入手。

目前中国没有统一的不动产登记法，实践中有一些涉及不动产登记的具体部门即不动产的管理部门按照自己管理的需要，对土地、建筑物（包括房屋）、森林、水面、滩涂、道路等各项不动产的登记，分别制定了一些部门规章意义的不动产登记规则或者“办法”。这些登记规则不但散乱而且法律效力严重不足，它们大体上能满足部门行政管理的需要，而不能满足不动产进入市场经济交易的需要。虽然《物权法》实施后一些部门对自己部门的规章进行了修改，但是目前的修改版本的质还是没有改变。

“不动产登记法”属于民法程序法或者不动产《物权法》的程序法，而不是行政管理法。中国在制定《物权法》之后，必须尽快制定中国不动产登记法。[②] 与不动产《物权法》的统一相适应，中国只能制定一部统一的不动产登记法，该法的名字可以称为土地登记法（如德国或者中国台湾、香港地区的做法），也可以称为不动产登记法（如日本的做法）。即使中国制定的不动产登记的法律称为“土地登记法”，其所涵盖的业务，也

---

① 见拙作《当代不动产法要义》，发表于《中国土地》杂志1996年第5期~1997年第8期（连载），并收集于《论物权法》，法律出版社，2001，2008年再版。

② 南京国民政府在1929年制定民法的同时，于1930年制定了土地法，其中就土地登记问题作了明确的规定。

应包括其他的不动产，如中国旧土地法第37条第1款规定的那样。[①] 无论如何，在中国建立的不动产登记法，必须要由国家立法部门制定效力足够、形式统一的法律。

（二）统一登记机关

从不动产登记的法理出发，在立法和法律实践中还必须坚持不动产登记机关的统一原则。这一点在市场经济体制发达的国家或者地区是不言而喻的。比如在德国，不动产登记机关为属于地方普通法院系统的土地登记局；在日本为司法行政机关法务局，地方法务局及其派出所；在瑞士，登记机关大多为各州的地方法院。考察世界各地的不动产登记制度可以发现，关于不动产的登记机关的设置，在立法上有两个特点应该引起注意：（1）不动产登记机关一般是司法机关。（2）登记机关必须保持统一，以达到不动产法律基础的统一。

但是，目前在中国，不动产的登记存在着“多头执法”的局面，而且其依据的法律也不同。1995年颁布的《担保法》第42条，明确承认的不动产登记部门就有四个，即土地管理部门、房地产管理部门、森林管理部门等，而且这些部门都是有关不动产的行政管理部门。此外，还有一些机构如一些地方的邮政系统、铁路系统也在进行着自己的不动产登记。据笔者调查，中国不动产登记机关一度共有八九个之多。不但登记机构没有统一，而且20世纪90年代中期还出现了一个登记部门内部的“分级登记”或者“级次登记”，这些不符合法理的做法最后还被《土地管理法》等法律承认了。这种做法的内容，就是以土地权利人的级别的不同，将中央所属企业、事业单位以及省级政府所属企业、事业单位的土地登记在省级土地或者房地产管理部门，其他的企业、事业单位的土地以及不动产登记在市县一级政府的土地管理部门或者房地产管理部门。这种做法，无疑是给原来已经十分混乱的不动产登记制度雪上加霜，造成了更为复杂而且消极的结果。

登记机关的不统一，必然损害经济发展和权利人的正当利益。当两个

---

① 中国1930年制定的土地法第37条第1款规定：“土地登记，谓土地及建筑改良物之所有权与他项权利之登记。”

或者两个以上的登记机关权力交叉重合时，登记反而会损害当事人的正当利益，会扰乱正常的法律秩序。比如，在第三人依据法律行为设定抵押权时，如果两个或者多个登记机关都要求当事人在自己的机关登记，那么当事人的经费开支就会增加，而且抵押权（其他权利也一样）的成立会产生多个时间标准，造成《物权法》根据的混乱。如果当事人只是在其中一个部门登记而未在其他部门登记，而其他物权相对人却在其他部门进行了登记，这就造成了物权变动的法律基础的互相冲突，最后造成司法怎么裁判都是错误的这种非常遗憾的结果。①

中国的不动产登记机关应当统一，这是必然的趋势。而且将来的统一，当然应该以地籍为基础。因为这是自罗马法以来一切建立不动产登记制度的市场经济国家和地区的共同做法。这种做法被称为“土地编成主义”，这是国际通行的做法。其理论根据是，统一的不动产登记只能沿着土地的地表展开，不动产物权的核心是土地的物权；非直接针对土地的不动产物权也必然是以土地物权为基础的。比如，在大陆法系国家，一般来说，独立的房屋所有权必然建立在土地所有权之上，或者建立在地上权之上。中国现行体制中，不动产登记机关多元化是最突出的问题；而且最不应该的，是这些登记机关的设置没有考虑到与土地地籍簿的统一。这就严重妨害不动产市场经济的法律基础的统一。所以不动产登记簿必须依据地籍簿为基础建立。

---

① 这种情况不是推想，而是笔者在现实调查中发现的几起不动产抵押案件纠纷的案例。某地一宗房地产开发时，在初级的土地开发阶段即土地征收时，开发商向银行的贷款以其享有的土地使用权作为抵押担保。对这一抵押，按照中国当时的《担保法》和“房地产管理法”，当事人在土地管理部门进行了登记。随后，该开发商在建造厂房、安装设备时，又向另一家银行提出贷款。而这一次向银行贷款时，开发商使用的是“房地产”抵押担保，同样按照中国《担保法》和“房地产管理法”，这一抵押权只能在房地产管理部门进行登记。随后由于经济政策调整，指定的房地产开发难以为继，企业到期无力偿还贷款，两家银行均向法院提出依据抵押权偿还债权的请求。然而由于两家银行的抵押权登记在不同的登记簿上，而且在不动产登记簿上都是第一顺位的抵押权，他们的效力和支配范围完全一致。这样，这两个“第一”顺位的抵押权均无法顺利实现，因为法院不论裁判那一个抵押权优先都是合法的，但是又都是不合法理的，又都会对另一个抵押权人造成不可弥补的损害。在进行这一案件论证时，曾经有学者提出了由两个抵押权人平等受偿的方案，但是这一方案也是不合法理的而且也是难以操作的。因为，此案中的抵押权在法理无法平等，而且如果作出这两个抵押权平等受偿的判决时，其他债权人也会提出平等受偿的要求。对此法院也是不能拒绝的。

根据这些分析，笔者曾经建议中国也采纳法院统一登记的立法体例。如果法院登记实行有困难，可以考虑建立以司法为基础的土地登记作为基础的不动产登记。

（三）统一登记效力

中国《物权法》在物权变动的立法模式上，首先是把物权变动按照法律根据作出了依据法律行为的物权变动和非依据法律行为的物权变动的区分。在依据法律行为发生物权变动的情况下，也就是在交易的体制中，立法采纳实质主义登记作为立法的基本原则，而形式主义登记也就是对抗主义登记作为特例。在非依据法律行为发生的物权变动的情况下，也就是在原始取得物权的情况下，不动产登记只是进一步处分物权的前置条件，而不是物权原始取得的要件。这些规定符合《物权法》的原理，也符合中国不动产市场条件。[①] 因此，中国制定“不动产登记法”时，必须遵守《物权法》这些规定，建立客观公正的不动产交易制度、保障不动产市场安全、有序地得到发展的要求。

（四）统一登记程序

登记程序，在这里指的是不动产登记机关进行具体不动产登记工作的程序。在中国，这些程序基本上应该包括总登记程序、变更登记程序、更正登记程序和涂销登记程序这四个基本的程序，以及预告登记这个特别程序。异议抗辩登记，属于更正登记的特别程序或者附属程序，不是独立的程序。

登记程序对当事人权利的保护有至关重要的作用。如果不动产登记的程序设置不符合《物权法》原则，那也会给当事人权利保护构成妨害。比如前些年在中国出现的不动产登记“年检”制度等，就是典型的登记机构为行政创收行为而私立的程序。[②] 这是严重违背法理的，因此《物权法》明确禁止这样的程序（《物权法》第 13 条）。据调查，登记机关私设程序

① 对此中详细的法理问题，请参阅孙宪忠《中国〈物权法〉中物权变动规则的法理评述》，《法学研究》2008 年第 3 期。

② 对此可以参阅孙宪忠《中国〈物权法〉关于不动产登记制度的基本考虑》，载《论物权法》，法律出版社，2008（修订版）。

的行为还有很多，因此在不动产登记法制定时，应该明确规定统一登记的基本程序，杜绝登记机关私设程序的做法。本次《物权法》第13条、第22条，规定了一些普遍的登记机关利用不当程序侵害民众利益的情形，并对此作出了禁止性规定。但是具体的登记程序的规定，显然不是《物权法》的使命，因此应该在未来“不动产登记法”中予以明确。

（五）在统一不动产登记簿的基础上统一权属证书

根据《物权法》第16条，可知不动产登记簿发挥着“不动产物权根据”的重要作用。不动产登记簿如何设定，决定了《物权法》基本功能的发挥，因此意义非常重要。目前，登记制度不统一直接的危害，就是不动产登记簿不统一；而不动产登记簿不统一，不动产的法律根据就不统一。因此登记簿必须早日实现统一，以达到不动产法律基础的统一。

同时，在统一不动产登记簿的基础上，登记机关下发的不动产权利文书也应当统一。而不能像现在这样，存在着地权证、建设用地使用权证、房地产权证、房屋产权证、林权证、海域使用证等等多种不动产权属文书并行的情况。不动产权属证书不统一，不但加重了权利人的经济负担，加重了市场规范的矛盾，而且加剧了不动产管理机关之间的争执。早日在不动产登记簿的基础上实现不动产的权属证书的统一，不但是《物权法》的使命，也是不动产登记法的使命。

上述“五统一原则”，虽然不都是《物权法》应当规定的内容，如不动产登记程序、不动产权属证书的格式及其内容等，应当在专门制定的不动产登记法中加以规定，但是这些内容对于不动产物权实体权利义务关系具有相当的决定意义。

专题三 动产交付的理论与实践

一 动产交付的概念与法律性质

（一）动产交付的概念

通常认为，交付在法律上是指自愿的物的占有移转，即一方自愿地将物的占有移转给另一方。作为一个法律概念，交付的具体含义很大程度上取决于该概念中所包含的“物”和“占有”这两个概念的内涵。因此，在不同法律制度中，交付的具体含义到底为何，通常需结合其具体法制而定。但一般而言，“物”作为物权的客体，在法律上仅指有体物（含动产和不动产），权利只有在特殊情形下才能成为物权的客体（《物权法》第2条）；依此，交付可基于客体的不同而被区分为不动产交付、动产交付和权利（证书）交付。至于“占有”，则通常是指对物进行事实控制的状态。[①] 依此，交付一般是指物上事实控制力的移转，即直接占有的移转。不过，必须注意的是，在承认间接占有（如《德国民法典》第868条）的

① 孙宪忠：《中国物权法总论》，法律出版社，2003，第83页。

法律制度中，间接占有的移转同样也可以构成交付。我国物权法没有对占有是否包括间接占有作出明确的规定，因此，在我国法上，交付是否也包括间接占有的移转不无疑问。考虑到我国物权法在规定现实交付（本来意义上的交付）的同时，还规定了简易交付（第25条）、返还原物请求权的转让（第26条）和占有改定（第27条）这三种观念交付或交付替代形式，而在承认间接占有的法律制度中，间接占有通常被认为是这些观念交付制度的构造基础，因此，以下在讨论交付时，为便于论述起见，有时仍会借用间接占有这一概念来阐述相关法律规则。

在我国物权法上，“交付”一词共计出现11次，除去目录以及第二章第二节节名中出现的交付以外，在具体条文中共计出现9次，分别为第6条（物权公示原则）1次、第23条（动产交付原则）1次、第26条（返还原物请求权的转让）2次、第106条（善意取得）1次、第208条（质权概念）1次、第210条（质权合同）1次、第212条（质权设立）1次、第224条（权利证书的交付）1次。那么，这些条文中的交付到底是仅指现实交付，还是也包括观念交付呢？

对此，本文认为，从规范的文义解释和体系解释角度看，以上条文中的“交付”仅指现实交付，不包括观念交付。理由如下：

第一，《物权法》第23条规定，“动产物权的设立和转让，自交付时发生效力，但法律另有规定的除外”。从该条与第25条至第27条的逻辑关系来看，该条中的“交付”应仅指现实交付。因为，第26条所使用的“负有交付义务”和“代替交付”的用词表明，返还原物请求权等观念交付乃是“代替交付”的形式，而不是“交付”本身，并且它们都属于第23条中的“但法律另有规定的除外”所指的除外情况。因此，将第23条和第26条中的“交付”解释为现实交付，不仅可以使第23条与第26条以及该节中的其他条文之间保持顺畅的逻辑关系，而且也符合立法者将简易交付、返还原物请求权和占有该定作为交付替代形式加以规定的原初观念。反之，若将以上两条文中的“交付”理解为也包括观念交付，那么在解释上就会出现“观念交付代替观念交付”的错误，进而导致规范表述之间的冲突。

第二，《物权法》第6条规定了“动产物权的设立和转让，应当依照法律规定交付”。该规定中的“交付”虽然单纯从文义上讲，可以被解释为包括现实交付以及各种观念交付形式，但从体系解释的角度看，仍以将其解释为现实交付更为合理。原因有二：首先，第6条位于第一编第一章基本原则当中，通常被认为规定的是物权变动公示原则，而依公示法理，作为动产物权变动公示方式的交付应是指现实交付这一本来意义上的交付。因为，作为物权变动的公示方式，最基本的一个要求就是应具有外部可见性，而观念交付基本上是通过意志化的方式来实现占有移转的，外部难以察知。因此，严格地讲，在公示原则之下，所谓的“交付是动产物权变动的公示方式”中的“交付”应是指现实交付这一本来意义上的交付。其次，第23条作为关于动产交付原则的一般规定，是对第6条确立的公示原则的贯彻和具体化，属于第6条中的“应当依照法律规定交付”中的“法律规定”。而依据第23条，交付就是指现实交付，但该条中的“法律另有规定的除外”又表明，当事人还可以通过观念交付的方式来代替交付。因此，将第6条中的交付解释为现实交付，并不会给第6条的解释和适用带来任何问题，反而有利于理顺第6条和第23条及其以下条文之间的关系，即第6条中的“法律规定”指向的是第23条，第23条中的“法律另有规定”又指向的是包含第25条至第27条关于观念交付的规定在内的其他规定。

第三，《物权法》第106条在规定善意取得时，将“不需要登记的已经交付给受让人”规定为了善意取得的要件。该条中的“交付”也应被解释为现实交付。这除了是出于法律上的同一概念原则上应保持含义一致（与第6条、第23条和第26条中的交付的含义保持一致）的理由外；另一个理由在于，善意取得制度也应与公示原则保持一致，或者说，在善意取得制度中也应贯彻公示原则的基本要求。善意取得涉及的是真实权利人与善意取得人的利益冲突，而依公示原则，通过法定的公示方式将物权变动对外展示出来，是取得具有对世效力的物权的基本前提。因此，善意取得人要取得可对抗真实权利人的物权，其物权取得就必须完全具有物权的外在公示形式，而就动产物权而言，原则上只有现实交付才是符合公示原则要求的充分的、完全的公示形式。换句话说，观念化的交付因其占有移转的完成基本上是以观念化或意志化的方式完成，外部公示性较弱，因此，允许通过观念化交付善意取得动产物权不仅有违公示原则，而且对真实权利人也是不公平的。

不过，此处需要注意的是，依许多学者所见以及比较法上之立法例，在简易交付的情况下，同样可以发生动产善意取得。对此，本文也持肯定态度，但考虑到将该条中的交付解释为包含所有观念交付在内的交付容易导致通过各种观念交付形式（含“占有改定”和“返还原物请求权的转让”）都可以善意取得动产物权的不当结果，因此，将该条中的交付解释为现实交付仍是更为妥当的一种解释。至于简易交付情况下的善意取得，则可以通过该条的类推适用或准用来解决。

第四，至于第208条、第210条、第212条一词的含义，同样也应解释为现实交付。理由很简单，这些条文都规定在第十七章质权中，涉及的是动产质权设定中的交付，而动产质权中的交付是物权法第23条的具体化或贯彻，因此其中的“交付”一词的含义自然与后者是一致的。另外，第224条中的交付规定的是权利证书的交付，而权利证书的交付并无现实交付和观念交付之分，只能是证书占有的现实移转。

（二）动产交付的法律性质

关于交付的法律性质，学理上素有争议，且这种争议与学者对物权行为理论，尤其是对物权行为和债权行为的区分所持态度不同密切相关。以动产买卖为例，在对物权行为和债权行为的区分持肯定态度者看来，交付是包含物权变动合意（所有权转让合意）的法律行为——物权行为，是所有权转移的法律行为基础。这一法律行为不仅在性质上系独立于买卖合同这一债权行为而存在，而且在生效要件上也区别于后者，即交付须满足出让人有处分权和标的物须特定化这两个要件才能生效，而买卖合同不需要。与之相反，在对物权行为和债权行为的区分持否定态度者看来，在买卖中，唯一的法律行为就是买卖合同这一债权行为，而交付只是买卖合同的履行行为，并无独立的法律行为性质，属于事实行为。

由上可知，关于交付法律性质的争论实际上从属于是否应承认物权行为理论（尤其是是否应承认物权行为和债权行为的区分）的争论，是后一争论的组成部分。因此，要解决我国法上的交付的法律性质，就必须先解决我国物权法是否承认了物权行为或物权行为和债权行为的区分的问题。在我国物权法制定过程中，围绕我国物权法或民法典是否应采纳物权行为理论，学者之间曾有过激烈的争论，并因此形成了完全肯定说、完全否定说和“只采纳区分原则，不采纳无因性原则”的折中说等不同学说。物权法出台以后，以上立法论上的争论目前已暂告一段落，但是，由于从文义上看，我国物权法并没有就是否承认了物权行为给出“十分明确”的答案，而是仍将此问题留给了法律科学和司法实践。因此，在后物权法时代，关于我国物权法是否承认了物权行为或是否可作已承认了物权行为的解释，依然是一个法律解释和适用上亟待解决的问题。就此问题，前文专题一已经从体系的角度对我国物权法是否承认了物权行为或区分原则作出了分析，并提出了我国法应作且可作已经承认了物权行为的解释。依据此一解释，此处所述的动产交付的性质自然应属于法律行为、物权行为。有鉴于此，以下将不打算对动产交付的法律性质问题进行全面的讨论，而仅拟根据我国物权法的相关规定，对上文所提出的动产交付的性质属于物权行为的观点作一个补充性的阐释和分析。

1. 承认交付为物权行为是合理解释交付原则的逻辑上的必然

《物权法》第 23 条规定：“动产物权设立和转让，自交付时发生效力，但法律另有规定的除外。”该条所确立的就是学理上通常所说的动产交付原则，即依法律行为而生的动产物权的设立和转让，应以交付为生效要件的原则。依据前文所作分析，我们认为，对于该条中所规定的交付的法律性质，理论上应作属于法律行为（物权行为），而非事实行为的解释，理由如下：

首先，若将条中的交付的性质解释为事实行为，那么在动产买卖等以转移动产所有权为目的的交易中，唯一的法律行为就是买卖合同等债权行为，而依据我国物权法和合同法的规定，在交付原则之下，动产买卖合同只能发生标的物所有权移转义务、占有移转义务和价金支付义务等债法上的效果，不能直接发生所有权转让的效果，即买卖合同性质上属于仅以债权变动为法效意思的债权行为。既然动产买卖中唯一存在的法律行为就是买卖合同这一债权行为，那么，在交付事实行为说之下，我们又该如何解释此处的所有权转让的法律行为基础到底为何以及法律应如何依法律行为制度对其加以调整的问题呢？

对于这一问题，在交付事实行为论或物权行为否定论之下，是很难作出合理的解释和处理的。因为，第一，如果将物权变动的法律行为基础解释为是买卖合同这一法律行为，则必然会使人产生以下疑问：（1）所有权

转让何以能基于仅以债权变动为其法效意思的买卖合同而发生呢？（2）交付公示、出让人须对标的物有处分权、标的物须特定化是否应成为买卖合同这一法律行为的生效要件呢？若答案是肯定的，则必然又会带来另一个疑问，即买卖合同等此类债权行为本身并不能直接导致物权变动，法律为什么要求买卖合同的生效需要满足以上物权变动生效要件呢？反之，若答案是否定的，则我们似乎只能将处分权、标的物特定化作为交付这一事实行为的生效要件，而这显然有违事实行为自行为成就时发生相应法律效果的基本法理。第二，如果将其解释为是以交付这一事实行为为基础的，则结论必然是，在动产买卖（以及赠与和动产质权设定中）中，动产物权的变动是基于事实行为而发生的。如此，则此类交易中的物权变动应适用《物权法》第30条关于“因合法建造、拆除房屋等事实行为设立或者消灭物权的，自事实行为成就时发生效力”的规定，而这显然是违背物权法体系的。第三，如果将其解释为买卖合同这一债权行为加交付这一事实行为，则在逻辑上不仅会导出此处的所有权转让到底是基于法律行为而生，还是基于事实行为而生的诘问，而且也会陷入自相矛盾。因为，依法理，法律行为的法律效果是以当事人意志为基础的，事实行为的法律效果是法定的，二者呈全异关系，逻辑上不存在法定的以当事人意志为基础的物权变动。

其次，若将交付的性质解释为法律行为、物权行为，则以上逻辑上的困难和违背体系的问题都将不复存在，而且物权变动的法律基础也被真正地建立在了意思自治的基础之上。因为，依据该解释，在动产买卖等交易中，一个完整的买卖实际上是由债权行为和物权行为这两种不同性质的法律行为共同构成的，其中，买卖合同作为债权行为，只能在当事人之间产生创设债权债务关系的效力，不仅本身不能引起物权的变动，而且无须以公示、出让人对标的物有处分权和标的物特定化为生效要件；与之相对，交付则属于包含了物权变动合意的物权行为，该行为不仅为动产物权的变动提供的法律行为基础，而且需满足法律行为的一般生效要件和物权行为的特别生效要件（出让人对标的物有处分权和标的物特定化），才能引起动产物权的有效变动。

2.《物权法》第25条中的“法律行为”一词宜解释为物权行为

我国物权法虽然没有使用“物权行为”一词，但在第25条关于简易交付的规定中却使用了“法律行为”一词。该条规定：“动产物权设立和转让前，权利人已经依法占有该动产的，物权自法律行为生效时发生效力。”既然该条使用了“法律行为”一词，那么我们自然就有必要对该条中的“法律行为”一词到底所指为何作出解释了。

对此，我们认为，虽然从文义上看，这里的“法律行为”一词既可被解释为“债权法律行为”，也可将其解释为“物权法律行为”但从体系解释的角度看，应以作物权法律行为解更为妥当（这为物权法可作且应作已经物权行为的解释的主张提供了进一步的支持），详述如下。

首先，依据《物权法》第 2 条关于“因物的归属和利用而产生的民事关系，适用本法”的规定，物权法调整的法律关系应为物权法律关系，而非债权法律关系。既然物权法调整的是物权法律关系，那么依逻辑，物权法所调整的法律行为原则上就应该是以物权变动为效果意思的物权法律行为了。

其次，物权法上虽然也存在个别以调整债权法律关系为内容的条文，如该法第 15 条关于“当事人之间订立有关设立、变更、转让和消灭不动产物权的合同，除法律另有规定或者合同另有约定外，自合同成立时生效”的规定（这主要是为了纠正以往立法将登记作为某些债权合同生效要件的错误做法而不得已为之），但从该条与第 25 条的比较中我们可以发现，二者虽然都涉及与物权变动相关的法律行为，但第 15 条使用的是“合同”一词，而第 25 条使用的是“法律行为”一词。这种用词上的差异表明，第 15 条所使用的“合同”一词的含义与第 25 条使用的“法律行为”一词的含义应该是不同的（若相同，则从保持法律用语的一致性的角度讲，理应使用同一术语）；或者说，立法者在第 25 条中使用“法律行为”一词的目的，就是要使其与第 15 条所使用的仅具债权行为性质的“合同”保持区别，而依据法律行为的一般分类，与债权行为相对称和区别的法律行为正是物权行为。

最后，将第 25 条中的法律行为一词解释为以债权合意为内容的债权行为不符合交易实践情况。兹举一例：甲出租给乙三台同样品牌、型号的电脑或机器，后来，双方签订了买卖其中一台电脑的合同，但约定须待租期届满后由甲选定具体应转让哪一台。很明显，在该交易中，在买卖合同这一法律行为成立时，并没有任何一台电脑或机器的所有权会“自该法律行为成立时”发生转让的效力，法律也无法强制其转移；而是须待甲依

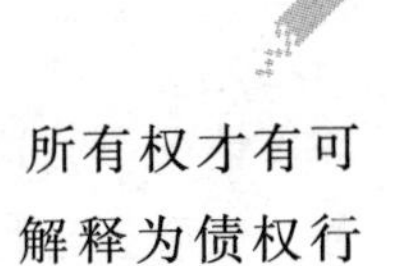

约实现了标的物的特定化（物权合意此时才能有效成立），所有权才有可能依据该条发生转让。由此可见，将此处的"法律行为"解释为债权行为显然是不符合实际的，而是只能解释为以物权变动为效果意思的物权行为。

3. 承认交付的法律行为性质更符合实践的需要

从理论上讲，是否承认交付具有法律行为性质或是否承认存在物权行为的问题，首先是一个是否承认物权意思表示可独立于债权意思表示而存在的问题。就此问题，交付事实行为说或物权合同否定论的基本观点是，在依法律行为而生的动产物权变动中，构成动产物权变动的法律行为基础的并非物权合意或物权行为，而是债权行为，即在依法律行为发生的动产物权变动中必然伴有一个先成立的债权合同（如买卖合同），然后才能基于交付这一履行合同的事实行为而发生物权变动，而且，由于动产物权变动所需合意已经在债权合同中表示出来，缺乏独立性，因而所谓的物权合意或物权合同是多余的、拟制的。

对于以上观点，我们认为，从交易实践的具体情况来看，这种观点显然是站不住脚的。因为，在现实生活中，虽然存在当事人先签订买卖合同等债权合同，然后再通过交付来实现动产物权变动的情况，但在现实中也大量存在动产物权变动并不必然要求伴有一个事先存在的债权合同的情况，比如，在即时赠与、消费借贷等实物契约中，债权合同就只是所有权转让的结果，而在转让之前，它并不存在。其实，除了这种物权合同先成立，然后才成立债权合同的情况外，现实生活中还存在许多其他根本无须债权合同存在，而仅需物权合同存在的动产物权变动；也存在许多物权合同客观上乃是与债权合同分别做成的情况。对于这些情况，承认物权合同的独立存在将能更好地满足经济实践的需要，以下将以动产所有权转让为例加以说明。

（1）不以债权合同的存在为前提的所有权转让：单独存在的物权合意。

这种情况以发生在法定之债的清偿中的所有权转让最为典型，例如，为了清偿不当得利、无因管理或侵权行为所生之债而向债权人转让动产所有权的情况。在以上情况下，通常并不存在一个旨在产生一定债法效果的债权合意，而是只存在不当得利的事件或侵权行为等事实行为。但是，在许多情况下，这种法定之债同样也会在当事人之间创设一个所有权转让义务，如金钱给付义务或返还所有权的义务等，而当事人在履行此等义务时，往往需要达成一个所有权转让合意，并基于这种合意来完成交付，从而实现动产所有权的转让，兹举几例。

例1：甲砸毁了乙的电脑，然后赔给乙一台新电脑的情况。在这里，债乃是基于侵权行为而生的，而非合意之产物，因此，欲实现新电脑的所有权转移，当事人之间显然需要一个以所有权变动为效果意思的合意，而这一合意显然属于物权合意、物权行为。

例2：甲与乙之间的已经履行完毕的小麦买卖合同被宣告无效，但小麦在交付给乙后已经和乙的小麦混合在一起的情况。在此情况下，买方乙虽然因混同取得了小麦的所有权（在其他情形下，还可能发生已交付的标的物因被加工或附合于受让人其他财产而为受让人原始取得所有权的情况），但由于乙所取得的所有权属于不当得利，因而其有义务将同样数量的小麦返还给卖方甲。很明显，要实现这一点，甲乙之间需要达成一个与特定数量小麦的所有权转让有关的合意，而该合意显然不是什么债权合同的一部分，而是应该被视为一个意图仅在于转移所有权的独立的合意，即物权合意。至于当事人是直接以标的物的给付（出让的意思表示）和受领（受让的意思表示）的形式，还是以其他形式达成该合意，则属于当事人意思自治的范围。但是，不管当事人以何种形式达成此类协议，该物权合意都是必需的，至于债权合同则并不是必要的。而且，法律在判断所有权能否基于此类为清偿法定之债所进行的交付而发生有效转让时，也不应将此类债务履行行为视为单纯的事实行为。因为，依据法律行为理论，如果当事人在实施此类行为时存在不具有行为能力、或者出让人对标的物无处分权、或者所有权转让意思表示不真实（如存在胁迫、欺诈等意思瑕疵）等情形的，所有权依然不能发生有效的转让。

（2）种类物和将来物买卖：非独立不可的物权合意。

依据法律行为制度和物权特定原则，当事人在依法律行为转让所有权时，不仅需要达成所有权转让合意，而且，该合意还必须精确地指出应该转让给买受人的标的物是何物。对此，各国法都是承认的。依此法理，在种类物与将来物的交易中，由于债权合同缔结时标的物尚未被特定化或尚不存在，因此，当事人在债权行为的合意阶段根本无从同时达成所有权转让合意应是当然之理。对此，我国台湾地区学者苏永钦曾明确说道："就种类物而言，总要到给付物特定时，才有为物权合意的可能，其合意可能在交付时发生，也可能提前于债权人同意指定时（我国台湾地区'民法'第200条）。未来物则要到该物完工或独立成形时，始处于可处分的状态。在两种情形下，物权移转都要等到债权契约有效成立后一段时间才能进行，物权行为纵不想独立也非如此不可，个案中何时作成物权移转合意通常不难探求认定，故采分离原则全无窒碍。"① 由此可见，否定论所持的那种"物权合意已经为债权合意所包含或已经在债权合同缔结时被表示出来"的观点根本是站不住脚的。进一步说，"买卖合同与所有权转移作整体对待看来只适合现货买卖，也就是说，生产厂家必须随时保持足够的库存量，而这样一来就不符合经济效用原则了"。②

事实上，即便是在法国、英国等采一体合意原则立法的国家中，其立法和学术也不得不承认，在非特定物买卖中，合同订立本身并不能引起所有权的移转，而是仍需要一个新的合意，且这种合意通常是在标的物的特定化或划拨——将给付标的物从种类物中"分离"出来（种类物买卖）或完成将来物的生产或制造（将来物买卖）——时达成的。比如，在英国，其货物买卖法就已经对非特定物（含种类物和将来物）的划拨需要相对人的同意作出了明文规定［第18条规则5：（1）］。依此规定，划拨需要在出让人和受让人之间就那些特定货物应该被转让达成合意。对此，国外有的学者就认为："如果我们将该合意和交付原则下的物权合意概念相比较，我们不太可能看出二者之间有任何相关的不同。两个概念都是关于转移特定财产所有权的合意的表示，因此二者是一致的。"③ 有的学者则认为：一元模式（即合意原则）的另外一个重要的例外是关于将来的、尚未确定之物的买卖。在英格兰，所有权转移的发生与二元模式（抽象物权契约模式）中的物权契约非常类似。④

---

① 苏永钦：《物权行为的独立性与无因性》，载氏著《私法自治中的经济理性》，第128～129页。

② 〔德〕沃尔夫：《物权法》，吴越、李大雪译，法律出版社，2002，第6页。

③ Van Vliet, *Transfer of movables in German, French, English and Dutch Law*, p. 105.

④ 参见冯·巴尔主编《欧洲合同法与侵权法及财产法的互动》，吴越等译，第285～286页。

与英国法相类似，在法国法上，种类物买卖中的货物“分离被理解为当事人的合意，这在法国法中也是权威的意见。[①] 只是，尚不确定的是，这种合意仅仅是事实上的合意，还是法律行为。”[②] 但是，既然合意确定了给付的标的物，而买受人也将因此取得所有权，则看起来承认这是法律行为是合乎逻辑的。法国法虽然没有明确这一点，但其同样还是不得不承认种类物买卖中需要两个不同的合意。“事实上，这与德国法上的独立的物权支配行为没有区别。”[③] 至于将来物的最终完成，法国最高法院则认为，其应是指当货物处于卖方可以交付且买方可以接受的状态，即物应该处于当事人协议所要求的状态。[④] 然而，要说清楚什么时候物已经达到完成或完工状态并不总是很容易的事情。这个标准远不是那么清晰。当然，物应该符合合同规定的标准。但是，即便是这点也是很模糊的。我们怎样才能知道货物是否符合合同要求呢？是应该由制造者决定，还是委托者呢？

在 1900 年，法国最高法院有机会就此问题作出决定。此案发生在著名画家 Whistler 和 Lord Willam Eden 公爵之间。后者委托前者给其夫人画一肖像。Whistler 开始绘制并且完成了一幅完全符合公爵期待的画作。然而，Whistler 最终拒绝了交付该画并在一次巴黎展览会上展出了该画。最高法院坚持认为，委托创作的画作的所有权仅在画家将画作交付给顾客且后者认可该画时才转移。在此刻之前，画家有权保留作品。法院不仅坚持画作的所有权没有转移，而且也坚持认为，不能强制要求画家交付该画。换句话说，在这些案件中，法官没有权力要求实际履行，委托人只能要求损害赔偿。因此，如果委托创作艺术作品，当事人双方应在委托合同之外就所有权

① 法国法虽然没有像英国货物买卖法第 18 条规则 5 那样，明确规定划拨需要相对人的同意，但是，在法国法上，买方同样有权拒收不符合合同要求的货物，该权利的存在表明，在即便货物的划拨行为是由卖方实施的，买方的同意也是不可缺少的。正因如此，所以将“分离理解为当事人的合意”的法国法上的权威意见应是一种妥当的见解。

② 〔德〕德特雷夫·约斯特：《区分原则与同样原则的体系比较分析》，王晓馨译，载孙宪忠主编《制定科学的民法典——中德民法典立法研讨会文集》，法律出版社，2003，第 101 页。

③ 德特雷夫·约斯特，前引文，第 101 页。

④ See Mazeaud/Chabas, Vente et échange, p. 186 and 215 - 216. 转引自 van Vliet, ibid, p. 88.

转移达成合意。换句话说，他们应该就所有权转让达成一个物权合意。该判决给人的印象是，在这些事例中，前法典时期的交付要求被复活了。①

综上可见，种类物和将来物买卖不仅在客观上要求当事人达成独立的物权合意，而且其事实结构与区分原则之法律构造也是完全相吻合的。正因如此，所以有的学者会说，种类物和待制造物的买卖对于法律体系的要求是支持区分原则的，② 而且，"用独立的物权支配行为学说阐释由种类物买卖或者其他的种类物之债而发生的所有权移转并不困难"，而如果"对此问题适用同一原则则会错综复杂"，甚至可以说，"纯粹的同一原则不能解释种类物之债中的所有权移转"。③

（3）债权合意和物权合意分别在不同主体之间达成的情况。

在以清偿买卖合同等意定之债为目的而处分动产所有权的交易实践中，虽然买卖合同的出卖人和买受人通常也是所有权转让中的出让人和受让人，即债权合意的当事人与物权合意的当事人完全重合，但也存在债权合意的当事人与物权合意的当事人不完全重合的情况。这种情况既可能发生买卖合同债权已经被转让给第三人的情况中（如买受人将其债权转让给第三人的情况），也可能发生在第三人代债务人清偿了所有权转让之债或债务人向债权的准占有人清偿了所有权转让之债的情况中。在以上情况下，由于实际发生清偿的双方当事人（即所有权的出让人和受让人）已不再是最初相互表达债权意思的当事人，因而，所谓的物权合意已经为当事人事先所达成的债权合意所包含的说法在这里显然是不能成立的。或者说，在以上情况下，要使物的所有权在清偿双方之间发生转让，双方就必须达成一种新的合意，而这种合意的性质显然只能是以转移所有权为效果意思的物权合意，而包含在交付这一清偿行为中的合意也只能是这种物权合意。

综上可见，承认交付在性质上属于法律行为、物权行为，不仅是基于法理逻辑需要，而且也是正确适用法律和满足交易实践的需要。

---

① 参见罗结珍译《法国民法典》，法律出版社，2005，第1138条注［1］，第845页。

② ［德］德特雷夫·约斯特：《区分原则与同样原则的体系比较分析》，王晓馨译，载孙宪忠主编《制定科学的民法典——中德民法典立法研讨会文集》，法律出版社，2003，第101页。

③ 约斯特，前引文，第100～101页。

二 动产交付的功能和效力

（一）动产交付的功能

1. 交付是动产物权变动的公示方式

在近现代民法上，以交付作为动产物权变动的生效要件（交付要件主义）或对抗要件（交付对抗主义）主要是为了满足物权变动公示原则的要求，即交付在动产物权变动中主要承担的是对外公示动产物权变动的功能。法律之所以要求动产物权变动应以交付的形式对外展示出来，其原因主要在于，物权是具有对世效力的绝对权，其变动不仅对当事人的利益产生影响，而且会直接或间接地影响到第三人的利益。正是为了保护第三人的利益，使其利益免受秘密的物权变动可能给其带来的不测损害，法律才在承认第三人不得干预他人的意思自由的同时，以法律强制干预的方式对当事人提出了必须通过某种外部可见的公开方式将物权的变动情况对外展示出来的要求，进而实现对第三人利益或交易安全的保护。①

对于交付是动产物权变动的公示方式这一命题，在理解和适用上须注意两点：第一，“交付是动产物权物权变动的公示方式”并不等于“占有是动产物权变动的公示方式”。理由有二：首先，交付是一种加入了时间要素的动态的占有移转过程，而占有是一种静态的占有享有和保持状态，二者一动一静，本非同一事物。其次，学者在使用“占有是动产物权变动的公示方式”这一命题时，通常主要是为了说明占有公示的“静态”的动产物权享有状态，并以此为基础来阐明善意取得系建立在（出让人、无权处分人）的占有所具有的公信力之上。关于善意取得是否系以（无权处分人）占有的公信力为基础的问题，容后文再述，此处仅想说明的是，将占有视为静态的动产物权的公示方式在法理上是有欠妥当的。因为，公示原则是适用于物权变动领域的基本原则，在静态的物权享有领域，原则上并无该原则的适用余地，即静态的动产物权享有是不需要公示的，法律也不可能要求动产物权人应负有保持占有外观之义务，否则其享有的物权就不

① 参见孙宪忠《物权法基本范畴及主要制度反思》（下），《中国法学》1999 年第 6 期。

具有对世效力。第二，在某些动产物权变动领域，为了更好地兼顾交易快捷、便利和交易安全，交付的公示地位已经为登记所取代。比如，我国《物权法》第24条关于船舶、航空器和汽车等准不动产物权变动以登记为对抗要件的规定，以及《物权法》第188条和第189条关于动产抵押权的设立以登记为对抗要件的规定等。

2. 交付的公示功能实现机理

公示原则作为适用于物权变动领域的强制性规范，与其他强制性规范一样，其目的在于规范人的行为。依据这些规则，行为主体应该能在行为时对自己行为在具备何种“构成要件”时将产生何种“法律效果”形成确定的预期，[①] 并进而通过自主的决定来选择如何行为。因此，一项规则的有效实施是离不开该规则给行为人所提供的具有普遍性和确定性的信赖的，也正是基于这种制度信赖，该项规则才能对行为人的行为产生激励或约束作用，进而使该规则得以在特定制度环境下顺利运行。公示原则也不例外。

在物权变动领域，公示原则的基本要求是，“未经公示，物权不能发生完全有效的变动（不变动或变动对第三人不具完全对抗力）；反之，则相反。”依据此规则，我们可以将一项完整的物权变动公示规则分解为以下两个方面的规则：（1）规则1：若当事人在变动物权时未依法进行公示（在这里，“公示”仅指交付或登记），则物权不能发生变动（在公示生效主义之下），或物权不能对第三人发生具有完全对抗力的变动（在公示对抗主义之下）。（2）规则2：若当事人在变动物权时已经依法进行公示，则物权发生完全有效的变动，即物权变动对第三人具有完全对抗力。为便于行文，同时也为了突出公示主要是赋予物权变动以对世效力，以下将规则1简称为“未公示不能对抗第三人”或“未公示不对抗”，在此规范中，物权变动的“未公示”为“构成要件”，“不能对抗第三人”为“法律效果”；将规则2简称为“公示即可对抗第三人”或“公示即可对抗”，在此规范中，物权变动“已公示”为“构成要件”，“对抗第三人”为“法律

① 在此，本文采法律规范构成二元说，即一个完整的法律规范是由“构成要件”（被描述的案件事实）与“法律效果”两部分构成的。参见〔德〕卡尔·拉伦茨《法学方法论》，第133页。

效果”。以上两个规则相辅相成，共同构成了一项完整的公示规则；或者说，二者是公示规则的一体两面，缺少其中任何一面，物权变动公示规则都不可能建立起来。

公示规则作为平衡第三人利益和当事人利益的结果，其一经确立，就必然会对第三人和当事人的判断和行为预期产生影响，进而在他们中间分别形成不同的信赖。因此，要探明公示规则到底是如何发挥作用的，必需分别从第三人和当事人的角度出发观察之，而不应像许多学者那样往往只着眼于第三人一方。而且，支持我们分别从第三人和当事人的角度出发来讨论公示规则的另一个重要原因还在于，在法律上，并不存在抽象意义上的绝对的第三人，所谓的第三人和当事人的区分实际上只是相对的。以连环交易为例，甲将某物的所有权转让给乙，然后乙又将该物的所有权转让给丙。在这里，单就甲乙之间或乙丙之间的内部关系而言，他们都只是当事人，但从整个交易链条或交易的外部关系看，甲丙又互为第三人，即甲是他和乙之间交易的当事人，但同时又是乙和丙之间交易的第三人；反过来，丙的地位也一样。这种单个交易总是具有一定的“外部性”，因而交易主体可以在当事人和第三人之间实现地位转换的现象表明，在整体交易秩序中，每个人都可能同时兼具当事人和第三人的身份。这进一步说明，我们在讨论公示原则时，不能仅立足于公示原则对第三人的影响，而是应该要同时讨论它对当事人的影响。唯有如此，我们才能全面认识公示原则的作用机理。

（1）对第三人的消极信赖的保护。

首先，依据规则1，第三人可以形成这样一种信赖，即如果某项物权变动没有通过公示对外表现出来，第三人可以相信其未变动，这种信赖样态即学者通常所谓的消极信赖。① 作为这一消极信赖的保护的体现，法律所确定的是，在未尽公示义务的物权取得人向第三人主张物权时，第三人有权以物权变动未公示因而对其不发生效力（对抗力）予以抗辩；或者反过来说，当事人在未公示的情况下向第三人提出的物权已经变动的主张将不能得到法律的支持。当然，在这里需要强调的一点是，因公示规则而产生的“未公示不得对抗”的抗辩仅可由那些受该规则保护的第三人援引，

① 参见屈茂辉《动产交付制度研究》，《中国法学》2002年第4期。

至于那些损及财产完整性或伪造权利证书的个人则不得利用该规则规避其对受损物权人的责任。

藉此，在第三人与未通过法定公示方式取得物权之人在同一标的物上发生利益冲突时，第三人利益理应受到规则1的保护，此为登记或交付的公示力之一。以动产所有权转让为例，甲已经在乙处订购并选定了1吨某品质大米或1台某品牌机器且已经支付了部分定金，双方约定3天后交货，若在货物交付之前乙陷入破产，则甲原则上只能和乙的其他普通债权人一样享有平等债权，而不能主张其为该1吨大米或该台机器的所有权人。由此看来，对于第三人来说，此处所谓的消极信赖实质上是一种保护和激励机制，即第三人可以在信赖物权未变动的基础上与他人（如上例中的乙）进行交易，且这种信赖将受法律保护；而对于当事人来说，法律的这种对第三人的保护又构成了一种约束机制，即当事人不得通过不公示的方式来变动物权从而损害第三人利益。

关于第三人的消极信赖保护，需注意区别两点：第一，第三人不相信物权已经发生变动与物权是否已经发生变动或物权变动是否存在并不是一回事，即第三人“不相信”物权已经发生变动并不等于物权变动“不存在”，物权变动是否存在也不完全取决于第三人是否相信。这主要是因为，在某些情况下，物权实际上已经发生变动，只不过，在公示完成之前，法律为保护不相信物权已经变动的第三人，才不承认物权变动具有对抗第三人效力，即物权变动只是相对于第三人不存在。这种情况在公示对抗主义之下是一种普遍的存在，因此消极信赖保护问题也更为突出；而在公示生效主义之下，这种第三人不相信物权已经变动，但物权变动已存在的情况则只在一些特殊情况下存在，如占有改定等观念化的交付。第二，在公示对抗主义和公示生效主义之下，法律对第三人的这种消极信赖保护程度是不同的。如上章所述，在合意原则之下，单凭合意而转移的动产所有权对于某些第三人（如相对方的普通债权人）也是具有对抗力的，即使第三人不相信物权已经变动，法国法甚至为此创造出了“合同对抗力”理论。很明显，这对已经形成消极信赖的第三人是不利的。在交付原则之下，交付完成之前，物权根本不发生变动，这不仅有利于第三人的消极信赖的形成，而且也能更好地保护其利益。但是，在交付是通过无可视外观的观念化形式完成时，这里同样可能会出现对第三人的消极信赖保护不足的问题。

另外，此处需要顺便提及的是，依据规则 1，不仅第三人可以形成以上所述的消极信赖，而且当事人也可形成某种“消极信赖”，即在公示完成之前，当事人也可以信赖物权未发生变动。乍看起来，这一信赖似乎对当事人毫无意义，但在笔者看来，事实并非完全如此。因为，所有权的取得不仅意味着权利的享有，它同时也包含着物上责任风险的转移，而物上责任的承担问题同样可能与第三人的利益相关。例如，在买卖物为动物或汽车等对第三人有潜在危险的物时，若该物在交付之前给第三人造成了损害，那么所有权是否已经发生转移对于受让人是否应对第三人承担损害赔偿责任或者第三人可以主张的责任主体范围是有直接影响的。在此意义上，当事人对未公示因而物权未变动的信赖（基于这种信赖，受让人对物的危险实现可以不负积极防范的作为义务，即具有不作为的自由）也应受到保护。只不过，由于这种所谓的当事人的消极信赖保护并非法律确立公示制度的目的，也非单纯依赖公示制度可以解决的，因而学者在讨论公示制度时大多不对其加以讨论。但不可否认的是，侵权法等责任法在确立相关制度时，必须在此意义上考虑到与公示制度的协调，即在物权变动未公示的情况下，原则上不能一方面否定当事人所取得的物权的对抗力，另一方面又在责任法中要求当事人对第三人因物的危险的实现而遭受的损害承担责任。尤其是在公示生效主义之下，更不应如此。因为，若如此，则对于当事人来说，权利和义务是明显失衡的。当然，反过来说，如果物权变动已经公示，则当事人在取得物权的同时原则上应被视为是第三人因物的危险实现而遭受的损害的赔偿主体（当然还需要考虑侵权法的特别规定）。

（2）对物权取得人的积极信赖的保护。

依据规则 2，某项物权的取得者（在动产，为所有权受让人或质权人）可以形成这样一种信赖，即如果他在取得该项物权时，已经依法进行了公示，则他可以信赖该项物权已经确定地发生变动（当然还需满足其他物权变动有效要件），即他所取得的物权对第三人是具有完全对抗力的，这种信赖样态可以称为积极信赖。但需注意的是，此处所谓的积极信赖与其他学者所谓的“第三人”对“公示之所在即物权之所在”的积极信赖的含义是不同的，即两种信赖的主体是不同的。因此，为避免混淆，以下将对物权取得人（而非第三人）基于规则 2 形成的积极信赖称为“物权人的积极

信赖”。

与第三人的消极信赖一样，物权人的这种积极信赖也同样需要受到公示规则的保护，即当事人在变动物权时，一旦跨过了公示这一门栏，物权取得者所取得的物权即可受到物权法的全面保护。就此，公示对抗主义和公示生效主义的做法基本上是一致的，唯一的差别是，在公示对抗主义之下，单凭合意而取得的物权也可以在一定范围内受到物权法的保护，即使该项物权变动尚未公示；而在公示生效主义之下，在物权变动公示完成之前，物权取得人将得不到物权法的保护，而只能受债法的保护。尽管存在以上差别，但二者给物权取得人所提供的积极信赖保护的性质上是一样的，即：一方面，对于第三人来说，这构成了一种约束。基于这种约束，第三人不仅需尊重具有公示外观的物权变动，而且，如果第三人无视通过公示表现出来的物权变动而仍与前物权人进行交易，那么他就必须要准备承受因物权已变动而给其带来的不利。另一方面，对于当事人来说，这构成了一种激励，即如果当事人（尤其是物权取得人）想使物权发生完全有效的变动，那就应该积极地实现物权变动的公示。换言之，保护物权取得人的积极信赖和保护第三人的消极信赖一样，都是登记或交付的公示力的表现形态和应有的题中之意，正是它们共同构成了公示的公示力。

综上所述，交付或登记作为物权变动公示方式，其公示功能主要是通过决定物权变动能否在法律上发生一定效果来实现的。任何一种法定公示方式所具有的公示力都是通过建立以下两个方面的受法律保护的信赖得以体现的：一方面，对于第三人来说，他可以信赖某种状态的“无”，即相对于他来说，未公示的物权变动等于“无”，对其不生对抗力，此为第三人的消极信赖。另一方面，对于物权取得人（如所有权受让人）来说，他可以信赖某种状态的“有”，即在他看来，物权变动一经公示，他所取得的物权即对一切人都“有”对抗力，此为物权人的积极信赖。

（二）动产交付的效力

在交易实践中，动产交付除了可直接产生移转占有的法律效果之外，还可因当事人之间交易的目的和性质的不同而分别产生变动债权和动产物权的效果，具体分述如下。

1. 物权法上的效力

（1）占有移转效力。

交付作为自愿的占有移转行为，最直接的法律效果就是使占有在相对主体之间发生转移，从而使占有受让人取得动产占有，并使之占有利益受法律保护。据此，占有受让人可依据《物权法》第341条以下之规定，对侵害其占有之行为提起返还原物及孳息、赔偿损失、排除妨害或消除危险等占有之诉。

（2）动产物权的设立或转让效力。

在买卖等以动产物权变动为目的的交易当中，交付通过与当事人之间所达成的物权合意的结合，可以起到创设质权、转让所有权或质权的法律效果。这种法律效果的发生一方面系根源于法律对当事人自由意志所具有的有效性的肯定，另一方面也在于交付所具有的公示力，正是通过二者的结合，法律才赋予一个有效的动产交付不仅可以使动产物权在当事人之间发生相对的变动，而且可以使这种变动对第三人产生普遍的对抗力。

（3）善意保护效力。

如前所述，交付作为动产物权变动公示方式，其对交易安全的保护是通过保护第三人的消极信赖和物权取得人的积极信赖得以实现的。以此为基础，在动产所有权出让人或出质人无相应处分权的情况下，善意的受让人或质权人依然可以信赖，通过交付公示，自己仍可无瑕疵地取得该动产的所有权或质权。亦即，法律对善意受让人或质权取得人对交付公示规则的制度信赖的保护，体现在法律后果上就是交付具有善意保护的效力。

2. 债法上的效力

在债法上，与交付相联结的法律效果主要是创设或消灭债。比如，在动产买卖、出租、运输等交易中以及某些非合同之债的清偿中（如以返还原物的方式清偿不当得利之债和侵权之债的情况），交付就可产生消灭既存之债（交付义务和/或所有权转移义务等义务）的法律效果，而在消费借贷等实践合同中，交付又可起到创设债或使债得以发生的法律效果。另外，依据我国合同法，交付在买卖合同中还可产生移转标的物意外毁损风险的法律效果。

总之，交付除可直接产生占有移转效果外，还可在物权法上和债法上分别产生变动物权或债权的法律效果。因此，在判断交付所得产生的具体法律效果时，应依据物权法和债法的规定分别加以确定。并且，不管是在债法上，还是在物权法上，对于交付具体可产生何种法律效果的问题，原则上应根据当事人之间的法律关系的性质来加以确定；在这种法律关系是依据当事人的意志或依法律行为而发生变动的情况下，还需对交付所内含的当事人的意思或所欲实现的意思（既可能是变动动产物权的意思，也可能是消灭既存之债或创设债的意思）进行判断，并依此来确定交付可能产生的法律效果。若当事人在交付时无变动相应物权或债权的意思，则相应的物权或债权变动效果就不能发生。比如，甲与乙签订了向乙出租一台电脑的合同，约定一周后交付，合同签订后第二天，甲因有事外出，将电脑交付给乙保管（或因电脑出现故障，将电脑交给乙修理）。在此情形下，由于在电脑交付时，当事人并无变动电脑所有权的意思，也无履行租赁合同的意思，因此，该交付不能产生转移电脑所有权和消灭甲依据租赁合同而负有的交付义务的法律效果，而是只能根据当事人的意思产生创设保管合同关系或修理合同（加工承揽合同）关系的法律效果。

三 动产交付的具体形态

自罗马法开始，交付就已经摆脱了物的事实控制力的移转这一原始形态，实现了多样化。这种交付形态的多样化亦为采交付原则之现代各国立法所继承，并在其中加入了一些革新的因素，即出现了以权利证书的交付代替物的交付和单纯的返还请求权让与这两种交付形式（前者为罗马法上的象征性交付的现代变异，后者尚不为罗马法所知）。经此继承和革新，现代各国法上大体形成了一个以现实交付为主体，以各种观念交付或交付替代形态为辅助的交付形态结构。其中，后者多以简易交付、返还请求权的让与（含以权利证书交付代替物的交付）和占有改定为普遍。我国《物权法》第 23 条以下也明确规定了以上四种交付形态。这无疑是一种历史的进步，当然，这同时也给我们带来了新的课题，即我们应如何正确理解和适用这些交付形态和相应法律规则。这构成了本文以下所要讨论的基本对象。考虑到任何法律规则的构造都必有其法技术基础和法观念基础（规范目的），因此，以下的讨论将首先从这些基础开始，然后再进入相应实证法规则的分析，以便能更好地理解和把握它们。

（一）交付形态构造总论

1. 法技术基础：占有

交付是一项自愿移转物的占有的行为，它以出让方放弃占有，受让方取得占有为完成标志。因此，要确定一项行为是否构成一个有效的交付，必须首先确定何谓占有放弃和占有取得，即应以什么标准来判断某人是否占有某物，这显然首先是一个法律上的占有概念应如何构成的问题。简言之，在法技术意义上，交付以占有的概念为其构成基础。

（1）占有的概念。

与交付一样，我们关于什么是法律意义上的占有也是从作为日常生活用语的自然意义上的占有开始的。占有在其自然意义上，通常是指对有体物的事实控制和直接支配，[①] 具有物理上的独占性，即萨维尼所说的“根据对某物的占有，我们总是设想这样的状况：不仅本人在物理上能够自己支配此物，而且能够阻止其他人支配此物”。[②] 这种在物理上直接支配物的状态在法律上被称为“持有”，“这个被称为‘持有’的条件是所有‘占有’概念的基础，但这个条件在任何情形下都不能单独成为立法的对象，其概念同样也不是一个法律概念”。[③] 因为，这种持有还只是一个单纯的社会事实或事实关系，而不是法律关系或在法律上不生任何效力。[④] 也就是说，持有只有从单纯的对物进行物理控制的事实进至法律关系领域，才能被转化为立法调整的对象——法律事实。这种转化表现在法律上，就是在持有基础上产生了法律上的占有概念，也正是通过占有这一法律概念的媒介，持有才有可能在法律上产生意义。

占有作为一个法律概念，它总是与某种法律上的效果或法律关系相联

---

① “占有这个词的含义是指真正的掌握（signoria），一种对物的事实上的控制（dominazione）。”〔意〕彼得罗·彭梵得：《罗马法教科书》，第270页。

② 〔德〕萨维尼：《论占有》，朱虎、刘智慧译，法律出版社，2007，第4页。

③ 〔德〕萨维尼：《论占有》，朱虎、刘智慧译，法律出版社，2007，第4页。

④ 占有最初表示单纯的持有关系，这不是一种法律关系，而是一种自然关系。〔德〕萨维尼：《论占有》，朱虎、刘智慧译，法律出版社，2007，第44页。

系的，而法律关系与单纯的事实关系的本质区别就在于，法律关系本质上是作为社会主体的人与人之间的社会关系，而单纯的事实关系是作为物质的人与人、人与物或物与物之间的自然关系。人之所以能实现从“物质的人”（人的自然属性）到“社会的人”（人的社会属性）的转化，决定性的要素就是人是“有意识的人”即人具有精神属性。因此，从人的精神属性角度看，法律关系又内在地包含着人的意志关系。或者说，一切法律关系本质上都既是人与人之间的社会关系，又是人与人之间的意志关系。只不过，前一说法系更多地着眼于法律关系的客观方面，后一说法则更多地着眼于其主观方面。明了这一点以后，我们也就可以进一步分析什么是法律上的占有以及为什么占有不等于持有了。

关于什么是法律上的“占有”，我国学者大多倾向于将占有定义为“民事主体控制特定物的事实状态”，或“占有人对于物的事实上的控制和支配”。[①] 应该说，从文义上看，这一定义是很难将占有与事实意义上的持有区别开来的。这一方面表明我们对占有的理解是从持有开始的；另一方面也表明，要阐明什么是法律上的占有，还需要进一步的学理阐释。如前所述，法律关系内在地包含着人与人的意志关系，因而建立在占有基础上的法律关系也应包含着一种在法律上有意义的意志关系。这种意志关系的内容反映在占有的概念中，就是占有不是单纯的物理上的对物控制，而是应包含占有人的意思，即占有是一种怀着某种意图对物进行事实控制和支配的法律事实。这就是萨维尼所说的，“持有如果要有效作为占有，它就必须是自决的，也就是说，为了成为占有人，一个人不仅要拥有持有，还必须有持有的意图。”[②] 这种持有的意图在罗马法上被称为“占有心素”，而与之相对的对物的事实控制或实际持有则被称为“占有体素”。[③] 由此，占有得以和持有区别开来，并获得了其法律上的表达形式。

不过，需注意的是，关于占有构成中的占有心素的含义到底为何，各国立法和学者所持见解并不相同。其中，影响较大者，计有以下三说：一为萨维尼所持的“所有意思说”，即占有心素便在于行使所有权的意图，

① 这和德国民法典第 854 条和台湾地区“民法典”第 904 条的规定基本是一致的。

② 〔德〕萨维尼：《论占有》，第 78 ~ 79 页。

③ 〔意〕彼得罗·彭梵得：《罗马法教科书》，第 270 页。

这是一种法律行为的意图。该说为《法国民法典》所采（第2228条、第2229条）。二为庞堡和邓伯格等人所持的“为自己的意思说”，即占有意思是指以自己的名义为自己的利益而持有物的意思。该说为日本民法所采（第180条）。三为耶林的“占有或持有意思说”，即占有意思只需要有持有该物的意思就足够了。依学者所见，德国民法所采（第856条、第872条）之学说即为此说，瑞士和我国台湾地区亦同。[①] 依此说，占有以符合占有人的意思的人物之间的物理结合关系而成立，它既不需要有“所有的意思”，也不需要“为自己的意思”，而只要求占有人有持有该物的意图，但这种意图只是一种自然的意图，而非法律行为的意图，故而，即使是无行为能力人也可以具有此种意图，并据此取得占有。

在笔者看来，我国也应以采耶林之学说为宜。在此说之下，一个标准的占有应是直接作用于物的能力和主体支配物的意志力的结合，即一方面，占有人应该与物之间存在物理上的结合关系，从而得以对物行使事实上的控制和支配；另一方面，占有人应该对这种人与物的物理结合关系有所认识并有对物进行控制或支配的意思，二者缺一不可。

（2）占有的认定。

一个标准的占有既然由体素和心素共同构成，那么占有的存在与否自然需同时考虑这两方面的要素是否具备才行。关于如何认定占有存在与否，各国法皆无明确规定，但依学者通常见解，占有“须依社会观念斟酌外部可以认识的空间、时间关系，就个案加以认定”，[②] 或者说，“任何一种根据当时的习惯和进化的社会意识能使人以排他的方式支配物的事实关系都是足够的”。[③] 准此而言，以下因素可资占有认定之参考。

首先，自空间关系而言，人与物之间应存在场所上的结合关系，即物为人之身体所占据或物现时在场且人可对物为现实管领和支配。若具备这种结合关系，且依社会通常观念可认为人对物有占有之意思时，通常可认定存在占有。例如，将家具置于自己房屋中，将珠宝置于保险箱或抽屉中皆可认为成立占有（占有心素则可从状态或行为中被推定）；同理，占有

① 孙宪忠：《德国物权法》，第112～113页。

② 王泽鉴：《民法物权（第二册）——用益物权·占有》，第155页。

③ 〔意〕彼得罗·彭梵得：《罗马法教科书》，第275页。

出让人也可依受让人的意思将物置于受让人可控制的场所（受让人房屋、院落）使后者取得占有。反之，若遗失物品于公共场所一段时间，则通常可认为，遗失人已经完全丧失根据意愿处置物的能力，因而其占有已经丧失，物为遗失物。但是，离开房屋、土地数日或将汽车停于路边数日，依社会观念，占有依然可通过心素而保持；或者说，“如果对物的直接支配关系能够根据意思而不断再现”，[①] 这就足以使保持占有。不过，需注意的是，在有些情况下，即便物在某人物理控制范围内，占有也可能会因该人尚未认识到物在其控制范围内而不成立，比如，尚不知他人已将物遗失或投掷于自己屋内者，将因占有心素的缺乏而不能对物成立占有。

其次，就时间关系而言，人与物之间应有一段时间上的结合关系，以体现人占有物之意图或意志力。若只是短暂的“事实上的占有”，无排除他人干涉而控制物的意图，依社会观念，通常不成立法律上的占有。如借阅邻座报纸或在图书馆取阅报纸，在饭店使用餐具，乘坐公共汽车上的座椅、客人使用主人家具等，均不能成立占有，但出于维护主体人格利益和社会和平，对于这种短暂的“事实上的占有”，他人也不得任意侵害。反之，若将以上物品自他人处携走或移置自己房屋之内，则可成立占有，即使此类占有可能非法。

3. 占有的观念化

占有的观念化是指在特定情况下，法律承认人与物可因某种法律关系的存在而结合为占有，即使占有人与物不存在物理上的结合关系。占有的观念化是对占有须同时伴有占有体素和心素的构成的悖反，这种悖反的形成系主要建立在以下几个方面的基础之上。

第一，将占有的构成区分为占有体素和心素内在地包含着占有观念化的可能，或者说，这种构成本身就为占有观念化提供了前提。因为，所谓的心素本质上是一种主观意志，而主观意志依其性质是完全可因主体意志的改变而任意改变的，即便是在体素不变的情况下也是如此。比如，对于处于自己事实控制之下的物，占有人既可以以据为己有的意思来实施控制（如所有权人的占有），也可以只是为了自己的利益但无所有的意思来实施控制（如租赁人的占有），还可以是完全为了他人的利益而实施控制（保

① 〔德〕萨维尼：《论占有》，第 275 页。

姆的“占有”)，甚至可以单纯通过放弃占有的意思而放弃占有。很明显，如果我们走出占有人本人封闭的人格范围，从外部来看待这种意思的变化，那么我们就会发现，这种意思的改变实际上改变的是“占有人”的利益诉求——拟通过改变控制物的意志形态来改变某种物上利益关系。因此，一旦法律认为，占有人的这种不同的利益诉求可以得到法律认可并可通过赋予其法律上的强力来予以固定或维护，那么，占有也就具备了在体素不变的情况下单纯因占有心素的改变而异其性质或发生转移的可能了。这也正是现代各国法能将占有区分为自主占有和他主占有的法理根源。当然，这也为德国法建立间接占有和占有辅助人这两种带有鲜明的占有观念化趋势的制度提供了基础。

第二，与所有受法律保护的权利一样，占有之所以会被纳入法律的调整范围，根本原因就是占有和其他权利一样，也包含了某种需要法律调整或保护的利益关系。这种利益虽然未上升为物权此类主观权利（关于占有是权利还是事实，以及占有与权利的区别此处不论)，但毫无疑问的是，人对物的占有总是体现着主体的意志或利益追求，这种利益可能是现实的经济利益，也可能是单纯的人格利益。出于人与人之间互负相互尊重和不侵害的义务这一正当法原则，同时也为了维护社会和平，法律理应保护占有不受他人非法侵夺。即使是对于非法占有物的小偷，亦应如此，因为小偷的人格也须受到法律的尊重。因此，“占有在任何时候都是一定权利或利益的外在体现。对占有进行保护，也就对站立于占有‘背后’的利益进行了保护。”①

自罗马法实现占有与所有权的分离以后，占有已经在法律上成为与物权法相平行的事实关系领域，并因此形成了占有保护和物权保护的平行机制。现代大陆法法典也继承了这一传统，在此传统之下，占有在法律上具有了异质于所有权的特点和功能。依德国学者所见，占有的功能主要有三个方面：一是占有的保护功能，即占有人依据客观管领物的事实而获得对这种管领予以保护的功能，包括自力防御的保护、前占有人请求权的保护以及侵权法和不当得利法的保护；二是维持功能，即适格的占有人继续保持其占有的功能，包含债权人法律地位之强化、占有人之撤销权以及时效

① 〔德〕鲍尔/施蒂尔纳：《德国物权法》（上），张双根译，第105页。

取得等；三是占有的公示功能，以及因此功能而具有的转让作用、推定作用和善意保护作用。其中，前两项功能被认为是罗马法的传统，而公示功能尤其是权利推定、善意保护作用则被认为来自日耳曼法之 Gewere 所具有的“权利外衣”特质。

第三，正是以上原因的结合为法律在特定情况下，对占有采取观念化构成提供了可能和必要性，其突出的体现就是占有辅助人和间接占有制度的形成。其中，占有辅助人制度是指这样的一种情况，某人（如保姆）对物行使事实控制，但这种控制是依其与他人（主人）的社会从属关系（如雇佣）[①] 而为他人并受他人指示而实施的。在此情况下，法律以该他人为占有人，而不以对物实施事实控制之人视为占有人，即后者仅为占有辅助人。法律之所以如此处理，主要是考虑到，若以占有辅助人为占有人，则依占有之功能，占有辅助人自当应该有权针对任何人（甚至针对他的“主人”），行使占有保护权利，有权将占有转让给他人；而本针对占有人之请求权（所有人可以要求占有人返还其物），也应针对他而提起。很明显，这种结果与一般的生活观念是不相吻合的。因为，在这里，占有辅助人的意志仅在于辅助他人实现其利益，占有本身所含之利益及其因此而生的对外的权利义务关系都应该是归属于或指向于被辅助之人的。既然如此，自当以被辅助之人为占有人为宜，即使该人与物本身之间并不存在物理的结合关系，但法律仍认为其占有之心素依然存在，且他可以通过辅助人对物实施占有或事实控制。

间接占有则是一种更为典型的观念占有形式，它是法律为了实现对特定法律关系中的一方主体的利益保护而人为构造起来的一种占有形式，其典型代表为德国法。依德国民法第 868 条，在用益权关系、质权关系、租赁关系、使用借贷关系、保管关系或其他类似法律关系中，除依此关系直接对物实施控制之人为占有人外，法律同时也承认相对人为占有人。其中，前者为直接占有人，后者为间接占有人，二者关系在占有法中被称为占有媒介关系（前者为后者媒介占有）。在该关系中，前者在为自己利益对物实施控制时，同时具有以他人为所有主或更优权利人的意思，

① 德国民法第 855 条（占有辅助人）：为了他人，在他人的家务、营业或者其他类似的关系中，遵照他人有关其物的指示，对该物行使实际控制的，仅以该他人为占有人。

后者在观念上也具有借助于其与相对人之间的法律关系依然实施对物的意思。法律之所以在此承认对物无直接的事实控制，同时也非借助相对人的辅助来实施（直接）占有之人为间接占有人，主要是因为“在法律看来，这些人要把自己当作占有人来对待的利益，也是值得保护的”。[①] 或者说，将这些人视为占有人，有利于这些人借助占有所具有的功能（保护功能、维持功能和转让功能等）更好地实现其利益。比如，在出租关系中，若物的占有被第三人从承租人（直接占有人）处侵夺，且直接占有人不积极追还（这可能导致时效利益的丧失），出租人可以其间接占有人身份提起占有之诉来实现其利益，而不必一定要借助所有权之诉来实现其利益。这在出租人非所有权人时尤其有意义，当然，在出租人（间接占有人）为所有权人时，他也可享受所有权之诉和占有之诉的双重保护，这对其同样是有利的。

由上可见，占有恒伴随“人与物的物理结合关系”和“人控制物的意志力”的这种构造在法律上并没有完全得以维持，而是随着社会生活的进展，为因应社会需求，逐步从对物的直接支配扩大到对物的观念之支配，从而使得占有人控制物的意志力逐步摆脱了纯粹物理关系的束缚，使占有显现出一种抽象化、观念化的趋势。正是占有的这种观念化为观念化的交付的产生提供了可能和法技术基础。

4. 法观念基础：交易便捷与安全

在所有权（物权）已经实现观念化的今天，现代法之所以不承认单凭意志就可以使物权发生对世的变动，而是坚持将物化的物的现实控制的移转即交付作为动产物权有效变动的要件，其主要目的就是实现交易安全的保护。但是，对于变动物权的当事人来说，有些情况下，要满足法律所提出的强制的物的直接占有移转的要求往往存在许多不便或不经济，尤其是在动产交易日益快速、频繁和多样化的今天，若僵硬地坚持现实交付的必要性，会严重损及市场交易的快捷、便利。例如，北京的甲将存储于某仓库的一吨货物出售给了上海的乙，上海的乙然后又将该批货物转售给了广州的丙，在此情形下，如果法律坚持必须完成现实交付才能使所有权发生两次有效的转移，当事人将不胜其烦且这对促进货

① 〔德〕鲍尔/施蒂尔纳：《德国物权法》（上），张双根译，第122页。

物贸易也是不利的。如果法律承认当事人可单凭仓单的交付来实现所有权转移，且可以直接由甲交付仓单于丙实现所有权的两次转让，则交易所需耗费的人力、物力和时间成本将大幅减少。正因如此，所以才有了权利证书交付这一更为简便快速的交付方式的法律肯认。又例如，甲将其已出租给乙的电脑出售给了丙，且在当事人约定的履行期届满时，乙仍依合同合法占有该电脑，在此情形下，若当事人必须通过现实交付来实现所有权转让的话，实有不便。反之，若法律承认甲可以通过转让其对乙的返还请求权让与代替交付，则可以减少不必要的麻烦和更好地实现对各方利益的维护。

总之，在现代市场经济中，现实交付的要求虽然有利于交易安全的保护，但在有些情况下，这一公示要求与交易的快捷、便利是存在冲突的。这种冲突有时是由交易标的物数量巨大带来的，有时是由交易已经快速地形成了链条所带来的，有时是由交易相对人之间的空间距离遥远所带来的，有时是由交易当事人之间的特殊关系或特殊利益需求所带来的，有时则是以上各种因素并存所带来的，情形多样复杂、不一而足。这种冲突在动产上表现得更为明显，因为动产的交换价值恰恰主要体现在流通性上，因而动产交易对便捷、快速有着比不动产交易更高、更强烈的要求。职是之故，市场经济的法制自当顺应市场交易实践的需求，为这种需求的满足提供相应的法律工具。作为其结果，简易交付、返还请求权让与（含权利证书交付）和占有改定等观念交付形式在采交付原则立法例之各国法上获得了广泛的承认，而从其法技术构成上看，这显然又是以占有的观念化为基础的。换言之，现代法上的交付形态的多样化乃是法律为便利交易而以观念化占有为技术基础进行的法律构成。当然，这并不意味着法律在追求交易便捷的同时，罔顾了交易安全。在观念化交付之下，法律依然可以通过交付对抗主义这一法效果上的限制性构成来兼顾交易安全的保护。如此，各种观念化交付形态的背后，依然能透出交易安全保护这一交付公示制度的底色，虽然它们表面的颜色是交易便捷。

（二）现实交付

1. 概述

《物权法》第23条规定：“动产物权的设立和转让，自交付时发生效力，但法律另有规定的除外。”作为“动产交付”一节的首个条文，该条确立了动产物权变动以交付为生效要件的交付原则，即交付生效主义。其中，“动产物权的设立和转让”是指当事人通过“法律行为”设立动产质权和转让动产所有权；[①]“自交付时发生效力”则是指自完成标的物交付时起，动产质权人或所有权受让人对标的物享有该法第 2 条所规定的“直接支配和排他的权利”。至于本条所规定的“但法律另有规定的除外”则主要指的是以下除外情况：（1）该法第 24 条关于“准不动产物权变动以登记为对抗要件”规定。（2）该法第 25 条至第 27 条关于“简易交付”、“返还原物请求权转让”和“占有改定”的规定。（3）该法第 28 条至第 30 条关于“非依法律行为所生的物权变动不以交付或登记为生效或对抗要件”的规定。（4）该法担保物权编第 188 条和第 189 条关于“动产抵押权设立以登记为对抗要件”的规定，以及该法第 230 条以下及相关立法关于动产留置权的规定。[②]（5）《合同法》第 134 条和《最高人民法院关于贯彻执行〈中华人民共和国民法通则〉若干问题的意见（试行）》第 84 条关于“附条件所有权转移”——“所有权保留”的规定。

由前文所作的交付的法律性质属于物权行为的解释可知，依法律行为而生的动产物权变动，需要以当事人之间有动产物权变动合意和交付为生效要件。在当事人已经以明示的方式表达了该合意且嗣后未变更或撤销该合意的，自当认定交付时此合意依然存在；若当事人未明示该合意，则通常可依交易具体情况推定当事人之间存在物权变动合意，且该合意在交付时仍然存在。当然，如果当事人之间有特别的约定（如所有权保留条款），或该合意已被变更（如在交付时将一般的买卖变更为试用买卖等）或撤销（如合同已被解除），或受让人在接受交付时已有效行使拒收权，但仍以保管人身份暂时占有标的物的，则即便交付已经完成，动产物权原则上不能发生有效变动。简言之，只有在交付时存在有效的物权变动合意，动产物权才能发生有效的变动。当然，如果当事人对此存有争议，则原则上应依

① 从该法第 28 条至第 30 条关于“非依法律行为所生的物权变动不以交付或登记为生效或对抗要件”的规定的反对解释中可以得出，该条的适用实际上仅限于依法律行为而设立和转让动产物权的情形。

② 参见《民法通则》第 89 条第 4 项，《担保法》第 82 条，《合同法》第 264 条（承揽人的留置权）、第 315 条（货物承运人的留置权）和第 380 条（保管人的留置权）等规定。

法律行为解释规则（可类推适用《合同法》第125条等相关规定）和“谁主张谁负责举证”之举证规则加以处理。

2. 构成要件

对于本条及物权法其他条文所规定的“交付”，法律没有明确定义，但依学界通说，其应是指标的物直接占有的转移，即一方将其对标的物事实上的控制和支配现实地移转于另一方。交付作为一项双方都愿意的占有移转行为，须具备以下几个方面的要件。

（1）出让人不再享有任何占有。即出让人完全放弃或丧失占有，不再保有对标的物任何意义上的占有。当然，出让人在丧失占有的情况下，依然可以作为受让人的占有辅助人行使对物的事实管领力。如果出让人在所有权移转后依然保有标的物占有，则应适用第27条关于占有改定之规定。

（2）受让人取得占有。受让人可以本人直接取得标的物的占有，也可以指示出让方将占有移转于其指定的第三人（如承租人，这在德国法上意味着受让人取得了间接占有）。在授权受让人单方面去获取占有的情形中，只有当受让人真正拿到实物时，交付才算完成。[①] 另外，此处需要注意的一点是，如果在所有权转让方面附有不确定的条件或开始期限（如所有权保留），则受让方在取得占有后又丧失占有的并不妨碍其通过所附条件的满足而取得所有权。

（3）交付须基于出让人的占有让与意愿而进行。也就是说，占有之移转须基于出让人之意思，在当前所有权人的促成下使受让人取得对物的占有，如果受让人是自行取得占有的，则不构成交付。[②]

综上可见，在物权法中，一个完整意义上的交付既需要当事人有占有放弃或取得的意思（自然意思），也要求有外在的物的占有的放弃和取得，且交付的完成是以出让人已放弃自主占有和受让人已取得自主占有为其完成标志的。

3. 现实交付的具体形式

交付既可以由当事人本人亲自完成，也可以都通过借助第三人的参与来进行。其具体形式大致包括以下几种。

① 〔德〕沃尔夫：《物权法》，吴越、李大雪译，法律出版社，2004，第238页。

② Palandt，§929，Rn 11.

（1）无第三人参与的交付。此种形式是交付的最原始和最简单的形式，它可以通过出让方亲自将标的物占有移转给受让方本人来进行，如手递手的交付或交付汽车钥匙等；也可以通过出让人使自己成为受让人的占有辅助人的方式来进行。例如，正在使用自己电脑出公差的A，在此出差期间将该电脑卖给了其所属公司，但在该出差期间依然继续使用该电脑的情况。

（2）通过第三人实现的交付。交付双方都可以通过借助第三人的参与来完成交付，为便于说明，以下将借用德国法上的占有辅助人、占有媒介人（他主占有人）和被指令人（Geheissperson）的概念对这种通过第三人的参与所实现的交付形式加以说明（代理人的参与情况将在后文讨论）。

①通过占有辅助人或占有媒介人实现交付。

——出让人本人将标的物交付给受让人的占有辅助人或受让人指定的将为其媒介占有的人，前者如出让人将标的物交付给受让人的雇员或保姆的情况，后者如出让人依受让人的指使将标的物交给受让人拟将该物交由其保管、租用、借用之人的情况等。

——出让人的占有辅助人或占有媒介人（物的现保管人、承租人或借用人等）依出让人的指示将标的物交付给受让方（受让人本人、占有辅助人或将为受让人媒介占有之人）。这里所包括的情况非常多样，大体有：第一，出让人的占有辅助人依出让人的指示将标的物交付给了受让人本人或其占有辅助人的情况。例如，甲在与乙签订了A电脑的买卖合同后，指示其保姆将该电脑交付给乙或乙指定的保姆的情况。第二，出让人的占有辅助人依出让人的指示，按受让人的要求，将标的物交给了受让人的占有媒介人的情况。例如，乙在与甲签订了A电脑的买卖合同之后，取得该电脑占有之前，又与第三人丙达成了以该电脑为标的的租用合同、保管合同或借用合同的情况，在此情况下，若出让人甲的保姆等占有辅助人依出让人的指示，按受让人的要求将该电脑交给了丙，则依然构成现实交付。第三，出让人的占有媒介人依出让人的指示将标的物交付给受让人或其占有辅助人的情况。例如，甲将其交由第三人丙保管、租用或借用的A电脑出卖给乙，然后丙按照甲的指示将该电脑交给了乙本人或乙指定的占有辅助人（如保姆）的情况。第四，出让人的占有媒介人依出让人的指示将标的物交付给受让人的占有媒介人的情况。例如，甲将其交由第三人丙保管、租用或借用的A电脑出卖给乙，乙在取得该电脑占有之前，又与丁达成了

以该电脑为标的的租用合同、保管合同或借用合同的情况，在此情况下，若丙依甲的指示，按乙的要求将该电脑交给了丁，则依然构成现实交付。

——出让人通过指示其占有辅助人将来遵从受让人的指示的方式也可实现占有的移转。例如，出卖人甲将其公司财产和所有业务转让给了乙，他将此事告知了所有出差中的职员，并指示他们今后按乙的指示行事。出差中的职员使用的公司电脑也因此而转让给了乙。

——出让方的占有媒介人依出让人的指示结束其与出让方的占有媒介关系，并和受让方重新建立起一个新的占有媒介关系也可实现有效的交付。例如，出卖人甲出卖的A电脑已出借给乙，甲指示乙，乙可以结束其与甲之间的借用关系——占有媒介关系，并重新和买受人丙达成一个新的借用关系，那么在乙和丙就这种借用关系达成协议时，标的物的交付即为完成。

②通过被指令人的交付。

在实践中，也存在标的物的现占有人并非出让人的占有辅助人或占有媒介人的情况。为简化这种情况下的供应关系和实现合理化，“德国司法判例放弃了第三人或第四人必须是占有媒介人的要求，而是要求只要第三人根据出让人的指令（auf Geheiß）将物转移给受让人控制,[①] 或者该物根据受让人的指令转移给第三人,[②] 也可以构成交付”。对于这种通过被指令人而进行的交付，即占有的“指令取得”，我国法也应予以承认。至于其具体表现形态则大致有：

——出让方指令。(a) 向受让方的移转依出让方对并非出让方占有媒介人的第三方的指令而进行。例如，出让方指令买卖标的物的“拾得人”（并非出让人的占有媒介人）将物交付给了受让人的情况，当然，在此情况下，如果拾得人在知悉出让人的指令后与受让人就标的物建立起一种占有媒介关系（如借用关系），交付也告完成。(b) 指令取得也可以通过出让方依第三方的指示而指令第四方进行。例如，上例中，如果拾得人已经将拾得物出借给他人，那么出让人也可依据拾得人（第三方）的指示指令该物借用人（第四方）将物交付给受让人方或与受让人建立一种新的借用关系来完成交付。

——受让方的指令。以上指令也可以由受让方发出，即交付可依受让

① BGHZ 36, 56, 60.

② BGH NJW 1973, 141.

方对并非受让方占有媒介人的第三方（因为此时的受让方并未取得占有）的指令而进行。比如，经出让人同意，受让人指示上例中的拾得人向其交付标的物，而拾得人也这样做了。

——出让方和受让方也可以共同指令第三方来完成交付。

——连环买卖情况下的指令取得。连环买卖的情况在实务上也颇为常见，例如，甲售A画给乙，乙转售给丙的情况。此种情况下，为便利交易，简化交付关系，乙通常都会请甲直接将该画交付给丙。如果甲依此而向丙交付了标的物，则法律需考虑的就是此种交付的法律意义如何的问题。对此，学者通常认为，第一出让人（甲）依第一受让人（乙，也是第二出让人）的指令向第二受让人（丙）的交付构成两次转让。在此，物权合意将被解释为是推定的，即从第一出让人到第二受让人的转让包含了从第一出让人到第一受让人的转让。依此，在甲将该画交付给丙时，在此“法学上的瞬间时点”，实际上是由乙先取得所有权，然后再移转于丙，也就是说，丙取得的A画所有权并非直接来自甲，而是经由乙，故乙与丙间的买卖契约不成立、无效或被撤销时，乙得依不当得利规定，向丙请求返还其无法律上原因，而受有“A画所有权”的利益。

（三）简易交付

1. 概述

《物权法》第25条规定：“动产物权设立和转让前，权利人已经依法占有该动产的，物权自法律行为生效时发生效力。”对于该规定，学说上通常称为简易交付。它一般适用于动产所有权受让人或质权取得人已经因其他原因取得了标的物占有，然后再与出质人或出让人达成所有权移转合意或质权设立合意的情形。例如，动产承租人已依租赁合同取得了动产的占有，而后又与所有权人达成购买该动产的合意或在该动产上设立质权的合意的情形。在此情形下，所有权的转让或质权的设立仅仅需要当事人就此达成有效的物权变动合意即可。[①] 法律之所以如此规定，其目的在于简

① 如果受让人占有标的物，交付是不必要的，受让人的占有可以是直接占有（也可通过辅助人占有），也可以是非由出让人媒介的间接占有。当然，出让人不再拥有占有这一点仍然必须得到满足（但可保留或成为受让人的占有辅助人的地位）。

化交付手续，便利交易的进行。而且，该条也并没有打破交付原则，因为对于该条所适用的情形而言，不仅当事人之间存在物权变动合意，而且实际上也存在着物的交付。只不过，物的交付在合意发生之前就已经完成了。

2. 该条的适用与存在的问题

关于该条的适用，需重点注意以下两点，兹以所有权转让为例加以说明。

第一，关于该条中的“依法占有”一词的解释。

首先，仅就此处的“占有”一词而言，其虽然通常是指受让人本人现实占有该物，但从贯彻该条之规范目的来看，解释上应对其做相应的扩大解释，以便更好地处理实践中各种可发生简易交付的情形。例如，甲先基于保管、租赁、借用、质权设定等原因取得了某动产的占有，然后又将该物占有转移了乙（如出借，至于甲有无此类权利那是另一个问题），现甲与该物所有权人达成了所有权转让合意。在此情形下，甲虽然并非物的现实占有人，但依理，法律也应该承认甲能通过简易交付取得所有权。同理，在受让人虽然对该物有现实的管领力，但并非占有人的情况下，同样也可能发生简易交付。例如，出卖人 A 将其职员 B 正在使用的公司汽车的所有权让与给了出差中的 B 的情形就是如此。在此情形下，交易乃是发生在出让人与其占有辅助人之间，出让人通过给予其占有辅助人以直接占有人地位，所有权即发生转移。

其次，关于占有的合法性问题。从文义上看，该条所使用的“依法占有”一词表明，其仅适用于权利人事先所取得的占有为“合法占有”或“有权占有”的情形，即权利人事先所取的占有是有“本权”（有法律上的原因或根据）的占有。如此，则在受让人所取得的占有为“非法占有”或“无权占有”（无法律上的原因或根据的占有）的情况下，原则上就不能适用该条之规定或以该条为依据来完成动产物权的变动。换言之，在受让人所取得的占有属于以下两种情况中的一种时，即便所有权人与受让人达成了物权合意，所有权也不能以该条为依据发生有效变动，而是必须采取另外的形式（如现实交付）来实现所有权的变动。（1）在占有人所取得的占有属于从一开始就没有法律根据的“无权占有”的情况下，如强盗对于赃物的占有，拾得人对遗失物的占有等，即便所有权人与无权占有人嗣后达成了所有权转让合意，所有权也不能依简易交付的形式而发生转移。(2) 在占有人所取得的占有属于起初是有法律根据的，但是后来该根据消失了的“无权占有”的情况下，例如，承租人或借用人在租赁或借用期满后，无正当理由拒绝权利人的返还请求并依然占有标的物情况；当事人基于合同取得标的物的占有后，合同被宣告无效或被撤销的情况；以及合同解除后当事人对应返还的财产的占有等情况；受让人同样也不能因嗣后和所有权人达成了转让合意而在合意生效时取得所有权。

很明显，这种结果是不能令人满意的，也不符合贯彻该条之立法目的的要求。因为，即便是在受让人为无权占有人的情况下，当事人也有通过简易交付的形式实现所有权转让的可能或需要，且法律也没有对此强加干预或者强制当事人必须采取现实交付或其他交付替代形式的必要。事实上，在此情况下，当事人通常都会认为所有权已经因转让合意的生效而发生转移了。如此看来，正是“依法占有”中的“依法”一词不适当地“限缩”了该条的适用范围，从而把本应适用该条的情形排除在了其适用范围之外，形成了“开放的法律漏洞”。而从比较法上看，其他采简易交付制度之相应立法也都未曾要求受让人事先所取得的占有必须是合法占有。[①]

当然，这并不意味着这一法律漏洞的弥补除修法外（非迫不得已，像《物权法》这样的立法似不应轻言修改），别无他途。因为，在法律上，通过“类推适用”的方式填补开放的法律漏洞乃是续造法律的常用方法。依此，以类推适用的方式将该条扩张适用于受让人为无权占有人时所发生的简易交付的情况，也无不可。或者，在解释上，我们也可以这样认为，在所有权人与非法占有人达成所有权转让合意之时，非法占有即于此刻转变为合法占有，同时，受让人也因此得以该条为基础取得标的物所有权。

总之，为贯彻该条之目的，解释上应认为受让人占有动产的原因究竟是租赁、保管、使用借贷、拾得遗失物还是其他原因，究竟是自己占有标的物还是由他人媒介占有，究竟是从何人那里取得的占有以及其所取得的占有是否是有权占有，皆可在所不问。

---

① 参见我国旧民法典第 761 条 1 项后段、德国民法典第 929 条第 2 项、日本民法典第 182 条 2 项、瑞士民法典第 922 条 1 项、荷兰民法典第 3：115 条 b、欧洲动产法草案第 2：105 条（1）。

第二，关于该条中“法律行为”一词的解释。

如前所述，此处的法律行为应解释为物权行为，而不宜解释为债权行为（合同），理由已如前述，但此处仍需再次提请注意以下实际情况的存在。例如，甲出租给乙三台同样品牌、型号的电脑或机器，后来，双方签订了买卖其中一台电脑的合同，但约定须待租期届满后由甲选定具体应转让哪一台。很明显，在该交易中，在买卖合同这一法律行为成立时，并没有任何一台电脑或机器的所有权会发生转移，法律也无法强制其转移；而是须待当事人依约实现了标的物的特定化后（物权合意此时才能有效成立），所有权才可能依据该条发生转移。

（四）返还原物请求权的转让

1. 概述

《物权法》第26条规定：“动产物权设立和转让前，第三人依法占有该动产的，负有交付义务的人可以通过转让请求第三人返还原物的权利代替交付。”[①] 对于该规定，学说上通常称为返还请求权的让与或指示交付，为尊重立法原文，本文将其称为“返还原物请求权的转让”。返还原物请求权转让作为立法所引入的交付替代形式之一，与其他交付替代形式一样，目的都在于实现交易过程的简化，以期达到更为合理的实践效果。例如，甲将其已出租给乙的电脑卖给了丙，且甲本人在北京，而乙和丙都在上海，在此情况下，如严格采现实交付形式，则除通常须待租约期满后，当事人还得往返徒劳，甚不经济。反之，若法律承认在此情况下，当事人可以通过返还原物请求权的转让来代替交付，则不仅以上不足和负累将得以消除，而且也符合当事人的利益。当然，如果当事人不愿意采取这种方式，自然可以作出其他的安排。例如，甲丙可以约定在租约期满后再现实交付；或者甲可以与乙协议解除合同，然后由甲或由乙依甲的指示将电脑

① 该条与其他国家相应立法相比，一个主要的特点就是它还可适用于质权的设立。另外，该条在不要求以通知第三人为必要这一点上与德国法是一致的，但与荷兰法第3：115：c和欧洲动产法第2：105：(2) 的规定不同。荷兰法第3：115：c规定，在此情形下，在第三人知悉或获得让与人或受让人发出转移的通知之前，占有不转移。欧洲动产法第2：105：(2)：如果动产由第三方占有，第三方收到出让人表明了所有权转让给受让人的通知将发生与交付相同的效力，除非这与当事人的协议不一致。

现实交付给丙；或者乙依甲的指示提前终止了其与甲的租赁合同，然后再与丙缔结一个新的租赁合同；[①] 于此种种情形下，所有权依然是通过现实交付的形式实现转移的。除此之外，甲和丙也可通过达成占有改定协议来实现所有权的转移。[②]

总之，该条虽然主要是针对物为第三人占有情形下的动产物权变动而设的，但这并不意味着该条只有在"出让人无法通过现实交付的方式使得动产物权得以变动"[③] 的情况下才有适用的余地，而只是说，在物为第三人占有时，当事人除可以通过采取其他交付形式来实现物权变动外，也可以采取本条所规定的交付替代形式使物权发生变动。如此解释，不仅可以与比较法上的共同做法保持一致，而且也更符合该条及其相关法条的立法目的。

2. 构成要件

依据《物权法》第 26 条，一个有效的返还原物请求权转让的应具备以下构成要件：

第一，当事人达成了有效的动产物权设立和转让合意。

关于该要件，除需考虑当事人达成的动产物权设立和转让合意是否符合法律规定的生效条件外，尤其需要释明的是其中的"动产物权设立和转让"之用语的含义。就此，首先必须明确的是，依物权法的体系逻辑，此处的"动产物权设立和转让"应仅指以法律行为方式设立和转让动产物权，而不包括《物权法》第 28 条至第 30 条规定的非依法律行为而生的动产物权变动以及直接依据法律规定而产生的动产留置权。其次，其中的"动产物权设立"应仅指动产质权的设立，而不包括动产抵押权的设立。因为，依据该条，返还原物请求权的出让人应是"负有交付义务的人"，而在动产抵押（《物权法》第 181 规定的动产浮动抵押和第 188 条规定的准不动产抵押）中，依据物权法所确定的"合同生效主义 + 登记对抗主

---

① 在此情形下，所有权自乙与丙之间的租赁合同生效时发生转移，在解释上，这种转移所有权的形式依然可被归于（通过占有媒介人实现的）现实交付之列。参见 BGH92，280。

② 德国学者普遍认为，在物为第三人占有时，这里依然存在以第 929 条第 1 句（即现实交付）或第 931 条（占有改定）为依据进行所有权转让的可能。参见〔德〕鲍尔/施蒂尔纳《德国物权法》（下），第 384 页。

③ 参见全国人大法工委民法室编《〈中华人民共和国物权法〉条文说明、立法理由及相关规定》，第 39 页。

义”的体例，抵押人对抵押权人并不负有交付义务，因此也就没有以返还原物请求权的转让来代替交付的必要了。最后，其中的“动产物权转让”虽然通常主要是动产所有权转让，但解释上应认为也包括动产质权的转让。比如，甲将其存储于乙的仓库中的货物以返还原物请求权转让的方式出质给了丙，丙后来将其对甲所享有的债权和对货物享有的质权一并转让给了丁，在此情形下，丙在向丁转让质权时，依然可以通过向丁转让其从甲处受让的对乙的返还原物请求权来实现质权的转移。

第二，动产物权设立和转让前，该动产已为第三人依法占有。

该要件又可细分为以下三个方面的要件：(1) 第三人须“占有”该动产，这里的占有虽然多数情况下是指第三人直接占有该动产，但在特定情形下，也可以是间接占有。比如，甲将其动产以出租的名义交付给乙，乙经甲同意又以自己的名义将该动产转租或出借给了丙，并将该动产交付给了丙，在此情形下，若甲欲将该动产的所有权转让给丁，甲依然可以通过向丁转让其对乙的返还原物请求权来实现所有权的转让（这在德国法上被称为“多级占有”情况下的返还请求权的让与）。(2) 第三人取得占有的时间在动产物权设立和转让之前，这里的“之前”应是指动产物权设立和转让生效之前。(3) 第三人对动产的占有须为“依法占有”，即第三人对该动产的占有须有法律上的根据或正当原因。比如，根据租赁、借用、保管、承揽、运输和质押合同而占有动产的承租人、借用人、保管人、承揽人、承运人和质权人对动产的占有皆为此处的第三人依法占有；在利用提单、仓单等证券交付实现动产物权变动时，接受货物而签发提单或仓单的承运人或仓储人对货物的占有也属此处的第三人依法占有。

第三，当事人达成了有效的返还原物请求权转让的协议。

具体说来，该要件在内容上又包括以下几个方面：首先，出质人、所有权或质权出让人须对依法占有动产的第三人享有返还原物请求权。从文义上讲，此处的返还原物请求权虽然既包括基于合同、不当得利或侵权行为而生的债权性质的返还原物请求权，也包括物权性质的“所有物返还请求权”，但从该条的上下文关系来看，该条所规定的请求权实际上仅限于针对“依法占有该动产”的第三人的债权性质的返还原物请求权，在第三人对该动产的占有为“非法占有”或“无权占有”的情形下，并无直接适用该条之余地。这就意味着，依据该条，当事人不仅不能通过转让针对

“无权占有物的第三人”的债权性质的返还请求权（如基于不当得利或侵权行为而生的返还请求权等）来替代现实交付，而且在当事人不知道占有该物的第三人为何人时，当事人也不能通过转让物权性质的所有物返还请求权——该请求权只能针对无权占有人提起[①]——来实现相应的物权变动。关于这种限定是否合理，以及在第三人为非法占有人或占有人不明的情况下，是否可通过返还原物请求权转让来代替交付的问题，下文再详细讨论。

其次，出质人与质权人，所有权或质权出让人与受让人达成了有效的返还原物请求权转让的协议，即当事人除须就动产物权的设立和转让达成合意之外，还须另外达成一个返还原物请求权转让的合意，且后一合意应同样须满足相关法律规定的生效要件。就返还原物请求权转让合意的生效而言，鉴于该合意的本质属于转让债权的法律行为，因而在判断该合意是否可以生效时，可得适用的法律规定除包括《民法通则》关于民事法律行为（第55条以下）和代理制度（第63条以下）的规定外，原则上还应适用债法总则的相关规定。不过，由于目前我国还没有形式意义上的债法总则，因此，不管被转让的返还原物请求权是基于合同而生的请求权，还是其他法定请求权，原则上都应适用或参照适用《合同法》第79条以下有关合同债权转让的规定以及合同法总则关于合同的成立（第9条以下）与生效（第44条以下）的规定等。

此外，关于该要件，需特别注意的是，在被交易的动产已经实现证券化（如提单、仓单）或受领该动产需出示债务人所制作的相应单据的情况下，要实现返还原物请求权的有效转让，当事人还需完成这些票据或单证的现实交付。当然，出于实践需要的考虑，即便是在其他情况下，制作一个返还原物请求权的契据并将其交付给受让人，对于交易的顺利进行也是十分有益的。而且，依意思自治原则，当事人在达成返还原物请求权转让协议时，也可将此类契据的交付约定为返还原物请求权的生效要件。

3. 第三人为已知非法占有人或占有人不明情形下的返还原物请求权的转让

（1）问题的意义。

依据《物权法》第26条的文义，该条仅适用于动产为第三人“依法

① 孙宪忠：《中国物权法总论》，法律出版社，2003，第320页。

占有”的情形，在第三人对动产的占有为非法占有或物的现占有人不明时，当事人是不能通过转让针对非法占有动产的第三人或未知的第三人的返还原物请求权来代替现实交付的。具体说来，这种被排除的情形主要包括以下几种情形：第一，第三人所取得的占有从一开始就没有法律根据的情形。例如强盗对于赃物的占有，拾得人对遗失物的占有等。第二，第三人对标的物的占有起初是有法律根据的，但是后来该根据消失了的情形。例如，承租人或借用人在租赁或借用期满后，拒不返还标的物的情形；合同被宣告无效、被撤销或被解除之后，合同当事人根据合同取得的对标的物的占有等。第三，物因遗失、被盗等原因陷入占有人不明的情形。在此情形下，如果当事人想转让标的物所有权，他们又该如何进行呢？在实践中，这种情形在财产保险赔付中比较多见，比如，被保险人的某些动产被盗之后，保险人在向被保险人支付保险赔偿金时，与后者达成了将该动产的所有权转让给自己的协议的情况。如何处理此类情况下的所有权转让协议的效力问题，对于保险人来说无疑是十分重要的，因为，对于保险人而言，取得被盗物的所有权，对于保证其将来能从盗窃者那里取回原物或获得相应的赔偿是最有利的一种方式。

针对《物权法》第 26 条对返还原物请求权的适用范围所做的限制，我们不禁要问，这种限制的合理性到底何在？为什么在以上三种情形下，当事人就不能通过返还原物请求权的转让来代替交付，从而实现相应的动产物权变动呢？

（2）比较法考察。

在德国等采动产交付原则立法例的民法体系之下，返还原物请求权转让或返还请求权让与通常都会被规定为交付的替代形式之一。[①] 依据这些规定，在以返还原物请求权转让方式代替交付时，是无须考虑第三人的占有是否合法的问题的。因此，在这些立法例之下，可通过返还原物请求权转让让与来代替交付的情形，大致可以被区分为三种情形，以下不妨以所有权转让为例加以说明。

第一，出让人是间接占有人（如出租人、贷与人、寄托人）时，可以通过将基于占有媒介关系（租赁、使用借贷、寄托）所生的债权返还请求

① 例如，德国民法典第 931 条、荷兰民法典第 3：115 条 c。

权转让给受让人，以代交付。这种返还请求权的让与同时也是间接占有的移转，但并非所有物返还请求权的让与——该请求权系相对于无权占有人而存在。当然，如果动产物权已经实现证券化的，则应交付表彰该动产物权的票据（如提单、仓单等）以代替该动产之交付，且这种票据的交付与物本身的交付有同样的效力。

第二，出让人并非间接占有人时（即出让人与占有物的第三人之间无占有媒介关系），可以通过将基于侵权行为或不当得利而生的返还请求权转让给受让人，以代交付。但这种返还请求权的让与和占有（含间接占有）移转无关，且也并非所有权返还请求权的让与。至于为什么它不是所有权返还请求权，学者大多没有加以具体说明。

第三，出让人既非间接占有人，也无其他可转让的返还请求权，仅有所有物返还请求权的情况（如物因遗失或被盗而不知去处）如何处理，学术上尚有分歧。其中，肯定所有物返还请求权这一物权请求权可以被单独转让的学者认为，在这种情况下，所有权人可以通过让与所有物返还请求权以代交付；而否定所有物返还请求权可以被单独转让的学者则认为，在这里，要把所有权转让给取得人，只要一个单纯的物权合意就足够了。目前，肯定论为我国台湾地区学术上之通说，[①] 而在德国法上，今日之通说则为否定论。[②]

（3）我国法的处理建议。

①第三人为已知非法占有人的情形。

比较法的考察表明，在返还原物请求权转让这一交付替代形式的构造上，各国法大多没有对第三人的占有必须是依法占有作出强制规定（在质权设定上存在例外），而是原则上承认了，在第三人为非法占有人的情况，当事人仍可通过返还原物请求权的转让来代替交付。对于这一点，我国法理应也可借鉴，而且，从实践的角度看，允许当事人在第三人为非法占有人情况下使用返还原物请求权的转让代替交付，不仅可以更好地满足实践的需要，从而实现该条所欲实现的简化交易、促进交易便利和快捷的立法目的，而且事实上也不会对当事人利益和第三人的利益乃至公共利益产生实质上的不利影响，因此，对于我国法来说，将返还原物请求权的适用仅

① 谢在全：《民法物权论》（上），第103页。

② Staudinger-Wiegend, §931, Rn. 14.

限于第三人的占有为合法占有的情形是没有太多必要的，或者说是没有法律上的坚强理由作为支撑的。

基于以上分析，本文认为，在第三人为已知非法占有人的情形下，司法实践可以通过“类推适用”的方式，将《物权法》第26条的规定扩张适用于该当情形下的返还原物请求权，从而克服该条中所出现的“依法”一词对该条适用范围作出的不当限制，以便更好地实现该条的立法目的和满足实践的需要。

②占有人不明的情形。

在物的现占有人不明的情形下，要解决当事人能否通过转让对该未知的第三人的返还原物请求权来实现所有权转让的问题，必须首先解决一个基本理论问题，即物权性质的所有物返还请求权能够单独转让的问题。因为，在占有人不明时，债务人的不特定将导致债权性质的返还请求权无从发生（债权债务关系的义务人应为特定人乃基本法理），当然就更谈不上转让了。因此，在此情形下，唯一存在的返还请求权就是所有物返还请求权这一物权请求权了。

当然，从理论上讲，所有物返还请求权这一物权请求权能否转让的问题，不仅仅与占有人不明情形下的物的所有权转让有关，而且也与上文所述的第三人为已知非法占有人情形下的返还原物请求权的转让有关。因为，在第三人为非法占有人，物权性质的返还原物请求权和基于不当得利或（和）侵权而生的债权性质的返还请求权可同时发生，即可发生竞合。面对这种可能竞合，我们自然需要确定，在具体情况下，当事人转让的请求权到底是哪种性质的请求权。

在我国法上，关于所有物返还请求权这一物权请求权能否被单独让与问题，学者讨论不多，但从德国学术发展来看，其间所涉问题甚为复杂。它既涉及物权和请求权能否结合起来形成一个一体化的概念——物权请求权——的问题，也涉及物权和物权请求权以及物权和间接占有之间的构造关系问题，而且还涉及物权请求权与其他性质请求权的体系协调①和债权

① 在我国民法典和物权法制定过程中，关于是否应在物权法中规定物权请求权以及如何协调它和侵权法上的相关请求权的关系就存在争议，而且，这种争议也影响到了诉讼时效制度的构造（主要涉及物权请求权是否适用消灭时效的问题）。

让与规则能否适用物权请求权的转让等诸多问题。与这种问题的复杂性和因此所生的持久争论相对应，其通说之见解也多有反复。有鉴于此，本文在此将不对该问题展开详细的讨论，而拟直接采否定说，其理由大致有三：第一，所有物返还请求权本身就是所有权的权利内容和效力的体现，是保证所有权完满性不可或缺的要素，理应不能与所有权本身相分离。如果某人同意了所有权转让，那么在思维逻辑上，就必然意味着他也同意了所有权返还请求权也一并转让。① 因此，也就没有必要去考虑是否要单独转让所有权返还请求权的问题了。反之，如果某人保留所有权，却单独出让所有权返还请求权，则实难想象受让人所取得的权利到底是什么性质的权利。如为"物权"，则无异于当事人在创设一种新"物权"，而这和物权法定原则是不相容的。如为债权，则它又会因可被其他债权性质的返还请求权所替代而显得多余。当然，也许我们可以说，它是一种处于交叉地带的"边缘性权利"，很难完全归入哪一种，但从以下所述的第二点理由来看，似乎我们也没有多少实践上的理由来支持这样一个"边缘性权利"的创设。第二，即便实践中确实存在所有权人希望保留所有权，但又想赋予他人所有权返还请求权的需要，"授权理论"或代理制度也基本上可敷使用，因而也就大可不必在所有权返还请求权能否单独转让的问题上做过多的理论纠缠。事实上，在德国，通说在否定该请求权的独立转让性的同时，就采取了"授权理论"的构成。② 依据该理论，所有物返还请求权虽始终只能停留在所有权人处，但是它可以通过"授权"他人行使的方式来实现这种请求权。比如，在保留所有权买卖中，买受人就可以基于这种授权向侵夺其所购买之物的无权占有人请求返还该物品。而且，这种授权除可以依法律行为方式进行外，还可以产生于法定授权。比如，破产管理者及遗嘱执行人就享有这种法定授权。第三，否定说比较符合我国学者关于所有权返还请求权的一般性认识，即所有权返还请求权，既然为物权的请求权，则当然与物权同命运，共始终，随物权的移转而移转，随物权的消灭而消灭。

在否定论之下，对于占有人不明的情况下的所有权转让问题，我国法

① 〔德〕鲍尔/施蒂尔纳：《德国物权法》（下），第383页。
② 〔德〕鲍尔/施蒂尔纳：《德国物权法》（上），第210页。

可作如下处理，第一，如果当事人是在知悉此一情形的情况下达成所有权转让合意的，且未做有效的相反约定，则应认为所有权是在当事人达成合意时发生转移（所有权返还请求权又重新在受让人的所有权上产生），而无须完成交付或交付替代。例如，甲的古董花瓶被盗，他因此获得了保险公司的赔偿，但他必须将该花瓶所有权转让给保险公司，在他与保险公司达成所有权转让合意时，所有权即转移。这在表面看来似乎并不完全符合交付原则的要求——动产所有权转让以交付或交付替代为生效要件，但从法律确立公示原则的规范目的看，答案似乎并非如此。因为，在此情形下，不仅占有（如果存在占有人的话）本身已因其与所有的分离而失其公示性，而且更为重要的是，占有脱离物原则上不得适用善意取得的立法例已经表明，在此情况下，立法者实际上已经决定给予所有权比交易安全更为优越的保护。或者说，这里基本上不存在需要借助公示原则来保护的第三人。第二，如果当事人（尤其是受让人）是在不知情的情况下达成所有权转让合意的，原则上应按当事人的约定来处理所有权的转让问题。比如，如果当事人约定需交付的，则交付义务依然存在。当然，当事人双方在知悉此一情况后，也可以就如何处理该问题达成补充协议。至于出让人最终能否履行合同义务，则属于合同履行制度调整的范围。

4. 返还原物请求权转让的效力

（1）概述。

通过与当事人之间所达成的物权变动合意相结合，一个有效的返还原物请求权转让通常可以使相应的动产物权在当事人之间发生有效的变动，当然，由于在以返还原物请求权转让方式实现的动产物权变动中，物权的变动实际上主要是通过意志化或观念化的方式进行的，并不具有明显的公示外观，即返还原物请求权转让的公示性不强，因而，在确定基于该交付替代形式所产生的物权变动的对抗效力时，原则上应依据公示规则作相应的限制，即基于返还原物请求权转让所取得的动产物权原则上不能对抗基于现实交付而取得动产物权，且善意第三人不能通过返还原物请求权转让的方式从无权处分人处取得可对抗真实权利人的相应动产物权，这同样适用于下文所要讨论的占有改定。

（2）对占有物的第三人的效力。

返还请求权转让的特殊性就在于，它直接与占有该物的第三人的利益相关。既然如此，法律在处理返还原物请求权的效力是，必须将第三人的利益也考虑进来，即需要考虑第三人所享有的物权法上的利益和债权法上的利益。就第三人的前一利益而言，物权法虽然没有对此做明确的规定，但依物权法相关规定以及一般法理，第三人就标的物所享有的物权理应不因返还原物请求权的转让而受影响。比如，因质权设定而取得标的物占有的质权人（第三人）的质权，因承揽合同而取得标的物占有的承揽人（第三人）的留置权（《合同法》第264条）就不受所有权已经发生转让而受影响。

至于此间第三人的债法上的利益保护，则主要是合同法的规范任务。对此，我国合同法设有诸多条文，其中，尤以第80条第1款和第82条最为重要，以下分而述之。(1)《合同法》第80条第1款规定："债权人转让权利的，应当通知债务人。未经通知，该转让对债务人不发生效力。"依据该条，债权转让未通知债务人的，虽然债权转让在债权出让人和受让人之间仍为有效（所有权也发生有效的转让），但被转让债权的债务人可主张该转让对其不生效力。换言之，未收到通知的债务人仍可向原债权人（债权出让人）履行其债务，且这种履行同样可以使其债务得以消灭，至于债权受让人，则不得以债权已经让与为由要求债务人继续履行，而是只能要求出让人返还所受领给付（因此，建议最好将转让之事通知债务人）。[①] 反之，如果债权转让已经通知债务人（通知应是债权转让之后、债务人履行债务之前已有效作出），债务人应将债权受让人作为债权人履行债务，其对原债权人的履行将不构成有效的清偿，而是仍需向受让人履行。当然，此处需注意的是，如果被转让的债权是证券化的债权，如仓单、提单等见票即付票据，那么只要出让人已经向受让人交付了权利凭证，该转让就可以对第三人发生效力，而无须再去通知债务人。(2)《合同法》第82条规定："债务人在接到债权转让通知后，债务人对债权人的

① 在替代交付的情况下，出让人应当就物权变动的情况通知物的现时占有人，以便于受让人向第三人主张权利时，第三人向受让人履行其义务。德国民法关于质权设定的情形也要求给予第三人即直接占有人设立权利的通知（德国民法典第1205条第2款），但是，至于此项通知是否应该理解为设定质权的必要条件的问题，从法律条文的规定看并不明确。因物权变动只涉及当事人之间的利益，对第三人应该并无妨害，故依理此项通知不得作为质权设定的要件。所以依据法理应该不把通知第三人当作物权变动的要件。

抗辩，可以向受让人主张。”该条的立法思想是，债务人的法律地位不应当受到没有债务人参与的请求权的转让的削弱。或者说，该条是“债务人不能因债权转让而受到损害”原则的体现。依此，在债权转让后，债务人基于被让与债权所产生的实体法上的抗辩权和诉讼法上的抗辩权仍得向受让人主张。但需注意的是，在动产物权已证券化的情况下，如仓单、提单等，占有标的物的第三人原则上不得用对出让人（前手）的抗辩对抗受让人（后手），此为各国共同遵循之法理，我国也应如此。

5. 返还原物请求权转让的具体情形小结

综合以上分析，在我国法上，作为交付替代形式的返还原物请求权转让的具体情形大致可以区分为以下几种：

（1）第三人基于合同取得标的物合法占有的，出让人可以将其基于合同（如租赁、保管、借用、承揽、质押等）所生的债权性质的返还原物请求权转让给受让人，代替交付。

（2）第三人为无权占有人时（如不当得利人或侵权行为人），出让人可以将其依法所享有的债权性质的返还原物请求权转让给受让人，代替交付。

（3）占有人不明时，如果当事人知悉此情，且未做有效的相反约定，则只要当事人达成了有效的所有权转让合意，所有权就发生转移。反之，如果当事人（尤其是受让人）是在不知情的情况下达成所有权转让合意的，原则上应根据当事人的约定和交易的具体情形的不同，分别加以处理。但需注意的是，在此情况下是无法设立一个有效的动产质权的。

（4）动产物权已证券化的，其物权变动须交付表彰该动产物权的证券或权利凭证，以代交付。此种权利凭证的交付与标的物的现实交付具有同样的效力，因此，是否通知第三人将不会对返还请求权和所有权转让的效力发生任何影响，且第三人也不得以对原债权人（所有权出让人）的抗辩对抗受让人。

另外，关于以上四种情形下的返还请求权的转让，需注意以下两点：第一，在以上所有情形中，被转让的返还请求权都不是所有物返还请求权。但在动产所有权转让中，受让人在取得所有权后，依然可以对无权占有人（若存在物为第三人无权占有的情况）主张所有权物返还请求权。第二，在动产质权设定中，出让人只能以转让基于合同关系所生的债权请求权（即1、4两种情形）代替交付，但在2、3情形下，不得以该条为依据设定质权。

（五）占有改定

1. 概述

《物权法》第27条规定：“动产物权转让时，双方又约定由出让人继续占有该动产的，物权自该约定生效时发生效力。”① 该条所规定的就是自罗马法以来就已存在，且为现代各国立法所广泛采用的“占有改定”制度。与其他交付替代形式一样，占有改定制度的目的也在于实现交易过程的简化，以便能更好地满足经济生活中可能出现的这样一种需要：当事人一方面希望实现所有权的转移，但同时又需要所有权人继续保留对物的占有。

这种希望所有权人继续保留对物的占有的需要既可能产生于所有权人一方，即出让方，也可能产生于买受人一方。前者如甲在将钢琴出售给乙（他可能急需要钱）的同时，仍希望能继续使用该琴以便参加比赛的情况。在此情况下，甲如要取得全部价款并使乙放心地取得所有权，通常需要将钢琴交付给乙；然后再由乙以出租或借用的名义重新将钢琴交付给甲使用，甚为繁琐。如果采取该条所规定的占有改定方式，则就要简单得多了，即甲只需要在与乙达成所有权转让合意的同时，再和乙订立一个符合其未来法律地位的合同（如租赁或使用借贷合同等）就可以了。同理，实践中也可能存在买受人在取得所有权后，仍希望将物的占有保留在出让人处的情况。例如，买受人在取得其所购买之物（如煤炭或建筑材料）的所有权的同时，希望能将物存放在出卖人处，待将来需要使用时再从出卖人处取回。这对买受人无疑是有好处的，在此，当事人同样可以通过占有改定（以明示或默示的方式达成一个保管合同）来实现这一点。还例如，在买受人已经取得了物的所有权，但需要将该物放在出卖人处以便进行改动或加工（如衣物、饰品或家具等）的情况下，同样可以发生占有改定。

在以上各种可发生占有改定的情形中，物的占有外观始终没有发生变

---

① 我国台湾地区“民法”第761条第2项规定：“让与动产物权，而让与人仍继续占有动产者，让与人与受让人间得订立契约，使受让人因此取得间接占有，以代交付。”

动，即没有发生现实交付，但所有权依然发生了转移。之所以如此，主要就在于，在占有改定情形下，交付要件已经为当事人之间所做的“由出让人继续占有该动产”的约定所替代（但物权合意要件仍需存在，即该约定只代替交付，不代替物权合意）。该约定在德国法上通常被称为占有媒介协议或占有改定协议，正是通过该协议，出让人的占有由原先的自主占有转变为他主占有，从而在当事人之间形成了一个占有媒介关系。

2. 构成要件

依据《物权法》第27条，一个有效的占有改定应具备以下构成要件：

第一，动产物权的出让人和受让人达成了有效的动产物权转让合意，一般是指通过买卖等方式转让动产所有权的合意。若没有此类合意的有效存在，单纯的继续由出让人占有作为出让标的物的动产的协议并不能发生占有改定的效果。

第二，动产物权的出让人和受让人达成了由出让人继续保持占有的协议，且该协议应该是有效的。亦即，当事人应该在变动物权的基本法律关系之外，通过双方协议，另外建立一个可以使出让人继续保持动产占有的法律关系，即应通过占有媒介协议在双方之间建立一个占有媒介关系，且此一协议应是符合相关法律规定的有效协议。

第三，在双方达成占有媒介协议时，出让人须是被转让动产的占有人。若出让人并不占有该动产，则所谓的“由出让人继续占有该动产”的协议也就失其根据了。至于出让人所享有的占有是直接占有还是间接占有，则在所不问。比如，甲将其交给乙保管的某物的出售给丙，同时又与丙达成了继续借用该物一段时间的协议，则在此情形下，虽然物的直接占有人为乙，但甲依然可以作为间接占有人，通过其与丙之间的占有改定协议来实现所有权转让。

第四，需要注意的是，在特定情况下，占有改定制度也可适用于转让将来物的所有权，即预期的占有改定。例如，甲与乙达成了购买一台乙尚未生产出的机器，同时双方又约定该机器生产出来之后乙可以租赁的名义占有和使用该机器。在此情况下，一旦该机器被生产出来，其所有权就已经通过占有改定的方式被转让给了甲。

3. 占有改定协议的生效

在动产物权是通过占有改定方式实现转移时，占有改定协议的生效与否对物权能否实现有效的转移具有直接的影响，因而，在此情形下，占有改定协议能够生效的问题也就成了该条适用的关键，以下将从两个方面对此展开讨论。

（1）具体的或者抽象的改定。

依据该条的规定，当事人在达成所有权转让合意时，可以通过作出一个使出让人继续保留占有的约定来代替交付，从而使所有权发生转让。但该条并没有明确，当事人在做此类约定时，到底是应该仅需要声明“由出让人继续占有该动产”就可以了，还是要在达成该约定的同时，明确出让人继续占有该动产的具体法律根据到底是消费借贷、租赁抑或其他法律关系。换言之，该条并没有明确占有改定协议到底应该是具体的，还是抽象的。

关于这一点，德国法上也存在争论。其中，主张“具体改定说”的学者认为，要使占有改定有效，出让人和受让人之间应存在一个足以证明出让人保留对物的实际占有是正当的具体法律关系。或者说，当事人的言词或行为应足以表明，他们已经就消费借贷、租赁、保管或其他可产生占有媒介关系的法律关系达成了协议。相反，那种认为不需要确切地表明受让人保留（他主）占有的法律基础到底为何的观点，则属于“抽象改定说”。[①] 德国民法典第一起草委员会和第二起草委员会虽然要求应有一个具体的法律基础（持“具体改定说”），但没有对此进行解释。[②] 德国联邦最高法院在此问题上态度也不明朗。与德国一样，荷兰民法典也没有明确规定该法第115：a条所规定的占有改定（当事人约定出让人将作为受让人的持有人为受让人持有该物）是否应有一个确切的法律基础，而且荷兰学者甚至对这个问题根本就没有进行讨论。在我国台湾地区，该问题也很少被讨论，但有学者认为，“单纯的‘今后为受让人而占有’之表示，即抽象的改定（日本民法183条[③]则以此为已足），不能使受让人取得间接占

① 不过，与法律的这种“具体化”要求相对，许多德国学者则认为，在实践中，这里实际上可以推定为构成一个使用借贷。如此，所谓的占有改定协议实际上已经沦为一个空空如也的形式。

② Motive 3400（Mugdan 3223）；Windscheid/Kipp，Lehrbuch des Pandektenrechts，Band. 1，§155，fn. 8a - c.

③ 该条规定，代理人表示今后为本人占有自己占有物的意思时，本人因此而取得占有权。

有，故不能使取得所有权”，即该学者倾向于“具体改定说”。

面对这种分歧和争论，本文认为，我国法既然没有明确要求占有改定中，双方应就出让人保留占有的具体法律基础达成协议，那么我们在解释和适用该条时，原则上就不应“强制”要求占有改定协议必须是具体的，除非我们可以提出足够的理由来限制抽象改定的“自由”。事实上，即便是在德国，持“具体改定说”者也始终没有为其主张提出坚强的理由。具体说来，学者用来支持“具体改定说”的最重要的理由主要有三个：

第一，“具体改定说”符合罗马法的要求，因为，在罗马法原始文献中，几乎所有关于占有改定的段落中都会提到这些具体的法律基础，如用益、出租等。很明显，这一论据是不具有说服力的。因为，历史论据从来就不是具有决定性的，而且，需要强调的是，罗马法并不像德国潘德克顿体系一样具有那么高层次的抽象性。与之相去甚远的是，罗马人通常更倾向于举例说明，而不是抽象的公式式的表达。因此，从罗马人使用具体的示例阐明占有改定的文本中，我们并不能推断出罗马人要求只有存在一个具体的法律基础才能使占有改定有效。而且，关于占有改定最著名的罗马法文本之一（Cels. D. 41，2，18. pr.）就是以非常抽象的方式表述的，而没有提及任何具体的法律关系。

第二，另一个用来支持“具体改定说”的理由就是担心抽象的改定将损害交付原则。很明显，这一理由事实上可适用于所有的交付替代或观念交付，而不仅仅是占有改定。而且，也实在很难看出，具体的法律基础要求将会如何减轻占有改定对交付原则的损害。或许，这是因为他们相信，具体的要求将减少以占有改定的方式进行所有权转让的数量，从而可以减轻对交付原则的损害。但问题是，这充其量也只是一种未经证实的推断，同样也不足以令人采信。

第三，具体法律基础的要求被认为可以防止伪装的法律行为，即具体法律基础的要求将使得当事人具有转移所有权的真实意愿看起来更可信。这个论据在19世纪末期显得特别重要，特别是在涉及是否应承认“让与担保”的争议时更是如此。在反对让与担保制度的学者看来，占有改定使得债务人可以通过转让部分资产但同时保留该物的实际占有的方式，无形地减少了他的信用资产（降低信用等级），这对债权人是非常不利的，甚至是对债权人的欺骗。然而，即便是反对让与担保者也认为，具体法律基础的要求并不能防止这样的欺诈行为。因为，如果一个债务人真的想通过伪装的所有权转让来欺诈债权人的话，伪装一个具体的占有改定协议对于他来说毫无困难。由此可见，这一理由实际上主要是针对是否应承认占有改定（以及因此而创设的让与担保）制度本身而言的，因而也不足以构成支持“具体改定说”的理由。

当然，如果我们换一个角度，即从这种比较学理的争论中摆脱出来，把我们的目光聚焦于交易实践，我们就会发现，所谓的具体说和抽象说的争论其实是没有太多的必要的。因为，在交易实践中，这种约定的占有改定关系的发生通常不外乎两种情形，一种就是，当事人已经以明示的方式表明了这种占有媒介关系的性质。例如，在所有权转让时，当事人已明确约定了物将由受让人出租给出让人（通常都有租金和租期的约定）。另一种情形就是，当事人只是表示了所有权转移后将由出让人继续保留物的占有的意思，但没有明示出让人保留占有的法律基础的具体性质。对于这种情况下的占有改定如何处理，本文认为，法律完全可以通过推定的方式使当事人之间的关系具体化。具体说来，在占有改定是出于所有权人的要求或需要而形成时（通常会表明为什么想继续占有，以及是借用还是租赁），如果当事人没有明确具体法律基础的，法律通常可以推定当事人之间的关系为使用借贷；反之，则可推定当事人之间的关系为保管。比如，甲女士在某店选定了一台电动自行车，并付钱把它买下来了，但由于自己不便或不敢骑车，而家人一时又没空，于是就对店主说“我骑不走，能不能明天再来骑走”，店主对此表示同意。在此情况下，应认为存在该条规定的所有权转让；“因为这里买主立即成为所有权人的利益，值得保护”，[①] 而且，“这也具有很强的实用意义：可以设想，卖主的债权人将物品扣押，或者卖主破产，或者卖主的供货商想行使他的所有权保留中的权利”。[②] 至于店主继续保留占有的法律关系基础则应推定为保管。简言之，在占有改定中，除当事人已经明确约定了出让人继续保留占有的具体法律基础外（如出租、使用借贷、承揽或保管等），法律完全可以根据交易的具体情形推

① 〔德〕鲍尔/施蒂尔纳：《德国物权法》（下），申卫星、王洪亮译，第378页。

② 〔德〕鲍尔/施蒂尔纳：《德国物权法》（下），申卫星、王洪亮译，第378页。

定这里存在一个默示的使用借贷或保管合同关系。

（2）占有改定协议的生效。

在占有改定中，当事人所作的继续由出让人保留占有的约定性质上也属于契约，因此，其成立与生效也应受合同法和法律行为制度的调整。如果依据这些规定，该约定为有效，则所有权发生转移，反之，则由于所有权移转的法定要件（交付或交付替代）未被充足，所有权不发生转移。

至于出让人保留占有的法律基础的性质到底为何，如上所述，只要该约定能使出让人保留的占有具有正当的法律基础，则不管它是使用借贷、租赁，还是承揽或保管，皆无不可。当然，在占有改定中，出让人“继续占有该动产”的形式虽然一般为出让人本人亲自占有该物，但原则上应认为，出让人也可以通过其占有辅助人或占有媒介人来实现对该动产的继续占有，除非这有违受让人的意思。比如，甲将其交给乙保管的机器出售给丙，并与丙订立租赁该机器的契约，以代交付。于此，该机器虽然仍由乙直接占有，但占有改定关系依然有效成立（即仍应视为出让人在继续占有该物），丙因此取得所有权。

另外，通过占有改定进行的所有权转让有时候并不需要当事人作出此类特别的约定，而是可以直接基于当事人之间的法定关系而完成。比如，监护人将其一台电脑赠与未成年的被监护人，此时，被监护人如接受了该赠与（纯获利益的法律行为），则取的该电脑的所有权。但基于当事人之间的法定关系，该电脑仍得由监护人代被监护人管理。

专题四
动产善意取得的法理基础及其适用

一 问题的提出

在近现代民法上，动产善意取得是一项为各国法普遍承认的制度，我国《物权法》第106条、第107条也对此作了明确规定。依据这些规定，在动产所有权转让中，即便出让人无处分权，善意受让人仍得依该制度无瑕疵地取得动产所有权。① 但遗失物、盗窃物等占有脱离物是否适用善意取得制度，法学上还有争论。

另外，关于不动产物权是否适用善意取得规则的问题，学术界争议也比较多。但是因为物权公示原则，不动产物权的各项变动基本上强调以不动产登记作为生效的要件，因此不动产物权取得基本上依据不动产登记这种非常公开的方式，善意取得的很多规则在不动产物权变动中很难发挥作用。本课题研究的第一个专题，就物权变动的一般理论尤其是物权行为理论在这个问题上发挥的作用已经进行了充分的阐述。虽然如此，因为不动产物权尚有未彻底纳入登记的问题，因此善意取得不动产物权的彻底排除

① 参见《物权法》第107条。

也是不可能的，但是因为这一方面的内容探讨颇费笔墨，因此本专题只讨论动产物权的善意取得问题。

善意取得制度作为“任何人不得以大于自己的权利让与他人”这个罗马法原则的例外，从受让人的角度看，无疑是一项有利于保护其利益和交易安全的制度，但从原所有权人（这里不讨论他物权的善意取得）的角度看，这又等于是对他的所有权的强制消灭。在传统民法学理论中，人们认为，善意取得制度内含着善意受让人和原所有权人的利益冲突。在国内学者的论述中，这一冲突经常被上升（其实多多少少是有些“强行拔高”）为交易安全（动态安全）和所有权保护（静态安全）这两个当今社会价值之间的冲突。因此，传统民法以及民法学说面对这一冲突时，表现出理论和实践的抉择困难。这里，最为困难的是必须“以理服人”，要为理论以及制度的接受者尽到必要的说理义务，即为什么法律在这种冲突下要优先考虑受让人的利益，而不是所有权人的利益；而且，受让人在这种情况下取得物权，本来是依据合同这种法律行为取得的（意定取得）；但是依据善意取得规则，如果善意取得成立，受让人的物权取得为法定取得而不再是意定取得。这里的法律理论和规则非常繁复。

但是，在物权行为理论中，这些理论和规则就显得非常简单。因为，受让人取得物权恰恰是依据出让人的出让意思表示（处分意思），而且这一处分意思以交付行为作为生效的要件（物权公示行为）；所以，一个有效的动产物权取得，其实是当事人之间的物权意思表示和公示原则相互支持的结果。因此，善意取得，本来就是按照出让人处分意思的取得。如果这种处分意思没有法律上的瑕疵，那么是不可以由出让人撤销的，因此，出让的所有权不能因为出让人的意愿而随意地返还。此时，受让人的取得还是依据法律行为的取得。法官或者其他司法者在出让人提出撤销合同的情况下，应该做的事情是判断其撤销的意思表示，到底是针对债权的还是针对物权的，而不要笼统地将这种撤销作为一个整体来看（这就是我们在第一个专题研究中所说的“区分原则”）。在现实中，出让人常常只是要求变更原来的合同价款等，而并不是要求返还所有权。在作出这一区分之后，法官或者其他司法者才可能根据债权和物权相互区分的原则，分析动产物权的取得是否符合当事人的真实意思，是否符合物权公示原则等，并且利用这些规则来处理案件。因此，物权行为理论在这种复杂的裁判中，提供了比较容易理解的解释，也提供了比较容易操作的法律规则。但是在中国，由于法学界“多数人”不完全理解民事财产权利在进入交易机制时有物权和债权的区分，也不完全理解这些权利发生变动时当事人意思表示发生的作用，因此他们也就没有完全接受物权行为理论，从而使得他们在解释和研究善意取得规则和理论时常常表现出很大的困惑。

从上面各专题和本专题上文的分析中，我们可以看到，物权意思表示和公示原则在动产物权确定方面发挥决定作用。下面，我们也要从这种理论和规则更新的角度来讨论动产善意取得的法理基础或正当性问题。

二 关于动产善意取得法理基础的各种观点

迄今为止，关于动产善意取得的法理基础问题，学理上主要有“取得时效说”、“占有效力说”、“权利外观说”、“交易安全与便利保护说”或“权利外观引致加交易安全与便利保护说”、“法律赋权说”和“法律特别规定说”等各种学说。考虑到后两种学说仅为少数学者所主张且存在明显不当，以下仅就其他各说进行一个简要的分析。

（一）从取得时效说到占有效力说

取得时效说认为，善意取得完全是“即时时效”或“瞬间时效”作用的结果，因此，善意取得亦被称为“即时取得”。通常认为，该说是由于受罗马法上的时效取得制度的影响而形成，并为法国民法所采纳。在《法国民法典》上，构成善意取得规范基础的是第2279条第1款关于“涉及动产物品时，占有即等于所有权证书”的规定，而该条又规定在“取得时效”一章。因此，在法国的这种立法体例之下，将善意取得的法理基础归结为瞬间时效的作用，既可以说是一种符合法典外部体系安排的理论解说，也可以说是从该体系安排中可自然导出的结论。当然，在此结论之下，善意取得和典型的时效取得一样，都属于法定取得，而非依法律行为的取得。

取得时效说虽然从形式上看比较符合《法国民法典》的体例安排，但细究起来，该说实际上与法国法上的善意取得制度的构成并不相符。因为，在《法国民法典》第2279条第1款之下，善意取得只需要以“受让

人须取得有效的、无瑕疵的自主占有”和“受让人取得自主占有时须为善意”为要件，与“时间的经过”完全无关，即“当占有人获得出让人无支配权的动产时，如其为善意，其自主占有可使其即时获得所有权，此为动产的即时取得制度，这一制度基于交易安全的保护，在一定程度上‘牺牲’了原所有权人的利益。这是动产占有之最主要的效果”。[①] 由此看来，虽然从形式上看，我们可以认为法国法所采纳的是取得时效说，但实质上，法国法上的善意取得是建立在受让人所取得的自主占有的效力之上。有鉴于此，日本现行民法改变了其旧民法将善意取得制度规定在动产取得时效章节的做法（这受到了《法国民法典》的影响），转而将善意取得制度规定在占有的效力一节中。该法第 192 条规定：“平稳而公然地开始占有动产者，如系善意且无过失，则即时取得行使于该动产上的权利。”经过这一转变，无论是从体例安排上，还是从实质构成上看，日本民法所采纳的都是占有效力说，即善意取得是建立在受让人受让占有后所取得的占有的效力的基础之上。

与日本民法相类似，深受法国民法影响的意大利民法典也没有将善意取得规定在时效取得中，而是将该制度规定在了占有章占有效力一节中（第 1153 条），隶属于动产的善意占有，与时效取得制度并列。瑞士民法典则在将善意取得规定在动产所有权一节中（第 714 条）的同时，也通过对占有保护规定（第 933 条）的援引，表明善意取得与受让人所取得的占有的保护（占有的效力）之间的联系。我国台湾地区“民法典”也参考瑞士立法例，分别于物权编第二章所有权（第 801 条）及第十章占有（第 948 条以下）中对动产善意取得作了较详尽的规定。但是，由于在学理上受德国学说影响较深，我国台湾地区学者大多倾向于采权利外观说（占有公信力说）或交易安全与便利保护说等相关学说。

（二）从权利外观说（占有公信力说）到权利外观引致加交易安全与便利保护说

权利外观说是受日耳曼占有（Gewere）制度——一种无占有和所有权之分的占有法——影响而形成的早期德国学说。在《德国民法典》确立善

① 尹田：《法国物权法》，法律出版社，1998，第 218 页。

意取得制度之前，德意志普通商法典（ADHGB）第306条就已经规定了可适用于商业领域的善意取得制度。[①] 为了使《德国民法典》与商法典保持协调，同时也为了避免“将判断所有权是否取得的问题，悬系于另一个可能更为困难的确定问题，即物之让与是否由某一商人在其商业营业中所为”，[②]《德国民法典》第一起草委员会最终采纳了以温迪谢德提案为基础的承认善意取得人自无权利人处取得所有权的方案，《德国民法典》第二草案及最终的《德国民法典》（第932～935条）所采纳的也是这一方案。

在第一起草委员会嗣后公开的立法理由书中，立法者对采纳善意取得制度的理由作了如下说明：“在动产交易中，确保善意买受人的取得安全甚为重要，在不动产交易中，这一保障作用可以通过不动产登记簿实现，而在动产交易中，相当于不动产登记簿的是出让方对动产的占有”。[③] 很明显，在该说明中，内在地包含了“交易安全保护”和“占有具有相当于不动产登记簿的公信力”的思想。受此影响，德国学者对善意取得法理基础的说明也大多是从以上两个角度出发，并因其侧重点不同而形成以下各种学说。

1. 权利外观说（占有公信力说）与权利外观引致说

权利外观说认为，占有是动产物权的外观，动产的占有人在法律上可以被推定为所有权人，因此，对于善意受让人对此权利外观的信赖，法律应提供保护，从而使受让人能善意取得。在该说之下，占有不仅被视为是动产物权的外观或公示方法，而且，在占有所表现的物权与真实权利状态不符的情况下，（出让人的）占有也具有保护信赖占有外观的善意第三人的机能，因此，权利外观说也称为“占有公信力说”。

作为德国的早期学说，权利外观说曾被德国联邦最高法院和许多德国

① 该条规定：（1）商人于其商业经营中让与并交付商品或其他动产者，即使让与人并非所有权人，善意取得人仍获得所有权。此前存在的所有权消灭。任何此前存在的质权或其他物权，凡在让与时不为取得人所知者，均归于消灭。……（4）本条不适用于盗窃物或遗失物的情形。

② 〔德〕罗士安：《善意取得、间接占有与〈德国民法典〉的设计者——〈德国民法典〉第933条与第944条间价值冲突的缘起》，张双根译，载张双根等主编《中德私法研究》（2006年第2卷），北京大学出版社，2007，第63页。

③ Motive zu dem Entwurfe eines Bürgerlichen Gesetzbuches für das Deutsche Reich, Band Ⅲ, Sachenrecht, Verlag von J. Guttentag, 1888, Berlin und Leipzig, S. 344.

学者所采信，但该说也存在明显的不足：首先，该说不能对“为什么在所有权人非自愿丧失占有的情况下，法律又不给予受让人以优先照顾”的问题作出合理的说明。进一步说，该说没有对善意取得中的所有权人丧失所有权的合理性作出全面的说明。由此，也就导致了德国学者的这样的一种思路，即在对善意取得的法理基础作出说明时，不能仅从受让人方面出发来考虑问题，而是必须同时考虑到所有权人方面的因素。正是在这一思路的支配之下，德国学者在权利外观说的基础上发展出了权利外观引致说。依据该说，善意取得的基础在于所有权人自愿将占有托付他人的行为给第三人创造了一个可以使他产生信赖的权利表象。因此，只有在出让人的占有外观是由所有权人的自愿行为所创造时，才适用善意取得，反之则否(但有例外)。[①] 其次，以善意受让人对出让人的占有外观的信赖为基础来说明善意取得的正当性，并不能充分揭示出善意取得中的取得的法律行为基础，尤其是在承认物权行为理论的德国法之下，单纯将善意取得建立在占有信赖的基础之上，而不去讨论善意取得与作为物权变动法律行为基础的物权合意和公示行为的关系，显然不足以充分说明和证明善意取得的正当性和合理性。因为，在物权法中，物权的取得方式只有两种，一种是通过法律行为的取得，在德国法之下，这种法律行为是指物权行为；一种是非通过法律行为的取得。其中，通过法律行为的物权取得的正当性基础是当事人的意思自治（物权变动意思）和物权变动公示的结合，通过非法律行为的物权取得的正当性基础是法律的直接规定（这种规定的合理性通常需要借助其他理论或原则加以说明），通常与当事人的意思无关，且原则上不需要遵守公示原则。既然如此，那么我们在讨论善意取得制度的合理性时，也必须对这种取得是通过法律行为的取得，还是非通过法律行为取得作出合理的说明。只有这样，我们才能对善意取得是建立在意思自治和公示原则的基础之上，还是建立在法律的直接规定的基础之上作出说明。不然的话，我们关于善意取得法理基础的讨论就是不全面的，与整个民法或物权法体系有脱节之嫌，而且在实践中容易导致法律理解和适用上的一些错误。

与单纯的权利外观说相比，权利外观引致说除依然包含着“占有具有

① 参见〔德〕鲍尔/施蒂尔纳《德国物权法》（下），申卫星、王洪亮译，第398页。

相当于不动产登记簿的公信力”的思想外，还内在地包含了一种风险分配或诱发思想。具体说来，在所有权人自愿将占有托付给他人时，他的这种行为不仅给第三人创造了一个占有人为权利人的权利表象，而且诱发了占有人可能进行无权处分的风险。由于这种权利表象是由所有权人创造的，而且“所有权人将物托付给某人，他肯定比取得人更有能力去估量该人的可靠性”，因此，法律决定在这里将占有人背信的风险分配给所有权人，以求相对公平。虽然“在一个人以最大善意将其所有权由手中交出这一点上，并不存在对自己的过错，即使权利丧失正当化的过错”，[①] 且所有权人也无加害他人的意思，但毕竟所有权人的行为创造了一种权利假象——无权处分人的占有，而且，他也应该能够认识到他人可能会信赖这种假象。因此，“表意人未曾具备的自决，为责任原则替代”，即原所有权人应负丧失所有权之不利益或“责任”，这是一种近似于纯粹的信赖责任或表见责任的“责任”。[②] 反之，如果所有权人不情愿地丧失对物的占有，那么原则上他就无须承担这种风险或责任。

权利外观引致说的提出，不仅克服了权利外观说不能说明占有脱离物原则上不适用善意取得的缺陷，而且也使动产善意取得制度被解释为是与不动产登记的公信原则、表见代理、撤销意思表示的表意人的赔偿责任等制度具有法理一致性的制度。正因如此，该说逐渐取代了权利外观说的地位，并为德国和我国台湾地区许多学者所采信。但客观地讲，这一学说和权利外观说一样，都没有能对善意取得是否是建立在法律行为的基础之上，以及其与交付公示原则的关系作出必要的、合理的阐释，因而也是不完善的。

2. 交易安全与便利保护说与权利外观引致加交易安全与便利保护说

与权利外观说或权利外观引致说的论证方式主要是立足于规范逻辑不同，交易安全与便利保护说则主要是一种从规范目的角度来论证善意取得合理性的方式。该说认为，在一个以自由贸易为基础的商品社会中，商品交易频繁而重要，如果法律决定由交易中的受让人来承担无权处分的风

① 参见〔德〕鲍尔/施蒂尔纳《德国物权法》（下），申卫星、王洪亮译，第 398 页。

② 〔德〕卡尔·拉伦茨：《德国民法通论》（下），王晓晔等译，法律出版社，2003，第 887 页。

险，那么受让人势必会为降低此类风险而辗转调查出让人有无处分权，从而使交易所需耗费的人力、物力和时间成本大幅增加。这样一来，不仅交易的快捷和便利难以实现，而且交易安全也得不到有效保障，而这与市场经济的内在需求是相悖的。正是出于这种考虑，现代各国民法大多确立了能更好地保护交易安全和促进交易快捷和便利的善意取得制度。诚如学者所言："每个立法者都是他那个时代的产物，就民法典该决定而言，也是受到了当时那个时代的国民经济思想的影响。这种思想倾向于尽量使自由贸易免于可能来自外界的所有权请求方面的干扰。因此，善意取得可被视为：贸易精神对所有权规范的胜利。"[①]

交易安全和便利保护说由于能对允许善意取得的必要性和重要性作出清晰的说明，因而也为许多国家学者所采信。只不过，在采信该说的学者中，有的学者认为，善意取得制度虽然主要是建立在交易安全与便利的确保上，但占有的公信力仍为其不可或缺的基础，此为占有公信力加交易安全与便利保护说。[②] 该说在我国台湾地区和大陆曾几近通说，且目前仍为许多学者所坚持。[③] 德国也有学者认为，将交易安全与便利保护说与权利外观引致说相结合——权利外观引致说加交易安全与便利保护说，可以为善意取得制度提供"更为令人满意的正当性根据"。[④] 与之相对，另一些学者则认为，允许善意取得比较可以接受的理由还是交易安全与便利，至于权利外观说，则因占有在现代社会并不足以充当权利外形而颇有可疑之处，因而难以为信，[⑤] 此为单纯的交易安全与便利保护说。

（三）小结

综上可见，以上各种学说所采取的论证思路主要有三种：一是立足于规范逻辑层面，试图将善意取得的法理基础建立在民法制度内部的体

① Musielak, Eigentumserwerb an beweglichen Sachen nach §932ff. BGB, JuS 1992, 713.

② 谢在全：《民法物权论》（下），第 220 页。

③ 参见史尚宽《物权法》，中国政法大学出版社，2000，第 123 页；王泽鉴：《民法物权——用益物权·占有》，中国政法大学出版社，2001，第 247 页以下；梁慧星、陈华彬编著《物权法》，法律出版社，2003，第 206 页。

④ 〔德〕鲍尔/施蒂尔纳：《德国物权法》（下），申卫星、王洪亮译，法律出版社，2005，第 398 页。

⑤ 苏永钦：《动产善意取得若干问题》，载氏著《私法自治中的经济理性》，第 172 页。

系关联性上。取得时效说、占有效力说、权利外观说或权利外观引致说可以归于此类，并分别对应着各国不同的法制背景和制度构成。二是立足于规范目的层面，试图将善意取得的法理基础建立在法律所追求的某种外部政策目标上。交易安全与便利保护说属于此类。三是综合以上两种思路，希望能借此对善意取得的法理基础作出更为全面的说明。占有公信力加交易安全保护说或权利外观引致加交易安全保护说即是如此。

比较以上三种思路，笔者认为，交易安全与便利保护说虽然成功揭示了善意取得制度内含的“保护物权交易中的善意第三人”的世界性精神，但从方法论上看，仅仅将善意取得的法理基础建立在某种外部政策目标之上并不完全可取。因为，第一，交易安全与便利值得保护始终不等于交易安全与便利应优先于所有权获得保护。第二，善意取得是对物权绝对性的突破，即阻断了所有权基于其绝对性而必然产生的追及效力，对于这样一项突破了基本法理的制度，如果我们只将其存在的合理性归结于某项政策目标，而忽略了其与其他民法制度的体系关联，就等于完全放弃了在法律体系内部合乎逻辑地证成其合理性的努力。这样一来，我们的结论就只能是“善意取得制度是法律为保护交易安全与便利而特意设立的制度”，而这和“法律特别规定说”的思维方式并没有什么本质的不同。由此看来，对于善意取得制度，法律如果要尽到其说理义务而不至于沦为政策学的注脚，首先要做的就是将该制度放在整个民法体系中，从该制度与民法内部其他制度、理念的逻辑和价值的体系关联上对其作出合理的说明。当然，如果通过这种努力，我们依然无法对善意取得的法理基础作出合理的说明，那么在此情况下，将某项法律拟追求的政策目标作为法律设置该制度的合理性基础，仍不失为一种辅助的或替代的说理方式。从这个意义上讲，上文所述的第一种和第三种思路应更为可取。考虑到在是否应优先保护交易安全与便利的问题上，上述各种学说之间并没有实质上的分歧（答案都是肯定的，只是在保护程度上略有差异），差异主要是在法理逻辑上，因此，下文将重点就我国许多学者所采的占有公信力说的妥当性作一讨论，以期在结合我国立法和现实的基础上，对善意取得的法理基础作出更为合乎逻辑和现实需要的学理阐释。

三　对“占有公信力说”的质疑

（一）“占有公信力说”的逻辑构成

对占有公信力的肯定是权利外观说和权利外观引致说的共同点，受这些德国学说的影响，我国台湾地区和大陆许多学者也倾向于以占有公信力作为善意取得的法理基础。例如，有学者认为，善意取得的理论基础“首要者乃在于交易安全与便利……其次则为占有之公信力，动产以占有为其公示方法，虽有不能完全公示权利状况之缺点，在所有权观念化，导致占有与本权分离之现象日益增加后，此种缺点益形显著，但占有终究是目前较可采取之动产公示方法。是以，受让人与让与人就商品从事交易行为，何以无须调查其处分权之有无，即在于动产以占有为公示方法，而受让人予以信赖之故”。①

又如，“与登记对不动产物权的表征力不同，占有对动产物权的表达不尽如人意，用权利外观来作为其二者共同的基本，确有点差强人意……但这种区别引发的信赖异质性未必如同人们想象的那么大。占有虽然不如登记那样有程序制度化的保障，但它之所以充任动产物权的外观形式，并非法律规定的结果，而是人们在生活或者交易中不断进行选择和试错的产物……而且，法律进一步确定占有与登记的同等地位……就是占有和登记的推定力使得占有者和登记权利人不证自明地成为物权人，这体现了建立在高度盖然性之上的法律推定技术……在建构在日常生活或者交易经验基础之上的社会共识和经由一定价值指引之法律制度的双重保护下，占有对物权的表征已经成了制度化的现实，由此产生的信赖与登记产生的信赖几乎无异，均属于非针对个体的体系性信赖”。②

从以上颇具代表性的论述可以看出，在这里，学者们为占有公信力命题所提供的论据或逻辑前提主要有以下几个：（1）经验，即“动产的占有

① 谢在全：《民法物权论》（下），第220页。

② 常鹏翱：《善意取得的中国问题——基于〈物权法〉草案的初步分析》，载张双根等主编《中德私法研究》（2006年第2卷），北京大学出版社，2007，第9页。

和所有权在大多数情况下是统一在一起的”这一日常生活经验。(2) 占有是动产物权的公示方法。对于占有公信力来说，承认这一点是十分必要的。因为，在持该说的学者看来，“公信力所要解决的正是被公示的物权现状与真实的权利状态不一致，其所保护的依据是对占有的信赖而不是对交付的信赖”。[①] 如果占有不是物权的公示方法，那么信赖“占有之所在即物权之所在”也就没有法律依据了，所谓的占有公信力就成了空中楼阁。(3) 占有推定力，即占有人在法律上可被推定为所有权人，在此基础上，受让人可信赖占有人为所有权人，而保护善意受让人所付出的这种信赖正是占有公信力的体现。

综上，可以将占有公信力的形成逻辑简化如下：经验支持了占有是动产物权的公示方法的判断，而法律赋予占有这一公示方法以推定力又使受让人更有理由信赖相应的占有状态，并因此受到保护。也就是说，这里存在一个“经验—占有是动产物权公示方法（非法律规定的结果）—占有推定力—对善意信赖占有者的保护即占有公信力”的逻辑链条。

（二）对“占有公信力说”逻辑构成的解构

本文认为，支撑占有公信力说的逻辑链条不仅在整体上不符合民法体系逻辑，而且在实践中也会遭遇许多困难。关于该说在实践上可能遭遇的困难，本文将在第四部分讨论德国“铣床案”时予以详述，此处仅从法理上由近及远地就以上逻辑链条的每一逻辑环节能否成立逐一加以分析。

1. 占有推定力规则并不以保护善意第三人的信赖为目的

所谓占有推定力，是指动产的占有人在法律上可被推定为所有权人。在占有公信力说之下，这种推定不仅对占有人有利，而且对与占有人进行物权交易的相对人（受让人）也是有利的，即后者也可以基于这种推定而信赖占有人为所有权人。在受让人为善意时，这种信赖即可受到保护。

从表面上看，这种将占有公信力建立在占有推定力基础之上的论证方式在逻辑上并无太大问题，但在笔者看来，事实并非如此。以下不妨以《德国民法典》第 1006 条和《法国民法典》第 2279 条第 1 款为例加以说明。

---

① 肖厚国：《物权变动研究》，法律出版社，2002，第 11 页。

《德国民法典》第 1006 条规定："为有利于占有人，推定占有人为物的所有权人……为有利于前占有人，推定前占有人在其占有期间为物的所有权人。"关于该条，须注意两点：第一，该条所使用的"为有利于占有人或前占有人"的措词表明，该条是为了保护占有人——准确地讲，是自主占有人——的利益而设的，即"推定仅为那些以自主占有人或以用益权占有人、质权占有人身份，对物实施占有之占有人的利益而作出"。[①] 第二，赋予占有以所有权推定效力的本质"只是确立了一个证明规则，而该规则没有触及实体权利"。[②] 亦即，该规则只是赋予占有人以证明优先权的防御机制，推定的目的只是便于实现对自主占有人利益的保护，但它本身并不创造任何实体权利，也不是终局性的决定——占有的所有权推定可被反证推翻。

《法国民法典》第 2279 条第 1 款规定："对于动产，自主占有具有与权利证书相等的效力。"依法国学者通常见解，该款主要包含两项含义：一项是占有如同权利证书，占有人可用以证明其所有权的存在。亦即，它导致了一项推定的产生，即自主占有被推定为所有权。这是一项证明规则，是单纯的推定，且可为相反证据推翻。另一项是占有是动产所有权的一种取得方式，依此，善意受让人可以通过获得自主占有成为所有权人，即使该项动产不是出让人的财产。概言之，自主占有不仅是对所有权的推定，而且是对属于他人的动产的一种即时取得方式。[③] 乍看起来，以上被包含在同一规则中的两项含义似乎恰恰分别对应的是占有推定力（前一项含义）和占有公信力（后一项含义）。但细究起来，事实并非如此。因为，就前一项含义而言，它与《德国民法典》第 1006 条并没有本质区别，都是一种有利于自主占有人的证明规则，仅具防御和保护功能。就后一项含义而言，我们虽然可以说它在客观上起到了保护善意第三人的作用，但必须注意的是，在法国法上，这种善意保护的基础并不是建立在善意受让人对出让人的占有信赖之上的，而是建立在信赖自己的占有可使自己取得所有权的基础之上。换言之，在法国法上，构成善意取得基础的不是出让人

① 〔德〕鲍尔/施蒂尔纳：《德国物权法》（上），张双根译，法律出版社，2004，第 177 页。

② 〔德〕鲍尔/施蒂尔纳：《德国物权法》（下），第 394 页。

③ 尹田：《法国物权法》，第 200 页。

的占有具有公信力，而是善意受让人受让占有后其自主占有的效力使然，即法国法所采实为占有效力说。由此看来，《法国民法典》第2279条第1款包含的两项含义都是用来保护物的占有人的，已取得占有的善意受让人得以对抗原所有权人的法律依据仍是其自主占有的效力。

综上可见，在实证法上，占有之所有权推定其实只是一项有利于占有人的推定，其规范目的并不在于保护他人对占有的信赖——他人也不得为自己利益而主张占有的所有权推定，而是为了便于证明占有人的占有为有所有权的占有，从而使占有人在面对他人对其占有的物所提出的权利主张时，能借此免除证明自己的占有为有本权的占有的义务，进而在诉讼中获得有利的举证地位。[①] 这表明，占有推定力和占有公信力其实是两个不同的法律构造，二者至少存在以下几个方面的明显差异。(1) 二者保护的利益主体不同。前者保护物的占有人（通常为现占有人，在现占有人与前占有人为诉讼相对方时为前占有人）；后者保护与占有人进行物权交易的相对人。(2) 二者的功能和效力不同。前者仅具保护占有（也兼及本权）的功能，但不创设实体权利，且其推定效力是可以通过提供反证来予以反驳的，而非终局性的；后者则具有信赖保护功能，其效力是终局性的，可为第三人创设实体权利。简言之，前者重在消极地防御和守护，后者重在积极地赋权和得权。(3) 二者的规范目的不同。前者旨在通过保护占有人来维护静态的财产秩序；后者旨在通过保护与占有人进行交易的相对人来维护动态的交易安全，这是二者最根本的不同。

以上差异表明，以占有推定力为基础推论出占有公信力，就等于是将为保护占有人的利益而设置的规则转换成了为保护占有人的相对人的利益而设置的规则，这不仅在逻辑上存在明显的断裂，而且有悖于法律赋予占有以推定力的立法目的，甚为不当。

2. 将占有视为静态的动产物权公示方法不合公示法理

在占有推定力与占有公信力之间的逻辑关联被割断之后，要想修复支

① “仔细比较一下民法典第1006条与第891条，就会发现二者间存在一项重要区别：民法典第1006条所规定的，是仅有利于占有人之推定；而在土地登记簿中体现的法律关系，任何人均得主张，故其推定作用完全有可能不利于登记者。”前引鲍尔/施蒂尔纳《德国物权法》（上），第63页。该论述表明，登记的推定力和公信力是统一的，而占有与登记的重要区别恰恰在于占有仅具推定力，而不具有公信力，即占有人之外的其他人不能为有利于自己而主张占有的所有权推定。

撑占有公信力说的逻辑链条，就必须在逻辑上直接将“占有是动产物权公示方法”和“占有公信力”勾连在一起。亦即，持占有公信力说的学者可以在这里先确立“占有是动产物权公示方法”，即占有是动产的权利外观，然后再把公示力和公信力赋予给占有，从而使占有公信力说继续得到维护。不过，在笔者看来，这一逻辑构成依然很难成立。因为，依物权公示法理，“占有是动产物权公示方法”这一命题是难以成立的。

其一，动产物权变动的法定公示方法是交付，而非占有。

不管是在德国，还是在我国大陆地区和台湾，物权法定原则都是《物权法》的基本原则。在此原则之下，不仅物权种类、内容是法定的，而且物权变动公示方法和效果也是法定的。因此，如果没有法律的明文规定，将占有视为物权变动公示方法是没有法律依据的。综观各国立法，自始至终都不存在此类明文规定，而是只有非经交付公示，动产物权变动不生效力的明文规定。这表明，在实证法，动产物权变动的唯一法定公示方法是交付，占有并非法定公示方法。

当然，在此须特别注意交付与占有的关系，以免将“交付是动产物权的公示方法”混同于占有公信力说所持的“占有是动产物权的公示方法”。具体说来，在占有公信力说之下，“占有”作为一个名词，指的是“出让人的占有”，指向一种静态的“占有享有状态”；而在交付公示中，交付是一个动词，指的是一个加入了时间要素的动态的占有转移过程，其公示力的形成以“受让人的占有取得”为前提。二者一静一动，是两个相对的不同事物，不可混同。

其二，物权公示原则仅适用于物权变动领域，物权的静态享有无须公示。

既然交付在动态的动产物权变动领域独占了公示方法之地位，那么留给占有这一所谓的“动产物权公示方法”的唯一空间就是静态的物权享有领域了。但是，依各国立法和学说，“公示原则仅适用于以法律行为方式而生的物权变动，而不适用于基于法定原因而生的变动”，[①] 当然也就更不适用于物权根本未发生变动的物权静态享有领域。这也就是说，在法律上，静态的物权享有是不需要公示的（至少在动产上是如此），在当事人

① 〔德〕鲍尔/施蒂尔纳：《德国物权法》（上），第65页。

无变动物权意思时，他完全可以任意地、秘密地通过各种合法方式来享用（占有、使用、收益）其物或对其物进行事实上的处分，也可以授权他人享用其物，而不需要负担任何的公示义务。进一步说，在动产物权变动领域，交付的完成本身就已经表明法定的公示要件已经得以充足，受让人在交付完成后并不负继续保持占有的义务，法律也不能要求动产所有人恒保持自己占有的状态。既然所有权人无维持占有外观之义务，所有权的存在也不依赖占有，占有何以又能反过来成为所有权的外观或公示方法呢？①

其三，在法律上，无法依公示法理赋予占有公示力。

退一步讲，即使我们承认占有是动产物权的（静态）公示方法，也无法依据公示的基本规则将相应的法律效果赋予占有这一公示方法。因为，依据“未公示不对抗”的公示基本规则，在占有被视为公示方法的情况下，逻辑上应该可以导出“不享有占有就不享有可对抗第三人的动产物权”的规则。依据这一规则，如果动产所有权人失去了占有这一公示外观，那么在他向其他人主张所有权时，该他人就可通过援引“未公示（占有）不对抗”的规则来对抗或击退他的权利主张；反过来，如果权利主张是针对物的现占有人提出的，占有人也可通过援引“公示（占有）即可对抗”的规则来击退这种权利主张。如此一来，不仅出租、出借、保管、运输、出质、所有权保留买卖等交易方式不可能顺利发展起来——因为，一旦所有权人通过上述方式将自己的财产的占有交给他人，它的所有权就将因丧失占有外观而丧失对抗他人的效力，而且现代法上的所有权制度也将因此被重新还原为占有，还原为无所有权和占有之分的占有法。这表明，在现代法律制度之下，我们是无法依据公示的基本法理来赋予占有以公示力的，既然无法赋予占有以公示力，所谓占有的公信力也就无从而生了。

---

① 对此，我国台湾学者苏永钦曾精辟论述道：“……以完全不加入‘时间’因素的动产占有和土地登记簿的记载、收据的持有、授予代理权的表示来比，是否具有等量齐观的权利外形，在物权与占有分离毋宁极为平常而有必要的今天，实在很有疑问。不但表见代理或不动产错误登记发生的情形远少于无处分权的占有，而且要求本人或不动产权利人防止或除去这权利外形可说十分合理，对于动产所有人却不能要求他恒保持自己占有的状态。如果占有的所谓权利外形不能成立，受让人的信赖又何值保护？物权人失权的合理性又如何建立？双方的利益显然有失平衡。”苏永钦：《动产善意取得若干问题》，载氏著《私法自治中的经济理性》，中国人民大学出版社，2003，第172页。

3. 占有与所有权的分离是常态的生活经验

依前文所述，在支撑占有公信力说的各种逻辑要素中，还有一个本文目前还没有进行详细分析的非规范性要素，那就是“经验”。在持占有公信力学说的学者看来，即便占有在法律上并不享有公示方法的地位，但在经验领域，由于动产的占有与所有权在大多数情况下是统一的，因而占有依然可以被视为动产物权的公示方法，而所谓的占有公信力就是这种经验的、非法定的公示方法的效力体现。对此，笔者以为，我们暂且不论以经验作为一项法律规则的学理支撑的可靠性和可行性，仅就经验本身而言，我们也不可武断地认为动产的占有与所有权在大多数情况下是统一在一起的。

事实上，即便是在持占有公信力说的学者那里，他们对这种经验是否符合现实也是颇有疑虑的，这反映在学术上，就是他们在提及占有是动产物权公示方法时，每每都会提及“占有有不能就物权为准确公示之缺点”，而占有的这种不能就物权为准确公示的缺点恰恰主要是由占有人经常不是所有权人的情况所导致的。这表明，即便是在持占有与所有权在大多数情况下是统一在一起的看法的学者那里，这种看法的可靠性也是不确定的。只不过，为维护占有公信力说，这些学者往往会对该说内含的自己反对自己的矛盾加以容忍，或认为该矛盾并不足以从根本上动摇占有的公示地位。

与之相对，另一些学者的态度则要明朗得多。例如，德国学者沃尔夫就认为，“在《民法典》开始试行时人们还可以认为，通常情况下占有人就是所有权人，第1006条的所有权推定和第932条以下条款对善意取得的规定也是根据这一点作出的。但是占有作为公示手段的功能在今天的经济制度中已经大大丧失了，因为在所有权保留、融资租赁以及担保所有权中的商品都是经常被非所有人的占有人使用，债权人再也不能因为自己的债务人占有很多物就相信他有很多财产”。[①] 鲍尔也认为，“在今天，从占有上推断所有权反而比以往更缺乏正当性”。[②] 我国也有学者认为，“动产占有权利推定是很容易推翻的，因为动产非所有人的占有和所有人的占有一

① 〔德〕曼弗雷德·沃尔夫：《物权法》，吴越等译，法律出版社，2004，第15页。

② 〔德〕鲍尔/施蒂尔纳：《德国物权法》（上），第391页。

样成为生活的常态，占有公示的权利内容不具有明晰性，因而占有的公信力不能被过高评价，只能借助法律的技术处理而具有‘从占有人处取得权利的人推定为善意者’的功能，并借助善意保护的一般法律原则保护权利取得人以维护交易安全。”①

综上可见，即便是单纯从经验的角度看，学者们也早就明确认识到，在今天，“占有与所有不一致”和“占有与所有相一致”一样，都是人们所习见的生活常态。在此背景之下，占有人就是所有权人这一经验已经变得不再可靠，单纯从某人占有某物就判断该人是该物的所有权人也往往有违常识和经验，在有些情况下，我们甚至可以认为，单纯从某人占有某物就判断该人是物的所有权人的人不是欠缺行为能力，就是存在恶意。

换言之，持占有公信力说的学者所说的人们在日常生活中所习得的“占有人就是所有权人”的经验，总体上应被视为过去的经验。对于那些生活在一个没有发达市场经济的时空中的人们来说，这一经验或许是可以值得信赖的，甚至法律也可以这种经验为基础。因为，在早期人类共同体中，商品经济大多不发达（罗马帝国应是一个例外），以他物权、债权等形式让渡占有的情形也较少，因此占有和所有一般是结合在一起的，很少分开。正如梅厄所言，在此时期，在 100 例中有 99 例权利（所有权）与外形（占有）相一致，因此占有表彰本权，是无须证明的自足命题。在法制史上，最能反映这种经验的就是古日耳曼习惯法上的占有（Gewere）制度。但问题是，经验往往并不具有超历史性，而且，更为重要的是，将占有和所有权分离进而建立抽象的所有权概念和制度，本身就是以与上述经验相反的实践为基础的。如果不是因为罗马社会中已经出现大量的所有与占有相分离的现象的话，罗马法是没有必要在法律上建立起一个所有权概念的。而所有权制度的形成又反过来进一步促进了各种各样的以分离占有与所有的方式做成的交易，促进了商品经济的发展。这直接导致了这样一种现象，即在一个发达的商品经济社会中，越来越多的所有权人不再直接支配他们的物品，越来越多的占有人不再是所有权人。于是，占有与本权的不一致也就逐渐成了为人们所习见的生活常态，成了一种常识和“新经验”。

① 张家勇：《物权法区分原则的意义及其贯彻逻辑》，《法商研究》2002 年第 5 期。

由此看来，将占有公信力建立在占有人通常就是所有权人的生活经验之上，其实是一项十分危险的举动。因为，经验宛如流沙，一旦其流至别处，构筑在其上的学理建筑也就岌岌可危了。事实证明，这种危险已经成为现实。

4. 以占有作为权利外观有违“所有权与占有毫无相同之处”之法理

“所有权为社会之产物，故其为历史之观念而非逻辑之观念。”① 虽然我们迄今仍很难准确地确定所有权观念具体起源于那一历史时期，但可以确定的是，所有权（物权）观念的产生过程本身就是一个占有和所有权逐步实现分离的过程。正是通过占有和所有权的分离，所有权成了“一种可以通过心灵想象的，撇开一切时间和空间条件的抽象的概念或纯粹拥有思想”，② 成了一种可以“撇开一切经验要素”的抽象名义和法权形式，而剩下的对物的经验的、事实的支配则属于占有制度的调整范围。得天独厚的罗马人率先完成了所有权与占有的分离，这种分离在制度上的典型表现就是占有之诉和所有权之诉的分离，在观念上的典型代表则是乌尔比安所说的“所有权与占有毫无共同之处”。

正是通过以上分离，所有权和占有才得以各自显现其本质。其中，所有权作为对物最高之主宰或法律支配，可以通过与占有等权能的分离派生出整个他物权体系，同时也支撑了那些只有通过占有和所有权分离才能做成的债权交易（使用借贷、寄托、租赁等）。而且，不管物之上堆叠了多少他物权或债权人的占有，所有权依然还是所有权，是盖尤斯所说的“赤裸的所有权”。至于占有，则形成了“一个与整个物权领域相平行的事实关系领域”，③ 并且，占有的保护与物权的保护也是平行的，在占有诉讼中，原则上不容许为本权之抗辩。④

近代《物权法》承袭了这一罗马法精神。正如学者所言：“在日常生

---

① 谢在全：《民法物权论》（上），第 118 页。

② 〔德〕康德：《法的形而上学原理——权利的科学》，沈叔平译，商务印书馆，1991，第 64 页。

③ 〔意〕彼得罗·彭梵德：《罗马法教科书》，黄风译，中国政法大学出版社，1992，第 273 页。

④ 在罗马法上，占有令状所保护的是占有利益本身，而非本权。对此，乌尔比安曾说道：“发布令状的理由是占有应有别于所有权，因为可能发生一个人是占有人却非所有人而另一个人是所有人却非占有人的情况，还可能发生某人既是占有人又是所有人的情况。”

活用语中，所有权与占有是不加区分的，但法律却严格地区分这对概念：所有权是完全物权，而占有是事实性的、不依赖于占有权源的，对物的有意识的持有。”[①] 这种所有权和占有的区分反映在《物权法》中，就是近代《物权法》之特色在于将人对物的支配，划分为观念的支配与事实的支配，前者属于法律上的正当权利，是一种抽象的支配，所有权与他物权就属于此类；后者则与有无法律上的正当权利无关，是一种事实上的支配，这就是占有制度，而《物权法》就此两项制度予以并列，分章予以规定。

由此可见，严格区分所有权（或本权）和占有乃是大陆法系的一个制度传统，这一区分不仅是整个《物权法》体系的发生基础，而且是相关合同法制度和占有制度本身的种类化（如他主占有和自主占有，有权占有和无权占有）和独立受保护的前提。正是通过这种分离，所有权成了一个不依赖于占有的观念存在，占有也成了一个与有无法律上正当权利无关的事实，二者泾渭分明，占有并不足以作为动产物权之外形。除非我们抛开这一罗马法传统，重新回到无占有和所有之分的占有法时代。事实上，在笔者看来，占有权利外观说之所以得以为德国法所采，与现行德国法上的占有制度系“以日耳曼法上的 Gewere 较占优势，同时又混合了罗马法上的 possessio”[②] 的构造不无关系。恰恰是这种混合占有制度使得《德国民法典》上的占有制度成为最复杂难解的部分之一（关于该部分，尤其是与间接占有相关的制度，在超过 70 年的适用后仍备受争议[③]），至于第 985 条以下关于所有权人与占有人之间关系的规定则被称为“《德国民法典》中最不成功的部分”之一。[④]

（三）小结

行文至此，本文已经证明，“经验—占有是动产物权公示方法—占有推定力—占有公信力”这一支撑占有公信力的逻辑链条中的每一逻辑环节

---

① 〔德〕鲍尔/施蒂尔纳：《德国物权法》（上），第 33 页。

② 这种以日耳曼法上的占有较占优势，同时混合了罗马法占有的占有制度也影响了瑞士、日本等国，并为中国台湾法所继受。

③ 参见后文将要讨论的 1968 年的德国“铣床案”。

④ Vgl. Köle, Das Eigentümer Besitzer Verhältnis im Anspruchsszstem des BGB, 1971, S. 19.

都是难以成立的。其中，解构1证明，以占有推定力作为对占有的信赖的保护基础——占有公信力——在法律上是不能成立的；解构2证明，将占有视为动产物权公示方法在法律上是不能成立的；解构3证明，在今日社会，占有人通常就是所有权人并不是可资依赖的经验；解构4证明，依罗马法传统，所有权和占有在法律上为不同事物，后者并非前者的权利外观。这不仅在观念上阻却了不区分占有和所有的占有法通过占有公信力说“借尸还魂”的可能，而且也使占有公信力说成了一个逻辑上无法自足的命题。

四　德国“铣床案”的启示

在解构了占有公信力说之后，本文需要为善意取得寻找到更符合逻辑的法理基础。在此，不妨先提出假说，即善意取得主要是以交付的效力为法理基础的，或者说，善意取得就等于善意加交付的公示力。为了对交付在善意取得制度中的基础地位和功能有一个更直观的理解，同时为了彰显占有公信力说在实践中所面临的困难，不妨先看一个案例——1968年德国“铣床案”。

（一）案情简介

原告甲将一台铣床以所有权保留的方式出售并交付给了乙企业，乙虽尚未付清全款，但仍以占有改定的方式将该机器所有权转让给丙银行，丙又通过向丁银行让与他对乙的返还请求权的方式将该机器所有权转让给丁。现甲和丁就这台机器的所有权归属发生争议并提起诉讼。地方法院支持了甲的返还所有权的诉讼请求，但上诉法院驳回了甲的该诉讼请求，在申诉过程中，德国联邦最高法院认定该机器所有权属于丁。[①]

（二）判决理由

在该案中，前后存在三笔交易，分别涉及动产所有权保留买卖（甲乙之间），通过占有改定进行的所有权转让（乙丙之间），通过返还请求权让

---

① BGHZ 50，45ff；NJW，1968，1382ff.

与进行的所有权转让（丙丁之间）。在第一笔交易中，乙没有付清价款，依《德国民法典》第455条关于所有权保留（2002年以后为第449条）的规定，乙尚未取得该机器的所有权。这就使第二笔交易中的出让人乙向丙转让机器所有权的行为成了无权处分。由于乙和丙是通过占有改定进行所有权转让的，因此对于乙丙之间的交易应适用《德国民法典》第933条，“根据第930条（占有改定）的规定出让的物不属于出让人的，在出让人将物交付于受让人时，受让人成为所有权人”。本案中，乙（出让人）并未将机器交付给丙（受让人），而是仍通过占有改定保留了对该机器的直接占有，因此，丙不能依据第933条取得所有权，即使其为善意。

既然丙未取得所有权，那么在第三笔交易中，丙以返还请求权让与的方式将该机器所有权转让给丁的行为也属于无权处分。依据德国民法，这种情况应该适用第934条，“根据第931条（让与返还请求权）的规定出让的物不属于出让人的，如果出让人是物的间接占有人，受让人在取得让与的请求权时成为所有权人；在其他情况下，受让人从第三人处取得物的占有[①]时成为所有权人，但受让人在让与或者取得占有的当时非出于善意的除外”。依据该规定，要确定丁能否善意取得所有权，就必须首先确定丙是否是间接占有人，即丙是否已从乙那里取得间接占有。而要判断丙是否已经从乙那里取得了间接占有，就必须考察德国法关于占有改定的规定，因为丙和乙是通过占有改定方式交易的。

依据《德国民法典》第930条的规定，所谓的占有改定是指“物由所有权人占有的，可以通过所有权人与受让人之间的约定法律关系使受让人因此取得间接占有而代替交付”。在本案中，乙（第930条中的所有权人）在和丙交易时是物的直接占有人，因此，在他和丙达成占有改定协议时，乙将不再为甲媒介占有，而是通过占有心素的改变，转而为丙媒介占有。如此，丙也就通过他和乙之间的约定法律关系取得了间接占有，依据第934条，受让人丁在取得让与的返还请求权时，善意取得该机器的所有权。这就是德国联邦最高法院将所有权判给丁的法律依据。[②]

① 依德国学者通常见解，这里的“占有”也包含间接占有。参见鲍尔/施蒂尔纳《德国物权法》（上），第409页。

② 参见〔德〕托马斯·吕福纳《间接占有与善意取得》，张双根译，载张双根等主编《中德私法研究》（第2卷），第49页。

（三）学界的纷争

德国联邦最高法院的上述判决虽然看起来符合法律的规定，但其结果却令人难以理解。尤其是丙不能善意取得所有权，而与他进行交易的受让人丁却能善意取得所有权。正因如此，该判决一出，即在法学界招致一片批评声。但批评的焦点主要不在法院的判决本身，而是通过该案判决被淋漓尽致地显示出来的《德国民法典》第933条和第934条之间的矛盾。因为，依据第933条，在善意受让人已通过占有改定的方式取得间接占有的情况下，其依然无法从无权处分人处取得所有权，而是须受领交付；但依据第934条，在所有权转让通过返还请求权的让与进行时，善意受让人却能通过取得间接占有从无权处分人处取得所有权，而无须受领交付。

在这一矛盾之下，构成难题的不仅是要解释为什么不能通过占有改定从无权利人处善意取得所有权，而且还要解释为什么通过返还请求权让与又能从无权利人处善意取得所有权，且这两种解释应保持逻辑一致。就此，德国学者在权利外观说之外作了各种各样的学理尝试，此间争论不仅热烈，而且枝节蔓延，甚为复杂，欲对其一一评述，非本文所能及。但依德国学者所述，“原则上支配德国法学界的观点是，在这两条规范中，《德国民法典》第933条所体现的是一项正确的原则，反之第934条第1种情形则是一项错误的规定。也就是说，人们认为仅仅只是间接占有的创设，应普遍禁止所有权善意取得效果的发生。因此化解这一矛盾的最佳思路，在于以《德国民法典》第933条为准而对第934条第1种情形进行矫正，亦即在通过返还请求权而转让的情形，使对取得人为物之交付作为善意取得的构成要件”。①

（四）启示

很明显，这一修正立法的思路恰恰强调交付在善意取得中的功能，强调交付公示原则在此间的贯彻。德国学者之所以褒第933条贬第934条，其出发点也恰恰是交付公示原则，而不是因为受让人对出让人的占有的信

① 参见〔德〕托马斯·吕福纳《间接占有与善意取得》，张双根译，载张双根等主编书，第51页。

赖有什么不同。第933条由于坚持以交付作为善意取得的要件，贯彻了通过法律行为的物权取得应以公示的完成作为物权变动对抗力来源的法理，因而值得肯定，而第934条不要求交付公示恰恰违反了公示原则，导致原所有权人在无形中丧失了所有权。对此，德国学者皮克尔曾尖锐地批评道："他人间简单的约定或者第三人的一句话即可导致所有权的变更，这就使得甚至在所有权人对其物正在实施控制的当口，所有权人即已丧失其权利。……这一［根本就］无从认知的所有权攫取的结果，在法律外行看来，无疑是瞠目结舌的怪事。即便对法律人来说，这种'隐秘而鬼祟的'善意取得也定是令人毛骨悚然的结果。"[①] 米勒则很早就从公示原则出发对此提出如下批评："如果所有权人在没有获得能够了解对外公示的事实的变化的这个可能性之前，就失去其所拥有的所有权，显然不应是这个原则的动机所能接受的。"[②] "德国民法典第934条的设定显示了立法者忘记了其在设立德国民法典第933条时所表现出来的智慧。"[③] "在这一点上，德国民法典的立法者有辱其使命。"[④] 这显然与德国民法典立法者在决定采纳善意取得制度时，认为善意取得应是建立在占有权利外观上的观念不无关系，[⑤] 虽然这不是唯一相关联的因素。

受立法者以上观念的影响，上文所述的权利外观说以及权利外观引致说在考虑动产善意取得制度时也忽视了交付公示原则在这里的贯彻，正是这种忽视，使该说很难对为什么不能通过观念化交付从无权利人处善意取得所有权加以妥当的解释。因为，单纯从善意受让人对出让人的占有所赋予的信赖的角度看，不管是在通过占有改定或返还请求权让与进行的所有权转让中，还是在通过交付或简易交付进行的所有权转让中，这种信赖并没有实质的不同，也不足以导致法律作出相反的决定。而且，在通过占有

---

① Eduard Picker, "Mittelbarer Besitz, Nebenbesitz und Eigentumvermutung in ihrer Bedeutung für Gutglaubens-erwerb", AcP 188 (1988), S. 521 ~522.

② Vgl. Müller, AcP 137 (1933), 86.

③ Vgl. Müller, AcP 137 (1933), 86.

④ 〔德〕托马斯·吕福纳：《间接占有与善意取得》，张双根译，载张双根等主编书，第43页。

⑤ "在动产交易中，确保善意买受人的取得安全甚为重要，在不动产交易中，这一保障作用可以通过不动产登记簿实现，而在动产交易中，相当于不动产登记簿的是出让方对动产的占有。" Vgl. *Motive*, *Band* Ⅲ, S. 344 (= Mugdan Ⅲ, S. 191).

改定进行的转让中，出让人通常是直接占有人，在通过返还请求权让与进行的转让中，出让人至多是间接占有人，甚至“一无所有”。而依据占有是动产物权外观之学说，直接占有应比间接占有更能公示物权，因此，占有改定中的善意受让人因出让人的直接占有所产生的信赖应该“更强”于返还请求权让与中的善意受让人因出让人的间接占有所产生的信赖。既然如此，那么理应是前者更应受到保护，而不是像德国法所规定的正好相反。

由此可见，德国法关于善意取得的规定是存在明显缺陷的，而制造这一缺陷的恰恰是那些认为善意取得是建立在占有权利外观之上的《德国民法典》立法者，他们自觉不自觉地受到了日耳曼法上占有制度的影响，并且受到了他们那个时代国民经济状况的局限。在德国学者已经明确承认直接占有的转让在善意取得制度中具有重要功能，善意取得制度应该和公示（交付）原则保持一致之后，作为德国法的继受者，我们更有必要反思占有公信力说。更何况，这一学说并不能准确反映我国《物权法》第 106 条的立法精神，因为依据该条，受领交付是所有情况下善意受让人从无处分权人处取得动产所有权的必备条件，而依前文所述，法律之所以对善意取得提出这一要求，所要贯彻的依然是通过法律行为（物权行为）进行的物权变动应严格遵守公示原则的法理，即未对外进行公示的物权对第三人不具有完全对抗力的法理。

五　善意取得等于善意加交付公示力

前文曾经提到，在通过法律行为进行的物权变动中，一个有效的动产物权取得，其实是当事人之间的物权意思表示和公示原则相互支持的结果。这体现在动产善意取得制度中，就是受让人的所有权取得也离不开当事人之间的所有权转让合意和交付公示的结合，欠缺这些要件，受让人就不能善意取得所有权。这表明，要对善意取得的法理基础作出合理的说明，就不能脱离物权合意和公示要件，不能脱离通过这些要件体现出来的意思自治原则和公示原则。因此，笔者在这里提出的“善意取得等于善意加交付公示力”中的交付公示力，所指的就是善意取得中的以所有权转让意思进行的交付所具有的公示力，它本质上指向的就是当事人之间的物权变动合意与交付公示的结合在法律上所产生的效力。至于其中的“善意”要件，则主要是针对善意取得中的出让人无处分权的情况而设的。它在本质上并不能改变善意取得是建立在包含物权变动合意的交付公示——其实就是物权行为——的效力基础之上的法理，而只是以一种特殊的方式将所有的物权取得都必然是建立在诚信（广义的善意就是诚信）、合法的基础之上的取得凸显出来了，详述如下。

（一）公示的基本法理及其与善意取得基本理念的关系

在现实生活中，保证一个本着诚信而行为的交易主体能在一个社会公认的正常交易环境下依法实现其交易目的乃是市场经济对法律提出的最基本要求。在法律上，通过法律行为进行的债权变动和物权变动的主要区别不在于当事人是否应具备善意或诚信（答案显然是肯定的），而在于物权交易主体除应具备物权变动合意之外，还必须从事公示行为（当然还存在其他区别）。在物权变动公示原则之下，公示与两种法律效果相连接，并分别对应着两种不同的信赖保护——第三人的消极信赖和物权取得人的积极信赖。

首先，如果物权交易当事人有物权变动的意思，但没有完成公示，那么物权就不能发生变动或不能发生对第三人具有完全对抗力的变动，这就是“未公示不生效或不对抗”的规则。从信赖保护的角度看，该规则保护的是第三人的消极信赖，即依据该规则，如果一项物权变动没有通过公示对外表现出来，第三人就可以相信它没有发生变动，而且有权以物权变动未公示因而对其不发生效力（对抗力）来抗辩未尽公示义务的物权取得主张者。①

其次，如果当事人既达成了物权变动合意，又完成了法定的公示行为，那么物权将发生有效的变动，物权取得人可取得对第三人具有完全对抗力的物权，这就是“公示即生效或对抗”的规则。这一规则保护的是物权取得人的积极信赖，即物权取得人可信赖公示要件的满足可以使自己确定地取得具有对抗第三人效力的物权（当然还需满足其他物权变

① 依法理，“未公示不对抗”的抗辩仅可由那些受该规则保护的第三人援引，至于那些损及财产完整性或伪造权利证书的个人则不得利用该规则规避其对受损物权人的责任。

动生效要件）。从信赖保护的角度看，占有效力说所保护的其实就是这种信赖——善意受让人信赖其自主占有可以使自己取得无瑕疵的物权。不过，此处需说明的是，这里所说的积极信赖与其他学者所说的第三人对“公示之所在即物权之所在”的积极信赖（依占有公信力说，善意取得保护的就是这种信赖）的含义是不同的。前者指的是受让人对自己以取得物权的意思而受领交付的行为效力的信赖——实质上是对公示原则的制度信赖，后者指的是受让人对出让人所享有的占有外观的信赖，二者不可混淆。

依据以上规则，在一个社会公认的正常交易环境下，如果物权取得人在与他人进行物权交易时，行为诚信且完成了物权变动公示，那么他就应该能够取得对抗第三人的物权，即使出让人无处分该物权的权利亦同。因为，如果不这样，那么就有可能出现交易安全与便利保护说所说的那种情况，即受让人可能会因担心他的交易目的无法实现而减少交易或不交易，或者为降低交易风险而增加调查权利真实状况的成本。这样一来，市场经济必定会因交易安全难以保障和交易成本大幅增加而受挫。反之，如果物权交易当事人没有履行公示义务，则即使物权取得人是本着诚信而行为的，交易环境看起来也是一个被社会公认的正常环境，他也不能取得可对抗第三人的物权。若不如此，则第三人将会担心，在他所享有或取得的某项权利之外，还潜藏着一个可消灭或压制其权利的权利。这样一来，第三人势必可能会因担心这种危险而裹步不前，也会因担心自己手中的权利在无形中被扼杀而惶恐不安。这同样会导致市场经济大面积受挫，也无法保障财产秩序的稳定。公示原则的存在，使市场交易主体得以放心大胆地投入交易的洪流，市场交易程序得以健康正常地运行。

从上述基本原理可以发现，动产善意取得与物权公示原则（交付原则）在法理上是一致的。首先，从规范目的上看，公示原则和善意取得制度都以保护交易安全为主要目的。交易安全与便利保护说正确地揭示了这一点。其次，从信赖保护的角度看，公示规则具有保护物权取得人的积极信赖的作用，这一作用体现在善意取得制度中，就是善意受让人在履行其公示义务后，即受领交付或取得占有后，有权信赖法律将保护其无瑕疵地取得物权。占有效力说在很大程度上体现的就是这一法理，因而较占有公信力说更符合民法的体系逻辑。

（二）善意取得的技术构成分析

依据《物权法》第106条的规定，动产善意取得须具备的构成要件主要有：受让人受让该动产时是善意的；以合理的价格转让；依照法律应当登记的已登记，不需登记的已交付。从该条为善意取得规定的构成要件来看，善意取得作为一种物权取得方式，与其他物权取得方式相比，特点主要有二：第一，与生产劳动、法院判决、政府征收、时效取得等物权取得方式中的物权取得人无须从事法律行为，也无须完成物权变动公示不同，动产善意取得中的善意受让人要取得物权，就必须要从事一定的法律行为，即至少需要与出让人达成有效的物权变动合意，并需要依公示原则按特定方式完成公示。这表明，在这里，法律并不是将善意取得作为一种非依据法律行为进行的物权变动对待的，而是将它作为一种通过法律行为方式进行的物权变动对待的。正是这种对待方式决定了善意取得必须和其他通过法律行为的物权取得一样，不仅须满足法律行为的一般要件，如当事人具有行为能力、意思表示真实、合法等，而且须具备物权行为的成立和生效要件，即通过“交付”要件体现出来的当事人须具备物权变动合意，标的物须特定化和须完成公示的要件。第二，与一般情况下的通过法律行为的物权取得方式相比，善意取得的特殊性在于，它是发生在出让人无处分权情况下的物权取得，正是这种特殊性决定了法律在规定善意取得的构成要件时，必须在一定程度上作出与一般正常情况下通过法律行为的物权取得不同的处理，以平衡其中所涉及的受让人和原所有权人之间的利益冲突。这在善意取得制度中主要体现在受让人在取得物权时须具备“善意”这一要件上，在我国法上，这还体现在“以合理的价格转让”这一要件上。但从整体上讲，“善意”和“以合理的价格转让”这些要件的存在并不能从根本上改变善意取得也是一种通过法律行为的物权取得，因而也就不能从根本上改变善意取得和其他正常情况下的物权取得一样，都是建立在通过所有权转让合意和交付公示体现出来的意思自治原则和公示原则之上的基本法理，这可以通过以下对善意取得的各个构成要件的分析得以证明。

1. 交付

依据物权法的基本法理，在通过法律行为进行的物权变动中，变动物权的意思表示和公示是一个有效的物权变动必须具备的基本要件。将这一法理运用到善意取得制度中，那就是，一个包含物权变动合意的交付必须成为善意取得的基本要件。正是这一要件，为善意取得中的物权变动可以对包含原所有权人在内的第三人发生完全的对抗效力提供了直接的法律依据，同时也从公示原则的角度为善意受让人的“得权”或所有权人的“失权”提供了法理上的正当性支持。

首先，在动产所有权转让中，如果物没有被交付——直接占有的移转，那么依据未交付不对抗的规则，善意受让人不得取得对抗原所有权人的所有权。这不仅对于原所有权人来说是正当的——因为当事人没有以法律规定的某种外部可见的方式对外公示这种变动，而且对善意受让人来说也是正当的或者说是符合当事人的意思的。因为，在未交付的情况下，法律可以认为当事人还不具备通过公示的完成将此物权变动固定下来的意思，或者说，当事人还没有取得可对抗第三人的物权的意思（这里存在一个推定，即所有交易主体都知道未经公示不能确定地取得对第三人具有对抗力的物权）。既然如此，法律自然应尊重意思自治原则，没有必要“强行”将物权变动固定下来。

其次，如果善意受让人已经通过交付取得物的直接占有，则不管是从维护法律（交付公示原则）的确定性和交易安全的角度来讲，还是从尊重当事人物权变动意思的角度讲，法律都应该将此物权变动固定下来。这不仅因为受让人已经履行了公示义务，而且也是诚信和公平原则的要求。因为，在法律面前，受让人、无权处分人、原所有权人其实都是“同一个人”，一个抽象的、平等的民事主体。该民事主体只要本着诚信，在一个被社会公认为正常的交易环境下依法进行了交易，法律原则上就应该为他实现交易目的提供保障。换句话说，虽然在具体个案中，善意受让人的利益和原所有权人的利益看起来是冲突的，但一旦把他们摆在同样的交易环境下，他们的利益诉求其实是一样的。

2. 善意

（1）“善意”的意义。

乍看起来，善意取得与正常的取得最大的差异就在于前者要求善意，而后者不需要，由此，善意取得也就显得特别起来。但依据上文所述法理，善意取得其实并不特别，因为所有的从他人处的权利取得本质上都是一个本着诚信而行为的交易主体在社会公认的正常交易环境下的“善意取得”——广义的善意就是指诚信。善意受让人在处分人为有权处分人时是如此，在处分人为无权处分人时亦是如此。只不过，在前一情形下，善意（诚信）的问题并不凸显，而是一个市场法制内在包含的“潜规则”；在后一情形下，交易出现了“病态”——出让人无处分权，从而使原本存在的因素凸显出来，并使善意一词获得了其特别含义——非明知或因重大过失而不知物不属于出让人。这种现象就如同只有在健康的生命体受到病毒入侵时，人们才会发现生命体内原本就存在可抗击这种入侵的抗体一样。因此，在善意取得中被凸显出来的“善意”要件其实就是市场经济体内含的诚信，它承担的是矫正交易行为的功能，即如果受让人不具备善意，那么受让人的行为就是违背诚信的、恶意的。既然是恶意的，法律自然没有必要保护受让人取得物权，而是应该矫正或清除受让人和出让人之间进行的交易行为。反之，如果物权取得人是善意的，出于前文所述理由，法律应保护他能顺利实现交易目的，至于恶意的无权处分人，则应对原所有权人承担责任。

（2）善意的认定。

关于如何判断受让人是否具备善意，各国法都没有确定的标准，而是将此问题留给学理和司法实践。从各国学理和司法实践的发展来看，这里至少有两点是确定的：首先，在善意取得制度中，受让人的善意通常是被推定的。对此，前面的专题中曾明确阐述过，这里的善意的认定标准其实是“客观的”，即只要受让人的行为符合第 106 条规定的其他要件，就可以推定受让人是善意的。因此，在真正权利人向受让人主张权利时，受让人是没有必要举证证明自己是善意的，倒是真正权利人必须举证证明受让人不具备善意，即受让人具备恶意。这表明，在善意取得的构成要件中，善意这一要件本质上只是一个消极的否定性要件，它并没有为受让人取得物权增设任何额外的负担或要求，而只是为原所有权人通过举证证明受让人的恶意来否定善意取得提供了一种途径，以平衡受让人和原所有权人的利益。这从法理上进一步证明了，善意这一要件并没有从根本上改变善意取得仍是建立在当事人的意思表示和交付公示基础上的本质。其次，在具体个案中，善意的否定或恶意的证明——由否定善意取得者举证证明——通常需要综合各种与无权处分人与受让人之间所进行的交易密切相关的因素才能达到。其中，无权处分人拥有占有虽然是一个有利于认定受让人不

具备恶意的要素，但它并不是决定性的。因为，第一，在占有与所有相分离已经成为生活常态的今天，仅仅因为出让人拥有占有就判定受让人不具备恶意是不符合社会常识的，也欠缺法律正当性。第二，依社会常识，人们在判断受让人是否明知或应该知道出让人（占有人）没有所有权时，通常会综合考虑与受让人与出让人所处的交易场景显著相关的各种要素，这些要素有时可能是交易相对人的表见身份、交易时间和交易地点，有时可能是交易条件（如价格是否合理）和交易惯例等因素，甚至在特定情况下，社会整体秩序（战乱或和平）或治安环境（盗贼盛行与否）都是需要加以考虑的因素。或者，抽象地讲，善意的否定或恶意的证明是灵活的，并不完全取决于出让人对物的占有，而是取决于一项交易是否可以被认为是在社会或法律所公认的正常交易环境下进行的，取决于受让人是否已经尽到了一个诚信交易主体在特定交易环境下应尽的注意义务。

另外，这里需要提及的是，通过拍卖或在公开市场中购买可善意取得占有脱离物的规定，贯彻的依然是善意标准。占有脱离物原则上不适用善意取得是自罗马法以来就存在的例外，作为该例外的次级例外，各国法大多承认，受让人依然可以通过拍卖或在公开市场上购买而善意取得动产的所有权。对于这种“双层例外”，可以作如下理解：首先，从维护交易利益（安全、便捷）和贯彻物权公示原则的角度讲，法律原则上倾向于承认所有的动产都可以善意取得，只要受让人是依法、诚信地进行交易。因此，所谓的“双层例外”可以被理解为是一个例外，即唯一不适用善意取得的就是在公开市场和拍卖场之外被转让的占有脱离物。法律之所以承认此一例外，原因主要在于，若允许此类善意取得，很可能会间接地给打击盗窃和维护社会良好道德风尚带来负面影响，进而也不利于财产秩序的维护。因此，为求衡平，法律例外地赋予原所有权人对于那些在非典型的交易环境下（即公开市场和拍卖场之外）被转让的占有脱离物以绝对的追及权。其次，对于在公开市场或拍卖场内被转让的占有脱离物，法律之所以承认受让人仍可能构成善意取得或在所有权人请求返还该物时有权要求补偿，其内在理由还是善意。因为，将“向公众开放的、合法的公开市场”和“有着更严格经营资质要求的拍卖场”视为一个正常的交易环境是符合社会公众的通常判断的。或者说，法律在这里采取了一种简化的方式，将公开市场和拍卖场视为典型的正常交易环境，从而将在这样的交易环境里取得物权者推定为善意之人，虽然具体到个案，这未必妥当，但这本质上只是一个技术问题，其内在精神仍值得肯定。

最后，必须强调的是，善意要件在承担以上技术功能的同时，也为善意取得提供了伦理支持。在善意取得的构成要件中，直接体现善意取得伦理基础的就是善意，正是通过善意这一要件，诚实信用原则得以贯彻，并为善意取得提供了伦理上的支持。就此，前文多有论及，此处不赘。唯需再次强调的是，所有依法取得的权利都应该是有伦理上的正当根据的。在善意取得中，受让人所做的其实就是一个诚信的交易主体应该做的，如果他做了这些，那么由他取得相应的权利也就具有了法律上和伦理上的正当性。

总之，站在善意受让人的角度看，善意取得其实是一个完全正常的交易，与正常情况下通过物权意思表示和公示的结合来取得对世所有权并无本质的区别。以“善意”为标志的善意取得之所以在现代法上被广泛法典化，其真正的原因应作如此理解，即为了维护被背叛或侵害的原所有权人的利益，同时也为了维护诚信，法律给所有权人提供一个通过诚实信用原则来拷问第三人的诚信的机会，使他可以通过击破第三人的善意来维护自己的利益。这应是善意取得的现代精神，即“不得恶意取得”。

3. 以合理的价格转让

以合理的价格转让虽然并不是所有承认善意取得制度的国家都明确规定的善意取得的构成要件，但从法理上讲，《物权法》第 106 条规定这一要件，并没有从根本上改变善意取得与其他正常的取得一样，都是建立在自主意思和公示原则基础之上的法理，而只是通过这一要件来对善意受让人和真正权利人之间的利益进行了一定的平衡。因为，即使是在没有规定这一要件的国家，受让的价格是否合理通常也可以被作为判断受让人是否具备善意或恶意的一个因素。在此意义上，以合理的价格转让可以被善意这一要件所吸收。当然，在受让人完全是无偿地从无权处分人处受让物权的情况下，由于受让人在取得物权时并没有付出对价或者说没有承担任何不利于自己的负担，因此，否定善意取得对受让人并没有明显的不利——当然，受让人依然可以通过权利瑕疵担保制度追究出让人的违约责任。既然如此，那么承认真正权利人可以向受让人追索其物，原则上也就不会有损交易安全或有失公正了，倒是能更好地维护所有权的安全和交易诚信。

由此看来，以合理的价格转让和善意这一要件一样，在善意取得中所起的主要是一个平衡受让人和真正权利人之间的利益的作用，它们并不能从根本上为受让人善意取得物权提供法理基础，也不能改变善意取得本质上仍是建立在由物权变动合意和交付共同构成的物权行为的效力——这一效力的法理基础又在于意思自治原则和公示原则——基础之上的法理。

六　结论

综合以上分析，笔者认为，赋予占有以公信力并以之作为善意取得的法理基础是不能成立的。善意取得保护受让人的利益，在本质上是保护每一个交易主体都能在依诚信而行为的前提下，能在一个被社会公认为正常的交易环境下依法取得物权。这不仅是必要的，而且是正当的。善意取得中的善意要件体现的是诚信这一伦理准则和法律原则的基本要求，这为善意取得提供了伦理上的正当性基础；交付要件则是贯彻通过法律行为的物权取得应满足公示原则的必然要求，这为善意取得提供了法理逻辑基础，即善意取得在法理上依然是建立在由物权合意和公示共同构成的物权行为的效力基础之上，而法律之所以承认物权行为的这种效力，又是以意思自治原则和公示原则为法理基础的。至于交易安全和便捷利益的保护，则是善意取得所体现的时代精神和经济理性。因此，我国《物权法》第 106 条将交付和善意规定为善意取得的必备要件是符合法理和实践需要的，不仅值得肯定，而且也要求我们应该立足于善意取得是以一个有效的物权行为（包含物权变动合意的交付或登记）为基础的法理之上，来正确地理解和运用这一制度。

专题五

《物权法》中公有制企业财产权利问题

引　言

在《物权法》实施这个问题上，涉及意识形态极重、同时涉及法律技术规则极深的法律问题，是国有企业的财产权利问题。说到这个问题和意识形态的牵连，当然中国人一般都很容易明白，因为这个问题和公有制、国家所有权等相对政治敏感的问题有关。也就是因为这样，多数法学著作谈到这个问题的时候，要么沿袭陈说，要么不予深入。但是我们认为，这个题目涉及人民利益巨大，因此更应该从科学的角度予以认真探讨。

中国人认识的社会主义的基本概念，就是和国有企业紧密联系在一起的。从小学生时代，我们就开始学习到社会主义制度的理论；在这些理论中，生产力和生产关系矛盾运动的理论、上层建筑和经济基础的矛盾运动的理论、国家拥有所有权的理论等一直是核心理论和基础理论。依据这些理论，我们知道，国家必须对公有制资产拥有所有权，国家必须掌握国民经济的运行和发展，国家因此必须对企业拥有所有权。我们过去一直把这些理论当作社会主义的经典，这种情况，在一些人那里至今还没有改变。可是我们很少考虑到的是，这些理论是我们从前苏联引

进的，而前苏联这些理论的完善是在1948年计划经济体制已经彻底建立的时候；而新中国成立几十年来基本上没有建立多长时间的计划经济体制，现在我们还废止了计划经济体制，建立了市场经济体制。即使按照经济基础决定上层建筑的理论，我们也应该知道，我们过去那一套国家所有权理论也应该改变了。但是，旧的意识形态的惰性是如此的强烈，以至于我们在《物权法》制定时意图加以改变的努力，虽经历十多年而且多次研究，[①] 最终也只是在“平等保护”方面取得了成功，[②] 但是就如何再造国家所有权、改造政府投资形成的企业权利结构的设想，似乎并不完全成功。甚至到目前，那种建立在计划经济体制基础上的、以鄙视人民权利为特点的所有权“三分法”的立法模式，还是被很多人接受，甚至还是把它当作社会主义的特征。

从物权法的法律技术规则的角度看，国有企业的财产权利问题，在改革开放以来，实际上有很多体现改革开放思想的改进。比如，过去曾经被称为社会主义财产权理论中的经典的“两权分离”（国家所有权和企业经营权的分离），现在基本上已经无人提起。1995年以来的企业改制，贯彻了“政府投资”的基本方针，在政府投资人与国有企业财产权构造方面形成了“股权——所有权”的基本结构，已经得到了《物权法》第55条第2款、第67条、第68条的承认。但是，因为意识形态的限制，这些务实的做法实际上与市场经济体制一般情况下的规则仍有很大差距。

法律的技术问题，历来是为法律的思想精神服务的。比如，所有权的制度设计，就是为了保护合法财产、稳定财产支配秩序这个基本的目标而建立起来的。为了达到这个基本的目标，所有权制度建立的基本技术手段，是从权利主体、权利客体和权利的内容这三个方面入手来确立相关的制度。通俗地说，如果要明确建立一个物品（比如一宗土地）上的支配秩序，那么从法律技术的角度看，首先，应该明确是到底是什么人在这块土地上享有支配的权利；其次，必须明确这块土地的范围，以免权利人支配

---

① 对此有兴趣者，请参见梁慧星主编《中国物权法草案建议稿》，社会科学文献出版社，2001，第212页以下；孙宪忠：《争议与思考——物权立法笔记》，中国人民大学出版社，2006，第1页以下等。

② 中国《物权法》第3条，规定对市场经济参加者的物权尤其是所有权予以平等保护的原则，这一点基本上与本课题负责人提出的最初的建议稿内容一致。

范围互相妨害；最后，必须明确权利人到底享有什么权利，其中最基本的是所有权，另外，还可能有使用权、抵押权等。这些权利同样指向一宗土地的时候，我们在法律上就必须建立不动产登记制度，以明确这些权利人支配的界限。[①] 通过不动产登记簿，这宗土地上的支配秩序会明确地建立起来。从法学技术的角度看，经济学界所提出的“产权明晰”的市场规则，其实就是我们在这里谈到的主体的特定化、客体的特定化以及权利内容的特定化。

在国有企业财产权利制度方面，我们一方面要坚持改革开放建立市场经济体制的“产权”模式，但是在另一方面，我们在如何认识公有制、如何认识公共财产所有权这些基本问题时，还是坚持着改革开放之前从前苏联继受的意识形态。问题在于，在这两种思想形成冲突的时候，从现实的角度看，主流的思想似乎总是希望朝向旧的意识形态靠拢。比如，2007 年《物权法》中规定了一些积极的（但还是很不清晰的）反映市场经济体制要求的企业权利，但是 2008 年制定的《国有企业资产法》，却出现了更多的比《公司法》还要不科学的思想和制度设计。这种情况，给予社会的信息并不是很积极的，因此，我们不禁要问，在国有企业财产权利制度设计这个问题上，法理的透彻性、立法以及制度规则的科学性目标到底在哪里呢？

一　国企权利，问题在哪里？

基于基本经济制度的要求，中国“国有企业”一直处于国民经济的核心地位。从 20 世纪 50 年代中期开始，中国模仿前苏联建立了高强度的计划经济体制，依据行政拨款的方式，设立了大量的国有企业，并且依据“国家统一所有、政府分级管理”的模式，由政府直接对企业行使国家所有权。因此，国有企业长期以来是作为国家所有权的客体、而不是作为民事主体存在的。这种体制下，企业没有也不可能有生产经营的主动性和积极性。因此 1979 年即以“搞活企业”为核心实行经济体制改革。至今改革已经走过了 30 多年的风雨历程，政府设立企业的模式已经从计划经济体

① 对此，请参阅本课题研究中“不动产登记”专题的讨论。

制下的行政拨款、拨款改贷款（即“拨改贷”），最后确定为政府投资；为保证企业成为具备完全法律资格的市场经济体制下的民商事主体，政府操控国有企业的经济方式也已经发生了本质转变。中国的国有企业改制取得了举世瞩目的成就。但是在现实中，随着市场经济体制的进一步发展，公有制企业财产权利的法律关系不顺畅的问题，一而再地表现出来。比如：(1）目前的“国家投资”事实上并不是中央政府的统一投资，而是中央政府、省级政府、地区级政府甚至县级政府都有投资，但是在法律上这些投资一律被定为“国家统一的所有权”（《物权法》第45条、《企业国有资产法》第2条等），这就从根本上埋下了上下级政府之间操控企业的矛盾。(2）国有企业自己作为投资人，以股东的方式单一投资或者联合出资形成了很多企业。这些企业也被认为是“国家”享有所有权的企业，其资产法律关系定义不但违背了民商法原理而且也违背了会计学原理，妨害了在国企中建立清晰的财产支配的法律关系。(3）政府与外资设立企业以及这些企业再投资设立子公司性质的企业，依据“国家所有权”的立法和流行法理，其所有权问题更加无法厘清。在这些公有制企业中，国家（政府）是在行使着所有权吗？不同级别的政府又是怎样操控企业的？这些基本的财产权利问题，中国法律上的规定和现实的做法完全无法对应。目前，公有制企业的资产中，法律上灰色空间甚至黑色空间仍然非常大，其中的不当操作，与法律支配秩序无法科学化当然有着内在的联系，是深为社会诟病的所在。

从这些分析可以看出，政府投资企业的法律关系的清晰化问题事关重大。在这30多年的改革开放中，中国国有企业的财产权利法律关系问题，一直是中国经济体制改革中最为艰难和存有争议最多的领域。从搞活企业、放权让利到利改税，从承包租赁制到现代企业改制，中国国有企业财产权利制度建设一步步地从最初的盲目无序不断走向规范和理性。虽然改革实践与“统一国家所有权”的旧法律观渐行渐远，但是改革实践发展了，相关的法律意识形态却没有任何的发展。中央早在1997~1999年间就已经确立了国有企业的现代化改制目标，也明确了国家（政府）与所其投资企业之间的法律关系是一种投资关系。但我国的立法却未能及时将这一政策上升到法律层面。市场经济体制建设初期，1993年《公司法》第4条关于“公司中的国有资产所有权属于国家”坚持了“两权分离”的旧思路，但是约十年后2004年修订《公司法》时，立法者和社会已经明确了在政府投资这一点上，不能再坚持“国家统一所有权”理论，因此删除了该法第4条中国家对企业资产拥有所有权的相关规定。但是该法没有明确坚持投资人法律关系的民商法原理，没有明确地指出政府投资人的法律地位，也没有明确地指出企业法人应该拥有的权利类型。该法采纳了“法人财产权”这一模棱两可的概念，虽然在法学界多数人将这个概念解释为“法人所有权”，但是国家（政府）与所其投资企业之间的法律关系仍然未能得到合理的界定。无论如何，该法的规定是一个重大进步，它将企业从国家所有权的客体的地位中彻底解脱出来了。到《物权法》制定时期，虽然改革实践已经非常明确了企业投资中“股权——所有权”的逻辑结构，而且该法也试图打破旧法律意识形态的藩篱（该法第55条明确规定“国家出资的企业，由国务院、地方人民政府依照法律、行政法规规定分别代表国家履行出资人职责，享有出资人权益”），这也算是间接地承认了法人所有权。[①] 这一规定，使得国家（政府）与其投资企业之间的法律关系向市场规律靠拢了。但是，在国企作为市场主体和民法法人到底能不能享有其他民事主体享有的财产所有权这个问题上，在作为投资人的政府到底应该享有什么地位和权利的问题上，立法没有给出明确的答案。此后更加令人遗憾的是，2008年10月28日通过的《企业国有资产法》中对于国有企业财产权利方面的相关规定，重申了“统一国家所有权”理论，在立法上退回到了1997年以前的状态。这反而加重了国企财产权利法律规制的混乱。

当前，政府投资企业所占有的资产总量占全国企业资产总额的比例虽然已经大幅度下降，但是由于当前掌握国家经济命脉的企业基本上是国家所投资的企业，这一部分企业的健康发展，不但对于中国市场经济的发展意义重大，而且是整个中国的国计民生的关键。显然，廓清国企财产权利的法律关系，准确界定作为投资人的国家（政府）的法律地位，确定企业自己的财产权利性质，对于建立科学合理、健康有序的国企财产秩序，是一个非常必要的环节。本专题以回顾分析改革开放以来中国国有企业财产权利发展演化进程为始，依据市场经济体制下民商法的基本原理，参考市

① 孙宪忠：《中国物权法总论》（第2版），法律出版社，2009，第131页。

场经济体制发达国家的政府投资理论，提出依据民商法投资法律关系确定政府投资企业法律关系，是下一步国企改革唯一正确选择的主张。

二 国有企业法律地位观念演进

如上所述，中国国有企业的法律形态，一开始并不是目前这样的。在厘清企业财产权利法律制度的时候，我们有必要首先看看企业法律地位的演变历史，从而对于我们厘清企业财产权利制度建立切实的基础。

（一）计划经济体制下企业的地位

在改革开放以前，由于计划经济体制的原因，国有企业的财产权利可以说无法从现在我们所理解的民法权利这个角度谈起。这首先是因为，企业由国家铁板一块的计划来设立，其财产包括固定资产、流动资产、产品等也都由政府作出决定来调拨流动，所以这些企业非但不能够成为典型的企业，而且完全成为政府权力的客体。计划经济体制的基本特点是把企业当作国家计划的工具，因此企业的法律性质发生了本质性变化。在前苏联，“企业是最典型的经济机关”。[①] 改革开放之前，我国的法律和政策也是这样来看待企业的法律定性的，因此，企业在法律表象上看来是一个民事主体，但是实际上它是政府权力的支配对象。

根据计划经济体制的要求，国家对企业占有的财产实行“国家统一所有，政府分级管理”的体制。从企业财产权利的角度看，所有权只能属于“国家”，这个意义上的国家所有权具有“统一性、唯一性”这个基本特点，其含义是：国家作为唯一的主体，对全部国有企业的资产享有统一的所有权。[②] 这一点被后来的各个社会主义国家的法学理解为社会主义经典学说，是任何人不可以存疑的信条。在后来这种学说也被中国人照搬继承，在《物权法》和《企业国有资产法》中也得到了坚持。那么企业对自己占有甚至可以由自己处分的财产享有什么权利呢？对此，前苏联发明了

① 〔苏〕拉普捷夫主编《经济法》，中国社会科学院法学研究所民法经济法研究室译，群众出版社，1987，第 43 页。

② 〔苏〕维涅吉克托夫：《论国家所有权》，1948。

“经营管理权”这个概念，由它来表达国有企业的自己的财产权利，并由此来支持国有企业的民法法人身份。这样，对国有企业占有的财产而言，国家享有所有权，企业享有经营管理权，由此形成“两权分离”。这种两权分离的理论，也被认为是社会主义经典。[1] 这些系统性理论，其实都是来源于1948年维涅吉克托夫的《论国家所有权》一书。这些观点被斯大林认可后，才成为社会主义的经典。

在计划经济体制下，企业只是国家管理其财产的整体系统中的一个层次或者一个链条，[2] 企业并不是真正意义上的民事主体，因此也并不享有真正的民法意义上的财产权利。对此，前苏联法学有更为准确的描述：因为企业的权利是执行计划，而义务也是执行计划，因此其财产权利和财产义务被融为一体，被称为一种类似于行政机关权限的“经济权限”，而这种“经济权限”是“专门权限，它只允许经济机关进行符合自己任务的某项活动。……每一个经济机关都在完成国家计划的任务方面具有一定的职能”。[3] 我们知道，“权限”一词，是仅仅为行政机构的职权所设定的概念。通过这个名词和这些描述，我们就可以知道，公有制企业就成了典型的行政机关，或者行政机关的附属物。

从实践效果来看，在计划经济体制下，国有企业越来越失去发展的动力和压力，社会主义制度的优越性无法得到体现。从经济体制改革一开始，中国就清楚地认识到了这个问题，所以中国改革开放一开始，就把“搞活企业”确定为经济体制改革的核心任务，为此付出了极大的努力。中国城市经济体制改革就是从废止这种将企业作为国家所有权的客体、企业只享有经济权限的制度开始做起的。

（二）改革初期：“放权让利”

从1979年到1983年，中国经济体制改革在企业权利问题上采取的是“放权让利”的措施，其含义即政府管理部门将一部分权利“下放”给企业。具体地说，是许可企业给自己保留3%的经营利润，目的是扩大企业

---

① 法学教材编辑部《民法原理》编写组：《民法原理》，法律出版社，1983，第134页以下。

② 法学教材编辑部《民法原理》编写组：《民法原理》，法律出版社，1983，第137页以下。

③ 前引拉普捷夫主编《经济法》，第38、39页。

的自主经营权。在此之前，企业的全部利润都要上缴给政府，而企业经营需要资金和物质时，需要按照计划申请调拨。这样企业没有任何可以自己支配的资金和物质，也缺乏激励机制，企业领导层与职工没有积极性，国企长期处于低效率的运行状态。“放权让利”就是为了解决这个问题。

放权让利，顾名思义，不论是“权”还是“利”，都是政府让给企业的，而不是企业依法应该得到的。这一措施的贯彻虽然只给了企业一点点权利，在改革开放初期那个时候，还是发挥了较强的激励作用，主要是企业可以向职工发放奖金了，工人的积极性调动起来了。当然，国家对于国有企业的放权让利是在计划经济的大前提下进行的，国有企业与政府之间的行政附属关系无法予以改变。就是因为如此，中共中央文件中设想的各项扩权措施也没有得到真正落实，政府赋予企业的各项自主权利经常被截留或者被重新收回，国企改革的成效非常有限。从法律的角度来看，这一措施只是在国有企业经营层面上所进行，并不涉及现在一般所谓的产权改革，在本质上没有改变企业的法律地位。

（三）“利改税”和“拨改贷”

从 1983 年到 1987 年间，中国的经济体制改革开始实行“利改税”以及“拨改贷”的措施。所谓利改税，就是将公有制企业向国家缴纳的利润，改为缴纳税收。而拨改贷，就是国家在设立国有企业时，将给予企业的拨款改为贷款。

这两个绕口的、具有中国特色的词汇，在现在很多人看来比较费解，但是熟悉中国国有企业发展背景的人，很容易明确其含义。改革开放之前，基于政府依据行政命令设立国有企业的一般认识，设立企业的资产，不论是固定资产还是流动资产，全部来源于国家的拨款。这些拨款均被称为“国家”拨款。因此，企业经营所得的利润，一律上缴“国家”。而利改税，含义就是国家不再从企业直接取得利润，而是征收其所得税。如上所述，改革初期的放权让利的改革思路，已经不能满足需要。此时，将企业作为享有独立自主权的经营主体的观念，成为市场经济体制改革的基本思路。我国经济学界提出的，依据“企业本位论”将国有企业改造为独立经营、独立核算、自负盈亏的经营主体的观点，成为改革国有企业体制的主流观点。如果公有制企业是独立于政府体制的民事主体，那么依据行政拨款的方式设立企业、企业所有盈利均上缴给政府由政府统收统支的制度，就必须改变。拨改贷和利改税这两项措施就是在这种背景下出台的。

在城市经济体制改革中发挥了重大作用的《中国共产党中央委员会关于经济体制改革的决定》（1984 年）指出，“改革计划体制，首先要突破把计划经济同商品经济对立起来的传统观念，明确认识社会主义计划经济必须自觉依据和运用价值规律，是在公有制基础上的有计划的商品经济。商品经济的充分发展，是社会经济发展的不可逾越的阶段，是实现我国经济现代化的必要条件。只有充分发展商品经济，才能把经济真正搞活，促使各个企业提高效率，灵活经营，灵敏地适应复杂多变的社会需求，而这是单纯依靠行政手段和指令性计划所不能做到的。”① 这个文件中提出，中国应该建立有计划的商品经济，而不再是纯粹的计划经济体制。这一点为后来建立市场经济体制开辟了道路。尤其重要的是，这个文件指出，建立有计划商品经济，核心还是“搞活企业”；这样公有制企业的法律地位，已经必须从商品经济的角度来理解，企业必须独立于政府行政体制，成为商品经济体制下的主体。原来的国家与企业之间的关系，也就是政府给企业拨款、企业给国家上缴利润的模式，从法律理论上来看，就都显得很不适应了。正是在这个文件精神的指导下，利改税和拨改贷这两项曾经发挥过积极作用的改革措施出台了。

实行利改税和拨改贷制度，其实还有一个非常重要的原因，那就是，在中央政府和地方政府利益关系的差别越来越大的情况下，必须在制度建设上遏制某些在当时看来不太正当的趋势。在国家依据行政命令拨款设立企业时，企业对于资产的占有使用，必须符合计划的要求。在计划经济体制下，国家在某个省市地方投入资金设立企业，是发展或者振兴某个地方的经济力量的最主要的措施，这些都是按照国家的计划来予以运作的。每设立一个公有制企业，中央政府会有自己的资金投入，地方政府也会有部分投入。在法律理论上，这些拨款被统统称为国家的拨款，而不是具体政府的拨款，因为从当时的法律思想上看，中央政府和地方政府的利益都是一致的，彼此之间不能也不应该有任何的区分。然而，在中国短缺经济体制的大前提下，在有限的投资资源面前，各地都存在着争夺资源的问题。

① 参见《中国共产党第十二届中央委员会第三次全体会议文件汇编》，人民出版社，1984。

地方政府当然会有发展自己区域经济的主动性，他们总要想办法增加投资的规模，因此它们都会不断地向中央政府提出追加资金的要求。这样就出现了那个时代特有的“胡子工程”现象，一个公有制企业的建立过程往往非常漫长，资金的追加需求难以断绝。地方政府不当扩展自己的利益，这是当时多数人认为必须予以限制的趋势。这一点，是利改税以及拨改贷这些措施出现的经济基础性原因。

利改税和拨改贷的经济意义，是确保了国家的税收，限制了地方政府从国家投资任意扩大自己利益的趋势。而从法律上看，这一改革也具有相当大的意义，因为这种措施的基本出发点，是国有企业应该被看成是一个经营者，是与普通经营者一样的纳税人，而不是一个从属于行政系统的“经济机关”。实行这个措施之后，企业就再也不是国家所有权的客体了；而且随着公有制企业被投入“有计划的商品经济体制”，计划经济体制的基础被彻底地动摇了——中国的市场经济体制应该说正式发轫于此；随着经济基础的变化，中国法律体系的整体变更也开始了。

“拨改贷”初期是伴随着“利改税”进行的一项改革措施，旨在改革国有企业的投资体制。这些措施改变了从新中国成立以来由中央集中“统收统支”的财政体制，停止向国有企业拨款，对以往以“拨款”名义投入到用资企业的资金进行了清理，将部分经营性资金，通过委托建设银行与用资企业签署“借款合同”的法律形式，改革为“借款”，由此形成了“拨改贷”。

实事求是地看，“利改税”和“拨改贷”改革的进行拉开了中国投资体制改革的序幕，也拉开了企业法律体制改革的序幕，因为在将企业从行政机关的地位中剥离出去的过程中，企业成为不同于政府机关的民法法人的观点，成为社会各界的一种共识。1986 年制定的《民法通则》关于公有制企业作为独立自主的法人的规定，就是这一思路的体现。这一做法的出发点包含着非常合理的因素，那就是理顺政府与国企之间的法律关系，使国企逐渐向独立自主的市场主体转变。当然，那个时代并没有关于市场经济的提法，但是从后来的改革看，真正的城市经济体制改革就是从“公有制企业作为独立自主的法人”这个基本思路演化开始的。

所以，不论是“利改税”还是“拨改贷”，其初衷都是符合后来的改革发展方向的。但是这些措施的建立，并不是完全符合法理的，所以最后的结果并不理想。从经济上看这一措施直接造成了以下几个方面的负面影响：第一，因为政府设立企业的资产变成了贷款，因此企业负债急剧上升，企业负担加重，而且根本无法解决。这样，企业的经营遇到了无法克服的障碍，企业及其职工的积极性一时降低到冰点。第二，由于直接向企业发放贷款的是银行，而银行必须进行自己的核算，因此企业的债务越来越大。这些“成本”纳入企业核算之后，多数企业已经基本上失去了纳税的能力。尤其是一些地方企业、中小型企业负担沉重。这样，企业只能要求“税前还贷”以降低应纳税计数额。最后，国家财政收入事实上大幅度减少了。第三，由于“拨改贷”完全切断了国家对国有企业资本的注入，企业技术改造资金完全依赖企业本身，很多企业一下子失去了更新再造的能力，甚至无法经营下去。20 世纪 90 年代初期，中国公有制企业遭遇到的债务危机，是这种情形最为典型的表现。

从法律的角度看，不论是利改税还是拨改贷，都有法理上难以立足的地方。比如，本来投资设立企业就是为了取得企业的经营利润，将利润改为税收，投资利益又如何体现？再如，设立企业是投资不是贷款，这两种法律关系是不同的，投资人和企业之间的权利义务，在投资和贷款之间有本质的差异，这一点是法学上的一般知识。但是“拨改贷”将国家、政府对国有企业的投资改变为贷款的制度设计，基本上没有考虑到其中法律上的道理。将国有企业资本强行改为由国有企业向银行贷款之后，企业当然要面临债务和经营危机——国企一方面作为公有制要向政府履行投资企业的义务，另一方面要向银行还贷。这样，“搞活企业”这一基本的思路就彻底无法实现了。

20 世纪 90 年代中期，国家计委、财政部出台了为“拨改贷转资本金”的一系列措施，将国有企业在“拨改贷”政策下产生的无法归还的资金本息余额转为国家资本金，从而正式宣告“拨改贷”措施的失败。这一措施的失败，是改革措施不遵守法律科学原理的必然结果。

（四）“承包制”

由于利改税和拨改贷带来了众多问题，从 1987 年到 1991 年底实行的

"承包制"，即在遵循"包死基数、确保上缴、超收多留、欠收自补"的原则下，由企业的各级负责人与政府部门或者与企业的上级管理机关订立一个完成经营任务的合同，由合同明确双方的权利、义务和责任。企业在订立承包合同时，可以主张自己的合理利益，而政府方面指导企业行为的任意性得到了一定的限制。故承包制的办法比起强硬的依靠行政命令下达的经营指标，容易得到企业的认可。但是，由于企业的经营指标是政府方面事先确定的，承包合同对此无法变更，故企业的自主权仍然受到限制。

"承包制"在法律意义是让企业拥有自己的财产所有权。因为在企业向发包人（其是正式投资设立企业的不同级别的政府）缴纳足额的"承包费"之后，其剩余的盈利，即完全归属于企业。企业可以将这些盈余拿来扩大再生产以及改善职工的生活。这一制度，可以说是基本上承认了企业自有资产的合法地位。

（五）"企业现代化改造"

从前述三个阶段的改革情况来看，国有企业改革只是局限于如何改善经营、搞活企业，根本不涉及国有企业的财产权利问题，所以国有企业改革无法向纵深发展。尽管1986年通过的《民法通则》和企业法等法律规定了企业拥有独立自主的经营权，但是在1992年之前，由于中国始终没有放弃国有企业领域的计划经济体制，企业资产的处置始终存在着行政划拨方面的问题，因此从资产控制权的角度看，企业无法成为独立的市场主体。

这种情形到了1992年时才发生根本的转变，因为在这一年中国改革开放的总设计师邓小平提出，中国作为一个社会主义国家也可以建立市场经济体制，随后中国修改了宪法，确定建立社会主义市场经济体制的根本目标。这样，中国的基本经济制度发生了转变，这是中国经济体制最深刻的变革。社会主义国家建立市场经济体制，不但在历史上是第一次，而且在社会主义学说史上也是第一次。而只有在建立了市场经济体制之后，中国国有企业的财产权利的法律关系才有可能发生根本的转变。这样，在1997年中国共产党第15次代表大会的政治报告中，才提出了公有制企业的现代化改制的方针。而这一方针，其实就是依据政府投资的法律关系，处理国家（事实上就是各级政府）与国有企业之间的法律关系。因此，只有在建立市场经济体制的前提下，公有制企业也才能够转变成符合市场经济需求的社团法人、营利法人。

因此，1992 年之后虽然在中国还有一些反对的声音，但是按照政府投资关系来处理设立企业的政府和公有制企业本身的法律关系的原则，一直得到后来的立法的遵守。这一点我们可以从《物权法》、《企业国有资产法》等法律中看出来。本来，依据投资法律关系的一般规则，投资人享有股东权（社团法人的成员权）、而企业享有对于自己占有全部资产的最终处分权也就是所有权，这一点在市场经济体制国家没有任何争议，在民商法原理中也是顺理成章的。从财务控制秩序的角度看，这种财产权利形式，也就是经济学界一再呼吁的产权清晰、权责明确、政企分开、管理科学的财产权利形式。企业只有拥有法人所有权，也才能够成为自主经营、自负盈亏的法人实体和市场主体。但是这些道理，在中国旧法律意识形态面前总是跌跌撞撞，难以理直气壮地树立起来。因此，我们有必要就公有制企业的财产权利的各种学说进行认真的分析和清理。

三 企业财产权利的各种学说

（一）城市经济体制改革从企业权利开始

在此之所以要提到“城市经济体制改革从企业权利开始”这一点，就是要再次强调，我们不能再依据改革开放之前确定的“国家统一所有、政府分级管理”这个原则作为基础的观念，来分析和讨论国有企业权利问题。也就是因为这样，我们认为，企业的财产权利到底如何定义和定性，并不仅仅只是要解决一个法学理论上的“说法”的问题。联想到上面提到的“拨改贷”以及“利改税”等不成功的企业改革经验教训，我们就会理解，这个问题的解决，已经涉及市场经济体制的建立一个核心而且重大的制度建设问题。另外，如果再联想到 2005 年以来出现的中国《物权法》争议涉及的企业改革问题许多观点，我们当然也会理解，这个问题的解决，如果不解决思想认识问题，那么最终也是没有出路的。

在企业权利定义以及定性这个问题上，我们必须坚持的一个基本的出发点，就是改革开放的基本方向不能改变。因为我们必须认识到，改革开

放之前中国国有企业的制度设计是建立在计划经济体制基础上的，这一套是不成功的，而且是有根本缺陷的。因此，我们必须按照市场经济体制的要求，来建立我国的国有企业制度。本单元引言部分，我们已经提到，“国家统一所有、政府分级管理”这个计划经济体制时期确定国有企业权利的基本原则，是不符合市场经济体制要求的。正如上文分析已经谈到的那样，我国城市经济体制改革开放正是从改变这一点开始引发的。但是我们还要看到，正是这个“国家统一所有、政府分级管理”的原则，目前还被当作“社会主义”的本质。如果不改变这个基本的认识，企业改革就无法前进。

在市场经济体制下，我们所确定的国有企业的财产权利，核心是如何解决政府与“国家”（其实是政府方面）与投资企业之间法律关系的问题。这个问题包括三个方面的问题。其一是投资人的法律定位问题，包括“国家”其实是政府这种特殊的投资人享有什么权利的问题；其二是企业的法律定位问题，也就是企业到底是法律关系的主体还是客体的问题；其三是在市场经济体制下，企业作为主体对自己占有的财产到底现有什么权利的问题。这三个问题密切相关，有着内在的逻辑联系。也许会有人质疑这三个问题提出的必要性，因为从各种表象上看，现在国有企业作为市场经济体制下的主体，不论是在法律上还是在实践上都已经没有疑问。但是，我们之所以还要提出这三个很值得思考的问题，原因在于，这三个问题的共同意识、共同法律观念，还是在计划经济体制下建立起来的；对这一种法律观念，虽然我们多次希望能够予以清理，但是收效甚微。

如上所述，如何实现政企分开、使国家（政府）投资企业成为独立自主的市场主体，是我们在建立社会主义市场经济体制之后要研究的重大问题。本课题限于题目要求，我们主要探讨“国家”作为投资人的权利，以及企业作为主体的财产权利问题。在这里，我们之所以要将“国家”一词加上引号，原因在于，中国法律和社会各界均认为公有制企业的投资人是国家，但是现实中并没有这个统一的国家投资；中国公有制企业真正的投资人，历来是各级政府，甚至是不同的政府机关。

“国家”与其投资企业之间的法律关系问题，实际上包含着改革开放至今我们所要解决的两个大难题，一个是政府职权方面的政企分开，另一个是企业成为经营主体自己应该享有的权利和承担的义务与责任。当然，这些问题的答案近年来已经日趋明朗，尤其在1992年中国确立市场经济体制后，从实际操作也就是从经济学的角度看，就更加明朗了。但是在法律上，我们还不得不遗憾地看到，即使到目前，法律政策和现行法律还没有就此得出合乎法理的答案。

在上面的分析中我们已经看到，因为国企改革是在渐进和摸索的过程中进行的，对于支持国有企业改革的理论准备，一开始并不是很明朗的；尤其是我们的改革采取了“摸着石头过河”的策略，也就是尽量不进行理论争论而“实干”的策略。这样的做法虽然具有减少摩擦的优点，但是，具体解决措施上的大胆前行，却难以得到一些科学理论的支持。如果一些措施在理论上过不去，那么实践效果也不会好。比如上面我们分析的“拨改贷”那样。另外，改革中总是要出现问题，而出现问题总是要依据法律解决，这样，改革措施当然不能没有相关法律的配合。但是在我国改革之初，法律总是滞后于改革的实践出台。这种十分消极被动的局面，基本上延续至今。这种情形留下的法律隐患是：建立在计划经济体制基础上的法律观念始终没有得到清理，甚至一些完全有害的观点也保持下来了。

所以我们认为，在提出我们的观念之前，对我国国企改革不同阶段出现的财产权利理论进行一番分析是十分必要的。

（二）企业权限学说

改革开放之前，中国国企的财产权利，事实上在立法中没有明确规定。在法学上，大多数著述都是引用前苏联的说法，认为企业享有与行政管理部门相同的行政权限。这一点上文已经详细阐述了。

从“权限”这个完全行政法意义上的概念就可以知道，企业权利这个说法至少是不准确的表达。政府作为设立企业的机关，是企业的上级主管部门；企业自己没有独立的财产权利；企业在法律上虽然可以勉强被称为法人，但是这种法人绝对不是民商法意义上的法人，而只能是行政法意义上的法人，或者说是与一般行政机构一样的机关法人。

在企业享有“权限”的情况下，“国家”成为所有权人的学说完全成立，政府对企业控制依据行政指令，企业必须绝对服从政府指令。

（三）“企业自主权”学说

从1983年到1987年间，中国的经济体制改革中出现了“企业自主权”学说。这一学说得到了1984年出台的中共中央关于经济体制改革的决定的肯定。

在“企业自主权”学说下，“国家利益”（其实是政府利益）和企业利益一定程度上是相互区分的。这样，企业自己的财产权利开始萌芽了。如果企业经营有方，那么它就会获得较多的“留利”，这些留利，一部分可以用来扩大企业再生产，一部分可以用来改善企业职工的收入。

企业自主权的学说，从改革开放发展历史看，具有十分重要的意义。正是这种学说和理论开启了公有制企业改革的历程。作为这种改革措施的法律反映，1986年中国最高立法机关颁布了意义重大的《民法通则》，其中明确规定，国有企业也是法人，是一种民事主体，而绝对不是行政机关的附属机关。

与公有制企业自主权学说相关联，国家开始实行“利改税”和“拨改贷”。这些做法的目的是继续扩大企业自主权，培育企业向独立自主的经济实体转变。这些改革措施对于解决政企分开起到了一定的积极作用。但随着改革的进一步发展，这一措施实行的结果却与当初改革的初衷大为背离。因为企业拥有的“自主权”范围总是在国家所有权的范围之内，企业不能脱离国家所有权主张自己的权利。这样，企业不论是扩大再生产还是改善职工生活，它总还是需要获得审批，财产权利的行使不能完全自主。加上拨改贷和利改税这两项没有经过法理论证的措施，使得国企所承担的费用和税负远远高于其他企业，它们不但没能提高国有企业竞争能力，反而极大地压抑了企业的自我发展能力。随着改革的深入，这些学说和做法越来越不适宜了。

（四）“两权分离学说”：企业经营权

所谓两权分离，指对企业占有的财产，国家作为企业的设立人，对企业的财产享有所有权；而企业作为经营法人享有经营权的理论。这一理论来源于前苏联法学家维涅吉可托夫1948年出版的《社会主义国家所有制》，在这本被斯大林确认为社会主义经典的著作中，确定了国家作为唯一的公有制主体，统一地对社会财产享有所有权；而企业作为民事主体对于国家授权经营的财产享有经营管理权的物权结构模式。这种能够准确解释计划经济体制下政府调动社会资产、企业必须服从计划命令的权力分配模式，后来被奉为“经典社会主义公有制”的理论。从1984年中共十二届三中全会到1993年中共十四届三中全会以前，实行两权分离成了我国国企改革的战略指导思想。因此，1986年颁布的《民法通则》，也不再使用前一个阶段的“企业自主权学说”，而是根据“两权分离”的学说，规定了全民所有制企业的经营权。

两权分离的目的是使企业在国家计划和产业政策的指导下，面向市场，自主经营，自负盈亏，逐步建立起富有活力的企业经营机制，从而既能保证国家的所有者地位和对国民经济的宏观调控需要，又能强化企业作为相对独立的商品生产经营者的经济责任。1984年中共中央关于政治体制改革的决定明确指出，经济体制改革的核心任务就是要把企业从行政机关附属物的地位中解放出来，使其成为能够适应“社会主义商品经济需求的商品生产者和商品经营者”，[①] 因此立法者采取了在保留国家对企业财产的所有权的前提下，由企业所享有的独立民事权利的理论。1986年颁布的《民法通则》依据这种理论，规定了全民所有制企业的经营权这种独特的物权形式。[②] 当时法学界的基本认识是：保留国家对企业财产的所有权，而由企业享有经营权的“两权分离”的方式，是目前中国法律所承认的实现全民所有制的唯一合法方式，也是中国理论界认为唯一可行的方式。[③]

“两权分离”的思想对促进国有企业从纯粹的行政机关附属物转变为法人发挥了一定的积极作用，但是由于这种理论同样是计划经济的产物而根本不是市场经济的产物，故它不但不能适应中国目前的形势发展，而且在法理上有很大的问题。所以，自从“两权分离”被中国法律采纳之后，

---

① 1984年10月中共中央十二届三中全会通过并发布的《中共中央关于经济体制改革的决定》对全民所有制企业的作用定位。

② 《民法通则》第82条：“全民所有制企业对国家授予它经营管理的财产依法享有经营权，受法律保护。”

③ 佟柔、周威：《论国营企业经营权》，《法学研究》1986年第3期；佟柔、史际春：《从所有权的动态考察看中国的全民所有制》，见《中国法学会民法学经济法学研究会1989年年会论文选辑》，第12页。

学术界对它进行了多年的探讨，但是到目前，对“两权”如何分离也没有产生一种让人信服的观点。

“两权分离”一说在法理上最大的问题，是不符合市场经济的交易规则。市场经济条件下任何交易都是权利的移转，商品交易就是所有权的移转。如果坚持国家对企业占有的财产有所有权，而企业只有经营权，那么当一个国有企业从他人手中购买一件物品时，他买的时候，物上的权利本来是所有权，但是企业自己只能获得经营权；当企业向别人出卖一件物品时，企业本来只拥有经营权，但是他人买到的却是所有权。唯一的例外是国有企业之间的交易，它只发生经营权的转移。这种物上权利时而大时而小，时而是这种权利，时而是那种权利，如同斯芬克斯之谜一样的变换，既违背交易常识又违背法理。故“两权分离”理论在实践中是站不住脚的。

从所有权作为充分的支配权这个《物权法》的一般规则来看，市场经济条件下的企业，不论是国有企业还是其他企业，都享有实际的所有权。因为：(1) 企业对其占有的全部财产行使的权利，都享有实际的所有权的全部权能。而国家未行使对企业具体占有的物的民法意义上的支配权；(2) 按照现代的投资法律关系建立的企业，国家作为投资人只享有股权，而企业享有法人所有权，这是普遍承认的法律规则；(3) 承认企业的法人所有权，也是市场经济的必然要求，因为市场交易就是所有权的交换。企业在市场上的行为，就是行使所有权的行为。所以，中国国有企业对财产享有的就是法人所有权。

1992 年中国提出建立社会主义市场经济体制时，这种理论可以说已经彻底地失去了现实性基础。至少从理论上说，国家不再依据行政命令的方式创办企业，而应该依据投资方式创办企业，国家对公有制企业的权利，因此演变为民商法意义的股东权利，而不再是民法意义的真正所有权；企业作为独立自主的法人，不再依据政府指令或者授权经营，而是根据市场需要经营，因此它对于自己占有使用的财产应该享有法人所有权。为了适应市场经济体制的要求，法学家提出了关于国家公有制企业之间的法律关系、企业的法律地位和独立权利的重新表述。[①] 1995 年中国开始实行企业

① 对此，可以参见本人在 1992 年的作品《公有制的法律实现方式问题》；以及 1995 年的作品《国有企业财产权利问题》等，载于《论物权法》文集，法律出版社，2001。

现代化改制，探索公有制的多种实现方式，“国有企业”开始区分为中央企业和地方企业；1996 中共“十五大”提出，中国公有制应该有多种法律实现方式。按照现代企业股份控制理论和治理模式理论，“两权分离”的理论完全失去了正当性，[①] 因此到中国《公司法》2004 年修订的时候，“两权分离”理论终于走到了终点。

（五）企业法人财产权

法人财产权理论是继“两权分离”理论受到改革否定之后，我国法律关于国家（政府）与国家投资企业之间法律关系的又一理论。其主要的表现形式是 1993 年《公司法》的规定。

1992 年我国建立市场经济体制之后，国家就不再使用两权分离的学说来解释公有制企业的财产权利了。1993 年中共中央十四届三中全会通过的《关于建立社会主义市场经济体制若干问题的决定》将理顺产权关系、建立现代企业制度作为建构市场经济体制框架的基础和首要环节，明确指出“企业的国有资产所有权属于国家，企业拥有包括国家在内的出资者投资形成的全部法人财产权”，“企业以其全部法人财产，依法自主经营”，“规范的公司能够有效地实现出资者所有权与企业法人财产权的分离”等。自此，企业法人财产权取代企业经营权成为界定国家、政府与企业法人之间产权关系的一个新概念。随后，中央的这一政策在 1993 年通过的《公司法》上得到了立法上的体现，该法第 4 条规定：“……公司享有由股东投资形成的全部法人财产权，依法享有民事权利，承担民事责任。公司中的国有资产所有权属于国家。”至于“法人财产权”的性质和内涵，无论是我国法律还是政策都没有明确解释，因而在学界也引发了关于“法人财产权”定性的大讨论。

必须承认，“法人财产权”概念的提出对于进一步深化政企分开、确立国家投资企业的独立法人地位具有积极的意义。“两权分离”理论下的国有企业经营权虽然赋予了国有企业更多的自主权，但是它没有脱离计划经济体制的色彩，企业行使权利仍然不可避免地受到来自行政机关的干涉，原因就在于企业不能真正拥有独立的财产权。“法人财产权”

① 对此，可以参见下文关于中国几个航空公司控股关系的分析。

相对于国有企业经营权而言，企业拥有了自己独立的财产，能够依法独立支配国家授予其经营管理的财产，政府和监督机构不得直接支配企业法人财产，对于理顺国家、政府与企业之间的产权关系具有重要的意义。

但是，“法人财产权”概念在法理上有很大的问题。财产权是民法中的一个重要法律概念，它与人身权相对应，泛指一切具有财产内容的民事权利。根据我国《民法通则》规定，财产权包括财产所有权、与财产所有权有关的财产权、债权和知识产权。如果按此解释，企业享有“法人财产权”就表明企业拥有了自己真正独立的财产，企业与其投资者之间应当是一种股权关系。但实际情况并非如此，因为我国《公司法》第 4 条关于“公司中的国有资产所有权属于国家”的规定就明确将企业对国家投资财产的所有权排除在外，“法人财产权”的内容因而被架空，让人对“法人财产权”的性质越发感到疑惑。我国《公司法》关于“法人财产权”的规定在法理上存在两方面的问题：第一，“法人财产权”的规定违背了公司的基本构造原理。根据公司原理，公司由股东投资成立，股东必须将其投资的权属转移给公司，股东失去对该投资的产权但同时获得了股权。我国 1993 年通过的《公司法》第 25 条明确规定：“以实物、工业产权、非专利技术或者土地使用权出资的，应当依法办理其财产权的转移手续。”既然股东应当将财产权属转移给公司，而该法第 4 条关于“公司中的国有资产所有权属于国家”的规定显然与此相矛盾。第二，“法人财产权”的规定违背了同股同权的原理，在国家股东与其他股东之间造成了法律上的不平等。国家以外的股东对投入公司中的财产并不享有所有权，只是获得了相应的股权，而国家对投入公司中的国有资产却享有所有权，同为公司股东，法律上的地位却明显不同。其实，公司的实际运行情况表明“公司中的国有资产所有权并不属于国家”。根据我国《公司法》的规定，公司在解散以前，股东既不能从公司抽取资本，也不能直接支配公司财产；股东对于公司的经营管理也不能直接干预，只能通过股东会等法定形式进行影响；公司有权处理公司财产，无须获得特定股东的同意。公司股东对公司财产的索取只有在公司解散并清算后尚有剩余的情况下才能进行。无论是国家股东还是非国家股东，均适用前述规定，这也是公司之所以能成为独立法人、独立承担责任的前提条件。因而公司对于包括国家投资的国有资产在内的所有财产享有完全意义上的处分权，无须获得国家的授权或同意。

关于法人财产权概念所存在的内在矛盾，学界早已注意到，我国《公司法》第4条中法人财产权概念的出台只不过是企业经营权和法人财产所有权折中调和的产物。国家长期以来在坚持公有制就必须坚持国家对企业财产的所有权的这一固有观念指导之下，认为赋予公司法人所有权与保持公有制地位相矛盾，因而就创造了法人财产权这样一个貌似民法概念范畴而内容却又背离了传统民法理论与现代公司理论的新概念。我国《公司法》第4条所暴露的这一缺陷，在2005年《公司法》修订时得到了一定程度上的解决，即"公司中的国有资产所有权属于国家"的规定被删除。应该说立法机关对这一问题的修正是使我国《公司法》回归市场经济的理性之举，也是使公司成为真正独立自主的市场主体的重要前提；但立法机关对我国《公司法》第4条的修订仅仅止于"公司中的国有资产所有权属于国家"条文的删除，未能进一步将法人所有权概念代替法人财产权概念，不免有功亏一篑之遗憾。

2007年通过的《物权法》对公司与国家、政府之间的法律关系进行了准确的定位，即按照"股权——所有权"的逻辑结构来确立"国家"与企业之间的关系，主要体现在该法的第55条、第67条、第68条中。其中，《物权法》第55条规定："国家出资的企业，由国务院、地方人民政府依照法律、行政法规规定分别代表国家履行出资人职责，享有出资人权益。"这一条文说得十分清楚，"国家出资"建立的企业，由中央人民政府和地方人民政府履行"出资人"的职责并享受出资也就是投资的利益。而该法第67条规定："国家、集体和私人依法可以出资设立有限责任公司、股份有限公司或者其他企业。国家、集体和私人所有的不动产或者动产，投到企业的，由出资人按照约定或者出资比例享有资产收益、重大决策以及选择经营管理者等权利并履行义务。"这一条规定的是投入到企业的资产，投资人应该享有的权利是"享有资产收益、重大决策以及选择经营管理者等权利"，而不是直接支配投资物品。该法第68条规定："企业法人对其不动产和动产依照法律、行政法规以及章程享有占有、使用、收益和处分的权利。"这一条文说的是，真实的对企业占有的物品享有实际支配权的，是企业法人自己。

但令人遗憾的是，2008 年通过的《企业国有资产法》中的相关规定又将“国家”与企业之间的法律关系退回到了《物权法》以前的状态。该法一方面将企业国有资产定义为国家对企业各种形式的出资所形成的权益，但另一方面又规定国家对国有资产享有所有权，企业中的国有资产成为国家支配的对象，两者之间产生了一种立法上的内在矛盾。这深刻地反映了社会中仍然有相当数量的人不能正确理解所有制与所有权关系，他们仍然固守着国家所有权是公有制的唯一实现途径的错误观念。

四 《物权法》中公有制企业财产权利规则解读

（一）尽快解决国家投资企业的科学观念问题

如上所述，改革开放的一个最为显著的成就，即中国摆脱前苏联引进的计划经济体制在 1992 年确立市场经济体制。但是在定位作为投资人的政府与“国家”投资企业之间的法律关系方面，却没有法律理论方面的跟进，以及相关重大意识形态的更新。改革开放多年以来，我们基本上的做法是，改革主导者借助于经济学界观念更新，不断提出新的改革措施；然后才由法学界对这些已经发生的措施实行理论诠释。而法学界所谓的理论研究，就是将这些已经实行的经济措施在理论上正当化或者科学化。这一做法虽然具有中国特色，而且，如果一个制度建设如果在经济学上是科学的，那么这个制度在法学上也应该是科学的，因为科学总是具有共通性的。但是恕笔者直言，我国经济学界和市场经济体制下其他国家的经济学界有一个显著的不同，那就是我国的经济学者大多数不懂得一些简要的法律科学知识，而且一些我国实际出现的改革措施，就如上文分析的“拨改贷”那样，又是那么具有功利性，这样，如果实施一些不那么科学的措施尤其是在法律上很难成立的措施，当然实际效果会出错。法学历来具有自己独特的范畴，法学的研究成果，随着人类社会的进步，已经有数千年的历史积淀；尤其是关于市场经济体制方面的法学研究，法学界已经有很成熟的学说，因此，法学研究如果具有独立性，那么，它当然会对中国的市场经济体制的法制建设提出自己科学而且积极的方案。

现在，中国《物权法》已经确定了“国家投资”或者“政府投资”这一基本的思想，这一点对于中国国企改革下一步的发展意义重大。我们对于国有企业财产权利的基本问题，也就应该从这一点来定位，来制定我们的法律规则和实践规则。但是我们应该看到，不论是理论界还是实务界，对于“投资关系”中的法理以及相关规则的认识还相当不到位。比如，2008 年的《国有企业资产法》又出现了与此不相适应的规定。而实践中，政府对于国有企业尤其是大型骨干企业，基本上还是依据行政命令的方式来予以操作和控制，甚至对于已经上市的公司也这样做。当然，法学界还有相当一些人对于公有制企业的财产权利的认识，还是“国家统一所有、政府分级管理”这一套。本课题负责人在从事这一项目研究的时候，查阅了中国宪法学、法理学的一些著述，看到其中主流的关于国有企业权利的观念，和改革开放初期的情形没有改变。也就是因为这样，2005 年《物权法》制定过程中，出现了依据这些不合时宜的理论批判《物权法》的风暴。相当多的法学家甚至到今天，还把“国家对于企业资产拥有所有权”当做社会主义的本质，而丝毫不考虑市场经济体制下投资关系的基本法理和规则。

本来，在政府以及投资方式设立企业、以投资方式操控企业成为获得公认的改革措施之后，以民商法的投资关系的科学原理来处理政府与其投资的企业之间的财产权利关系，应该在认识上没有任何问题。但是在中国，现实问题是，不但立法者而且社会的主流意识形态对这个重大问题上的认识，还是保留着计划经济时代“国家统一所有权”的观念。不论是《物权法》还是《企业国有资产法》，都一再表现出强大的旧意识形态的作用。如果中国的国企改革始终跳不出国家对所投资企业享有国家所有权这个框框，那么，“国家”投资的企业无法真正成为独立的法人，无法成为市场上的主体。显然，立法者和社会的这些主流认识已经远远脱离了当前中国国企的经济实践。我们认为，现在改变旧意识形态关于“国家”（政府）与其投资企业之间的法律关系的法律关系定位、确保企业成为市场主体、确保政府操控企业的科学化，已经到了刻不容缓的时候。而要做到这一点，就必须正确理解公有制的法律实现方式，以民商法投资关系的“股权——所有权”的逻辑结构来确立“国家”与企业之间的

关系，确定企业的法人所有权，以及不同级别的公法法人对各自财产的所有权。

（二）“企业财产权”这个概念并不可取：对所有制问题的重新思考

目前，我国《公司法》等法律，给公有制企业财产权利基本定义是“企业财产权”。对这个定义，我国法学界多数人似乎是满意的。但是，我们认为，这个概念是不科学的，因此是不可取的。上文我们已经谈到，财产权这个概念本身难以确切地表达企业对于其资产的权利。在此我们再来对照《物权法》第68条规定：“企业法人对其不动产和动产依照法律、行政法规以及章程享有占有、使用、收益和处分的权利。”通过这个条文，我们就可以知道，企业对于投资人投资给自己的全部动产和不动产都享有完全物权，也就是法人所有权。

在此我们只要想一想，为什么《中外合资经营企业法》、《中外合作经营企业法》以及《外资企业法》等法律，可以规定中外合作经营企业、中外合资经营企业以及外资企业享有财产所有权，而中国自己的投资企业却不能享有所有权呢？显然，这里出现了旧法学观念干扰法律规则科学性的现象。

这种旧法学观念干扰法律科学性规则建立的现象，在《物权法》以及《企业国有资产法》制定过程中始终存在。如上所述，其最主要的障碍，就是许多人还坚持着“国家统一所有、政府分级管理”这个旧意识形态对于公有制以及公共所有权的定义。因此我们要对所有制与所有权的关系问题略作分析。

按照上面所说的这个定义，国企财产所有权只能由“国家”享有，企业法人不能享有所有权。过去一直到现在，这一旧意识形态的观念，总是被当作正宗社会主义，因此后来改革中立法者设计投资人与其投资企业的财产权利关系时，绝不敢越雷池一步。但是，“国家统一所有权”这个观念，现在看来其实并不是马克思学说的内容。对此，我们有必要进一步重新认识所有制与所有权的关系这个问题。

所有制的科学意义是马克思的创造，马克思以前的思想家的著述里只有所有权，而没有所有制的概念。马克思始终坚持区分生产关系范畴的所有制和上层建筑范畴的所有权。他认为所有制是一定的生产关系的总和，要说明所有制，就必须把社会的全部生产关系描述一番。[①] 所以，按马克思的本意，所有制就是渗透在社会的生产、分配、交换和消费领域里并且起决定作用的经济基础。既然这样，我们根据马克思的观点，就当然可以知道，所有制不能简单地和上层建筑领域里的所有权等同一致。现在看来，抓住经济基础这个关键，从社会生产的宏观控制的角度来认识所有制问题，是非常正确的而且也是十分必要的，事实上社会生产的宏观控制或者总体控制，是任何一个国家都非常重视的基本问题。

但是在 20 世纪 30 年代的前苏联，斯大林改变了马克思关于所有制和所有权的关系的论断，他把生产关系的分析方式归纳为著名的“三段论”，即生产资料的所有制形式即所有权、分配关系以及生产中人与人之间的关系。这种后来被称为发展了马克思主义的提法，实际上与马克思的认识差异很大。首先，马克思认为所有制表现为生产关系的全部过程，是社会的生产过程中起主导作用和支配作用的客观力量；而斯大林的观点认为所有制只是生产关系中的一部分。其次，马克思认为必须从生产关系的全方位考察社会的所有制；而斯大林认为只能以生产资料所有权为基准考察所有制。最后，也是最重要的是，马克思认为的所有制属于经济基础范畴；而斯大林认为所有制即所有权的法律制度，属于上层建筑范畴。因此，斯大林看到的所有制和马克思所认识的所有制是根本不同的。

根据斯大林对所有制的认识，前苏联的一些所谓马克思的理论家就得出了一种所有制必然反映为一种所有权；而一种法律上的所有权，也必然反映着一种所有制的理论。[②] 这种理论可以被称为“照相式反映论”，即法律形态的所有权是生产关系的机械式反映（如同照相一样）的结果。前苏联的这种“创造”，目的是为建立高度集中的计划经济寻找理论基础。在高度集中的计划经济的体制下，国家需要用单纯的而且是极大强化的行政手段操纵企业，因此经济学家和法学家们必须为此寻找正确的理论渊源。这种理论上的“突破”终于在 40 年代时完成了，前苏联著名的民法学家维涅吉可托夫在 1948 年发表的《论国家所有权》一书中提出，全民所有

① 《马克思恩格斯全集》第 1 卷，第 191 页。

② 参见《苏联法律辞典》第一分册，法律出版社，1957，第 110 ~ 112 页。

制只能由国家所有权来反映，国家是国有企业财产的“统一的”、“唯一的”所有权主体。这一观点得到斯大林的赞赏，并认定其是关于所有制和所有权关系的“经典的”社会主义的观点。这种观点的提出，给国家把国有企业演变为国家机关，并依据纯粹行政性质的计划手段管理企业提供了理论依据。

对前苏联创立的生产关系“三段论”学说，我国从一开始就毫不怀疑地全盘接受了，并且衍生出了只有保持国家对生产资料的所有权才能保持全民所有制的结论。前苏联关于所有制与所有权的理论至今仍旧毫不怀疑地作为分析、确定所有制性质的理论基础，广泛地应用于我国社会的政治、经济、法律及其他领域的决策及研究。因而，从这一错误前提出发得出“国家对其投资企业享有所有权、公司只享有法人财产权”的结论也不值得奇怪。

依据马克思主义的观点，我们可以肯定地说，作为生产关系范畴的所有制的控制力量，必然有其法律形态的反映方式。① 进而，我们可以看到，这种反映方式不应该只有一种。所有权作为法律权利可以是所有制的实现方式之一，而且在历史上是基本的、有时甚至是唯一的所有制的实现方式，但是从现代社会经济发展造成的生产模式看，按照马克思的看法，当然不能排除其他的所有制实现方式。比如，股权控制作为生产关系中一项有效的控制方法，它在实现所有制需要方面，从社会化大生产的角度看，实际上发挥着比所有权更大的作用。股权控制的基本特点，是不再控制具体的物，而是控制生产经营；它不仅仅可以用来实现一些具体的人控制一个具体企业，而且可以用来实现一些人对于更多企业的控制。这一点是中国历来坚持“国家统一所有权”观念者，从来没有认识到的。

（三）民商法投资关系的科学原理

公有制的法律实现方式可以是国家所有权，也可以是国家对其投资企业的股权控制。从民商法的角度看，股权控制可以表现为现代化企业之中的“股权—所有权”的结构模式。其中，企业投资人对于企业进行

---

① 孙宪忠：《公有制的法律实现方式问题》，《法学研究》1992 年第 5 期。

实际控制的权利，为股权。股权拥有者通过法人治理模式操控着企业的生产经营，享受《物权法》第67条所说的“享有资产收益、重大决策以及选择经营管理者等权利”，而不是直接支配投资物品。而企业中具体的设施以及产品等物品，其法律形态上的所有权属于企业，企业对这些物品实行占有以至于处分的各项具体支配物的权利，也就是企业对其资产享有法人所有权。这就是该法第68条规定：“企业法人对其不动产和动产依照法律、行政法规以及章程享有占有、使用、收益和处分的权利。”

企业也可以用自己的资产来进行进一步的投资，从而使得自己成为股东，而其与其他民事主体共同投资形成的企业，同样享有法人所有权。这样的“股权—所有权”结构，不仅仅在国外是普遍的，在中国现在也是普遍的。对此我们可以举中国一些航空公司为例：

（1）中国国际航空公司，是目前国内最大的国有制航空运输企业，法律形态为独立法人。但是，它实际上是被中国国际航空集团这个公司法人绝对控股的公司。中国国际航空公司作为投资人，同时又投资了几个著名的公司，成为别的公司的控股人，比如与德国汉莎航空公司合资的AMECO公司，这个公司也是独立法人，是中国境内著名的航空维修公司。中国国际航空公司又投资山东航空公司，对山东航空公司拥有的权利为股权而不是所有权。实际上中国国际航空公司成为该公司的控股人。

（2）南方航空（集团）公司，也是中国航空运输的大型骨干企业，它于1997年7月在海外上市后公司总股本33.7亿股，其中，中国方面组建的该公司控股公司南方航空（集团）公司持有的股权占65.2%，外资股占34.8%。南方航空（集团）公司自己作为投资人，还与美国洛克希德、香港和记黄埔成立广州飞机维修工程有限公司（GAMECO），同时还投资航空食品、饭店、旅游、饭店等多家公司，以及实际管理河南南阳、湖南衡阳等机场公司。

（3）东方航空集团公司，也是中国大型空运骨干企业。该公司投资设立安徽、江西、山东、江苏、太原、石家庄分公司和子公司，并投资组建中国航空货运有限公司，东航占有70%的股份。该集团公司同时投资设立独资和合资企业30多家，经营航空维修、饭店、航空食品、旅游、期货交

易、通用航空等。①

从这些对于国民经济发展具有重要意义的大公司的财产支配秩序中我们可以看出，现代化的大公司企业，其资产控制关系正是按照“股权—所有权—股权”这种民商法的权利结构建立起来的，而不是按照所有权人实际控制的方式建立起来的。其中，组建这些大公司的投资人，对这些大公司拥有股权，他们的权利和义务表现在作为股东的权利义务方面。而这些大公司作为法人，拥有对于公司全面彻底的支配权，包括对于公司的具体财产的所有权。比如，航空公司对于自己公司的飞机、机场以及各种设施等，享有直接支配的权利。而投资人并不直接享有对于飞机、机场等飞行设施设备的权利。

航空公司在从事经营的过程中，以自己的全部财产参与各种法律关系并对外承担独立法律责任，因此这些公司对于自己名义下的财产享有的权利，就是典型的法人所有权。同时，这些公司作为独立的经济实体，它们可以自主经营投资，因此他们又投资设立新的公司，并对这些公司享有股权。而新成立的公司作为新的法人，也是对自己的实物形态的财产享有所有权这样的支配权。这样，新的“股权—所有权”的权利结构又产生了。此后，投资设立的新公司作为法人，也可以自己独立投资，比如上面列举的中国国际航空公司投资的深圳航空公司，也自己投资设立了一些新的公司。这些公司与公司之间的财产支配关系，必须按照“股权—所有权”的逻辑结构才能够清楚的区分。

中国目前在改革中，许多大型公司都是按照这种“股权—所有权”的逻辑结构建立起来的。从公有制的实现方式来说，只要能够保持社会对生产的法律控制力，社会对生产资料无论享有哪种法律的权利，都是在实现公有制，而不是改变公有制。在这种观点的指导下，我们当然可以得出在这些大公司中，公有制的法律性质没有改变，我们国家的本质没有改变这一结论。

在我们依据法律清理这些大公司的财产支配秩序的时候，我们只能按照这种“股权—所有权”的逻辑结构来予以分析和裁判。以上述南方航空

① 这三家公司的资料来源：http：//www.airchina.com.cn/；http：//www.cs－air.com/ http：//www.ce－air.com/。

公司的财产支配秩序分析为例：该公司上市后公司总股本33.7亿股，其中中国方面组建的该公司控股公司南方航空（集团）公司持有的股权占65.2%，外资股占34.8%。首先我们可以看到，不论是中方还是外方，他们的权利和义务都是以股份来确定的，而不是依据所有权来确定的。南方航空（集团）公司的所有权，表现在该公司法人对于其实际支配的全部财产的所有权，它作为法人行使对于自己的具体资产的实际控制权利。因为所有权作为物权，是对于特定物的支配权，故股东已经无法也没有必要行使对于该公司的具体物的支配权。其后，在该公司自己作为投资人与美国洛克希德、香港和记黄埔成立的一系列新的法人公司的时候，该公司对于这些公司的权利，也仅仅限于股份持有部分，也不必甚至不能行使所有权了。

对此，我们还可以对一些大型公有制企业之间的股权交易来说明其中的道理。比如，2010年初，东方航空公司与上海航空公司之间实现了换股的目标，[①] 这一案件用来分析股权—所有权之间的逻辑关系问题很有价值。东方航空公司和上海航空公司这两个大型的“国有”航空公司虽然都以上海作为其运营基地，但是他们的投资人并不相同，因此他们之间当然存在着利益矛盾，这种情形，对于发展上海为运营基地的航空运送事业不大有利。多年以来，在有关部门的协调下，这两家公司达成了“换股协议”基础上的并购协议。其中，在公司层面上，上海航空公司并入东方航空公司——这种并入，其实就是我们民商法学所说的公司所有权的合并；但是在投资人方面，其利益关系并不能简单地随同公司并购而合并，根据并购计划，上航股东持有的公司股票按照1:1.3的比例转换为东方航空A股股票，即每1股上海航空公司股票转换成1.3股东方航空A股股票。这样，原来上海航空公司的投资人可以将其股票兑换成东方航空公司的股票，并成为东方航空公司的投资人。这个成功的并购说明，在现代化企业的资产运作机制中，所有权和股权完全不是一回事儿，必须在法律上、经济上分别考量，并建立不同的制度。当然东方航空公司和上海航空公司的并购案，是股份公司之间的并购案，但是其所有权和股权的运作机制，同

---

① 李媚玲：《ST东航与上航换股完成　东航新增股份16.95亿股》，2010年1月30日《新京报》。

样适用于股份有限公司、两合公司以及合伙企业。

国家拥有股权，掌握对企业运营的操纵权而不是对企业财产的具体支配权，照样可以实现公有制。因为股权仍然是一种投资人操纵企业的权利，它虽然不是直接的支配权即所有权，但能够满足股东对企业生产、分配、交换和消费进行控制的要求。国家作为股东时，同样享有这样的权利。因此，不能认为国家或者政府仅仅作为股东而不是作为所有权人的做法，是妨害公有制的做法。公有制的法律实现方式不必是单一的国家所有权，利用“股权—所有权”的逻辑结构，照样可以实现公有制。而只有那些小作坊，才是由所有权人直接支配并行使所有权的生产关系控制。现在中国很多人对于所有权与所有制的理解，其实都是从小作坊的形态分析得出的见解。

通过“股权—所有权”的逻辑结构来规范国家与投资企业之间的法律关系，其本质是要通过投资关系彻底替代过去在计划经济体制下建立的国家与企业之间的行政关系。这是一个根本的转变。毫无疑义，过去国家并不是用投资的手段，而是用行政命令和拨款的方式设立企业，因此国家与企业之间的关系是行政关系，企业是国家或者政府的行政附属物，国家完全依靠行政手段来操纵企业，使得企业越搞越失去灵活性。改革以来我们付出的各种努力，都是要解决让企业真正成为独立自主的法人的问题。但是，由于对企业与国家之间的关系的认识没有根本的转变，企业对政府的附属地位没有根本的转变。而“股权—所有权”的逻辑结构能够将企业真正从政府附属物的地位中解放出来。

（四）投资人“分别”享有权益问题：中央和地方政府的投资权益区分

中国《物权法》第55条规定：“国家出资的企业，由国务院、地方人民政府依照法律、行政法规规定分别代表国家履行出资人职责，享有出资人权益。”这里出现的“分别”享有投资权益的规则，在法律理论以及实践中必须给予足够的注意。

中国在1995年实行“分税制”的同时，即对公有制企业按照投资人的实际情形实行明确的区分，一方面，不再坚持“统一国家投资”的政策，政府作为投资人被划分为明确的级别；另一方面，国企也被区分为央企和地方企业。为落实这种改革措施，中央政府和地方政府都成立了自己的“国资委”，各自向自己设立的企业派出董事、监事等高级管理人员。而国企也普遍地开始了自己的投资，依据民商法原理设立自己的子公司等。这样，事实上，“统一国家所有权”也已经不存在了。

在目前，在政府投资问题上，“统一国家所有权”事实上不存在这一点，似乎中国法学界和一些立法部门视而不见。这种闭目塞听的做法，造成了严重的现实问题。当然首先的问题是，“国家投资”或者“国家所有权人”的主体不明，现实投资利益关系不清，妨害了公共资产的清理。在国家统一所有权的前提下，不论是哪一级政府的投资，均被称为国家投资，名义上所有权由国家享有，在实际情况中“国家”是虚空的，真正财产控制状态都是具体的政府享有控制着自己投资企业的全部权利，其中包括中央政府、省、市、县、乡镇政府等，甚至还包括特种行业如邮政、电信、铁路、军队等部门拥有“国家所有权”的情形。因此，在建立企业时，地方政府一方面千方百计地争取中央或者上级政府的投资；但是另一方面，在收益分配时，又想尽办法多分利益；而投资失败时，又互相推卸责任。[①]

不承认地方政府所有权和行业所有权，与现实也发生极大的冲突。多年以前笔者的著述中引用的一个案例，即京唐港建设的案例，也说明了这一点。在环渤海地区的五个省市之间，存在着严重的原料与市场的争夺，结果造成严重的重复投资和浪费。全国十大钢铁公司中，这一地区占四家；

① 笔者多年前的著作中引用的中原制药厂投资失败案，发生在数十年以前，但是“统一国家所有权”理论在其中发挥的消极作用，没有得到社会的认识，因此我们认为，这样的案件现在仍然具有警示作用，故将该案件再次列举出来。这个案件该厂设计面积1300亩，预定投资18亿元人民币，原设想是要建成中国最大的制药企业，而且也是河南省的最大企业，被誉为“中原航空母舰”。该厂从建厂到“建成”共计12年，但是，所谓建成之日，竟是其关门停业之日。其结果是，大片的良田完全废弃，盖好的厂房已经破败，价值连城的机器设备已经腐蚀破损，地上四处流淌着化工半成品。最后，企业的债务已经增长到30多亿元，企业每一天“保养”的费用就有100多万元。纳税人的钱就这样白白流失了。这一投资失败造成巨大浪费的案例，在新中国成立后也是少见的。而该企业失败的重要原因之一，就是该企业的投资关系不清。国家（即中央政府）、省里、市里都有投资，但是在追加投资时，地方政府以该企业属于“国家”投资为名拒绝增加资金，结果中央政府以及地方政府互相扯皮，导致投资超时而失败。最后，在发生问题时谁也不负责。对此案例的报道，请参见《中原“航空母舰”搁浅剖析》，1998年3月2日《沿海时报》。

十大石化公司这里有三家。但是北京市基于自己的利益考虑，投资十多亿元人民币新建了京唐港，这样北京市的业务转移到了京唐港，而临近的天津港运力却下降了30%。[①] 这种情况说明，“国有企业”之上的“统一国家所有权”是不存在的。存在的，只是地方政府的所有权和行业所有权。

按照法律上的投资关系，即按照发起公司、成立公司的民商法原理，就可以解决上述问题。因为，法律上的投资关系并不把国有企业的投资人看成一个整体，而是从真实的投资的角度看，把投资人划分为中央政府的投资、省级政府的投资、市县政府的投资等等，并要求这些投资人按照他们投资的份额享受权利和承担风险（这种区分各级政府投资的做法，并非如一些人所说的那样是分割公有制，恰恰相反，按照上文对马克思观点的分析，它同样是实现公有制的方式。这一点上文已经充分阐述）。在中央政府和地方政府合资成立公司时，投资的法律关系投资人按照其投资的份额分享股东会和董事会中的权利，以及分享企业整体的权利和义务等。这种投资关系，一方面能将企业的权利关系彻底厘清，调动各级政府的投资积极性，促使他们慎重投资、科学投资。各级政府都会关心真正属于自己的利益，从而彻底扭转目前国有企业在名义上属于国家，而实际上分别属于各级政府和政府部门，这些政府或部门只关心自己的利益，让真正的国家财产即中央政府的财产大量流失的不利局面。

当然，在这种情况下，就不能只是存在国有企业即属于中央政府的企业，而是存在着其他的各级政府或者政府部门的企业。此时，完全可以用比较准确的“公共企业”一词，替代现行的内涵和外延均不明确的“国有企业”的提法。把中央政府投资和地方政府投资按照投资的法律关系予以明确区分的方法，实际上是市场经济发达国家的普遍做法。比如，德国就是这样处理国家与企业的关系的。在德国萨克森州有一个由德国联邦政府、萨克森州政府、汉堡州政府和一家私有企业共同建立的一个核电站，他们对该电站的管理，就是按照投资份额派驻董事组成董事会进行管理，并按照该份额取得红利。欧洲国家的“公共企业”，一般都是按照股权参与这种方式组成的。

区分中央和地方政府的所有权，建立政府投资人制度，依据“股权—

① 《环渤海：如何振翅高飞》，1997年12月3日《光明日报》。

所有权”的结构来确立改革投资企业的基本法律关系，并不仅仅只有使得公共企业法律关系逻辑清晰化的优点，其政治上的利益更为显著。因为，依据投资人的规则建立企业法人治理模式制度，可以对公共财产建立有效的监管，将目前还比较模糊的公共财产上的职责（权利、义务、责任）清晰化，并且落实到具体的责任团体甚至责任人身上，以防止公共财产流失。这一点上文已经多次讲到，因此不再赘述。

按照投资关系处理中央和地方政府在国有企业上的法律关系，并不意味着排除中央和上级政府对经济不发达地区的支援。但是，这种支援应当采取其他方式，不要将其与“国家统一所有权”问题混为一谈。另外，也不要把国家对企业的所有权和国家对这个社会的经济发展的宏观调控权联系起来，不能认为国家的宏观调控权建立在国家对企业的所有权之上。因为，国家的宏观调控权是国家主权的表现形式之一，它与企业的所有权无关。

（五）政府设立独资企业时的企业权利

民商法上所说的独资企业，也就是只有一个投资人的企业。如果这种企业设立为公司，那么这种公司也被称为“一人公司”。在公共企业也就是我们前面所说的公有制企业只有一个股东的时候，也就是政府设立独资企业时，政府应该享有什么权利，企业应该享有什么权利，对此不但立法机关、行政机构有不清楚的认识，而且法学界对此认识也不清楚。很多人认为，在公司只有一个股东而且这个股东就是国家（其实只是一个级别确定的政府，或者一个政府的部门）的时候，区分国家对于企业到底是享有股权还是所有权，不论在理论上还是在实践上都没有显著的意义。因此，我国立法不能彻底承认政府投资人股东权和企业法人所有权的区分，而司法实务方面也因此出现很多问题。

与此相对应，民商法学说中也有“一人公司”以及“单一股东公司”的表述。[①] 在这种情况下，投资人享有股权还是所有权，也存在着理论争议。一种普遍的观点认为，在一人公司情况下，单一股东对公司的权利，

① “所谓一人公司，指仅有一个股东持有公司全部股权的公司。析言之：（1）一人公司仅有唯一的一个股东。（2）一人公司的唯一股东须持有公司的全部出资额（或股份）。”王保树、崔勤之：《中国公司法原理》（最新修订第三版），社会科学文献出版社，2006，第114页。

可以是股权也可以是所有权。这种观点，也常常被用来支持政府作为单一投资人的情况下，对其设立的企业不应该区分股权和所有权的理论依据。可以说，即使在专业的商法学学者中，不能够准确地理解这一问题的法律意义者绝非仅见，非专业的学者对此有所不解，一定会更多。因此我们认为讨论这个问题意义显著。

在我国公有制企业“现代化改造”之前，我国长期没有“破产法”，其原因也与此相关联。在破产法原理中，投资人在企业破产时只能等待公司清算，而绝对不可以像所有权人那样取回自己的投资。因此，过去被认为是主流的法学观点，均无法理解“国家”设立的企业破产时，“统一”国家所有权如何行使和保障的问题，以此来否定国家不作为所有权人而作为股东权利人的改革措施。[①] 事实上这样的问题，不论是立法机关还是民商法学界至今在这一领域没有很好的解答。其实，如果从政府投资的角度看，也就是从投资人只享有股权、破产企业以其全部资产对债权人负责、投资人只可以享有对清算清偿之后剩余资产的返还请求权这个角度看，上述这些疑虑可以一笔勾销。这样的道理和制度，就是以投资人只享有股权为基础建立起来的，目前在我国破产法中已经得到了贯彻，公有制企业的投资人，在企业破产时不能行使所有权，而只能行使股权。

但是即便如此，在只有一级政府投资设立企业的情形下，比如我们经常所说的“央企”的投资人权利制度讨论时，不论是立法机关还是学术界很多人认为，区分这里政府享有股权还是所有权是没有意义的。因为依据我国有关法律，正是中央政府代表人民行使“全体劳动人民财产所有权”；而中央政府作为单一投资人设立的企业，投资人戴着“全体劳动人民”这顶巨大的政治帽子，其所有权处于难以质疑的地步。从这一政治前提出发，国家即使是投资人，也要享有对于企业资产的所有权。[②]

显然，这些观点都是对“国家所有权”只是从改革开放之前的意识形态来定义和理解，对中国实行市场经济体制以来的政府投资视若不见。但是不论是从民法法理上看还是从实践效果看，坚持投资人对于企业享有所

① 对此有兴趣者，可以参阅王利明《论股份制企业所有权的二重结构》，载王利明《民商法研究》（第二辑）修订本，2001。

② 对此有兴趣者，可以参阅王利明《民商法研究》（第二辑）修订本，2001，第348页。作者在这里坚持了政府作为投资人仍享有所有权观点。

有权的观点都是有重大缺陷而不能成立的。如果坚持这一观点，则违背法理，有害交易公正。

首先从法理上看，所有权和股权的内容含义完全不同，投资法律关系和所有权法律关系本质相异。投资人享有的股权，本质上是投资人对于企业的财产总体享有分红收益的请求权；在企业结束其使命时投资人只可以享有清算请求权以及清偿还债剩余财产的按比例分配请求权。投资人不能享有直接支配企业财产的权利，当然不能享有所有权。这种规定在法律上属于强制性规定，也就是当事人不能任意改变的法律规则。原因在于，企业在民法上属于独立主体，它必须以自己的名义享有权利和承担义务，并且以自己的全部财产承担法律责任。在企业对其他的民事主体承担义务、责任，甚至对公共权力承担义务的时候，企业必须以自己的全部财产来为法律责任上的支付。但是如果我们认为公有制企业的投资人此时对自己设立的企业还享有所有权，那么，作为所有权人，他就有权利取回自己的投资（以破产法规则，破产财产清算时，他人享有所有权的财产应该许可其取回）。如果真的是这样，那么企业对于第三人甚至公共权力的法律责任就会完全落空。显然这样的理论以及制度设计违背了法律基本原则。

实际上在我国曾经发生过地方政府设立的企业在资不抵债的情况下，政府方面试图强制性收回投资资金的情形。在中国长期强调国家利益绝对优先的观念的情势下，这种不合法的做法总是会得到很多人的理解和支持。

图 5－1 说明，即使是在一个公司、也就是在独资公司的法律制度设计中，投资人的股权和企业的所有权也必须明确区分开来。①

被告公司因为经营的需要，曾经向原告公司借贷。被告公司届期没有及时还贷，原告起诉法院要求被告偿还债务。在法庭审理此债权债务纠纷时，原告以及被告对这一借贷关系没有争议；但是原告公司认为，被告公司自己投资设立了新的独资公司（第三人公司），因此提出追加第三人公司为承担连带责任的第三人。此案经由法院多级审理，均判决原告可以向

① 此案是本课题负责人在现实调查中收集到的，地点在山东省，时间为 2008～2009 年间。案件中当事人的称呼已经隐匿。

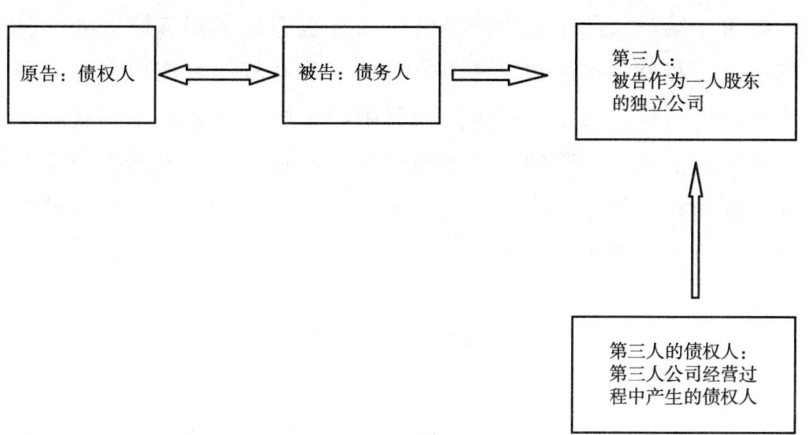

图 5－1

第三人公司追索其债权，也就是说，第三人公司必须直接以其财产为原告还贷。法院判决书中明确引用了“债随财产走”[①] 的法律规则。这一规则的含义是：独资公司的设立资金来源于被告，因此在被告承担法律责任的时候，可以用被告的投资来偿还原告。

但是我们略加分析就可以看出，对于第三人公司是否应该向原告承担责任这个问题，这个案件中的审理法院理解有误，他们没有准确地理解案件的性质。被告对于自己应该的承担的法律责任没有否认，被告作为债务人应该以及自己的全部财产来承担对于原告的法律责任，这一点没有疑义。在被告的全部财产中，有一个很有意义的财产，就是它对于第三人公司享有的股权。因此法院可以判决被告用该项股权来承担责任（比如将该项股权变价偿债）。从该案实际情况分析，该项股权的价值承担案件所说的债务似乎也没有问题。但是，判决书却要求第三人直接以其财产对原告负责，但是，第三人公司正在经营中，它并没有处于破产清算的状态，它也有自己的债权人。因此法院的这一判决不但造成了损害第三人公司的所

① 1994 年中国最高人民法院为解决债务人恶意避债问题，在司法解释中提出，在债务人将借贷而来的金钱转移至第三人时，原债权人的债权可以向第三人直接主张的规则。这就是“债随财产走”的规则，得到了一些法学家的赞同。目前还有很多一些法院采用这一规则。当然，这个规则违背了债权作为请求权的本质，只有支配权才有追击的效力，而债权没有追击的效力。

有权，损害了第三人的正常生产经营，而且也造成了损害第三人自己的债权人的结果。显然，如果将第三人公司享有所有权的财产用来为投资人承担法律责任的时候，第三人在生产经营中产生的债权人的权利就遭受到难以实现的风险。这个法院的判决书的错误，就在于它看不到投资人对企业的股权，而简单地把企业当做投资人的所有权客体。显然，这一做法不但于理不通而且实践效果非常糟糕。

结　　语

通过上文对改革开放以来公有制企业法律地位和基本法律关系的梳理，我们可以看到公有制企业法律层面的改革措施最初的动因，就是要把公有制企业从计划经济体制下的政府附属物的法律地位中解脱出来，之后才提出要把企业变成独立法人，变成独立的能够以自己的财产承担法律责任的民事主体。这一过程历尽艰辛，但是，它是历史发展的必然。同时我们也应该看到，公有制企业能够真正成为市场经济体制下独立法人，或者说成为真正的市场经济主体，这一点在中国的法律基础并不完备。问题就在于，公有制企业要成为真正的市场主体，必须完全具备独立的法人地位，必须以自己的财产承担法律责任，因此从上面讨论过的所有权的标的物必须特定化、具体化的技术规则的角度看，公有制企业应该把投资者的股权和企业法人的所有权区分清楚。从这一点看，公有制企业的法制改革过程到现在为止还没有完成，原因就在于中国立法者以及主流的社会观念还没有完全接受“政府投资”理论，没有完全接受政府设立企业、操控企业时，必须遵守的“股权—所有权”的法律逻辑。在中国目前的立法和社会主流意识中，作为投资人的政府被统一地定义为“国家”，而在中国公有制企业现实中，投资人是“分别”的政府，《物权法》在这一点上明显地承认了后一点。依法理，投资人应该享有的权利是股权，而中国法以及主流法学界认为这一权利为所有权。这种情形，不但迫使公有制企业的法人所有权不被法律承认，对企业权利构成制度隐患；而且更为糟糕的是，这种观念无法承认公有制企业实践中股权和所有权作为独立的不同质的权利各自进入交易机制的制度规则，这就会损害我国市场经济体制的发展。这就是中国公有制企业进一步改革应该解决的问题。通过上文分析我们也

可以看到，意识形态以及法律制度的发展落后于经济基础的变化，这种情况就是唯物史观所说的上层建筑的“惰性”特征。而中国现实中的这种思想观念的惰性，既反映了法律界和前苏联法学观念根深蒂固的联系，也反映了法律界对民商法投资关系原理理解的不深入和不确切。这其实就是困扰我们过去数十年、使得我们的法学无法彻底科学化的原因。因此，要使得公有制企业成为真正的市场主体，立法者和法学界在坚持法律科学性方面还应该作出进一步的努力。

专题六 建筑物区分所有权制度的难点研究

一 概念含义以及立法意义

（一）概念含义

建筑物区分所有权是一种特殊的所有权类型，指的是一栋建筑物在构造上可以被分为数个部分，这些部分因为在结构和使用上具有独立性，因而可以被不同的人所有，这种所有形态称为“区分所有”。现在我国城镇居民很多人居住在一个个建筑物之中、每一户居住者对自己的居住单位拥有所有权（专有所有权）、所有的住户对建筑物整体拥有共同所有权、对建筑物占有的土地拥有共同的建设用地使用权的情形，就是这种权利。从这些表述中可以看出，这种所有权为一种复合型权利。与区分所有相依相存的，是权利人对共用土地、共用设施设备、配套设施等的共有/共用、共同管理的权利。建筑物区分所有权作为一种私人财产所有的复杂形态，与人类住房资源的日益紧缺关系密切。在我国因为土地资源短缺，尤其是城镇地区更加短缺，因此我国城镇居民的住房，不可能像过去一家一户独占一地一个建筑物的情形，而是要普遍地采取建筑物区分所有权的形式，

来解决居住问题。这样，建筑物区分所有权就成为我国最为重要的民生权利之一。

正是因为这样，我们必须对这种权利的含义作出清楚的理解。对此，我们可以先从历史的角度做一番考察。现在我们已经明确，罗马法中并不存在建筑物的区分所有问题，因为那个时候地广人稀。但是到了中世纪城市出现后，日耳曼法中就出现了建筑物区分所有权制度。此时，建筑物内的各个单元、地下室、窖库、厩舍都可以成为独立的所有权客体，即形成所谓的“楼层所有权”（Stockwerkseigentum）①。18 世纪，建筑物区分所有制度在英格兰、苏格兰地区也已经成形，最早的业主大会（POA）即成立于 1743 年的英格兰，1946 年英国制定住宅法，并于 1980 年进行了大规模的修正。② 建筑物区分所有权在法国则一直被承认，从最早的 1804 年《法国民法典》到 1967 年《住宅分层所有权法》的修正，比较完整地设立了一套建筑物区分所有权制度。发展到 20 世纪，建筑技术突飞猛进、两次世界大战后引发的“住宅危机”等等，更使得人类社会对土地的利用方式、居住方式等发生重大变化。区分所有建筑物大量出现，相伴而来的是各种样态的业主协会和组织，逐渐出现了所谓的共同利益社区（common interest development）③ 的扩张，这种扩张导致了社团组织（community organization）、地方政府、土地利用控制、邻里关系（neighbor relations）等众多领域的变革。④ 1969 年美国佛蒙特州承认建筑物区分所有权制度标志着该制度在全美各州都得到确认。⑤ 上述欧美国家有关建筑物区分所有权的立法和实践要比我们早得多，尽管学界仍公认在

① 〔德〕鲍尔/施蒂尔纳：《德国物权法》（上册），张双根译，法律出版社，2004，第 635 页。

② Warren Freedman & Jonathan B. Alter, The Law of Condominium and Property Owners' Associations, Greenwood publishing Group, Inc. /Quorum Books, 1992. p. 3.

③ 共同利益社区是私人财产所有的一种复杂形态，它产生了业主（homeowners）团体（community）。这个团体的基础是共同的财产利益（common property interests），人们在享有专有所有的同时分享共同财产利益。共同利益社区下的类型大同小异——包括建筑物区分所有权（condominiums）、计划性发展以及住房合作（housing cooperatives）等。See, Stephen E Barton, Carol J Silverman, COMMONINTERESTCOMMUNITIES: Private Government sandthe Public Interest. Institute of Governmental Studies Press University of California, Berkeley 1994。

④ Warren Freedman & Jonathan B. Alter, The Law of Condominium and Property 'Owners' Associations, Greenwood publishing Group, Inc. /Quorum Books, 1992. pp. 5 - 6.

⑤ 王利明：《物权法论》（修订版），中国政法大学出版社，2003，第 356 页。

这一领域存在理论滞后（theory lag）的重大问题，[①] 但建筑物区分所有权的核心特质已经基本确定：(1) 就专有部分而言，传统民法的所有权规范大量适用，各国成文法一般明确规定了建筑物区分所有权人对自有单元或专有部分的独立支配力，可以占有、使用、收益以及处分，所有权的直接支配性以及排他性等特征在专有部分得到充分体现。但不得危及区分所有建筑的整体安全、不得损害其他区分所有权人的合法权益。(2) 就共有共用部分而言，建筑物区分所有下的共有关系是各区分所有人的房屋客观上结合在一起而形成的一种不可分割的共有关系，这种共有具有天生的永续性，除非建筑物灭失，否则是永久不可分割的；而传统民法的一般的共有关系在通常情形下总有终止的时候。[②] 法国学者马洛里所说的"分割权是(一般) 共有的基础，而这一权利在建筑物区分所有的共有权中是不存在的"也正是此意。[③] 在德国法中，则强调单一住户的权利时刻必须服从建筑物整体的利益，且由于这种特殊的共同关系，德国法将住宅所有权称为按份共有和共同共有之外的"第三种共有"。[④] 因此，和传统所有权类型相比，建筑物区分所有权制度对各区分所有权人之间形成的团体关系非常重视。

在立法模式的选择上，现代对区分所有建筑物及建筑物小区法律关系进行规范的模式主要有三种：一是在民法典中加以规定，在所有权部分明确建筑物区分所有权类型与内容。二是以民法典之外的特别法模式加以规定，专门制定建筑物区分所有权的单行法。三是将建筑物区分所有权以及其他发生于住宅领域的法律关系一并纳入专门单行法中进行调整，建筑物区分所有权成为该单行法的内容之一。主要以德国 1951 年《住宅所有权及长期居住法》(Gesetz ueber das Wohnungseigentum und das Dauenvohnrecht 1951，以下简称 WEG) 为代表。

我国香港地区于 1970 年颁行《多层大厦（业主立案法团）条例》，1993 年修改更名为《建筑物管理条例》，并在 1993 年、2000 年、2005 年进行了重大修订。澳门分别于 1955 年、1966 年，葡萄牙第 40333 号法令、葡萄牙《民法典》第 1414～1438 条对区分所有建筑物进行规范，澳门政

① Lee Anne Fennell：*CONTRACTINGCOMMUNITIES*，2004U. Ill. L. Rev. 829.

② 高富平：《物权法原论》（下），中国法制出版社，2001，第 933 页。

③ 尹田：《法国物权法》，法律出版社，1998，第 312 页。

④ 孙宪忠：《争议与思考——物权立法笔记》，中国人民大学出版社，2006，第 598 页。

府也于1985年颁行澳门政府第31/85/M号法令进行专门规范。1995年制定了《按照发展居屋合约制度共建楼宇管理章程》，1996年，制定了专门的《分层所有权法律制度》（第25/96/M号法律），使得建筑物区分所有权的规范完全从民法典中分离，标志着澳门地区分层所有权规定与葡萄牙民法典的距离日益扩大。发展至澳门新《民法典》第1313～1372条重新将分层所有权制度纳入民法典规定，但以下内容仍在民法典之外：（1）1999年第6/99/M号法律，“都市房地产的使用规范”中有关分层所有权的规定。（2）1995年第41/95/M号法令，规定了公共行政当局在监督楼宇共同部分管理之合规范性方面的职责。（3）物业登记法典中有关分层所有权登记的规定等等。我国台湾地区于1995年颁布“公寓大厦管理条例”，并于次年颁布“公寓大厦管理条例施行细则”。前者历经2000年、2003年、2006年三次修正、增订，后者于2005年进行过修正。

（二）我国相关立法及其意义

我国大陆地区，直至2007年10月1日《物权法》的施行，建筑物区分所有权才正式成为一种独立的物权类型。此前，一直由一些层级较低的规范性文件对城市住宅进行规范。诸如1989年建设部的《城市异产毗连房屋管理规定》（2001年修订）①、1994年《城市新建住宅小区管理办法》、2003年《物业管理条例》（2007年8月修订）。此后，最高人民法院于2009年3月、4月间先后制定了两部重要的司法解释：《关于审理建筑物区分所有权纠纷案件具体应用法律若干问题的解释》、《关于审理物业服务纠纷案件具体应用法律若干问题的解释》，以正确理解和适用《物权法》所确定的建筑物区分所有权制度。

我国在物权立法中首次将建筑物区分所有权作为一种所有权类型固定下来，体现了对一般民众财产权利的保护精神，这也是我国20多年来城镇

① 该部门规章提出了“异产毗连房屋”的概念，系指结构相连或具有共有、共用设备和附属建筑，而为不同所有人所有的房屋。这实际上承认了建筑物的区分所有。该规章中还规定了各个所有人和使用人对共有的财产负有进行维护、修缮的具体义务以及因共有物造成的赔偿责任，这是《物权法》颁布之前我国关于建筑物区分所有的唯一规定。不过该规定侧重的角度在房屋的管理而非财产权利的确认，因而极不完备。详细参见王利明《物权法论》（修订版），中国政法大学出版社，2003，第357页。

住房商品化改革成果的法律保障。根据《物权法》第5条确立的物权法定原则，建筑物区分所有权的内容由法律规定。《物权法》设第六章专门规定“业主的建筑物区分所有权”，共计14条。其中，第70条是建筑物区分所有权的定义。第71条、第72条规定了建筑物区分所有权人对专有部分、共有部分的权利与义务。第73条、第74条对建筑区划内的道路、绿地、物业服务用房的所有权确定以及车位、车库的使用与归属进行了规定。第75条、第76条规定了建筑物区分所有权人的“团体构成权”[①]，并确立了集体决策原则。第77条是专有部分营业性限制规定。第78条规定了集体决策程序下的业主大会及业主委员会决定的效力的问题。第79条、第80条规定了区分所有建筑物及建筑物小区的财务制度，即维修资金、费用分担以及收益分配问题。第81条是关于物业管理的规定，第82条规定了业主对物业管理的监督。第83条则规定了业主的义务与责任。可见《物权法》关于建筑物区分所有权的规定，重点在于权利的确定。[②] 对于建筑物区分所有小区日常管理运作及维护等事项并未制定详细规范，而是将此类事项的决定权交由全体业主以集体方式作出，赋予权利人私法上的自由空间。

目前，城镇居民住房基本上都是这种区分所有权的形式，因此这种权利密切关系民生，对我国民众而言意义非常重大。虽然我国立法对这种权利已经作出了明确的规定，但是《物权法》的这一部分规定在实践中贯彻的情形并不理想。其中原因，一方面，社会转型以来社会民众的权利意识不断高涨，很多人认识不到自己的权利在这种特殊的物权形式中恰恰包含着明显的权利内在限制，再加上一些人在行使自己权利的时候不太注意尊重别人的权利，这样就加剧了这种权利行使在现实中的冲突。另一方面，由于这种权利在改革开放以来发展迅速，一些立法措施、行政管理措施还不健全，一些机构和工作人员对这里的法律原理和规则缺乏了解，也不能对于民众予以正面的引导和帮助。我们在这里选择了一些在现实中比较容易出现问题的法理和实践问题，尽量作出符合立法和法律科学的解释，期望对社会有积极的帮助。

---

① 〔日〕近江幸治：《民法讲义（Ⅱ）物权法》，王茵译，北京大学出版社，2006，第186页。

② 作为民法典（物权法）组成部分的建筑物区分所有权的规范，必然要受到整个法典的篇章结构的限制，而在单行法的立法模式中，在篇幅限制上则要宽松得多。

二　业主的界定

(一)“业主”在法律上的意义

我国《物权法》规定的建筑物区分所有权，特别强调它是“业主”的权利，而且法律还规定了业主大会、业主委员会等机构的权利。可见业主一词的理解，是这种权利制度的核心问题。

2007年《物权法》第74条明确规定“建筑物区分所有权”是“业主对建筑物内的住宅、商业用房等专有部分享有所有权，对专有部分以外的共有部分享有共有和共同管理的权利”。这明确了“建筑物区分所有权”的“三元”构成：专有部分所有权、共有部分持份权以及共同管理权。根据该条规定，“业主”是建筑物区分所有权的权利人。但是，这里的所有权如何确定，“业主”究竟指向哪些人，这个问题是厘清相关法律规则首先要解决的问题。事实上，对于业主的理解和确定不论在法理上还是在实践上都还是有争议的。仅在2003年《物业管理条例》第6条第1款中笼统规定“房屋的所有权人为业主”。① 一般认为，房屋权属登记簿上的专有部分所有权人即为业主（theunitowner）②，登记是业主资格取得及确认的重大问题。③ 但是，如果仅仅依据不动产登记簿来确定“业主”，那么实践中大量存在的已经取得房屋的占有使用而还没有办理过户登记手续的人，又该如何认定？在上文第一个专题中，我们在探讨物权变动的法理和一般规则时就已经涉及了这个问题，从中我们也已经知道这个问题中的法理的意义。在前面的论述中我们也已经知道，只有从物权意思表示和公式原则这个角度来认识这个问题时，才能够得出正确的答案。

---

① 这一规定在2009年修订《物业管理条例》时被保留下来。

② 业主资格的取得与建筑物区分所有权的取得紧密相连。由于建筑物区分所有权为复合型权利，任何组织或个人只要取得专有所有权，同时也就取得共有部分持分权和共同管理权。

③ 无论是在被认为首次承认了建筑物区分所有概念的1989年《城市异产毗连房屋管理规定》中，还是在《城镇房屋所有权登记暂行办法》、1990年建设部《城市房屋产权产籍管理暂行办法》中均未规定建筑物区分所有人的登记问题。

（二）业主确定的标准

在2009年3月《最高人民法院关于审理建筑物区分所有权纠纷案件具体应用法律若干问题的解释》（以下简称《解释》），在准确理解《物权法》的法理和实践规则方面作出了努力。该《解释》第1条第1款规定“依法登记取得或者根据物权法第二章第三节规定取得建筑物专有部分所有权的人，应当认定为物权法第六章所称的业主”，第1条第2款规定“基于与建设单位之间的商品房买卖民事法律行为，已经合法占有建筑物专有部分，但尚未依法办理所有权登记的人，可以认定为物权法第六章所称的业主”。基于此，业主包括三种类型：

第一种为基于登记取得专有部分所有权的人，这符合《物权法》第9条设立的不动产物权的依登记取得的一般原则。值得注意的是，我国大陆现行“地房同走”体例①，虽区分所有建筑物与土地仍属于不同的所有权客体，但对建筑物的区分所有与对土地的实际使用主体则应当是统一的。2008年建设部颁布的《房屋登记办法》中也重申了“房地一致”原则，“办理房屋登记，应当遵循房屋所有权和房屋占用范围内的土地使用权权利主体一致的原则”。

第二种是基于人民法院、仲裁委员会的法律文书取得专有部分所有权的，因继承或受遗赠取得专有部分所有权的，因合法建造等事实行为取得所有权的人。这是法律所明确的“登记原则”的例外规定。

第三种是“扩大认定”的业主范围，最高人民法院考虑到由于登记的

---

① 1994年《城市房地产管理法》第31条规定“房地产转让、抵押时，房屋的所有权和该房屋占用范围内的土地使用权同时转让、抵押”，规定了较为笼统的“房地不可分割”原则。而根据1990年建设部发布的《城市房屋产权产籍管理暂行办法》的规定“城市房屋的产权与该房屋占用土地的使用权实行权利人一致的原则，除法律、法规另有规定的外，不得分离”，这沿袭的是前苏联的“地随房走”的体例。另外，国务院《城镇国有土地使用权出让和转让暂行条例》第23条的规定是“土地使用权转让时，其地上建筑物、其他附着物所有权随之转让”，却又属于“房随地走”原则。我国大陆相关立法的混乱由此可见一斑。详细可见王利明《物权法论》（修订本），中国政法大学出版社，2003，第374页；孙宪忠：《中国物权法总论》，法律出版社，第137～139页。当然，这种“地房同走”的体例有两个例外，分别规定在《城镇国有土地使用权出让和转让暂行条例》第24条第2款与第25条第2款：地上建筑物、其他附着物作为动产转让的除外；经市、县人民政府土地管理部门和房地产管理部门批准的除外。

作成耗时较长、成本较高，有相当一部分“业主”往往没有就其所有权进行登记，如果不兼顾这些人的业主身份问题，恐与社会公众的一般判断标准相悖，更将导致其理应享有的权利受到侵害，为保护业主自治的代表性和合理性，《解释》规定将尚未依法办理所有权登记的、基于与建设单位之间的商品房屋买卖已经合法占有专有部分的合法占有人也“视为业主”。考虑到二手房买卖场合情况比较复杂，不适宜不加区分地确认现实占有人以业主身份，《解释》中将此类人排除在扩大认定的业主范围之外，而仅考虑与建设单位之间的一手商品房买受人。至于在二手房买卖情况下业主身份的认定问题，可以比照一般原则加上一手房买卖的特别规定的精神，结合案件具体事实来认定。[①] 值得注意的是，根据不动产权利取得的一般原则，在开发商一房二卖情形，虽未占有房屋但已完成权属登记或已经完成预告登记的买房人，应优先于仅凭买卖合同而占有房屋之买受人而取得业主资格。

（三）比较法上的参考

业主资格的确立与否还与建筑物区分所有的设立紧密相连，设立上的瑕疵也有可能影响到业主资格。对此我国法律目前欠缺明确的规定，不妨考察一下德国法的做法。首先是涉及共用部分的设立瑕疵，德国法上对此的处置是只要按照《住宅所有权法》第 7 条设置了住宅土地簿，就可以产生事实上的共有住宅所有权。设立瑕疵可以通过第 892 条的善意取得得到补救。二是设立瑕疵涉及个别部分的单独所有权的，比如说违反了《住宅所有权法》第 5 条第 2 款，在共有设施上设定了单独所有权或者单独所有权的对象不够明确时，则仅在无瑕疵部分成立有效的住宅所有权，在有瑕疵部分成立无单独所有权的孤立共同所有权。所有的共同所有人都有义务事后赋予其单独所有权。如果不能赋予单独所有权，则根据共同所有权人的约定将孤立的共同所有权部分按比例分配到其他的共有部分。[②]

---

① 奚晓明主编《最高人民法院建筑物区分所有权、物业服务司法解释理解与适用》，人民法院出版社，2009，第 23 页。

② 〔德〕曼弗雷德·沃尔福：《物权法》，吴越、李大雪译，法律出版社，2002，第 69 页。

另外，只要开发商尚未将全部房屋单元售完，开发商也将继续作为小区的业主。

三　专有部分的界定

（一）“专有部分”的法律意义

《物权法》规定，业主的区分所有权，指的是业主对于建筑物中的专有部分的所有权。因此，理解和确定专有部分成为理解这种权利的另一个核心问题。

区分所有建筑物，其设计与建筑本来就与分户出售的目的紧密相连。建筑物区分所有权的最大功能，就是将从物理意义而言本属“一物”的大楼分成了独立的、由不同的权利人排他支配的若干个物。以最大程度地满足资源稀缺背景下，物理上一物的最大使用价值。建筑物区分所有权制度使得物理上的一物，可以分成若干个独立的，可分别公示登记的民法“物”。这些可分别登记的民法“物”就是建筑区分所有权的核心：专有部分。

专有部分，指构造和使用上具有独立性、能独立为建筑物区分所有权标的的部分。一般而言，专有部分必须是一套自身封闭的住宅，权利人对专有部分享有单独所有权。“独立性”是专有部分的重要特征。我国2007年《物权法》第70条将专有部分界定为住宅、经营性用房等。[①] 但是这一规定一来欠缺严谨，二来无法反映出区分所有部分“独立性”这一重要特征，因此在立法过程中就一直有学者对此提出质疑。[②] 在建设部2004年印发的《业主临时公约示范文本》第34条中，也强调了专有部分“是指由单个业主独立使用并具有排他性的房屋、空间、场地及相关设施设备”，指明了专有部分的范围不限于住宅或经营性用房，而是强调了其独立使用和排他性的特征。反观我国《物权法》的规定，按用途来界定专有部分，显然有失精准。

① 2005年7月的公开征求意见稿中，表述为“商业用房”。

② 张礼洪：《物权法草案中建筑物区分所有权规定之完善》，《法学》2005年第10期。

（二）专有部分的确定

《解释》第2条做了相应的解释，认定专有部分必须满足下列三个条件：（1）具有构造上的独立性，能够明确区分；（2）具有利用上的独立性，可以排他使用；（3）能够登记成为特定业主所有权的客体。

对专有部分“独立性”的强调，在于物权公示的需要。无论采何种标准划分，区分所有建筑物的任何独立的“专有部分”，都需要能够明确表示于开发商的房屋测绘记录及房屋单元所有权人的所有权凭证之中，以明确权利，便宜买卖、保险或税收等事项的进行。就构造上的独立性与否，可以借鉴建筑学的知识来解决，判断哪些部分是由具有一定平面的长度与一定立体的厚度所构成，与其他专有部分以共同墙壁、天花板、地板等加以间隔的“专有部分”。在学说上，关于其范围判断有多种观点，空间说、壁心说、墙面说、折中说等等，这在相关学者著述中已有较为详细的分析，此处不赘。就使用上的独立性与否，能够排他使用成为一个重要的判断依据，但在实践中，对于窗前绿地、会所、露台、楼顶平台、小区内的学校、车位、车库等等是否属于专有部分，争议较大。[①] 对此，不妨引入法定专有专用部分和约定专用部分的划分来进一步明确各权利人的权利界限。在具体施行政策上，一方面，固定法定专有部分的范围，以最清晰为目标；另一方面，赋予业主充分的自治空间，将容易引发争议的部分由约定来决定其“专有”或“共有”的性质，而这种“约定专有”往往与一定的对价相联系。

法定专有专用部分，指在构造和使用上具有独立性的，且可单独作为所有权之标的物的主建物或附属建物部分，由权利人享有占有、使用、收益和处分的权利。现代区分所有建筑物大多就是为“分户出售”的目的而建，因此法定专有部分应当是其核心内容。

约定专用部分，指共用部分经约定而供特定区分所有人之用的部分。对于该约定专用部分的使用、收益、具有使用权的人可以自由行使，但不得妨碍建筑物的正常使用、不得危及建筑物的整体安全，亦不得违反其他

① 奚晓明主编《最高人民法院建筑物区分所有权、物业服务司法解释理解与适用》，人民法院出版社，2009，第43页。

区分所有权人的利益。在美国法上称为“指定供专用的共有部分”（limitedcommon elements），即约定专用部分，这是在20世纪70年代才出现的概念，房屋单元的阳台和外部门窗、储物间或停车位等均属其中。储物间、停车位等“指定供专用的共有部分”具有三个法律特征：一是这类指定供专用的共有部分的使用权从属于房屋单元的所有权，而不得独立存在。二是这类指定供专用的共有部分的使用权随房屋单元所有权的获得而获得，并随房屋单元所有权的转让而转让。三是如果业主想在保留房屋单元所有权的前提下，仅仅转让作为“指定供专用的共有部分”的停车位的使用权，则只能将停车位的使用权转让给物业小区内的其他业主，而不能转让给物业小区业主以外的第三人。而且，这种转让必须通过一定的法律手续，即对设立物业小区总协议书（condominium declaration，也称为主转让契书 the masterdeed）作相应的修改，并将修改后的协议书送当地不动产登记机关登记备案，否则，不产生转让的法律效力。[①] 之所以在程序上作如此严格的要求，是与其设定时的严格要求相对应的。[②] 我国2007年《物权法》中，并无将业主共有部分约定为某业主专用的规定，但这并不排除业主以集体决策方式决定将某共有部分变更为某（些）业主专用部分，其前提是符合法定的决策合意要求。一般而言，可以涉及约定专用的部分有地下室、停车场、顶楼平台加盖的房屋、建筑物外墙广告牌等等。[③] 若无约定，这些部位当属共有部分无疑。

四 停车位（库）

（一）车位（库）是否属于住房的“从物”？

停车位、停车库的归属与使用是现代建筑物区分所有权制度的重要问题，在我国物权法立法过程中，这个问题也引发了广泛的注意。争执的要点是车位或者车库是否从属于住房，成为住房的“从物”，随同住房自动

① 周树基：《美国物业产权制度与物业管理》，北京大学出版社，第47～48页。

② 美国《统一建筑物区分所有权法》（Uniform Condominium Act）（1977），1.3（5）、2.2.2 & 2.2.4。

③ 周武荣主编《公寓大厦住户之实用权益》，台北永然文化出版公司，1995，第40页。

转移给新的业主。在《物权法》颁布前后，社会上有一种呼声，要求把车位或者车库当作住房的从物，要求其随同住房一并转移。法学界人士中也有支持这种观点的。这就是所谓的“停车之争”，它是既有法律规范缺失所导致的利益不明、也是停车位不足所引发的供需矛盾的反映。这是我国进入现代化社会后出现的一个症结，在国际上其实也有普遍性。

关于停车位、停车库能否成为独立的专有部分的问题，可以借鉴德国《住宅所有权法》1973 年关于停车场作为特别所有权（Sonderseigentum）要件的增订。原 1951 年《住宅所有权法》第 3 条第 2 项规定，“住宅或其他房间具有独立性者始得设定特别所有权”。据此，就无法在停车位、停车库等上设立独立的特别所有权。1973 年 7 月 30 日修正时，在本项中加入“以持久性之界标表明范围之停车场，视为有独立性之房间”。此项关于停车场作为特别所有权要件的增订，解决了实务上有关停车场登记问题。此为德国立法所独创，为他国解决同类问题提供了参考。[①] 德国法上针对专有部分的权利有两个称谓——特别所有权（Sonderseigentum）和部分所有权（Teilengentum），前者即指本文中的专有部分的所有权，而后者则是指“相同的法律制度，在非住宅性的，即主要是营利性使用的房屋空间上，被称为部分所有权”。[②] 值得一提的是，德国法上，可以在未来的建筑计划书上预先创设专有所有权。这在当今的建筑物区分所有权实践中并不新鲜，但在当时德国货币改革的重建时期，这种法律特性促进了德国建筑业的迅速兴起，并配合德国经济与法律的发展而产生了新的建筑模式，即建设公司模式。作为开发商的建设公司不论是否对土地取得所有权或对土地有债权的请求权，都可以在该土地上或多或少地创设住宅所有权的建筑房屋计划。[③] 如

---

① 黎淑惠：《公寓法与社区发展》，台北新文京开发出版股份有限公司，2004，第 48 页。

② ［德］鲍尔/施蒂尔纳：《德国物权法》（上），张双根译，法律出版社，第 635 页。对这一点，一些学者的看法与其有细微差别，认为德国法上，住宅所有权指的是住宅的特别所有权（Sondereigentum）与其所属共同所有物（共用部分）之应有部分相结合的权利。部分所有权（Teileigentum）是指建筑物供居住以外使用空间的特别所有权与其所属与共同所有物（共用部分）之应有部分相结合的权利。部分所有权准用有关住宅所有权的规定。如此，则“部分所有权”“特别所有权”都无法完全与我国物权法上的“专有所有权”画上等号。参见黎淑惠《公寓法与社区发展》，台北新文京开发出版股份有限公司，2004，第 42 页。

③ 戴东雄：《德国住宅所有权法》，《法学论丛》第 13 卷第 1 期，第 165、169 页。

果按照这种思维模式，我们就可以知道，车位或者车库在事实上和法律上都不是住房的从物，因为车位和车库可以独立地设计并建造出来。

（二）《物权法》第 74 条的理解

我国现行《物权法》在制定过程中，涉及住宅小区停车位和车库的争议比较大，在制定过程中几经修改，最后归纳为第 74 条的三款内容。《解释》第 5 条、第 6 条进一步就车位、车库问题进行了详细规定。

《物权法》第 74 条第 1 款规定“建筑区划内，规划用于停放汽车的车位、车库应当首先满足业主的需要”，该款点明了车位、车库在使用上，应优先照顾业主，也即意味着，在同等条件下，应当优先考虑由区分所有建筑小区的业主享有该停车位或者车库的使用权。明确了优先满足业主使用原则。只有在优先满足业主使用的前提下，才可以停车位、停车库进行对外经营行为。第 74 条第 2 款规定了小区车位、车库的权利归属，“建筑区划内，规划用于停放汽车的车位、车库的归属，由当事人通过出售、出租或者附赠等方式约定”。这意味着小区车位、车库可以由权利人通过有偿或无偿方式约定取得。此类车位属于规划车位或车库，意味着在设计建筑之时，分户销售之前，其建造目的已经十分明确地规定为属于停车位的部分。其权属通过合同约定转移，区分所有权人或者是以买方、受赠与人身份取得车位、车库的所有权，或者是以承租人身份获得车位、车库的使用权。此时，还有一些细节问题需要注意：在车位、车库的所有权转移给区分所有权人时，区分所有权人除了支付相应的对价外（赠与除外），还需要承担一定的管理费用，这是所有权维系的必然负担，自然应当由所有权人承担；在车位、车库的使用权发生转移时，权利人除支付为获得使用权的对价外，无须承担该停车场所的管理费用，这与租赁物的使用维系义务由租赁物所有权人承担是相同的。该款在制定过程中引发的最大争议就是：随着城市私人拥有机动车数量的激增，物业小区的停车位已经日益成为一种稀缺的生活配套资源。该款规定毫无疑问确定了开发商对车位、车库的控制权。这种重要的生活配套资源由开发商而不是业主自己掌握是不公平的。中国数十年的住房商品化改革中，开发商与业主之间的矛盾十分突出。在诱人的利益下，开发商能否做到与业主“平等地”“约定”停车位、车库的所有权、使用权问题，令人心生疑虑。一方面要照顾到开发商

建设停车位、车库的资金回收与适当利润，另一方面要考虑到业主的生活配套需要，对于这两方的约定，无论是买卖、出租还是赠与，都应当考虑到双方对物业小区的控制能力、经济实力、专业经验方面的巨大差别，适当照顾“弱方”业主的利益，保障此类停车位、车库的所有权、使用权约定的公平有效性。

《解释》承接了“规划”车位、车库的思路，第5条第1款对《物权法》第74条第1款的“首先优先满足业主的需要”进行了解释，只要建设单位能够按配制比例（规划）将车位、车库，以出售、附赠或者出租等方式处分给业主的，都符合上述优先要求。

笔者认为，在停车位、停车库问题上，不应简单地以“停车位、停车库是否经过规划”作为标准，而应该根据停车位、停车库的不同类型，明确开发商与区分所有权人就该停车位、停车库造价的支付比例，并以此为据明确该停车位的归属问题。一般而言，当房地产开发商未将小区停车位建设成本及利润计入其计划的房屋销售收益时，小区停车位的所有权属于房地产开发商。反之，其所有权属于买方区分所有权人所共有。法律上，在停车位、停车库的权利归属上，应当鼓励由建筑物小区全体区分所有权人共有停车位、停车库的权属结构。毕竟，对于区分所有权物业小区而言，最理想的状态就是——任何建筑物或者设施设备，不是业主个人所有的，就是业主共同所有的。停车位、停车库作为必备的生活配套资源，应当由全体业主共有，而不是由以“卖房赚钱”为目的的开发商掌握该生活配套资源甚至利用该资源的升值空间继续从业主身上盈利。

目前的停车位、停车库类型有可能是以下几种之一：地面停车位、独立车库、地下/半地下停车库等等，但无论何种类型，一旦明确其权利归属，都必须由物权登记凭证进行确权，经房地产登记机关登记确权，并由房地产权证持有者所有，否则，该停车位、停车库的所有权将处于不明状态。

第74条第3款还规定，“占用业主共用的道路或者其他场地用于停放汽车的车位，属于业主共有”。这属于明确规定的法定共有停车位，按此款规定并结合前款，非既定规划的地面停车位、兼作停车位使用的人防系统等用于停放汽车的车位，都属于区分所有权人所共有。该规定类似于我国台湾地区规定的“法定停车位”，即依“都市计划书、建筑技术规则建筑设计施工编第59条”及其他有关法令规定所应附设之停车位，又称防空避难室兼停车位，无独立权状，以共同部分持分分配给承购户，须随主建物一并移转，但可以依分管协议，交由某一户或某些住户使用。[①]《解释》第6条将“建筑区划内在规划用于停放汽车的车位之外，占用业主共用道路或者其他场地增设的车位”，均认定为第74条第3款所称的“车位”。

（三）车位（库）的归属分析

以下就我国目前实务上的停车位、停车库类型，依照现行规范，对其可能的权属性质进行分析：[②]

第一类，地面停车位。

地面停车是一种最直接、最经济实用的停车方式，现阶段的我国城镇住宅小区中大部分车辆停放是采取地面停放方式，而且可以预测在未来的居住区停车方式中，地面停车仍将有较大的适用性。就中低档的住宅小区而言，尽量采用地面停放，均匀分布，可以投资少、见效快。地面停车最常用的是居住区干道路边停放[③]、住宅前后院空地停放[④]、室外停车场以及比较少见的住宅底层架空停车[⑤]等形式。

地面停车位是经政府发出的《建设工程规划许可证》批准同意，在商

---

① 蔡明诚：《停车位所有权及专用权相关问题探讨》，《台湾本土法学杂志》第53期。

② 王新军、徐希、杨帆：《撩起停车难的面纱》，《城乡建设》2003年第8期。邓光达：《论商品房住宅小区停车位的产权归属及相关问题》，《西南民族大学学报（人文社科版）》2005年第4期。

③ 路边停放是一种有效可行、方便快捷的方式。在人车混行的交通组织方式中，可以解决进入居住区的临时性车辆停放问题。在人车分流的交通组织方式中，小汽车沿居住区道路周边停放，不进入居住区内部，有效地避免了汽车对行人和儿童的安全影响，把汽车带来的各种污染屏蔽在住宅单元外。

④ 住宅前后空地停放方式，如荷兰“woonerf”式的儿童游戏与汽车共享宅前空间的设计，应用各种环境设施和路面设计手法或者采用尽端式道路设计对汽车行动线路和停放位置进行限定，居民在其中的活动有一定的余地。这种方式能很好地处理了人与车之间的关系，适用于低层低密度的居住区中，但不能完全适应在汽车数量较多时，或是高密度居住区的情况。

⑤ 住宅底层架空停车是地面停车方式中的一种，这种停车方式由于汽车停在家门口，十分便利，也减少了汽车对底层住户的干扰，有助于塑造居住区整体环境。但其停车位的建立是以牺牲一层的住宅为代价，因而造价较高，所以这种停车方式在现阶段住宅小区较为少用，但是随着汽车产业的发展，汽车拥有率的提高，可利用土地资源的稀缺，停车位价格必将越来越贵。因此这种停车方式在汽车拥有率不高的居住区中也是一种比较好的停车方式。

品房住宅小区地面上直接设置的停车设施。对于此类地面停车位的权属，按我国《物权法》第74条第3款规定，“占用业主共有的道路或者其他场地用于停放汽车的车位，属于业主共有”。《物权法》第74条的前两款中都提到了“规划用于停放汽车、车库的归属”，容易使人误解前两款针对的是规划车位，而第3款针对的是非规划车位。事实上，只要该地面停车位是设置于业主共有的道路或其他场地，其权属都由全体区分所有权人共同拥有使用权，而不论该车位是否经过规划许可。

其理论依据在于：房地产开发商预售或现售商品房住宅小区建筑房屋单元后，房屋单元办理初始登记及转移登记，房屋单元所有人共同拥有该小区宗地号的全部土地使用权。由于地面停车位是直接设置在土地表面的停车设施，即是直接设置在房屋单元所有人共同拥有使用权的土地表面上，地面停车位的所谓产权，实际上是土地使用权。鉴于房屋单元所有人共同拥有住宅小区宗地号的土地使用权，因此，地面停车位毋庸置疑应当由住宅小区房屋单元的所有人共同拥有使用权。

在2007年我国《物权法》出台之前，已经有部分省市如是规定。比如2007年3月1日起生效的《杭州市居住区配套设施建设管理条例》，[①] 这是建设部取消居住小区综合验收项目后，国内颁布的第一部关于居住区配套设施建设管理的地方性法规。该条例第23条明确规定：“地面公共停车泊位、按标准建设的自行车库属于居住区全体业主所有，由开发建设单位建成后无偿移交给全体业主。”

第二类，地下、半地下停车位、停车库。

为有效利用空间，在机动车拥有率较高的区分所有建筑物小区，往往会利用居住区中心广场或集中绿地的地下空间或高层住宅的地下层停车。一方面，这有效地争取到了停车空间停车，另一方面，高层住宅地下成片车库，住宅电梯可以直接深入车库，可以有效缩短车库与住宅之间的步行距离，并完全避免不良气候干扰，最大限度地体现汽车的优越性，可以大幅提高居住区的环境质量。这种停车方式特别适宜大型城市等用地紧张地

① 按照《中华人民共和国立法法》的规定，由浙江省第十届人民代表大会常务委员会第二十九次会议对杭州市第十届人民代表大会常务委员会第三十五次会议通过的《杭州市居住区配套设施建设管理条例》进行了审议，并决定予以批准，由杭州市人民代表大会常务委员会公布施行。

段，但其缺陷在于造价过高。

按《物权法》第74条第2款的规定，“建筑区划内，规划用于停放汽车的车位、车库的归属，由当事人通过出售、附赠或者出租等方式约定”。该款规定中以“当事人”的约定方式来确定停车位和车库的归属问题，结合商品房买卖实务，现有的一般模式是购房人在与开发商签订商品房买卖合同的同时或者之后，由开发商将小区的停车位、停车库出售、附赠或出租给购房人使用。那么，如此规定是否暗含了一个权属确定，即在这样的约定之前，此类“建筑区划内，规划用于停放汽车的车位、车库”属于开发商所有呢？否则的话，开发商的出售、附赠或者出租即构成无权处分。这个暗含的权属推定是否符合我国现行法律框架的规定呢？

笔者认为，在现行的房地产行政管理法律制度下，只有计算建筑容积率（建筑面积容积率 = 建筑总面积/土地使用权面积）的建筑物才可以取得相应宗地号的土地使用权面积份额。计算建筑容积率的建筑物权利人要依法向国家支付土地使用费，并可依法取得《房屋所有权证》或《房地产证》。对于不计算建筑容积率的建筑物（面积），由于其没有相应宗地号的土地使用权面积份额，因此，其权利人无须向国家缴纳土地使用费，其初始登记[①]时的法律权利依附于具有房地产权的建筑物（面积），不能单独取得《房地产证》。由此可见，在初始登记中，由于不计算容积率建筑物（面积）不能取得其所在地块的土地使用权面积份额，不能取得完整、独立的房地产权利，其法律权利只能依附并归于计算容积率建筑物（面积）。如此说来，由于地下车位、车库所占面积不计入建筑容积率[②]，具有典型的“依附性”，其不能单独地从计算建筑容积率的建筑物中分离或分割——必须依

① 初始登记，商品房住宅小区的建设工程取得法定的建设工程竣工验收证书等法律文件后，房地产开发商将向房地产权登记机关申请办理商品房住宅小区建筑物的房地产初始登记。理论上，房地产权登记机关应按如下原则办理房地产权的初始登记：（1）明确计算容积率建筑物的建筑面积与宗地号的土地使用权面积的除商关系，以确定计算容积率建筑面积每平方米摊分的土地使用权面积份额。（2）明确每一房屋单元的建筑面积（含应直接分摊到每一房屋单元的公用面积）的土地使用权面积份额，以确定每一房屋单元的房地产权。（3）将不计算容积率的建筑物（面积）的法律权利确立并归属于计算容积率建筑物（面积）。参见邓光达《论商品房住宅小区停车位的产权归属及相关问题》，《西南民族大学学报（人文社科版）》2005年第4期。

② 1995年建设部《商品房销售面积计算及公用建筑面积分摊规则》。

附于区分所有建筑物小区的专有和共有部分。否则，将违反房地产法律的强制性规定。因此，楼房地下停车位的房地产权属依附并归属于该区分所有建筑物的全体区分所有权人。对于由全体区分所有权人所共有的停车位、停车库的使用分配、管理维护费用承担问题，则可以由区分所有权人集体决策，予以约定，形成所谓的“约定的专有部分”。同时，考虑到此类停车位、停车库的造价较大，遵循公平原则，应当由全体区分所有权人向该类车位、停车库的投资建造人开发商支付必要的建设费用，以此区别于“可无偿”转交全体区分所有权人所有的地面停车位、停车库。

但按照现行规范，由于出让的土地使用权中没有计入车位空间，无论开发商在二级市场[①]中是将该部分使用权分摊抑或将其独立出售、出租的所得都属于不当得利；如果开发商将该部分使用权向业主分摊，开发商则无权利再将车位出租或出售。[②] 这个问题其实在物权法制定过程中就引起了广泛的注意，但从《物权法》第 74 条规定中，并未能够对此提供一个清晰的、“拨乱反正”的思路。

不难想象，对于第 74 条第 2 款的“约定”方式，由于在商品房销售中开发商处于强势地位，买受人明显处于弱势地位，再加上停车位资源的稀缺性，便很难避免业主陷入被动地任由开发商单方出价的境地。

第三类，经营性停车位、停车库。

在区分所有建筑物小区中，还可能存在一种性质的停车位、停车库，该种类型车库在建造时就已有“分户售出”的目标，相当于专为停车的专有部分。在政府与房地产开发商订立的《土地使用权出让合同》和政府发出的《建设工程规划许可证》等法律文件中，均明确规定了这种经营性停车位的土地使用权面积，该类停车位建筑物（面积）是计算建筑容积率的。因此，多层经营性停车位可以依法独立办理房地产权的初始登记和转移登记，该类停车场的权利人亦持有独立的产权凭证。[③] 此类停车位、停车库的权属归属是明确的，但同时必须注意的是，由于其处于区分所有建

① 在房地产二级市场，房地产开发商与购房人签订《商品房买卖合同》，买方依约付清购房款后，双方共同向房地产权登记机关申请办理首次转移登记。

② 薄燕娜：《确定地下车位权属需完善物权立法》，2005 年 9 月 21 日《人民法院报》。

③ 邓光达：《论商品房住宅小区停车位的产权归属及相关问题》，《西南民族大学学报（人文社科版）》2005 年第 4 期。

筑物小区中，因此适用《物权法》第 74 条第 1 款的规定，必须首先满足小区业主的停车需要，然后才能对外进行出售、出租等经营性行为。这能最大效用地发挥物的作用。值得注意的是，在最高人民法院看来允许开发商出租车位、车库给第三人的前提是满足小区业主的合理停车需要，但开发商无论何时都不能将小区的车位、车库卖给业主以外的第三人。最高人民法院认为这种出售行为属于相对无效，只不过在没有权利人提出请求的情况下，最高人民法院没有必要干预这种暂时的“相安无事”状况。一旦符合条件的业主提出请求，请求人民法院认定此种买卖行为无效，人民法院就得依法认定其为无效。从此角度看《物权法》第 74 条第 1 款用意在于禁止开发商将规划车位、车库出卖给业主之外的第三人。①

五　专有部分所有权

（一）业主专有所有权的行使

权利人对专有部分所有权的行使，基本上可以沿用传统民法上有关所有权行使的规则。区分所有权人或其他住户（指不具所有权人资格的承租人、借用者等专有部分占有人）可以对专有部分行使占有、使用、收益权能，但对于处分权能需区别看待。只有区分所有权人能够针对专有部分进行处分。包括移转所有权或设定地上权、抵押权等物上负担之行为。区分所有人之外的其他住户一般无处分权能。出现第三人妨碍专有部分的使用情况时，使用人为区分所有权人时，可以行使所有人的物上请求权，排除干涉；在使用人为其他住户时，使用权人为专有部分的现实占有人，则可以行使占有人的物上请求权加以排除干涉。我国《民法通则》的相应规定中，并没有就停止侵害、排除妨碍的请求权主体及请求权基础进行详细区分。但区分所有权人和其他住户应当享有的排除他人干涉请求权的基础是不同的。区分所有权人是基于所有权而得以行使排除妨碍请求权，而其他住户则是基于占有的事实而行使排除妨碍请求权。除了对专有部分的权利

① 奚晓明主编《最高人民法院建筑物区分所有权、物业服务司法解释理解与适用》，人民法院出版社，2009，第 96 页。

之外，区分所有权人还就共有部分享有权利。一般而言，区分所有权人可以借此参与共同事务的管理。这不仅仅单纯是学说上所谓“成员权”的体现，更为重要的是体现出区分所有权“人法”上的重要因素，是当事人自治的体现，更是私法自治的一环。[①]

（二）业主滥用权利的禁止

区分所有权人对专有部分的权利行使不是绝对的，应当遵循诚信原则，禁止权利滥用。主要包括基于建筑物安全维护义务的合理使用限制、营业性限制、单独转让限制等情形。

在建筑物区分所有权领域，现代各国几乎都已经确立了区分所有权人的正当使用建筑物、建筑物安全维护义务等，以排除权利人肆意侵害建筑物安全、损害其他建筑物区分所有权人利益的发生。以法国法为例，法国1965年法律第25条规定，区分部分的使用自由包含在使用方法选择和工程实施方面的可能性。只是当工程影响共同部分（墙、共同的管道）时，必须取得共有人会议的许可。相反，该法律第26条第2款规定，区分部分的用途或其使用方式不经有利害关系的（即享有该权利的）共有人的同意不得改变，如整体设备的撤除，花园变为停车场、私人信箱的拆除等。不过，1985年12月31日法律允许当事人可基于安全考虑而关闭不动产的进出口，从而减弱了保护多数人整体利用的原则。此外，不动产用途的维护可使强加于某些不同意接受的共有人的某种安排成为合法。[②]

2007年《物权法》也特别强调专有部分所有权滥用之禁止（第71条）。

区分所有权人在对专有部分（约定专用部分）行使权利时，不得有危及建筑物安全的行为，不得影响建筑物结构及外观的完整统一。对于建筑物结构及使用安全的强调，在全体区分所有权人都是必要的。这不仅仅保证了财产安全，也是对全体区分所有权人生命及健康等人身权利的保障，因此，对该义务的违反，随之而来的不仅仅是民事责任，更有可能产生行政或刑事等公法上的责任。具体表现在以下方面：不得擅自变动建筑主体和承重结构。所谓的“建筑主体”指的是建筑实体的结构构造，包括屋

---

① 陈鑫：《业主自治：以建筑物区分所有权为基础》，北京大学出版社，2007，第35页。

② 尹田：《法国物权法》，法律出版社，1998，第307页。

盖、楼盖、梁、柱、支撑、墙体、连接点和基础等。“承重结构”指的是直接将本身自重与各种外加作用力系统地传递给基础地基的主要结构构件和其连接点，包括承重墙体、立杆、柱、框架住、支墩、楼板、梁、屋架、悬索等；不得损坏房屋原有节能设施或降低节能效果；不得擅自拆改管道、管线及配套设施；不得擅自改变建筑物外立面，未经区分所有权人大会决议，不得有擅自变更构造、颜色、目的、设置广告物或类似行为。[①]《解释》第15条，对《物权法》第83条第2款所称的“损害他人合法权益的行为”进行了细化，包括“损害房屋承重结构，损害或者违章使用电力、燃气、消防设施，在建筑物内放置危险、放射性物品等危及建筑物安全或者妨碍建筑物正常使用”；“违反规定破坏、改变建筑物外墙面的形状、颜色等损害建筑物外观”；“违反规定进行房屋装饰装修”等。

我国2003年《物业管理条例》中对区分所有建筑物安全性能进行保护的专门条款并不多。主要包括区分所有权人装饰装修房屋的，应当事先告知物业管理企业。由物业管理企业将房屋装饰装修中的禁止行为和注意事项告知区分所有权人。[②] 对于区分所有建筑物小区管理区域内按照规划建设的公共建筑和共用设施，不得改变用途。区分所有权人依法确需改变公共建筑和共用设施用途的，应当在依法办理有关手续后告知物业管理企业；物业管理企业确需改变公共建筑和共用设施用途的，应当提请区分所有权人大会讨论决定同意后，由区分所有权人依法办理有关手续。[③] 当区分所有建筑物存在安全隐患，危及公共利益及他人合法权益时，责任人应当及时维修养护，有关区分所有权人应当给予配合。[④] 对于区分所有权人违反上述建筑物安全维护义务的责任，该条例中规定的较为模糊。仅在第66条中一带而过，对相关的个人或单位处以1000～10000元、5万～20万元的罚款，而缺乏对违法行为的可行的制止措施以及民事上的责任。

另外值得注意的是，对于建筑物安全维护义务的主体，不仅仅局限于区分所有权人，而且应当扩及因出租、共同居住等原因的专有部分占有

① 陈鑫：《业主自治：以建筑物区分所有权为基础》，北京大学出版社，2007，第46～47页。

② 《物业管理条例》第53条。

③ 《物业管理条例》第50条。

④ 《物业管理条例》第56条。

人。对于此义务主体范围，我国物权法中仅仅强调了区分所有权人，而在专家建议稿中，如梁慧星先生主持的《中国民法典草案建议稿》第302条［专有部分的正当使用及共同利益违反之禁止］第1款规定："区分所有权人对专有部分的利用，不得妨碍建筑物的正常使用及违反区分所有权人的共同利益。"该条第2款规定："前款规定，准用于区分所有权人以外的专有部分占有人。"① 在《解释》中，主体的范围由"业主"扩大为"业主或者其他行为人"，《解释》第16条也明确规定"建筑物区分所有权纠纷涉及专有部分的承租人、借用人等物业使用人的，参照本解释处理"。

建筑物一旦灭失，建筑物区分所有权就随之灭失，建筑物安全维护的安排成为建筑物区分所有权制度的核心。很多国家和地区，对于在区分所有建筑中从事高度危险营业者采强制保险制度，以最大程度减少建筑物安全事故给区分所有权人带来的损害，尽管我国物权法及司法解释中都未提及此点，但在高层建筑物日益增多、人口居住密度日益增大的背景之下，这种强制保险的安排是有其积极意义的。

以我国台湾地区为例，我国台湾地区"公寓大厦管理条例"中明确规定了区分所有权人对于建筑物结构以及使用安全的维护义务。包括专有部分占有人在内的住户不得任意弃置垃圾、排放各种污染物、恶臭物质或发生喧嚣、振动及其他与此相类之行为。不得于私设通路、防火间隔、防火巷弄、开放空间、退缩空地、楼梯间、共同走廊、防空避难设备等处所堆置杂物、设置栅栏、门扇或营业使用，或违规设置广告物或私设路障及停车位侵占巷道妨碍出入。② 区分所有人对其专有部分进行维护、修缮、装修或其他类似之工作时，未经申请主管建筑机关核准，不得破坏或变更建筑物之主要构造。③ 当区分所有权人违反义务时，管理负责人或管理委员会应予以制止或按规约处理，经制止而不遵从者，得报请直辖市、县（市）主管机关处理。另外，住户在公寓大厦内依法经营餐饮、瓦斯、电焊或其他危险营业或存放有爆炸性或易燃性物品者，应投保公共意外责任保险。该险种属于经营危险行业的强制公共意外险。这与现代社会居家生

① 中国民法典立法研究课题组：《中国民法典草案建议稿》，法律出版社，2003，第58～59页。

② 类似于我国《物权法》第83条第2款"有关业主义务与责任"的规定。

③ 我国台湾地区"公寓大厦管理条例"第16条。

活的现实状况与实际需要紧密相连。即便是限制最严格的住宅，也无法仅仅局限于仅供住宅使用的单一形式。这主要是因为如果名副其实地要求住宅区只得供住宅使用，则其他使用项目只得于商业区内营业，无形中增加了一些非营利性行业的成本，而一些日常生活所需要的商品或服务，消费者如需至商业区内购买，路途往返，费时费力，无法因应家居生活临时所需……因此会有住宅区经营餐饮或娱乐业的现象。[①] 但我国台湾地区“公寓大厦管理条例”中关于危险行业强制公共意外险的规定中，存有众多问题，操作起来也困难重重。首先，关于“危险营业”在认定上存在着困难；其次，该管理条例中规定，“因此（指危险营业）增加其他住户投保火灾保险之保险费者，并应就差额负补偿责任”。倘若应投保的危险营业户有两户以上，而且应投保的事实并非同时发生，例如在两家行业同时开业时，究竟谁更具有危险性？其他住户的投保差额是否会因为危险营业户数的增加而递增？该保险费的差额究竟该由谁负担？况且，火灾保险本身并非强制保险，通常是住户在办理抵押贷款，而银行方面要求住户投保火险，否则不予核准贷款申请时，住户才会投保。保险公司对于投保金额与费率的决定，除了考虑周围环境因素外，贷款金额的多寡也是重要的因素。因此，“差额”的计算是因人而异的，所以该条款的执行会发生争议也是不难想象的。另外，“差额”如果受补偿后，倘若该专有部分转让与他人时，该他人的投保差额如何计算又是新的困惑！因此，我国台湾地区有学者建议将有关该保险补贴差额部分删除。[②] 该条例中还规定：“前项投保公共意外责任保险，经催告于七日内仍未办理者，管理负责人或管理委员会应代为投保，其保险费、差额补偿费及其他费用，由该住户负担”（第 17 条）；“住户如违反投保义务者应处四万元以上二十万元以下罚锾”（第 49 条第 5 款）。原条例还规定：“管理负责人或管理委员会如未代为投保，亦须处三千元以上一万五千元以下之罚锾。”对于管理人的代为投保义务，实践中也是争议颇多。其他不谈，单就代交保费来源、罚金来源以及管理人是否有独立财产以承担责任问题就引发许多疑问。可能是基于这

① 周武荣主编、李铭光等著《公寓大厦住户之实用权益》，台北永然文化出版公司，1995，第 120～123 页。

② 周武荣主编、李铭光等著《公寓大厦住户之实用权益》，台北永然文化出版公司，1995，第 123 页。

种种考虑，修正后的该条例第48条第1款规定“管理负责人、主任委员或管理委员未善尽督促第十七条所定住户投保责任保险之义务者”，可“由直辖市、县（市）主管机关处新台币一千元以上五千元以下罚锾，並得令其限期改善或履行义务、职务；届期不改善或不履行者，得连续处罚”。换言之，管理人只在未尽督促投保义务时方受处罚。

香港特别行政区法律也有类似的“建筑物结构及使用安全维护义务”的规定。《建筑物管理条例》第14条明确除本条例另有规定外，法团会议可通过有关公用部分的控制、管理、行政事宜或有关该等公用部分的翻新、改善或装饰的决议，而该决议对管理委员会和全部业主均具约束力。[①] 第34H条规定了区分所有权人或专有部分占有人的“维持物业的职责”，凡拥有建筑物任何部分的人，或对建筑物任何部分具有独有管有权的人，或对该部分具有独有的使用、占用或享用权的人（视属何情况而定），虽则该建筑物的公契（deed of mutual covenant）[②] 并无对该人施加维持该部分修葺妥善及状况良好的责任，该人亦须维持该部分修葺妥善及状况良好。行为人的上述义务，被认为是根据公契而对全体区分所有权人所负有的责任。第34I条则规定对于“公用部分”，任何人都不能将建筑物公用部分的任何部分改作自用，除非该项改变乃由业主委员会（如有的话）决议批准者；任何人在使用或准许他人使用建筑物公用部分的任何部分时，都不允许不合理地干扰建筑物的任何业主或占用人对公用部分的使用或享用；或对合法在建筑物内的任何人造成滋扰或危险。行为人倘若违背了该义务，即被视为是违反建筑物公契对他施加的责任。[③]

“不得侵害他人合法权益”，是所有类型权利人在行使权利时都必须注意的界限，而不是建筑物区分所有权行使的特殊要求。我国《物权法》第71条中再次强调区分所有权人在行使专有部分所有权时不得损害其他业主的合法权益，其实表示了法律对区分所有权人内在关系的重视。任何专有人在行使其权利时，都要充分考虑到区分所有权人的共同利益。专有人不得滥用其专有部分所有权而损害其他业主的利益。一方面，法律承认各区

---

① 1998年第12号第4条修订。

② 根据香港《建筑物管理条例》的释义，公契指一份文件，该文件界定业主之间的权利、权益、责任，并且在土地注册处注册。

③ 1997年6月3日修订。

分所有权人对其独有的、排他支配的专有部分的权利，突出个体所有权；另一方面，又强调这种个体所有权的行使不得损害区分所有权人共同体的权益，不得损害其他区分所有权人的合法权益。和第71条规定相呼应的是第83条第2款最后一句规定的“业主对侵害自己合法权益的行为，可以依法向人民法院提起诉讼”。通过对受损害业主诉讼权的赋予，强调了对专有部分的权利行使必须照顾到其他业主的合法权益。一般而言，受害人可以要求其停止侵害、排除妨碍、恢复原状以及赔偿损失等。

（三）营业性限制

营业性限制，又可称为商用性限制，这是对业主在使用区分所有建筑物时一个重要的法律限制。一般表现为，区分所有权人通过自治文件（如管理规约、业主大会决议等形式）规定住宅单元是用于私人居住的，禁止任何人在自有单元或共有部分（on the common grounds）从事或维持商业行为。当然，这种营业性或商用性限制也可源自于法律法规的强制性规范。

《物权法》出台前，我国规范体系中没有对营业性限制的明确规定①，仅在《物业管理条例》第55条规定涉及利用物业共用部位、共用设施设备进行经营的，应当征得相关区分所有权人、区分所有权人自治组织以及物业服务人的同意②，并按照规定办理有关手续。2007年《物权法》以专门条款明确了对专有部分使用上的营业性限制，“业主不得违反法律、法规以及管理规约，将住宅改变为经营性用房。业主将住宅改变为经营性用房的，除遵守法律、法规以及管理规约外，应当经有利害关系的业主同意”。

可见，我国立法上对营业性限制采相对限制的态度，主要体现在三个层面：

---

① 北京市工商行政管理局2006年第14号文件，从6月19日起暂停为登记地址为民用住宅的企业办照。范围限于餐饮、歌舞娱乐、提供互联网上网服务场所（含“网吧”）、生产加工和制造5类企业。属于对住宅商用的禁止，但由于缺乏上位法的规定，为防止触犯“抬高了行政许可的条件”，该文件中使用的是“暂停”的说法，而广州市则从2005年5月起全面禁止住宅商用。

② 本条规定中要求取得物业服务人及物业管理服务公司的同意并不十分妥当，在区分所有权人组织以及相关的区分所有权人同意后，再要求物业服务公司的同意显得多此一举，而且也有赋予物业管理服务公司否决区分所有权人组织决定的权利。从根本上违背了物业小区自治管理的内在逻辑结构。

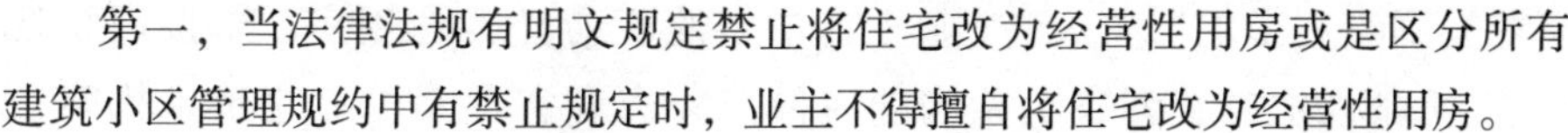

第一，当法律法规有明文规定禁止将住宅改为经营性用房或是区分所有建筑小区管理规约中有禁止规定时，业主不得擅自将住宅改为经营性用房。

第二，在无上述法定或约定的营业性限制时，业主将住宅改变为经营性用房的，应当遵守有关法律、法规以及管理规约中对改变专有部分用途的规定。

第三，业主改变专有部分用途，由住宅改为经营性用房的，必须经过有利害关系的业主的同意。该条规范的用意非常明显，平衡区分所有建筑物小区内部各区分所有权人之间的权利义务关系，但因条文过于抽象而在操作上具有明显的难度。比如，对于“有利害关系”的业主范围的理解，从左邻右舍、上下邻居到同一单元、同一栋楼、同一个小区，多少都有些利害关系，哪些是营业性限制应该考虑的、哪些是营业性限制不应考虑的，之间的边界非常含糊，没有一个固定的标准。在对营业行为的相对禁止立场上，不妨从以下三方面加以把握。第一，对高度危险营业行为的禁止。对于将住宅转为从事高度危险营业行为的，诸如电焊、易燃、易爆等行业，由于对住宅小区的财产和人身安全存在重大威胁，应当明确禁止。第二，对影响其他区分所有权人安宁生活的营业的禁止。若该营业行为虽不属于高度危险性行业，但由于其营业行为给其他物业区分所有权人带来的噪声、污水、异味、过多的外来人员出入等情形，导致影响到其他区分所有权人的安宁生活环境时，是不被允许的。第三，对同业竞争的限制，也就是所谓的不竞争条款（即禁止从事共有权范围内已经从事的同类营业），这常导致法律适用上的一些困难，因此在现代各国建筑物区分所有权法上并没有得到广泛承认。以法国为例，经过一段时间摇摆不定的考虑，法国现代的判例已将上列情形视为不动产用途之外的事由，即除非共有权关系导致了一个商业中心的建立，而各类营业均为必需。否则，有关不竞争的条款不采用书面形式也可有效。①

《解释》对此进行了专门规定，对《物权法》第 77 条的“有利害关系业主”的范围进行了明确，凡是“业主将住宅改变为经营性用房，本栋建筑物内的其他业主”均在该范围之内，“建筑区划内，本栋建筑物之外的业主，主张与自己有利害关系的，应证明其房屋价值、生活质量受到或者

① 尹田：《法国物权法》，第 307 页。

可能受到不利影响”。一旦“业主将住宅改变为经营性用房，未按照物权法第77条规定经有利害关系的业主同意，有利害关系的业主请求排除妨害、消除危险、恢复原状或者赔偿损失的，人民法院应予以支持”，“将住宅改变为经营性用房的业主以多数有利害关系的业主同意其行为进行抗辩的，人民法院不予支持”。[①]

（四）单独转让禁止

单独转让，指的是在建筑物区分所有权的情况下，所有权人将不可以独立存在的空间或者物品出卖或者出租给他人。这种情况的禁止，在世界上很多国家的法律都有规定。

建筑物区分所有权是一种复合型权利，可以分解为权利人对专有部分的所有权，对共有部分的共有和共同管理的权利，即共有持分权和成员权。在建筑物区分所有权这三个要素中，专有部分所有权居于核心地位。区分所有权人可以将其所有的专有部分出售转让给他人，在建筑物区分所有权制度下，由于专有部分所有权在整个权利构成中处于中心地位，共有部分持分权及成员权具有从属性和相对性，所以专有部分所有权的出让也意味着共有持分权以及成员权的转让。《物权法》第72条第2款明确规定“业主转让建筑物内的住宅、经营性用房，其对共有部分享有的共有和共同管理的权利一并转让”，也即属于此种专有部分单独转让之禁止规定。

六　共有部分

（一）什么是共有部分

共有部分，是指专有部分以外的其他建筑物部分以及不属于专有部分而用以共同所有、共同使用以及共同管理的附属建筑物。共有部分在物理上具有不可分割性，以整体形式供全体（或部分）区分所有权人共同使用；共有部分与专有部分比较具有从属性，权利人对共有部分的权利以专

① 《最高人民法院关于审理建筑物区分所有权纠纷案件具体应用法律若干问题的解释》第10、11条。

有部分所有权为前提，一旦专有部分所有权发生移转或消灭，共有部分持分权也相应发生移转或消灭。共用部分的范围一般包括建筑物的基本构成部分如支柱、屋顶、外墙等，还包括楼房的共同部分及附属物，如楼梯、煤气管道等，建筑用地等也可包括在内。共用部分往往具有三个特点：一是因物的使用目的不能分割；二是为使专有部分与共用部分成为一个整体，共同使用部分的所有权，应在各专有部分转移时，一并转移给统一受让人；三是建筑物的公共设施专有部分的从物，属于抵押权的效力范围。[①] 各区分所有权人按其共有之应有部分比例，对建筑物之共用部分及其基地有使用、收益之权；对于使用应当依照该共用部分的设置目的及通常使用方法进行。

各国对共用部分比例的确定方法一般大同小异，均围绕区分所有权人的专有部分展开，仅在技术上各有千秋。一般地，各区分所有权人对共用部分的比例，按照其所属的专有部分楼地板面积之比例确定。在因一部共有部分（附属建物除外）而有楼地板面积时，其一部共用部分之楼地板面积，按共用该部分各区分所有人之专有部分之楼地板面积比例分配，各自算入该区分所有人专有部分之楼地板面积。而所谓的楼地板面积，则是依照墙壁或其他区划内侧线所围成部分的水平投影面积。区分所有人也可通过制定规约的方法对共用部分的比例进行确定。[②] 在共

---

① 王泽鉴：《民法物权》（第一册），中国政法大学出版社，2001，第256页。

② 我国房地产市场及规范文件中习惯性地将建筑物分为“套内面积”“建筑面积”“公摊面积”等。一般而言，建筑面积与套内面积的差额即公摊面积。值得注意的是，公摊面积不应简单等于共用部分的面积。因为在面积计算中，很多共用部分是不计入的。但在目前的实践中，一些成立业主大会并进行事项议决的小区，在计算投票权时，往往是以建筑面积来分配首次大会的投票权的。建筑面积 = 套内面积 + 公摊面积。2002年北京市国土资源房屋管理局颁布了《北京市关于商品房销售面积计算及公用建筑面积分摊有关问题的通知》，其中规定：“会所、储蓄所、娱乐活动室等经营性用房，居委会、派出所使用的房屋，不能作为公用建筑进行分摊。”“房地产开发企业自营、自用、出租的房屋应当分摊公用建筑面积。”“物业管理用房一般包括物业办公、工作人员值班以及存放工具材料的用房。物业管理用房应使用设计用途为物业管理、办公、或住宅的房屋。”“为多幢房屋服务的物业管理用房，可以为多幢房屋分摊。”“商品房买卖合同中，买卖双方对分摊的物业管理用房面积另有约定的，从其约定。”“公用建筑面积分摊后，产权归摊得的业主所有。”“对公用建筑分摊部位均应按部位实测实量。应分摊的公用建筑总面积，为各分摊的公用建筑部位的建筑面积之和。”“购房人所购的房屋领取房屋所有权证后，其产权面积应从房地产开发企业持有房屋所有权证的产权面积中扣除。房地产开发企业的房屋所有权证变更登记手续，待销售的商品房产权证核发完毕后一并办理。”

用部分的范围确定上，最为“大器”的要数美国，由于笃信一个物业小区，除了业主个人享有的就是业主共同所有的，因此，所谓的“共有部分”指的是除房屋单元以外的全部物业小区，美国法上对“区分所有物业小区”的定义指的就是房屋单元由业主单独所有而其余部分由房屋单元业主共同所有的物业小区。凡是不可分割的共有部分不由房屋单元业主共同所有的物业小区，便不是区分所有物业小区。[①] 由个人负责其自有部分，而业主协会（POA）负责维护共有区域。一般的共有区域（common area）包括了结构性成分（structrual components）、建筑物（群）的外表（exterior）、地基、便利设施（the amenities）以及其他非属专有的小区部分。[②]

在这里，还必须强调一点，由于我国与其他允许土地私有的国家不同，因此在土地私有化的国家里，全体区分所有权人还可同时共有土地，而我国建筑物区分所有权人共同拥有的是土地的使用权，这个土地使用权是有年限的，对于住宅而言，最长期限为70年。在土地使用权的有效期内，物业小区的全体业主对土地享有的是现实的使用利益，国家则仅对该土地享有期满之后的未来利益。根据2007年《物权法》第149条第1款规定，“住宅建设用地使用权期间届满的，自动续期”。这意味着，只要区分所有建筑物存在，住宅类建筑物区分所有权人从理论上就可以无限期地享有这种土地利益。这是我国立法上对公民个人财产权利进行保护的重大进步。《解释》第3条第2款中明确“建筑区划内的土地、依法由业主共同享有建设用地使用权，但属于业主专有的整栋建筑物的规划占地或者城镇公共道路、绿地占地除外”。

对于共有部分，在实践和法理上还有“一部共有”、“部分共有”与“全部共有”的区别。日本《关于建筑物区分所有等之法律》第11条规定，“共用部分属于区分所有人全体之共有。但一部共有部分属于应共用该部分之区分所有人之共有。”法国法上判定区分部分与共同部分的决定性特征是“使用”，即当事人如何使用房屋或土地的某一部分：如果系特定所有人排他地

---

① 美国《统一建筑物区分所有权法》（Uniform Condominium Act）（1977），1.3（1）&1.3（4）。

② Warren Freedman & Jonathan B. Alter, The Law of Condominium and Property Owners' Association, p. 21.

使用，其应为区分部分；如果系全体共有人或其中部分共有人共同使用或利用，则应为共同部分。[①] 我国2007年《物权法》中，并没有将共有部分分为“一部共有”与“全部共有”两种类型。但根据我国1989年颁布、2001年修正的《城市异产毗连房屋管理规定》第9条[②]确立的房屋自然损害时修缮费用的分担规定可以看出：由全体区分所有权人共有和部分区分所有权人共有还是有相当清晰的区别的。我国台湾地区法律上相应地将这两部分称为“大公”和“小公”。

还可以将共有部分分为“法定共有部分”和“约定共有部分”两种。前者属于法律明文规定，按其在区分建筑物中之自然属性而为区分所有权人共同所有的建筑物部分或建筑物附属部分。后者则指虽属专有部分但约定由区分所有权人共同使用的部分。如物业小区内专为业主委员会、业主大会提供的会议室、管理员室、交谊厅等等。[③] 这种约定共用可能基于法律的明确授权，从权利归属角度来看，该部分的所有权仍然属于某一特定的主体（比如开发商），全体区分所有权人只不过取得了该部分的共同使用权而已。在法律有明确规定的前提下，权利人可以依照管理规约或者全体区分所有权人的合意，将原本应为专有部分，变更、转换为各区分所有权人共同使用的部分。值得注意的是，我国《物权法》第73条第三句规

---

① 尹田：《法国物权法》，法律出版社，1998，第303页。

② 该条规定，异产毗连房屋发生自然损坏（因不可抗力造成的损坏，视同自然损坏），所需修缮费用依下列原则处理：（一）共有房屋主体结构中的基础、柱、梁、墙的修缮，由共有房屋所有人按份额比例分担。（二）共有墙体的修缮（包括因结构需要而涉及的相邻部位的修缮），按两侧均分后，再由每侧房屋所有人按份额比例分担。（三）楼盖的修缮，其楼面与顶棚部位，由所在层房屋所有人负责；其结构部位，由毗连层上下房屋所有人按份额比例分担。（四）屋盖的修缮：1. 不上人房盖，由修缮所及范围覆盖下各层的房屋所有人按份额比例分担。2. 可上人屋盖（包括屋面和周边护栏），如为各层所共用，由修缮所及范围覆盖下各层的房屋所有人按份额比例分担；如仅为若干层使用，使用层的房屋所有人分担一半，其余一半由修缮所及范围覆盖下层房屋所有人按份额比例分担。（五）楼梯及楼梯间（包括出屋面部分）的修缮：1. 各层共用楼梯，由房屋所有人按份额比例分担。2. 为某些层所专用的楼梯，由其专用的房屋所有人按份额比例分担。（六）房屋共用部位必要的装饰，由受益的房屋所有人按份额比例分担。（七）房屋共有、共用的设备和附属建筑（如电梯、水泵、暖气、水卫、电照、沟管、垃圾道、化粪池等）的修缮，由所有人按份额比例分担。

③ 周武荣主编《公寓大厦住户之实用权益》，台北永然文化出版公司，1995，第40页。温丰文研究主持：《公寓大厦管理问题之研究》，1997年自版，第21～23页。

定“建筑区划内的其他公共场所、公用设施和物业服务用房，属于业主共有”，属于明文规定的法定共有部分，而非此处所称“约定共有部分”。

在《解释》中，在法律、行政法规规定的共有部分之外，将建筑区划内的下列部分，也认定为共有部分：（1）“建筑物的基础、承重结构、外墙、屋顶等基本结构部分，通道、楼梯、大堂等公共通行部分，消防、公共照明等附属设施、设备、避难层、设备层或者设备间等结构部分”（按最高人民法院意见，这些部分属于法定或天然共有部分）；（2）“其他不属于业主专有部分，也不属于市政公用部分或者其他权利人所有的场所及设施等”（按最高人民法院意见，这些部分属于约定共有部分。《解释》第3条第1款第2项的这一规定属于典型的兜底性规定）。[①] 对于建筑物区分所有小区的供电、供水、供热、供气、有线电视、网络设施等是否属于共有部分的问题，由于其在实践中争议非常大，立法中争议也很大，2007年《物权法》对此没有规定。为避免公布后产生争议，影响司法解释的权威性，《解释》对此也采取回避态度。[②]

（二）业主对共有部分的权利和义务

根据2007年《物权法》区分所有权人对专有部分以外的共有部分享有共有和共同管理的权利。业主对建筑物专有部分以外的共有部分，享有权利，承担义务；不得以放弃权利不履行义务。业主转让建筑物内的住宅、经营性用房，其对共有部分享有的共有和共同管理的权利一并转让。

就共用部分的权利而言，需就区分所有权人与其他非区分所有人的专有部分占有人分别看待。区分所有权人与专有部分占有人都对共用部分享有合理使用的权利，这种使用必须是符合共用部分目的或通常方法的使用，以尽量减少共用部分财产的损耗并符合共同生活的安全便利之需。专属于区分所有权人的权利包括：区分所有权人可以就共用部分的管理、维护以及共同事务的规范进行会议决议、行使表决权。必须由区分所有权人会议决议的事项，不具有所有权人资格的承租人、借用者等专有部分占有

① 奚晓明主编《最高人民法院建筑物区分所有权、物业服务司法解释理解与适用》，人民法院出版社，2009，第66页。

② 奚晓明主编《最高人民法院建筑物区分所有权、物业服务司法解释理解与适用》，人民法院出版社，2009，第68页。

人通常没有资格参与讨论、进行表决，但对与其有利害关系事项可以出席会议并陈述意见。必须明确的有两点，一是关于共用部分不得脱离专有部分而单独让与；二是区分所有权人对共用部分的权利与义务紧密相连：共用部分或约定共用部分的修缮、管理、维护，如区分所有权会议或业主规约并无另外规定，或非可归责于其他专有部分占有人的事由所致时，则其费用由公共基金或区分所有权按其共有之应有部分比例分担，同样地，共用部分及其相关设施的拆除、重大修缮或改良费用，由公共基金支付或由区分所有权人按其共有之应有部分比例分担。倘若该区分所有建筑物并没有设置公共基金，则只能由区分所有权人按比例分担，不得责令专有部分占有人负担该项费用，除非前述修缮、管理、维护或拆除、重大修缮、改良是属不具区分所有权人的可归责事由所致，或者在住户规约中已经明文约定的，否则该费用应当由区分所有权人负担。① 另外，对共用部分财产的收益各区分所有权人也有权按持份比例进行分配。② 对于共有持份的计算基准，前文已经提到有多种方法。美国联邦区分所有权法规定的是以专有部分与整个财产价值比例为依据确定，美国加州的持分比例则是推定每个区分单元相等，法国则是以专有权对全体建筑物所占的土地面积的大小予以确定。王利明教授认为，对于持分比例的确定，应当根据专有部分的价值在整个建筑物价值中所占的比例来确定。③ 对此，笔者持不同的观点。主要原因是价值的确定相对而言是比较困难的。第一，价格不等于价值，也就意味着不能用价格这样最为明显、最清晰的条件来衡量价值，虽然购房时的价格能在一定程度上反映出其价值，但由于受朝向、楼层等诸多外在因素的影响，各区分所有权人购房价格并不相同，甚至同一单元上下同样的户型也会存在较大的房价差别。第二，倘若价格标准不可行，便将价值的判断标准赋予行政机关，对于广大区分所有权人而言意味着成本的增加，而行政机关出于人力与财力的考量，也不会对每一区分所有权比例皆

① 周武荣主编、李铭光等著《公寓大厦住户之实用权益》，台北永然文化出版公司，1995，第107~108页。

② 比如我国《物业管理条例》第55条规定，利用物业共用部位、共用设施设备进行经营的，应当在征得相关业主、业主大会、物业管理企业的同意后，按照规定办理有关手续。业主所得收益应当主要用于补充专项维修资金，也可以按照业主大会的决定使用。

③ 王利明：《物权法论》，中国政法大学出版社，2003，第372页。

进行事必躬亲的测量，如此一来，准确性又受到质疑。与其采价值比例进行确定，倒不如采美国的按户确定（简单易操作）或者采日本、法国的按面积确定（公平、确信）方法更为合适。

最后，区分所有权人就共用部分的处分权是受到诸多限制的，不得单独出让，不得作违背其本身目的的任何使用和处分，即便在全体区分所有权人达成一致的情况下也不能将共用部分的所有权转让给第三人。以法国法为例，根据法国1965年法律第20条的规定，共有人可对其份额无限制地实施一切处分行为，包括对之进行自由转让。但是，共有权份额的出让必须以双挂号信件通知共有人协会，否则，其不具有对抗效力。此外，在有偿转让的情形，作为受让人的共有人协会对于价款可实施一种延期付款的抗辩权。共有人也可将其份额作为抵押的标的。该份额在任何情况下均为不动产，其可被份额的所有人再行划分而无须共有人协会的许可。[①] 相应地，1965年法律第6条规定，为全体共有人共有的不动产的共同部分不能成为共有人之一实施的法律上或事实上的处分行为的标的（例如，一共有人未经共有人会议许可，不得改变共同部分，即使该共同部分在其区分部分的内部，如共同管道、该共有人享有所有权的两套房间之间的分界主墙上的钻孔等），也不得要求对共有财产进行分割，即其转让行为仅能针对包含在份额内的共同部分中“想象”的份额。[②] 因此，共有部分在法律上的处分，因为共有部分的从属性特征，必须跟随专有部分进行。

区分所有权人同时承担对共有部分的义务。我国《物权法》中首次明确了区分所有权人对共有部分义务具有不可放弃性，即便以放弃共有部分权利为代价，区分所有权人仍然应当承担其在共有部分上的义务。这既是所有权不得滥用原则在建筑物区分所有权领域的体现，也彰显出了区分所有权领域区分所有权人整体利益的重要性。区分所有权人对共有部分必须承担的不可放弃的义务包括：（1）共同管理（既是权利也是义务，详见下文集体决策部分）。（2）建筑物及其附属设施的管理费用分担义务。（3）建筑物及其附属设施的维修资金的筹集缴纳义务。

管理费用是为确保区分所有建筑物的功能，维持区分所有建筑物管理

① 尹田：《法国物权法》，法律出版社，1998，第308、309页。

② 尹田：《法国物权法》，法律出版社，1998，第309页。

运营顺利进行所必需的基本费用。现代各国建筑物区分所有权法上，区分所有权人支付管理费是作为管理团体成员的一项基本义务，而为各国区分所有权法及管理规约所一致规定。[①] 管理费用属于广义的公共基金之一种，它属于全体所有权人的共有财产，专门用于住宅小区物业基本维护、修缮、整治工作与日常管理，并提供其他与居民生活相关的服务所支出的费用。由于管理费用的设置目的在于共同事务的管理，对其设置方式、金额、分摊、保管、运用及移交等事项均应作明文规定，以杜绝争议并切实便利建筑物的管理维护业务。在我国区分所有物业小区的管理维护实践中，所谓的“物业费”、“物业服务费”指的均是此管理费用。无论是由所有权人自行进行管理，即自主管理，还是由所有权人委托专业的物业管理服务者管理，即委托管理的方式下，均产生管理费用问题。

考察我国现阶段物业管理费用缴纳实务，管理费用“收费难”的现象十分突出，2007 年《物权法》出台后，管理费用的缴纳成为区分所有权人的一项法定义务，而不再是之前被单纯视为区分所有权人的（物业管理服务）合同义务。从合同义务到法定义务，这是我国《物权法》对物业管理费用制度进行的最重要的一步法律调整。

倘若将支付物业服务费用的单纯看成区分所有权人的合同义务，区分所有权人与物业服务公司签订物业服务合同，双方互负债务。在一方履行义务不适当时，对方可以据此或减少或中止（暂缓）自己的义务履行。此时，区分所有权人因物业服务的不合约定而拒交或缓交费用进行抗辩是妥当的。事实上，这一“以恶制恶”的手段在被众多业主联合使用时，往往有明显的正功能。小区业主和物业服务企业相比，其经济与专业能力明显处于弱势，因此，将事情闹大，引起政府部门的注意是很多业主解决问题的思路。但在相反情形下，一旦违背义务方为单个业主，在无法证明物业服务不合约定的情况下，恶意拖欠费用时，物业服务企业却无法应用这种合同法上的救济手段。因为其所提供的服务带有公共物品的性质，是为了全体共用部分与设施设备，为了全体区分所有权人的利益而提供的服务，不可能因为单个业主的欠费而停止对小区物业的维护与管理。因此，将缴费义务单纯定位于合同义务，在双方债权的保障上存在不对等。

---

① 陈华彬：《现代建筑物区分所有权制度研究》，法律出版社，1995，第 284 页。

单个区分所有权人欠费时，与物业管理服务企业相比，其他业主受到的损害更大，因为原本需要由共用部分的全体所有人一起承担的义务被转嫁给他们分摊。倘若将物业服务费用的缴纳仅仅定位为合同义务的话，对这些缴费业主的利益是无法保障的。这是将缴纳物业服务费义务定位为合同义务的最大弊端，将其仅仅定位为合同义务的话，作为债权人的物业服务企业就可以自行决定对个别区分所有权人（如开发商）免除债务，这对于其他区分所有权人、对于区分所有权人共同体而言，都造成了损害。基于此，此次物权法中明确将物业服务费用定位为法定义务。即区分所有权人（业主）的缴费义务是法定的，义务来源于其基于专有部分所有权的共有持分。不宜将此义务单纯理解为基于物业管理服务合同的约定义务。其法定管理费用的分摊义务，比例由专有部分所占比例决定；而总费用的数额以及缴纳的方式、期限以及使用用途，可以由区分所有权人以业主大会决议形式进行约定，并授权业主委员会具体执行。

区分所有建筑的使用周期一般都比较长，在使用过程中，由于自然损耗和人为因素，房屋的损耗和折旧是不可避免的。要保证其使用功能和正常发挥，保障房屋的使用价值，就必须对其不断地进行管理与维护。管理费用是维持和保证建筑物正常使用的必要费用，管理费用的使用应当按照制订的年度预算计划执行，并由物业服务企业向业主委员会或通过业主委员会向业主大会报告年度支出状况，接受全体区分所有权人的监管。妥帖的制度安排，通过清晰而有约束力的程序控制，可以使这笔资金发挥最大的效用。管理费用可以由业主自行保管，也可以委托物业服务企业代管，现在国内的物业实践中多采用由物业服务企业“代收代管”的模式。[①]

维修资金筹集缴纳义务。《物权法》出台前，我国对用于区分所有建筑（小区）共用部位、共用设施设备的维修费用的称谓多种多样，很不统一。[②]《物权法》第 79 条将其明确为建筑物及其附属设施的“维修资金”。各区分所有权人具有法定的缴纳维修资金的义务，以用于共有部分的维修。

---

① 陈鑫：《物业服务收费制度的法律调整》，《法律适用》2006 年第 11 期。陈鑫：《业主自治：以建筑物区分所有权为基础》，北京大学出版社，2007，第四章。

② 陈鑫：《业主自治：以建筑物区分所有权为基础》，北京大学出版社，2007，第 196 ~ 197 页。

《物权法》出台之前，适用于全国的专门针对专项维修资金的规范只有一部，即财政部、建设部于1998年制定颁行的《住宅共用部位公用设施设备维修基金管理办法》（以下简称《办法》），其效力位阶只是部门规章。从法理上讲，部门规章不能创设涉及公民、法人和其他组织的权利和义务规范。由于维修资金制度涉及各方主体权利和义务的重新界定，所以该《办法》实际上已经涉及对包括售房单位、管理部门及建筑物区分所有权人的权利义务的创设性界定，其合法性值得深究。2007年《物权法》的出台，将该《办法》的内容上升到法律的位阶，无疑解决了这种尴尬。

根据该《办法》的规定，"凡商品住房和公有住房出售后都应当建立住宅共用部位、共用设施设备维修基金。维修基金的使用执行《物业管理企业财务管理规定》（财政部财基字［1998］7号），专项用于住宅共用部位、共用设施设备保修期满后的大修、更新、改造。"（第4条）由此，维修资金其实相当于区分所有建筑（小区）共用部分保修期满后的"养老金"，这是其与前面介绍的管理费用的最大区别。

该《办法》适用的住房，包括两种类型：一类是在直辖市、市、建制镇和未设镇建制的工矿区范围内，新建的商品住房（包括经济适用住房，以下简称"商品住房"）；另一类是公有住房——仅特指在住房制度改革和拆迁安置中向个人出售的公有住房。公有住房售后产权虽然归业主所有，但售房单位享有优先购买权，并拥有已售公房上市出售所得净收益的分配权，同时基于福利目的，考虑到购房职工经济能力有限，还难以完全承受住宅共用部位、共用设施设备维修所带来的经济负担。因此特别规定，出售公有住房的维修基金来源于两部分，一部分由售房单位交存，该部分归售房单位所有；另一部分由购房者于购房时缴纳，归全体业主所有。即，该《办法》在要求公有住房和商品住房都建立专项维修资金制度的同时，在缴交义务主体上对公有住房和商品住房是区别对待的。2007年《物权法》中，并未作如此明确的区分。

在适用范围上，该《办法》和各地行政法规或地方规章之间规定并不统一，执行差异性较大，范围或宽或窄，以下试举实例佐证：适用范围较宽泛者，《南京市物业维修基金管理办法的实施意见》规定了维修基金归集范围包括"新建商品房、经济适用房、集资房、已购公有住房、公有住房以及拆迁实行产权调换的房屋"，其中"新建商品房"包括住宅商品房、别墅、大厦、非住宅商品房、开发建设单位留作自用或出租的房屋。适用范围几乎包括了我国商品房制度改革中出现的所有房屋类型。适用范围较窄者，2003 年 1 月起施行的《天津市商品住宅维修基金管理办法》规定凡“两个以上业主的商品住宅物业和与其结构相连的非住宅物业”均须设立维修基金，属于建立维修基金的业主所有，按照统一归集、专户存储、业主会决策、共同使用、政府监督的原则，进行管理和使用。适用范围仅仅限于商品房类区分所有建筑物（群）。

笔者认为，较窄的适用范围，即限于商品房类区分所有建筑物（群）更加符合维修资金的设立目的。

从维修资金的设立目的看，它属于储备性资金或预备性资金。一般而言，只有那些规模大的、需要紧急维修整治而资金又不能马上到位的物业类型才需预先筹集专项维修资金，即那些人数众多、所有权分散的区分所有建筑（小区）类型。对于具备独立所有权的物业类型，如私人房产、单位房产、国有房产等等，由于可以即时给出大笔维修基金，所以一般情况下，无须建立专项维修基金。

对于维修资金的性质认定上，目前主要有以下几种观点：

专项基金说。认为维修资金从性质上属于专门用于特定目的而设立的专项基金一类，是专门用于对区分所有建筑（小区）共用部分进行大的维修保养，实现保值增值目的而专项筹集、独立核算的资金，其所有权属于全体区分所有权人。在物业管理的财务制度上，属于专项代管基金，作为长期负债处理。它与一般的投资基金在建立、使用、管理、转让、回赎等方面有着本质的区别。设立专项维修资金的初衷是希望以该笔基金的利息维持楼房有计划的大修、中修、更新改造并应对突发紧急开支，但由于现在银行利率低，资金很难起到以息养房的作用，因而更多地体现为一种应急性质的资金。进一步说，专项维修资金与前述物业服务费用均属公共基金范畴。所谓的公共基金从广义上讲，是指一切已定用途的，已经收入或尚未收入的现金或其他财产。依照其性质可以分为普通基金（岁入供一般用途）、特种基金（岁入供特殊用途）等类型。广义上的公共基金包括为维持区分所有建筑物（小区）物业的管理、维护及修缮等业务所设置的特定财产，以使管理人能够发挥管理功能，借以提升业主的生活品质。

信托性质论说。[①] 持此观点者以《办法》第1条规定[②]的维修基金设立目的为出发点，认为该条明确了维修基金的设立目的在于建筑物共同部分的维修，在于维护建筑物区分所有权人的共同利益。由于房屋维修本身的特殊性，构成了维修基金的信托特点，从而决定了它必然要纳入信托法的调整范畴。也就是说，设立维修基金，就是为了用于住宅共用部位的共同设施设备的中修、大修、翻新、改造。它依附于建筑物而存在，因而只要该建筑物没有灭失，该信托行为就会因其特定的目的——“维修”而一直存在。[③] 同时，维修基金符合信托财产权移转的法理。具备积极性、独立性、可移转性、共同共有性、可变性等五个特征。基金受托人可以以自己的名义运用和管理该信托财产。维修基金下的委托人是多数委托人，受托人为基金管理人，受益人为委托人本身，就目前而言，为基金管理人的是政府房地产管理局的下设的基金专门管理机构。从基金管理监督方面来看，为保证该基金的安全管理，引入基金托管人制度，和基金管理人一起构成共同受托人，承担受托人的义务。作为受托人应对委托人负有忠实和善良管理人义务，严格遵守信托约定，为受益人管理运用好信托财产。我国的住宅公共维修基金，区别于普通意义上的基金，是一种特殊目的的基金制度，它不同于私募，而是强制性的法律规定。每一个房屋购买人都必须按其规定向基金缴纳一定数额的现金。也不同于投资基金，是以管理为主的。[④]

信托法的基本结构是，委托人将信托财产委托给受托人——信托财产成为区别于委托人其他财产和受托人财产之外的独立财产——受托人作为名义所有者行使管理和处分信托财产的职能——受益人享有信托财产的利益或信托财产及其利益，这种制度满足公有住房售后售房单位按照一定比

① 张军建、曾静：《住房维修基金的法律基础及信托属性》，《求索》2005年第8期。

② 第1条内容：“为了贯彻落实《国务院关于进一步深化城镇住房制度改革加快住房建设的通知》（国发［1998］23号），保障住房售后的维修管理，维护住房产权人和使用人的共同利益，制定本办法。”

③ 之所以从维修资金的设立目的出发进行研究分析，与信托目的在信托设立中的地位关系密切。所谓的信托目的是委托人在设立信托时意欲达成的目的。它是信托关系存续中受托人行为的依据，是受托人忠实义务的判断标准。没有信托目的，或信托目的不明，就无法设立信托。总而言之，信托目的在信托设立中占据最重要的位置。

④ 张军建、曾静：《住房维修基金的法律基础及信托属性》，《求索》2005年第8期。

例从售房款中提取维修基金的管理要求，可以解决《办法》与我国《民法通则》相冲突的问题。我国于 2001 年颁布了信托法，只是《办法》早在 1998 年就已经出台，因此，《办法》出台时并没有现行法律可以支撑，如何使专项维修基金的管理建立在信托法的法理上，还需要进行制度创新。①

笔者认为，在当前我国信托法的理论与实践发展均不成熟的条件下，将专项维修资金定位成信托性质具有很大的风险。而且，将其定位于信托的作用之一是满足公有住房售后售房单位按照一定比例从售房款中提取维修基金的管理要求，考虑到前文对专项维修资金适用范围的讨论中，倾向于较窄的适用范围——商品房类区分所有建筑（小区），而排除公有住房这一特殊时期的类型。从公有住房这一特殊时期的住房类型必将衰亡的定势看，赋予该种资金信托性质则更显价值不大。利弊相权之下，对于住房维修基金的性质，定位于专项基金更为妥当，属于专用于区分所有建筑共用部位、共用设施设备于保修期满后大修所用的储备性与应急性资金。

对于住房维修资金，缴纳基数的选择与缴纳比例的确定是一个重大的问题。

维修资金的缴纳，一般都是在确定缴纳基数的基础上按比例进行收缴。《物权法》中并没有明确维修资金的缴纳基数与比例，而之前的各类规范性文件、各地实践中采纳的缴纳基数不尽相同，也带有很大的差异性。其中比较具有代表性的有“购房款”、“建筑面积成本价”、“工程造价”、“除地价以外的建设总投资”等等。

建设部、财政部制定的《办法》中将“购房款”作为专项维修资金的缴纳比例计算基数。以购房款为缴纳比例计算基数的好处是简洁明了，只要按商品房买卖合同上的总房款计算比例即可，无须再经过核定估价程序。但其弊端也是显而易见的：房屋和所有的产品一样，卖方是希望在销售中获利的，利润或大或小，购房款与建造成本间肯定有差额。更何况影响房屋销售价格的因素很多，同一个建筑区划内的房屋甚至是同一幢楼同一个单元的房屋，尽管它们的建筑成本相同，但可能由于各自的朝向、楼层、窗外风景的不同而价格各异，即便是同一套房屋，也可能在不同的时

① 翟定祥：《关于从公有住房售房款提取维修基金管理的几点思考》，《经济研究参考》2003 年第 90 期。

间卖出不同的价格。这种销售价格的市场化、波动性是极强的。维修资金则不然，公共部位和公用设施设备出故障进行维修的成本一般而言较为稳定，差异性不大，不会因房屋的朝向、风景等的不同而有差别。所以，若以购房款作为缴纳专项维修资金的比例计算基数，有失妥当，甚或欠缺公平。同时，应当看到，我国现行的房价中地价占到了很大的比例，而对房屋物业进行维修是针对物业本体的，因此以购房款为专项维修资金的缴纳计算基数更显得不合理。

以“建筑面积成本价”作为专项维修资金的缴纳计算基数是上海市的做法。具体操作中以物业建筑面积成本价作为缴纳住房专项维修基金的基数，成本价按上海市物业主管部门和价格主管部门定期公布的核准值为准。该计算基数比起以“购房款”作为基数具有明显的优越性，可以排除成本之外的其他因素的影响，波动性不大，较为稳定与公平。但该基数选择同样没有能够排除地价的影响，前文已述，共用部分、共用设施设备的维修成本及费用与地价无关。

武汉市则对开发商和普通购房人缴纳的专项维修资金采用不同的计算基数。普通购房者应当缴纳的专项维修资金的计算基数与财政部、建设部联合发文的要求一致，以“购房款”作为计算基数，由购房人按购房款2%的比例缴纳。购房人持《购房合同》正本、购房发票到市、区房产局维修基金缴存窗口办理《缴存通知书》，按核定金额缴存，并取得《专用收据》第一联和第四联。开发商缴存的专项维修资金的计算基数则按市建筑工程造价管理站发布的“造价指数”测定。2002 年每平方米商品住宅维修基金缴存标准为：（1）砖混结构：10 元；（2）无电梯框架结构：12 元；（3）有电梯框架结构：30 元。该“造价指数”每年调整一次并进行公布。[①] 武汉市设立的“造价指数”基数标准，与我国台湾地区“公寓大厦管理条例”第 18 条规定的基数为“工程造价”非常类似。该管理条例的施行细则[②]详细规定提取比例亦按工程造价进行分等：“一、新台币一千万元以下者为千分之二十。二、逾新台币一千万元至新台币一亿元者，超过

① 《楚天都市报》：《开发商不缴要罚款购房者不缴不办证》，资料来源：2002 年 2 月 8 日荆楚在线消息，最后访问日期：2006 年 3 月 30 日。

② 该《施行细则》1996 年颁布并于 2005 年修正。

新台币一千万元部分为千分之十五。三、逾新台币一亿元至新台币十亿元者，超过新台币一亿元部分为千分之五。四、逾新台币十亿元者，超过新台币十亿元部分为千分之三。政府兴建住宅之公共基金，其他法令有特别规定者，依其规定。”作为提列公共维修基金基数的“工程造价”，指经（台湾地区）直辖市、县（市）主管建筑机关核发建造执照载明之工程造价。两地按造价分等收取专项维修资金的做法大致相同，不过在具体的造价分等上，我国台湾地区的规定要更加具体细致。

在维修资金缴纳的计算基数问题上，深圳市的规定比较特别：《深圳经济特区住宅区物业管理条例》第45条规定：“开发建设单位应当在住宅区移交时，按住宅区除地价以外的建设总投资百分之二的比例，一次性向业主委员会划拨住宅区的公用设施专用基金。公用设施专用基金用于购买管理用房和住宅区公用设施的重大维修工程项目。”以“除地价以外的建设总投资”作为缴纳计算基数，和前述“购房款”、“建筑面积成本价”等相比，最大的特点为明确声明剔除土地价格，以此作为缴纳基数显然更加符合专项维修资金的设置目的。但与前述武汉以及我国台湾地区的做法相比，缺乏对“建设总投资”的评估与核定要求。深圳市关于专项维修资金缴纳的规定，还有两个值得注意的特殊之处：其一，维修资金由开发建设单位在住宅区移交时向业主委员会一次性划拨。一般而言，并不存在一个统一的将建筑区划由开发商移交给区分所有权人共同体的时间，只是开发商将专有部分所有权经转移登记分别转给各区分所有权人而已，且只有入住达一定比例之后才有成立业主大会，选举产生业主委员会的可能。因此，这一特殊规定在实践中明显缺乏可操作性。一旦出现区分所有建筑（小区）因故未成立业主委员会情形，易授开发商拒缴款项的口实。其二，该笔款项除了用于住宅区公用设施的重大维修工程项目之外，还用于购买管理用房。这无疑是将开发商的提供物业管理用房的义务与提缴专项维修资金的义务混为一谈了。故深圳做法中，最有借鉴意义的，就是在计算基数中明确表明剔除地价。

关于专项维修资金的缴纳模式，也有两个方面值得探讨：一是专项维修资金是一次性还是分次缴纳的问题；二是专项维修基金交给谁的问题。

首先对一次性缴纳还是分次分批缴纳进行简单的利弊比较。一次性缴纳的好处，提高住房专项维修资金的归集效率，免去日后逐门逐户收取的烦琐。但不经济合理，因为房屋的老化，损坏多数随时间积累形成加剧，且因一般的设计、施工等原因造成的质量问题，开发商需要承担质量瑕疵担保责任，所以区分所有建筑（小区）一开始其实并不需要大笔的维修资金，按时间逐步积累储备维修资金正好体现“谁用谁修、多用多交”的道理。逐期缴纳更为合理。对于每年缴纳的维修资金的比例，可由业主委员会作出预算，并经业主大会通过，由业主委员会收取并存入专户银行，每个小区均开设维修资金账户，并定期向业主公布或建立业主查询制度。从我国现行规定来看，对于首期专项维修资金一般要求开发商或区分所有权人一次性缴清，否则就要承担相应的责任（如武汉市就规定开发商不缴存的，要强制缴存并追加罚款，区分所有权人不缴存的，不予办理房屋产权证）。而涉及专项维修资金的续筹时，则无此强制性要求，属于随用随存，保证其作为储备性基金而不是一个空头账户即可。因此，笔者主张按区分所有建筑（小区）的实际损耗情况，逐年作出预算，缴纳专项维修资金，存入专用账户，以备将来之需。如此一来，也可以从某种程度上降低目前专项维修资金使用率低的负面效应。

紧接着是专项维修资金交给谁的问题。“交给谁”涉及住房专项维修资金的安全性。住房专项维修资金的所有权属于全体业主，因此从法理上讲，交给开发商、物业服务公司、售房单位收管的做法都是没有法律依据的，实践证明这种做法也是有害的，应统一交给行政主管部门指定的国有商业银行专门账户（针对各区分所有权人可以发分户卡，只能用于交费查询），并且以后非具合法理由（用于维修），非经正当程序（由业主大会批准动用）不能自由取出。否则，开发商、售房单位、物业服务公司甚至政府部门占用、挪用、滥用专项维修基金的问题便不可避免。

就商品住房专项维修资金的缴纳模式，1998 年《住宅共用部位共用设施设备维修基金管理办法》第 5 条第 1 款确定了由售房者代收的模式，具体规定是商品住房在销售时，购房者与售房单位应当签订有关维修基金缴交约定。购房者应当按购房款 2% ~3% 的比例向售房单位缴交维修基金。售房单位代为收取的维修基金属全体业主共同所有，不计入住宅销售收入。实践中，物业服务企业、开发商、律师或者其他中介代收模式被广泛采用，而这种代收模式引发的问题着实不少。

2002 年，据武汉市商品住宅维修基金缴存管理工作会议消息，由于众多开发商不主动缴纳房屋维修基金，还将购房者缴纳的相关款项挪为己用，造成全武汉市新建小区维修基金欠账数亿元。在武汉市维修基金专项账户上，属购房人缴纳的才263万元，属开发商缴纳的仅153万元，而按商品房销售量来计算，总的维修基金缴纳额应在3亿左右，欠费严重。[①] 2004年7月1日，广东省消委会公布的房地产投诉分析表明，住宅共用部位共同设施设备维修基金被挪用已成为购房者投诉的热点之一。据广州市国土资源和房屋管理局物业处负责人介绍，目前广州市的发展商和物业公司共向业主收取的维修基金至少有2.3亿元，而存入专项账户的只有4000万元。[②] 北京也同样如此，商品住房的维修资金一般都由物业公司代收，之后交给各市、区小区办统一管理，待小区业主委员会成立后再交由业委会保管。但小区办并不直接与开发企业挂钩，手中不掌握销售数据，这样就给开发商或物业服务企业以可乘之机，挪用、滞交这笔由业主缴纳的费用。商品住房专项维修资金因为代交模式而存在缺口已经成了共识。

如果说管理费用有“收费难”的病症，那么专项维修基金的病症就在于“代收模式”造成的资金挪用、侵占，广大区分所有权人利益受到侵害。[③] 业主缴纳的大多为现金，开发商拿到后一般并不会及时交存至专项账户。利用这之间的时间差，少则可以赚取利息，多则可以投机获利。这其实是将分摊到众多区分所有权人的薄利聚敛到开发商一户独大的暴利，同时将企业本身的市场经营的潜在风险转嫁给了广大的区分所有权人。为此，《物业管理条例》第63条对挪用者的责任进行了详细规定，挪用专项维修资金的，房地产行政主管部门追回挪用的专项维修资金，给予警告，没收违法所得，可以并处挪用数额2倍以下的罚款；物业管理企业挪用专项维修资金，情节严重的，并由颁发资质证书的部门吊销资质证书；构成犯罪的，依法追究直接负责的主管人员和其他直接责任人员的刑事责任。

为防止这种代收模式下开发商或者物业服务企业或者律师等代办中介侵占专项维修资金，侵害区分所有权人利益。笔者认为，建立由区分所有

① 黄宏：《住房维修基金欠账数亿众多商品房埋下后顾之忧》，2002年2月8日《楚天都市报》。

② 张军建、曾静：《住房维修基金的法律基础及信托属性》，《求索》2005年第8期。

③ 近年来比较突出的维修资金被挪用或被侵占案件有上海茂盛大厦维修基金案，北京东景苑、亚运村阳光新干线、石景山经济适用住房翠谷玉景小区契税、专项维修资金案等。

权人直接缴纳模式，尽量减少维修资金缴纳的中间环节才是解决问题的最佳途径。[①]

（三）权利人共有关系的性质

各区分所有权人就共用部分形成了一种共有关系，对于这种共有关系的性质，历来有不同的看法。有观点认为属于共同共有（公同共有），且属于法律推定的共同共有，在数人区分一建筑物，各自拥有其中部分时，对于该建筑物及其附属物的共同部分，例如正中宅门，共同的屋脊墙壁，共用的水井厕所等，推定为各所有人（即建筑物各分割人）的公同共有。[②]也有观点认为属于按份共有（分别共有），这主要是考虑到共用部分从属于专有部分[③]，对共有部分的持份往往是按专有部分比例划分，是专有部分（抵押物）的从物，为抵押权效力所及。[④]德国法上也认为住宅所有权在法律构造上对于土地、所有的建筑物“承重”结构部分以及公共设施属于按份共有，而非共同共有。[⑤]第三种观点则认为对于区分所有建筑物的共用部分的法律性质不能一概而论，应该区分建筑物的形态及分割方式而决定其共有的性质，如果用纵向分割法来区分建筑物，各区分所有权人之

① 以北京市为例，2005年《北京市住宅专项维修资金使用管理实施细则》的征集意见期间，北京市建委于7月出了一个691文件（地方规章），明确规定了公共维修基金的缴纳方法：区分所有权人凭网上下载或开发商出具两联的统一缴费证明，直接到政府指定的光大银行交款即可。倘若仍由开发商代收的，住宅专项维修基金必须在3个工作日内汇缴到市住宅专项维修资金归集银行，并在15个工作日内向业主出具《北京市住宅公共维修基金专用收据》。

② 梅仲协：《民法要义》，中国政法大学出版社，1998，第554～555页。

③ 在专有部分与共用部分的关系上，大多数国家与地区的立法与实践认同共用部分的附属性质，而在德国法上，尽管有学者也认同此看法，但在立法上由于强调对区分所有权人的共同关系，因此认为在法律上对住宅的特别所有权，也不可分地包含于对共同所有权的共有份中（WEG第6条第1款）；在共同所有权上所成立的权利，也及于特别所有权（WEG第6条第2款），而对于特别所有权的废止，并不影响共同所有权的存续。因此法律上共同所有权占支配地位，而特别所有权仅仅是共同所有权的附属物。因此，具有重要经济价值的，往往是共有权部分。参见〔德〕鲍尔/施蒂尔纳《德国物权法（上册）》，张双根译，法律出版社，2004，第637页。

④ 王泽鉴：《民法物权（一）所有权》，中国政法大学出版社，2001，第256页。

⑤ 〔德〕鲍尔/施蒂尔纳：《德国物权法（上册）》，张双根译，法律出版社，2004，第636页。对此也有德国学者有不同意见，Dr. Werner Merle，Das Wohnungseigentumim Systemdesbürgerlichen Rechts，Ducker & Humblot，Berlin，1979，S40－43。

间的结合状态并不明确，其共有部分应为按份共有；如果用横向分割或纵横分割方式，则共有部分应理解为共同共有，各个区分所有权人的区分状态也较强。[①] 国内学者也认为对共有部分的权利既不能简单地认为是共同共有，也不能简单地认为是按份共有。从一些立法的文义上看，对共有财产的修缮义务的分担采取的是按一定份额确定的方法，但这种修缮义务的按比例分担还不能确定共有财产的性质，因为修缮义务只是共有人对共有财产所负的义务，并不包括共有人所享有的权利，修缮义务应按比例分担，这不意味着对这些共有财产都应按比例享有权利。因此，对区分所有权的性质不应一概而论，而是应该根据具体的使用情况来确定。如果共有财产是各区分所有权人共有使用的财产，不能具体将哪一部分的财产确定为他人使用，也不能按照一定的份额确定使用范围，则只能认为该财产为共同共有的财产。[②]

其实，在笔者看来，就区分所有权人对于共用部分的关系划分为按份共有或共同共有并没有太大的意义。[③] 就区分所有建筑的共用部分，共同共有受到支持的最大原因在于，一般来说，共同共有总是以存在财产关系之外的另外一种法律关系为前提或基础的，共同共有关系的存在与否受到这种法律关系存在与否的影响。共同共有财产之所以份额不明确，共同财产之所以不可分割也正在于共同共有关系不是一种纯财产关系，共同财产是服务于其他身份关系的，因此共同财产的目的只是维持于这种身份关系。而按份共有受到支持的最大原因则在于对于共用部分的修缮维护以及受益部分是按比例分配给各区分所有权人的，因此各共有人的权利存在份额之别。可见，建筑物区分所有权制度中的共用部分的权利其实既具有共同共有的特性，也具有按份共有的特性。但倘若因此对其定性为所谓的“依具体情形而作判断”则实在是没有意义，因为此时，即便是没有这种共同共有或按份共有的定性，各区分所有权人关于共用部分上的权利与义务也完全可以由法律加以确定或者由当事人协商确定，而不依赖于这种单纯的逻辑上的游戏。况且尽管大陆法传统上的按份共有与共同共有有着诸

① 王利明：《物权法论》，中国政法大学出版社，2003，第 369 页。

② 王利明：《物权法论》，中国政法大学出版社，2003，第 369～370 页。

③ 也有学者认为共有财产的差异与其说是存在于按份共有和共同共有之间，而不如说是存在于意定共有和法定共有之间。高富平：《物权法原论》，第 998 页。

如成立原因不同、权利是否存在份额的不同、共有人可否主张分割的不同，但它们之间的实质性差别并不大，甚至有学者对这两种共有形式的划分提出质疑。[①] 当然，这并不在本专题的讨论范围。

对于建筑物区分所有权中的共用部分的性质，需要对当事人之间权利义务关系加以明确的几点是：（1）对于份额的确定问题。早在开发商取得销售资格之前，就已经对区分所有建筑物进行了专有部分和共用部分的划分[②]，这种专有部分与共用部分划分的核心内容是对专有部分的确定，并以专有部分的确定来划分或分配共用部分的（潜在）份额。一旦专有部分售出，在房屋产权证书上每个区分所有权人都可以得到单独的权属证明，他们的产权证书是彼此独立的，尽管其中注明有公摊面积部分，但不会就其共用部分单独发一个权属证明。（2）对于处分权的问题。对于共用部分，区分所有权人可以按共用部分和共用设施设备的通常使用方法和设计目的进行合理的使用、收益和处分（行使表决权，由区分所有权人会议决议），这种使用、收益和处分是受到区分所有权人共同体的制约的。区分所有权人就共用部分不得请求分割，除非区分所有权人的共同体关系消亡。区分所有权人就专有部分所有权进行转让时，其共用部分的持份权也随之转移。区分所有权人就专有部分与他人形成租赁关系时，专有部分的占有权人也可以享有对区分所有建筑共用部分的合理使用权。

共有关系中一般会有优先购买权问题的体现。

我国法上有关优先购买权的规定大致有：1986 年《民法通则》第 78 条第 3 款规定："按份共有财产的每个共有权人有权要求将自己的份额分出或转让。但在出售时，其他共有人在同等条件下，有优先购买的权利。" 1990 年《最高人民法院关于贯彻执行〈民法通则〉若干问题的意见（修改稿）》第 94 条（原第 92 条）规定："共同共有财产分割后，一个或者数个原共有人出卖自己分得的财产时，如果出卖的财产与其他原共有人分得的财产属于一个整体或者配套使用，其他原共有人主张优先购买权的，应当予以支持。"第 132 条（原第 118 条）规定："出租人出卖出租房屋，应提前三个月通知承租人。承租人在同等条件下，享有优先购买权；出租人

---

① 高富平：《物权法原论》，中国法制出版社，2001，第 990 页。

② 当然，这里仅指法定专有部分和法定共用部分。

未按此规定出卖房屋，承租人可以请求人民法院宣告该房屋买卖无效。”第133条规定：“按份共有人与承租人分别主张优先购买权的，按份共有人优先。属于一个整体的房屋原共有人与承租人分别主张优先购买权的，原共有人优先。”第134条规定：“享有优先购买权的人知道房屋所有人将房屋卖给他人，买卖关系形成之日起超过三个月起诉，或者超过六个月才知道并起诉的，其优先购买权不予保护。”《城市私有房屋管理条例》第10条规定：“房屋所有人出卖共有房屋，须提交共有人同意的证明书。在同等条件下，共有人有优先购买权。”这些构成了共有人与承租人的优先购买权制度的基本框架。关于拍卖中的优先购买权问题，2005年1月1日起施行的《最高人民法院关于人民法院民事执行中拍卖、变卖财产的规定》中也有具体的规定，其中第14条规定：“人民法院应当在拍卖五日前以书面或者其他能够确认收悉的适当方式，通知当事人和已知的担保物权人、优先购买权人或者其他优先权人于拍卖日到场。优先购买权人经通知未到场的，视为放弃优先购买权。”第16条则规定：“拍卖过程中，有最高应价时，优先购买权人可以表示以该最高价买受，如无更高应价，则拍归优先购买权人；如有更高应价，而优先购买权人不作表示的，则拍归该应价最高的竞买人。顺序相同的多个优先购买权人同时表示买受的，以抽签方式决定买受人。”

以上构成了我国现行不动产优先购买权制度的基本框架。

我国物权法草案2005年7月向社会公开征求意见稿中也有类似规定。第106条规定：“按份共有人可以转让其享有的共有的不动产或者动产份额。其他共有人在同等条件下享有优先购买的权利。”但该草案第六章“业主的建筑物区分所有权”，其中并没有区分所有人优先购买权的规定，考虑到建筑物区分所有的共有与按份共有的区别，在没有明文规定的情况下，不宜理解为有优先购买权的存在。[①] 2007年颁布的《物权法》第六章中，也仍然没有规定优先购买权。与此不同的是，在一些相关的地方法规中倒有相应的优先购买权的规定，如北京市政府2003年9月公布的《北京市城市房地产转让管理办法》第14条规定“共有房地产买卖，在同等条件下，共有人享有优先购买权”，“出卖已出租的房地产的，出卖人应当提

① 在我国物权法的制定过程中，是否保留民事立法中优先购买权，有不同的意见。

前三个月通知承租人。在同等条件下，承租人享有优先购买权。出卖人未履行通知义务的，应当承担相应的民事责任。”

一般而言，大陆法各国都有不同形式的优先购买权的规定，德国法上关于优先购买权的规定有11条之多，分布在债编和物权编中。在日本的《有关建筑物区分所有等之法律》上，对区分所有权人有优先取偿权的规定，具体内容如下：区分所有人因共用部分、建物基地或共用部分以外之建物附属设施，对其他区分所有人有债权者，或基于规约或集会之决议对于其他区分所有人债权者，对债务人之区分所有权（包含有关共用部分之权利及基地利用权）及置于建物之动产有优先取偿权。管理人或管理组合法人因执行其职务或业务，对区分所有人有债权者，亦同。这种优先取偿权有其特定的要求。首先，债权的类型要求：要么是与共用部分、建物基地或附属设施有关的债权，要么是基于规约或决议而生之债权。其次，对债务人的要求：债务人是其他区分所有人。再次，债权人必须是区分所有人，在管理人或管理组合法人为债权人时，则相关债权必须是与其职务或业务执行有关。最后，该优先受偿权的范围也限制在区分所有权以及建物内动产的范围之内。对于区分所有权可优先受偿自无疑问。问题是对于债务人置于建物内的动产，规定优先取偿权是否妥当，还值得再三斟酌。在该优先取偿权的顺位上，该条第2项规定“视为共益费用之优先取偿权”。《葡萄牙民法典》第1414～1438条是关于区分所有权的规定，其中肯定区分所有权人间的优先购买权。[①]

从实践中看，这种优先购买权的设置往往需要配合以房地产交易信息披露制度，此处略过。

七　集体决策

（一）业主大会

业主大会是区分所有权人的自治管理组织，在法国和美国等国家称为“业主协会”（condominium homeowners' association），在加拿大和澳大利亚

① 陈华彬：《现代建筑物区分所有权制度研究》，法律出版社，1995，第12页。

等国家称为“业主公司”，在德国称为“住宅所有人共同体”。尽管称谓不同，但其基本职能与作用是一致的，即负责小区共同部分的维护与管理，保持小区良好的居住环境。[①] 我国《物权法》第75条规定：“业主可以设立业主大会，选举业主委员会。地方人民政府有关部门应当对设立业主大会和选举业主委员会给予指导和协助。”按此，业主大会并不具备强制必设性，而是由物业小区区分所有权人自行选择设立与否；倘若区分所有权人决定成立业主大会，则地方政府有指导和协助的义务。

比较《物权法》出台之前，有关规范的态度与此并不一致。2003年《物业管理条例》第8条规定“物业管理区域内全体业主组成业主大会”，“业主大会应当代表和维护物业管理区域内全体业主在物业管理活动中的合法权益”。[②] 2003年建设部颁布的《业主大会规程》规定，对于“只有一个业主，或者业主人数较少且经全体业主同意，决定不成立业主大会的，由业主共同履行业主大会、业主委员会职责”。这就意味着彼时物业小区成立业主大会是原则性规定，而特殊情形时方不成立，由全体业主共同履行业主大会职责。

两者之间，笔者更加认同业主大会强制必设的观点。原因主要有两点：第一，业主大会这种业主自治组织的成立是建筑物区分所有权中“人法”因素的重要特质，是建筑物区分所有权行使的特别方式。业主大会，既是业主自治的体现，同时又充分体现出建筑物区分所有权中成员权的内涵。第二，业主大会的强制必设性，在区分所有权人数众多的情况下，是现代区分所有建筑物小区管理与维护运转实践的必然需求。而这也是在人数较少的小区可以不设立业主大会的原因。

笔者主张的强制必设性一般仅针对业主大会而言，对于业主大会下设各机构及基本组织形式则由区分所有权人自治组织自行决定设立与否，即强制必设性并不必然延及业主大会的各个机构。因此，对于建设部2003年

① 周树基：《美国物业产权制度与物业管理》，北京大学出版社，2005，第49页。

② 2009年《物业管理条例》修订时采业主大会强制必设原则，以不设立为例外。第10条规定：“同一个物业管理区域内的业主，应当在物业所在地的区、县人民政府房地产行政主管部门或者街道办事处、乡镇人民政府的指导下成立业主大会，并选举产生业主委员会。但是，只有一个业主的，或者业主人数较少且经全体业主一致同意，决定不成立业主大会的，由业主共同履行业主大会、业主委员会职责。”

《业主大会规程》第3条“业主大会应当设立业主委员会作为执行机构”并不赞同。以德国法为例，德国现行住宅所有权法，住宅所有权人会议由各住宅所有权人当然参与。该机关为强制必设机关，其于法律上为最高管理机关，由其决定管理方针与管理方法，并选任管理人、管理顾问委员会以及订定管理规约。管理委员会在德国现行法上为非必设机关。

对于《物业管理条例》、《业主大会规程》等规范性文件中要求的业主大会的“唯一性”要件，《物权法》中未有明确规定，但业主大会的“唯一性”特征是必须坚持的。即一个物业小区只能有一个业主大会。在物业小区区分所有权人自愿成立业主大会时，业主大会是区分所有权人的自治组织，是区分所有权人共同体的意思决定机关。这一点在2009年《物业管理条例》的修订中体现出来。

业主大会是区分所有建筑物小区的最高意思决定机关，全体建筑物区分所有权人构成业主大会，因此业主大会具有唯一性。尽管业主大会代表的是全体区分所有权人，但由于人的先天性格及后天利益区分与素养差异使然，区分所有权人之间存在着意见分歧是平常之事。业主大会作为意思决定机关，其作出的决议是以集体决策的形式表现出来的，从法律技术上讲这是一种拟制。同时，业主大会的唯一性并不对其构成员的身份变动产生影响，在符合法定或约定的情况下，区分所有权人可以通过转让其权利丧失区分所有权人资格而由受让人接替其成为业主大会的新成员，享受权利并履行义务。

作为区分所有权人自治组织的业主大会，其行使权利的基础是建筑物区分所有权，其基本职能的行使也是围绕区分所有权的行使与作为所有权标的的区分建筑物的管理与维护展开的。由全体区分所有权人组成的业主大会，是区分所有权人自治的决策机构，对于物业小区重大事务享有决策权。通常有权决定制定和修改业主会议议事规则；制定和修改建筑物及其附属设施的管理规约；选举和更换业主委员会；选聘和解聘物业管理机构或者其他管理人；筹集和使用建筑物及其附属设施的维修基金；修缮、改建、重建建筑物及其附属设施以及有关共有和共同管理权利的其他重大事项。①

① 2003年《物业管理条例》第11条规定。我国《物权法》第76条关于业主共同决定事项的规定与此内容基本相同，且无论设立业主大会与否，均适用。

在具体职能的行使上，由于业主大会受自身会议次数少、会议期间固定、短暂等限制，对区分所有小区的事务决策只能采取集中式的处理方式，对于大量发生的日常事务的管理与决策，一般通过授权的方式，交由其常设机构业主委员会或其他特别（专项）委员会来解决，业主委员会或其他特别委员会就授权工作向业主大会汇报处理情况并接受业主大会（全体区分所有权人）的监督。授权的具体范围包括业主委员会具体职能、议事规则（工作规则）等，对于业主委员会或其他特别委员会超越授权，侵害其他区分所有权人权益的行为，业主大会有权加以否定或申请人民法院予以撤销。在有关区分所有共同事项的管理上，德国法的规定具有一定的参考意义，WEG 中确认了两种不同的途径：对通常管理与“日常事务”，采住宅所有人多数决方式；对于共有物之基础性使用规则，则必须通过住宅所有人协议或分割表示，而达成所谓的共同规章形式，并使其构成特别所有权的内容；通过此种方式，亦可创设单个住宅所有权人，对共同之所有权的特别使用权，比如卡车停车位。① 从另一个角度而言，也意味着可以将区分所有权人自治组织——业主大会的决议分为两大类型：一类是较为稳定的管理规约（业主公约）、共同规章、议事规则类；另一类则是针对性较强的日常管理事务的管理决定。综上，召开会议，进行议决、形成决议是业主大会行使职能的最主要方式。

（二）业主委员会

业主委员会是业主大会的常设执行机构，负责日常事务。业主委员会代表全体区分所有权人执行业主大会作出的决议，维护全体区分所有权人的利益，是全体区分所有权人实现共有物业管理权的自治管理组织的核心机构。经业主大会的授权，业主委员会完全可以代表全体区分所有权人行使物业管理权，包括自行建立物业管理组织或委托物业管理公司进行专业化的管理。按我国《物权法》第 75 条规定，业主委员会由全体区分所有权人选择设立，由业主大会负责业主委员会的选举工作，地方政府相应部门对业主委员会的选举给予指导与帮助。

---

① 〔德〕鲍尔/施蒂尔纳：《德国物权法（上册）》，张双根译，法律出版社，2004，第 641 页。

我国法上，业主委员会的称谓几经变更，其职权的范围、来源等也存在着时代差别。根据1994年我国《城市新建住宅小区管理办法》第6条的规定“住宅小区应当成立住宅小区管理委员会（以下简称管委会）”。“管委会是在房地产行政主管部门指导下，由住宅小区内房地产产权人和使用人选举的代表组成，代表和维护住宅小区内房地产产权人和使用人的合法权益。”从此规定看，小区管委会是一个小区居民的自治管理组织，它的组成人员不仅仅包括区分所有权人还包括了专有部分的使用权人，其代表的利益既有区分所有权人的所有权，也包括了使用者的用益物权。其中，非区分所有人的使用者加入管委会只能代表用益物权者的利益，而无权代表区分所有权人进行重大决策，比如建筑物的重大修缮等事项。因此，小区管委会的组成包括政府（公房所有人）、小业主（私房所有人）和房屋使用人（租户或其他非业主使用人）三方主体，是一个半自治、半行政性的物业管理维权组织。这种物业自治管理组织形式，适合以公房为主体，房屋产权多元化的住宅小区，但不适合以私有产权为主体的小区物业管理。[①] 可以说，在国务院颁布《物业管理条例》之前，管理委员会（业主委员会的前身）是权力机构，这样从某种意义上说，就是让少数人决定大多数人的事情，造成了一些管理委员会权力过大，却无法承担风险，导致诸多问题的产生。[②] 因此，从这个角度而言，我国业主委员会与管理委员会（管理二字带有强烈的行政性，而区别于民法上所说的管理）的区别并不仅仅体现在用语层面。业主委员会是在物业区域内代表全体区分所有权人对物业实施自治管理的组织，是建筑区分所有权人的自治组织。所以，非业主无权成为业主委员会成员，即凡是非业主的物业使用人、居民委员会、派出所等均无权成为业主委员会成员，有些地方管理法规规定业主委员会可聘请派出所、居委会等有关单位的成员担任物业小区业主委员会委员的做法是值得商榷的。[③] 根据现行的《物业管理条例》、《业主大会规程》等规定，对于派出所或居委会等基层单位，业主委员会并没有义务接受其领导，但对于物业小区内的相关重要事项，有通知并

① 刘长森：《论业主委员会的性质及法律地位》，《中国房地产》2002年5月。

② 潘茵主编《社区物业管理》，电子工业出版社，2004，第43页。

③ 刘长森：《论业主委员会的性质及法律地位》，《中国房地产》2002年5月。

接受其建议的义务。作为业主大会的执行机构，业主委员会应当自选举之日起30日内，向物业所在地的区、县人民政府的房地产行政主管部门备案。

作为业主大会的常设机构，业主委员会是物业小区日常事务工作的实际处理者，也是在发生公共维修基金使用、选招聘物业管理企业等重大事务的工作主持者。业主委员会要代表全体业主和使用权人行使权利，依据业主委员会章程和业主公约来协调和处理业主内部、业主和使用人内部的关系；业主委员会要代表全体业主选聘物业管理企业，签订物业管理合同，并监督物业管理公司的运作；业主委员会要代表全体业主与房屋行政管理部门、居民委员会、派出所、各类专业服务公司、各类专业管理部门打交道，作出相应的法律行为。可见，业主委员会作为业主自治管理组织，其地位和作用是其他任何组织所不能代替的。业主委员会的重要性不可忽视，业主委员会作为业主自治管理组织的一个更为重要和深远的意义在于，业主可以通过民主程序参与管理自己的事务，可以提高人们通过民主程序来管理自己事务的能力，同时，这种民主管理的方式也可以培养人们的民主意识，促进社会主义基层民主的发展，因此，业主委员会的诞生，对我国民主建设也有着重大的实践意义。①

有关业主委员会的选举、组成、任期、职能范围等，在成文法有特殊规定的，应当符合成文法的要求。一般均需要经过区分所有权人自治组织的明确授权，并以物业小区自治文件的形式加以固定。美国法上，这种自治性文件表现为物业小区的章程（bylaw）。该章程一般而言也要求与区分所有权产生之时的设立申报、设立总协议书一起载明于土地登记簿。除了业主委员会委员规范、物业管理服务公司的选聘之外，业主委员会章程还就年度会议、临时会议，共用部分费用评估，保险，对专有部分与共用部分的使用限制，以及影响区分所有制度运行的其他重要事项拥有影响力。章程在美国的建筑物区分所有权制度中占有举足轻重的地位，它还可以授权业主委员会制定对区分所有权人的进行管理的规则。除了在设立申请人（一般为区分所有物业小区的开发商）控制期之外，可在特别多数（如

① 和中国不同的是，美国的业主委员会往往具有所谓的“统治地位”（thegovernmentbody）。

2/3）区分所有人同意时对章程进行修改。在未取得设立申请人同意时，相关的修改不得影响设立申请人控制业主委员会的权利。另外，在未取得大多数商用单元的区分所有权人的同意时，对物业小区区分所有文件的相关修改不得削弱或损害商用单元区分所有权人的权利。业主委员会是一个持续变化的实体，它的组成人员每隔一定时间就需要进行变换。美国通常每年都将有 1/3 的委员更替，这与中国目前小区业主委员会往往按届轮换的做法不太一致，但从事务工作的连续性来看，定期部分轮换是合理的，更有利于物业小区管理事务的交接续展。

在我国物权立法以及实践中，关于业主委员会的法律地位的探讨曾经非常热烈。这种探讨，总是带着几分尴尬，因为大多数时候，我们说的其实是业主委员会在诉讼中的地位。对于以提升小区生活品质、完善物业管理秩序为目的的业主委员会而言，在谈到其法律地位时，首当其冲的就是业主委员会在诉讼中的地位，这毫无疑问具有讽刺意味，然而，诉讼经常是区分所有建筑这种高密度居住状况下，受到侵害的当事人进行救济的最佳途径。有关业主委员会的运行与地位的讨论也就绕不开诉讼中的地位这个重要问题了。[①] 有关业主委员会的诉讼地位，既涉及与区分所有权人共同体之外的第三人发生的法律纠纷，也包含了业主委员会与单个或部分区分所有权人之间的矛盾纠纷。有关业主委员会法律地位的第二个重要方面是，讨论业主委员会在民事活动中的地位，也就是业主委员会以何种身份参加民事活动的问题。

关于业主委员会（managing board）或业主协会（condominium association）在诉讼中的地位问题，美国成文法上的规定相对而言比较全面，一般涉及其诉讼地位的条款体现在以下四类成文法中：（1）社区协会法（Community Association Act），（2）商业法（BusinessAct），（3）非营利性法人法（Nonprofit Corporation Act），（4）非法人团体指南（Reference for Unincorporated Association）等等。[②] 涉及如此多类型的成文法，固然与美国是联邦制国家存在联邦与各州法两套体系有关，业主委员会自身性质的

① Warren Freedman & Jonathan BAlter, The Law of Condominia and Property Owners' Associations, Greenwood Publishing Group, Inc./Quorum Books, 1992, p. 77.

② WayneS Hyatt & PhilipS Downereditors, Condominium and Homeowner Association Litigation Community Association Law, Wiley Law Publications. pp. 209 – 212.

复杂化也是重要的原因。[①]

《物权法》第 78 条第 2 款规定："业主大会或者业主委员会作出的决定侵害业主合法权益的，受侵害的业主可以请求人民法院予以撤销。"该款在物权法立法过程中经历了数次删、添的过程，并最终得到确立。这意味着，在建筑物区分所有权制度建设与完善过程中，不仅仅是区分所有权人对外部关系得到了重视，区分所有权人内部关系，区分所有权人组织与区分所有权人间关系也同样得到了重视。从该款规定延伸出来的一个重要问题是，对于此种侵害业主合法利益的决定，除了可以请求法院予以撤销之外，对已经造成的损害应怎样赔偿，由谁来赔偿？对这个问题的回答，将进一步推进对业主大会、业主委员会法律地位的思考，也需要我们在区分所有建筑小区的实践中继续找寻答案。《解释》第 12 条明确了这种撤销请求"应当在知道或者应当知道业主大会或者业主委员会作出决定之日起一年内行使"。

（三）集体决策及其效力

区分所有权人的自治是通过区分所有权人自治组织实现的，集体决策机制是保障其运行的根本原则之一。这种决策，必须按照法律法规以及区分所有权人自治组织的议事规则与程序进行。"物业小区业主协会的集体决策的依据是法律与合同，具有合法性与强制性。……因此，虽然区分所有权是一种单独产权与共有产权相结合的产权形式，但区分所有产权制度的上述制度设计，可以在相当大的程度上解决共有产权难以协调的问题"。[②] 这种集体决策，在多数时候是占多数业主的意思一致，少数时候是全体业主的意思一致。即业主大会形成决议，以多数决为原则，以一致决为例外。合法程序下达成的决议，可以整合全体区分所有权人的意志，最大效率地保障区分所有建筑物小区的财产安全与生活秩序。这是集体决策原则的目标与功能。集体决策原则贯穿于全部区分所有权人的自治过程，从全体区分所有权人大会到其常设执行机构业主委员会，临

---

① 陈鑫：《业主自治：以建筑物区分所有权为基础》，北京大学出版社，2007，第 153 ~ 156 页。

② 周树基：《美国物业产权制度与物业管理》，北京大学出版社，2005，第 17 页。

时机构如招投标委员会等等，无不必须依集体决策作出相关的决定与意见。[①]

我国《物权法》第 76 条规定了业主共同决定物业小区重大事项的集体决策权，确立了物业小区的议事规则与多数决原则。

在区分所有建筑物小区，多元利益并存是一个必然。如何使代表多元利益的主体能够通过协商形成一致决议，从而对区分所有建筑物小区进行有效管理，保障生活秩序、提升生活品质。议事程序或议事规则的重要性就彰显出来。程序或者议事性规则的作用在于从制度上划分出一个内部空间，足够代表不同利益的区分所有权人能够在此空间内表达与商谈，并以集体决策形成共同意思。此时的程序或议事规则兼具保障公平与形成决策的功能。

按《物权法》第 76 条第 1 款第 1 项规定，制定和修改业主大会议事规则属于业主集体决策权的第一项重要内容。由此，议事规则既是集体决策的准则，也是集体决策的产物。在区分所有建筑物小区实践中，具有举足轻重的地位。除了物权法该条规定之外，在我国现有规范体系中，并没有就业主议事规则方面做进一步的细致规定，《物业管理条例》中关于“业主大会议事规则”的规定也比较概括，应当就业主大会的议事方式、表决程序、业主投票权确定办法、业主委员会的组成和委员任期等事项依法作出约定。即对建筑物区分所有权人组织的职能、机构设置、议事方式、表决程序、建筑物区分所有权人投票权确定方法、业主委员会组成以及任期等规定在独立与自治规约的文件中，即建筑物区分所有权人组织议事规则。[②]

笔者认为，目前就区分所有建筑小区议事规则的细化，不妨从业主投票权方面着手。

投票权的分配与计算。可选的方法大致有四种：首先，一人一票是现代民主制下的通常选择，就区分所有建筑小区的集体决策而言，一人一票同样是一种可行的选择。其次，由于建筑物区分所有权人组织成员身份的获得是基于财产的所有权，成立区分所有权人组织的重要目的也是通过管

① 陈鑫：《业主自治：以建筑物区分所有权为基础》，北京大学出版社，2007，第 85 页。

② 《物业管理条例》，第 6 条第 3 项、第 7 条、第 11 条第 1 项、第 18 条等。

理共有财产，执行管理文件来维护财产的价值。因此，从这个角度看，以建筑物区分所有权比例或经济投入比例来确定投票权也是惯常的做法。[①]还有一种就是直接以区分所有权人拥有的住宅的套数作为投票权的计算方法，每套（户）一票。或者干脆直接按建筑物区分所有权人拥有的住宅的建筑面积作为计算标准。从当今各个国家和地区的立法例来看，大都不出以上四者范围。如德国、瑞士以及我国台湾地区，就采一人计一票的做法，数人共有一专有部分只计一票；美国法上的一户一票的规定也与此类似[②]；法国则是按照建筑物区分所有权人所有部分与整个区分所有建筑物价值的比率确定投票率；日本则按建筑物区分所有权人拥有的专有部分室内面积与区分所有建筑物全部专有部分面积之和的比率确定投票率。[③]

对于按人数和按所占比例这两种计算方法，前一种做法中，在区分所有建筑物各单元面积差异不大时，显得较为公平，不至于出现占有份额较少的多数区分所有权人控制占有份额较多的少数区分所有权人的情况，在各单元面积差异较大时则极容易导致这种不公平；后一种做法中，可能造成拥有份额较多的少数建筑物区分所有权人控制拥有份额较少的多数区分所有权人的情形，类似于公司中少数大股东对众多小股东的控制。为了在这两者间进行平衡，力求业主决策尽量公平，各国或地区在上述投票权比例的方法确定的基础上，一般会要求以“双重多数”作出决议，即不仅要求区分所有权人人数过半，还要求所占区分所有权比例过半。这就在程序上尽可能地保障了公平原则的实现，以平衡各区分所有权人的关系。

双重多数原则，即不仅在区分所有权比例上占到多数，在区分所有权人数上也占到多数。这主要是考虑到单纯采用所有权比例计数的话有可能

---

① 薛源：《区分所有建筑物自治管理组织制度研究》，对外经济贸易大学 2005 年博士论文，第 38 页。

② “一户一票”（oneunit-onevote）与“一人一票”（oneperson-onevote）毕竟还是有区别的，美国法上的 Reynoldv. Sims.（377U. S. 533（1964））案件中，原告人就质疑一户一票的做法，容易导致“偏向开发商”的投票权设定（developer-weightedvoting）。作者将它们列为同类，仅仅是基于此处对“户”的所有是成为拥有投票权的“人”的前提，对于同一人拥有多户而造成的“独大”现象，现在各国往往通过对投票权比例进行限制的方法进行调整。

③ 薛源：《区分所有建筑物自治管理组织制度研究》，对外经济贸易大学 2005 年博士论文，第 39 页。

产生类似资本多数决的结果，不利于对占比例较少的区分所有权人的利益；而单纯采取所有权人数的做法又可能造成拥有所有权份额较少的多数所有权人对拥有较多份额的少数所有权人的控制。毕竟，对于所有意思与决议内容相左的所有权人而言，决议的内容是一种“强制”，是民主下的必然妥协。无论是占比例较少，还是占人数较少的缘故，他们在决议通过时必须无条件服从，这事实上构成对其所有权的一种限制。在程序设计上，选用双重多数通过，则无疑是为了在人数与所有权比例的平衡上力求最大程度的公平。我国《物权法》第 76 条第 2 款中已经明确了“双重多数决”原则。

我国《物权法》中对投票权的分配与计算并无详细规定，在 2003 年《物业管理条例》中也只对第一次业主大会会议的投票权计算进行了原则性的规定，给出了两个考量因素：建筑物区分所有权人拥有住宅单元的建筑面积、住宅套数。具体的裁夺权则交给了各省、自治区、直辖市。[①] 对于其后的业主大会会议投票权的计算方法，则将具体的裁夺权交给了区分所有权人自身，由区分所有权人组织在其自治文件中作出具体的选择。有一个问题必须注意，无论是以住宅套数为标准还是以建筑面积为标准，这两种确定投票权的方法都易产生资本多数决的结果，不利于保护建筑物区分所有权份额较少的建筑物区分所有权人的权益，有必要引入对“大业主”投票权的限制性规定。[②]

《物权法》中采纳了双重多数决原则，但并未引入对“大业主”投票权的比例限制。双重多数原则的采纳，在一定程度上可以对大业主的投票

① 我国《物业管理条例》中仅仅针对物业小区的首次业主大会的投票权规定了两类确定基准：其一是区分所有权人拥有的专有部分的建筑面积（室内 + 公摊），其二是户数。同时规定这两类基准，其立法目的可能是为了防止出现强行规定某个基准的偏差，导致不公平现象。在这里做了第一次授权：将对两类确定基准的选择权交给了各省、自治区、直辖市，由他们来制定具体的办法。（第 10 条）对于二次以后的业主大会的投票权的确定方法，做了第二次授权：直接由建筑物区分所有权人在建筑物区分所有权人组织议事规则中进行规定。（第 18 条）由这两种授权，隐约可见立法者的目的：对于建筑物区分所有权人自治组织的成立，各行政主管机关需要一定程度的介入，以辅助区分所有权人顺利步入自治的轨道；对于建筑物区分所有权人自治组织成立后的具体事项，则直接由区分所有权人共同体决定，行政主管机关应降低介入力度。

② 对大投票权业主投票权的限制，在我国此次物权立法中没有体现，之前的《物业管理条例》等规范性文件中也缺乏此类限制。

权有所限制，但这种限制的效果远不如直接对大业主投票权比例上限进行约定有效。假设开发商作为大业主拥有34%的投票权，那么只要其一票否决，业主大会就很难作出决议，如果明文规定其投票权行使上限为30%的话，开发商就无法做到一票否决。值得借鉴的是联合国欧洲经济委员会的《转型国家住宅类建筑区分所有权指南》中关于投票权的计算规则。它以单元数（住宅套数）为计算单位，每个单元（每套）一个投票权，而忽略单元之间的面积差额。倘有超过1/10的出席业主要求，便可以进行书面投票决议。若出席业主或其委托代理人超过业主总数的50%，业主大会的决议一般仅需简单多数通过即可，在特殊事项则需要3/4的赞同票方能通过：区分所有规约的变更、对区分所有建筑物的重大变更或修缮、现代化以及结构变更等等。该指南的第10.8条还明确对“大业主”进行了限制，拥有物业小区区分所有建筑超过30%的业主的投票权不能大于30%。[①] 而“大业主”相对应的义务比例却没有降低。我国台湾地区的规定也非常与之类似，对于建筑物区分所有权人会议“之出席人数与表决权计算，于任一建筑物区分所有权人之区分所有权占全部区分所有权五分之一以上者，或任一区分所有权人所有之专有部分之个数超过全部专有部分个数总合之五分之一以上者，其超过部分不予计算”。[②]

《解释》中，明确了对大业主的限制。第9条规定首先确立了“按专有部分的数量计算”“业主人数”的基本规则，“一个专有部分按一人计算”。接着规定对两类情况的特殊处理：其一是建设单位尚未出售和虽已出售但尚未交付的部分，按一人计算。其二是“同一买受人拥有一个以上专有部分的，按一人计算”。《解释》第8条同时明确了专有部分面积和建筑物总面积的认定方法，“专有部分面积，按照不动产登记簿记载的面积计算；尚未进行物权登记的，暂按测绘机构的实测面积计算；尚未进行实测的，暂按房屋买卖合同记载的面积计算”，前项的统计之和，构成建筑物总面积。

按《物权法》第76条规定，对于下列事项，经专有部分占建筑物总面积过半数的业主且占总人数过半数的业主同意时，可以形成决议：“（一）制

① Guidelineson Condominium Ownershipof Housing Countriesin Transition，10.6，10.8，10.9.

② 我国台湾地区“公寓大厦管理条例”第27条第2款。

定和修改业主大会议事规则；（二）制定和修改建筑物及其附属设施的管理规约；（三）选举业主委员会或者更换业主委员会成员；（四）选聘和解聘物业服务企业或者其他管理人；……（七）有关共有和共同管理权利的其他重大事项。”但在决定筹集和使用建筑物及其附属设施的维修资金，以及改建、重建建筑物及其附属设施时，需要经专有部分占建筑物总面积2/3以上的业主且占总人数2/3以上的业主同意。前者是简单多数决，后者是特别多数决的规定。该规定与物权法制定前《物业管理条例》的相关规定是一致的。《解释》第7条中明确了《物权法》第1款第7项中的“重大事项”范围，凡是“改变共有部分的用途、利用共有部分从事经营性活动、处分共有部分，以及业主大会依法决定或者管理规约依法确定应由业主共同决定的事项”均在其列。

具体而言，除了上述议事规则之外，物权法明确规定需要由建筑物区分所有权人集体决策的事项包括以下几种：

1. 管理规约

管理规约，是建筑物区分所有权制度的重要法律文件之一，是区分所有权人为增进共同利益，确保区分所有建筑物及建筑物小区的良好管理运行与和谐生活秩序，经区分所有权人集体决策的共同遵守事项。其内容一般包括：区分所有权人内部权利义务关系的确定、区分所有建筑物或建筑物小区的管理与维护、区分所有权人自治组织及其机构的职能与工作制度、违反义务者的责任等事项。区分所有权人享有管理规约制定权，但对其具体内容的制定与修改，掌握在全体区分所有权人集体决策的基础上，不得违反国家强行法的规定并不得损害其他主体的合法权益。

区分所有建筑物小区是否应当订立管理规约，有任意性与强制性两种立法例。日本采任意性立法例，由区分所有权人的自由意志决定是否订立管理规约，在建筑物区分法上不进行强制规定。但依丸山英气教授所作的调查，日本的公寓大厦订有规约者，约占九成三。[①] 管理规约对建筑物区分所有权制度的重要性由此也可见一斑。我国台湾地区则采强制性立法

① 丸山英气：《区分所有建物法律问题》，三省堂，1981，第282页以下。转引自温丰文研究主持：《公寓大厦管理问题之研究》，台湾地区“行政院研究发展考核委员会”，1997，第55~56页。

例，依1995年“公寓大厦管理条例”第49条规定：“公寓大厦之起造人于申请建造执照时，应检附专有部分，共用部分标示详细图说及住户规约草约。于设计变更时亦同。前项规约草约于第一次区分所有权会议召开前，视同规约。”① 2003年条例修正后，第56条第2项规定：“前项规约草约经承受人签署同意后，于区分所有权人会议订定规约前，视为规约。”②意大利民法典对建筑物区分所有权进行调整，同样对业主规约的订立采强制性规定，在区分所有权人数超过10人时，必须订立规约。③

对于管理规约的制定和修改，需要经专有部分占建筑物总面积过半数的业主且占总人数过半数的业主同意。

2. 选举业主委员会及其成员

我国《物权法》第75条规定：“业主可以设立业主大会，选举业主委员会。地方人民政府有关部门应当对设立业主大会和选举业主委员会给予指导和协助。”据此，业主委员会产生的第一种途径是经由业主大会选举产生。在没有设立业主大会的情况下，业主委员会的产生可以经由第二种途径，即按《物权法》第76条规定，经专有部分占建筑物总面积过半数的业主且占总人数过半数的业主同意，选举业主委员会或者更换业主委员会成员。

至于业主委员会组成人数、任期、连选连任、业主委员会主任人选等等，物权法中并没有进行明确规定，而是将其交由各区分所有建筑小区自行根据各自特点进行选择，一般而言，关于上述业主委员会组成人数等的规则，会体现在小区业主制定的“议事规则”、“管理规约”等自治性文件之中，对小区全体业主及其继受人均具有约束力。

3. 维修资金的筹集与使用

关于建筑物及其附属设施的维修资金筹集和使用决策，属于法定的特别所属决事项，需要经过专有部分占建筑物总面积2/3以上的业主且占总

---

① 温丰文研究主持：《公寓大厦管理问题之研究》，台湾地区“行政院研究发展考核委员会”，1997，第56页。

② 2007年《物权法》制定之前，我国相关规范体系中的“业主公约”“业主临时公约”与之非常类似，其中“业主临时公约”由建造开发商拟定并作为商品房买卖合同中的附件由购房人签署。

③ 陈鑫：《业主自治：以建筑物区分所有权为基础》，北京大学出版社，2007，第106页。

人数2/3以上的业主同意方可通过。维修资金是一种预防性基金，是建筑物在遇有重大修缮改良时的经费保障。因此，物权立法上对其筹集和使用要求以特别多数决方能形成决议，以求慎重。前文已有论述，此处不赘，但有两点，仍然值得思考与讨论。

一是对于维修资金的增益交割等环节，也应当补充进入由区分所有权人集体决策事项范围内。在我国现行法律体制内，要求维修基金应当在银行专户存储，专款专用。为了保证维修基金的安全，维修基金闲置时，除可用于购买国债或者用于法律、法规规定的其他范围外，严禁挪作他用。这样，为数不小的维修资金总会产生增益，[①] 该增益如何利用，应当交由区分所有权人集体决策。

二是关于维修资金的存储，一般是按单幢住宅设置维修资金明细户，具体办法由各市、县房地产行政主管部门制定，也就是所谓的“按幢建账，核算到户”。如此一来，在维修资金的使用决议时就产生一个问题，是由建筑区划内所有业主以2/3多数通过合适呢，还是由提出动用维修资金需要的单幢建筑物业主以2/3多数通过合适。适用前者会造成通过的难度增大，维修资金使用困难，影响建筑物及配套设施的维修；使用后者又会使得决策的通过过于容易，影响维修资金的使用安全。既要防止“维而不修”形成浪费，又要避免维修资金的安全性降低。

4. 建筑物的改建与重建

区分所有建筑物是建筑物区分所有权的客体，也是权利存在的物质基础。区分所有建筑物的毁损或灭失，会直接影响到权利人的权利大小与存亡。因此，我国物权法上对建筑物的改建与重建事项，也要求有权利人的集体决策，并且是以2/3的特别多数决通过方可。由于区分所有建筑物的改建与重建事关重大，所以除了特别多数决之外，在其他国家和地区的相关立法例中，还有一些针对于此的特殊规定：比如我国台湾地区原则上对于区分所有建筑物的改建与重建需要取得全体区分所有权人的一致同意，但有例外，即“公寓大厦管理条例”第13条规定的情况，在区分所有建筑物为了“一、配合都市更新计划而实施重建者；二、严重毁损、倾颓或

---

① 我国目前维修资金增益来源可能包含三个内容：一是银行利息，二是国债收益，三是投资于法律、法规允许的其他领域的收益。

朽坏，有危害公共安全之虞者；以及因地震、水灾、风灾、火灾或其他重大事变，肇致危害公共安全者”。而且，对于后两种情形的发生，一旦经区分所有权人会议决议重建时，区分所有权人不同意决议又不出让区分所有权或同意后不依决议履行其义务者，管理负责人或管理委员会可以诉请法院命区分所有权人出让其区分所有权及其基地所有权应有部分（第14条）。强制出让的受让人视为同意重建。

对于未能达成改建和重建的决议，导致区分所有建筑物毁损或灭失的话，会引起区分所有权的消灭，以及因区分所有所形成的共有关系的消灭。

建筑区分所有权人集体决策通过的决议，业主大会或业主委员会作出的决议，对全体区分所有权人以及专有部分占有人都有约束力。

赋予集体决策这种强制约束力，使得全体区分所有权人，无论其真实意思如何，都受集体决策的约束。这意味着对个人所有权的限制，这种限制必须遵循两个基本底线：不得扭曲所有权的本质内容；限制针对所有人展开而非针对特殊人群（歧视）。与此同时，如果出现该集体决策违反法律、法规或区分所有权人管理规约的情形，为保障少数区分所有权人的权利不受侵害，很多国家与地区的法律赋予区分所有权人对集体决策决议的异议权，以对建筑区分所有权人集体决策形成制约，在区分所有权人个体利益和共同利益之间形成平衡。比如说法国《住宅所有权法》第42条、《瑞士民法典》第712条g，《意大利民法典》第1137条规定等。

对于决议对业主的约束力以及业主拥有的异议权问题，有两点需要注意：

关于决议的效力。在决议对人的效力上，我国物权法明确规定的是对“全体业主”具有约束力，这与《物业管理法》第12条第4款的规定相一致，“业主大会的决定对物业管理区域内的全体业主具有约束力”。需要考虑的是，区分所有权的性质并非仅仅是单纯的财产性权利，也不仅仅是不动产的共有关系，而是一种财产与生活秩序的共同规范。很多时候，为了保障该区分所有权制度的目的实现，必须使得决议的效力不仅仅对于权利人，对于专有部分事实上的占有人也应当具有约束力——比如业主大会作出的有关限养宠物的决议，不仅仅对业主，也应当对专有部分承租人产生

拘束力。决议的对人效力，在涉及区分所有权人的继受人时，存在理论上的巨大争议，我国此次物权立法对此并未明确规定。

关于区分所有权人异议权的把握。首先，必须仅在决议事项出现违反法律法规或管理规约时方能行使，若是单纯的对决议事项持否定态度，不足以成为提出异议的理由。其次，异议权行使的结果，有可能会影响到相关决议的效力，但对于处于异议期间，尚未被法院撤销或确认为无效的时间段内，异议权的行使一般不会中止决议的执行，除非法院认为有必要暂停的。再次，异议权的行使必须是向法院提出异议之诉的方式进行，其提出异议的期限一般也会有严格限制，比如说决议作出之日起 30 日内或其他的合理期限之内提出方被受理。物权法出台之前，我国没有异议权的相关规定，在物权法制定过程中关于业主的异议权的规定“业主认为业主大会或者业主委员会的决定侵害其合法权益的，可以请求人民法院予以撤销”。[①] 也经历了几次废、立的变动，并最终被我国《物权法》第 78 条第 2 款所确认。在《解释》中，增加了请求撤销“应当在知道或者应当知道业主大会或者业主委员会作出决定之日起一年内行使”的规定。

八　物业管理中的几个常见问题

（一）物业以及物业管理的法律含义

一般认为，“物业”指的是已经建成并竣工验收投入使用的各类房屋建筑及其所属配套设施与场地。[②] 一个完整的物业一般包含四个构成部分：建筑物本体、附属设备、公共设施和建筑地块。[③] 为使物业发挥最大使用价值和经济效益，保障舒适安全的小区环境和居家生活，需要建立对物业的系统有序的管理与维修养护，即“物业管理”。物业管理的主体是物业的所有权人，权利人可以自行对物业进行管理，也可以委托专业的物业管

① 德国学者弗卢梅指出，如果某项决议因违反旨在保护个别成员利益的规定而无效，那么，只有在受保护的个别成员先前主张这种无效性的情况下，其他人才能主张之。

② 黄安永、叶天泉：《物业管理辞典》，东南大学出版社，第 89 页。转引自夏善胜主编《物业管理法》，法律出版社，2003，第 2 页。

③ 夏善胜主编《物业管理法》，法律出版社，2003，第 3 ~ 4 页。

理服务企业等进行管理。后者在社会分工日益发展的背景下，显得尤为重要。

现代物业管理的基本属性是“服务”，在提供服务的过程中，这种管理表现出以下特性：(1) 契约性。区分所有权人集体决策物业服务机构的选聘，并以契约方式就服务双方的权利义务关系加以确定。(2) 综合性。现代物业的管理对象是物业，服务对象是区分所有权人及专有部分占有人、物业的实际使用人等，实施“统一管理，综合服务”，其服务内容涉及区分所有权人居家生活的方方面面。(3) 专业性。和业主自行管理相比，物业服务企业提供的是专业化的管理和服务，拥有专业的物业服务人员和服务组织机构，在服务时间上也比区分所有权人自行管理更为充裕。①

我国目前委托物业服务公司进行小区物业管理从时间上可以分为两个阶段。第一阶段为由开发建设单位委托物业管理服务企业对物业小区进行管理，即所谓的“前期物业管理”，指从物业出售后至业主入住后、以集体决策决定选聘物业管理服务企业之前的期间内的物业管理。第二阶段则是由业主自行决定物业管理服务企业选聘阶段。其间一个重大问题就是对物业小区的管理控制权由开发建设单位向区分所有权人的移转。建设单位依法与物业服务企业签订的前期物业服务合同，以及业主委员会与业主大会依法选聘的物业服务企业签订的物业服务合同，对业主具有约束力。业主以其并非合同当事人为由提出抗辩的，人民法院不予支持。②

（二）物业管理的类型

我国《物权法》第 81 条规定：“业主可以自行管理建筑物及其附属设施，也可以委托物业服务企业或者其他管理人管理。”对于区分所有建筑小区（建筑区划）内建筑物及其附属设施的管理，可以分为自行管理与委托管理。

1. 自行管理

自行管理，即自主型物业管理，指业主不委托专业管理机构而由自己

① 潘茵主编《社区物业管理》，电子工业出版社，2004，第 29 页。

② 2009 年《最高人民法院关于审理物业服务纠纷案件具体应用法律若干问题的解释》第 1 条。

直接实施管理。自主型物业管理是传统的物业管理方式，在物业区划规模较小、业主人数较少的情况下，由业主自行管理可以节约部分费用，但在区分所有小区规模较大、共用设施设备、配套附属设施多、业主人数较多的情况下，由业主自行管理并不具备优势。

2. 委托管理

委托管理也就是我们所熟悉的委托物业管理服务公司对建筑区划内物业进行管理与维护。这也就是由业主通过选聘物业管理企业，按照物业服务合同的约定，对房屋及配套的设施设备和相关场地进行维修、养护、管理，维护相关区域内的环境卫生和秩序的活动。物业管理起源于英国，但真正意义上的现代物业管理却是在美国形成和发展的①，总计不过六七十年的历史。委托型物业管理是典型的市场化物业管理方式，代表了物业管理的发展方向。②

（三）物业管理法律关系的建立及变更

物业小区的开发建设单位作为物业的投资建设人，原始取得物业的所有权，经原始登记取得所谓的“大产权”，在区分所有建筑物小区分户出售前，开发建设单位是物业的唯一所有权人，对物业掌有实际的控制权。此时开发商可以直接以自己为委托方，签订前期物业管理合同，并将该合同作为随后的商品房买卖合同的附件。

长期以来，正是由于开发商对区分所有建筑小区具有最初的掌控权，可以选聘其认为合适的物业服务公司，甚至“建管合一”，而业主对前期物业公司的选聘没有决定权，导致了业主和物业管理服务公司的矛盾重重。因为在这种格局下，物业公司优先考虑的是满足开发商的需要而不是业主的需要。

为此，2003 年《物业管理条例》以专章计 29 个条文规定“前期物业管理”，其侧重点在于保护前期物业管理中的业主利益以及物业控制权的顺利交接。其中具有重大意义的规范要求有两点：一是国家提倡建设单位按照房地产开发与物业管理相分离的原则，通过招投标的方式选聘具有相

① 潘茵：《社区物业管理》，电子工业出版社，2004，第 28、252 页。

② 夏善胜主编《物业管理法》，法律出版社，2003，第 11 页。

应资质的物业管理企业。住宅物业的建设单位，应当通过招投标的方式选聘具有相应资质的物业管理企业；投标人少于 3 个或者住宅规模较小的，经物业所在地的区、县人民政府房地产行政主管部门批准，可以采用协议方式选聘具有相应资质的物业管理企业。[①] 这样，既可以防止“建管合一”造成的权责不明，也使物业管理企业在前期物业管理中相对于开发建设单位有一定的独立性，在开发商、业主、物业管理服务企业间形成良性制衡关系。二是前期物业服务合同可以约定期限；但是，期限未满、业主委员会与物业管理企业签订的物业服务合同生效的，前期物业服务合同终止。物业管理企业应当在前期物业服务合同终止时将上述资料移交给业主委员会。[②] 如此，确定了开发建设单位及其选聘的前期物业管理服务企业向业主移交区分所有建筑物小区的管理控制权，由业主自行以集体共同决策方式决定物业小区的重大事项、选聘或更换物业管理企业并对其管理行为进行监督。

在 2007 年《物权法》中，这两点关键内容也得到了再次确认，第 81 条第 2 款规定：“对建设单位聘请的物业服务企业或者其他管理人，业主有权依法更换。”第 76 条规定，“经专有部分占建筑物总面积过半数的业主且占总人数过半数的业主同意”，可以“选聘和解聘物业服务企业或者其他管理人”。

这意味着，开发建设企业和前期物业管理服务企业有向业主依法移转管理控制权的义务，但我国法律规范体系中，尚缺乏对该义务的进一步细化要求。不妨参考一下美国建筑物区分所有权制度比较发达的佛罗里达州的相关规定。对于开发商转移对区分所有建筑物的管理控制权，有法定的开始转移与法定的管理控制权的消亡点，在这两点之间的时间属于管理权移交的平稳过渡期，以防止一次性、短暂的移交给开发商和区分所有权人的利益都造成损失。根据佛罗里达州的法律，在除开发商以外的建筑物区分所有权人拥有区分所有建筑物的 15% 时，是开发商转移对区分所有建筑物的管理控制权的起点，而一旦 50% 的住宅单元已经转让给区分所有权人的 3 年后；或者，90% 的住宅单元已经转让给区分所有权人的 3 个月后；

① 《物业管理条例》第 24 条。

② 《物业管理条例》第 26 条、第 29 条第 2 款。

或者，所有住宅单元已经建成并且开发商已经停止在正常业务过程中出售；或者，管理规约备案7年后，对于分期开发的区分所有建筑物小区，在第一期的管理规约备案7年后。以上若干情形，以较早发生的为准，一旦出现，则意味着开发商对物业小区的管理控制权的完全让出。[①] 考察我国法上的相应规定，并没有明确规定开发商移交管理控制权的具体时间点，而仅仅针对区分所有权人自治组织的成立时间进行了规定，一般考虑的因素包括首套房屋出售时间、区分所有建筑物各单元的出售比例、区分所有权人的入住使用比例等等，在适用于全国的《物业管理条例》中并无相应的规定，在一些地方法规中有所表现，比如《上海市住宅物业管理规定》中就明确：一个物业管理区域内，房屋出售并交付使用的建筑面积达到50%以上，或者首套房屋出售并交付使用已满两年的，应当召开首次业主大会会议，成立业主大会。[②] 必须意识到，区分所有权人据此设立了区分所有权人的自治组织并不意味着开发商对物业小区管理控制权的移交。根据《物业管理条例》的规定，开发商应当在办理物业承接验收手续时，向物业管理企业移交竣工验收资料，设施设备的安装、使用和维护保养等技术资料，物业质量保修文件和物业使用说明文件等资料，却并无对区分所有权人自治组织移交相应资料的义务；众所周知，在前期物业管理中，由于开发商拥有对物业服务管理人的选聘资格，建管合一的情形往往无法避免，《物业管理条例》还规定物业管理企业只在前期物业服务合同终止时将上述资料移交给业主委员会。这样，容易造成移交资料时的扯皮现象，对于众多区分所有权人的利益则缺乏保障。这不得不说是我国目前建筑物区分所有制度中的一大缺憾，也是现实中，业主与开发商、物业矛盾纷繁纠结的深层原因之一：在对一方利益缺乏有效保护的框架下，另一方对其利益的侵犯自然就可以肆无忌惮，日久天长而矛盾激化，成为社会问

① 薛源：《区分所有建筑物自治管理组织制度研究》，对外经济贸易大学2005年博士论文，第61、62页。

② 类似上海市这种规定的省市比较多，除此之外，还有几种时间界定规定：（1）没有规定具体的开始时间，只规定为业主委员会成立之前，如北京市、厦门市；（2）“倒算法”，深圳市规定“从住宅区开始入住前6个月开始”；（3）建设部《关于印发〈前期物业管理服务协议〉（示范文本）的通知》中规定“自房屋出售之日起至业主委员会与物业管理企业签订的《物业管理合同》生效时止的物业管理”。参见夏善胜主编《物业管理法》，法律出版社，2003，第187页。

题。因此，应该汲取他国的有效经验，直接就开发商移交对区分所有建筑物的管理控制权进行规定，并明确在义务违反时的责任承担。

这种前期物业管理服务具有短期过渡性，其最终必然要转向由业主来选聘物业管理服务企业。因此，对于此类前期物业管理服务协议的期限，一般要求不得超过业主大会召开选举成立业主委员会的日期，以免妨碍业主对物业小区共同事务管理决策权的行使。[①] 在 2003 年《物业管理条例》第 26 条中明确规定："前期物业服务合同可以约定期限；但是，期限未满、业主委员会与物业管理企业签订的物业服务合同生效的，前期物业服务合同终止。"实践中，前期物业管理的截止时间有三种情形：一是前期物业管理合同规定的合同终止时间届满，业主选聘原物业管理服务企业并签订物业管理服务合同与之衔接，则前期物业管理的截止时间为前期物业管理合同的终止时间。二是前期物业管理合同规定的合同终止时间尚未届满，业主依法另行选聘物业管理服务企业并签订物业管理服务合同，则前期物业管理的截止时间是另行选聘物业管理服务企业的物业管理服务合同的起始时间。三是前期物业管理服务合同规定的合同终止期届满，业主尚未依法选聘物业管理服务企业，也未与原物业管理服务企业签订物业管理合同，原物业管理服务企业可以不再进行管理或继续管理。在继续进行管理的情况下，前期物业管理合同的截止时间为新的物业管理合同生效之时。[②]

在委托管理中，业主所承担的管理费用，既包括了物业的实际维修养护等费用，也包括了物业管理服务企业所获得的利润或酬金。一般而言，管理费用或物业服务费用的支付与使用，可以采取两种不同的方式：包干制或者酬金制。具体方式由业主依法与物业管理企业协商确定；物业小区管理控制权由开发建设单位移交业主控制前，由开发建设单位、物业管理企业与业主在房屋买卖合同或前期物业服务合同中约定。

（四）物业管理者的权利、义务和责任

就住宅类建筑物区分所有权小区而言，物业管理的内容通常包括以下

① 夏善胜主编《物业管理法》，法律出版社，2003，第 154 页。

② 夏善胜主编《物业管理法》，法律出版社，2003，第 188 页。

内容：区分所有建筑物及附属设施设备的维修与养护；区分所有建筑物小区的卫生保洁、绿化管理工作；区分所有建筑物小区的保安、消防工作；区分所有建筑物小区的停车管理；区分所有建筑物及附属设施设备水、电、气等图纸、档案资料的保存管理工作；物业管理资料的记录、公示与保存等。

我国2007年《物权法》第82条明确规定："物业服务企业或者其他管理人根据业主的委托管理建筑区划内的建筑物及其附属设施，并接受业主的监督。"使得接受业主监督成为物业服务企业的一项法定义务。

物业管理应当遵循公开、公示原则。业主依法选聘的物业管理服务公司，对于物业管理服务的支出费用、物业管理服务的具体内容以及执行情况等，有义务根据物业管理服务合同的规定要求定期向全体区分所有权人或者业主大会及业主委员会进行汇报，并将有关情况在物业管理小区进行公告，接受全体业主的监督。

业主对物业管理服务的监督可以从以下几个方面加以完善：

1. 建立并健全查询制度，保障业主对物业管理服务的知情权

业主对物业管理服务的监督首先体现在对物业管理服务内容、费用等的查询上。业主希望了解物业管理服务情况时，可以委托业主委员会对物业管理服务情况进行查询，并告知查询结果。业主委员会必须保证每一个业主都能无障碍地行使知情权，了解到物业管理服务的实际情况。这种查询制度是公示制度的一个必要补充，都是为满足区分所有权人的知情权而设，从效果上看，查询制度能够弥补公示时间短、某些区分所有权人来不及细看的缺憾。同时因为查询往往是按需进行，与大张旗鼓地张贴相比，似乎更能保护全体区分所有权人的财务隐私。当然，从区分所有权人提出查询要求，到通过业主委员会得到查询结果，应该留有一个合理的等待时间。

2. 建立业主质询制度

业主对物业管理服务企业的监督还可以体现在业主质询制度上。业主或者业主大会对公示的物业管理服务事项如物业服务资金年度预决算、物业服务费用的收支情况提出质询时，物业管理企业应当及时答复。除了业主进行质询之外，还可以由物业服务企业主动向业主征询意见：以《汕头市物业服务收费管理实施办法》为例，其中第15条规定："物业管理企业每年至少 1 次征询业主对物业管理服务的意见，对满意率达不到等级标准要求的，业主可要求物业管理企业修改物业服务合同的等级收费标准，并根据修改合同的约定，相应追减已缴物业管理服务金额，追减幅度应视物业管理服务质量下降情况，对应相应的等级标准确定。”

3. 完善财务审计制度

业主对物业管理服务企业最核心也是最重要的监督体现在物业服务相关财务的审计制度上。一般而言，物业服务收费采取酬金制方式的，物业管理企业或者业主大会可以按照物业服务合同约定聘请专业机构对物业服务资金年度预决算和物业服务资金的收支情况进行审计。可以聘请独立的会计师或审计人员，对物业小区的财务状况进行全面审计，预防物业服务费用等被挪用，保障物业共有部分收益不被侵占，以切实保障业主权益不受侵犯等等。[①]

① 陈鑫：《建筑物区分所有权》，法制出版社，2007。

专题七
中国农村土地权利状况调查

一 调研总体情况说明

（一）引言

随着我国社会主义市场经济建设进程的迅速推进，农村经济发展较新中国成立初期发生了巨大变化，农民对土地的利用方式也产生了一些新的需求，并且在实践中也有了一些新的做法。

由于土地是农村社会中最重要的资源，土地资源的配置是农村发展最重要的问题，而农村土地资源配置的基本法律形式是土地物权制度。因此，农村集体土地权利制度的建设一直以来都是农村经济改革的关键环节。可以说，只有解决了农民土地问题，才能在根本上最终解决农村的问题。只有农村土地物权制度理顺了，农村社会才能获得发展的动力，新农村建设才能顺利推进，和谐农村才能实现。因此，以农民、农村、农业为内容的“三农”问题一直以来都与土地问题密切相关，更确切地说是与农村土地物权制度的建设问题密切相关。基于农村土地物权制度的建设对于农村经济发展所具有的重大意义，本课题组有计划地在全国范围内展开了集体土地权利状况的调查。

在调查中我们也发现，现实生活中侵害农民土地权利的情况大量存在，因此，农民维权的呼声也十分强大。但是，这些问题的解决首先对我国的现行土地法律制度提出了严峻的挑战。农村土地权利的配置如何完善？各自为政的土地流转方式如何统一起来，以确保公平的实现？一些创新的做法如何与现行法律协调？农村土地权利纠纷如何解决？农村社会保障体系如何与现行土地法律制度相互配合，共同推进农村改革和发展等等？对上述问题的回答对我国土地法律制度的补充修改，对党和国家关于农村地区土地政策的制定完善，对广大农民的切身利益保护都有着重大的理论和现实意义。

在调查之前我们也注意到一个历史的问题并在调查中给予了足够的关注，即中国农村土地权利制度是在前苏联的影响下，在试图建立农村共产主义计划的思想指导下建立起来的。在这一指导思想之下所建立起来的农村地权制度既不符合当下市场经济的需要，也不符合我国传统文化中的民本思想，导致农村土地权利制度上出现了各种利益冲突。主要有：（1）城市化进程中政府征地与农民失地的紧张关系；（2）在新农村建设中，大量存在的侵害农民土地权益的现象；（3）农村土地流转中大量的违法现象的存在导致冲突不断发生等等。这就要求我们必须在现实调查的基础上，也要适度关注历史的影响，以期能够为寻找到一个适合我国农村土地权利配置的思路提供实证材料。

基于上述目的，本课题组自 2005 年初至今，对全国 20 余个省、市、自治区的 100 余个市（县），257 个乡镇，1000 余个自然村进行了调研。(见表 7 - 1)

（二）调研点选择及调查方法

1. 有关调查方式设计的介绍

本课题组的调查主要采取的是填写问卷方式，问卷的设计绝大部分是选择型的题目，只有个别题目需要数字，小部分也采取问答方式。但是总体上阅读和填写难度不大。本课题组的调查历时比较长，涉及的区域比较广。即便如此，在调研过程中，为了避免抽样调查在抽样样本方面失之过窄，缺乏代表性，本次调研尽量采取全样本调查的方式。在调研过程中，具体操作模式是：首先召集所调查区域的各村的村委会组成成员，对其宣讲本次调查的目的、意义及调查方法，以得到他们的理解和支持，并先让村

表 7－1

省　份	涉及市区	涉及乡镇	总份数
辽　宁	3	8	13
四　川	5	10	15
吉　林	7	11	19
广　东	4	12	15
河　北	9	25	50
山　西	5	13	23
天　津	1	6	10
福　建	6	10	19
湖　北	6	9	18
安　徽	4	7	12
河　南	10	28	59
江　苏	5	9	17
内蒙古	4	11	23
湖　南	9	22	75
陕　西	3	15	29
黑龙江	2	13	25
浙　江	3	6	8
甘　肃	2	8	13
山　东	5	10	14
海　南	10	24	43
全国(20 个省级地区)	103	257	500

委会成员填写调查材料。这样做一方面是为了更充分地交流——由于村委会成员相对于所有村民来说数量毕竟较少，有利于充分交流，且其往往对村里的情况了解得更清楚、更全面些；另一方面，也算是对村委会成员的培训，也好让其在以后的调查中能够对村民成员加以指导。另外，对村委会的调查也可以算作是对该村的预调查，在调查中可以发现问卷设计中存在的一些问题，可以预先补救或统一以下解释口径，以保证后续对村民调查的顺利进行。在村委会填完调查材料后，调查员就收回了已经填好的调查材料。接着再进一步安排全村村民的调查事务，采取的方式主要是分散填写和集中填写相结合、灵活自便的原则。

2. 有关调查对象的介绍

在调查中我们也尽量选取一些具有代表性的乡镇及村队。如对广东佛山南海罗村、下柏等乡镇的调查。因为佛山市是我国土地改革的国家级试点，其各项政策都走在全国的前列。其土地流转频率、土地交易量与全国其他地方相比也都处于前列。

3. 对调查中遇到的矛盾冲突等棘手问题的处理

在调查中也遇到一些巨大的社会矛盾问题。典型表现为村民和村委会之间、村民和乡镇之间的矛盾和冲突。在此情况下，我们也尽量不回避矛盾，尽量发现事实真相，本着解决问题的态度，对真实状况加以反映。

二 关于农村集体土地所有权的调查

（一）农村集体土地所有权主体情况的调查

1. 问题

针对该问题500份问卷，收回480份。

就农村集体土地所有权权属主体的调查，课题组设计的题目是：

问卷题目（1）：

你认为农村土地的所有权应当（　）。

A. 归国家所有　B. 归农民集体所有　C. 归农民个人所有

答案选取情况如下（图7－1）：

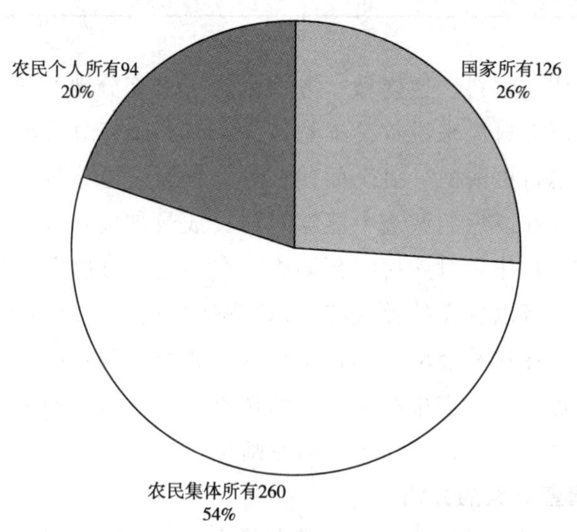

图7－1

问卷题目（2）：

在采取农村土地集体所有权的情况下，集体所有权的主体应该是（　）。

A. 生产队（村民小组）范围内农民集体所有，由生产队（村民小组）管理

B. 行政村范围内的农民集体所有，由村民委员会管理

C. 由村民委员会所有

D. 打破过去村、组界限，以自然村落为基础建立共同管理协会（合作社）

E. 不清楚

答案选取情况如下：

选　　项	答案数量
A. 生产队（村民小组）范围内农民集体所有，由生产队（村民小组）管理	213
B. 行政村范围内的农民集体所有，由村民委员会管理	84
C. 由村民委员会所有	51
D. 打破过去村、组界限，以自然村落为基础建立共同管理协会（合作社）	99
E. 不清楚	33

问卷题目（3）：

你所在村民小组是否为集体土地的所有人？

选项	答案数	占比（%）
是	364	76
否	116	24
总计	480	100

答案选取情况如下（图7－2）：

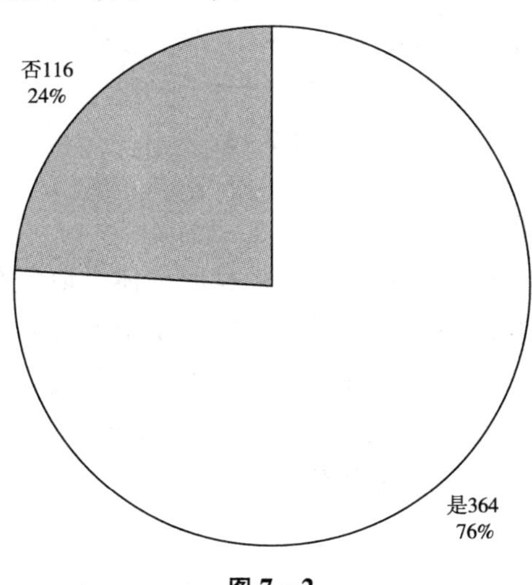

图7－2

问卷题目（4）：

如果村民小组是集体土地的所有权人，那么他与所在村集体和其他村民小组集体的所有权界限是否明确？

选项（单项选择）	答案数	占比（%）
明　　确	395	82
不 明 确	43	9
部分明确	42	9
总　　计	480	100

答案选取情况如下（图 7－3）：

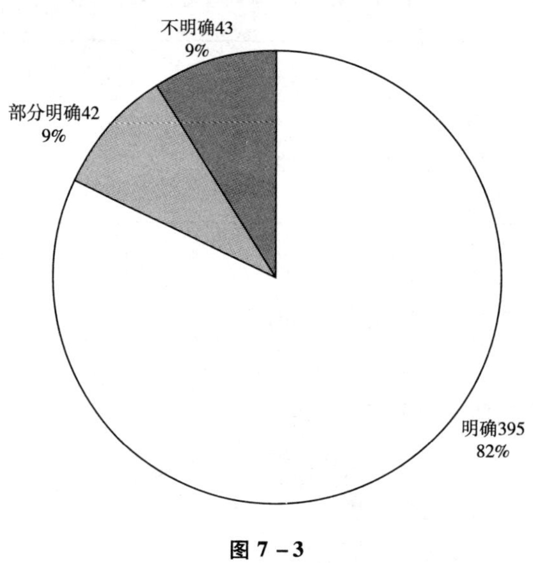

图 7－3

2. 对问题的整理分析

集体土地所有权的主体虚位一直是我国集体土地所有权制度的一个重大缺陷。造成这一缺陷的根本原因在于集体土地所有制的设计。我国农村集体土地所有权经历了一个曲折的发展过程，但是直到现在，产权主体仍然不明晰，集体组织和集体组织中的成员关系也不清楚。[①] 从上述的调查资料中也可以看出这一问题的表现。

① 孙宪忠：《中国当前物权立法中的十五大疑难问题》，《社会科学论坛》2006 年第 1 期。

这有历史和现实的原因。新中国成立初，我国在农村实行土地改革，实行了农民土地所有制。1950年颁布的《土地管理法》第10条规定："所有没收和征收得来的土地和其他生产资料，除本法规定没收归国家所有者外，均由乡农民协会接收，统一地公平合理地分配给无地少地及缺乏其他生产资料的贫苦农民所有。"土改后，在农村形成农民个人土地所有权制度，农民对其分得的土地拥有完全的所有权。20世纪50年代中期，我国农村开始推行互助组、初级社运动，社员的土地仍然实行私有。根据《农业生产合作社示范章程（草案)》规定：社员的土地必须交给农业生产合作社统一使用，并按照社员入社土地的数量和质量，从每年的收入中付给社员以适当的报酬，但土地仍然属于私人所有。然而自1955年后，农业合作社步伐突然加快，全国开始建立高级社，1956年底全国大多数省份基本实现农业高级合作化。[①] 高级合作社主要特点是：土地和其他主要生产资料归合作社集体所有，以生产队为基本劳动组织形式，集体劳动以社为单位统一计划进行生产，产品归合作社集体所有。根据1956年6月颁布的《高级农业生产合作社示范章程》第13条规定："入社的农民必须把私有的土地……等主要生产资料转为合作社集体所有。"至此，农村土地的集体土地所有权既已形成。至20世纪60年代我国推行人民公社化运动，土地仍然属于集体所有，但集体所有权的主体却发生了变化。1962年《农村人民公社条例》和《关于改变农村人民公社基本核算单位问题的指示》，确立了"三级所有，队为基础"体制。[②] 但是，这一改革进程中，对集体土地所有权的法律地位的认识存在一些不足：一是具体的农村土地产权主体并不明确。[③]

① 参见王琢、许滨《中国农村土地产权制度论》，经济管理出版社，1996，第95页。

② "三级所有，队为基础"，是指原来生产队范围内社员共同所有的生产资料，如土地以及耕畜、农业机械，仍归生产队所有，生产队成为基本的核算单位，而生产大队、公社的土地以及其他生产资料，分别属于各自范围内的社员共同所有，由各自的管理机构分别管理。这就形成了以生产队为基本生产单位的公社、生产大队、生产队三级所有制。

③ 我国《宪法》第10条规定："农村和城市郊区的土地，除由法律规定属于国家所有的以外，属于集体所有；宅基地和自留地也属于集体所有。"该条规定尽管确认了农村的土地属于集体所有，但并没有明确规定农村土地的具体所有者，因此留下了一个法律上需要解决的问题。《民法通则》为了解决这一问题，在第74条中明确规定："集体所有的土地依照法律属于村农民集体所有，由村农业生产合作社等农业集体经济组织或者村民委员会经营、管理。已经属于乡（镇）农民集体经济组织所有的，可以属于乡（镇）农民集体所有。"同年颁布的《土地改革法》进一步补充规定：村民集体所有的土地（转下页注）

二是尽管土地的国家所有权和农村集体所有权皆为公有制基础下的法权形式，但是二者存在差异。

而现实中也有观点认为，集体土地所有权的独立性和国家土地所有权和集体土地所有权二者的平等性并不意味着法律对两种土地所有权的规范和调整毫无差别，“一般来说，集体土地所有权受到较多的法律限制”。[①] 笔者认为这一观点值得商榷，持有此观点不可能彻底贯彻国家土地所有权和集体土地所有权的平等原则。实质上，基于民法上的平等原则，只有真正实现国家土地所有权和集体土地所有权的平等，才能落实农民的土地使用权和保障其合法的土地使用权益。

集体土地所有权主体的虚位，导致两种极为严重的后果：第一，集体土地所有权变成了少数村干部的所有权，少数村干部凭借其权力任意支配处分土地，随意收回土地损害农民土地使用权，随意进行农地转用谋取私利造成耕地流失等等。第二，集体土地所有权变成了大家所有权，由于作为所有者的“集体”管理不到位，一些农民将其土地使用权当成土地所有权，随意转用处置、私下交易、占用耕地建房等等，既损害了土地所有权人的利益，也严重干扰了我国正常的土地管理秩序。

本课题组经过调查研究之后认为，集体土地所有权主体的确定、集体土地所有权的功能和集体土地所有权行使是三位一体的问题，集体土地的所有关系为共有关系，集体所有权应该是一种具有集体成员身份性质的财产权利。同时，农村村集体经济组织本质上是一个生存共同体，是基于生存需要而自然形成的团体，集体所有权不过是一种生存的权利。三者之中单独讨论任何一个问题都将使其讨论泛化、失去意义。有鉴于此，笔者认为上述一定社区范围内集体组织成员共同共有观点更为妥帖，但是应该加以改进。

(接上页注③) 分别属于村内两个以上农民集体经济组织所有的，可以属于各该农村集体经济组织的农民集体所有。据此，农村集体土地所有权的主体在法律上有三类：(1) 村民集体所有，由村农业生产合作社农民集体经济组织或者村民委员会经营管理；(2) 已经属于乡（镇）农民集体经济组织所有的，可以属于乡（镇）农民集体所有；(3) 如果村农民集体所有的土地分别属于村内两个以上农民集体经济组织所有的，可以属于各该农村集体经济组织的农民集体所有。

① 王卫国：《中国土地权利研究》，中国政法大学出版社，1997，第119页。

集体土地所有是以村为单位的集体成员共同共有，有以下原因：(1)“三级所有”体制早已过时，乡（镇）和生产小队农民集体所有大多名存实亡；(2) 农民集体所有规模比较适合当前农村生产力水平和组织管理水平，村级机构又可对其进行指导、监督；(3) 目前很多地方政府对《土地管理法》第10条中规定的三种农民集体所有已有所选择，在确权发证时也将所有权证发给了村民委员会，尤其是在地少人多经济比较发达的东南沿海地区，有的省份已规定集体土地统一归村农民集体所有。另外，理论界多赞同集体土地归村农民集体所有，实践中也加以采行，不会涉及土地制度改变，不会引起社会动荡，又可以解决原来所有权主体缺位问题。

同时，农村集体土地成员共同共有还要强调其成员性，即成员权或社员权，它是一种基于农村集体经济组织成员地位而享有的总括权利，包括承包经营权、宅基地分配权、征地补偿权、集体福利分配权等经济权利和参与管理权、投票权、选举与被选举权等民主管理权利。因为：(1) 成员权是一种基于团体性构成而享有的团体法上之权利，其除了具有财产上的请求权外，尚有身份法上请求权或其他特殊权利，统称为社员权或股权，以表示社员或股东的地位，它是一种包容性极强的私权性权利，也是对过去在个人占有基础上的所有权理论的发展和扬弃，这对保护集体经济组织成员的合法权益更为有利。(2) 集体经济组织成员大会是最高权力机关，通过这一机关成员可以制止、纠正社团及其部分成员违法行为，使集体这一团体行为符合社团和社员成员利益，而成员权则是前述目的实现的基本条件。(3) 农村土地集体所有是劳动者共同占有生产资料，实行民主管理，实现共同致富的财产形式，在立法上明确并完善成员权，使农村集体组织成员对集体有认同感和归属感，发挥其积极性和创造性，充分行使监督权利，真正落实民主管理。值得一提的是，为了落实上述职能，物权法应该就集体成员行使成员权利程序作出明确规定，包括规定集体成员有权选举产生本集体内部组织管理机构；规定集体土地及其他财产管理会议和议事程序；规定集体土地及其他财产管理机构决议；确定农村集体成员诉讼主体资格。

值得注意的是，《物权法》在规定集体土地所有权时，对集体土地所有权的主体定位仍然十分模糊，对成员权也未明确规定，实属不妥。

需要进一步研究的是，根据问卷题目（3）和（4）的整理分析，目前多数人认为生产队（村民小组）是集体土地的所有权人。但是调查中也发现有很多地方生产队（村民小组）并不是集体土地所有权的主体，而村集体才是。在理论界，对该问题的争论也很大。总体来说，确定以村为单位的集体所有权主体，有一定的合理性，因为以村民小组为单位的集体所有权，在管理上尽管比较容易管理，议事也很方便，但是现实情况是，因为人口流动性太大，很多村民小组只有少数几户甚至只有一户，人口的素质差异也很大，几乎无法成为所有权的主体。也有个别观点认为，目前集体主体已经不存在，也就不再存在集体所有权。从2007年的《物权法》来看，尽管在条文上规定了集体所有权制度，但是实质上并未对该制度有所突破。对此问题的搁置可能会带来社会问题，因此，从未来看，该问题必将得到根本解决。

（二）农村集体土地所有权客体范围的调查

1. 问题

问卷题目（5）：

下列哪些属于农村集体所有（多选题）？（　）

A. 宅基地　B. 自留地　C. 自留山　D. 荒地　E. 山岭

F. 草原　G. 滩涂

选取结果整理：

选　项	宅基地	自留地	自留山	荒地	山岭	草原	滩涂
答案数量	259	181	128	23	12	21	15

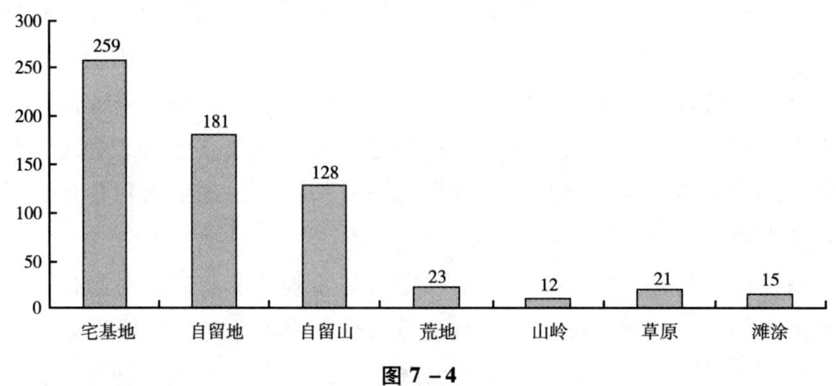

图7－4

问卷题目（6）：

农村集体土地是如何形成的（多选题）？（　）

A. 村民小组范围的集体土地是合作化时期小组范围内集体成员的入社土地

B. 村范围的土地是公社化时期由生产小队过渡到生产大队或大队平调的生产小队的土地

C. 县级以下公路两侧保护用地和公路其他用地凡未经征用的农民集体所有的土地仍属于农民集体所有

D. 国有电力通讯杆塔占用农民集体所有的土地，未办理征用手续的，土地仍属于农民集体所有（对电力通讯经营单位可确定为他项权利）

E. 水利工程管理和保护范围内等未经征用的农民集体所有的土地属于集体所有

F. 土地改革时分给农民并颁发了土地所有证的土地，属于农民集体所有

C. 土改时已分配给农民所有的原铁路用地和新建铁路两侧未经征用的农民集体所有土地属于农民集体所有

H. 农民集体连续使用其他农民集体所有的土地已满二十年的，应视为现使用者所有；连续使用不满二十年，或者虽满二十年但在二十年期满之前所有者曾向现使用者或有关部门提出归还的，由县级以上人民政府根据具体情况确定土地所有权

I. 农民集体经依法批准以土地使用权作为联营条件与其他单位或个人举办联营企业的，或者农民集体经依法批准以集体所有的土地的使用权作价入股，举办外商投资企业和内联乡镇企业的，集体土地所有权不变

答案选取情况整理：

选　项	A	B	C	D	E	F	G	H	I
答案数	523	236	468	231	108	57	67	102	459

2. 对问题的分析

集体土地所有权的客体范围是指属于集体所有的土地的范围。我国《宪法》和《土地管理法》规定，农村和城市郊区的土地，除由法律规定属于国家所有的以外，属于集体所有；宅基地和自留地、自留山，也属于集体所有。《物权法》第 47 条进一步规定：“城市的土地，属于国家所有。

法律规定属于国家所有的农村和城市郊区的土地，属于国家所有。”第48条规定：“森林、山岭、草原、荒地、滩涂等自然资源，属于国家所有，但法律规定属于集体所有的除外。”正确理解法律的这一规定应注意两点：第一，并不是所有农村和城市郊区的土地都属于农民集体所有，那些依照法律规定已经属于国家所有的土地，不能属于农民集体所有。第二，宅基地和自留地、自留山，虽然由农民个人或家庭使用，但其所有权仍然归属于集体。

设计这一题目的目的是为了调查集体土地作为集体组织所拥有的财产，在法律上具有何种地位。各种集体土地财产的客观存在要求法律必须确认集体土地财产的所有权地位，这既是保护集体财产不受侵犯的需要，也是维护集体组织内农民合法权益的现实要求。而调查结果表明，农民在集体土地所有权客体方面的认识还比较模糊。因为，一方面，“城市”、“城市郊区”、“农村”的范围并不确定也不固定，尤其是随着城市化的不断推进，城市范围不断扩张，新设城市的土地归属如何确定，是否随同其被划归为城市范围之时而一并瞬间转为国有？对上述法律规定作出正确理解有利于明确集体土地所有权的客体范围。另一方面，集体土地所有权之间的客体也不明确。根据《土地管理法》第10条的规定：“集体所有的土地依照法律属于村农民集体所有，由村集体经济组织或者村民委员会经营、管理。已经分别属于村内两个以上农村集体经济组织所有的，由村内各该农村集体经济组织或者村民小组经营、管理。已经属于乡（镇）农民集体所有的，由乡（镇）农村集体经济组织经营、管理。”《土地承包法》第12条的规定与此类似。这样的规定没有将每一个层次的农民集体范围所拥有的标的物或客体区分开来，而是共同指向同一范围的土地，即所谓的“三级所有，队为基础”，而此种状态既违反了“一物一权”原则，又导致了农村各层次集体之间在土地所有权确权过程中常发生权属争议。据海南省统计，1980～1996年，全省农村共发生土地权属纠纷2700余起，涉及土地面积120万亩。1997年后，农村土地权属纠纷案发率猛增。1997～2001年共发生纠纷11603起，涉及土地面积300多万亩。2002年以后，随着全面开展农村土地确权和纠纷调处工作，农村土地权属纠纷问题得到一定缓解，每年发生纠纷在1000起左右，涉及土地面积逐步缩小到100万亩以下。这些纠纷有的是农垦农场与农民集体之间的纠纷，也有农民集体相互之间的纠纷。纠纷发生大多因为权属模糊而引起。

为解决这一问题，可以从以下几个方面入手：

第一，确定农村、城市郊区和城市的法律意义。在我国，法律意义上的城市又称“城市规划区”，在法律上包括建制市、建制镇和国有工矿区，在区域构成上包括了城市市区、近郊区和城市行政区内因城市建设发展需要而实行规划控制的地区。这样，明确了城市的范围界限，则集体土地的范围也就明确下来。

第二，随着城市化的不断推进，城市规划区的范围不断扩张，国有土地的范围不断扩大，但是土地所有权的变动必须符合法定的程序，并符合市场经济的要求。

（三）农村集体土地所有权内容的调查

1. 问题

集体土地所有权是农民集体成员共同对集体所有的土地进行占有、使用、收益与处分的权利，但是实践中这并不是甚至根本不能说明集体土地所有权的运作机制。现实生活中集体土地所有权权利内容如何运作？为此，本次调研设计了如下问题：

问卷题目（7）：

对村集体范围的土地的支配由谁决定？

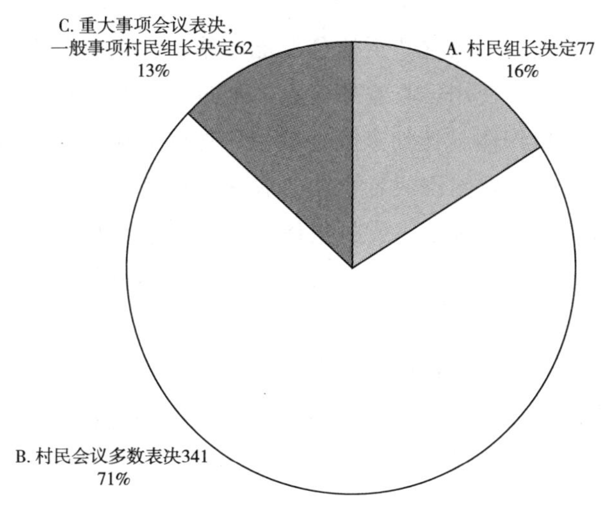

图 7－5

问卷题目（8）：

村范围的集体财产所有权如何行使？

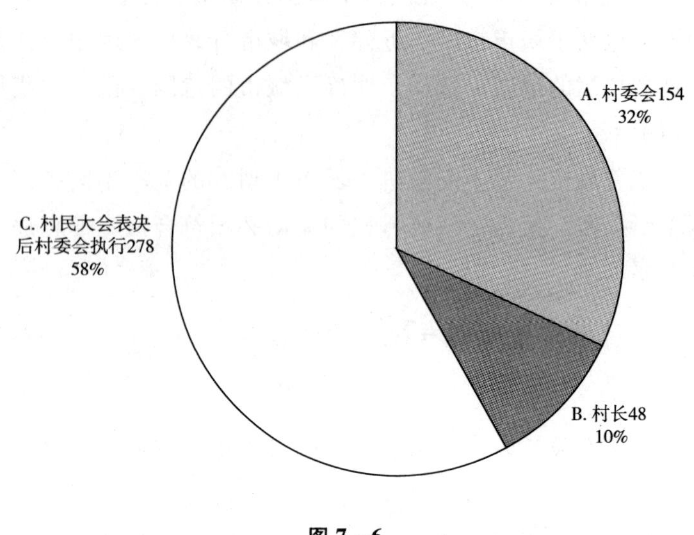

图 7－6

2. 对问题的分析整理

从以上的分析调查结果可以看出，集体土地所有权至少可以采用以下两种方式得以实现：第一，集体成员在民主参与的形式下形成共同意志，从而共同占有、使用、收益甚至处分权能。第二，除部分土地由集体形成共同意志进行占有、使用、收益外，集体通过设定特殊的物权方式，将集体土地交给农民组织体（比如家庭）或者个体的农民使用。除了受到特定用途等的限制外，农民组织或者个体的农民可以将其意志完全地贯彻在其所享有使用权的特定土地上。农村集体土地所有制在历经数十年的摸索之后，选择了通过设定土地承包经营权、宅基地使用权等物权将土地交给作为共同所有人的农民来使用。

而从目前农村集体土地所有权发展的趋势来看，呈现出向法人所有权演进的趋势与社区所有权发展的趋势。而实事求是地看，集体土地所有权的法人化改造对农村集体经济的发展也会产生重大推动作用。[①] 在传统的

① 孙宪忠：《我国物权法中所有权体系的应然结构》，《法商研究》2002 年第 5 期。

意识形态中，集体土地所有权与集体所有制相对应，理论界甚至将二者等同起来，而一旦通过民法的立法技术将集体土地所有权的主体改造为法人，则集体土地所有权的公有制内涵就没有了，因此，一些人拒绝对集体土地所有权主体的法人化改造。在主流意识形态的束缚下，集体土地所有权主体一直被认为是一种带有团体性人格的主体，但是这种带有团体性人格体却始终没有被赋予法律人格地位，"集体"的治理结构与成员的意志形成机制因此也就没有建立起来，在这种情况下，集体所有权的实现也就必然发生问题。

就在集体土地上所设定的土地承包经营权、宅基地使用权、农村建设用地使用权等用益物权而言，在调查中也发现一些问题，主要表现在：

第一，对建立在农村集体土地上的用益物权内容和实现方式的简单化和单一化认识和实践。对于这一问题，也有立法上的促成因素，因为《物权法》和其他的土地法律、法规在对建立在农村集体土地上的用益物权制度的设计是等同化、一体化的设计，没有作出应有区分。因此在实践中也引发了大量的问题，甚至可以说，在立法之时没有考虑实践上各种用益物权的制度价值，而人为地制造了一些制度障碍。从本质上说，土地承包经营权、宅基地使用权、农村建设用地使用权等用益物权各自有其制度功能和价值，对集体成员的效用也不一样，所以在设计规范时要因应该制度本身的特性、功能作出相应的制度设计。如宅基地使用权在现阶段仍然发挥着农村生存保障功能，不能流转，但是一般农村集体建设用地使用权禁止流转的正当性何在？农村承包经营权的生存保障功能目前也极为淡化，这些都需要在立法中慎重考虑。

第二，集体土地物权制度设计的政治伦理价值和私法社会经济价值的矛盾。历史地看，到目前为止，集体土地所有权是与社会主义连在一起，具有社会主义的潜在内涵和具有意识形态考量的一个所有权形态，负载着集体主体与社会主义的价值观念与伦理道德。[①] 而从该地权设计所承载的经济功能上来看，集体土地所有权的建立是为了扬弃土地归属于不同的农民个体所可能造成的弊端，实现土地共同支配，利益共享，实现共同富裕。这也与社会主义本质一致。但是，在实践中，这一追求并未收到效

① 孙宪忠：《中国物权法总论》（第2版），法律出版社，2009，第122页以下。

果，根本原因在于偏离了集体土地所有权本身的真实内涵和制度功能。因为集体土地所有权负载的社会主义的政治伦理价值对集体土地所有权的私权制度构造起到了互为矛盾的影响。一方面，这种政治伦理价值与传统的意识形态一致，这使得集体土地所有权能够作为一种被政治上认可的所有权形态形成并存在下去；另一方面，集体土地所有权也因所负载的政治伦理价值而被意识形态化，而与私法中的民事权利制度宗旨和目的逐渐背离。其造成的后果是政治的、意识形态的因素不断渗透到集体土地所有权之中，使得集体土地所有权已经不再是一个纯粹的民事权利。集体土地所有权长期以来并没有按照集体共有人的意志进行运作，其实现状况也并没有完全符合集体共有人的利益。改革开放后，集体主义的、社会主义的政治伦理因素虽然仍被保留在集体土地所有权这一概念之中，但是正在被逐步排除。《民法通则》、《土地管理法》、《农村土地承包法》和《物权法》都在立足于中国现状的基础上试图重塑这一制度，并取得了显著成绩，集体土地所有权正在被还原为一个真正的民事权利：集体成员共同形成利用集体土地的意志，代行主体将共同意志贯彻到集体之上，对集体土地进行经营、管理，将集体土地收益分配给集体成员；代行主体按照法律以及集体决议为集体成员设定土地承包经营权或者宅基地使用权，集体成员直接支配小块集体土地，满足自己的需要。改革开放后集体土地所有权运作体制基本上实现了集体土地所有权的经济价值目标。上述集体土地所有权受到的各种限制反映到设定在集体土地上的承包经营权、宅基地使用权与建设用地使用权等用益物权上，也导致这些土地权利的私法财产价值与功能难以真正发挥。

3. 在农村集体土地所有权制度中贯彻土地公有制的民事权利实现原则

土地公有制的民事权利的实现，是实行社会主义公有制前提下的基本经济制度在法律制度上的必然要求，也是未来集体土地流转制度的理论前提。传统对于集体土地所有权的理解，具有一定的局限性。“集体土地所有权，是指劳动群众集体在法律规定的范围内占有、使用、收益、处分自己土地的权利，是土地集体所有制在法律上的表现。”[①] 它是我国特有的一种所有权形态，伴随着合作化运动、人民公社化运动而最终形成。这一所

---

① 王家福、黄明川：《土地法的理论与实践》，人民日报出版社，1991，第36页。

有权形态被1982年的《宪法》以及以后的《民法通则》、《土地管理法》和新颁布的《物权法》等法律所继承。尽管如此，对其局限性也已有所反思。其局限性体现在以下几个方面：首先，尽管集体所有权是从集体所有制这一概念中推演而来的概念，是“土地集体所有制在法律上的表现”，但是它并不具有法律所要求的本质性要求，包括集体所有权主体法律人格化要求、权利本质和私法性质等。这已经成为集体所有权制度发展的桎梏，并使其生命力极度丧失。其次，《物权法》尽管在所有权分类上有所突破，规定了国家所有权、集体所有权、私人所有权和法人所有权类型，但是四种所有权所承载的功能却迥然有异，这不仅仅造成了对物权平等原则的悖反，同时也使私法上的所有权制度异化，并使所有权功能发挥虚化。至为明显的是，理论上看，集体土地所有权是所有权人在法律允许范围内和不违反第三人利益情况下对土地进行全面支配的权利，所有权人依法享有对物的占有、使用、收益和处分的权利。但是，现实却并非如此：集体土地所有权的处分权能与收益权能受限，集体土地所有权天然具有权利内容的不完全性和保护上的劣位性。

导致以上局限的根本原因，是因为集体土地所有权是兑现中国共产党与农民在历史上所缔结的政治契约，从而承受并在后来的发展中逐步强化了政治的伦理功能，这一政治伦理功能使得集体所有权的内容的限制和保护的薄弱具有当然的合理性。集体土地所有权是与社会主义关联起来，具有社会主义的潜在内涵的一个所有权形态。从集体土地所有权制度建立的过程来看，集体土地所有权是传统的社会主义的价值目标与中国的具体实践相结合的结果，是农民个体的土地所有权聚合在一起形成的一种所有权形态，集体土地所有权身上负载集体主体与社会主义的价值观念与伦理道德，但是这些价值观念与伦理和当前的现实发生了矛盾。

未来克服上述局限的根本途径，是在坚持土地国家所有制的基本经济制度下，对集体所有权制度加以准确界定和描述，对其所承载的政治伦理功能合理地加以克服并排除。具体做法是：首先，要求对《物权法》的私法性质和集体土地所有权的私权性质准确定位。由于意识形态的影响，理论研究中对“私”讳莫如深，时至今日，影响仍然甚巨。物权法的私权观念受到传统意识形态的挤压，在《物权法》中仍然表现得十分明显：物权在传统民法中是最典型的私权，这个“私”字的含义，我们现在的理解和国际上普遍的理解差异很大，结果导致“公法法人所有权”无法得到理论上的认可并在法律制度上得到确立。[①] 尽管《物权法》明确规定了平等原则，但是实践上无法彻底得以实现。其次，进一步确立民法的权利本位意识。基于民法为私法这一认识，进一步派生出民法为权利法，民法为权利救济法的认知体系。其目的在于揭示民法作为普通社会成员之间的关系与国家和普通社会成员之间的关系采取不同的法律原则与方法进行调整的必要性，明确“现代中国合理的私法体系必然成为中国法制改革的支点”的历史意义。[②] 再次，确立民事权利是土地公有制基本实现方式的制度体系。要实现这一目标，要注意在物权法中建立公有财产的权利保护制度，即在公法领域的特定主体，对其所管理和控制的特定财产享有的占有、使用、收益和处分权利与一般的所有权具有同质性，但是，对于公法领域的特定主体来说，其社会角色和一般的私法主体却有所不同，这些特定主体要从维护社会公共利益，履行公共职能目的出发行使其所管理和控制的特定财产的所有权的义务或责任。这样，建立起一个特定主体对特定财产的特殊的法律支配关系，堵塞了公共财产领域里的灰色空间，对于防止公共财产流失意义重大。[③]

值得注意的是，新《物权法》在对公有制这一基本经济制度加以继承的基础上，进行了大胆的制度创新。物权法用比较具体的法律制度建立了保护国家的基本经济制度的手段，落实了公有制。它首先规定了保护公共财产的制度，这一方面的设想，基本上实现了“特定主体——特定客体——特定权利与责任”规则，其目的是建立公有制中清晰明确的支配秩序。具体的做法是在总则部分规定了公有制的原则，然后在所有权制度部分重建公有制所有权的法律制度。关于公有制的法律实现方式体现在《物权法》第 45 条。这个条文规定的国家所有权，还是使用“全体劳动人民的所有权”，这一表述跟过去的提法没有什么差别，但实质上是实现了突破。首先看第 45 条第 2 款，它讲国家所有权的实现由国务院统一来行使。“全民”改成了国务院，这就不一样。国务院是中央政府，是一个实际的

① 孙宪忠：《中国当前物权立法中的十五大疑难问题》，《社会科学论坛》2006 年 1 月(上)，第 94～117 页。

② 杨振山：《论民法是中国法制改革的支点》，《政法论坛》1995 年第 1 期，第 48～53 页。

③ 孙宪忠：《中国当前物权立法中的十五大疑难问题》，《社会科学论坛》2006 年 1 月(上)，第 94～117 页。

投资人，是一个具体的主体，而“全民”是个模糊抽象的主体。然后看第55条，国家出资的企业，应该由国务院、地方人民政府分别行使出资人的职责，享受出资人的权利。也就是把中央的投资和地方的投资从权利、义务、责任方面划分清楚。第67条和第68条所建立的制度，就是通过“股权——所有权”的投资控制规则解决我国企业制度改革的问题。这两个条文基本上承认了企业法人财产所有权。《物权法》第4条在规定国家、集体、私人的所有权之后，还规定了“其他权利人的物权”，这就是公司或者法人的所有权。所以物权法虽然在意识形态上保留了前苏联的一些提法——在中国目前还只能这样做。但是另一方面，物权法也反映了我国在改革开放方面取得的进步。这些条文在我国未来改革中将发挥极大的作用。①

然而，在集体土地所有权的民事权利实现制度方面，《物权法》却显得十分保守。在深化农村土地制度改革的步伐日益加快，未来的创新性要求更高的背景下，确立土地公有制的民事权利实现原则意义更是不可小觑。这就要求：（1）明确集体土地所有权的物权法上的支配秩序。这不仅要求权利的主体要具体、清楚、肯定、稳定，而且对于物权的权利客体要清楚、具体。（2）消除各级政府在土地中的利益诱因，禁止政府与民争利，彻底解决国家在农村土地上的利益与农民地权的利益冲突。（3）消除农民个人和农民集体之间的利益矛盾。农民土地权益无法得到切实保护，农民个人和农民集体之间的利益冲突也是一个十分重要的原因。现在农村中所实行的“三级所有，队为基础”的集体所有制形式在历史上经历了四个发展阶段，包括初级社、高级社、人民公社和“三级所有，队为基础”的集体所有制形式。初级社的特点是互助合作，农民个人和初级社之间并无利益冲突，如果有的话也至少并不明显。高级社的特征是农民拥有的股份和所有权移转到社里，农民个人保留股份，集体取得了所有权。这种地权的结构还是按照民法上原则建立起来的，因此农民的权益保护与初级社相比基本一致，农民个人和高级社集体之间的利益冲突也不尖锐。但是后两个阶段和前两个阶段相比相差悬殊，人民公社基本特点是实行共产主义，土地实行公有，农民个人在土地上不再享有任何权利，此时矛盾开始出

① 孙宪忠：《中国物权法制定的现实性与科学性》，《浙江工商大学学报》2007年第5期，第3～12页。

现甚至激化。人民公社运动的失败使国人开始反思，并在1962年制定了新的农村政策，对人民公社予以调整，将“一大二公”的人民公社重新向民法上的所有权“倒退”，建立了“三级所有，队为基础”的所有权结构模式。把地权归还给农民，但是并没有归还给农民本人，而是给了代表农民的集体。现实的实践是集体中的农民个人被集体所遮蔽，“只见集体，不见个人”，本末倒置，矛盾仍然十分尖锐。鉴于上述分析，笔者认为，未来改善我国集体土地所有权制度，农民个人和农民集体之间的冲突的解决是必要关节。

三 对土地承包经营权的调查

（一）概述

中国土地承包经营权制度为中国所独有，其存在有深刻的政治原因和历史原因。新民主主义革命时期，政治当局号召广大农民闹革命，取得土地权利，翻身做主人。这个主人，既是国家的主人，也是土地的主人。但是农民作为土地的主人并未长久，这一政治契约因为各种原因而被撕毁。改革开放后，中央政府认识到解放农村生产力之根本仍然在于土地问题。为此，政府当局与农民在借鉴契约制度的基础上，设立了土地承包经营权制度。经过近30年的实践表明这一制度对保障农民的合法权益，解放农村生产力，发挥了极其重要的作用。因此，《物权法》进一步对之加以确认：《物权法》第十一章以专章的形式对土地承包经营权作出了规定。据此，学界一般认为土地承包经营权是指从事种植业、林业、畜牧业的土地承包经营权人，对其承包的集体所有或者国家所有的由农民集体使用的土地所享有的占有、使用、收益的权利。对农村承包经营权制度实践，课题组在调研中给予了极大关注。

（二）调查的问题及分析

1. 对土地承包经营权是否可以流转的调研

（1）问卷题目。

①所在村土地承包经营权是否可以流转？

答案情况：

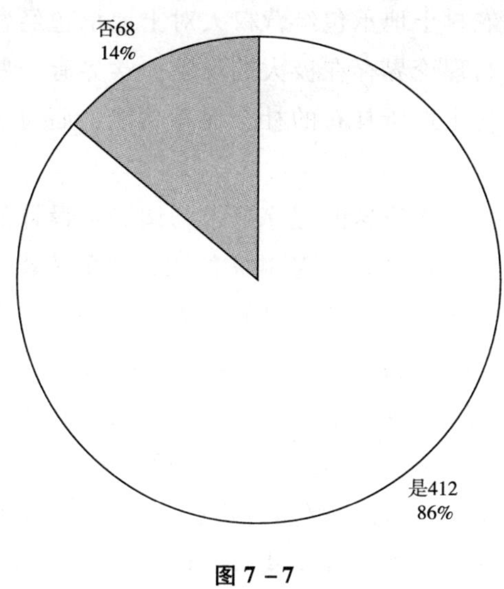

图 7－7

②土地承包经营权流转是否需要发包方同意？

答案情况：

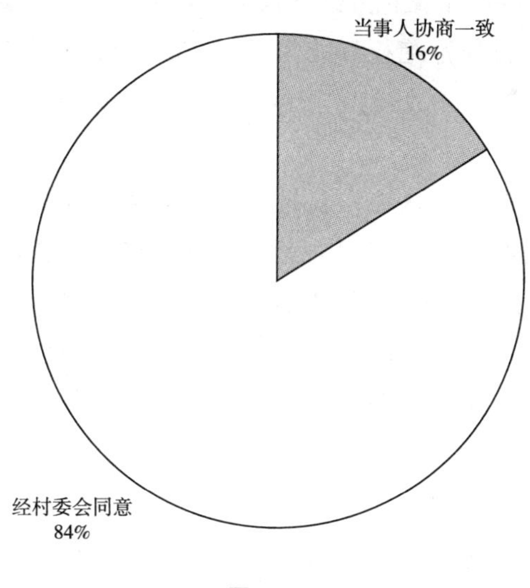

图 7－8

（2）结果分析。

通过对该问题答案的整理，发现有 86% 的人选择了承包经营权可以流转的选项。这说明农村土地承包经营权人对土地承包经营权的流转持有积极肯定的态度。这与理论界存在极大的反差。学界有一些学者基于农民对土地的依赖性和农村土地所具有的社会保障功能，而对土地承包经营权的转让心存疑虑。

至于土地承包经营权流转的程序要求，调研组设计的题目旨在对实践中的做法进行调查。调查结果发现84%的调查对象选择了土地承包经营权流转需要发包方同意的选项。这与目前《农村土地承包法》的立法规定是一致的，该法第37条规定转让应当经发包方同意。但是，《物权法》对此有所改革，该法第128条规定地土地承包经营权流转并未要求经过发包方同意。这也反映了《物权法》对农村土地承包经营权物权化改造的彻底性。但是也有学者指出，农地承包权涉及公共利益，尤其是农民的生存利益，其赖以产生的所有权的主体是集体，因此，作为具有一定公共管理职能的集体经济组织，其对农地承包权的转让予以限制是必要的和可行的。①还有学者进一步指出，实践中为了便于操作，防止某些村干部以权谋私的行为，农地承包权的转让必须经村民会议2/3以上成员或者2/3以上村民代表同意。此外，在赋予发包方这一权力的同时，还应对其拒绝权进行如下限制：(1) 发包方行使拒绝权只能为了农地承包权人的客观利益。(2) 发包方要有正当理由。(3) 发包方拒绝转让的，农地承包权人有权向人民法院请求司法救济。

本课题组经过调研后认为，农村土地承包经营权流转本身的经济性远远超过过去甚至现在仍然在强调的意识形态的属性，我们对农民所作出的所谓“三十年不变”的期限承诺本身仍然在向民众昭示政府的某种政治意愿，甚至表现出政府对农民的恩赐和道德保证，从而仅仅具有政治意义和功能。但是，这些在市场经济条件下都变得无足轻重，而至关重要的则是我们的制度让农民得到了实惠没有，生产效率提高了没有，制度本身是否符合市场经济的发展规律。

而市场经济的经济人假设对农村土地承包经营权的流转改革也具有十分重要的意义，农民有自己的判断，有自己的选择，且非理性的因素毕竟

① 马新彦、李国强：《土地承包经营权流转的物权法思考》，《法商研究》2005年第5期。

是少数，因此，过分强调政治伦理属性只会使制度走向倒退。

2. 对土地承包经营权流转方式的调研

（1）问卷题目。

你周围有哪些土地承包经营权的流转方式？（多项选择）

A. 转包　B. 出租　C. 互换　D. 转让　E. 入股　F. 其他

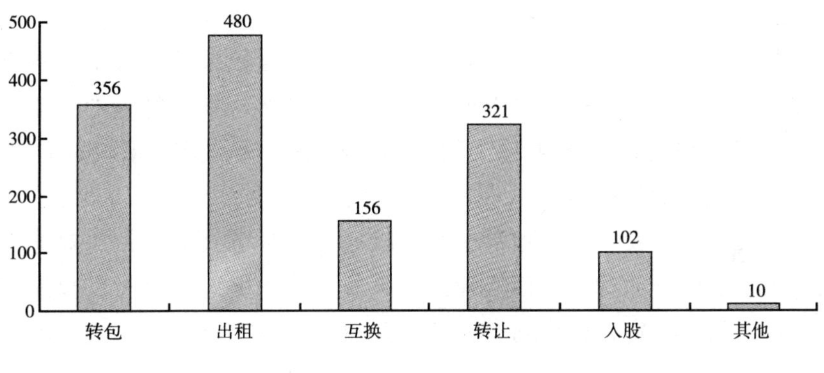

图 7-9

（2）分析。

《农村土地承包法》第 32 条规定：通过家庭承包取得的土地承包经营权可以依法采取转包、出租、互换、转让或者其他方式流转。《物权法》第 128 条规定：土地承包经营权人依照农村土地承包法的规定，有权将土地承包经营权采取转包、互换、转让等方式流转。流转的期限不得超过承包期的剩余期限。未经依法批准，不得将承包地用于非农建设。下面对各种流转方式加以分析并提出改进措施：

①出租。

出租是产生租赁关系的土地承包经营权流转方式。《农村土对承包经营权流转管理法办法》规定："出租是指承包方将部分或全部土地承包经营权以一定期限租赁给他人从事农业生产经营。出租后原土地承包关系不变，原承包方继续履行原土地承包合同规定的权利和义务。承租方按出租时约定的条件对承包方负责。"农村土地承包经营权出租流转方式既可以使出租人不必失去土地承包经营权而获得租金，又可使承租人以较小的代价实现对土地的经营，这是农村集体土地用益物权制度的极大创新，对促进集体土地物权的流转，提高土地经营效益具有积极意义。事实上，现实的理论界和立法界对此种流转方式均持肯定意见。

但实践中有两个问题必须明确：土地承包经营权租赁中的承租人所取得的权利是否仍具有物权的效力？对此，一种观点认为土地承包经营权出租的实质是将承包地上的使用权进行债权性质转移，承租人无法取得物权性质的农地承包权。① 另一种观点认为如果承租人是本集体经济组织的成员，则其取得的农地承包权仍具有物权的效力；但如果承租人不是本集体经济组织的成员，则其取得的农地承包权并不当然地具有物权的效力。这种权利只有在登记以后才可称为物权。非经登记的，只是债权的转让。② 上述两种认识都值得推敲。

在调查中我们发现，土地承包经营权通过租赁方式流转，对双方当事人的约束主要由合同约定。而从理论上来看，基于土地承包经营权的用益物权特性，根据一物一权原则，在发包方和承包方（出租人）之间的承包关系没有解除的情况下，只能存在一个土地承包经营权。出租人与承租人之间是一种租赁债权关系。同时，应当看到，这种债权具有物权的某些特征，即债权的物权化。农地承包权人欲转让农地承包权应提前通知承租人，承租人在同等条件下有优先受让权。

另外，根据《物权法》第128条的规定，农地承包权出租的期限不得超过原承包合同的剩余期限。但对于租期是否不得超过20年，《物权法》和《农村土地承包法》均未规定。从实践来看，既然土地承包经营权的出租是通过合同方式的债权行为，其租期应当受到《合同法》约束。在调查中我们发现，有些土地承包经营权的承租人将自己承租经营的土地再次转租，从《物权法》和《农村土地承包法》来看都未作规定，但是从承包经营权流转的角度来说，具有积极的意义。

②转包。

转包是较早开始实践的土地承包经营权流转方式，它最初发生在集体

---

① 参见林奇胜《我国农村土地流转市场机制作用强度研究》，《咸宁学院学报》2004年第5期。

② 王利明：《农村土地承包经营权的若干问题的探讨》，《中国人民大学学报》2001年第6期。

经济组织成员之间，后来也主要被界定为集体经济组织成员之间的农村土地承包经营权流转方式。[①] 2005 年农业部《农村土地承包经营权流转管理办法》（以下简称《管理办法》）规定：承包方将部分或全部土地承包经营权以一定期限转给同一集体经济组织的其他农户从事农业生产经营，转包农村土地承包经营权的农户一般被称为“转包户”，接受转包的同一集体经济组织内的农户被称为“接包方”。转包后原土地承包关系不变，原承包方继续履行原土地承包合同规定的权利和义务。接包方按转包时约定的条件对转包方负责。[②]

需要注意的是转包和出租的区别。从调研的信息来看，二者之间的区别主要表现在：（1）出租中的承租人一般是该出租方所在的集体经济组织以外的人员，而转包中的第三方则无此限制。（2）出租的土地一般用于规模经营，而承包经营权的转包目的则互有差异，并不统一。（3）出租的标的物包括承包地和地上附着物，而转包的标的物仅仅限于承包地。（4）转包的结果产生了一个新的承包经营权，而出租则仍然是债的关系。[③] 值得一提的是，上述这些区别，是农村土地承包经营权成员权性质的体现，这也为我们进一步思考农村集体土地所有权制度的成员权特性提供了实践基础。

但是，上述区别在农村承包经营权流转实践中并非泾渭分明。就转包而言，它是中国土地承包经营权流转实践最早的方式，然而在调研中笔者发现，该词在农村土地承包经营权的流转实践中意义并不明确，其含义几乎包括集体成员之间大部分的农村土地承包经营权流转关系。

③关于土地承包经营权的入股。

土地承包经营权通过其他方式流转主要是指土地承包经营权入股。《农村土地承包法》对于土地承包经营权入股采取了一种慎重对待的态度。对于通过家庭承包方式获得承包经营权，《农村土地承包法》的表述是

① 陈小君等：《农村土地法律制度研究——田野调查解读》，中国政法大学出版社，2004，第 27～28 页。

② 《农村土地承包经营权流转管理办法》第 35 条。

③ 王利明：《农村土地承包经营权的若干问题的探讨》，《中国人民大学学报》2001 年第 6 期。

“承包方之间为发展农业经济，可以自愿联合将土地承包经营权入股，从事农业生产”，对于通过其他方式获得承包经营权，该法仅仅用了入股这一术语进行表述。在政策导向上，目前国家的政策导向是鼓励农民通过入股方式组建农业专业合作社，而不鼓励农民组建农业公司。课题组通过对广东佛山市南海区的土地股份制改造调查发现，土地股份制和农业公司的实践总体上说是失败的，主要表现在：

第一，农村土地承包经营权股份化后，由于民主制度的缺位和成员权行使规则的缺位，导致农民土地权利处于被剥夺和无法保护的状态，这一现象在对该地区的调研中极其普遍，并且造成了极其严重的社会矛盾。

第二，股份改造后，农业公司的治理结构不健全，素质低下，组成人员和所在村的村委会机构多是“一套人马，多块牌子”，有权力，无监督，没有责任的实现机制，治理功能无法实现。

第三，虽然名义上是股份制，但是股东没有通畅的进出机制，民众权利处于“人为刀俎，我为鱼肉”之境地。

未来从改革方向看，农民土地入股后，合作社或者土地承包经营权人获取对农地支配性的权利必须有对价，即以为自己设定一定义务或者负担为代价。在农民放弃原有的农村土地承包经营权或者在农村土地承包经营权上设定新的物权后，农民的向合作社或者公司等请求获得利益的权利就成为农民最为重要的权利。与此同时依据股权的特性，农民将土地权利入股的同时，也产生了一项参与合作社或者公司的管理与决策的权利。

④土地承包经营权的抵押。

关于土地承包经营权是否可以通过抵押的方式进行流转，1995 年颁布的《担保法》第 34 条允许荒山、荒沟、荒丘、荒滩等荒地的土地使用权在获得发包方同意后抵押，第 37 条第 2 款明确规定耕地、宅基地、自留地、自留山这些集体所有的土地之土地使用权不能抵押。1996 年国务院办公厅发布的《关于治理开发农村“四荒”资源进一步加强水土保持工作的通知》，重申了四荒土地使用权可以抵押的法律政策。最高人民法院《关于审理涉及农村土地承包纠纷案件适用法律问题的解释》第 15 条规定：“承包方以其土地承包经营权进行抵押或者抵偿债

务的，应当认定无效。对因此而造成损失的，当事人有过错的，应当承担相应的民事责任。”该解释否定了在通过家庭方式承包取得的土地承包经营权进行抵押的可能性。在此基础上，《农村土地承包法》基本上继承了《担保法》的相关规定，其第 49 条规定农民可以通过抵押方式将“四荒”土地的承包经营权流转。在物权法制定过程中，土地承包经营权是否可以抵押问题一直都是理论界争论的一个焦点问题。反对者认为农村的社会保障尚未建立，允许土地承包经营权抵押会导致农民丧失农地，从而诱发农村社会的不稳定；同时，土地承包经营权抵押后，执行抵押后的土地承包经营权也存在着困难。支持者认为农民有着通过土地承包经营权进行抵押从而获取贷款的巨大需求，不允许土地承包经营权进行抵押会妨碍农民的自主权，使土地承包经营权的财产权价值难以显现；在农村金融体系还不健全，农民融资渠道不畅的情况下，禁止农民土地承包经营权的抵押会进一步造成农民从事农业资金的短缺。在农村土地承包经营权是否能够抵押的争论中，反对农地抵押的观点占据了上风。最终，《物权法》仍旧继承了《担保法》与《农村土地承包法》的相关规定，禁止了通过家庭方式的农村土地承包经营权的抵押，而认可了通过招标、拍卖、公开协商方式获得的农村土地承包经营权的抵押。

总体而言，除招标、拍卖、公开协商等方式取得的荒地等的土地承包经营权可以抵押外，以家庭方式取得的土地承包经营权不能抵押。但是，在现实生活中，出现了很多农民在交往中自愿签订“抵押协议”，在债务不履行或者无法履行情况下，协议将土地承包经营权抵债的情况。

调查中发现的其他问题还有：第一，土地承包经营权抵押权人对抵押标的的接受问题。调查发现，很多抵押权人对抵押标的根本不感兴趣，因为存在着难以估值、难有接手人和难以执行的“三难”问题。第二，难以进行登记的问题。

3. 关于土地承包经营权流转程序制度的调查

（1）问卷题目。

①你认为农户之间承包地的流转有无必要进行登记？

A. 有　B. 没有　C. 无所谓

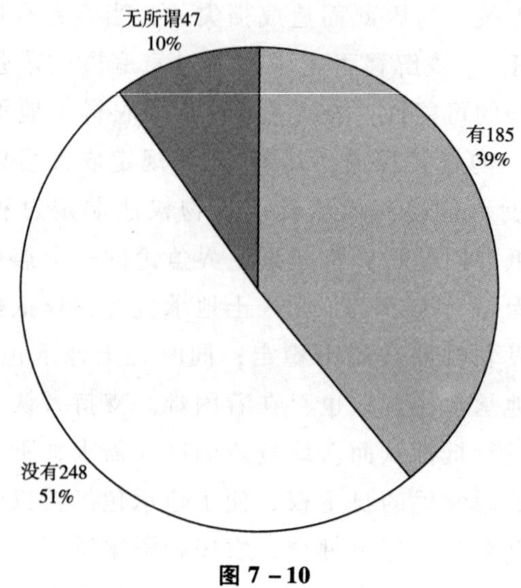

图 7－10

②你认为承包地流转需要登记的理由主要是什么？

A. 确权　B. 证明　C. 二者都有

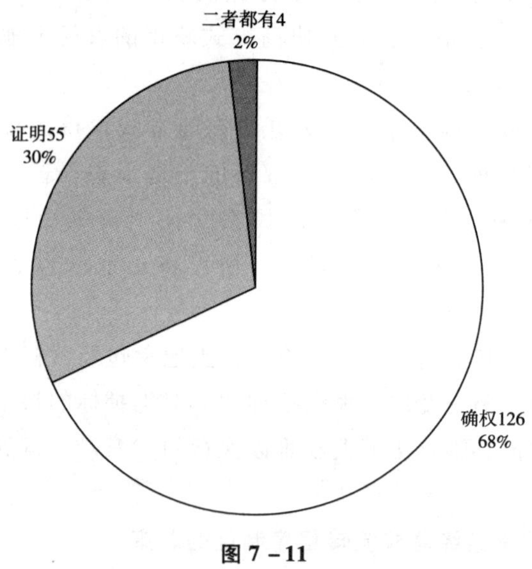

图 7－11

（2）分析。

承包经营权的转让程序：一部分被访村民认为，承包经营权的转让需要

经过特定的程序。认为有必要登记的占39%。对于登记，他们认为，这有利于确权（68%），或者证明（30%），还有小部分被访者认为这有利于既确权又证明（2%）。有相当一部分被访村民主张应该自主决定承包经营权的转让，无须经过特定程序（51%），10%的村民对是否需要登记持无所谓态度。

四　农村宅基地情况的调查

宅基地制度是中国农村的一个重大经济制度。在当前农村社会保障体系还不完善的背景下，宅基地在农村承担着基本社会保障的作用。但是从调查结果来看，农村宅基地制度存在着一些重大问题。

（一）关于调查对象的基本情况介绍

1. 调查对象的户籍分布情况

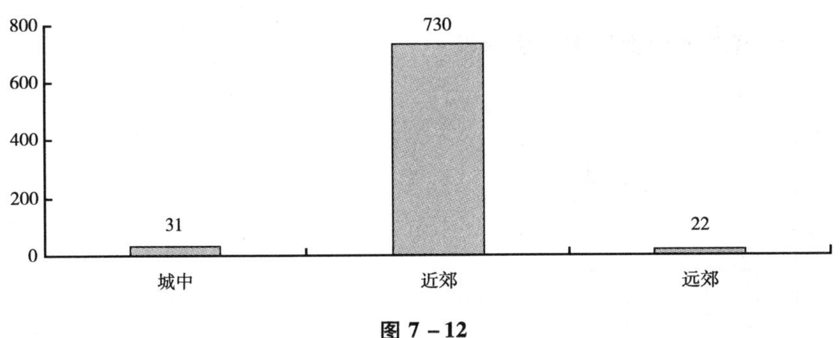

图 7－12

调研在调查对象的选择上尽量选取了经济较发达、代表性强的村队进行全样本调查。调查组选取的调查对象的居住地都基本上在近郊，即通常所称的城乡结合部。随着我国城市化进程的加快，城乡结合部称为土地利用方式较为复杂地区，对土地调查而言具有相当强的代表性。关于宅基地的调查共发放调查表884份，回收783份，回收率88.6%。

调查对象以户为单位。每户的人口分布特征是：其中有4人为农村户口的占比最高，共有289户，3人、2人和5人的家庭分别有149户、140户和133户。6人是农村户口的家庭，共有55户，而两头的7人和1人是农村户口的家庭占比是最小的，分别是9户和8户。

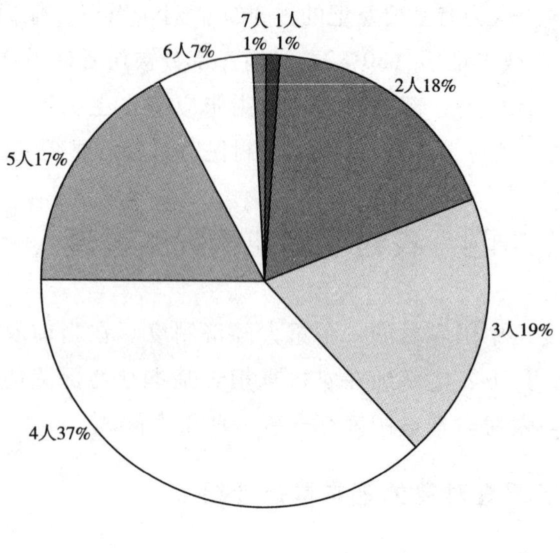

图 7－13

2. 调查对象男女性别比例情况

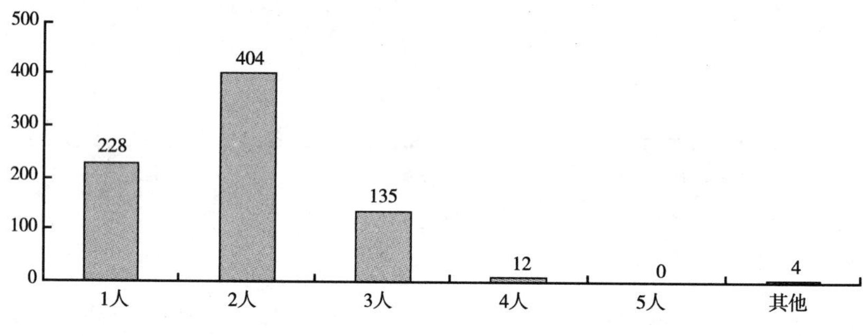

图 7－14 常住人口男性分布

图 7－14 是对调查对象中男性分布情况的显示，从中可以发现，每户有 2 位男性的调查对象出现频率最高，达 404 户。每户中 1 名男性和 3 名男性的情况出现频率分别位居二、三位，分别有 228 户和 135 户。

从图 7－15 可以发现，每户有 2 位女性的调查对象出现频率最高，达 330 户。每户中 1 名女性和 3 名女性的情况出现频率分别位居二、三位，分别有 284 户和 123 户。

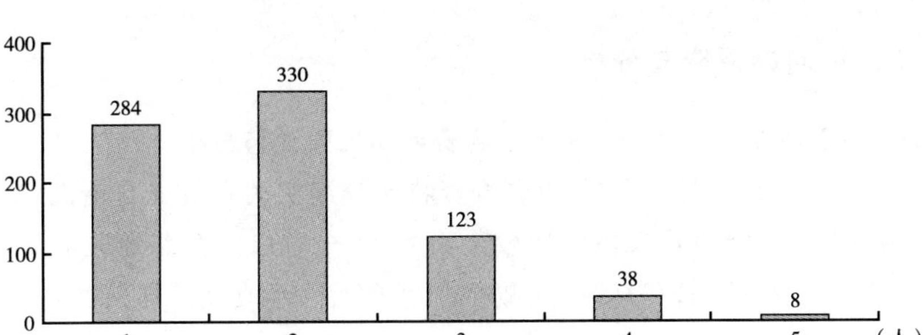

图 7－15　常住人口女性分布

3. 调查对象房屋及宅基地拥有情况

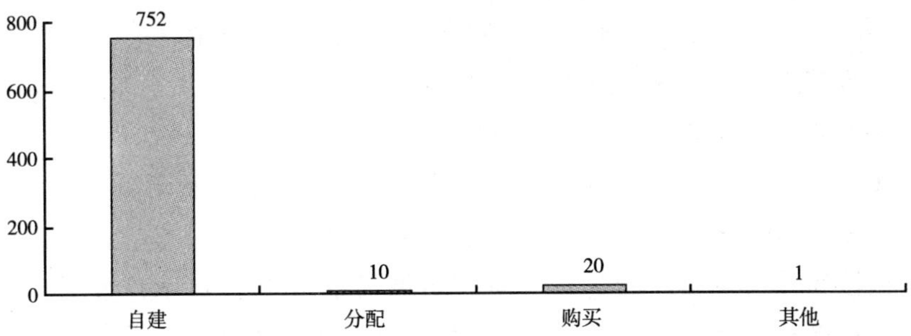

图 7－16　房屋类型分布

图 7－16 是调查对象中房屋类型的统计结果，从中可以发现，调查对象的房屋类型以自建房屋为主。

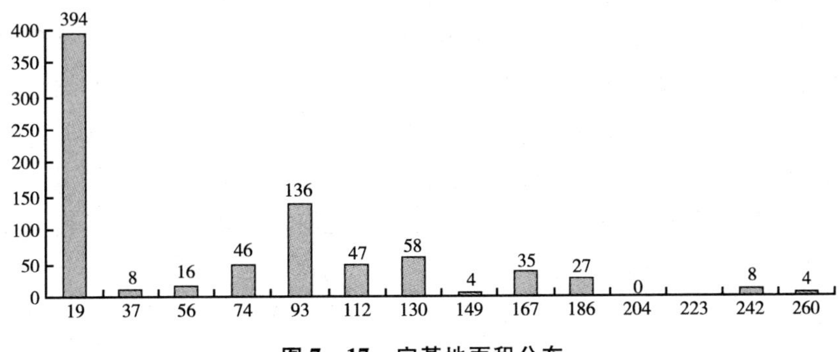

图 7－17　宅基地面积分布

（二）问题调查与分析

1. 宅基地面积和人均宅基地面积资料情况整理与分析

该部分的整理课题组尽量以调查资料比较翔实的省份（自治区、直辖市）为背景，因此选取反映问题较全面的14个省以及西北地区的问卷进行了具体的分析整理，为防以偏概全，不全面、不真实。涉及的主要省、自治区、直辖市有：海南、河南、河北、山东、山西、陕西、四川、湖北、湖南、安徽、云南、江西、黑龙江、吉林以及西北、西南地区（青海、内蒙古、新疆、甘肃、宁夏）。

（1）问卷题目。

你家共有几口人？____，宅基地面积是____平方米。

你家房屋面积是____平方米，院子面积是____平方米。

是否够用（　）A. 够用　B. 不够用

（2）对宅基地面积的数据材料整理与分析。

2007年7月，课题组组织开展中国农村宅基地调查活动，共有884份问卷，发出30份以上省、自治区、直辖市共涉及问卷783份。取783份具有普遍性和代表性的问卷进行分析，结果显示，30份以上问卷省、自治区、直辖市所涉及的783户，总人口共3665人，其中有188户认为宅基地面积不够用，占问卷数的24%。问卷涉及宅基地总面积209151.51平方米，平均每户267.11平方米，平均每人57.07平方米。

①小于100平方米范围内的整理与比较（表7－2）

由表7－2可以看出，在此面积区间内，云南、四川的调研户数占有效问卷的比例也比较高，说明二省接近16%的人口居住的宅基地面积较小，人口用地紧张。因此二省的不够住比例也相对较高。云南省地势特征对宅基地的面积有较大的影响。四川人口众多，农业、工业都比较发达，富饶之地人多地少，因此形成农村宅基地面积较小，居住条件较差局面。河南在此面积区间内的户数所占比例也较高，人均宅基地面积最低。

②大于等于100平方米，小于200平方米范围内的整理与比较（表7－3）

结合表7－2可以看出：四川、湖北、湖南等省在住宅面积大于等于100平方米小于200平方米的范围内，所占的百分比都比较大，人均宅基地面积却并不少于其他省份。三省的小住宅比较多，这与三省的经济发达，

表 7-2　宅基地面积在 [0, 100] m^2 数据统计

省　份	涉及户数	占该省(问卷)总数比%	不够住户数百分比%	平均 m^2/户	平均 m^2/人
四　川	7	16	57	75.00	18.10
吉　林	4	11	100	60.00	13.33
河　北	1	3	100	80.00	16.00
山　西	0	0			
湖　北	1	2	0	90.00	22.50
安　徽	3	5	33	70.33	16.23
河　南	4	11	50	70.00	12.73
湖　南	4	8	0	56.67	15.11
陕　西	3	9	67	73.33	15.71
黑龙江	0	0			
山　东	4	5	25	82.00	17.26
云　南	12	16	75	69.67	15.48
江　西	2	4	50	88.15	22.04
海　南	13	10	69	82.92	16.90
西北地区（青、内、新、宁、甘）	0	0			
小　计	58（268 人）	7	59（34 户）	74.84	16.78

表 7-3　宅基地面积在 [100, 200] m^2 数据统计

省　份	涉及户数	占该省总数百分比%	不够住户数百分比%	平均 m^2/户	平均 m^2/人
四　川	26	59	15	130.27	31.65
吉　林	11	29	36	127.82	26.53
河　北	1	3	100	195.00	39.00
山　西	3	9	0	153.00	32.79
湖　北	29	53	17	145.03	34.76
安　徽	16	26	25	138.12	30.69
河　南	7	20	57	144.29	31.56
湖　南	28	54	14	142.04	28.61
陕　西	6	19	67	145.00	32.22
黑龙江	6	25	33	172.33	41.36
山　东	25	30	16	149.24	37.69
云　南	26	20	46	152.31	34.44
江　西	15	33	27	131.47	28.58
海　南	52	40	38	136.15	24.67
西北地区（青、内、新、宁、甘）	5	14	60	124.84	29.72
小计	256（1119 人）	33	29（75 户）	145.79	32.28

人均生活水平较高，土地利用价值大，土地使用规划较科学等因素是有着密切联系的。

该面积段内，海南省的宅基地平均面积、人均面积都比较低，结合调查情况分析，海南省的每户平均人口较多是导致住房紧张人均面积较少的主要原因。调查者发现海南的计划生育控制不太严格，家庭人口较多，加上房屋规划不科学，土地利用不集中导致土地资源浪费，居住条件又没有得到提高。

(3) 总体分析和对策建议。

在调查中发现全国范围内宅基地面积在200平方米到300平方米较为普遍，并能够满足人们的住房需求。但超大面积宅基地在全国的所占比例很高，宅基地面积小，不够住现象仍然十分普遍，这种宽裕与紧缺矛盾现象在全国各地都存在。这一现象存在的原因可能是多方面的，但是法律约束的乏力是根本因素，导致了大量的超标建房，违规建房。对此我们既要完善立法，尤其要保证法律的实施机制的完善，同时，政府也要加强监管，因地制宜、合理科学地规划农村宅基地。

2. 宅基地用途的调查与分析

(1) 问卷题目。

你家宅基地的用途有哪些作用（多选项）？（A. 建房 B. 院落 C. 种植、养殖、家庭副业 D. 其他）

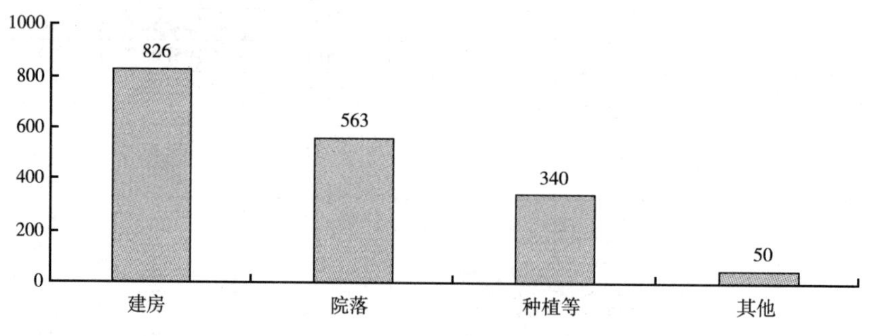

图7-18 宅基地用途分布

(2) 相关数据整理与分析。

对宅基地用途的题目设计，目的是调查农村宅基地的主要功能和在人们生活中的重要性。通过对问卷的整理，情况如下：

第一，在全部884份问卷中，大多数选择了多个选项。结果说明现实实践中宅基地的功能并非唯一，而是具有多个用途。但是，在所有的调查问卷中，共有806位被调查人选择了A答案，占91.18%。在问卷份数超过30份的10个省份中，选择A项的安徽省与湖北省均为100%，湖南省为98%，山东省为97.67%，吉林省为97.14%，河南省为96.77%，陕西省为95.45%，四川省为95.24%，江西省为93.18%，西北、西南地区为90.31%，海南省为87.97%。可见，农村宅基地的建房居住功能是其根本功能。

第二，从总体上看，选项数居第二位的是B项“院落”，有654份问卷选择了该项，占总数的73.98%；居第三位的是C项“种植、养殖、家庭副业”共575份，占65.05%；居第四位的是D选项“其他”，共164份，占18.55%。从这些数据中我们可以看到，宅基地在供人居住之外还发挥着一系列与人们的生活、生产密切相关的功能。

第三，从总体上来看，各答案的比率从大到小是按照选项设计的ABCD顺序排列，但具体到各省份并不完全相同。在这28个省份中，A始终位居前一位，不同在于后面的两个选项。各省之间在B项的比例上有差别，例如，湖南省B答案占41.18%，C占47.06%。总体上看，各省工业较为发达地区和城市近郊地区，在宅基地上建房后出租的情况比较明显，而买卖的并不多。在对广东省粤东地区的调查中，这一情况比较普遍，大量的农户以出租房屋吃租子为主要生活来源。

3. 对一户一宅制度的调查

（1）问卷题目。

你们所在村有没有一个村户有多个住宅现象？（A. 很普遍　B. 有几户　C. 没有）

答案总体情况整理：

（2）数据分析。

这个题目主要调查农村一户一宅制度的实践现状。在783份答卷中，所取30份以上问卷的省份中只有32份问卷没有回答这个题目。

从调查数据来看，全国范围内农村一户多宅的现象仍然大量存在。从访谈中发现，一户多宅的现象有多种因素，包括：新宅基地已建成未按期搬迁，依然居住在旧宅基地；新宅基地建成并居住，但旧宅基地依旧占

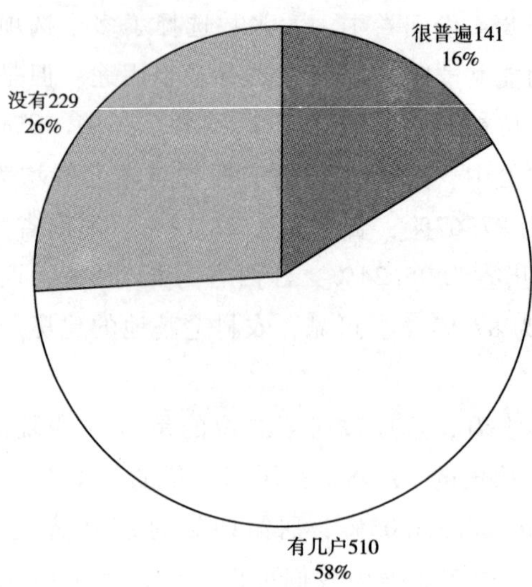

图 7－19

表 7－4　对一户一宅调查数据统计表

省　份（30 分以上）	有效答案（个）	选 A 比例（%）	选 B 比例（%）	选 C 比例（%）
四　川	45	16	64	20
吉　林	35	11	63	26
河　北	32	31	60	9
山　西	32	12	69	19
湖　北	53	6	66	28
安　徽	59	15	68	17
河　南	35	20	49	31
湖　南	51	10	63	27
陕　西	32	3	22	75
黑龙江	24	8	58	34
山　东	80	14	61	25
云　南	72	12	64	24
江　西	46	28	63	9
海　南	130	26	53	21
西北地区（青、内、新、宁、甘）	35	9	37	54
全　国	852	16	58	26

用；新宅基地建成，旧宅基地废弃，旧房屋未拆除或部分拆除；继承或购买别人的宅基地；新宅基地已审批划拨，长期荒芜没建。

选项统计数据显示：选择A项的比例最低但绝对数并不低，由此可见，一户多宅在农村的普遍性有现实依据。选择B项的比例最高，说明一户多宅在全国范围内都存在，只是并不多。选择C项的比例不超过30%，说明纯粹一户一宅在农村实现情况不太乐观。

①对选择A项的数据分析与思考。

如图7－20所示，各省（地）选择A项的比例基本上不超过30%。河北、山西、海南的比例相对较高超过25%。陕西、湖北、西北、西南地区的比例相对较低不超过10%。河北、山西、海南的比例较高，源于这些地区的人口比例相对较高，土地利用价值大，农民对土地的依赖性强以及政府对宅基地的管理政策有很大的关系。

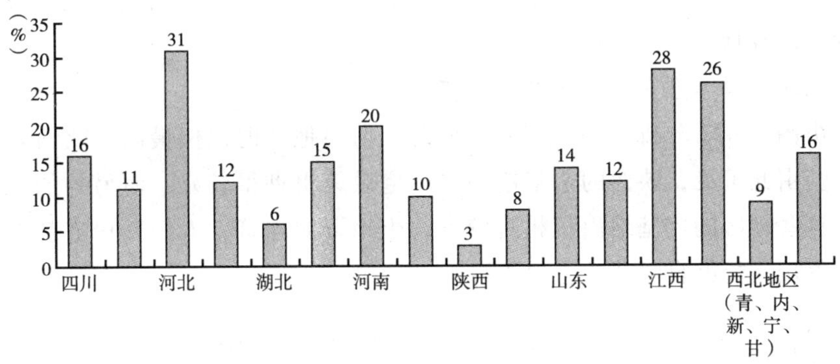

图7－20

陕西、湖北、西北、西南地区的比例相对较低，就陕西、湖北等地来说，这些地区宅基地管理相对完善，而西北、西南地区地广人稀，土地资源丰富宅基地相对面积较大，因此一户多宅似乎也没有存在的必要。

②对选择B项的数据分析与思考。

由图7－21可知，选择该项的比例全国范围内是比较平均的，陕西和西南、西北地区的比例相对较低，这与这两个地区的C项比例比较高是吻合的。

由此可见，一户多宅现象并非十分普遍，人们对此的关注热情也不

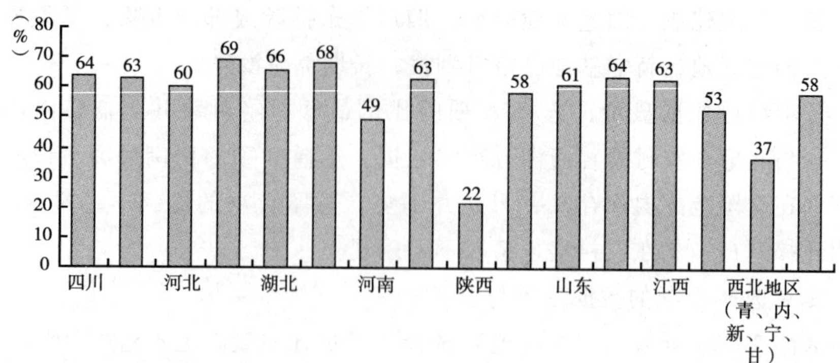

图 7－21

高。但是，对此问题也不可放任自流，相关部门要加强对农村宅基地管理，正确引导农村村民住宅建设合理、节约使用土地，切实保护耕地。农村村民新建、改建、扩建住宅，要充分利用村内空闲地、老宅基地以及荒坡地、废弃地。

③对选择 C 项的数据分析与思考。

由图 7－22 分析可知，陕西、西北、西南地区的比例最高，陕西高达75%。由此可见，陕西的宅基地一户一宅政策贯彻得较好。而另外的原因是，这些地区的宅基地面积相对较大，土地资源丰富，人们一户宅基地就已经够用，能够自觉节约土地资源。

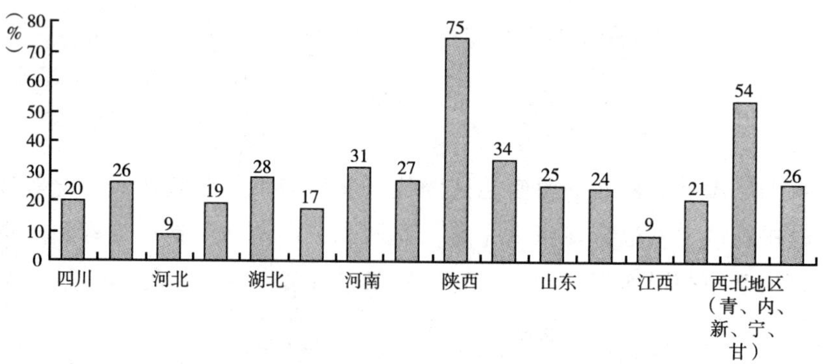

图 7－22

（3）对一户一宅制度贯彻的反思。

长期以来，农村一直实行一户一宅、面积法定的供地制度。而改革开

放以来，农村每户家庭人口越来越少，三世同堂或四世同堂的传统居住模式已被破除，农村婚龄青年到结婚的时候就要分家分户，申请宅基地另建新房，致使农村宅基地每户居住人口少则只有2～3人，多则也不过5～6人。每户宅基地居住的人口越来越少，户数却在不断增多，单纯的以户为单位的宅基地供地制度，对控制新增建设用地形成了严重冲击，造成农村新增建设用地失控。

而从原因上来考察，主要有：（1）农村宅基地面积有限，住房面积空间不够使用是超占、多占、一户多宅现象存在的主要原因。（2）乡镇、村组干部依法管地用地意识淡薄，利益驱动因素不当干扰，加上没有严格用地规划，导致违法用地，违法建宅。（3）对宅基地法律宣传和监管的疏漏。

4. 农民对农村宅基地的权利调查

（1）调查题目。

你认为你对自家宅基地享有哪些权利？

A. 建房居住　B. 买卖　C. 建房出租　D. 与人互换　E. 抵押

F. 用作养殖、种植或其他家庭生产经营活动　G. 其他

本题是对农民对自己所享有的合法权益是否有所了解的调查，即通过本题的分析可以了解农民对自己所使用的宅基地享有的那些权利是否了解、是否清楚。以便农民能够更好地享有、利用自己的权利，依法履行自己的义务，使宅基地发挥最高的效率。

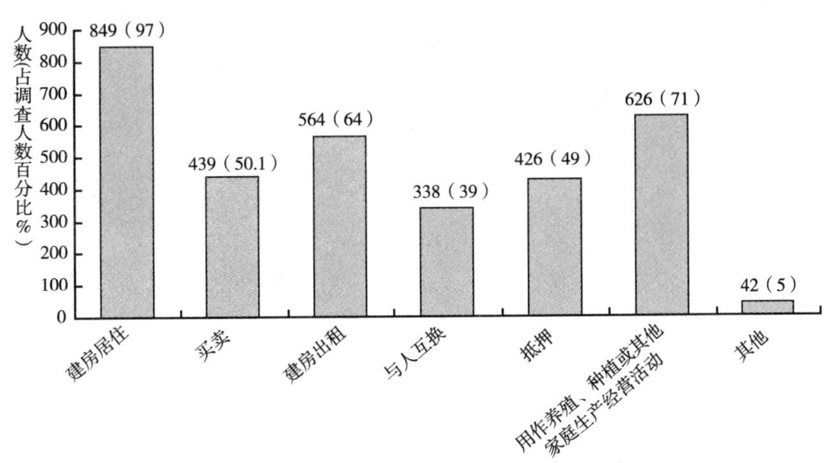

图7－23　农民认为自家宅基地享有的权利（全国情况分析）

（2）分析。

①全国整体性分析。

首先是从全国的总体情况来看，本次调查问卷的调查范围涉及全国27个省、自治区、直辖市，764个自然村，共收问卷884份，但由于各地具体情况不同，将会分开讨论，逐个分析，使所得信息清晰明了。可以说是一次较为全面的调研活动，图7-23是本题所作的全国数据分析图表。

由图7-23可以看出，在全国的农民观念中自己对宅基地所享有的权利以建房居住为主，有97%的人认为有居住的权利，39%的人认为可以与他人互换，仅有5%的农民选择其他。我国《物权法》中规定宅基地使用权人对宅基地享有占有权、使用权、收益权和有限制的处分权，即权利人有权自主利用该土地建造住房及其附属设施以及将房屋连同宅基地一同转让、出租。而大多数农民只知道有建房居住的权利，对宅基地的基本权利并不了解，只有71%的人认为可以用作养殖、种植或其他家庭生产经营活动，64%的认为可以建房出租。而且担保法明文规定，宅基地使用权不得抵押、买卖，但却还有50%的人认为可以买卖，49%的农民认为可以抵押，这既说明农民法律知识的欠缺，也表明农民对宅基地可以买卖和抵押的诉求。

因为各省的情况迥然，所以为了更加全面地分析结果，我们还对全国30份以上的省份进行了具体分析，把全国各省分为西北、西南、东北、华北、华南五部分进行分析，西北我们将分析甘肃、内蒙古、青海三省区；西南将分析江西、云南、四川、湖北、湖南、重庆六省市；东北将分析黑龙江和吉林两省；华北将分析河北、河南、陕西、山东、安徽五省；华南将分析海南一省。

②各省的具体分析。

西北地区：甘肃、内蒙古、青海。

西北地区比较偏远，经济文化欠发达。对土地权利的认识与其他地方差异很大。从图7-24中也可以看出，内蒙古有92%的人认为可以买卖、可以抵押，在青海，认为可以买卖、抵押的所占比例也相当高，这一方面说明当地农民对相关法律知识缺乏了解，同时也表明这些地区在宅基地流转实践上的做法比法律规定的要灵活、开放。而在甘肃，仅有小部分农民认为可以买卖和抵押，绝大多数农民知道宅基地是用于居住，可以出租。

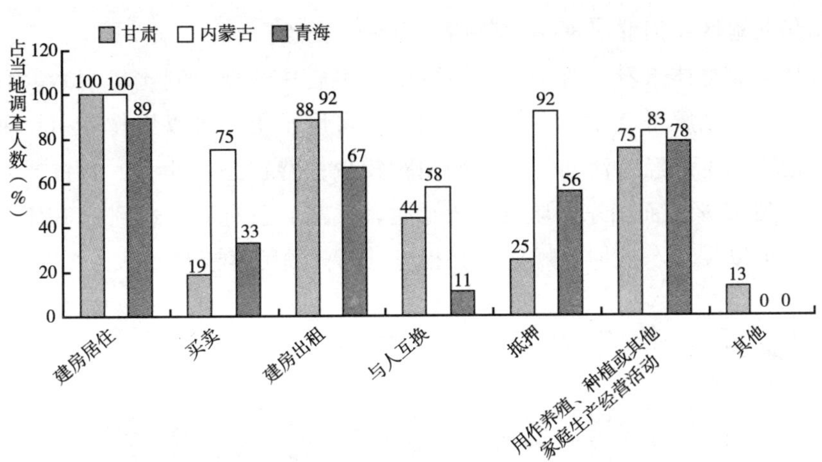

图 7－24　农民认为自家宅基地享有的权利（西北地区情况分析）

西南地区：云南、四川、重庆、湖北、湖南、江西。

从西南地区整体来看，几乎 100% 的村民知道对于得到的宅基地有建房居住的权利，大多数也都了解可以对宅基地建房出租，用作养殖、种植或其他家庭生产经营活动。但认为可以与他人互换所占的比例均在 50% 以下，而认为可以买卖抵押的比例均在 40% ~60% 之间。

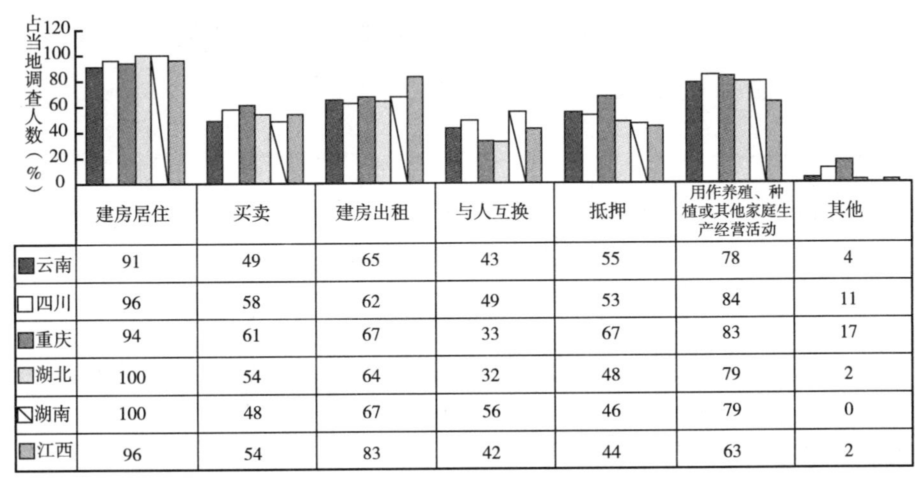

	建房居住	买卖	建房出租	与人互换	抵押	用作养殖、种植或其他家庭生产经营活动	其他
云南	91	49	65	43	55	78	4
四川	96	58	62	49	53	84	11
重庆	94	61	67	33	67	83	17
湖北	100	54	64	32	48	79	2
湖南	100	48	67	56	46	79	0
江西	96	54	83	42	44	63	2

图 7－25　农民认为自家宅基地享有的权利（西南地区情况分析）

华北地区：河北、河南、陕西、山东、安徽。

从华北整体来看，对于宅基地可以建房居住这项权利比较清楚。只是其他的规定了解得就相对有限，例如认为可以出租，可以用作养殖、种植或其他家庭生产经营活动的村民就相对较少，特别是河北省，所占比例还没有达到45%，而山东、陕西、安徽也都不高，只有河南达到了70%。又如是否可以买卖、抵押的规定也有相当一部分农民不清楚。

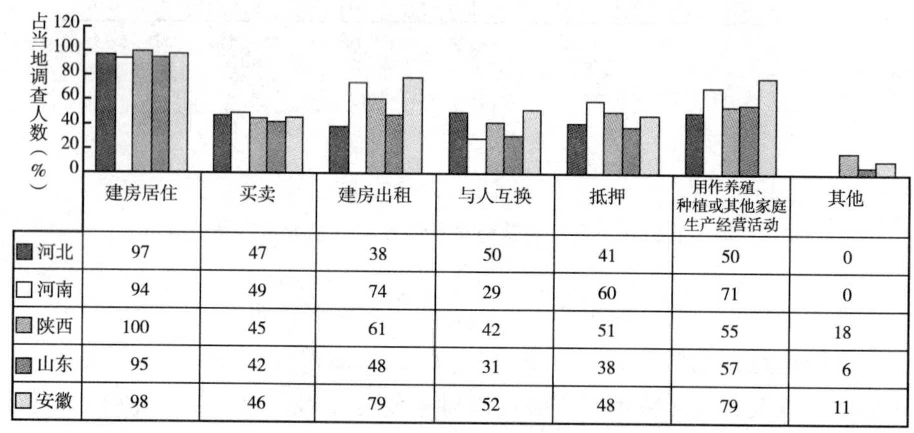

	建房居住	买卖	建房出租	与人互换	抵押	用作养殖、种植或其他家庭生产经营活动	其他
河北	97	47	38	50	41	50	0
河南	94	49	74	29	60	71	0
陕西	100	45	61	42	51	55	18
山东	95	42	48	31	38	57	6
安徽	98	46	79	52	48	79	11

图 7－26　农民认为自家宅基地享有的权利（华北地区情况分析）

东北地区：吉林、黑龙江。

从东北整体来看，同西南地区的情况相类似，大家都清楚可以建房居

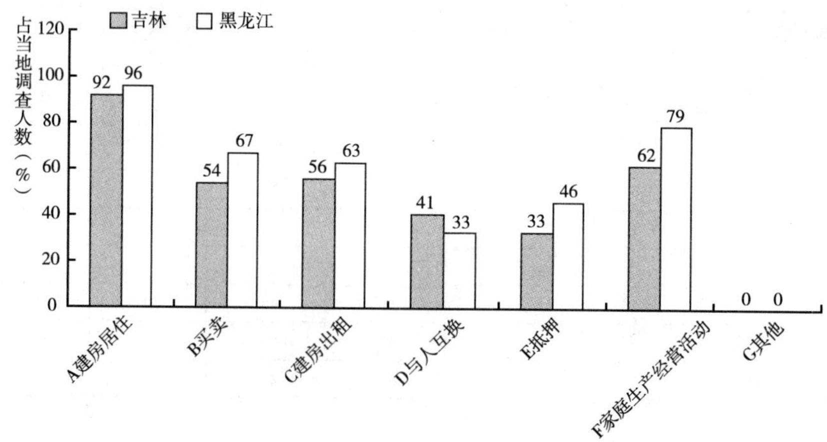

图 7－27　农民认为自家宅基地享有的权利（东北地区情况分析）

住，对于其他的规定普遍不清楚，对于还可以用于建房出租，知道的人数所占比例并不高，均在60%左右，另外可以用作养殖、种植或其他家庭生产经营活动的比例也不太高，尤其是吉林，而认为可以买卖、抵押的人数却不低，说明村民对自己的权利并不了解。

华南地区：海南。

由于华南地区的省份问卷数很少，所以仅以问卷数129的海南省为例展开讨论。海南省由于地理位置特殊，交通不便，与内地的联系相对较少，所以可能会与内地有些差异。在海南省有98%的农民清楚地知道宅基地可以建房居住，不过知道可以出租的只有过半数，而认为可以用作养殖、种植或其他家庭生产经营活动的人数相对较高，但也有一半的人认为可以买卖、抵押。

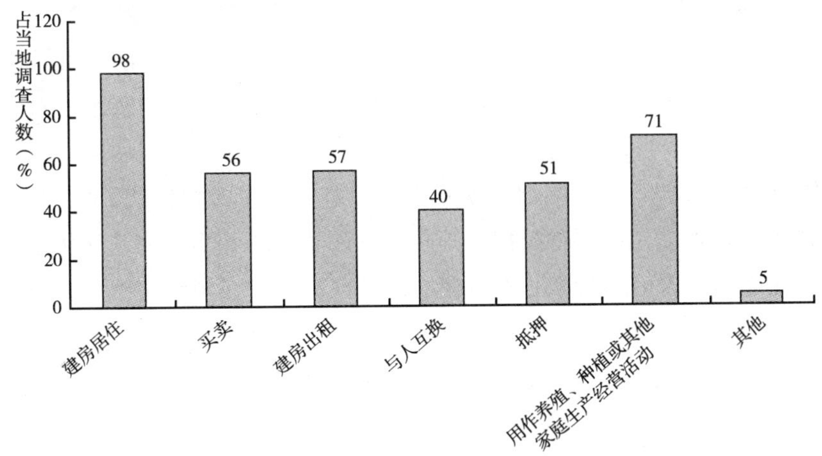

图7-28　农民认为自家宅基地享有的权利（华南地区情况分析）

（3）对农村宅基地流转可行性及相关问题的调查分析。

第一，目前法律制度对宅基地流转的规定梳理。

我国现行法律法规对农村宅基地使用权之流转作出了不少规定。根据《物权法》第153条规定："宅基地使用权的取得、行使和转让，适用土地管理法等法律和国家有关规定。"有人据此认为，"《物权法》并未禁止宅基地使用权的流转"。[①] 然而，实质上这是一个援引性规范，对该条款的理

① 史卫民：《农村宅基地使用权流转的法律思考》，《理论导刊》2007年第9期。

解需要结合《土地管理法》和其他行政法规之规定内容来展开。根据《土地管理法》第 62 条和第 63 条的规定，农村村民一户一宅，其宅基地的面积不得超过省、自治区、直辖市规定的标准。农村村民出卖、出租住房后，再申请宅基地的，不予批准。农民集体所有的土地的使用权不得出让、转让或者出租于非农业建设。可见，依据《土地管理法》第 62 条规定，农村宅基地使用权可以随着住房的转让而转让，但是结合第 63 条和其他相关法律法规规定，此处之转让仅限集体经济组织内部的转让，并不包括向城市居民的转让。而早在 1999 年的《国务院办公厅关于加强土地转让管理严禁炒卖土地的通知》（国办发〔1999〕39 号）中早就有规定：农民不得向城市居民出售，也不得批准城市居民占用农民集体土地建住宅，有关部门不得为违法建造和购买的住宅发放土地使用权证和房产证。此后，在《国务院关于深化改革严格土地管理的决定》（国发〔2004〕28 号）中则规定：禁止城镇居民在农村购买宅基地。国土资源部《关于加强农村宅基地管理的意见》规定：严禁城镇居民在农村购置宅基地，严禁为城镇居民在农村购买和违法建造的住宅发放土地使用权证。显然，立法对该问题的规定参差不一，漏洞和缺陷也不可避免。如《担保法》第 37 条规定：农村宅基地使用权不得抵押。其立法原意显然是要禁止宅基地使用权的流转，但是该法没有明确禁止农村住宅的抵押，虽然在司法实践中，农村住宅同样被排斥在可抵押的财产之外，但是在立法上仍然是一个漏洞。

第二，农村宅基地自由流转争论的核心。

从调研资料的整理结果来看，目前关于宅基地是否可以流转的核心争执在于宅基地的生存保障功能如何实现和是否会造成集体土地流失的问题，由此形成了两派截然对立的观点：一种观点认为应该禁止宅基地使用权的自由流转，宅基地只能在集体经济组织内部转让；另一种观点则主张应该允许宅基地使用权的自由流转，包括向城镇居民的转让。禁止流转的主要理由有：（1）农村宅基地使用权是一种用益物权，具有福利性，对农民来说具有生存保障功能。（2）放开农村宅基地使用权流转市场会出现大量的城镇居民到农村购买宅基地的局面，造成集体土地流失。（3）放开宅基地使用权流转会冲击当前的城市建设用地使用权市场。（4）不允许城镇居民到农村购买宅基地一直为国家法律法规和政策所坚守。因此，农村宅基地不得交易是农村宅基地分配制度的有机组成部分，农村宅基地分配制

度是维系亿万农民基本生存权利的重要制度，物权法必须重申禁止农村宅基地交易的现行法律政策。开禁或者变相开禁农村宅基地交易的主张不过是强势群体的利益诉求，不具有正当性和公平性，物权法应当在完善宅基地分配制度上作出应有的努力。

撇开理论上的纷争，从该次关于农村宅基地调查的内容来看，农村宅基地的自由流转既有农村集体组织成员思想上的准备，也有经济条件的支撑。从前者来说，就调查结果可以看出，中国农村农民对宅基地的买卖、互换等流转方式的认可度都在50%以上。就生存保障论观点而言，现实情况是农村不仅存在大量的一户多宅现象，而且存在大量的宅基地闲置情况。

从农村宅基地使用权人权利保护的角度而言，农村住宅所有权是非定限物权。在不存在其他限制的情况下，不能剥夺所有权人的处分权，这也是私法权利保护原则的必然结论。

五　农村集体土地征收情况调查

（一）关于农村集体土地征收调查的情况说明

经过对中国近30个省、自治区、直辖市的调查发现，农村土地被征收的现象确实具有相当程度的普遍性，51.60%的农户表示本村存在土地被征收的情况。承包地被征收后的补偿方式主要是发放补偿费，占53.51%，其次是另外安置部分承包地，发放部分补偿费，占24.79%。但据56.43%的农户反映征地补偿标准是由乡镇（县）政府决定的，也有14.46%的农户反映征地补偿标准是由村委会决定的，表示是由村民会议决定的仅8.54%。从调查材料来看，征地补偿标准的确定存在一些问题。根据对河北唐山京唐港、曹妃甸等地的考察，征地采用了一种新型的方式，即协议拆迁，这对减少矛盾和纠纷无疑具有重要意义。

（二）具体的问卷调查及其分析

1. 关于问卷的题目设计

（1）你对征地补偿标准是否有意见？

A. 无意见　B. 标准低

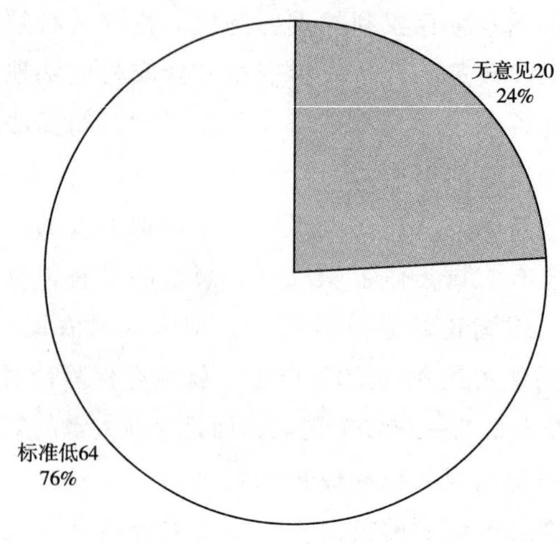

图 7－29　村民意见

（2）当地政府征地协商方式有哪些？

A. 没有与村民协商　B. 直接与村民协商　C. 通过村委会或村民代表与村民协商

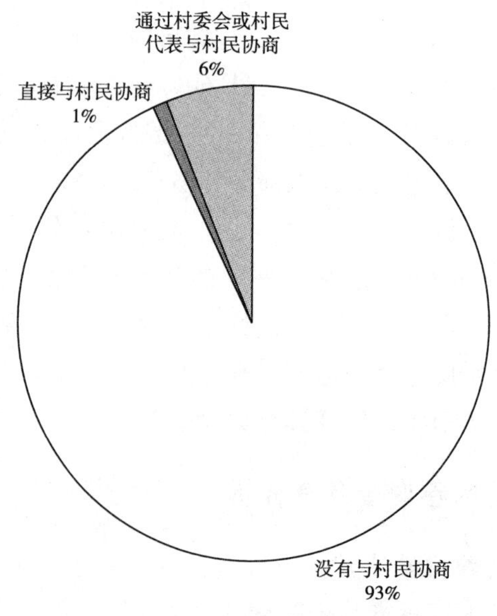

图 7－30

（3）征地前政府是否进行公告？

A. 无公告　B. 有公告

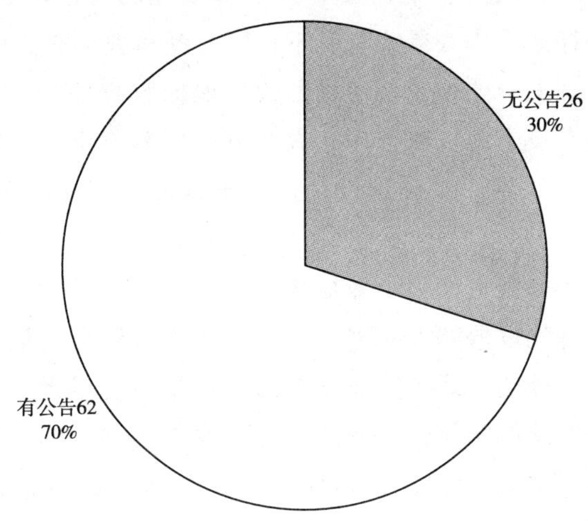

图 7－31　征地前政府是否有公告

（4）补偿标准确定后政府对补偿标准的公告情况？

A. 无公告　B. 区一级政府公告　C. 村一级政府公告

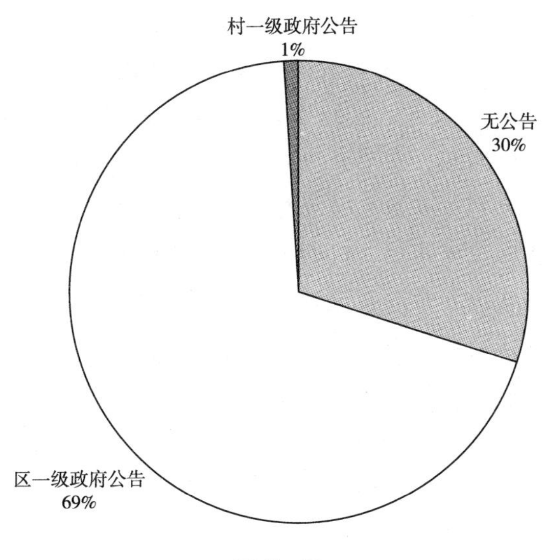

图 7－32

2. 对问卷的分析

（1）征收程序存在问题及对策。

现代程序能够有效运作是需要一些前提条件的。中国农村土地征收，也应当尽量从既存条件中去寻找有利于程序发育和进步的契机。

第一，从宏观上，要抓紧制定我国的土地征收程序法；中观上，要在土地征收法律中专设土地征收程序；微观方面则要将土地征收程序和土地征收补偿程序加以区别，并分别设计，使土地征收程序更为清晰、明确，具有可操作性。

第二，将契约原则贯彻到土地征收制度的具体设计中。对于土地征收程序的启动，要首先以协商方式进行。土地征收主体与土地权利人如果能够通过协商，确定补偿方式，达成安置协议，则经过报批后，按照协议执行。这一思路和发达国家比较成熟的土地征收也是契合的，它突出了土地征收中对土地权利人的私权保护的倾斜，并有利于贯彻私人与政府的平等。因为现代社会行政的服务理念要求相对人意思的充分表达，以便使行政权力最大限度地受到事中制约，相对人的权利最大限度地受到事中保护。

第三，扩大土地征收司法审查制度，让司法程序成为限制权力和保护权利的最后一道防线。要明确土地征收中哪些纠纷法院应该受理，包括被征收主体和土地需用人。一般来说，被征收主体可以提起的诉讼包括对公共利益的合法性和合理性的质疑或意见；征地中剥夺了土地权利人的程序参与权；土地征收审批机关是否有违法行为；政府是否违反了其应该履行的各项实体义务和程序义务。实践中，行政征收主体在征地行为中有很多违法行为，就笔者调查所知，主要有：一是国土资源部门不按法律规定进行授权，把征收权力下放到各乡镇人民政府实施，这种行为降低了行政权力行使的层级，导致矛盾沉淀至基层，权利人权利保护弱化。二是根据土地补偿费用的切割分配，一些地方政府在土地征收中“下清上不清”，即将土地征收补偿中属于农村集体经济组织的和农民的部分先支付，但对政府的部分暂时搁置。政府给土地需要者或征地主体开绿灯，甚至包括土地利用规划指标都实行“先上车，后买票”。三是政府为了招商引资，违法承诺，压低土地价格，甚至“免上付下”，违规征收。四是以租代征，即乡镇以低廉的补偿为代价，比如给农民上小城镇养老保险，收走农民的土地，归乡镇开发区或开发公司支配。在“出租”的幌子下，乡镇规避了建设用地审查报批、农用地

转用审批和新增建设用地有偿使用费的缴纳。[①] 五是政府对土地征收款的隐蔽违法截留。政府对土地征收后的农民安置实行统规统建，交给农民的房屋是成本价，但政府在规划建房时，多批地，多建房，多建部分公开以市场价格出售，收入归政府。土地需用人的司法救济权利主要是当其合法的申请政府不受理和政府审批权不当等，可以提起诉讼。笔者认为，将土地征收的司法救济机制加以完善和扩大，可以发挥司法的程序救济功能，实现双方的对话，对当事人的争议也一次性了断，进而提高征收征用的效率。

（2）征地补偿存在的问题。

在土地补偿范围上，很多学者认为应该加强土地的市场化流转程度，对于土地征收的补偿范围应当从土地所有权扩大至土地使用权的补偿，包括土地本身价格、土地使用权价值、地上附着物价格、社会保障价格和拆迁补偿等内容。笔者认为，这些观点都从本国的实际出发，都有一定道理，但是在理论上还需要对一些问题进一步廓清。具体而言，土地征收补偿范围应该包括基于土地权利损失的补偿，营业损失补偿，附着物的损失补偿及安置和社会保障补偿。这既是土地征收公平补偿的要求，也是我国市场经济建设必须坚持的市场价值原则的要求，同时也是我国土地征收法律制度与国际上通行的做法保持一致的必然选择。

对于土地征收的补偿形式，应该突破以往单一的货币补偿形式，采取多样的征地补偿方式。在市场经济条件下，财产价值及其价值损失均可用金钱的价值尺度评价，而且金钱是一种融通性最高的资产，对受偿人而言，接受金钱补偿可以灵活运用。因此，国际上现金补偿为通行的补偿原则。但是，我国目前由于土地评估技术不足和地价上涨过快，被征者所得到的补偿费会无法维持其原有的生活水平，所以各国也制定了一些辅助补偿方式，以弥补现金补偿的不足。

（三）几个具有代表性改革范例的调研报告

1. 山东三联集团综合开发模式中农村建设用地使用权市场化路径及评价

山东三联集团的综合开发模式基本思路是首先把将要进行开发的周围

---

① 《警惕一些地方囤积土地花样翻新》，载 http：//news. xinhuanet. com/house/2006 - 09/19/content_ 5109050. htm。

几个村成建制地加入三联集团，而三联集团给农民提供长期的生活保障，从教育、医疗以及基本生活费用等等，然后对所在的地区进行综合性的城市改造。山东三联集团的综合开发模式特点是，土地获取并非由政府征用，而是采取把村庄整建制协议加入企业，三联接受的不仅是用于开发的土地，而是村民先变成企业员工，再通过提供高额补偿、住房、生活保障方式，使其成为真正意义上的市民。具体实施中，这种开发模式是在几个前提下进行的：（1）村庄作为一个经济组织整体加入企业，这种加入需要由政府授权、村民代表大会表决通过为前提，农民则是村级经济组织的一员，三联不仅接受农民与土地，还包括债务等其他生产资料；（2）通过接受村级组织，取得的仅仅是对该区域的开发权，而非对土地的所有权与使用权，企业对区域内任何土地的使用都必须取得政府部门的审批。这样便能保证国家对用地的控制与配置，防止非法圈占、倒卖获利等违法行为发生；（3）必须以保障失地农民的长期生产生活资料为前提。[①]

尽管对山东三联集团的土地开发模式赞誉有加，但笔者认为还是应该对其进行冷静的法律思考。该模式尽管认为获取的仅仅是土地开发权，但土地法律、法规上对土地开发权的性质未有界定，笔者认为其实质还是获得了土地使用权，农民通过土地使用权换取了自己的身份改变和安居乐业。对此模式，有些问题仍然值得进一步商榷：第一，这种综合开发模式之本质，是农民集体建设用地使用权的变通、曲线入市，王卫国教授认为其并未违反法律规定，[②] 这一观点值得讨论。我国对于土地市场，国家严格控制土地一级市场，并不允许民间土地交易市场的存在，所以，这种灰色交易没有法律依据。第二，在该模式中，尽管农民获得了很好的安置，生活有了很好的改观，社会保障也很到位，但是，对于开发商来说，其风险却很大，风险不匹配。这种风险将会导致政府利益和开发商利益的藕断丝连，甚至导致权力寻租。第三，这种模式具有射幸性质，社会、开发商甚至于地方政府，都不能有合理的法律预期。第四，这种模式中，开发商获取土地方式与国家土地使用的指标控制手段密切相连，国家对集体土地

---

① 张继升：《积极探索造福农民的城市化发展之路》，2005 年 3 月 25 日《光明日报》。

② 王卫国：《论集体建设用地市场化的法律分析》，载中国民商法网：http：//www.civillaw. com. cn/weizhang/default. asp？ id =27816。

的征收标准不再依据公共利益，而是根据国家指标控制安排，这样，法律文本规则和现实实践出现了巨大差异，可能导致土地征用和土地开发更加混乱的局面。另外，这也与国务院新近关于城市建设用地的招标、拍卖和挂牌交易的市场化改革方向大相径庭。

2. 四川省邛崃市农村集体土地流转的实证分析

2005 年，邛崃市在四川“金土地工程”基础之上，依托土地整理，大力推进农村集体土地的流转与集中，并引进农业经营业主和龙头企业，实施农业产业化经营，以此促进农民就业方式和收入渠道的多样化。有观点分析认为，现有的小规模、分散化的土地经营制度在支撑农业产业化与现代化的现实需求方面有一定的不足。具体而言，主要包括以下几个方面：首先，现有土地制度要求农户对土地有很强的依附性。其次，小规模、分散化的土地制度会增加农民的生产成本，降低农民的收入。第三，小规模、分散化的土地制度不利于规模经营。第四，现有土地制度不利于农业基础设施的投入。第五，现有土地制度会影响农户的长期预期。因此，现有的以家庭联产承包责任制为主体的土地制度，在某种程度上表现出一定的局限性。为了提高农业产业化与现代化水平，有必要对现有的土地制度作出一些现实的调整。四川省邛崃市以“金土地工程”为契机、以土地整理为基础所实施的集体土地流转就是对现有土地制度改革的一种探索。邛崃市结合自身特点、因地制宜，从多方面入手，打造远郊农村建设的新模式。例如，在农民居住上，采用中心村或聚居点的形式集中居住，有利于居住环境的改善，乡风文明的建设；在土地流转上，采用农户以经营权入股或租赁等形式，将土地转让给龙头企业、经营大户，以形成“龙头＋基地＋农户”的农业产业化格局；将土地资源转变为土地资本，以土地入股组成农业股份公司，再由农业股份公司对土地进行经营与管理。①

邛崃市“金土地工程”的创新主要在于：结合自身特点，打造了远郊农村建设的新模式；不走传统农业产业化经营的老路子，注重特色经营；利用土地整理，创新投融资机制；以汤营模式构建一种新的农业经营方式；以中心村为主的农村新型社区的建设。

① 以上参见四川省成都市《以土地制度变革为主线的城市远郊新农村建设模式研究——四川邛崃市农村集体土地流转的实证分析》。

（1）立足自身特点，探索远郊模式。

距离中心城市的远近不同，郊区可分为城郊、近郊、远郊，区域位置的差异，决定了在农村建设方面，不能照搬一个模式。作为远郊市县，邛崃市不能像城郊一样，将城区土地集中，形成观光农业的旅游开发模式，如锦江区的五朵金花——锦江区五个村：红砂村的“花乡农居”，幸福村的“幸福梅林”，驸马村的“东篱菊园”，万福村的“荷塘月色”，江家村的“江家菜地”。也不能采用近郊以“三个集中”为指导的工业化模式：工业向集中发展区集中是关键，土地向规模经营集中是基础，农民向集中居住区集中是根本。

（2）创建股份公司，构建“汤营模式”。

这里主要指“汤营模式”所构建的一种新的农业经营方式。所谓“汤营模式”就是邛崃市羊安镇汤营村积极探索土地流转新机制的一种新创举。汤营村2005年实施了土地整理项目，到目前已完成了1300亩土地整理，预计整个土地整理项目完成后，可净增700余亩耕地，总耕地面积可达3000余亩。该村村委会在征得群众同意的基础上，将土地整理新增的耕地由集体统一经营，农户本着自愿的原则，以土地承包经营权入股，组建汤营农业股份有限公司，实行股份合作经营。农户每年每亩保底租金为900斤黄谷，公司经营利润的50%作为分红，剩余的50%作为公司发展资金，集体土地股份所得分红作为村集体经济收入。组建公司的好处在于：克服了单个农户谈判的弱势地位，与其他公司的谈判能力增强；克服了单个农户获取信息能力较差的缺点，公司获取信息的能力相对较强；单个农户抗风险能力较差，公司抗风险能力则较强；单个农户市场化、商业化水平较低，而公司的市场化、商业化水平相对较高。目前已有506户入股，土地面积已达1060亩，占农户承包土地经营面积的45%。当前，汤营农业股份有限公司已与农业产业化龙头企业振鹏达食品有限公司合作，以订单农业的方式，建立了400亩芦笋标准化种植基地；与龙旺菇业合作建立了200亩食用菌种植基地；与浙江台州商人以股份合作方式，建立了400亩“早春红玉”西瓜规范化种植基地；与成都市农科一所合作建立了100亩苦瓜新品种试验推广基地。预计上述项目投产后，年产值将达到850万元，汤营公司纯收入将达到380万元，农民仅入股分红一项户均每年可达4000余元。

(3) 依托土地整理，建设新型社区。

以土地整理项目为契机，邛崃市进行了农村新型社区及聚居点建设。已投入资金2.7亿元（成都市政府投资，邛崃市政府负责具体操作），新建中心村（200~300户）26个，聚居点（20~30户）17个，并按照城市社区建设标准配套完善相应的路、水、电、视、讯等基础设施，结合社区的布局，规划实施了52所农村中小学标准化建设、23所中心卫生院及卫生站建设和100个农村放心店、120个农资连锁店等公共设施建设，使农村新型社区美观、卫生、便利，社区农民生活条件得到根本改善，基本实现与城市社区的接轨。农村新型社区建设吸纳了大量农民向中心村转移，目前已经达到6600多户、2万余人。通过实施农村新型社区建设，不仅实现了土地节约利用、公共基础设施集约使用，改善了农民居住条件，而且促进了农民居住集中度的快速提高，为实施农民的集中培训、集中管理、集中成批转移就业，提高农民生活质量创造了有利条件，实现了一举多得。

邛崃市“金土地工程”具有极其重要的理论价值。

土地的基本功能在于具有一定的生产力，能提供人类的必需的产品和收益。家庭联产承包责任制作为一个特定时代的产物，对我国土地管理制度的完善作出了重要的贡献。但在现代农业规模化、机械化、信息化、市场化的发展过程中，传统的土地管理制度的局限性逐步显现，土地问题成为了“三农”问题的重点。四川省耕地耕作条件、生产能力等仍然是低水平的，随着经济和社会不断快速发展，建设占用耕地与补充耕地的矛盾日益突出，对四川省的土地管理制度和政策提出重大的挑战。邛崃市在“金土地”工程的探索过程中，成功地以土地整理推动农村土地流转、土地流转后形成农村土地规模经营，从而为农业产业化和现代化奠定了基础，在城市远郊农村解决“三农”问题上作出了卓有成效的探索，具有极其重要的理论价值。在土地整理的过程中，政府扮演着重要的角色：积极引入现代市场经济的理念和操作方法，使土地资源在整理后与市场要素相结合，成为推动地区经济发展和破解“三农”问题的土地资本；在农业产业化、现代化进程中，政府充分考虑自身的区位优势，坚持从实际出发，在产业选择和产业布局中扬长避短，将区位优势与经济发展和社会主义新农村建设很好地结合起来。

（1）创新利益连接机制，促进农业产业化。我国目前的土地整理工作基本上还是以行政推动为主，参与的主体是政府或政府委托的有关机构，因而土地整理过程中的专业化、市场化、社会化程度低，土地整理运作模式与土地整理产业发展的矛盾不断加重，已越来越不适应我国经济快速发展而引起的土地利用变化。邛崃市在土地整理工作中，鉴于传统行政职能为主导的土地整理运作模式的局限性，积极探索市场化的运作模式，以切实推进土地整理工作的可持续发展，在实践中摸索出了一套有效的土地整理产业发展模式。国土部门牵头、有关部门配合的组织实施机制，从规划、立项、资金保障到实施、验收的规范管理机制，市场化运作、民资参与机制等，促进土地整理的快速发展。通过对土地资源的综合整治和优化配置，实现土地资源开发整理专业化、企业规模化、经营一体化、市场化和服务社会化，促进土地资源产业从前期规划设计、中期项目实施到后期开发建设全过程的一体化，提高土地资源的集约利用程度和利用效率。土地整理产业化的根本在于土地资源的资本化，土地整理的基本目标在于流转。邛崃市在实践中总结出了土地整理产业化发展的精髓："投钱改地，以地生金"是土地整理得以开展的关键。根据"谁整理、谁得益"的原则，采取市场运作模式，以利益为纽带，大力创新龙头企业与专合经济组织、农户间的利益联结机制，促进"五龙"产业的健康快速发展。现已形成了"公司＋协会＋农户"、"公司＋协会＋基地＋农户"、"支部＋协会＋农户"、"支部＋企业＋协会＋农户"、"养殖大户＋协会＋农户"等产业化经营模式，尤其是以大同丝绸公司采取保护价收购的"合同契约型"联结方式，文君米业采取的"二次返利型"联结方式，春源集团、金利实业实行的"电脑猪"模式等，极大地提高了农民进入市场的组织化程度和规避市场风险的能力。目前，全市已建立了畜禽、林竹、茶桑、果蔬、粮油等农村专合经济组织80余个，有力地促进了农业产业化发展。

邛崃市先后与四川农业大学、中国农业大学签订了校地合作协议，共同建设中国农业大学农业生物技术国家重点实验室四川科研基地、中国农业大学国家动物TSE实验室四川教学科研基地等，并与中国水稻研究所联手打造100亩超级稻试验、示范基地，积极引进推广农业新品种、新技术，扩大农业先进技术和良种覆盖面。

（2）多元化土地流转模式，推动农业现代化。土地流转的模式多种多样，主要包括转包、转让、出租、互换和入股等五种，以出租和转让的形式占多数。邛崃市在实施“金土地”工程中，土地流转同样采取了多种形式，紧紧依托农产品加工龙头企业、农村专业合作经济组织和种田能手，通过租赁、农民土地经营权入股等形式，加大土地流转力度，使土地向龙头企业、农村专合组织、种田大户以及基地集中，全市土地流转面积达12万亩，建成了优质粮油示范园、优质茶叶示范园、优质蚕桑示范园等一批园区和基地，形成了“龙头带基地、基地连农户”的农业产业化格局，提高了土地的规模效益，促进了农业增效和农民增收。

第一，运用级差地租原理，采取易地代补模式。按照级差地租理论，级差地租由两部分组成：绝对地租和级差地租。所谓级差地租，就是土地经营者在优等地上收取的相对于次等土地的地租。级差地租又有两种形态：级差地租第一形态（级差地租Ⅰ）和级差地租第二形态（级差地租Ⅱ)。级差地租第一形态就是等量资本投在肥沃程度和位置不同的等量土地上产生不同的超额利润所形成的地租差别。所谓级差地租第二形态就是由于对同一块土地连续投入等量资本产生的不同的超额利润所形成的地租差别。在市场经济条件下，由于将同一块土地在不同用途上进行经营所形成的收入差异，也可以纳入级差地租的范围。所谓“易地代补”就是建设占用耕地的地方由于无法在本地补充相同数量的耕地，而通过缴纳耕地开垦费的形式，将补充耕地的任务转移到其他耕地后备资源丰富的地方。邛崃市用新增耕地指标折抵成都市中心城区建设用地指标，在中心城区土地收益的“大蛋糕”上切下一小块反哺邛崃农村基础设施建设和村庄环境整治，加快了农村的环境整治、农民的集中居住步伐，改善了农村的基础设施和农民的生产生活条件，提高了农业的生产能力和土地的产出率，努力打破城乡分割的二元结构，促进城市基础设施向农村延伸、城市公共服务向农村覆盖、城市现代文明向农村辐射，有力推进了城乡一体化和社会主义新农村建设。

第二，产业集聚与联动，推动农业现代化进程。产业集聚是同一产业在某个特定地理区域内高度集中，也是产业资本要素在空间范围内不断汇聚的一个过程。集聚经济理论是由工业区位论的创始人韦伯首先提出的，他从集聚因素造成的经济性——“一般经济开发成本”降低，研究集群产生的动因。韦伯认为，产业集聚分为两个阶段。第一阶段是创业自身的简单规模扩张，从而引起产业集中化，这是产业集聚的低级阶段；第二阶段主要是靠大企业以完善的组织方式集中于某一地方，并引发更多同类企业的出现。这时，大规模生产的显著经济优势就是有效的地方性集聚效应。韦伯把产业集群归结为四个方面的因素：技术设备的发展，随着技术设备专业化的整体功能加强，技术设备相互依存会促使地方集中化；劳动力组织的发展，韦伯把一个充分发展的、新颖的、综合的劳动力组织看成一定意义上的设备，由于其专业化，因而促进了产业集群化；市场化因素，韦伯认为这是最重要的因素，产业集群可以最大限度地提高批量购买和出售的规模，得到成本更为低廉的信用，甚至“消灭中间人”；产业集群会引发煤气、自来水等基础设施的建设，从而减少经常性开支成本。经济学家阿尔弗雷德·马歇尔曾把经济规模划分为两类：第一类是产业发展的规模，这和产业的地区性集中有很大关系；第二类则取决于从事工业的单个企业的资源、它们的组织以及管理的效率。他把第一类的经济规模称为外部规模经济，把第二类的经济规模称为内在规模经济。马歇尔发现了外部规模经济与产业集群之间的密切关系，他认为产业集群是因为外部规模经济所致。马歇尔提到，企业内部的规模经济一般比较容易被人们所认识到，厂商也会尽可能使生产规模进一步扩大；而企业外部的规模经济同样是十分重要的，当产业的持续增长，尤其是集中在特定的地区时，会出现熟练劳工的市场和先进的附属产业，或产生专门化的服务性行业，以及改进铁路交通和其他基础设施。马歇尔还用随产业规模扩大而引起知识量的增加和技术信息的传播来说明产业集群这种现象。

以发展现代农业为方向，加大土地规模流转和集约化经营的力度，积极探索股份农业。按照“先试点、后铺开”的思路，在该镇汤营村、来龙村尝试农民以土地使用权入股的方式，分别成立汤营农业股份有限公司和来龙农业股份有限公司，把农民分散经营的土地和集体土地集中起来，走规模化、集约化、产业化发展之路，促进农业增效和农民增收。以工业理念发展农业、以工业化带动农业产业化步伐，促进工农互动、产业交融、双轮驱动、共同繁荣，这是提高农业效益、增加农民收入的必由之路。邛崃市立足良好的生态优势和资源优势，依托丰富的农产品资源，坚持“围绕农业办工业，办好工业促农业”的方针，从培育壮大龙头企业着力，从发展农业产业化示范园区和基地入手，大力实施“五龙出海”（畜禽产业

化、果蔬产业化、林竹产业化、茶桑产业化、优质粮油产业化）发展战略，培育壮大农产品加工业企业，通过实施农业的规模化、标准化和品牌化，改造传统农业，发展现代农业，逐步实现农产品质量提高、效益增加，拉动农村经济发展，实现农民增收致富奔宽裕型小康。

壮大产业化龙头，按照“政府规划引导、龙头企业牵头实施、通讯企业铺路、共筑农业信息平台”的思路，着力建设信息化农业“一个主体网络、八大服务系统”，基本形成了市镇乡三级信息网络平台。在推进农业产业化进程中，邛崃市明确提出“没有基地的龙头不扶持，没有龙头的基地不支持”的工作思路，引导龙头企业抓好基地建设。工业带动农业，其显著特征就是将工业产品规范化、标准化的生产体系用来指导农产品的生产，不断提高农产品的品质和质量，提高农业效益。邛崃市坚持把建立标准化生产体系作为农产品闯市场、树品牌、求生存、谋发展的关键，依托农产品加工龙头企业建立标准化的示范园区和基地，用标准化的操作规程保证农产品质量，提高了农产品的市场竞争力。

（3）强化组织管理，维护农民权益。

农村集体土地使用权流转涉及广大农民的切身利益，牵涉面广，政策性强，因此操作过程中需要政府进行规范和引导。由于农村集体土地使用权流转整体上仍处于起步阶段，强化政府的引导显得尤为重要。邛崃市严密、有效的组织管理工作为土地整理平稳有序的开展提供了强大的支持和保障。

首先，适当进行宣传引导。向农民宣传国家的农村政策，宣传市场经济新形势，宣传通过试点实现农民增收的好典型，使农民意识到承包权和经营权相分离是必然趋势，引导广大农民正确处理短期利益和长远利益的关系。

第二，努力引导土地使用权的流转方向。土地流转的方向应尽量与土地利用规划相一致，土地使用权的流转向农业园区和规模化、集约化的方向发展，鼓励向农业大户、示范田、种田能手流转，三产流转在严格条件的基础上，走市场化道路，采用招标、拍卖等形式，进入市场公开流转。

第三，发挥政府的服务职能。各级政府依法监督、管理农村土地的合理使用，为土地使用权流转提供法律、信息服务，收集发布供求信息，规范土地流转程序，处理好各方利益关系。

第四，加强对市场机制的培育和监督。一方面通过引入市场机制来合理确定地租、地价，保证农户流转土地的合理受偿，防止农民因失去土地而陷入困境，另一方面通过建立市场机制来减少土地流转中的外界因素干扰，真正落实农民经营自主权，使农民可以自主地按照市场情况作出是否流转的决策。

在我国农村地区，绝大部分农民游离在现代社会保障制度之外，土地成为他们安身立命的基础。土地的社会保障职能主要可归纳为生活保障、就业保障和养老保障三个方面。土地的社会保障功能过强，就决定了农村现代社会保障机制尚未形成之前农民不会轻易离开土地。土地是农民可进可退的阵地和最后的屏障，一旦失去土地，农民可能连最后的生产和生活保障都没有了。农民不愿、不敢离开土地，这是制约我国土地流转制度改革推进的核心问题。邛崃市在“金土地工程”的运作过程中，全面提高农民思想素质、生产生活水平，与市民全面接轨，实现农民向市民的角色转型，从根本上破解“农民问题”的症结所在。邛崃市在农村新型社区建设、民主政治和精神文明建设、农民培训就业、社会保障等方面加大工作力度，着力改善农民居住条件、增加农民收入、提高农民素质、解决农民后顾之忧，让城市化的实惠和文明实实在在延伸覆盖到广大农民，有力地促进了农民向市民的转变。

总的来说，四川省邛崃市农村集体土地流转模式是城市远郊农村建设中土地产权市场化的有益探索。其成功之处主要在以下几个方面：第一，流转方式的灵活性与多样性结合。邛崃市在实施“金土地”工程中，土地流转同样采取了多种形式，紧紧依托农产品加工龙头企业、农村专业合作经济组织和种田能手，通过租赁、农民土地经营权入股等形式，加大土地流转力度，使土地向龙头企业、农村专合组织、种田大户以及基地集中。第二，农民以土地承包经营权入股，实行股份合作经营，成功构建“汤营模式”。该模式成功之处在于：克服了单个农户谈判的弱势地位，与其他公司的谈判能力较强；克服了单个农户获取信息能力较差的缺点，公司获取信息的能力相对较强；单个农户抗风险能力较差，公司抗风险能力则较强；单个农户市场化、商业化水平较低，而公司的市场化、商业化水平相对较高。第三，成功建立以土地产权流转为核心的互动链条，形成正向影响效应。邛崃市在“金土地”工程的探索过程中，成功地以土地整理推动

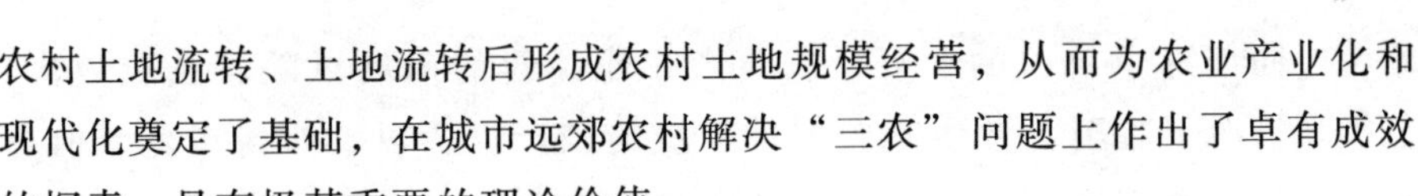

农村土地流转、土地流转后形成农村土地规模经营，从而为农业产业化和现代化奠定了基础，在城市远郊农村解决“三农”问题上作出了卓有成效的探索，具有极其重要的理论价值。

但是，四川邛崃市农村集体土地流转模式也存在一些不足之处。

第一，农业股份有限公司的治理结构需要完善。作为土地流转制度的一种创新模式，邛崃市汤营模式是股份公司模式，农业公司经营状况的好坏直接关系到农民的切身利益，而公司治理结构是公司制度发挥作用的基础。为此，应完善农业股份公司的治理结构：一是政企分开。二是建立股东会、董事会和监事会，分别代表公司制企业的权力机构、决策机构和监督机构。村民依法进入股东大会，选举董事会成员，再由董事会聘请经理人员，由监事会监督董事会和经理人员的工作。实现所有权、经营权和监督权的有效分离。三是健全农民行使权利的程序机制。

第二，政府在股份有限公司中的作用和地位有待进一步探讨和合理安排。市场经济条件下的农业生产不仅面临着自然风险，而且也要面临市场风险。市场风险来自于市场的供求失衡和价格波动。理论上来讲，农业产业化可以有序地将农户组织起来，从整体上增强其抵御市场风险的能力，但若政府行为主导农业产业化进程的情况下，农户的市场风险是否能够有效降低就成为一个值得思考的问题。按照西方经济学理论，政府行为是作为市场行为的补充而发挥作用的，是对“市场失灵”缺陷的弥补。但在我们目前的“赶超型”发展战略下，政府行为往往不是处于补充地位，而是处于主导地位。这在邛崃市“金土地工程”的实施过程中也表现突出。羊安镇“汤营农业有限公司”的成立是以政府投资为主要资金来源，政府通过一家国有投资公司注入资金100万元，折合50%的股份作为公司的巨额启动资金。另外，从邛崃市“金土地工程”的两种模式——政企合作模式和政府直接投资模式中可以看出，地方政府的意志和意图在当地农业产业化进程中起着主导性作用，土地的集中要以政府的诱导和宣传为前提条件，资金的筹集和运作过程中政府也扮演着十分重要的角色。这种行为固然对邛崃土地整理和农业产业化进程的启动起着关键性作用，但也不可避免地使这场自下而上的制度变迁深深地打上了政府行为的印记。政府不是万能的，政府也存在“失灵”的时候，一旦政府行为在当地农业产业化进程中主导性过强，一旦作为“经济人”的政府出于某种利益的考虑而偏离了自己的初衷，农业产业化经营的市场风险就会被放大，在极端情况下甚至会导致整个村社经济的破产。所以，如何规范政府行为，有效规避市场风险，就成为邛崃市“金土地工程”的实施过程中所面临的一个重要问题。

第三，农民参与应该坚持意思自治原则，进出机制有相应的程序引导，农业股份公司破产或解体如何处理，这都需要在理论上再做研究，也是摆在面前的重大课题。

3. 顺德模式和《广东省集体建设用地使用权流转管理办法》

顺德是由国土资源部和国务院法制办批准作为广东唯一的农村集体非农建设用地流转试点地区，基于实践制定的《顺德市农村集体土地管理改革试点方案》、《顺德市集体非农建设用地流转试点方案》与《顺德市集体所有建设用地使用权流转管理暂行办法》（2002 年 11 月）集中体现了集体建设用地使用权流转的改革创新意义，可概括为：

（1）流转的集体建设用地必须符合土地利用总体规划和城镇建设规划，且在流转前须经村委会和镇土管机构确认所有权人，权属无争议；

（2）流转须通过合同约定使用年限，不得超过同类国有土地使用权出让的最高年限，再流转的年限不超过出让合同约定的剩余年限；

（3）流转的集体建设用地不得用于房地产开发建设，使用者不得擅自改变原土地用途；

（4）建立集体建设用地基准地价，由区政府定期公布，作为政府向土地所有者核收流转收益金的收据；

（5）集体建设用地流转可采取招标、拍卖、竞价或协议方式进行，须签订定制的流转合同并经区规划国土局审查备案后方能生效。如此等等，构成了顺德集体建设用地流转的基本管理制度和规范机制。① 除了有组织的类似于顺德试点做法外，广东南海、东莞、中山等地还普遍存在出租集体非农用地或以出租地面建筑物（厂房等）的形式连同土地一并出租的自发流转现象。②

---

① 参见佛山市顺德区政府《顺德农村集体土地管理制度改革试点情况汇报》，2004 年广东省国土资源厅汇编的农村集体土地管理制度改革顺德试点总结研讨会资料。

② 参见华南农业大学地理信息系统研究室《广东省农村集体建设用地使用权流转结题报告》，广东省土地学会委托课题，主持人胡月明，2004。

于2005年10月1日实施的《广东省集体建设用地使用权流转管理办法》（下称《办法》），使得广东成为第一个允许集体建设用地“合法”入市流转的地区，打破了“非经政府征地，农村土地不得合法转为非农用途”的传统旧制，也是对前述顺德模式的立法落实。

但是，广东的农村土地流转现状和立法现实也有一些问题需要我们去研究。一是两种流转形态的配套协调。总体原则上，广东《办法》确立了土地流转中的集体土地使用权与国有土地使用权“同地、同价、同权”的原则，但是具体操作层面上，原来由国家单一供应的土地供应体制转变为国家和农民集体供应时，二者关系如何处理，国有土地和集体土地流转的经济收益如何分配却亟待解决。实施农村集体建设用地使用权流转制度的目的，就是为了把农村集体的非农建设用地纳入国家统一管理，强化国家对土地市场的宏观调控，保护农民的切身利益。但现实情况是，政府在土地市场中是一个重要的利益主体，政府尤其是地方政府与农村集体之间有着很大的利益冲突，其最终必然表现到两种流转形态上来。二是农村土地产权关系不明晰，流转主体不明确。这在前面论述我国集体所有权已有所述。但需要注意的是，现实中，农村集体经济组织往往成为地方政权的附属机构，这在很大程度上使主体归位更加困难。三是农村集体组织土地流转收益分配及其监管问题。四是土地流转的配套程序制度设计方面，《办法》还缺乏相应规定，这在一定程度上制约了其实施。五是集体土地入市的决策机制的完善，这也有赖于集体组织性质的确定。所有这些都在一定程度上制约了《办法》的具体实施。

以上几个具体的实践案例，是我们在土地私权化改革中的积极探索，对我国未来征地法律制度的完善必将产生重要的影响。

专题八

我国农村土地物权制度的历史、现状及其改革趋势分析

农村土地物权制度建设是一项事关数亿农民的核心利益与中国现代化进程实现的重大现实课题。中国的现代化在本质意义上是中国农村的现代化，而农村现代化离不开设计科学、体系完备的农村土地物权制度的支持与保障。但是，长期以来农村土地物权制度建设问题被立法与学者忽视，农村土地物权制度的建设相对落后；现代化与城市化过程中农村土地上出现了日益冲突的地权冲突与矛盾，严重影响了和谐农村的建设。本研究希望能够在熟识与挖掘横贯千年的中国农村土地历史发展因素并充分把握错综复杂的现实问题基础之上，从法律规范分析与实证冲突分析研究两个视角来对中国农村土地物权制度的历史问题与现实问题进行了研究并得出了自己的结论。

一　我国农村土地物权制度的演进与反思

中国的土地物权制度与文化传统延续了几千年而未曾彻底断裂与消亡过，新中国成立前后的土地改革运动虽然为新中国农村土地物权制度的发展奠定了一个新的历史起点，但是这一个新的历史起点也挣脱不开

中国土地历史文化长河的积淀。在共产主义理想激励下进行的合作化运动与人民公社化运动虽然创造出了独特的集体土地所有权，但是从某种意义来说，集体土地所有权在革新中国物权制度建设传统的同时又恰恰表现出了向更久远的中国古代（先秦时期）土地文化与制度传统回归的特征。集体化运动以后特别是改革开放以来逐渐在农村土地上生长起来的宅基地使用权、土地承包经营权等物权则带有鲜明的适应现实生活的需要，承继中国近现代以来农地物权制度建设传统并向更远的中唐以后中国农地物权制度建设传统回归的趋势。由于脱离历史和经济关系的意志关系，不过是神秘的空中楼阁，因此，本专题首先考察中国土地物权制度发展的历史。

（一）中国古代农村土地物权制度的演进及启迪

从总体上看，中国古代是一种以血缘、地域和宗法关系为纽带而组成的乡村，城市只是连接乡村社会的一些枢纽和关键点。这就决定了中国古代地权建设的重点在乡村，而不在城市。中国农村土地制度经历了一个产生、发展与演进的过程。在这一过程中一些制度、文化与思想因素积累下来，成为影响今天中国农村土地物权制度建设的重要历史因素。因此，在建设社会主义新农村的今天，研究中国古代的农村土地物权制度依然具有重要的现实意义。夏商直至西周时期，在“普天之下，莫非王土”的土地王有观念的统领下，领主分级所有制结构与带有严重公社残余表征的“井田制”互为表里，一直占据我国历史的主导位置。秦汉以后，国家土地所有权、私人土地所有权并存的二元结构成为中国农村土地所有权主导形态，以农村公社残余为基础而形成的公社所有与受宗法观念严重影响而形成的宗族所有的所有权形态仍然存在并起到了补充、调和国家所有与私人所有二元对立的作用。因此，本专题在考察中国古代的农村地权状况与物权制度时，将中国古代农村地权建设过程划分为先秦时期与秦汉以后两个历史时期而分别进行考察与反思。

1. 中国先秦时期的土地制度状态及其制度文化积淀

中国古代社会较早地进入了农耕社会时期，发展出了稳定地利用土地的制度安排。虽然现在已经无从考察传说中的“里田制”的内容，但是可以肯定：在生产力低下，个人无法离开共同体而生活、个人人格没有与共同人格相分离的情况下，共同体成员天然地将土地看成共同体的公有物，将自己看作共同体财产的占有者，而不去考虑拥有排他性占有土地的权利。原始社会土地利用方式基本上是农村公社成员集体经营和个人家庭分散经营并存，土地部分共耕，部分私耕[①]。农村公社的一部分土地作为“公有地”由公社成员共同耕作，另一部分作为“份地”，分配公社成员个体耕作，这种“公有地”和“份地”，到夏商周时期就演化为“公田”和“私田”。[②] 在出现动产的个人所有权以后，宅地的私有以及其他小块土地的私有也不可避免地产生与发展起来。原始社会中私有与公有的两种制度，两种观念矛盾与竞争的结果是土地私有制逐渐占据重要地位并最终导致公有制的衰落。随着土地私有制进一步的发展以及阶级矛盾的升级，国家也最终产生出来。与西方民族不同，中国国家在家长制的家庭公社和农村公社尚未完全瓦解的条件下就产生出来，政权的力量与血缘、宗法关系长期结合在了一起，中国进入了夏商周时期。

从总体上看，夏商周三朝正是我国从原始的村落共有制向封建领主土地所有制过渡时期，夏朝保持了很多原始公社的残余，但已经缓慢地过渡到奴隶主的土地所有制；商朝是奴隶主的土地所有制，但已经开始了向封建领主制的过渡，西周则是封建领主制的一个典型时期。由于中国国家在家长制的家庭和农村公社尚未完全瓦解的条件下产生出来，政权的力量与血缘、宗法关系长期结合在一起，在“普天之下，莫非王土”的土地王有观念的统领下，领主分级所有制结构与带有严重公社残余表征的“井田制”互为表里，一直占据夏商直至西周时期我国历史的主导位置。三朝的土地虽在名义上都是国有，但是实际上都存在着原始公社公有土地制度的残余与分级的奴隶主（或者领主）的所有权。这一时期中国土地权利制度，一方面呈现出了国家政治权力和国家土地所有权的一体化的特征，即

---

① 王家范先生认为从对姜寨村落遗址的分析来看，我国至少在五六千年以前已经有公地共耕与份地分耕（分配到户）的“二元经济”格局。参见王家范先生为《国家力量与中国的历史变迁》一书所作的序——《疏通知远：中国经济史通识的获取》，程念祺所著的《国家力量与中国经济的历史变迁》序第5页。

② 越琛、王之轮、曹建编著《中国土地制度史》，中国国际广播出版社，1990，第23～34页。

"普天之下，莫非王土"[①]，"土地王有"，"里田不鬻"[②]；另一方面也呈现出多层次的分级所有的特征，即天子与各级（奴隶主）领主对土地所有权形成分割所有关系，最终形成了多层次的复合所有权。中国西周的封建制度与西欧的封建制度存在着显著不同，一是分封的层次不如西欧封建社会显著，二是这种分封制与原始公社制度显著地结合在了一起。作为家族公社成员的庶人可以从国家或者公社里获得一块份地，以维持家庭的生存。邑、里等公社组织的存在，井田制的"棋盘状"和"换土而居"的村落习惯的存在[③]，也说明夏商西周的土地制度上保留了大量的原始公社时期土地制度的残余。在传统的公社共有制残余的影响下，夏、商、周时代的土地所有制在具体微观层面上表现为"井田制"制度。在井田制上土地权利的分配是多层次的，纯粹抽象意义的土地所有权归属天子；名义上的所有权与"公田"的收益权归属贵族；"私田"的分配权和轮换权，属于公社；其比较牢固的使用权和某种程度的使用权，属于农民。[④] 因此，井田制在性质上是"不完整的公社所有制和不完整的'王'有和贵族所有制的混合体"，是"一种比较标准的'亚细亚'的古代土地所有制"[⑤]。夏商周三代的土地国家所有以及土地分级所有的影响是深远的，虽然春秋战国时期的土地制度的大变革彻底改变了这一土地制度，但是，它的影响并没有在历史的长河中消失。一方面在这种土地制度上形成的土地公有、均田的思想与土地文化，在政治家、知识分子与农民心目中烙下了很深的烙印，成为均田制与均田口号的历史支点；[⑥] 另一方面，国家公有土地

① 《诗经·小雅·北山》："普天之下，莫非王土；率土之滨，莫非王臣。"

② 《礼记·王制》。

③ 赵俪生先生认为井田制是公社的土地所有制，不过在阶级出现以后，这公社已经不是它的原生形态而是它的次生形态。参见赵俪生《寄陇居论文集》，齐鲁书社，1981，第4页。

④ 赵俪生：《中国土地制度史》，齐鲁书社，1983，第48页。

⑤ 赵俪生：《中国土地制度史》，齐鲁书社，1983，第35页。

⑥ 井田制被理想化，被认为是过去的黄金时代。历代大批思想家、政治家从孟子、董仲舒到顾炎武都设想立即或逐步恢复井田制，实行平等的社会制度。孙中山先生在阐述其"平均地权"思想时指出："平均地权者，即井田之遗意。井田之法，既板滞而不可复用，则唯有师其意而已"（参见孙中山《三民主义》，岳麓书社，2000，第235页）。这说明孙中山先生的"平均地权"思想也受到了中国传统井田制等田制的显著影响。新中国成立后的集体土地所有权制度的建立也在潜移默化中受到我国上述土地物权制度的显著影响。

的实践成为封建国家混淆作为私权的土地所有权与公权的国家主权的一个重要依据，这使得中国的土地制度一直处在国家公权力的强烈影响之下。

春秋战国时期，是我国土地物权制度大变动与大革新的时期。在这一时期，生产力的发展与生产关系的变革在同时展开。在铁质生产工具普及的基础上，地主阶层、自耕农阶层与倍感财政压力的诸侯国统治阶层形成了变更中国土地物权制度的合力，最终导致诸侯王的领主土地所有权逐步淡出历史的舞台，并转变为一种具有“主权”性质的管理权，诸侯国卿大夫的多层次的所有权逐步变为一种权属相对明确的可自由买卖交易的土地所有权。相应地，战国时期，与领主土地所有制相结合的农村公社逐步瓦解为个体小农与大土地所有者①所组成的农村。战国时期，为了应付战争的需要，国家对社会的控制力普遍增强。在诸国争雄的战争中，随着分封制、采邑制被废除，国家的权力不断增强。中央集权的郡县制的建立，使大量的土地普遍控制在国家手中。在农村公社的解体过程中，国家通过“集小乡邑聚为县”、“壹山泽”等措施，完成了对公社土地占有权的集中和垄断，带有古典色彩的中国国家土地所有权制度在这一时期最终形成。可以说，春秋战国时期，开创了中国农村土地物权制度发展的一个新时期，秦汉以后国家土地所有权、私人土地所有权为主导，其他形态土地所有权为补充的局面在此奠基形成。

2. 秦朝以后的中国古代土地制度的发展状况

中国历史上虽出现多次向领主制回溯的逆动与私人所有权宗族化的异变，形成带有领主制色彩的多种地权形态与宗族共有的特殊地权形态，但始终未能动摇国家所有权与私人土地所有权的基本地权地位。秦汉时期，中国土地所有权制度发展突出特点是国家土地所有权制度异乎寻常的发展。中央集权制国家的强大为国家土地所有权的全面建立奠定了基础。国家通过直接宣布无主荒地归国家所有，将部分私有土地充公等方式造就了国有土地在社会中广泛存在的事实。有学者统计，汉代的公田几乎占到全

① 战国时期的大土地所有者主要有三部分人：（一）原来的领主，他们享有的田邑变为私有的地产；（二）根据军功赏田制度而获得土地的新兴贵族和官僚；（三）通过土地买卖和其他方式占有土地的富人。

国土地的94%，而私人所拥有的土地只占6%左右。[①] 虽然这一统计数字已经很难去验证，但有一点是可以肯定的，即汉朝疆域内有大量的国有土地。在国有土地的利用与管理方面，汉朝也开展了极为有益而且卓有成效的探索。汉朝承袭了秦朝的授田制展开了为农民建立用益物权制度的实践，并推行“赋民公田”、“赐民公田”或者假田的方式，将土地授予无地或少地农民或者租赁给无地与少地农民。除此之外，汉朝还通过国有牧场与屯田等方式对国有土地进行经营。对于私人土地所有权，秦汉政府一方面在法律中予以完全承认；另一方面又采取了限民名田的方式予以限制，试图抑制土地兼并的形成。魏晋南北朝至中唐时期，是中国土地制度史上各种土地利用制度相互争辉的时期。在这一时期，土地国有的实践、领主制的土地利用形式、带有公社残余与宗法性质的土地利用形式以及地主土地所有制形态竞相争辉。从北魏时期开始兴起的均田制，在唐朝初年得到进一步发展，在中国历史上写下了精彩的一笔。均田制上承历史上的井田制（基本上是原始公社制度土地利用制度自然演变的结果），中承秦汉的授田制，是中国历史上土地国有谱系中最为重要的一次实践，也是国有私用土地物权制度在中国古代的最后一次真正辉煌，从此以后国有土地制度再也无力重新占据中国土地制度实践中的主导地位。从总体上看，魏晋南北朝至隋唐这一时期，国家权井田制力试图通过比较有节制的干预来阻止土地的私有制，并取得了一定的效果；另一方面在这一时期，农民对国家的依附关系、农民对地主等土地所有者的依附关系有所加强，这种影响直到均田制瓦解，两税法施行以后才有所改善。从中唐以后到宋的几百年中，中国特色的封建土地关系进入了一个相对成熟的时期。中唐以后，带有私产性质的可以自由买卖的大田庄与寺院经济普遍盛行起来，地主土地所有权向着更加自由的方向前进，土地买卖更加普遍，租佃关系在土地经营关系中占据了优势地位。中国土地制度发展史逐步进入了“不立田制”的时期。宋朝租佃关系异常繁荣，带有纯粹经济关系的永佃权在私有土地与国有土地上都获得了迅猛发展。伴随着商品交易的发展，土地买卖的盛行，典卖、永卖、绝卖与断卖等复杂的土地交易形式发展日益成熟，典权、抵当、倚当等土地他项物权日益发展。宋朝的土地交易除强调土地交

① 参见林甘泉《中国封建土地制度史》（第一卷），中国社会科学出版社，1990，第193页。

易必须自愿外，还要先问亲邻、订立交易文契、“输钱印契”、“过割赋税”、“原主离业”等程序①。伴随着辽政权与金政权的发展以及元朝的建立，领主制与国有制的土地制度又一次得到扩张。金元两朝带来的最严重的影响，是以征服者的身份、把他们在原始末期的军事管制影响跟中原原有的封建国家权力融合在了一起，使在五代、宋时候原已逐步减退了的劳动人民身上的不自由、隶属、强制、奴役——又一次空前加强了②。明清两代是封建土地关系的充分发展时期，明清两代人口的急剧增长对土地物权制度的建设产生了显著影响。明清时期，官田在全国耕地中所占的比例已经明显下降，说明了土地的国家所有权在衰落。由于商品经济日益发展，并且向农业经济渗透，土地关系愈来愈明朗化。由于城居地主与地主兼营工商业现象的大量增加，明清时期土地所有权与土地经营权的分离日益明显；地主与佃农之间的租佃关系进一步发展，导致了永佃权的进一步发展。在租佃关系中，所有权逐渐虚化为一种获取地租的田底权，而田面权日益独立，导致了永佃权的产生。田面权可以自由买卖、转佃、转顶导致了多层次的复合租佃关系形成。

3. 秦朝以后的中国土地物权建设的经验与启迪

（1）秦朝以后中国土地所有权的总况与启迪。

中央集权制国家所具有的对社会进行渗透与控制的超强能力造就国有土地所有权在社会中广泛存在的事实，也造就了中国土地国有的历史传统。封建国家掌握了土地所有权后，必须通过一定的方式交给特定的机构或者交给农民使用。封建国家在很多情况下都选择了设定物权将土地交给农民使用的方式。秦汉的授田制、北魏至唐朝的均田制都是这样的一种土地使用方式。除此之外，封建国家还通过租赁（通过设定永佃权）、屯田、国有牧场等多种方式使用国有土地，获得土地收益。在封建社会各个时期，国有土地数量均有所变化。一般情况是，每当大规模农民起义和战乱

① 参见梁凤荣《中国传统民法理念与规范》，郑州大学出版社，2003，第156页。“先问亲邻”，即业主欲出卖土地等不动产时，必须先洵问房亲、邻人有无购买意愿，即房亲、邻人有优先购买权；“输钱印契”，指不动产买卖契约必须经过缴纳契税，并由官府在契约上加盖官印的程序；“过割赋税”，指在买卖田宅的同时，必须将附着其上的赋税义务转移给新业主；“原主离业”，指订立不动产买卖契约后，必须移转标的。

② 赵俪生：《寄陇居论文集》，齐鲁书社，1981，第64页。

之后，由于出现大量无主荒地，国有土地的数量会急剧增加；而随后伴随着封建王朝的发展、兴盛与衰落、伴随着社会的安定与私人所有权的充分发展，国家土地所有权会在社会中呈现出递减与衰微的趋势。从历史发展的阶段来看，中唐以前，封建国家土地所有权在封建社会中居于异常重要的地位；宋朝以后，随着私人土地所有权的日益成熟与发展，国家土地所有权相对衰落了，但是直至明清之际，我国国有土地的范围还是异常的广阔。总的来看，由于私人土地所有权的不断发展与完善，国有土地不断受到土地私有的排挤和侵蚀，在社会经济生活中的地位日益下降了。国家土地所有权的衰落是一个渐进的过程，最后从明朝末年到民国时期这一段时期，我国的国有土地所有权才彻底地衰落下去。封建国有土地所有权是封建国家控制、剥削农民的重要基础，它为封建国家的存在创造了广阔的经济条件，它具有与民争利的一面。但是，如果封建国家恰当地使用国有土地，如通过均田制的方式交给农民耕种，并设定恰当的土地租赋，则就会起到促进社会发展的作用；相反，若封建国家采取异常严酷的方式对农民进行经济剥削，将会直接将矛盾与冲突引向封建国家。在封建专制主义统治的条件下，皇帝作为国家的代表，可以像处理自己的私有财产一样支配国有土地（如用来赏赐私人等），从这个意义上说，封建土地国有实际也具有私有的性质。

从整个中国封建社会发展的历史来看，土地的私人所有权经历了一个不断深入和纯粹化的过程。中国的土地私有是有条件的土地私有而不是绝对的土地私有。从本质上说，封建的土地私有制在法权形态也不可能是完全的、成熟的和纯粹经济性的私有形态。从发展的角度来看，中国土地所有权一直在向着马克思所说的“抛弃了共同体的一切外观，并消除了国家对财产发展的任何影响的纯粹私有制”[①] 发展。这一发展的过程中，它遇到了如下障碍：一是古老的公社与领主制的残余；二是专制主义国家权力的干预。在中国古代历史中，土地关系在由封建的私有向纯粹的私有前进的路途上，要排除三大层次上的障碍：（1）对中原固有共同体（公社）障碍的排除；（2）对中央集权专制国家权力干预的排除；（3）对周边少数民族重新带到中原来的共同体障碍，以及军事专制国家权力干预的障碍——

① 《德意志意识形态》，《马克思恩格斯全集》第3卷，人民出版社，1960，第70页。

一次又一次的排除。[①] 受到上述因素的制约，秦汉以后封建土地所有权一直在向着纯粹私有所有权的方向发展，即原则上土地的所有权人可以占有、使用、出租、出佃、自由买卖、遗赠土地的土地所有权，但是中国的土地私有权一直都没有达到纯粹私有的程度。在这一过程中随着中央集权制国家形成而成长起来的公权力成为制约土地所有权制度发展的最重要因素，也成了最大的障碍，封建国家公权力的恣意实践造成了中国土地物权相对于国家呈现出贫困与弱小趋势。

除了封建国家的土地所有权与私人的土地所有权外，在封建社会中还存在着大量的其他形态的土地所有权，例如带有公社共有性质的土地所有权、带有宗族共有性质的土地所有权，如族田等。与国家所有权与私人土地所有权相比，其他形态的土地所有权在社会中的地位远不如国家土地所有权与私人土地所有权重要，但那时它们也客观存在并发挥着它们的作用。宗族所有的土地称为族产，它通常以义庄、祠田、族田、祭田的形式出现。族田带有族内公共福利的性质，可以起到“备粮备役备荒年”的作用，在我国明清时期特别流行。就明代而言，这些族田可能是政府赐予的祭田、众存族产、族人捐献，也可能是利用买卖典当等手段兼并的私产。[②]

总体而言，从中国土地物权制度发展概况来看，秦汉以后国家土地所有权与私人土地所有权是中国古代土地所有权的主要形态。领主的土地制度、村社土地制度的残余以及其他的土地所有权形态，虽然在秦汉以后也一直存在，但是其地位是绝对地削弱了。中唐以后，国家土地所有权虽然仍然广泛存在，但与私人的土地所有权相比，则日益弱化了，封建的土地关系呈现出向着自由的地主土地所有权演进的趋势，但是，受到封建国家公权力的制约与束缚，中国最终没有演化出近现代的纯粹私有的土地所有权。与土地所有权的状况相适应，土地私有观念占据了中国土地所有权观念的主导地位。纵观中国历史从秦汉至清末的历史，国有土地所有权与私人土地所有权形成一种此消彼长之势。南宋以后土地归私人所有的观念与制度得到空前的强化，经过元明两朝，至清朝时期土地私有的制度与观念

① 赵俪生：《寄陇居论文集》，齐鲁书社，1981，第49页。

② 梁凤荣：《中国传统民法理念与规范》，郑州大学出版社，2003，第234页。

彻底地占据了主导地位。总之，秦汉以后，国家土地所有权与私人土地所有权（大土地所有者的土地所有权与小农的土地所有权）长期在中国封建社会的土地所有权结构中占据主导地位，除此之外，带有公社共有性质与宗族共有性质的土地所有权也存在于社会之中，并起到补充性作用。

（2）秦朝以后中国他物权制度建设总况及启迪。

从中国土地制度发展的历史来看，秦汉以后，在农村土地上设定用益物权是一种比较普遍的利用土地的方式。在国有土地上，国家以其对土地的所有权为基础，通过颁布法律法规的形式建立起了授田制、均田制，将土地使用权普遍地授予了普通农民；租佃制度的充分发展导致了永佃权这一土地形态在私人土地上的产生。用益物权制度的充分发展导致了土地所有权与土地使用权的分离与并存。首先，中国古代用益物权具有突出的长期性特征。农民在国有土地上获得的土地使用权是长期的。在均田制下，农民获得的“永业田”等田地的使用权是永久的，甚至是可以继承的；在均田制下，土地使用权是以户为单位获得的，“户”在理论上是可以永续的，这加强了中国古代农民获得土地使用的长期性特点。从设立在私人土地上的使用权来看，永佃权在很多情况下是无期限，可以继承的；典权的期限也非常之长，可以在一定条件下转变为所有权。其次，中国古代的用益物权是可以相对自由转让的。永佃权人可以将永佃权转让给其他人，可以以其为基础重新设定新的租佃关系。永佃权的这种可转让、可处分性影响了人们对永佃权的认识，有人甚至将永佃权人称为“二地主”。典权也可以处分，典权人可以进行转典，从而实现对典物的处分。设定在国有土地上的用益物权也可以在满足一定条件的情况下进行转让。与农村土地用益物权高度发展相反，由于中国古代的商品经济不发达，土地担保物权制度发展相对滞后，并未形成长期惯行的制度。总之，中国土地物权制度演进的显著特征是重在实现使用价值的用益物权制度极端发达，而旨在保障交易安全的担保物权制度却始终委靡不振。

（3）对其他问题的一点说明。

封建国家的公权力与土地所有权制度均密切相连。封建国家公权力既是造成国家土地所有权存在的主导因素，也是推动私人土地所有权形成与发展的因素。但是由于封建国家公权利的行使具有恣意性，这导致了中国私人土地权利的极端贫困。我国古代存在着不动产登记的形式主义传统与经验。从秦朝要求进行土地登记时期，中国逐步形成土地交易的地契制度与被称为鱼鳞册的土地登记制度，这一传统经过革新后继续发挥作用。中国自秦朝开始就形成了所有权与用益物权均高度流转的制度，相关物权制度的建设必须遵循这一传统，否则就会造成法律地权与事实地权的冲突。土地兼并会造成自耕农大量失地与封建国家的财政收入锐减的严重后果，并进而危及封建国家政权的巩固。因此，封建国家具有抑制土地兼并与维护社会稳定的内在冲动。但是由于在中国土地兼并集团都是具有相当政治势力的统治集团，所以封建国家又往往难以对土地兼并进行有效抑制。大量的历史史实显示大规模的土地兼并并不根源于土地的自由流转，而是根源于封建国家扭曲的政治实践。历史经验告诫我们必须防范与政治势力相结合的大规模土地兼并。在自耕农始终占据重要地位的传统中国社会结构中，土地兼并是导致农民起义的众多原因之一，但并不是唯一原因。大规模天灾人祸对农业的冲击，沉重赋税对农业剩余的抽取，都是导致传统地权制度功效丧失的原因。

总体而言，先前的中国土地制度实践为中国遗留下来了古典的土地公有思想；秦汉以后土地国有与私有并存、其他所有权形态为补充，高度流转的私人土地所有权异常发达的土地所有权结构，延续至近现代并留下了深厚的制度与思想文化积淀。中国古代农村土地物权制度建设的成功经验就是设置恰当而多层次的物权制度并充分保障农民对农地的土地物权。

（二）近现代革命与农村土地物权制度建设原则的确立

1. 新民主主义革命前后中国农村土地物权建设状况概述

清末民初，中国人口急剧膨胀，人地矛盾高度突出，土地利用关系空前紧张，“二地主”在长江以南等中国区域的出现使中国农地物权制度设置的多层次性进一步显著。随着外部资本主义势力的入侵，中国逐步半殖民地半封建化。从鸦片战争时起至新中国成立前这一百年里，土地问题日益与政治问题密切关联。国际生存的压力及国内战争的频繁使得土地问题与社会动员问题紧紧关联在了一起，能否成功解决土地问题成为衡量社会动员能力的重要标志。在这一历史背景下，封建统治阶层试图在不触动封建土地利用秩序的前提下，强化封建土地秩序，有限抵制并容忍资本主义的入侵，但是收效甚微。洪秀全领导的太平天国运动将土地问题与对农民

的动员问题结合起来，用全面表达农民土地要求的《天朝田亩制度制度》对农民进行了广泛动员，促成了一次规模空前的农民战争。资产阶级改革派力图通过“维新变法”的和平手段实现中国土地制度的历史性转变，但并没有取得成功。以孙中山先生为代表的资产阶级革命派随后登上了历史的舞台。孙中山先生首先针对城市中日益严重的土地问题提出了“平均地权”的主张。“平均地权”的最彻底目标是在革命胜利后消灭私人对土地的垄断，逐步做到土地国有，以消除地主获得暴利的可能性。按照当时的设想“平均地权”的基本手段是地价自报，照价纳税或照价收买，涨价归公。“平均地权”的纲领中渗透出浓烈的反封建土地制度的思想与改良社会土地制度的主张，对于号召资产阶级与爱国知识青年参加革命起到了巨大的感召作用。但是，由于“平均地权”并非彻底解决中国日益严重农村地权问题的口号，不能有效改善中国广大贫苦农民的生活状况，不能最终起到调动农民群众参加革命的作用，辛亥革命的有限成果最终因未进行土地改革充分动员农民参加革命而基本付诸东流。受到革命失败的深刻触动后，孙中山先生在其“平均地权”的主张外，又提出了“耕者有其田”的主张。“耕者有其田”的主张是彻底的新民主主义革命政治纲领，它直接表达了广大农民对土地的渴求，通俗易懂，旗帜鲜明，对农民大众具有无限的感召力。遗憾的是，孙中山先生逝世后才建立的南京国民政府并未能贯彻孙中山先生的革命主张而是走到了它的反面。南京国民政府虽颁布了《民法典》与《土地法》，推动了中国土地物权制度在法律层面的现代化，但是除了在个别地方搞过一点改革和减租外，并没有认真执行其通过的法律规范。

2. 新民主主义革命与中国农村土地农有农用原则的确立

新民主主义革命是与农村、农民的土地问题密切联系在一起的。当中国革命进入到新民主主义阶段以后，共产党人继承了孙中山先生的衣钵与“耕者有其田”的口号，通过与农民缔结满足农民土地要求的政治契约方式，最终完成了中国革命，建立起了新中国。新民主主义革命的典型特征是中国共产党人与农民阶级缔结了一个以农村土地归属农民为核心内容的政治契约，并以此为基础，领导农民进行了波澜壮阔的新民主主义革命。新民主主义革命时期的政治契约是一个真实的历史过程，国民大革命时期是共产党人与农民缔结政治契约的准备时期，第一次国内革命战争时期是政治契约的正式缔结与初步履行时期，抗日战争时期是政治契约减缓履行的时期，解放战争时期是政治契约全面升华与彻底践行的时期，最终新中国的成立与土地改革的完成为新民主主义政治契约的践行画上了圆满的句号。国民大革命的失败，既教育了中国共产党人，也教育了农民。在这一时期，中国共产党开始认识到必须与农民阶层缔结政治契约，结成革命的联盟才能取得中国革命的胜利，而要与农民阶级结成巩固的革命联盟必须解决农民的土地问题；农民阶级也日益认识到能够帮助他们取得政权并实现他们土地权利的不是已经建立的国民政府，而是共产党人。因此，从共产党的成立到国民大革命的失败这一段时期，是共产党人与农民缔结包含有土地权利内容的政治契约的缔约准备时期。第二次革命战争时期，共产党人通过自己的实践，充分认识到了受到中国传统土地制度与文化熏陶的农民对土地的真正权利要求为获得土地所有权，并正式作出帮助获得农村土地所有权的政治承诺。在农民群体信赖并积极响应这一承诺投身到革命战争之后，共产党人与农民群体之间的政治契约便正式缔结了。抗日战争爆发后，中日民族矛盾上升为主要矛盾，国内阶级矛盾下降为次要矛盾。这使得共产党与农民阶级缔结的以土地革命为核心内容之政治契约的履行环境发生了显著变化。因此，中国共产党人与农民之间的政治契约的履行进入到了平缓履行的时期。减租减息政策的推行使得已经生效的政治契约的履行进入了一个平缓履行期，但共产党人领导的边区政府仍通过维护农民在土地革命中获得的土地物权与采行有利于无地少地农民的累进税率之方式继续履行着已经缔结的政治契约。解放战争时期，随着国内阶级矛盾的上升，中国共产党人的土地政策由最初的“减租减息”迅速转向为全面满足农民土地要求的土地政策。在新中国成立前夕，全国已有约一亿六千万人口的地区完成了土地改革。与此同时，农民群众也全面投入到支持解放战争的运动中。解放战争，主要是依靠经过土改发动起来的农民打胜的，有了土地改革的胜利，才有解放战争的最后胜利。总之，中国共产党选择以解决农民的土地问题作为中国革命的具体目标之一，在形式上表现为对农民的许诺，而这种许诺在民法合同法上应当理解为要约（付诺要约或者悬赏广告）；农民送子当兵，推着小车上前线等积极地支持中国共产党领导的革命事业的行动是对上述要约的承诺；中国共产党夺取政权后的今天，从分田地的实施，到未采取过激手段实现了集体所有权这种特殊形

式都体现了一种对合同的实际履行，即可以理解为对农民用血汗及生命支持中国共产党夺取政权的一种回报。①

新民主主义革命中的政治契约缔结与履行是一个真实的历史过程，是一段不能被遗忘的历史。这一政治契约具有动态性的特点，这一政治契约伴随着新民主主义革命历程的发展而不断完善。在革命的过程中，中国共产党人与农民阶级通过共同的实践探索，通过协商互动的方式，不断寻找着履行这一政治契约的正确途径与方式。中国共产党人与农民缔结政治契约的理论基础是马列主义思想与毛泽东思想，不同于西方与中国传统文化中的政治契约。新民主主义革命的政治契约的核心内容之一是使农民获得农村土地的所有权，新民主主义革命的政治契约的缔结与履行最终为中国建立起来了一个农村土地农有农用原则。对此新中国建国的《共同纲领》规定："有步骤地将封建半封建的土地所有制改变为农民的土地所有制"，"凡已实行土地改革的地区，必须保护农民已得土地的所有权。"总之，回顾中国近现代的革命历程可知，中国近现代革命的历史进程最终为中国确定了一个农村土地农有农用的原则，在农民阶级与中国共产党人缔结了政治契约共同完成新民主主义革命后，这一原则就上升为了新中国农村土地物权制度建设的基本原则。

（三）改革开放前新中国农村土地物权制度的变迁

1. 改革开放前农村土地物权制度变迁概况

新中国成立后，新民主主义革命的政治承诺得到真正兑现，农民群众在声势浩大的土地改革运动中近乎平均地获得了普遍而平等的土地所有权。土地改革运动在农村建立了"耕者有其田"的地权制度，为新生的国家政权奠定了坚实的合法性基础。"土地革命的最初理想就是把土地权利直接的交给农民，由农民享有直接支配土地的充分民事权利，这一点是中国共产党的执政基础之一，也是新中国建立的基础之一。"② 从中国农村土地物权制度发展的历史谱系来看，土地改革运动实际上是继承与延续了中

---

① 渠涛：《民法理论与制度比较研究》，中国政法大学出版社，2004，第380页。

② 孙宪忠：《中国农村土地权利制度研究》，《争议与思考——物权法立法笔记》，中国人民大学出版社，2006，第478页。

国农村土地物权制度发展与演进的历史趋势。中唐以后，私人土地所有权不断发展强化，曾经占据主导地位的国家土地所有权绝对衰弱了，宗族所有等其他形式的土地所有权则几乎式微。土地改革运动没收宗族所有的土地与农村中的其他公有土地并将其分配给农民的做法，在农村中几乎彻底消灭了宗族所有等其他土地所有权，弱化了农村中的国家土地所有权，普遍地建立了小的私人土地所有权。

土地改革以后，如何将社会主义的传统理想与中国的具体实践相结合，成了摆在中国人民面前最重大的实践课题。为了将社会主义传统理想与中国具体实践结合起来，中国共产党人领导农民群众进行了史无前例的合作化运动与人民公社化运动。合作化运动经历了农业生产互助组、初级农业合作社与高级农业合作社三个时期。互助组基本是在维持原来地权结构的基础上进行互助合作，并未对农村地权状况进行改变。初级社阶段农民在保留原有农地所有权的基础上，以农地使用权入股的形式形成了初级社之农地使用权这一特殊物权形态，对农村经济的发展起到了一定的促进作用。高级社阶段农民的土地红利取得权与退出权被取消，农民对农地的土地所有权聚合为了高级社的土地所有权。由于高级社没有建立起完善的社内事务决策与管理机制，并变革了适合我国国情的家庭经营模式，高级社时期的地权实践并不完全成功。高级社时期特殊地权状态形成的原因是复杂的。中国共产党人与新生国家的倡导与推动，国家所采取有利于合作社的倾向性农业税收政策与统购统销政策，农民的觉悟与对美好未来的期盼等都是这一巨大变革形成的重要因素。但从根本上说，高级合作社的建立主要是共产党和国家政治动员的结果，政治力量进行强制的结果，而不完全是农民自愿参加与经济行为自发发展的结果。高级合作社取消了农民的土地报酬，直接割断了作为个体意义上的农民或农户与农村土地的最后的直接联系，从此以后农民以集体农民的身份在农村土地上从事劳作。依据民法原理，合作社应当是一种法人型的民事主体。合作社应当按照民法原理建立完善的法人治理结构，建立成员大会这一权力机关、建立起执行机关与监督机关。但是，高级合作社没有建立一套完整的运行机制，或者说，这一切都被忽略了。高级社将土地等生产置于生产队长或者其他高级社代表人员的控制下，社员对于代表人可以行使什么样的监督权，这一点从一开始就是不明确的。合作化运动的历史后果之一是延续至今天的集体

土地所有权至此形成。但是，合作化运动的发展是如此之迅猛，以至于在整个运动的过程中以及其后的很长一段时间，政治家、法学家以及农民都没有去认真思考农村集体土地所有权的性质、行使机制以及内在价值内涵等问题，这就使得集体所有权的完善将成为一个长期的历史问题。

为了迅速实现共产主义的理想，合作化运动之后人民公社化运动又随之而来。人民公社的地权所有制关系，大体上经历了三个阶段：第一阶段，实行“一大二公”的人民公社制度阶段；第二阶段，实行以生产大队为基础的三级所有的人民公社制度阶段；第三阶段，实行以生产队为基础的三级所有的人民公社制度阶段。人民公社运动时期，农村地权状况经历了三次较大的变动后，最终稳定在以生产队为基础的三级所有的地权状态，即以生产队所有为基础，人民公社、生产大队与生产队三级共享农村土地所有权。执政党与政府的推动是人民公社时期的农村地权状态形成的最重要原因，中国地权传统中的公有价值趋向也是促成这一变革的不可忽视的原因。人民公社时期的农村地权配置状态的合理性在于它仍旧在名义上坚持着农地农有农用的地权配置原则与社会主义的价值取向，但是由于人民公社时期的地权运作完全处于国家的控制之下，统一经营层面运作的土地所有权受到机械化程度、人口众多、集体行动逻辑等因素的制约，人民公社时期的地权运作过程欠缺应有的效率价值。人民公社时期的地权配置状态起到了防止农村两极分化，抽离农业剩余，加速实现城市工业化的作用。与之相适应，人民公社时期给后人留下了两大历史功绩：一是留下了约三万亿元的工农业固定资产和房地产——以国家占有为名的巨额资本，以使后人在对财产和权力的再分配与再调整的改革过程中有产可分；二是留下了一个有别于其他周边社会主义国家的独立主权国家，以使后人在开始改革时不必担心街头会出现外国坦克。在冷战和核讹诈时代保证了中华民族的独立和国家主权的基本完整。[①] 但是，人民公社时期的地权配置在调动农民积极性，增进农民福利，实现农民对农村土地的真正支配方面存在严重偏差。人民公社时期土地物权制度建设的不足表现在两个方面：其一，人民公社时期非但没有解决集体土地所有权的民法构造问题与运行机制问题，却进一步使这种集体土地所有权与公权力结合起来。集体

① 温铁军：《我们到底要什么》，华夏出版社，2004，第41～47页。

土地所有权成了完全受制于公权力的土地物权，这使得集体土地所有权发生了异变。其二，在集体所有权的基础上，没有发展出一种适合家庭经营并将农民与土地真正结合起来的物权形式，从而适应中国农村生产力发展的状况。农民群众包产到户的热情受到打压以后，只能通过消极怠工的方式对这一制度进行反抗。对于人民公社制度的弊端，杜润生先生在其文集中总结了如下三种：一是缺乏激励机制，集体所有制，使农民对土地丧失了亲近感，土地生产率无从提高，平均主义盛行。二是限制经营自由，阻断了农民从事多种经营的可能性。三是离心倾向。社员为维持生计，多方打主意，资源投入偏爱自己的几分自留地。① 人民公社时期的地权制度的传统性表现在它几乎成就了农村地权再次国有化的趋势，农村地权的配置呈现出向秦汉以前土地国有前提下领主分级所有有限回归的趋势。人民公社时期地权制度的反传统性在于它彻底背离了中国延续几千年的农业家庭经营模式，背离了秦汉以后通过设定并保障农民个体地权方式实现农民家庭经营的农地传统。由于人民公社时期的土地支配状态曾频繁发生变动，三级所有的模式带有很大的模糊性与不确定性，人民公社时期的地权实践给我国集体土地所有权客体范围的清晰界定注入了诸多不利因素。

2. 合作化运动至人民公社时期新地权状态的萌芽与生成

人民公社时期的农村土地配置状态是存在重大缺陷的，但是它仍基本奠定了我国未来农村土地物权制度发展的基本格局，并孕育了新的变革力量。带有农村土地承包经营权胚芽性质的自留地制度，在合作化运动时期形成，并在人民公社化时期几经变迁仍顽强生存下来。随着合作化运动的推行，我国农村出现了自留地这种特殊的地权形态，它主要是在维持统一后的集体共同利用土地权利的前提下，由集体给农户留出来供各家各户自己随意耕种的土地，它是当时个体家庭中唯一一块有权决定耕种什么，如何耕种，收成完全归自己所有的领地。初级社时期农民虽然仍然拥有土地所有权，但是土地使用权已经归属了合作社。在这一时期，农民创造了一种家庭在小范围以自留地的方式使用土地的方式。此后，农民经营自留地的这一方式一直延续到人民公社时期。经历了“大跃进”初期的狂热之后，党、国家与农民之间的关系出现了全面的紧张。作为满足农民利益需

① 《杜润生文集》（下），山西经济出版社，1998，第724～725页。

求的措施，自留地在国家和农民利益之间形成了一个缓冲地带。在1958～1978年这段时间，自留地历经了历史的变迁，经历多次的取消与再生的沉浮。自留地土地使用权制度在法律性质是一种具有物权雏形的土地使用制度。在自留地法律制度下，农民拥有了相对完整的使用权（相对于集体共同经营的土地而言），可以排除集体以外的任何人的侵害而独占性的使用自留地。这表明自留地使用权制度表现出了相当的物权属性。但是集体主导下的自留地制度又是多变而不稳定，集体时而分给农民一定的自留地，时而又没收，自留地变动、调整频繁。这说明自留地使用权在长期性、稳定性与对抗集体权利方面还远没有达到物权的要求。因此，自留地制度是一种具有物权雏形的土地使用形态，它是即将成型的新土地物权制度的先声。自留地制度是中央设计土地承包经营权制度时，所特别参考的一个土地制度。杜润生先生曾多次指出："自留地土地使用权问题是中央设计农村土地承包经营权制度时的一个重要的参考指标。农民关心自留地，如果将农民对自留地的关心与爱护转移到集体土地上，则集体土地就能够达到自留地的经营效果，就能够实现农业经济的可观价值。"① "自留地的演变是包产到户形成的一个线索；另一线索是集体经济内部分配制度推行遇到困难，也促使人民另辟蹊径。"② 农民对包产到户要求的提出以及自留地制度成型，显示了农民对新的土地制度的呼唤。

随着初级社、高级社开始为农民提供住宅用地，一种与私有土地所有权迥异的支持农民住房建设的物权形态开始形成，伴随着农民宅基地在人民公社时期被宣告为集体所有权，新型的独立物权——宅基地使用权也真正形成。土地改革完成后直至初级社时期，宅基地都是归农民所有的。第一届全国人民代表大会第三次会议于1956年6月30日通过的《高级农业合作社示范章程》一方面规定"社员原有的坟地和房屋地基不必入社"，另一方面又规定"社员新修房屋需要的地基和无坟地的社员需要的坟地，由合作社统筹解决，在必要的时候，合作社可以申请人民委员会协助解决"。高级合作社在统筹的基础上为农民重新分配的宅地是以高级合作社的土地所有权为基础而设定的一个新型土地物权——萌芽中的宅基地使用

① 《杜润生文集》（下），山西经济出版社，1998，第746页。

② 《杜润生文集》（下），山西经济出版社，1998，第746页。

权。“一大二公”人民公社阶段结束以后，中央颁布的多项法律政策文件都一再宣布土地虽属于集体所有，但宅基地上的房屋以及社员在屋前屋后种植的果树和竹木属于社员所有。宅基地归集体所有，而宅基地上的房屋与其他定着物归社员所有的矛盾，在呼唤着一种新型物权从集体土地所有权中分离出来。在《农村人民公社条例修正草案》（即俗称“六十条”）正式确立了一直延续至 1978 年的以生产队为基础的三级所有的土地所有结构后，中共中央于 1963 年 3 月 20 日下达的《关于社员宅基地问题作一些补充通知》① 对宅基地使用权的内容、设立、流转等问题作出了翔实的规定，正式确立我国宅基地使用权制度的基本框架。住宅作为私人空间的不可侵性、传统住宅用地私人所有观念的留存、房屋与土地不可分离性共同促成了宅基使用权这物权形态的成型。人民公社时期，房屋价值的显著性与宅基地使用权的无价值性形成鲜明对比，“房地一体，地随房走”的宅基地使用权流转规则形成并被确认。该项原则对我国未来的房地立法产生了深远影响。

（四）改革开放后中国农村土地物权制度的发展

1. 土地承包经营权的形成与发展

改革开放后，我国农村土地物权制度发展中最引人注目的实践就是农村土地承包经营权的建立与完善。土地承包经营权是在共产党、国家与农民群体间互动沟通的基础上生长出来的土地物权，是共产党人与农民群体有意识重新立约，重建新民主主义时期的“政治契约”的结果，因而，土地承包经营权的建立是新一轮的“与民立约”。改革开放以前，农民曾先后五次提出了“包产到户”的要求，但均被中央拒绝或压制。在三大社会

① 1963 年 3 月 20 日中共中央下达的《关于社员宅基地问题作一些补充通知》对农村宅基地作了更为详细的规定：“（一）社员的宅基地，包括有建筑物和没有建筑物的空白宅基地，都归生产队集体所有，一律不准出租和买卖。但仍归用户长期使用，长期不变，生产队应保护社员的使用权，不能想收就收，想调剂就调剂；（二）宅基地上的附着物，如房屋、树木、厂棚、猪圈、厕所等永远归社员所有，社员有买卖房屋或租赁房屋的权利。房屋出卖后，宅基地使用权即随之转移给房主，但宅基地的所有权仍然归集体所有；（三）社员需新建房又没有宅基地时，由本户申请，经社员大会讨论同意，由生产队统一帮助解决，但尽可能利用一些闲散地，不占用耕地，必须占用耕地的，应根据‘六十条’规定，报县人民委员会批准；（四）社员不能借口修建房屋，随便扩大墙院，扩大宅基地，侵占集体耕地，已经扩大侵占的必须退出。”

主义改造刚刚完成的1956年底，农民就曾自发地探索出了“包产到户”这一家庭承包方式[①]，“大跃进”后、1964年、1970年农民群体在实践中又三次提出了包产到户的要求[②]。改革开放后，以安徽小岗村农民为代表的农民群体再次提出“包产到户”的要求后，“包产到户”逐步得到中央的默许与认可。在中央一号文件承认并积极推进家庭联产承包责任制以后，家庭承包方式取得的承包经营权随着联产承包责任的推行迅速蔓延至中国的大部分村庄。可是说从改革开放时起到20世纪80年代中后期，中央与农民之间围绕着土地承包经营权建立而进行的政治缔约活动已经初步完成。90年代以后，中央积极倾听农民的心声全面促进了土地承包经营权的物权化。中央一再重申土地承包经营制长期不变的政治承诺，并出台了多项符合时代需要与农民需求的土地政策，推动了新一轮“与民立约”的继续发展，丰富与完善了新一轮“与民立约”的实质内容。与此同时，土地承包经营权这一特殊物权也伴随着我国农地立法的推进而逐步在法律上被准确塑造。首先，中央推动了宪法的修改。1993年的《宪法》修正案第6条第一次提出“农村中的家庭联产承包为主的责任制和生产、供销、信用、消费等各种形式的合作经济，是社会主义的劳动群众集体所有制经济”。随后，1999年《宪法》修正案又将“农村集体经济组织实行家庭联产承包经营为基础、统分结合的双层经营体制”写入了宪法，将赋予与维护农民的土地承包经营权设定为我国宪政制度的一个根本出发点。其次，中央、国务院积极推动国家立法机关以民事法律的形式来完善土地承包经营权。制定于2002年、生效于2003年《农村土地承包法》全面规范了土地承包经营权设定与运转过程中的各类问题，成为维护农民命根子的一个基本性法律文件。2007年通过的《物权法》着力于将土地承包经营权定位为一种特殊的用益物权，用物权法的立法技术对土地承包经营权进行了塑造，标志着土地承包经营权的法律构造问题已经基本完成。土地承包经营权的法律化以法律的形式全面确认与维护了新一轮“与民立约”的历史性成果，具有深远历史意义与社会实践价值，但是它并没有标志着新一轮

① 杜润生：《杜润生自述：中国农村体制改革重大决策纪实》，人民出版社，2005，第86～95页。

② 丁关良：《农村土地承包经营权初论——中国农村土地承包经营立法研究》，中国农业出版社，2002，第124～125页。

“与民立约”的终结。中央通过“与民立约”方式“恢复执政者与农民之间的政治契约”[①] 的历史意义极其重大。研究者和发展实践者早就认识到，提供给穷人土地使用权并提高其有效利用自己占有的土地的能力是消除贫困及增强贫困人口的社区力量的关键所在。[②] 土地承包经营权制度通过“还权与民”的方式给予了农民长期而稳定的土地权利，缓解了农村贫困的趋势。土地承包经营政策得到了农民的真心拥护与支持，近一步巩固了共产党执政的工农联盟基础。土地承包经营权使农民不再依附于土地，可以外出打工与经商，具有重要的公法意义[③]。

2. 集体土地所有权在改革开放后的继续发展

集体土地所有权初步形成于合作化运动时期，后来在人民公社时期得到进一步发展与强化。人民公社时期集体土地所有权的发展突出表现在国家公权力全面渗透嵌入到了集体土地所有权行使的过程之中。在家庭联产承包责任制建立并不断完善，农村土地承包经营权逐渐成长为一项物权制度的同时，在合作化运动中建立起来并经历了人民公社化运动的集体土地所有权也经历新一轮的转变与完善。改革开放后集体土地所有权的发展表现在以下三个方面：第一，政社分开，集体土地所有权民法属性还原。改革开放后，集体土地所有权伴随着政社分开的推进在逐步回归民法的塑造与运行轨迹。第二，集体土地所有权在立法中不断获得确认与强化。对集体土地所有权作出规范的重要法律文件包括 1982 年的《宪法》、1986 年的《民法通则》、1986～2004 年间先后经过多次修改的《土地管理法》以及 2007 年颁布的《物权法》。2007 年《物权法》将集体土地所有权界定为“集体成员集体所有”的所有权形态，明确了集体成员共同决定的事项与程序，规范了代行主体行使集体所有权的方式与集体成员的撤销权，将我国集体土地所有权制度向前推进了一大步。第三，集体土地所有权的运行机制在实践中不断完善。土地承包经营制的推广改变了人民公社时期，

① 孙宪忠：《中国农村土地权利制度研究》，《争议与思考——物权法立法笔记》，中国人民大学出版社，2006，第 478 页。

② 〔德〕克劳斯·丹宁格：《促进增长与减缓贫困的土地政策》，贺达水等译，中国人民大学出版社，2007，第 3 页。

③ 参见孙宪忠《中国农村土地权利制度研究》，《争议与思考——物权法立法笔记》，中国人民大学出版社，2006，第 479 页。

"集体所有，集体经营"的土地所有与土地经营的运作模式，使得集体土地所有权走上了新的运行轨道。改革开放后集体土地所有权运作体制基本上实现了集体土地所有权的价值目标。伴随着宅基地使用权、土地承包经营权与建设用地使用权在集体土地所有权基础上的生成与运作，集体土地所有权的实现日益呈现出多元化趋势。改革开放后，集体土地所有权回到民法的轨道并在实践中完善的结果是形成了当前的集体土地所有权的运作机制：集体成员共同形成利用集体土地的意志，代行主体将共同意志贯彻到集体土地之上，对集体土地进行经营、管理，将集体土地收益分配给集体成员；代行主体按照法律以及集体决议为集体成员设定土地承包经营权或者宅基地使用权，集体成员直接支配小块集体土地，满足自己的需要。

3. 建设类土地物权与其他土地物权的形成和发展

人民公社时期，中共中央下达的《关于社员宅基地问题作一些补充通知》已经为我国建立起了初步完善的宅基地使用权制度。改革开放以后，我国宅基地使用权制度的完善主要表现在物权立法与土地立法对宅基地使用权的强调与规范方面。宪法、行政法规与法律相继对宅基地使用权的申请、设立等问题作出规定，使宅基地使用权的运行进入到一个真正有法可依的阶段。宅基地使用权制度在 80 年代随着《土地管理法》的修改得到进一步完善。从 1989 年开始，中央在全国范围内推动了宅基地使用权有偿使用的试点，对宅基地使用权的设立与使用制度进行了改革。宅基地使用权有偿使用制度由于未能准确把握宅基地使用权的性质而最终被叫停。20 世纪 90 年代末 21 世纪初宅基地使用权流转问题成为一个备受关注的问题。国务院办公厅先后于 1993 年、1999 年和 2004 年三次发文确立和重申了禁止城镇居民购买取得农村宅基地的政策，形成了对宅基地使用权流转的限制。[①] 2007 年颁布的《物权法》明确将宅基地使用权定位为一种用益物权，并特

---

① 1993 年国务院办公厅发布了《关于加强土地转让管理和禁止土地投机的通知》，该通知规定："农民住房不能出售给城市居民，禁止批准使用农民集体所有土地为城市居民建房，相关政府部门不应当为非法建筑或者购买的房屋颁布土地证书和物权证书。"1999 年国务院办公厅《关于加强土地转让管理严禁炒卖土地的通知》规定："农民的住宅不得向城市居民出售，也不得批准城市居民占用农民的集体土地建住宅，有关部门不得为违法建造和购买的住宅的发放土地使用证和房产证。"2004 年 11 月国土资源部发布《关于加强农村住房用地管理的意见》规定："严格机制城市居民购买农村住房用地，并且建设在这种土地之上的房屋不予颁发土地使用证书。"

设第十三章对宅基地使用权制度进行了专门规定。但是，从内容来看，《物权法》第十三章共四个条文的宣誓性规定，仅仅粗线条地勾勒出了宅基地使用权制度的轮廓，而未能完成新时期完善宅基地使用权制度的历史重任。

农村建设类用地使用权除了宅基地使用权外，还存在着农村建设用地使用权。农村集体经济组织和个人兴办乡镇企业、进行乡（镇）村公用设施和公益事业建设等需要经过依法批准而使用集体土地。集体建设用地使用权是指建设用地使用权人对上述土地所享有的建造建筑物、构筑物及其附属设施从而对土地进行占有、使用和收益的权利。农村建设用地使用权萌芽于人民公社时期，成形于改革开放后的 20 世纪 80 年代，并在 20 世纪 90 年代以后获得了显著发展，最终发展成为一项真正、独立的土地物权。人民公社时期，由于社队企业作为法律关系客体的所有状况与集体土地所有的状况具有同质性，企业没有被看成主体意义上独立的“法人”，社队企业使用建设用地的权利没有真正独立。人民公社时期，学校、乡村医院、社队企业对建设用地的占有与使用已经日益独立于“集体”对农地的共同占有与使用，在外观上对建设用地的独立支配性的不断强化，但是由于在实践观念上上述权利主体被认为与“集体”有同一人格，所以独立于所有权的土地物权正在趋于形成但并没有完成生成。总体而言，人民公社时期，由于没有形成真正独立于集体土地所有权人的建设用地使用权人，也并没有形成独立于所有权意志之外的独断性支配建设用地的意志，使用建设用地的权利并没有达到限制所有权与排斥任何人的效果，即建设用地使用权并没有完全形成，农村建设用地使用权作为一种物权仍处在一种模糊的萌芽状态。萌芽于人民公社时期的建设用地使用权制度在改革开放初伴随着乡镇企业的创建与乡村公益事业的开展而在农村土地上迅速发展。改革开放后至 80 年代中后期（1988 年以前），农村集体建设用地使用权已经基本从集体土地所有权上独立出来，农村建设用地使用权初始设定的规则也已经初步形成。有偿的建设用地使用权制度在国有土地上的建立并未对集体建设用地使用权制度的建立起到促进作用。相反，国家垄断城镇一级市场制度及其扩张性实践进一步挤压了集体建设用地使用权的发展空间。为了给建设用地使用权制度建立积累经验，国土资源部自 1998 年以来，先后批准全国近 30 多个地区开展建设用地使用权流转的试点，积累了很多的经验。广东省于 2005 年颁布的《广东省集体建设用地使用权流转

管理办法》推动与规范集体建设用地在广东省的设立与流转，使广东省的集体建设用地使用权制度建设在全国居于领先水平。集体建设使用权的流转试点在1998年《土地管理法》修改前后在全国范围内迅速展开后，为我国集体建设用地使用权的立法积累充足了经验，但并未促成统一的集体建设用地使用权制度的形成。从民法的视角来看，在农村土地上进行建设可以采取土地租赁或者设定物权性土地使用权的方式。除了城市规划与土地的用途管制之外，进行土地租赁应当属于契约自由的范畴，集体土地所有权人可以依法将符合城乡规划的土地出租用于非农建设。而物权性的建设用地使用权的设定应当由物权法及其相关的法律规范来调整，应当贯彻物权法定原则。但是由于《物权法》颁布以前的全国性民事立法甚至《物权法》都没有对集体建设用地使用权作出明确的规定，集体建设用地使用权在实践中只能按照习惯性做法与地方法规、规章的规定进行设定与流转。《物权法》对于集体所有的土地用作建设用地仅做了第151条原则性规定："集体所有的土地作为建设用地的，应当依照土地管理法等法律规定办理。"这说明《物权法》希望借助土地管理法等法律来实现对农村建设用地使用权的界定，完成对集体建设用地使用权进行立法规范的任务。现实地看，集体建设用地使用权的设立、变动的相关规则急需在总结经验的基础上建立。①

除此之外，其他土地物权制度在我国依然存在或有所发展，但并未发

① 20世纪80年代，集体建设用地使用权与国有建设用地使用权一样在进行着设定与流转的试点。但是，命运几乎完全不同。国有土地使用权制度在经过试点取得经验后很快就在全国范围内推广，并获得法律的认可与规范。1990年国务院颁发的《城镇国有土地有偿出让和转让暂行条例》以及1994年制定的《城市房地产管理法》等设定了详细的国有土地使用权设定与流转规则，此后国有建设用地使用权制度在全国范围获得了异乎寻常的发展。在1994年制定的《房地产管理法》建立起初步的国家垄断城镇一级市场制度以及1998年修改的《土地管理法》强化建立起了国家垄断一级市场的制度以后，国家土地上的建设用地使用权获得了独步天下的地位，集体建设用地使用权制度只能依旧停留在试点阶段。随着试点的范围不断扩大，发达地方的地方法规与规章正在弥补现行法律不足，起到了促进集体建设用地使用权的设立与流转的作用。集体建设用地使用权没有在全国范围内迅速建立起来，一方面与集体土地所有权的内部构造有关，另一方面与立法部门、政府所持有的意识形态观念和苏联民法理论的影响有关。按照苏联的民法理论，国家土地所有权是与全民所有制相对应的一种土地所有权形态，它优于集体土地所有权。只有国家（中央及地方各级政府）可以在国有土地上设定建设用地使用权获得土地增值利益，而集体土地则只能用于农业用途，集体不能依法将集体土地用于工业化与城镇化建设，分享工业化与城镇化的成果。因此，笔者认为1998年《土地管理法》对集体建设用地使用权的设定与流转进行过度限制不具有正当性。

展成熟或起到应有的作用。具有我国传统特色的典权在改革开放后彻底式微没落，几乎退出农村的现实生活；抵押权仅能在农村有限的土地与土地权利上设立，对农村经济发展的积极促进作用并未充分发挥；地役权制度被2007年的《物权法》创设以来，并随后在实践中被初步应用。

二 对我国现行农村土地物权制度及体系的评析

新中国成立以后，中国在继承自己的历史传统与近现代革命的价值追求基础上，经过了土地改革运动、合作化运动、人民公社化运动，随后又经历改革开放30多年的建设与探索，最终形成了我国现行的土地物权制度。我国现行的土地物权体系是由集体土地所有权、土地承包经营权、宅基地使用权、农村建设用地使用权以及其他农村土地物权构成的一个综合体系，对我国现行农村土地物权体系进行恰当的分析与评价是完善我国现行农村土地物权体系的一个前提。

（一）集体土地所有权制度的法律评析

1. 集体土地所有权的法律界定

集体土地所有权，是指劳动群众集体在法律规定的范围内占有、使用、收益、处分自己土地的权利，是土地集体所有制在法律上的表现。[①]从历史与现实相结合的眼光来看，集体土地所有权是伴随着合作化运动与人民公社化运动而成长起来的一种所有权形态，其与集体土地所有权制密切对应。从概念外延的角度来看，集体土地所有权是集体所有权的一个下位概念，它是集体所有权中一个比较特殊的——以集体的土地为客体的所有权。在现实实践中，集体土地所有权因受到诸多公法限制与歧视而未能取得与国家土地所有权平等的地位。在集体土地所有权客体宏观界定这一问题上，我国近现代革命特别是新民主主义革命以来形成的农村土地农有农用原则要求采取集体土地所有权客体推定原则，即农村和城郊中未被明确规定为国家所有的土地应当被首先推定为集体所有。我国《宪法》第10条规定中所表述的“农村和城市郊区的土地，除由法律规定属于国家所有

① 王家福、黄明川：《土地法的理论与实践》，人民日报出版社，1991，第36页。

的以外，属于集体所有；宅基地和自留地、自留山，也属于集体所有”，即为集体所有推定原则的一个相对清晰的表达。《宪法》第9条确定了一个自然资源推定为国家所有的原则[①]，第10条确立了一个城市郊区与农村的土地推定为集体所有的原则，当“森林和山岭、草原、荒地、滩涂”位于城市郊区或者农村时，应当如何确定其归属？综合考察《宪法》第9条与第10条后可以得出的正确结论是将之推定为归属于集体所有。城市与城市郊区、农村的分野是特定历史时期的产物，集体土地推定原则的贯彻必须以1982年《宪法》颁布时中国城市与农民实际分割状况为依据。从集体土地所有权微观界定的角度来看，必须在充分考虑历史因素与现实因素的基础上实现村内集体、村集体与乡镇集体土地所有权客体的明确界分，以避免与防止集体地权之间冲突的发生。当前我国的农村土地权属状况是在原来人民公社“三级所有，队为基础”行政体系的基础上形成的，集体土地所有权中所谓的“集体”，在名义上包括乡（公社）、行政村（大队）、村民小组（生产队）三级。据有关资料统计，1978年由村级生产队核算的农村集体土地占95.9%，由大队核算约占3%，由公社核算约占1.1%。[②] 改革开放最初形成的这种土地支配格局大体决定了此后集体土地归属的格局。“三级所有，队为基础”的分级所有的特殊状况以及混乱的集体土地所有权行使现状，使得集体土地所有权的真正主体呈现出一种若隐若现、难以明辨的状态，给具体集体土地所有权支配范围的确定与集体土地所有权的等级带来了许多困难。集体土地所有权主体占有、支配土地的范围经过几十年的发展已经基本确定，集体土地所有权之间的边界已经基本清晰。如果在乡（镇）农民集体、村农民集体和村民小组之间发生产权纠纷，应当在综合考虑历史上形成的土地支配状况和现实中对土地的占有状况的基础上来解决。《物权法》的相关规定与集体土地所有权运行的现实状况说明，集体土地所有权的主体既不是抽象的农民集体，也不是农村集体经济组织，更不是村民委员会、村民小组，而是各个农民集体内部

---

① 《宪法》第9条规定：“矿藏、水流、森林、山岭、草原、荒地、滩涂等自然资源，都属于国家所有，即全民所有；由法律规定属于集体所有的森林和山岭、草原、荒地、滩涂除外。”

② 丁关良：《农村土地承包经营权初论——中国农村土地承包经营立法研究》，中国农业出版社，2002，第183页。

的全体农民。集体土地所有权是全体集体成员集体共有的所有权，集体内的全体农民才是集体土地所有权的真正主体。将集体土地所有权的主体明确界定为集体内的全体成员，而将集体经济组织、村民委员会与村民小组明确界定为集体土地所有权代行主体，有助于在代行主体与真正主体之间建立清晰的代理与监督机制，达到完善农民集体土地所有权与保护农民土地利益的目的。

2. 集体土地所有权的政治伦理属性与法律性质探析

集体土地所有权的政治伦理属性表现在集体土地所有权是一项负载着集体主义与社会主义的传统价值，肩负着兑现共产党人与农民群体缔结之政治契约并保障农村土地属于农民的历史重担的所有权。从集体土地所有权制度建立的过程来看，集体土地所有权是传统社会主义价值目标与中国的具体实践相结合的结果，是农民个体的土地所有权聚合在一起形成的一种所有权形态，集体土地所有权身上负载集体主体与社会主义的价值观念与伦理道德。集体土地所有权负载的集体主义与社会主义的政治伦理价值对集体土地所有权的构造起到了正反双向的影响。一方面，这种政治伦理价值与传统的意识形态相一致，这使得集体土地所有权能够作为一种被官方认可的所有权形态形成与存在下去；另一方面，集体土地所有权也因所负载的政治伦理价值而被意识形态化，而长期偏离了民事权利的运作轨迹。

在集体土地所有权的性质上，存在着法人所有权说、全体成员共有说、“总有说”、“新型总有说”、“社区所有说”等学说的争论。这些学术观点从不同的侧面对集体土地所有权的性质进行了探讨，“总有说”、“新型总有说”、“社区所有权说”都已经非常接近集体土地所有权的本质，但是由于它们在对集体土地所有权的历史与运作机制的认识上仍然存在着偏差，所以没有达到完全揭示集体所有权的本质规定性程度。中国特殊历史背景下形成的集体土地所有权虽与总有相似，但是在本质上是一种特殊的“集体成员集体所有”的所有权形态，它有着自己特殊的运行与实现机制，在现实中同时呈现出法人所有权化与社区所有权化的趋势。首先，从集体土地所有权的建立与发展来看，集体土地所有权是在中国特殊的历史背景下成长起来的一种土地所有权。集体土地所有权是我国特有的一种所有权形态。集体土地所有权虽然与集体土地所有制密切关联、包含有维护土地

公有制的政治意义与内涵，但是集体土地所有权不是国家所有权，也不是苏联集体农庄享有的土地使用权。此外，集体土地所有权不同于建立在部落共有制（村落共有制）或者地域自治基础上形成的总有制度。从中国土地制度发展演进的历史来看，部落共有土地制度及其文化在中国大地上比较彻底地消解掉了，中国存在的村落共有制经过多次嬗变后形成的次生形态——宗族或者家族共有。其次，集体土地所有权不是一般意义上的共同所有权，也不是一种由单一主体享有的所有权，而是“集体成员集体所有”的所有权形态①。集体土地所有权不是按份共有或者共同共有的所有权形态，集体土地所有权也不是由一种特殊的民事主体——农民集体享有的单独所有权。虽然在立法技术上将集体土地所有权的主体塑造为一个法人，并将集体土地所有权塑造为单一法人所有权不存在立法技术障碍，但是立法并没有这么做。现实的状况也正是如此。农民并没有把农民集体改组为一个结构完善的法人主体，而将集体土地所有权转变为一种法人所有权。农民集体土地所有权是一种特殊的农民集体共有所有的形态，集体土地所有权的主体具有一定的团体性。再次，集体土地所有权有着特殊的运作与实现机制。从集体土地所有权的运作来看，集体成员共同形成集体意志支配土地是集体所有权运作行使的一个重要方面；另一个重要方面，农户或者农民个体通过物权形式实现对特定地段的占有、使用、收益与处分，也是集体土地所有权运作一种最为重要的方式。又次，从比较法的视角来看，集体土地所有权与总有非常类似，但是不是总有。集体土地所有权的主体具有一定的团体性，但是并没有成为法人这一主体形态。在这一点上，集体土地所有权与总有非常相似。但是，集体土地所有权与总有这一所有形态也存在着显著的差异。第一，从历史的发展来看，总有一般是由村落共有制或者部落共有制演变而来的制度，或者是在长期的生活中形成的团体性利用习惯，而我国的集体土地所有权的形成与演进历史远非如此。第二，在土地承包经营权普遍建立以后，集体土地所有权主体呈现出

① 谢哲胜先生在分析王利明教授的物权法草案建议稿时指出，“集体所有权类似共有，而且集体所有权又是强制规定，等于是强制共有，共有不利于资源利用，但有利于财富的平均，共有仍有必要，但须减少无法有效率利用的弊端”。参见谢哲胜《中国大陆物权法制的立法建议——兼评王利明教授物权法草案建议稿》，载《财产法专题研究（三）》，中国人民大学出版社，2004，第128页。

了较总有更为弱的团体性，集体土地所有权的运行机制显著不同于总有。最后，集体土地所有权在现实运作中呈现出法人所有权化与社区所有权化的双重趋势。在经济发达地区进行集体土地所有权股权制改革，在促进着集体土地所有权向着法人化方向发展。集体土地的地域性决定了集体土地集体所有人的地域性，集体土地所有权地域性因素的强化，使集体土地所有权表现出一定的社区所有权的趋势。

3. 农业税、"三提五统"与集体土地所有权的运转关系分析

农业税、"三提五统"曾长期与集体土地所有权的运转实践相联系。新中国征收农业税的正式法律文件是1958年6月3日全国人大常委会第96次会议通过的《中华人民共和国农业税条例》。根据该条例，农业税以每亩农作物的常产量为征收对象。据统计，从1949年到2003年间，全国累计征收农业税达3945.66亿元。[①] 农业税是集体土地上的公法负担，是国家通过税收手段从集体土地上获取农业剩余的重要方式。农业税是中国几千年的皇粮国税在新时期的延续。在特定的历史时期，它起到了增加财政收入，汲取农业剩余支持农村经济发展的作用。20世纪90年代以后，农业日益呈现出弱质产业与夕阳产业的特性，农村居民与城市居民收入间的差距日益扩大，农业税的征收日益表现出赋税不公，甚至劫贫济富的倾向。在这种背景下，废止农业税成了历史的必然选择。2005年12月29日，十届全国人大常委会高票通过了关于废止《中华人民共和国农业税条例》的决定。这意味着从2006年1月1日起，于1958年开始施行的《农业税条例》完成了它的历史使命，农业税从此以后不再征收。

"提"指的是村提留，"统"指的是乡统筹。"三提"指用于村级组织积累和发展需要的公积金、公益金和公共管理费用，[②] 乡统筹（即所谓的"五统"）是根据有关法规和政策，由集体经济组织向农户收取，并用于本乡范围内的乡村两级学校办学、计划生育、优抚、民兵训练、乡村道路建设等用途的款项。[③] 村提留的产生可以溯源到合作化运动时期，而乡统筹的产生则可以溯源到人民公社运动时期。家庭联产承包责任制推行以后，

---

① 宋振远、邹升文、张旭东：《废止农业税：划时代的决定》，2006年1月3日《人民法院报》。

② 郑景骥主编《中国农村土地使用流转的理论基础与实践方略研究》，西南财经大学出版社，2006，第210页。

③ 朱秋霞：《中国土地财政制度改革研究》，立信会计出版社，2007，第62页。

国家与所谓的“集体”通过“交足国家的，留足集体的，剩下都是个人的”这种分配关系一直从农村集体土地所有权上获得收益，农业税、乡统筹与村提留表现为加载在土地承包经营权上的普遍负担。从乡统筹的收取机构及其用途来看，乡统筹主要是乡镇政府收取的用于自身行政性开支和进行乡村公共物品提供所必需的开支。因此，乡统筹在实际上基本是基层政府履行公共职能的支出而由农民来负担的部分，具有乡镇政府征收的地方税属性。就村提留而言，即使将其划分为公积金、公益金与管理费用等若干部分也并不能明确其真实的含义①。由于公积金与公益金不是集体成员共同决议形成加在农村土地上的负担，而是由政府与村干部决议加在农村土地上的负担，因而它们不能被普遍与当然地认为是集体成员共同行使所有权而产生的合理负担。不管怎样承包费的收取必须由“村民委员会”、“集体经济组织”、村民小组与全体集体成员平等协商共同确定或者由全体集体成员来共同决定，这才符合民商法的基本原理。村提留中的行政管理费用，究竟是村民委员会的行政管理费用还是集体经济组织的行政管理费用本身就是不清楚的，收取行政管理费用基础也不清晰。从集体土地所有权是全体集体成员共有的所有权角度来看，土地承包费不应当被列入地租之列，否则就会出现土地所有权人向自己收取地租的奇怪现象。当然作为集体土地所有权人的农民集体全体成员可以自由决定固定的从自己的土地收益中提取一部分收益用于特定的用途，并将这部分土地收益交由集体经济组织或者村民委员会代为保管、使用。从这一个角度来看，集体经济组织或者村民委员提取的公积金、公益金以及承包费具有一定的民法上的土地负担之性质②。

农民集体土地所有权是一种负载了沉重的公法负担与准公法负担的

① 1995 年 3 月 28 日国务院批转农业部关于稳定和完善土地承包关系的通知要求，除工副业、果园、鱼塘、“四荒”等实行专业承包的招标承包的项目外，其他土地，无论叫“口粮田”、“责任田”，还是叫“经济田”，其承包费都属于农民向集体经济组织上交的村提留、乡统筹的范围，严格控制在上年农民人均纯收入的 5% 以内。

② 公积金、公益金以及土地承包费中超出了应支付的管理费用部分，与土地债务有相同之处。《德国民法典》第 1191 条设定了土地债务这一特殊的土地上的变价权。所谓土地债务，指的是从土地获得一定数额金钱支付的物权变价权。土地债务的设立不需要任何法律上的原因或者前提条件，不具有为“为担保一项债权”而设立的或者其他任何的法律上的目的。参见孙宪忠《德国当代物权法》，法律出版社，1997，第 294～295 页。

土地所有权。人民公社时期，除农业税外，所有的公法负担都是隐性的、统购统销制度保证了国家从农民集体那里可以获得稳定的农业剩余。“三提五统”中乡统筹在性质上可被理解为一种特殊的公法负担，但村提留则是集体土地所有权运行的管理费用与公共积累的结合，具有私法性。农业税与“三提五统”的取消基本上消解了农村土地上的公法负担，有利于集体土地所有权运行方式的完善与农民的增收，也有利于农民对集体所有权形成正确的认识。农业税、“三提五统”的存在曾普遍导致了农民对集体土地所有权性质认识上的偏差，让农民得出土地是归国家与政府所有的结论。农业税、“三提五统”的存在也导致了农民因公法负担过重而抛荒自己珍爱的土地的现象。伴随着农业税与五统的取消以及农业种植补贴的推行，抛荒土地势头彻底得到逆转，出现了一些争夺抛荒地地权的土地纠纷。

4. 农民个体成员权问题探析

集体土地所有权在性质上为一种“集体成员共有”的所有权。与之相适应，集体土地所有权在构造上存在着一个突出的问题——谁是集体土地的集体共有人、集体土地的集体共有人享有哪些权利以及集体共有人的权利应如何行使的问题，即通常说的成员权问题。成员权这一权利是集体成员作为集体土地集体共有人之一而拥有的权利，是一种以集体土地所有权为基础而产生的权利。如何判定一个农民是否为一个集体的成员，集体成员享有什么样的权利，是成员权问题的核心。成员权的实质是集体土地共有权人资格的判定、集体共有人权利的享有与行使的问题。

成员权的发展也表现出一个伴随着集体土地所有权的形成、发展而演进的过程。集体土地所有权形成的高级社时期是成员权形成的时期。农民的分红权与退出权被取消以后，农民对集体土地的权利就主要转变为一个成员权问题。成员权在产生之初就存在着先天不足，集体成员对集体土地所享有的权利没有被明确界定而且农民的退出权被取消以后，成员权也丧失一个依据法律行为（农民意义）而变动的渠道。人民公社时期，政治权力对集体土地所有权运作的高度嵌入，城乡二元体制以及城乡分割的户籍制度的建立，使得农民成员权强烈地表现为一个身份性权利。农民常常是因为出生、结婚等身份关系的变动而直接取得或者丧失成员权。由于农民不享有个体化的土地权利，市场经济的运行环境并未建立，城乡之间的人

口流动极为个别，表现出明显身份性的成员权基本适应了人民公社时期的现实需要。改革开放以后，人员流动的增加、土地承包经营权设立实践与土地补偿款分配实践的展开使得成员权问题日益突出。将成员权看作为一种身份权而建立的成员权理论与成员权判定标准已经无法适应现实生活的需要。二轮承包过程中，新增人口、户口迁出人口、迁入人口的成员资格与承包经营权取得问题，成为一个突出的问题。二轮承包以后，部分农民的土地承包经营权取得问题仍然作为历史遗留问题存在。对于二轮承包中农民成员资格的认定应当综合户籍、地缘、亲缘以及村民认定习惯以及一轮承包中土地承包经营权的取得等因素进行综合性判断，而不能单独考虑一个因素。农民成员资格的判定标准应当是多元的而不是一元的。在农村土地上普遍存在着农民宅基地使用权、土地承包经营权之后，应当以农民的土地承包经营权、宅基地使用权为基础来认定农民的成员资格，因为成员权本质上是农民对集体土地所拥有的权利，农民个体所拥有的土地权利最能彰显出农民的成员资格。

成员权的内容是要说明集体共有人对集体土地享有什么权利。成员权的具体内容主要包括以下四个方面：第一，参与集体意志形成的权利。从集体土地所有权的运作机制上来看，必须先形成一个共同的集体意志，才能以此为基础对集体土地进行占有、使用与收益，集体成员有权参与到集体意志的形成过程。《物权法》第 59 条对必须依据法定程序经本集体成员决定的事项作出了规定，集体成员有权参加到上述决策事项的表决过程。① 第二，集体成员拥有参与集体土地所有权的行使与管理的权利，拥有监督集体土地所有权代行主体行使集体土地所有权的权利。《物权法》第 63 条专门针对集体经济组织、村民委员会或者其负责人作出的决定侵害集体成员合法权益的情形，赋予了受侵害的集体成员要求法院撤销该项决定的权利。该规定既是为了救济受侵害的集体成员的权利，也是为了监督集体经济组织、村民委员会以及其负责人确保他们依法行使集体土地所有权。第

① 《物权法》第 59 条规定："农民集体所有的不动产和动产，属于本集体成员集体所有。下列事项应当依照法定程序经本集体成员决定：（一）土地承包方案以及将土地发包给本集体以外的单位或者个人承包；（二）个别土地承包经营权人之间承包地的调整；（三）土地补偿费等费用的使用、分配办法；（四）集团出资的企业的所有权变动等事项；（五）法律规定的其他事项。"

三，集体成员有权依照规定承包集体土地，依照规定申请获得宅基地使用权。第四，集体成员有权参与并监督集体土地的使用与收益活动，有权了解集体土地所有权行使的相关信息。《物权法》第62条要求"集体经济组织或者村民委员会、村民小组应当依照法律、行政法规以及章程、村规民约向本集体成员公布集体财产的状况"，以确保集体成员能够确切地知悉集体土地运作的相关状况。

从集体共有人享有的成员权的内容来看，农民享有的成员权是一种复合性的以集体土地所有权为基础的权利，它根源于集体土地所有权以及其特殊的运行机制。认为成员权应当属于民事法调整的身份权的范畴①的观点并不妥帖。首先，从集体成员的内容来看，集体成员权的内容广阔不能被身份权所包容。其次，集体成员的成员权与社团社员享有的社员权、建筑物区分所有权人享有的成员权等在外形上均具有一定的相似性，而根据通说社团社员享有的社员权、建筑物区分所有权人享有的成员权都是一种复合性的权利，不能简单地归入身份权的范畴。集体共有人的成员权与社团社员的社员权以及建筑物区分所有权人享有的成员权不同之处在于它们产生的基础与行使方式存在着差异。成员权虽然外在的表现为了个人作为集体成员而享有的权利，但是它在本质上并不是一种身份权，身份性仅仅是它的外观属性而不是本质属性。再次，身份权说主要是对人民公社时期以及土地承包经营权最初推行时期成员权问题进行归纳得出的结论，并未全面揭示成员权的本质规定性。在人民公社时期以及承包经营权的初期，农民是依据其与集体、与家庭成员之间的身份关系为前提而取得土地权利的，而不是单纯根据法律行为。这正是身份说的立论基础。在宅基地使用权制度、土地承包经营权制度普遍建立以后，未来自然人取得成员的资格将更多地采取法律行为方式（例如购买土地承包经营权、宅基地使用权等），而不是再基于特殊的身份关系。这将使得身份权说的理论基础丧失殆尽。因此，农民享有的成员权是一种源于集体土地所有权特殊的性质与运行机制的复合性权利，而不是一种纯粹的身份权。

① 参见杨一介《土地法律制度在中国农村的实践——问题和矛盾的初步研究》，中国社会科学院2006年博士后出站报告，未刊稿，第25页。

（二）农村土地承包经营权制度法律分析

1. 农村土地承包经营权的界定

农村土地承包经营权是在改革开放后逐渐成长起来的具有中国特色的农地物权。农村土地承包经营权是土地承包经营权人依法享有的对其承包经营的耕地、林地、草地等占有、使用、收益及自主从事种植业、林业、畜牧业等农业生产的权利。农村土地承包经营权的客体，从用途上来看，只能限定于农业用地。农用地包括但不限于耕地、林地与草地，果园、鱼塘、其他可以用来耕作、养殖的地面水面以及“四荒”土地（荒山、荒沟、荒丘、荒滩）都可以成为土地承包经营权的客体。从承包经营权客体农用地法律属性来看，这些农用地大部分属于集体所有，也有一部分属于国家所有。从农村土地承包经营权的产生方式来看，有通过家庭承包方式取得的承包经营权与通过其他方式取得的承包经营权。通过家庭承包方式取得的承包经营权是农村中占据主导地位的承包经营权，是本专题讨论的重点。农村土地承包经营权最初是以一种集体成员利用集体土地的制度性安排出现的，因此，最初的农村土地承包经营单位表现为农民集体内部的农户、作业组和农民个人。[①] 由于农村土地承包经营权主要是通过家庭承包方式设定的，农民集体内部的农户是承包经营权的主要主体。土地承包经营权制度的特殊价值、家庭经营方式的适应性、户在中国传统主体构造上的重要位置共同促使户成为土地承包经营权的主体。“户”或者家庭在理论上，可以自身的繁衍而不断延续，成为一个永久性的存在单位，因此以户为单位有助于实现农村土地承包经营权主体的永久化与固定化，最终达到保证农民永久的享有土地承包经营权的目的。以家庭为单位进行农业经营可以避免集体共同劳动中存在的高昂的劳动监督成本与因集体行动逻辑而导致的低效率与“搭便车”现象，从而有助于提高农业经营的效率。从中国的历史来看，庄园式的大农业经营方式并不流行，农民大多以家庭为单位进行农业经营。在中国历史上，民事权利的主体在

① 从中央的文件以及土地承包经营权产生的时间来看，土地承包经营权的主体为农户、作业组和农民个人等，例如中发［1982］1 号文件中共中央转批《全国农村工作会议纪要》指出：“实行各种承包责任制的生产队，必须抓好订立合同的工作，把生产队与农户、作业组、专业人之间的经济关系和双方的权利、义务关系用合同形式确定下来。”

很大程度上都不是自然人、法人，而是自然人结合在一起所组成的户，在中国传统的土地物权制度构建过程中更是一直如此。户作为土地承包经营权的主体可以避免土地的过分细分与主体的过度变动，但因其内部构造问题造成了一些地权冲突，特别是户的男性中心主义导致了妇女的土地权利经常被排斥。从法律技术上来讲，是否赋予农户一定的法律主体资格需要由法律来作出最终的抉择。如果法律赋予了农户以独立的法律人格，则农户就成了一个法人。在法律不赋予农户以独立的法律人格情况下，农户就不是一个法律上的主体，而是自然人之间的合伙组织。从法律主体的角度来看，户是无权利能力的联合体，是一种类似合伙的组织，户在组织结构结合形态上，还远没有达到无权利能力社团的组织程度。户内部的成员对土地所享有的权利实际上是一种共有，是一种共同共有关系。农村土地承包经营权具有期限性，但是由于承包期限届满后承包人仍然可以按照法律规定继续承包，因此，土地承包经营权表现出了向无期限物权发展的趋势。土地承包经营权在内容上表现为占有、使用、收益权能与部分的处分权能。土地承包经营权的流转说明了承包经营权人享有对承包地的有限处分权。

2. 土地承包经营权的政治伦理属性与物权属性探讨

土地承包经营权的政治伦理属性表现为土地承包经营权是新一轮“与民立约”的结果。从政治契约的角度来看，土地承包经营权是一种“还权于民”伦理性的安排。以前在我国土地革命时期，土地的所有权是许诺给农民个人的，新中国成立以后共产党人通过土地改革兑现了自己的庄严政治承诺。但是，后来合作化运动、人民公社化运动基本上是半强制或者强制性地消灭了农民的土地所有权，形成了一种带有政治性、抽象性说明土地归属农民的“集体土地所有权”①。考虑到近现代革命的过程中所缔结的政治契约所包含的农村土地农民所有的历史内涵，政府没有宣布土地属于国家，但是人民公社制度实践的结果已经使土地实质上处在了国家权力的控制之下。改革开放后，农民提出了符合中国实际的有利于保障自己土地权利实现的要求，这一要求最终为中央所认可，并被立法确认

① 参见孙宪忠《中国农村土地权利制度研究》，《争议与思考——物权法立法笔记》，中国人民法学出版社，2006，第 499 页。

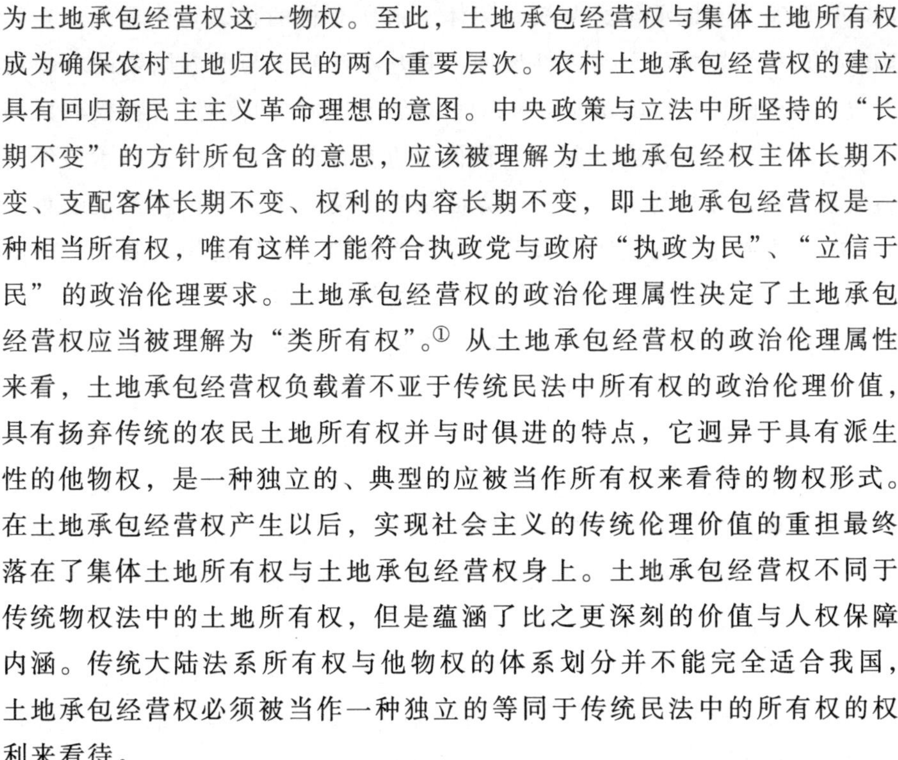

为土地承包经营权这一物权。至此，土地承包经营权与集体土地所有权成为确保农村土地归农民的两个重要层次。农村土地承包经营权的建立具有回归新民主主义革命理想的意图。中央政策与立法中所坚持的“长期不变”的方针所包含的意思，应该被理解为土地承包经权主体长期不变、支配客体长期不变、权利的内容长期不变，即土地承包经营权是一种相当所有权，唯有这样才能符合执政党与政府“执政为民”、“立信于民”的政治伦理要求。土地承包经营权的政治伦理属性决定了土地承包经营权应当被理解为“类所有权”。[①] 从土地承包经营权的政治伦理属性来看，土地承包经营权负载着不亚于传统民法中所有权的政治伦理价值，具有扬弃传统的农民土地所有权并与时俱进的特点，它迥异于具有派生性的他物权，是一种独立的、典型的应被当作所有权来看待的物权形式。在土地承包经营权产生以后，实现社会主义的传统伦理价值的重担最终落在了集体土地所有权与土地承包经营权身上。土地承包经营权不同于传统物权法中的土地所有权，但是蕴涵了比之更深刻的价值与人权保障内涵。传统大陆法系所有权与他物权的体系划分并不能完全适合我国，土地承包经营权必须被当作一种独立的等同于传统民法中的所有权的权利来看待。

在土地承包经营权的法律性质定位中，曾经存在过土地承包经营权债权说与土地承包经营权物权说的分歧。土地承包经营权的政治伦理属性与土地承包经营权的现实实践都说明土地承包经营权是一种典型的物权，而不是一种债权。2007 年颁布的《物权法》明确将土地承包经营权定位为一种重要的土地用益物权，结束了债权说与物权说的争论。但是，《物权法》的定位也并不恰当而准确。从法理上讲，土地承包经营权是一种应当被当作传统民法中的农地所有权一样来看待的土地物权。土地承包经营权是新一轮“与民立约”的结果，它具有回归新民主主义革命理想的性质，即在建立了农民在集体土地所有权的现实背景下，回归到农民重新拥有土地所有权或者与之相类似的土地权利的状态。唯有将土地承包经营权定位为与所有权相同的物权，才能充分体现农民与土地之间

① 参见孙宪忠《中国农村土地权利制度研究》，《争议与思考——物权法立法笔记》，中国人民法学出版社，2006，第 498 ~ 499 页。

的本质联系。土地承包经营权是集体土地所有权的特殊转化形式，在我国农地地权结构中居于基础性层面，其基本起到了与西方国家的农地所有权相类似的人权保障功能，难以归入传统他物权的范畴。《物权法》基于对土地承包经营权这一制度的价值与重要性的认识，将土地承包经营权放在用益物分则的第一章，一方面是为了突出土地承包经营权的重要性，另一方面也说明立法者看到了这一制度和一般用益物权制度之间的不同。但是，立法者还是没有摆脱传统物权法中自物权与他物权划分的概念窠臼，准确地把握土地承包经营权的性质，对其作出实事求是的界定。与土地承包经营权非常类似的农地物权形态是永佃权。永佃权是与土地承包经营权相类似的一种土地物权形态，甚至有观点认为土地承包经营权与永佃权具有相同的性质。[①] 由于土地承包经营权与永佃权在价值取向、伦理属性与法律性质方面有着根本的不同，因而不能因为永佃权与土地承包经营权之间的相似性而将两者混淆。永佃权是一种典型的农地他物权，在全世界范围内呈现出一种式微的趋势，永佃权人在享有永佃权时必须向地主支付地租。土地承包经营权在地权结构中的层次相当于西方的农地所有权，比永佃权更加基础、更具有生命力。农民以土地承包经营权为基础进行耕种是一种“耕者有其田”的经营方式，而永佃权则是佃户利用他人土地进行耕种的方式。

3. 农村土地承包经营权的推行模式与流转方式分析

土地承包经营权在推行过程中曾经展现出均田制、两田制与荒山、荒地拍卖等形式。均田制强化了农民的土地承包经营权，有效防止了基层政府与乡村干部对农民土地权利的侵犯与干涉；其近乎平均地实现了农民个体与家庭的土地承包经营权，创造了一个普遍而平等的土地权利起点。均田制是我国农村土地承包经营权建立与推行的最基本模式，立法中家庭承

① 例如有学者指出“关于土地承包经营权，实际上相当于永佃权”，“改造农村土地承包经营权为永佃权，使之既可容纳当前农村土地耕种的现实法律关系，又可以为将来农村土地的大规模集约化、现代化经营提供法律依据”，参见杨立新、尹艳《我国他物权制度的重新构造》，《中国社会科学》1995 年第 3 期，第 84、85 页；“土地承包经营权与永佃权，在权利性质、权利主体、权利客体、权利内容诸多方面的相同性，使得以永佃权制度完善土地承包经营权制度具有了可能性”，参见江平《中国土地立法研究》，中国政法大学出版社，1999，第 320 页。

包经营权的规定基本上都是以均田制为基本的模型。荒山、荒地拍卖方式设定的承包经营权则具有他物权属性，是前者的有益补充。两田制的推行与农村土地上的税费负担的实现密切相关，“责任田”是一种强化了乡村土地税费负担的土地权利形态。两田制的推行总体上并没有在兼顾公平的基础上，克服土地承包经营的细碎化与规模化。相反地，它为乡镇政府和村委会从土地上分割更多的利益提供了制度条件，也造成了农民集体内部土地权利分配的不公平。[①] 因此，中央迅速决定整顿并废止了这一制度。目前在承包经营权的基础上发展出反租倒包、集体股份制、农业合作社等农村土地经营方式，这些经营方式对土地承包经营权制度的进一步发展有一定推动作用。实践证明，与土地股份制相比，土地承包经营权依旧是最能保障农民土地权利的基本物权形式。不管是规模经营还是农业合作社，都在实践中表明了土地承包经营权这一土地权利的基础性。在法律与客观环境为农业合作社的发展提供充分的支持情况下，合作社被证明具有提高农民组织性的优点。

农村土地承包经营权的设定需要经过两个相互关联的阶段，即承包方案的确定与农村土地承包经营合同的签订。在承包方案确定阶段，本集体经济组织成员首先召开村民会议选举产生承包小组，由承包小组依照法律、法规拟定并公布承包方案。随后，本集体经济成员的村民会议共同讨论通过承包方案。承包方案通过以后，就进入到承包方案的具体实施程序，即农村土地承包合同签订与土地承包经营权的具体设定。在土地承包经营权的设定中的一个关键问题是农村土地承包经营权在何时设定？《物权法》第 127 条第 1 款规定：“土地承包经营权自土地承包经营合同生效时设立。”[②] 这一规定说明承包方与发包方之间的承包经营合同生效，则农村承包经营权就依法设定。现实地看，农村土地承包合同涉及多方面的内容，其中包含了一项设定农村土地承

① 由于两田制并没有在全国范围内被彻底根除，税费改革以及农业税取消后，“责任田”上的额外土地负担被废除，农民之间的土地权利分配造成形成了不均衡的局面。伴随着土地承包经营权的物权化，两田制造成的农民土地权利分配不均衡引发了很多矛盾。

② 《物权法》在土地承包经营权的设定上沿袭了《农村土地承包法》的规定，《农村土地承包法》第 20 条规定：“承包合同自成立之日起生效。承包方自承包合同生效时取得土地承包经营权。”

包经营权的合意。[①] 土地承包经营权的设立与变动模式偏离了《物权法》总则部分所确立的形式主义原则，存在着严重不足，此种设立与变动模式虽简便灵活，基本能适合我国仍具有熟人社会的乡土生活，但并不适应农村经济进一步发展的需要。土地承包经营权的流转最初不为政策和法律认可，此后法律逐渐允许农民通过转让、互换、转包、抵押、出租、入股等方式流转。土地承包经营权的转让、互换是土地承包经营权的物权式流转方式。在农村土地承包经营权转让与互换时，何时发生土地承包经营权变动的效力？《物权法》第129条规定："土地承包经营权人将土地承包经营权互换、转让，当事人要求登记的，应当向县级以上地方人民政府申请土地承包经营权登记；未经登记的不得对抗第三人。"从该条的规定来看，农村土地承包经营权的转让与互换不需要经过登记就可以实现，即农村土地承包经营权转让与互换合同发生效力则农村土地承包经营权变动，在土地承包经营权的变动中土地承包经营权的登记仅仅是发生对抗效力的要件。将登记作为农村土地承包经营权变动的对抗要件，优点是农村土地承包经营权的变动可以较为容易的实现，缺点是其会带来纠纷并危及交易安全。土地承包经营权的出租是一种债权式的流转方式，租赁权物权化虽可以达到满足农地流转的需要现实目的，但将会对民法体系的清晰构建产生消极影响。农民抵押的结果是新抵押权的产生，但是抵押的范围仅主要限于通过非家庭方式取得承包经营权；转包的性质比较复杂，大部分转包都带有农村土地出租的债权性质，部分转包带有创设新型物权的性质；入股的结果是导致农民土地聚合在一起，最终形成一个新的农村土地使用权。大部分农地股权都是以物权为基础，以债权为基本运作形式，带有复合性权利特征的土地权利。农村土地承包经营权入股的结果首先是产生一个新的独立于原来的农村土地承包经营权的农地使用权。这一新的农地使用权在形态上表现为原有的农村土地承包经营权的客体结合在一起，或者依旧

① 按照《农村土地承包法》第21条，土地承包经营权合同一般包括以下内容：（1）发包方、承包方的名称，发包方负责人和承包代表的姓名、住所。（2）承包土地的名称、坐落、面积、质量等级。（3）承包土地期限和起止日期。（4）承包土地的用途。（5）发包方和承包方的权利和义务。（6）违约责任。鉴于土地承包经营合同的物权合同性质以及其内容的复杂性，虽然《物权法》并没有规定土地承包经营权应当采取书面形式，土地承包经营权合同实有采取书面形式的必要。

独立的成为一个或几个新的土地权利的支配对象，但是通常情况是以将原有土地承包经营权客体结合为一个新的土地权利的客体为常态。入股的实践、转包的实践以及合作社经营的实践说明，一种以土地承包经营权为基础的与永佃权相类的土地物权正在逐渐生成，该种物权可以称为次级土地承包经营权。目前存在于农村土地上的另外一种流转方式为信托流转方式。在信托流转方式下，农民将土地承包经营权的一部分作为信托财产信托给土地信托机构，由信托机构再将零散、小块土地集中起来出租给农业公司或种田能手，将租金付给农户。在转包的部分情形中、在农业专业合作社建立的过程中以及信托机制的运行过程中，都会产生一种不同于原承包经营权的新农村土地承包经营权——次级农村土地承包经营权。允许农民在农村土地承包经营权上再次设定相当于永佃权的次级农村土地承包经营权，可以解决农村土地的抵押、入股、农业合作社的创建等问题，让农民在土地承包经营权的基础上“重新组织起来”。从土地承包经营权的现实运行效果来看，土地承包经营权全面实现了农村的土地生产、财产与保障功能，在维护农村稳定的基础上全面推动农村经济的发展，是一种行之有效但仍需继续完善的土地物权制度。

（三）建设类土地物权与其他土地物权之法理分析

1. 宅基地使用权法律问题分析

宅基地使用权与农村建设用地使用权是存在于农村土地之上的建设类土地使用权，它们之间因功能相似而表现出一定的沟通性。宅基地使用权是农民享有的最基本的建设类土地物权。从历史发展的脉络来看，最初的宅基地使用权大部分都是随着集体土地所有权的建立而由原宅基地所有权转变而来。宅基地使用权是农民享有的一项基本而独立的土地物权，而不是国家为农民提供的一项福利措施。由于宅基地使用权基本上涵盖了该幅集体土地所有权的价值功能，在时间结构上呈现出永久性特征，农民始终以一种近似所有的观念看待宅基地使用权，因此，宅基地使用权在法律性质上属于“类土地所有权”或相当土地所有权。从其法律属性而言，宅基地使用权与土地承包经营权基本类似，具有相当于所有权的属性。只不过土地承包经营权这种相当所有权的用途是农用，而宅基地使用权这种相当所有权的用途是建造房屋和附属设施。从宅基地使用权与地上权比较的角度来看，宅基地使用权比地上权更加类似于所有权，基本上是一种可以等同于所有权的权利[①]。宅基地使用权在时间结构上表现出了永久性，事实上只要宅基地使用权的主体存在它就可以几乎像所有权一样永久存在。最后，从现实的农民持有的对宅基地使用权的观念来看，农民也是一种对待所有权的观念来对待宅基地使用权。对于一些曾经经历过合作化运动与人民公社运动的老农民而言，他们依然牢记着人民公社化运动以前宅基地使用权属于个人的历史。他们依然从所有权的角度来理解这一权利，而且这样一种观念深深地影响了他们的后代。宅基地使用权的设定是集体土地所有权行使中的重大事项，需要以集体所有权为基础并经过特定程序才能设定。宅基地使用权设立法律行为在集体土地所有权代行主体按照法律与集体成员决议规定批准了农户的申请后成立，但宅基地使用权应当在管理部门批准时才能设立。

目前涉及宅基地使用权的一个热议问题是宅基地使用权的流转问题，该问题随着城市化进程的加快与小产权房的兴起显得尤为突出。宅基地使用权的流转涉及两个相互关联的问题，一是宅基地使用权能否流转的问题，二是宅基地使用权如何流转的问题。从宅基地使用权的流转方式而言，宅基地使用权的流转涉及宅基地使用权的租赁、转让、抵押、入股等方式[②]，但是目前备受关注的是宅基地使用权的转让与抵押。历史地看，人民公社时期中共中央于1963年3月20日下达的《关于社员宅基地问题作一些补充通知》已经认可了宅基地使用权随同房屋转让的宅基地使用权流转，此后宅基地使用权的流转一直在现实中广泛存在，完全禁止宅基地使用权的流转不具有现实的可操作性。针对城乡结合部出现的大量的城市

① 在德国，由于地上权基本上具备了所有权的权能，而且具有所有权的恒久性。因此，从外观上看，地上权与所有权并无不同。因此，德国学者将地上权称为“相似所有权”（Eigentumsaehniliche Rechte）或者“等同于土地所有权的权利”（Grundstuecksgleiches Recht）。宅基地使用权在效力层次上比地上权更加靠近所有权，因此，笔者在此用相当所有权来说明它的性质。

② 理论上，在宅基地使用权的流转这一问题上还涉及是否允许在宅基地使用权上再设定宅基地使用权的问题。允许在宅基地使用权上再次设定宅基地使用权将导致宅基地使用权虚空化与价值化，与复杂的市场交易规则与物权利用秩序的建立有关。目前我国农村还没有出现这一需要，而且我国长期以来推行的房地一体的模式，也使得在宅基地使用权上难以再次设定宅基地使用权。

居民到农村购买住房的情况，1999年《国务院办公厅关于加强土地转让管理严禁炒卖土地的通知》规定："农民的住宅不得向城市居民出售，也不得批准城市居民占用农民的集体土地建住宅，有关部门不得为违法建造和购买的住宅的发放土地使用证和房产证"，国务院2004年10月21日发布的《国务院关于深化改革严格土地管理的决定》（国发［2004］28号）中明确规定，禁止城镇居民在农村购买宅基地。至此，在事实上形成了国家政策对城镇居民到农村购买住房，购买宅基地使用权的限制。国家政策对城镇居民到农村购买房屋权利的限制也在事实上限制了宅基地使用权因购买而导致的转让。禁止宅基地使用权流转的理由不能成立建立起适当的宅基地使用权流转制度有利于集体土地所有权制度的完善、农民土地权利的实现以及城乡融合的进一步加强。首先，从宅基地使用权的流转对集体土地所有权的影响来看，宅基地使用权的流转特别是宅基地使用权的转让，提供了一个重塑集体土地集体共有人的机会。宅基地使用权的流转会使一些成员失去与特定范围的集体土地之间的联系，从而失去成员资格；也会使某些自然人因取得宅基地使用权而建立起与集体土地之间的联系，从而取得集体成员的资格。其次，宅基地使用权流转并不必然会产生城镇居民大量到农村购买房屋，而农村居民无房可居的现象。取消对城镇居民购买农村房屋与宅基地的限制，可能在最初或者某一特定的时刻，出现城镇居民到农民置地的浪潮。但是，在购买需求增加的情况下，农民房屋与宅基地使用权的价格必然会上涨，价格上涨会对需求形成有效的制约。农村居民是理性而且富有智慧的，他们完全可以根据自己的需要情况来决定是否转让自己的房屋与宅基地，担心大量的农民因出卖房屋而无家可居，完全是杞人忧天。再次，宅基地使用权的流转能够使农村房屋与宅基地的价值充分显现出来。宅基地使用权流转后，城镇居民到农民购买宅基地并不是一件坏事，它可以使农民中的房屋与宅基地使用权一同增值。伴随着宅基地使用权的流转会使农民获得更多的收入，从而缓解城乡居民财产与收入之间的差距。伴随房屋与宅基地使用权流转带来的资金流会有利于农村的建设与发展。又次，允许宅基地使用权流转能够提高宅基地的集约利用率，优化资源的配置，会最终促成城乡统一的房地产市场最终形成。中国目前宅基地的面积非常巨大，据统计当前我国农民集体所有的建设用地约1800万公顷，其中农民宅基地约1000万公顷[①]，而且很多都处于闲置状态。由于法律政策禁止城镇居民到农村购买宅基地，对农村房屋与宅基地使用权的需求受到极大限制，农村房屋与宅基地使用权的财产权属性受到了极大的制约，房屋与宅基地使用权应有财产权属性在转让中表现出为了低廉的价格，很多农民宁肯闲置其住房与宅基地也不愿出卖，“空心村”等现象的出现也正好说明了这一点。最后，从统筹城乡发展的角度来看，宅基地使用权的流转有利于城乡的协调发展。中国人地矛盾的高度紧张与农业经济的相对低效率，决定农村中的剩余劳动力必须转移到工业与服务业等其他行业才能创造更高的价值。目前，中国大约存在2.1亿由农业劳动者转变而来的工人[②]在城市中进行着辛苦的劳动。由农民转变而来的部分工人已经逐渐适应了城市的生活，他们可能会逐渐选择在城市中长期居住。有学者统计截至2006年大约有4000万~5000万农村居民有能力且愿意到城市中生活。[③]城市生活成本高昂，流转自己不再需要的房屋和宅基地（转让、出租甚至是出典等方式）可以使他们筹措一笔急需的资金。只有在真正保障进城农民的土地财产权利并平等地给予他们市民待遇才能实现城乡的融合与发展。当前中国人口的流动是从农村流入城市，与此相反，还可能存在一个由城市向农村的流动。由于城市房屋的价格持续攀高，很多城市居民产生了到城市的周边地区进行居住的想法，城市房屋价格相对低廉刚好满足他们的需求。另外，由于农村的生活成本较低、生活环境相对宽松，城市人有可能希望到农村生活，享受农村休闲与平静。而且中国人有着“落叶归根”的传统，很多老年人可能希望回到农村来安度晚年，在这种情况下，为了满足他们的房屋权利，城市居民需要在农村购买房屋并获得宅基地使用权。为了保障人民能够享有迁徙的自由，我们需要建立一个可以流转的宅基地使用权制度。《物权法》第155条规定，“宅基地使用权转让或消灭的，应当及时办理变更登记或注销登记”，表明《物权法》基本上采取了允许宅基地使用权流转的态度，但是宅基地使用权的流转规则与制度仍未

① 黄小虎主编《新时期中国土地管理研究》（上卷），当代中国出版社，2004，第40页。

② 2008年《人民日报》的数字显示我国农民工已经达到2.1亿。参见《我国农民工已达2.1亿 国家评选表彰1000名优秀农民工》，2008年3月4日《人民日报》。

③ 南雪岭：《新农村建设中的土地政策研究》，载《国土资源管理与新农村建设》，中国大地出版社，2006，第37页。

完全建立。宅基地使用权户的主体结构仍需完善与改造，宅基地使用权的设立与流转制度也继续完善，宅基地使用权与建设用地使用权之间的转化制度也需要建立。

2. 农村建设用地使用权法律制度分析

农村建设用地使用权是农村中重要的一种建设类他物权，农村建设用地使用权是一种在不违反法律或第三人利益的范围内对集体所有的土地进行占有、使用与收益的建设类土地物权。集体建设用地使用权的用途在范围上被限定为在农村土地建造建筑物、建造物与附属设施。建立完善的农村建设用地使用权制度有利于农村的就地工业化与农村经济的全面发展。2007 年《物权法》规定的建设用地使用权主要是针对国有土地上的建设用地使用权，其中只有第 151 条对建设用地使用权的设定作了说明，要求其适用《土地管理法》的规定。而 2004 年修改后的《土地管理法》主要是从土地管理的角度对集体建设用地使用权的设定与转让的限制作出了规定，而未明确集体建设用地使用权的内容、设定与流转的相关规则。2004 年修改的《土地管理法》在集体土地所有权的设定与流转方面态度矛盾，它一方面允许集体土地用于乡镇企业建设，另一方面限制集体土地的出让、出租用于非农建设，并对集体建设用地使用权的流转进行了限制。因此，目前全国性立法在此留下了空白。我国《物权法》及相关法律对集体建设用地使用权的规定极其欠缺，这制约了农村现代化的进程。集体建设用地使用权流转的试点经验表明集体建设用地使用权的设定主要包括两种情况：第一，在未设定任何土地物权的集体土地上设定集体建设用地使用权；第二，在已经存在土地承包经营权与宅基地使用权的土地上设定集体建设用地使用权。根据《土地管理法》与各地方的实践，集体建设用地使用权设定的一个重要的公法前提是符合用途管制制度，符合土地利用的总体规划，符合城乡规划。《土地管理法》第 63 条规定对集体建设用地使用权的流转采取了限制态度，其规定农民集体所有的土地使用权不得出让、转让或者出租用于非农业建设，但符合土地利用总体规划并依法取得建设用地的企业，因破产、兼并等情形致使土地使用权依法发生转移的除外。《土地管理法》第 63 条的这一规定在内容上与第 43 条的但书部分和第 61 条相矛盾。《土地管理法》在对集体土地利用普遍的用途限制与利用规划限制之外，又施加了新的限制，事实上造成了国有土地所有权与集体土地所有权之间不平等，也造成了国有建设用地使用权与集体建设用地使用权之间的不平等，最终阻碍了集体建设用地使用权的设立与流转。

3. 地役权与抵押权的建设分析

农村地役权与抵押权都是可以在农村土地上设立的重要他物权，但是相关制度仍需要完善。地役权是2007年的《物权法》直接通过立法方式建立起来的，带有从属性与不可分性的他物权。我国《物权法》第十四章对地役权制度作出了规定，其第156条规定："地役权人有权按照合同约定，利用他人的不动产以提高自己的不动产的效益。"我国的地役权制度基本上照顾到了我国的基本国情，但是其认为地役权客体可以为动产这点与法理不符，地役权的设立方式背离物权法总则所采取的形式主义原则。另外，我国《物权法》对地役权制度规定过于原则，并没有设定适合我国农村特殊生活条件的地役权。对此，我们可以借鉴外国民法典的相关规定并结合我国国情加以完善。

抵押权涉及哪些权利可以抵押、如何抵押以及抵押权如何实现的问题。2007年的《物权法》虽然在整体上对我国的抵押权制度进行了重大的完善，但是，农村土地抵押方面基本上延续了原有法律的相关规定。在哪些权利可以抵押这一问题上，《物权法》第180条许可通过招标、拍卖、公开协商等方式取得的荒地等土地承包营权的抵押；第183条许可了乡、村企业的建设用地使用权随同企业的厂房等建筑物一并抵押；第184条原则上禁止了耕地、宅基地、自留山、自留地等集体所有土地使用权的抵押，但允许法律作出例外规定。《物权法》的这些规定界定了我国当前可以抵押的财产范围。《物权法》第201条对上述范围的抵押权实现问题进行了说明，要求上述范围的抵押权实现后，未经法定程序，不得改变土地所有权的性质和土地用途。《物权法》的相关规定虽然相对完善了我国农村土地的抵押制度，但是其所列举的可以抵押地权范围极端狭小。从抵押权法理分析来看，虽然集体土地所有权不能单独抵押，但是集体土地上的建筑物可以抵押，在抵押权实现时可以视为与建筑物相关的法定宅基地使用权或者建设用地使用权设定。从法理上讲，我们可以采取次级承包经营权设定的方式来实现家庭承包经营权的抵押。在具体的操作模式上，可以采取在原承包经营权的基础上再设定次级承包经营权的方式实现或者采取抵押权实现时视为次级土地承包经营权设定的方式实现，这样就可以保障

农民的土地承包经营权的基础上建立起我国完善的土地承包经营权抵押制度。我国目前房地一体的模式值得检讨，未来立法应当继续允许房屋与宅基地一起抵押，并进一步允许房屋的单独抵押或宅基地使用权的单独抵押，单独抵押的农村房屋抵押权实现时可以视为次级宅基地使用权或者建设用地使用权设定。构建出完善的农村次级土地承包经营权制度，在扩展抵押财产范围的基础上建立起完善的农村土地抵押制度，有助于金融体系为农村经济提供全面支持。

（四）对我国现行农村土地物权体系及其改革的思考

1. 我国农村土地物权制度建设的可行思路是立足现实不断完善

关于当前农村土地物权制度的改革主张，主要有以下几种观点：第一，取消集体土地所有权，实行农村土地国有化。第二，取消集体土地所有权，实行农村土地私有化。第三，保留农村土地集体所有权，实行农村土地使用制度改革。[①] 笔者认为，从中国农村物权制度宏观体系性的角度来看，对集体土地所有权的变动有牵一发而动全身的效果，变革集体土地所有权基本上等于将我国现已形成的农村土地物权制度彻底推倒重新进行建设，这必将是一个对农村土地地权及其相关利益进行重新分配的浩大工程，因而不管是从理论上，还是从实践上来看都不具有真正的可行性。

对于我国农村农地物权体系的完善而言，需要在保留集体土地所有权与土地承包经营权上基础上对它们进行必要的完善，从而最大限度地发挥它们的功效，而不能简单地进行国有化或者私有化。首先，农村土地的国有化绝对不能实行，农村土地国有化的理由虽然都很冠冕堂皇，但是农村土地国有化的主张是一种无视中国历史与现实的主张。在农地国家所有权早已衰弱、中国近现代革命已经确立起农地农有农用原则、共产党人重新与农民群体进行了新一轮“与民立约”建立起农村土地承包经营权的大历史背景下，农村土地的国有化将会使执政党与国家的政治伦理道德受到彻

① 除上述观点外，还有取消集体土地所有权，实行农村土地的国家所有和农民私人所有并存；部分取消集体土地所有权，实行集体所有和私人所有并存；部分取消集体土地所有权，实行农村土地国家所有、集体所有和农民私人所有并存等。参见丁关良《土地承包经营权基本问题研究》，浙江大学出版社，2007，第 70 页。

底怀疑与批判，严重挫伤农民对土地的深厚感情，轻则造成农业生产的巨幅波动，重则造成国家与农民的全面对抗。农村的国有化违背了近现代以来“耕者有其田”的发展趋势，会使农民全面沦为国家的佃农。农村土地国有化的实现，不能真正解决农村土地的利用问题，只会徒增土地利用的中间环节与成本，造成国家权力对农民土地权利的侵害，是一种有百弊而无一利的解决方案。土地对于农民而言具有三方面的功能，一是土地的生产资料功能，二是财产功能，三是由此而产生的自我保障功能。这三点分析是中国基本土地国情的一部分。从这三项功能的替代来看，农村土地收归国家所有的观点不具可行性。首先，土地是农民的基本生产资料，这决定了即使真正地实现了土地国有化，政府仍然必须重新建立一套完整的土地物权制度将土地交给农民使用，否则，土地作为农业基本生产资料的作用将难以发挥。在土地国有的情形下，国家只能依靠特定的机构将土地租赁给农民或者通过设定永佃权的方式将土地交给农民使用。无论采取何种方式都大大弱化了农民的土地权利，违背了历史的趋势。其次，土地是农民的基本财产。在这种情况下，实现土地国有无非是征收或者赎买。但是，无论是采取征收或者赎买，国家都难以有足够的财力来保证在给予农民充分补偿的情况下实现农村土地国有化。最后，当前对农民土地权利——土地承包经营权（宅基地使用权）与集体土地所有权最大的侵害就来自于政府，特别是地方人民政府。当前国家垄断建设用地使用权一级市场制度与征收制度相结合已经造成了严重的剥夺农民土地权利的后果，在国家全面取得农民的土地所有权后，农民土地权利的保障将变得更加困难。实践中，村干部侵犯农民的土地权利也往往有基层政府的支持或者指令，弱小的集体土地所有权形成了对行政权力的依附态势。一旦取消了集体土地所有权，地方政府将会在更大的范围上强化对农村土地的控制，农民将更加难以防范来自地方政府的侵犯。在土地所有权属于农民的情况下，政府都恣意侵害农民的土地权利，谁又能保证在土地所有权归属国家后，国家会理性地确保农民的“永佃权”等物权或者土地租赁权等债权。因此，在中国农村土地国有化，断然不能实行。

由于土地私有并不必然意味着高效率，农地私有违背了宪法与主流的意识形态会受到来自各方面的阻力，难以形成一个真正可行的私有化方案，因此，农地私有方案也不适合我国国情。总之，现实可行的方案是在

维持我国现行农村土地物权体系的基本构造的基础上，不断完善我国的现行农村土地物权制度。

2. 物权法定原则与中国农村土地物权制度的完善

物权法定原则是自《德国民法典》以降，各国民法或物权法所普遍采纳的一个物权法原则。物权法定原则“指在一个统一的法律效力地域内的物权，其种类和内容必须由法律明确规定的原则”。物权法定的内容包括物权种类的强制与物权内容的强制。物权种类的强制要求当事人在法律关系变动时，只能在法律规定的范围内选择物权种类，当事人无权自己创设新的物权类型；物权内容的强制要求当事人在法律关系中约定的物权及其物权法律关系的内容，只能是法律规定的内容。① 在《物权法》颁布之前，中国民法学界在对物权法定原则进行长期讨论后形成了对物权法定原则的一致认可，并形成了物权法定之“法”是“指全国人民代表大会及其常务委员会颁布的法律，而不包括国务院制定的行政法规和发布的决定、命令，不包括国务院各个部委发布的规章，不包括地方人民代表大会及其常务委员会制定的地方性法规，不包括地方政府颁布的地方规章”的通说②。我国《物权法》第5条明确采纳物权法定原则，规定“物权的种类和内容，由法律规定”。由于我国的各种农村物权客观上经历一个动态的生成、发展过程，这一过程需要宽松的法制环境为其提供生长空间，所以在过去很长的一段时间内，严格的物权法定原则并不适应我国农村土地物权发展的需要。我国的民商事立法在农村土地物权制度方面也有意的不予规定或者予以模糊规定，以照应农村现实生活的需要。经过改革开放30多年的发展以后，我国农村物权制度与体系已经基本建立并趋于完善，因此，立法机关必须积极通过立法的形式确立和完善各种已经成熟或基本成熟的土地物权以适应新农村建设的现实需要，为物权法定原则贯彻创造客观条件。在我国《物权法》已经采纳了物权法定原则而且是严格的物权法定原则的情况下，我们需要近一步探讨物权法定原则在我国的贯彻问题，特别是该原则在我国农村土地物权制度建设中的贯彻问题。

中国农村土地物权制度发展的现实状况决定了我国既需要严格贯彻物

① 孙宪忠：《中国物权法总论》，法律出版社，2003，第150～153页。

② 崔建远：《土地上的权利群研究》，法律出版社，2004，第63页。

权法定原则，又难以严格贯彻物权法定原则。首先，我们需要以贯彻物权法定原则为契机全面完善农村土地物权体系，并排除各种不良的干扰。中国农村土地物权的成长一般都经历了一个长期的过程，并需克服重重阻力。以贯彻物权法定原则为契机，以立法为基本方式，迅速建立起完善的农村土地物权制度，将会促进农村社会的全面发展。在长期的历史发展进程中，中国的农村土地物权建设受到了来自各方面的干扰，传统的侵害农民权利的思维与行政权力对农民土地物权的不正当干涉导致了农民土地物权的贫困。我国的历史与现实的社会条件决定了立法必须采取更为严格的物权法定原则，以达到排除各种不良干扰的作用。其次，就农村土地物权制度的建设而言，我国《物权法》虽已经将物权法定原则确立为了基本原则，但是却没有为贯彻这一原则创造完善的前提条件。《物权法》确立了物权平等的原则，完善了集体土地所有权制度，明确将土地承包经营权规定为一种用益物权，对宅基地使用权作出了规定，完善了农村土地征收补偿制度，这些都对农村土地物权制度的建设意义重大。但是，从总体上来说，《物权法》表现出了重城市而轻农村的倾向，并没有完成在我国建立起完善的农村土地物权体系的重任。《物权法》忽略了对农村发展意义重大的农村建设用地使用权，这使得农村的土地难以为农村的工业化与现代化提供支持。除非绝大多数农民全部转移至城市，否则在绝大多数农民都在从事农业的情况下，农民的收入不会最终提高。《物权法》简略地规定了宅基地使用权。对于关系到几亿农民居住利益与房产利益的宅基地使用权，《物权法》用了仅仅 4 个条文作出了规定。这又如何能达到构建完整的宅基地使用权制度的目的。还有，《物权法》总结了我国农村土地承包经营权制度的实践经验，但是并没有及时对其进行提升。《物权法》明确了土地承包经营权的物权属性，但是并没有做到对农村土地承包经营权的准确定位与全面完善。最后，农村土地物权的抵押制度没有完整地建立起来，地役权制度也并没有完全适应农村的需要。中国《物权法》推进了农村土地物权制度的建设，但是没有最终建立起极为完善的制度与体系的状况，决定了物权法定原则在我国农村的贯彻存在着现实的困难。贯彻物权法定原则的需要，为新农村建设提供物权制度支持的现实要求，逼迫着立法作出及时完善我国的现行农村土地物权制度的选择。

三　农村土地上地权冲突的法理分析

从静态的角度来看，国家已经通过立法途径在农村土地上建立起了一个相对完善的农村土地物权体系，该物权体系虽需完善，但仍对我国农村经济的发展起到了巨大的推动作用。从现实的动态运行状况来看，现行农村土地物权体系的和谐运作遭遇了地权冲突障碍的阻隔。在此，我们分析存在于农村土地上的主要的“国家地权”与农民地权冲突、集体地权与农民地权的冲突以及农民个人地权的冲突，从一个现实冲突的视角来发现与寻找完善我国农村物权制度的现实方案。[①]

（一）“国家地权”与农民地权的冲突分析

1. “国家地权”与农民地权冲突的由来、表现及其后果

从农村土地上的基本物权配置来看，我国农村土地上存在基本土地物权形态为集体土地所有权、土地承包经营权、宅基地使用权以及农村建设用地使用权。上述土地物权基本上都是农民集体成员、农民个人以及其他民事主体享有的物权，国家除了因历史原因对部分位于农村的土地拥有所有权与建设用地使用权外，不对农民土地拥有任何其他物权。因此，通常情况下国家地权与农民地权本为并列存在的两种土地权利，一般不容易发生冲突。从农村土地物权制度的基本结构来看，国家本对集体所有的土地不享有任何物权，但是在现实的生活中，国家公权力的行使经常使国家成为农村土地物权行使的真正受益人甚至是所有人，造成了国家地权与农民地权的严重冲突。“国家地权”与农民地权冲突的形式表现在很多方面。目前国家通过征收方式直接消灭存在于集体土地上的各种物权而取得所有权，是“国家地权”与农民地权冲突的最主要形式。《宪法》所确立的集

---

① 目前存在于农村土地上的地权冲突主要有“国家地权”与农民地权之间的冲突、农民集体地权与农民个人地权的冲突、农民个人地权之间的冲突以及集体地权之间的冲突。由于集体地权的冲突在现实中表现得并不激烈，因此，我们在此着重探讨“国家地权”与农民地权之间的冲突、农民集体地权与农民个人地权的冲突、农民个人地权之间的冲突。考虑到土地征收制度是当前一段时间造成“国家地权”与农民地权冲突的主要原因，我们在论述了“国家地权”与农民地权冲突后对农村土地征收制度进行单独探讨。

体土地所有权推定原则在农村土地确权实践被执行为国家土地所有权推定原则，造成了确权过程中的“国家地权”对集体地权的侵夺。在城市向外扩展或者城中村拆迁的过程中，国家采取村民转居民的方式将农村土地概括收归国有，是“国家地权”与农民地权冲突的重要表现形式。地方政府在经济利益推动下采取各种措施变相剥夺农民的土地物权，也是造成“国家地权”与农民地权冲突的重要原因。由于我国现行的农村土地物权制度与体系并不完备而且受到诸多限制与歧视，所以，在集体建设用地使用权流转过程中、农村土地承包经营权流转过程中、农村拆迁与城中村改造过程中都存在着普遍的“国家地权”与农民地权的冲突。

“国家地权”与农民地权冲突的后果极为严重。“国家地权”与农民地权冲突后果的直接表现是耕地转变为建设用地，中国的耕地安全与耕地保护宏观战略落空。仅 1996～2002 年的城市扩张 5758.82 万平方公里，征地达到 7532.74 万平方公里，征地面积超过了建成区面积。[①] 从价值形态来看，“国家地权”与农民地权的冲突导致农民丧失了巨额的土地利益。根据有关专家的测算，自改革开放以来，仅通过低价从农民那里征地，然后高价出售，国家估计从农民手里拿走 2 万个亿。在城乡居民收入不断拉大的现实背景下，“国家地权”与农民地权的冲突实际上是在加剧农民的绝对贫困。[②] 同时，“国家地权”与农民地权的冲突直接导致 4000 多万农民失去土地，成为无地农民，彻底损害了农民的生存利益。据学者统计，20 世纪 90 年代以来的土地征收，累计造就了 4000 万～5000 万失地农民，其中“无土地、无工作、无保障”的“三无”农民达 1000 多万人，占失地农民的 20%。[③] 大量无地而未获得充分补偿的无地农民的出现激化了社会矛盾，造成了信访事件与群体性维权事件持续增加，甚至导致了政府与农民的直接冲突。进入 90 年代以来，征地引发的问题已经成为上访的热点。2002 年上半年群众反映征地纠纷、违法占地等问题，占信访接待部门受理

---

① 南雪岭：《新农村建设中的土地政策研究》，载《土地资源管理与新农村建设》，中国大地出版社，2006，第 42 页。

② 参见高涤陈、申恩威《制度性变革：中国土地的根本出路》，《中国统计》2004 年第 2 期。

③ 韩俊：《失地农民调查报告》之序言，参见王国林《失地农民调查报告》，新华出版社，2006；韩俊：《失地农民的就业和社会保障》，《农业经济导刊》2005 年第 11 期，第 23 页。

总量的73%；其中40%的上访人诉说的是征地纠纷问题；国家信访局2003年受理土地征用的书信上访4116件，大部分聚集在失地失业问题上。[①]“国家地权”与农民地权的冲突也间接引发了农民违规转用农地的行为，造成了现行《土地管理法》在农村贯彻的困难。

由于“国家地权”与农民地权的冲突彻底冲击甚至变革了近现代革命至改革开放以来形成的地权格局，因此，“国家地权”与农民地权冲突的核心是现行有利于农民的地权格局与地利分配体制的维护问题。

2. “国家地权”与农民地权冲突的原因分析

“国家地权”与农民地权的冲突根植于我国的历史传统之中。中国在历史上，很早就形成了专制主义的中央集权国家，封建专制国家公权力的行使长期以来都没有受到应有的限制，国家公权力对个人的土地权利保护不足，而侵害有余。封建国家公权力恣意行使等造成中国土地权利异常贫困传统文化观念依然存在，是“国家地权”与农民地权冲突的文化背景远因。我国现行的土地征收制度的严重缺陷，国家垄断土地一级市场制度推行，我国现行土地管理制度存在重大缺陷，政府管理职能与土地所有者职能的重叠与错位，现行农村土地物权制度的不健全等都是造成“国家地权”与农民地权冲突的现实制度原因。由于我国现行农村土地征收制度在运行中存在着“公共利益”标准泛化，征收程序不合理以及征收补偿标准过低的缺陷，使征收成为地方政府恣意取得农村土地，推行土地财政的工具。我国现行法律将土地管理权配置给了土地管理部门、林业部门、房屋管理部门等多个部门行使，形成了农村土地管理的权力重叠。同时，地方政府的土地管理人身份与土地支配者身份错位，追逐土地利益的冲动使地方政府成了“统购统销”农村土地的商人，背离了其土地管理者的制度定位。现行法律对集体土地所有权的歧视与限制，使得集体土地难以与国有土地一样平等地成为市场交易的客体，而只能被迫接受被征收者的地位。国家垄断土地一级市场制度的建立进一步强化了集体土地的弱势地位与地方政府“统购统销”农村土地的正当性。在理论上，主要用来解决城市地权占有不均，地利分配极端失衡的“涨价归公”理论被扭曲性地全面应用于我国土地物权制度建设的实践，推动了“国家地权”与农民地权冲突的

① 朱秋霞：《中国土地财政制度改革研究》，立信会计出版社，2007，第124页。

进一步加剧。“涨价归公”理论本来就不是用来解决农村土地物权制度建设问题的理论，而是针对城市中私人地权日益集中的状况而提出一种改革理论。“涨价归公”实现通行方式是国家通过征收土地税，调节土地地权不均而带来的收入不均。在集体土地所有权的建立实现了农村地权的局部统一以后，“涨价归公”理论所适用的传统地权根据也已彻底消解。根源于传统意识形态的国家所有权优于集体所有权的物权优劣理论是“国家地权”与农民地权冲突的直接法理依据。传统的意识形态认为物权形态存在着优劣之分，国家所有权优于集体所有权，集体所有权优于私人的所有权。物权优劣理论认为，国家应当千方百计地运用自己手中的公权力来促成集体土地所有权向国家土地所有权的转变。支持“国家地权”优于农民地权的政治哲学理论是国家至上与国家控制市民社会的国家至善理论。事实上，国家至善理论早已被近现代以来的国家善恶两面说所取代。而在国家与市民社会的关系上，国家根源于市民社会，也是市民社会实现其利益的重要手段，国家不应当且不能够彻底控制社会。

3. “国家地权”与农民地权冲突的解决思路探讨

解决“国家地权”与农民地权冲突的基本思路是全面限制“国家地权”，强化与完善农村土地物权制度。由于带有重大缺陷的现行征地是造成“国家地权”与农民地权冲突的最重要原因，因此，解决“国家地权”与农民地权冲突必须首先从改革完善现行征地制度，公平补偿农民入手。针对城市中私人地权分配不均而提出的“涨价归公”原则，必须充分照顾到我国已经“统一地权”的实际，主要针对城市土地与城郊非农用地采取税收方式来实现。立法必须彻底放弃违背民法平等原则的国家地权优先原则，本着国家地权与集体地权、个人地权平等的原则来塑造与完善我国的土地物权制度。国家垄断一级市场制度适用城市土地的理论基础在于：城市中的土地属于国家，只有国家才能以国家土地所有权为基础出让城市国有土地设立建设用地使用权。国家垄断土地一级市场的本然与应然含义是国家垄断城市土地一级市场，而不是垄断农村土地一级市场。因此，国家垄断一级市场制度必须积极限缩为国家垄断城市土地一级市场的制度而回归其本然含义。在国家退出对农村一级土地建设用地市场的垄断后，立法应当及时建立起完善的农村建设用地使用权制度，为农村的现代化建设提供有力的地权支持。国家应当在分离政府部门的土地管理者职能与土地所

有权人身份的基础上建立起更为独立、垂直而高效的土地管理体系，实现对耕地的有效保护与管理。总之，解决“国家地权”与农民地权冲突的基本思路是全面限制“国家地权”，即改革完善征地制度、回归国家垄断城市土地一级市场的真正含义，建立完善的农村建设用地使用权制度、扬弃传统的“涨价归公”观念，实现国家土地所有权与集体土地所有权的平等、完善土地管理制度严格依法行政等。

（二）我国农村征收制度的弊病及其改革

1. 我国土地征收制度简述

土地征收与土地的征用、征购不同。土地征收是国家强制消灭他人的土地所有权和其他土地权利并取得该幅土地所有权或者其他土地权利的过程。新中国的土地征收及补偿制度的历史可以追溯至新中国成立初期的《城市郊区的土地改革条例》，其后经历了一个长期的发展演进过程。改革开放后我国征地制度的完善经历了土地管理法的颁布与修改，《宪法》修正案的出台与《物权法》的完善等一系列过程。2004 年 3 月 14 日，十届全国人大二次会议审议与通过的审议和通过的《宪法》修正案，明确规定“国家为了公共利益的需要，可以依照法律的规定对土地实行征收和征用并给予适当补偿”，首次对征收和征用进行了区分，明确了征收这一概念。同年修改的《土地管理法》贯彻了《宪法》修改的精神，将我国长期在法律习惯使用上的“征用”术语修正为真正符合其内涵的征收，并建立了征收制度。2007 年《物权法》第 42 条①以及第 44 条②分别对我国的征收制度与征用制度作出了单独规定，完善了上述的两个制度。

① 《物权法》第 42 条规定：“为了公共利益的需要，依照法律规定的权限和程序可以征收集体所有的土地和单位、个人的房屋及其他不动产。征收集体所有的土地，应当依法足额支付土地补偿费、安置补助费、地上附着物和青苗的补偿费等费用，安排被征地农民的社会保障费用，保障被征地农民的生活，维护被征地农民的合法权益。征收单位、个人的房屋及其他不动产，应当依法给予拆迁补偿，维护被征收人的合法权益；征收个人住宅的，还应当保障被征收人的居住条件。任何单位和个人不得贪污、挪用、私分、截留、拖欠征收补偿费等费用。”

② 《物权法》第 44 条规定：“因抢险、救灾等紧急需要，依照法律规定的权限和程序可以征用单位、个人的不动产或者动产。被征用的不动产或者动产使用后，应当返还被征用人。单位、个人的不动产或者动产被征用或者征用后毁损、灭失的，应当给予补偿。”

由于我国的政治经济、社会、文化条件与西方各国显著不同，我国的征地制度也具有明显不同于西方各国的特点：首先，我国土地征收的对象为集体土地及其相关的土地权利，征收的结果是导致集体土地所有权、土地承包经营权（宅基地使用权、农村建设用地使用权）等物权消灭；其次，在实践中，我国严重而普遍地存在着公共利益标准泛化，征收程序不合理，征收补偿过低等问题。由于现行征收制度已经成为造成“国家地权”与农民地权冲突的罪魁祸首，因此，反思了我国现行征地制度存在的缺陷，并结合实际提出了完善我国土地征收制度的具体方案，具有突出的现实意义。

2. 我国农村土地征收制度的弊病及其改革

我国现行法律为农村土地的征收设定了一个必须符合公共利益的前提与标准，但是公共利益本身就是一个内涵不确定的弹性概念。受到权力至上的计划分配资源模式的影响与现实巨额土地利益获得驱动，在国家所有权优于集体所有权理论的支持下，公共利益几乎泛化到一个无所不包的范围，房地产、商业、服务业用地都被认为是符合公共利益的用地。为了维护历史形成的有利于农民的地权格局，立法必须通过列举的方式严格限定符合公共利益的用地方式，才能达到避免公共利益标准泛化的目的。

按照我国《土地管理法实施条例》以及国土资源部 2003 年颁布的《征用土地公告办法》，我国土地征用程序的完成要经过三个相互关联的阶段。但是三阶段相互关联而形成的征地程序依然存在重大缺陷。首先，在人民政府决定启动征地程序前，利益受到影响的农民与农民集体无相关参与权，此后农民也无权参与到制定征地方案的过程之中。其次，按照现行征地程序，裁断征地补偿方案的争端的机构即为征地补偿方案的决定人，此做法违背了任何人都不能成为自己案件法官的自然正义原则。最后，现行征地程序在征地实践中也未被普遍遵守。因此，我国现行的征地补偿程序必须在实现征地程序公开化，赋予农民知情权、协商权与参与权的基础上，变更为更完善的“申请征地——预公告——协商补偿安置——报批——审查批准——公告——实施补偿安置——供地”的征地程序。

我国现行法律虽然要求在征收农村土地时必须给予一定的补偿，但是现行征收标准明显偏低，与世界上通行的完全补偿标准与相当补偿标准存

在显著差距。据统计，1998 年以来，各类征地给农民的补偿费平均每亩仅有 12164 元，安置补助费每人 2344 元，仅相当于普通公务员一两年的收入。① 土地征收时的补偿标准是以土地征收前三年的产值来计算，该种计算未考虑到农地改进与农地非农化所带来的相关收益。征地补偿的标准必须提高已达到完全补偿的目的。由于农村土地征收会导致农村土地上的集体土地所有权与承包经营权（或宅基地使用权）等物权消灭，农民土地被征收时国家必须给予上述土地物权以充分的补偿。在农村土地上有青苗及相关附着物的情况，青苗和相关附着物也应当依法补偿给相关权利人。因此，我国《物权法》规定，“应当依法足额支付土地补偿费，安置补助费、地上附着物和青苗的补偿费用，安排被征地农民的社会保障费用，维护被征地农民的合法权益”。在土地承包经营权与宅基地使用权款数额的确定方面，笔者认为相关补偿款应当占到土地补偿款总数的 70% 以上，并应当直接支付给农民。法律应当严格限定补偿款支付的时间，立法应当建立补偿款未支付不发生地权变动的制度。在土地补偿款支付的具体方式上，存在着货币补偿与非货币补偿方式的划分，非货币补偿方式包括提供新的土地承包经营权、股权、房屋等实物以及提供各项保障的方式。笔者认为，不管是货币补偿还是非货币补偿，只要农民乐意接受并能够达到对农民进行充分补偿的目的就是合适的，但是绝对不能采取非货币补偿的方式变相减少对农民的补偿。最后，国家应当努力为失地农民建立养老、失业、医疗等方面的社会保障，从而保障失地农民的生活不至于恶化。

（三）集体地权与农民地权之间的冲突与协调

集体土地所有权制度的运作是建立在农村土地物权制度运作的实践中，存在着集体地权与农民成员权的冲突、集体地权与农民个体地权的冲突。集体土地所有权特殊的主体构造与运行机制决定了集体土地所有权运行过程中可能会形成集体地权与农民成员权的冲突。在集体土地权个人化的过程中、集体土地收益分配与征地补偿分配的过程中，集体地权与农民成员权的冲突都会通过各种形式表现出来。集体土地所有权运行过程中要

① 于澄：《尽快修订土地管理法，确保失地农民利益》，2005 年 3 月 16 日《法制日报》。

形成统一的集体意志对集体土地进行支配，集体土地所有权实现过程中集体地权要具体化为农民个体的具体地权或者在统一经营层面形成集体收益再重新分配给集体成员，上述过程中均可能形成集体地权与农民成员权的冲突。集体土地所有权运行的重要方式是给本集体成员设定农村土地承包经营权，让农民以农村土地承包经营权为基础进行经营。由于集体土地有限，受制于客观条件的限制集体往往难以给该集体成员设定承包经营权，此时集体成员虽拥有成员权但未能获得承包经营权的地权冲突就会产生。在集体地权转变为农民的承包经营权过程中，身份边缘化农民之成员权往往会难以实现，出嫁女与待嫁女的土地承包经营权取得问题在土地承包经营权的设立过程中曾一度成为突出问题。采取法律许可的措施尽可能使农民以成员权为基础获得应当取得的土地承包经营权是解决集体地权个人化为农民土地承包经营权中的地权冲突的基本原则。宅基地使用权的设定过程中，集体地权与农民成员权的冲突也普遍存在。由于宅基地使用权主体“户”的构造具有特殊性，现实操作中集体一般以男性为确立潜在户的标准来设定宅基地使用权。此种实践导致了女性成员难以取得设定宅基地使用权。现实操作中出现的集体收取费用才为农民设定宅基地使用权的操作方式也造成了集体地权与农民成员的冲突，必须予以纠正或变更。在集体土地收益的分配与土地补偿款分配过程中也存在集体地权与农民地权的冲突，部分集体成员经常因为其身份的边缘化而未能分得土地收益或未能分得土地补偿款。论文在概述集体地权与农民成员权的冲突基础上，采取类型化的方式分析了现实中普遍存在集体地权与农民地权冲突的典型类型，并以物权法理论为基础提出了解决方案。在明确农民对土地的承包经营权与宅基地使用权的基础上，将农民对集体土地的权利量化为一定的股份，建立起清晰的以农民股权为基础的收益分配办法与土地补偿款分配体系是解决集体地权与农民成员权冲突的有效途径。集体地权与农民成员权发生冲突的时候——不管是在集体地权个人化还是在集体收益分配的过程中——维护集体成员合法权利的一个前提要件是确定提出请求之人的成员资格。集体成员资格判定标准的重构与完善是解决集体地权与农民成员权冲突的重要一环。一轮承包及其以前，户籍是确定集体成员资格的主要标准。二轮承包时，农民取得的承包经营权已经成为确定集体成员资格的重要标准。在土地承包经营权与宅基地使用权已经在农村土地上普遍建立起

来的现实背景下，是否享有土地承包经营权与宅基地使用权可以作为判定成员资格的主要标准。集体成员资格的判定标准应当是多元的，个体土地物权的享有、户籍身份的有无、对集体的历史贡献与联系等都可以成为判定成员资格的标准。农村土地上存在着集体地权与农民个体的地权，农村土地物权制度的成功运行需要集体的土地权利与农民个体的土地权利之间的相互配合与协调。

集体土地所有权与存在于集体土地所有权之上的土地承包经营权、宅基地使用权存在着转化而生的同一性，也存在着被限制与限制的矛盾关系。集体以集体土地所有权为基础强制推行承包地调整，是集体所有权与农民个体土地承包经营权冲突的最重要形式。集体收回承包地权利的不正当行使、集体对承包经营权转让同意与否决权的滥用也会造成集体地权与农民土地承包经营权的冲突。解决集体地权与农民土地承包经营权冲突的基本思路是严格限制集体地权行使，建立起完善的集体土地所有权在农村土地承包经营权限制下有效运作的观念与制度。目前，集体土地所有权与宅基地使用权之间的冲突正随着新农村建设、城中村改造、农村土地整理进程的推进以及建设用地使用权流转实践呈现出日趋严重的趋势，解决这一冲突的基本思路也是限制集体地权并建立集体地权在宅基地使用权限制下行使的法律制度，充分保障农民的土地权利。征地补偿款分配过程中，集体土地所有权的代行主体经常会截留本应分配给农民的对农民土地承包经营权（或宅基地使用权）的补偿款，而导致集体地权与农民个体地权在价值实现形态上出现了冲突。建立起将农民个人地权补偿款直接支付给农民的机制并完善集体土地所有权的运行机制有利于该类地权冲突的解决。集体土地所有权客体范围的不清晰与重叠会引起集体地权与农民个人地权的冲突，该种地权冲突只能在明确集体地权客体的基础上逐步解决。

总之，要解决集体地权与农民地权之间的冲突必须继续完善集体成员对集体土地的权利，必须建立起集体土地所有权应在土地承包经营权与宅基地使用权的限制下行使的理念与制度，必须更加严格地限制甚至取消集体调整与收回承包地的权利，取消发包方对承包经营权转让的同意权，进一步加强集体土地的确权工作，建立更为完善的集体土地所有权运行机制。

（四）农民个人地权之间的冲突及协调

农民个人地权之间的冲突主要表现在农民个人地权的设定、农村土地权利的流转或者家庭成员的变动过程中。农民个人地权冲突包括因设定而引发的农民个体土地承包经营权冲突与因设定而引发的农民宅基地使用权冲突。土地承包经营权之间、宅基地使用权之间的相互排斥性决定了同一幅土地上只能存在一个土地承包经营权或者宅基地使用权。当集体同时为两个或者两个以上的农民设定土地承包经营权或宅基地使用权时就会引发农民个体之间的地权冲突。解决该类地权冲突的基本思路是建立完善的农民土地上物权设定规则，按照土地物权设定规定将土地承包经营权确定为归某一集体成员所有并妥善解决相关问题。农民在通过转让、互换、出租、抵押与入股等方式流转农村土地承包经营权的过程中会形成存在于同一块土地上的多个地权之间的冲突，解决这一冲突的基本思路是建立起完善的农民土地承包经营权的流转制度、农村地权叠加规则与农村土地登记制度。在宅基地使用权伴随房屋转让与出租的过程中，农民个体地权之间的冲突也会呈现。解决该类地权冲突的基本思路是建立起完善的宅基地使用权流转制度，建立起建设类地权叠加与冲突解决的基本规则。由于土地承包经营权与宅基地使用权都是以户（家庭）为单位进行的主体构造，该种主体构造的方式隐含了家庭变动则地权变动的冲突性。家庭承包方式取得的承包经营权在内部会形成一种共同共有关系，家庭成员的变动会导致共有财产分割需求的实际产生。与家庭变动相关的地权冲突中存在一个突出女性土地权利被侵夺的现象。妇女因出嫁、离婚等原因离开原有家庭时，其往往难以要求分割土地或者继续请求获得相关土地权益，形成农民土地权利落空的现实。在制度层面解决该类地权冲突可以采取创造性地将共有财产分割规则应用于土地承包经营权分割的方法，也可以采取建立起新的土地债务制度的方法。妇女离开原家庭后可以请求分割承包经营权或者要求将原土地承包经营权转化为土地债务，原家庭内部继续经营土地之人负有持续支付给该妇女一定数额土地出让金之义务。家庭成员的死亡也可能会引起家庭成员之间的地权冲突。家庭成员死亡后其他共有人的土地权利是否可以扩展？死亡人的原土地权利是否可以继承？我国法律目前在土地承包经营权能否继承的问题上没有形成统一的规则，

允许继承与允许收益继承的立法例并存。不允许土地承包经营权继承的立法例会因为土地承包经营权的转让与赠与而最终落空，因此，立法的趋势是建立起允许继承的立法例以避免冲突的扩张。在土地承包经营权继承问题上，传统的乡土文化与制度实践贯彻的结果经常是由去世者的儿子（们）获得承包经营权。这种实践模式剥夺了妇女的继承权，应当逐步予以改变。

四　我国农村土地物权制度的发展展望

（一）我国农村土地物权制度完善的宏观环境分析

在中国农村诸多要解决的问题中，土地问题是一个基础与核心的问题，但是农村土地问题也不能孤立于社会宏观背景与农村的现实而存在。农村土地物权制度的建设与整个社会以及农村的大系统密切相关，农村土地物权制度的建设必须符合特定的历史背景与现实条件的要求。新民主主义革命以来，中国农村土地物权制度的建设一直与中央的政治决策密切关联，中央政策改变会对农村土地物权制度的建设产生显著影响。从农村土地物权制度发展的历史来看，宏观的政策环境与社会背景环境的完善一直是影响农村土地物权制度完善的重要环境因素。在新的历史时期，中央继续坚持科学发展观，提出了“以人为本”的人本主义发展战略，高度重视农村社会与经济的发展，为农村土地物权制度的进一步完善奠定了良好的政策环境条件。时隔二十年，中央史无前例地连续 6 次发布了以“三农”问题为主题的一号文件，全面部署了农村的进一步发展问题。这表明进一步完善我国农村土地物权制度的宏观政策环境已经成熟。最低生活保障制度自创立以来经过了持续性发展，目前已经基本覆盖所有的农村地区。来自民政部门的调查数据显示，截至 2007 年底，有 3452 万农村居民享受了最低生活保障。[①] 最低生活保障制度有利于使农民的土地物权摆脱保障功能的束缚而成为真正的财产权。农村合作医疗制度正在农村逐步推广，并取得显著效果，新型合作医疗制度有利于防止农民由于疾病与贫困而被迫

---

① 刘铮、刘羊旸：《收入不断增加、社保更趋完善》，2008 年 2 月 24 日《人民日报》。

转让土地物权情形的发生。自农村合作医疗推广开来以后，截至2004年6月，已覆盖9540万农业人口，实际参加人达6899万人，截至2007年3月，开展新型农村合作医疗的县达到2319个，占全国总县数的81.32%，[①]到2008年初，新农合已经覆盖到全国86%的县（市、区），参加农民达7.3亿。[②] 农村社会养老保险制度目前仍处于创制与完善的发展阶段，与农民土地权利转让与继承密切联系的农村养老保险体制的建立，有利于完善农村的土地转让、继承与整理制度。2005年3月召开的全国人民代表大会作出了从2008年开始取消农业税的决定，但实际上2005年12月29日第十届全国人大常委会第十九次会议就通过了关于废止《农业税条例》的决定，取消了有2600年历史的古老税种——农业税，在2006年实现了废除农业税的历史任务。在农村农业用地上的税费负担被废除后，中央及时增加了公共财政对农村进行投入的力度，重视乡村债务风险的化解，支持农村义务教育体系的真正建立，弥补了农村公共财政支出的不足。伴随着农业税的废除与公共财政对农村投入的加大，农业经营的环境大幅改善。2006年，中央财政投入农村义务教育“两免一补”的资金89.7亿元，比上年增加61.9亿元；投入新型农村合作医疗制度试点资金47.3亿元，比上年增加41.9亿元。[③] 中央财政加大了对农村基础设施建设与农业发展的投入，对农民购买粮种、购买农资等各方面提供了一定的补贴，为直接从事粮食种植的农民提供了种粮补贴，这些都有力地缓解了《土地管理法》对农用地用途进行限制后给农民造成的财产损失，促进了土地承包经营权等物权真正能够成为农民的一项财产权。统筹城乡发展思路的贯彻已经使城乡人口的流动日益经常化，城乡之间的二元结构正趋弥合。城乡二元结构的打破为建立统一而平等的城乡物权制度创造了条件。在外部环境方面，农村社会保障制度的建立，农村农地上税费负担的废除，财政支持的增加与现实城乡二元结构的逐步改变，为农村土地物权制度的完善提供了日益良好的外部环境条件。

---

① 数据可参见黄河等《农业法视野中的土地承包经营权流转法律保障制度研究》，中国政法大学出版社，2007，第230、235页。

② 数据来自2008年2月24日《人民日报》。

③ 数据参见农业部产业政策与法规司《农村政策法规调查与研究2006》，中国农业出版社，2007，第47页。

(二) 我国农村土地物权制度完善的建议与发展展望

1. 完善我国农村土地物权制度的宏观思路与方案

完善我国农村土地物权制度的宏观思路是尊重历史的选择，贯彻农村土地属于农民，农村土地为农民支配，利益为农民获得的原则；严格限制“国家地权”，公正补偿农民的土地权益；完善农村土地物权制度，实现各类土地物权之间的真正平等与和谐运作。

我们认为，未来完善我国的农村土地物权制度的基本思路与构想应当是：(1) 贯彻《物权法》的相关规定，通过《土地管理法》的修改建立严格限定公共利益、程序公平合理严格、补偿农民及时到位的土地征收制度。(2) 完善集体土地所有权制度，建立起既能在统一经营层面有效运作，又能与土地承包经营权等物权协调发挥作用的集体土地所有权制度。在集体土地所有权运作的内部构造方面，确立起统一而又富有可操作性的集体成员身份认定标准，实现集体成员通过成员权对村委会等集体土地所有权代行主体的有效监督，保障集体土地所有权运营的收益能够最终归属于农民。在集体土地所有权运行的外部关系方面，建立起集体土地所有权应在土地承包经营权与宅基地使用权等物权的限制下行使的理念与制度，严格地限制甚至取消集体调整与收回承包地的权利，取消发包方对承包经营权转让的同意权，加强集体土地的确权工作，确保集体土地所有权与其他土地物权协调运作而不相互冲突。(3) 将农村土地承包经营权准确界定为相当所有权之基本农地物权，实现农村土地承包经营权的充分流转与高度保障，确保农民可以以土地承包经营权为基础来实现对农村土地的全面支配。在制度创新上，我们可以创设一种与在性质上与永佃权相类似的次级承包经营权，并以此为基础实现农村承包地的入股、抵押，让农民在土地承包经营权的基础上“重新组织起来”。(4) 建立起完善的宅基地使用权设立、流转制度，在保障农民“居有其屋”的基础上，实现农民对其房屋与土地权利的充分支配；总结农村建设用地使用权流转的经验并借鉴国有土地上建设用地使用权建立的经验，通过全国性的立法建立起统一的农村建设用地使用权制度，为农民的工业化与现代化提供全面的物权制度支持。(5) 允许农村土地承包经营权与宅基地使用权的抵押，建立起完善的农村土地抵押制度，为金融体系支持农村发展提供物权制度保障。在制度创新上，可以采取次级承包经营权抵押或者抵押实现时视为次级承包经营权设定的模式，达到既保障农民不丧失承包经营权，又为农村提供金融支持的目的。

2. 我国农村土地物权体系发展展望

改革开放后，在长期的历史发展进程中，中央政策与立法共同推动我国农村建立起了现行的农村土地物体系。目前在中国农村土地上存在着集体土地所有权、农村土地承包经营权、宅基地使用权以及农村建设用地使用权等基本的土地物权；同时，地役权也可以上述土地权利为基础而设定，抵押权也可以直接存在于部分的土地承包经营权之上或者因房屋、建筑物抵押而存在建设用地使用权之上。由于农村土地在用途上表现为农业用地或者建设用地，因此，农村土地物权体系可以区分为相对独立的农地物权体系与建设类土地物权体系。我国现行的农地物权体系的结构可以用图 8－1 表示：

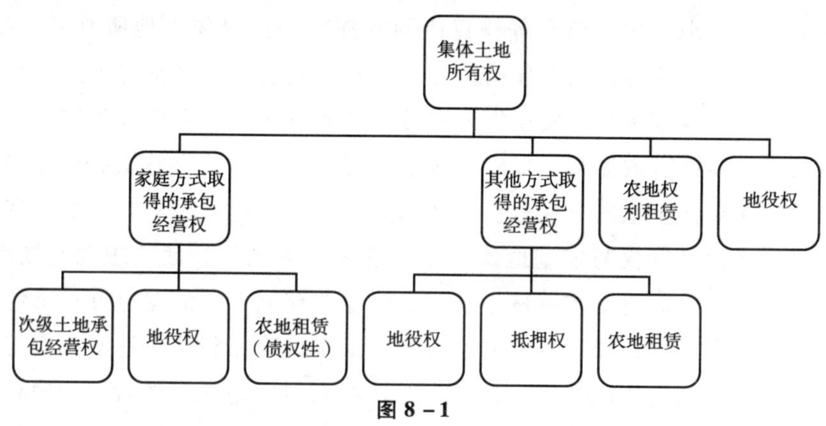

图 8－1

未来中国农村土地物权制度发展应当首先允许在通过家庭承包方式取得承包经营权上设定抵押权，同时再根据农业政策的需要酌情考虑是否许可在通过非家庭承包方式获得土地承包经营权上设定次级承包经营权。因此，未来我国农村农地物体系应当首先变革为图 8－2 所示的结构。

存在于我国农村土地上的建设类土地物权体系以集体土地所有权为根本性权利形成如图 8－3 所示的结构。

为了充分实现农民房屋与宅基地使用权的财产权功能，并确保农村中的交易安全，我国未来应当允许建设用地使用权的单独抵押，宅基地使用权附随房屋的抵押与单独抵押，从而将我国建设类土地物权体系扩展为图 8－4 所示的结构。

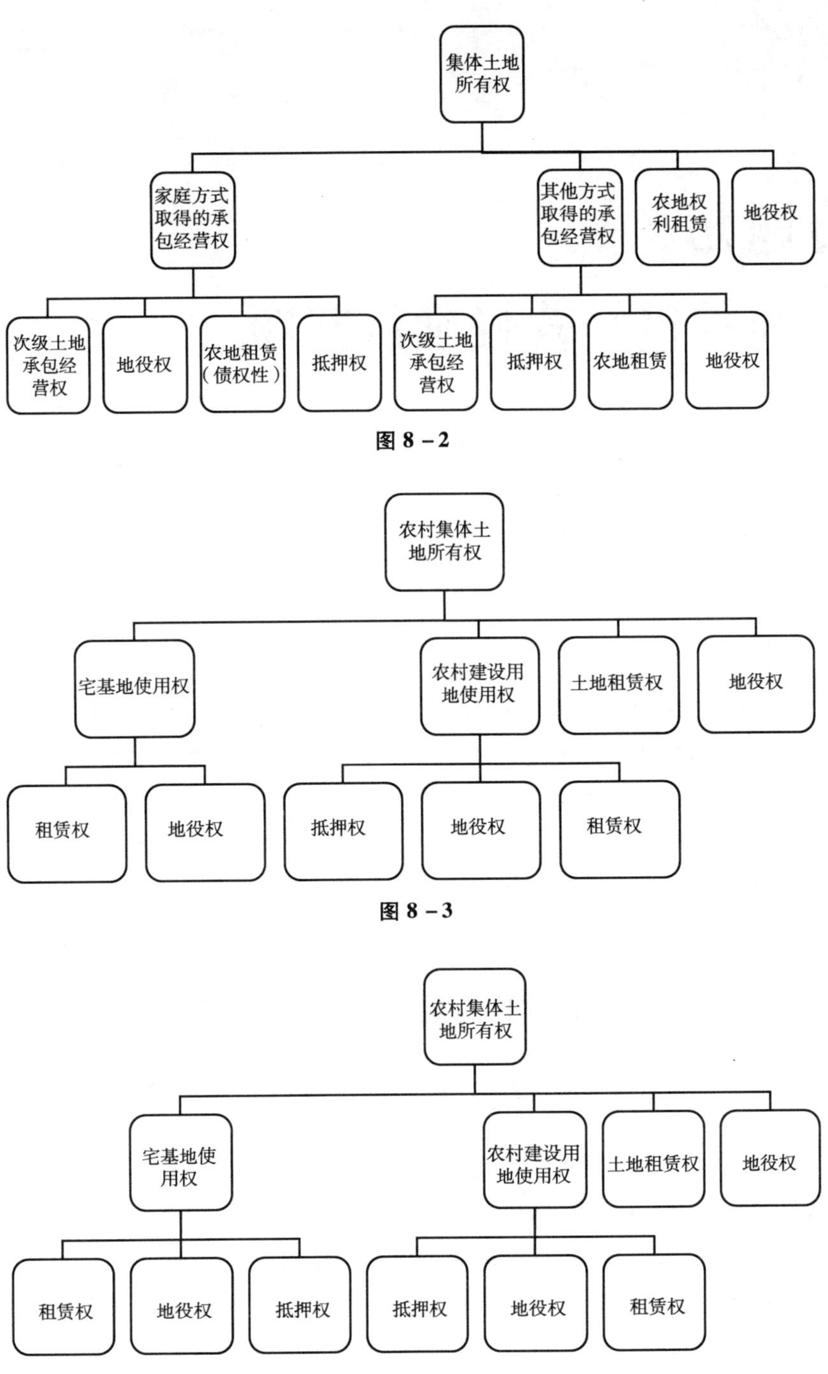
集体土地所有权
家庭方式取得的承包经营权
其他方式取得的承包经营权
农地权利租赁
地役权
次级土地承包经营权
地役权
农地租赁（债权性）
抵押权
次级土地承包经营权
抵押权
农地租赁
地役权
农村集体土地所有权
宅基地使用权
农村建设用地使用权
土地租赁权
地役权
租赁权
地役权
抵押权
地役权
租赁权
农村集体土地所有权
宅基地使用权
农村建设用地使用权
土地租赁权
地役权
租赁权
地役权
抵押权
抵押权
地役权
租赁权

图 8－2

图 8－3

图 8－4

专题九
土地承包经营权确认问题

我国《物权法》第33条规定了物权确认请求权，最高人民法院依此修改的《民事案件案由规定》增加了土地承包经营权确认纠纷。以往在司法实践中，对此种案件的确认各地法院处理结果迥异。这既损害了司法的权威，也使当事人无所适从。对土地承包经营权确认的相关问题进行研究，在理论和实践上具有重要意义。

一　土地承包经营权确认概念与性质

（一）土地承包经营权确认概念的界定

土地承包经营权确认，目前有著述将其定义为："是指土地承包关系当事人之间，因履行土地承包合同或土地承包经营权流转合同，为土地承包权发生争议，诉至法院请求确认土地承包经营权的行为。"[①] 分析这一概念，土地承包经营权确认，发生在农村土地发包方与承包方或转包方与转

---

① 崔杰：《土地承包及征地补偿案件的法律适用》，人民法院出版社，2005，第271页。

承包方之间。这种理解是否正确？

土地承包经营权权属确认属于物权确认。关于物权确认，《物权法》规定了物权确认请求权。其含义，学者认为“是指物权人要求国家司法机关确认其物权的请求权。它所针对的问题，是民事权利主体之间就物权认定方面发生的争议。这些争议基本有两点：第一，对某人是否对某物享有物权发生争议，一方认为其无权，而另一方认为其有权；第二，对物权的支配范围发生争议，即对权利人之间的疆界发生争议。”[①] 根据如上论述，笔者认为，土地承包经营权权属纠纷确认发生在两个或两个以上的土地承包经营权人之间，而非发生在农用土地发包方与承包方或转包方与转承包方之间。将土地承包经营权确认理解成发生在发包方与承包方之间，是混淆了土地承包经营权纠纷与土地承包合同纠纷的界限。因此，界定土地承包经营权确认概念非常必要。

土地承包经营权确认概念有广义与狭义之分。狭义的土地承包经营权确认是指对于土地承包经营权发生的权属纠纷，所做的确认行为。即指当事人基于土地承包合同或其他证据，均认为自己对争议的农用土地享有土地承包经营权时，由有权机关确认该承包经营权的归属行为。

广义的土地承包经营权确认除包括如上内容外，还包括如下人们通常理解和使用的土地承包经营权确权。按照《农村土地承包法》第 23 条规定，县级以上地方人民政府在承包方取得承包经营权后，应当向承包方颁发土地承包经营权证，确认土地承包经营权。比如，一则报道土地承包经营权确权工作的消息称：“截止到 11 月 25 日，郊区已确权到户的土地面积 491 万亩，确权证书已发放 60.6 万份，发放率为 77.6%。”[②] 还有地区为统一确权标准，专门制定了农村土地确权细则，对承包土地进行确权。[③] 以上行为与狭义的土地承包经营权权属纠纷的确权，可以看成广义上的土地承包经营权确认。本文后面如无特别强调，所论土地承包经营权确认均指这种狭义上的承包经营权权属纠纷的确认。

---

① 孙宪忠：《中国物权法原理》，法律出版社，2004，第 323 页。

② 见《京郊农户土地承包经营权确权工作进入扫尾阶段》一文，作者不详，载北京社科门户网站，转引自杭州国土资源局门户网站，http://www.hzgtj.gov.cn:81/jpm/portal。

③ 如北京市昌平区即制定有《昌平区农村土地确权实施细则》，见李连宇《二等村民的困境》载新浪网 http://news.sina.com.cn/c/2007-03-01/094312400217.shtml。

这里还要说明的是，2008 年 2 月 4 日，最高人民法院根据《物权法》，重新修改颁布了《民事案件案由规定》。其中在物权纠纷部分，规定了土地承包经营权确认纠纷。其包括土地承包经营权确认纠纷和承包地征收补偿费用分配纠纷。本文所说土地承包经营权纠纷，仅指土地承包经营权确认这一纠纷。

（二）土地承包经营权确认的性质

土地承包经营权确认从争议上看，属于权属争议确权。所谓权属争议，是指土地承包经营权人对同一承包土地，都有证据或理由认为自己对该块土地享有承包经营权，进而产生争议。从理论上说，土地承包经营权作为一种权利，特别是现在被确认为物权，就会发生权利归属或权利内容的纠纷。虽然，该权利已经作为一种特殊的土地使用权，但是，建设用地使用权存在权属纠纷的现象，土地承包经营权并不因其是特殊的使用权而消失。只是产生权属纠纷的原因不同而已。前者基于行政行为产生；后者主要基于合同。

从权利上看，其性质显得复杂。土地承包经营权确认属于物权确认，关于物权确认的权利性质，民法学界有三种不同的观点：其一，认为它是一项物权请求权；其二，认为它是一种物权的民法保护方法（意即属于民法上的权利）；其三，认为它不是一项民法上的权利，而是一项诉讼法上的权利，属于诉讼请求权的一种。[①] 笔者认为，该权利应属于一种物权的民法保护方法确定无疑。但是，该权利属于物权请求权，而非诉讼法中的权利。有人认为权利人享有物权是物权请求权成立的基本前提。如果权利人不享有物权，则其不能享有物权请求权。在物权归属发生争议的情况下，虽然争议双方都自认为自己是物权人，但在有关机关作出权威性的判定之前，任何一方都不是真正的物权人，都不应享有物权请求权。因而确认物权的请求权不属于物权请求权。笔者认为，其实不然，物权请求权与是否真正享有物权是两个概念。前者只要自己认为有物权就可提起；后者是审理后才能确认的。如果认为只有真正享有物权的人才能提起物权请求

① 季秀平：《试论物权确认》，载中国民商法网 http：//www.civillaw.com.cn/article/default.asp? id =21905。

权，法院在受理案件时还未经审理，如何认为他是否可以提起物权请求权？所以，应该对二者予以区分。真正认识到，土地承包经营权确认请求权，也是一种物权请求权，是对土地承包经营权的民法保护方法。

二　土地承包经营权纠纷确认主体

（一）土地承包经营权确认主体的历史演变

在我国农村土地制度改革的历史上，土地承包经营权最初只是劳动义务，后来演变为合同债权，现在已被明确为用益物权。① 与此相应，土地承包经营权权属纠纷的确认程序，也在不断变化。

1.《农村土地承包法》颁行前的确认主体

《农村土地承包法》颁行前，将承包农村土地按照使用一般建设土地对待，对承包人发放土地使用证或耕地使用证。承包土地出现权属纠纷时，按照一般土地使用权纠纷处理。即由政府土地管理部门先行确权，任何一方不服，再向法院提起行政诉讼。当时理论界认为，土地权属纠纷包括土地承包经营权权属争议。如某高校教材在列明土地权属争议的产生原因中，其中一项是“土地征用、承包等引起的土地所有权或使用权的变更而产生的争议。”② 从最高人民法院的规定看，人民法院对此类纠纷也不予受理。③ 实践中土地管理部门处理这类纠纷，审判机关也对此予以支持。如：某乡政府诉县土地管理局无权作出土地使用权处理决定案，该案情况是：

1984 年，某乡村委会将一块 20 年无人承包的盐碱地承包给外村农民彭某，双方签订了承包合同，村委会给彭某颁发了“四至”清楚的土地使

① 祝之舟：《农村土地承包经营权的性质演变》，载中国房地产法律实务论坛网：http://www.realestatelaw.com.cn/Html/budongchangongshi/20080912805.html。

② 张小华：《土地行政法》，中国人事出版社，1993，第 157 页。

③ 见最高人民法院《关于审理农村承包合同纠纷案件若干问题的意见》、《关于审理农业承包合同纠纷案件若干问题的规定（试行）》（法释〔1999〕15）及《民事案件案由规定（试行）》（法发〔2000〕26 号）。前两个文件的第一条均规定人民法院只受理因承包合同发生纠纷的案件，后一文件关于土地承包案件的案由只有农业承包合同纠纷。

用证，彭某按此一直经营。1992 年 4 月，该乡政府通知彭某，解除其与村委会的土地承包合同，将该地重新发包给村民张某。彭某不服，向政府提出处理要求。县土地管理局调查后作出处理决定，确认彭某有权继续承包该土地。乡政府不服，诉讼到法院，法院最终维持县土地管理局的处理决定。

采用这种方法处理此类纠纷，源于当时对土地承包经营权的定性。前面说过，土地承包经营权最初只是一个劳动义务，后来又到合同债权。对于前者而言，因承包只是为了劳动这个义务，而不是一种权利，当然不会出现土地承包经营权的权属纠纷，也不存在确权问题。当承包经营演变成一种合同债权时，根据合同的相对性原理，承包人在承包土地被第三人耕种时，如果第三人与发包者存在土地承包关系，那只能认为发包者不履行承包合同，按违约责任处理。

从国家管理层面说，因土地承包经营权并不是一项物权，其制度规定在土地管理法之中。在土地承包经营权出现权属纠纷时，也只能按土地管理法的规定进行处理。采用如上处理方式虽然解决了一些问题，但是，大量的土地承包经营权纠纷，在起诉到人民法院后，都被法院以案件涉及权属纠纷，应由人民政府先作出确权处理为由，驳回起诉，最后造成案件久拖不决。

2. 《农村土地承包法》颁行后的确认主体

《农村土地承包法》第 51 条对农村土地承包纠纷的处理程序作出了规定。但依此规定，应该只有农村土地承包经营纠纷才适用第 51 条。而农村土地承包经营权权属纠纷是否属于土地承包经营纠纷？该纠纷的解决也是否适用第 51 条？

农业部的解释认为土地承包经营权权属纠纷属于土地权属争议，该争议与农村土地承包经营纠纷不同。土地权属争议是由于权利属于谁而发生的，土地承包经营纠纷是在土地权属确定之后，在承包方使用土地和处分权利的过程中发生的。承包土地的发生权属争议时，应当按照《土地管理法》第 16 条的规定，由人民政府处理。[①] 理论界其他著述也与上面解释持相同观点。[②] 有的观点更认为，土地承包经营权属纠纷“更多地表现为行政法律关系，而处理和审理土地权属争议案件，应依照《土地管理法》和

① 刘坚主：《农村土地承包法》培训讲义，中国农业出版社，2002，第 116 页。

② 王宇非：《农村土地承包法释义与适用》，人民法院出版社，2002，第 136 ~ 137 页。

《行政诉讼法》规定的程序进行。”[①]

实务界法官也有的认为：“集体组织将同一土地调整由一户农户实际承包经营后又与另一户农户签订土地承包合同，由此引发两个农户之间的土地承包经营权争议在本质上属于土地使用权争议，应由政府主管部门解决。”其理由是，尽管一方签有土地承包合同，可该合同确认的部分土地却由另一方长期实际承包经营，导致这种情形的根本理由在于村民小组的不规范操作，法院对因这种情形而产生的土地承包经营权争议无权直接作出裁判，这种争议在实质上属于土地使用权的争议，理应交由政府有关主管部门去解决。[②]

但是，行政机关处理土地承包经营权权属的做法，在《农村土地承包法》颁行后却有了改变。2002 年 12 月国土资源部出台了《土地权属争议调查处理办法》。其第 14 条第 4 款规定：“农村土地承包经营权争议案件，国土资源行政主管部门不作为调查处理的争议案件受理。”对比此前适用的《土地权属争议处理暂行办法》，后者除土地侵权或土地违法案件以外，其他土地纠纷均由土地行政管理部门调查处理。现在，土地行政部门已明确不受理农村土地承包经营权争议案件，表明其不再管辖此类争议案件，这当然包括土地承包经营权权属纠纷案件。

在此期间，对于农村土地承包经营权权属纠纷究竟采取什么途径处理，最高人民法院未见有明确的解释。但是，从（法释［2005］6 号）文件分析。人民法院受理的案件似乎不包括土地承包经营权权属纠纷案件。[③]

而地方法院的规定，却与最高人民法院的态度有所不同。比如，2005 年 1 月 27 日北京市高级人民法院规定，当审理其他案件出现土地承包经营权权属纠纷时，如果能查明案件，法院应进行审理，不能查明时，追加村委会参加诉讼，而不是驳回起诉。[④]

---

① 王歆、林其敏编著《农村土地法律课堂》，中国法制出版社，2007，第 46～48 页。

② 高建立：《一地数包引发的纠纷不属于人民法院受案范围》，载中国法院网 http：//www. chinacourt. org/public/detail。

③《最高人民法院关于审理涉及农村土地承包纠纷案件适用法律问题的解释》第 1 条规定：“人民法院应当依法受理的案件范围：承包合同纠纷；承包经营权侵权纠纷；承包经营权流转纠纷；承包地征收补偿费用分配纠纷；承包经营权继承纠纷。”

④ 北京市高级人民法院《关于审理农村土地承包纠纷案件若干问题的指导意见（试行）》。

其他地区法院有的认为，此类纠纷应由政府解决，对原告的诉请，法院依照《土地管理法》第16条、《民事诉讼法》第108条之规定，裁定驳回起诉。[①] 而有的法院又认定政府处理此类纠纷，属超越职权的行政裁决行为，依据《土地承包法》第51条的规定，判决撤销政府作出的处理决定。[②]

（二）人民法院与土地承包经营权纠纷确认

本文认为，关于我国土地承包经营权权属纠纷的确认主体，在《农村土地承包法》颁行前，由政府机关进行处理无可厚非。但是在该法生效后，除特殊情况外，人民法院应当有权无须行政处理程序先置而直接处理此类纠纷，通过民事审判查明权源，依法判断和认定该承包土地使用权的归属。现作如下分析。

1. 土地承包经营权的特殊性

从《土地管理法》规定看，土地承包经营权规定在《土地管理法》第二章——土地的所有权和使用权之中。该章对于土地使用权有一个法律上的界定，它包括国有土地使用权（第9条），集体所有土地经营、管理权（第10条），农村土地承包经营权（第14条、第15条）；依此，土地承包经营权是土地使用权的一种，土地承包经营权的核心内涵是承包人享有合法的土地使用权。但是，必须看到，两者的性质是不同的。

这种不同表现在二者在权源上不同。土地使用权，其权源是政府的审批授权，但是，土地承包经营权的权源却与此不同。根据《农村土地承包法》第22条和《物权法》第127条，土地承包经营权自土地承包合同生效时设立。这说明，该权利的设定，不是来自政府的授权，而是来自合同行为。这种合同是在平等的主体之间达成的，而不是在行政机关管理活动中形成的。前者主要依行政法调整；后者主要由合同法调整。[③]

所以，这种平等主体之间的民事关系，显然属于人民法院的受案范

① 王华勇：《土地承包经营权起纠纷》，2005年9月20日《河北经济日报》。

② 王和：《镇政府越权裁决　法院判决撤销》，载人民法院网：http：//www.chinacourt.org/public/detail.php？id=73203&。

③ 张向东、王道强：《土地承包经营权与土地使用权的关系》，载人民法院网：http：//www.chinacourt.org/public/detail.php？id=225726&k_ title=土地承包经营权。

围，而不需要设置行政处理的前置程序。还有，土地承包经营权由合同设定，在发生权属纠纷时，未经司法机关依法裁判确认承包合同合法有效之前，政府机关不能对申请人或第三人的申请进行行政确认。因此，此类纠纷是先有司法机关确认合同效力，然后由政府确认，而不是相反。

2.《物权法》语境下的土地承包经营权确认

我国《物权法》对土地承包经营权的性质进一步明确为用益物权。其第33条规定“因物权的归属、内容发生争议的，利害关系人可以请求确认权利”。这一规定使我们对如何处理土地承包经营权权属纠纷，有了新的视角。

根据当前《物权法》书籍的解释，物权确认应包括民事确认和行政确认，笔者对此赞同。但是，以上规定与《土地管理法》第16条是何种关系，在处理土地权属纠纷时因相抵触而适用上位法、新法；还是视二者为普通法与特别法的关系，在土地确权案件中优先适用《土地管理法》的规定？着实令人困惑。对此，有观点认为，依据《物权法》第33条规定，人民法院应当对土地权属争议具有管辖权。其理由是，《土地管理法》规定的土地使用权是一个集合概念，在物权法中并没有这一称谓。物权法的用益物权包括土地承包经营权、建设用地使用权、农村宅基地使用权和地役权。这些权利发生纠纷时，双方当事人的地位是平等的。人民法院有权处理该类纠纷。[①] 据此，土地承包经营权作为一种特殊的土地使用权，在发生权属纠纷时，法院当然直接进行确权。

本文赞同以上观点并进一步认为，物权法是关于物权规范的基本法，虽然，该法规定的确认包括司法确认，也包括行政确认，但行政确认应以法律规定为限，而《物权法》第33条不能解释为行政机关作出行政确认行为的权源，否则，就导致物权领域行政主体有权进行确认的范围太广，容易产生一系列的行政权与司法权交织，以至冲突。而现行法律，并没有规定政府机构可以为土地承包经营权权属纠纷进行确权。所以，依据《物权法》第33条，确认土地承包经营权权属纠纷应当由法院直接受理。

根据最高人民法院重新颁布的《民事案件案由规定》，农村土地承包

---

① 余梓安、林敏剑：《土地权属争议司法解决机制探析——兼评《物权法》第33条规定》，载杨立新、刘德权主编《物权法实施疑难问题司法对策》，人民法院出版社，2008，第200～205页。

纠纷分为债权纠纷和物权纠纷。前者称为农村土地承包合同纠纷[①]；后者称为土地承包经营权纠纷。这表明最高人民法院对土地承包经营权权属确认的特殊性，与政府机构已达成共识，明确认同此类争议案件不作为政府机构受理的土地权属争议案件，而由人民法院直接受理。

3. 人民法院确认的土地承包经营权纠纷的客体范围

根据最高人民法院的变化，法院可以受理土地承包经营权纠纷客体的一项内容，即权利主体之间对于土地承包经营权的权利归属争议，而对于该权利客体的第二项内容，即权利主体之间对于权利的支配范围——承包土地之间的边界纠纷，可否直接受理？目前并不明确，按以前判例应不允许。例如：

1983 年落实责任山时，陈、张两家分得的林地相连。两家部分土地有一自然边界线。1985 年初，张家在分界处越界搭棚种植中药材黄连，双方发生争议。后经所在黄水镇人民政府处理，认定张家越界种黄连。经协商，张家将林地归还给了陈家。2003 年 2 月，双方再次因该林地边界发生争议。2004 年 3 月 10 日，乡政府作出黄府发［2004］21 号《林地纠纷的处理意见》认定争议之地的权属归张家。陈家不服申请行政复议，县政府决定维持黄水镇人民政府的处理意见。陈家仍不服，于 2004 年 8 月 5 日向法院提起行政诉讼。县法院认为此案属于土地承包经营权纠纷案件，政府无权确权，判决撤销政府处理意见。当地检察院抗诉，认为，本案属于土地使用权权属争议，应由政府处理。法院再审撤销原判，支持政府处理意见。[②]

笔者认为，法院最后所做改判颇值商榷。《土地管理法》第 16 条规定，政府机构处理的是土地所有权和使用权纠纷。按照土地法，土地使用权包括国有土地使用权、农村集体建设土地使用权和宅基地使用权。而农业用地使用权，在我国已经规定为土地承包经营权，该权利已不是与前面所述土地使用权相同意义上的土地使用权，这可从《物权法》中对农村土地的分类进一步得到明确。该法对农村土地权利，只规定土地承包经营权和宅基地使用权，没有一般意义上的土地使用权。对于农用土地采取承包

① 其中包括土地承包经营权转包合同纠纷，土地承包经营权转让合同纠纷，土地承包经营权互换合同纠纷，土地承包经营权入股合同纠纷，土地承包经营权抵押合同纠纷。

② 案例来源：重庆市石柱土家族自治县人民检察院《黄水镇人民政府行政处理决定再审检察建议案》，载 http：//www. fsou. com/html/text/fnl/1175293/117529342_ 1. html。

方式经营，由《农村土地承包法》进行调整。所以，《土地管理法》第16条规定，仅适用于调整农用土地以外的其他建设用地，而不适用于调整农用土地的承包经营权纠纷。农村土地承包经营权的权利范围争议，其实源于发包者在发包时对承包土地的四至范围没有划清，应追加发包者参与诉讼并由其予以明确，而无须政府先行确权。因此，人民法院应当能够确认土地承包经营权纠纷的全部客体。

（三）政府机构与土地承包经营权纠纷确认

1. 政府机构处理土地权属争议的原因分析

行政机构并非裁决所有的民事纠纷，其裁决的范围是基于与其行政管理活动有关的民事权利纠纷。就土地而言，我国实行土地用途管制制度。任何人使用土地，都要取得政府的审批，然后由政府发放土地使用证，对使用者取得土地使用权予以确认。当事人要对某块土地主张权属，必须要有政府发放的权属证书。该权利的设定是政府行政行为，是在行政机关管理活动中形成的。在该权利证书中，记载着权利及客体范围、用途等。在这种情况下，当事人出现权属纠纷，是因为行政机关发放的权利证书上记载的范围等方面出现重复或交叉。为了明确权属，当然要由政府机关对争议土地的归属予以明确。

也有观点认为，行政法规定土地权属争议由政府确权是公权力的扩张。所以，在土地承包经营权还不是一项物权时，因政府可以对土地进行主导，所以应当由政府对发生的土地承包经营权权属纠纷进行处理。

2. 土地承包经营中的政府机构职能

《农村土地承包法》中，涉及政府机构的职能主要是第11条、第23条及第60条规定。[①] 按照这些规定，行政机构在土地承包中的职能是负

① 《农村土地承包法》第11条规定："国务院农业、林业行政主管部门分别依照国务院规定的职责负责全国农村土地承包及承包合同管理的指导。县级以上地方人民政府农业、林业等行政主管部门分别依照各自职责，负责本行政区域内农村土地承包及承包合同管理。乡（镇）人民政府负责本行政区域内农村土地承包及承包合同管理。第23条规定："县级以上地方人民政府应当向承包方颁发土地承包经营权证或者林权证等证书，并登记造册，确认土地承包经营权。"第60条第1款规定："承包方违法将承包地用于非农建设的，由县级以上地方人民政府有关行政主管部门依法予以处罚。"

责农村土地的承包和合同管理，督促承发包双方签订土地承包合同，并在对该合同审核无误后，发放土地承包经营权证书，对承包者的承包经营权予以确认。对承包者将承包地用于非农建设的，予以处罚。当然，按照第51条规定，其还可以对承包经营纠纷进行调解。因此，界定政府机构与土地承包经营权纠纷的关系，要严格按照以上规定去做，不可随意扩张。

3. 行政机构解决土地承包经营权纠纷的范围

如上分析旨在说明，土地承包经营权作为一项特殊的农地使用制度，其发生权属纠纷时，不再适用政府先行确权的程序，人民法院可以直接受理。但是，这并不排除在特殊情况下，对于涉及土地承包经营权权属的案件，仍由政府机构进行处理。笔者认为，以下情形应由政府机构先行作出处理。

3.1 承包土地与非农用地发生权属纠纷

这主要包括承包土地与农村宅基地或其他建设用地发生权属纠纷，实际生活中，这种情况并不少见。此类纠纷涉及政府行为，与政府将某地批给某人使用有关。因民事审判中，不宜对政府的行政行为作出评判，所以，发生纠纷时，应首先由政府予以处理为妥。例如，《不服县政府行政不作为行政复议案例》,① 复议机关的处理，笔者认为是正确的。因为，在纠纷的两个主体均有权使用农村集体土地时，属于人民政府行使行政管理职权进行处理的范围。

3.2 因政府命令收回土地引发的权属纠纷

这表现为承包方土地由政府下令收回重新发包，原承包者不同意退回承包土地并强行耕种，新承包者与其争执，从而对该重新发包土地出现权

---

① 见伊春政府网：http://www.yichun.gov.cn/Pub/ZMHD/xzfy/xzfyal/2008-07/200807311549463582.html。案情是：1998年，某县民政局受让了位于新华村的一砖厂及宅基地。同年，新华村将砖厂外1.78亩土地作为责任田承包给向某。随后，向某认为县民政局在砖厂所砌的围墙将自己责任地的一部分圈进了围墙内，并与县民政局发生纠纷。2003年，向某向县政府提出土地确权申请。县政府经调查认为，向某所主张的土地权属为农村集体土地承包经营权，属《农村土地承包法》规定的范围之列，不属于人民政府的确权范围，故对向某作出书面答复，不予处理。向某不服，申请行政复议。复议机关审理后认为向某与民政局的土地权属争议属于政府确权范围，根据《行政复议法》第28条第1款作出决定，责令某县政府对向某的申请作出处理。

属纠纷。因重新发包土地属于政府行为，应通过行政诉讼解决。所以，此类纠纷应由政府解决。

3.3　因所有权争议引发的承包经营权纠纷

实践中，这主要涉及乡政府与村委会、村民小组或村委会、村民小组彼此之间的土地所有权权属不清，造成不同主体向同一人发包进而引起土地承包经营权权属纠纷。这类纠纷，表面上是两个承包者对于承包土地边界存有争议。而实际上，该争议是村或组之间存在土地所有权权属纠纷。显而易见，该纠纷不是因发包土地引起。因此，应由政府先行确权，然后再设定土地承包经营权。

3.4　与政府未尽发包管理职责有关的纠纷

这表现在发生争议时，争议双方均不能提供与村委会或村民小组签订的承包合同，亦均未向人民政府领取土地承包经营权证书，而土地清册记载不全，有缺项且承包人一栏无承包人签名或签章等情况，这属于政府在发包土地管理上的问题。特别是承包方取得土地承包经营权必须通过签订土地承包合同，如果集体经济组织成员未签订合同，根据（法释［2005］6号）第1条第2款规定，应由政府处理。①

（四）仲裁机构与土地承包经营权纠纷确认

1. 我国仲裁机构类型与性质

我国目前存在两种仲裁机构，一是按照《仲裁法》设立的民间仲裁机构；二是农村承包合同纠纷仲裁委员会。② 这两种机构受理不同的案件。前者受理一般的合同纠纷；后者只受理土地承包合同纠纷。关于仲裁机构是否可以处理土地承包经营权纠纷，理论界观点并不一致。有学者认为，将确认物权归属的权力交给仲裁机构是不合适的。因为，仲裁机构的民间性质，使其不能对物权归属这种绝对权争议作出权威性判定。假使其作出裁决，也不能对抗第三人。但也有相反的意见认为，根据《物权法》第32条，

① 《最高人民法院关于审理涉及农村土地承包纠纷案件适用法律问题的解释》（法释［2005］6号）第1条第2款规定："集体经济组织成员因未实际取得土地承包经营权提起民事诉讼，人民法院应当告知其向有关行政管理部门申请解决。"

② 在政府机构还设有劳动争议仲裁委员会，因其只受理劳动争议纠纷，故不在本文探讨之内。

没有理由对仲裁确认物权的救济途径作出特别的限制。[①] 下面予以分析。

2. 仲裁机构能否进行土地承包经营权确认

关于前者，属于民间性质的仲裁机构，其裁决的主要是平等主体之间的合同争议以及其他财产权益纠纷。土地承包经营权源于农业承包合同。该合同是由农村集体经济组织与其成员之间签订的。“虽然签订合同时，双方处于完全的平等地位，但农业承包合同的主体之间又具有一定的隶属关系。”[②] 所以，该合同是另一类特殊的合同形式。根据《仲裁法》第3条，[③] 裁决此类纠纷，涉及对农业土地承包合同的审查，该仲裁机构的性质决定其不宜受理该类纠纷。但是，也有学者认为，采取其他方式承包的，双方当事人达成仲裁协议，可以到此类仲裁机构进行仲裁，本文赞同此点。因为，以其他方式承包取得的承包经营权，具备纯粹意义上的财产权性质。如同仲裁机构可以对其他财产进行裁决一样，其当然可以对此种意义的财产权利进行仲裁。

关于后者，是专为处理这种特殊的农业承包合同纠纷而设立的，其性质属于行政裁决。[④] 顾名思义，农业承包合同仲裁委员会仲裁的是农业承包合同，合同的双方为发包人与承包人。而土地承包经营权权属纠纷双方并不存在合同关系，仅从这一点看，其不能仲裁土地承包经营权权属纠纷。但是，实践中也有受理这样纠纷的。如“重庆市奉节县农村土地承包经营权权属纠纷案例”，[⑤] 仲裁机构以权属争议双方为当事人，在村委会未到场的情况下，裁决土地承包经营权归属一方，解除另一方与村委会签订的土地承包合同。笔者认为，这是错误的。据目前的农业承包合同仲裁委员会的职能和定性，不应受理这样的纠纷。如果需要对此进行仲裁，需对其进行改造，扩大其职能。

---

① 黄松有主编，最高人民法院物权法研究小组编著《〈中华人民共和国物权法〉条文理解与适用》，人民法院出版社，2007，第136页。

② 苏庆、杨振由主编《仲裁法及配套规定新释新解》，人民法院出版社，1998，第1008页。

③ 《仲裁法》第3条规定：“下列纠纷不能仲裁：（一）婚姻、收养、监护、扶养、继承纠纷；（二）依法应当由行政机关处理的行政争议。”

④ 黄锫：《行政裁决辨析》，载中国知网：http：//ckrd. cnki. net/grid20/detail. aspx？QueryID = 151&CurRec = 1。

⑤ 载三峡枝江供销合作社网：http：//www. sxzjcoop. com/index_ 3. asp？xxpxddd = 16541&xxpxccc = 28167。

三　土地承包经营权确认的当事人

审理土地承包经营权确认案件，涉及如何确定当事人的问题。正确的确定当事人的地位，可以很好的裁决土地承包经营权权属纠纷案件。

（一）司法实践中确定的当事人

关于如何确立当事人，北京市高级人民法院规定："村民依据其与村集体经济组织或村民委员会签订的协议以合同转让、侵权、排除妨碍等为由起诉本村其他村民，被告以与村集体经济组织或村民委员会亦存在土地承包关系进行抗辩的案件，按以下原则处理：（1）在案证据可以查明案件事实，则不应追加村集体经济组织或村民委员会参加诉讼；（2）村集体经济组织或村民委员会不参加诉讼无法查清事实，法院应首先告知原告变更村集体经济组织或村民委员会为被告；（3）如原告坚持其所列被告及诉讼请求的，法院可追加村集体经济组织或村民委员会为被告，变更被告村民为第三人。"① 据此，北京市高级人民法院显然认为，原告主张土地承包经营权的确认之诉案件，被告应当是发包方，与原告产生纠纷的村民只能是第三人。

该院对如此规定的解释是此类诉讼应属确权之诉。但原告在起诉中往往忽视村集体经济组织的发包地位，将被告直接列为侵权村民，使审理中事实不易查清，这就要求法院要告知原告将被告当事人进行调整，以便查清事实。② 学者著作有的也支持这一做法，认为土地承包经营纠纷的当事人，一般情况下是发包方与承包方。因此，土地重复发包纠纷案件、土地发包人和承包人变动引发的案件以及土地承包经营权流转引发的承包权纠纷案件当事人的确定、都是土地发包人或转包人是当事人，另一权利争议方为第三人。但也有观点认为，此类案件应将村集体经济组织或村委会列成第三人，根据其过错，确定其应承担的相应的责任。③

① 见《北京市高级人民法院关于审理农村土地承包纠纷案件若干问题的指导意见（试行）》。

② 见《北京市高级人民法院关于审理农村土地承包纠纷案件若干问题的指导意见的说明》。

③ 余方海：《对几类农村土地承包经营权纠纷案件的探讨》，载中外民商裁判网：http：//www. cfcjbj. com. cn/list. asp。

（二）发包方是被告还是第三人

1. 发包人地位的程序法分析

根据诉的理论，只有主体之间发生了民事权益之争，才涉及诉的问题。人民法院审理案件，就是解决双方当事人之间的民事权益之争。[①] 而在本文研究的权属纠纷确认中，原告与村委会一般并未有纠纷，也无权益之争。比如，甲村民承包了某一块土地。村委会换届后，新班子不承认前任班子的发包行为，将该地另行发包给乙。因此，乙在种地时因甲阻拦引发纠纷。乙向法院起诉。如果按前述做法与观点，乙应是原告，村委会为被告，甲是第三人，这显然是错误的。因为，乙与村委会并无利益纷争，二者之间不可能成讼。如此，法院审理什么呢？正如有的学者所言："这样的诉讼没有诉的利益，法院不应该受理，受理了也应该驳回起诉。"[②]

根据民事诉讼法关于第三人的理论，诉讼中追加第三人诉讼，一方面可以有利于查清案件的事实；另一方面如果该方当事人败诉，其可因此在他与第三人之间的法律关系中，主张基于相关问题的确定要求第三人承担相应的责任（通常为赔偿、返还责任）。第三方被告程序设立之目的在于给抗辩的一方当事人提供更加充分的寻求保护的机会，它类似于大陆法系的辅助参加制度。[③] 该程序的效力是把第三方作为主诉被告的被告，对主诉被告可能对原告所承担的法律责任予以补偿或分担。如果将另一纠纷主体列为第三人，在原告胜诉后，处于第三人地位的纠纷主体怎样向被告发包方要求赔偿？

从审理的内容看，此类案件审理的大多是两个权利主体与发包方之间的合同，确认到底是发包方将土地承包经营权转让给了哪一方。因此，在土地承包经营权争议的双方中，如一方将另一方诉到法院，发包方应参加诉讼。此时，发包方的地位，只能是第三人。当然其可能是无独立请求权的第三人，也可能是有独立请求权的第三人。作为前者，发包方在诉讼中

---

① 常怡主编《民事诉讼法学》，中国政法大学出版社，1994，第126页。

② 余溁：《合同纠纷中确认之诉及将来给付之诉》，载中国民商法网 http：//www.civillaw.com.cn/article/default.asp？id = 40183。

③ 叶永禄：《论民事诉讼第三人制度的缺失与完善》，载中国民商法网 http：//www.civillaw.com.cn/article/default.asp？id = 40606。

处于辅助参加人的位置，他可能支持原告，也可能支持被告。但他不是诉讼的真正当事人，因而仅具有证人和鉴定人的能力，诉讼的判决也不会对辅助参加人作出。[①] 作为后者，争讼的双方也可能对争议的土地都不享有权利，发包方享有独立请求权。比如，双方均未与村委会签订过合同。诉讼的结果，谁也不能取得争议土地的承包经营权。该土地的权利归属于村委会，其可以重新发包。

2. 此类纠纷主体与诉讼目的分析

土地承包经营权权属纠纷是基于两个主体都有理由认为自己对争议土地享有承包经营权而发生。因此，这种纠纷大多发生在承包者之间，只有极少数发生在承包者与其他人之间。作为发包方，一旦与承包者签订土地承包合同，合同的标的——承包土地使用权就转到了承包者身上。如果其违约及不履行合同，那是土地承包合同纠纷，而不可能是土地承包经营权确认纠纷。因此，发包者不应也不能成为后者纠纷的当事人。

如前所述，此类纠纷属于确认之诉。原告的诉讼目的是请求法院确认其与被告之间是否存在某种法律关系，或确认其是否享有某种民事权利。这属于两个权利主体之间的纠纷，而不是原告与村委会之间的纠纷。一方向法院提起诉讼，是为了解决与另一主体之间的物权归属争议，而不是解决与发包方之间的合同纠纷。

3. 土地承包经营权纠纷是否均由发包方引起

此类纠纷中，有很多时候一方持有与村委会签订的土地承包合同，主张对争议土地的承包经营权，而另一方仅以政府颁发的土地承包经营权证进行抗辩。比如，甲户 1994 年取得二轮承包地 3 亩，1996 年甲外出，该承包地由乙耕种，1998 年人民政府核发承包经营权证书时，将该地记于乙的名下，即乙拥有该 3 亩地承包经营权证书。2003 年，甲回乡要求乙返还该 3 亩承包地，乙认为自己拥有人民政府核发的承包经营权证书、享有合法的承包经营权，不同意返还。甲向人民法院提起诉讼，要求返还。此种情况是甲的土地承包合同与乙的土地承包经营权证书发生冲突，列村委会为被告，如何解决这一纠纷？

---

① 李为民：《民事诉讼第三人新论》，载中国民商法网：http：//www.civillaw.com.cn/Article/default.asp？id = 39322。

如上做法与观点的产生，是以为此类案件就是审理合同，而合同就是在承包方与发包方之间形成的。所以列其二者为当事人，而将真正的纠纷主体置于第三人的地位。如前所述，土地承包合同纠纷与土地承包经营权纠纷的主体是不同的。虽然后者也以合同作为审理基础，但是，应当将纠纷的双方作为当事人，二者分别处于原告与被告的位置，而发包方如村委会等只能列为第三人。这才是审理此类案件确定当事人地位的正确选择。

四　土地承包经营权确认证据

土地承包经营权确认证据是指当事人发生承包土地权属纠纷时，用以确定权属的各种事实材料。《农村土地承包法》颁行前，因为法院不受理土地权属纠纷案件，因此，对于承包者之间发生土地承包经营权权属纠纷的，法院没有规定认定证据时的标准。行政机构确权时，大多依循土地使用权的处理方式进行处理，在证据上往往采用土地承包合同书、农业税收清册、土地状况核实登记表、农业税收入花名册、土地归户明细表等进行确认。[①]《物权法》颁布后，人民法院才规定可受理此类纠纷，但在证据的认定上目前尚无统一标准，有必要进行分析。

（一）土地承包经营权确认的证据类型

土地承包经营权权属纠纷的事实确认，主要涉及如下事实依据：

1. 土地承包合同

这是指拥有农村土地所有权或使用权的农村集体经济组织，为耕作本组织所有或使用的土地，实现一定的经济目的，与本集体经济组织的成员或以外的人签订的承包经营该组织土地，并明确双方权利义务关系的协议。土地承包经营合同是设立土地承包经营权的基础行为。按照我国法律规定，土地承包经营权自土地承包经营合同生效时设立。因而，土地承包经营合同对于确认土地承包经营权权属纠纷，具有非常重要的作用，是法

① 参见《原告赵秀诉两被告给徐学德、徐保建发放的土地承包经营权证侵犯其合法权益案》，载法律教育网：http：//www. chinalawedu. com/news/17800/181/2006/7/zh83191937541137600215756 - 0. htm。

定的确权依据。

2. 村委会土地台账和政府土地清册

村委会土地台账是在土地发包时，经过打地小组丈量后，村民分得土地情况的记载。按照《农村土地承包法》第19条的规定，土地承包必须经过下列法定程序：(1) 由本集体经济组织成员的村民会议选举产生承包工作小组。(2) 承包工作小组依法拟定并公布承包方案。(3) 依法召开本集体经济组织成员的村民会议，讨论通过承包方案，这是必经程序。通过方案的，报乡、镇人民政府批准。(4) 公开组织实施承包方案。(5) 最后由村民与发包方签订承包合同。村委会土地台账就是实施承包方案丈量土地时，所做的记载。政府土地清册，则是按照以上台账建立的当地政府档案。

3. 土地承包经营权证书

按照《农村土地承包法》第23条规定："县级以上地方人民政府应当向承包方颁发土地承包经营权证或者林权证等证书，并登记造册，确认土地承包经营权。"土地承包经营权确认中，当事人往往持土地经营权证主张权利，有的是当事人一方取得了土地经营权证；有的双方均持有诉争土地的经营权证；有的是一方有经营权证而另一方在土地清册上有登记。

（二）三种证据的关系及冲突认定

1. 三种证据关系

土地承包经营权的取得不以《承包经营权证书》为必要条件，承包经营权自承包合同成立时即依法取得。土地台账和政府土地清册是最原始的材料。土地承包经营权是否设定应看土地承包合同，但承包土地的四至与面积即权属范围应看台账和土地清册。

在民事案件中，《承包经营权证书》作为当事人取得承包经营权的证明，是一种证明权利的凭证，仍是书证的一种，仍应受到人民法院必要的审查。《承包经营权证书》应与承包合同、土地清册相一致。

2. 证据冲突认定

一般情况下，《承包经营权证书》与土地清册及二轮承包时签订的承包合同内容相一致，应确定《承包经营权证书》的效力。但如果有证据证明《承包经营权证书》存在不实之处，应根据案情确认其证明效力。

有观点认为，《承包经营权证书》与《土地清册》内容不一致时，一般应按照登记机关《土地清册》内容为准。《土地清册》、《承包经营权证书》与二轮承包时签订的承包合同不一致时，要考查承包经营权的流转情况，如双方当事人不能提供合法的流转手续，登记机关亦没有合法的流转登记记载，应以二轮承包合同的成立确定承包经营权。《承包经营权证书》经过涂改、与土地清册不符、与承包合同成立不符而没有合法的流转手续等明显违法情况的，法院可直接认定其没有合法来源依据而不予采信。[①]笔者非常赞同。

发放承包经营权证书的通行做法是，由人民政府先发放带有人民政府印章的空白经营权证书，然后由村委会代为填写，出现四至填写不清、少填或不填部分承包田、填写错误的，则直接在证书上予以涂抹和更改；家庭承包方式取得和承包经营流转取得的承包田也不作区分、承包土地转让或互换的，证书上也没有反映或反映错误。显然，土地承包经营权证书填写的随意性很大，填写中存在不统一、不规范的现象。其没有按《农村土地承包经营权证管理办法》规定的程序进行操作，因而不能体现登记机关的审查职能，不能全面准确反映人民政府的真实意志。比如有一案件，原告持有镇政府于1990年或1994年颁发的经营权证书，而第三人持有县政府2000年颁发的经营权证书，致使一宗承包土地办理两个经营权证。两证书虽不是同一级别政府颁发，但两证书均是由政府颁发，在未经有关机关通过正常程序予以撤销的情况下，两证书均是有效的。[②] 所以，目前最高人民法院并未将取得土地承包经营权证等证书，作为确定土地承包经营权利属性的依据。[③] 但是，这里应当注意，以上所说仅指家庭承包方式取得的经营权。对于以其他方式取得土地承包经营权的，依据《农村土地承包法》第49条规定，[④] 只有依法登记才能取得相应的物权效力。由此，判

---

① 张向东：《承包经营权证书在民事诉讼中的证据效力》，载东方法眼网：http：//www.dffy.com。

② 陈浩亮、苏媛媛：《浅谈土地承包权行政争议案件增多的原因及对策》，载中国法院网：http：//www.chinacourt.org/public/detail.php？id =263694&k_ title。

③ 《切实维护农民的合法权益和农村稳定——最高人民法院副院长黄松有答记者问》。

④ 《农村土地承包法》第49条规定："通过招标、拍卖、公开协商等方式承包农村土地，经依法登记取得土地承包经营权证或者林权证等证书的，其土地承包经营权可以依法采取转让、出租、入股、抵押或者其他方式流转。"余方海：《对几类农村土地承包经营权纠纷案件的探讨》，载中外民商裁判网：http：//www.cfcjbj.com.cn/list.asp？unid =4373。

断以其他方式承包取得的土地承包经营权性质，应以是否登记并取得农村土地承包经营权证为准。

（三）几种具体情况的处理

第一，原则上，对于未签订土地承包合同就发放农村土地承包经营权证的，应当不予采信。因为，根据《中华人民共和国农村土地承包经营权证管理办法》第2条，该证书“是农村土地承包合同生效后，国家依法确认承包方享有土地承包经营权的法律凭证”。没有承包合同，就没有确认承包经营权的基础。

第二，双方均持有合同证书与土地承包经营权证时，确认先登记并得到该权利证书的承包者享有承包经营权。因为，根据登记的公示作用，先登记者公示在先。加之先登记者也先得到政府确认，因此其理应先受到保护。

第三，一方持有合同，另一方仅持有土地承包经营权证的，确认前者享有承包经营权。根据前述分析，合同是设权依据，土地承包经营权证在物权变动中仅起对抗作用，而非为确权根据。所以，在前者与后者记载不一致时，当然应依据前者确认权利归属。

五　土地承包经营权纠纷的确认方法

（一）土地承包经营权权属纠纷的类型与成因

关于此类权属纠纷的类型与成因，有著述归纳了6种情况。[①] 根据笔者的实践与研究，还包括以下几种情况：

1. 村组发包土地不一致引发权属纠纷

按照国家规定，土地发包时由村委会代表村集体与承包户签订土地承包合同。但是，在具体分配土地时，又是村小组选定的代表进行操作。有

① 即土地重复发包引发权属纠纷，土地发包人变动引发权属纠纷，土地占有人变动引发权属纠纷，土地承包人与占有人不同引发权属纠纷，土地发包方代表人越权引发的纠纷，土地承包经营权流转引发的纠纷。见前引崔杰著书第272～275页。

的村民小组将其他承包者未到期土地分给村民，但是村委会与承包者签订的合同却没有记载，造成原承包者与新承包者争夺土地承包经营权。

2. 土地承包经营权证书引发权属纠纷

按照法律规定，土地承包合同签订后，县级政府应当发给土地承包经营权证书。实际工作中出现政府将同一块土地为两个人发放土地承包经营权证，这可能是前一个应收回而未收回就向后一承包者发放，也可能是发放的土地承包经营权证上记载的承包土地范围有交叉。

3. 承包土地的边界争执引发权属纠纷

这种情况主要是两个承包者承包的地块相邻，因承包合同、土地承包经营权证书记载的承包地块四至有交叉或不清，使得承包主体之间对于承包经营权的范围发生争议。

4. 土地发包手续不完备引发权属纠纷

如土地承包时只是口头约定承包，未签订书面合同，在与他人发生权属纠纷时，说不清楚；有的即使签订了承包合同，但内容漏项，或漏签了土地面积，或没写明承包期限，或没有写明所承包土地位置等，因而与他人发生权属纠纷。

（二）土地承包经营权纠纷的确认方法

国家法律和政策一贯坚持稳定农村土地承包关系，土地承包经营权确认应当贯彻按照《农村土地承包法》及《物权法》规定的基本原则。依此，除出现法定的情形，发包方在承包期内不得收回土地。但实践中，有的发包方无视这一法律规定，以承包方存在这样或那样的行为为借口，擅自收回已经发包的土地并另行发包给他人。对此，无论新的承包方有什么样的抗辩理由，只要原承包方签订的土地承包合同有效并未予解除，就应保护原承包方的利益。

以上法律还规定："承包期内发包人不得调整承包地。"实践中，发包方和当地政府都存在以各种理由调整承包土地的情况，这是不允许的。只有符合法律规定的特殊情况，才能小范围地按照法定程序进行调整。否则，因此调整而使得原承包者与新承包者发生权属纠纷的，应维护原承包者的利益。

土地承包经营权纠纷的原因十分复杂，权利主体之间的权利归属确认

方法不可能一一列举，这里归纳一些常见的纠纷处理方法。

1. 关于土地重复发包引发的纠纷

这是指发包方将一块土地同时承包给两个人，或在前一个承包合同没有解除的情况下，又将同一块土地发包给了另一个人，因此两个承包人争议同一块土地承包权，进而发生纠纷。发包方就同一土地签订两个以上承包合同的，有著述认为按以下情况分别处理：属于家庭承包的，先订立承包合同的承包方取得承包经营权。其他方式承包的，已经依法登记并领取土地承包经营权证书或林权证等证书的承包方，取得土地承包经营权。

本文对此赞同。因为，实行家庭承包方式，土地承包经营权自合同成立时设定，此后，发包方就同一块土地在与他人订立合同，按法律规定属于违法调整，也属于对前承包者物权的处分。未经在先承包者同意，其行为显然不具有消灭在先承包者承包权利的效力。而在以后者方式承包的土地，依法登记并领取权利凭证的承包方已取得了物权。而对于只有合同的承包方，按照债权合同处理。

2. 关于因土地被收回引发的纠纷

这种情况主要是因承包者欠交税费和土地撂荒以及妇女出嫁，被发包者收回土地另行发包，导致原承包者与新承包者权属纠纷。此种情况，只要原承包者持有土地承包合同，就应确认其土地承包经营权。因为，以上行为有复杂的原因，不是收回承包经营权的法定理由；有的是为法律所不允许的。

3. 关于承包人与占有人之间的纠纷

这是指发生纠纷时，一方持有承包合同，但却未实际经营，另一方实际经营着争议土地，但却没有承包合同，事后有关政府主管部门亦未向任何一方颁发土地权属证书，从而导致双方均主张其享有合法的土地承包经营权。这种情况的权属如何确认，目前存在争议。有观点认为，导致这一结果发生的原因是村民小组的不规范行为导致，司法不宜作出认定。也有观点认为，原告持有承包合同进而取得了承包经营权，其请求应予支持。[①]

---

① 可参考高建立《地数包引发的纠纷不属于人民法院受案范围》中的案例，载中国法院网：http：//www. chinacourt. org/public/detail. php？ id =233760&k_ title = 土地承包经营权&k_ content = 土地承包经营权 &k_ author。

笔者同意后者。虽然，实际经营者经营在先，但因没有签订土地承包合同，只是取得债权，而未设定物权。原告因签订合同已取得物权。根据物权大于债权的原理，应当认定原告取得了争议土地的承包经营权。

4. 关于因村组记载不同引发的纠纷

发生此类纠纷时，应以是否签订土地承包合同作为取得承包经营权的依据。在地块及范围上，如果不能由其他证据予以确认，若小组地账记载清楚，应当依此作为确权依据。因为，这是最原始的记载材料。对于确认土地承包经营权内容，具有重要意义。

5. 关于以其他方式承包引发的纠纷

采取其他方式承包的并且均未登记并领取土地承包经营权证书或林权证等证书的，已经实际投入的一方取得承包经营权。如前所述，此时双方均属债权。但是，一方已经进行了实际投入，说明其已经对争议土地提前进行了占有。“在占有这一事实中，蕴涵着一种在法律上应予以保护的价值，保护的结果可实现法律的和平的保障。”① 另从添附角度，一方有投入，说明其与争议土地的联系更加密切。对其进行保护，更有利于发挥物的效用。

6. 关于因边界问题引发的纠纷

这种情况是指边界交叉或不清时引发的纠纷，属于对土地承包经营权的支配范围发生的争议，实践中也并不少见。人民法院处理时，也是比较棘手的问题。其原因是，土地发包时，地账记载的范围有的写多少条垄，有的写哪至哪，但是界限并不清楚。因此出现一方耕地时，挤种另一方少许土地的情况。法院在处理时，往往是采取按照土地登记面积进行丈量的手段予以确认。笔者认为，这不科学。因为，农村的土地地块并非绝对方正，分地时也非可丁可卯，每户都多一点。按此丈量，并不能查明承包土地归属。比较好的办法是，应根据上一年的耕种土茬，确认争议地界的权属。

7. 关于因土地流转引发的纠纷

土地承包经营权流转中，由于发包方的干涉或流转手续的不完备或流

---

① 〔德〕鲍尔/施蒂尔纳：《德国物权法》（上册），张双根译，法律出版社，2004，第157页。

转合同的不规范，经常引发土地承包经营权权属纠纷。如村民在承包了土地后，又将该地交给村委会进行出租，村委会在将该承包地出租后，村民反悔引发承包经营权的归属纠纷。这里所说的流转，包括代耕、转包、转让、互换、入股、租赁等形式。承包方就其土地承包经营权订立两份以上流转合同的，按如下原则处理：

其一，以转让、互换方式流转的，已经登记的取得土地承包经营权。其理由同于土地承包登记，不再赘述。流转双方均未办理登记的，已经实际投入的一方取得土地。因为，投入方实际投入时，已经占有土地。转让方未予阻止，表明其愿意交付转让土地予投入方。确认投入方享有土地经营权，与其意图相合，也会更加有利于纠纷的处理。

其二，以转包、出租等方式流转的，已经实际投入的一方取得流转土地的经营权。理由同上。

8. 关于涉及第三人的权属纠纷

根据《土地承包法》，在互换、转让土地承包经营权时，自签订互换、转让土地承包经营权合同生效时起，受让方自动取得土地承包经营权，而无须登记。但是，不登记不能对抗第三人。这里的第三人，是指相对于发包方、承包方而言的受让方。土地承包经营权流转实践中，有时会发生涉及第三人的土地承包经营权问题。比如，承包方将同一块土地承包经营权先流转给甲，后见乙方给出更高的价格，就把土地承包经营权流转给乙。依照法律规定，如果甲乙双方都没有办理土地承包经营权登记，则法律保护甲方的权利，承认甲方的流转是合法的。但是，如果乙方已经实际占有并对土地做了投入，应该确认乙方享有土地承包经营权。如果双方办理了登记，则应当确认首先办理登记一方的土地流转承包经营权。

应当指出的是，在土地承包经营权采取转让、互换等方式流转时，如果是承包方非法流转，如未经发包方同意，承包方擅自流转土地承包经营权，当受让方善意取得时，即使没有办理土地承包经营权登记，发包方也无权向该第三人追索，而只能向承包方要求赔偿损失。

（三）法释［2005］6号第20条规定评析

关于发生土地承包经营权权属纠纷时的权利归属，最高人民法院在（法释［2005］6号）第20条规定“发包方就同一土地签订两个以上承包合同，承包方均主张取得土地承包经营权的，按照下列情形，分别处理：（一）已经依法登记的承包方，取得土地承包经营权；（二）均未依法登记的，生效在先合同的承包方取得土地承包经营权；（三）依前两项规定无法确定的，已经根据承包合同合法占有使用承包地的人取得土地承包经营权，但争议发生后一方强行先占承包地的行为和事实，不得作为确定土地承包经营权的依据。”这一规定，被认为是处理“一地多包”现象的准则。[①] 因如上所述原则与方法与此并非完全一致，有必要对此予以分析。

首先，该规定自身存在与上位法冲突之处。[②] 按照该《解释》起草者的解释，“《农村土地承包法》第49条已经赋予依法登记取得土地承包经营权证等证书的其他方式承包土地承包经营权，以相应的物权效力。因此，《解释》第20条首先从权利性质方面区分，如果一方已经依法登记，则该人享有的是一种物权性质的权利。”[③] 但问题是，在双方均未登记的情况下，双方都是债权。根据债权的相对性原理，在一个债权人与多个债权人同时发生法律关系时，多个债权不论发生时间先后，法律上一律平等，为何生效在先的合同承包方取得土地承包经营权，而不是生效在后但已实际占有土地的承包户取得承包权？按照物权行为理论，如发包方已经将土地交付了其中一个承包者，说明其真实的意思表示是让得到交付的承包者享有承包权，《解释》强行让先生效的合同承包方取得承包权，法理依据何在？有学者认为，最高人民法院出现的订立合同在先的债权优先的规则，是我国法学界过去不区分债权与物权基本效力的理论混乱所致。[④]

其次，此条规定并不完全适用于以家庭承包方式取得承包权后发生的权属纠纷的确认。第一，该条规定在解释“其他方式承包纠纷的处理”之下。从全文看，应适用于以其他方式承包发生纠纷的处理。第二，解释确定的基础并不适用于家庭承包方式取得承包权的情形。因为，此种承包，

---

① 吴晶晶：《一地数包的处理原则：已经登记的取得经营权》，载新华网：http：//www.xinhuanet.com/。

② 陈应春：《城郊农村土地其他方式承包中的若干法律问题探析》，《房地产建筑律师事务》，法律出版社，2006，第381页。

③ 最高人民法院黄松有就《关于审理涉及农村土地承包纠纷案件适用法律问题的解释》答记者问。

④ 参见孙宪忠《中国物权法总论》（第二版），法律出版社，2009，第37、38页。

是在合同签订后，承包方即取得土地承包经营权，该权利本身不需要登记和领取证书即是物权。如果发生纠纷的双方一方有合同，一方只有登记并取得了土地承包经营权证书，也不能确认后者取得争议土地的承包经营权，土地承包经营权证书只是一个参考，而非确权的绝对依据。即便一方有合同并进行了登记，另一方只有合同，也要看前者的承包是否符合法律规定，否则也并不必然确定前者取得争议承包土地的经营权利。更何况，在双方证据相同的情况下，确认已经实际合法占有土地的承包方取得土地承包权，可能会更有利于土地的利用和纠纷解决。

以上分析表明，我国实行土地承包制度以来，土地承包经营权权属纠纷确认非常混乱。由于纠纷确认主体不明，使得本不应通过行政确权而属一般民事纠纷的案件，因认为系属土地权属之争而致当事人的诉讼被驳回。一些本该通过行政确权的案件，又被当做是普通承包合同纠纷或侵权纠纷，而将行政机关作出的处理决定认定为越权和无效。由于当事人地位的确定、证据的认定不统一，同种案件处理结果也不相同。作为一种特殊的物权，土地承包经营权应明确规定确认的原则与方法。

应当说《物权法》通过后，这种情况有了一定程度的改变。但是以上问题仍然存在，需要进一步研究并统一标准。本文在已有的观点上进行了分析，希望借此推动对此问题的更深入研究。

专题十 农民专业合作社财产所有权问题研究

农民专业合作社是非营利性法人还是营利性法人，是一个争论非常激烈的问题。同样争论激烈的还有，合作社名下的财产其所有权人是谁？本专题将对这两个莫衷一是的基本理论问题展开讨论和分析。

一 农民专业合作社：营利法人抑或非营利法人？

（一）问题的提出及其意义

我国的农民专业合作社，其性质究竟是营利性法人，还是非营利性法人？对此问题存在不同见解。回答此问题之前，有必要先叙明此问题的意义。总的来说，一个团体法人，是否属于营利性法人，将在以下诸多方面产生不同的影响：第一，法人的设立准则。营利法人一般依照特别法（如合伙企业法、公司法等）设立，而非营利法人往往依照民法的规定设立。第二，法人设立的程序。营利法人一般采取准则主义，相对较为宽松；而非营利法人则一般采取许可主义，相对较为严格。第三，行为能力不同。营利法人可以从事经营活动，而非营利法人无权从事以向其成员分配盈利

为目的的营利性事业，否则构成违法。[①] 第四，在税收征收上。营利法人要依法纳税，而非营利法人一般享受税收优惠。第五，内部管理上。营利法人往往有市场检测机制，经管人的绩效测评有章可循，其激励动力明显；而非营利法人欠缺绩效考评，经管人的激励更多地来自于使命感。[②] 正是由于法人的性质决定了团体宗旨以及诸多具体制度设计的差别，因此，厘清农民专业合作社的团体性质，成为研究农民专业合作社法律制度的首要问题。

（二）现有的五种学说与国外的立法例

合作社具有法人资格，此点在我国《农民专业合作社法》颁布之后，基本上不存在争议。但对于合作社属于何种性质的法人，则仍然存在较大争议。总的说来，对此有以下五种学说：

第一，非营利法人说。该说认为，农业合作社是非营利法人，亦即并非企业法人，因为一方面，“社员组建或加入农业合作社的目的不在于营利，而在于获得合作社所提供的一种互助性服务”，[③] 另一方面，“合作社是实行成本运行的经济组织，是在保本或非营利基础上由他们自己为自己经营的经济实体”。[④] “农民合作经济组织不以营利为目的，不是一个典型的经济实体，更具有人合的特点……人合性表现在三个方面：第一，合作经济组织是社员的集合而不是资本的集合；第二，合作经济组织的成员条件不依赖于成员的出资；第三，合作经济组织成员之间通过组织而联结，更加强调成员之间的相互信任和合作关系。”[⑤] “合作社作为一种社会企业法人当然属于非营利法人的范畴。”[⑥]

第二，中间法人说。该说认为合作社虽然对外营利，但由于其利润分配受到严格限制，且其对内不以营利为目的，因而是一种介于企业法人与

---

① 魏振瀛主编《民法》，北京大学出版社、高等教育出版社，2000，第 79 页。

② 金锦萍：《非营利法人治理结构研究》，北京大学出版社，2005，第 42 页。

③ 徐小平：《中国现代农业合作社法律制度研究》，西南政法大学 2007 年博士学位论文，第 52 页。

④ 徐小平：《中国现代农业合作社法律制度研究》，西南政法大学 2007 年博士学位论文，第 53 页。

⑤ 任大鹏等：《有关农民合作经济组织立法的几个问题》，《中国农村经济》2004 年第 7 期。

⑥ 欧阳仁根、陈岷等：《合作社主体法律制度研究》，人民出版社，2008，第 44 页。

社团法人之间的中间性组织。[①] 梁慧星教授也认为："非营利法人，包括传统分类的公益法人，以及介于营利法人与公益法人之间的中间状态的法人。作为自助性经济组织并对社员实行非盈利原则的各种合作社，正是这样的中间状态的法人。"[②]

第三，特殊企业法人说。该说认为，合作社对外是独立的经济实体，追求利润最大化，这一点和以公司为代表的典型的企业法人相同，但合作社对内是以实现自我服务为宗旨的互助互利的组织，这和典型的企业法人有着明显的区别，有自己的特殊性。因此将合作社定位为特殊的企业法人，是与公司相并列的一类特殊的企业法人。[③]

第四，营利性社团法人说。该说认为，农民专业合作社与典型的营利公司相比虽然有许多差异，但这些差异并非本质性的；只有确认了农民专业合作社的营利性法人地位，才能赋予合作社商事能力，从而实现其预定功能。[④]

第五，合作社法人说。该说认为农民专业合作社是一种互助性经济组织，合作社不是企业法人，而是一种独立的合作社法人，在内部决策上不实行投资额多少决定表决权大小的办法，而是实行所有成员一人一票制；同时，农民专业合作社并非以营利为目的，而是以服务成员为宗旨；参加农民专业合作社的成员，主要不是为了通过参加合作社来谋取利润，而是为了获得合作社提供的帮助和服务。[⑤]

以上五种学说中，第一种与第二种本质上相同，即强调农民专业合作社的非营利性，相反，第三种和第四种基本一致，强调的是农民专业合作社的营利性。第五种强调的仍然是农民专业合作社的非营利性。因此，可以说，上述争议的焦点在于农民专业合作社究竟是否具有营利性。

就国外的立法来说，《联邦德国营利合作社和经济合作社法（1983

---

① 赵洪：《合作社法律地位初探》，《中国合作经济》2004 年第 7 期。

② 梁慧星：《合作社的法人地位》，载《民商法论丛》，金桥文化出版（香港）有限公司，2003，第 266 页。

③ 蔡润英：《农业合作社定义及其法律地位探析》，《企业经济》2006 年第 3 期。

④ 石旭雯：《合作社的法律特征探析》，载王保树主编《中国商法年刊》（2006），北京大学出版社，2007，第 265 页。

⑤ 参见吕大军等编写《中华人民共和国农民专业合作社法释义》，中国法制出版社，2006，第 11 页。

年)》和2001年《德国经营及经济合作社法》均规定合作社适用商法上的商人制度。法国《农业合作社公司法》则规定，农业合作社或合作社公司联盟，是特殊的公司，既不同于民间团体，也不同于商事性公司。[①]《意大利民法典》第2511条将合作社界定为：以互助为目的的资本可变的公司。第2539条规定，对本章未规定的事宜，均可适用有关股份公司的规定。[②]《芬兰合作社法》第1条将合作社定位为公司。[③] 日本的合作社法也强调合作社对于外部市场非会员交易对象，是以追求利润的盈利目的而进行交易的。

（三）是否具有营利性的判断标准

一个法人是否具有营利性，其判断标准如何？这是回答上述问题的关键所在。传统大陆法系民法理论认为，法人根据设立的目的不同，可以分为营利法人与非营利法人；前者指从事经济行为，并将其从事经济行为所获得的经济利益在成员之间进行分配的法人；[④] 后者指以公益为目的，或以增进同业者之间相互了解或社会地位而组成的法人。[⑤] 显然，在非营利法人，法人既不以营利为目的，同时也不将盈利分配给内部成员。

由此可见，区分营利法人与非营利法人，有两个标准：首先，法人是否以获取盈利为其设立的主要目的，其次，法人是否将盈利分配给其成员。

在此，有必要解释一下第一个标准。众所周知，有营利性行为并不必然意味着该法人为营利法人，因为一个团体若要存续，必然要存在开支和费用，有些团体法人为了维持日常运转，也从事一些营利性的行为；但这些营利性行为的目的不是为了积攒利润，不追求利润最大化，而是为了维持团体的日常运转。而我们这里说到的第一个检验标准是：该法人团体是

---

① 何黎清、邓声菊：《一些国家和地区关于合作社立法的一些规定》，《农村经营管理》2006年第3期。

② 费安玲等译《意大利民法典》，中国政法大学出版社，2004，第661页。

③ 管爱国、符纯华译《现代世界合作社经济》，中国农业出版社，2000，第160页。

④ 王泽鉴：《民法总则》，中国政法大学出版社，2001，第153页。

⑤ 龙卫球：《民法总论》，中国法制出版社，2002，第337~338页。

否以获取盈利为主要目的；这意味着，该法人营利性行为的目的不是为了维持自身的日常运转，应付日常的开支，而是为了追求利润最大化，为了积攒利润——使该法人团体的财富越来越多。

关于第二个检验标准“法人是否向所属成员分配利润”，向成员分配利润、使其成员享受财产上的利益，是法人营利性行为的根本目的所在。但这里，需要特别强调的是，此处所指分配利润，“不限于享受盈余分配之积极的利益，如有出费之节约，亦不失为利益”。① 这意味着，向成员分配利润，不必是向成员分派股息、红利，不必是采取各种名目的现金派送，不采取形式标准；相反，这里的判断标准是实质性标准，即是否事实上使得法人的成员获得财产上的利益，不论是积极的利益增加，还是消极的利益减少，不论是直接的金钱形式的利润分配，还是以交易形式存在的、间接的利润回馈，都属于这里所称的“向其成员分配利润”。

另外，需要补充说明的是，内部决策是否采用一人一票这样“数人头”的办法、而不是采取“资本多数决”这样的“数钱”的办法，绝非判断一个法人是否具有营利性的根本标准。这二者之间并没有任何必然的联系。内部决策的具体办法和程序，很大程度上取决于团体章程的自我安排。难道说，一个合伙企业由于重大决策采取了一人一票的“数人头”的决议办法，就不再具有营利性了？或者是一个合伙企业章程里规定重大决策采取资本多数决的“数钱”的议决办法，这样的团体才有营利性？这种生拉硬拽的思维显然是有问题的。

（四）我国农民专业合作社的定位：营利性法人

明确了法人是否具有营利性的标准后，我们再回过头检视一下我国农民专业合作社的性质。

第一步判断，农民专业合作社在市场经济下是否有盈利的目的。毋庸置疑，合作社的直接目的在于服务其成员，即服务入社的农民。如何服务？根据《农民专业合作社法》第 2 条的规定，服务内容包括“提供农业生产资料的购买、农产品的销售、加工、运输、贮藏以及与农业生产经营有关的技术、信息等服务”。据此，服务有三大类：第一，买卖等主要商

---

① 史尚宽：《民法总论》，中国政法大学出版社，2000，第 143 页。

行为；第二，加工、运输、贮藏等辅助商行为；第三，技术、信息服务等再次一级辅助商行为。

合作社的根本目的是什么呢？换言之，服务农民的目的又是为了什么呢？答案很简单但常常被忽视。合作社的根本目的是为了农民增收，为了农业的发展，为了农村经济的繁荣！透过服务农民这个直接目的从而达到解决三农问题才是我国农民专业合作社法的根本目的。此根本目的决定了，合作社在服务农民的时候，必然要不以从与农民的交易中获利为目的，必然要最大程度地让利于农民！如何让利，既能够使农民增收，又能够不拖垮合作社呢？很显然，除了从会员处收取并不高昂的入会费之外，合作社要想实现其设立目的，必然要在市场上从事营利性行为，并且追求利润最大化，只有这样，合作社才能够通过与农民交易、服务农民的方式，达到使农民增收的根本目的。[①] 因此，第一步判断的结论是：合作社有持续性的经营行为，并从中获得盈利。

第二步判断，农民专业合作社是否向其成员分配利润。这一点常常成为“非营利性法人说”的论据。因为农民专业合作社的确不像公司那样将当年的可分配利润全部分配给股东，而是采取有节制的“盈余分配”。[②] 但必须看到，关于盈余分配，我国《农民专业合作社法》第 37 条明文规定，“在弥补亏损、提取公积金后的当年盈余，为农民专业合作社的可分配盈余。可分配盈余按照下列规定返还或者分配给成员。具体分配办法按照章程规定或者经成员大会决议确定：……”据此可知，合作社当年的可分配盈余应当全部分配给成员！这再清楚不过地表明了：农民专业合作社具有将其盈余（利润）分配给其成员的重要特征。

除此之外，事实上，许多合作社通过给社员优惠的价格，从而实现让

---

① 也有学者认为，农民专业合作社的利润（盈余）主要不是来自合作社的对外营业行为，而是来自于合作社与其会员的交易当中。参见米新丽《论农民专业合作社的盈余分配制度——兼评我国〈农民专业合作社法〉相关规定》，《法律科学》2008 年第 6 期，第 90 页。笔者对此观点保持高度怀疑。就笔者的实践调研以及资料收集来看，农民专业合作社大多是同一农产品种植户的联合，这意味着合作社与会员的交易几乎总是同一种性质、同一方向的（要么同时买，要么同时卖），单纯这样的交易是不可能给合作社带来多少盈余的（合作社不得从与会员的交易中牟利）；合作社只有同时对外进行交易，才可能通过双向交易获得利润（盈余），并且这也必将成为合作社的牟利的主要来源。

② 我国《农民专业合作社法》所用的词是“盈余”，区别于公司法上所使用的词“利润”。

农民获取财产利益从而增收的目的。①

综上，经过两个检验标准的测试，我国的农民专业合作社不仅具有市场营利的动机和实际行为，而且具有向成员分配利润的根本性特征，因此，可以作出结论：我国的农民专业合作社是一种营利性法人，换言之，就是一种企业法人。

这样的结论还可以获得《农民专业合作社法》许多立法规定的佐证。例如，该法第 13 条规定，“设立农民专业合作社，应当向工商行政管理部门递交下列文件……”在我国，只有企业的登记才需要向工商行政管理机关申请办理，倘若是非营利性法人的登记，则需要到民政部门去申请办理。仅此而言，农民专业合作社的企业法人性质殆无疑问。又如，该法第 48 条规定，“农民专业合作社破产适用企业破产法的有关规定……”我国《企业破产法》的适用范围很明确，那就是境内的一切企业法人，非企业法人不能适用企业破产法的规定。《农民专业合作社法》的规定是“适用”，而不是“参照适用”或“类推适用”，这再次无可辩驳地表明，我国的农民专业合作社就是一个地地道道的企业法人。由此，我们可以毫无疑虑地宣称，我国的农民专业合作社，是营利性法人，是企业法人。②

将农民专业合作社定位为营利性法人，会给立法与法律适用带来许多有益的启示。特别是在我国《农民专业合作社法》的许多规定还比较宽泛、不够细致的情况下，确立农民专业合作社的营利法人性质，可以借由营利性法人的诸多共同特质，从而有助于许多具体规则的细化。例如，农民专业合作社的公积金提取比例有无上限的问题，现行法没有明确规定，这方面完全可以借鉴《公司法》的规定，公积金提取到一定比例，就不再提取。此类需要细化的问题极多，留待后文再行探讨。

---

① 以笔者实地调研的西安市临潼区石榴产业农民专业合作社为例，他们在向农户出售生产资料时以低于市场价的价格出售，他们在收购成熟水果时，又以高于当地市场价的价格收购。这样的一正一反价差给农户带来的是实实在在的经济利益。这种使会员获得实际财产利益的做法不就是一种隐形的利润分配吗？此种让农户会员得经济实惠的做法在实践中非常普遍。

② 史尚宽先生早就断言：“购买合作社为营利法人。”参见史尚宽《民法总论》，中国政法大学出版社，2000，第 144 页。我国现有的农民专业合作社中，为农户会员提供生产资料是最普通的一种服务，当然包含了购买合作社的特质。

二　农民专业合作社财产所有权归属之思考

（一）合作社发展历程中所有权虚位带来的困扰

我国《农民专业合作社法》颁布之前，合作社财产所有权虚位的问题一直很突出。权利主体不明确，义务及责任主体也不明确。农村合作经济组织的地位和职能未能得到法律的认可和保护，不仅使得合作社在市场经济中无法以独立主体姿态与外界发生交易，而且由于名不正言不顺引发管理上的混乱（很多是由村集体或其干部代管），最终导致会员利益受损，其参与的积极性不高。为了改变这些弊端，《农民专业合作社法》第一次明确了合作社的法人地位，朝着产权明晰、强化管理、规范经营的方向上迈出了至关重要的一步。但遗憾的是，现行的《农民专业合作社法》并没有明确合作社对其名下的财产所享有的权利，究竟是一种什么性质的权利。虽然在实践中，回避该问题也不影响市场交易和财务管理，但在理论上，这个问题是不容回避的，因此，这里拟对此问题进行讨论。

（二）对现有各种观点的分析

要界定农民专业合作社产权归属，则先要明确其财产构成。农民专业合作社的财产一般由五部分组成：成员出资、经营积累（从盈余中提取的公积金）、国家财政直接补贴、他人捐赠以及合法取得的其他资产。对农民专业合作社财产的所有权归属，我国学术界主要有以下几种见解：

第一种见解是联合所有说。该说认为，财产一旦投入到农民专业合作社，则合作社就享有集体的终极所有权，成员可以通过虚拟量化比例和数量来获取利益，而财产的归属权实质上应为社员所有，这种“联合所有”是社会主义集体所有制的一种实现形式。[①]

第二种见解是多元所有说。该说认为，农业专业合作社的财产应是多元所有，它有两层含义：一是由众多数量大体均等的个人产权复合而成；

① 李长健、冯果：《我国农民合作经济组织立法若干问题研究》（下），《法学评论》2005 年第 5 期。

二是由已经集合的个人产权和集体产权复合而成。它不同于同一类主体按一定原则将各自所有的、性质相同的资源集中在一起的联合所有，是同一类主体按照一定原则，将各自所有的资源和共同所有的资源集中在一起所形成的特殊产权。①

第三种见解是社员所有说。该说认为，农业合作社的财产按比例属于各个社员所有，社员所有权的总和应是合作社财产的总和。②

第四种见解是三层所有说（社员所有、集体所有以及合作社所有）。该说认为，社员以实物、技术、劳务出资的，这类财产应归社员所有，同时公共积累也归社员所有；社员以农村土地承包经营权出资的，该财产仍归集体所有；社员出资的现金、国家财政直接补贴和社员捐赠应归农业合作社所有。③

上述观点均有值得讨论之处。第一种观点混淆了法律上的所有权与政治学上的所有制二者之间的关系。农民专业合作社作为一个法人，其财产必须要有一个明确的所有权人；集体所有，这种虚的所有权人实际上就是没有所有权人。这其实是一种旧意识形态的残余。第二种观点实际上是认为，合作社财产所有权归属等于个人专有加上共有部分。此种见解忽视了合作社作为一个法人对于财产的整合能力，合作社不同于建筑物区分所有权中的业主大会，它是一个法律实体；坚持这种多元所有说，事实上是不承认法人的实在性。这有违大陆法系民法的基本理论。第三种观点同样否认了合作社作为一个法人实体所具有的功能，将合作社的财产所有权直接划到社员名下，这等于是变相地认为社员享有的不是社员权，而是所有权，这显然是有问题的。第四种见解根据不同情形给出不同回答，看似科学合理，实则不然。因为出资形式对于所有权归属并没有决定性意义。拿集体所有权来说，集体土地所有权从来就不可能作为一个社员向企业进行的出资，能出资的也不过是集体土地使用权而已，所以，讨论集体土地所有权是否归合作社所有，本身就是一个伪问题。至于技术、劳务，由于并

---

① 谭启平：《论合作社的法律地位》，《现代法学》2005 年第 4 期。

② 应瑞瑶、何军：《中国农业合作社立法若干理论问题研究》，《农业经济问题》2002 年第 7 期。

③ 彭真明、文杰：《农业合作社的法律分析》，载王保树主编《中国商法年刊》（2006），北京大学出版社，2007，第 372 页。

非物权法上的物，因此，技术劳务不可能有什么所有权（技术可能涉及知识产权）。所以第四种观点分各别情形予以讨论，很大程度上是一种虚幻，没有把握住问题的本质。我们讨论合作社财产的所有权归属，必然是讨论其中能够成为所有权支配的物的归属，而不是其他。

（三）《农民专业合作社法》规定解读：又一个法人财产权？

如上所述，现有的几种观点均不能让人满意。还是看看《农民专业合作社》的规定。该法第 4 条第 2 款规定："农民专业合作社对由成员出资、公积金、国家财政直接补助、他人捐赠以及合法取得的其他资产所形成的财产，享有占有、使用和处分的权利，并以上述财产对债务承担责任。"从这个条文看，它规定了具体的各项权能，但没有指明该权利的属性。

从列举的各项权能看，合作社对其财产所享有的权利十分类似于公司法上规定的、公司对其财产所享有的法人财产权。《公司法》第 3 条规定，"公司是企业法人，有独立的法人财产，享有法人财产权……"而在解释上，这种法人财产权与所有权并没有实质性的区别。

既然如此，为何公司法不使用法人所有权，而是硬生生地创造了"法人财产权"这么一个新词呢？根本原因还是在于极左意识形态的干扰。

由于计划经济体制下被绝对强化了的国家所有权观念一直束缚着人们的思想，使得改革开放以后的经济学界、法学界在思考任何理论问题时，都不敢对国家所有权产生任何怀疑，始终用静止的归属意义上的所有权观念而不是发展性理论思维来对待国家所有权。不承认国家所有的财产在动态的投资过程中会发生所有权的转化，认为只要承认国家投资这一法律事实将带来国有资产所有权的转移，就是侵犯了国有资产的所有权。正是在这种理论桎梏的束缚下，20 世纪 80 年代的企业制度改革始终是在承认国家对企业财产享有绝对所有权的前提下，进行的以"所有权与经营权两权分离"为理论基础的改革。1986 年的《民法通则》第 82 条规定：全民所有制企业对国家授予它经营管理的财产依法享有经营权，这就是 20 世纪 80 年代中国国有企业改制中"两权分离"理论的立法表现，此后产生的一系列企业改革立法也都以"两权分离"为基础。但这种两权分离理论有着自身不可克服的理论逻辑缺陷。在全国的法人企业中，国家完全持股毕竟还是少数；那些混合持股的法人企业中，所有权人还是国家吗，或者是国家加上那些民营股东？那么，这是不是又意味着股东所享有的权利其实不是股东权，而是所有权呢？

可见，法人财产权这个术语的产生是因为意识形态的缘故，同时，为了避免最明显的逻辑矛盾，现行法上，公司法人的财产所有权人是不明确的，换言之，对于同一个财产集合，除了企业法人财产权之外不再有所有权人！

当然，农民专业合作社法人与公司法人相比，其权利内容少了一项收益。这其实又是源于一项误解。关于农民专业合作社实际上存在营利行为，并且必须也要有营利行为，并且其营利行为是为了积攒财富从而更加充分地输送给社员农户，从而达到使农民增收的目的，这一点在前文已经有详细论述。立法者之所以没有把“收益”权能写进法律，主要还是受“合作社是非营利法人”这种错误指导思想的束缚。公司法人对其财产享有收益的权能，也不意味着公司是为了积攒财富而积攒财富，还是为了分配给股东。不能说，公司营利行为的目的是为了分配利润给股东，所以公司不享有收益的权能，同理，合作社营利行为的目的最终还是为了使会员获得财产利益。为何，立法者又要害怕写入合作社具有“收益”的权能呢？

总而言之，《农民专业合作社法》关于合作社财产归属的规定非常模糊，仅仅规定了占有、使用、处分的权利，没有明确此种权利是否为所有权。从公司法相关解释以及合作社具备法人资格这两点来理解，合作社对其管理的财产享有的应该是一种“有一定限缩的”法人财产权。

（四）反思与建议：回归法律

法人财产权这种变通的创造解决不了所有权人虚位的问题。虽然在生活实践中，不提所有权人也不会妨碍日常交易，但作为一个理论问题，合作社财产所有权人到底是谁，这是无法回避，绕不过去的。

孙宪忠教授提出，应当以经典的法人所有权理论代替法人财产权的提法。[①] 我们认为，这一见解是科学合理的。法人所有权理论的基本含义是：会员（股东或社员）将其资产转移给法人，由法人对这些受让的财产享有

① 孙宪忠：《争议与思考——物权立法笔记》，中国人民大学出版社，2006，第239页。

所有权；这种所有权与民法上的自然人享有的所有权并没有本质的差异，它主要是直接支配并排除他人干涉的权利，主要体现为占有、使用、收益和处分四项权能；会员则享有股权或社员权，这种股权或社员权既不是物权也不是债权，而是有其自身独特内容的权利，一般包括自益权和共益权。根据法人所有权理论，农民专业合作社财产的所有权归属就非常清晰和明确，所有权人只能是合作社法人，它跟集体所有制或集体所有权是八竿子也打不着的关系。[①] 与此同时，加入合作社的会员享有的是社员权，社员对盈余分配、公共积累分配的请求权都是源于社员权。

让法律的归法律，政治的归政治。法人财产的所有权归属是一个法律问题，必须本着科学的态度在法律的框架内加以探讨。那种带有强烈意识形态有意曲解法律、甚至不惜撕裂法律内在逻辑“创造”法律的做法，不是一种实事求是的科学态度。农民专业合作社仅仅是从事某一特定农产品生产或服务的农户自愿加入的团体，合作社仅仅是他们的合作社，不是任何宽泛意义上的“集体”的合作社。说农民专业合作社是公有制的体现形式那是彻头彻尾的罔顾事实，农民专业合作社就是一个农民合作性组织，就是一个民法上的私法人；团体法人对成员出资、公积金、国家财政直接补贴[②]、他人捐赠以及合法取得的其他资产所形成的财产享有清清楚楚的法人所有。

---

① 按照现在通行教科书的说法，集体财产所有权是指“共同劳动、共同分配的劳动群众集体经济组织”的所有权。对此，孙宪忠教授的质问相当尖锐有力：“现实中，那种‘共同劳动、共同分配的劳动群众集体经济组织’在哪里呢？”参见孙宪忠《争议与思考——物权立法笔记》，中国人民大学出版社，2006，第 327 页。

② 根据《农民专业合作社法》第 46 条的规定，国家财政直接补贴所形成的财产在合作社解散、破产清算时，不得作为可分配剩余资产分配给成员。此条规定并不能成为否认合作社法人对这些财产享有所有权的理由。最多可以说，这是一些有特定条件限制的所有权。

专题十一
集体建设用地使用权研究

引　言

集体建设用地使用权，是一项设定在农民集体所有的土地之上的使用权。对这些权利的称谓，即使是严肃的立法有时也不能采用一致的提法。有时该权利被称为“乡镇建设用地使用权”，有时该权利被称为集体建设用地使用权。

虽然在立法上的称谓，看起来与国有建设用地使用权制度相对应；但是从我国现实情况看，该权利不论在哪一方面都不能与国有建设用地使用权相提并论。当前的国家法律不仅仅没有许可集体建设用地使用权进入市场机制，而且事实上哪怕是一般的对于该项权利的民事处分，在法律上都不被许可。甚至在立法上我们还可以发现，《物权法》之前民事立法，对集体建设用地使用权采取的都是承认并加以规范的态度，但在《物权法》的立法中，由于对集体建设用地使用权制度存在较大的争议，有关这一基本的民事权利却没有规定。对集体建设用地使用权的承认和保护，农村基层政权和地方政府之间、政府和农民个人之间都还存在着很大争议。

如何理解现行法律对于集体建设用地使用权功能的予以确定的法律政

策？从农民的期待和政府方面的贬低甚至是压抑，我们也许能够明白很多。显然，在主导这种权利立法的各种思想中，“传统社会主义”法学关于国有权利、集体权利、个人权利不予平等保护的理念应该说还发挥着相当作用。在这种思想指导下，集体建设用地使用权不能依据权利人的意志自由转让和处分，要实现集体建设用地使用权的流转和增值，其前提条件是将集体建设用地变性为国有建设用地，即从立法上肯定了国有建设用地应当享有更高一层次的权利。这种立法上对农村土地权利的限制，与中央精神是不符合的，如果不能解决这一思想认识问题，农村改革的进一步深化和发展将存在不可回避的制度障碍。

虽然土地的集体所有权和国家所有权是土地公有制的两种基本表现形式，但在立法政策上，集体土地所有权从来就没有取得过与国家土地所有权平等法律地位。这导致现实社会中集体所有的权利经常受到国家权利的侵害，对集体权利的这种侵害在相当一部分人的心目中却具有天然的正当性。这种情况也折射在集体建设用地使用权的制度设计之中。因此，对集体建设用地使用权的研究，已经超出民事法律规范的范畴，它与意识形态有着不可分割的联系。

集体建设用地使用权是我国现行的一项重要的土地物权制度，该制度从新中国成立以来一直存在，对维护我国农村地区的稳定，促进乡镇企业的发展曾经带来了积极而深远的影响。随着我国城市化进程的加快，市场经济的逐步深化，土地物权的进一步明晰，深入研究和系统梳理集体建设用地使用权制度，使其与我国经济、社会、文化的发展相适应，发挥其在促进生产和构建和谐社会中的应有作用，既是历史和现实对我们的迫切要求，无疑也与党的十七届三中全会精神相符。

本专题通过对集体建设用地使用权基本理论的探讨，明确了集体建设用地使用权的分类、基本构成和立法价值趋向；通过历史梳理方法，清晰了集体建设用地使用权制度的历史发展和演化；通过比较集体建设用地使用权与国有建设用地使用权的异同，对这两种划分方式的科学性有了一定的认识；专题研究中，还对集体建设用地使用权在现实社会中存在的问题进一步的进行了深入探讨，指出与我国社会现实脱节的方面；通过对集体建设用地使用权不能与国有建设用地使用权平等的进入市场现象的剖析，进一步了解了立法中对集体建设用地使用权歧视的根本原因；本专题还通过总结我国集体建设用地使用权地方立法经验，提出了完善我国农村集体建设用地使用权制度的立法建议。

一　概述

（一）基本概念、特征及分类

1. 集体建设用地使用权的概念

集体建设用地使用权是指集体建设用地使用权人为建造建筑物、构筑物及其附属设施而对农民集体所有的土地享有的占有、使用和收益的权利。从广义的角度来说，集体建设用地使用权应当包括宅基地使用权。因为《物权法》已经将宅基地使用权作为一类单独的物权予以规范，本文研究的范围不包括宅基地使用权。

从集体建设用地使用权的权利属性上看，它属于用益物权。所谓用益物权，是指权利人对他人所有的不动产或者动产，享有占有、使用和收益的权利，比如土地承包经营权、建设用地使用权、宅基地使用权。[①] 2007年制定的《物权法》第三编第十二章用益物权中，明确规定了此种权利类型。需要说明的是，《物权法》中有关建设用地使用权的规定，主要规范的是国有建设用地使用权。对于将集体所有的土地作为建设用地的，该法第151条明确规定，应当依照《土地管理法》等法律规定办理。《土地管理法》中有关集体建设用地使用权的第11条第2款规定：农民集体所有的土地依法用于非农业建设的，由县级人民政府登记造册，核发证书，确认建设用地使用权。

但是，《物权法》为什么没有明确规定这一权利类型，更没有反映其内容特征，这一点在立法上留下了争议。

2. 集体建设用地使用权的特征

所谓集体建设用地使用权的特征，是指集体建设用地使用权所具有的独有属性。目前，我国乡镇建设用地普遍存在，从其实践意义看，集体建

① 该定义来源于我国的立法解释，参见《中华人民共和国第十届全国人民代表大会第五次会议文件汇编》，人民出版社，2007，第170页。

设用地使用权是一种非常重要和典型的民事权利和财产权利。依据法学原理，我们可以将集体建设用地使用权的特征归纳如下：

（1）集体建设用地使用权是存在于集体所有的土地之上的物权。集体建设用地使用权的客体是特定农民集体所有的土地。集体建设用地使用权是对集体所有的土地设定的权利。

（2）建设用地使用权的权利人取得权利的目的在于从事建筑物、构筑物及其附属设施的建设或者修造。这里的建筑物、构筑物及其他附属设施，一般有乡镇集体企业、乡村学校、养老院等，同时当然也包括土地上下建筑的其他房屋及其他设施，比如桥梁、沟渠、铜像、纪念碑、地窖等。参照《物权法》关于国有建设用地使用权的规定，以及《土地管理法》的规定，建设用地使用权的权利应当包括自然人、法人对于已经建造完毕的建筑物、构筑物及其他附属设施所占用的土地的权利。

（3）集体建设用地使用权是依据《土地管理法》规定的权利设立制度确定的。这与国有建设用地使用权的确立依据是《物权法》有很大不同。集体建设用地使用权人取得权利是遵循有偿原则还是无偿原则，法律没有明确规定，但从实际情况看，应该即存在有偿取得的情况，也存在无偿取得的情况。

（4）集体建设用地使用权是一种流通性受到很大限制的权利。目前的法律基本上都规定，该权利通常不可以进入交易机制由权利人自由处分。严格来说，集体建设用地使用权是《物权法》制定过程中故意回避的一种物权，关于集体建设用地使用权制度的具体规定，现行立法并未进行明确的规定，在很多方面处于立法真空的范围。

3. 集体建设用地使用权的分类

依据我国《土地管理法》的规定，集体建设用地使用权按照其用途的不同，大致可以分为四类，分别是：

（1）住宅类集体建设用地使用权。

所谓住宅类集体建设用地使用权，是指将集体建设用地用于建造住宅，供人居住的一种集体建设用地使用权。此处的住宅建设用地使用权与《物权法》上规定的住宅建设用地使用权不一样，亦非《物权法》规定的宅基地使用权。《物权法》中规定的住宅建设用地使用权，其建设用地的性质为国有土地而非集体土地。《物权法》中规定的宅基地使用权，其权利主体必须为集体成员，而不能是非集体成员。住宅类建设用地使用权的法律依据是国家土地管理局1995年发布的《确定土地所有权和使用权的若干规定》。该规定第48条明确：非农业户口居民（含华侨）原在农村的宅基地，房屋产权没有变化的，可依法确定其集体土地建设用地使用权。房屋拆除后没有批准重建的，土地使用权由集体收回。

（2）乡镇企业类集体建设用地使用权。

所谓乡（镇）企业类集体建设用地使用权，是指将集体建设用地用于开办乡镇企业的一种集体建设用地使用权。《土地管理法》第60条规定：农村集体经济组织使用乡（镇）土地利用总体规划确定的建设用地兴办企业或者与其他单位、个人以土地使用权入股、联营等形式共同举办企业的，应当持有关批准文件，向县级以上地方人民政府土地行政主管部门提出申请，按照省、自治区、直辖市规定的批准权限，由县级以上地方人民政府批准；其中，涉及占用农用地的，依照本法第44条的规定办理审批手续。按照前款规定兴办企业的建设用地，必须严格控制。省、自治区、直辖市可以按照乡镇企业的不同行业和经营规模，分别规定用地标准。

（3）乡（镇）村公共设施类集体建设用地使用权。

所谓乡（镇）村公共设施类集体建设用地使用权，是指将集体建设用地用于乡镇村公共设施建设的一种集体建设用地使用权。《土地管理法》第61条规定：乡（镇）村公共设施建设，需要使用土地的，经乡（镇）人民政府审核，向县级以上地方人民政府土地行政主管部门提出申请，按照省、自治区、直辖市规定的批准权限，由县级以上地方人民政府批准；其中，涉及占用农用地的，依照本法第44条的规定办理审批手续。

（4）乡（镇）村公益事业类建设用地使用权。

所谓乡（镇）村公益事业类集体建设用地使用权，是指将集体建设用地用于乡镇村公益事业建设的一种集体建设用地使用权。《土地管理法》第61条规定：乡（镇）村公益事业建设，需要使用土地的，经乡（镇）人民政府审核，向县级以上地方人民政府土地行政主管部门提出申请，按照省、自治区、直辖市规定的批准权限，由县级以上地方人民政府批准；其中，涉及占用农用地的，依照本法第44条的规定办理审批手续。

（二）制度历史：发展和演化

农村中用于非农业用途的土地，也即现在所称的集体建设用地，即使不包括大家熟悉的宅基地，也是自古就有，并从封建社会一直延续到今天。即使后来经过多次政治运动，这种土地也没有从现代中国消失过。但是，“集体建设用地使用权”这个称谓，当然仅仅出现于社会主义国家阶段，而且此一称谓不仅是不动产物权的一种表现形式，更多地表现为意识形态领域的一种政治概念，具有一定的政治含义。要理解这种权利的本质，就有必要理解其演化的历史。我们主要从社会主义民主政权建立、发展、演变的角度，对集体建设用地使用权制度的产生和发展作一回顾。

从总体上来说，集体建设用地使用权萌芽于新中国成立伊始，在改革开放后的20世纪80年代逐步确定，并在20世纪90年代以后获得了显著的发展，成为一项独立的不动产物权。

新中国成立伊始的1949年，全国尚有近3亿人口的地区没有实现土地改革，为了完成这一规模空前的消灭封建土地制度的斗争，1949年冬开展了土地改革运动。[①] 到1952年冬，除台湾省和一部分少数民族地区以外，全国的土地改革基本结束，使3亿无地或少地的农民分得了约7亿亩土地和其他生产资料。[②] 在土地改革进行之中的1950年，中央人民政府委员会通过的《土地改革法》中体现了我国社会主义法律对待集体建设用地的基本态度，该法中的很多条款涉及集体建设用地。1953年，代表农村土地制度变迁的农业合作化运动正式启动，并很快完成了从初级社向高级社的转变。1956年底，对农业的社会主义改造基本完成，这标志中国普遍的农村高级社的建立。[③] 从民法的角度看，当时所建立的合作社，初级社其实只是合伙，农民个人的所有权没有改变；而高级社则是法人性质，农民个人的所有权演变成为股权性质的权利，所有权为合作社取得。之后建立的人民公社，才彻底地涤除了农民个人的民事权利。高级合作社里实现了合作社所有权制度，合作社的社员集体成为所有权人，他们按照社员的身份，

---

① 宋志红：《集体建设用地使用权流转法律制度研究》，中国人民大学出版社，2009，第7页。

② 《邓小平文选》第3卷，人民出版社，1993，第399页。

③ 孙宪忠：《争议与思考——物权立法笔记》，中国人民大学出版社，2006，第453页。

平等地享有“共同劳动、共同分配”的权利，合作社按照成员自治的原则，对合作社的经营进行自我管理。[①] 1958 年，全国开展了人民公社化运动，冲破了原来以高级社为单位的，集体所有、集体使用的土地制度，土地等生产资料实行公有化、全民化，可以在公社甚至全县范围内任意调用。[②] 从民法的角度看，人民公社制度实质上否定了高级社时期基本确定为“合作社所有权”的民事权利，实际上将农民地权收并为地方政府所有或者国家所有。[③] 在人民公社时期，特别是大跃进前后，农村建立起了一大批的社队企业，同时建立起了学校、乡村医院等公益性设施，并进行了大规模的水利工程建设，这些活动都占用了农村的大量建设用地。

如果我们仔细研究一下此时出现的建设用地的权利状态，我们就会发现，在人民公社时期，人们普遍认为使用这类土地的人并不具有独立于“集体”的主体人格，因而在这类土地上并不存在独立于“集体”的支配意志，即这类建设用地的使用都看成直接以集体单一的意志为基础进行的，并将这类建设用地使用权看成抽象的“集体”使用土地的方式。因此，在形态上集体建设用地使用权也并没有被看成一类独立于集体土地所有权的土地物权，实践中也并没有使用建设用地使用权的称谓。可以说，这样的一种认识基本上是与当时的土地利用状况相符合。对于公共性的建设用地，特别是道路、水利设施等公共用地，它们处于公社（生产队、村民小组）之内的集体成员的共有共用状态。对于学校、乡村医院等占用的建设用地，虽然在外观上学校与乡村医院在相对独立的占有与使用，但是由于学校、乡村医院的主体资格在当时得不到彰显，所以它们独立的支配这类土地的意志也没有完全从“集体”的意志中分离出来。对于社队企业所占用的建设用地使用权，由于社队企业作为法律关系客体的所有状况与集体土地所有的状况具有同质性，企业也没有被看成主体意义上独立的“法人”，所以社队企业使用建设用地的权利也没有真正独立。总体而言，在这一时期并没有形成真正独立于集体土地所有权人的建设用地使用权人，也并没有形成独立于所有权意志之外的独断性支配建设用地的意志，

① 孙宪忠：《争议与思考——物权立法笔记》，中国人民大学出版社，2006，第 460 页。

② 宋志红：《集体建设用地使用权流转法律制度研究》，中国人民大学出版社，2009，第 9 页。

③ 孙宪忠：《争议与思考——物权立法笔记》，中国人民大学出版社，2006，第 455 页。

使用建设用地的权利并没有达到限制所有权与排斥任何人的效果，即建设用地使用权并没有完全形成。但是，同时我们也注意到学校、乡村医院、社队企业对建设用地的占有与使用已经日益独立于“集体”对农地的共同占有与使用，日益区别于农民对宅基地的占有与支配，随着学校、乡村医院与社队企业的独立运作与经营，随着建设用地使用者在主体性方面的加强，它们在外观上对建设用地的独立支配性的不断强化，一种独立于所有权的土地物权正在趋于形成。[①] 1962 年，中国共产党第八届中央委员会颁布的《农村人民公社工作条例（修正草案）》中，才第一次明确了农村集体建设用地的管理程序和权限。因此，从总体上说，从新中国成立伊始到人民公社时期，集体建设用地使用权作为一种物权正处在一种模糊的萌芽状态。

文化大革命开始以后，我国基本处于法律虚无状态，有关集体建设用地使用权的法律规制自然也无从提起。到了改革开放初期，农民集体为了兴办乡镇企业、进行公益性建设进行着自行将本村的农地转为建设用地的实践。当时既没有土地管理部门也没有相关法律法规对这类行为进行管理，这样的使用集体土地进行建设的实践处于一种自然发展阶段。在这一时期，全民所有制企业、城市集体所有制企业同农业集体经济组织共同投资举办的联营企业使用集体建设用地的实践以及乡（镇）办企业使用集体建设用地的实践，在主体形态方面与主体意志对建设用地的支配方面，都强化了建设用地使用权与集体土地所有权相分离的主体因素与意志因素。从外观上看，使用集体土地的“人”不再是原来“集体”，而且这些使用集体土地的人具有不同于“集体”的使用土地的意志。与集体异质的“人”以及与集体分离的支配意志表明了建设用地使用权与集体土地所有权的分离日益明显。最终，在集体土地所有权上形成了一个独立于集体的清晰的权利支配状态。

国家土地所有权与建设用地使用权的分离，宅基地使用权、农村土地承包经营权与集体土地所有权的分离，都对集体建设用地使用权与集体土地所有权的分离起到了引导与推动作用。虽然乡镇企业可以采取租用集体

---

① 袁震：《中国农村土地物权制度研究》，中国社会科学院民商法专业 2008 年博士学位论文。

土地的方式使用集体所有的土地，但是，在实践中大量的乡镇企业都没有这样做。在传统社队企业向乡镇企业的改制过程以及新的乡镇企业的创办过程中，乡镇企业在获得独立的法人人格过程中也相应获得了长期而稳定的建设用地使用权，这些土地使用权有些是存在30年、50年的期限，有些是根本没有期限甚至带有永久性。学校、医院等乡村公益机构在获得独立权利能力后，也几乎是取得了没有期限的长期土地使用权。这说明在改革开放后，集体土地上正在缓慢生长出集体建设用地使用权。

1986年《土地管理法》虽然主要是从政府对土地进行管理角度对土地制度作出的规定，但其中很多内容都涉及农村土地物权。该法第36条许可了农业集体经济组织按照协议将土地的使用权作为联营条件与全民所有制企业、城市集体所有制企业建立联营企业，第39条第2款规定“乡（镇）办企业建设使用村农民集体所有的土地的，应当按照省、自治区、直辖市的规定，给被用地单位以适当补偿，并妥善安置农民的生产和生活”。这些规定实际上是对集体建设用地使用权的初始设立（出让）作出了规定，即通过联营的方式或者通过补偿、安置农民的方式而设立集体建设用地使用权。1986年的《土地管理法》规定集体经济组织、乡镇企业可以获得乡镇企业建设用地；农民集体可以为乡村公共设施建设、公益事业建设设立建设用地使用权。同时，《土地管理法》为建设用地使用权的初始设立设置了一个必须经过相关人民政府的批准的前提[①]。在实践上，乡镇政府、村委会作为土地管理者或者代行主体，从实现自身可控资源效益最大化出发，大办乡镇企业，推动了集体建设用地使用权的广泛设立。从总体而言，改革开放后至20世纪80年代中后期（1988年以前），农村集体建设用地使用权已经基本从集体土地所有权上独立出来，集体建设用地使用权初始设立的规则也已经初步形成。[②]

20世纪80年代末至90年代中后期是集体建设用地使用权充分发展的时期。1988年《宪法》修订，明确规定“土地使用权可以依照法律规定转让”。1982年《宪法》第10条关于“任何组织和个人不得侵占、出租

---

① 1986年《土地管理法》第39条规定：乡（镇）企业需要建设用地必须向县级人民政府土地管理部门提出申请，并经过县级人民政府批准。第40条规定，乡（镇）村公共设施、公益事业建设，需要使用土地的，经乡级人民政府审核，报县级人民政府批准。

② 袁震：《中国农村土地物权制度研究》，中国社会科学院民商法专业2008年博士论文。

或者以其他任何形式转让土地”的规定被废止。1988 年《土地管理法》修订，其第 2 条明确规定“国有土地和集体所有土地的使用权可以依法转让。土地使用权的转让办法，由国务院另行规定”。这些规定，虽然一般理解为适用于国有土地使用权，但是如果将这些法律制度适用于集体建设用地使用权，法律却也没有明文禁止。

国有土地使用权与国有土地所有权分离的形成要早于集体土地使用权与集体土地所有权的分离，随着城市中的土地普遍归国家所有，国有土地使用权与国有土地所有权的分离就已经形成。20 世纪 80 年代初期，国有土地有偿批租、出让的试点在不断推动国有土地使用权制度有偿出让与转让制度建立与完善。[①] 在国有土地有偿使用权制度的试点在全国范围内广泛展开，并取得了广泛经验的基础上，1990 年国务院颁行了《城镇国有土地使用权出让和转让暂行条例》和《外商投资成片开发经营土地暂行管理办法》，建立起了完整的国有土地使用权设立与变动的制度。在国有土地使用权日趋完善的同时，集体土地用于建筑开发、工业使用的现象在经济发展较快的地区出现并获得广泛的发展，江苏、浙江、广东等地的发展尤为迅速。此时，土地的使用人已不是集体经济组织、抽象的集体而是农民“集体”以外的其他人，建设用地使用权已经完全处在独立的建设用地使用权人的意志支配之下。由于国务院一直没有出台涉及集体建设用地使用权出让与转让的相关规定，发达地区的地方性法规与规定对集体建设用地使用权问题进行了规范。1990 年海南省公布的《海南经济特区土地使用权有偿出让和转让规定》，是较早的对集体建设用地使用权的设立与流转进行规定的地方性法规。该《规定》第 54 条规定：集体所有土地使用权……用于非农建设的……可由村民委员会或农业集体经济组织作为与其他单位或个人共同投资举办企业的联营条件。

---

① 1979 年实施的《中外合资经营企业法》规定：国有土地可以依法交给合资企业使用。此后，深圳市、抚顺市、广州市、温州市以及上海、北京等地都开始了土地用地使用权有偿使用的试验。1987 年，国务院批准了国家土地管理局等部门的报告，确定在深圳、上海、天津、广州、厦门、福州等城市进行土地使用权制度的改革试点。在试点过程中，深圳市率先采取了通过协议、招标和拍卖方式出让国有土地使用权，并获得了广东省人大常委会的认可（1987 年 12 月 29 日，广东省第六届人大常委会第三十次会议通过了《深圳经济特区土地管理条例》）。

但是，全国范围内规范集体建设用地使用权出让、转让的规则始终没有最终形成。国有建设用地使用权的出让与转让规则的完善成为我国市场经济体制发展的重大标志，但是这些制度一直没有能够扩展到集体土地使用权方面。虽然实践中集体建设用地的出让与转让在一些地方非常普遍，但是法律规则却一直尚付阙如。虽然法律并没有禁止在集体土地上设立建设用地使用权，但是同样也没有大张旗鼓地许可这样做。这样，就导致集体土地使用权的设立与转让缺乏可操作的规则，相关实践实际上处于一种混乱的状态。①

1993 年召开的中国共产党第十四届三中全会确立了国家垄断城镇土地一级市场的土地政策，其通过的《中共中央关于建立社会主义市场经济体制若干问题的决定》指出："我国地少人多，必须十分珍惜和合理使用土地资源，加强土地管理，切实保护耕地，严格控制农业用地转为非农业用地，国家垄断城镇土地一级市场。"② 1994 年制定、1995 年实施的《城市房地产管理法》以法律的形式贯彻了国家垄断城镇土地一级市场的土地政策，国家垄断城镇土地一级市场的法理基础是国家对城镇土地所拥有的所有权。由于只有国家拥有城镇建成区③的国有土地使用权，因此也只有国家才能以土地所有权为基础出让国有土地，在国有土地上设立建设用地使用权，所以，国家垄断城镇土地一级市场的政策本是城镇建成区土地属于国家所有的逻辑结果。国家垄断城镇土地一级市场本来并不涉及集体建设

① 袁震：《中国农村土地物权制度研究》，中国社会科学院民商法专业 2008 年博士论文。

② 中国共产党第十四届中央委员会第三次全体会议 1993 年 11 月 14 日通过的《中共中央关于建立社会主义市场经济体制若干问题的决定》指出："规范和发展房地产市场。我国地少人多，必须十分珍惜和合理使用土地资源，加强土地管理。切实保护耕地，严格控制农业用地转为非农业用地。国家垄断城镇土地一级市场。实行土地使用权有偿有限期出让制度，对商业性用地使用权的出让，要改变协议批租方式，实行招标、拍卖。同时加强土地二级市场的管理，建立正常的土地使用权价格的市场形成机制。通过开征和调整房地产税费等措施，防止在房地产交易中获取暴利和国家收益的流失。控制高档房屋和高消费游乐设施的过快增长。加快城镇住房制度改革，控制住房用地价格，促进住房商品化和住房建设的发展。"

③《城市房地产管理法》适用范围为城镇规划区内的国有土地，这是《城市房地产管理法》第 2 条明确规定的。该条内容为："在中华人民共和国城市规划区国有土地（以下简称国有土地）范围内取得房地产开发用地的土地使用权，从事房地产开发、房地产交易，实施房地产管理，应当遵守本法。"

用地使用权的设立，但是在实践中国家垄断城镇土地一级市场的制度与不完善的征地制度结合在了一起，国家垄断城镇土地一级市场的制度被逐步泛化为国家垄断土地一级市场的制度。① 国家垄断城镇土地一级市场制度在实践中泛化后，城市规划区扩展到哪里，政府征收也就相应地扩展到哪一区域，城市规划异变为了政府取得集体所有土地的公法尺度。国家垄断城镇土地一级市场制度的泛化严重影响了集体建设用地使用权这一物权制度的发展。在地方政府可以通过规划、征收、出让的途径既满足城市建设用地的需要，又可以获得巨额的土地出让款的情况下，集体建设用地使用权的发展处于相对停滞的状态。

1998 年《土地管理法》颁布以后，我国的集体建设用地使用权仍在实践中发展。1998 年的《土地管理法》在集体建设用地使用权的设立与流转方面态度比较矛盾。首先，它强化了国家垄断土地一级市场的制度，其第 43 条要求"任何单位和个人进行建设，需要使用土地的，必须依法申请使用国有土地"，但是同时其第 43 条但书部分又为集体建设用地使用权的设立留了一个口子，即"兴办乡镇企业和村民建设住宅经依法批准使用本集体经济组织农民集体所有的土地的，或者乡（镇）村公共设施和公益事业建设经依法批准使用农村集体所有的土地的除外"，其第 60 条与第 61 条也为集体土地用作乡镇企业用地、公共设施于公益事业用地设立了可操作的行政审批手续。由于乡镇企业是一个外延极其宽泛而内容极其不确定的概念，集体建设用地使用权的设立在现实的运作中就具有了广泛的空间。但是，为了贯彻国家垄断土地一级市场制度，《土地管理法》又规定了一个与第 43 条但书部分以及与第 60 条与第 61 条含义完全相反的第 63 条，该条规定"农民集体所有的土地的使用权不得出让、转让或者出租用于非农业建设；但是，符合土地利用总体规划并依法取得建设用地的企业，因破产、兼并等情形致使土地使用权依法发生转移的除外"。在理解上，只有

① 《城市房地产管理法》的适用范围虽然为城镇规划区内的国有土地的出让与转让，但该法第 8 条关于："城市规划区内的集体所有的土地，经依法征用转为国有土地后，该幅国有土地的使用权方可有偿出让"的规定，在实践中被普遍理解为了集体土地上不得设定建设用地使用权，只有被依法征用为国有土地后才能设定建设用地使用权，并由此导致国家垄断城镇土地一级市场的制度在操作中开始被泛化为国家垄断所有土地一级市场的制度。

将第43条但书的规定理解为第63条所谓的“农民集体所有的土地的使用权不得出让、转让或者出租用于非农业建设”的例外，即将兴办乡镇企业和村民建设住宅以及乡（镇）村公共设施和公益事业建设中集体建设用地使用权的设立与流转作为第63条的例外规定，才能使《土地管理法》在体系上保持一致，也才能符合立法的本意。综上，笔者认为1998年《土地管理法》在集体建设用地使用权的设立与流转方面态度相当矛盾，它一方面允许集体建设用地使用权的设立，另一方面又尽量限制集体建设用地使用权的设立。

对于1998年的《土地管理法》为什么没有对集体建设用地使用权地流转作出详细的规定，时任国土资源部政策法规司司长的甘藏春在谈到1998年的集体建设用地使用权立法时曾指出：“1998年《土地管理法》的修改过程中曾经考虑集体建设用地使用权的流转问题。但是由于没有试点没有取得经验，怕乱，所以全国人大常委会讨论的时候，确定先不动。还有一个担心，就是怕冲击国有土地市场。此外，还担心乡镇干部趁此中饱私囊等行为。最后把集体土地流转的内容统统砍掉了，只剩下一条，即符合土地利用总体规划并依法取得建设用地的企业，因破产、兼并等情形致使土地使用权发生转移的农民集体所有权建设用地可以流转。”① 在1998年《土地管理法》颁布后，我国农村建设用权处在了由国土资源部、地方政府共同推动发展的阶段，集体建设用地使用权制度的完善进入了一个逐渐积累经验，再稳步立法完善的发展阶段。在这一时期，各地陆续开展了集体建设用地使用权的设立与转让的探索，并积累了大量的经验与立法素材。

为了给建设用地使用权制度的建立积累经验，国土资源部自1998年以来，先后批准全国近三十多个地区开展建设用地使用权流转②的试点，也

---

① 国土资源部政策法规司等编《创新与发展——农民集体所有建设用地使用权流转芜湖试点经验》，地质出版社，2003，第202～203页。集体建设用地使用流转是一个非常宽泛的概念。由于集体土地所有权主体可以将集体土地出租用于非农建设，也可以通过设定物权性的建设用地使用权的方式将集体土地用于非农建设，因此，建设用地流转这一概念下包含了集体所有的土地出租用于非农建设以及物权性的建设用地使用权设定、变动以及其出租等问题。

② 流转是一种习惯性的说法。试点地区集体建设用地使用权的流转更是一种最广义的说法，它基本涵盖了集体土地通过各种途径用于建设用途，包括集体土地的出租与转让，建设用地使用权设定、转让、抵押、出租等，宅基地使用权的流转等。

积累了很多的经验。1999 年经国土资源部批准，安徽省芜湖市首先在 5 个镇进行集体建设用地流转封闭运行试点，后经报请省国土资源厅同意并报国土资源部备案，将流转试点扩大到 14 个镇。在芜湖试点的基础上，国土资源部 2001 年又增加了上海、深圳、杭州、苏州、安阳等城市作为流转试点。2001 年，国土资源部在苏州和安阳先后召开了两次土地制度创新座谈会，明确了无论是否属于国家正式确定的试点地区，都可以进行集体建设用地流转试点，并且鼓励深入研究，扩大试点和公开讨论。此后，中山、大连、上海、东莞、江门、临沂、安徽、南京、池州等很多地方都颁布了集体建设用地使用权流转管理的文件，开始了集体建设用地使用权流转的试点。2004 年，国务院《关于深化改革严格土地管理的决定》颁布实施，从政策上进一步允许了集体建设用地进入市场流转，它规定“在符合规划的前提下，村庄、集镇、建制镇中的农民集体所有建设用地的使用权可以依法流转”。这个文件的意义十分重大，它说明我国的最高决策层已经认识到建立集体建设用地使用权、恢复农民地权民事属性的重要意义。广东省于 2005 年颁布的《广东省集体建设用地使用权流转管理办法》推动与规范集体建设用地在广东省的设立与流转，该管理办法于 2005 年 10 月 1 日实施。该管理办法明确规定，农村集体建设用地使用权与国有建设用地一样，按“同地、同价、同权”的原则，使用权可上市流转（出让、转让、出租和抵押），通过招标、拍卖等方式进行土地交易。国务院关于 2005 年深化经济体制改革的意见中明确指出，进一步研究探索农村集体建设用地使用权进入市场的途径。目前伴随着重庆、四川成都等地区城乡统筹改革试验的推进，集体建设用地使用权制度在进一步向前发展。

从民法的视角来看，在农村土地上进行建设可以采取土地租赁或者设立物权性土地使用权的方式。除了城市规划与土地的用途管制之外，进行土地租赁应当属于契约自由的范畴，集体土地所有权人可以依法将符合城乡规划的土地出租用于非农建设。而物权性的建设用地使用权的设立应当由物权法及其相关的法律规范来调整，贯彻物权法定原则。但是由于《物权法》颁布以前的全国性民事立法甚至《物权法》都没有对集体建设用地使用权作出明确的规定，集体建设用地使用权在实践只能按照习惯性做法与地方法规、规章的规定进行设立与流转。总之，改革开放以来，农村进行工业化与城镇化的现实需要促成集体建设用地使用权作为一种物权在农村土地上成长起来，但是目前依然缺乏全国范围内统一的法律规范。《物权法》对于集体所有的土地用作建设用地在第 151 条作了原则性规定："集体所有的土地作为建设用地的，应当依照土地管理法等法律规定办理。"这说明《物权法》希望借助土地管理法等法律来实现对集体建设用地使用权的界定，完成对集体建设用地使用权进行立法规范的任务。从现实的角度出发，集体建设用地使用权的设立、变动的相关规则急需在总结经验的基础上建立。[①]

集体建设用地使用权是适应农村发展的需要而产生的一种农村土地物权。农村中除了要发展传统的农业，解决农民的生活与住房问题外，还需要进行公共设施建设、公益事业建设，并大力发展工商业。发展公益事业和工商业都需要独立的，用于建设用途的土地权利为基础。[②] 虽然集体土地的租赁，也能在一定程度上解决农村现代化发展中的建设用地需求，但是保有建筑物的长期需要促使使用权人倾向于选择更加稳定的土地权利。这样，集体建设用地使用权这一物权就应运而生并将长期存在。由于农业的夕阳产业与弱质产业的性质，单纯的发展农业难以有效的达到实现农村现代化与工业化的目的。农村主要以农业为收入来源的地区在实现温饱后，增收困难就说明了这一点。在最先实行土地承包的安徽凤阳小岗村，由于未能够及时通过设立集体建设用地使用权以发展工商业，在解决温饱问题后，很长时间都没有跨入富裕的行列。很多地方的实践也证明集体建设用地使用权的设立等方式是推动农民的现代化是一条重要路径。农村的真正现代化不能仅仅依赖于农业的发展，工商业与第三产业的相对发达也是不可缺少的要素，要满足这一点，就必须有集体建设用地使用权这一独立的物权形态。中国东部地区特别是广东地区集体建设用地使用权的设立对经济发展所起的促进作用也充分地说明了这一点。由于我国法律没有确立起完善的集体建设用地使用权制度，而且事实上又对集体建设用地使用权的设立与流转进行了限制，集体建设用地使用权应有的作用在实践中并没有完全发挥出来。集体土地所有权制度的缺陷与行使中存在的问题以及

① 袁震：《中国农村土地物权制度研究》，中国社会科学院民商法专业 2008 年博士论文。

② 通常情况下，农村的公共设施所有权人与土地所有权人是同一的，不需要单独设定集体建设用地使用权，以集体土地所有权为基础进行就可以满足此种需要，但是，在多种投资主体共同投资进行公共设施建设的情况下，集体建设用地使用权的设定就成为必须。

公权力的过度干涉，也不同程度上影响了集体建设用地使用权功能的发挥。[①] 因此，在立法上确认与完善集体建设用地使用权制度以促进农村的进一步发展是我国的当务之急。

二　权利取得以及转让的现行制度

（一）权利主体

首先我们看看建设用地使用权的主体，就是依法享有该权利的自然人或者法人，当然也有可能是合伙性质的非法人团体，也就是依据我国法律可以取得该项权利的主体。在目前中国法律中，集体建设用地使用权的取得方式包括直接从集体土地所有权人处取得和间接从集体土地所有权人处取得。所谓直接从集体土地所有权人处取得，是指集体土地所有权人设定集体建设用地使用权并由集体建设用地使用权人直接取得该权利。所谓间接从集体土地所有权人处取得，是指通过集体建设用地使用权的流转而取得。从我国的相关法律规定看，直接从集体土地所有权人处取得集体建设用地使用权的主体有限，但间接取得集体建设用地使用权的主体则表现出多样性。

依据《土地管理法》的规定，可以直接从集体土地所有权人处取得集体建设用地使用权的主体包括四种，分别是：

1. 乡镇企业[②]

乡镇企业直接从集体建设用地所有权人处取得集体建设用地使用权的法律依据是《土地管理法》和《乡镇企业法》。所谓乡镇企业，是指农村集体经济组织或者农民投资为主，在乡镇（包括所辖村）举办的承担支援农业义务的各类企业。所谓投资为主，是指农村集体经济组织或者农民投资超过 50%，或者虽不足 50%，但能起到控股或者实际支配作用。乡镇企

① 袁震：《中国农村土地物权制度研究》，中国社会科学院民商法专业 2008 年博士论文。

② 从某种程度上说，乡镇企业包括农村集体经济组织使用集体建设用地兴办的企业和农村集体经济组织以集体建设用地使用权入股举办的企业，但是后两者并不能完全被乡镇企业包容，所以本文将其作为三种情况予以列举。

业符合企业法人条件的，依法取得企业法人资格。[①]《土地管理法》第43条规定：任何单位和个人进行建设，需要使用土地的，必须依法申请使用国有土地；但是，兴办乡镇企业经依法批准使用本集体经济组织农民集体所有的土地的除外。

2. 农村集体经济组织使用集体建设用地兴办的企业

《土地管理法》第60条规定：农村集体经济组织使用乡（镇）土地利用总体规划确定的建设用地兴办企业的，应当持有关批准文件，向县级以上地方人民政府土地行政主管部门提出申请，按照省、自治区、直辖市规定的批准权限，由县级以上地方人民政府批准；其中，涉及占用农用地的，依照本法第44条的规定办理审批手续。按照前款规定兴办企业的建设用地，必须严格控制。省、自治区、直辖市可以按照乡镇企业的不同行业和经营规模，分别规定用地标准。

3. 农村集体经济组织以集体建设用地使用权入股举办的企业

《土地管理法》第60条规定：农村集体经济组织使用乡（镇）土地利用总体规划确定的建设用地与其他单位、个人以土地使用权入股等形式共同举办企业的，应当持有关批准文件，向县级以上地方人民政府土地行政主管部门提出申请，按照省、自治区、直辖市规定的批准权限，由县级以上地方人民政府批准；其中，涉及占用农用地的，依照本法第44条的规定办理审批手续。按照前款规定兴办企业的建设用地，必须严格控制。省、自治区、直辖市可以按照乡镇企业的不同行业和经营规模，分别规定用地标准。[②]

4. 乡（镇）村公益事业单位

实际上，乡（镇）村公益事业单位存在不同的主体，比如：中小学校、医院等。为了表述的方便，此处不再将公益事业单位进行细分。根据《土地管理法》第43条的规定，任何单位和个人进行建设，需要使用土地的，必须依法申请使用国有土地；但是，乡（镇）村公益事业建设经依法批准使用农民集体所有的土地的除外。

---

① 该定义由《企镇企业法》第2条明确规定。

② 需要说明的是，《土地管理法》第60条规定的，农村集体经济组织使用集体建设用地使用权，以联营形式兴办企业的，该企业通常并不取得集体建设用地使用权。

（二）权利转让的主要方式

当前，我国法律对集体建设用地使用权的主动流转采取了严格禁止的态度，因此根据我国法律规定，通过集体建设用地使用权的流转从集体建设用地所有权人处取得集体建设用地使用权主要出现在集体建设用地使用权的被动流转情形中。《土地管理法》第63条规定，农民集体所有的土地的使用权不得出让、转让或者出租用于非农业建设。这里的农村集体所有的土地使用权自然包括集体建设用地使用权。因此，该条规定可以理解为集体建设用地使用权不得主动流转。尽管我国法律严格禁止集体建设用地使用权的主动流转，但对其被动流转却是予以保护和支持的。集体建设用地使用权的被动流转包括两种情况：一是因合法拥有集体建设用地使用权的企业破产、兼并导致的集体建设用地使用权的流转；二是因集体建设用地使用权随同建筑物抵押而导致的流转。《土地管理法》第63条的但书规定：符合土地利用总体规划，并依法取得集体建设用地的企业，因破产、兼并等情形致使土地使用权依法发生转移的可以出让、转让或者出租用于非农业建设。《物权法》第183条规定，乡镇、村企业的建设用地使用权不得单独抵押。以乡镇、村企业的厂房等建筑物抵押的，其占用范围内的建设用地使用权一并抵押。因此，当抵押权人依法行使抵押权时，自然可以取得集体建设用地使用权。因为在被动流转中对乡镇村企业进行兼并的主体，以及行使抵押权的主体具有多样性，直接导致了集体建设用地使用权被动流转后，作为其权利人的主体同样具有多样性。这种多样性表现为，该集体建设用地使用权人既可以是自然人，也可以是法人，以及不为国家法律所禁止的其他团体。

（三）权利效力、客体

所谓集体建设用地使用权的效力，指集体建设用地使用权人对标的物的支配力。对集体建设用地使用权效力的界定，应当遵循物权的效力的一般原则[①]。研究集体建设用地使用权的效力，主要是研究当集体建设用地

① 关于物权效力的具体内容，参见孙宪忠《物权法》，社会科学文献出版社，2005，第21页。

使用权的标的物存在其他若干个权利时，比如：其他物权、债权、其他权利等，这些权利和集体建设用地使用权对标的物的支配次序。通常来说，集体建设用地使用权优先于集体建设用地所有权。当集体建设用地使用权随同地上建筑物抵押时，设定在先的抵押权优先于设定在后的抵押权。

集体建设用地使用权所指向的客体，通常又被称为集体建设用地使用权的标的物，它是具有特定形体或者具有特定形式的物。依据我国法律规定，集体建设用地使用权的客体就是除宅基地之外的，用于建设用途的其他集体所有土地。

（四）权利的设立方式

物权的设立，也称为设定。所谓集体建设用地使用权的设立，是指依据法律事实创设一个原来并不存在的集体建设用地使用权。

当前，我国法律关于集体建设用地使用权的设立并未有明确、清晰的法律规定，从目前的实践情况看，集体建设用地使用权可以在两种条件下设立：一是在未设立土地用益物权的集体土地上设立集体建设用地使用权；二是在已经存在土地承包经营权与宅基地使用权的土地上设立集体建设用地使用权。

1. 在未设立土地用益物权的集体土地上设立的集体建设用地使用权

在未设立土地用益物权的集体土地上设立的集体建设用地使用权，其规则相对比较简单。集体建设用地使用权的设立以集体土地所有权为基础，集体土地所有权的运行机制直接影响着集体建设用地使用权。按照物权法的法理，在集体土地上设立建设用地使用权是对集体土地进行处分的行为，这需要由全体共有人共同决定。在集体建设用地使用权设立前必须由全体共有人形成一个设立集体建设用地使用权的意思。在此基础上再由集体土地所有权的代行主体通过招、拍、挂或者公开协商的方式与用地方一起，设立建设用地使用权。按照物权法的基本法理与《物权法》总则的相关规定，集体土地上的建设用地使用权最终应当在登记时设立。考虑到我国对于集体建设用地使用权的登记制度尚未完全建立起来，对于历史上已经按照乡规民约和习惯法设立的集体建设用地使用权，在其与国家公法有关规划、建设的规定不相违时，不应当完全否定其权利的合法、有效，

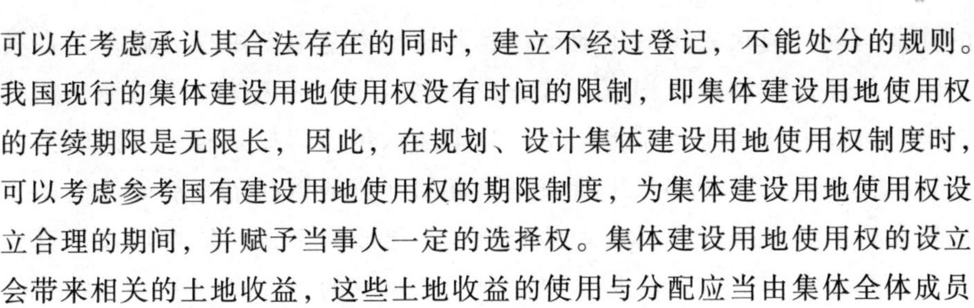

可以在考虑承认其合法存在的同时，建立不经过登记，不能处分的规则。我国现行的集体建设用地使用权没有时间的限制，即集体建设用地使用权的存续期限是无限长，因此，在规划、设计集体建设用地使用权制度时，可以考虑参考国有建设用地使用权的期限制度，为集体建设用地使用权设立合理的期间，并赋予当事人一定的选择权。集体建设用地使用权的设立会带来相关的土地收益，这些土地收益的使用与分配应当由集体全体成员决定，代行主体必须依照集体全体成员的决议使用、管理与分配建设用地使用权设立收益。

2. 在宅基地使用权或者土地承包经营权的土地上设立的集体建设用地使用权

根据《物权法》的基本法理，土地承包经营权、宅基地使用权和集体建设用地使用权是三个互相排除的用益物权，即三种权利只能有一种设立于同一个集体土地所有权上，三种权利不可能同时存在于一个集体土地所有权上。从土地的用途上来说，土地承包经营权的农用地性质的用途，也对宅基地使用权和集体建设用地使用权的设立形成了天然的排斥。因此，在通常情况下，集体建设用地使用权的设立自然就意味着土地承包经营权和宅基地使用权的消灭。从我国的现实情况看，在《农村土地承包法》实施和贯彻后，绝大部分的农村土地上基本上已经存在了宅基地使用权或者土地承包经营权。由于农村地区的荒地已经相当稀少，如果要新设立集体建设用地使用权，其中必不可少的一点，是在集体建设用地使用权设立的同时，消灭原已存在土地承包经营权或宅基地使用权。集体建设用地使用权与宅基地使用权、土地承包经营权的这种相互排斥的性质，决定了在已经存在宅基地使用权与土地承包经营权的土地上设立集体建设用地使用权，比在未设立用益物权的集体土地上设立集体建设用地使用权更加复杂。此种集体建设用地使用权的设立，不仅涉及土地的用途管制与城乡规划法的限制，也涉及农村不同土地物权的冲突与协调。

从我国的现实情况看，在存在宅基地使用权、土地承包经营权的集体土地上设立集体建设用地使用权时，往往由集体土地所有权的代行主体、土地承包经营权人（宅基地使用权人）、集体建设用地的需用人三方进行谈判，在妥善解决对农民的土地承包经营权（宅基地使用权）

的补偿问题，消灭农民的土地承包经营权与宅基地使用权之后，再在其上设立集体建设用地使用权。从法理上说，在这种集体建设用地使用权的设立过程中，由于宅基地使用权和土地承包经营权是有绝对性的土地物权，任何人都不能够在未给农民满意的补偿的情况下，消灭他们的土地物权。只有农民在获得合理的补偿后自愿放弃上述土地物权，才符合民法的基本原理。在此种集体建设用地使用权的设立过程中，对农民的补偿很多情况下都参考了政府征地的补偿标准。由于我国实行的是政府垄断土地一级市场的做法，大多数建设用地的设立都是通过政府征地、拆迁的方式实现的，建设用地的性质也是国有建设用地使用权。新闻媒体曝光的有关征地、拆迁的暴力案件，基本上都是由于政府的征地、拆迁造成，对于集体建设用地使用权设立过程中发生的血案，事实中很少发生。这一方面是因为集体建设用地使用权的设立在我国现实生活中比较少，另一方面是因为我国乡村社会的特点决定了，集体建设用地使用权的设立能够更多地考虑农民的利益，从而可以有效地防止各种暴力事件的发生。需要注意的是，我国现阶段事实上设立的各种集体建设用地使用权，在很多情况下是不符合土地管制与城乡规划的，也即其合法性是存在很大问题的，这是立法与我国实践中不可回避的一个尖锐问题，对政府依法行政和管理带来了很大困难。这里，需要我们认真思考的问题是，考虑到土地承包经营权与宅基地使用权都具有相当于传统民法中土地所有权的属性，为充分保护权利人的合法利益，在符合农村土地用途管制与城乡规划的前提下，可否不经过政府征收环节，直接让农民的土地承包经营权与宅基地使用权变更为集体建设用地使用权后进入市场流转。

集体建设用地使用权一旦设立，就成为其权利人占有、使用与收益的权利。由于集体建设用地使用权是一种不带有任何人身性的权利，权利人自然可以出租、转让、抵押这一权利，从而实现集体建设用地使用权的流转。集体建设用地使用权与国有建设用地使用权在用途与功能上具有高度相似性，因此，集体建设用地使用权的流转规则可以参考国有建设用地使用权流转的相关规则建立，集体建设用地使用权与国有建设用地使用权应当最终做到两种权利，同一市场，实现城乡建设用地使用权市场之间的统一。

三　制度发展的未来走向分析

（一）制度功能及其立法价值取向

1. 集体建设用地使用权制度的功能演变

法律制度的主要功能之一就在于解决实际问题，否则，就会产生“法律漏洞”。[①] 以功能主义的法律生成观来看，社会需求是法律产生的原动力，当一项制度具有现行类似制度不能比拟的优越性时，它要么在现行制度的制度空隙中生存下来，要么取代现有类似制度而发展下去。[②] 从这个角度分析我国的地权制度是很有意义的。通过分析我国独立的集体建设用地使用权制度的产生、发展及现状，我们可以很明显地看出，集体建设用地使用权产生的原始功能是促进我国农村地区的经济发展，特别是以乡镇企业为代表的农村核心生产力的发展。但是，为什么这种立法目的没有在《物权法》得以展现呢？我们认为，其中的原因就是，国家采取了强化城市中土地经营功能，以带动“国家”经济发展的政策；而农村中的土地经营以及相关的经济带动作用已经被极大的弱化。

从《物权法》在立法中刻意回避对集体建设用地使用权进行规范的角度来说，集体建设用地使用权对农村经济发展的推动和促进作用，已经让位于城市的发展。我国法律从制度层面已经决定了集体建设用地使用权与国有建设用地使用权相比，具有很大的劣势性和不平等性，并因此导致了一系列的社会问题。

2. 集体建设用地使用权制度的立法价值取向

价值取向是价值哲学的重要范畴，它指的是一定主体基于自己的价值观在面对或处理各种矛盾、冲突、关系时所持的基本价值立场、价值态度以及所表现出来的基本价值倾向。价值取向具有实践品格，它的突出作用是决定、支配主体的价值选择，因而对主体自身、主体间关系、其他主体

---

① 孙宪忠：《物权法》，社会科学文献出版社，2005，第 345 页。

② 孙宪忠：《物权法》，社会科学文献出版社，2005，第 314 页。

均有重大的影响。价值取向的合理化是进步人类的信念。① 所谓集体建设用地使用权制度的立法价值取向，是指我国的立法主体在制定、完善有关集体建设用地使用权制度中，基于自己的价值观在面对和处理集体建设用地使用权与国有建设用地使用权，以及其他权利存在的矛盾、冲突、关系时，所持的基本价值立场、价值态度，以及所表现出来的基本价值倾向。从我国现有的立法情况来看，有关集体建设用地使用权制度的立法目前正处于一个混乱、方向不明的状况中。立法者虽然意识到了集体建设用地使用权制度在当前法律制度的构建中所存在的困境，但碍于政治形态、价值观、法学传统等方面的因素，以及出于对维护社会稳定、促进经济发展等方面的主观善良愿望，尚不能彻底对集体建设用地使用权制度进行重构。现行有效的规范集体建设用地使用权、国有建设用地使用权，以及其他不动产物权的法律、法规所体现出的集体建设用地使用权的立法价值取向基本上就是限制农村土地物权、扩张城市土地物权，并体现出以公权力介入民事权利的特点。

（二）该权利与国有建设用地使用权在现行法中的特征比较

所谓国有建设用地使用权，是指国有建设用地使用权人为利用国有土地建造建筑物、构筑物及其附属设施，依法对国家所有的土地享有占有、使用和收益的权利。在与集体建设用地使用权相比较时，我们应该注意的这种权利的特征有：一是国有建设用地使用权是存在于国家所有的土地之上的物权。国有建设用地使用权的客体是特定的物，即国家所有的土地。国有建设用地使用权是对国家所有的土地设立的权利。二是国有建设用地使用权的权利人取得权利的目的在于从事建筑物、构筑物及其附属设施的建设或者修造。国有建设用地使用权的权利应当包括自然人、法人对于已经建造完毕的建筑物、构筑物及其他附属设施所占用的土地的权利。三是国有建设用地使用权是依据《物权法》规定的权利设立制度确定的。国有建设用地使用权的设立包括出让和划拨两种方式。四是国有建设用地使用权作为一种独立物权通常可以进入交易机制由权利人自由处分。《物权法》第 143 条规定：建设用地使用权人有权将建设用地使用权转让、互换、出

① SOSO 百科，http：//baike. soso. com/v209205. htm？pid = baike. box，2010 年 8 月 7 日检索。

资、赠与或者抵押，但法律另有规定的除外。

集体建设用地使用权与国有建设用地使用权既存在共性，又有较大的区别，各自表现出不同的特点。两者的共性表现为，两项权利均属用益物权，从权利的属性来说，两项权利均为建设性用地的使用权，均应当用于建设用途。两者的不同则有较大区别，具体包括：

1. 权利指向的标的不同

国有建设用地使用权指向的标的是国有土地，集体建设用地使用权指向的标的是集体所有的土地。该区别是两者最根本的不同。正是由于权利指向标的的不同，导致了两种权利间巨大的差别。

2. 权利设立方式不同

《物权法》明确规定了国有建设用地使用权通过划拨或者出让的方式设立。其中，划拨的方式通常是无偿的，出让的方式则是有偿的。

相比较而言，《土地管理法》对集体建设用地使用权的设立方式却没有明确的规定。对于这种权利的产生，该法只是在第 11 条第 2 款有一个规定：农民集体所有的土地依法用于非农业建设的，由县级人民政府登记造册，核发证书，确认建设用地使用权。但是，在登记造册之前，这种权利又如何设立？法律至今没有明确。对于这一明显的制度缺陷，其他法律也没有答案。但是据我们调查，集体建设用地使用权的设立大多确实采取了典型的民法上的物权设立的方式。上文，我们已经就这种权利的产生方式进行了探讨，从中可以看出，这种权利的产生更加体现了当事人之间的意思自治原则，较少行政色彩，反而比较公平。

3. 流转方式不同

国有建设用地使用权可以通过转让、互换、出资、赠与或者抵押等各种方式流转，集体建设用地使用权通常不可以主动流转，只有在特定情况下可以被动流转。这种被动流转包括因合法拥有集体建设用地使用权的企业破产、兼并导致的集体建设用地使用权的流转和集体建设用地使用权随同建筑物抵押而导致的流转两种情况。

4. 使用权的期限不同

国有建设用地使用权的使用期限有年限的限制，集体建设用地使用权的使用期限没有限制，即可以无限期使用。依据《城镇国有土地使用权出让和转让暂行条例》第 12 条的规定：土地使用权出让最高年限按下列用途确定：居住用地70年；工业用地50年；教育、科技、文化、卫生、体育用地50年；商业、旅游、娱乐用地40年；综合或者其他用地50年。

从上面的这些分析可以看出，国有建设用地使用权与集体建设用地使用权在我国当前的立法上是无法融为一体的。这似乎形成了一种“二元”的结构。这种情况产生的根本原因还是因为我国实行的两种不同的土地公有制。传统社会主义理论认为，国家所有制和劳动群众集体所有制是社会主义公有制的两种表现形式。与之相对应，建设用地使用权亦区别为国有建设用地使用权和集体建设用地使用权。在我国立法者看来，将建设用地使用权区分为国有和集体所有并分别制定不同的法律、法规予以调整，似乎是必然的。但是这种立法上的考虑，是否反映了立法上的科学性以及市场经济体制的要求，还是值得进一步的讨论，至少现在流行的主导型的立法政策没有达到以理服人的结果。

（三）该权利在现实社会的主要问题

集体建设用地是农民的一项重要权利，但在现实社会中因产权不清晰，具体的流转制度欠缺，导致在强烈的社会需求下，集体建设用地使用权的无序流转产生了一系列的法律问题和社会问题。

1. 农村集体建设用地的所有权人缺位

我国法律虽然规定农村土地属于农民集体所有，并明确了“队为基础的三级所有制”，但是，对具体行使集体建设用地所有权的主体却没有明确的规定，导致在实践中普遍存在上级政府和农村集体经济组织（主要是乡镇或村）对土地资产进行实际处置的情况，造成村民小组因与乡、村集体经济组织因利益关系不一致，产生严重的社会冲突。更为严重的是，在我国相当部分的农村地区，并不存在法律规定的农村集体经济组织，造成的直接后果就是我国法律虽然在立法时赋予“农民集体”以集体土地所有权的资格，但在现实生活中却无力行使其拥有的权利，包括土地的经营和管理等各项权利。

2. 农村集体建设用地的设立、流转等缺乏统一有效的法律规范，土地权利义务不清晰，交易安全没有保障

从总体上看，我国虽然在不同的法律法规中，对农村集体建设用地的设立、流转等做了一些特殊和零星的原则性规定，这些规定给农村集体建

设用地使用权的流转开了口子，但并没有关于农村集体建设用地设立、流转的明确而具体的规定，在实际执行过程中缺乏可操作性。上述原则性规定主要体现在《土地管理法》、《物权法》中（详见下文）。由于我国法律法规关于集体建设用地使用权设立、流转等规范的缺失，导致现实生活中存在以政策代替法律调节土地问题的现象，这为土地关系的静态秩序和动态安全埋下了隐患，并不能发挥定纷止争的作用。从我国现实状况来看，由于有关农村集体建设用地使用权流转的法律规范欠缺，不能够反映社会的现实状况，在强烈的社会需求下，导致了大量的集体建设用地流转与现行法律规定相冲突，处于无法可依、无序流转的状态。这种流转导致的直接结果是土地的权利、义务关系不清晰，交易安全得不到保障，流转后容易产生大量的法律纠纷和经济纠纷。规范集体建设用地使用权流转的可操作性法律法规缺失，容易造成流转合同无效，在一方违约时，另一方的权利无法得到有效保护。当在流转后的土地上建设厂房、设施等不动产被认定为非法建筑时，拆迁时不能得到合理补偿。当隐性流转市场大量存在、利益复杂、牵涉群体众多时，政府一旦调处失当，将直接给经济发展和社会建设造成重大损失。

3. 政府调控土地市场的能力被削弱，建设用地总量难以控制，土地利用总体规划难以设计和落实

集体建设用地所有权集体所有的基本法律规定决定了政府并非行使集体建设用地所有权、使用权的合法代表，政府为促进经济发展、推动城市化需要整体调控城市近郊的农村土地时，必然要和集体建设用地的权利人发生或多或少的利益纠葛。集体建设用地使用权与城市建设用地不同的流转路径，造成供地渠道多、秩序杂乱。政府即便对建设用地进行总体规划，也因征地拆迁中存在的诸多问题而存在落实困难的情况，造成政府宏观调控土地市场的能力被削弱，正常土地市场交易秩序受到严重干扰。集体建设用地使用权流转隐性市场的存在对耕地保护也带来严重的负面影响，在经济利益驱动的影响下，为实现各自不同主体的利益最大化，农民的耕地保护意识淡漠，非法改变耕地用途的现在亦无处不在。

4. 集体建设用地流转的收益分配机制不明确，严重影响社会稳定与和谐

由于集体建设用地的所有权不清晰，造成集体建设用地使用权流转时主体的多元化严重，既有乡、村、村民小组等各级集体组织，也有村民以及国有企业、民营企业、个体工商户、城市居民。流转主体的多元化以及规范流转秩序和收益分配的法律法规缺失，直接造成各地集体建设用地流转的收益分配混乱，土地市场价值在流转中不能得到充分体现，国家土地税费不能依法征收，农民集体和个人的应得收益难以得到法律保障。在基本法律缺失时，即便从公正、公平的角度出发对土地流转收益分配，也会因参照系和角度的不同，得出各自认为正确的不同的结论，当各种利益纠集在一起时，很容易引发群体性事件，乃至影响社会稳定与和谐。

农村集体建设用地强烈的社会需求使其成为经济领域违法犯罪行为高发的重点部位。随着我国城市化进程的不断增加，农村人口加速向城市集中，直接带动城市住房和用地需求的增加，在巨额经济利益的驱动下，农村集体建设用地使用权的流转具备了强烈的社会需求基础，特别是在临近城市发展、扩张的城乡结合部，这种需求更加强烈，更易成为各种矛盾激化的导火索。地方政府为促进经济、社会发展，解决人口和土地的矛盾，积极参与农村集体建设用地使用权的流转，以获得土地增值的巨大收益。农民作为农村集体建设用地的实际所有者，为分享城市化进程带来的收益，采取各种合法、非法方式努力争取个人利益的最大化。商人阶层为从土地流转中获得收益，也积极投身其中，利用技术、资金、资源优势，在促进城市发展的同时寄希望于获取超额的土地增值收益。这些利益相关方的博弈使农村集体建设用地的流转更加成为一项社会瞩目的焦点和热点，也成为经济领域各种违法犯罪行为高发的重点部位。

（四）集体建设用地使用权非法进入市场流转的现状

我国法律现阶段对于集体土地的流转仍然采取严格限制的态度，在土地的商品属性日益明晰的情况下，严重脱离现实的法律只能丧失调节社会关系的功能。现行的法律对于土地流转的保守态度直接导致了大量的土地关系游离于法律之外的尴尬局面。比如：在城乡结合部集体建设用地上进行商品房开发而产生的大量小产权房，由于国家不承认其产权的合法性，直接导致这些商品房的非法存在。小产权房的存在有其现实合理性，满足了部分城市低收入群体的居住需求，这部分小产权房的购买者并不会由于国家法律的不认可而放弃这种交易形式。这种不稳定的交易关系作为一种现实存在规模巨大，情形各异，使国家法律的尊严丧失殆尽，已经导致了

无法收拾的局面。这种现状既不利于法治社会的建设，又阻碍了市场经济的深化和发展，实在是于国于民均不利的双输结果。因此，迫切需要对现行的集体建设用地法律法规进行变革。

四　现有法律制度及其完善的设想

（一）现行法关于集体建设用地及其使用权的规定

1. 关于集体建设用地的规定

我国现行的相关法律法规及政策文件中关于集体建设用地以及使用权的规定，事实上已经很多，[①] 在此我们有必要摘其要者列举如下。

1950 年，中央人民政府委员会通过的《土地改革法》中即体现了我国社会主义法律对待集体建设用地的基本态度。该法中的很多条款涉及集体建设用地。比如，该法明确规定在没收地主土地并进行重新分配时，应当对农村公益事业及一些特殊用途的建设用地予以保留；征收祠堂、庙宇、寺院、教堂、学校和团体在农村中的土地及其他公地，但对依靠上述土地收入以为维持费用的学校、孤儿院、养老院、医院等事业，应由当地人民政府另筹解决经费的妥善办法；为维持农村中的修桥、补路、茶亭、义渡等公益事业所必需的少量土地，得按原有习惯予以保留，不加分配等。1958 年国务院发布的《国家建设征用土地办法》中开始正式使用建设用地的概念。该项法规主要规定了国家征用土地时所涉及的征用程序和补偿，但对农村中的建设用地也进行了一些规定。

1960 年中央发布的《中共中央关于农村人民公社当前政策问题的紧急指示信》中，强调了农村土地三级所有，队为基础的基本制度。1962 年《中共中央关于改变农村人民公社基本核算单位问题的指示》中，进一步明确了生产小队是农村最基本的核算单位。1962 年中国共产党第八届中央委员会颁布的《农村人民公社工作条例（修正草案）》中，明确了农村集体建设用地的管理程序和权限。

① 部分内容转引自郑美珍《农村土地法律适用与疑难释解》，中国法制出版社，2008，第 213 页。

1982年国务院颁布的《村镇建设用地管理条例》中，对村民建房的规划、用地标准及审批等进行了较为详细的规定。1982年国务院颁布的《国家建设征用土地条例》中，对国家建设征用土地的审批权限、征地程序、补偿标准等进行了规定，并对公社或生产大队使用生产队土地进行建设的情况进行了规定。1989年国家土地管理局发布的《土地登记规则》中明确提出了集体土地使用权的概念。

1986年全国人大制定和颁布了《土地管理法》，并分别于1988年、1998年、2004年进行了三次修改。1986年《土地管理法》对乡镇村建设用地进行了专章规定，明确了乡镇村建设用地的范围及具体使用程序。1998年《土地管理法》对农村集体建设用地不再进行专章规定，强调农村建设涉及占用农用地的必须办理农用地转用审批手续，并对集体土地使用权的权利内容进行了明确。2004年《土地管理法》中对征用与征收进行了明确的区别。

2. 关于集体建设用地使用权的规定

1995年国家土地管理局发布的《确定土地所有权和使用权的若干规定》中明确提出了集体土地建设用地使用权的概念，并对集体土地建设用地的具体类型如何确权进行了规定。2007年国土资源部发布的《土地登记办法》中明确规定了土地的权利类型。

2008年10月12日《中共中央关于推进农村改革发展若干重大问题的决定》中提出：实行最严格的节约用地制度，从严控制城乡建设用地总规模。农村宅基地和村庄整理所节约的土地，首先要复垦为耕地，调剂为建设用地的必须符合土地利用规划、纳入年度建设用地计划，并优先满足集体建设用地。改革征地制度，严格界定公益性和经营性建设用地，逐步缩小征地范围，完善征地补偿机制。依法征收农村集体土地，按照同地同价原则及时足额给农村集体组织和农民合理补偿，解决好被征地农民就业、住房、社会保障。在土地利用规划确定的城镇建设用地范围外，经批准占用农村集体土地建设非公益性项目，允许农民依法通过多种方式参与开发经营并保障农民合法权益。

3. 关于集体建设用地使用权流转的规定

从总体上看，我国现行法律对集体建设用地使用权的流转实行严格限制的制度，但并未完全禁止流转，给集体建设用地使用权的流转留下了法

律空间。

《土地管理法》明确了因破产、兼并导致的集体建设用地使用权流转的情形。《土地管理法》第43条规定："任何单位和个人进行建设需要使用土地的，都必须依法申请使用国有土地。但本集体经济组织成员使用本集体经济组织的土地办企业或建住房的除外。"第63条规定："农民集体所有的土地的使用权不得出让、转让或者出租用于非农业建设；但是，符合土地利用总体规划并依法取得建设用地的企业，因破产、兼并等情形致使土地使用权依法发生转移的除外。"

《物权法》明确了因抵押导致的集体建设用地使用权流转方式。《物权法》第183条规定："乡镇、村企业的建设用地使用权不得单独抵押。以乡镇、村企业的厂房等建筑物抵押的，其占用范围内的建设用地使用权一并抵押。"该条规定导致的结果就是当抵押权实现时，建设用地使用权得以流转。

另外，在我国的一些政策性文件中，也有不少指引农村集体建设用地使用权流转的相关政策依据。

2003年中共中央第3号文件《中共中央国务院关于做好农业和农村工作的意见》中明确提出："各地要制定鼓励乡镇企业向小城镇集中的政策，通过集体建设用地流转、土地置换、分期缴纳出让金等形式，合理解决企业进镇的用地问题。"

2004年国务院第28号文件《国务院关于深化改革严格土地管理的决定》中明确提出："加强村镇建设用地的管理……在符合规划的前提下，村庄、集镇、建制镇中的农民集体所有建设用地使用权可以依法流转。"

2006年国土资源部《关于坚持依法依规管理节约集约用地支持社会主义新农村建设的通知》（国土资发［2006］52号）中进一步明确："经部批准，稳步推进城镇建设用地增加和集体建设用地减少相挂钩试点、集体非农建设用地使用权流转试点，不断总结试点经验，及时加以规范完善。"

2008年10月12日《中共中央关于推进农村改革发展若干重大问题的决定》中要求："逐步建立城乡统一的建设用地市场，对依法取得的农村集体经营性建设用地，必须通过统一有形的土地市场、以公开规范的方式转让土地使用权，在符合规划的前提下与国有土地享有平等权益。"

2008年11月国土资源部《中共国土资源部党组关于认真学习贯彻党

的十七届三中全会精神的通知》（国土资党发〔2008〕46号）（以下简称《通知》）中进一步指出：“农村集体建设用地流转对促进城乡统筹发展、维护和保障农民土地财产权益具有特殊重要的意义。要加强农村集体建设用地流转管理，规范集体建设用地入市行为，积极稳妥推进制度创新。”该《通知》对此还列出了框架性的指导方针：“加快土地有形市场建设。建立与国有土地出让、转让制度相衔接的农村集体建设用地出让、转让制度。规范农村集体建设用地流转管理，严格限定使用范围，明确审批程序。划拨集体建设用地使用权改变用途或进入市场流转时，应在土地有形市场公开交易。”

2009年3月国土资源部发布《关于促进农业稳定发展农民持续增收推动城乡统筹发展的若干意见》（以下简称《意见》），强调各地在集体建设用地出让、转让等流转活动中，要按照“初次分配基于产权，二次分配政府参与”的原则，出台和试行集体建设用地有偿使用收益的分配办法。《意见》同时强调，规范集体建设用地流转，逐步建立城乡统一的建设用地市场。一是明确土地市场准入条件；二是完善土地资源配置机制，构建城乡统一建设用地市场；三是制定集体土地收益分配办法，增加农民财产性收入。为集体建设用地使用权的流转提供了足够的政策空间。

（二）集体建设用地使用权进入市场的法理分析

农村集体建设用地使用权的流转无论从道义上还是从法律伦理上都不应该有什么障碍。

通过对集体建设用地使用权及其流转的法律、法规和政策的清理，我们可以清醒地意识到，集体建设用地使用权及其流转是一个本来就存在的事实，并得到过去以及现在法律、法规和相关政策的承认。[①] 集体建设用地使用权作为宅基地使用权之外的另一类使用权，与宅基地使用权不能互相包括。宅基地使用权以一户一宅为原则，其目的是让农民有房屋居住，体现的是居者有其屋的精神；集体建设用地使用权主要用于兴办公益事业，开办乡镇企业，也有城镇、公有制企业租用集体建设用地使用，体现的是农民追求土地权益最大化的精神。《物权法》的制定，体现的一个基

① 参见《土地管理法》第59条、第60条、第61条，《物权法》第183条的规定。

本精神就是保护公民追求财富的进取心，农民作为我国公民的重要组成部分，对其享有的农村集体建设用地使用权的依法保护，就是保护农民追求财富的进取心，因此，无论是从道义上还是法律伦理上都不应该有障碍，不应当受到指责。

但是，要想对集体建设用地使用权进入市场的利弊进行研究，必须深入、科学而理性的回答以下几个看似浅显，却又一直困扰相关方面，甚至于立法决策者的基础问题，并对之进行最基本的法理判断。对此，我们希望提出如下问题供大家思考：

1. 市场经济体制下是否所有建设项目都必须是国家建设？

所谓建设项目，其实是一个含义非常广泛的概念，可以说包罗万象，关系国计民生的各个方面。在计划经济体制下，国家对建设项目大包大揽，全部承担下来，但在市场经济体制下，这种操作方式显然既无可能，也没必要。在计划经济体制下，国家从事的建设项目主要是通过国有企业进行的，国有企业是市场的绝对主体。国家通过国有企业从事建设项目，通过政府出面征收土地、投入国有企业利用的行为从某种程度上来说是符合全民利益的，并且由于计划经济的分配机制的作用，国家经济建设的利益分配并没有产生严重失衡的结果。在市场经济的条件下，市场的主体不再是单一的国有企业，而是多种所有制并存的多样化特点显著的公司和各种依法成立的独立法人和非法人组织。对建设项目的需求，对土地的需求来自于市场中代表着各自独立经济利益的不同的竞争主体，在这种历史背景下，建设项目不再是企业的负担和福利，而是一种有利可图的行为。市场经济中的各种主体享有平等的地位，都有平等的参与建设项目的权利。如果此时强行规定建设项目都由国家来操作，不仅丧失了基本的法律伦理，也难以进行科学的制度设计。

2. 是不是所有建设项目都必须在国有土地上进行？

现行的土地制度设计本身包括了农村集体建设用地所有权和国有建设用地所有权，这种制度设计蕴涵着重要的法律意义，即并不是所有的建设项目都必须在国有的土地上进行，农村集体土地上仍然可以进行建设项目开发。建设项目不可能，也不必都在国有土地上进行。由于我国《土地管理法》第 43 条第 1 款关于：“任何单位和个人进行建设，需要使用土地的，必须依法申请使用国有土地”的规定，导致现实操作中的需要利用农村土地的建设项目基本上都是政府代表国家对农村集体土地征收、征用后变更为国有土地再进行开发建设。根据现行法律，“公共利益”是国家征收集体建设用地的标准，但由于在法律中缺乏对公共利益的明确定义和解释，在现实操作中公共利益出现了越来越泛化的趋势。可以说，新增城市建设用地的大部分需求都是通过国家以公共利益之名进行的土地征收来完成的，其实质很多完全是为了赢利。既然对建设用地的利用实质上是为了赢利，那么农民为什么不能参与其中，在农村集体建设用地上开发建设项目呢？为什么必须由政府既当裁判员、又当运动员，通过垄断土地一级市场的做法，以非正当的方式假借“公共利益”之名满足其赢利需求呢？只有废除现行的建设项目必须在国有土地上进行的法律规定和操作流程，消除对集体建设用地真正用于开发建设的不当限制，真正实现农村集体建设用地的应有功能，对集体建设用地和国有建设用地进行平等的保护，才能从根本上解决政府假借公共利益侵害农民权利的根基，保护农民在城市化和工业化进程中的应得利益。

3. 是不是建设用地必须转化为国有土地才合法？

我国的建设用地所有权制度既包括国家所有，也包括农村集体所有。新中国成立的特定历史背景决定了，赋予农民集体以土地权利，是共产党与农民阶层之间的一个政治契约，这个政治契约从新中国成立开始即体现在我国一系列的法律和政策之中，但是，社会的现实却令人不得不遗憾的说，这种政治契约的精髓并未得到很好的体现。从我国《物权法》的规定来看，集体所有权是与国家所有权相平等的一种权利，在不受法律的特殊限制，不妨碍第三人合法权利行使的情况下，集体土地所有权人可以行使占有、使用、收益和处分的权利，但是，在现实当中，集体土地所有权的权能却具备了不完全性和劣势性的所有特点。在我国城市化的进程中，在人口从农村向城市集聚的过程中，人多地少的矛盾充分暴露出来。为解决城市化过程中人多地少的突出矛盾，由政府代表国家出面，以公共利益为名征收农民的土地进行城市建设成了最有效的手段。政府通过低廉的价格和补偿获得农民的土地，转手卖出就赚取了巨额的利差，与开发商一起分享了土地的盛宴，这种法律规定和操作模式严重侵害了农民的利益。我国现行的法律制度中，明确规定了集体所有的土地同样包括建设用地，合理利用集体建设用地，将其善用于城市化发展，从理论上以及实务操作上来

说不存在任何问题和障碍，根本不需要将其进一步转化为国有建设用地，在集体建设用地上进行城市化建设不应有什么非法问题，唯一需要解决的就是进一步解放思想的问题。

4. 是不是建设用地开发的增值部分归于农民就自然不公平，国家也无能为力？

有人认为，农村集体建设用地的增值得益于国家政策的扶持，得益于国家基础设施建设的投入，得益于社会经济的发展，因此对这部分增值收益理应归于国家。这种观点听起来理直气壮，但其实质上是建立在对农村、农民歧视的基础上得出的结论。城市的发展，城市居民人口素质的提高和享受的福利同样是上述三方面原因共同促进、互相积极影响的结果。农民是不是应当享有土地增值的收益，其核心本质是农民是不是应该享有发展权，该不该发展的问题；国家是不是仍然继续采取城乡二元结构，把农民排除在享有经济、社会、文化发展成果之外的问题。国家保障农民享有发展权是一个国家政治文明和法治文明的基本体现，是以人为本思想在处理农民问题上的基本体现，是宪法规定的人权思想的基本体现，在法律道德和社会伦理上不应该存在问题。从另一个角度来说，赋予农民发展权，国家是不是就对农民获取土地增值的超额收益就无能为力了呢？答案显然是否定的。孙中山先生很早以前就提出涨价归公的思想[①]，这种思想本无过错，当代社会需要解决和面对是如何合理平衡和确定涨价归公的比例，确定其公开、公平、公正的分配秩序。国家对土地增值部分理应有所收益，但是应当主要通过征税，比如营业税、增值税、所得税、印花税等进行调节，而不是通过直接参与市场交易，通过垄断土地一级市场获取超级地租。

5. 集体建设用地使用权进入市场后，农民应当获得什么？

在现行法律制度框架下，集体建设用地所有权、使用权通过国家征收，变性为国有建设用地所有权、使用权，然后再进入市场流通的方式运作，农民仅能获得少得可怜的一点补偿，土地增值的大部分收益被政

① 孙中山认为："地价高涨，是由于社会改良和工商业进步。……这种进步和改良的功劳，还是由众人的力量经营而来的，所以由这种改良和进步之后，所涨高的地价，应该归之大众，不应该归之私人所有。"孙中山：《民生主义》第二讲，载《三民主义》，岳麓书社，2001，第200页。

府和开发商垄断，对农民本应享有的权益造成了很大的损害，是非常不公平的一种制度。科学、合理的制度设计应当是在保留农民集体建设用地所有权的前提下，依法保障农民享有的土地收入。这种制度设计从有利的方面来说，可以促进城乡二元化结构的尽早消灭，尽可能快的减少城乡差距，促进一部分农民尽快富裕起来。从不利的方面来说，由于部分农民比较短视，过于注重短期利益，缺乏长远的规划和打算，有可能会因对权利的行使不当，造成自己的长期生活出现困窘，但是这种情况并非不可克服。从合理的制度设计来说，集体建设用地使用权进入市场后，法律设计方面应当保障农民集体和个人能够享有国家税费征收以后的土地增值收益部分，能够用自己祖辈居住的土地换取相对宽裕的生活，使自己以及后代能够逐步获取更好的教育、文化、医疗等各方面的保障，逐渐融入城市化的洪流中。

（三）进一步完善集体建设用地使用权立法的意见和建议

1. 政策意义

完善集体建设用地法律法规是对中央政策的具体落实。2004 年国务院在《关于深化改革严格土地管理的决定》中强调："在符合规划的前提下，村庄、集镇、建制镇中的农民集体所有建设用地使用权可以依法流转。"2008 年党的十七届三中全会作出的《中共中央关于推进农村改革发展若干重大问题的决定》中明确提出了要实行惠及农民的改革，并进一步明确："实行最严格的节约用地制度，从严控制城乡建设用地总规模。""逐步建立城乡统一的建设用地市场，对依法取得的农村集体经营性建设用地，必须通过统一有形的土地市场、以公开规范的方式转让土地使用权，在符合规划的前提下与国有土地享有平等权益。"党和政府的这一系列方针和政策被广大社会人士和农民普遍解读为对农民切身利益的保护。随着农民权利意识的觉醒，在现实社会中，农民为保护自己利益，不允许政府部门征用自己的土地，引起了一系列的抗争和群体性事件，这些事件的发生被有关方面认为影响了社会稳定和和谐，遂发文要求各地停止对农用地的宣传。从上述情形可以明显地看出，政策设计者如果不能将保护农民的积极政策转移为法律制度，通过完备的法律设计切实保护农民的合法权利，则政策设计者的良好愿景将因缺乏操作性而无法实现。对这一问题的担忧，

正是制作这一专题内容的基本出发点。

2. 集体建设用地所有权人方面的完善

完善农村集体土地所有权制度。这项法律制度改革主要是在现行法律规定的农村土地属于农民集体所有，并以队为基础的三级所有制前提下，进一步细化所有权人主体，解决农村社会普遍存在的所有权人不明晰，甚至于所有权人缺位的问题。基本思路可以考虑，农村的村民小组为集体建设用地所有权主体，法律赋予其可以独立地享有相关权利、义务的主体资格，可以依法独立自主的处分属于自己所有的财产。作为上述所有权制度的例外，在乡、村集体组织有相反证据证明的情况下，集体建设用地所有权属于乡、村集体组织所有。同时，进行相应的制度设计和改革，核心思想是保护实际占有土地，在土地上劳作的农民的利益，使农民个体的权利越来越独立和丰满，甚至可以对抗所有权而独立存在。

3. 进一步完善集体建设用地使用权流转的各项法律制度

这一方面的设想，一是明确集体建设用地使用权的主体包括集体经济组织以外的自然人、法人及其他民事权利义务主体，消除现行法律关于集体建设用地使用权主体身份的限制。二是明确集体建设用地使用权的流转可以采取出让、转让、出租、转租、抵押、继承、赠与等各种方式，使用权人可以自主决定对自己的权利进行处分。三是明确集体建设用地使用权的流转必须符合国家土地利用总体规划、土地利用年度规划、城市镇村建设规划，遵循合理利用土地、严格保护耕地、有利于生产生活和生态环境保护的总体原则。四是严格限制集体建设用地流转的用途不得用于商品住宅开发。

4. 构建合理的集体建设用地使用权流转的收益分配模式

土地流转收益的分配牵涉各方面的利益，国家要加强此方面的立法调研，特别是关于税收制度的改革和完善，既保障国家能够获得土地增值的合理收益，又能保护农民依法应当享有的土地增值权利。在具体设计上，应当将农村集体建设用地与城市建设用地平等看待，促进国有土地和集体土地两种产权市场的统一，明确农村集体建设用地的二级市场，以利于盘活存量建设用地，提高土地利用效能。其基本结论应当是打破观念束缚，推进集体建设用地所有权人、使用权人的收益与国有建设用地所有权人、使用权人的收益保持基本一致，促进宪法确立的法律面前人人平等原则的真正实现。

5. 加强农村社会保障体系建设

由于我国广大农村地区的社会保障体系不完善，土地承载了一定的社会保障功能，在推进集体建设用地流转过程中，应当注重农村社会保障体系的建设，逐步弱化土地对农民的社会保障功能，构建城乡一体化的社会保障体系，从而使集体建设用地真正发挥生产要素的功能。在征收农村土地的过程中，应当将土地收益的一部分保留下来，作为农民社会保障资金统一管理和使用。对因征地导致的失地农民，应当将其作为城市人口，直接纳入城市社会保障体系统一管理。

6. 完善该权利设立、流转程序制度、法律责任制度

明确集体建设用地使用权流转的程序。根据农村集体建设用地流转市场与国有建设用地流转市场一体化建设的原则，应当参照现行比较明确的国有建设用地流转的程序构建集体建设用地流转法律，明确农村集体建设用地使用权流转，必须进入市、县级土地交易中心，按照招标、拍卖、挂牌等方式公开进行。

完善农村集体建设用地所有权、使用权的登记制度。农村集体建设用地所有权、使用权作为一种基本的物权，理应遵循物权公示的基本原则。现行法律制度下，有关农村集体建设用地所有权、使用权的登记制度很不完善，这既是集体建设用地所有权人主体不清晰的重要原因，也是我国法律急需完善的部分。对此，可以参照我国《物权法》的相关规定，尽快明确登记机关、登记程序等各项制度，以更好的保护农民的集体建设用地所有权、使用权，定纷止争，促进国家的市场经济建设。

建立农村集体建设用地流转纠纷的解决渠道和途径。在现行法律框架内，可以参照相关部门设立农村土地仲裁机构的做法，推广仲裁的适用范围，明确其裁决的强制执行力，使集体建设用地使用权受到侵害时，农民集体及其个人能够得到及时、有效的救济，减少改革不当对社会造成的震荡。

真正落实责任追究制度。国土资源部的统计资料表明，现行的土地违法案件范围广、涉及面宽、牵涉人员众多，但在责任追究上却鲜有作为，由此导致了恶性循环的局面，在有些地方甚至于到了无所顾忌的程度。为有效解决此一问题的存在，在合理理顺相关法律的情况下，要加强我国的

相关行政立法和刑事立法，对恶性的土地违法案件，除依靠行政手段予以处理外，还要考虑动用刑事处罚手段追究相关人员的法律责任。

结　语

通过本专题的研究，可以看出，集体建设用地使用权的初始发生和进展，反映了农村的社会现实，体现了我党和农民间的政治同盟关系，促进了国家的稳定和党对农村的治理。在城市化的进程中，随着大片农村土地被城市化侵占，我国当前有关农村集体建设用地的法律制度设计与社会现实已经产生了巨大的差异，农民的现实需求与立法产生了巨大的矛盾，政府的依法强制拆迁产生了大量的暴力事件，农民不惜以命抗法。是依据现行法律压抑农民的需求，还是修改法律反映农民的诉求，无疑是需要正视和迫切需要解决的问题，回避并非解决问题的方法。集体建设用地制度在《土地管理法》中有相应规定，其制度设计是物权立法中的重大问题，但在《物权法》中反而没有涉及，其中原因值得深思。集体建设用地制度的修改和完善还涉及小产权房的处理问题。依据现行法律规定，小产权房实质上就是非法建筑，依法应当予以拆除，但是，小产权房的天量存在有其现实合理性，如果予以制裁将很不得人心。法律的尊严和社会的和谐哪一个重要，制定的法律和自然正当的法律应当如何选择，也是立法者需要正视的问题。现行的集体建设用地使用权的制度设计，从很多方面来说，并没有考虑农村和农民的利益，依据现行的法律执法，农民的暴力抗法将不可能停止和平息，农民因此需要承担的代价和悲惨处境从道德的角度来说，值得同情。

通过本专题的研究，可以看出，集体建设用地使用权的制度设计并非一个没有解决方案的问题。要解决集体建设用地使用权的立法设计，必须要进一步解放思想、实事求是，秉承法律的科学性特点和理论，贯彻我党构建和谐社会的精神理念，尊重历史、尊重现实，以公平、公正、公开的现代法治精神，排除历史上多年来形成的看似正确的国家所有权理论的消极影响，充分考虑农民利益和公众利益的平衡，并在上述思想的指引下重新设计相关法律条文，保障那些本应该早日得到保护的社会利益和价值，只有这样，集体建设用地使用权制度才会重新焕发新春。

专题十二
权利质权的公示问题研究

一 引言

权利质权是以可转让的财产权为标的的质权。自罗马法以降，权利质权制度一直是作为与动产质权相并列的一类质权规定而存在于大陆法系的私法制度之中。然而近年来，随着大量无形财产的产生，可用以出质的财产权种类日渐繁多，使得传统的权利质权理论捉襟见肘，尤其是我国的担保法仅就几种有限的财产权予以规定。因此，我国的物权法大幅扩展出质权利的范围，正是对实践中不断涌现的新型权利质押在立法上的回应，除了再次确认担保法中规定的几种可以设立权利质权的财产权类型外，又将几种实践中已经出现而未明确规定的财产权（例如基金份额、应收账款等）予以明文化。物权法规定的可质押权利多是与市场经济联系较为密切的权利，这些规定有助于促进债权实现，从而能促进资金融通，繁荣市场经济。特别是现代市场经济中无形财产日益增加的现实，以及大量票据、提单的产生，让权利质押成为企业融资手段的新亮点。

除了上述扩大权利质权的适用范围外，对于权利质权的另一个重要方面——公示也做了较大的调整。这种调整一方面是为了配合理论的更新，

主要是物权法确认了区分原则，体现在物权法上即第9条、第15条。另一方面配合各种不同的权利类型，依其特点，分别采取不同的公示方式，以最大限度的发挥权利质权的作用。

但物权法对于权利质权尤其是其公示制度的规范过于原则，缺乏操作性，如何落实各种权利质权的公示有待于进一步的研究和立法规范。同时，票据、债券、存款单、仓单、提单、基金份额、股权、知识产权、应收账款等财产权利在现代市场经济中所扮演的角色越来越重要，以这些权利作为担保物的权利质权已然成为担保人的重要选择。可质押的权利既然是一种无形财产，那么它的转移占有必然不像动产质押那样明晰可辨。对于流通环节交错的现代市场交易来说，这些特殊权利的质押公示制度有利于昭告权利的状态，对于保护善意第三人的交易安全是十分必要的。同时，由于权利质权的标的种类比较繁多，因此，其公示方式也不尽相同。立法当中针对不同的权利类型设计了不同的公示方式，并且以登记为主，但是，现有的理论研究未能为权利质权的公示提供一个强有力的理论支撑，没有对某种权利类型选择登记或交付作为公示方式作出理论上的阐释，更未能指出目前的公示方式是否是一种最优选择，是否还有改进的地方。

权利质权的公示制度存在着诸多不足之处，也严重影响了权利质权制度作用的发挥。首先，在我国权利质权登记领域存在登记机关“多头执法”的现象，而且其依据的法律也不同。这种对于权利质权登记机关的规定，不可能也根本做不到使登记有司法意义，而只能具有行政部门管理的意义。而且登记机关的不统一，对经济发展和交易安全已经造成了损害。尤其是当两个或者两个以上的登记机关权力交叉重合时，不但会增加当事人的负担，损害当事人的正当利益，而且会扰乱正常的法律秩序。登记已不再是确定物权变动公示和公信力的一种方式，各个主管机关仅仅是将其作为进行行政管理的一种手段，热衷于收费，忽视了登记系统和作业的改进，登记部门之间缺乏应有的沟通、登记信息无法共享，登记成了各个机关划分各自“势力范围”的手段，对整个社会和经济造成了不良的影响。同时，登记未能确实履行“公示”的职能和确定优先权的职能，使得其作为一种公示方式的本源含义越来越模糊。最后，目前的登记需要提交大量的文件，手续烦琐，而这些烦琐的文件和手续是否必需，并未听到来自实务界的质疑，各个主管机关也都是在“前行后效”。凡此种种，均已对实务中权利质权制度的运用造成了障碍。对权利质权公示制度这一问题的研究有助于我们从理论上统一对不同类型权利质权的认识，并结合实务需要，确立一种合乎效率的公示方式。同时，对登记等公示方式的具体内容进行规范，还原其作为公示方式的本来面目。

尽管我国物权法确立的权利质权的公示方式不外乎登记和交付两种，而登记和交付的一般原理在本研究的前面有专题进行探讨，但考虑到权利质权标的——权利的特殊性，导致权利质权的登记与交付与一般不动产登记与动产交付并不完全相同。并且相关的主管部门制定了纷繁复杂的规则来规范权利质权的公示（尤其是登记），因此在权利质权公示的具体制度上，与一般的登记与交付仍有不同之处，因此这里以专题形式再作深入探讨。

二　物权法中权利质权公示的规定对担保法的实质改进

（一）从质权合同的生效要件到质权设立的要件

在权利质权中，作为公示方式的交付和登记，究竟是质押合同的生效要件还是质权设立的生效要件，或者把这个问题再放大一些，交付和登记究竟是合同的生效要件，还是物权变动的生效要件。这在过去的认识中是存在偏差的，反映在立法和司法实践中就是没有很好的区分物权变动和其原因行为的关系，即把作为物权变动的生效要件的交付和登记混同于订立有关设立、变更、转让和消灭物权的合同的生效要件。例如《担保法》第76条规定：以汇票、支票、本票、债券、存款单、仓单、提单出质的，应当在合同约定的期限内将权利凭证交付质权人。质押合同自权利凭证交付之日起生效。第78条第1款规定：以依法可以转让的股票出质的，出质人与质权人应当订立书面合同，并向证券登记机构办理出质登记。质押合同自登记之日起生效。第79条规定：以依法可以转让的商标专用权、专利权、著作权中的财产权出质的，出质人与质权人应当订立书面合同；并向其管理部门办理出质登记。质押合同自登记之日起生效。上述规定均将交付和登记作为质押合同的生效要件，导致质押合同在标的物不交付或合同不登记的情况下，均无法发生效力的后果。而在司法实践中，房屋买卖双

方签订买卖合同后，未办理过户登记手续，产生纠纷时法院认为因为未登记而认定房屋买卖合同无效，并且因为合同无效，买方无法要求卖方承担违约责任的类似案例也并不少见。

上述不合理的现象使我们认识到，任何物权的变动都有其法律上的原因，原因的成立生效与物权的变动并不是一回事。因此在物权法中，就有必要建立物权变动的原因及其结果的区分原则。所谓区分原则，即在发生物权变动时，物权变动的原因与物权变动的结果作为两个法律事实，它们的成立生效依据不同的法律根据的原则。这一原则来源于德国民法，德国法学家认为，买卖合同的成立生效与所有权的移转之间的区分，并不是人为的拟制，而是客观的事实。无论物权变动的原因是什么，原因的成立与物权的变动都不是一个法律事实，而是两个区分的法律事实。在原因行为中，当事人享受债权法上的权利，并承担债权法上的义务；而在结果行为中，当事人完成物权的变动，使得物权能够发生排他性的后果。[①]

物权法在第15条确定了物权变动的区分原则，并且在权利质权部分做了相应的规定，改变了过去担保法中，将交付和登记作为设立抵押权、质押权合同的生效要件的做法。这样的规定符合物权为排他权而债权为请求权的基本法理，为科学区分物权变动与债权变动、划分当事人的不同法律责任提供了规范基础。在保护非违约当事人的请求权、确定物权变动的时间界限、保护第三人的正当利益等方面具有不可替代的作用。[②]

（二）以登记为主的公示方式的确立

自罗马法以降，各国民法上的质权制度基本上形成了标的动产性、移转占有性和交付公示性三大基本特点。抵押制度在日耳曼法完善了登记制度后，各国民法基本形成了以不动产为标的、以不移转占有为设立条件、以登记为公示手段的与质权制度相对应的特点。所以在比照有体物的抵押和质押制度而设立的权利质押和权利抵押中，我们看到依大多数国家的立法例，在不动产权利，如用益权、地上权、永佃权等，往往设立权利抵

① 参见孙宪忠《物权变动的原因与结果的区分原则》，《法学研究》1999年第5期，该文是我国较早完整准确介绍区分原则的文献。

② 关于确立区分原则的实践价值，参见孙宪忠《中国物权法原理》，法律出版社，2004，第169页。

押，不必移转占有此种权利，并强调登记作为公示手段。在动产性权利，如各种债权、股权、有价证券权利上，往往设立权利质押，必须移转占有权利及权利凭证，除股权和知识产权外多以交付和通知为公示手段。

不同的是，我国物权法一改过去质权大多以占有或占有的移转（交付）作为公示方式的做法，大幅改革采用登记作为权利质权的公示方式。以没有权利凭证的汇票、支票、本票、债券、存款单、仓单、提单以及基金份额、股权、注册商标专用权、专利权、著作权等知识产权中的财产权、应收账款等出质的，统一采用登记作为公示方式，同时确定了不同的登记机关。应该说，要求绝大多数的财产权设立质押采用登记的公示方式有助于增强权利质权的公信力，以保障交易安全。这也是和国际上的发展趋势相吻合的。美国统一将动产及权利的担保纳入到统一商法典第九章，并且不区分何种标的物类型，统一规定采取登记的方式作为担保权设立的公示方式。①

三 比较法视野下的权利质权公示制度

从比较法的角度看，物权法中的担保制度相较于用益物权制度在各法系间的差异并不算大。而就权利质权来说，不仅大陆法系和英美法系之间存在较大的差异，即使在大陆法系内部，对于此部分内容的规范也并未能获得一致。

（一）德国模式：权利让与规则的准用

1. 概说

德国民法的立法体例和思想对大陆法系国家影响至深，即便在权利质权部分这种影响也是显而易见的。德国民法确立了以动产质权规则的准用和权利让与规则的准用，同时仅类型化规定了一般债权质权、有价证券债权质权两种权利质权的模式。日本、韩国和我国的台湾地区也基本上是仿此体例而行，只是在细节上略有出入。②

① See Ray D. Henson, Secured Transaction under the Uniform Commercial Code, St. Paul, Minn: West Publishing Co., 1989, p. 63.

② 因此，这里的德国模式是指以德国为代表的包括日本、韩国和我国台湾地区在内的权利质权公示模式。

而在权利质权的公示问题上，德国民法首开先河创立了权利让与规则的准用模式。德国民法第 1274 条第 1 款规定：权利质权的设立，依照关于权利的转让的规定为之。物的交付为权利的转让所必要的，适用第 1205 条、第 1206 条的规定。此条款即为权利质权设立中权利让与规则的准用，即除法律有特殊规定外，权利质权的设立必须依照该权利让与的规则来设立。韩国和我国台湾地区民法也都有类似的规定。例如，我国台湾地区“民法”第 902 条规定：权利质权之设立，除本节有规定外，应依关于其权利让与之规定为之。权利质权的实现必须通过转让实现标的的交换价值来优先受偿，从而在权利质权实现时可能会引起权利的移转，这意味着权利质权的设立必须具有潜在的让与性，因此要依据权利让与的规则来设立权利质权，一方面使出质人的处分权受到适当的限制，另一方面又使质权人对质权标的有一定的控制权，为质权的实现做好准备，同时通过权利让与的公示方式向社会公示，加强权利质权的物权效力。该项规则为权利质权设立的法律规范的适用设置了标准，在有关的法律规定欠缺时，可以起到弥补法律漏洞的作用。[①] 该规则可说是这些国家民法中关于权利质权设立的一般性条款，为那些没有在民法中规定的权利质权类型在未来纳入到权利质权的体系中预留了管道。

当然德国、韩国和我国台湾地区关于权利质权设立的一般性条款应当说是和他们民法的相关规定配套而行的。因为上述国家和地区囿于民法典制定当时社会经济发展水平的限制，仅对少数几种权利类型明确规定了可以设立权利质权，例如德国民法仅规定了一般债权、土地债务、指示证券、无记名证券等有限的几种。但是上述规定仅仅是将当时比较成熟的类型做了规定，并不意味着基于物权法定原则不能在其他的权利上设立权利质权，设立质权的权利放在了权利质权部分的第一条，即第 1273 条第 1 款规定：质权的客体也可以是权利。并且在第 1274 条第 2 款规定：只要某项权利是不可转让的，就不得对之设立质权。这两个条款联合起来解读就是除了不可转让的权利，其他的权利都有设立权利质权的可能，而该种权利质权设立的方式则应依据该权利转让的方式（德民第 1274 条第 1 款）。

2. 德国模式下公示效力的差异

在德国模式中，各个国家和地区在公示效力的选择上差别较大。依照

---

① 参见胡开忠《权利质权制度研究》，中国政法大学出版社，2004，第 176 页。

德国民法第1280条的规定，德国民法不仅将通知债务人作为债权质权的公示要件，而且一如其物权法中其他的公示方式一样，在效力上采取生效要件主义。而日本、我国台湾地区在一般债权质权中，立法较为模糊。首先就无债权证书的债权质权而言，二者均未在债权质权的设立中专门规定通知债务人的问题，但在解释上均依据债权让与中通知债务人作为对抗要件的规定而认为通知债务人在债权质权的设立上也是一种对抗要件。有趣的是，由于日本民法上在物权变动这个问题上，基本上采取的是对抗主义，因此在权利质权上也采对抗说可以理解。而我国台湾地区在物权变动这个问题上是坚定的德国追随者，即以登记或交付作为物权变动的生效要件，但在债权质权上却采取了类似于日本的对抗主义。而在有权利证书的债权质权这个问题上，日本民法舍弃了其一贯采取的公示对抗主义，而采取了和我国台湾地区民法相同的公示要件主义。而到了证券质权，德国和日本、我国台湾地区的立法又基本上交汇在一起，即原则上以交付作为生效要件，特殊的指示证券还需配合背书，不过仍是作为生效要件来处理。

从上面各个国家和地区在债权质权公示及其效力这个问题上的分分合合可以看出，由于债权质权的设立是建立在一种非常抽象的财产权——债权之上，因此，对其之上设立的物权如何贯彻各自物权法中确立的物权变动规则，是一个相当棘手的问题，各自的立法者在这个问题上也未能达成一致见解。结合各个物权法中的基本原则，我们发现各个国家和地区中关于物权变动规则在具体物权制度中的贯彻也远非教科书上讲的那样简单和一致。①

① 此点在我国的物权法上表现得更为突出，在总则中所确立的物权变动规则在动产物权和不动产物权的具体制度中，各种例外情形已很难看到原则的影子。德国学者施蒂尔纳对于中国物权法上的这种状况也提出了质疑，其认为：“这种多样性是否有意义和有必要、或者是否应被视为不必要的复杂化，在不了解具体的中国法律传统的情况下无从进行判断。但在具体个案中，如果不存在真正重大的理由，很难认为这种多样性的存在是合理的。出于多方面的考虑，建议立法者在将来修改物权法时，能选择一个统一的方案，即完全并始终的将公示行为作为物权变动的生效要件。”参见施蒂尔纳《德国视角下的中国新物权法》，未刊稿，第5页。其认为：“这种多样性是否有意义和有必要、或者是否应被视为不必要的复杂化，在不了解具体的中国法律传统的情况下无从进行判断。但在具体个案中，如果不存在真正重大的理由，很难认为这种多样性的存在是合理的。出于多方面的考虑，建议立法者在将来修改物权法时，能选择一个统一的方案，即完全并始终的将公示行为作为物权变动的生效要件。”

德国法贯彻严格的分离主义，物权变动的公示原则亦是德国物权法的一项基本原则，[①] 物权变动均需通过对外公示始得发生。但就一般债权质权而言，由于其以普通债权作为权利标的，普通债权的相对权属性，相比于其他担保物而言通常具有公示性差、对抗性弱等特点，如何解决好一般债权质权的公示问题，从而较好的保护质权人以及善意第三人利益，充分发挥其担保功能，保护交易安全，也就成为该项制度设计中的重中之重。从这个角度来看，德国法上的制度是否是解决这一问题的较佳选择即不无疑问。

（二）美国模式：以声明登记制为主的统一权利质权公示

英美法系对于财产的划分与大陆法系有所不同，将财产权区分为属物财产（real property）与属人财产（personal property）两大部分，属物财产所包含的仅有土地、房屋等财产，概念上相当于大陆法系的不动产，此点与大陆法系并无太大的不同。而其属人财产则涵盖了大陆法系上的两类财产即动产与权利。而在担保制度的设计上，存在较大不同的也是关于属人财产部分，通常，大陆法系会区分不同的财产种类而设计不同的担保制度，例如德国法上即有针对动产质权和权利质权之分。而美国法在最初继受自英国的担保制度也呈现出担保方式多样化的特征，并且由于各州的制度设计差别过大，导致不够协调和统一。[②] 基于统一交易规则的需要，美国《统一商法典》第九编废止原有的各种担保制度，而以“担保权益”（security interest）为其制度核心，将普通法下的繁杂登记制度整合成全国统一的登记制度（notice filing）。第九编的起草者希望能够改革旧有零乱的制度，建立一个统一的担保制度，以发挥担保的效能。为此，该法增加了担保标的物的种类，并且降低设立担保所需的成本。另外，该法还通过建立全面普及的登记制度以节省潜在债权人的信息搜寻成本，以维护交易安全。[③] 当然，这套全面登记制度在付诸实施后，仍存有某些不合效率及成

---

① 鲍尔、施蒂尔纳：《德国物权法》（上），法律出版社，2004，第61页。

② 参见高圣平《动产担保交易制度比较研究》，中国人民大学出版社，2008，第53页以下。

③ See Alan Schwartz and Robert E. Scott, Introduction to the Credit Transaction, Commercial Transaction Principles and Policies, 1990, at 547.

本过高的弊病，因此历经多次修订，最近一次大幅修订为2001年，并陆续经各州通过实行。[①] 美国的这一套动产担保交易制度已为《欧洲复兴开发银行动产担保交易示范法》和《美洲国家组织动产担保交易示范法》所采纳，一些转型国家也在国际机构的协助下建立起了类似的动产统一担保制度。例如，匈牙利在欧洲复兴开发银行的援助下，越南在亚洲开发银行的资助下，建立起了全国统一的动产担保登记系统。[②] 即使美国法的发源地英国，也由相关人士组成法律委员会作出研究报告，考虑采纳美国的这种统一的动产担保制度。[③]

《统一商法典》第九编所建构的登记制度，采取了声明登记制（notice filing)，并不要求设立当事人披露有关彼此交易的全部信息，必须登记的内容不是登记担保合同本身，而仅就载明相当简单明确的事项的文件（担保声明书）为登记即可，这或许是此套登记制度最独特之处。担保声明书可以在担保权成立之前或者之后登记。该通知本身只表明某人在指明的担保物上可能存在担保权。如需了解更多的信息可以进一步询问相关当事人。由于《统一商法典》的登记制度仅要求登记担保声明书，并不要求披露双方交易的细节，因此仅有警示潜在债权人的功能。[④]

（三）中国模式：多元化的公示方式[⑤]

物权法的总则部分未确立权利作为一种独立的标的类型所应有的位置，就物权变动部分，仅规定了不动产的登记和动产的交付两种类型。而未能就权利物权的转让、设质进行一般规范。这固然和权利物权本身的性

---

① See Jens Hausmann, The Value of Public-Notice Filing Under Uniform Commercial Code Article 9: A Comparison with the German Legal Systems of Security in Personal Property, The Georgia Journal of International and Comparative Law, 1996, at 1 - 2；美国五十州和哥伦比亚特区，除了四个州所定之生效日期晚于2001年7月1日，其余各州均早已通过并实施。

② http://www.ebrd.com 及 http://www.adb.org 上的相关资料。

③ See The Law Commission of England and Wales, Registration of Security Interests: Company Charges and Property Other Than Land-A Summary of the Consultation Paper, Bond Law Review Volume 14, issue 1, 2002.

④ See Douglas G. Baird, Security Interests Reconsidered, 80 Virginia Law Review, 1994, p. 2256.

⑤ 关于我国权利质权公示的具体问题将在本文下面的论述中详细分析，此部分仅在和德国、美国比较的意义上阐述。

质有关，比如就权利质权来说，可在财产上设立质权的以有价证券、知识产权、应收账款为主，这些财产权在性质上更接近于动产，这也是为什么英美法系将这些财产权与一般动产统一称为属人财产（personal property）的原因。日本甚至对于无记名债权直接视为动产。[①] 但是随着科技的进步，上述财产权很多已实现了电子化，不再具有有形载体形式，因此在权利的转移上无法适用动产的规则，而更多的是以登记等方式来实现。就制定法上的情况来看也是如此，物权法中的权利质权公示既有占有（交付），又有登记，因此很难总结出一般性的规则。另外，在不动产权利上设立抵押权也和权利质权的公示无法一致。但是这似乎不能成为否定权利物权的变动规则在总则部分物权变动中占有一席之地的理由。因为就物权法本身来看，在不动产和动产两类上也未能实现物权变动规则的完全贯彻。例如，在物权法确立的四类不动产用益物权中，就有两类不以登记作为物权变动的公示方式。

在目前的情况下，权利质权中的登记和占有（交付）不仅没有自己的一般规则可以适用，即便是不动产登记和动产的占有及交付的规则中，哪些可以运用到权利质权的公示，哪些在性质上并不适合，也未能明确。因此，就物权变动公示的一般规则来说，未来是否能够确立不动产、动产和权利“三足鼎立”的态势值得深入研究。

而具体到权利质权的制度设计上，中国也是走出了一条既不同于《德国民法典》的模式，又不同于美国《统一商法典》的模式。首先，在可以设立质权的权利类型方面由法律进行了明确的列举，即票据、债券、存款单、仓单、提单、基金份额、股权、知识产权中的财产权以及应收账款等几类，而其他的权利类型也仅是以“法律、行政法规规定可以出质的其他财产权利”为限。[②] 其次，就权利质权的公示方式本身来看，物权法是就各种不同的权利类型结合其在实践中的操作方式，分别规定了其公示方式，其中以登记为主。可以说此种以登记为主的公示方式契合了权利质权领域公示制度的发展方向，适应了如今电子化、网络化的新形势。但是其

① 参见日本民法第 86 条第 3 款：“无记名债权，视为动产。”

② 有学者认为之所以规定可以设质的财产权的类型以法律规定为限，是为了贯彻物权法定原则。即使抛开物权法的原则是否应当包含权利标的类型法定不谈，单就《物权法》第 180 条关于抵押财产范围以法律未禁止的为限的规定比较而言，上述规定即值得再检讨。

问题在于不同的权利质权的公示由不同的主管机关负责，很难收统一登记公示之效，并且给实践也造成了很大的困扰。[①]

另外，物权法中也并没有规定一个类似于德国民法第1274条的一般性条款，明示其他财产权质权的设立依照其权利让与的方式，以便于未来新出现的权利类型设立质权时以资因应。反倒以“法律、行政法规规定可以出质的其他财产权利”的规定将权利质权的类型及设立完全纳入了“法定”的轨道，而排除了在法律、法规之外设立新的权利质权类型的可能，这一做法按照一些学者的解释，是为了贯彻物权法定原则，实际上却未必如此，至少就抵押权的设立来说物权法是以“法律、行政法规规定不得抵押的其他财产”这样排除式的规定来圈定其范围。因此未来如何处理这一条款，以及是否应有类似德国民法第1274条的规定给权利质权的设立和公示留下一个外接的管道，值得反思。

（四）三种模式的比较

1. 德国模式与美国模式的区别

就德国模式和美国模式来说，二者植根于不同的政治经济背景。德国民法物权制度的显著特征是对动产物权和不动产物权的明确区分，建立这种制度的根据，是立法者认为动产和不动产对个人和社会的政治、经济意义有明显的不同，动产的政治和经济意义一般不如不动产重要。所以德国民法中动产物权制度的内容远远不如不动产物权制度那么丰富。[②] 同时，在德国民法制定之时，可以设立质权的权利较为有限，权利质权制度的运用非常有限，因此，权利质权制度在德国也远不如不动产担保运用的广泛。诚如学者所言，权利质权的法律规范进入民法典，与其说是实践的需要，还不如说是德国人习惯的法学推理的结果。[③]

美国则有着完全不同的背景和发展，美国把应收账款等财产权利作为一种重要的财产来看待，不仅将其作为财产进行充分流转以获取收益，甚至在其上通过资产证券化等形式发明各种各样的金融衍生产品，从而活跃

① 参见中国人民银行研究局等《中国动产担保物权与信贷市场发展》，中信出版社，2006，第49页以下。

② 参见孙宪忠《德国当代物权法》，法律出版社，1997，第305页。

③ 参见孙宪忠《德国当代物权法》，法律出版社，1997，第349页。

了整个资本市场。[①] 因此，各种财产性权利在其经济生活中占有重要的地位，为了使其最大限度地发挥其融资担保的作用，在其上设立担保权成为广泛运用的方式。在这一背景下，《统一商法典》在规范其公示方式（perfection）、确定各个担保权基于该公示方式的优先顺位方面进行了详细的规范。

2. 中国模式与德国、美国模式的关系

如果仔细比较我国物权法所确立的权利质权公示方式与德国民法和美国《统一商法典》所确立的公示方式，就会发现尽管存在上述种种不同，但我们仍然能够发现后两者的影子。

首先，就物权法所确立的权利质权公示制度的核心而言，它完全贯彻了《物权法》第15条所确立的物权变动与原因行为的区分原则，而这一原则可以说也是整个德国民法物权部分的根基。在这一点上，二者并无不同，均强调应当区分设立权利质权的合同和权利质权设立，前者是一个债权契约，是发生物权变动的原因行为，而后者是物权变动本身，两者是原因和结果的关系。

另外，中国的这种权利质权类型的列举可以说也是参考了德国法的方式，所不同的是，德国民法在制定当时，可以设立质权的财产权种类有限，只规定了债权和有价证券两种，其他则以兜底条款概括。

而我们物权法上权利质权的公示方式的整体模式恐怕很难走上德国法的道路。因为在德国民法上对其列举的两类主要权利质权类型即债权质权和有价证券质权，其设立和公示方式完全是按照其权利转让的方式来进行。而反观我们物权法的规定，就现在列举的几类权利质权类型来说，很多已不再遵循其权利转让的方式，例如，著作权的转让只需当事人签订著作权转让合同而无须登记，但是著作权质押则是以登记作为公示方式。应收账款的转让一般也以签订转让合同为主，个别辅以权利证书的移转，但应收账款质押统一以登记作为公示方式，如此一来，很难说新的权利质权类型出现时应当采取什么样的公示方式来处理。

① 事实上，我们只要看看此次发生的金融危机中，华尔街如何把各种各样的财产（权利）包装成眼花缭乱的金融衍生产品，从而造成全球性的金融危机，就不难发现这些财产性权利在美国经济生活中所扮演的重要角色。

就权利质权公示制度的整体来看，中国物权法基本上是沿袭了德国法的规范模式，包括明确债权合同和物权变动的关系，分类规范不同的权利质权公示方式，以及采取公示生效要件主义等，都可看到传统德国法系的影子。当然在传承的基础上又有了一些创新，比如，没有采纳德国法上权利让与规则的准用这一兜底条款，而是尽可能的列举了各种权利质权的类型，并且根据时代发展的要求，规定了基金份额、知识产权等新的权利质权类型及其公示方式。并且也没有以各种权利的转让方式来作为该种权利设立质权的公示方式，而是针对每一种权利质权分别确定其公示方式。

就一些具体制度而言则是在放弃德国模式的前提下看到了美国法的影子，例如，前面谈到的中国物权法并没有采纳德国法上将“通知”作为债权质权公示方式的做法，甚至根本未使用一般债权质权这一概念，而是用了应收账款质权来取而代之，并且采用了登记的公示方式，这一点应当说是受到了美国统一商法典的影响。但是在应收账款质押登记的效力这一方面则仍然是延续了德国法上的公示生效要件主义，而非美国法上的登记对抗要件主义。

另外，中国物权法虽然没有像美国统一商法典那样采取统一的登记制度，但是也大量采用了登记作为公示方式，仅在有权利凭证的有价证券部分保留了交付作为质权设立的公示方式。登记固然相较于交付有更高的公示效果，但在应收账款质押等登记采取类似美国法上的登记制度后究竟能发挥多大的公示效果目前仍然存疑，有待于实践的进一步检验。[①]

四　权利质权公示的方式

（一）权利质权中的占有

权利得否为占有的客体，法制史上历经变迁。在早期罗马法，只有有体物才能成为占有的标的。[②] 人们对于占有的认识来自于直观的感受，

---

① 施蒂尔纳教授即认为是否采纳登记制度作为公示方式无所谓，参见施蒂尔纳《德国视角下的中国新物权法》，来华讲座未刊稿，第9页。

② D. 41，2，3，pr.

例如，坐在某个地方即所谓占有，因为那个地方自然被位于其上的人占据着。[①] 后来，法学家根据现实的需要，创设了准占有，又称为权利占有。但只在特殊情况下存在，如对于用益权的占有，对于某些地役权的占有等。[②] 在近代大陆法系民法典中，对于准占有的认识和规定也不尽一致。德国民法制定时对应否规定权利占有发生争议，最后认为权利占有不具实益，未设一般规定，仅承认地役权的占有，而于第 1029 条规定："土地所有人已将地役权登记于土地簿册者，土地占有人行使此项地役权而受妨害时，准用关于占有保护之规定，但以妨害发生前一年内曾为一次之行使为限。"[③] 日本民法受法国民法的影响，采概况规定的模式，适用于所有为自己意思而行使财产权的情形。[④] 我国台湾地区也采取日本立法例而设一般准占有制度。我国物权法上虽然没有明确的规定，但是基于占有制度旨在保护一种事实上的管领状态，以维持社会的平和秩序，因此，应该认为权利也可以成为占有的标的。

权利的占有也应当是一种对于权利的事实上的控制，但是对于权利的占有不能像对有体物那样采取物理的方法来控制，至于以何种标准来判断对于权利实现了占有，立法上不尽一致。日本民法第 205 条规定："本章之规定，于为自己意思而行使财产权之情形准用之。"其强调的是以自己所为的意思来行使财产权，更多的是强调当事人的主观心态。而我国台湾地区"民法"第 966 条规定："财产权，不因物之占有而成立者，行使财产权之人，为准占有人。"这里其强调的是行使财产权的行为本身。当然，这两者事实上区分并不大。例如，债权人请求债务人履行债务，商标权人向他人转让商标权，都是一种行使财产权的行为，也当然包括了"自己所为的意思"。从经验来看，如果一个人能够对某种财产权利予以行使，则该财产权实际上处于他的支配之下，这种情形与对物的现实的"管领之力"实质上具有相同之处。

权利尽管是一种无体财产，不像有体财产那样易于实现对其的控制，

---

① D. 41，2，1，pr.

② 周枏：《罗马法原论》，商务印书馆，1994，第 431 页。

③ 王泽鉴：《民法物权》（用益物权・占有），中国政法大学出版社，2003，第 429 页。关于德国法上是否应当规定权利占有的争论，参见 Westermann Gursky，Sachenrecht I，S. 160。

④ 参见日本民法第 205 条。

但一旦其可以“物化”到某种载体，则很多时候就可以通过对其物化的载体的控制而实现对权利的控制。尤其是通过证券化的债权，其权利就和载体合而为一。例如，作为权利质权标的之一的票据，作为一种完全有价证券。它与一定的财产权利或价值结合在一起，并以一定货币金额表示其价值。票据的权利与票据不可分开。票据的权利随票据的制作而发生，随票据的出让而转移，占有票据，即占有票据的价值。不占有票据，就不能主张票据权利。票据债权人行使权利以占有票据为必要条件，因此其请求票据债务人履行票据债务时，必须提示票据，以证明其占有票据的事实。[①]此时，对于权利的占有就发展成为一种类似于对动产的占有。需要注意的是，如果占有的是一张普通的债权证书，如借据，则这种占有的公示效力就要大打折扣，因为一般债权证书仅仅是对于债权的一种证明，当事人因丢失等原因失去了对该债权证书的控制，并不能说失去了对证书上所表彰的债权的控制，当然作为有力证据的借据丢失，会给债权人行使权利带来困扰，但这属于另一个层面的问题。

而对于另外一些权利，权利人可以通过其他的方式实现“占有”，例如，在出版的作品上署上自己的名字，表明自己对于该作品的著作权的“占有”，以达到公示周知的目的。而在有主管官署授予权利的情况下，可以通过在主管官署的登记来实现对于权利的占有，例如，将某项专利通过在国家知识产权局登记自己为权利人的方式，实现对该权利的转让。这些都可以看作是对过去传统的“占有”方式的一种发展，是实现对于相关权利的控制的一种方式。

（二）权利质权中的交付

交付也即占有的移转，有两大类型，一是现实交付，即标的物占有的实际移转，此为狭义上的交付。二是观念交付，即不现实移转标的物占有的物权变动方式，广义上的交付除指现实交付还应包括观念交付。过去我国法律对作为物权变动的交付只规定了现实交付制度，而未对观念交付作出规范。因此在物权法起草过程中，学者提出在物权变动方面的主要任务是完善交付制度，完善交付制度的主要方式是

① 谢怀栻：《票据法概论》，法律出版社，2006，第15页。

完善交付的类型。[①]《物权法》对此作出了回应，除规定直接交付即现实交付外，对观念交付的类型作出规定，包括简易交付、指示交付和占有该定。[②] 基本确立了我国交付的类型体系。而权利质权中的交付主要发生在有价证券质权中，其直接交付的并非是权利，而是通过交付表彰权利的证券达到交付“权利”的效果，因此，权利质权中交付作为公示方式的运用也仅限于可以证券化的权利，对于没有权利凭证的则须采取其他的公示方式。[③]

我们必须看到权利质权的标的物均为权利，依其性质是“不可被触摸的物品”,[④] 是一种无形之物，因此直接对权利的交付就存在一定的困难。早期的罗马法认为交付表现为手递手的给付（manu in manu ditio），是对占有的单纯实现。[⑤] 在这种情况下，权利作为无体物是不能交付的。[⑥] 随着社会心理和文明的发展，在法学理论尤其是普罗库勒派学说影响下，它逐渐摆脱了唯物主义的、直观的、手递手的活动。在古典法和优士丁尼法中，对占有的转让可以通过某些隐蔽的和准精神的方式加以完成，这样的情况有：象征性交付、长手交付、短手交付和占有协议。其中的象征性交付在中世纪是指以移交商品为目的的交付库房的钥匙，根据古典法，它应当在库房中进行；现今的交付代表性凭证的做法只不过是这一制度的进一步发展。[⑦]

在近代大陆法系各国制定的民法典中，由于当时知识产权等以登记为公示方式的权利设立质权尚不流行，因此各国在民法典中主要是针对一般债权、有价证券等设立质权，而在这些权利质权的规定中，基本上都要求有权利证书的，在设立质权时应当转让权利证书，例如，日本民法第 363 条、我国台湾地区“民法”第 904 条、瑞士民法第 900 条第 1 款。德国民

---

① 孙宪忠：《物权法基本范畴及主要制度的反思》（下），《中国法学》1999 年第 6 期，第 27 页以下。

② 参见《物权法》第 25、26、27 条。

③ 这里的没有权利凭证是指电子化的证券化权利。

④ 罗马法将物分为有体物和无体物，债权等权利被认为是不可被触摸的无体物。参见 D，1，8，1，1。

⑤ 黄风：《罗马私法导论》，中国政法大学出版社，2003，第 197 页。

⑥ 周枏：《罗马法原论》，商务印书馆，1994，第 339 页。

⑦ 彼得罗·彭梵得：《罗马法教科书》，中国政法大学出版社，1992，第 211 页。

法就债权的设质没有提及权利证书的交付问题，而是以通知作为债权质权设立的生效要件。[①] 这种权利证书的转让其实就象征着权利的转让。

在我国的《物权法》中，以汇票、支票、本票、债券、存款单、仓单、提单出质的，也规定应当交付权利凭证，并且质权自权利凭证交付质权人时设立。如果没有权利凭证，则应向有关机构进行登记。但是针对上述规定，我们还必须要分析其中的差异。上述几种权利证书虽同为有价证券，但是仓单、提单除了是一种债权凭证外，本身还具有物权凭证的性质，保管人和承运人要按仓单和提单的规定凭仓单、提单交货，谁持有仓单和提单，谁就可以提货；而不问其仓单、提单来自何方，仓单、提单的持有人就是物权的所有人，充分体现出提单是一张物权凭证。其本身即具有支配力，证书的交付和占有的公示性较强，交付仓单和提单类似于动产的交付。而对于仅具有债权效力的权利凭证来说，由于出质人本身仅仅是享有一种请求权，其本身的公示性较弱，这种债权设质能否保障质权人获得优先受偿权不论是在学术上还是在理论上都存在争议。[②] 因此就需要选择一些标准化的或者说是证券化的债权来设立质押，这大概也是为何《物权法》最终仅选择了汇票、支票、本票这三类票据和债券、存款单等几种证券化的债权作为设立质权的标的，而没有将一般债权作为权利质权的标的。[③]

另外，以一般债权证书的交付作为公示要件的想法，大多源于动产质权中质物的交付为公示要件的观点。但我们在将一般债权证书的交付作为公示生效要件时，不得不面对这样一个问题，即动产质权标的物的移转占有为质权生效要件的理由，在于有体物移转占有的公示目的和剥夺出质人对质物的占有从而剥夺质物的使用收益对出质人带来间接促使其履行债务的压力。但这一目的在一般债权证书的交付中意义不大。因为一般债权证书仅仅是债权存在的书面证明，债权的处分、行使非以债权证书的持有为

① 但学者认为作为物权公示的基本要求，权利质权的设立必须交付权利文书。孙宪忠：《德国当地物权法》，法律出版社，1997，第 349 页。

② 孙宪忠：《中国物权法原理》，法律出版社，2004，第 256 页。

③ 当然，有人认为物权法肯定应收账款出质，就可以看成是允许一般债权设质，抛开应收账款和一般债权的区别不谈，即便认为物权法承认一般债权的出质，也为了保证其具有足够的公示性而改采由相关部门进行登记的方式代替了交付。

必要，剥夺出质人对债权证书的占有而移转于质权人，在公示上并无多大意义，且对出质人也无法构成促使其履行债务的压力。因此，我国物权法上没有涉及一般债权的设质及其证书的交付的问题。

就观念交付的几种方式而言，其能否作为发生权利质权变动的公示方式，学者有持否定见解，认为票据、债券、存款单等的法律性质是以其票面表示权利的经济价值，这些证书没有一般动产那样的使用价值，所以这些票据不可以发生租赁或者借用。因此，在票据的交付中，不可能发生简易交付、指示交付、占有改定这些动产的特殊交付方式。[①] 本文认为，如果符合物权公示性的要求，即应原则上承认其作为物权变动公示方式，否则，即应否认。这里分别进行分析探讨。

就简易交付、指示交付而言，一般认为其能够满足物权变动公示性的要求，因此可以作为权利质权变动的公示方式。而对于占有改定这种方式而言，存在较大的争议。就包括证券化的债权在内的有价证券质权来说，学者多认为应与动产质权的设立相同，由于占有改定不具有公示性，因此其不应作为交付的方式被使用。[②] 而就一般债权证书来说，学者多认为除了现实交付外，还可依简易交付及指示交付的方式为之，但不得由出质人代质权人占有证书即不得依占有改定的方式。[③] 但也有学者认为证书的交付，既可现实交付，也可为观念交付，占有改定也可以，因为这样解释不仅符合债权证书的性质，且与无证书的债权质权的设立方式相平衡。[④] 这种观点明显受到了日本学者的影响，因为多数日本学者认为，既然债权证书的移转占有对一般债权质而言意义不大，则对禁止占有改定的规定可以不予适用。[⑤] 参考其他几个大陆法系国家的立法例不难发现，占有改定在动产质权的设立上基本是被否认的。学者也多认为不能根据占有改定设立权利质权。[⑥] 本文认为，作为质权标的的权利本身的公示性就较弱，即便其有权利证书作为物质载体，也没有根本的改变。同时，权利证书转移给

① 孙宪忠：《中国物权法总论》（第二版），法律出版社，2009，第 386 页。

② 谢在全：《民法物权论》，中国政法大学出版社，1999，第 814 页。

③ 史尚宽：《物权法论》，中国政法大学出版社，2000，第 396 页。

④ 谢在全：《民法物权论》，中国政法大学出版社，1999，第 810 页。

⑤ 此为日本民法学中的通说，近江幸治：《担保物权法》，法律出版社，2001，第 278 页。

⑥ 参见鲍尔/施蒂尔纳《德国物权法》（下），第 126 页。

质权人占有，构成了对出质人行使债权的一种有效的限制，可以在一定程度上保护出质债权的安全，也便于质权人在将来对出质债权的处分。如果以占有改定的方式为之，可能会发生出质人再次以权利证书向第三人进行质押，影响交易安全。因此，权利证书还是应该最终由质权人占有。

（三）权利质权中的登记

在数字时代，权利已经由证券化进而电子化，单纯的交付权利证书不足以表彰其所代表的权利发生了变动，因此传统的以交付或占有为公示方式已经无法适应电子化的权利对公示提出的要求，因此需要有新的公示方式来因应。更重要的是，在现代市场中，债务人通常需要在设立担保后仍能占有质押财产继续生产经营，从而尽快偿还债务，在此情况下，债权人所享有的这种不移转占有的担保权益应当通过一定的方式使他人知晓。[①] 在这种情况下，既具有较强的公示性，同时又不需移转占有的公示方式登记开始广泛应用。从最初的适用于不动产领域，到后来的动产抵押，再到现在广泛适用于权利质押的情形。而在美国，更是将电子化的登记方式发挥到了极致，将大陆法系中的动产质押和权利质押整合为一种统一的担保权益（security interests），并统一以电子化的登记作为公示方式，充分发挥了基于互联网的电子化登记的优势。

登记作为权利质权的设立中的另外一种重要的公示方式，其已经成为我国物权法上权利质权中占据主导地位的公示方式。权利质权中的登记作为一种由国家权力部门进行的、由国家进行背书的一种公示方式，为权利质权的变动提供了一个具有国家公信力支持的、统一的、公开的法律基础。具体来说包括以下几点：

首先，权利质权登记为权利质权的变动提供了法律基础。权利质权通过登记来最终确定质权的产生，为了使权利质权成为一种具有排他性的支配权，从而完成其所必须具备的公示要件，其本质是对权利质权产生的一种法律承认，赋予其物权变动的效力。所以，尽管权利质权的登记大多是由行政机关来完成，但必须要把握住一点，即权利质权的登记首先是为了

① See Jason Butscher, To file or not to file: The current confusion of when and how to comply with Article 9 - 312, 25 Tex. Tech L. Rev. 175.

完成物权公示原则的要求，并不是为了进行行政管理。

其次，权利质权登记为权利质权中的物权变动提供具有国家公信力支持的法律基础。《物权法》中规定的每一种权利质权的登记都是在国家机构完成的，这一方面是由我国的传统行政管理体制造成的，另一方面其实也是以国家机构后面的国家的权威为登记的公信力而背书，由国家来最终承担登记的责任，以国家行为的严肃性作为保障，使得权利质权的登记取得社会一体信服的效果。这种效果就是权利质权登记的国家公信力。[①] 不论当事人实际的权利状态为何，仅以国家建立的权利质权登记簿（登记系统）上记载的权利为准。

最后，权利质权登记为相关的权利设立质权提供了相对统一的公示方式和效力的法律基础。由于权利质权中标的物的多样性和复杂性，使得其公示方式的选择有的适宜以交付作为公示方式，而有的适宜以登记作为公示方式，同时由于权利品性的差异，即使同为登记，也分由不同的部门负责。

1. 登记申请

所谓登记申请，即由当事人向登记机关符合法定的方式提交相关文件，表明其意欲发生权利质权设立或变动的情况，并由登记机关加以确认。这是实现整个权利质权登记的启动程序。申请是当事人享有的请求权利质权登记机关为或不为一定行为的权利，申请在本质上是一种权利。而且，这种权利引发了登记机关的审查、登记等程序行为，具有程序法上的意义，因此，登记申请权是物权变动交易的当事人请求登记官准予在登记簿册上记载物权变动的法律事实的权利，属于程序法上的权利。[②] 另外，作为权利质权的登记申请不得附条件，也不得附期限，因为登记机关的登记活动应当是确定的，其究竟是开始登记活动还是不为登记活动，不应该摇摆不定。[③]

（1）申请的主体。

权利质权的登记中，有权提出登记申请者，可以是“获得权利者”，也可以是“失去权利者”，[④] 也可以由双方共同提出。结合相关的规范可做如下分类：

---

① 孙宪忠：《中国物权法原理》，法律出版社，2004，第 204 页。

② 邓曾甲：《日本民法概论》，法律出版社，1995，第 160 页。

③ 参见鲍尔/施蒂尔纳《德国物权法》（上），法律出版社，2004，第 307 页。

④ 参见鲍尔/施蒂尔纳《德国物权法》（上），法律出版社，2004，第 309 页。

第一，双方共同申请，即权利质权的出质人和质权人共同向登记机关申请登记。这是申请的一般方式，也是我国登记实务所采用的通常做法，在这种申请方式中，登记应当由当事人双方共同申请，并且登记申请权主体的必须具备完全行为能力。例如，著作权质押合同的登记，即规定由出质人与质权人共同到登记机关申请办理。[①]

第二，单方申请，即由权利质权的出质人或者质权人一方向登记机关申请登记。这种申请在权利质权中主要出现于初始登记、经过国家公权力确认的物权变动（如法院通过已经发生法律效力的判决确定的物权变动）、因继承发生的物权变动等非因法律行为产生的物权变动情况之中。与共同申请一样，单方申请人也要具有完全行为能力。例如，应收账款质押登记由质权人单方办理即可。[②] 债券质押则由出质人向中央国债登记公司提交书面的债券质押申请即可。[③] 但是，需要检讨的是，在债券质押中，虽然是单方提出申请，但规定的是由出质人申请，而出质人作为义务人较少可能谎报权利质权的设立，以尽可能避免自己陷于不利益。同时，出质人须向中央国债登记公司出示与质权人签订的主合同和债券质押协议，而中央国债登记公司受理后，当即检查核对印鉴，对印鉴相符的，才能办理债券质押登记，[④] 有了这些保障，债券质押中的风险也就可以控制。而在应收账款的质押登记中，一方面规定只需质权人单方办理，同时并未规定质权人需要提交的任何证明出质人同意出质的材料并由登记机关进行审核，仅靠质权人自己的操作即可完成，尽管也需要质权人提交其和出质人达成的登记协议，但是登记机关对此也不做任何审核，完全放任当事人自为，这里没有任何措施制约作为登记人的质权人，使得出质人的利益得不到任何保障，相关制度值得反思。

第三，代理人申请，即申请人的法定代理人或者申请人委托代理人向登记机关申请登记。例如，应收账款质押登记原则上应由质权人办理，但是质权人也可以委托他人办理登记。[⑤] 而在专利权质押中，如果是属于涉

① 参见《著作权质押合同登记办法》第 5 条。

② 参见《应收账款质押登记办法》第 7 条。

③ 参见《债券质押业务操作流程（试行）》第 3 条。

④ 参见《债券质押业务操作流程（试行）》第 3 条。

⑤ 参见《应收账款质押登记办法》第 7 条。

外专利权质押合同登记，则必须委托涉外专利代理机构代理。[①] 在由代理人办理的情况下，代理人应当出具身份证明、委托书等代理证明文件。

第四，代位申请，即登记权利人怠于申请登记，与其有利害关系之人为了保全自己的利益或者同时照料登记权利人的利益，以自己的名义代位登记权利人向登记机关申请登记。[②] 这种情况主要发生在作为权利质权的单方申请人或双方申请人中的一方怠于申请质权登记，另一方为保护自己的利益，可代位进行登记申请。或者是登记申请人有多人，而其中有的申请人怠于申请，此时为保全代位申请人以及被代位的登记权利人的共同利益，可由其他有权的登记申请人申请权利质权的登记，这种代位申请的目的只能是为该权利共同体的利益。但是，由于在代位申请中，干涉了怠于提出申请的登记权利人的意愿，甚至影响到了其利益，因此应当由法律明确规定其情形以及证明事项，以防止不当侵害申请权利人的利益。而就目前关于各种类型的权利质权的有关规定来看，并没有对登记权利人怠于进行登记申请有任何的规范和救济措施，未来应就这部分补充完善。

（2）申请的效力。

登记申请自到达登记机关时生效。[③] 该时间点对于在同一标的物上登记的多项权利的顺位关系，具有决定意义，因此，通常对其规定应当尽可能的详细。但是目前关于权利质权登记的各项规章中，几乎没有涉及此问题，偶有涉及也是非常笼统的规定，例如专利权质押登记中以登记机构收到提交的申请文件之日为登记申请受理日。[④]

申请本身是一种程序性行为，因此其正常运行的后果，首先是具有程序法意义的效果。但是，这并不是申请法律效力的全部，申请作为登记生成的前奏，在一定条件下，也产生相应的实体法效力，从而影响当事人在实体法上的权利义务关系。这样，申请的作出就会在程序法和实体法上产生双重效力，前者一般被称为形式效力，后者则被称为实体效力。[⑤] 前者

① 参见《专利权质押合同登记管理暂行办法》第 5 条。

② 参见常鹏翱《物权法的展开与反思》，法律出版社，2007，第 333 页。

③ 参见鲍尔/施蒂尔纳《德国物权法》（上），法律出版社，2004，第 310 页。

④ 参见《专利权质押合同登记管理暂行办法》第 6 条第 2 款。

⑤ 参见常鹏翱《物权法的展开与反思》，法律出版社，2007，第 336 页。

包括：①启动权利质权登记机关的登记行为；②决定登记机关的行为范围。后者包括：①决定权利质权的顺位；②体现于自无权利人处取得权利上的效果；③对标的物权利人处分上的限制。

（3）申请的受理。

权利质权登记机关在收到申请人提交的申请材料后即应接受，并向申请人提供相关证明，此行为称为收件，也即申请的受理。收件就登记机关而言是其行为的开始，其在收件后开始审查及登记工作。原则上，一旦当事人提交登记申请，登记机关即应当按照法律规定的收件程序接受申请，而不能当即审查拒绝。但是，如果申请存在明显的不合理或者违法情形，如当事人在非办公时间向登记机关提交申请、申请与登记事务无关或者没有按照法定表格形式填写申请，则从维护登记严肃性、审查高效性的角度出发，登记机关可以拒绝收件，以免给此后的登记审查带来不必要的负累，也避免延误当事人修正登记申请瑕疵的时机。①

登记机关在收件时，应当按照接受申请的时间先后编排序列，并给当事人出具收据以及该序列的证明。这种证明是非常必要的，因为登记的顺序通常是由登记申请的顺序来决定的，而登记申请的顺序则是以登记机关收到申请文件的时间为准。例如，专利质押登记机关即以收到申请文件之日为登记申请受理日。

3. 登记机关

在我国权利质权登记领域也存在类似于不动产登记中的登记机关“多头执法”的现象，按照权利的类型和行政机关的职权范围分散确定登记机关。例如，国家知识产权局主管全国的专利权工作，因此专利权质押的登记机关确定为知识产权局。著作权的主管机关为国家版权局，因此由版权局来负责著作权的质押登记。商标权质押登记的主管机关为国家工商行政管理局，具体由商标局来负责。而应收账款相比较而言较为特殊，由于其包含多种财产权，权利的内容之间也相差较大，且权利本身通常没有什么公示方式，因此在确定其登记机关是较为困难，后来考虑到人民银行已经建立起来了较为完善的个人和企业征信系统，在该系统上进行质押登记成本较低，公示性也更强，因此最终确定应收账款质押登记的主管机关为人

① 参见李昊等《不动产登记程序的制度建构》，北京大学出版社，2005，第258页。

民银行。

由某一种权利的业务主管部门负责其质押登记固然在操作上较为简便，道理上似乎也顺理成章。上述做法使得实践中的权利质权登记更多的具有行政部门管理的意义，较少具有司法意义。登记机关的不统一，对经济发展和交易安全已经造成了损害。尤其是当两个或者两个以上的登记机关权力交叉重合时，不但会增加当事人的负担，损害当事人的正当利益，而且对登记的公信力产生了损害，扰乱正常的法律秩序。登记已不再是确定物权变动公示和公信力的一种方式，各个主管机关仅仅是将登记作为进行行政管理的一种手段，把自己主管业务范围内的权利类型上设立质权看成自家的“自留地”，热衷于收费，忽视了登记系统和作业的改进，登记部门之间缺乏应有的沟通、登记信息无法共享，登记成了各个机关划分各自“势力范围”的手段，对整个社会和经济造成了不良的影响。因此，未来应当相对集中权利质权的登记机关，避免重蹈不动产物权登记机构分散带来恶果的覆辙，同时也避免确定登记作为权利质权的公示方式的良法美意大打折扣。[①]

另一个需要关注的问题是，虽然物权法分门别类的按照权利的类型，确定由相关的主管部门或业务部门来负责权利质权的登记，但是在现实中，权利质权登记机构的确定还是一个颇复杂的事情。例如，债券的质押登记，需要区分不同的债券类型而分别确定登记机关，如果是记账式国债或在证券交易所上市交易的公司债券，由于其发行时即由法定的登记结算机构进行了初始登记，因此以其设质的话则须到中央国债登记结算公司或证券登记结算机构即中国证券登记结算公司办理出质登记。但如果公司债券发行后并非由某一特定的登记结算机构进行初始登记，其质押登记究竟应该到哪里去办理，现行的法律并没有给出一个统一的规定，现实中以由公司债券的发行公司进行登记居多。再以基金份额为例，由于基金分为开放式基金和封闭式基金，由于只有封闭式基金和一部分开放式基金（ETF 和 LOF）在证券交易所进行交易和在证券登记结算机构进行登记，因此，

---

① 事实上，现行的动产（包括动产和权利）担保交易的登记机关的分散状况已引起众多企业的不满，并得到了相关部门的重视。参见中国人民银行研究局等《中国动产担保物权与信贷市场发展》，中信出版社，2006，第 248 页以下。

《物权法》第226条笼统的规定以基金份额出质统一由证券登记结算机构进行登记的规定显然和现实有一定的距离。[①]

4. 登记内容

权利质权登记的内容是登记机关在登记簿上加以记载的内容。我国在过去的担保法中对于需要登记的权利质押均规定为质押合同在登记后生效，例如《担保法》第78条规定："以依法可以转让的股票出质的，出质人与质权人应当订立书面合同，并向证券登记机构办理出质登记。质押合同自登记之日起生效。"受此影响，在各登记主管机构制定的相应权利质权登记细则中，均为质押合同的登记，在学者的大力倡导下，物权法中已改变了此种状况，明确规定登记的内容为权利质权，而非权利质权合同。

权利质权的登记具体应包括实体权利登记和程序权利登记两种。前者的实体权利主要是权利质权本身所包含的内容，例如登记的权利质权所及的标的权利的范围，担保的主债权的数额等内容。而就后者是指人们在行使权利或者取得利益的程序上所享有的权利，程序权利登记主要是指顺位登记，即在权利质权登记簿上所占据的以登记的时间先后确定的顺序上的位置。[②]

就权利质权登记的具体事项来说，各国的规定繁简不一。比较法上有"文件登记"（document filing）和"声明登记"（notice filing）两种立法例。所谓"文件登记"，是指登记机构登记的是当事人创设质权的合同（文件），而所谓"声明登记"，是指登记机构登记的只是一份载明质权基本信息的声明，而不是创设质权的合同，甚至该合同也不用向登记机构提交。[③]《美国统一商法典》采取的是声明登记制，登记的担保声明书非如担保协议，只要求记载很少的内容，即债务人的姓名或名称、担保权人或其代理人的姓名或名称、担保物，由此最大限度地避免了对当事人经济状况的暴露。利害关系人可以通过以债务人姓名或名称为序所编制的索引直接

① 关于基金份额的质押存在相当多的问题，现实的操作和法律的规定有相当大的落差，这个问题容在基金份额质押登记部分再进行详细的分析。

② 参见孙宪忠《中国物权法原理》，法律出版社，2004，第211页。

③ 关于两者的详细区别，参见 Asian Development Band，Law and Policy Reform at the Asian Development Bank 2002，p. 17。在上述报告中，其将两种制度分别称为 notice-registration system 和 document-filing system，而前者实际上就是美国法上的 notice filing。

检索担保声明书的内容，在电子化的登记系统中，可快速地查知特定债务人的特定财产之上已有担保负担，以此警示利害关系人。①

相较于文件登记，声明登记为大多数登记系统所采纳，这并非偶然而是源于其有诸多优势：第一，声明登记仅要求登记极少的登记事项，且多记载于标准格式的声明之中，而不是提交并登记创设担保权的合同，所以声明登记极大地降低了登记机构的管理成本和存档成本，便捷了多语种登记系统的有效运作，简化了从纸面声明登记系统转向电子系统的程序。第二，声明登记也极大地降低了担保当事人和检索者的交易成本。对于担保当事人而言，声明登记实质性地降低了其持续的登记负担。第三，声明登记还有效地回应了担保人和担保权人所共同关注的商业秘密保护问题。登记内容越多，则披露的商业秘密也就越多；相反，登记内容越少，则披露的商业秘密也就越少。②

但是我们必须看到的是，我国目前权利质权登记实践中的操作，甚至离文件登记制都有一段相当的距离。以申请办理专利权质押登记为例，③专利权质押登记不仅要提交专利权质押合同，同时还要提交作为其原因关系的主合同。已经超出了我们前面所说的“文件登记制”的内容。而就声明登记制来看，其要求登记的内容对于我国目前的情况来说似嫌过于简略。因此，本文认为，我国目前登记操作中不必采取声明登记制，而只需在目前的“超文件登记制”基础上，调整登记事项，采取接近于文件登记制的方式即可。以上述的专利权质押登记为例，登记事项中应删减掉主合同、专利权出质前的实施及许可情况等对质权本身的登记公示无太大影响的登记事项。

5. 登记审查

登记审查向来有形式审查和实质审查之分。形式审查和实质审查的区别标准在于登记机关审查范围是否及于当事人的实体法律行为，肯定者为

---

① See Robert L. Jordan, William D. Warren, Steven D. Walt, Secured Transactions in Personal Property, New York, Foundation Press, 2000, 24 - 30.

② See Asian Development Band, Law and Policy Reform at the Asian Development Bank 2002, pp. 17 - 20. 中文文献参见高圣平《动产抵押登记制度研究》，中国工商出版社，2007，第 269 页。

③ 《专利权质押合同登记程序》第 3 条。

实质审查，否定者为形式审查，这种标准的基础是物权实体法与物权程序法的分离。形式审查中登记机关的登记审查范围，一般性地局限为登记同意这种程序行为和登记簿中的权利记载，负担行为、物权行为的效力以及实体法上的处分权并不在审查范围之内。由于登记同意和物权合意的法律效力和真实性已经受到审查，有了制度保证，故登记机关实施的登记审查采用“窗口审查”方式，这避免了对行为效力审查的重复劳动，有利于构建迅捷、简易的登记程序，但登记程序的正当性和登记结果的正确性却不会因此而受到损害。① 我们下面沿着这个思路来分析我国的权利质权中登记审查的方式。

由于权利质权本身的性质和不动产的差异以及登记簿构造的区别，决定了不动产中的审查方式只能是作为借鉴，而不能完全移植，我国数量众多的关于权利质权登记的规章中，对于登记的审查方式并未采取一致的立场。例如，在专利权质押登记中，登记机关在进行登记审查时，其审查的范围是相当广泛的，其不仅包括权利质权的设立即物权合意本身，将其产生的基础关系也要予以审核。甚至在事先规定了一个“标准化”的专利权质押合同条款的前提下，对于质押合同中规定的条款与该“标准化”条款相比不齐全的，也不予登记，这种审查的力度较之一般的实质审查亦为过。② 其他商标权质押登记审查、著作权质押登记审查也采取类似的做法。而在《证券公司股票质押贷款管理办法》中，这种实质审查表述的更加清晰。相反的例子也存在，在人民银行制定的关于应收账款质押登记的细则中，对于应收账款的质押登记审查，由于质权人可以在任意一台互联网终端设备上在线填写登记内容并直接提交登记公示系统，而登记公示系统则自动记录提交时间并分配登记编号，生成应收账款质押登记初始登记证明，从而完成了质押登记，③ 因此登记机关甚至连形式上的审查都没有机会进行。

形式审查与实质审查哪一种方式更合理，不能简单的一概而论。就不动产登记审查而言，大多数的国家是采用形式审查和窗口审查的原则，④

① 参见常鹏翱《物权法的展开与反思》，法律出版社，2007，第 375 页；陈华彬：《外国物权法》，法律出版社，2004，第 150 页。

② 参见《专利权质押合同登记管理暂行办法》第 9 条。

③ 参见《应收账款质押登记办法》第 11 条。

④ 李昊等《不动产登记程序的制度建构》，北京大学出版社，2005，第 269 页。

而从经济上的重要性而言，相较于不动产为弱的权利而言，在其上设立的担保物权似乎并没有足够的理由要进行实质审查，但究竟应采取哪种审查方式，应综合考虑一些因素，包括：权利质权登记与标的权利登记机关的统一性；权利质权登记中标的权利的特性及登记机关的运作；权利质权登记的程序属性；交易成本对权利质权登记审查方式的影响等。[①]同时，在机构编制等因素的限制下，如果对一笔登记进行过于详尽的调查，则必然会影响整个登记制度的产能，造成登记的供给不足，一个可能的结果是造成登记受理和审查的期限延长，这会直接影响到当事人的登记意愿。从而也必然会影响到以登记生效要件为重要内容的物权法定原则的贯彻。

（四）权利质权公示的基本效力

权利质权的设立需要有权利的交付（移转占有）或登记，始能发生权利质权设立的效力，可见，在公示要件主义的立法例下，公示制度是物权变动中最核心的一环，经过公示的物权，不仅可以发生转让的作用，即权利变动的效果，同时也能发生推定作用和善意取得作用。[②] 另外，如果是在同一标的物上设立权利质权，那么可以通过公示发生的时间来确定权利质权设立的先后，从而定出不同权利质权的优先顺位。以上即为权利质权公示所发生的最基本的效力。

1. 权利质权变动的效力

在采取公示要件主义的立法中，公示的首要法律后果是发生转让的作用，即物权变动的效力。在权利质权中，以登记为公示要件的在登记后发生权利质权变动的效力，以权利的交付为要件的在权利凭证交付后发生权利质权设立的效力。

2. 权利质权正确性推定

由于权利质权的变动与占有的移转和登记变更紧密相连，因此，占有状态与登记簿上的登记状态，与实际权利关系相吻合的可能性就极大。[③]

---

① 详细的讨论参见赵英《权利质权公示制度研究》，中国社会科学院研究生院 2009 年博士论文，第三章。

② 鲍尔/施蒂尔纳：《德国物权法》（上），法律出版社，2004，第 61 页以下。

③ 鲍尔/施蒂尔纳：《德国物权法》（上），法律出版社，2004，第 62 页。

因此，有公示制度的物权即以其公示所表彰的状态推定为其实际的权利状态。如以占有权利凭证的质权人推定为适法享有权利质权的正确权利人，登记的权利质权推定为正确的权利质权。这种权利正确性推定的意义表现在两个方面：首先，在事实物权和法律物权发生冲突时，可借由公示方式确定法律保护的基点，即法律首先将什么权利作为正确权利予以保护。[①] 物权的真实状态固然是法律保护的终极目标，但在实现此一目标前，法律基于交易安全及秩序稳定的考虑，先推定占有人或登记的主体适法享有权利，以维护权利归属状态的安定，但在其他主体可以提出相反的事实证据时可以推翻此种假定。其次，在诉讼程序中，经常会发生这种事，即尽管作出了种种努力，但法官往往还不能查明案件的全部事实。另外，他又必须就案件作出判决。此时法官作出的判决，就会有利于被推定的一方当事人，而所谓的实体举证责任，则由对方当事人承担。[②]

3. 权利质权的善意取得

物权公示原则所发挥的善意保护作用，就是以一种公开的方式确定善意的标准，而不是像罗马法那样，将对于前手交易的瑕疵的不知情或者不应该知情的心理状态作为善意的标准。[③] 依据公示原则确定权利质权取得人是否善意的标准，主要是判断权利质权的取得人对于纳入公示的权利质权是否知情以及应否知情。对于以登记作为公示方式的权利质权，登记是由国家设立的登记机关作成，因此其是以国家信誉作背书的，权利质权的取得人依据国家设立的权利质权登记簿取得权利质权，取得人对于该登记的信赖理应获得保护，从而推定其为善意取得。此种对于登记的信赖已经超越了罗马法上当事人主观心理状态的善意，而展现了登记的“从无权利人处取得”的正当性。[④] 而对以交付作为公示方式的权利质权，由于权利质权的取得人的前手占有相关的权利凭证，而根据权利质权中占有具有权利正确性推定效力，其前手被推定为适法享有其依据占有权利凭证而应享

---

① 关于法律物权和事实物权的区分，参见孙宪忠、常鹏翱《论法律物权和事实物权的区分》，《法学研究》2001 年第 5 期，第 81 页以下。

② 鲍尔/施蒂尔纳：《德国物权法》（上），法律出版社，2004，第 63 页。

③ 参见孙宪忠《中国物权法原理》，法律出版社，2004，第 183 页。

④ 参见鲍尔/施蒂尔纳《德国物权法》（上），法律出版社，2004，第 488 页以下。

有的权利，尤其是有价证券，由于其权利凭证和权利本身已紧密地结合在一起，占有权利凭证即享有该权利凭证上所表彰的权利，因此，在前手占有权利凭证的情况下，权利质权的取得人基于对于该占有外观的信赖而取得权利质权，应当产生取得该权利质权的效力。

4. 权利质权的顺位

顺位制度在担保权中尤其具有意义，担保物权的本质特征即在于优先受偿权，而在多个相互竞争的担保物权中，哪一个的顺位在先，其所担保的债权即获得优先受偿的机会，因此整个担保法制的设计均围绕着优先顺位的确立与实现而向外延伸。[①] 就权利质权来说，当就同一项标的为两个主体设立权利质权的时候，同样存在优先顺位的问题，此种情况一是发生在同一权利皆通过登记的方式设立两个以上权利质权，另外还可能发生在该权利由于具有权利凭证，物权法并没有规定其究竟应该采取登记的方式还是移转占有的方式来设立权利质权，此时，如果既有通过登记的方式也有通过移转占有的方式设立，那么哪一种权利质权应该获得优先受偿？对此应当区分为两种情况来讨论：

第一，均因登记而设立的多项权利质权之间。此时遵循先成立者优先的原则，[②] 在纳入登记的时间顺序中处于在前位置的权利质权绝对地排除后续位置的权利质权的实现，后续位置的权利质权只有在优先顺位的权利质权实现后，才能实现（同一顺位的他物权，顺位权效力相当，并且彼此间无排斥力）。

第二，因登记而设立与移转占有而设立的权利质权之间。由于我国的权利质权制度是采取公示要件主义，并且每一种类型的权利质权原则上只能有一种公示方式，尽管第224条，针对同一种权利分为有权利凭证和无权利凭证两种，但从立法的文义上分析在票据、债券等有权利凭证的情况下，应该以交付权利凭证作为权利质权的生效要件，只有在没有权利凭证的情况下，才以相关部门的登记作为权利质权的生效要件，因此仍然应当认为每种权利质权只能有一种法定的公示方式，如果未采用该公示方式则根本不生权利质权设立的效力，更不会有顺位的问题。但是仔细推敲这其

① 参见王文宇《民商法理论与经济分析》（二），中国政法大学出版社，2003，第60页。

② 参见鲍尔/施蒂尔纳《德国物权法》（上），法律出版社，2004，第338页。

中是有问题的，尤其是在存单质押的情况，如果某甲将其在乙银行开立的存单质押给丙以取得借款，按照物权法规定，只需进行存单的交付即可，但实际上在存单的权利人甲不实际占有存单的情况下，其仍可通过挂失的方式而取得新存单，鉴于这种占有在存单质押中的公示效力的缺陷，目前银行普遍采用存单确认和登记止付手续的方式来进行存单质押贷款业务，这也是金融主管机构的统一要求。[①] 在这种情况下，如果甲通过挂失的方式又将存单质押给乙银行而获得贷款，乙银行并办理了存单确认和登记止付手续，此时究竟应该如何来认定乙银行和丙的这种优先顺位呢？现行法下并不能获得一个圆满的解决。在美国法上由于针对流通物权凭证、票据等有体证券既可依登记而公示也可依交付而公示，[②] 因此，登记公示的权利质权和占有公示的权利质权的冲突较为常见，美国《统一商法典》第9－322条（a）（1）规定，竞存的已公示的担保物权按照登记或者公示的时间先后定其优先顺位。可见，《统一商法典》并没有特别的区分登记和占有哪一种公示的效力更强，顺位更优先，而是完全依照公示的时间顺序来确定优先顺位。

五　我国物权法上权利质权公示的具体分析

（一）有价证券质权的公示

1. 权利证券化与有价证券质权公示

民事上的权利本为一种抽象化的概念，随着社会经济的发展，出现了权利证券化，即以证券表彰一定内容的权利。[③] 透过有价证券的形式，债权、股权等抽象的财产权利通过证券化得以有体化。通过将只能借助思维去想象的，如债权、公司股份等抽象物记载于有价证券，抽象物获得了一定的实物形体，虽然这一形体并不是抽象物本身，交易的标的具有了可以明确感知的公示手段，交易安全相应地得到了提高。同时，将一切财货使

① 参见中国人民银行《个人定期存单质押贷款办法》（2007 年）第 17 条。

② See U. C. C. 9－312、9－313.

③ 参见邱聪智《新订债法各论》（下），中国人民大学出版社，2006，第 212 页。

之证券化，而谋资本之流通，为现代经济生活的趋势，从而关于有价证券之法律关系，占有重要地位。[①] 可见，将财产“化体”为有价证券，在现代财产法上并非一个偶然的现象，实为现代财产法至为重要的发展趋势之一。

甚至于提单、仓单及载货证券等有价证券，权利和有价证券更加紧密地结合在一起。其内容虽是以证券所记载货物的交付为目的的债权，但其证券的交付，与物品的交付有同样的效力。从权利性质角度来讲，被记载货物的物权变更依赖于作为证券权利的债权，物权萌生了债权化的趋向，同时债权具有一定的物权属性，体现了物权与债权之间的相互融合。

有价证券是表彰权利的证券，其权利的发行、行使及处分之一部或全部，须以证券的占有为要件的权利化身。[②] 有价证券制度的最大特色是权利的证券化，即将权利表现在证券上，使权利与证券合一。证券与权利相结合，只在特殊情况下才可分离，故一般不能离开证券而行使权利。因而就有了证券交付、证券提示、证券缴回等制度。而在特殊情况下，又可通过特定方式使权利与证券相分离，因而又有了挂失止付和公示催告等制度。证券与权利的结合，决定了证券权利由两种权利组成：一种是对构成证券的物质（一张纸）的所有权，另一种是构成证券的内容的权利，即证券持有人依照证券上的记载而享有或行使的权利。通过权利的证券化，可使证券表彰的权利的行使和义务的履行迅速、简便而确实。因而就有了证券的要式性、无因性、文义性等规定。另外，经由背书及单纯交付证券以转移权利的制度，使证券权利的转移便捷而又安全，证券化的权利因此而获得了类似于动产的地位。

有价证券质权的设立固然多数以证券即权利凭证的转移为必要要件，在权利凭证转移时，传统上以“交付”作为证券设质的方式即可。但随着电子交易的发展及普及，这种传统观点越来越受到现实的挑战。现今信息技术的发展及电子传输数字化使得交易已经实现了网络化、电子化，而权利则从证券化（纸质化）发展到了电子化，人们足不出户就可以进行各种有价证券甚至各种财产权利买卖实现财产权属的交割，特别是有价证券的权利转移，人们无需面对面地进行财产的移交。例如，我国目前部分债券

① 参见史尚宽《债法各论》，中国政法大学出版社，1999，第417页。

② 参见邱聪智《新订债法各论》（下），中国人民大学出版社，2006，第213页。

如记账式国库券和在证券交易所上市交易的公司债券等都已实现了无纸化，这些债券没有权利凭证，如果要出质就无法通过移转权利凭证的方式来实现。可见，仅仅“交付”不仅不足以有时甚至无法实现权利的转移。在没有纸质化的有价证券供“交付”后，即需采取其他措施实现权利的转移并进行公示，登记制度从传统的不动产领域又进入了人们的视野。采用登记作为公示方法在电子交易中优势非常明显，因为登记不但可以将质权记录在案，佐证合同，而且可以在网络系统中作出标识，便于限制出质人，更有利于质权人行使权利，[①] 同时经由电子化的登记系统更便于第三人查知有价证券上是否存在权利负担。基于这样的理念，有价证券的设质中，“交付”不能被视为所有权利凭证设质时的唯一要件，而应区分是否有权利凭证，将有价证券质权设立分为交付设立和登记设立。

过去担保法仅规定了权利凭证交付这一种方式，而未针对没有权利凭证的上述权利如何设立并公示质权作出特别规定，物权法对此作出了修正，即原则上以权利凭证的交付为公示方式，没有权利凭证的，质权自有关部门办理出质登记时设立，此时公示方式又回归到了大多数权利质权所采取的公示方式——登记。

2. 有价证券的分类与公示方式的区分

根据证券与权利结合的紧密程度的差异，可以将证券分为完全有价证券和不完全有价证券。在前者，证券的占有是享有权利的必要条件，丧失证券即失去享有权利的根据，从而不能享有权利，如邮票、电影票等。这类证券一旦质押，出质人就没有再处分证券的可能。而后者，证券的占有虽是享有权利的根据，然而丧失证券的占有，并不意味着丧失权利，比如机票，出质人在出质后仍然可能处分该证券代表的权利，尽管这存在一定的难度。[②] 此外，依证券上是否记载权利人的姓名及如何记载的不同而分为指示证券、记名证券和无记名证券。无记名证券是指证券上不记载特定权利人姓名的证券，是一种典型的完全证券，其转让因证券交付而完成，例如钞票。记名证券是指在证券上记载特定的权利人，只能由该特定人行使证券权利的证券，指示证券是指证券上记载特定人或其“指定之人”为权利人，二

① 王世涛：《有价证券质押新探》，《东北财经大学学报》2006 年第 6 期，第 64 页。

② 参见曾世雄等《票据法论》，中国人民大学出版社，2002，第 16 页。

者的转让一般要以背书加交付的方式进行，如汇票、本票、仓单等。

上述分类对于确立有价证券质权的公示方式有着非常重要的意义。首先，对于完全有价证券，由于其证券与权利结合的如此紧密，因此不记名、不挂失，所以其设质可以完全比照动产质权来处理，仅需移转占有即可。而对于不完全有价证券，例如存款单，丧失证券并不意味着完全丧失权利，当事人仍可通过一定的程序来弥补，例如，存款单丢失后可向银行申请挂失，经过一段时间后可补领新的存款单。对于这类证券不能单纯的靠转移证券的占有来公示，因为丧失占有的出质人仍然可以通过挂失程序补领一张新的存款单。就记名证券、指示证券和无记名证券来说，也存在类似的问题，以无记名证券出质的仅需移转占有即可，而以记名证券或指示证券出质的，单纯的交付尚不足以完成质权的设立，还必须在交付的证券上附有背书。但是我们的物权法显然未注意到上述差别，对于有价证券的设质公示方式未能有所区分。

有价证券质权既是基于当事人之间所订立的质押合同而设，则其交付自应基于出质人的意思，因此非基于出质人意思而导致其对有价证券的占有脱离的，应不构成交付。虽然须基于当事人的意思，但是并不是必须由当事人亲自为现实的授受。有价证券质权中的交付既可以是现实交付，即直接移转有价证券本身的占有，也可以是拟制交付。但是，基于交付作为有价证券质权公示方式的考虑，一般认为，拟制交付中简易交付、指示交付可以被认为满足了交付的条件而可以代替现实交付，产生权利质权设立的后果，占有改定则不在此列。各个国家和地区的立法与学说也大抵如此。[①] 另外，有价证券质权的交付既可以由当事人自己进行，也可以委由其授权的人实现。

3. 有价证券质押中交付与其他公示方式的关系

如前所述，如果是无记名证券，其权利与证券已完全结合在一起，不能通过挂失等方式来证明权利，因此移转证券的占有即移转了权利的占

① 参见谢在全《民法物权论》（下），中国政法大学出版社，1999，第 814 页。但有学者认为，票据、债券、存款单等的法律性质是以其票面表示权利的经济价值，这些证书没有一般动产那样的使用价值，所以这些票据不可以发生租赁或者借用。因此，在票据的交付中，不可能发生简易交付、指示交付、占有改定这些动产的特殊交付方式。参见孙宪忠《中国物权法总论》（第二版），法律出版社，2009，第 386 页。

有，当事人只能以提示证券行使权利，如果丧失了证券的占有即无法行使权利，此时，仅以证券的交付即可作为证券质权设立的要件。而如果是票据等记名证券，则即使丧失了证券的占有仍然可以通过挂失止付等程序恢复自己的权利，因此，这种情况下单纯以有价证券的交付作为权利质权设立的公示方式，是否足以表明占有证券的人控制着证券上的权利从而达成公示的目的即存在着一定的问题。

（1）有价证券交付与背书（标示）。

有价证券的交付和背书是一个什么样的关系，值得进一步探讨。以票据质押为例，《担保法》第76条规定："以汇票、支票、本票、债券、存款单、仓单、提单出质的，应当在合同约定的期限内将权利凭证交付质权人。质押合同自权利凭证交付之日起生效。"据此，法律将交付权利凭证作为票据质权设立的生效要件。[①] 然而，《票据法》第35条第2款却规定：汇票可以设立质押；质押时应当以背书记载"质押"字样。被背书人依法实现其质权时，可以行使汇票权利。因此，根据票据法的规定，似乎设质背书才是票据质权设立的生效要件。物权法对这个问题除了按照我们前面谈到的依据区分原则做了修改以使得表述更加准确外，并没有作出什么新的规定。事实上，对于这个问题应当做如下理解：首先，从票据法的角度来讲，票据行为的生效要件除需具备一般法律行为的要件外，尚需具备票据法上的特别要件，包括票据书面的做成与记载和票据的交付两点。[②] 票据质押作为票据行为的一种，当然应当符合这两个要件。因此《票据法》第35条第2款是从票据质押作为一种票据行为而应具备生效要件之一的应记载事项来规范，当然票据的交付也是其生效要件。而物权法包括担保法规定票据的交付所要解决的是物权变动的公示问题。进一步而言，票据的交付这一行为也发生在票据记载事项做成这一行为之后，权利质权的设立自然应该以交付为准。之后《最高人民法院关于适用〈中华人民共和国担保法〉若干问题的解释》也基本上持类似见解。[③]

① 按照担保法的表述应是质押合同的生效要件。

② 关于票据行为的要件参见谢怀栻《票据法概论》，法律出版社，2006，第54页以下。

③ 参见《最高人民法院关于适用〈中华人民共和国担保法〉若干问题的解释》第98条："以汇票、支票、本票出质，出质人与质权人没有背书记载"质押"字样，以票据出质对抗善意第三人的，人民法院不予支持。"

票据等有价证券质权设立中的交付作为一种公示方式，其公示性是否足够而足以产生公信力？票据作为一种完全的有价证券，权利的发生以做成证券为必要、权利的移转以交付证券为必要、权利的行使以持有证券为必要，[①] 持有票据即享有票据上的权利，而且票据的流通性极强，仅仅将权利凭证交付给质权人似乎并不能使第三人充分知晓权利质权设立的事实，因此仅以权利凭证的交付作为权利质权设立的公示方式似嫌不足。为了保护后手的交易安全及质押人的正当权益，防止质权人不当转移票据，在票据上记载“设质”是相当必要的，这种记载显然可以很好的起到公示权利质权存在的作用，降低了后手交易人的交易风险和资讯搜寻成本。从其他国家和地区的规定来看也是采取类似的见解，如德国民法第 1292 条、我国台湾地区“民法”第 908 条。

如果超越争议的范畴来进一步考虑的话，或许可以为未来物权的公示提供一个新的思路。对于其他的有价证券化的权利，尤其是仓单等具有物权性质的证券，在设立质权时，除了要求按照法律的规定进行权利凭证的交付和权利设立的登记外，通过法律强制要求其记载表明业已存在权利质权的文句来使第三人知晓该证券上存在权利负担的事实，从而谨慎接受该权利的让与或新权利负担的设立。通过这种在标的物上的表示，使质权人直观的察觉到标的物上存在的权利负担，从而达到维护交易安全的目的。同时这种方式因为具备简便明了的特点，从而可以大幅降低第三人的资讯搜寻成本。

（2）存款单的交付与登记止付及核押。

第一，存款单的交付与登记止付。关于存款单的质押，物权法的规定和现实的运作以及监管部门制定的规章之间也存在着较大的差距。按照《物权法》第 224 条的规定，以存款单出质的，质权自权利凭证交付质权人时设立，即以权利凭证的交付作为权利质权的生效要件。而中国银监会 2007 年 7 月公布的《个人定期存单质押贷款办法》在对待存款单质押贷款问题上，不仅仅要求交付权利凭证（存款单），更重要的是通过存款行办理登记止付手续，使得权利质权的公示更加的彻底，和这一规定相比，物权法的上述规定仍然存在着我们上面谈到的公示性稍嫌不足的问题。因为在银行业务已经电子化、网络化的今天，如果仅仅是交付权利凭证而非采

① 关于完全有价证券参见谢怀栻《票据法概论》，法律出版社，2006，第 10 页。

取根本性的手段（如登记止付），出质人完全可以通过挂失的方式使移转占有的存款单变成一张废纸，从而使得权利质权的设立变得不具有任何意义。[①] 从这个意义上看，银监会的规章要比物权法的公示方式更胜一筹，但是上述规章美中不足的是，其只针对以存款单进行质押向银行进行贷款的情况，即银行是质权人（债权人）。而当质权人（债权人）是普通的自然人、法人时，其并不能依照该办法要求存单开户行办理存单确认和登记止付手续，当发生出质人恶意挂失的情况时，设立的权利质权即形同虚设，其权益无法得到保障。

第二，存款单的交付与核押。债权人若为非银行的个人或机构，一方面由于不能适用上述《个人定期存单质押贷款办法》中的登记止付，另一方面个人和非银行机构也无法掌握出质人的资信状况，其在质押过程中面临的风险相比银行债权人更大，主要的风险包括存单本身的真实性问题和存单资金的流失问题。如果存单本身是无法兑付的伪造金融权利凭证，则名义上在该存单中签章的金融机构不会承担任何责任，债权人接受的存单质押等于一纸空文，其权利的实现得不到任何保障。由于存单“挂失”制度的存在，因此，即便是真实的存单质押也存在一定的风险，当质押人违背诚实信用原则将质押后的存单又挂失时，存单的签发机构在符合条件时必须向存单所有人进行兑付，从而使得债权人所接受的存单质押资金处于随时可能被支取或流失的不安全状态之中。正是由于存单权利的行使在特定条件下可以与存单本身相分离的特殊性，使得债权人在接受存单质押时存在着固有风险。针对这一问题，便有了核押这一制度。可以说，核押制度在一定程度上弥补了单纯转移存款单占有而导致的公示性不足、对质权人保护不力的问题，但其性质上一直被作为银行业务的一种程序，将其纳入到物权法中存在着一定的困难。

4. 无权利凭证的有价证券质权登记

这里的无权利凭证的有价证券质权的登记，并不是类似一般债权的仅靠当事人意思表示一致成立而没有权利凭证，而是原本也是证券化的权

---

① 当然也并不是毫无意义，一旦出质人采取上述欺诈方式，则质权人可以追究其违约责任，但是相比较质权人意欲以在存款单上设定权利质权的方式来确保自己的债权的初衷，相去甚远。

利，但随着电子化交易方式的出现，纸质证券实现了无纸化即电子化。出现了电子债券、票据、仓单、提单等等，例如，记账式国库券和在证券交易所上市交易的公司债券等都因实现无纸化而没有权利凭证，如果要以之设立质权，则显然无法通过权利凭证的移转而实现，必须分别到相关的登记机关通过登记达成公示的效果，质权自登记时设立。

由于无权利凭证的有价证券种类繁多，包括汇票、本票、支票、仓单、提单债券等，甚至就具体某一种有价证券来说，又有不同的种类，如债券就有公司债券和国债等。而上述不同的有价证券涉及经济生活的方方面面，因而不可能存在类似于知识产权那样一个相对较为统一的登记机关，以仓单为例，在不同的期货交易所交易的仓单需要在不同的交易所进行登记，而对于那些由企业签出并不上市交易的仓单，其质押登记甚至只能由企业来完成。

(1) 电子化的债券。

电子债券是出现较早也是目前较为常见的无权利凭证的有价证券，包括国债和公司债。由于在债券质押登记领域存在两个系统，一个是中央国债登记结算公司，另一个是中国证券登记结算公司，前者仅就国债进行登记，而后者的登记范围包括可在证券交易所交易的国债和公司债两种。具体到质押登记业务，中央国债登记结算公司仅能进行政策性银行与全国银行间债券市场成员之间的债券质押业务，可作为债券质押业务质权的债券品种为在中央国债登记结算公司托管的国债、政策性金融债、中央银行债等。换句话说，其国债质押登记业务仅限于银行间，个人或公司以国债进行出质的不能进行质押登记。而中国证券登记结算公司负责登记的公司债限于上市交易的公司债券，其负责登记的国债也仅限于上市交易的记账式国债，因此范围要小于中央国债登记结算公司可质押登记的国债品种。①

就电子债券的登记机关而言，就有中央国债登记结算有限责任公司和中国证券登记结算公司两家负责出质登记。如前所述，中央国债登记结算公司仅负责政策性银行与全国银行间债券市场成员之间的债券质押

① 如果个人购买的国债未在证券交易所进行交易，则不能通过中国证券登记结算公司进行质押登记，同时作为个人也不能在中央国债登记结算公司进行登记，因此如欲通过国债融资的话则只能将国债卖与银行。

业务，可进行质押的债券品种也仅限于在中央国债登记结算公司托管的国债、政策性金融债、中央银行债等。中国证券登记结算公司登记的公司债和国债仅限于上市交易的公司债券和记账式国债。因此，在电子债券的质押登记中，两家登记机构的登记业务目前并不能涵盖所有的电子债券质押登记业务。①

（2）电子票据。

电子票据作为一项金融创新业务，目前已在一些商业银行开展，并且可以通过网上企业银行办理电子票据质押业务，目前法律上并未明确一个统一的登记机构来负责登记。实践中的操作主要是由各个商业银行独立办理。② 电子票据的质押仅限于各银行自己开出的电子票据，各银行自己负责电子票据质押的登记。但这种由出票银行自己作为登记机构的做法是否合理，是否应当有一个独立的第三方机构来负责电子票据质押等业务在内的登记，值得进一步考虑。当然这一切要在电子票据的使用较为普及，各项业务规则较为成熟后再进行规范。

（3）电子仓单、提单。

各期货交易所推出了基于互联网的标准仓单管理系统，即电子仓单系统。在本系统中，仓单将以电子方式存在，会员、投资者和指定交割仓库等可以使用浏览器，通过因特网办理各项仓单业务，具体包括仓单生成、交割和期转现、仓单作为保证金、仓单转让、仓单质押、仓单注销等。目前电子仓单的质押登记以上海期货交易所、大连期货交易所、郑州期货交易所和全国棉花交易市场等期货交易场所为主要登记机构，相关的登记规则也是以各交易场所制定的为主。

在电子提单中，目前的实践并没有形成一种完善的交易模式，尤其是对于由谁来负责登记这个问题未能形成一致意见，而电子提单的质押只有在解决了其登记机构并形成了较为完善的登记作业流程后才可能开展起来。

---

① 事实上，在股票和证券投资基金质押的实践中也存在类似的问题，目前证券登记结算机构只接受以证券公司和商业银行为出质人和质权人且以证券公司自营股票和证券投资基金为标的的质押登记。

② 由于电子票据、电子仓单及电子提单目前并未有统一的登记机构，对其质押登记规则的认识也未统一，限于目前笔者掌握的资料，这里仅作初步的介绍。

（二）基金份额、股权质权的登记

《物权法》第226条确立了基金份额和股权的出质，前者是随着经济社会的发展而新出现的一种权利质权类型；而股权质权虽然在过去的担保法中已有所规范，不过物权法就其公示方式以及登记机关方面却作出了重大的改变，以其初始登记机关的不同而区分为由证券登记结算机构和工商行政管理部门办理出质登记。由于登记机关所制定的具体规则以及登记程序的差异，上述两种由不同的登记机构负责的股权质权登记存在很大的差异，而各就其本身而言，也存在着诸多需要完善之处。

1. 基金份额质押登记

（1）登记的范围。

所谓“基金份额”即“证券投资基金份额”，是指基金份额持有人依照基金合同的约定和法律的规定按照其所持份额针对基金财产享有的收益分配权、清算后剩余财产取得权和其他相关权利。因为我国不承认私募基金，[①]《物权法》上所说的基金份额应当是指《证券投资基金法》所规定的证券投资基金份额。由于基金份额实质上是基金份额持有人享有的分享基金财产受益、参与分配清算后的剩余基金财产等财产权利，且可以依法转让或申请赎回，所以物权法明确规定可以以基金份额设立权利质权。

在基金中哪些是可以进行出质登记的呢？按照物权法的规定，仅规定“可以转让的基金份额”可以进行质押，而哪些基金份额属于这里的“可以转让”的并不明确。按照《证券投资基金法》的规定，基金按其运作方式主要可以分为封闭式基金和开放式基金。封闭式基金即采用封闭式运作方式的基金，是指经核准的基金份额总额在基金合同期限内固定不变，基金份额可以在依法设立的证券交易场所交易，但基金份额持有人不得申请赎回的基金。开放式基金即采用开放式运作方式的基金，是指基金份额总额不固定，基金份额可以在基金合同约定的时间和场所申购或者赎回的基金。而开放式基金除了通过赎回方式变现的一般开放式基金外，还有两种特殊的开放式基金：ETF和LOF。ETF和LOF都既可以像开放式基金那样

① 参见何孝星《中国证券投资基金发展论》，清华大学出版社，2003，第173页，但事实上，目前存在着许多由投资公司和信托公司合作设立的“阳光”私募基金。

申购、赎回，也可以像封闭式基金那样在二级市场交易。因此，就目前来看，封闭式基金、ETF 和 LOF 可以在证券交易系统进行买卖，即基金份额是可以转让给第三方的，因此，可以认为这三种基金属于物权法中的“可以转让”的基金份额。而对于通过赎回方式变现的一般开放式基金而言，其本身应该说也具有可转让性，虽然，通常交易主体是直接由基金公司（或其代销机构）购得，而非由基金持有人处受让获得，但这并不妨碍在质权实现时，其通过主体的变更登记而发生转让。因此，《物权法》第 223 条似乎并不能当然排除一般开放式基金也属于“可以转让”的基金份额。但基金份额质押登记的唯一法定机构为证券登记结算机构（即中国证券登记结算公司），而按照目前的操作实践，不在该公司交易的一般开放式基金就无法由该登记结算机构进行出质登记，因此也就不具有了这里规定的“转让性”。

（2）登记的主体和内容。

谁可以办理基金份额的质押登记？如果只按照物权法的规定，则任何持有可转让的基金份额的权利人均可办理。但实际上并非如此，相关的登记机构对于登记的主体有所限制。以在深圳证券交易所交易的基金份额为例，对于投资者深圳证券账户中的上市开放式基金份额，中国登记结算公司深圳分公司目前只受理以证券公司为出质人并以商业银行为质权人的基金份额质押登记业务。证券公司和商业银行可依照现有规定通过交易系统报盘方式办理基金份额质押和解除质押登记手续。投资者开放式基金账户中的上市开放式基金份额暂不办理质押登记业务。[①] 此类对登记主体的限制性规定，究竟是基于维护当事人的权益考虑，还是为了登记机构自己的便利，目前不得而知。但这一规定无疑限制了当事人的交易自由，滥用了法律赋予登记机关的相关职责，在物权法正式施行了一年多后，相关规定及操作实践仍然未能及时跟进作出修改，实在令人遗憾。[②]

基金份额质权登记的内容是登记机关在证券登记结算系统中加以记载的内容。我国在过去的担保法中对于需要登记的权利质押均规定为质押合

① 参见深圳证券交易所与中国证券登记结算有限责任公司共同制定的《上市开放式基金业务指引》第七章的规定。

② 在股票质押的实际运作中也存在类似的问题。

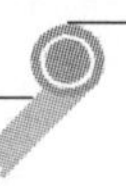

同在登记后生效。证券登记机构则认为：投资者证券质押，应当按照证券登记结算机构的证券质押登记业务相关规定办理证券质押登记。证券质押合同在质押双方办理质押登记后生效。[①] 其没有用“质押合同登记”此类的表述，而是用“质押登记”，同时将质押登记作为证券质押合同生效的要件，即质押合同已不再是登记的内容，并且在实际的操作中也并不对质押合同进行登记，和其他权利质权登记机构的做法相比已经前进了一大步。但是其仍然认为证券质押合同的生效有赖于质押登记，混淆了物权变动生效要件和债权合同的关系，未来应当根据物权法的规定作出修正。

（3）登记主管机构。

基金份额作为一种新出现的可以设立质权的权利类型，物权法对其质权的设立也采取了以登记作为公示方式，并且和证券登记结算机构登记的股权一样，都是以证券登记结算机构作为登记机关。由于中国证券登记结算公司作为唯一的法定证券登记结算机构，负责登记结算的只有封闭式基金、ETF 和 LOF，因此，这就使得《物权法》上目前可以进行质押登记的基金份额仅限于以上三种。但是，物权法的上述规定是否合理值得讨论。在目前基金注册登记的实践中，中国证券登记结算有限责任公司主要办理封闭式基金、LOF、ETF 等在交易所上市基金的登记结算业务，虽然中国证券登记结算有限责任公司也开发有开放式基金登记结算系统，并办理开放式基金的登记结算业务，但大部分开放式基金的注册登记业务由基金管理公司办理。[②] 在境外，基金的注册登记机构并不是统一的，而是由市场来选择，通过有效的市场竞争，可能更有助于提高效率。[③] 我国过去在《担保法》及《担保法解释》中使用“证券登记机构”的表述，因此登记机构也未统一，但《物权法》改变了《担保法》及《担保法解释》的做法而规定为“证券登记结算机构”，使得目前法定的证券登记机构具有了唯一性。本文认为，单一的登记机构办理登记业务适合我国目前证券市场发展初期的情况，有利于提高效率，更重要的是有利于提高登记的公示性

---

① 《证券登记规则》第 29 条。

② 中国证券登记结算公司相关部门的负责人告知，目前中国登记结算公司负责登记的开放式基金大约占 20%，其余的 80% 由基金公司负责登记。

③ 参见刘生国《论〈物权法〉上权利质权制度的若干问题》，《太平洋学报》2007 年第 6 期，第 45 页。

和透明度。但是《物权法》的这一规定也给实践造成了很大的困惑，因为在《物权法》颁布之前，已经有基金管理公司对其旗下的基金开展了质押登记，而按照《物权法》的规定，这些登记由于不是在法定的登记机构进行的，将不会产生法律效力。同时，由于一部分开放式基金在中国证券登记结算公司进行登记，因而就可以出质登记；[①] 而同为开放式基金，只因没有在中国证券登记结算公司进行登记，就无法进行出质登记，同样的财产不能获得同等对待，也有违《物权法》上的财产平等保护原则。未来需要相关部门进行解释或者对现行的登记制度进行调整来解决这一矛盾。

2. 股权质押登记

在《物权法》颁布之前，《担保法解释》规定以上市公司的股份出质的，质押合同自股份向证券登记机构办理出质登记之日起生效；以非上市公司的股份出质的，质押合同自股份出质记载于股东名册之日起生效。《物权法》以股权是否在证券登记结算机构登记为标准，将股权质押分为两类。以证券登记结算机构登记的股权出质的，质权自证券登记结算机构办理出质登记时设立；以其他股权出质的，质权自工商行政管理部门办理出质登记时设立。根据中国证券登记结算有限责任公司《证券登记规则》的相关规定，“证券交易所上市和已发行拟上市证券及证券衍生品种的初始登记、变更登记、退出登记及相关服务业务适用本规则”。“证券初始登记包括股票首次公开发行登记、权证发行登记、基金募集登记、企业债券和公司债券发行登记、记账式国债发行登记以及股票增发登记、配股登记、基金扩募登记等。”[②] 由此可知，需要在证券登记结算机构登记的股权主要是上市公司的股权，《物权法》的划分标准与《担保法解释》的划分标准并没有本质上的不同，只是《物权法》的表述比《担保法解释》更准确，因为在特殊情况下，例如，非上市股份有限公司中有些为了上市已经公开发行股票，此时，其股票应已在证券登记结算机构登记，按《物权法》的规定，股权质押时，质权自证券登记结算机构办理出质登记时设立。但除此部分之外，以股权是否上市为标准区分质押的公示方法也是可以的。

---

① 据中国证券登记结算公司介绍，目前在该公司登记的一般开放式基金未开展质押登记业务，但这并不能排除将来开展这一业务的可能性。

② 中国证券登记结算公司《证券登记规则》第 2 条、第 9 条。

（1）证券登记结算机构登记的股权质押登记。

除基金份额外，以证券登记结算机构登记的股权出质的，也应当在证券登记结算机构办理质押登记。依法应当在证券登记结算机构登记的股权包括：上市公司的股权、公开发行股份的公司的股权、非公开发行但股东在200人以上的公司的股权等。根据证券法的规定，表彰这些股权的股票都实现无纸化管理，其发行、转让等行为都要受证券监督管理机构的监管，股票的过户、结算、保管等行为都通过证券登记结算机构。同时，证券登记结算机构的结算采取全国集中统一的电子化运营方式，既方便当事人和第三人登记、查询，也节省登记成本。[①] 因此，以这些股权设立权利质权的，必须到证券登记结算机构办理出质登记。可以说，目前由证券登记结算机构办理的基金份额和已登记股权的质押登记，最符合物权变动公示方式的本义，真正能够起到公示权利质权的设立和各种相关信息的功能，也和国外在登记公示制度上的发展趋势相吻合，值得其他的物权登记机关借鉴。

需要特别强调的是，目前证券登记结算机构的操作实践中，可以在其进行质押登记的基本上仅限于证券公司以自营的流通股票和证券投资基金向商业银行作出质押所办理的股份登记工作。[②] 这一规定直接源自《证券公司股票质押贷款管理办法》第2条，[③] 但是需要注意的是，上述《管理办法》仅是为规范证券公司以自营股票和证券投资基金向商业银行进行质押贷款，其并未排除个人间通过股票质押进行借款的行为。因此未来证券主管部门及证券登记结算机构应当考虑改变目前的做法，扩大股票质押登记的范围。例外情形是，就中国证券登记公司深圳分公司而言，其目前对非银行和证券公司也开展股票质押登记业务，只不过其允许质押登记的范围仅限于非流通股和限制流通股。[④]

---

① 胡康生主编《中华人民共和国物权法释义》，法律出版社，2007，第485页。

② 参见《中国证券登记结算有限责任公司深圳分公司证券公司股票质押登记业务运作指引》第2条和中国证券登记结算有限责任公司上海分公司《股票质押登记实施细则》第2条，并且实践中证券登记结算机构也仅办理证券公司和商业银行间的质押贷款登记业务。

③ 《证券公司股票质押贷款管理办法》第2条："本办法所指的股票质押贷款，是指证券公司以自营的股票和证券投资基金券作质押，向商业银行获得资金的一种贷款方式。"

④ 参见《深圳证券交易所上市公司非流通股及限售流通股质押登记须知》，这也是本文作者征询中国证券登记结算公司及中国证券登记结算公司深圳分公司相关人士后得到的答复。

证券登记结算机构的股票质押登记视不同情况允许当事人可采用有纸化质押登记和电子化质押登记两种形式。[①] 证券登记结算机构仅对上述文件予以形式审查，并在核实出质人申请质押登记的股票符合规定后，于完成质押登记当日向质押双方出具书面证明书。

（2）非证券登记结算机构登记的股权质押登记。

非证券登记结算机构登记的股权出质的需要到工商行政管理部门办理出质登记，这些股权包括有限责任公司的股权、非公开发行的股东在200人以下的股份有限公司的股权等。而在担保法中此类股权的设立是自股份出质记载于股东名册之日起生效，但该条款实施过程中，对有限责任公司股权出质是否要办理登记，人们在理解上有较大偏差。由于公司登记机关通常都不受理有限公司的股权质押登记，故通常只是由有限责任公司在内部对股权出质作出记载即可。这种做法带来很多实际问题，由于缺少公示性，第三人无法确知股权出质的事实，债权人和第三人都缺乏安全感也不便于第三人迅速、便捷、清楚地了解到权利上存在的负担。再如公司管理层不配合办理股份出质的内部登记，这往往又会导致股权出质的效力缺陷。为此，以非上市公司的股权出质的，质权自工商行政管理部门办理出质登记时发生效力。

之所以规定其他股权设质时登记机关为工商行政管理部门，主要是考虑到所有依法设立的公司都必须在工商行政管理部门办理登记，按照法律规定，公众可以向公司登记机关申请查询公司登记事项，公司登记机关应当提供查询服务。所以将股权出质登记机关确定为工商行政管理部门，可以很好地落实物权的公示公信原则，能够让第三人迅速、便捷、清楚地了解到股权上存在的负担。这不仅确立了公司登记机关的地位，也消除了以往出现的混乱，是一个进步。在工商系统中，具体负责股权出质登记的机关是出质股权所在公司登记的工商行政管理机关。这有利于工商登记机关在办理质权设立登记时查询出质股权的合法性和有效性。[②]

---

① 《股票质押登记实施细则》第6条。

② 这里的问题是，在《工商行政管理机关股权出质登记办法》中根本未提及工商登记机关的审查义务。

有疑问的是，由工商行政管理部门来办理非证券登记结算机构登记的股权出质的登记，是否足以起到公示的作用。目前，按照物权法的规定，由工商行政管理部门负责登记的担保物权包括非证券登记结算机构登记的股权质权、商标权质权和《物权法》第189条规定的企业、个体工商户、农业生产经营者以现有的以及将有的生产设备、原材料、半成品、产品抵押等三种类型，而且在后一种类型，是采取的登记对抗主义，即“未经登记，不得对抗善意第三人”。另外，目前，工商行政管理部门办理登记是以行政区划为原则，即以所登记的权利的主体所在地的工商行政管理部门作为登记机关，并且未能实现全国范围内的联网，各个登记机关的信息不能共享，对于当事人方便、迅速地查询权利上的负担仍然是一个障碍。未来可以考虑采取证券登记结算机构或应收账款登记机构的登记方式改进登记作业，建立一个全国范围内互联互通的电子化登记网络，任何人在任何地点可以通过该登记网络方便地查询到其他地方进行的质押登记，以便使登记真正发挥物权变动公示的效果。

因此，在目前这种体制下，由工商管理机关统一对非证券登记结算机构登记的股权设质进行登记，看似实现了统一，却又造成了新的分割，即那些被托管的股权的转让登记在产权交易中心进行，而设质登记由工商管理机关负责。这种情况下的设质登记，由于工商管理机关不掌握股权原始登记的情况，因此其办理质押登记时对于当事人提供的资料很难进行核实，也就难以确保登记的真实性。为解决这一问题，登记机关通过要求“申请人应当对申请材料的真实性、质权合同的合法性有效性、出质股权权能的完整性承担法律责任”,[①] 来减少错误登记发生的可能性，但这当然不是解决问题的办法。针对被托管的股权设质，最根本的措施是要统一股权转让登记机构和质押登记机构。

（三）知识产权质权登记

按照物权法的规定，登记成为所有知识产权类型唯一的权利质权设立公示方式，而且是采登记要件主义，未经登记不生质权设立的效力。但是由于在知识产权这个大概念下尚包括商标权、专利权、著作权等若干次级

① 《工商行政管理机关股权出质登记办法》第6条。

概念，因此知识产权质权的登记范围究竟有多大，是否包含了其囊括的所有类型，而就其各个具体权利来说，其登记的程序是否统一，是否均适合采用登记作为质权设立的公示方式，这些问题即使在动产担保交易采取完全统一的登记制度的美国，在其统一商法典2001年修订之前也是存在争议的。以著作权为例，修订前美国统一商法典的起草者倾向于就著作权的公示适用著作权法（Copyright Act）的规定由著作权办公室（Copyright Office）负责登记，而在统一商法典的官方评注中则认为仍应适用统一商法典第九编的规定。① 而英国直到现在还未能实现知识产权担保制度的统一，给企业尤其是中小型高科技公司的融资造成了很大的障碍。学者多呼吁仿效美国现行统一商法典第九编规定建立起统一的知识产权担保制度。②

1. 登记申请

知识产权质押登记申请是由当事人向登记机关符合法定的方式提交相关文件，表明其意欲发生权利质权设立或变动的情况，并由登记机关加以确认。这是实现整个权利质权登记的启动程序。

如前所述，权利质押登记既可由一方当事人申请，也可由双方当事人共同提出申请。而就目前我国知识产权的质押登记的立法实践来看，原则上均要求当事人双方共同提出。例如，著作权质押合同的登记，即应当由出质人与质权人共同到登记机关申请办理。③ 商标专用权质押登记的申请人应当是商标专用权质押合同的出质人与质权人。④ 而在专利权的出质中，目前的规定并没有明确说明究竟是由一方还是双方来办理。但是，《专利权质押合同登记管理暂行办法》第3条规定：以专利权出质的，出质人与质权人应当订立书面合同，并向中国专利局办理出质登记。其中似乎隐含着由双方当事人申请登记的意思。在专利权的出质登记中，较为特殊的是，如果登记的主体是全民所有制单位，则还须经上级主管部门批准。而如果是中国单位或人向外国人出质专利权的，则须经国务院有关主管部门

① See Ara A. Babaian, Striving For Perfection: The Reform Proposals For Copyright Secured Financing, 33 Loy. L. A. L. Rev. 1205.

② See Iwan Davies, Secured Financing of Intellectual Property Assets and the Reform of English Personal Property Security Law, 26 Oxford J. Legal Stud. 559.

③ 《著作权质押合同登记办法》第5条。

④ 《商标专用权质押登记程序》第3条。

批准。

由于原则上应当由双方来办理申请，因此实践中可能由于双方分处异地等情况而带来不便，因此，允许代理申请是必要的。著作权质押合同的登记中，出质人或质权人可持对方委托书申请办理。[①] 商标权和专利权的质押登记并没有明确是否可以委托一方当事人申请办理，本文认为，由其中的一方委托另一方当事人来办理登记申请，并不会产生如自己代理中存在的利益冲突问题，只要委托书是基于当事人的真实意思表示，应无不许之理。基于“相似事项应为相同处理”的原则，上述著作权质押登记的代理申请应可类推适用于专利权和商标权的质押登记中。而在办理涉外专利权质押合同登记时，基于业务的复杂性和专业性的考虑，更是应明确规定必须委托涉外专利代理机构代理。[②]

2. 登记机关

在我国知识产权质权登记领域也未能实现登记机关的统一，而是按照权利的类型和行政机关的职权范围分散确定登记机关。国家知识产权局主管全国的专利权工作，因此专利权质押的登记机关确定为知识产权局。著作权的主管机关为国家版权局，因此由版权局来负责著作权的质押登记。商标权质押登记的主管机关为国家工商行政管理局，具体由商标局来负责。

前已述及，登记机关的不统一，对经济发展和交易安全已经造成了损害。尤其是当两个或者两个以上的登记机关权力交叉重合时，不但会增加当事人的负担，损害当事人的正当利益，而且对登记的公信力产生了损害，扰乱正常的法律秩序。登记已不再是确定物权变动公示和公信力的一种方式，各个主管机关仅仅是将登记作为进行行政管理的一种手段。专利权、商标权、著作权尽管属于三种不同种类的知识产权，在权利内容上差异也较大，由不同的主管部门负责质权登记固然有助于运用专业知识进行审查开展工作，但其毕竟均属知识产权而在性质上较为接近，并且由各个主管机关制定的登记程序也大同小异，因此，未来能否考虑对其进行适当的整合，值得进一步思考。

---

① 《著作权质押合同登记程序》第2条。

② 《专利权质押合同登记管理暂行办法》第3条。

（四）应收账款质权登记

应收账款质权作为一种新型的权利质权，是物权法权利质权部分的一个创新。《物权法》第228条规定：以应收账款出质的，当事人应当订立书面合同。质权自信贷征信机构办理出质登记时设立。

但应收账款究竟是否适于设立权利质权，在物权法制定时曾引起较大的争论，学者认为应收账款融资和保理在国际上普遍采用债权转让方式，而不采用权利质押方式。同时认为应收账款质押的登记和权利质权的登记也大异其趣，无法通过占有权利凭证或者通过办理出质登记，达到控制该项权利的目的。① 但最终立法仍然肯定了应收账款作为权利质权的客体，② 并且确立了中国人民银行作为应收账款质押登记的主管机关。

这里需要特别指出的是，人民银行在推动应收账款质押作为权利质押的一种进入到物权法中以及制定《应收账款质押登记办法》都是以美国《统一商法典》为依据的，但是，《统一商法典》关于应收账款的登记却是规范应收账款的转让登记，也就是保理的登记，而非质押登记。③ 在一般债权设质中，也存在类似的问题。因为质权设立的目的是由质权人获得优先受偿权，但是债权设质，质权人获得的权利，最终还是债权，不是优先受偿权。所以，债权设质本质上其实是债权转让。④ 从这个角度来讲，上述学者的主张是妥当的。⑤

---

① 参见梁慧星《物权法草案的若干问题》，《中国法学》2007年第1期，第17页。

② 这主要是受到了银行业及其主管部门的影响，银行界坚持认为在应收账款上设定质押有助于中小企业融资。

③ See U. C. C. 9－209、9－406. 例如，§9－406. Discharge of account debtor; notification of assignment; identification and proof of assignment; restrictions on assignment of accounts, chattel paper, payment intangibles, and promissory notes ineffective. (a) [Discharge of account debtor; effect of notification.] Subject to subsections (b) through (i), an account debtor on an account, chattel paper, or a payment intangible may discharge its obligation by paying the assignor until, but not after, the account debtor receives a notification, authenticated by the assignor or the assignee, that the amount due or to become due has been assigned and that payment is to be made to the assignee. After receipt of the notification, the account debtor may discharge its obligation by paying the assignee and may not discharge the obligation by paying the assignor. 其中，"notification of assignment"、"assignor"、"assignee" 等都是指应收账款的转让，而非质押。

④ 参见孙宪忠《中国物权法总论》（第二版），法律出版社，2009，第386页。

⑤ 但本专题限于研究的主题，对此立法方式的是非不做过多评判。

1. 可登记的应收账款范围

《应收账款质押登记办法》将应收账款界定为：权利人因提供一定的货物、服务或设施而获得的要求义务人付款的权利，包括现有的和未来的金钱债权及其产生的收益，但不包括因票据或其他有价证券而产生的付款请求权。这里所称的应收账款包括下列权利：（1）销售产生的债权，包括销售货物，供应水、电、气、暖，知识产权的许可使用等；（2）出租产生的债权，包括出租动产或不动产；（3）提供服务产生的债权；（4）公路、桥梁、隧道、渡口等不动产收费权；（5）提供贷款或其他信用产生的债权。①

美国《统一商法典》第 9－102 条与《美洲国家组织动产担保交易示范法》对应收账款的界定略有不同。通过比较发现，《美洲国家组织动产担保交易示范法》对应收账款的界定最广，它囊括了所有现在和将来的金钱债权。我国对于物权法中的应收账款范围的界定比国内会计学上通常的定义更广，不但包括会计学意义上的债权人应收取的金钱债权，还包括尚未发生的将来的债权，实质内容上与美国《统一商法典》相同，但是与其略有差异。美国《统一商法典》中没有明确将不动产收费权列入其中，并且明确排除了因为贷款所产生的偿付请求权，但是人民银行的《办法》明确将二者列入其中。而美国《统一商法典》则列入了《办法》所没有涉及的医疗保险应收款。

2. 登记申请

应收账款质押登记只需由质权人一方办理即可，也可由质权人委托他人办理登记。而质权人办理应收账款质押登记时，注册为登记公示系统的用户即可。②

《应收账款质押登记管理办法》对应收账款出质登记程序采取了单方申请主义的启动模式，这一做法异于其他权利质权和抵押权实践中的双方申请模式，那么这种规定是否合理呢？所谓单方申请主义的启动模式，即出质登记只需当事人一方申请即可启动相关登记程序；而依双方申请主义，出质登记必须由当事人双方共同提出申请才能启动登记程序。在纸面登记系统和电子登记系统中均存在这两种模式的区分。

① 参见《应收账款质押登记办法》第 4 条。

② 参见《应收账款质押登记办法》第 7 条、第 9 条。

为保护当事人双方的利益，有些国家立法在出质登记方面采取双方申请主义，出质登记应由双方当事人共同完成登记过程；有些国家并不要求当事人共同向登记机构申请登记，而只由质权人提出申请即可。为防止质权人恶意在他人财产之上登记担保负担，上述各国均设计了不同的制度，如《阿尔巴尼亚动产担保法》即规定，登记机构在受理登记申请，并录入数据库之后要向担保人、担保权人和登记代理人各发出一份确认通知书，允许相关当事人将登记系统中记载的信息进行核对，如发生错误，即可立即向登记机构报告。

但是需要特别强调的是，在目前应收账款质押登记采取单方申请主义的模式下，虽然有异议登记制度可以弥补相应的登记错误，但这却强加给我们日常生活中的每个人都有定期查询登记系统，以明确是否自己被不当地登记为债务人的义务。在比较法上，凡承认登记单方申请主义的国家或地区，一般均设计一个确认程序，即由登记机构在受理登记申请之后，向担保人或相关利害关系人送达一份确认通知书，由其核对登记书中的记载是否与真实的交易关系相一致，然后再进一步地采取相应的救济方法。而我国采纳了登记单方申请主义，却忽略了单方申请主义之下的救济途径。[①]未来应结合我国及国外立法和实践的经验完善单方申请主义。

为了促使当事人谨慎从事，也为了防止登记机关滥用职权私自改变民事主体的权利状态，因此，传统上办理权利质权登记必须由当事人通过书面形式提出申请，以此来印证登记结果，这也是我国目前权利质权登记中通常采用的形式。但由于应收账款质押登记完全采用网络化的办理方式，当事人只需借助于互联网终端设备即可自主办理，因此传统上要求的申请书在应收账款质押登记中即无需提交。

另外，学者提出，由于应收账款属于没有债权凭证的普通债权，仅凭债权人（出质人）与金融机构（质权人）之间的质押协议所成立的应收账款质权，不具有强制应收账款债务人履行的效力，因此建议于成立质押协议时，要求应收账款债权人提交债务人同意质押的书面文件。这样成立的应收账款质权，于出质人不能清偿借款时，质权人可以直接要求债务人清

---

① 高圣平：《应收账款质押登记系统的构建及其评价》，《暨南学报（哲学社会科学版）》2009年第1期，第25页。

偿应收账款债务。[1] 这一建议对于防范质权人（目前主要是金融机构）所面临的风险具有现实意义，未来可以考虑将其和当事人的协议作为附件一并提交登记公示系统。

3. 登记内容

关于应收账款登记的内容，美国《统一商法典》采取的是声明登记制，登记的担保声明书非如担保协议，只要求记载很少的内容，即债务人的姓名或名称、担保权人或其代理人的姓名或名称、担保物，由此最大限度地避免了对当事人经济状况的暴露。利害关系人可以通过以债务人姓名或名称为序所编制的索引直接检索担保声明书的内容，在电子化的登记系统中，只需键入债务人的姓名或名称，即可快速地查知特定债务人的特定财产之上已有担保负担，以此警示利害关系人。

声明登记比起文件登记来有诸多优势，为许多国家登记系统所采纳，就我国目前的情况来看，应收账款质押登记的内容改变了过去其他权利质权对于登记内容的要求，而采取了类似“声明登记制”的方式，只需登记质权人和出质人的基本信息、应收账款的描述、登记期限等，并且不需要提供双方签订的质押合同，而只需上传一份登记协议，具体包括：（1）当事人的基本信息；（2）应收账款的描述；（3）登记期限；（4）登记协议；（5）主债权金额。

4. 登记与权利证书交付

在完成登记的同时应收账款设质是否需要交付权利证书？《国务院关于收费公路项目贷款担保问题的批复》（国函〔1999〕28 号）规定：公路建设项目法人可以用收费公路的收费权质押方式向国内银行申请抵押贷款，以省级人民政府批准的收费文件作为公路收费权的权力证书，地市级以上交通主管部门作为公路收费权质押的登记部门。质权人可以依法律和行政法规许可的方式取得公路收费权，并实现质押权。该文件并未明确是否需要将权利证书交付质权人。在过去有观点认为，为预防出质人的背信行为，并便于将来实现质权，应要求出质人向质权人交付权利证书。但在目前收费权质押统一纳入到应收账款质押中并由主管机

① 参见梁慧星《物权法的若干问题》，《京师法律评论》第 2 卷，北京师范大学出版社，2008，第 419 页。

关通过登记公示系统进行公示的情况下，并不需要出质人交付权利证书作为额外的公示方式。

六　权利质权公示的定位与重构

（一）权利质权公示制度存在的问题

1. 档案式登记与登记责任

登记制度是经权利人申请由国家专职部门将有关申请人的权利事项记载于登记簿的事实。在大陆法系尤其是德国法上，登记对于物权变动特别是不动产物权变动有着特殊的意义，一般来说包括不动产物权在内的凡以登记作为物权变动公示方式的，均要求将变动事项进行登记，这也是物权公示原则的要求。当然在大陆法系中的法国和日本以及英美法系，登记并没有被赋予如此重大的意义，[①] 但是经过登记的权利和未经登记的权利仍然是有差异的。[②]

我国传统上是遵循德国法的传统，再加上对于行政系统的高度依赖和信任，因此，在很多时候都是要求对相关的权利进行登记，并且在登记的过程中实行严格的审查，甚至对于产生物权变动的原因关系即当事人间的债权合同也要进行审查和登记。[③] 而物权法中应收账款质押登记则采取了不同的做法，虽然物权法也是要求应收账款质押登记是质权变动的生效要件，但是在人民银行制定的具体办法中却施行了一种类似于英美法上的档案式登记，即登记机关对于当事人的登记不进行任何审查，即便是形式上的审查义务也完全免除，在这种情况下，如何来保证登记的真实性就非常有疑问，[④] 这和我们一般对登记的想象也是不同的。由于登记机关不进行任何审查，因此其也将因自身失误而可能导致的登记错误的责任一概排除，这样一来应收账款质押登记就没有了任何国家公信力的保障，而失去

① 关于登记尤其是不动产登记的意义参见孙宪忠《论不动产物权登记》，《中国法学》1996年第5期。

② 例如美国统一商法典中经过登记的担保权益才能获得优先权。

③ 我国过去的合同法即对一些类型的合同要求到工商行政管理部门进行登记。

④ 而按照应收账款质押登记主管机关自己的理解，其对于登记的真实性也不承担任何责任。

了国家公信力作为“背书”的登记如何来保障其所应具有的基本的公示性和公信力，这是我们的立法机构和登记机关下一步要面临和解决的问题。

2. 多头执法与物权法的落实

在我国权利质权登记领域也存在类似于不动产登记中的登记机关“多头执法”的现象，按照权利的类型和行政机关的职权范围分散确定登记机关。由某一种权利的业务主管部门负责其质押登记固然在操作上较为简便，道理上似乎也顺理成章。但上述做法使得实践中的权利质权登记更多的具有行政部门管理的意义，较少具有司法意义。登记机关的不统一，对经济发展和交易安全已经造成了损害。尤其是当两个或者两个以上的登记机关权力交叉重合时，不但会增加当事人的负担，损害当事人的正当利益，而且对登记的公信力产生了损害，扰乱正常的法律秩序。登记已不再是确定物权变动公示和公信力的一种方式，各个主管机关仅仅是将登记作为进行行政管理的一种手段，把在自己主管业务范围内的权利类型上设立质权看成自家的“自留地”，热衷于收费，忽视了登记系统和作业的改进，登记部门之间缺乏应有的沟通、登记信息无法共享，登记成了各个机关划分各自“势力范围”的手段，对整个社会和经济造成了不良的影响。因此，未来应当相对集中权利质权的登记机关，避免重蹈不动产物权登记机构分散带来恶果的覆辙，同时也避免确定登记作为权利质权的公示方式的良法美意大打折扣。①

虽然物权法分门别类的按照权利的类型，确定由相关的主管部门或业务部门来负责权利质权的登记，但是在现实中，权利质权登记机构的确定还是一个颇复杂的事情。例如，债券的质押登记，需要区分不同的债券类型而分别确定登记机关，如果是记账式国债或在证券交易所上市交易的公司债券，由于其发行时即由法定的登记结算机构进行了初始登记，因此以其设质的话则须到中央国债登记结算公司或证券登记结算机构即中国证券登记结算公司办理出质登记。但如果公司债券发行后并非由某一特定的登记结算机构进行初始登记，其质押登记究竟应该到哪里去办理，现行的法

① 事实上，现行的动产（包括动产和权利）担保交易的登记机关的分散状况已引起众多企业的不满，并得到了相关部门的重视。参见中国人民银行研究局等《中国动产担保物权与信贷市场发展》，中信出版社，2006，第248页以下。

律并没有给出一个统一的规定，现实中以由公司债券的发行公司进行登记居多。再以基金份额为例，由于基金分为开放式基金和封闭式基金，由于只有封闭式基金和一部分开放式基金（ETF 和 LOF）在证券交易所进行交易和在证券登记结算机构进行登记，因此，《物权法》第 226 条笼统地规定以基金份额出质统一由证券登记结算机构进行登记的规定显然和现实有一定的距离。

而就物权法权利质权公示其他方面的执行和落实情况来看目前也不甚理想，再以基金份额、股票和债券的登记为例，其在实践中还存在着相当大的问题。中国证券登记结算公司目前只受理以证券公司为出质人并以商业银行为质权人的基金份额和上市公司股票质押登记业务。证券公司和商业银行可依照现有规定通过交易系统报盘方式办理基金份额和上市公司股票质押和解除质押登记手续。投资者开放式基金账户中的上市开放式基金份额和股票暂不办理质押登记业务。此类对登记主体的限制性规定，限制了当事人的交易自由，滥用了法律赋予登记机关的相关职责，在物权法正式施行了一年多后，相关规定及操作实践仍然未能及时跟进作出修改，实在令人遗憾。① 当然，还有例外情形，就中国证券登记公司深圳分公司而言，其目前对非银行和证券公司也开展股票质押登记业务，只不过其允许质押登记的范围仅限于非流通股和限制流通股。② 这种规定就更加令人不解了，何以流动性强的股票无法进行质押，而那些流动性弱甚至无法在交易市场进行流通的股票反倒可以进行质押登记。

另外，就国债而言，存在着中央国债登记公司和中国证券登记结算公司两家登记机构，而这两家在职能定位上也并不清晰，导致一些登记业务无法完成。中央国债登记结算公司仅能进行政策性银行与全国银行间债券市场成员之间的债券质押业务，其国债质押登记业务仅限于银行间，个人或公司以国债进行出质的不能进行质押登记。而中国证券登记结算公司负责登记的公司债限于上市交易的公司债券，其负责登记的国债也仅限于上市交易的记账式国债，因此范围要小于中央国债登记结算公司可质押登记的国债品种。也就是说，如果个人购买的国债未在证券交易所进行交易，

① 而且根据笔者了解的情况，中国证券登记公司也没有就目前的做法进行修改的计划。

② 参见《深圳证券交易所上市公司非流通股及限售流通股质押登记须知》。

则不能通过中国证券登记结算公司进行质押登记，同时作为个人也不能在中央国债登记结算公司进行登记，如果其欲通过国债进行融资的话则只能将国债卖与银行。

凡此种种均导致了物权法中的权利质权公示制度无法不折不扣的落实，相关的登记主管机构下一步应当参照物权法的规定，仔细地全盘检讨本机构目前的相关规定和做法是否与物权法相吻合，对于那些相冲突的规则应当进行全面的翻修和改正。

（二）权利质权公示在物权法中的定位

物权法的总则部分规定了物权变动的一般原则，又特别就不动产登记和动产交付这两种物权变动模式进行了详细的规定，但是却忽略了第三类标的——权利的公示，在物权法里除了不动产物权、动产物权之外，还广泛存在着第三类物权——权利物权，包括不动产物权上的抵押权、权利质权等，这里就产生了一个问题，即能否将权利物权变动的规则抽象化和一般化从而和不动产物权和动产物权并列规定，这甚至给物权法的立法体例提出了一个新思路，能否改变目前这种以权利类型划分的立法体例，而改为依标的物划分？

或许会认为，大部分的权利物权其变动规则都可以遵循该种物权所产生的基础标的来确定，例如，在不动产用益物权上设立抵押权，其变动规则可以参照不动产物权中的一般方式即登记，而关于动产物权上设立的物权则参照动产交付的规则。但现在的问题是，就本文所讨论的权利质权来说，恐怕既不能参照不动产物权变动的规则，也不宜太多地参照动产物权变动规则。这是因为一方面权利物权在性质上可能更接近于动产（如美国即把其和动产统一起来规定），但是目前大部分的权利质权的公示方式采用的是登记这一不动产物权的公示方式，并且“此登记”非“彼登记”，不动产物权登记的规则也不能完全适用于权利质权登记，正是由于这个原因，一方面权利质权公示不能适用不动产物权和动产物权的公示规则，另一方面自身又没有形成一个类似于前两者的完善的体系，再加上物权法的规定相当的简略，结果是只能依靠各个登记主管机关自己制定相关的规章甚至只是规范性文件来规范权利质权的公示，造成了相当大的混乱。因此，退一步讲，即使不能改变目前这种立法体例将不动产物权、动产物权和权利物权作为并列的三类物权进行规范，至少也应该就权利物权或者权利质权中的公示制度有一个较为统一的规则，以便在制定相应的规则时有章可循。

（三）我国权利质权公示制度的未来发展

我国权利质权公示制度经由物权法和相关配套规章的协力已经搭起了初步的框架。这个制度下一步应该如何发展，走向哪里，是像美国法那样采取完全统一的模式，还是保留现在的模式分而治之？是要仍然遵循新类型及公示方式的“物权法定”，还是采取类似德国法上的权利让与规则准用而为新类型的出现预留一个外接的管道？这些都是需要我们继续思考的问题，本文以下只是提出一些粗浅的制度设想。

首先，相较于占有和交付来说，登记制度统一由登记机关的登记簿记载，交易的各方当事人更易于查知，而交付则除了现实交付外，又发展出简易交付、指示交付与占有改定三者，如果说现实交付与简易交付尚能通过当事人的客观可见的对于标的物的占有来公示的话，那么指示交付与占有改定则由于当事人未实际占有标的物，后手交易人几乎无法通过观察对于标的物的控制来判断或推定标的物上的实际权利状态，而需另辅以其他的途径，例如询问相关的当事人、查找交易文件等，来获知标的物的实际权属状态。尤其是在实现了登记的电子化、网络化之后，通过基于计算机和互联网的电子化登记更是大大提高了当事人查知相关标的物上权利及其负担的效率，也就降低了登记的资讯搜寻成本。由于登记比占有具有更低的资讯搜寻成本，更便捷的获知权利状态的方法，因此，当事人对于权利上的情况更易于了解和掌握，相应地，当事人双方便可以采取成本较低的防范措施，并降低信息整合成本。同时协商时间的投入上也可大幅降低。因此，从总体上来看，以登记作为公示方式要比占有（交付）作为公示方式更具有合理性。在电子化、网络化的背景下，登记的成本已经大幅降低。在此情况下，应当说以登记作为权利质权的公示方式较占有而言为较优选择。同时，过去以权利凭证占有和移转为财产（权利）表彰和移转的类型，由于交易的电子化和财富的虚拟化，作为表彰其权利的凭证正在渐渐消失，移转凭证已变得不可能。另外，由于登记由国家的公信力来背书，因此其真实性和公信力更高，在权利产生纠纷时，由主管官署做成的

登记要比占有更易于解决纷争。因此，本文倾向于建立一种相对统一的登记公示系统，而不采用德国法上分别依其权利转让规则来设立权利质权的做法。

但是我们必须同时看到，大陆法系（主要是德国法）关于物权变动基本原理已深深植根于中国的法律文化与物权观念当中，因此权利质权登记公示制度的设计必须以此为逻辑的起点，必须遵循传统上关于物权变动基本原理，即产生权利质权的债权合同与物权变动是相区别的，公示方式仍然是物权变动的生效要件而非对抗要件。为了要达到上述要求，就必须对美国动产担保交易上的登记制度的进行改造。在这个登记公示系统中，为了增强登记的公信力，使其“无愧于”生效要件的作用，就必须有国家公信力的“背书”，而如果要由国家来承担一定的责任，就必须对登记进行审查，这就不同于美国现行的动产担保登记公示制度，在一个统一的登记系统里要做到对所有的申请文件进行审查，必须要有相关的机构来配合。可以考虑的方案是由系统前台统一受理，后台由各个主管部门分别审查，例如，以专利权设立质权，当事人可以通过扫描系统将所需提交的文件上传至系统，然后由专利主管机关对专利证书的有效性等进行审核，核实无误后准予登记。这一方案可以改变美国法上登记“申”而“不审”的做法，充分利用相关主管机关的业务资源，通过有效的审核来达到增强登记公示性的目的。也希望这样一个系统可以改变目前部分存在的某些权利质权登记部门职责存在交叉，当事人登记“无门”的情况。[①] 这可算是取大陆法（德国法）的“实”而糅合英美法（美国法）的“形”的一种制度选择，或许可以看作两大法系融合的一个新例证。

① 这种改变在技术上并无太大的困难，关键还是要登记机关（行政机关）的观念转变，不再把财产登记看成自己“势力范围”内的事情，并且把登记主要作为一项服务事项而不主要是管理事项。

专题十三
我国物权法上的占有制度研究

我国物权法将占有制度规定于第五编，与总则、所有权、用益物权、担保物权编共同构成了我国的物权法体系。将占有制度纳入民法，并对其进行单独规定无疑是一大进步，但我国物权法上的占有编规定得过于简略，仅有五条，且规范的重点主要是无权占有，对于许多重要的占有制度（如占有权利推定制度）都没有加以规定。这显然无法充分发挥占有制度的功能，而且也反映了立法者对占有制度的功能缺乏充分的认识。因此，要正确理解和适用我国物权法上的占有制度，除需正确理解现行规定的基本含义外，尚需对相关学理有一个更为完整的理解。

一　占有制度的一般理论

（一）占有制度的体系地位

关于占有在物权法中的体系地位问题，各国立法体例未尽一致。一种体例是不在物权法或民法典中单独规定占有制度，而是仅将占有作为所有权或其他物权的一项权能对待。这一体例的典型代表是以前苏联为代表的

社会主义国家民法典（波兰除外）。从理论上讲，一般认为，这种体例是以占有制度是一项旨在维护私有财产、与社会主义公有制不相容的制度的意识形态为基础的。因此，在这种立法例之下，占有在法律上仅仅被视为所有权的一项权能，其作用主要在于辅助所有权人实现其对物的支配利益。换言之，在此立法例之下，享有所有权的就一定享有占有权，占有是所有权的内容，没有所有权，就没有占有权。① 我国传统民法理论深受前苏联法学的影响，也仅仅将占有视为所有权的一项权能裹挟于所有权概念之中，因而在《民法通则》中也没有专门对占有制度作出规定。在我国物权法的制定过程中，甚至还有一些人以这种意识形态的偏见为基础，反对在物权法中对占有制度作出完善的规定。这在一定程度上阻碍了我国物权法对一些符合我国现实需要的占有制度（如占有权利推定）作出明确的规定。

与之相对，大多数大陆法系国家的民法典所采取的立法体例则是将占有作为一项对物进行管领的事实，在法典中就其设有专门规定。例如，《德国民法典》就将占有作为一种对于物的事实上的管理力，规定于物权编第一章，共 19 条（第 854 条至第 872 条）。《瑞士民法典》也认为占有是一种事实，规定在物权编最后一章第二十四章（第 919 条至第 941 条），共 23 条。我国台湾地区民法典将占有规定为对物的事实上之管领力，并在物权编最后一章第十章（第 919 条至第 941 条）对其作出了专门规定。《法国民法典》将占有规定于该法典的最后一编时效与占有编第二章，与时效制度并列。日本民法则在物权编第二章（第一章为总则）对占有作出了规定，共 46 条，不过，与上述立法例不同的是，在日本民法上，占有被规定为是一种权利。

纵观以上几个主要的大陆法系国家或地区的民法典立法例，我们可以看出，除前苏联以及受其影响较深的民法典没有单独规定占有制度外，通行的做法是将占有作为一个相对独立的物权法制度在物权编或物权法中予以单独规定。② 这表明，在多数国家的立法者和学者看来，占有不仅仅是

---

① 刘智慧：《占有制度原理》，中国人民大学出版社，2007，第 120 页。

② 唯一例外的是法国民法典将占有制度放在了民法典中的物权编之外的“时效与占有”编，这种做法已经遭到现代民法典立法的普遍唾弃，其根本原因在于，民法上的占有制度是物权法不可分割的部分，将其置于民法典种的物权编之外的其他部分显属结构混乱，体系失当，割裂了占有制度与物权法的本质联系。

所有权或其他物权的一个权能，而且还是一项具有独立的制度功能和存在价值的物权法制度。诚如王泽鉴先生所言，占有不仅从历史渊源上看是所有权的根据，是物权（尤其是动产物权）变动的要件，而且，旨在维护社会和平的占有保护制度也是法律秩序的基础。[①] 正因如此，早在罗马法时期，古罗马《十二铜表法》就对占有制度作出了明确的规定，并将单纯的占有与令状和时效取得这两种法律效果相联结。在前一情形下，占有令状主要是用来保护占有本体的；而在后一情形下，单纯的占有可构成所有权本身的基础。[②] 在此后的罗马法的发展过程中，又出现了两种因占有而取得所有权的情形，即先占无主物和交付。在这两种情形下，占有的取得构成了所有权的真正基础，成了后世法学家所称的"取得形式"。现代大陆法系国家民法典大多承袭了这一罗马法传统，将占有制度单列出来并就其设有明确而缜密的规定。我国物权法顺应时势和社会需要，以专编规定占有制度，无疑是值得肯定和赞扬的。

至于学者所提出的占有制度到底是应该放在物权编或物权法的最前面（就像德国法那样）抑或物权总则之后（就像日本法那样），还是应该放在物权编或物权法的最后（就像瑞士法和我国台湾法那样）的问题，实际上只是一个思维逻辑问题，对占有制度本身的运行和适用并没有实质的影响。亦即，将占有置于各种物权之前的做法体现的是一种更注重思维和体系逻辑的立法思想，因为，如前所述，占有不仅是所有权和其他许多物权的根据和基础，是物权（尤其是动产物权）变动的要件，而且占有保护制度也是法律秩序的基础。[③] 因此，率先规定占有不仅有助于理解各种物权的内容，而且也有助于理解与占有密切相关的制度，如先占制度、善意取得制度、时效取得制度等——这些制度很大程度上都是以占有作为其制度基础和逻辑起点的，是占有的效力延伸。反之，将占有制度置于物权编最后部分则体现的是一种更注重权利保护的立法思想，因为，物权编（法）的目的主要在于规范各种物权，占有既然仅是一项事实，那么理所当然应

① 参见王泽鉴《民法物权》第 2 册（用益物权 · 占有），中国政法大学出版社，2001，第 141 ~ 142 页。

② 参见〔德〕萨维尼《论占有》，朱虎、刘智慧译，法律出版社，2007，第 7 页。

③ 参见王泽鉴《民法物权》第 2 册（用益物权 · 占有），中国政法大学出版社，2001，第 141 ~ 142 页。

当置于各种物权之后，从而体现法律对权利的优先关注，在保障权利的前提下，方照顾占有事实的保护。由上可见，以上两种不同的立法思想虽各有千秋，但从本质上讲，这种不同的体例安排并不会对我们理解物权法的基本思想和占有制度的功能产生实质上的影响。因为，将占有制度放在最前面，并不意味着对物权法基本思想是保护物权的观点的否定；反之，也不意味着占有不再是所有权及其他物权取得的根据，与其他物权制度没有了内在的逻辑关联。

不过，令人十分遗憾的是，我国物权法虽然名义上就占有设有独立的编、章，但从其实际内容上看，该编的5个条文（严格来讲，第241条并不属于占有制度的内容）仅仅规定了占有物返还和占有保护问题，不仅许多重要的占有制度尚付阙如，而且其规定本身也未尽完善。因此，要充分发挥占有制度在我国法上的功能，迫切需要在理论上提高对占有制度的认识，并在立法上采取相应的完善措施。

（二）占有与本权

在物权法上，占有是与其他物权平行的制度，因此，要正确理解占有，必须首先理解占有与物权等可构成占有本权的权利的关系。在各国民法上，占有大多被定义为人对物进行管领的一种事实状态，一般由人对物具有事实控制和支配的外观（占有体素）和人对物有进行控制和支配的意志（占有心素）共同构成，即萨维尼所说的，占有是一种怀着某种意图对物进行事实控制和支配的法律事实①（关于占有的构成和认定，参见上文专题三第三部分）。与占有相对，人对物所享有的权利则被称为本权。或者说，本权就是指在有权占有的情况下，权利人占有物时所依赖的权利，而无本权的占有则被称为无权占有。

在有权占有的情况下，本权构成了占有赖以产生和存续的基础或依据，在此情形下，占有的行使方式、期间以及占有的保护等都可以在本权中得以规定和体现。亦即，此处的占有实际上乃是本权内容的一部分。在现代民法上，可构成此类本权的主要有物权、债权、亲属权等民事权利，有时也包含公权力，具体分析如下。

---

① 〔德〕萨维尼：《论占有》，第78～79页。

首先，物权中的所有权、用益物权、质权和留置权都是可产生占有的本权，其权利内容中都包含占有的权能。在所有权中，占有本身就是所有权的一项权能；在用益物权中，用益物权人也有权对客体实施占有，至于占有如何行使、占有的期限有多长则须根据用益物权本身的性质而定；在质权中，动产质权的设立本身就是以质权人取得标的物的占有为条件的。至于留置权，从产生留置权的债权关系开始到债务人不履行债务，债权人行使留置权，整个过程都存在占有的内容，只不过前一阶段产生占有的本权是债权，后一阶段占有的本权是留置权。

其次，许多债权也可成为占有的本权。例如，租赁合同中的承租人的租赁权、借贷合同中借用人对出借物的使用权、保管合同中保管人对保管物的权利等债权都可产生债权人对物的有权占有关系。

最后，除以上物权和债权等私权可以作为占有的本权外，公权力有时候也可以成为占有的正当权源。例如，政府借助于公权力通过征收征用、没收追缴等强制手段实现了对他人之物暂时或永久性的占有控制，现阶段产生于国家所有权的占有实际上都是基于公权力的占有。

由上可见，在有权占有中，占有与本权关系密切，占有隶属于本权，是本权内容的一部分，侵犯占有就是侵犯了本权。故在现代法治社会，绝大多数对物的支配秩序的保护，都是从本权的角度进行保护，进而达到保护大多数占有的目的。

但是，现实生活中的占有并不都是有本权的占有，还有许多占有属于无权占有，即没有本权或本权尚不明确的占有。例如，对拾得遗失物的占有，对无主物的占有，对权属有争议的物的占有等，至少都属于本权暂时不明的占有。这些占有由于缺乏本权的支撑而成为一种独立的、纯粹的事实状态。对于这种占有，现代各国法大多也会提供法律的保护。之所以如此，原因主要在于，若法律不通过赋予占有以一定的法律效力来维持现实的占有秩序，而是任由纠纷的当事人凭自力或暴力行为你抢我夺、争端不息，那么正常的社会秩序必定会受到极大的破坏。而且，这种对占有本身的保护同样适用于无权占有人的占有，即“对无权利的甚至非法的占有也应当予以保护，因为，如果因小偷占有的物是盗窃而来的而不加以保护，就会发生该物权被他人抢夺、抢占以致物最终流失的情况；而在对这种占有进行保护时，则保护了物的权利人最终恢复其合法占有的可能。依此看

来，对占有从事实状态进行保护不但对整个社会的经济秩序的稳定来说很有必要，而且对真正的权利人的利益保护也是有利的”。[①] 反之，“一切侵犯占有的行为均破坏了公共和平和个人利益，构成违法行为，应受法律制裁。”[②] 因此，在无本权、本权尚不明确、没有必要明确甚至是非法占有的情况下，法律必须为这种纯粹事实状态的占有建立相应的保护制度。进一步而言，在罗马法系的法学体系下，法律依占有人管领物的事实对占有进行保护的制度，本来就与本权没有直接的关系。[③] 换句话说，只有具备占有的事实状态，占有人就可享有法律专门为占有提供的保护及相应权利。这种独立的占有保护制度不仅可以对本权的保护起到一定的辅助作用，而且，更为重要的是，它为那些没有本权的占有，或本权尚不明确期间的占有提供了相对独立的保护。依据这种占有保护制度，单纯基于占有，占有人就可依法享有一系列权利，即占有权，如返还占有请求权、排除妨碍请求权等。

总之，就占有与本权的关系而言，我们必须明确以下几点：

第一，占有不仅是本权的一项权能或本权的效力之一，而且在有些情况下也可构成物权取得的基础或根据。在前一情况下，占有具有辅助物权的行使和保护的功能，在后一情况下，占有则直接构成了权利取得的根据。例如，在时效取得和先占取得中，取得占有就是原始取得物权的基础，而在物权转让（如在买卖或善意取得）中，有效的占有移转即交付同样是受让人取得物权的法律根据。由此可见，在现代物权法体系中，占有其实是一项贯穿于整个物权法体系的制度。它不仅与所有权的取得密切相关，如时效取得、先占取得、拾得遗失物、发现埋藏物等，而且与基于所有权、用益物权、质权以及债权而产生的占有的保护和法律适用紧密相连。

第二，占有除了与本权密切关联，具有辅助物权的取得和行使的作用外，其作为一项事实状态（关于占有也是一种权利的说法，此处不赘述），本身还具有独立受保护的价值。尤其是在占有人对物的利益的享有受到侵

① 孙宪忠：《德国当代物权法》，法律出版社，997，第 104 页。

② 尹田：《法国物权法》，法律出版社，1998，第 161 页。

③ 孙宪忠编著《物权法》，社会科学文献出版社，2005，第 332 页。

害，而物上权利又一时难以确定或根本无法确定时，确实有必要对占有或占有利益予以保护——而不是对占有背后的本权进行保护，否则不但对占有人有失公正，而且对整个社会的经济秩序的良性运转不利。[①] 亦即，对单纯的占有事实状态进行保护本身就是维护社会秩序和和平的重要基础。对此，有的学者的认识是很不充分的，甚至对此持怀疑态度，这对于合理构建和适用我国物权法上的占有制度无疑会造成一定的负面影响（详见下文）。[②]

第三，占有人依据占有的事实而依法享有的权利（占有权）与作为所有权和其他物权权能之一的占有权能并不是同一个事物，二者至少存在以下区别：

（1）发生和消灭的根据不同。占有权能产生于本权，是本权的一项内容、作用与表现。它随本权的发生而发生，因本权的消灭而消灭。而占有权发生的根据则是现实地对物进行占有的事实，它随占有的取得而取得，并随占有的丧失而消灭。无论占有人对物的占有是否基于本权，只要占有的事实存在，占有人均可依法律关于占有保护规定而享有一定的占有权。

（2）二者的内容和表现形式不同。占有权能无论其基于什么权利而发生，其内容都是确定的，仅表现为对物进行掌握和控制一个方面。而占有权的内容则是多方面的，可依占有原因的不同而有所不同。善意占有人的占有权包括即时取得权、使用收益权、排除妨碍请求权、费用偿还请求权等，内容十分广泛。善意占有人的占有权在一定条件下还可对抗或排除本权。而恶意占有人则只能在其占有存续期间内依占有适法推定而享有一定的占有权，且其占有权不能对抗本权。

（3）二者与占有的关系不同。就占有权能与占有的关系而言，享有占有权能是对物进行占有的法律基础与前提，而对物的实际占有则是行使占有权能的表现。在占有权与占有的关系中，二者的地位则完全相反，占有成了享有占有权的基础与前提。[③]

---

① 孙宪忠：《德国当代物权法》，法律出版社，1997，第103页。

② 如台湾学者刘德宽先生经过实证分析认为，占有诉权制度在社会上几乎没有价值，即使有，也极微小。参见刘德宽《民法诸问题与新展望》，三民书局，1980，第311～321页。笔者将在后文对此问题具体论述。

③ 参见彭万林主编《民法学》（第六版），中国政法大学出版社，2007，第368～369页。

（三）占有的基本功能

在潘德克顿法学看来，占有的基本功能主要有公示功能、保护功能和持续功能。[①] 就占有的公示功能而言，一般认为，占有作为权利公示的一种手段，能够表征物权及其他民事权利，可具体起到权利移转作用、权利推定作用和善意取得作用。考虑到前述专题（专题一、二、三、六）已经对占有公示问题和善意取得问题进行了讨论，因而此处在讨论占有的公示功能时仅重点讨论其权利推定功能。

1. 占有的权利推定功能

占有的权利推定功能主要是指占有人在占有物上行使的权利，推定为占有人合法享有的权利。在法理上，这种推定主要包含权利人的正确性推定、权利内容的正确性推定、权利人拥有权利的善意推定、权利人对于权利损害赔偿的受领权的推定等四个方面的内容。即推定物的占有人是其所行使的权利的正确权利人；推定占有人合法享有其所行使的权利；推定占有人对物的占有是以所有的意思，善意、和平与公开的占有；在物遭受他人侵害时，推定占有人有权受领侵害人的损害赔偿。[②]

据此，占有人只要能证明自己是物的占有人，就可以受权利推定的保护。但是，占有推定毕竟是一种假定和推断，不是一种确定的结果，它与事实的真相之间尚存在一定的距离，因此是可以推翻的。在真正权利人能够举证说明自己权利的时候，占有推定可以被推翻，这时占有人应该将占有物返还给权利人，完成从占有推定到事实真相的还原。占有推定和推翻作为物权法占有制度的内容反射到民事诉讼法中，就表现为占有人为被告，推翻占有推定的人为原告。根据民事诉讼法“谁主张谁举证”的举证责任规则，原告有义务举出足够的证据证明自己是合法的权利人，对物享有所有权或其他权利，才能达到推翻占有推定的目的，否则，法律仍维持原占有推定的效力。关于占有的权利推定功能，我国物权法并没有予以规定，实为一大缺憾。

---

① 参见〔德〕鲍尔/施蒂尔纳《德国物权法》（上），张双根译，法律出版社，2004，第 61 页及 106 页。

② 《德国民法典》第 851 条规定，侵害人应当以侵害时动产的占有人为赔偿的受领权人。

2. 占有的持续功能

在有些情况下，能否保持物的占有对占有人具有重大利益。为维护占有人的利益，法律有时候需要对这种占有保持利益予以确认。例如，买卖不破租赁就是一种对占有持续利益的确认，经此确认，承租人的债权性法律地位得到了一定的强化。占有的持续功能还表现为占有可以作为时效取得的基础，即若占有人在一段较长对时间里以“自主占有”的方式对动产实行了占有，与占有相联系的持续性利益即可因时间的经过而增强，从而使占有成为完全权利，[①] 占有人也因此可取得该物的所有权。这就是时效取得制度，德国民法典第 937 ~945 条和我国台湾地区《民法》第 768 条都对此作出了明确规定。我国物权法没有规定时效取得制度，从而使占有的此项功能无法彰显。

3. 占有的保护功能

占有人一旦取得对物的事实上的管领，其法律地位以及因此而带来的利益即受到法律的保护，这也是占有制度的一项基本功能。《德国民法典》第 861 条及其以下各条，对占有人所享有的回复占有请求权、排除妨碍或停止妨害请求权以及赔偿损害请求权等占有保护请求权作出了明确规定。我国《物权法》第 245 条也对此作出了规定。此外，在符合给付型不当得利或侵害型不当得利之构成要件时，占有人也可以收到不当得利法的保护。[②]

二 占有人与回复请求权人的法律关系

占有作为一项法律事实，在法律上自然会产生一定的法律效果，即会引起占有人与他人之间的法律关系的变动。考虑到因占有或占有的变动而引起的物权变动或债权变动主要是物权变动制度或债法所调整的内容，同时也考虑因侵占占有而产生的占有人与侵占人之间的法律关系可纳入占有保护制度加以讨论，因此，此处仅就占有人与回复请求权人（即有权请求

① 参见〔德〕鲍尔/施蒂尔纳《德国物权法》（上），张双根译，法律出版社，2004，第 109 页。

② 参见〔德〕鲍尔/施蒂尔纳《德国物权法》（上），张双根译，法律出版社，2004，第 106 页。

回复物的占有之人）之间的法律关系做一分析，这种分析将以与我国物权法条文相关联的方式进行。

（一）《物权法》规定概述

在我国物权法第五编第十九章有关占有的 5 个条文（第 241 条至第 245 条）中，除第 245 条是规定占有保护制度之外，其他 4 条基本上都是规范占有人与回复请求权人之间的法律关系的。其中，第 241 条规定的是基于合同关系产生的有权占有，该条规定："基于合同关系等产生的占有，有关不动产或者动产的使用、收益、违约责任等，按照合同约定；合同没有约定或者约定不明确的，依照有关法律规定。"依据该规定，在占有系基于租赁、保管、承揽、运输等合同而产生时，占有人与回复请求权人之间因占有而产生的法律关系，原则上都应该依据当事人之间的约定以及合同法的规定予以处理，而不适用物权法的规定。只有在合同没有约定或约定不明确时，物权法占有编的规定才有适用的余地。不过，需注意的是，以上所述的法律适用原则仅仅是针对占有人与回复请求权人之间的法律关系而言的，并不适用于因第三方侵夺或妨害占有人的占有而在占有人和侵占人之间的法律关系，对于后一法律关系，原则上应可适用《物权法》第 245 条的规定。

第 242 条至第 244 条则分别规定的是恶意占有人致占有物损害的赔偿责任，物上权利人的返还请求权和善意占有人的必要费用请求权，以及占有物毁损或灭失时的占有人与物上权利人之间的赔偿关系。从这三条与第 241 条的逻辑关系上看，这三条原则上仅适用于占有人与回复请求权人之间并不存在创设占有的基础法律关系（如寄托、租赁）或基础法律关系被撤销或宣布无效的情况。

（二）基本权利义务关系：占有返还

虽然在现代物权法中，无论是有权占有还是无权占有，占有人的占有利益都可受到占有制度的保护，但占有保护制度的建立，从根本上讲，仍主要是为了实现立法者保护实体权利的设想。[①] 法律对本权尚不明确的占

① 孙宪忠：《德国当代物权法》，法律出版社，1997，第 101 页。

有状态予以保护，也只是为了暂时维持占有的现状，阻止其他利害关系人（许多情况下是真正的权利人）可能采取的暴力抢夺行为的发生，积极地引导占有异议人通过举证等法律渠道有序地推翻目前的占有秩序，而并非赋予占有人永久占有的效力。换句话说，法律将占有与本权相分离，对占有予以独立的保护在许多情况下只是一时的权宜之计，目的还是保护有本权基础的占有，最终促成占有与本权的合一。因此，一旦占有经过法律程序被确认为无权占有，无权占有人即负有向回复请求权人返还原物的基本义务，后者则可基于其本权行使占有返还请求权（《物权法》第 243 条），并因此在二者之间产生一系列权利义务关系，如物的损害赔偿责任，物的保管费用偿还义务等。

不过，虽然从实体上讲，无权占有人应向回复请求人返还其占有之物，但必须注意的是，在承认占有推定规则的制度体系之下，此类诉讼中一般都存在一项被告（占有人）的占有为合法占有的推定，而回复请求权人要想胜诉，就必须通过举证来推翻这种推定，即证明自己是享有回复请求权的本权人，或证明自己是该物的前占有人——在以前占有人与现占有人为诉讼相对方的诉讼中，占有推定规则会推定前占有人的占有是合法占有——且占有人的占有是无权占有。由于我国物权法未规定占有推定规则，因而在回复请求权人针对无权占有人提起的返还占有之诉，只能按民事诉讼举证规则，即谁主张谁负责举证的规则来处理此类案件，而这显然不如占有推定规则简便和更有利于维护财产秩序。

总之，在占有人与回复请求权人之间，构成二者权利义务关系基本面的是占有返还的权利和义务。正是通过这一法律关系构造，占有制度起到了辅助实现物归原主的实质正义的作用；也正是在这一基本权利义务关系之下，为了确定占有人返还时的权利和义务，法律才将占有区分为善意占有和恶意占有、自主占有和他主占有等占有类型，并因占有人的占有类型的不同而对二者之间的权利义务关系作出了不同的安排。

（三）善意占有人的权利义务

善意占有是与恶意占有相对的一种占有的分类，其中，善意占有是指占有人不知或不应知道自己的占有为无权占有而为的占有。恶意占有则是指明知自己的占有为无权占有而仍继续这种占有的情形。依据我国物权法

的规定，善意占有人对回复请求权人所承担的责任一般要比恶意占有人的轻，而享有的权利则一般要比后者多。具体说来，善意占有人的权利义务主要包含以下几个方面的内容。

1. 返还占有物孳息的义务

关于善意占有人在向权利人返还原物时，是否应将占有物所产生的孳息一并返还于权利人的问题，各国立法体例并不一致（对于恶意占有人负有返还原物及孳息的义务，各国立法并无不同）。一种立法体例认为，善意占有人原则上应有权保留孳息，而不负担返还因原物所生孳息的义务。《德国民法典》第 987 条、第 933 条即是如此规定的。另一种立法体例则认为，善意占有人虽无须返还从占有物上获得的孳息，但如果善意占有人保留孳息，则不得向权利人请求返还其为维护该动产或者不动产而支出的必要费用。《瑞士民法典》、《日本民法典》和我国台湾地区“民法”即采此一立法例。

我国《物权法》第 243 条在规定占有人的返还义务时，明确规定：“不动产或者动产被占有人占有的，权利人可以请求返还原物及其孳息，但应当支付善意占有人因维护该不动产或者动产支出的必要费用。”从该条规定可以看出，我国法采取的立法例其实是：不管是善意占有人，还是恶意占有人，都对权利人负有返还原物及其孳息（含天然孳息和法定孳息）的义务，但善意占有人可以请求偿还因维护该不动产或者动产支出的必要费用。这种处理方式虽然与以上二立法体例都有所不同，但从其实际操作结果上来看，我国法所采取的“返还孳息义务 + 必要费用求偿权”的处理方式与上文第二种立法例所采取的“保留孳息 + 丧失必要费用求偿权”的处理方式在实际操作结果上应无实质上的不同，唯一的差别可能就是，在我国物权法之下，善意占有人在是否返还孳息问题上并无选择余地。

当然，从体系逻辑上讲，对于我国物权法的这种处理方式，必须注意的一点是，它虽然与民法上的无因管理制度保持了体系上的一致性，但与其他国家民法或传统民法理论上的占有推定制度是存在体系矛盾的。因为，在占有推定制度之下，善意占有人将被推定为适法享有物上权利的人，有权依其误信其享有的权利使用占有物并收取和保留占有物的孳息，而且，由于这种孳息的收取和保留已经基于法律的推定而有了正当根据，因而，也就不构成应予返还的不当得利。换言之，在承认占有推定制度的立法体例之下，承认善意占有人有权保留孳息才是比较符合法律逻辑的。我国物权法由于没有明确规定占有推定制度，因而以上处理方式与占有推定制度之间的矛盾并未直接彰显出来，但正确认识以上二者之间的关系，对于正确适用《物权法》第243条仍是有所裨益的。

2. 费用偿还请求权

在回复请求权人请求善意占有人返还其物及其孳息时，善意占有人有权请求前者偿还其“因维护该不动产或者动产支出的必要费用”。这种必要费用求偿权，究其实质，乃是将无因管理制度适用于此的体现。

对于此处的“必要费用”，学说上一般都采广义的解释，既包括为保存、保管占有物和维持占有物的现状而支出的“必要费用”，如饲养费、维护费、修缮费和税捐等；也保护因改良占有物所支出的“有益费用”，如将木板窗户改为铝合金窗户而支出的费用。对于前一费用，原则上都得请求偿还，对于后一费用，善意占有人于返还原物时，只能就因改良而增加价值的尚存部分请求相对人返还。

3. 可否留置占有物的问题?

关于此处的善意占有人的权利义务，比较有疑问的是，占有人是否享有留置权的问题，即在本权人行使占有返还请求权时，占有人可否基于现实的占有，为迫使权利人向其偿还其为维护占有物而支出的费用而留置占有物的问题。

对此，各国立法的处理模式并不完全一致，但依据我国《物权法》第230条的规定，债权人可以留置的动产必须是其“合法占有”的债务人的财产，因此，若严格按照该条的规定，无权占有人（含善意占有人和恶意占有人）是无权以回复请求权人未履行必要费用偿还义务而留置占有物的。

不过，从比较法上看，在其他各国民法典关于留置权规定中，一般都未明确将债权人的占有必须是“合法占有”规定为留置权的成立要件，而更多的是沿袭了罗马法传统，仅将此类占有不得是因侵权行为取得的规定为留置权成立的消极要件。在罗马法上，窃盗犯不得就其所窃得之赃物已支出费用，作为所有权回收之诉的拒绝理由。法国于判例上将之扩充适用，认为恶意占有人就其应返还的标的物上所支出的费用不得主张留置

权。嗣后德国又缩小其范围，《德国民法典》第1000条明确规定："占有人在应向自己偿还的费用得到清偿之前，可以拒绝将物返还。占有人因故意的侵权行为而取得占有物的，不享有留置权。"受此影响，《日本民法典》亦规定，占有因侵权行为而开始者，不得主张留置权。由此可见，从罗马法到现代各国的立法和判例来看，这种对占有人留置权的否定一般多止于恶意占有，而善意占有人仍有为保障其为维护占有物而支出的费用能够得到偿还而行使留置权的余地。因此，对于我国《物权法》第230条的规定是否合理，是否为留置权设立了过于严苛的成立要件的问题，值得商榷。

4. 占有物毁损灭失时的赔偿责任

《物权法》第244条规定："占有的不动产或者动产毁损、灭失，该不动产或者动产的权利人请求赔偿的，占有人应当将因毁损、灭失取得的保险金、赔偿金或者补偿金等返还给权利人；权利人的损害未得到足够弥补的，恶意占有人还应当赔偿损失。"依此规定，占有物毁损灭失的，善意占有人对返还请求权人所负的赔偿责任原则上应以其因物的毁损或灭失所受之利益为限。但必须注意的是，在确定善意占有人的赔偿责任时，应对以下几种不同的情况加以区分。

第一，依据以上规定，善意占有人的赔偿责任大小，并不是以占有返还请求权所受损失的大小为标准，而是依不当得利之返还原则定其范围。亦即，如果善意占有人因占有物的毁损或灭失受有利益（如保险金、赔偿金、补偿金或价金），则在其所受利益范围内负赔偿责任，反之，则不负赔偿责任。例如，若占有物的毁损是由他人侵权所致，善意占有人应在其所受赔偿金的范围内对回复请求权人负赔偿责任；而若占有物的毁损是因占有人使用占有物所致的，则不管占有人的使用方式是否合理，均以返还残存物为已足，不再负赔偿责任。再如，若返还不能是因善意占有人出卖原物所致，则善意占有人应就其所得价金对回复请求权人负赔偿责任，如原物的灭失是因被盗、遗失所致，且善意占有人未因此受有任何保险金或赔偿，则占有人无须对回复请求权人负任何赔偿责任。

第二，上述赔偿原则，原则上仅适用于善意占有人的占有属于自主占有——以所有的意思实施的占有——的情况，而不适用于善意占有人为他主占有人（如保管人对保管物的占有）的情况。在他主占有的情况下，占有人的返还责任原则上应根据占有人与占有出让人之间的法律关系的内容而定，但一般来说，他主占有人既然明知占有物为他人之物，理当负相当注意义务，若违反该义务，自然应负赔偿责任。

第三，若善意占有人方面存在迟延履行返还原物的义务，而占有物的灭失或毁损又恰恰是在善意占有人发生迟延之后，那么占有人对此所负责任与恶意占有人所承担责任相同（参见下文），即在发生履行迟延后，善意占有人应视同恶意占有人。

（四）恶意占有人的权利义务

1. 返还占有物孳息的义务

恶意占有人对占有物无使用、收益权，因此，恶意占有人于返还原物时，应附有返还其在整个占有期间所获得的全部孳息的义务。对已消费的、因过失而毁损的及怠于收取的孳息，应负偿还其价金的义务（参见我国台湾地区“民法”第958条）。

2. 可否请求偿还必要费用的问题？

从《物权法》第243条中关于权利人可请求无权占有人返还原物及其孳息，“但应当支付善意占有人因维护该不动产或者动产支出的必要费用”的规定的反对解释中可以得出，回复请求权人对恶意占有人是不负有“支付后者因维护该不动产或者动产支出的必要费用”的义务的。这很容易让人误解为，恶意占有人在返还原物和孳息时，并不像善意占有人那样享有一定的必要费用返还请求权。而这显然与比较法上许多承认此项求偿权的立法例（如《德国民法典》第994条，《瑞士民法典》第940条第2款，我国台湾地区“民法”第957条等[①]）以及我国民法通则关于无因管理和不当得利的规定是存在相互抵牾之处的。

因此，对于恶意占有人是否有权请求偿还一定的必要费用问题，我国

---

① 《德国民法典》第994条：（1）占有人可以要求所有权人偿还其对占有物支出的必要费用。但对占有人保留收益期间通常所需的保存费用，不得要求偿还。（2）占有人在诉讼拘束发生后或者在第990条规定的责任开始后支出必要费用的，所有权人的偿还义务根据关于无因管理的规定加以确定。《瑞士民法典》第940条第2款：恶意占有人仅对其因占有而支付的费用的必要部分，有请求赔偿的权利。我国台湾地区“民法”第957条：恶意占有人因保存占有物所支出之必要费用，对于回复请求权人，得依关于无因管理之规定，请求偿还。

学者多在参考其他立法体例并考虑到无因管理制度的基础上，一方面承认恶意占有人的费用求偿权，另一方面又对其可求偿的费用范围进行一定的限制。即：恶意受让人只能向返还请求权人请求偿还为保存或管理占有物而支出的“必要费用”，但不能请求偿还“有益费用”。而且，这种返还只能依无因管理的规定进行，即恶意占有人费用的支出须为回复请求权人尽公益上的义务或利于回复请求权人且不违反其意思，方可请求偿还。

3. 占有物毁损灭失时的赔偿责任

依据《物权法》第244条的规定，恶意占有人因可归责于自己的事由致占有物毁损灭失的，对回复请求权人负全部损害赔偿之责，包括赔偿请求权所受实际损失与可得利益损失，且不管恶意占有人是否因物之毁损灭失受有利益及受利益之多少。例如，占有物毁损，恶意占有人不仅应返还残存物，还应赔偿物之损坏所造成的损失。

因不可抗力致占有物毁损灭失者，恶意占有人与善意占有人的责任相同，即仅于履行返还原物义务延迟时，才对不可抗力所致之物的损害负赔偿责任。

三　占有的保护

（一）占有保护的意义

占有虽然是一种事实状态，但同样受法律保护。不管占有人是有权占有还是无权占有，都不允许他人以法律禁止的私力加以侵害和改变。即使他人是物的权利人，要想恢复对该物的支配，也只能通过法律许可的合法途径，而不能采取过激的抢夺、窃取等非法手段改变现有的占有状况。因此，只要占有人对物占有的事实确定，法律就给予全力的保护。亦即，已经成立的事实状态，原则上不应受私力而为的扰乱，而只能通过合法的方式排除，这不仅是保护占有人的利益的需要，而且更是一般公共利益的要求。正如学者所言：“在占有的保护功能中，我们看到了一项重要的法律基本原则，即任何人不能以私力改变占有的现状。”①

① 王泽鉴：《民法物权·用益物权·占有》，中国政法大学出版社，2001，第173页。

基于以上思想，我国《物权法》第245条也对占有的保护作出了明确的规定，该条规定："占有的不动产或者动产被侵占的，占有人有权请求返还原物；对妨害占有的行为，占有人有权请求排除妨害或者消除危险；因侵占或者妨害造成损害的，占有人有权请求损害赔偿。占有人返还原物的请求权，自侵占发生之日起一年内未行使的，该请求权消灭。"依据该规定，占有人在其占有物为他人侵占时，可以通过行使该条规定来保护自己的利益。

（二）占有保护的方式

关于占有人保护其占有的方式，一般认为应主要有两种，一种是占有人的自力救济，一种是行使占有保护请求权或占有诉权。我国《物权法》第245条仅规定了占有人的占有保护请求权，没有对占有人是否有权依个人强力保护占有的问题作出明确规定。但从比较法和我国学者的通见来看，一般都认为占有人应有自力救济的权利。

1. 自力救济

所谓自力救济，是指权利或利益受侵害者得凭借自己或辅助人的私力，强制保护其权利或利益，以除去侵害其权利或利益的行为。在现代社会，权利或利益受侵害时，原则上应遵循法定程序，寻求公力救济，以确保社会之平和秩序。但这并不表示受侵害者在遭受侵害时只能消极被动地等候国家来保护。相反，法律不但许可，而且鼓励受害人积极地实现自我救助，保护自己的权利，尤其是在受侵害者不能及时获得公力救济的情况下，更是如此。当然，从法理上讲，任何权利人都有权利通过自己的力量来保护自己的权利。这一规则当然可以类推于占有人。[①] 因此法律承认原支配人，于本来安定的旧事实正被搅乱，而新事实（被夺后的新事实）又未见确立之前，得行使自力救济，藉私力把他夺回。[②] 这反映在占有保护上，就是占有人在占有受侵占（侵夺）或妨害时，亦享有包括自力防卫权（占有防卫权）和自力取回权（占有物取回权）在内的自力救济权。

---

① 孙宪忠：《德国当代物权法》，法律出版社，1997，第124～125页。

② 刘得宽：《民法诸问题与新展望》，三民书局，1980，第313页。

(1) 占有侵占和占有妨害。

不管是占有人的自力救济权，还是后文将要讨论的占有人的占有保护请求权，其发生的一个基本前提都是占有人的占有受到了他人的现实的非法侵占和妨害（占有妨害防止请求权除外）。关于非法的占有侵占或妨害的构成，我国物权法未作出明确的规定，但依学界通见，所谓占有侵占是指以违背占有人意愿的方式剥夺他人占有，并使自己取得占有的行为。占有妨害则是指以侵占以外的方法妨碍占有人管领其物。二者虽相互区别，但在构成上也存在一些共同之处，即二者都必须是以违背占有人的意思而进行的，且没有法定的干预他人占有的权限（如司法人员的强制执行权），至于侵害人实施侵占或妨害行为时，是否具有过错，则在所不问。也就是说，如果占有人同意他人取得其物的占有或妨害其占有的行使，或者该他人已经获得法律的授权可以干预他人对物的占有，则不构成占有侵占或妨害；反之，则相反。

(2) 自力防卫权。

占有人的自力防卫权是指占有人对于正在发生的侵夺（侵占）或妨害其占有的行为，可以采取正当防卫等自力的方法排除侵夺或妨害的权利。例如，对于抢夺其占有物者，占有人可以加以必要的反抗，对于出租人无故进入承租人承租的房屋者，承租人可以驱逐。

(3) 自力取回权。

自力取回权是指占有物被侵夺后，即侵害人通过创设自己的直接占有使其占有侵夺行为已结束时，占有人可以通过立时排除加害人的直接占有的方式取回其物，或就地或通过追踪从加害人处取回其物。

与自力防卫权不同的是，占有人在行使自力取回权时，必须把握好“立时”的限度，即必须在侵害人侵夺占有物后，没有完全消失之前，立刻对侵害人采取措施，包括必要的暴力手段强行取回占有物。强调取回权行使的“立时”性，主要是考虑到，如果侵害人的侵夺行为完成一段时间后，就会时过境迁，没有显著证据支持原占有人的占有事实，也就不能再行使取回权。另外，如果占有人在事后仍有权行使取回权，就不免会酿成无休止的你抢我夺的恶性暴力循环，有违建立占有保护制度的初衷。这时，占有人只能通过行使占有保护请求权予以救济。

另外，需要注意的是，以上两种自力救济权，不但占有人本人可以行使，而且其占有辅助人也可因其对物有管领力而加以行使。但是，由于这种自力救济行为本质上都只不过是一种特殊的正当防卫（自力防卫）或自助行为（自力取回）的构造，因而其行为原则上应符合正当防卫或自助行为的一般构成。尤其是这种自力救济行为不得超过必要限度。亦即，若恢复正常占有必然会造成侵害人的财产损失，则这种自力救济应以恢复到正常占有为限度；而对于必须通过对侵害行为人实施强力方能恢复正常占有的，则以有效制止行为人的侵害行为为界限。超过必要的限度而实施的行为，即使占有人没有过时，也应承担损害赔偿责任。

2. 占有保护请求权

（1）概述。

占有保护请求权亦称为占有人的物上请求权、占有诉权，是指占有人的占有物被他人非法侵害，且侵害人对占有物已形成了一种确定的支配状态后，原占有人借助公力，依照法律程序向侵害人主张的旨在保护其占有利益的请求权。侵害占有的事实正在进行没有完结时，属于旧支配事实受扰期，因该事实支配正在受扰中，民法为维护原有的社会秩序，乃赋予该占有人自力救济权，以积极排除侵害，立即恢复原有的事实支配。在经过这一阶段后，原有的事实支配进入衰弱期，另外，新事实支配（即侵害人的占有）则进入逐渐稳定期，故法律不许再以自力救济手段回复其占有，以免害及和平的社会秩序。但原有的事实支配尚未消灭，法律为加以保护，乃赋予占有人物上请求权，仅许其循公权力的手段，回复其占有。[①]

依据我国物权法的规定，在占有受侵害时，占有人可通过以下请求权来保护自己的利益：占有物返还请求权、占有妨害除去请求权、占有妨害防止请求权和损害赔偿请求权。考虑到关于损害赔偿的问题，主要适用的是侵权法的规定，因此，以下重点讨论前三类请求权。

一般而言，这三类请求权均可以诉的形式，即占有之诉的形式来行使。而依通说，在占有之诉中，由于基于占有的请求权系直接产生于占有，因此，在该诉讼程序中，法律将不会过问作为原告之占有人有无占有的权利，被告亦不得主张占有之权利或有实施该侵害行为之权利，即被告不得基于本权提起抗辩（参见《德国民法典》第 863 条）。但这并不排除

① 谢在全：《民法物权论》（下册），中国政法大学出版社，1999，第 1006 页。

在占有之诉中，被告可以再行提起关于自己有占有权或为其他权利的诉讼。这样一来，在前一占有之诉中"胜诉"的占有人，在后诉中将会再次遭到质疑，而贯穿于此类占有之诉的一项重要法律规则就是占有推定规则。亦即，在占有物返还之诉中，现占有人（被告）的占有将被法律推定为合法占有，但如果回复请求权人（原告）能证明诉争之物系在自己占有物期间违背其意愿而丧失占有之物，或能证明自己曾是该物的前占有人且现占有人在取得物的现占有时非出于善意（但现占有人为物的所有权人的情况除外）[①]，那么原告通常即可获得占有物的返还。而在占有妨害和除去和防止之诉中，物的现占有人（原告）的占有将被推定为合法占有，被告原则上不得以原告的占有系无权占有而为抗辩。

（2）占有物返还请求权。

占有物返还请求权也称为恢复占有请求权，是指占有物被他人侵夺后，占有人有权请求侵夺人返还其占有物的权利。有权行使该请求权的人包括直接占有人、间接占有人、自主占有人和他主占有人。占有人只要能证明自己曾经占有该物，并被他人非法侵夺的事实，即可行使占有物返还请求权，而不必证明自己是有权占有或占有物的本权人。法院在审理占有物返还之诉时，也只能以占有人曾经占有该物的事实作为支持占有人占有物返还请求权的根据，而不问占有人是否是占有物的真正的权利人。

关于占有人的占有物返还请求权，需要注意的是，依据《物权法》第245条第2款的规定，该项请求权应自侵占发生之日起一年内行使，逾期未行使的，该请求权消灭。很明显，该条与《物权法》第34条在规定物权人的返还原物请求权时并未规定该请求权受诉讼时效的限制有明显的不同。但这种不同并不意味着占有人未依法及时行使其返还请求权时就完全丧失了法律保护。因为，在占有人逾期未行使其返还请求权时，该项请求权的消灭仅仅意味着法律不再通过该请求权来保护占有人的这种纯粹事实状态的占有（法律转而保护侵占人的占有），但占有人依然有通过本权之诉（如请求返还所有物之诉）来谋求物的返还的可能。亦即，在占有物返还请求权消灭之后，占有人依然可以借助物权性质的返还请求权来保护其利益。

只不过，与前一返还之诉属于占有之诉不同的是，后一返还之诉性质

① 关于此间的例外情况和更为细致的规定，参见《德国民法典》第1007条。

上已经属于本权或物权之诉，应按物权之诉的规则进行。在后一诉讼中，（前）占有人是否合法享有本权将成为其能否最终胜诉的关键。就此，前文所述的占有推定规则对保护（前）占有人的利益是很有帮助的，即（前）占有人只要能证明其此前曾享有物的占有且其占有为侵占人（后占有人）所侵占，法律即可依占有推定规则，推定该物权之诉中的前占有人对此前其占有之物享有合法的本权，而如果侵占人不能通过举证推翻这种推定或证明自己的占有是合法占有，则前占有人依然可以获得原物返还。由此看来，我国物权法未规定占有推定制度，对于有效地遏制破坏财产秩序的行为、维护正常的财产秩序，是非常不利的。

（3）占有妨害除去请求权。

与占有物被侵夺不同，所谓占有妨害，是指以侵夺以外的方法妨碍占有人管领其物。对于此类妨害，占有人有权请求妨害人除去妨害。由于占有妨害是一种正在进行尚未完结的侵害行为，所以占有人主张占有妨害请求权时比较容易举证。

（4）占有妨害防止请求权。

所谓占有妨害防止请求权，是指占有有被妨害的危险时，占有人有权请求防止其妨害的权利。由于妨害尚未发生而只是有发生的可能性，所以占有人在主张妨害防止请求权时，必须有充分的证据证明这种妨害发生的现实可能性，否则这种请求权将得不到支持。当然，在判断这种妨碍是否具有现实可能性时，原则上应就具体事实，依一般社会观念，客观地加以判断，而不能仅仅依据占有人的主观意思来认定。

总之，无论是占有人的自力救济权还是占有保护请求权，都是将占有作为一种纯事实状态加以保护的方式，以暂时维持对物现实的支配秩序。换言之，占有人为保护占有而提起的诉讼，即占有物返还之诉，排除占有妨害之诉和防止占有妨害之诉本质上都属于与本权无涉的占有之诉。至于那种追寻占有物的权利归属，使占有最终与本权统一，则属于单纯占有保护之外的另一个法律程序，即物权之诉。这是我们在理解和适用《物权法》第 245 条的规定时，必须始终注意的一点。

四 对占有保护请求权存在价值的再思考

在物权请求权之外独立地规定占有保护请求权是否还有必要，到底有

何意义，或者说占有保护请求权独立发挥作用的空间到底有多大。这个问题长期以来一直是国内外学者争论不休的焦点问题。我国大陆和台湾地区的部分学者对占有保护请求权的存在价值提出了大胆的怀疑。如刘得宽先生通过分析得出结论认为，占有诉权制度在社会上的价值值得怀疑，即使有，也非常小。[①] 有的学者甚至认为，将占有诉权与物权的保护方法区分，只是学者和立法的一厢情愿，对于实务而言，并无实质意义。[②]

对占有保护请求权在当今社会独立存在的价值进行深刻的思考和从理论到实证的全面分析，具有重大的理论意义和实务价值。只有澄清这个问题，占有保护请求权才有立法的必要，也才有实践中的权益保护意义。

（一）占有保护请求权存在的理论基础分析

1. 关于占有保护请求权的几种学说

占有保护请求权的功能或存在的理由主要基于以下几种学说：（1）所有权保护说。该说认为，权利的救济本可以主张权利本身的存在来实现，但所有权存在的证明有时并非一件易事，是一个“恶魔的证明”，而占有是所有权的外观，其存在易于证明，所以基于易于证明的占有事实，行使占有诉权来达到救济本权的目的。也就是说，占有诉权只不过是一种方便的举证手段罢了，其目的在于保护本权。但占有的本权推定效力使得对本权的证明变得并不困难。故不能以本权说来说明占有诉权存在的理由。（2）债权的利用人保护说，认为现实生活中对他人之物的利用多数情况下是以债权关系进行的，而基于债权关系利用他人之物的人（如承租人、借用人等），由于其本权属于债权的范畴，不具有对抗第三人的绝对效力，故为了使这些债权利用人得以排除第三人对占有物的侵害，才规定了占有诉权制度。（3）社会和平秩序维护说。认为人们对物的事实支配是社会最惯常最基本的现象和秩序，法律必须对其予以维持，如果允许他人凭借私力擅自改变既成的占有状态，则社会和平的秩序必将遭到破坏。因此，即使侵害人是物的真正的权利人，也不能肆意侵夺原占有人对物的占有。社

① 刘德宽：《民法诸问题与新展望》，三民书局，1980，第321页。

② 参见孟勤国《物权二元结构论》，第139页，转引自宁红丽《物权法占有编》，中国人民大学出版社，2007，第179页。

会和平秩序维护说将本权与占有相分离而分别予以保护，意在通过对占有的事实进行独立的保护来达到维护社会和平秩序之目的。（4）人格保护说。这种学说是从占有主体的角度来解释占有保护请求权的，认为侵害占有本身并不会造成权利受侵害的后果，问题在于侵害人在运用暴力侵害占有时占有人的人格同时也受到了侵害，因此法律有必要保护占有以达到保护占有人人格的目的。（5）生活关系继续说。认为占有的利益存在于生活关系的继续的保护之中，从作为私人利益的生活关系的继续性上看，维持物的事实支配状态的继续存在才是占有制度的价值。

2. 对上述各种学说的评述

所有权保护说以占有与所有权的同一性为基础，以保护占有背后的本权为目的来寻找占有保护的依据。但在现代社会，随着人们利用财产形式的多样化及现实生活本身的复杂化，占有的事实状态与所有的法律状态呈现日益分离的趋势使得传统的同一性受到严重的冲击，占有本身并不能说明其实然的法律性质。尤其是，现代物权公示公信原则的确立，已经赋予了占有以所有权推定的效力，占有人可以凭借这一推定效力不证自明其所有权，这就摆脱了“恶魔的证明”。也就是说，所有权的保护完全可以通过自身的制度设计来实现，没必要迂回求助于其他制度。这样就使得保护所有权的占有保护功能大为减弱，甚至失去存在的意义。

债权利用人保护说试图通过对占有的保护来排除第三人对债权利用人的侵害，同样是一种绕道迂回的救济方法。如果法律认为有必要赋予债权利用人以对抗第三人的效力，完全可以通过修改完善债权制度本身来达到此目的。如合同法上的“买卖不破租赁”原理实际上就体现了债权的排他效力，与占有保护制度有异曲同工之处。再比如日本已有判例和通说承认，债权人利用并占有标的物时，对第三人的侵害得行使妨害排除请求权；债权人也可以依据自己的债权，代位行使债务人（所有人）对第三人所得行使的所有物妨害排除请求权。[①] 从结果上来看，债权利用人即使无占有诉权制度，也可以对抗第三人的侵害。债权利用人保护说也不能解释占有诉权存在的理由。

社会和平秩序维护说等于将维护社会正常秩序的使命交给了占有制

① 刘德宽：《民法诸问题与新展望》，三民书局，1980，第319页。

度。但禁止以暴力等违法手段改变财产支配现状，维护正常的社会秩序是一种公共利益，理应是公法特别是刑法保护的范畴，缘何由私法来承担？而且当占有与本权发生冲突时，民法对占有的保护只是临时性的，对本权的保护才是终局的。从客观上讲，占有保护制度无力胜任维护社会秩序的重担。

人格保护说将占有保护的意义上升到保护民事主体人格的高度。但法律保护的任何权益都与主体及其人格有着密不可分的联系，人格保护说对占有保护制度存在理由的解释缺乏针对性，不能说明占有保护制度存在的独特的价值。

至于生活关系继续说，与社会和平秩序维护说一样，都是从占有与社会的关系的角度论证的，二者从内容上看大同小异，其理由也并不十分充足有力。

综上分析可以发现，似乎每一种学说都不能周全地令人信服地解释占有保护请求权存在的价值。德国学者萨维尼认为，占有令状是为了制止暴力和其他非法行为，维护社会平和。“因为单纯的占有不是一个法律关系，对占有的侵扰并不是违法行为，而是只有当侵扰占有的同时其他一些权利也受到侵害时才构成违法。但是，如果对占有的侵扰是通过暴力来实行的，那么则构成违法，因为一切暴力皆为非法，而此种不法通过令状而被撤销。”① “因为占有令状建立在一个根据形式为非法的行为的基础之上，所以很清楚，在不考虑占有自身的合法性的情况下，他在此情形中为何能够成为权利的基础。”② 从罗马法的占有保护令状到近现代大陆法系许多国家对占有进行独立的保护的历史来看，占有保护请求权的存在确有其深刻的社会背景和相应的法律价值，只不过时过境迁，当时占有保护请求权赖以确立和存在的理由在现在看来好像缺乏说服力。但不能因此否认占有保护制度在历史上的价值。至于占有保护制度尤其是占有保护请求权在现阶段在我国是否有继续存在的价值，应结合我国的具体情况，特别是法律制度的整体框架来分析（笔者将在后文中分析）。

---

① 〔德〕弗里德里希·卡尔·冯·萨维尼：《论占有》，朱虎、刘智慧译，法律出版社，2007，第8页。

② 〔德〕弗里德里希·卡尔·冯·萨维尼：《论占有》，朱虎、刘智慧译，法律出版社，2007，第9页。

（二）占有保护请求权存在价值的实证分析

占有人可以自行向侵害人主张占有保护请求权，但在实践中，这种非讼方式很难奏效。在通常情况下，占有人只有通过诉讼程序，凭借法律强制力才能确实地恢复占有原状。因此，占有保护请求权一般是以占有诉权来体现和实现的。

占有诉权的行使只是为了维持社会和平的秩序，是一种以阻止一切擅自的私力行为为目的的临时应急措施，它不考虑占有的权利状况。占有诉权的基础是占有事实而不是权利，因此，占有之诉的结果有时与本权的保护相一致，有时相矛盾。笔者意在通过考察和分析占有之诉与本权之诉的行使及其结果，来求证占有诉权独立存在的价值。

关于占有之诉和本权之诉的行使，可以从以下两种情形说明：

第一，占有之诉与本权之诉相统一。在这种情况下，占有人就是本权人，它可以同时或先后向侵害人提起占有之诉与本权之诉，实际上属于占有保护请求权与物权保护请求权的竞合。当然，两种诉权各自独立，互不影响，占有之诉败诉时，可以提起本权之诉，反之亦然。这种情况二者的关系比较简单，不存在疑难困惑的问题。

第二，占有之诉与本权之诉相对立。占有人与本权人虽然经常合一，但二者分离的情形也时常有之。如甲的所有物被乙无权占有，后被甲以强力夺回，甲乙之间的争执及诉讼就体现出两种诉权的对立。如乙向甲提起占有物返还之诉，甲不能证明自己享有所有权而进行抗辩；同样，甲向乙提起所有物返还之诉时，乙也不得以甲侵夺自己的占有为由予以抗辩，因为占有之诉与本权之诉各自独立。在此有两种情况及其结果，第一种情况：当乙的占有返还之诉被判决胜诉且执行终了后，甲的所有物返还之诉才被判决胜诉时，甲可以据此判决申请执行，把该物再从乙处取回，结果是：经过双方当事人各自行使占有诉权和本权诉权，最终还是回归到甲侵害乙的占有的状态。在这种情况下，乙虽然行使了占有诉权并胜诉，但毫无实际意义。第二种情况：甲的所有物返还之诉经判决胜诉后，乙的占有之诉才被判决胜诉，这时甲可以合法地享有占有物的所有权，乙的占有之诉虽然也胜诉，但还是没有意义。可见，占有之诉与本权之诉各自提起，且二诉都有理由支持时，占有物最终还是归侵害占有的本权人。当然，甲

乙可以各自向对方提出反诉，但如果本权之诉得到支持，本权人的占有会受到法律的最终保护。

上述分析得出的结论是：当他人侵害了本权人的占有时，本权人完全可以通过提起本权之诉保护自己的占有，提起占有之诉没有太大的必要；当本权人实施了侵害他人占有（无权占有）的行为时，他人提起占有之诉也毫无意义，因为法律会对本权作出终局的保护。

如此看来，似乎占有诉权失去了存在的意义和价值。但需注意的是，上述的实证分析仅局限于占有的侵害人或被侵害人是本权人的情况。当占有之诉的双方当事人都不是本权人的时候，占有诉权就成了维护占有人对占有物的支配的保障。占有诉权也就有了实用价值。

（三）结论

笔者认为，在物权法和其他法律制度完善的情况下，上述否定占有诉权存在价值的观点或许有一定的道理，因为物权公示公信原则及占有的推定效力给占有披上了物权的外衣，物权占有人由此摆脱了“恶魔证明”的义务，对占有的保护完全可以通过行使物权请求权得以实现。债权占有人也可以通过行使本权及强化债权的效力等途径来保护占有。因此，占有保护请求权独立存在和发挥作用的空间就变得狭小。但在我国，情况却有所不同，由于我国物权法没有规定先占制度和时效取得制度，对无主物及权源不明的物的占有自始至终处于法律和权利的真空地带。而且实践中对物质财富各种形式的占有层出不穷，免不了存在法律关系模糊不清的占有事实。而物权法中的自物权、他物权的调整范围有限，有些事实控制领域的内容是二者无法触及的。① 这些占有事实很容易遭到来自各方面的侵害，必须有相应的法律制度予以调整和保障，否则他人即可通过证明占有人不是本权人而任意侵夺无主物或权属关系不明之物的占有，酿成社会秩序的混乱，也侵害了本应属于占有人享有的利益。如近年来有些地方的农民在河流两旁泥沙淤积的大片河滩上种植农作物，他们在这里投入了大量的人力和物力，辛勤的开垦、施肥、灌溉，使荒滩变成了肥沃的良田，农民与这些土地之间形成了较为稳定的占有耕作关系，农民对土地的占有权益理

① 刘智慧：《占有制度原理》，中国人民大学出版社，2007，第123页。

应受法律的保护。但他们对土地缺乏法律上的权利支配关系，很容易遭到他人甚至是公权力方面的质疑和侵害，在我国现有的物权法的框架内，非借助占有保护制度不足以排除对这类耕作人权益的侵害。因此在我国，占有保护制度还是有一定的存在价值的，它在我国物权保护体系中辅助物权请求权发挥了作用，对物权法起到了拾遗补阙的效果。这样，物权请求权、债权中的占有强化规则和占有保护请求权共同存在，相互补充，形成了完整的保护对物支配关系的法律体系，从而起到了弥补我国现行民事立法某些缺陷的作用。占有保护请求权的制度价值不容抹杀。我国在物权法中确立占有保护请求权不仅是正确的，而且也应在民事诉讼法中规定特殊的占有诉讼程序，使占有保护制度通过诉权落到实处。

本卷简要总结

在本书的前言部分，我们已经提到，《物权法》的实施问题不仅牵扯面非常广，而且非常复杂。其中，有的是思想理论层面的问题，有的是法律技术层面的问题，在这个命题下要讨论的问题非常多。因此，关于《物权法》实施方面的问题的研究应该还是一项长期而且艰巨的任务，换句话说，在我国社会将这一立法的思想和精神贯彻下去应该是一项长期的任务。

本书第一卷探讨的“物权确定”这个题目，也是一个内容复杂的研究课题。我们在本卷中分析了物权变动的一般分析方法、政府投资物权、农村和农地物权等题目。从这些分析可以看出，物权确定，其实就是日常生活中所说的“确权”。这个题目下要解决的问题，是现实社会中的物权从什么时候、发生什么样的法律效果这个问题。人们也许对这些概念不是很熟悉，但是通过我们上面的分析可以看出，物权确定领域里，《物权法》应该解决的问题在现实生活中会经常遇到。像所有权、建设用地使用权、土地承包经营权、宅基地使用权、抵押权等权利，每一个人在日常生活中会时刻遇到，而且在市场交易、投资等工商活动中，这些权利则是时刻必须率先解决的问题。所以物权确定不论是对于国计还是对于民生都十分重要。

在物权确定这个问题上，我们希望我国立法者、执法者以及相关法律界应该关注的问题，在此总结有如下几点：

第一，必须从《物权法》实施的角度，重视物权确定问题。

在我国既往的法律法规和政策文件中，已经有了一些关于物权确定方面的规则，这些规则有些内容符合《物权法》，但是也有一些不符合。比如，在改革开放初期，我国曾经颁布了关于城市房地产方面的法律法规，其中一些规则既不符合物权法学的原理，也不符合《物权法》的规定。这些法律法规目前还没有明确废止，也没有进行相应的修改。对于这些不符合《物权法》的规则，不论是立法者还是法律实践家都应该给予足够的注意，现实中的物权分析和裁判应该依据《物权法》，而不应该继续依据一些不合时宜的规则。

第二，在物权确定方面，也还需要坚持思想更新和解放。

《物权法》的制定体现了改革开放的思想精神，贯彻该法，更需要坚持思想解放，坚持改革开放的精神。显然，该法对于民众所有权等物权的规定，就是将改革开放所取得的成果予以法律化与制度化的产物，但是从实践的角度看，目前民众的所有权等物权是否能够获得足够的承认和保护，还是一个很大的问题。例如，在土地征收、城镇拆迁等方面，这些问题表现得非常突出。受前苏联法学影响，我国社会尤其公共权力机构重视公权力或国家权力、忽视民权的做法总是难以断绝。因此，我们认为，在物权确定方面还要在思想上勇于更新和解放，我们必须让民众的财产权利在法律上得到足够的承认和保护。

第三，必须高度尊重物权法科学和法理，尤其是要尊重物权法的技术规则。

尊重法律科学不仅是对物权法立法的基本要求，而且也是我们在贯彻和实施物权法时必须始终坚持的基本点。而要真正做到尊重法律科学，就必须尊重法理和法律特有的技术性。例如，在如何保护公共财产和确立公共财产的支配秩序问题上——这是本课题研究的一个重点问题，《物权法》已经确立了保护公共财产的原则，但要真正贯彻上述原则，就必须要有符合物权法科学的具体制度来落实这些原则。也就是说，在公共财产保护问题上，要使公共财产得到物权法的有效保护，就必须依据物权构造的基本

法理，实现公共财产的权利主体和客体的特定化以及权利内容的明确化。反之，如果仅仅强调公共财产的权利主体的抽象性，不尊重物权主体和客体须特定化的法理，我们的公共财产保护制度就将是不符合民法科学的，而且也不能有效地实现公共财产的保护。

第四，充分考虑到我国社会的现实情况，努力实现法律规则与社会现实的良性互动。

在实施法律时，只有将法律的规定和社会现实情况有效地结合起来，才能很好地实现法律的规范目的，取得良好的社会效果。在我国，社会大众接触现代物权观念的时间相对短，相关的物权制度体系也不是很完善。在此背景下，若僵化地理解和适用物权法的规定，往往并不能取得良好的效果。比如，不动产物权确定这个问题上，在适用我国物权法关于不动产登记簿的记载是物权归属和内容的根据的规定时，就不能无视我国不动产登记体系尚不统一，许多不动产都没有进行登记（尤其是农村）的现实，因此不能简单地套用这一规定。我国农村地区的物权制度尚在发展之中，简单套用某些规则还可能妨害改革的发展。

第五，物权确定迫切需要完善的配套法律和法规，尤其是要尽快实现登记制度的统一。

《物权法》的贯彻实施是一项宏大的法治建设与社会建设工程，需要许多法律、法规的配套，尤其是在不动产登记和土地物权方面，特别需要一些民事特别法或行政立法的配合。首先，《物权法》的贯彻实施需要《土地管理法》的修改予以配合。《物权法》在农村土地物权制度的设立方面存在着有意或者无意的制度模糊，单纯依据《物权法》无法完全确定宅基地使用权制度与农村建设用地使用权制度的真正内容，必须援引《土地管理法》的相关规定。在《物权法》已经颁布的情况下，修订《土地管理法》的相关内容使之与《物权法》相互衔接与配套，是我国贯彻落实《物权法》中最紧迫的任务。其次，不动产物权变动规则的实施贯彻需要有完善的不动产登记制度予以配合。我国《物权法》建立了登记要件主义原则并本着锐意改革的精神宣布要“实行统一登记制度”。但是直至目前我国还没有统一的不动产登记法，也未建立起统一的不动产登记制度。制定不动产登记法建立起统一的不动产登记制度已经成为了我国贯彻实施《物权法》的重要立法任务。此外，我国地方各立法机关、行政管理部门所起草的不动产登记方面的地方法规与部门规章，由于存在着与《物权法》相冲突的地方，也面临修改与完善的问题。最后，《城市房屋拆迁管理条例》、《物业管理条例》等配套法规的修订与完善也对《物权法》的贯彻实施意义重大。

第六，在分析和裁判交易中的物权变动时，应注意积极应用物权行为理论的成果，使得这一科学理论能够更好地为我国经济生活实践服务。

在我国市场经济体制的法律体系建立之初，我国法学界因为对物权行为理论的科学性以及实践优越性欠缺必要认识，再加上没有及时获得足够的法学研究资料的原因，很多人采取了否定该理论的态度。近年来，随着市场经济体制的深入发展，民法中意思自治原则的作用范围越来越大，民法法律行为理论在物权变动的科学性分析以及实践优势得到了实践家们尤其是人民法院的认可。如上分析，在我国《物权法》总则中设立系统的物权变动规则，其中也渗透了物权行为理论的指导作用。建立系统性的物权变动规则，既是我国物权法立法体系的一项创造，也是我国立法承认物权行为理论的证明。我国法学界某些学者所谓的中国法有不承认物权行为理论的指导思想的说法，其实是站不住脚的。我国立法机关从来没有这一说法，不要把学者的观点当作立法指导思想。

我国《物权法》关于物权变动规则的创制，不仅反映了市场经济的基本需要，而且贯彻了意思自治的原则和体现了法律行为理论的要求。这些规则在纠正了先前我国民事立法和学界关于债权合同与物权变动同时生效或者不生效的规则和法理的同时，还将区分原则和公示原则规定为以法律行为方式进行的物权变动应遵循的基本原则。而支持这些基本原则，既不是所谓的行政授权或行政确权理论，也不是所谓的事实行为理论，而是物权行为理论。事实上，我国《物权法》已经承认了物权行为及其与债权行为的区分，而最高法院的司法解释也按照这一点开展了“合同法”和“物权法”的司法实践指导。这一切，可以说采纳并应用物权行为理论已经成为我国法律实践的主流。因此，在适用物权变动规则时，应坚持既能充分贯彻意思自治原则，又能更清晰地处理交易法律关系的物权行为理论。

第七，物权法关于农村土地制度的规定，许多方面都是符合现实的，但仍有许多迫切需要解决的新老问题依然没有得到解决。

首先，物权法在农村土地的所有权问题上基本沿袭了以前的法律规

定，没有有效地解决集体土地所有权的主体虚位问题、法律性质不明确的问题以及集体成员的成员权难以得到保障等老问题，这在很大程度上构成了产生于农村土地之上的问题的根源。

其次，就土地承包经营权而言，当前农民对土地权利体系的认识已经基本到位，这一点应该肯定。但随着经济的发展，农民对土地承包经营权的流转也开始越来越予以积极肯定，但物权法对土地承包经营权流转的效力、程序和方式规定不明确，实践操作有许多困难。因此，未来我国立法应在以上几个方面对土地承包经营权的流转问题作出明确的规范。

再次，就农村宅基地而言，理论和实践方面要解决的问题实在太多，《物权法》的规定已经显得捉襟见肘。比如，《物权法》的立法者依据宅基地使用权来为农民提供社会保障的思路，目前就是一个显著的问题，因为这一种社会保障基本上失去了保障的意义，一些农民进城打工甚至经商，在城市购买了房屋；而继续在农村生活的农民，其他的社会保障也无法从宅基地取得。因此，必须在宅基地使用权之外为农民建立更有效的社会保障，而宅基地使用权的制度设计，也应该脱离开社会保障的角度来思考。

最后，关于农村土地征收问题，也还应该从消除城乡二元化的角度去整体思考制度建设问题。即使是按照现行的制度，也要解决实践中土地征收程序不规范、补偿不到位的问题。对于这些问题，我们认为，将来应该从将契约原则贯彻到土地征收制度设计中、扩大土地征收司法审查制度、将土地征收的补偿范围从土地所有权扩大至土地使用权、突破单一的货币补偿形式等方面完善土地征收制度。

第八，维护农民的土地权利依然是我国农村土地制度建设的根本及其方向。

城乡二元化结构与国有、集体所有二元分离的土地所有权结构致使我国现实存在着二元分立的城市土地物权体系与农村土地物权体系。城市土地物权体系相对比较完善，农村土地物权体系建设相对比较滞后与薄弱，一直是我国土地物权体系的基本状况。改革开放以后，我国农村土地物权制度的建设一直在沿着“还权与民”的思路行进，并取得了突出的进展与成就。土地承包经营权是我国改革开放以来农村土地物权制度建设的突出成果，它是中央本着“以人为本”的人文主义精神与农民群体进行重新立约的结果，其目的在于使农民以农村土地物权为基础支配农村土地并享有土地利益。目前，集体土地所有权、土地承包经营权、宅基地使用权与农村建设用地使用权是存在于农村土地上的基本土地物权。现行农村土地物权体系虽对我国农村经济的发展与社会的进步起到了巨大推动作用，但是其完善与改进的任务依然显得紧迫而艰巨。目前存在于农村土地上的“国家地权”与农民地权的冲突、集体地权与农民地权的冲突及其严重后果一再说明，维护农民的土地权利依然是我国农村土地制度建设的根本及其方向。

总之，在地权制度建设方面，我们目前所做的还是远远不足够的。

第九，在权利质权的公示问题上，登记是较为理想的公示方式，但必须尽快改变目前登记机关和程序不统一的问题，以保障登记的公信力。在这一方面，目前的制度建设非常薄弱，是应该尽快加以完善的地方。

在物权法上，权利质权的公示方式主要是登记，目前我国权利质权登记存在的主要问题与不动产登记制度存在的问题相类似，即都存在按照权利的类型和行政机关的职权范围分散确定登记机关的“多头执法”的现象。这使得权利质权登记在实践中更多地仅具有行政管理的意义，较少具有司法意义，即各个主管机关仅仅是将登记作为行政管理的一种手段，而不是将其作为物权变动公示的一种方式，而且，各登记机关之间相互缺乏应有的沟通，无法共享登记信息也是一个问题。这种登记机关和登记程序不统一的问题不仅对登记的公信力产生了损害，而且扰乱了正常的法律秩序，对经济发展和交易安全已经造成了负面影响。因此，未来应当相对集中权利质权的登记机关。另外，虽然物权法分门别类地按照权利的类型确定了由相关的主管部门或业务部门来负责权利质权的登记，但在现实中，要确定某些权利质权的登记机构，依然是一个很复杂的事情。而且，从目前各机关执行和落实权利质权公示的情况来看，存在的问题还是比较多的，因此，对于各登记主管机构来说，下一步要做的工作应当是参照物权法的规定，从保障交易安全出发，仔细地全盘检讨本机构目前的相关规定和做法是否与《物权法》相吻合，从而使登记或交付等真正成为一种有效的物权公示方式。应该尽快按照《物权法》规定的原则出台有关的法律制度。

第十，《物权法》关于占有制度的规定缺陷很多，尤其是没有明确规定占有的推定力，将十分不利于有效地保护占有及其背后的本权，以后的制度建设必须对此作出明确的补充和完善。

最后，从权利质权公示的未来发展来看，我们认为，在电子化、网络化的背景下，登记的成本已经大幅降低。在此情况下，应当说，以登记作为权利质权的公示方式较占有而言为较优选择。因为，登记是由国家的公信力来背书的，其真实性和公信力更高，在权利产生纠纷时，由主管官署做成的登记要比占有更易于解决纷争。因此，我们更倾向于建立一种相对统一的登记公示系统。

以上这些研究，涉及面非常广泛；但是我们目前研究的内容，也只能是这个题目下的一部分。未尽之言，尚待来日。

术语索引

图书在版编目(CIP)数据

物权法的实施．第1卷，物权确定、第2卷，城镇拆迁与物权/孙宪忠等著．—北京：社会科学文献出版社，2013.3
（中国社会科学院文库．法学社会学研究系列）
ISBN 978-7-5097-3751-4

Ⅰ.①物… Ⅱ.①孙… Ⅲ.①物权法-法的实施-研究-中国 Ⅳ.①D923.24

中国版本图书馆CIP数据核字（2013）第038856号

中国社会科学院文库·法学社会学研究系列
物权法的实施
第一卷：物权确定

著　　者／孙宪忠 等

出 版 人／谢寿光
出 版 者／社会科学文献出版社
地　　址／北京市西城区北三环中路甲29号院3号楼华龙大厦
邮政编码／100029

责任部门／社会政法分社（010）59367156
电子信箱／shekebu@ssap.cn
项目统筹／刘骁军
经　　销／社会科学文献出版社市场营销中心（010）59367081 59367089
读者服务／读者服务中心（010）59367028
责任编辑／李学军 关晶焱
责任校对／丁立华 刘玉清
责任印制／岳 阳

印　　装／三河市尚艺印装有限公司
开　　本／787mm×1092mm 1/16
版　　次／2013年3月第1版
印　　次／2013年3月第1次印刷
书　　号／ISBN 978-7-5097-3751-4
定　　价／258.00元（共2卷）
本卷印张／40.25
本卷字数／735千字

本书如有破损、缺页、装订错误，请与本社读者服务中心联系更换
版权所有 翻印必究

中国社会科学院文库

法学社会学研究系列

The Selected Works of CASS

Law and Sociology

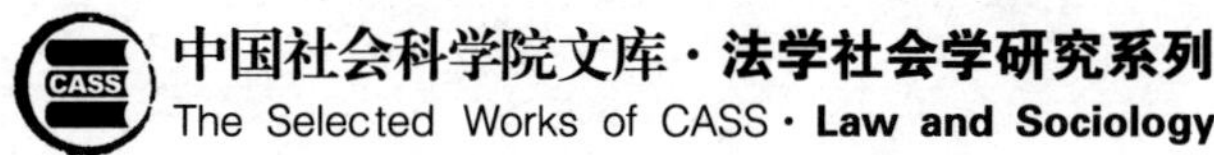

中国社会科学院文库 · **法学社会学研究系列**
The Selected Works of CASS · **Law and Sociology**

物权法的实施

第二卷

The Implementation of the Property Law

城镇拆迁与物权

孙宪忠 等 著

社会科学文献出版社
SOCIAL SCIENCES ACADEMIC PRESS (CHINA)

《中国社会科学院文库》出版说明

《中国社会科学院文库》（全称为《中国社会科学院重点研究课题成果文库》）是中国社会科学院组织出版的系列学术丛书。组织出版《中国社会科学院文库》，是我院进一步加强课题成果管理和学术成果出版的规范化、制度化建设的重要举措。

建院以来，我院广大科研人员坚持以马克思主义为指导，在中国特色社会主义理论和实践的双重探索中做出了重要贡献，在推进马克思主义理论创新、为建设中国特色社会主义提供智力支持和各学科基础建设方面，推出了大量的研究成果，其中每年完成的专著类成果就有三四百种之多。从现在起，我们经过一定的鉴定、结项、评审程序，逐年从中选出一批通过各类别课题研究工作而完成的具有较高学术水平和一定代表性的著作，编入《中国社会科学院文库》集中出版。我们希望这能够从一个侧面展示我院整体科研状况和学术成就，同时为优秀学术成果的面世创造更好的条件。

《中国社会科学院文库》分设马克思主义研究、文学语言研究、历史考古研究、哲学宗教研究、经济研究、法学社会学研究、国际问题研究七个系列，选收范围包括专著、研究报告集、学术资料、古籍整理、译著、工具书等。

中国社会科学院科研局

2008 年 12 月

第二卷　参加人

孙宪忠　中国社会科学院法学研究所研究员，教授，法学博士

谢鸿飞　中国社会科学院法学研究所副研究员，法学博士

雷秋玉　中国社会科学院研究生院法学博士，昆明理工大学讲师

李爱平　中国社会科学院研究生院博士研究生

于韫珩　中国社会科学院研究生院硕士

牛慧娟　中国社会科学院研究生院硕士

王崇华　中国社会科学院研究生院博士研究生

郭　旭　中国社会科学院研究生院硕士

徐　幸　中国社会科学院研究生院硕士

李雅迪　中国社会科学院研究生院硕士

蓝　艺　中国社会科学院研究生院硕士

郑　伟　中国社会科学院研究生院硕士

目　录

前　言

一　项目研究概况

本书是中国社会科学院重大课题“物权法实施中的重大法律问题研究”的分报告，该项目的主报告即本书的第一卷“物权确定”，和本书同时出版。

2008年，中国社会科学院法学研究所民法课题组荣幸地获得中国社会科学院重大课题“物权法实施中的重大法律问题研究”的资助。按照该项课题最初的研究设计，“物权法‘一体承认、平等保护’原则研究”被列为该项课题的第一个专题。但我们在学习、调查和研究中发现，《物权法》关于“一体承认、平等保护原则”所涉及问题非常广泛，无法在这个项目中通过一个专题说清楚。这一专题应该探讨的内容，涉及新中国成立之后在我国的法律指导思想方面一直存在争议的一个重大问题，也就是我国的法律和政策如何看待公共财产权利和民众财产权利，尤其是如何看待这两种权利发生矛盾的基本法律观念问题。新中国成立不久，立法指导思想引进了苏联的法律观念和知识体系，这就开始了限制甚至压抑民众私权的历史。1992年我国建立市场经济体制之后，前苏联的这些法律观念和知识体系已经完全无法满足我国法律事件的要求。但是即便如此，在我国一直到目前，那些根据前苏联法学建立起来的轻视民权的法律意识形态还有很多至今没有得到清除，一些根据这种意识形态建立的法律制度也没有得到及时的清理。事实上，这些前苏联的法律观念和知识体系已经给我国的民权保护立法造成了严重障碍。依据这些法律观念建立的法律制度，和中国《物权法》采纳民权理念并建立“一体承认、平等保护原则”形成严重冲突。比如，2011 年之前我国实行的城镇拆迁制度就是这样的制度。

在开展中国《物权法》实施研究的过程中，我们清楚地认识到，在我国城镇拆迁这样的法律实践中贯彻《物权法》的民权思想，确实是一个非常艰巨的任务。虽然这一问题的研究涉及历史和现实的许多重大问题，也涉及法学上跨越很多专业的知识积累。但是，我们认为，这个题目的进行是十分必要的。为此，在得到中国社会科学院重大课题资助之后，我们立即确定，将《物权法》建立的“一体承认、平等保护原则”作为我们研究的核心专题之一，而且我们选择了最能够体现这个专题的研究价值和特征的“城镇拆迁涉及物权法律制度研究”展开观察和分析。我们认为，城镇拆迁涉及的物权法问题，既有法律技术性因素，同时又包括重大意识形态冲突，可以充分体现物权法“一体承认、平等保护”原则中最为重要的理论与实践问题。

当然，城镇拆迁涉及的物权法问题，包含的内容仍然比较多。从我们目前完成的情形看，这一部分内容的探讨实际上还有很多未尽之意。因为时间问题，我们只能将一些还没有展开的研究留待以后完成。

二 项目的“问题意识”

显然，城镇拆迁涉及的物权法规则，就是中国《物权法》第 42 条关于征收的规定。问题在于，2011 年之前的中国城镇拆迁法，采用的是“拆迁”制度，而没有采用“征收”制度。而且，这些拆迁法的立法指导思想和《物权法》的规定相去甚远。因此，在物权法实施这个题目下，如何在拆迁制度中贯彻中国《物权法》的思想精神，是非常值得研究的题目。

事实上，在获得该项目之前，我们已经开始了从完全法学的角度对该项目涉及的内容的研究。在本课题主持人参加《物权法》学者建议稿的起草以及立法、参加修改拆迁条例活动时，我们已经强烈地关注到拆迁法和《物权法》的思想及制度的衔接问题。所以在本课题主持人负责《物权法》

学者建议稿的总则部分的起草时，就已经提出了关于依据物权法的原理重建中国的征收和拆迁制度的设想。这些设想后来被《物权法》采纳。相比《物权法》第42条，我们可以看出中国当时的拆迁法，也就是国务院1991年颁布、2001重新制定的《城市房屋拆迁管理条例》，在立法思想和法律技术两个方面都有重大的缺陷。在立法思想方面，拆迁制度的基本指导思想是过分重视拆迁速度，具有忽视民权的缺陷；在法律技术方面，拆迁法关于法律关系的设计违背了中国土地法的基本规定，也违背了中国土地经营的现实。对这些问题，本课题主持人很早就提出了予以修正的设想。在本课题主持人作为立法专家参加拆迁条例修订工作时，这些设想已经提交给拆迁法的修订机关，而且有不少已经反映在2011年1月国务院颁布的《国有土地上房屋征收与补偿条例》（俗称“新拆迁条例”）之中。

上面说到的法律指导思想和法律技术方面的两个重大的缺陷，在“新拆迁条例”中基本上都予以弥补了。本课题主持人提出的改变拆迁制度的基本法律关系，让经营土地的地方政府直接面对被拆迁人，承担拆迁补偿和安置的法律责任（也就是将“拆迁法”改变为“征收法”）的观点，在拆迁制度中引入公共利益条款的观点，在拆迁制度中明确政府应该针对被拆迁人承担社会保障责任的观点等，都已经被“新拆迁条例”采纳。本课题对于政府经营土地的法律关系的研究，应该说在制定新拆迁条例的过程中发挥了基础性的理论指导作用。从这一点来说，我们的研究工作已经取得了一定的成效。

当然，本研究成果还有相当多的内容没有被立法采纳。如上所述，我们的研究成果的基本内容其实已经在新拆迁条例颁布之前初步完成，那时如果得以出版，也许会避免研究成果迟滞于立法的尴尬。但是本课题主持人认为，那种情况下抢先出版自己的成果也有不妥之处；而且我们还有一些问题有继续研究的需要。因此我们只是在新拆迁条例颁布之后，经过多次斟酌，现在才将其呈现给大家。

本研究成果大体上来说可以反映我国拆迁法律制度发展变化的轨迹。拆迁法制出现在中国特殊的历史时期也就是从计划经济体制向市场经济体制转型的时期；从法思想的角度看，这种转型，其实就是绝对公共权力社会向民权社会的转型。我们的研究成果，也就是将拆迁所反映的法思想转化作为基本的线索。当然，我们的研究，一些内容与立法是一致的，但是也有一些是不同的。我们认为，本书并不是一个立法的学理解释性作品，因此，保持一定的学术独立是十分必要的。另外，本课题的研究伴随或者跟随了拆迁条例修订这个非常重要的立法工作，学术界关于修订该法的理论观点是应该予以总结的。读者也可以从本书看到关于法规修订过程中各种思想的碰撞，从而得到某种启迪。我们认为，能够体现独立思想的研究，在我们国家始终都是很需要的。

三 专题的设置及其简要内容

城镇拆迁涉及的物权法问题的研究，分为八个专题讨论和一个附录案例汇编。其中八个专题的内容是：（1）政府经营土地的法律关系分析；（2）政府经营土地、经营城市中的物权问题研究；（3）“钉子户”现象的物权法分析；（4）拆迁中的公共利益研究；（5）城市房屋拆迁正当程序研究；（6）拆迁补偿研究；（7）城市房屋拆迁中的社会保障问题；（8）从拆迁制度看中国社会公权与私权的观念发展变化。以上八个部分，虽然表现为不同的专题，但有着内在的逻辑联系。为更好地与现实相结合，我们在研究成果的最后，附加了近年发生的一些不同类型的典型拆迁案例，并对这些案例作了简要的分析。

这八个专题设计的基本思考如下。

在拆迁涉及的物权法问题研究中，首先要考虑的，就是具有中国特色的土地经营制度。因为，土地经营从法律上看，就是以土地所有权为核心的各种物权依据市场规则的运作。中国的城镇土地经营的特点，是由中国特有的土地所有权制度决定的。这个特点就是众所周知的城镇土地的国家所有权制度。正是因为这一点，城市中的土地经营必须是在“国家”享有所有权的基础上的土地上运作，因此“国家”作为所有权的主体也就成了土地市场的当然参与者。从应然层面而言，城镇土地的国家所有权蕴涵着深刻的社会主义理想，建立这一制度的初衷以及因此而产生的“国家”经营土地的政策与制度也许不应该受到指责。从物权法的角度看，这一点现在也无法质疑。但是我们要思考和观察的，是“国家”在土地经营过程中的真正角色的发挥情况，而不是基于某种理想或者预先的设定。稍稍观察一下现实中的土地经营，我们就会发现，城市拆迁涉及的土地经营，无论

如何都不是“国家”在经营土地，而是地方政府在经营土地；而地方政府经营土地的现实操作，普遍的情况，却并不符合当初中国建立土地地权公有制度以及开放政府经营土地的社会主义价值目标。地方政府在追求土地财政时表现出的难以遏制的热情，很难说这是让民众实现均享地利社会主义的地权理想的体现。这个核心的症结，表现在中国拆迁法律制度的核心方面和整体方面，因此该制度的推行才导致了很大的现实困境，关键的原因就是在民众对于社会主义土地权利观念的追求，和地方政府对于土地财政的追求之间，存在巨大的落差。既有拆迁法律制度的建立，既是这种困窘的产物，也受到这种困窘的强烈冲击。

我们在探讨和建立城镇房屋拆迁制度时，必须注重这种现实而且必须从这种现实出发，必须从现实的思想和制度围城中，依据科学的法理寻找出路。

民法科学上最基本的分析技术是法律关系理论。我们首先依据这一理论分析了经营土地现实的法律关系，结果发现，立法中土地经营的法律关系的设计和现实完全不一致。相关拆迁的法律制度把房地产开发企业当做拆迁中土地经营法律关系的主体，而不论是依据法律科学还是分析现实，我们都可以看到地方政府才是经营土地法律关系的核心主体，是征地和拆迁的主导者。从这一基础出发，我们提出必须在地方政府作为拆迁法律关系的核心主体的基础上，确定地方政府作为拆迁法律义务、法律责任的承担者。我们具体提出了拆迁涉及的土地经营存在的四层法律关系，即征收法律关系、“出让”法律关系、赔偿或者补偿法律关系以及社会保障法律关系。本课题研究就是依据这些法律关系的层层剖析作为基本的思路，对经营土地的法律制度提出了科学合理的解构，也提出了科学合理的建构。

接着，我们仔细地分析了构成中国拆迁制度基础的土地所有权制度的基本理念方面的问题。我们认为，法律制度的建立是思想理念的产物，尤其中国式的国家土地所有权制度以及相关的土地经营制度更是这样，因为这些制度并不是中国法律制度发展演化历史的产物，其中的法理思维更加值得我们探讨。我们在第二专题探讨了中国国家土地所有权制度以及“土地一级市场的国家垄断”制度的形成过程，探索了现行土地所有权和土地利用制度深层的社会主义理想，以及现实中由政府尤其是地方政府主导不动产市场的局面形成的原因。在此基础上提出了合理的规制思路。

拆迁现实中最引人注目的，就是“钉子户”现象。“钉子户”这个概念在城市改造初期可以说是一个完全的贬义词，但是在当前，它至少已经发展成为一个中性词。这个概念集中了拆迁法律制度发展中新旧意识形态的冲突，我们从拆迁法律关系的权利受损者的角度，探讨了其中的立法理念和制度建设问题。这一部分内容集中在本研究的第三专题。

在中国《物权法》的立法过程中我们提出了在征收制度中增加“公共利益原则”的建议，这个原则后来被《物权法》第 42 条采纳。显然，这个原则最恰当的应用，就在于依据国家基本法律来进行拆迁法律制度的建设。因此，我们在第四专题专门就这一问题展开了探讨。我们探讨了公共利益原则作为法律一般性限制性条款的应用对象，探讨了公共利益的一般法律意义、公共利益解释以及违背公共利益原则的法律后果等。

本课题研究的第五个专题，是拆迁基本程序的探讨。城市房屋拆迁，从公权力的角度看，是权力的强制取得；反之，从相对人的角度看，则是其权利被剥夺和丧失。这样一个由权力消灭权利的过程，无论从限制权力还是保障权利的角度看，都应重视整个程序的公正性和合理性。我们认为不应单纯从行政法角度对房屋拆迁程序进行研究，应更多地从民权保护的角度审视现有程序，着重解决目前房屋拆迁实践中普遍存在的公开性、救济性、公众参与性、决策性等缺失的问题。

本课题研究的第六个专题，是拆迁补偿问题。这个问题从民法的角度看，在制度建设中应该是核心之一。既然城市房屋拆迁是以公权力消灭民事主体的民事权利为基本要素的，其间必然要涉及房屋以及地上其他建筑物、构筑物以及养殖物的损害赔偿关系。专题探讨了拆迁补偿行为的定性以及民众获得补偿的权利与权益基础、完全补偿的标准和市场价格标准等法律制度建设问题。

在政府经营土地的伦理正当性基础方面，政府经常以旧城改造、危旧房改造为例，来说明其行为的正当性。确实，早期的旧城改造和危旧房改造中政府经营土地的正当性是不容怀疑的，政府确实为这些公共福利承担了应有的责任，得到了社会的普遍肯定。我们提出，现在的房地产开发过程中政府应该继续承担这种责任，由开发商来承担这一责任的做法，既与法理不符，实际上也难以为继。2008 年发生的北京酒仙桥地区老住宅区拆迁改造案便是很好的例证。因而，第七专题从酒仙桥危改拆迁案引发的问题出发对该问题进行论述，希望决策者能借此关注被隐藏许久的社会保障法律关系。我们坚持政府必须在城市房屋拆迁中按照公平、公开原则和保障被拆迁人居住条件的原则构建社会保障体制，以积极作为的方式履行其本应承担的拆迁中的社会保障责任。

拆迁是国家行使公权力——行政征收权的一种表现，因而公权力和私权利的矛盾，在拆迁问题上被集中了，也被放大了。从法律发展史的角度看，公权力和私权利的冲突在每一个社会历史阶段都是不可避免的，只是在中国的城镇拆迁问题上，公权力和私权利的矛盾更为明显和尖锐。我们试图以拆迁制度和拆迁立法政策的变迁所涉及的公权力与私权利矛盾运动发展为视角，来跟踪这一特殊的历史过程，分析其中折射的经济体制、社会制度的变迁，以及人们的思想认识和价值观的演化。本课题研究的最后一个专题，就是从拆迁这个独特的社会问题入手，分析中国社会公共权力和民事权利矛盾运动，以期对于中国社会权力与权利的博弈和发展演化有更为深层次的理解。

民权复兴是中国大势。中国民众的基本权利从压抑到高涨，如浩浩荡荡的春水，是不可阻挡的历史潮流，也是中国当今社会的主流，中华民族定将在这一潮流的激荡下走向繁荣强盛。我们的这个研究项目，无非是借助于拆迁这个特殊的事件，跟踪这一段特殊历史的脚步，记载她的声音，传播她的呼吁，张扬她的精神。

四　专题分工

该项分课题的研究人员是：第一专题由课题负责人孙宪忠研究员完成，硕士研究生于韫珩、牛慧娟、王崇华、郭旭、徐幸、李雅迪和蓝艺等，大体上完成了第二至第七专题的初稿；硕士研究生郑伟负责收集和整理拆迁典型案例。初稿完成后，谢鸿飞副研究员和博士研究生雷秋玉、李爱平按照课题负责人的要求，对第二专题至第七专题进行了深化研究。因为初稿距离课题负责人的要求比较远，因此最后由孙宪忠本人对这些专题的大部分进行了再次深化甚至重写。因为一而再再而三的修订，所以2010年底已经完成的初稿，直到2012年初才勉强总体完成。

在项目的完成过程中，王家福研究员、梁慧星研究员、陈甦研究员、邹海林研究员、张广兴研究员、渠涛研究员、薛宁兰研究员等中国社会科学院法学所的同人以不同的方式提供了指导意见。

虽然现在完成的稿子已历经无数次的修改，但是由于时间和能力的限制，许多内容的剖析还不够深入和全面。此外，还有一些重大的问题、尖锐的问题，本来也应该一并探讨，但是因为本题目限定在“拆迁中的物权法问题”这个范围内，因此这些很有价值的问题也就只能等待下一步的探讨了。不当与不足之处，请多多指正。

项目负责人 孙宪忠

专题一

政府经营土地的法律关系分析

中国《物权法》颁布之后，其中第42条规定的关于土地征收和城市拆迁的内容，引起了社会各界强烈的关注。目前城市扩张迅速，征地和拆迁事务繁多，由此引起的纠纷非常多，其中一些争议非常激烈，还带有群体性特征。这说明，该条文规定的内容反映了中国社会一些本质性的问题。在中国当前社会中不论是从媒体报道的消息看还是我们从事社会调查的情况看，大规模的群体性纠纷，多是涉及征地和拆迁的。这一点说明，我们当初在设计《物权法》学者建议稿时，将征地与拆迁的条文纳入《物权法》，希望通过《物权法》来达到民权保护的目的的做法，[①] 应该是没有问题的。但是，拆迁争议告诉我们，中国社会尤其是那些执掌公共权力的部门，对于这个制度设计中的核心内容没有充分理解。《物权法》第42条的主旨，其实是要规范政府经营土地的行为，它把政府放置在土地经营的核心地位，并且要让政府承担征地和拆迁的法律责任。中国目前征地与拆迁的相关法律所界定的政府的作用，却与《物权法》的规定基本不合，尤其是从政府参与土地经营的法律关系分析，我们更应该看到在立法设计方面确实存在缺陷。这一点我们认为是一个核心的问题，应该下大力气予以解决。

---

① 对此有兴趣者，可以参见孙宪忠《争议与思考——物权立法笔记》，中国人民大学出版社，2007，第67~69页。

一 中国不动产市场的基本特点是政府经营土地

市场经济体制下不动产市场是最为重要的市场，普遍存在着土地经营，也就是利用土地赢利的行为。从法律制度的角度看，土地经营其实就是以土地所有权为核心的各种物权（如中国的城市建设用地使用权）的市场运作，因为经营土地，其实是经营法律承认和许可的土地物权。而这些物权中，土地所有权当然是最为基础的权利，其他土地经营，都是在所有权运作基础上进行的。考虑中国的土地经营法律制度时，必须考虑中国独特的土地所有权制度，这就是，中国宪法等法律规定城市土地所有权一律归属于“国家”，农村土地一律属于集体。因此，所有的土地经营都是在这两种所有权基础上进行的。中国现行法律又规定，除原来已经发生的部分乡镇建设用地之外，其他的建设用地都是城市建设用地，在城市中需要土地进行建设的企业等，应该向政府申请“出让”土地；如果城市扩大新增建设用地，则必须首先由“国家”将土地征收，然后由国家“出让”给用地人。这样，从事城市土地建设时必须在“国家”享有所有权的土地上运作。也就是说，中国的城市土地的所有市场性运作都必须有“国家”的参与。

但是在现实中，中国“国家”并不仅仅是土地经营的参与者，而且是土地经营的发动者、主导者和最为重要的当事人。因为，中国《土地管理法》等法律规定，中国建立“土地一级市场的国家垄断经营”原则。这个原则的基本含义是：当农村土地转化为城市建设用地的时候，或者城市一般土地转化为市场性质的建设用地的时候，都必须经过“国家”土地所有权这一基础性权利的运作。[1] 这就是说，建设用地使用权必须在国家土地所有权基础上设立出来，必须由“国家”作为土地所有权人“出让”建设用地使用权。按照中国法律，在城市建设中，只有建设用地使用权这么一种权利才能独立地进入不动产市场（房屋所有权当然只有在获得建设用地

① 对此可以参见《中华人民共和国城市房地产管理法》（1994 年）第 8 条，该条规定：“城市规划区内的集体所有的土地，经依法征用转为国有土地后，该幅国有土地的使用权方可有偿出让。”

使用权之后才能获得)，因此，获得建设用地使用权其实是进入不动产市场的第一步。所以，“土地一级市场的国家垄断经营”制度和原则，其本质含义就是不动产市场的第一级市场，是由国家发动的、主导的，当然它也是参与者。

由于城市土地所有权的国家垄断，形成了建设用地使用权设立过程由“国家”完全掌控的情形。哪些土地可以进入市场，何时进入市场，这些完全由“国家”决定。其中的核心是国家的建设项目审批以及由政府取得土地出让金，审批与否、收取多少出让金，都由“国家”单方面决定。

但是，“国家”在这里到底指的是谁呢？它真的是“国家”吗？不是。中国《城市房地产管理法》(1994 年) 第 14 条第 2 款规定：“土地使用权出让合同由市、县人民政府土地管理部门与土地使用者签订。”依据这个规定，市县一级政府行使土地出让权，也就是土地经营权。因此，建设用地使用权“一级市场”的经营，实际上垄断在市县一级政府的手里。所以在上面我们的分析中，说到“国家”经营土地的时候，我们加上了引号，表明地方政府而不是国家经营土地的意义。

按照中国法律，地方政府在出让土地时，有权利收取土地出让金。按照法律，只有在征收农民的耕地时，土地出让金的 30% 才要上缴给中央财政；而其他的土地出让金一律留存在地方政府手里。土地经营因此形成中国特有的地方政府的“第二财政”现象。据有关机关披露，第二财政目前在中国成为地方政府的主要财源，在一线大城市里，地方政府收取的第二财政数额普遍相当于以税收为代表的第一财政。有些沿海城市的第二财政数额甚至超越了第一财政。

二 经营土地制度中的社会主义理想以及现实

中国现在建立的政府经营土地的体制，是历史发展的产物，其中社会主义观念的引入发挥了决定性作用。马克思在其著作中提到了“级差地租理论”，后来这些观念先后被孙中山和毛泽东等人接受，并运用在中国的土地改革之中。所谓级差地租，就是指土地因为非劳动因素而出现的收益不平等。在马克思看来，这种情形应该予以纠正。中国革命的先行者孙中山先生提出的“三民主义”理论中，其实也有很多社会主义观念，比如，孙中山提出的“平均地权、涨价归公”理论就是这样。这一观念的要点，是土地的所有权应该平均由社会的人享有，然后在土地因为非劳动因素涨价时，涨价的部分通过一定的措施（如增值税等）收归社会。这一理论的核心，是将土地这种有限的自然资源在社会的人中间依据法律理解的公平观念予以配置。这一观念当然具有强烈的社会主义色彩。

后来中国共产党人的土地观是在孙中山的理论上发展而来的。中国共产党人认为，孙中山先生的这种社会主义土地观因为保留了土地所有权的私有，还是难以达到地利共享的社会主义目标。因此，中国应确立“统一地权、平均地利”的社会主义土地纲领，实现土地公有制，并且以此为手段，实现土地利益由社会共享的目标。从 20 世纪 50 年代到改革开放初期很长的一段时间里，中国政府通过公共土地，为社会的人“平均”分配住房等，这其实就是一种民众共享地利的社会主义理想的实现方式。当然，改革开放之前数十年的教训证明，这种短缺经济的方式并不能有效地为社会民众提供足够的住房，反而因为资源的政府垄断而形成了新的不均衡。因此这种体制无法达到让社会民众均享地利这一目标。

但是无论如何，我们不能忘记支持土地制度在中国数十年发展演化的基本理论，那就是土地地利由社会民众共享这一社会主义的土地观。法律上的所有权属于上层建筑，它在任何情况下都只是一种社会改造和发展手段，而不是社会发展的目标。就是因为这样，中国目前的“国家”土地所有权也并不应该是社会发展的目的，不应该作为一个雷打不动的原则。地方政府利用土地经营的情形，也只能在社会主义理想的土地观的支持下，才是正当的。

在中国普遍建立土地公有制之后，为了实现建立这种制度的价值目标，开始实行了城市土地无偿使用制度。但是公共土地无偿使用弊端极多，其中一个最明显的缺陷，就是土地资源的巨大浪费。因为土地可以无偿使用，许多企业单位都要想办法滥占多占土地，改革开放之前这种情形非常普遍。1988 年中国开始建立有偿使用制，最初的目标只是为了通过收费的方法遏制土地浪费。这样，土地有偿使用制度开始建立起来了。1988 年宪法修正案承认了国有土地有偿使用制度，随即中国全面开启了不动产市场。

不动产市场的发展，在促进社会住房制度发展和保障方面，与改革开

放之前数十年实行的计划经济体制相比较，反而更加有效。这个巨大的进步也是我们应该认识到的。

不动产市场在市场经济体制中占据核心地位，因此，中国整体的市场经济体制也随着不动产市场的开启而得到建立。这也是中国开启国有土地有偿使用制所带来的最大成就。但是在中国整体的市场经济体制建立之后，对于中国土地经营或者运营方面的社会主义理想是否还要予以坚持的问题，以及如何予以坚持的问题，对于土地的“国家”所有权制度如何适应市场经济运作的问题，似乎从来没有人提出来讨论过。

如上所述，土地的“国家”所有权实际上掌握在地方政府的手里，成为地方政府运作土地或者经营土地的法律基础。地方政府利用这种权利经营土地的情形，在20世纪80年代初期还曾经获得了普遍的好评。因为那个时候各地政府利用土地所有权来做的事情，主要是“旧城改造”，这种事情和中国社会主导的价值体系是一致的。但是在市场经济体制建立之后，尤其是“土地一级市场国家垄断”建立，地方政府普遍地从土地经营中获得了巨大的地方财政收入之后，事情就发生了变化。在一些发展速度比较快的地区，地方政府获得了经验，就是迅速扩大土地经营，取得土地出让金。这一收入本来并不是财政收入，但是其数额巨大，渐渐成为与财政收入不相上下的“第二财政”。目前在一些地区，第二财政数额超过了第一财政。中国地方政府主导的土地经营越来越活跃，各地政府无不在这一方面表现出极大的主动性。20世纪90年代，地方政府官员提出了“经营城市”、“经营土地”的口号，将经营土地取得土地出让金作为一种光明正大的目标提了出来，并且很快在全国推广开来。随之不久，中国出现了很多地方政府建立的开发区，也出现了耕地的大幅度减少，出现了生态和环境的严重破坏。这种无法遏制的开发热，除了有发展经济的动机之外，取得第二财政的目的也是非常显著的。这样，我们在上面提到的建立土地公有制的社会主义理想，在越来越扩大的土地财政以及群体性社会冲突面前，已经难以显示出来了。

经营土地对于地方政府而言当然具有重大的内在利益，同时，各地关于城市拆迁以及农村征地的负面报道源源不断，各种批评也是源源不断，但是地方政府经营土地的热情还在普遍高涨。现实中一方面城市经济得到了发展，但是另一方面，不顾及可持续发展、不顾及民生的做法在各地也是普遍存在的。中央政府为了保护耕地资源，出台了很多监督土地利用的措施，但是这些措施在地方政府面前总是捉襟见肘。[①] 近年来，因为经营土地导致的严重的民众权利受损害的案例大量涌现，民众以性命抗争的事例也不少见。而且众所周知的是，土地经营已经成为中国官场腐败最大的渊薮。

在社会调查中我们发现了一个普遍的土地经营的弊端，那就是政府已经和开发商结成利益共同体了。多数的地方政府在经营土地时，违背了中国《土地管理法》及其实施条例、《城市房地产管理法》必须首先支付土地出让金然后再出让土地使用权的规定。当前地方政府一项普遍的做法是：他们和开发商约定，先缴纳部分土地出让金，甚至基本上不缴出让金，就把土地交给开发商，然后在开发商将商品房出卖之后，再来缴纳土地出让金。这样，地方政府收取土地出让金的目的，已经和开发商的经营赢利目的结合在一起。沿海某省，多次出现当地政府帮助开发商到北京、上海销售“海景房”的事情，就是这种情况的反映。这些政府之所以积极地帮助开发商卖房子，其中的原因，就是他们的财政目标和开发商的利益形成了利益共同体。据我们调查，这种地方政府和开发商共同推动土地市场的情形，在中国不是一例两例，而是非常普遍。

显然，现在中国的经营土地，其中一些内容违背了社会主义土地思想，也违背了中国现行土地制度建立的基本伦理。那么问题出在哪里？

三 经营土地中的法律关系

（一）地方政府是经营土地法律关系的核心主体

虽然土地经营由政府主导和发动，但是中国的立法政策似乎可以隐蔽这一点。城市拆迁条例等相关法律规定，政府并不参与征地和拆迁的法律关系，征地是农民和用地人的法律关系；而拆迁是拆迁人（新的建设用地使用权人）和被拆迁人（原建设用地使用权人）之间的法律关系，他们相互承担权利义务。政府在他们之外处于“居中协调”的地位。[②] 这一立法

① 参见《国土资源部称严重土地违法多涉及地方政府》，2006 年 4 月 16 日《新京报》。

② 对此请参见国务院 1991 年颁发的《城市房屋拆迁管理条例》第 3 条等。

规则，使得本来在土地经营中获得巨大利益的地方政府，一下子处于超然纯净的道德高地。一些学者也提出了“民事拆迁”的观点，认为拆迁法律关系的当事人就应该是“拆迁条例”规定的拆迁人和被拆迁人，政府不应该被法律作为这一法律关系的主体。①

但是，我们从上面的分析可以看到：（1）政府行使土地出让的权利，并收取数量巨大的土地出让金。（2）只有政府才有权力代表公共利益，消灭被拆迁人的不动产或者动产，现在的“拆迁人”和被拆迁人一样，是平等的民事主体，拆迁人哪里有权利消灭被拆迁人的合法地权和房屋权利呢？（3）开发商要的是土地，而不是被拆迁掉的房屋和地上建筑物；但是他们拥有的建设用地使用权，是从地方政府那里获得的，而不是从小业主那里获得的。因此，无论如何应该看到，政府才是真正的拆迁法律关系当事人，政府将小业主的地权征收到手里，然后将它出让给新的建设用地使用权人。因此，征地与拆迁的基本法律关系是政府“一手托两家”，政府是真实的拆迁法律关系当事人，而且是核心的法律关系当事人。目前法律拟制的上述“当事人”之间并没有真正的法律关系。

1990年国务院颁布的《城镇国有土地使用权出让和转让暂行条例》曾经规定，政府在出让土地之前，应该负责土地的“三通一平”等工作。这些规定显示了政府方面应该承担的法律义务。但是在近年来颁布的法律规则中，这些规定消失了，政府在征地与拆迁中的真实作用被进一步隐藏起来了。

目前的政策和法律只让政府方面享有取得土地出让金的权利，而不让其承担相关义务，是违背法律原理的。当然，这些规定最严重的问题，就是地方政府不受法律责任的内在约束，其过分的征地与拆迁的热情无法得到遏制。所以我们必须尊重法律关系规则的分析，让那些从事甚至主导征地和拆迁的地方政府，承担法律义务、法律责任，让他们作为法律关系的一方当事人，直接面对另一方当事人也就是那些权利被消灭的民众。这就是解决这个现实问题的唯一符合法理科学而且切实可行的法律措施。

---

① 乔新生：《两种不同的拆迁立法思路》，2008年9月27日《新京报》。

（二）经营土地法律关系的复合型特点

地方政府主动地征地与拆迁，既包含着公共权力运作的内容，也包含着民事权利变动的内容，而且，这些处于变动之中的权利还是多方面的。就是因为这样，经营土地的法律关系也呈现复合型特征，其中有些法律关系是行政关系，有些则是民事法律关系。笔者认为，这些法律关系可以分为四种类型。

1. 征收法律关系

即政府运用行政权力消灭自然人或者法人的所有权、建设用地使用权等权利，因此形成的一种法律关系。这是征地与拆迁的第一步。如上所述，农民的土地所有权是地方政府以国家的名义征收的，城市拆迁中“业主”的建设用地使用权也是这样。因此，地方政府就是这里征收法律关系的当事人，对此《物权法》第42条有明确的反映。

2. “出让”法律关系

即政府行使建设用地使用权出让权，将该权利出让给新的用地人而形成的法律关系。地方政府在这个环节中收取土地出让金，获得土地财政。这种法律关系到底是民事关系还是行政关系，学术界曾经争执多年。目前《物权法》将出让规定为物权设立方式之一，但是，出让的法律根据，既有民法上的因素，也有行政法上的因素。

3. 赔偿或者补偿法律关系

即“业主”的所有权以及其他民事权利因为拆迁或者征地而被消灭，进而获得赔偿或者补偿，因此发生的法律关系。这种法律关系虽然与民法上的损害赔偿不尽相同，但是基本原理应该是一致的。

4. 社会保障法律关系

即“小业主”在征地与拆迁的过程中，通过土地权利运作而改善其居住以及其他生活条件，因此形成的法律关系。20世纪80年代，中国城市地方政府进行“危旧房屋改造”，目的就在于通过土地运作改善居民的生活条件。这一做法获得了社会的认可，目前也有很多城市民众热盼拆迁，原因就是如此。但是，在此中必然涉及费用问题，立法者以及社会大众很少考虑到其中的问题。在20世纪80年代，这些费用当然是由地方政府来承担的，因此那时候地方政府进行城市改造的积极性并不高。而现在地方

政府运作土地的积极性如此高涨，此中的费用是由谁来承担的呢？当然，土地开发商是不会承担的，而是由购买商品房的人们承担的。这就是中国城市房屋价格居高不下的原因之一。但是给社会大众提供社会保障到底是谁的责任？这些问题很值得立法者思考。

上述四种类型的法律关系，如果严格按照民法科学关于法律关系的定义分析，还可以作出更加细致的划分。但是，追求此中学术上的精确不是本书的目的，因此我们不再沿着这一思路演绎。

不过，通过上述四种法律关系的分析，我们已经可以清楚地看出土地经营过程中政府的责任到底在哪里。

（三）土地经营基本程序的不当之处

通过土地经营法律关系的分析，我们还可以发现一个涉及中国城市基本建设程序的法律政策缺陷或者立法缺陷。比如，在城市拆迁过程中，首先要解决涉及民法的问题，是民众也就是俗称的“被拆迁人”对于即将开发的土地仍然拥有合法的权利，这种权利一般情况下是建设用地使用权。因此，如果要开始拆迁工程，应该首先建立的程序，就是征收程序，依法将被拆迁人的土地权利收归国有，然后政府才有权利将这种权利出让给新的用地人。但是，现在立法以及相关政策建立的程序，却首先是出让程序，政府在被拆迁人尚拥有完全合法的土地权利的情况下，基本上也是在这些权利人完全不知情的情况下，将他们的土地权利“出让”给不动产开发商或者其他新的用地人，而且已经收取了高额的土地出让金。然后，再由新的用地人和旧的地权人来协商补偿问题。这样的程序设计，当然对于被拆迁人损害极大。

四 结论

我们通过法律原理角度的分析可以确定，中国不动产市场活动中“国家”经营土地的说法是不正确的；真正经营土地者是市县一级地方政府。而不动产市场中政府经营土地的做法，起源于“旧城改造”，所以最初确实有正当的理由，即使是现在也不能完全否定。但是，如果土地经营完全演变成地方政府追求扩大地方财政的手段的时候，也就是罔顾民生以及科学发展规则的时候，这就是一个严重问题。这些问题的发生，原因之一是中国现行拆迁与土地征收的法律规则，没有按照法律的科学原理将地方政府作为土地经营涉及的法律关系的当事人，而是将其置于这种法律关系之外，这样，地方政府就成了只在土地经营中获得巨大利益，而不承担任何法律责任的一个特殊角色。因此我们提出，从法律关系的科学道理分析，把主导土地经营的地方政府以法律规定为征地与拆迁的法律关系当事人，让他们在土地经营中直接面对权利被消灭的民众，对他们直接承担法律义务和责任。通过法律关系规则的束缚，使得地方政府经营土地的行为复归于科学发展观的要求。

专题二
经营土地理念的法学探讨

一 引言

“经营城市”这一概念是由市场经济发达国家的城市管理者于20世纪70年代提出的，它原意是指在城市的建设和和管理上，政府推行“企业家化治理城市模式”，充分尊重价值规律的作用，运用市场经济的手段对城市的各种资源进行整合、重组，实现价值增值，以促进城市的经济、社会、环境的协调发展和人民物质文化生活水平的提高。这个概念提出后，逐渐为世界很多国家所熟悉，并大约在20世纪90年代进入中国，很快就被中国许多地方政府的领导者接受。不久，这个概念和当时中国刚刚开启的不动产市场相结合，产生了具有中国特色的“经营土地”的概念。之后，这些相互关联的概念所体现的以城市土地的运作产生巨大经济利益的做法，成为地方政府普遍遵循的执政方略。

随着“经营城市”、“经营土地”逐渐在全国铺开，我们看到了城市的高速扩展、城市中高楼大厦的拔地而起，看到了市政建设的日新月异。我们自然为之高兴，为之欣喜。然而，就在为之欢欣鼓舞的同时，我们也看到了越来越多的，因城市拆迁而引起的群众上访甚至规模很大的社会不稳定；我们也听到了越来越多的市民因买不起住房而发出的不满之声。因此，我们有必要冷静理性地思索一下“经营城市”、“经营土地”这种所谓的“先进”概念进入中国后，其发展演化的理论背景和现实表现的法律问题。

我们不妨先从民法学、物权法学技术的角度，对“经营城市”、“经营土地”的基本法律关系作出一些基本的定义。这些技术性的定义包括法律主体、客体、行为方式问题，经营所得利益分配的规则问题等。显然，中国“经营城市”、“经营土地”的法律主体毫无疑问主要是城市中的各级政府，因此，经营城市是一种政府行为。而经营的客体，就是城市中的各种资源，包括有形的和无形的资源。有形资源主要有土地、房产、市政设施等，无形资源包括城市品牌、形象等。经营城市的行为方式，当然应该是在党的领导下，依照有关法律的规定，在市场经济规律的引导下，对所掌握的各种城市资源进行运作。经营所得，目前法律已经非常明确，表面上为“国家”取得，但是实际上由地方政府取得。这些基本的法律层面上的制度问题，想必社会争议不大。

国家土地所有权是指国家对全民所有的土地享有占有、使用、收益和处分的权利。依照中国宪法、物权法的规定，这种所有权只有一个主体，那就是国家，这就是中国过去几十年都在坚持的“国家所有权统一性和唯一性”原则。但是中国当前的宪法和物权法都没有揭示的问题是，“国家”作为主权的拥有者，在内国法上只能作为抽象的统一和唯一的整体；而所有权作为一种典型的民法权利，它的行使必须由具体特定主体的行为来进行。那么在城市土地所有权制度上，这个主体怎么样特定化、科学化？显然，土地的权力或者权利必须具体化，其利益运作才能够科学化。那么这种土地运作中具体的权力或者权利运用机制，在中国法律中是如何体现的？到目前为止，我们的立法者和法律宣传教育家们，似乎都还没有认识到此中的问题。事实证明，中国城市地权中的很多问题，都是从这里产生的。

从法律上探讨运作这些资源的方式以及利益所得的归属时，我们还可以发现很多以前人们没有仔细考虑的问题，这就是经营城市的指导思想的法律问题。在城市里，经营城市常常表现为城镇拆迁，而拆迁就是依据公共权力消灭民事权利。问题就是这么简单，但是也就是这么严重、这么复杂。因为，拆迁涉及的公共权力应用问题，是依法治国原则下必

须时刻考量的大问题；而民众权利保护的问题，同样是法治国家必须随时考量的大问题。这样，从国家基本的法律制度的层面看，公共权力的运用和民众权利的保护这两个宪法、民法中的基本问题发生了矛盾。从民法的角度我们提出的问题是，为什么民事权利在此被消灭？“国家”其实是地方政府为什么要取得民众占有的土地？对这一土地，能不能以及应该如何“经营”？这些问题实在太重要了，因此近年来，拆迁引起的社会热议不断。

在“经营城市”这一理念进入中国之初，中国社会对它似乎是非常欢迎的。那时已经是中国建立市场经济体制之后，社会的大多数人已经充分认识到土地是城市最大的资本。因此“经营城市”这个理念，在中国关注的重点在于经营土地。[①] 甚至有人说，经营城市在很大程度上就是经营城市土地。[②] 2003 年 2 月，袁世珠指出，土地作为城市最大的资产优势没能充分显现出来，必须突出以地生财，做好土地经营的文章，因为以地生财是筹集城市建设资金的成功之路，为此，除了科学规划城市、调整优化经济结构等等之外，必须加强政府对土地一级市场的垄断，推行国有土地使用权的“招、拍、挂”，以实现土地收益的最大化；袁世珠同时认为，城市拆迁成本过高，造成土地成本增加，是政府土地无法取得最大收益的一个因素。[③] 阆中市国土资源局局长谭波主张“经济城市，以地聚财”。[④] 蔡雪雄也认为，政府垄断土地市场，是“经营城市”的核心与关键。[⑤] 同类的观点不一而足。或许正是因为上述原因，政府“经营城市”很容易就蜕变成了“经营土地”。欧阳锦指出，政府“经营城市”必将异化为“经营土地”。[⑥]

也就是说，“经营城市”这个概念进入中国不久，就演化成了“经营

---

① 徐文骏：《经营城市土地的三个支柱》，《瞭望新闻周刊》2008 年第 34 期，第 40 页。

② 董菊卉：《把握经营城市土地主动权》，《中国土地》2004 年第 5 期，第 34 页。

③ 袁世珠：《对经营城市现实问题的分析与研究》，《社会科学》2003 年第 2 期，第 20 ~ 25 页。

④ 谭波：《经营城市、以地聚财》，《四川政报》2003 年第 25 期。

⑤ 蔡雪健：《政府垄断土地市场：经营城市的核心和关键》，《经济体制改革》2004 年第 3 期，第 32 ~ 35 页。

⑥ 欧阳锦：《必须迅速叫停政府“经营城市”》，《甘肃社会科学》2006 年第 2 期，第 228 ~ 231 页。

土地”。显然，中国社会很快就已经认识到，土地是城市诸多资产中数量最多、价值最大、增值潜力最大的资源。加之中国特有的土地所有权体系，政府在“经营城市”的过程中能直接有效地控制的资产就是城市中的国有土地，政府赖以进行城市经营、推进城市化进程的核心也就是对土地的经营。因此，经营土地即“以地生财”就成了“经营城市”的核心内容，我们遗憾地看到，在有些地方“以地生财”甚至成了“经营城市”的唯一内容。“经营城市”的核心关键词也仅仅演变成了“经营土地”。

从上面这些学界、政界人士的口中，我们也已经知道，城市中的经营土地，从一开始就面临着“拆迁成本过高……政府无法取得最大收益”这样的“困难”。也就是说，以拆迁作为经营城市、经营土地的手段的官员以及学者早已明确地认识到，这种特殊的经营主要就是借助于拆迁展开的，而且，政府是这一特殊经营的主体，经营的目的就是获得最大的收益。同时，通过这些学界、政界人士的讨论，我们也大体上知道了在2003年前后政府大力推出土地使用权出让“招、拍、挂”这些竞价措施的基本动机。

也就是这样，我们可以看到，以拆迁为手段推行“经营土地”的理念，在很多地方政府领导看来，是光明正大、理直气壮的。从这里我们也可以理解，为什么拆迁出现了那么多的社会问题，但是从上到下，东西南北的政府都在大力支持拆迁，推进拆迁。因此，显然我们应该看到，在拆迁这个问题上，涉及政府经营城市、经营土地的理念问题。在法理学上，对于权利、权力、义务、责任这些固有的范畴，历来存在各种不同的法律评价；但是最终的、最高的评价是法律的道德评价，因此，在研究和讨论中国特有的拆迁、经营城市、经营土地的制度的时候，我们必须从法律思想背后的伦理道德的角度，来探讨这些制度的正当性问题。所以，我们首先要从法律理念的角度分析地方政府“经营土地”、“经营城市”中思想精神方面的几个问题。为何在中国，“经营城市”演变为“经营土地”，最后居然成为获得土地财政的手段？为什么这个概念和拆迁结成了同盟？为什么最早提出经营城市概念的市场经济发达国家，这个概念却与土地财政没有任何的关系？这一点是我们应该首先思考的问题。

二　中国城市土地所有权的理念思考

显然，中国城市土地“国家”所有权，是回答上面提出的问题关键答案之所在。因此，我们必须首先理解中国的城市土地以所有权为基础的城市土地物权制度。中国城市中的土地物权具有多层次性的结构，土地所有权是基础，建设用地使用权是主干，在这之上还有抵押权等其他物权权利。① 而经营土地，其实就是城市地权运作的行为，具体地说，就是地方政府通过出让城市国有土地使用权而获得土地出让金的行为。中国宪法、土地管理法等法律规定，中国的城市土地由法律规定一律由国家享有所有权，所以经营土地的行为一方面被认为是履行国家所有权的行为，而另一方面，是典型的市场行为。因为，土地所有权统一归“国家”，故这种市场行为具有法律独特的垄断性。

但是我们必须知道，中国城市土地“国家”统一的所有权，并不是类似于历史上其他国家那样，“国家”依据财政方法或者其他传统的法律方法取得所有权的结果，当然更不是自然演化的结果，而是新中国成立以后短短的几十年里，执政者依据历次政治运动推动的结果。按照中国当代政治学的术语，中国的城市土地国家所有权，是按照一种法律指导思想“建立”起来的，而不是历史自然发展而来的。因此我们必须首先弄清楚“建立”城市土地国家所有权的原因，或者其指导思想。至少我们应该弄清楚，建立这种土地所有权的指导思想，是不是从一开始就是为了建立这种垄断性的土地经营的呢？如果不弄清楚这个问题，我们对于拆迁中的经营城市、经营土地，就不会从根本上予以理解。

（一）为什么要建立城市“国家”土地所有权

一般认为，中国城市土地所有权的建立，是社会主义理想应用于中国实际的产物。而我们知道，社会主义理想的本源，是为了消除人与人之间物质占有和利用的不公平。这种理想，当然是人类历史上一种先进的理

---

① 孙宪忠：《争议与思考——物权法立法笔记》，中国人民大学出版社，2006，第 1 版，第 554 页。

念。关于土地占有和使用的不公平现象，实际上也是由来已久，因为土地是天然的富源，又是人类社会最为重要的生产资料和生活资料，因此关于土地上的社会主义观念和理想，实际上也是由来已久。当然，马克思的观念，后来对于中国城市土地制度的形成发挥了极大的指导作用。

1. 马克思的地租理论

马克思在土地问题方面的重大贡献，是他发现了土地作为一种自然资源，在私有制的占有和利用的情况下，产生了级差地租甚至绝对级差地租的情形。这样的级差地租，并非是劳动的产物，并不是劳动价值的凝结，这就形成了土地占有和利用方面的不公平现象。

古典经济学的地租理论最早在英国提出。17 世纪中叶，古典经济学创始人威廉·配第就提出了改善地租与土地价格理论；18 世纪后半期《国富论》的作者亚当·斯密创立了政治经济学完整体系，也推进了地租理论，他以土地价格理论对地租理论进行了丰富与完善。至 19 世纪初期，英国古典经济学家大卫·李嘉图完成了对古典经济学的创造，也使地租理论达到了资产阶级经济学的高峰。后来，马克思总结资产阶级地租理论时，就以李嘉图的理论为代表而展开，并且在古典经济学理论基础上，进一步丰富和发展了土地地租理论。[①] 在这一方面，马克思的理论贡献是，从资本的角度，对于土地上的级差地租进行了更加深入的分析，指出利用资本取得土地上的剩余价值和超额剩余价值的理论（也就是级差地租理论和绝对级差地租理论）。[②]

在马克思看来，级差地租是资本对土地经营权垄断产生的、由土地所有者占有的超额利润的转化形式，由土地和资本生产率的等级差别形成的地租。资本主义农业中的生产关系具体表现为：土地所有者占有土地，由农业资本家承租经营，雇用农业工人耕种。这种生产关系的特点是，不仅生产资料和劳动者相分离，而且土地的所有权和经营权相分离：作为基本生产条件的土地等自然力是有限的，农业资本家承租了土地，意味着资本对土地经营权的垄断。土地的自然力是有等级差别的。同量

① 于俊文：《土地所有权与绝对地租内在联系的科学论证——马克思〈剩余价值理论〉读书札记》，《当代经济研究》1997 年第 1 期，第 6～11 页。

② 于俊文：《土地所有权与绝对地租内在联系的科学论证——马克思〈剩余价值理论〉读书札记》，《当代经济研究》1997 年第 1 期，第 6～11 页。

资本投在相等面积土地上，也会造成农业工人的劳动自然生产率和资本生产率的等级差别，以及农产品个别生产价格的等级差别。由于存在土地经营权的垄断，限制了资本向农业的自由转移，于是，农产品的市场价格即一般生产价格由劣等地的个别生产价格调节，经营中等地和优等地的农业资本家就会在平均利润以上获得一个有等级差别的超额利润。由于土地所有权垄断的存在，这个超额利润便归土地所有者占有而转化为级差地租。可见，作为级差地租实体的超额利润的形成条件是土地的劳动自然生产率和资本生产率的等级差别；其产生原因是资本对土地经营权的垄断；其来源是由农产品的一般生产价格（社会生产价格）高于个别生产价格的余额所构成的超额利润；这个超额利润转化为级差地租的原因是土地所有权的垄断。

在级差地租理论的基础上，马克思进一步指出了绝对级差地租存在的可能性。绝对级差地租是由土地所有权垄断产生的超额利润的转化形式，是租种任何土地都必须绝对缴纳的地租。在资本主义发展的一定阶段，农业落后于工业的发展，农业资本有机构成低于社会资本平均构成，农产品价值高于生产价格。农业中土地所有权的垄断，限制了资本的自由投入，农产品价值高于生产价格的余额不参加社会的利润平均化，超过平均利润以上的超额利润便保留在农业中，并转化为绝对地租。所以，绝对地租产生的原因是土地所有权的垄断，就是马克思说的“土地所有权本身已经产生地租”①；其形成条件是农业资本有机构成低于社会资本平均构成；其实体来源是农产品价值超过生产价格的余额所构成的超额利润。

从马克思的分析看，土地作为自然资源可以产生收益，而且这种收益还可以表现为“超额”的特点。这种情况，从劳动创造价值的角度看，不是一个正常的现象。虽然马克思没有提出对于地租、级差地租以及绝对级差地租的相对应的社会应对方案，但是我们知道，马克思是把地租的这些现象纳入“资本”和私有制这个范畴之中来考虑的，因此，根据马克思对于“资本”的应对逻辑，我们可以得知，马克思是从消灭私有制的这个最终结论来看待地租的。

在当前中国建立的市场经济体制下，马克思的级差地租理论仍然具有

---

① 《资本论》第3卷（下），人民出版社，1975，第851页。

很好的现实意义。如上所言，马克思、恩格斯从社会经济发展的规律出发，看到了土地制度的重要性。马克思的期待，是社会生产发展到一定阶段时产生土地公有制，好由整个社会通过国家来控制和支配土地，实现土地的规模效益。有一点是应当肯定的，即马克思、恩格斯的论述并没有否定地租的商品属性，没有否定土地所有权人合法权利。从某种程度上可以说，马克思关于土地所有权与绝对地租内在联系的理论是客观经济实际在理论上的科学反映，不仅对资本主义经济，而且对以市场经济为基础的社会主义国家同样具有现实意义。

社会主义经济中是否存在地租特别是绝对地租，一直是个争论问题。早在20世纪20年代后期，苏联曾有人提出社会主义制度下绝对地租依然存在的观点。当时在苏联已消除土地私有制和“不受资本主义平均利润与生产价格规律所调节”的正统主张的驳斥下而自消自灭。1929年，斯大林在《论苏联土地政策的几个问题》中，把上述主张公开宣布为“资产阶级观点”，从而结束了这场争论。[①] 中国20世纪60年代也有一场社会主义地租问题的讨论。这场争论是围绕级差地租进行的。当时坚持社会主义取消土地私有制从而意味着永远消除了地租（包括级差与绝对两种地租）的观点还颇有市场，以至于在我们的报刊社论中还有连级差地租也否定的观点，“在我们社会主义国家中，已经不存在这种所谓级差地租和城市附近地价高等问题了”。[②] 20世纪80年代的中国城市实行国有土地使用制度的改革，土地国有（或集体所有）的条件下地租问题又浮出水面。那时级差地租的存在已无人怀疑，而绝对地租是否仍有存在的根据，分歧仍然很大。有人主张，在公有制条件下，绝对地租理所当然地不存在了。另一种主张是，只要存在土地所有权，绝对地租就必然存在。但在改革的实践中，至今前一种观点仍占上风。[③] 但是值是庆幸的是，级差地租理论的采用，为中国城市土地的有偿使用提供了理论上的依据，对中国国有土地的保值、增值和有效利用，产生了积极有益的效用。

---

① 于俊文：《土地所有权与绝对地租内在联系的科学论证——马克思〈剩余价值理论〉读书札记》，《当代经济研究》1997年第1期，第6~11页。

② 参见1960年3月14日《人民日报》。

③ 于俊文：《土地所有权与绝对地租内在联系的科学论证——马克思〈剩余价值理论〉读书札记》，《当代经济研究》1997年第1期，第6~11页。

2. 孙中山的平均地权理论

在中国土地问题上，中国革命的先行者孙中山，很早就提出了自己的土地方面的主张。在《同盟会章程》中，中国革命的基本纲领“驱除鞑虏、平均地权、建立共和政府”这些激动人心的原则和理想，激励着人们推翻了清朝封建统治。其中的平均地权理论，一直作为中国旧民主主义革命的基本纲领。

在《三民主义论》一书，孙中山以一个澳洲醉汉的例子开始谈土地问题。醉汉无意中拍到一块300元的土地，相隔十多年，那块地皮涨到了数百万元的价钱，更到后来，这块地便涨价到几千万元，这个醉汉变成了澳洲第一个富翁。孙中山对于这位富翁原来只花300元买得那块地皮，后来没有加工改良，丝毫没有理会，只有睡觉，便坐享其成，得了几千万元的现实，并不赞成。在他看来，“土地价值之能够增加的理由，是由于众人的功劳，众人的力量；地主对于地价涨跌的功劳，是没有一点关系的。可以说众人在那块地方经营所赚的钱，在间接无形之中，都是被地主抢去了！”①

孙中山提出，解决土地问题不公平的办法有两个，即政府照地价收税和照地价收买。地价由地主自己去定。其处理办法是，“譬如地主把十万元的地皮，到政府只报告一万元，照十万元的地价，政府应该抽税一千元；照地主所报一万元的地价来抽税，政府只抽一百元；在抽税机关一方面，自然要吃亏九百元。但是政府如果定了两种条例，一方面照价抽税，一方面又可以照价收买，那么地主把十万元的地皮，只报一万元，他骗了政府九百元的税，自然是占便宜；如果政府照一万元的价钱去收买那块地皮，他便要失去九万元的土地，这就是大大的吃亏了。所以照我的办法，地主如果以多报少，他一定怕政府要照价收买，吃地价的亏；如果以少报多，他又怕政府要照价抽税，吃重税的亏。在利害两方面互相比较，他一定不情愿多报，也不情愿少报，要定一个折中的价值，把实在的市价报告到政府。地主既是报折中的市价，那么政府和地主自然是两不吃亏”。②

地价定了以后，从定价那年以后，那块地皮的价格，再行涨高，所加

---

① 孙中山：《三民主义》，汉文会馆藏书，1924。详见该书“民生主义”第二讲。

② 孙中山：《三民主义》，汉文会馆藏书，1924。详见该书“民生主义”第二讲。

的价钱完全归为公有。因为地价涨高，是由于社会改良和工商业进步。而推进这种进步和改良的功劳，还是由众人的力量；故由这种改良和进步之后，所涨高的地价，应该归之大众，不应该归之私人所有。需要指出的是，照价抽税和照价收买的一个重要条件，就是我们所说的地价，是单指素地而言；其他人工之改良及地面建筑，不算在内。

从孙中山的这些分析，我们可以看出中国早期资产阶级革命家们对于土地问题的基本看法。首先，这些革命家们对封建统治下的土地垄断持坚决的否定态度，他们提出要把“平均地权”提到革命纲领的高度来认识和贯彻。其次，他们认为，土地是天然富源，土地增值常常是因为自然增值，是非劳动因素的增值，因此将这些土地增值归个人独享是不公平的。最后，他们提出的消除这种不公平现象的手段，是非强制的方式，即在保持个人土地所有权以及其他权利的基础上，仅仅以一种公共权力的手段将土地的增值收取为公共享有。这种“平均地权”的土地革命措施，也被后人理解为“均享地利”。从当时来看，这些革命措施都是非常进步的，这些措施后来在我国台湾地区也都一一实施了。

3. 中国共产党人的地权理论

中国共产党人心怀共产主义理想，在推翻了国民党的统治之后，建立起所有权力都属于人民的社会主义国家，并逐渐建立起土地的公有制度。

中国共产党人接受的社会主义理论当然要比孙中山一代的革命者向前迈出了一大步。共产党人强调的“共同富裕”与孙中山所畅想的“天下为公”的理念虽然是同源的，但是其根本点区别在于，孙中山的革命理论承认了土地私有所有权，而共产党人的地权理论却基本上不承认私有土地所有权。虽然它们有所不同，但是它们在涉及土地利益的归属上，都明确地指出土地利益增值最终要归社会所有，要服务于社会公平的目标。显然，它们二者的差别就在于实现由社会取得土地增值利益的方式的不同。共产党人在这里的基本方式是控制了土地的所有权，而孙中山一代革命者的方式是通过土地增值税等方法，将土地增值收归公有，然后用之于社会。

关于土地公有这个问题，其实是一个漫长的历史话题。仅仅从社会主义运动的角度看，早在一百多年前，马克思就设想未来社会应当是土地公有。马克思和恩格斯对于资本主义生产关系下的土地所有制问题进行了深入研究，提出了土地所有制发展为公有的社会目标。恩格斯指出：“在土

地私有制本身所导致的较高的农业发展阶段上，私有制又反过来成为生产的桎梏——目前小土地占有制和大土地占有制方面的情况是这样的。因此也就必然产生把私有制同样地加以否定并把它们重新变为公有制的要求。但是，这一要求并不是要恢复原始的公有制，而是要建立高级得多、发达得多的公共占有形式，它永不会成为生产的阻碍，相反的第一次使生产摆脱桎梏，并且将现代化学上的发现和力学上的发明在生产中得到充分的利用。"①

中国现行的土地所有权制度是土地公有制，以 1949 年新政权的建立为基础。中华人民共和国中央人民政府成立后，根据《中国土地法大纲》和 1950 年颁布的《土地改革法》，中国土地所有权就已经被法律明确规定为三种形式的所有权：国家土地所有权、集体土地所有权和劳动者个人土地所有权。② 其中的国家土地使用权和集体土地所有权，就是公有所有权。但是，在"土改"时期，公有土地并不是唯一的土地所有权形式，也不是被后来确认的社会主义"共有"的形式。因为，那个时候不论是城市还是农村，私人土地还占有相当的比例。政府拥有的土地的法律意义，是区别于私人的公有，和传统法律上的意义并没有太大的区别。农村土地公有制，是 1956 年后通过互动组、初级社、高级社和人民公社化等发展阶段，大部分劳动者的个人土地所有权逐步转化为集体土地所有权。直到中国社会主义改造完成，1962 年 9 月中共中央《农村人民公社工作条例修正案》公布时，中国农村的土地私人所有权形式才基本上被消灭。③

中国城市土地国家所有权的建立，事实上比农村的土地公有制建立要晚一些，因为中国城镇私人土地所有权的消灭过程比较模糊。1956 年 1 月 18 日中共中央《关于目前城市私有房产基本情况及进行社会主义改造的意见》中明确指出："一切私人占有的城市空地、基地等地产，经过适当的

① 恩格斯：《反杜林论》，载《马克思恩格斯全集》（第 3 卷），人民出版社，1995，第 178 页。

② 刘俊：《中国土地法理论研究》，法律出版社，2006，第 95 页。

③ 1962 年，具有法律效力的中共中央文件确定了农村土地三种所有权，但是私有土地使用权还是没有彻底消灭。本课题主持人 1969 年时在农村读书的乡村小学所在地，遇到一个家庭以其私人土地"加入"人民公社和生产队的事例，当时这一事件被当做"文化大革命"的成果，在当地广泛宣传。这说明，农村的私有土地的彻底消灭，应该是在"文化大革命"时期。不过，这些私有土地在 1962 年之后，已经没有什么经济意义了。

办法，一律收归国有。”这一规定，主要是针对社会主义私房改造过程中的城市空地，它没有关于国有化之后的相关问题处理的指导原则与具体标准，因此，并不以此作为中国城镇私有土地全面国有化的依据，至少对于其范围是否包括私有房屋下的宅基地这一问题，规定得还不是太清晰。[①] 1967 年 11 月 4 日国家房管局、财政部税务总局在《答复关于城镇土地国有化请示提纲的记录》中才进一步明确：“对土地国有化问题，中央在 1956 年已有原则批示，主管部门应抓紧时间研究具体的办法认真贯彻执行。”该项文件不仅将中共中央批转中央书记处工办文件中的“街基等地产”明确为包括私有宅基地，而且将城镇土地使用税明确改为土地使用费，并对出租土地的处理、国有化之前的土地上的债权债务等作出了具体规定。有学者认为，该文件可视为完成城镇土地国有化的一个环节，因为在此之后的中国，已经不存在土地的私人所有权形式。[②] 但是这一观点我们无法认可。因为，国家房管局、税务总局的一个“记录”性文件资料，甚至都算不上什么“文件”，只是在内部让某些人知道，根本没有向社会公布传达，也没有作用于社会，因此这样的资料，可以说没有法律效力，不可以作为大规模地消灭民众土地所有权的法律根据。

从严肃的法律根据的角度看，中国“国家”的土地所有权是通过如下的方式逐步建立起来的：（1）继承，即当 1949 年中华人民共和国成立之时，新政府根据国际公认准则自然继承旧政府所拥有的土地。这些土地主要是国家以及各级政府的办公用地。（2）没收，即新中国成立时根据当时具有宪法效力的《中国人民政治协商会议共同纲领》，国家将当时被称为官僚、买办资产阶级的土地没收为国家所有。这些土地主要是企业、事业单位、铁路、公路、机场用地和部分生活用地。（3）土地改革，即 1950 年大陆进行农村土地改革时，根据《土地改革法》将一部分土地划归国家所有。这些土地后来转化为国有农场、林场、茶场、果场、渔场的用地。（4）依《宪法》的规定直接取得，根据现行《宪法》的规定，与《宪法》生效时（1982 年 12 月 4 日颁布并同日实施）将城市中一直是私有房屋地基的私有土地规定为国家所有。这些土地主要是城市居民的生活用地。

---

① 刘俊：《中国土地法理论研究》，法律出版社，2006，第 95 页。

② 刘俊：《中国土地法理论研究》，法律出版社，2006，第 96 页。

(5) 征收，即大陆的国有企业、事业单位等根据《国家建设征用土地办法》(1953年)、《国家建设征用土地条例》(1982年) 和《土地管理法》(1986年) 的规定，以国家的名义征收农村农民集体拥有所有权的土地，对征收的土地，征地者只享有使用权，而土地的所有权依法归国家。①

(二) 中国独特的城市土地利用制度

如上所述，不论是我国宪法还是土地管理法等法律，都规定城市土地所有权一律归属于“国家”。同时，中国现行法律又规定，除原来部分乡镇建设用地之外，所有的建设用地都是城市建设用地。这样，在中国实现城市土地一律归属于“国家”之后，在土地物权的领域里，就产生了一项独特的城市土地占有和使用制度，这就是土地使用权制度。在我们考察土地权利的运作的时候，我们必须明确的是，城市土地在法律上都属于“建设用地”；而“建设”意味着对于土地权利的运作，因此，这些“建设用地”都必须在“国家”享有所有权的土地上运作。包括拆迁在内，这样中国城市土地的所有市场性运作都必须有“国家”的参与。这是我们必须掌握的问题的一个方面。我们必须掌握的另一个方面，是土地的实际占有使用的法律制度。不论是在以前的计划经济体制下，还是在现在的市场经济体制下，“国家”都不可能直接地占有和使用土地；实际占有和使用土地的自然人和法人，也不能像其他国家那样可以取得所有权以满足自己的法律需要。因此我国立法利用了传统民法的用益物权制度，规定了“国有土地使用权”这种特殊的地权方式，来满足自然人、法人占有和利用土地的需要。在目前的中国《物权法》之中，这一权利被更名为“城市建设用地使用权”。

实际上，自然人、法人对于国有土地的使用制度，在新中国的法律制度发展史上，也是一个十分值得研究的重要问题。

在新中国成立之初，中央政府对南京国民政府的政治、经济、文化等制度进行了根本性的废除，其中就包括对旧的城市地权制度的废除。这一转变使得中国土地关系的性质发生了根本性的变化，在土地所有权这一核心物权方面，个人已不再享有土地所有权，土地归集体所有，个人的权利

① 孙宪忠：《论物权法》，法律出版社，2008，第1版，第362页。

层级下降，只能作为集体的一分子成为土地的众多所有者之一；在使用权和抵押权等其他物权权利方面，个人也不是一个独立的权利主体，而仅仅沦为集体经济中的一个劳动者，不能单独享有任何物权权利。新中国成立初的一系列社会主义改造的结果是使个人土地所有权丧失，集体土地所有权虚无缥缈，国家在实际上掌握了土地上的一切权利。

新中国成立之初，国家建立了国有土地无偿使用制度。1954 年，政务院《关于对国营企业、机关、部队、学校等占用市郊土地征收土地使用费或租金的批复》规定，“国营企业经市人民政府批准占用的土地，不论是拨给公产或出资购买，均应作为该企业的资产，不必再向政府缴纳租金或使用费；机关、部队、学校经人民政府批准占用的土地，亦不缴纳租金或使用费”。[①] 1950 年《中华人民共和国土地改革法》第 27 条规定，“国家所有的土地，由私人经营者，经营人不得以之出租、出卖或荒废。原经营人如不需用该上述土地时，必须交还国家”。在新中国成立初期实行计划经济体制的 30 年中，我们实行的就是这种单一的行政划拨政策——由国家无偿、无期限地提供土地给土地使用者，并且，由此种方式而得来的土地权利不能在土地使用者之间自主流转。这种规则建立的依据是从苏联传入的社会主义经济理论，该理论认为，在社会主义国家里，国营经济同样是在履行国家机关的职能，因此他们使用国家土地不应当缴纳使用费。[②]

改革开放之后，中国出现了民营经济和外资经济。民营企业、外资企业无论如何，不能被认为是在“履行国家机关的职能”。如果对这些企业使用建设用地也采取上述无偿划拨的制度，那么该制度就丧失了其存在的价值，因此，在国有土地使用制度方面，那时就出现了改变无偿使用制度的规则。比如，外资企业利用国有土地的，国家法律规定必须缴纳土地使用费。但是，其他的企业事业单位使用土地的，仍然采取无偿使用方式。

改革开放初期经济飞速发展，即使是国有企业，也走上了独立法人的道路。这样，国有土地无偿使用制度走到了终点。当然，国家开始改行国有土地有偿使用制度的原因，还在于土地的无偿使用，会导致土地资源严

① 《中华人民共和国土地法参考资料汇编》，法律出版社，1957，第 218 页，转引自孙宪忠《论物权法》，法律出版社，2008，第 1 版，第 363 页。

② 参见孙宪忠《论物权法》，法律出版社，2008，第 1 版，第 363 页。

重浪费，盲目占地成风，土地资源利用效率低下。这对土地这种国有资产是一种极大的损害。由此，中国于1988年开始建立土地有偿使用制度，主要目的是要解决当时存在的随意占地导致土地使用效率低下的问题。在坚持土地所有权归公的基础上，废除国有土地的无偿使用制，改为有偿使用制。

但是，国有土地的有偿使用制度，在市场经济体制下如何定位？这一点，从法律的发展过程看，始终是比较模糊的。因为，1988年国家立法机关通过修改宪法建立国有土地有偿使用制度之后不久，1992年，国家立法机关又一次修改宪法，将中国整体的经济体制改为市场经济体制了。至于传统社会主义经济体制意义上的土地所有权和土地使用权，在此时如何进入市场经济体制？原来建立国有土地所有权的制度理念，还要不要坚持？或者说需不需要改变？这些问题，事实上到现在也还没有人提起过。人们似乎当然认为，原来建立土地国有的理念，也就是由人民均享地利的理念，照样可以支持后来在中国出现的、由政府主导的以土地财政为目的的制度建设。

随着土地有偿使用制的建立，中国的不动产市场被打开。自从土地市场开启之后，这一市场很快就发展成为中国市场经济整体中最为活跃而且也是最为重要的部分。当然，这一市场被人们看重的，最为人们关注的，是国有土地使用权的运作过程。但是我们无论如何不能忘记的，是这种独特土地物权产生的情形。我们必须指出，作为唯一能够进入市场交易的土地物权，国有土地使用权是被“出让”而来的。这也就是说，市场体制中的自然人、法人所获得的土地使用权，都是他们和“国家”订立土地使用权出让合同，必须向“国家”缴纳土地出让金之后，才从“国家”手中取得的权利。也就是这样，一方面城市土地依旧由国家享有所有权，另一方面土地使用权市场逐渐形成、扩大。1994年，“城市房地产管理法”明确规定了“土地一级市场的国家垄断”制度。建立这一制度的目的，是要把土地从一般耕作地或者生活用地变更为建筑地的巨大增值，依法强制性地收缴为“国有”（其实是交给政府尤其是地方政府）。如果没有完成这一手续，则土地进入市场就是非法的。

（三）城市土地所有权的行使

应该说，中国法律建立“土地一级市场的国家垄断”制度，以及以此为依托形成的政府经营土地的体制，这是历史演变的结果。最初，社会主义观念在其中发挥了决定性作用。[①] 无论如何，我们不能忘记支持土地制度在中国数十年发展演化的基本理论，那就是土地地利由社会的民众共享这一社会主义的土地观。[②] 法律上的所有权属于上层建筑，它只是一种推进社会进步的手段，而不是社会改造和发展的目标。中国目前的“国家”土地所有权的建立的目的，我们在上面也已经仔细讨论了。如上所述，中国建立国家土地所有权是为了实现社会主义理想中的土地观，以体现社会主义国家里人民利益的价值。[③] 在城市土地国家所有权建立伊始，比如20世纪80年代初期，我们可以清楚地看到，城市土地所有权发挥的功能还是符合建立这种地权的最初的法律理念的。比如，各地政府利用土地所有权来实现“旧城改造”等社会利益目标的时候，这也是中国社会主导的价值体系予以认可和支持的，因为“旧城改造”符合社会主义的土地观。但是在市场经济体制建立之后，尤其是“土地一级市场的国家垄断”建立之后，这一制度是否存在被异化的可能？它若无法与社会主义市场经济形成良性对接，会导致怎样的后果，却是理论与实践中需要深入探讨的问题。

在我国进入市场经济体制而必须开启土地市场之后，国家土地所有权是怎样行使的？它的运作机制和建立国家土地所有权的理想是一致的吗？

在中国城市土地经营问题上，我们首先必须予以考虑的，就是上文提到的“土地一级市场的国家垄断经营”制度和原则。根据这个原则，“国家”到底是谁？这个问题的清理具有十分重大的意义。因为，从法律上看，“国家”并不仅仅是土地使用权人，也并不仅仅是土地经营的一般参与者，而是土地经营的发动者、主导者和最重要的当事人。在土地经营过程中，最为重要的环节是取得土地出让金，这也是由“国家”单方面决定。

“国家”在经营土地时的角色如此重要，但是，从法律上看，国家却具有双重身份，并不能简单地界定其在土地经营中的角色。首先，国家普遍属于政治主体，对外是主权主体，对内是行政强制主体。其次，国家在中国法律中，还是全国人民共同财产的所有权主体，凡是全民所有就是国

① 参见孙宪忠《政府经营土地应以当事人角色出现》，《中国社会科学报》第125期11版“法学”文章之一。

② 对此本专题的第四部分有较为详细的论述。

③ 参见孙宪忠《政府经营土地应以当事人角色出现》，《中国社会科学报》第125期11版“法学”文章之一。

家所有。认可这个事实，便于清晰地划定国家双重职能的界限，防止主体行事时交叉利用其身份。但是，现行国家所有权制度中的“国家”的法律含义相当模糊。因为如果所有权是一种民事权利，那么它的主体就必须作为民事主体，就必须符合民事主体的特定含义。比如，作为团体的民事主体，就必须有其意思机关、行为机关，这些机关必须是明确肯定的，以便于从民法的角度确定其权利、义务和责任。但是，自从国家所有权这个概念在新中国的法律中使用之后，长期以来它的法律含义尤其是在国家土地所有权的归属和利用方面的法律要求，在我国关于政治主体方面的立法中难以得到展现。

依据宪法，国家土地所有权应该是全体人民享有的所有权。显然“全体人民”无法形成民法上的主体。为了解决这个法律困难，《土地管理法》第 2 条第 2 款规定：“全民所有，即国家所有土地的所有权由国务院代表国家行使。”该规定明确了国务院不享有所有权而是代表行使所有权。但国务院本身是中央人民政府，它又是虚拟的人格和抽象的代表，这就决定了国务院不具有实际地履行代表权内容的行为能力，无法以自身的行为代表国家行使所有权，必须转委托于其他组织。于是，《土地管理法》第 5 条第 1 款继续规定：“国务院土地行政主管部门统一负责全国土地的管理和监督工作。”这样，“全体人民的”国家土地所有权，先演化为被“代表行使”的权利；而其代表者也无法履行其职责；最后才确定由一个机关来行使这一方面的“管理和监督工作”。这种法律上的迷惑，或者权力—权利变化的迷惑，至今无法在法理上清晰阐述。

但是，如果我们再来看看城市土地所有权的实际行使的状况时，我们会更加吃惊，因为实际上行使城市土地所有权的，并不是上面法律规定的统一的中央政府的“土地行政主管部门”，而是一个个具体的地方人民政府。中国《城市房地产管理法》第 15 条第 2 款规定：“土地使用权出让合同由市、县人民政府土地管理部门与土地使用者签订。”依据这个规定，市县一级政府行使土地出让权。因此，建设用地使用权“一级市场”的经营，实际上垄断在市县一级政府的手里。这样，地方政府依法成了代替“国家”经营土地的主体，也就是说土地的国家所有权实际上掌握在地方政府的手里，这也成为地方政府运作土地或者经营土地的法律基础。

“土地一级市场的国家垄断”是指建设用地使用权必须在国家土地所有

权基础上设立出来，必须由“国家”作为土地所有权人垄断性地“出让”建设用地使用权，从而形成土地进入市场机制的第一道关口必须由“国家”控制和运作的情形。[①] 而如上文所述，建设用地使用权“一级市场”的经营，实际上垄断在市县一级政府的手里。因此，“凡推向市场的经营性用地一律通过土地储备与土地经营机构一个‘口子’向市场供应。所有用于房地产开发的土地，不允许企业私自进行土地招商。在统一收购的基础上，土地储备与土地经营机构成为代表政府在土地一级市场上供应土地的唯一渠道和机构，以实现政府在土地一级市场上垄断土地供应的目标”。[②] 基于此，我们说按照该原则，在城市建设中，只有建设用地使用权这么一种权利才能独立地进入不动产市场（房屋所有权当然只有在获得建设用地使用权之后才能获得），因此，是否获得建设用地使用权其实是进入不动产市场的第一步。

在由国家垄断土地供应市场——一级市场的情况下，开发商要获得经营性用地的建设用地使用权，只能从国家手中获取，而不能采取与该片土地的各业主分别签订建设用地使用权流转协议的方式获取。土地储备与土地经营机构代表政府实现出让土地的职权。土地储备机构和土地经营机构的设置主要表现为三种：一是隶属于国土资源管理部门的土地储备和经营机构；二是隶属于市政府的土地储备和经营机构；三是由有企业性质的土地经营机构负责实施的土地储备和经营机构。[③] 这些储备和经营机构都不完全独立于公权主体，要么是政府下设的机关、单位，要么是有政府授权的企业。换句话说，土地使用权看似从土地储备与土地经营机构处获取，实则还是从政府手中获得，政府牢牢控制了土地“一级市场”。也就是说，在“土地一级市场的国家垄断”的背景下，“经营土地”、“经营城市”现实则表现为政府运用其手中的公权力征收民众私人享有的建设用地使用权，整合这些分散的权利，继而将大片土地的建设用地使用权整体出让以促进城市公共利益增进的活动。

---

① 参见孙宪忠《政府经营土地应以当事人角色出现》，《中国社会科学报》第 125 期 11 版“法学”文章之一。

② 荆月新、宋家敬主编《土地储备经营的法律程序与监管》，中国方正出版社，2006，第 1 版，第 42 页。

③ 楼建波、张双根、金锦萍、吕飞飞主编《土地储备及土地一级开发法律制度》，中国法制出版社，2009，第 1 版，第 47 页。

那么，政府控制土地“一级市场”的初衷是什么？为什么开发商要想获得经营性用地不能依《物权法》第144条的规定，从其他分散的建设用地使用权人手中、从“二级市场”受让，而只能从代表国家行使土地所有权的政府掌管下的“一级市场”中取得呢？这或许要从设置“土地一级市场的国家垄断”制度的目的愿景和理论价值的角度予以分析。

从深层次上讲，国家建立“土地一级市场的国家垄断”制度的目的在于实现社会主义的本质——解放生产力，发展生产力，消灭剥削，消除两极分化，最终达到共同富裕；这些社会主义的目标是从一开始就不应该忘记的。另外，还有一层目的在于实现政府对市场的监督和宏观调控作用，政府主导下的建设用地使用权的出让能够有效地发挥政府“有形的手”的宏观调控作用，一方面防止单纯依靠市场调节所导致的在经济危机环境下土地出让价格过低所造成国有资产的流失，另一方面也能防止由于热钱的涌入，开发商不计成本拿地而导致土地出让价格虚高所形成的泡沫经济现象的出现。诚然，这两个层次的目的都应该得到充分的肯定。

同时我们认为，“土地一级市场的国家垄断”制度的建立在实践中也发挥一定的价值，由政府在“一级市场”中“经营土地”、“经营城市”有利于从宏观上规范土地使用权流转市场，将土地储备的利用与规划相结合，将眼前利益、局部利益与长远利益、整体利益相结合，防止土地市场无序状态的出现，保护国有资产不受侵害；有利于土地使用权整合工作的快速展开，促进土地区位等级的提升，保证大型城市基础设施的建设，实现中国城市化的发展目标和构建和谐社会的发展战略；有利于防止两极分化现象的扩大，防止贫富差距过大导致的各种社会矛盾的产生，实现共同富裕；最后，“土地一级市场的国家垄断”制度，有助于我们明确土地使用权征收、出让过程中的主体，明确政府在这一过程中的地位，厘清政府处在这一地位上所应承担的职责。

三　政府“经营土地”的现实分析

（一）价值预期

政府“经营城市”行为按其内容可划分为三类：经营城市土地、经营城市基础设施和经营城市形象。① 经营城市基础设施是指对城市生存和发展所必需的工程性基础设施和社会性基础设施的建设，包括对城市能源系统、交通运输系统、用水排水系统、教育医疗系统等公用性事业的建设；经营城市形象是指对城市形象的打造和宣传，比如，西安市的城市名片就是十三朝古都，而桂林的形象就在于其美丽的风景；经营城市土地是以城市政府为主体，以获取土地资产效益最大化为目的的城市资产运营活动。城市的基础设施建设和城市的形象建设虽然不能在朝夕实现，也不能迅速获益，但对城市的发展影响甚远，而城市的土地价值巨大并且十分有限，随着土地的出让，使政府在短期内获得巨大经济效益，但是，这份收益在相当长的一段时间内是不可复制的。许多地方政府没能用发展的眼光看待“城市经营”问题，仅看到经营城市基础设施和形象对政府来讲属于财政的支出，而经营城市土地则为政府财政收入的重要环节。正是这种不可持续的理念和狭隘的眼光使得各级政府都热衷于“经营土地”这一活动，将城市的经营活动简单地等同于对土地的出让行为。我们认为，经营城市、经营土地这些概念原本没有错误，但是现实中的政府“经营土地”、“经营城市”活动，扭曲了“经营城市”的理念。政府对城市的经营仅仅沦为政府对城市土地的经营，政府“经营土地”、“经营城市”行为的实质也产生了变化。

这种实质性的“病变”发生在政府“经营土地”、“经营城市”的具体操作中。如上所述，根据中国法律规定，建设用地使用权的出让权一律由市、县一级人民政府行使。② 这一规定，实际上是把国有土地使用权的处分权交给了市县一级人民政府，并由他们享有该权利出让的实际利益。在民法原理上，如果一个主体事实上行使了对物的处分权，那么，他也就行使了物的所有权。这一法学的原理，显然在中国是无法和那种所谓主流

---

① 荆月新、宋家敬主编《土地储备经营的法律程序与监管》，中国方正出版社，2006，第1版，第56页。

② 《中华人民共和国城镇国有土地使用权出让和转让暂行条例》第10条规定：“土地使用权出让的地块、用途、年限和其他条件，由市、县人民政府土地管理部门会同城市规划和建设管理部门、房产管理部门共同拟定方案，按照国务院规定的批准权限批准后，由土地管理部门实施。”第11条规定：“土地使用权出让合同应当按照平等、自愿、有偿的原则，由市、县人民政府土地管理部门（以下简称出让方）与土地使用者签订。”

的、很多人坚持的国家土地所有权的法律语言相一致的。

目前，中国土地一级开发的运作模式主要是以地方政府运作为主。地方政府运作可以划分为三种具体类型：第一种是由地方政府掌管的土地储备机构直接负责土地一级开发；第二种是由承担土地储备职责的国有企业或专门承担土地一级开发职责的国有企业负责一级开发；第三种是由土地储备机构和企业联合负责一级开发。[①] 然而，各级地方政府、土地储备机构、承担土地储备职责的国有企业和承担土地一级开发职责的国有企业的财产往往难以区分。例如，2001 年杭州市作为全国土地资本运作试点城市，在该市于 1997 年建立由市政府授权成立经营土地的公司——杭州市土地储备中心以来，由市政府先行对该公司注入资金，再由该公司面向全市的土地实行统一收购、统一规划、统一招投标与拍卖，这种由市政府完全垄断城市土地一级市场的经营模式已经在全国范围内得到了推广。[②] 杭州市土地储备中心自我定义为非营利性事业单位，那么，由市政府注资而产生的土地储备中心，在拍卖其所代为管理的建设用地使用权时获得的从土地收购价到拍卖价中所产生溢价——级差地租该由谁享有呢？杭州市土地储备中心的收入究竟在多大程度上能独立于杭州市政府的财政收入呢？

政府收回土地然后出让土地，一开始还强调其“旧城改造”的动机，最后彻底演变为“经营土地”以至于“经营城市”。其实质，就是政府积极地主持大范围的拆迁和土地征收以寻求土地增值的利益，这一点在政府方面已经毫无遮掩。由土地出让金所构成的“第二财政”虽然广受诟病，但已经成为地方政府收入最重要的组成部分。“经营土地”的理念在多数地方政府领导看来，是光明正大的、理直气壮的。因此我们发现，全国的城市不论大小，其政府都热衷于搞城市拆迁，各地地方政府都在强势主导拆迁。可以说经营土地对于地方政府而言，可以说是具有重大内在利益的好事。当前，全国各地都出现了关于城市拆迁以及农村征地的负面报道，从中我们都可以看到地方政府经营土地的热情普遍高涨。一方面城市经济得到了发展，但是另一方面，不顾及可持续发展、不顾及民生的做法在各

---

① 楼建波、张双根、金锦萍、吕飞飞主编《土地储备及土地一级开发法律制度》，中国法制出版社，2009，第 1 版，第 61 页。

② 谢文蕙：《城市经营的理念与模式》，载《中国现代化战略研究——第一期中国现代化研究论坛文集》，2003。

地也是普遍存在的。中央政府为了保护耕地土地资源，出台了很多监督土地利用的措施，但是这些措施在地方政府面前总是捉襟见肘。[①]

（二）“招拍挂”的分析

如上所述，新中国成立后的很长一段时间内，中国土地使用制度是一种无偿、无限期、不能流动的行政划拨制度，这种土地制度导致了土地资源配置不合理、利用效益低、土地浪费严重、产权关系混乱、贪污腐败滋生等种种弊端。改革开放后为了克服土地无偿使用带来的这些弊端，在城镇国有土地使用制度方面进行了一系列改革。“招拍挂”制度就是其中的典型。地招拍挂制度是国家土地资源出让的招标、拍卖、挂牌制度的简称。

国土资源部于2007年9月颁布了“国土部39号令”，其中明确规定工业、商业、旅游、娱乐和商品住宅等经营性用地以及同一宗地有两个以上意向用地者的，应当以招标、拍卖或者挂牌方式出让。自2007年11月1日起实施的该项规定已经成为“地王”诞生的温床。因为，地方政府在进行土地出让时，多采用拍卖的方式，很少采用招标出让。[②] 当然，拍卖就是竞争高价的最好方式。诚然，这种方式一定程度上杜绝了暗箱操作的发生，阳光成为了最好的防腐剂。但“价高者得”的做法基本上忽略了国家土地所有权制度建立的社会主义理想的初衷。从经济学的角度讲，现有的土地“招、拍、挂”属于供给垄断和需求竞争型。这种供给垄断与需求竞争并存的模式，必然造成需求方恶性竞争，导致地价不断暴涨。[③] 而地方政府则坐收渔利，甚至为了取得大量的出让金积极推动“地王”的诞生。地方政府从土地交易中获益的正当性本身就存在疑问，还不肯以合理的市场价格补偿该地段的被拆迁人，这绝对是不正义的事情，是对征收权的滥用。而其结果，就是政府主导大力拆迁。

---

① 参见孙宪忠《政府经营土地应以当事人角色出现》，《中国社会科学报》第125期11版“法学”文章之一。

② 《国土部问计任志强等市场人士 “招拍挂”面临调整》，2010年3月31日第2版《每日经济新闻》。

③ 《疯狂的房价叫板土地招拍挂制度》，新华网：http://news.xinhuanet.com/politics/2010-03/31/c_129244.htm，2010年3月31日访问。

“招拍挂”制度的产生，其设想本来也有进步意义。在“招拍挂”之前的城市国有土地出让形式是通过自由协议转让，土地绝大多数掌握在政府尤其是国企手里。由于监督系统的缺位，企业为了获利，往往与官员相勾结，公差私贩沆瀣一气低价出让国有土地，滋生了很多灰色交易。[①]“招拍挂”制度对于解决土地出让过程中的贪污、腐败问题，防止暗箱操作是有益的，但是，这个制度本身也存在重大缺陷。

有人总结出了“招拍挂”制度的七大缺陷，分别如下。第一，“招拍挂”制度使得土地资源的浪费与短缺的矛盾严重，工业用地、行政办公用地的非市场化，导致许多工业园的土地利用效率低下，旧城改造中一栋栋政府行政办公楼拔地而起，形成了中国特有的土地资源短缺与浪费并存的现象。第二，“招拍挂”制度是推高房价的“凶手”之一，土地的“招拍挂”增加了开发商的开发成本，成为推高房价的重要因素之一。“招拍挂”制度并不是解决土地出让过程中贪污腐败现象的根本措施，也不是稳定房价的有效途径，地方政府卖地是导致目前房地产市场矛盾突发、房价一度被推高的重要原因之一。第三，“招拍挂”制度促涨了“第二财政”收入，自招拍挂以来，土地出让收益年年创新高。第四，“招拍挂”制度造成房产投机现象严重，伴随着每一个新“地王”刷新地价，定会为房地产带来一种震撼，带动房价的上涨，越高的楼面地价意味着更高的房价。第五，“招拍挂”制度没能有效抑制房企暴利，其实房企“暴利”并非仅仅来自房价与成本的差额，而是企业金融杠杆的运用。第六，“招拍挂”制度在一定程度上反而加剧了官商勾结，土地“招拍挂”给地方政府带来了不菲的收入，在房价处于上升阶段时，政府不仅不作任何预警，反而放任很多“地王”出现，为其获得巨额土地拍卖款而窃喜；在去年房价刚刚进行理性回调时，各地方政府就迫不及待地纷纷出台救市。这些，都是地方政府与地产业结成利益共同体的鲜活明证。第七“招拍挂”制度使得腐败滋生，房产火爆时期，开发商拿到土地就意味着获利，故每有一幅土地推出，就必将引来开发商的争抢，土地价格日渐推高的背后隐藏着诸多因土地招拍挂而起的权钱交易，全国各地接连出现的官员腐败案即为明证。因

① 参见《反思招拍挂制度的前世今生》，凤凰网－凤凰论坛：http：//bbs. ifeng. com/viewthread. php？tid＝4523269&extra＝page%3D1，2011年1月17日最后访问。

而，土地招拍挂在一定程度上滋生了地方政府官员的腐败现象。[①]

"招拍挂"制度只是为了解决地市腐败而生的一项制度，该制度本身的不完善和不完全使得它不能有效和全面地解决政府出让土地过程中的一切问题。没有考虑到老百姓利益的"招拍挂"制度本身就沦为了政府经营土地的工具。"招拍挂"制度的运行中，价高者得地权使得多家开发商轮番竞逐，地价不断飙高，房价在之后也只能随之水涨船高。因此，有人建议，在土地竞拍中，政府先确定地块面积、容积率和地价，在同等质量的情况下，哪家开发商约定未来出售的房价低就把土地卖给哪家，并由相关部门负责检查质量。[②] 这不失为一个好的建议，值得我们在今后的实践中予以考虑。

（三）"第二财政"分析

众所周知的是，中国的政府经营城市、经营土地，已经变异成为地方政府的"第二财政"的手段。这种依据公共权力牟利的现象，非常值得我们深思。

1. "第二财政"的现状

据有关数据显示，中国自实行土地有偿出让制度之后，土地出让金呈现明显的增长态势，出让金在地方财政收入中所占比重迅速提升：2001～2003年，中国土地出让金合计9100多亿元，约占同期全国地方财政收入的35%。2004年，土地有偿出让进一步市场化，当年全国出让金的价款更是高达5894.14亿元，占同期地方财政总收入的47%。2005年，中国执行收紧地根政策，出让金收入占比虽有所下降，但总额仍有5505亿元。2006年，土地出让金收入再次出现井喷，攀升到7000多亿元的历史高峰。[③] 至2009年更是达到1.5万亿元，相当于同期全国地方财政总收入的46%左右。[④]

---

① 参见《铿锵楼市》，凤凰网－房产频道：http：//house.ifeng.com/special/tudizhaopaigua/，2011年1月17日最后访问。

② 《改进土地"招拍挂"专家建议"房价低者得"》，2010年4月16日《中国证券报》。

③ 参见岳桂宁、滕莉莉、王春花《中国地方政府"土地财政"问题研究》，中国改革论坛网：http：//www.chinareform.org.cn/gov/governance/Forward/201007/t20100709_33694.htm。

④ 参见《人民日报批评地方财政靠卖地做法》，腾讯网：http：//finance.qq.com/a/20101227/001554.htm。

出让土地已经成为很多地方政府财政收入的重要源泉，有些城市财政收入的一半来自土地转让收入。随着经济的快速发展，土地出让金收入的增加幅度远高于全国财政总收入的增加幅度，而这笔收入对于地方各级政府来说也显得尤为重要。

仅以北京市为例，该市财政局公布的《关于北京市2009年预算执行情况和2010年预算草案的报告》中，并没有公布当年土地出让金收入的实际情况，北京市财政局新闻发言人孟景伟也否定了媒体披露出的923亿元[①]的总成交金额。[②] 北京市政府最终承认收取的土地出让金为494亿元，且该项收入并不纳入财政收入。[③] 这里有两点值得我们注意，首先，494亿元，的土地出让金到底算多算少；其次，“第二财政”——土地出让金既然不纳入政府的财政收入，那么它将流向何方？

仅2010年3月15日一天，北京市各级政府就获得了143.5亿元的土地收入，[④] 北京市财政局公开的2009年全年实际财政收入是2026.8亿元，[⑤] 其中，营业税的收入为386.3亿元，企业所得税收入246.1亿元，全市地方财政对于2010年的收入计划安排是2209.2亿元，[⑥] 通过对上述数据的分析不难看出，仅2010年3月15日一天的财政收入是北京市政府2009年全年财政收入的7%，相当于当年营业税收入的37%，企业所得税收入的58%，同时也相当于2010年全年财政收入计划的6.5%。通过简单的数学运算，我们很容易就能发现，“第二财政”已经逼近甚或超过“第

① 相关资料参见《09年北京土地收入923亿 占预期财政收入近半》，http://bj.fangjia.com/districtnewsinfo-76532-2902-3-1，2010年4月10日访问。

② 相关资料参见《北京市政府：土地收入八成用于民生 财政不靠卖地!》http://club.chinaren.com/0/161623709，2010年4月9日访问。

③ 相关资料参见《2009年北京市财政收入2026.8亿 不含土地出让金》，中华人民共和国中央人民政府门户网站：http://www.gov.cn/gzdt/2010-01/28/content_1521297.htm，2010年4月10日访问。

④ 相关资料参见《秋风：解读地王背后的房地产狂欢》，《21世纪经济报道》，2010年3月17日访问。

⑤ 相关资料参见《关于北京市2009年预算执行情况和2010年预算草案的报告（上）》，北京市财政局网站：http://www.bjcz.gov.cn/zfxxgkzl/ghjh/jhl/t20100208_214654.htm。

⑥ 相关资料参见《关于北京市2009年预算执行情况和2010年预算草案的报告（下）》，北京市财政局网站：http://www.bjcz.gov.cn/zfxxgkzl/ghjh/jhl/t20100208_214655.htm，2010年4月9日访问。

一财政”的收入了。

按照北京市财政局的做法，将土地出让金不纳入财政收入，那么，该项收入应该归谁呢？2006 年颁布的《国务院关于加强土地调控有关问题的通知》第 3 条规定：“国有土地使用权出让总价款全额纳入地方预算，缴入地方国库，实行‘收支两条线’管理。土地出让总价款必须首先按规定足额安排支付土地补偿费、安置补助费、地上附着物和青苗补偿费、拆迁补偿费以及补助被征地农民社会保障所需资金的不足，其余资金应逐步提高用于农业土地开发和农村基础设施建设的比重，以及用于廉租住房建设和完善国有土地使用功能的配套设施建设。”这意味着地方政府不能随意支配土地出让金，必须按照国家财政管理的要求使用。该条规定，不仅回答了第二财政收入到底归谁的问题，也规定了该项收入的流向。

由此我们可以看出，土地出让金的确是地方政府财政收入的一部分。财政收入，是指政府为履行其职能、实施公共政策和提供公共物品与服务需要而抽取的一切资金的总和。① 第二财政也是财政，是财政收入就应该“取之于民，用之于民”，就应该服务于社会公益的促进。国家富裕不是发展的最终目的，国民富裕才是；只有人民富裕了，国家才能获得进一步发展的动力。但是，第二财政是否应用在了民众利益以及社会发展方面？从现实的情形看，似乎对此我们也不很乐观，因为这一笔笔巨额款项的流向确实存在极大的问题。②

目前，我们缺乏对政府第二财政收入的支出的权威信息，公众不能知晓土地出让金最终的用途。普通老百姓不仅认为自己没能享受到财政收入增加所应该带来的福利，反而看到随着政府将手中的土地使用权出让后，一幢幢碧瓦朱甍的政府大楼拔地而起。③ 不论是政府没有将第二财政用于

① 百度百科：http：//baike. baidu. com/view/70873. html？goodTagLemma，2010 年 7 月 2 日访问。

② 据国土资源部《2009 年中国国土资源公报》，2009 年全国土地出让金达 1. 59102 万亿元；而财政部公布的《2009 年全国财政支出决算表》中，目前可以明确的，用于保障性住房支出的项目只有 725. 97 亿元。其他也有一部分土地出让金用于耕地开发、城市基础设施建设等。但是具体的数目如何，目前还是语焉不详。

③ 参见李星文《政府办公楼不该竞豪奢》，2007 年 1 月 19 日《北京青年报》。

公共利益，抑或是用于公共利益而没有公开这部分支出，都会导致群众对政府的不信任甚至抵触的产生。并且，由于该项收入由地方政府管理，个别地方政府内部腐败、违法现象由此滋长。上述《通知》并没有得到良好的贯彻。截至2009年6月底，有12个省区市本级和26个市县区有关部门应征未征土地出让收入、矿产资源补偿费和探矿权采矿权价款等非税收入794.16亿元，其中土地出让收入占94.76%，约为752亿元。2008年1月至2009年6月，17个省区市有625.38亿元已收缴的非税收入未按规定及时缴入国库纳入预算管理，还滞留在有关征收部门的收入过渡账户或财政预算外账户。[①] 巨额的土地出让金留置在地方后，地方政府自行出台一系列的先征后返政策，以政府奖励、财政补贴等名义将土地出让金收入返还给企业，更有甚者将土地出让金挪作地方政府宏伟办公大楼的建设之用。[②] 地方政府竟然能在国家的土地出让金中谋取个人的利益，证明其在土地征收出让的过程中，并不是以国家的代表的身份主持公益征收、土地出让的，而是在该过程中谋取自己的独立利益，作为土地所有者的国家没有因为给自己的土地所有权设置新的限制而享有应当的补偿，普通百姓从始到终也没有看到任何公共利益的影子，仿佛公共利益的名义仅仅是扼杀他们合法权利的恶魔。从征收到出让中的一切利益既没归于国家也没落在老百姓头上，反而都被公权主体——政府无偿摘得。

2. 地方政府的“逐利性”特征

按照公共选择理论的假设，选民及政府官员都是出于私利而采取行动的个人，以此为出发点研究他们在民主体制或其他类似的社会体制下进行的活动。按照公共选择理论，政府官员和消费者一样，也是具有理性和私利的“经济人”，他们也具有自己的动机、愿望和偏好，他们同样关心自己在政治活动中的成本和收益。在交易过程中他们也同样追求自己利益的最大化。同样的人不可能因为从经济市场转入政治市场就由追求个人利益

---

① 《审计署：近750亿土地出让金应征未征》，雅虎财经：http：//biz. cn. yahoo. com/10－06－/37/xig9. html，2010年6月15日最后访问；参见《600亿土地出让金未纳入预算》，2009年7月18日《新京报》。

② 对此有兴趣者可参见《浙江5.82亿元土地出让金频被挪用建办公大楼》，学法网：http：//www. xuefa. com/news/rotten/120445H007. html，2010年6月15日最后访问。

的“自利者”变成大公无私的“利他者”，政府官员作为单个的个人在政治市场上会对不同的决策规则和集体制度作出最有利于自己的反应。因此，政府人员会追求自身的福利和薪金，不同地区、不同层级的政府都有自己的部门利益、地方利益。[①] 特别是中国尚是发展中国家，在工业化、城市化进程中，发展经济、增加就业是地方政府的主要目标。在这种大背景下，土地开发和招商引资成为粗放发展模式下地方经济的主要发动机。于是，土地自然就被纳入了政府官员的效用函数中，加之在中国的威权主义体制下，缺乏一个系统的、完善的行政控权制度，导致公共利益正当实现机制缺位。[②]

问题在于中国的法律对于这种政府逐利性特征，似乎是没有认识。如上所述，按照中国法律，地方政府在出让土地时，有权利收取土地出让金。只有在征收农民的耕地时，土地出让金的30%才要上缴给中央财政，70%归地方政府所有；其他土地出让金一律留存在地方政府手里。这样，事实上不但承认而且是在鼓励地方政府将“全体人民”的土地用来为自己牟利。在增值税、消费税、所得税与中央分成，地方政府只占很小比例的情况下，营业税已经成为地方税收的最主要部分。这些收入，对于发展需求强烈的各个地方政府而言是远远不够的。恰好，“经营土地”为此提供了良好的机遇。

与此同时，与这百分之百甚至成数倍、数十倍的利润对政府对于利益的追逐力度的触动相比，现有体制下对政府公权力的约束则显得极为有限。在此次《国有土地上房屋征收与补偿条例》（第二次征求意见稿）出台之际，就有地方政府动用强大的力量，甚或各级地方政府的联合的力量游说各方，来阻击中央政府的这次改革。如此还怎么能说在征地拆迁的过程中是没有地方政府私利的存在呢？《国有土地上房屋征收与补偿条例》绝不是因为唐福珍自焚等血拆悲剧激起的一时义愤所致，而应该是规范地方政府拆迁行为，借以促进政府进步、社会发展的一个加速器。我们要避免该条例为特定利益集团的利益所挟持，成为它们把自己的个别意志包装成公共意志，把自己的个别利益包装成公共利益的

① 刘宗劲：《中国征地制度中的公共利益被异化及反思》，《现代经济探讨》2009年第8期。

② 刘宗劲：《中国征地制度中的公共利益被异化及反思》，《现代经济探讨》2009年第8期。

法律玩具。

3. 土地经营的“产业链”

公权参与牟利的行为不仅仅使政府“第二财政”收入得以增加，该行为更重要的影响是导致了一个恶性“产业链”的形成。当政府控制下的“国企”背靠着银行的支持，不计价格竞相取得建设用地使用权，以“地王”的身份出现在建设用地使用权交易市场的情况下，别的企业难以与实力雄厚的“国企地王”相抗衡，纷纷被逐出不动产市场。[①] 这里有一个十分生动的例子可以说明这一事实，在北京广渠路 15 号土地争夺中，SOHO 中国董事长潘石屹曾多次举牌，每举一次牌，他都会拿着计算器算半天。潘石屹事后表示，最后报价到 39.5 亿元都是被逼的，可是中化方兴前来拍地的副总根本不用算账，一直举牌，潘石屹不得不跟在后面。[②] 国企一步步把民企踢出市场还不是最可怕的，真正可怕的是普通老百姓也总有一天会被国企地王飙出的高地价、高房价“逐出”住房市场。

即使在 2009 年全球经济危机的背景下，中国还是坚持了适度宽松实为扩张的货币政策。这种货币政策使得大量资产涌向房地产行业，央行货币政策的可回旋余地越来越小，央行在房地产行业和政府的“挟持”下只能继续维持这种宽松的货币政策。以国企为主的地王从银行贷来廉价的开发资金，甚至其他中小企业、个人的大量廉价货币也以各种方式涌进房地产行业，普通老百姓在通货膨胀的压力下又觉得只有购买不动产才能“保值”、“增值”，由此，对房屋的需求也越来越大。政府为了获取巨额土地出让金，银行为了发放贷款和收回贷款，开发商为了赢利，三方利益高度统一，而他们三者利益的实现都得“仰仗”开发商手中的房屋以高价卖出，如此，房价就远离其本身的价值而依照上述三者的利益需求一路上涨。此时，政府不是加强宏观调控稳定房价防止房市泡沫破裂，有官员站出来讲：“政府将对低于成本价销售的房地产开发商进行

---

① 2010 年 3 月 15 日，北京市进行六宗土地拍卖，此次拍卖涌现出的“三大地王”分别是远洋公司、中国兵器装备集团、中国烟草总公司。相关资料参见《解读地王背后的房地产狂欢》，2010 年 3 月 17 日《21 世纪经济报道》。

② 相关资料参见陈晓双、陶春宇《“地王”国企造》，《时代周报》第 44 期，2009 年 9 月 17 日。

查处。”[①] 银行也为房屋按揭提供各种便利，不仅出台多种房贷方式，并且为业主的非居住性住房提供大额贷款，开发商则一再飙高房价。房价就是在这样多重因素的作用下被哄抬上去的。2009 年在北京大望京区，靠近五环的地段，楼面价拍到每平方米 27500 元，这就意味着这个地方的房屋销售价格只有达到 45000 元/平方米开发商才会有利可图。但五环附近的房子每平方米 45000 元是一般北京老百姓可以承受的么？当政府、银行和开发商各个赚得盆丰钵满之时，普通老百姓将再一次成为政府巨额“第二财政”的牺牲品。[②] 这部分巨额“第二财政”收入，仅仅是经过开发商之手交给政府而已，实质上还得转由普通业主来买单。这一点，就是我们在上文第一专题谈到的地方政府、开发商、银行等所形成的“利益共同体”现象。我们在上文也列举了在某些沿海地区，甚至出现地方政府跟开发商一道去北京、上海等地销售“海景房”的例子。现实中地方政府与开发商形成利益共同体不是个案而是具有普遍性的。

四　“公权牟利”分析

（一）“公权牟利”当与不当？

从上面的分析中我们已经能够清楚地看到，地方政府从“经营城市”、“经营土地”取得的一杯肥羹，这就涉及在法律发展史上探讨了数百年的“公权牟利”现象。政府可不可以利用自己掌握的公共权力牟取利益？对这一问题，在启蒙运动之前是没有人讨论的；但是在启蒙运动中，这个问题被尖锐地提出来了，因为在那个时代，人们已经认识到，政府并不自然

---

① 原南京市江宁区房管局局长周久耕，于 2008 年 12 月上旬，对媒体记者发布消息时说：“对于开发商低于成本价销售楼盘，下一步将和物价部门一起对其进行查处，以防止烂尾楼的出现。”相关资料参见《南京江宁查处低价房　官员称是对百姓负责》，http://news.qq.com/a/20081211/000679.htm，2010 年 4 月 10 日访问。

② “在经营城市的诱惑下，地方政府通过各种手段推高地价和房价，以实现土地收益最大化，城市房价在地方政府的推动下单边上涨，居高不下，使多数城市居民难以承受。这种状况侵蚀了城市居民特别是购房居民的利益，有损社会公平正义，同时也透支了地方未来的土地收入，由此带来的经济利益是不稳定、难以为继的。”参见《房地产蓝皮书批评地方政府患上“土地病”》，2010 年 5 月 6 日《法制日报》。

的就代表公共利益，因为政府也是由一些具体的人组成的，这些具体的人会有自己的个人利益。而且政府作为公共权力的拥有者和行使者，如果把政府的所有取得利益的行为神圣化并神秘化，那就会导致民众利益的灾难。那时人们普遍认识到，公共权力部门如政府的建立是必要的，但是公共权力本身也意味着可能的对民众权利的侵犯，所以政治权力的存在是一种“必要的恶”。在政治契约理论中，公共权力占有使用的资产，不论是哪一种资产，均来源于人民的纳税，因此依据法律伦理，不可以利用这些资产再向人民谋取利益。这就是“公权不得牟利”的精神。

但是在社会主义国家建立后，政治权力本身掌握大量的生产资料，这一点被视为必需，视为伦理正当；而占有生产资料就必然要牟取利益。此后，政治权力谋取市场利益的法律伦理发生了改变，所有的政治宣教均认为这种情形是正当的。但是，我们似乎忘记了，或者说刻意地忘记了任何政治权力均由具体的人组成，而这些具体的人并不具有天然的伦理免疫力这些最一般的道理。

大陆法系国家所讲的《物权法》，是基于土地权利私有、物权法律关系主体平等而制定的一部极为重要的民事特别法。但是，在中国现行所有制背景下，土地所有权归国家、集体所有，参与正常流转的却仅仅只是建设用地使用权这一用益物权。这样，就在本身清楚的平权型的地权法律关系中多了一个特殊的主体——国家。如上所述，“国家”作为土地所有权的主体这一点在中国其实并不是实事求是的表达，地方政府代表行使其在土地上的权利才是实实在在的。这样，国家“经营土地”，“经营土地”所得到的利益本来应该归属于“全体人民”的这个道理，实际上是无法实现的。

本来，地方政府应该以一个“代理人”的身份出现在土地的经营活动中，即在这一经营活动中，政府除了可以取得适当的报酬外不应再掺杂任何独立的利益。因此，现实的那种政府通过“经营土地”、“经营城市”活动利用公权牟利本身就不符合一般的法律规则。

政府“经营土地”、“经营城市”的行为，本应通过市场机制对构成城市空间和城市功能载体的资本——土地进行营运，其目的在于增进城市的公共利益。公权力应履行自己从“公共利益”的目的到“公共利益”实现的使命，而不是以自己手中的公权力为手段攫取本应属于私权主体的私利。个别地方政府在“经营土地”、“经营城市”的过程中一味强调土地出让金获取的行为已然是忘却了自己公权主体的地位而非法参与私权营利活动的表现。

政府经营土地牟取利益，必然会激烈地与民争利。拆迁就是这种情形的充分表现。在一些典型的拆迁案例中，归根结底，是政府在与民争利，而不是开发商与民争利。这就违背了法律上最基本的道理。因为，卢梭认为，政府的产生，并不是社会契约的内容或者社会契约本身的目的。政府只是人民为了执行契约而创设的，按照公意的指示行使人民赋予自己的权力就是政府的全部权能。政府作为公共力量的代理人，它因为公众的纳税而存在，其职责不应该在于牟私利而应该在于依照自己的职责行使人民赋予的保护民众权利的权力。诚然，公权与牟利在法学理论上本来就不能共生，公权的价值在于整个社会的公益而绝不在于民法上的私利。诚然，政府有其独立的私利，但这种利益只是在政府以民事主体身份出现时才享有的，作为公权力主体的政府则要负担增进社会利益的责任。

政府“经营土地”、“经营城市”的行为在理论和客观上或许都会具有一定的积极作用，其一方面使政府获得了巨额财政收入以维持公共职责的履行，另一方面也加快了城市发展的速度。这一过程中也许会产生忽视业主意志和利益的行为，但政府从业主手中收回建设用地使用权出让给房地产开发商，自然比开发商分别同每一业主签订建设用地使用权流转合同要高效得多，这使得城市中高楼拔地而起，商业区鳞次栉比，城市建设日新月异，提高了城市居民的生活水平也加快了中国的城市化进程。需要明确的是，政府“经营土地”、“经营城市”的行为客观上所带来的积极效果不能掩盖其公权参与牟利的暗流及其造成的恶劣影响。经营土地导致的严重的民众权利受损害的案例大量涌现，民众以性命抗争的事例频频发生便是很好的明证。众所周知，土地经营已经成为中国诸多社会问题的渊薮。①

公权参与牟利的弊端很多，最重要的一个弊端就是垄断以及与之相伴的腐败。房地产开发商从原业主手中获取建设用地使用权的途径如果不是通过与其他开发商公平、自由地竞争，而是依靠政府的公权力的话，就会

① 参见孙宪忠《政府经营土地应以当事人角色出现》，《中国社会科学报》第125期11版“法学”文章之一。

导致一些寡头公司的出现。这些公司仗着与政府的关系，不用参与市场竞争就可以获得巨额的经营利益。同时，在政府方面，政府手中的过大权力容易导致公权者以权力为筹码谋求自身经济利益的“权力寻租”现象的产生，最终牺牲的是广大消费者、人民群众的利益。

公权参与牟利的另一个问题就是土地出让金的归属。上文已经论及，依照《国务院关于加强土地调控有关问题的通知》，作为公权主体，政府不应在民事生活中谋取私利，不能依靠土地国有制度，谋取数额巨大的土地出让金归自己所有，该土地出让金应当在合法补偿赔偿原先享有该片土地建设用地使用权的业主之后，用于整个社会福利的促进，用于共同富裕的社会主义本质的实现。

公权参与私权牟利还有一个弊端是这个行为将会导致私权权能的相对降低，在民事生活中，营利是以平等身份出现的自然人、法人和其他组织之间的事情，如果在这一活动中突然加入一个享有公权力的政府，必然会导致其他所有民事主体权能的沦落，民事权利受到强大公权力侵害是必然发生的事情。侵害民众的所有权不仅仅是一个侵犯民事权利的问题，民众所享有的所有权具有基本人权的意义，这个行为是对民众生存权、基本人权的侵害，从而使个人享有的权利沦为公权力统治下的傀儡。

公权参与牟利所要面临的另一个极为现实的弊端是极有可能导致房价的不理性攀升。国有土地毕竟是一种特殊的公共资源，如果将土地供应目标定位于地方财政的利益最大化，将有悖于其基本属性，也有悖于国有即为全民所有这一基本属性。在这种利益联结机制下，地方政府不但是征地的大买家、土地出让的大卖家，还是收支的大账房。当流动性充裕、房地产市场向好时，地方政府有动力、有能力推升地价和房价；随之就会导致住房不断向富裕家庭集中，大多数居民家庭获得住房的能力减弱、机会减少。“政府获取土地出让金及其相关收入的目的应是社会公共服务最大化，在缺少必要制度约束情况下，手段往往成了目的，损害了社会公平。”①而当楼市出现危机、土地交易冷清时，地方政府的财政平衡压力就会增大，也能通过构筑政策防护墙，扭转楼市下滑趋势。“2008 年，各地纷纷

① 参见《今年全国土地出让金可能突破 2 万亿　高地价推高房价》，中国日报网：http://www.chinadaily.com.cn/hqcj/bx/2010-12-27/content_1463326.html。

出台缓交土地出让金等措施扶持开发商，‘救市’风潮席卷南北就是例证。更令人担忧的是，这种机制像个失去控制的发动机一样，很难停下来。”①

不论是依据法律原理还是依据中国宪法现在已经确定的“依法治国原则”，政府作为公权主体并没有属于自己的、独立的民事利益。政府以公权为据所获得的经济利益应该放诸整个社会中，政府利益的最高体现就应是整个社会福利的增强和私人个体利益的有效实现。公权牟利这种在中国畅行不止的事情，至少应该引起我们的注意，从拆迁的情形看，这种情形并没有带来普通民众的应该拥有的福利，反而造成了很多民众的灾难。

（二）公共利益还是“公权的私利”

在公共权力牟取市场利益的问题上，尤其是在政府依据拆迁取得土地，经营土地取得“第二财政”时，支持的观点认为，只要是为了公共利益，那么公权牟利就没有错。但是，公权牟利是否都是为了公共利益呢?

台湾学者陈新民认为：“公益概念的最特别之处，在于其概念内容的‘不确定性’（是为典型的不确定法律概念 unbestimmter Rechtsbegriff）。”②诚如其所言，由于公共利益之“内容”和“受益对象”的不确定性，我们对于“公共利益”的定义一直不够明确。包括中国的《宪法》和《物权法》都没有对公共利益作出具体、明确的界定，就难免产生“原则与例外”、“普通与特别”的交错复杂关系，以致影响法律适用的明确性与安定性。③ 但对公共利益的界定，决定了建设用地使用权的取得方式，决定了建设用地使用权是在平权性的民事关系中还是隶属性的行政关系中获得，也是决定政府能否对建设用地使用权进行征收。正如江平教授所言：“‘社会公共利益需要’没有确切解释，往往可以被滥用。世界各国也都

① 参见《今年全国土地出让金可能突破 2 万亿　高地价推高房价》，中国日报网：http：//www. chinadaily. com. cn/hqcj/bx/2010 - 12 - 27/content_ 1463326. html。

② 陈新民：《法治国公法学原理与实践》（上册），中国政法大学出版社，2007，第 1 版，326 页。

③ 参见王泽鉴《物权法上的自由与限制》，载梁慧星主编《民商法论丛》第 19 卷，金桥文化出版（香港）有限公司，2001。

规定社会公共利益需要时可以征收，但人家是区分社会公共利益需要和商业需要的。现在往往将商业需要也理解为社会公共利益需要，只要城市发展、城市需要，哪怕搞超市、搞各种娱乐经营场所，也被认为是公共利益。这是不对的。”真正的公共利益到底是属于国家、社会还是集体呢？公共利益包括国家利益、社会利益与集体利益的全部还是它们中的一部分呢？①

如上所述，拆迁本身包括的征收，确实有为“公共利益”的一面，征收本来的法律意义，就是将本属于少数人的利益通过国家的运作，经营出更大的利益，再使这份增大的利益重新回归社会的行为，是共同富裕目标实现的一种手段。为“公共利益”的征收，并不仅指在征收的瞬间我们要强调公共利益的优先性和排他性，更重要的是征收的实效要体现在公共福祉的增加上，公共利益不仅仅给了征收一个名义，并且要成为征收的归宿。拆迁中政府所得的各种利益，尤其是土地出让金这样金额的财富，必须返还给社会大众，而不应该演化成为政府机关的办公大楼、培训中心、疗养院、休养所等等。这也就是说，“公共利益”在“经营土地”、“经营城市”的过程中并不是简简单单的一个起点——为公共利益目的的征收，而是还得有一个“公共利益”的归属——这份公共利益必须被业主和其他广大公民所组成的“众人”享有。政府的行为必须起于公益止于公益，公益必须贯穿在“经营土地”的全过程中，土地出让金不能停留在政府的口袋里，而要在依法补偿被征收人的物权权利之后用于社会福利的促进。我们把对公共利益的界定权交给了政府之后，却忽略了政府利益所具有的独立性——政府利益不等于公共利益，停留在政府囊中的不是公共利益，政府必须为了人民的利益将取得的土地出让金支出。

中国各地的地方政府在拆迁事务中以公共利益为借口，积极地经营土地的行为，还有一个相伴随的问题就是对“比例原则”缺乏应有之尊重。“比例原则”要求，征收应是公权力为实现公共福利之目的，所不得已的“最后手段”（ultima ratio），公权力之征收乃为“辅助手段”（Hilfsmittel），

① 《国家利益不能滥用　拾金不昧高估公众道德水准》，中国经济网，2005 年 7 月 2 日，http：//www. ce. cn/new _ hgjj/hgplun/more/200507/02/t20050702 _ 4107332 _ 1. shtml，2010 年 4 月 7 日访问。

应当尽量避免使用这种措施。[①] 诚然，公共利益使我们有资格要求人民放弃自己的土地使用权、房屋所有权，但是不是所有的公共利益都能要求所有的私人利益让步呢？这就是比例原则所要解决的问题。鉴于公共利益所导致的私权的收缩与限制不能仅以公共利益的存在作为依据，我们要有一个标准，什么性质的公共利益能要求什么性质的私人利益作出牺牲？多少公共利益值得我们牺牲多少私人利益？要防止“空心化”的公共利益，成为不当干预私法自治的借口，避免以公共利益这一“玫瑰之名”扼杀私法自治。[②] 而防止公共利益的“空心化”的途径就是坚持“比例原则”。假定征收所将带来的利益是 B，给被征收者以及利益受到影响的其他人所带来的成本是 C，而政府补偿数额是 J。[③] 如果 B > J，这一征收对政府来讲就是一个有益于公益的行为，但是政府是不是应该考虑一下 B 与 C 的关系呢？如果 C > B > J，虽然这一行为对公益而言有利，但是这样私人利益之牺牲大于最终公共利益之获得的征收行为很难讲是为了公共利益的实现。为了某一“公共利益”目的而为的征收，公众所获得的利益一定要大于因此而失去权利的业主所丧失的那部分利益之和。如果牺牲大部分人的利益仅是为了满足小范围群体的利益，这本身就不符合成本与效益的经济分析法，也极易产生腐败现象。譬如，我们在一个人口只有二三十万的小城镇，大搞征地拆迁，将镇中的主要居民悉数迁往城外而在镇中心修建一个占地五百多亩的三级甲等医院就明显不符合更广大人民群众的利益。更危险的是，如果我们为了在市中心盖一座宏伟的政府办公大楼，而把位于市中心繁华地带的所有商铺、居民林林总总一起拆迁出去，很难说这就是适当的公共利益，我们更愿意说，这就是滋生腐败的源头。在现实的拆迁过程中，很少有政府考虑到公共利益和若干个私人利益的比例问题，他们想

---

① 陈新民：《法治国公法学原理与实践》（上册），中国政法大学出版社，2007，第 1 版，第 300 页。陈新民在其《宪法财产权保障之体系与公益征收之概念》一文中认为：“依《基本法》（德国《基本法》）的思想，一个合宪的征收，其许可要件约如下：1. 必须是为了公众福利而征收。2. 必须有充分的法律依据。3. ‘比例原则’必须被尊重。4. 必须予以‘公正的补偿’。”“《基本法》第十四条三项，虽未明言征收必须遵守此原则（比例原则），但依法治国家之基本精神，比例原则适用于征收案件，毋庸赘言。”

② 谢鸿飞：《公共利益·国家强制·私法自治》，2004 年 9 月 29 日《人民法院报》。

③ 张千帆：《“公正补偿”与征收权的宪法限制》，《法学研究》2005 年第 2 期，第 25 ~ 37 页。

当然地认为公共利益的价值高于私人利益，甚至有些政府一想到高额的土地出让金都来不及顾及征地的目的是不是为了公共利益就草率地展开征地拆迁活动，而将民众的私人财产权置于一个十分危险的境地。

但中国当前立法未对比例原则以及公共利益的最后归属问题作出应有的规制，为政府假借“公共利益”的旗号，不顾比例原则的要求“经营土地”、“经营城市”提供了可能，从而导致现实中的征收许多并非是为了公益建设而为，而是为了政府自身的利益利用土地一级市场的国家垄断，征地拆迁，获得土地出让金，谋取财政利益。这样的“公共利益”恐怕被冠以“公权的私利”的名义显得更妥当些。

（三）可能的合理规制

显然，土地财政这种愈演愈烈的现象，在中国是很不正常的。但是从民法、物权法学的角度似乎无法展开深入探讨。但是我们也可以从广义的法学的角度提出一些加以规范的建议。

英国古典政治经济学的鼻祖威廉·配第说过：“土地是财富之母。”土地不论是生产资料还是生活资料，它能产生的收益远远超过其他财产。因此，民众享有的土地权利，对于他们来讲不仅是一个物权权利，更具有基本人权的意义。在拆迁过程中，如此重要的权利的丧失自然会引起人民强烈的关注，如果民众的利益得不到足够的保障，自然会引起反抗。而且土地资源的有限性和固定性决定了一块土地是没有“替代品”的，在国家建设确实需要土地的时候，征收这种强制性的手段最终还是无法废除。

上文已经指出，拆迁就是对土地这种如此重要的且无可替代的民事权利的征收，必然会引起极大的利益冲突甚至争端。政府与业主往往处在对立面，他们之间的利益关系如若得不到很好的规制，矛盾就会激化，吃亏的常常是被拆迁的民众。近一段时期，更是出现了业主重伤、杀害拆迁人的极端事件，[①] 就是明显的例子。基于上述，我们在肯定政府“经营土

① 对此有兴趣者可以参见《杨义七刀杀死拆迁指挥，600 人联名求保命》。“2010 年 4 月 8 日上午，辽宁抚顺高湾经济开发区因强制拆迁发生命案，该区管委会、高湾农场副场长王广良带人进行强制拆迁，拆迁户杨勇被殴打昏迷吐血，他的哥哥杨义见状用刀对王广良连刺七刀，王当场被刺死。”法治论坛：http：//bbs. chinacourt. org/index. php? showtopic = 384957，2010 年 5 月 15 日最后访问。

地”、“经营城市”的必要性的时候，也必须明白，政府在此中牟利的行为是不可取的。对这种狂热的收取土地出让金的积极性，我们必须依法予以规制。对此我们的建议是：

1. 规范土地出让金

如上所述，地方政府在出让土地时，只有在征收农民的耕地时，土地出让金的30%才要上缴给中央财政；而其他的土地出让金一律留存在地方政府手里。地方政府之所以紧锣密鼓地组织拆迁，因为拆迁不仅使他们获得了巨额土地财政收入并且使他们积累了政绩，所以地方政府对于拆迁忙得不亦乐乎。据报道，2010年全国土地出让金收入8752亿元,[①] 2010年全国财政收入或将突破80000亿元。[②] 通过最简单的数学分析就可看出，去年全国土地出让金收入占到了财政收入的一成以上。而如上文所述，高额土地出让金的收取会成为地方政府公权牟利的最大诱因。

那么，政府取得、享有并使用国有土地出让金是否正当？我们认为这就是个问题。从法理上看，我们认为巨额土地出让金不应该归地方政府占有、使用、收益、处分，地方政府对于该收入应当只是享有征收的权利，而不是所有的权利。因为，土地并不是地方政府的，他们经营土地实际上是代表国家或者代表“全体人民”的。政府参加到牟利的商业行为中，使自己成为城市经济发展最大的受益人。但这无论从理论上还是从政府的职责角度看都是不合理的。

一些地方政府认为，由于自己投身于土地经营，使得土地价值增值，因此自己应该获得这部分增长了的级差地租。持有这种观点的政府官员实在不是少数。这一看法当然是错误的。因为，在启蒙运动之后，无论是哪个国家的政府机关，也无论是哪个政府官员，他们都不敢于这样讲话，因为他们深知自己是靠纳税人来生活的，所以他们必须为纳税人谋福利；无论是谁，也不敢说纳税人的收入是政府赐予的。在社会主义国家里，政府并不是营利主

① 参见杨羚强《土地出让金收入8752亿 十大城市“点土成金”》，2011年1月6日《每日经济新闻》，http：//house. focus. cn/news/2011 -01 -06/1156669. html，2011年1月17最后访问。

② 《2010年财政收入突破8万亿成定局》，中国经济信息网：http：//www. cei. gov. cn/loadpage. aspx? page = ShowDoc&CategoryAlias = zonghe/ggmflm_ zh&BlockAlias = YBQH0&FileName = /doc/YBQH0/201101040001. xml，2011年1月17日最后访问。

体，它的行为不应该按照价值规律来计算其价值。在前面我们探讨了社会主义国家建立土地公有制的原因，那就是实现社会主义的公平与正义。所以在取得土地出让金之后，我们不能忘记社会主义国家的本质。

无论如何，目前土地出让金成为地方政府的“账外资产”的情形，不但是不合理的，而且是十分可怕的。因此，必须在法律上使得这一笔财产完全透明，其收入使用范围包括征地和拆迁补偿支出、土地开发支出、支农支出、城市建设支出以及其他支出，都必须受到最为强力的监督。土地出让收入的使用要确保足额支付征地和拆迁补偿费、补助被征地农民社会保障支出、保持被征地农民原有生活水平补贴支出，严格按照有关规定将被征地农民的社会保障费用纳入征地补偿安置费用，切实保障被征地农民和被拆迁居民的合法利益。此外，在现有的文件基础上，进一步明确用于城市建设支出、其他支出的实施细则，使地方政府在实际操作中，有法可依。

在土地出让金的监督机制方面，我们有如下建议。

首先要加强部门合作，建立国有土地信息平台。财政部门要积极支持，配合国土部门工作，按规定及时拨付土地出让业务费等，调动国土部门的积极性。国土部门也要及时完整、准确地提供相关的土地方面的资料和信息，逐步实现财政、国土、国库等部门的微机联网，实现信息共享，为管好用好土地出让金提供强有力的技术基础。

其次是强化土地出让金监督管理。一要建立一支稳定的、高素质的监管队伍。财政部门、国土资源部门、人民银行以及审计、监察部门要建立健全对土地出让金收支情况的定期和不定期监督检查制度，强化对土地出让金的监督管理，确保土地出让收入及时足额缴入国库，支出严格按照财政预算管理规定执行。同时，土地出让金收支情况要按照规定程序向同级人民政府报告，政府依法向同级人民代表大会报告，接受人大监督。二要建立土地出让金审计制度。审计机关要对土地出让金收支实行定期或经常性的审计监督，及时发现问题，维护国家和人民的利益。

最后，土地出让金应当置于阳光之下，群众的监督是“中华人民共和国的一切权力属于人民”的宪法条文的必然要求，是最有效、最广泛的监督途径。应该提倡土地出让金收入的公开化，将土地出让金从地方政府代表国家征收到交还全国人大专门委员会再到专门委员会对土地出让金的支出，一单单、一笔笔收入、转存、支出都应该置于“阳光”之下，接受全国人民的监督。这才能保障土地出让金收入真正取之于民、用之于民，防止地方政府权力寻租和“寅吃卯粮”现象的发生。

2. 再造政府“经营土地”、“经营城市”行为

对此，首要任务是再造中国各级政府以及官员的民权理念。我们已经分析了，当前的拆迁立法中之所以存在诸种不足，其症结还在于政府的民权保护意识欠缺。故要扭转这种局面首先要从民权保护理念的树立和强化入手。我们认为，建立生产资料公有制这一目标不应该受质疑，但是在建立公有制之后，社会主义国家对于民众个人或者私人所有权应该采取什么样的态度，这是一个需要认真思考和解决的问题。事实上，社会主义国家都曾经出现过民权极不发达的历史。中国改革开放以来，执政党在这一方面采取了很多措施，壮大民众的各种权利。在拆迁这个问题上，民权最为强烈、最激烈的反映，是民众的私有财产所有权得不到充分承认和保护。中国立法已经采取了一系列措施，扩大民众取得财产所有权的自由，依法承认和保护个人或者私人取得的所有权，而且通过不断扩大民众可以取得财产所有权的范围的做法，提高个人或者私人参与国民经济建设的广度和深度。[①] 2004 年 3 月通过的宪法修正案，写入了“公民的合法的私有财产不受侵犯”，这一内容写入了《宪法》第 13 条。《中华人民共和国物权法》第 3 条第 3 款规定：“国家实行社会主义市场经济，保障一切市场主体的平等法律地位和发展权利。”第 4 条规定：“国家、集体、私人的物权和其他权利人的物权受法律保护，任何单位和个人不得侵犯。”明确确认对于各种合法财产“一体承认、平等保护”的原则，在社会主义国家也是第一次，这一点具有划时代的意义。[②]

新的征收条例无论从立法目的的表述、征收程序的设置、补偿标准的确定，还是救济程序的设计[③]上都沿袭了《物权法》所确立的民权理念，

① 孙宪忠：《物权法的制定与实施是一次思想大解放》，中国法学网：http://www.iolaw.org.cn/showArticle.asp? id =2267。

② 孙宪忠：《中国物权法总论》，法律出版社，2009，第 1 版，第 15 页。

③ 该条例第 1 条规定：“为了规范国有土地上房屋征收与补偿活动，维护公共利益，保障被征收房屋所有权人的合法权益，制定本条例。”明确将保障被征收房屋所有权人的合法权益作为立法宗旨，体现了立法者保障民权的基本理念。关于该条例在征收程序的设置、补偿标准的确定以及救济程序的设计上如何体现民权保障思想，在课题的其他专题中将会具体展开，在此不予赘述。

与以往的拆迁立法相比有了很大的突破。但遗憾的是新条例颁布后仍有暴力拆迁案①发生，由此可以看出这些闪耀着民权理念光芒的规则似乎还没有为许多地方的政府和官员们所理解和掌握。因此我们认为，再造政府经营城市、经营土地的行为时，还是应该着力于政府官员民权理念的再造，否则无论是在民权理念的塑造中具有开创性意义的《物权法》，还是现在的征收条例，都可能会沦为一纸空文。我们提出，在选拔官员和考核政府政绩时，一定要把他们对于基本法律的掌握和运用的情况，当做一项强硬的标准。

3. 相关法律规则的完善

要做到这一点，我们必须按照科学的法理构建相关具体规则。虽然中国《宪法》对国家征收土地作出了初步性的规制，但对这种行为的实施作出了更为详细、具体以及操作性更强之规定的显然是《物权法》。《物权法》第 42 条规定："为了公共利益的需要，依照法律规定的权限和程序可以征收集体所有的土地和单位、个人的房屋及其他不动产。征收集体所有的土地，应当依法足额支付土地补偿费、安置补助费、地上附着物和青苗的补偿费等费用，安排被征地农民的社会保障费用，保障被征地农民的生活，维护被征地农民的合法权益。征收单位、个人的房屋及其他不动产，应当依法给予拆迁补偿，维护被征收人的合法权益；征收个人住宅的，还应当保障被征收人的居住条件。任何单位和个人不得贪污、挪用、私分、截留、拖欠征收补偿费等费用。"

对此条文进行分析，我们可以看出该条文第 1 款是以公权力消灭私权利的法律依据，并且明确了在赋予国家整合私人土地使用权的权力的同时更强调该项整合必须伴随着一个更为广阔、更为长远的公共利益之存在以及权限和程序的制约。第 2 款和第 3 款是有关征收集体、单位、个人土地和不动产中补偿的规定，第 3 款是一个保证条款，对第 3 款的违反可能会导致行政责任、刑事责任的产生。我们不难发现该条文确定的"目的正当、程序合法、足额补偿"三大原则，正是对上文我们论及的现行政府经营土地过程中存在的三大主要立法缺陷做出的有效弥合。

---

① 2011 年 3 月 26 日晚，长春市发生一起违法强拆事件，导致一位居民死亡。具体情形可参见《长春数百人午夜强拆压死一居民》，2011 年 3 月 30 日《南方都市报》。

同时在建设用地使用权的出让和划拨方面，《物权法》第 137 条作出了如下规定："设立建设用地使用权，可以采取出让或者划拨等方式。工业、商业、旅游、娱乐和商品住宅等经营性用地以及同一土地有两个以上意向用地者的，应当采取招标、拍卖等公开竞价的方式出让。"这是一条原则性、总纲性的规定，该条文表明了民事主体取得建设用地使用权的两种方式，并进一步规定商品住宅用地应当通过招标、拍卖等公开竞价的出让方式取得，国家不能将一块土地的建设用地使用权无偿、无期限地拱手送给要参与竞争营利的开发商。这一规定旨在抑制公私权勾结营利、权力寻租行为所导致的腐败和政府与民争利现象的产生；旨在实现社会主义市场经济的平等性和开放性。

基于上述分析，我们可以看出中国《物权法》明确提出公益征收的概念并对征收中的补偿和程序进行规定的确是中国法制史上的一大进步，《物权法》关于征收的前提、程序等的合理规定的价值是毋庸置疑的。正是由于《物权法》中有所规定，要实施通过公益征收消灭民众物权的这一行为就必须遵循《物权法》第 42 条的规定，该条文不仅仅是规定了基于公共利益的目的对私人财产权利可以予以消灭，更重要的是规定了对丧失的私权应当给予足额的补偿。依据《物权法》进行土地征收的政府，在行使自己作为公权主体享有的征收权力的同时，也不能忘记自己对民众所负有的补偿义务和赔偿责任。

有人认为在《物权法》中的这一规定是混淆了法律部门之间的界限，混淆了公法与私法的划分。事实上，没有什么比在《物权法》中对与政府"经营土地"、"经营城市"有关的征收、拆迁等活动作出规定更合适的了。在社会主义市场经济飞速发展的今天，国家建设对各种资源的需求都显著增加，作为最有价值的资源——土地，基于其不可再生性和有限性，无疑需要市场的优化配置才能发挥更大的价值。用《物权法》这一私法规范来规定国有土地资源的利用方式，有助于促使土地资源经由私法规范进入市场，发挥物尽其用的经济效能。[①] 依照《物权法》的规定，根据"征收三原则"对私人所有的建设用地使用权进行征收、整合，借以实现公共利益

① 参见王泽鉴《物权法上的自由与限制》，载梁慧星主编《民商法论丛》第 19 卷，金桥文化出版（香港）有限公司，2001。

目的的行为不但是正当的，而且是十分必要的。

4. 民法之外相关的法律必须迅速完善

可以说《物权法》对政府经营土地行为的制度构造是科学合理的，但我们应该看到，它无法对具有明显公法特色的征收权作出详细而具体的规定。但是我们可以依据民法、《物权法》确定的民权精神来理解征收权的行使问题。对此有兴趣者，可以参阅由中国社会科学院法学所课题组起草的《物权法学者建议稿》中关于征收权的立法建议。该《建议稿》中对公共利益作出了较 2007 年颁布的《物权法》更为详细的、列举式的规定，并且从反面指出“征收不能适用于商业目的。国家基于发展商业的目的而需取得自然人、法人财产的，只能通过订立合同的方式”。[①] 学者对于公共利益的拟制、对征收程序和补偿的规划的确比《物权法》更具操作性，我们理应在以后的立法、司法和执法实践中予以合理的考量。

在现实生活中，央企地王频出这一问题也不是民法本身能够解决的问题。实力雄厚无可匹敌的央企用国家的钱炒国家的地并一再哄抬地价，致使房价跟着水涨船高，最终由老百姓承担了这部分虚高的地价，老百姓成了高房价受害者。在北京、上海、深圳、南京等国内一线城市，“新地王”的纪录不断被“国”字号企业以天价刷新。单看 2009 年一年，6 月 30 日，中化集团旗下的中化方兴投资管理有限公司以 40.6 亿元的高价摘得广渠路 15 号地块，刷新了 2007 年以来北京“地王”的纪录；7 月 23 日，中海集团以 70.6 亿元拿下长风 6B、7C 地块，创造了新的上海地王；依旧是国企的招商地产和华侨城在深圳联手以 5.3 亿元拿下位于宝安尖岗山 A122 - 0332 号地块，再创深圳新地王；同样是国字号的中国保利集团控股下的保利地产以 15.92 亿元的“天价”一举拿下河西金沙江地块，成为南京地王。[②] 央企地王拿到的这些土地，多处于一线城市的黄金地段，地价本身

---

① 对此有兴趣者可参见孙宪忠《争议与思考——物权法立法笔记》，中国人民大学出版社，2006，第 1 版，第 67 页。“第二十三条（征收）　基于社会公共利益的目的，并依照法律规定的程序，国家可以征收自然人和法人的财产。所谓公共利益，指公共道路交通、公共卫生、灾害防治、科学及文化教育事业，环境保护、文物古迹及风景名胜区的保护、公共水源及引水排水用地区域的保护、森林保护事业，以及国家法律规定的其他公共利益。”

② 相关资料参见陈晓双、陶春宇《“地王”国企造》，《时代周报》第 44 期，2009 年 9 月 17 日。

就非常高，而财大气粗的央企拿地时根本不计较价格的高低，更不考虑营利周期和变现周期的长短。比如，中海集团拿到的长风地块，该区两年左右房龄的二手房单价为2万元/平方米，而中海集团必须将房屋卖到5万元/平方米左右才能赢利，这个价格显然不是短期就可以达到的。[①] 手握巨资的央企不计一时得失疯狂敛地的行为自然是有其原因的，我们以资金为线索细细捋下来应该是这样的：银行信贷的绝大部分给了央企供其投资，央企虽然手握重金，但现今大多数产业的产能过剩，整个社会投资经营环境恶化，投资的风险过大，而巨额信贷又不容有失，所以很多央企选择囤地、买房。[②] 可是，这种囤地炒地的行为是市场经济运行中的正常情况么？央企是不是在仗着背后的"国行"干涉自由市场呢？央企的这些行为构不构成垄断呢？对现实中"巨型央企"将其触角伸及不动产市场，违背价值规律肆意操控该市场的行为，我们认为，中央政府不应该听之任之，放手不管。虽然这些不是我们的专业研究范围，也不是本课题可以解决的问题，但是我们必须把这个问题提出来，供社会各界思考。

另外还有一点需要指出的是《物权法》的具体适用问题。笔者在研究过程中发现，虽然物权法作为上位法对《城市房屋拆迁管理条例》中不合法的规定予以了更正，按理物权法一经颁布，该条例即应废止。[③] 但现实生活中，某些基层政府仍依照依据《条例》推进其经营土地的行为，其在征收过程中侵犯他人财产权、践踏他人人身权的行为不仅不符合法律适用原则关于后法和前法、上位法和下位法的规定，也违背了立法者对《物权法》的设想，破坏了人民大众对于《物权法》的希冀。诚然，《物权法》是一部意义重大的法律，但我们要明白的是《物权法》绝对不是万能之法，物权法在作为民事特别法的同时也是物权方面的普通法，它不仅需要细化，还需要其他政策法规包括其下位法的支持与协助，我们提出的关于公益认定、征收程序、赔偿补偿、社会保障以及国企"地王"频现等问题不是

① 相关资料参见陈晓双、陶春宇《"地王"国企造》，《时代周报》第44期，2009年9月17日。

② 相关资料参见陈晓双、陶春宇《"地王"国企造》，《时代周报》第44期，2009年9月17日。

③ 参见梁慧星《物权法生效之日即为拆迁条例失效之时》，载中国法学网：http://www.iolaw.org.cn/showNews.asp?id=20211。

《物权法》一概能够解决的，有些问题甚至不属于民法所调整的范畴。

也正是基于上述考虑，在经历了两次全国范围的征求意见之后，《国有土地上房屋征收与补偿条例》正式出台。从条文内容看，条例基本符合《物权法》关于征收权的设计理念，并对公共利益的界定、征收程序、赔偿补偿、社会保障等内容作出了更为具体和更具操作性的规定。从某种程度上说，这也表明了新拆迁条例对本课题负责人多年来关于拆迁法律问题研究成果的吸收和采纳。这一点最明显地体现在关于拆迁法律关系的界定上，从条例的名称和内容设置上我们都能清晰地看出其将拆迁法律关系界定为行政征收，而非之前许多学者所主张的平等“民事关系”，这无疑对以往拆迁立法中法律关系混乱的情况进行了根本的扭转。而且条例的第 4 条①、第 8 条②等条款明确规定市、县级人民政府为征收主体，这样的规定符合基本法理也与我们前文所述我国特有的地权理念相一致。同时，条例在赋予市、县一级政府征收权的同时，也给他们施加了明确的法律义务和责任，这样一来他们就不再是原来那个只享有权利不承担义务和责任的“中间人”了。这也与我们法律上讲的权利、义务和责任三者相互对应或者相互连接的内部逻辑关系相符。从上面的分析我们可以看出，条例对政府的束缚显得更为明确、更加肯定，也更加符合法制化要求了。把原来对政府的无拘无束变成了法律关系的内在拘束，这就是制度的进步。如此一来地方政府进行土地经营、取得第二财政的热情或可得到法律的内在控制。通过这些法律制度的设计或许不一定能够完全消除土地经营中政府方面不理智的牟利行为，但是至少可以使得这种趋势得以遏制。另外，还需要特别指出的一点是，根据第 8 条“为了保障国家安全、促进国民经济和社会发展等公共利益的需要，有下列情形之一，确需征收房屋的，由市、县级人民政府作出房屋征收决定”的规定，再结合职权法定的原则，省级人民政府被排除在作出房屋征收决定的主体之外，这与《土地管理法》所

① 该条例第 4 条规定：“市、县人民政府负责本行政区域的房屋征收与补偿工作。”“市、县人民政府确定的房屋征收部门（以下称房屋征收部门）组织实施本行政区域的房屋征收与补偿工作。”“市、县人民政府有关部门应当依照本条例的规定和本级人民政府规定的职责分工，互相配合，保障房屋征收与补偿工作的顺利进行。”

② 大多数人会明确地意识到该条款主要是通过列举与概括相结合的方式对公共利益作出了界定，但极为重要的一点，该条款无疑也对征收决定的作出主体进行了限定。

规定的省级人民政府享有土地征收决定权是有区别的，这一点在今后制定集体土地上房屋征收与补偿制度时，应注意衔接。

可以说新拆迁条例的颁布，将会为我国城镇房屋拆迁朝着合理化方向发展作出积极的贡献。但我们也应该看到，该条例也存在一些不足。如对被征收人地权的保护不足、具体程序的可操作性或缺等，都有待在下一步的实施细则中予以完善。当然，城镇房屋拆迁制度的完善，除了物权法、征收条例等法律法规的具体规制外，同时还需要诸如不动产登记等方面的法律对其进行辅助。总之，拆迁中林林总总诸多问题的解决需要许多法律部门的共同协力，也需要司法部门和执法部门的贯彻实施，在这里我们只能提出建议，希望立法者、司法者和执法者予以考虑。

五　对城市土地所有权制度的再思考

中国出现的把“经营城市”、“经营土地”演变成为土地财政的现象，基本的原因在于中国的城市地权制度的独特法律设计。因此，在仔细探讨了中国征地拆迁的法律理念设计的一个问题之后，我们再反过来思考一下中国城市的土地所有权制度。

（一）怎样看社会主义土地所有权

社会主义的土地所有权制，是从私有土地所有权制度演化而来的；它的建立蕴涵着高尚的理想。但是，这种高尚的理想在现实中国的土地运作中似乎逐渐淡去。有人也许认为，我们在上面的这些探讨，尤其是我们强烈主张的在经营城市、经营土地的过程中强化民权意识的观点，似乎不是那么经典的社会主义理论，但是在阅读了下面社会主义的所有权思想的演变史之后，各位也许就会明白，社会主义的土地所有权制度也许不应该是现在这个样子。

梅因的《古代法》中有一句话，“没有人能违背其意志而被保留在共同所有制中（Nemo in communione potest invitus detineri）”，① 这体现了自罗马法以来，整个欧洲对于所有权问题的基本看法——以私人所有制为中

① 〔英〕梅因：《古代法》，沈景一译，商务印书馆，1959，第1版，第148页。

心。梅因在《古代法》中举了印度的例子作为共同所有制的代表。但是，印度的共同所有制是以“村落共同体”为基础的，这种“村落共同体”却是建立在“血亲”的基础上，不同于我们所说的国家所有制。那么西方社会的个别所有制理论和我们的国家所有制理念各有何特征呢？

西方的所有权理念大体经历了四个阶段：第一个阶段是自罗马法上出现的，仅负有少量义务的绝对所有权。罗马法学家桑塔指出：“财产是个人的权利，而国家的权利是主权。”[①] 史尚宽先生认为罗马法以所有权之处分力为中心，而物资之利用而为抽象的支配权之作用，此系物权之所有中心思想，所有权之意义为绝对的、抽象的（abstract）。[②] 第二个阶段是封建社会的两个层级的所有权，“封建时代概念的主要特点是他承认一个双重所有权，即封建主所有的高级所有权以及同时存在的佃农的低级财产权或地权。”[③] 第三个阶段是中世纪后期，在罗马法复兴的时代，绝对所有权的思想也随之复活。新兴资产阶级手中掌握了大量的物质资料，他们要求绝对的、平等的所有权以保障他们的财产权利不被封建贵族剥夺。第四个阶段是进入20世纪以后，法律开始强调所有权的“社会功能”，要求所有权的行使必须顾及公益。[④] 不论在哪一个阶段，西方社会的土地观一直延续着自罗马法以来的私人所有权本位思想，这就不同于中国自古代社会就已开始强调的“普天之下莫非王土，率土之滨莫非王臣”的观念。阿奎那的思想代表了整个欧洲对于所有权问题的一般看法，他认为有如下三个理由足以说明私人占有不仅是被允许的并且对人类生活来说是十分必要的：首先，个人的所有有助于物尽其用；其次，个人的所有有助于整个社会所有权秩序的建立；最后，个人的所有有助于“定分止争”。[⑤] 如果私人的所有权真如阿奎那所认为的那样有百利而无一弊的话，那么我们现在遵照社会主义理念、共产主义信仰所建立的全民所有制岂不是个笑话？其实，公有制的建立也有极其充分的合理性依据。

法国空想共产主义的代表人物摩莱里在其畅想的《自然法典》中，对

---

① 转引自王利明《国家所有权研究》，中国人民大学出版社，1991，第1版，第2页。

② 史尚宽：《物权法论》，荣泰印书馆股份有限公司，1959，第1版，第1页。

③ 〔英〕梅因：《古代法》，沈景一译，商务印书馆，1959，第1版，第167页。

④ 佟柔：《论国家所有权》，中国政法大学出版社，1987，第1版，第124页。

⑤ 参见《阿奎那政治著作选》，马清槐译，商务印书馆，1963，第1版，第141页。

于土地制度有着如下的构思，“每个城市都有自己的土地，土地尽可能连成一片，形状尽可能整齐。土地不得私有，数量要足够供养居民并使耕者有地可种”。[①] 普鲁东在其《什么是所有权》中，用一章来专门论述“土地是不能被私有的”，他认为人们是没有权利把不是自己创造的而是大自然无偿赠与的财富窃为己有。[②] 马克思认为私人所有权是资产阶级千方百计用自然权利来掩盖的掠夺的事实。[③] 土地的国有化将是一种历史的必然性。[④] 他在《巴枯宁〈国家制度和无政府状态〉一书摘要》中指出：“无产阶级……将以政府的身分采取措施，直接改善农民的状况，从而把他们吸引到革命中来；这些措施，一开始就应当促进土地的私有制向集体所有制过渡，让农民自己通过经济的道路来实现这种过渡；但是不能采取得罪农民的措施，例如宣布废除继承权或废除农民所有权。”[⑤] 以上不论是空想共产主义者还是科学社会主义者的学说都蕴涵了一个朴素的理想，那就是通过土地的公有建立一个没有剥削的、自然的、公平正义的社会。

马克思指出：“土地只能是国家的财产。把土地交给联合起来的劳动者，就等于使社会仅仅听从于一个生产者阶级的支配。土地国有化将使劳动和资本之间的关系彻底改造，归根到底将完全消灭工业和农业中的资本主义生产方式。那时，阶级差别和特权将与他们赖以存在的经济基础一同消灭。”[⑥] 这样美好的理念——建立统一的所有权以实现共同富裕的构想在

---

① 〔法〕摩莱里：《自然法典》，黄建华、姜亚洲译，商务印书馆，1982，第1版，第110页。

② 参见〔法〕蒲鲁东《什么是所有权》，孙署冰译，商务印书馆，1982，第1版，第113页。

③ 参见《马克思恩格斯选集》第3卷，中共中央马克思恩格斯列宁斯大林著作编译局编译，人民出版社，1995，第127页。

④ 马克思在写于1872年3~4月间的《论土地国有化》一文中有如下阐释：“我确信，社会的经济发展，人口的增长和集中，迫使资本主义农场主在农业中采用集体的和有组织的劳动以及利用机器和其他发明的种种情况，正在使土地国有化越来越成为一种‘社会必然性’，这是关于所有权的任何言论都阻挡不了的。”参见《马克思恩格斯选集》第3卷，中共中央马克思恩格斯列宁斯大林著作编译局编译，人民出版社，1995，第127页。

⑤ 《马克思恩格斯选集》第3卷，中共中央马克思恩格斯列宁斯大林著作编译局编译，人民出版社，1995，第287页。

⑥ 马克思：《论土地国有化》，《马克思恩格斯全集》第18卷，人民出版社，1964，第67页，转引自孙宪忠《国有建设用地使用权的法律制度研究》，1990年博士论文，第3页。

前苏联和中国都得到实践。1917 年 11 月 9 日，全俄工兵代表苏维埃第二次代表大会根据列宁的报告，于凌晨通过《土地法令》，该法令规定，立刻无偿地没收地主土地，把地主的田庄及一切皇室、修道院、教堂的土地，连同耕畜、农具、庄园建筑和一切附属物，一律交给乡土地委员会和县农民代表苏维埃支配。法令宣布实行土地、森林、矿藏、水流等资源国有化。永远废除土地私有权，禁止买卖、出租和出典土地。所有的土地和地下的宝藏都是全民的财产。土地平均使用，按劳动定额和消费定额把土地分配给劳动者。自此，拉开了前苏联土地全面国有化的号角。在前苏联的《土地法纲要》序言中，强调指出："在私有制条件下曾经是人剥削人的手段的土地，在苏联要被用来发展全国生产力以造福人民。"①

从前苏联法律的这些规定我们可以看出，他们建立的土地所有权国有制度，主要的目的还是从生产资料的控制或者说是从经济基础的控制的角度，来建立社会主义的支配秩序。但是这种支配秩序并不是消灭民众的个人所有权，其中包括民众对于不动产的私有所有权。在考察前苏联民法和其他法律时我们还可以发现，民众个人对于城市不动产的私有权是得到法律承认和保护的。事实上，在前苏联不论一般的私有房屋还是私有别墅，都是以所有权的形态出现的；而更为让我们惊奇的是，这些民众的私有不动产所依赖的土地，民众也享有永久性的权利（地上权），而不是有期限限制的、可以被作为所有权人的"国家"取消的权利。从民法意义上来说，"国家"并不可以像一般的民事主体那样向占有土地的民众主张所有权，这种情形，事实上实现了"国家"控制作为经济基础的生产资料的所有权，而民众享有了土地实际的利益也就是生活资料的私有权的目标。

在这种体制下，"国家"享有的土地所有权，实际上并不是一种经营性的民事权利了。这一点和中国现在的情形实在是太不相同了。

不论是前苏联的《土地法令》还是中国 1950 年的《土地改革法》，其目的都是为了将延续了几千年的、基于土地私有的剥削制度从社会主义国家中剔除。运用经济基础的变动来撬动整个社会制度的大变革，建立人人平等、人人享有物权权利的新制度是社会主义革命家的希冀，也是前苏联

① 〔苏〕叶罗费耶夫等编《苏联土地法》，梁启明译，中国人民大学出版社，1987，第 1 版，第 81 页。

和中国为此实践的目的，没有了私有制就没有了剥削，建立在公有制基础上的人人平等闪耀着耀眼的光芒，如果真的是那样，那将是一个多么美好的社会啊！

（二）怎么看中国城市地权

从上面的分析我们可以看出，社会主义制度中的国家土地所有权，并不是为了市场经营的目标建立起来的，而是为了社会主义本来的目的建立起来的。这一点，应该成为我们对中国国家土地所有权本身进行反思的基础。

基于以上的论述，我们认识到，在社会主义制度下，我们的政府是为人民的利益，替人民来经营社会财富的政府，只有建立在公有制基础上的土地物权制度才能消除人与人之间不平等的根源。如摩莱里所讲的那样，连成一片、整齐有序的土地能带给人民更大的利益。社会主义的思想家们设计的情形是如此的美好，而且无数的勇士们为了实现这一目标付出了生命，但现实中国的情形，问题出在哪里了？

我们要提出的首先一个最为关键的疑问，就是我们现在采纳的“统一、唯一的国家所有权理论”。笔者认为，“坚持只有保留国家所有权才能保持全民所有制是对马克思所有制学说的一个退步”，① 因为，社会主义国家建立的基础是生产资料的公有制，而不是将一切土地都建立公有制的制度。马克思认为，所有制是一定社会生产关系的总和，它属于经济基础的范畴，社会主义应该建立由社会而不是由私人控制社会主要生产资料的体制。但是，现在中国建立的土地所有权制度，事实上是将很多作为社会生产资料的土地的私有权也依法强制为“国家”所有了。这一点实际上不符合社会主义的本初设计。

在中国，将所有权理解为私有制的观点可以说非常普遍。但是，所有权是一种民事权利，是特定人对特定物的支配权，它属于上层建筑的范畴，不是经济基础的范畴，因此将所有权理解为经济基础的观点，属于明显的对马克思主义的误读。② 针对这种对马克思主义歪曲的理解，在马克

---

① 孙宪忠：《论物权法》，法律出版社，2008，第1版，第473页。

② 对此感兴趣者可参见孙宪忠《公有制的法律实现方式》，载《论物权法》，法律出版社，2008，第1版，472页。

思的晚年，他曾经说过自己不是一个马克思主义者。[①] 当然，这是指他不是大家所认识的那种“马克思主义理论”的遵循者，马克思认为自己播下的是龙种，而收获的却是跳蚤，在这里，我们则可以理解为“公有制”就是马克思播下的“龙种”，而我们所说的“国家所有权”就是“跳蚤”。通过将一种生产关系偷换成民事权利，马克思主义的理论被彻底地世俗化了。

其实，在前苏联和东欧社会主义国家，国家所有权本身存在的问题还不如中国这么严重。斯大林在《答阿·符·萨宁那和符·格·温什尔两同志》一文中认为，把集体农庄所有制提高到全民所有制水平的办法并不是把个别人或个别集团的财产转归国家所有，而是将集体农庄生产的剩余品从商品流通系统中排除出去，把它们纳入国家工业和集体农庄之间的产品交换关系。[②] 抛开斯大林这一段讲话的背景不谈，但是我们从中也可以看到，“全民所有制水平”的提高并不涉及所有权的变更。这一点现在想来非常有意义。

事实上，即使在中国人现在非常不感兴趣的斯大林时期，也没有以没收的方式将一切生产资料收归国有，民众可以取得的所有权范围虽然有限，但是这个范围仍然远远大于中国意识形态中的社会主义所理解的范围。尤其是东欧地区的社会主义国家，都普遍存在大量的私人生产资料所有权，尤其是土地私人所有权。因此，应该承认，我们在土地所有权方面走上了相比社会主义的发源地国家更为极端的道路。

中国社会真的应该认真地思考一下，我们建立的土地所有权尤其是城市中的土地所有权是否符合社会主义的观念。

其次，我们还应该反思的，是我们把城市土地一再纳入“经营性”土地的做法。上面我们已经看到，即使按照社会主义的一般原则，城市土地可以建立国家所有权制度，但是这里的私有权和一般民法意义上的私人所有权性质完全不同，那就是其非经营性的本质。“国家”不可以向占有使

---

① 恩格斯于1890年8月27日在《致保尔·拉法格》的信中写道：“德国党内……近两三年来，许多大学生、文学家和其他没落的资产者纷纷涌入党内……所有这些先生们都在搞马克思主义，然而是十年前你在法国就很熟悉的那一种马克思主义，关于这种马克思主义，马克思曾经说过：‘我只知道我自己不是马克思主义者。’”

② 斯大林：《苏联社会主义经济问题》，人民出版社，1961，第4版。

用土地的自己的民众一而再地主张土地所有权的民法利益。政府进行土地经营，如果只是为了操纵建设用地使用权交易、攫取巨额土地出让金，那就完全背离了建立这种所有权的目的。须知，中国现在的城市土地所有权是“建立”起来的，而不是按照民法方式逐渐形成的，因此，在这种所有权上主张民法意义的利益，也是不符合历史发展规律的。

其实社会主义的理想本来是洋溢着民主、人权的精神的。在社会主义经济、政治体制下，我们应该得到真正的、实质意义上的民权保护，才能使整个社会共同富裕。所以我们认为，现存的问题并不是社会主义理念上的问题，而是我们曲解了社会主义的精神，背离了社会主义的民权思想。实事求是地说，我们没有用进步的社会主义的措施来实现社会主义的理想，而是用了一些封建的、官僚的办法来对抗资本主义，这反而使我们离开了社会主义的根本目标。为了实现社会正义和公平，我们还得走社会主义的路子，但这条路子到底该怎么走，是值得我们深思的。

六 小结

本专题探讨了在拆迁涉及的物权法问题的背景下，政府“经营土地”、“经营城市”所涉及的一系列法律理念问题，包括中国特色的城市地权制度建立的法律思想、中国进入改革开放以来尤其是市场经济体制建立以来的支持中国的土地制度的法律思想的演化过程。从中我们可以看出，不论是马克思关于级差地租的探讨，还是孙中山关于平均地权的观念，以及到中国共产党人的土地革命纲领，都渗透着社会主义的地权理想，这一理念是民权思想的发展和产物。这些理念和中国市场经济体制没有矛盾，中国的《物权法》就体现了这样的民权思想，它也是社会主义理念的表现。但是目前各地普遍采取的经营城市和经营土地的观念，或多或少的存在着没有很好地理解社会主义理论本质的问题，因此存在着严重损害民权的缺陷。有些问题其实并不是地方政府的做法的缺陷，而是我们的立法深层的问题。显然，将城市地权全部纳入市场经济运营、将主要是面向社会大众的建设用地使用权纳入市场经营，确实存在着舍本逐末、忘却社会主义根本目的的问题。

一些立法者、政策主导者强调社会主义市场经济是市场化的商品经

济，因此应该将土地经营纳入完全的市场经济的范围。中国建立市场经济体制这个前提没有错误，但是将土地的经营完全纳入市场体制这个结论是不正当的。因为，首先，“国家”控制的全部资源从来都不应该纳入市场化的经营体制，社会主义国家就更应该是这样。国家并不是一个类似于商事公司的机构，它承担的政治职能在任何情况下都是第一位的；它占有的资源运用不能只是向钱看。在土地经营这个问题上，社会主义“国家”在城市土地方面完全彻底地贯彻市场经营措施，更是缺乏伦理基础。其次，这种独特的土地所有权，从一开始就不是依据民商法的方式取得的，而是按照社会主义的理念一步步“建立”起来的。在建立国家土地所有权的过程中，很多措施并没有体现价值规则，土地所有权就转移到了国家的手中。比如，1982 年宪法规定了城市土地一律归属于国家的条文，在那时之前城市中的私有土地所有权就被消灭了。国家依据这样的方式取得土地所有权的时候，民众因为坚信这种措施中的社会主义理想，对国家宪法措施没有提出任何异议。这种所有权的取得没有给予民众任何补偿。其他土地所有权取得方式多多少少也有这样的因素。因此，现在强调土地一律纳入市场经营体制，很难让人心服口服。

政府在拆迁事务中坚持市场在资源配置中起基础性作用，一味追求资源的优化配置，政府取得价值利益的最大化，其次才考虑兼顾公民的私权利，这其实是颠倒了主次。这种做法会使“社会主义市场经济”变成“无根之木、无源之水”。[①]

在拆迁事务中，应该承认公共权力机构经营城市、经营土地的行为，有着“公权的私利”的因素。抛开那些官员的“政绩工程”这些还有些正当性的拆迁不谈（当然其中也还是有着官员的私益成分），我们可以看一看政府超豪华的办公大楼、超豪华的官员修养设施，甚至以各种名目化公为私的情形，我们就可以知道，“公权的私利”是普遍存在的。遗憾的是，目前我们还没有发现媒体关于地方政府将土地经营的收入首先应用于真正的公共利益的好人好事的报道。

在拆迁事务中，必须给予民众的地权以足够的承认，这一点应该是经

① 参见苏永钦《民事立法者的角色——从公私法的接轨工程谈起》，载《民事立法与公私法的接轨》，北京大学出版社，2005，第 1 版，第 7 页。

营城市、经营土地的伦理基础。社会主义的原则要求，不能掠夺性地取得人民财产以使公权力主体享有巨大的私权益。即使纯粹为了公共利益，即使公共利益具有让私人权益让步的效力，但私人权利的让步不是为了政府财产权利的增长而是为了公众权利的进步以及私权主体自己福祉的增进。理顺公权力基于公共利益导致私权的让步而最终是为了私权的进步这一关系是政府妥善进行“经营土地”、“经营城市”行为的关键，政府利益的淡出是解决拆迁中一切问题的核心，私权的保护与增进是需要贯穿在一切行动中的准则，借由公共利益的契机，使公私力和私权益都得到扩大实现共赢才是社会主义国家进行征地拆迁活动的本质目的。

专题三
“钉子户”现象的物权法分析

一　引言

“钉子户”是我国社会曾经普遍应用的概念，一般是指在征地拆迁中拒绝搬迁的被拆迁人家庭或者个人。近些年来，随着全国各地城市大范围的征地拆迁，越来越多被称作“钉子户”的被拆迁人出现了，而频频出现于大众视野中的“钉子户”事件，引起了社会各界的广泛关注。一些经由媒体报道而呈现在大众视野下的“钉子户”，也有了各具特色的称号，如重庆“最牛钉子户”、南京“最名副其实的钉子户”、武汉“最有毅力的钉子户”、长沙“最坚挺的钉子户”、深圳“最贵的钉子户”等。[①] 现实中，被称作“钉子户”的被拆迁人肯定远远不止上述这些，而只是其中社会影响比较广泛的几个典型。对于“钉子户”这一在拆迁实践中被广泛运用的概念，实际上到目前为止还没有形成一个准确的法律界定。究竟哪些人应当被划归为“钉子户”的行列，到底应该以何种标准来判断“钉子户”的构成尚无定论。

“钉子户”现象已经存在于中国几十年，人们对于“钉子户”的看

---

① 《全球顶级钉子户巡礼》，转自腾讯博客，检索地址：http：//user. qzone. qq. com/57296525/blog/1243942011，检索日期：2010 年 1 月 26 日。

法也经历了一个变化的过程。从最开始民众普遍给予“钉子户”以负面评价，即认为“钉子户”是自私自利的只顾追求自己利益的不道德的人，到现在已经有了很多正面的含义。在思想多元化的时代，对于“钉子户”的正面评价与负面评价并存。人们开始承认“钉子户”的积极的意义，认为“钉子户”抗拒拆迁的行为反映了民权意识的觉醒，并认为很多“钉子户”追求的是正当利益，抗拒拆迁的行为是维权行为。对于“钉子户”的行为的支持倾向开始出现在大众舆论之中。但与此同时，对于“钉子户”行为正当性的质疑也没有停止过，认为“钉子户”追求的是过当利益，其提出的补偿标准过高，这些“钉子户”损害了其他人的利益，① 甚至有人将目前的房价的不合理上涨归责于“钉子户”追求过当利益。②

也就是因为这样，在我们看来，从物权法学的角度来分析和研究“钉子户”现象实在是太有价值了。这个现象折射了公共利益和个人利益的冲突，折射了我们的社会对于民权保护这个重大问题的看法，也折射了我们这个时代根本价值观的变迁。因此我们要在这个专题中，从物权法的精神实施的角度来对钉子户现象进行一番分析。

究竟应该如何评价“钉子户”的行为，是我们必须探讨的问题。值得注意的是，我国社会对于“钉子户”评价的变化体现的是对于公权与私权关系的观念变化。在公权至上、民众权利被极端压抑的时代，追求个人利益的行为被认为是无耻的。因此，人们对于“钉子户”的看法是普遍一致的否定。现在，私权的保护越来越受到人们的重视，人们对于主张个人利益的“钉子户”的态度也发生了变化，出现了多元化的评价。我们认为，在法治时代，应当尽力实现公权与私权在具体制度中的动态平衡，既不主张公权绝对至上，也不盲目强调私权绝对化，在拆迁制度中应当合理划定公权与私权的范围。具体到“钉子户”这一问题时，我们认为，对于“钉

---

① 《谁为天价“拆迁补偿费”埋单——拆迁“钉子户”在叮谁的血！》2009 年 12 月 22 日，来源于法律图书馆：http：//www. law - lib. com/fzdt/newshtml/shjw/20091222161713. htm，检索日期：2010 年 3 月 4 日。

② 政协委员穆麒茹称“钉子户”导致房价上涨。详见千龙新闻网报道，2008 年 3 月 5 日，转载于腾讯网：http：//news. qq. com/a/20080305/000174. htm，检索日期：2010 年 3 月 6 日。

子户”的评价应当基于对被拆迁人正当性权利的理性分析。

从上文所列举的几个“钉子户”的分布区域来看，可以看出“钉子户”的存在不是某个地方某项拆迁中特有的现象，其在全国各地范围内广泛存在，这集中反映了目前征地拆迁中矛盾的普遍性。很多时候由于无法与拆迁方达成协议，“钉子户”拒绝搬迁，面对拆迁工作的僵局，很多拆迁方采取强制拆迁的方法，甚至出现了暴力拆迁的情况。同时，“钉子户”维护自身权益的途径也开始越来越倾向于法律之外的途径，以自杀的方式来抗拒强制拆迁的现象也多次出现了。近些年来，由于拆迁人和被称作“钉子户”的被拆迁人的利益冲突所引发的社会问题在不断增加，矛盾冲突也越来越激烈。“钉子户”的自焚、暴力抗拒拆迁的案件及由于拆迁引发的上访、群体性事件也在不断增加。①

这也引起了社会各界对于这一现象的普遍关注及对于这一问题的研究，其中的很多研究是针对特定的“钉子户”事件展开的。我们认为，个案研究固然有其特殊的价值，然而，针对目前的情况而言，仅仅对个案的关注无法从根本上解决这一问题。“钉子户”现象之所以如此大范围出现，反映出的是拆迁法律制度和拆迁实践中存在的问题，只有解决这些根本性的问题，“钉子户”问题才能从根源上得以解决。同时，“钉子户”问题是拆迁法律制度中所存在的主要问题的集中显现。因此，在研究拆迁法律制度和实践中存在的问题的过程中，对“钉子户”现象的研究是一个很好的切入点。

以“钉子户”的问题作为研究样本来分析征地拆迁中存在的矛盾，有助于解决目前征地拆迁中存在的问题，促进征地拆迁制度的完善。一方面，正是因为“钉子户”激烈的维权方式引起社会各界对于拆迁问题的关注，使得征地拆迁中存在的问题得以暴露，《城市房屋拆迁管理条例》的修改被提上议事日程。从这个角度而言，“钉子户”具有推动法治进步的作用。另一方面，更为重要的是，“钉子户”作为拆迁法律关系中的被拆迁人，与拆迁人、政府的矛盾是拆迁矛盾冲突的焦点。而“钉子户”所代

① 近些年来，因拆迁引起的“钉子户”自焚事件频频出现在舆论媒体的报道之中，其中，2009 年成都唐福珍自焚抗拆案被评为 2009 年十大宪法案例之一。详见《新京报》2010 年 1 月 2 日报道：《盘点 2009 十大宪法事件：成都自焚抗拆居首》。

表的被拆迁人的权利范围的界定，对于解决征地拆迁的矛盾具有重要的意义。因此，以“钉子户”作为研究的切入点，理顺钉子户所代表的被拆迁人与拆迁人、政府的关系，明确界定各方权利义务，将有助于拆迁立法的完善和问题的解决。

因此，本专题尝试以“钉子户”现象作为一个整体范本来研究，并以此为视角针对拆迁法律制度中存在的问题提出相应的改进意见。

二 “钉子户”问题现状分析

（一）“钉子户”概念的来源及其内涵

虽然在现实生活中被广泛使用，但是“钉子户”并非法律概念，我国任何法律都没有使用过这一概念，甚至严肃的法学著述中也没有使用过这个概念。但是如上文所述，“钉子户”这个概念在现实生活中已经被如此广泛地应用着，而且它确实代表着拆迁法律制度中不可忽视的一方法律关系主体即被拆迁人的利益诉求，因此我们完全有必要对这个概念的起源以及作用进行一番探讨。

“钉子户”作为一个源自中国本土文化中的词语，是伴随着中国20世纪七八十年代的旧城改造而产生的。作为一个民间自发产生的词汇，首次使用的出处难以在正式的书面资料中得到考证。但是，对于这一概念开始为社会大众所广泛的知晓最早见于20世纪80年代的电影《夕照街》。①

该概念产生之初，只是拆迁人对于不配合其拆迁计划的被拆迁人的称呼，在产生之初，“钉子户”就被作为贬义词使用。正如《夕照街》所塑造的“钉子户”那样，人们对于“钉子户”的社会评价也是基本一致的，即普遍认为“钉子户”是自私自利的、没有大局意识、只顾追求个人利益

① 电影《夕照街》讲述的是北京城里有一条被称为夕照街的胡同“旧城改造”的故事。这里住着几户普通的人家。在旧城改造过程中夕照街的各户居民即将被拆迁，世代居住在此的居民们难舍难分。他们留恋昔日的大家庭生活，然而更向往美好的未来。而此时却有一个自私自利、爱贪图小便宜的人，向政府方面提出了很不合理的补偿要求，并且以拒绝拆迁相要挟，阻止城市的发展。此人在该电影中被称为“钉子户”，从此这个概念流传于全国。

的人。理论和实务界对其的各种解读，也验证了这一点。对此我们可以看一看当时作为权威和通俗的社会词典的解释就明白了。《现代汉语词典》解释说，“钉子户”是指“长期违规办事，难以处理的单位和个人”。[①] 按照另一版本的《新华汉语词典》的解释，“钉子户”是指在城市建设征用土地时，讨价还价不肯搬走的住户。[②] 虽然这两本词典对于这一概念的解读从措辞和具体内容上看不尽相同，但是其解读的角度基本是类似的，都认为“钉子户”的行为具有不道德因素，而且其权利主张缺乏正当性基础。它往往被定位为自私自利、过度追求个人利益、损害公共利益的人。因此，这一概念从开始使用时就具有贬义的色彩。

“钉子户”的概念在这一时期被如此定型，究其原因，主要是受计划经济时代思想影响，由于长期大公无私的政治宣传，公权至上的理念为多数人所接受。在这种时代背景下，“钉子户”的行为显得不合时宜，与人们所接受的当时社会整体的思想标准和道德标准不符。社会整体对于“钉子户”作出负面的评价也显得顺理成章。那时如果一个人被人们称为“钉子户”，是一件不光彩的事情。一方面，“钉子户”要面临社会给予的道德方面的负面评价；另一方面，“钉子户”主张个人权利也缺乏法律上的支撑。因为在当时，国家利益至上、集体利益至上，在这种观念下，个人不论怎样主张权利都会被定义为自私自利，觉悟不高。在国家的法律制度的层面上，涉及所有权的立法时，相应的法律制度也是将国家的所有权、集体所有权、个人所有权分为不同的政治地位，它们的法律位阶表现为最高、高、低下的区分。因为民众的个人所有权处于最低位阶，它只要与国家所有权或者集体所有权发生任何冲突，就应该无条件的让步。因此，在此种情形下，当政府要拆迁时，民众主张合法的个人权利难以在法律上获得支持。

但是改革开放以来，随着市场经济的推进及法治的不断完善，不论从法律制度的构建上，还是从民众的理念上，对于个人权利的保护的重视程度日益增加，维护个人权利有了正当性的基础。多数人不再认为主张个人

---

① 中国社会科学院语言研究所词典编辑室编《现代汉语词典》，商务印书馆，2005，第5版，第319页。

② 《新华汉语词典》，商务印书馆国际有限公司，2007，第226～227页。

权利是一件不道德的事情，甚至多数民众对其予以认可，这在法律制度的设计上也得到了体现。人们对于“钉子户”的看法也逐渐发生变化，从开始的社会整体对于“钉子户”的负面评价到现在逐渐被赋予个人权利的积极的维护者的正面形象。

我国目前的拆迁实践中，“钉子户”在拆迁人方面看来、在一些地方政府官员看来仍然难以称为正当。在他们的眼中，拆迁方的拆迁计划就是标准，只要是不配合、不在规定期限内搬迁者均被冠以“钉子户”的称谓。这一称谓具有明显的倾向性，是基于拆迁方的角度考虑的结果。而对于“钉子户”不顾全大局、不顾及公共利益的社会定位，不是基于法律上关于权利界定标准的判断，也没有探究被拆迁人的利益诉求是否合法、是否具有正当性基础，而只是拆迁方单方作出的判断。在追求拆迁的便捷与效率的价值导向下，具有直接利益关系的民众想要维护一下自己的合法的权益都被评价为不恰当的行为。我们认为，主张自己正当权利的民众不应当被称为“钉子户”，而现实中，并没有针对抵制拆迁的不同情况进行严格的区分。这也在一定程度上折射出拆迁实践及相关制度设计中存在的法律理念的问题。

（二）“钉子户”概念的含义变迁

“钉子户”，一个看似简单的称呼，但是通过仔细分析该词语的含义和历史渊源，能够反映出指导拆迁法律制度构建和具体的拆迁实践的法律理念方面存在的问题。就目前而言，从“钉子户”概念的使用现状中可以看出当前拆迁实践中法律理念方面的问题。在我们看来，这些问题大体上有如下几点。

首先，缺乏对于民众私人所有权的平等保护意识。民众的权利，不论是地权还是房权，都是民众生活中最为重要的财产。城市房屋所有权人基于房屋而拥有一系列的权利，主要包括土地的建设用地使用权和房屋所有权。基于这些权利，他们不仅仅能够获得居住的利益，而且有的也会获得经营以及少量房屋用于出租的收益等。拆迁行为的后果是包括民众的建设用地使用权和房屋所有权在内的一系列权利和利益的消灭。面对这样的行为，被拆迁人理应有权保护自己的权利和利益。但是如上所述，“钉子户”概念从其产生一开始，就包含着民众不得以自己利益为借口拒绝拆迁的思

维逻辑，因为拆迁总是为了公共利益，无论如何，民众是不能“计较”自己的权利和利益得失的。否则，说的轻些是自私自利，说的重些就是资产阶级思想。

这种思维模式明显带有前苏联法学思维的特征。“将社会的人及其权利划分为国家、集体和个人三个层次，并给他们不同的政治地位和法律保护。在这种思维模式之下，国家所有权在社会主义国家居于至高无上的地位；集体所有权地位虽不及国家所有权，但也是神圣不可侵犯的；唯独私有所有权是私有制的残余，因此应该予以压制以限制其自由发展。从此，中国民众个人的民事权利尤其是私有所有权失去了立法最需要的正当性基础，民众合法地取得财产，也被认为是一种卑劣欲望的表现。”[①] 在这种思维模式之下，积极维护个人利益的被拆迁人被认为是过当利益的追求者，从深层次上分析，这一思维模式体现的是对于民众私人所有权平等保护意识的缺乏。

在拆迁涉及的国家土地所有权、建设用地使用权和房屋所有权这三项权利中，民众的地权和房权的法律效力究竟如何？这是一个非常严肃的法律问题。在拆迁事务中，被拆迁人的基本权利包括房屋的所有权和土地使用权。其中，房屋所有权是最基本的权利，它不但是一种民事权利、财产权利；而且是一种基本人权，因为“居住有其屋”的原则，是国家对于民众的生存所负担的义务或者责任。对这一种权利，任何国家任何法律都给予极大的重视。虽然从民法的意义上看，土地使用权在法律效力上不及房屋所有权，但是，这种权利照样具有基本人权的价值，它在很多国家的法律上被称为“相似所有权”。[②]

我国法律早已规定，国家可以收回土地使用权，但其收回必须基于公共利益。然而，民众的房权和地权都属于基本权利的范畴，应该受到最为强有力的保护。当然，具体到现实的社会生活中，房屋是不能脱离土地而单独存在的，否则就成了空中楼阁。在土地使用权被收回之时，伴随着对于房屋的征收，这种征收的正当性基础同样也应当是基于公共利益。公共

① 孙宪忠：《中国近现代继受西方民法的效果评述》，《中国法学》2006年第3期，第166～174页。

② 对此有兴趣者，请参见孙宪忠《德国当代物权法》，法律出版社，1997，第180页。

利益固然可以成为征收的合法理由，但是不论是土地使用权的收回还是房屋的征收都需要进行充分的补偿。中国的多数“钉子户”并非真的永远不想搬迁，更多的时候是由于对过低补偿标准的不满而拒绝拆迁方提供的补偿方案。

其次，体现崇尚效率的价值取向，缺乏对公平的关注。在面对拆迁这一问题时，能否按原计划按期进行拆迁是衡量拆迁工作的重要指标。因而在认定被拆迁人是否为“钉子户”时，能否按照拆迁方的拆迁计划按期搬走成为重要的评价标准。在加快城市建设名义之下，往往更追求拆迁的效率与便捷。在这一思想指导之下，相关的法规也在为保障拆迁的顺利进行而服务。在拆迁遇到“钉子户”的阻力时采取的强制拆迁也体现了这点。对于拆迁中是否有效地保障被拆迁人的权利，拆迁补偿是否公平，程序是否公正，无论从拆迁法律法规还是具体的拆迁实施中，关注的则相对比较少。“钉子户”的概念所折射出的这种崇尚效率的法律理念，在现实中体现为限时拆迁，并在很多地方的拆迁实践中存在着。山西省大同市最近几年的拆迁体现了这点。大同市市长耿彦波因为大规模拆迁和修建庙宇，被讽刺为“耿拆拆”、“耿一指”、“耿指倒”、“耿庙”。对于这一点，从网民整理的他的语录中可见一斑，“我没有时间等待，所以拆迁不可以等待”，限时拆迁，当遇到拒绝拆迁的“钉子户”时，据当地民众称“有时候拆迁人员齐上，一边把人拖出来，一边就拆开了”。由于追求拆迁的效率，很多时候还没有安置房，原来的房屋就已经被拆迁了。这些官员认为，效率是指导其拆迁的主要的观念，大同市的整体发展是其全部的考虑。可是，对于被拆迁人的权益，尤其是民众的基本权利在拆迁之前是否得到了应有的尊重和公正的补偿，却缺乏应有的考虑。[①] 这样的官员，这样的观念，确实是缺乏法治文明精神、缺乏民权意识的典型。虽然许多地方的官员的做法不是这么露骨，但是其观念也差别不大。

我们甚至可以想一想，在山西大同这样的地方，民众想做“钉子户”恐怕也做不了。

---

① 本案例参考舒泰峰、王瑶《造城市长耿彦波》，《瞭望东方周刊》第 315 期封面报道，转引自《大拆迁大修庙，大同市长耿彦波造城记》，腾讯网：http：//news. qq. com/a/20091124/001762_ 2. htm，2009 年 11 月 24 日。

拆迁制度在公平与效率问题上处理失衡，产生了一系列消极的后果。一方面，高效率的目标在很多情形之下并没有得到真正的实现。在制度设计和拆迁实践中的具体安排上，过度追求效率，忽视对被拆迁人的利益的公平保护，当有被拆迁人不满这种制度安排，成为所谓的“钉子户”时，已经开始的拆迁就无法进行下去。现在各地经常见到一些被围起来的土地，其上面的房屋已经拆了一部分，但是由于一些被拆迁人拒绝搬迁导致土地闲置了好几年。这是在很多城市中都可以看到的景象。这不仅导致土地的闲置和浪费，还会导致一系列的城市环境污染问题。在此种情形之下，不仅被拆迁人的利益没有得到应有的公平保护，主导拆迁一方的高效率预期也没有得到实现。另一方面，造成了另一个层面的公平问题，即对先同意拆迁的被拆迁人和被称作“钉子户”的后来拆迁的被拆迁人在补偿标准上的较大差异。因为拆迁不是民事意义上的平等主体间的合同关系，同样的情况下，双方讨价还价后的结果的差别是属于民事主体意思自治的结果，为法律所允许和保护。然而，拆迁行为，用准确的法律术语来说，即征收，是运用行政权消灭民事权利的后果，公权力在运用时则有严格的限制，这种因为民众抗拒拆迁的激烈程度来区分不同的补偿标准显然与依法行政的原则相违背。

近些年来，随着法治进程的不断推进，对于公民个人权利的保护意识不断增强。在立法上表现为2004年宪法修正案对于公民财产权的保护，2004年宪法修正案明确规定：“公民的合法的私有财产不受侵犯。”“国家依照法律规定保护公民的私有财产权和继承权。”“国家为了公共利益的需要，可以依照法律规定对公民的私有财产实行征收或者征用并给予补偿。”此外，还有《物权法》第4条规定的“一体承认、平等保护原则”。公民个人的维权意识也在不断增强。在这种情形之下，社会各界开始从维护个人合法权利的角度来审视“钉子户”的行为，“钉子户”渐渐地被赋予公民权利的积极维护者的形象。现在的人们对于“钉子户”的看法已经有所转变，反映了人们对于私权保护的重视；因而出现了从公权至上到逐渐开始注重私权保护之法律理念的转变。但是，一些“钉子户”提出的高补偿标准，使得对于“钉子户”的利益诉求的正当性以及维权行为合法性的质疑一直没有停止。

我们认为，在法治的时代，对于“钉子户”的行为的定性，应该采取一种更为客观、更为审慎的态度，是追求过当利益，还是维护本应属于被拆迁人的利益，要建立在对于“钉子户”的正当性权利进行合理分析的基础之上。

（三）“钉子户”问题的现状分析

近些年来，由于拆迁引发的事件不断增加，2009 年四川省成都市金牛区唐福珍自焚案引起了强烈的社会反响，其中一种观点是将该事件与孙志刚事件相对比，将此次事件与《城市房屋拆迁管理条例》的修改相联系。[①]实际上，这种以自杀的方式抗拒强制拆迁的“钉子户”不止唐福珍一人，在其他地方的拆迁中，也存在着这种情况。面对强制拆迁，其抗拒方式也多种多样。此处将一些比较典型的案例列举如下。

近年媒体报道的“钉子户”的几个典型案例

时间	地点	人物	事　件	维权方式	后　果
2003	南京	翁彪	在没有与翁彪达成拆迁协议的情况下，南京市玄武区拆迁办强行用推土机拆了翁彪的房子	自焚	翁彪中度三级烧伤
2004	嘉禾	陆水德等	湖南嘉禾拆迁语录：“谁影响嘉禾发展一阵子，我就影响他一辈子。”从 2003 年起，嘉禾市政府为了进行商贸城建设，以行政命令搞强制拆迁，要求镇里的公职人员各自负责自己亲属的拆迁工作	从楼上扔石头	陆水德等人最后以“暴力抗法”和“妨害公务”的罪名被逮捕。后被释放，并获得国家赔偿
2005	从化	张灿成	从化市政府以国道整治和市政建设为由，决定拆迁小海区张灿成等人的商铺，补偿未达成协议后，政府强制拆迁	向强拆人员泼洒农药、淋汽油、扔砖块。	张灿成以“妨害公务罪”被判处有期徒刑一年零六个月
2006	菏泽	李民生	山东菏泽市牡丹区兴建香格里拉广场，以公益建设为名兴商业开发之实，由于房屋补偿价格偏低，李民生等居民不愿意拆迁	上吊自杀	身亡

① 彭远文：《成都女拆迁户自焚，唐福珍成不了又一个孙志刚》，南方报业网：http：//opinion. nfdaily. cn/content/2009 －12/07/content_ 6873678. htm，2009 年 12 月 7 日。

续表

时间	地点	人物	事　件	维权方式	后　果
2007	苏州	马雪明一家	苏州“金阊新城物流园”项目建设中，马雪明认为拆迁公司只补偿土地使用面积不合理。拒不搬迁。苏州拆迁公司决定强制拆迁马雪明的二层小楼	砍杀拆迁人员，致两死一重伤	马雪明以“故意杀人罪”被判处死刑，妻子被判处无期徒刑，其子被判处有期徒刑8年
2008	本溪	张剑	本溪市华履房产综合开发有限公司以低价补偿强制住户搬迁，并对拒不搬迁的15名住户采用断电、断水等不正常手段和打砸威逼等暴力手段强制拆迁	刺死拆迁人员	张剑以故意杀人罪被判处有期徒刑3年，缓刑5年
2008	上海闽行区	潘蓉	上海机场集团兴建机场交通枢纽工程，计划拆除潘蓉建筑面积480平方米的四层楼房，潘蓉不满118万元的补偿	投掷自制汽油燃烧瓶	潘蓉夫妇被以“妨害公务罪”为罪名判处有期徒刑8个月
2009	奉节	陈茂国	因修建渝宜高速公路连接道，陈茂国1200多平方米的房屋被推倒。由于拆迁补偿金相差22万元，老人爬上自家的树，抵制拆迁	上树安营扎寨3个月	陈茂国及其子因涉嫌聚众扰乱公共秩序罪被刑事拘留
2009	成都	唐福珍	成都市金华村修建高速公路，要求拆除唐福珍夫妇投资700万元所建综合楼，仅支付补偿金217万元。唐福珍夫妇拒绝	自焚	身亡
2009	贵阳	普陀巷居民	数十名不明身份者携带钢管、撬棍、封口胶，破门而入，将正在熟睡的13名居民强行拽入汽车，拖离现场，民警到场制止，拆迁者继续督促工人加速拆迁	居民用49瓶液化气封堵路口	贵阳警方调集警力平息现场，24名人员被刑事拘留

通过分析众多“钉子户”的案例，笔者认为，目前我国“钉子户”的特点在于：第一，存在的广泛性。[①]“钉子户”并非某地某项拆迁的特有的现象，而是普遍存在于全国各地的拆迁中。第二，维权方式的非法律化途径。在面对拆迁争议时，越来越多的人选择了法律外的方式维权，甚至不乏以生命为代价、采用自焚的方式来抗拒拆迁，同时也有通过各种方式以

① 近些年来，关于钉子户的报道充斥着大众传媒，如重庆最牛“钉子户”、南京名副其实的“钉子户”等。

武力抗拒拆迁的，“钉子户”上访的数量不断增加，自焚事件、群体性事件频频发生。

我国的“钉子户”之所以呈现这样的特点，我们认为，主要有如下的原因。

首先，针对现阶段我国“钉子户”存在的广泛性的特点，我们认为，这与现阶段全国各地“旧城改造热”、“拆迁热”有很大的关系。很多地方都在搞大范围的拆迁，这与地方政府经营土地有很大的关系。土地出让收入被作为重要的财政来源，在这种情形之下，政府积极主导拆迁，很多地方建筑物在很短的年限之内就拆迁，导致拆迁制度被滥用，民众的权利得不到有效的保护，在这种情形之下，民众拒绝拆迁，成为所谓的“钉子户”。

对于“钉子户”越来越多的现象，有一种观点将这种结果归根于“钉子户”的榜样作用，并认为这种榜样的作用是危险的，正是所谓的“最牛钉子户”的榜样作用及媒体的宣传导致了更多的“钉子户”的产生。[①] 其内在的逻辑在于，一边是拆迁方提供的较低的补偿标准，另一边是一些“钉子户”所拿到的高于一般被拆迁人的补偿标准，这种差别经由媒体宣传为人们所认识，使得人们认为当“钉子户”有利可图，导致了更多的“钉子户”产生。在这种情形之下，这种论述看似合理，但如果仔细分析的话是经不住推敲的。

这种观点忽视了现实中“钉子户”的维权成本及维权的结果。现实中，有一些积极地争取自己权益的“钉子户”获得高于普通的被拆迁人的补偿标准的，但是，这种利益的获得并不一定具有可非难性。因为现实中，对于被拆迁人的补偿是不充分的。即使有些“钉子户”获得高于其他被拆迁人的补偿，如果按照充分补偿的原则，高出的部分也只是他们原本应得的正当利益。通过对相关案例的分析，我们不难发现这些“钉子户”要抗拒拆迁，争取自己较多的利益所要付出的代价和成本是巨大的。一些拆迁方为了达到拆迁的目的，经常采取断水、断电等措施，在“重庆最牛钉子户”的案例中，被拆迁人的房子被隔离在挖成的深坑所剩余的空

① 详细内容参见问题与主义《宣扬最牛钉子户的榜样作用是危险的》，新浪网：http://news.sina.com.cn/c/2007-03-23/000012587823.shtml，2007年3月23日。

地上，形状就像一座岛屿。被拆迁人每天进出房屋，都要爬上17米的高台，并且还要在断水断电的情况下生活，每天依靠其妻子从外面带过来的食品和矿泉水度日。采访这种情况的媒体用温和的语言说，这种生活方式从一般民众的角度来看是不好忍受的。[①] 并且，这种法律之外的维权途径，很多情况下虽然付出了很大的成本，但成功的机会是比较小的，虽然重庆“最牛钉子户”案最终还是争取到了自己的利益，但现实中还有一些“钉子户”虽然采取极端的方式维权如自焚、暴力抗拒拆迁等，但是最终还是难免被强拆的结局。在上海潘蓉案中，潘蓉的丈夫还被判刑。由此，从理性人的角度来看，这种“钉子户”的示范效应很难得到推广。“钉子户”的广泛存在，主要的不在于这种模仿的作用，而是补偿不充分造成的。当通过法律上的途径难以维护权益时，人们往往转而走向其他的途径。

其次，征地拆迁涉及公民重要的权利。征地拆迁涉及围绕房屋产生的由房权和地权组成的一系列权利，拆迁的结果是导致被拆迁人这些物权的消灭，而这些权利的灭失在很大程度上会对民众的基本生活造成极大的影响，民众必然会予以重视，并极力去争取自己的利益。

“钉子户”现象不是中国独有的现象，在其他许多国家也都存在着这个问题。课题研究过程中我们发现，在国外也有很多有名的“钉子户”案例，此处略举一二。比如，德国波茨坦的磨坊“钉子户”，敢于对抗国王的权威，并由此得来为人们所熟知的“风能进，雨能进，国王不能进”的法谚。还有，日本的成田机场由于一些“钉子户”拒绝搬迁而导致机场跑道的修建无法完成。[②] 虽然我国与这些国家的国情不同，即我国城市土地属于国有，房屋的所有人对于土地享有的仅仅是使用权而非所有权。然而，在世界范围内普遍存在的这种被拆迁人对抗拆迁的行为，仔细分析其对抗的原因便能发现某些共同的东西，即在面临房屋如此重要的物权消灭时维护乃至争取自己的利益是一个人合乎常理的反应，并非像某些拆迁人所说的“钉子户”是“刁民”的自私自利、不顾大局的刁难行为。将“钉

① 参见张悦《重庆“钉子户”事件内幕调查》，2007年3月29日《南方周末》。

② 详细内容参考《各国“钉子户”：不要金钱要名分 要与国王斗》，载《国际金融报》，转引自环球网：http：//finance. huanqiu. com/roll/2010 - 01/697660. html，2010年1月22日。

子户”称为刁民的言论，不仅在网络上广泛存在，[①] 甚至出现在一些地方官员于公众场合下发表的言论中。[②] 这是值得我们反思的！

在现实中国的国情之下，对于一般民众而言，要购买一套房屋，需要多年的努力，在房价较高的城市，拥有一套房子可能是需要十几年甚至是几十年的积累才可以实现，房屋在一般民众生活中的重要性可见一斑。在一些棚户区及老旧的居民区，一些房子虽然从外观上看已经十分破旧，与所谓的城市形象不符，但对于它的所有权人来说，有可能是其辛勤劳动一辈子换来的全部财产。

再次，拆迁各方权利规定不明确、不清晰，以及补偿标准过低是“钉子户”频发、多发的主要原因之一。在先前的拆迁条例指导之下制定的补偿标准整体而言过低，使得很多被拆迁人拒绝现有的拆迁方案。程序的不公正、不透明也导致拆迁法律制度的权威降低，当被拆迁人意识到通过法律的途径无法有效地维护自己的合法权益之时，非合理甚至暴力的抗拆方式也就有可能应运而生。

“钉子户”选择以自焚、自杀、暴力抗拒的方式来处理拆迁中的矛盾固然体现了其在问题处置上不理智的一方面，但是，一起又一起以生命为代价抗争强制拆迁，说明这不仅是一个社会个体的问题。目前存在着将“钉子户”自焚纯粹归结为“钉子户”的本人问题的言论，类似如唐福珍自焚事件中曾被停职官员钟昌林将其评价为“唐福珍自焚是法盲的悲剧”。[③] 这种说法显然不能很好地解释目前范围如此广泛且很多“钉子户”采用法律制度之外的救济途径的选择倾向。我们认为，主要原因还是在于之前拆迁法律制度和拆迁实践中对于被拆迁人的利益保障不够，没有给予被拆迁人足够的补偿，并且在法律程序上没有提供有效的救济途径。当法律救济途径失效时，“钉子户”转而会采取其他的救济途径，甚至是极端的自力救济方式。

---

① 参见大河小鱼《重庆钉子户不过一介刁民，根本不是什么维权斗士》，天涯杂谈：http：//www. tianya. cn/publicforum/Content/free/1/880048. shtml，2007 年 3 月 24 日。

② 博鳌亚洲论坛秘书长龙永图先生谈到当下时有所闻的“最牛钉子户”时说，对待刁民，政府要硬气，不要被刁民挟持。详见秋风《对待“刁民”不能一味硬气》，2008 年 7 月 5 日《南方都市报》。

③ 详细见叶伟民《曾被停职官员：唐福珍自焚是法盲的悲剧》，2010 年 4 月 8 日《南方周末》。转引自新浪网：http：//news. sina. com. cn/c/sd/2010 - 04 - 08/101320031324_2. shtml，检索日期：2010 年 4 月 8 日。

最后，中国传统文化中安土重迁的观念，也是民众不愿意搬迁的原因之一。根据费孝通先生对于乡土中国的评价，“乡土社会是安土重迁的”。[①]虽然时间已经过去半个世纪，但是，作为影响中国几千年的文化其影响根深蒂固，这种观念虽不如先前浓厚，但是至今仍影响着人们的生活方式和行为方式。人们普遍崇尚安居乐业正是“安土重迁”观念的体现。这种影响不仅限于对农村地区的民众，对于城市居民也有重要的影响。对于城市居民来讲，这种“安土重迁”的观念就体现在不愿意搬离自己居住了很长时间的房屋。如果说以前的“安土重迁”是源于血缘和对于土地的依赖，那现在城市拆迁中的被拆迁人不愿搬离的原因，更多地则在于因长久居住的房屋而形成的社会关系如邻里关系、朋友关系，以及长时间形成的生活习惯。还有，一些拆迁的区域往往地理位置较好，周围有便利的生活条件、交通条件以及高质量的教育、医疗服务。如若搬迁，不仅有物质上的损失，还有相应的精神上的痛苦。

通过上述分析，我们可以发现“钉子户”拒绝搬迁是有其具体原因的，或者出于合法权益得不到应有的保障，或者出于情感需要，但是对于这一问题，先前的拆迁法律制度并没有做出很好的安排，导致拆迁各方矛盾激化而引起的问题频频发生。“钉子户”问题的出现提示我们应当对拆迁制度中存在的问题进行深刻的反思。

三　民众权利主张的正当性

通过上述分析可以发现，拆迁法律关系中被拆迁人拒绝拆迁进而成为所谓的“钉子户”是有各方面的现实原因，人们所常说“钉子户”的“讨价还价”似乎也是可以理解的。但是，具体到法律制度上，民众在拆迁中主张的权利是否具备正当性和在何种情况下具备正当性，以及在新的拆迁制度中强制拆迁存在的必要性，这些问题值得我们深思。

（一）两种不同的观点

对于“钉子户”在拆迁中主张自己权利和利益的行为，社会上存在对

① 费孝通：《乡土中国·生育制度》，北京大学出版社，1998。

其不同的评价。本专题根据其立场的差异，概括了两种比较典型的观点。一种是认为“钉子户”漫天要价，其主张的权利不具备正当性基础，在一些舆论媒体中所报道的某某“钉子户”因拆迁一夜暴富的新闻，更是加深了人们对于“钉子户”是追逐过当利益的被拆迁人的印象。这种观点也是从“钉子户”观念产生之初很多人所认同的观点，现在仍然存在。对于这种观点在前面已经介绍，不再赘述。

另外一种观点是，“钉子户”主张的权利具备正当性，无论何种情况，当被拆迁人拒绝拆迁时，政府就不可以运用公权力的强制力将民众的物权消灭。目前由于民权意识的不断高涨，人们对于“钉子户”的看法也开始转变，从最初的负面评价到现在的积极评价，在社会舆论中甚至出现了颂扬“钉子户”的维权精神的现象。即便出现“钉子户”暴力抗拒拆迁导致拆迁工作人员死亡的情况下，舆论导向也普遍向被拆迁人倾斜。[①] 人们对于“钉子户”的看法似乎从一个极端走向另一个极端，似乎“钉子户”无论什么情况下以何种方式抗拒拆迁都是正当的。持这种观点的人理由主要有以下几方面：首先，不论是从现在社会普遍遵循的法治理念、民权理念还是从现行的法律制度的角度看，这种观点都体现着注重对于民众私权的保护的精神，基于此，他们将私有财产权利上升到神圣不可侵犯的高度，因此，只要是民众拥有合法的权利，民众拒绝政府的拆迁协议时，政府无权用公权力将此消灭。其次，他们认为，房屋所有权不单纯是一种财产权利，还附着人的精神利益，具有人身权的某些属性。他们认为长期的居住使得人们对于自己的房屋已经有了感情，拆迁导致这部分利益的消灭。赋予房屋所有权感情色彩，在这种情形之下，拆迁之后的补偿仅仅能解决所有权人的物质损失，而其他的损失无法弥补。因此，民众有权拒绝拆迁。

政府征地拆迁实际上是运用公权消灭私权的行为，“钉子户”抗拒拆迁的行为从本质上来说是抗拒政府的公权力介入自己的私权范围的一种自力行为。因此，这个问题从本质来讲是公权与私权的关系问题。公权与私权的关系问题历来是一个重要的法律问题，特别是在面对两权冲突时，应

① 辽宁本溪的被拆迁人致人死亡案件在部分法律界人士看来，张剑杀人犯罪但未抵命，是我国新时期拆迁纠纷中出现的首例判决。该案向社会释放出积极信号，可成为我国法律保护公民私权的典型案例。

该如何处理公权与私权的关系，一直是法律界需要着重解决的问题，也是普通民众所关注的焦点问题。

在公权与私权关系问题上，我国经历了一个重大的变化过程。计划经济时代社会各界普遍奉行公权绝对至上的法律理念。进入市场经济以来，人们开始越来越注重对于私权的保护。特别是《物权法》“一体承认、平等保护”理念的确立，更赋予民众财产权利与国家财产权利平等的法律地位，在这一前提之下民权意识空前高涨，民众之中保护私权的呼声也越来越高。相应的，在拆迁这个问题上，人们对待“钉子户”的态度也开始发生重大的变化，从开始的法律、道德双重的负面评价，到将其视为民众权利的捍卫者。在社会中甚至出现了根本否定拆迁制度的观点，认为民众在任何情况下都有权对抗拆迁。此处将这种观点归结为“绝对不可拆迁论”。

我们认为，“绝对不可拆迁论”有失偏颇。在目前的形势之下，征收拆迁的存在还是非常有必要的，该制度本身还是存在着合法性。我们要做的不是根本否定征地拆迁制度，而是通过制度设计遏制一些地方存在的滥用征地拆迁制度的情形。寻求合适的路径，严格限制征地拆迁制度适用的条件，有效防止征收权的滥用而导致公权侵犯私权，才是从根本上解决拆迁矛盾的合理途径。

（二）以民权思想为指导重建拆迁制度

拆迁的结果是导致以房屋为核心的一系列权利的消灭，在我国现行的《宪法》和《物权法》中都确立了保护公民合法的私有财产的原则。此外，现实生活中，房屋对于被拆迁人而言又具有特别重要的意义，“钉子户”拒绝拆迁也是基于一定的现实考虑。因为拆迁除了产生物权消灭的法律后果，在很多情况下房屋被拆除之后，作为被拆迁人基本生活需要的居住条件的保障将成为问题。因此，对于这些物权的保护还具有保障基本人权的意义。而对于如此重要的权利，先前的拆迁法律制度并没有作出合理的制度安排，给予被拆迁人充分的保障。除了补偿标准较低，在拆迁实践中还经常出现滥用拆迁制度以达私人目的或者部门利益的情况。从这个层面上来讲，一些“钉子户”主张权利拒绝拆迁方提供的方案有一定的正当性基础。

拆迁制度在很多地方被过度使用了。如燕山大学征地案。2003 年燕山大学扩建时以 6 万元每亩征用当地村民的土地 3700 亩，4 年后的 2007 年政府公告以 125 万元每亩挂牌出让其中的 473 亩，成交价 130 万元每亩，将教育用地改为商住地。原来给予农民补偿 6 万元一亩的土地，政府仅仅换一次手续，就以 130 万元出卖了。此事导致当地村民持续上访。[①] 同样有滥用拆迁之嫌的还有我们前面所提到的山西省大同市近些年的拆迁。其市长耿彦波，以将大同变为文化旅游城市为目标，搞大规模拆迁，将大同市变成了一个巨大的工地。到处是推倒和正在新建的楼房，到处是高耸的塔式起重机和脚手架。[②] 有些人认为这种建设的出发点是好的，也赢得了很多好评。但是，在这大规模的拆迁中，其中最重要的法律关系人——被拆迁人被忽略了。我们认为，城市的建设固然重要，这种大规模拆迁的经营城市的模式却值得商榷。对于老城区中危房的改造无可非议，但如果只是对旧房而非危房的改造，我们认为，并不属于公共利益之下必须予以征收的范围。而在大同市大拆迁的浪潮下，很多建筑年限还很短的建筑也被拆除，有的被拆迁人甚至已经来回搬了好几次，这不仅对被拆迁人的生活和利益造成了损害，也是对资源的一种严重浪费。其实，山西大同只是目前存在于中国地方的大规模拆迁的一个典型，“全国各地正在出现大规模的城市拆迁与农村征地运动。大约从去年（2009 年）年中开始积聚力量，到年底形成一股狂潮。很多城市都宣布了规模庞大的土地储备计划，面积动辄几十平方公里。有的甚至要把半个城市都拆掉。从而形成了自 1990 年代中期以来最大规模的一场圈地运动”。[③] 这种储备土地实际上是地方政府经营土地、经营城市行为的体现，但是这种以储备土地进行经营土地、经营城市的行为很容易导致拆迁制度的滥用。

此外，一些地方打出让城市几年大变样的口号。在这种目标导向之下的城市建设，将不可避免的伴随着大规模的征地拆迁，极有可能导致征地

---

① 详细内容参见钱昊平《燕山大学 20 倍利润卖 4 年前征用土地引争议》，2010 年 1 月 13 日《新京报》。

② 舒泰峰：《大拆迁大修庙，大同市长耿彦波造城记》，来源于新华社—《瞭望东方》周刊，转引自腾讯新闻中心：http：//news. qq. com/a/20091124/001762_ 2. htm，2009 年 11 月 24 日。

③ 秋风：《血拆不止，征收新规何时出台》，2010 年 4 月 15 日《南方周末》。

拆迁制度的滥用。[①] 针对现实中的这些情况，更有必要在今后的拆迁实践中注重对于民众权利的保护问题。

（三）民众主张权利的合理限度及强制拆迁制度

针对先前在拆迁制度和地方的拆迁实践中存在对民众权利保护不足的问题，我们主张在新的拆迁制度的构建中，更加注重对于民众权利的保护，为民众主张合法的权利提供必要的法律保障和受到侵害时所需的完善的法律的救济途径。新颁布的《国有土地上房屋征收与补偿条例》相比先前的拆迁条例，在很多法律规则的设计中也更加注重对民众权利的保护方面。但是，这并不意味被拆迁人在拆迁中主张权利是不受任何限制的。现代社会注重对私权的保护，但是保护私权并不是要将其神圣化。所有权作为一个社会存在，其对于社会整体而言也应负有一定的义务。

我国法学中关于公权、私权的划分作为一种舶来品，来自西方国家的法律制度。即便在西方非常注重私权保护的国度，也规定了在一定情况下可以对私权予以限制。“1919 年《魏玛宪法》第 153 条第 4 项规定，所有权负有义务，于其行使应同时有益于社会公益。”据此，所有权人行使其对物权的权能时不得违背社会公共利益，并且必须履行从公共利益的需要出发而对所有人所强加的必要义务。这些法律的基本原理应该同样适用于我国。涉及公共利益之时，政府有权通过行使公权对于民众的私权进行必要的限制，当然，这种限制应当符合法定的条件，遵循严格的法律程序。在西方对于所有权的保护，也经历了一定的转变，即从绝对保护所有权到在保护所有权基础之上基于公共利益对于所有权加以必要的限制使其承担一定的社会义务。与西方社会的发展轨迹不同，我国对于个人所有权的保护是从公权至上到逐渐重视对于个人私有财产的保护。但是，对于私人所

---

① 安徽省宁国市副市长刘家和在拆迁工作会议上所作的题为《统一思想　凝心聚力　为完成全年拆迁工作任务而不懈努力》讲话中，在总结拆迁工作时，提到该市自 2000 年以来坚持的城市建设目标，即城市发展“一年一变样，三年大变样”。资料来源于宁国市建设委员会官方网站：http：//www. ngsjw. cn/article. asp？ articleid = 112。

无独有偶，河北省沧州市刘市长在全市“三年大变样”拆迁拆违动员大会上的讲话，也提到了城镇面貌三年大变样。资料来源于中国 · 沧州政府信息公开平台：http：//zwgk. cangzhou. gov. cn/article5. jsp？ infoId = 1131。

有权的保护也应该出于一种理性，不可以从一个极端走向另一个极端，要注意公共利益与个人利益保护的平衡。

我们认为，在城市的发展过程中，基于公共利益的必要的征地拆迁不仅合乎法学理论，同时也是现实的需要。一方面，作为一个发展中的国家，我国目前正处于城市化的进程中，而城市人口的快速增加是这一进程的重要特点，我国每年新增大量的城市人口。[①] 对于这部分新增的人口，住房的保障是一个很重要的问题。也就是说，对于城市住房面积的需求每年都在增加，而城市土地资源的紧张导致通过在尚且闲置的土地上建设新的房屋无法有效的满足需求。

另一方面，旧城区居民的居住条件差，住房条件也亟待改善。在这种情形之下，旧城改造显得十分的必要。在计划经济体制下提倡先发展、后消费，很多城市的建设滞后于经济的发展，民众的住房条件很差。而且在计划经济体制下，人们的工资水平很低，对于住房问题的解决也多数是通过国家以单位分房的形式加以解决的，这种性质的分房与现在具有社会保障性质的政策性的住房不同，实际上是具有实物工资的意义，是对当时低工资的一种补偿。此外，政府允诺分房还具有政治契约的意义。然而，直至房改之前，这种分房仍然不充分，有相当一部分人的住房是没有得到保障的，这种实物工资意义的分房并没有得到及时的兑现。这部分虽不是通过法律的形式定型化的权利，却是其应得利益的一部分。然而，在房改之后，这种分房被取消，民众若想改变自己的住房条件的话，只能通过购买商品房的形式实现。实际上，在长期的低工资政策下，很多民众是无法承担这部分费用的，因此住房条件难以改善，在城市中存在着一些住在老旧住房里的民众，几代人住在一个很狭小的房子里。因此，一些老城区的居民盼望拆迁也是可以理解的。对于他们而言，拆迁是改善住房条件的好机会。城市建设、旧城改造是基于现实的需要，这种基于公共利益的建设在一定程度上也会改善民众的住房条件，与个人的利益也是相符的。实际

① 中国社科院城市发展与环境研究所和中国社科院社会科学文献出版社在京联合发布的2010年《城市蓝皮书：中国城市发展报告No.3》显示，中国城镇人口总量为美国人口总数的两倍，比欧盟27国人口总规模还要高出1/4。1996～2005年，每年新增的城镇人口数量超过2000万人；2006～2009年，每年新增的城镇人口数量大约为1500万人。检索地址为：http：//news.163.com/10/0729/13/6CP09ASM00014AEE.html。

上，完全不想拆迁的毕竟是少数，很多旧城区的民众还是期待通过搬迁改善自己的住房条件的，在这种情况下之所以存在民众拒绝拆迁的情形，大多是源于对补偿标准的不满以及自己无力承担住房条件改善的成本。对于一些居民的住房条件的改善通过个人是无力解决的，必须通过政府主导，以公益拆迁的方式来进行。

此外，一部分征地拆迁是基于城市建设的需要。在计划经济体制高积累的政策下，不仅民众的住房条件没有得到及时改善，城市基础设施的建设也没有随着经济的发展而提高上来，现在，随着城市规模的不断扩大，有些城市的基础设施的现状已经阻碍了城市的继续发展。当然，这种必要的城市基础设施建设，指的是确实是城市发展必要的那些建设项目，比如，对过于狭窄的、规划不合理的街道的修整、拓宽等关乎民生的基础设施的建设，而不包括近些年来频频出现的地方政府的“面子工程”、“形象工程”在内。公共利益的具体的判断方式将在下一部分拆迁中的公共利益的研究部分详细论述。

公权介入私权从而对私权进行限制除了满足公共利益这个基本的条件外，还要特别强调的是这种介入必须在确有必要的情况下进行。具体到拆迁制度中就是政府基于公共利益的征地拆迁必须出于必要的公共利益需要。在社会中涉及公共利益的地方很多，修公路是公共利益，修花园、修广场也是公共利益，但是这些公共利益是否确实有必要性和紧迫性，以至于为了它的实现必须消灭民众的基本权益，必须要加以考证。因为对于被拆迁人而言，征地拆迁涉及其重要的权利，在某些情形之下甚至是关系到被拆迁人的生存和发展的具有人权意义的权利。因此，在拆迁制度中处理公权与私权关系的问题上，必须仔细衡量介入条件，即衡量公共利益拆迁确属必要，由于涉及对于民众而言极为重要的私权，公共利益应该被限定在较小的范围内。

公民的合法的财产是受到法律保护的，无法定的事由及经合法的程序不得侵害，这是法治国家的应有之义。虽然，对于基于公共利益运用公权介入私权关系具有正当性，这种正当性必须经过严格的程序的检验，确保是真正的出于公共利益，对于公共利益的界定及如何通过严格的程序保证公共利益不被用以为私人或特定部门谋利的问题，本课题的其他专题将进行详细的分析和探讨，此不赘述。

在必要的公共利益的拆迁、已经严格履行法定的程序并对其进行充分的补偿的情况下，如若再拒绝拆迁，逾越此范围的权利主张就丧失了正当性。现实中，这部分“钉子户”也是存在的。对待这部分的“钉子户”，应该怎么办？这就涉及是否应该适用强制拆迁的问题。

在此次的拆迁条例的修改中，强制拆迁的存废问题也引起了社会的广泛的关注。事实上，很多由于拆迁矛盾的激化引起被拆迁人自杀、暴力抗拒拆迁致使拆迁工作人员死亡，或者由于拆迁所引发的群体性事件多与强制拆迁有关。正是由于强制在目前的拆迁制度中存在的诸多弊端、引起了如此多的问题，其存在的正当性备受争议。

在基于必要的公共利益的拆迁情况下，如果政府在拆迁中充分保障了被拆迁人的权益，被拆迁人再对抗拆迁就丧失了正当性的基础，这种“钉子户”是排除了维护自己应有的正当性的权利的被拆迁人的情况，是真正意义上的“钉子户”，在现实情况下，这种“钉子户”是存在的，对待这一部分“钉子户”的存在，为了维护法律的权威性，保障公共利益，强制拆迁制度的适用就显得十分必要。

强制拆迁制度在此次拆迁法律制度修改的过程中之所以引起广泛的争议，在于其在之前长期的拆迁法律制度适用中由于缺乏严格的法律决定及适用程序的规制导致其滥用，从而给民众权利造成了损害。因此，在整个课题的研究过程中，同时也是伴随着此次拆迁法律制度的修改完善过程，我们一直主张鉴于先前强制拆迁中存在的问题，在新的制度构建中，强制拆迁制度应该受到必要的限制，其适用的对象必须是主张的权利不具备正当性的被拆迁人，也就是真正意义上的“钉子户”，其适用必须符合法律程序。因此，对于被拆迁人的正当性权利的判断就显得十分关键。

四　被拆迁人应该享有哪些权利

（一）实体性权利

在现实中人们质疑“钉子户”获得过当利益的主要原因在于一些“钉子户”获得了较其他拆迁人而言较高的补偿。究竟“钉子户”所获补偿是

正当利益还是过当利益，要通过科学的补偿标准进行衡量，而这种补偿标准的制定必须是以被拆迁人的正当权利为依据。目前拆迁争议频频发生，“钉子户”大量出现正是法律对于被拆迁人的权利规定上的失误造成的。在此，有必要对于被拆迁人在拆迁中享有的各种正当性权益加以辨析，至于对这些权利应该如何进行合理充分的补偿将在后面有关拆迁补偿的研究专题中详细论述。

1. 地权

在现实语境下地权指的是建设用地使用权。根据 1982 年《宪法》规定，我国城市的土地归国家所有。这样，在城市所有的土地的所有权无论之前的性质如何均归国家所有。事实上，目前是由地方政府代表国家行使城市土地所有权并获取城市土地的收益，而公民拥有的是产权房屋之下的建设用地使用权。

建设用地使用权对于民众来说是一项重要的财产，其法律属性为用益物权。建设用地使用权的价值在于它是公民以房屋为核心产生的权利群的基础，在被拆迁人权利群中是一项基础性的也是最为重要的权利。而正是这一最具价值的权利，并没有纳入之前的《城市房屋拆迁管理条例》的补偿范围。在现实的拆迁实践中，拆迁方提供的补偿标准和被拆迁人所要求的补偿数额的差别，主要是在于是否将这部分价值纳入补偿的范围。对此，目前理论与实务界都是有争议的，特别是近些年来随着土地价值的增长，土地出让金的价格不断攀升，相关利益各方对于这部分的争议就更大。笔者认为，对于土地使用权的收回，应当给予被拆迁人充分的补偿。理由如下。

首先，城市居民对于房屋之下的土地使用权多数并不是国家无偿提供的，因此在收回时也必须给予补偿。其一，对于民众通过购买商品房的形式所取得房屋所有权的情形，开发商在出卖房屋时已将取得土地时支付的土地出让金部分分摊在房价里面，因此民众在购买房屋的同时，也支付了相应的取得土地使用权的对价，包括在此后的商品房的买卖中，这一部分价值也是一直随着房屋流转的。其二，对于由先前的私有土地转化而来的建设用地使用权，民众本来就在土地之上拥有财产性的权利。1982 年《宪法》颁布之前，中国城市社会中的私有土地一直存在；宪法规定城市土地一律归国家所有之后，民众基于这些原来的私有土地享有的所有权，转化成国有土地使用权。不过当时立法对此并未明确。[①] 其三，对于通过“公房租赁”[②] 改制，所取得房屋所有权的情况，这一部分土地使用权从表面上看似是无偿取得，实则不然。如上文所述，在计划经济体制之下，在低工资政策下，政府对于劳动者提供住房保障，实际是具有实物工资意义的，是以劳动报酬的方式实现的，而非国家无偿提供。

其次，根据征收制度的原则，在以行政权力消灭土地使用权这一民事权利之时，应该给予足够的补偿。土地使用权是物权法所规定的一种用益物权即建设用地使用权，作为法律明文规定的由民众合法享有的一项实体性权利，其在拆迁过程中理应受到应有的保护。由于我国城市土地的所有权归国家所有，根据宪法以及物权法的相关规定，国家基于公共利益可以收回个人房屋之下的土地使用权。但是，即便是基于公共利益也应当经过法定的程序和充分的补偿之后，这种收回土地使用权的行为才有正当性基础。通过上述分析可以看出，民众拥有合法的地权即建设用地使用权，政府强制性的在被拆迁人建设用地使用权期限届满之前将其收回，运用的是行政权力，产生的后果是民众建设用地使用权的消灭。“政府运用公共权力消灭民事权利，这就是民法学上所说的征收。从《土地管理法》的规定看，等于是国家在原土地使用权期满前提前收回土地使用权。这一层法律关系乃因行政权力而产生，因而其性质是行政法律关系，当然对民事权利的被消灭，应该给予足够的补偿，这是征收制度的原则。”

再次，公民个人在取得土地使用权时，对于政府有着期待利益和合理信赖利益，即合理地相信其能在使用权期限内使用土地而不被随意侵害或者剥夺。不论是基于民法上的诚实信用原则，还是行政法上的合理信赖原则，政府都是不能随意收回土地使用权的。因此，如果政府在期限届满前收回土地使用权的话，应保障民众的信赖利益不受侵害，这一点也为物权法所采纳，即第42条第3款规定的“征收单位、个人的房屋及其他不动产，应当依法给予拆迁补偿，维护被征收人的合法权益；征收个人住宅

---

① 孙宪忠：《国有土地使用权财产法论》，中国社会科学出版社，1994，第3页。

② 公房租赁，是指中国城镇居民以名义上的租赁、实质上的福利分配对“国家”所有的房屋的租赁权。公房租赁，基本上是中国曾经长期实行的计划经济体制的产物，它体现的是政府对就业者广泛实行的变相工资分配方式。参见孙宪忠《中国物权法总论》，法律出版社，2009，第2版，第153页。

的，还应当保障被征收人的居住条件”。具体到土地使用上，应当对土地使用权予以补偿，这种补偿不仅仅是土地出让金按照剩余使用期限的补偿，因为随着城市的发展，公民为保障居住条件，取得同样的土地使用权所需支付的已经不再是原来的价格，这种因拆迁产生的成本不应该由被拆迁人来负担。

最后，实施拆迁的目的不是要取得被拆迁人的地上物，这些地上物在拆迁中都是要被拆除的，拆迁的真正目的，是要取得拆迁范围内的土地使用权，并在此基础上进行新的开发建设。拆迁人以获取他人土地使用权为第一目的，却不对该土地使用权进行补偿，不合常理。[①] 对于这一简单的法理只要稍加分析就很容易可以发现，而政府在征地拆迁中却刻意回避或掩饰了这一点。

基于上述分析可以得出，土地使用权理应纳入被拆迁补偿范围。上述的分析是针对通过购买商品房的形式取得地权这一现存的取得土地使用权的主要方式而言，但在现实生活中地权也存在几种特别的情形：一种是祖宅，另一种是公房。对于这两种情形，现实中也引起了很大的争议。

对于祖宅，许多人认为祖宅这种性质的房屋在拆迁中不应该对土地使用权进行补偿，其理由是：在我国土地使用权获得方式有两种，即出让或者划拨。对于这部分房屋下的土地使用权的获得不是建立在缴纳土地出让金的基础之上，因此他们的土地使用权的性质是划拨的，因而是无偿取得，在拆迁时自然无须予以补偿。

但只要稍加分析，我们就很容易发现这种观点不符合现实，也不符合逻辑。首先，我国的城市土地的全面国有化始于 1982 年《宪法》的规定，在这之前，城市中存在着私有土地，对此新中国成立后我国政府也予以承认。而 1982 年《宪法》第 10 条第 1 款规定，“城市的土地属于国家所有”。根据宪法的这一规定，全部的城市土地的性质全部划归国有。在这个过程中，原来存在的私有土地性质发生了根本转变，而国家却没有对原土地所有权人进行相应的价值补偿。因此，即便是土地的性质发生了改变，原土地所有人在土地之上仍享有利益。在拆迁时即便依据现在的土地

① 王克稳等：《城市拆迁法律问题研究》，中国法制出版社，2007，第 186 页。

性质即土地使用权，其价值也理应获得补偿，并不能以其没有缴纳土地出让金而认定其为无偿取得土地，而不进行土地价值的补偿。其次，土地使用权的划拨作为一种重大的行政行为，如果是通过这个途径获得土地，必然要经过严格的法律程序，并履行相关的法律手续。但如前文所述，祖宅之下的土地使用权的形成并没有经过相关的法律程序。

因此我们认为，在拆迁时祖宅的房屋所有人是拥有就这部分土地的价值获得补偿的权利的。祖宅的所有人即便依据现在的法律无法享有对土地完全的支配权，在拆迁时至少也应该获得相应的土地价值部分的补偿。

另外，还有公房的地权问题。公房是特定的历史环境的产物。有人将公房与现在的福利性、社会保障性住房归为一类。照此逻辑，土地自然为划拨性质的，在拆迁时自不需要予以补偿。但我们认为，这种对公房权利性质的解读是存在问题的，导致这种误读的原因是忽视了这种性质的房屋赖以产生的历史环境。事实上，这类房屋与现在的给低收入者的保障性住房是不同的。公房的产生是与我国长期的低工资政策相联系的，在国家高积累、低消费的政策下，发给劳动者的货币工资是非常低的，仅靠这些货币形式的工资不仅没有完全体现劳动者创造的价值，也无法满足民众衣食住行等全部的生活需要。实际上，这时候的分房，是具有实物工资性质的分房，与货币工资一样是民众应得的财产。虽然没有经过法律程序进行相应的登记，但实质上这部分理应属于民众的财产。

2. 房屋所有权及相关权利

房屋所有权与土地使用权紧密联系，根据目前中国实行的“房随地走”、“地随房走”的立法体例，政府将土地使用权收回之后，接下来就面临着对被拆迁人房屋的征收。从征地拆迁的目的来讲，征收的意图在于将土地使用权收回并进行重新的利用。要重新利用，必然要清除上面的建筑物、构筑物及其他的物体。因此，以拆迁为目的将土地使用权收回后，房屋的征收是不可避免的。

房屋所有权与土地使用权又是两个独立的物权，在征收时两者的价值都应该进行补偿。“中国法律已经承认土地的使用权和建筑物的所有权可以是两个独立的民法上的权利，而且可以作为两个不同的权利人的客体，法律不能强制性的将一个民事主体的民事权利划归另外一个主体

拥有。”① 土地使用权的收回和对房屋的征收是两个法律行为。对两者都应该进行充分的补偿，在进行价值补偿之时应该分别计算两者的价值。在现实中，由于对房屋的征收和土地使用权的征收一般是同时进行的，征地拆迁补偿的实践一般也不对两者的价值补偿进行明确区分，笼统的补偿往往导致不能制定充分体现两者价值的补偿标准，抑或是拆迁方有意为之，目的在于降低拆迁成本，结果往往是导致被拆迁人难以获得充分的补偿。虽然现实中难以对两者进行单独的估价，但是理论上有必要加以区分，这对于明确拆迁各方的权利义务关系以及制定科学的补偿标准具有重要的指导意义。

在房屋征收拆迁过程中，除涉及土地使用权和房屋所有权这两项主要权利外，必然还会涉及房屋的附属物的所有权。附属物，指的是依附于房屋的具有某种用途的设施，附属物的存在增加了房屋本身的价值，并且具有与房屋不可分离或分离之后会影响其经济价值的特点。比如，房屋的装修所增加的设施等。对于这项权利也必须予以考虑，因为民众在搬迁的过程中，有一些房屋的附属物无法拆卸或拆卸将导致其价值的降低，并且有一些重新安装是需要花费一定的费用的。正如老舍先生在散文《有钱最好》中的描述：“搬一回家，要安一回灯，挂一回帘子，洋房吗。搬一回家，要到公司报一回灯，报一回水，洋派吗。搬一回家，要损失一些东西，损失一些钱，洋罪吗。”② 他以一种诙谐幽默的方式道出了在搬迁的过程中的财产损失，这部分损失基本可以概括为房屋的附属物的损失。虽时过境迁，但是，搬家必然要损失的情况没变，这点不可否认。对于被拆迁人而言，这部分物品是付出了财产的成本的，并且将随着拆迁而受到损失，理应获得补偿。即便是以市场价评估房产时，这部分附属物的价值不大，但是，理应按照被拆迁人受到的损失状况进行补偿。

除了这些具有合法性的房屋，在拆迁中还会遇到违章建筑的情形，对于这部分是否应当作为民众享有的合法权益进行补偿是有争议的，但是持不补偿的意见居多。对于引起较大社会影响的成都市金牛区唐福珍自焚即为违章建筑的拆除及补偿问题引发拆迁争议，政府通过动用强制拆迁的方

① 孙宪忠：《中国物权法总论》，法律出版社，2009，第2版，第218～219页。

② 老舍：《有钱最好》，1935年3月1日《论语》第60期。

式来解决问题，唐福珍为抗拒拆迁而自焚导致严重烧伤，最终因伤势过重于十几天后死亡。①

对于违章建筑，按照现有的政策多将其排除在合法权益之外，原来的《城市房屋拆迁管理条例》也规定了拆除违章建筑不予补偿。很多地方也纷纷宣布对于违章建筑零补偿的政策、原则。不补偿的原因在于房屋本身是不合法的，非法利益不受法律的保护。诚然，现有的法律以保护公民的合法权益为基本原则，在征地拆迁中对于违章建筑的这种不补偿的原则看似合法合理，但是，这只是针对一般情况而言。事实上，我国目前的违章建筑的形成原因很复杂，造成违章建筑的主体也存在着多样性。在拆迁实践中若不加区分地将所有“违章建筑”一棒子打死，也会造成对拆迁当事人不公平的情况。如部分违章建筑的造成是有政府的责任在里面的，有些违章建筑的形成则是由于政府的行政规划的变动造成的。还有一部分违章建筑是因政府之前的登记管理制度不完善造成的，建筑物所有人在之前建造建筑物的过程中履行了一定的法律程序，但是由于程序不完善造成了其法律效力上的瑕疵，在当时建造的过程中及之后相当长的时间内其存在都是有一定的合理性的，政府相关部门在知情的情况下也是持默许的态度；只是后来在需要拆迁使用土地时才宣布这些建筑为违章建筑。我们认为，在这些情形下一概不补偿也不符合公平正义的法律理念。

在征收拆迁中，若对所有“违章建筑”一概予以否认，遇到的拆迁阻力是非常大的。因此，很多地方为了减少拆迁的阻力，考虑到违章建筑的建造人付出的建筑成本较大，给予适当的补偿，最多为建筑成本的补偿。并将这种补偿宣传为一种特殊照顾，其潜台词是这部分补偿其实是不应该受到保护的。这种政策上采否定态度，现实中又似是而非的做法，是不符合法治精神的。

民权的思想不是纵容“钉子户”漫天要价，满足其不具有正当性的利益诉求，而在于以一种理性的态度、以对双方都公平的方案来解决双方的

① 2010 年 11 月 13 日，成都市金牛区城管执法局对一处“违章建筑”进行强拆，“一暴力抗法者往自己身上倾倒汽油并自行点燃被严重烧伤”。而在唐福珍家人和网帖的描述中，则是女企业家唐福珍为了抗拒暴力拆迁保护自家三层楼房，在楼顶天台自焚。详细内容见《成都拆迁户唐福珍自焚死亡》，来源于人民网 - 《京华时报》，检索地址：http：//society. people. com. cn/GB/10498808. html，2009 年 12 月 3 日。

争议。补偿或者不补偿都应当是基于理性的分析之后做出的决定。不可否认，现实中存在着一些人为了得到拆迁补偿而故意建造违章建筑的情况。但笔者仍认为，将违章建筑一概排除在应受保护的权益之外也似有不妥。这种“一刀切”的做法，往往会损害普通民众的权益，并且也极可能会成为政府降低拆迁成本的途径：在拆迁之前认定一些建筑物为违章建筑，少给被拆迁人补偿甚至不给补偿。合理的做法应该是：在区分违章建筑的实际成因、违章建筑的判定时间的基础上来判定其是否属于应受保护的权益。对于造成违章建筑的原因是由于建筑确实妨害了公共利益、违反强行法，还是仅仅由于手续不全。有一些违章建筑的造成是出于政府的责任，对这样的违章建筑的拆迁政府应当分担责任，对于业主进行补偿。此外，在违章建筑的认定时间上，也不宜在开始拆迁之后再认定。是否因为规划的调整导致房屋由合法变成了违章建筑？是否是由于政府的疏忽或权力寻租行为将房屋归于违章建筑？等等诸如此类的问题都必须予以考虑，否则将对民众的合法权益造成侵害，如武汉望江花园案，导致民众购买商品房时买到的就是违章建筑，这种情况下由民众承担违章建筑的成本是不合理的。[①]

我们认为，对于拆迁中违章建筑的认定应该采取谨慎的态度，否则极易导致政府权力寻租和公权力的滥用。这是因为，认定违章建筑和决定征收拆迁都由政府作出，在这种强大的公权力面前，民众往往显得比较被动，极易导致侵害民众的财产权利的情况发生。在违章建筑的认定上，要给民众提出异议的权利，严格违章建筑的认定程序。

3. 房屋的收益权和经营性收益

现实中，民众的房屋除了居住的用途外，还有的将房屋用于出租或者是作为经营性房屋使用，由此而产生相应的收益。因此，在拆迁中也势必存在着对于一些经营性房屋的拆除，由此引发并经媒体报道的“钉子户”案例也不乏其例。经我们调查分析，经营性房屋的征收之所以往往会遇到比较大的阻力，主要是由拆迁各方在是否应当对于经营性的利益进行补偿存在分歧而造成的。我们认为收益权作为被拆迁人的正当性的权利应当纳入补偿的范围。根据物权法的规定，这种收益权的法律性质是房屋所有权

① 该建筑建于长江的江堤附近，影响长江泄洪，并且因违反《河道管理法》，确属违章建筑应予以拆除。但是，该建筑之所以能建起来，政府是有责任的。

所产生的孳息。具体而言，主要包括租金、经营性房屋停产期间的损失及预期利益的损失。虽然根据目前的法律规定，对于这部分利益在法律上的性质，除了房屋出租的租金收益可以作为法定的孳息之外，其他的尚无法归入已经由法律定型化的权利中。但那些无法归入法律权利类型的经营性收益作为民众正当的权益，也应当受到法律的保护，构成被拆迁人合法权益的重要组成部分。

房屋用于出租的收益和用于经营的收益，虽看似不像房权和地权一样体现出物权人对物的支配权，也不能像房权和地权一样易于评估出市场价值。但是在很多时候，对于房屋的所有人来讲却有非常重要的意义，这种收益的价值有时甚至超过了房屋本身。通过对一些拆迁案例的分析可以发现，对于一些拆迁户而言，这种经营性收益还是其家庭收入的主要来源，这种由于不动产产生的收益成为房屋所有人长久的经济来源，在一些情况下甚至是他们最为重要的生活来源。因此房屋的征收对于他们而言，不仅仅是一种所有权被征收，而且伴随着生活来源的丧失。就如一个“钉子户”所说的“平房能养活我，但是我却养不起楼房”。[①] 如果不将这一问题解决好，拆迁遇到阻力即“钉子户”抗拒拆迁也就是合乎逻辑的结果，对于一些“钉子户”以生命相搏来抗拒拆迁也就不再那么难以理解。

在房屋被征收的过程中，这一部分的价值补偿是争议的焦点，而拆迁方所提供的补偿方案中对于这一问题没有很好的解决。现实中拆迁人提供的房屋产权的置换或者一次性现金补偿，对于被拆迁人的这一部分收益没有覆盖。正是这些正当性的权利和权益在之前的拆迁法律制度构建时被忽略了，容易引发此类被拆迁人抗拒拆迁而成为“钉子户”。

在一些因经营性用房被征收引发的“钉子户”案例中，一些钉子户提出了安排工作的要求，这一要求表面上看起来与拆迁无关，似乎是“钉子户”的无理取闹，有借机谋取过当利益之嫌，但实际上，对于被拆迁人来

① 在北京市通州的上营棚户区改造中拒绝拆迁的被拆迁人李亚辉家，之前其平房每月出租的三四百元的收入是其家庭维持生活的重要来源，然而，对于她一家而言，无论搬到哪里，失去了房租的收入，搬迁之后每月要支付的物业费和管理费等费用都是她所负担不起的。详细内容见《拆迁女钉子户：平房能养活我 我养不起楼房》，来源于北青网 - 《法制晚报》，检索地址：http：//www. ynet. com/view. jsp? oid = 62282228&pageno = 5，2010 年 1 月 5 日。

说，在房屋被拆迁或者征收之后，这一原本长期性的经济来源的丧失，对于一些低收入人群来说有可能是生活的主要经济来源，由此带来的预期利益丧失和一部分被拆迁人生活困难，对于解决工作的要求有时是基于现实的困难造成的。“钉子户”所提出的工作条件或许并不恰当，但是对于其经济来源丧失所造成的困难，作为政府应该予以考虑。政府除去征收人这一身份之外，对于被拆迁人的生活困难有义务提供社会保障。

基于上述理由，我们认为房屋的收益权和经营性收益作为被拆迁人享有的正当性权益，政府在征收时理应作出补偿，对于因征收导致主要生活来源丧失的被拆迁人，政府理应承担其相应的责任，作出适当的安排，保障被拆迁人的生活。

（二）程序性权利

通过上述对于被拆迁人的实体性权利的分析，可以发现被拆迁人在被征收的房屋、地权上拥有重要的权利，这些权利将会因为政府的征收行为而消失。所以在拆迁法律关系中，被拆迁人是最为重要的利害关系人。对于整个拆迁从决定到执行，应该拥有最起码的知情权、参与权等程序性的权利。但是，在目前中国的征地拆迁中，民众失权过程完全是被动的，本应拥有的知情权、参与权等程序性的权利没有得到保障。

根据我国物权法的规定，因征收引发的物权变动适用非依法律行为物权变动的规则，即征收决定一旦做出被拆迁人享有的土地使用权、房屋所有权等物权性权利随即发生移转。是故征收决定的作出对被拆迁人的影响甚巨，但考察我国现有的拆迁过程，很多时候在拆迁决定已经作出后，民众才得知自己已经变成了被拆迁人，土地使用权已经被收回，房屋已经被征收，如果拒绝搬迁就将变成“钉子户”。有些政府甚至在土地和房屋的征收尚未完成的情况下，已经将土地使用权再度出让给开发商。如专题一所述，由于现有拆迁立法在法律关系定位上的偏差，这种本应是依据公共权力发生的物权变动，从表象上看成了民众与开发商之间的民事交易。在将矛盾交给开发商和被拆迁人的同时，由于拆迁决定过程的不透明，被拆迁人在拆迁决定过程中的程序性权利也被忽略了。

上文我们已经简要论及，因征收导致物权变动的过程，是通过政府行使征收权来完成的。因征收涉及被拆迁人诸多重大的财产权益，应当通过公告程序、听证程序等确保被拆迁人及相关利害关系人的知情权、参与权，这样才能满足被征收土地所有人、使用人维护财产权的需要。换言之，民众是有权参与拆迁决定的。而现实的情形是，拆迁决定往往是在民众毫不知情的情况下做出的。知情权尚未得到保障，参与权也就更谈不上了。在这种情况下做出的决定，很难保证民众的权利，难以满足其维护权利的愿望，导致从一开始民众就不愿意搬迁，继而成为所谓的“钉子户”。

在中国现行的拆迁补偿实践中，对于补偿标准的确定，往往是由拆迁方确定后直接予以公布，有一些地方的补偿标准往往是根据几年前的标准制定的。在补偿标准的确定上，也应该赋予被拆迁人参与决定的权利。否则，很难保证被拆迁人得到充分的补偿。

在拆迁的执行上，在面对“钉子户”的问题时，拆迁方顺利实现其拆迁计划经常依赖于强制拆迁。笔者认为，强制拆迁在目前中国的拆迁实践中被过度使用了。强制拆迁的后果是导致房屋在拆迁争议尚存的情况下被拆除，民众的权利就很难再从法律途径上得到救济。房屋被拆除了，但是问题并没有完全解决，接下来可能伴随由于拆迁引起的上访、群体性事件。笔者认为，要严格限制强制拆迁的启用的条件，除非是在涉及紧迫的公共利益，并且在确保民众获得充分的补偿并安置好之后，否则，不可轻易地适用。

通过分析近几年来的“钉子户”案件可以发现，相对于法律上的维权方式而言，更多的“钉子户”选择了法律之外的方式，甚至采用自焚等过激的方式。目前法律程序上的设计无法有效地保障被拆迁人的权益，使得法律救济的方式在他们心中的权威降低转而采用法律之外的方式维权。只有在程序上保证法律解决拆迁争议的权威性、可信性，才能引导被拆迁人积极利用法律的方式来维护自己的权利，而不是采用自焚、上访等方式。

在这种情况下，以保证民众知情权和参与权为目的的程序性制度，如听证会，就显得尤为重要。但现实情况是对于以保障被拆迁人权益的名义进行的听证会，也没有起到应有的作用。对于很多被拆迁人来讲，与其说是参与听证会的人代表了他们的利益，不如说他们是“被代表”的。因为参与听证会的人很多是政府选择的，而非基于被拆迁人的选择或者推荐，在代表性上是有疑问的。从结果上来看，很多听证会的表决结果都是同意拆迁，对于反对拆迁和不同意拆迁的情况反映较少。这些所谓的民意，与

现实情况是不符的，“钉子户”的大量存在反映了被拆迁人对于拆迁方案的反对，而这部分意见没有在听证会中得到有效的反映。

程序性权利与上部分论述的实体性权利同样具有重要的地位，在本部分仅仅针对一些相对重要环节的程序性权利作简要的论述，对于拆迁制度设计中从启动直至执行的各个环节的民众的程序性权利将在本课题的其他部分予以详细论述。

（三）社会保障权利

拆迁中其实还隐含着社会保障与社会救济的问题。“钉子户”中有一部分是属于生活比较困难的群体，居住条件差，经济来源少，有一些人以房屋的出租或经营性的收益为其主要的经济来源。当房屋被征收之后，这部分人就失去了生存来源，等价的补偿无法满足其基本生活的需要。因而在这部分群体中出现“钉子户”的概率也相对较高，他们将拆迁视为改善住房条件的一个很大的机会。原来住很小的平房，经过拆迁，不但获得了拆迁补偿费用，有的还原地迁回，居住到一个相对较大的房子里。单纯从其所拥有的房屋及相关权利的价值来看，这部分“钉子户”得到了过当的利益。但是，实际上对于这些“钉子户”，所提供的补偿中还包括了社会保障和社会救济的部分，是他们获得社会保障性权益的体现。

如前文所述，在之前长期的高积累、低消费的政策之下，民众的住房长期得不到改善。居民希望借助房屋拆迁，改善自己的居住条件和生活境况，这是合理的。按照法治理念，政府承担社会保障和救助的职能。对于改善这些民众住房的成本应该由政府来负担。地方政府在拆迁中，应当认真履行自己提供社会保障的义务。否则，被拆迁人会因担心失去居住条件而无法获得相应的社会保障与社会救济而抵制拆迁。

综上，我们认为，很多被称为“钉子户”的被拆迁人，有些人并不是真的想成为“钉子户”，他们所维护的也多数是其正当性的权利。在拆迁过程之中，对他们而言很多时候不仅失权的过程是被动的，从被拆迁人到“钉子户”之社会身份的转换也是被动的，他们只是在积极争取自己本应有的合法权利时成为人们口中的“钉子户”。不可否认，现实中确实存在着名副其实的“钉子户”即追求过当利益者，但在法治的时代，民众追求个人的合法权益，本应值得提倡，不应该被给予道德上的不利评价。而且，通过对于民众的正当权利和现实中“钉子户”的利益诉求的对比分析，我们认为，“钉子户”一词被滥用了，真正意义上的“钉子户”只是少数。

五 “钉子户”问题的解决

不可否认，现实中存在着个别“钉子户”追求过当利益的情形。但是根据上文对于被拆迁人的正当性权利分析，再参照目前征地拆迁的现实情形，我们认为，更多的情况是其作为被拆迁人的正当利益没有得到完全的保障。因此，“钉子户”问题解决的关键不在于采取何种措施规制“钉子户”的行为，而在于拆迁法律制度的完善和政府具体的执法过程。

（一）民权理念是拆迁公正性的基础

对于民众的私人所有权的保护已经在《宪法》和《物权法》中得以体现，尤其是2007年颁布的《物权法》确立了对不同类型的所有权“一体承认、平等保护”的原则，以及《物权法》第42条有关征收征用的规定，也充分体现了民权的思想。然而，从“钉子户”的概念来源和现有的拆迁法规的分析来看，对于民众的私权保护的意识还是缺乏的。正是由于拆迁相关法规对于被拆迁人利益的保障不足，同时民众个人权利意识不断提高，才会出现越来越多的“钉子户”，才会有越来越多的由于拆迁中的矛盾冲突导致的事件出现。因此，要解决“钉子户”的问题，制定相关法律法规时要以保障民权的思想为指导，实现对被拆迁人权利的充分保障。

此外，在拆迁制度的设计上要更好地平衡公正与效率的关系。现实中追求拆迁效率、忽视公平，不仅引发了大量的社会问题，而且也没有实现原本的效率价值。一方面，因为拆迁涉及公民最为重要的财产权利，对于一些人而言，房屋的拆除还涉及其生存问题，在这种情形之下，盲目追求拆迁的效率，不顾及对于民众权利的公平保护显然是不恰当的。另一方面，事实证明，在盲目追求效率的拆迁实践中，不仅不利于拆迁中对各方权利的平等性的保护，也极易导致征地拆迁矛盾的激化，“钉子户”数量增多。而且面对“钉子户”问题时，在拆迁法律制度中由于没有均衡保护各方权益的制度性的解决矛盾的模式，相关方很难达成协议，从而导致拆

迁陷入僵局，最后效率的价值也难以实现。

在拆迁制度设计和具体的拆迁实践中，要平衡公平与效率的关系，更加注重对于拆迁相关各方的利益的公平的保护，才有利于拆迁工作的顺利进行。

在2011年1月21日国务院颁布的《国有土地上房屋征收与补偿条例》中，在很多的制度设计中体现了更加注重民众权益保护的理念，在征收过程中更加注重公平的问题。比如，该条例在第2条规定：“为了公共利益的需要，征收国有土地上单位、个人的房屋，应当对被征收房屋所有权人（以下称被征收人）给予公平补偿。”在征收的补偿范围和程序设计的很多方面也体现了更加注重民众权利保护和公平问题。

可以说，在法律理念方面，新的征收条例有了重大的进步，为民众权利保护提供了基本的制度支持。但是，民众权利在实践的过程是否能得到比之前更好的保护，还有赖于地方政府在具体的征收过程中是否能对民权理念予以奉行。

（二）被拆迁人有权利获得充分补偿

补偿问题是征地拆迁的关键问题，补偿不充分也经常是“钉子户”拒绝搬迁的主要原因。在被拆迁人正当性权利分析的基础上，制定一个合理的补偿标准，不仅有利于保护拆迁人的利益，也能有效改变目前因补偿标准过低所引发的大量的“钉子户”出现的现状。同时，一个科学合理的补偿标准对于维护公共利益也是非常有必要的，可以防止“钉子户”对于过当利益的追求，个案的过度补偿的结果不仅损害公共利益，而且对于其他的被拆迁人也是不公平的。充分的补偿不是要满足“钉子户”的过当利益，而是基于对公共利益和个人利益的均衡保护。

根据合理的补偿标准对被拆迁人进行充分的补偿，有助于解决“钉子户”的问题。在这一问题上，之前的拆迁条例的制度安排是存在缺陷的。《国有土地上房屋征收与补偿条例》的规定相比之前的拆迁条例，对于民众在征收过程中的损失的补偿更加充分。在补偿范围上，最为明显的进步就是在法律条文中明确规定对停产停业损失的补偿。该条例第17条第1款规定：“作出房屋征收决定的市、县级人民政府对被征收人给予的补偿包括：（一）被征收房屋价值的补偿；（二）因征收房屋造成的搬迁、临时安置的补偿；（三）因征收房屋造成的停产停业损失的补偿。”对于这种经营性损失的补偿在过去的拆迁条例中是没有的。如前文所述，这是在征收过程中民众理应获得的正当权益。其确定的参照当时房屋市场价值的补偿规则，使得民众更容易获得公平、充分的补偿。还有，征收补偿价不低于市场价、被征收多种补偿方式的选择权以及对补偿决定不服时提起行政诉讼的权利、先补偿后搬迁等规定都更有利于保障被征收人获得更为充分的补偿。关于新征收条例在补偿方面的有关规定，将在第六专题拆迁补偿研究部分详细论述。

通过上述分析我们可以看出，新颁布的征收条例在补偿这一部分的制度安排取得了重大的进步，但是结合前面我们对于被拆迁人正当权利的分析，可以发现，其中作为被征收人权利重要组成部分的土地权利在新的征收条例中却没有得到体现。从条例的名目来看，其解决的是国有土地上房屋的征收，而没有提及土地权利也就是建设用地使用权的征收。从条例的内容来看，关于地权的问题仅仅在第13条第3款提到了“房屋被依法征收的，国有土地使用权同时收回”这样一个比较简单的规定。地权作为一项基础性的权利，其消灭涉及征收中诸多的法律问题，并且这部分的价值也比较重大。因此，我们建议在今后制定相关的实施细则时对其进行修改。

违章建筑的补偿也是引发拆迁补偿争议较多的问题。针对我国违章建筑形成的复杂情况，我们主张应当区分不同的情况区别对待，不宜采取“一刀切”的做法。根据《国有土地上房屋征收与补偿条例》第24条的规定：“市、县级人民政府及其有关部门应当依法加强对建设活动的监督管理，对违反城乡规划进行建设的，依法予以处理。市、县级人民政府作出房屋征收决定前，应当组织有关部门依法对征收范围内未经登记的建筑进行调查、认定和处理。对认定为合法建筑和未超过批准期限的临时建筑的，应当给予补偿；对认定为违法建筑和超过批准期限的临时建筑的，不予补偿。”该条例对于政府认定违章建筑的时间进行了限制，这对于规制某些地方政府为减少补偿而在征收决定后认定违法建筑的行为有积极的意义。同时，区分了违章建筑和未超过批准期限的临时建筑，这些制度规定都具有一定的积极意义。但是，该条例对于认定的违章建筑和超期临时建筑仍采取一概不补偿的原则。针对我们前面的论述，我们认为，还是应该加以区分，对于某些违章建筑的存在有政府责任的情况，应该给予适当的补偿。

（三）建立公开公正的拆迁程序

一方面，程序的公正是被拆迁人实体性权利得以实现的重要保障。只是规定被拆迁人的实体性权利而没有具体的程序加以保障，实体性权利也是难以实现的。另一方面，公正的程序还有助于树立法律的权威。目前，“钉子户”倾向于选择法律之外的途径维权的重要原因在于法律维权途径的失效，具体来讲主要是救济程序上的问题。公正的程序可以引导人们更好地通过法律的途径来维护自身的权益，使得拆迁的问题能够在法律的框架之内解决，减少由于拆迁矛盾的激化而引发的社会问题。

这就需要从拆迁立项直至执行的各个环节都要设计科学合理的程序，并且需要构建一些配套制度保证其能够切实发挥应有的制约作用。对于具体的程序设计将在房屋拆迁的正当程序部分加以论述。

相比之前的拆迁条例，新的征收补偿条例在保障民众的知情权、参与权等方面取得了重大的进步，体现在很多条款中。例如，第 14 条赋予被征收人提起行政复议和行政诉讼的权利，这相比之前的拆迁条例是一个重大的进步，在这之前民众是无法对于征收决定提起诉讼的，有提起的法院也大多是不受理的。给予民众更加多元的司法救济途径，有助于民众通过法律途径维护自己的权益，减少“钉子户”采取法律之外的途径主张权利的情况。在具体的程序设计上，第 9 条关于人民代表大会讨论、向社会公开征求意见尤其是补偿方案的公布，第 10 条修正后的补偿方案再公告、公开论证、听证等时限限制，第 11 条关于听证会的规定，第 19 ~ 21 条关于补偿过程中的一些程序设计给予被征收人更多的选择权和决定权等等这些规定对于保障民众的程序性的权利具有积极的意义，此处仅作简要列举，具体内容将在专题五详细论述。

同时，经过仔细的研究我们发现，虽然新的征收条例的相关法律条款中对于民众知情权、参与权和决定权的保障意识有了很大的改进，但一些制度规定比较原则化，还有待进一步细化，增强其可操作性。在一些程序性权利的规定上还不够明确，以第 11 条规定的听证程序为例，规定由被征收人和社会公众代表参与，其中被征收人是全部还是部分？被征收人在参与听证的人员中所占的比例如何？其提出的意见是起到怎样的作用？如果民众的意见无法对方案的修改起决定作用，那么很容易使得听证会流于形式。目前的条文仅仅规定根据听证会的情况来修改方案，显然没有很好地解决上述问题。

（四）落实拆迁中的社会保障

通过上述分析，对于被拆迁人中的困难群体，不能仅以其房屋本身的价值作为判断其利益诉求是否正当的标准。拆迁的房屋对于他们而言，除了具有一般的财产权上的意义外，还涉及他们的基本生存问题。对于这一部分群体，政府理应承担起社会保障的职责，分担其住房改善的成本，解决其由于征地拆迁所引起的生活困难的问题，只有被拆迁人的基本生活得到保障了，他们才可能配合政府的征地拆迁，从而减少“钉子户”问题的出现。

在《国有土地上房屋征收与补偿条例》的第 18 条规定：“征收个人住宅，被征收人符合住房保障条件的，作出房屋征收决定的市、县级人民政府应当优先给予住房保障。具体办法由省、自治区、直辖市制定。”这一规定是拆迁立法的一大进步，对于被拆迁人中的困难群体的生活保障提供了基本法律依据。同时，从条文中我们看出，这一规定是一个授权性的规定，具体这部分群体的住房保障效果如何还是需要省级地方政府制定具体的实施办法。但是，能够作出这样一个原则性的规定已经是一个很大的突破，因为在这之前的很长一段时间里，被拆迁人中的困难群体为保证其基本生活所提出的利益诉求很多被认为是追求过当利益，这部分人因为问题没有得到解决，成为人们所说的“钉子户”。这一条款使得他们合理的利益诉求合法化。这与我们在课题的研究之初就提出的拆迁中存在社会保障问题的观点也是一致的。在此基础上，我们认为在具体的实施细则中要制定更加完善和有力的措施落实拆迁中的社会保障的问题。

（五）严格适用强制拆迁的条件

虽然目前存在着滥用拆迁损害民众合法权利的情形，但同时，不可否认，也存在着一部分人其主张的权利是不具备正当性的，即在确属必要的公共利益的拆迁的情况下，也基于其正当权利进行了充分的补偿及某些情况下的社会保障，并且经法律程序及司法上的裁判，但是其仍然拒绝搬迁，这种情形之下，就需要通过强制拆迁来保证法律的权威。

由于强制拆迁这种措施本身的特点，履行完毕之后将无法恢复原状，如果错误适用将会造成严重的侵害民众权利的情况。因此，应该严格强制拆迁的适用条件，在维护公共利益、保障法律权威的同时，保障民众的权利不受侵害。

针对这些情况，新征收补偿条例也做出了积极的回应。首先，对于一些在很多地方强制拆迁中存在的侵害民众基本权益的拆迁行为作了禁止性的规定。根据第 27 条第 3 款的规定：“任何单位和个人不得采取暴力、威胁或者违反规定中断供水、供热、供气、供电和道路通行等非法方式迫使被征收人搬迁。禁止建设单位参与搬迁活动。”其次，必须在被征收人法定的权利救济期限届满后才可以申请强制执行。根据新征收补偿条例第 28 条规定：“被征收人在法定期限内不申请行政复议或者不提起行政诉讼，在补偿决定规定的期限内又不搬迁的，由作出房屋征收决定的市、县级人民政府依法申请人民法院强制执行。强制执行申请书应当附具补偿金额和专户存储账号、产权调换房屋和周转用房的地点和面积等材料。”最后，将征收强制执行的决定权交由法院，终止了政府直接决定强制拆迁的权利。根据我们前面的论述，政府是征收法律关系的重要当事人，由其决定强制拆迁显然无法保持决定的中立性、公平性。由法院这个法律争议的最终的裁判机构决定，不仅符合法理，而且更有利于保障被征收人的合法权益。

六 结语

“钉子户”问题集中反映了拆迁制度中存在的问题，在法律理念方面体现为缺乏对于民众私人所有权的平等保护意识、重效率轻公平的价值取向。在征地拆迁的过程中，民众的相关物权会因政府运用行政的征收而消失，根据物权法的规定，理应获得补偿。通过研究，笔者发现，对于拆迁中民众权利的保护，之前的相关法律制度上并没有做出很好的安排，需要在完善相关法律制度时更加注重对民权的保护，对于民众的正当权益予以保护。在判断“钉子户”权利主张正当与否的问题上，需要对被拆迁人在拆迁中应该得到保护的权利范围加以界定。本专题主要从被拆迁人的实体权利、程序权利以及特别情况下获得社会保障的权利三个方面加以分析。

通过对于民众正当权利的分析和现实中“钉子户”的利益诉求的对比分析，笔者认为，“钉子户”一词被滥用了，很多被拆迁人拒绝搬迁是因为正当权益没有得到完全的保障，追求过当利益的是少数。

同时，被拆迁人的权利主张也是有限度的，在符合公共利益条件的征地拆迁中，如果经合法程序并充分补偿，被拆迁人再抗拒拆迁则丧失了法律上的正当性，现实中这种被拆迁人也是存在的。在这种情况之下，为了维护公共利益和法律的权威，对于这种拆迁则需要通过法律上的强制措施实现。强制拆迁的存在还有必要性。针对之前存在的强制拆迁损害公民权利的情形，需要对强制拆迁规定更为严格的适用条件和程序。

因此，“钉子户”问题的解决在于拆迁法律制度的完善和政府具体的执法过程。我们认为应该以民权理念为指导以保证拆迁的公正性，对于被拆迁人进行充分补偿、建立公开公正的拆迁程序、落实拆迁中的社会保障、严格适用强制拆迁的条件，通过上述几方面的综合改进来改变拆迁制度中存在的问题。

在为期一年的研究过程中，我们的某些制度设想在新的法律制度中得到了实现。2011 年 1 月 21 日颁布的《国有土地上房屋征收与补偿条例》有很大的改进，征收法律制度得到了进一步的改进和完善。同时，我们认为，对于一些问题的规定还不够全面和细化，有待进一步通过制定配套的实施细则加以完善。

综上所述，笔者认为，解决“钉子户”问题的关键在于拆迁法律制度和具体的执法过程中能否更多从民权的角度来保障被拆迁人的合法权益。本专题研究的目的不是要彻底消除“钉子户”，而是通过制度设计引导被拆迁人以合法正当的方式维权，避免“钉子户”事件大规模出现，并解决目前存在的一些“钉子户”采用法律之外的极端方式维权所引发的社会问题。

专题四 拆迁中的公共利益

一 引言

当代中国民权意识日益高涨，原来人们认为并不适合中国政治特点的理论，比如“有限公权”这样产生于启蒙运动时期的政治原则，现在作为法律文明的精神之一，已经为民众普遍认可；“依法治国”原则已经写入我国宪法，依据这一原则确定的“依法行政”原则，也已经为人熟知。近年来科学发展观强调的以人为本、以民为本的可持续发展战略，也已经宣传与教育多年。但是，中国很多地方的地方政府在拆迁事务中的做法，总是和这些法制文明的理念保持着距离。比如，各地不断出现“暴力拆迁”，那些在此中不惜以身殉财的普通民众的幽灵，不时刺痛着我们的神经。让人更为惊讶的是，有不少的地方政府及其官员认为那些主张权利的行为是某些“刁民”的“漫天要价”和“无理取闹”，他们把那些“钉子户”的以死抗争视为“法盲的悲剧”，理直气壮地认为自己“所做的一切只是在执行和捍卫法律”。[①] 他们认为，不顾及民众基本权利的强制拆迁没有什么不合理的地方，甚至提出“没有强拆就没有新中国”。[②] 为什么这些官员

① 《拆出人命的地方　官员果然个个还在》，2010 年 4 月 8 日《南方周末》。

② 斯伟江：《评“没有强拆就没有新中国”》，《新世纪》2010 年第 41 期。

这么肆无忌惮？是什么正义的观念支持着这些官员的惊天雷人的行为与话语？

要找到这些问题的答案其实并不难。这就是所谓“公共利益”这四个字。这些政府部门以及这些官员认为，他们所大力推进的强制拆迁，甚至不惜牺牲民众，就是为了公共利益。公共利益这个词似乎给予了他们强有力的辩护。从表象上看，这些地方政府及其官员的说法有些道理，一些地方的经济与社会确实因为土地财政和土地经营而获得了发展，城市中出现了越来越宽广的大路，出现了越来越现代化的楼宇，民众的生活水平也提高了。但是也有一些地方，土地经营的好处首先表现为政府机关豪华的办公大楼、与民众毫不相干的气派的大广场等。另外，土地经营在不少地方还是相关领导干部的摇钱树，不少人在这个行业里“前仆后继”地被腐蚀、被查处。从这些情况看，土地经营中似乎存在公共利益，但是又和真正的公共利益没有必然的联系。目前，我国的宪法和物权法都已规定了类似的公共利益条款，我们已经看到在立法上设计公共利益条款是必要的，但是这个核心名词的含义是什么？公共利益与私益发生矛盾时法律如何应对？

在这种情况下，就有必要来仔细研究公共利益这个词语，我们必须理解它的准确含义，也必须掌握从古以来法律提出这个概念的出发点，理解法律为什么要提出公共利益，以及在公共利益的前提下如何看待民众的个人利益。只有这样才能够准确地应用这个概念。具体说来，对于公共利益这个核心概念，我们希望能够予以阐述清楚的含义应该主要有：第一，为什么要设计公共利益条款？有不少人认为该条款的目的是为了授予政府征收权，以满足建设用地的需要。但是，在我们的研究中发现，法律建立这个条款的本来意义，却是限制公共权力以保护民权。第二，什么是公共利益？很多地方政府认为，“发展地方经济”、“旧城区改建”就是公共利益，这些似是而非的含义就是公共利益吗？第三，我们的研究表明，公共利益条款依法建立以来，就是一个限制性条款，那么它究竟是为了限制谁？很多人用这个条款来要求开发房地产的企业，要求企业必须为了公共利益而活动，那么真的是这样吗？

从民法学、物权法学的角度看，我们尤其应该关注的是，在公共利益这个光辉灿烂的前提下，个人利益价值何在？难道为了公共利益就应该压

抑甚至放弃私人利益？在这个核心的问题上，不论是宪法还是其他的法律，都没有给出正面的解读。

如果不能够准确理解上述这些观念性的问题，那么，因拆迁事务导致民众权利受损害的情形会越来越多。我们发现，因为法律以及规范具体拆迁工作的行政法规对公共利益的表述不清，[①] 众多拆迁部门因此能够任意解释公共利益的含义，肆无忌惮地侵害私人权利。如上所述，这些官员却自信地认为自己是在“执行和捍卫法律”。这种紧迫的形势，要求我们必须从概念的科学性和现实民权保护的需要来理解这个重大的问题，以此指导行政行为和司法活动。

有人认为“公共利益”总是给人一种“华而不实”的感觉——不说不行，说也说不清。本专题将试图探讨一下这个难题，所提看法供大家参考。

二　公共利益条款的必要性及其价值目标

（一）法律必须建立公共利益条款

在大多数拆迁事务中，社会以及被拆迁人都提出了拆迁是否正当的问题。政府部门往往以公共利益作为挡箭牌，来反对社会以及被拆迁人的批评；而社会以及被拆迁人都在质疑政府征收目的的正当性，特别是有开发商参与的情况下，多数人都认为征收根本不是出于公共利益的需要。但是，政府还是依据“公共利益需要”大力地推进了拆迁。因此，有些人悲观地认为公共利益条款毫无用处，它不但限制不了政府和开发商，而且似乎给了公共权力部门一种口实，使他们更加方便地侵犯民事权利。更有学者认为，我国土地的性质均姓“公”，并无土地之私有者，故关于征地必须基于“公共利益需要”的规定已无存在基础。[②]

但是我们认为，从科学立法的层面上说，公共利益条款的建立是完全

① 原《城市房屋拆迁管理条例》中只有第 26 条与公共利益相关，内容也只是对补偿的规定，并不涉及公共利益的认定。

② 李集合：《关于土地征收征用制度的宪法比较》，《河北法学》2007 年第 8 期。

必要的；这个条款之所以在我国不能有效地发挥作用，关键在于执行法律的政府部门甚至法律解释部门还不能准确地理解其含义。

对于拆迁涉及的征收立法是否应该建立公共利益条款的问题，我们可以先看看世界上多数国家的经验。稍稍研究一下我们就可以发现，世界上大多数国家的法律都规定了公共权力机构在一定条件下征收公民财产尤其是土地和房屋等不动产的权力，同时，这些立法也规定征收权的行使必须基于公共利益需要这个基本的条件。当然，这些立法所采用的模式以及确定的公共权力实施方式都有所差异，因此他们的法律实施的效果也有所不同。

以美国为例，美国并没有以宪法条文的方式明确赋予联邦政府或州政府征收权。美国宪法第十修正案只是指出宪法未禁止各州行使的权力，保留给各州行使，但这里的“未禁止的权力”似乎可以包括征收权。第五修正案也与征收相关，但“未经公正补偿，不得以公共使用为由征收私人财产”的表述也不是在设定权力，而是在限制权力。与此相关的还有第十四修正案的正当程序条款，同样是为了保障权利而非设定权力。有学者认为，第五修正案的规定是一种人权条款，原则上不能从中推断出公共权力的某项权限。政府的征收权在美国“属于主权中所固有的一项权限，而征用条款并非赋予这一权限，只不过是规定了其行使的条件而已”。[①] 也就是说，作为“权利法案”的美国宪法，其关于征收的规定主要目的在于限制公权力对私人财产的侵犯，而并非授权。

再来看我国的法律，我国宪法第 10 条授予了“国家”征收和征用土地的权力，第 13 条授予了“国家”征收和征用公民私有财产的权力，表述的方式是“国家……可以……”。传统观念认为，这样的条文是从宪法的角度确认了国家及其代理人享有征收权的合法性。但我们也可以从另一个角度来分析：第 13 条的第 1 款是“公民的合法的私有财产不受侵犯”，在这之后才是国家享有征收权的表述，所以也可以说，私有财产保护是基础，征收只是在必要时才会采取的措施。而《物权法》第 42 条的表述则更符合权利保障条款的要求，明确规定只有在“为了公共利益的

① 林来梵：《美国宪法判例中的财产权保护——以 Lucas v. South Carolina Coastal Council 为焦点》，《浙江社会科学》2003 年第 5 期。

需要”的前提下，且必须满足“法定权限和程序”、“给予补偿”、“维护被征收人合法权益”、“保障被征收人的居住条件”的条件下，才能进行征收。

由此看来，我国征收条款的目的也应是为了约束和限制公权力、保护私人财产权，但这只是目的之一，公共利益条款存在的根本原因还是“公共利益的需要”。在现代社会，个人的权利行使必须考虑到对公共人群的影响，公共利益的维护也成了限制私人权利和给私人附加义务的理由。然而，因公共利益的需要可以征收私人财产，当然的原因是人的社会首先是群体性社会，个人的生存以及发展都依赖于人的群体的良好秩序；但是，个人对于因公共利益的需要造成的损害之所以能够忍让，归根结底的原因是，个人利益也会因为公共利益的发展而得到更好的发展，而不是被彻底压抑。因此，私人的权利损失不但可以得到弥补，还能从公共利益的实现中获得更多的利益。这也正是公共利益条款的意义所在——既能使公共利益的需要得到满足，又能坚持对私人权利的保护。我国的立法，特别是规范具体征收工作的行政法规，必须兼顾这两方面的内容，如此才能真正实现公共利益条款的价值。

（二）私益保护的价值基础

对于公共利益和个人利益、私人利益之间的伦理和法律价值关系，从古以来，人们已经进行了很多研究，在这一方面，先人给我们留下了很多可资借鉴的资料。但是实事求是地说，这些资料，其中有一部分可以成为我们建设社会主义市场经济体制和民权保障的模板，而有一些则只能作为我们今天建设与发展所应吸取的教训。

中国在世界上是一个封建历史最为漫长的国家，它的法律文化，对于民权保障非常不利。新中国成立之后，我们又很快建立了计划经济体制，这样，非民权思维可以说在我国有着经久不衰的延续。在这种思想占据主流的意识形态的时候，“过分强大的公权力始终保留着对民间社会事务的绝对支配力，社会一切公民和法人的民事权利，包括所有权和其他物权始终必须服从这种权力的支配”。[①] 这种制度惯性在当今社会拆迁活动中的表

① 孙宪忠：《论物权法》，法律出版社，2008，第225页。

现就是，政府始终以“家长”的姿态决定征收，并“指挥”开发商和被拆迁人向既定的目标前进。另一方面，公有财产至上的僵化思维使得私人财产权总是得不到尊重。“个人财产权利在和公有制财产权利发生对抗时只能服从，这一点甚至被当作是一种‘觉悟’。”[①] 如今的表现便是，不管征收的目的是为了国家利益还是社会利益，抑或是集体利益，只要能和“公”的利益挂上钩，被拆迁人的利益就必须让路。

拆迁中的公私权益的明显失衡，是中国拆迁关系容易产生巨大矛盾的原因之一。因此，公共利益条款最应发挥的作用就是保护私人财产权不受公权力的任意侵犯。本专题认为，私人财产权是否得到应有的保护，决定了征收、拆迁是否具有正当性。至少从目前的情况看，中国拆迁事务中侵害民权最为激烈的一些做法，和世界法治文明的发展趋势格格不入。

在原始社会，低水平的生产力决定了个人必须依附于族群的生产、生活管理，这种依附来源于对生存和安全的担忧，但是法律伦理并不否认财产归属个人对于人类的重要性。马克思和恩格斯指出，私有产权是随着家庭的出现而产生的：私有产权的产生和发展与原始社会的家庭及其演变密切相关。在以血缘关系为纽带的血亲氏族由自然共同体逐渐演变为具有独立经济意义的家庭时，私有财产权利也就在原始公有制内部产生了。[②] 自从国家产生以来，特别是法律规则的出现，国家通过确认个人的财产权利并以国家力量对其进行保护，这才使得权属意识得到尊重并具有了实际的意义。进入文明社会之后，私人财产权的保护规定得以以文字的方式载入法典，世界上迄今完整保存下来的最早的法典——汉穆拉比法典，就有关于财产权的记录。私有财产权利不仅与经济利益有关，更事关个人的生存和发展，因此，即使是最为强势的统治阶级也认识到必须对私有财产权加以确认和保障。霍贝尔认为，除了最简单的社会之外，法的功用首先是“规定社会成员之间的关系，它宣布哪些行为是允许的，哪些是禁止的，以使一个社会内个人和团体之间至少达到最低限度的和谐一致”。[③] 而人与人之间的关系除了血缘关系外，最重要的就是财产关系。但正如摩尔根所

① 孙宪忠：《论物权法》，法律出版社，2008，第231页。

② 黄少安：《产权经济学导论》，山东人民出版社，1995，第119页。

③ 〔美〕霍贝尔：《初民的法律》，周勇译，中国社会科学出版社，1993，第309页。

言，法律上的财产权利“只是以成文的形式把关于财产的那些概念体现为权威的法律而已，他们关于财产的这些概念是通过经验逐渐形成的”。[①] 这些研究都指明了财产对于个人的重要性以及对于社会秩序稳定的重要性。早期的财产权保护主要是对平等主体间相互侵犯行为的禁止，而很少有对于国家或统治阶级侵犯个人财产权的防范。

欧洲自由资本主义运动兴起之后，资产阶级启蒙思想家们开始从上帝那里寻找反抗封建制的合法依据，将古罗马传承下来的私人权利体系演化成了全新的“自然权利”体系，他们宣称财产权是人与生俱来的福利。自此开始，拥有财产和自由支配财产的权利所能给个人带来的好处逐渐深入人心，私权开始变得“神圣”起来，有了对抗国家强权的力量。当个人的财产有了保障后，“每个人都在力图运用他的资本，来使其生产品得到最大的价值。一般地说，他并不企图增进公共福利，也不知道他所增进的福利是多少。他所追求的仅仅是他个人的安乐与利益。但是，在他这样做的同时，有一只看不见的手引导他去促进一种目标，而这种目标并不是他本意追求的东西。这样，由于追求他自己的利益，他经常地促进了社会的利益，其效果比他自己真正想促进社会利益时所能产生的效果还大”。[②] 亚当·斯密敏锐地觉察到，私人财产权的确认可以激发人的巨大潜能，推动社会发展。个人拥有财产只能获得使用价值，唯有通过交换才能放大财产的效用，在本人获利的同时，也使其他人得到了想要的东西。市场经济发展的需要也在一定程度上弱化了国家对民间社会的干涉，由此进一步明确了公权与私权的界限，肯定了私人财产权不受任意剥夺的重要性。直到当代社会，人们依然认为，财产不但是社会进步的象征，而且是社会稳定的基础。财产权应该是一项无可争议的基本人权。[③] 对私有财产的占有和追求“不但是人的正当需求，而且也是社会发展的基本动力，是民主与法治国家的基础”。[④]

私人财产的法律保护不但是对私人财产重要性的肯定，更是因为它非

---

① 〔美〕L. H. 摩尔根：《古代社会》，杨东莼等译，商务印书馆，1977，第554页。

② 〔英〕亚当·斯密：《国民财富的性质和原因的研究》（下卷），郭大力、王亚南译，商务印书馆，1989，第27页。

③ 孙宪忠：《论物权法》，法律出版社，2008，第259页。

④ 孙宪忠：《德国当代物权法》，法律出版社，1997，第186页。

常容易受到侵害，而其中最大的威胁就来自公权力的滥用。这话听起来似乎是矛盾的，我们既要依赖公权力保护自己，又要提防它伤害自己？事实就是如此！

民众对公权力不信任和严加防范的态度由来已久。虽然“权力之恶”的认识不是从国家诞生之时就有的，在亚里士多德的笔下，公权力与道德一样，都是一种“善”，他认为权力虽不像道德那样属于“内在之善”，但毫无疑问可以看做一种“外在之善”。到了17世纪，现代自由主义兴起之后，人们开始从宪政、人权保护的角度重新思考公共权力的法律意义以及应有的界限。在霍布斯笔下，权力是沟通人与人以及人与国家之间的唯一媒介。人与人之间只有权力贪欲的强弱之别，却无德性的高低贵贱之分；人与国家之间只有权力之量的差异，却并不存在自然的等级秩序。[①] 由此，权力与“善”的传统联系便被切断了。权力本身成为一种无目的、可计算的独立存在物。再后来，权力被描述为具有“恶”的色彩，越来越多的人认识到，为了民权保护就必须限制公权。例如，孟德斯鸠指出，“一切有权力的人都容易滥用权力，这是一条千古不变的经验。有权力的人直到把权力用到极限方可休止”。[②] 黑格尔更是明确了民间社会与政治国家的划分，并对政治国家抱有不信任的态度，主张国家不能任意干涉民间社会。而当现代国家拥有的权力越来越多时，对权力的制约就显得非常之重要。

总之，限制公共权力就是在保障民众的权利。而限制公共权力的主要手段，就是宪法强调的合目的性或者正当性，在公共权力限制以至于剥夺民众私有权利的时候，必须有正当的理由或者目的。公共权力不能自然正当地压抑民权、限制民权甚至剥夺民权。公共利益条款就是在这种情况下提出来的。征收和拆迁行为是对私人财产权的剥夺，立法要求必须通过公共利益条款的设置来规范公权力的运作，以保障对私人权利的尊重和弥补损失的民权。

（三）实现公共利益的法律目标

虽然从民权保护的角度看，必须依法限制公共权力的不当运作；但是

① 吴增定：《霍布斯与自由主义的“权力之恶”问题》，《浙江学刊》2006年第3期。

② 〔法〕孟德斯鸠：《论法的精神》（上册），孙立坚等译，陕西人民出版社，2001，第183页。

立法提出公共利益条款的根本目标，还是为了实现公共利益。这一点在解读公共利益条款时非常重要，我们必须尊重并掌握这个核心的价值。

近年来，“钉子户”的层出不穷不但凸显了拆迁过程所涉及的种种法律和现实问题，更反映出了我国民众权利意识的增强。民权意识的增强无疑是一件大好事，但在欣喜之余我们也须保持一种理智的冷静。权利不仅是法律确认和保护的自由，权利的行使还应该有边界。“只重视权利的利益，而不愿意为了权利而承担责任的现象……最终还会妨害到权利的享有，最终妨害社会的和谐。”[①] 公共利益条款的价值目标正是通过修正权利的运用来推动包括权利人利益在内的公共利益的实现。

面对拆迁，很多人都会有疑问：政府凭什么消灭我的权利？抛开那些补偿显失公平、程序极不规范的拆迁情形不谈，或许很多“钉子户”的抗争是基于这样的理由：国家应该保障他们的合法的私有财产不受侵犯，而不是强拆他们的房屋。只要不同意补偿条件，或是自己根本不愿意放弃现有的住房，政府就无权强制征收。可是，对公民财产给予绝对的保护在现代社会是不可能做到的。“个人权利绝对保护”的观念也许在历史上的某些时期曾作为思潮而存在，但确实从未真正地为历史上的任何国家所坚持。

《国富论》发表于1776年，而1789年法国通过的《人权和公民权宣言》（简称《人权宣言》）虽然被认为是实践了启蒙学说和自然权利论，宣布了自由、财产、安全和反抗压迫是天赋的不可剥夺的人权，但《人权宣言》对财产权的保护也并不是绝对的。1793年6月24日，《人权宣言》又作了进一步的修改，宣布“社会的目的就是共同的幸福”。《人权宣言》中所列举的17条权利中，第1条肯定“在权利方面，人们生来是而且始终自由平等”的同时，后面还加了一句限制，“只有在公共利用上面才显出社会上的差别”。而第17条更是规定：“财产是神圣不可侵犯的权利，除非当合法认定的公共需要是显然必需时，且在公平而预先赔偿的条件下，任何人的财产不得受到剥夺。”在《政府论》一书中，洛克论证了公民的自然权利特别是财产权是政府建立的前提，政府应当保护公民的这种自然权利。

---

① 孙宪忠主编《民法总论》，社会科学文献出版社，2010，第2版，第99页。

私人财产并不是在任何情况下都不可剥夺。斯密通过分析市场运行的机制论证了自由经济的重要性，但市场机制所能解决的问题毕竟有限，特别是对于公共物品和服务的提供，政府不再只是“守夜人”，而应承担更多的责任。指望通过市场机制和私人交易来解决一切问题是不现实的，因为私人交易的决定因素是成本和收益之差形成的利润；而当遇到资源紧缺的物品（如土地）时，过高的垄断价格会阻碍自由交易的进行，此时只有公权力机构才有资格强行促成交易。因此，对私人财产权的绝对保护必然会影响到市场机制的正常进行以及公共利益的实现。国家和政府对私人财产给予保护的同时还保留有一定程度的限制和剥夺的权力，这不仅是合理的也是必要的。这也是公共利益条款出现的最直接原因。

以城市房屋征收和拆迁为例，由于城市土地稀缺，如果政府不能实施征收，那么很多市政设施建设就无法开展。城镇与乡村的不同点之一就在于基础设施的配套、布局的合理，由此可以为人们提供便利优质的生活。还有像核电站、水电站等涉及民众生活切身利益的建设项目，可能会征用乡村、城镇的土地。这些建设项目和工程，对于生活在现代社会的人类是非常必要的，也是有益的。既然我们承认追求幸福的生活是每个人的权利，那么我们就应该承认，“共同体”福利实现时，我们的个人利益也才能得到实现；当个人因坚持自己的财产权而阻碍公共利益的时候，个人利益也无以得到充分的实现。在这种情况下，国家和政府作为社会大众利益的代理人就有权强行剥夺其财产，当然此时必须给予补偿。所以说，财产权虽然极其重要，但是对于财产权的保护无论是理论上还是实践上都不应该绝对化。特别是当财产权的占有、使用等事实和行为侵犯到了他人或不特定多数人的利益时，国家对财产权的限制或剥夺就是合理的。

回顾之前谈到的美国宪法修正案，我们或许会产生这样的疑问：为什么征收权在美国人的观念中不需要特别授权，而被认为是国家权力理所当然的内容？我们认为，这一点应该的原因就是：基于公共利益的征收是对私人权利的合理剥夺，也是公权力履行促进社会发展和实现公众福利的职责所不可或缺的权力。此道理虽算不上“不言自明”，却也“理所当然”。

从上文的分析我们可以看出，法律关于征收必要前提而确定的公共利益条款，实际上是私人利益、个人利益和公共利益这两种在表面上看来相互矛盾但是其在伦理价值上却相互协调统一的产物。从民权保护的观念

看，法律之所以许可征收，本质的原因在于为了个人利益、私有利益的发展而产生的权力让渡。事实上，从法律建立的伦理上看，“任何国家权力无不是以民众的权力（权利）让渡与公众认可作为前提的”。[①] 权力让渡的目的在于解决一般个人和组织无法解决的问题，提高社会公众的福利，并使这种福利尽可能地让更多的人分享，但绝不能因此就认为公权力是毫无根源地凌驾于私权利之上的。

三　公共利益是什么

（一）寻找一个有缺陷的共识

正如上文所言，“公共利益”的概念必须明确。然而，这一概念是如此的抽象，界定起来谈何容易！很多学者认为界定公共利益的范围是不可能做到的事情，大卫·休谟就曾谈到：“如果人们从一种特殊利益的角度……来调整他们的行为——不论这种特殊利益是公共的利益还是私人的利益，那么他们都会使自己陷入永无止境的混乱之中，而且还会致使政府治理在很大程度上失效。每个人的私人利益都是不同的；尽管公共利益本身始终是同一的，但是它却成了产生巨大纷争的根源，因为不同的人对它持有不同的看法。”[②] 我国学者也指出：“在纷繁复杂的现代社会，个人利益是多样化的，且彼此之间经常发生难以调和的冲突，因而几乎不可能找到以同样方式影响所有人的公共利益。”[③] 但这就好比对“人权”的理解一样，虽然极为抽象，不同的人会有不同的认识，可是没有国家不试图通过立法和司法活动来诠释这一概念。“与其苛求十全十美而使概念复杂得不可定义……不如满足于一个有局限甚至有缺陷的定义”，[④] 局限意味着定义

① 卓泽渊：《法治国家论》，中国方正出版社，2001，第62页。

② David Hume, Treatise, Works, ed. T. H. Green and T. H. Grose (London, 1890), Vol. Ⅱ, p. 318，转引自〔英〕哈耶克《法律、立法与自由》，邓正来、张守东、李静冰译，中国大百科全书出版社，2000。

③ 张千帆：《“公共利益”的构成——对行政法的目标以及“平衡”的意义之探讨》，《比较法研究》2005年第5期。

④ 张千帆：《“公共利益”是什么？——社会功利主义的定义及其宪法上的局限性》，《法学论坛》2005年第1期。

的可能性，缺陷则可以通过正当程序来弥补。还有学者退一步考虑，主张维持现有法律条文的抽象概括，并通过设立完善的民主的法律程序来界定公共利益。[①] 这一观点强调了程序的重要性，但程序本身不能作为判断的标准，而且除非有最终裁判者，不然很可能无法达成共识。程序的公正和合理需要实体法提供一定的被公众普遍认同的标准来辅助，客观标准的存在也能在一定程度上限制裁判者的自由裁量权和当事方的无理取闹。因此，界定“公共利益”的含义是非常必要的，虽然很困难，但值得去尝试。

（二）公共政策

在英美法系中，法律与法学中常常使用公共政策的概念，其含义大体上相当于公共利益，主要是指与整个国家和社会根本有关的原则和标准，该原则要求将一般公共利益和社会福祉纳入考虑的范围，从而使法院有理由拒绝承认当事人某些交易或其他行为的法律效力。[②] 将公共利益的观念贯彻到公共政策中，能够促使政府对其行为进行不断地思考和评估，可以使政府的行为和决策更具合理性和正当性。但实际上，公共政策的制定不可能永远符合公共利益的要求。政府作为社会管理机关总是要和各种利益打交道，并面对纷繁复杂的社会利益纠葛。但是，政策和利益的含义不同，因此公共政策和公共利益的含义当然是不相同的。

（三）社会利益

在我国，很多著述中都在使用社会利益这个概念。可以说，除了构词上的差别外，社会利益很难与公共利益相区别。在很多情况下，两者基本上是可以替换的。但细想一下，社会利益所涵盖的范围可能要远远地大于公共利益。庞德认为，社会利益是指从社会生活的角度考虑，被归结为社会集团的请求的需求。它们是有关社会维持、社会活动和社会功能的请求，是以社会生活的名义提出、从文明社会的社会生活的角度看待的更为宽泛的需求与要求。[③] 庞德的概述大致诠释了社会利益的基本内容，而这

---

① 王利明：《界定公共利益：物权法不能承受之重》，2006 年 10 月 21 日《法制日报》。

② 韩大元：《宪法文本中“公共利益”的规范分析》，《法学论坛》2005 年第 1 期。

③ 〔美〕罗斯科·庞德：《法理学》第 3 卷，廖德宇译，法律出版社，2007，第 18 页。

些内容事实上也都可以是公共利益的内容。在表述利益的广泛性时，我们通常会说“社会利益”，而且如果还嫌不够大的话，会说“整个社会的利益”或是“全社会利益”。在马克思看来，社会“最基本的含义为联合起来的单个人”。[①] 值得注意的是，人们很容易意识到社会最基本的单位是“单个人”，但是在社会利益这个概念中，却无法确定它与单一个人的联系，因为“社会”可以大到“人类社会”，也可以小到“邻里之间”；而“公共”虽然也具有一定的空间伸缩性，但还是有相对固定的范围。“公共”甚至是可以与“管理”相联系的一个概念，国家、城市、社区等存在行政管理的地域都可以看做是“公共”的范畴。

社会利益与公共利益的区别主要体现在以下两点：首先，社会虽然是由无数的个人组成，但当谈到社会利益时，主体永远都是“社会”这样一个抽象的集合体，而且“社会”有其本身的目标和追求，比如“普遍道德”、“风俗文化”等，而并非仅仅作为个体的集合，与“个人”是间接联系的；“公共”则是一个管理上的概念，含义是在一定的权力管辖范围内或一定的生活空间范围内的不特定多数人，这些人的诉求不可能总是一致，却因为生活在同一片领域内而相互影响。所以，公共利益与个人利益是直接相关的、紧密联系的。其次，如果承认国家与民间社会的分野，那么社会利益就是与国家利益相对的概念，尽管两者通常都是一致的。即使考虑社会利益最一般的含义，其利益主体的范围依然不够确定；而公共利益则直接指向权力或管理所及的范围，可以说，公共利益更具相对确定性。从这一点看，使用“公共利益”的概念也更有利于实现对权力、对管理者的约束。

（四）人民利益

在我国社会，不论是主流的意识形态，还是一般的学术著作，都非常喜欢使用人民利益这个概念。在拆迁事务中，也有人将这个概念和公共利益的概念混同使用。但是我们认为，这样的做法有些不妥。因为“人民”一词在我国使用过多，其含义已经非常难以确定。即使按照现在学术界一般的看法，这个概念也只是一个政治的概念，它有时候是相对于“国家”

① 《马克思恩格斯全集》第46卷，人民出版社，1995，第220页。

这个概念，有时候相对于“敌人”这个概念。比如，卢梭就是将人民和国家相对来分析论证人民主权的原则的。他说，在相对于国家的时候，人民“只是一瞬间，这一结合行为就产生了一个道德的与集体的共同体，以代替每个订约者的个人；组成共同体的成员数目就等于大会中所有的票数，而共同体就以这同一个行为获得了它的统一性、它的公共的大我、它的生命和它的意志。这一由全体个人的结合所形成的公共人格，以前称为城邦，现在则称为共和国或政治体；当它是被动时，它的成员就称它为国家……至于结合者，他们集体地就称为人民”。[①] 卢梭还认为，公民是“个别地作为主权权威的参与者”。

当然，这样的区分也不是大家一致认可的做法。在更多的学术著述中，与国家概念相对应的是“作为国家法律服从者”的臣民，或者是宪法意义上的公民。我国政治学和法学中，通常认为公民是法律上的概念，凡是具有中华人民共和国国籍的人都可以看做是公民。而人民则是政治概念，和人民相对的是敌人的概念。根据宪法的规定，现阶段我国人民的范围包括全体社会主义劳动者、拥护社会主义的爱国者和拥护祖国统一的爱国者。我国公民中，除了广大人民外，还有“极少数严重的犯罪分子”。[②] 后者，就是政治意义上的“敌人”。

从上文的分析我们可以看出，在我国“人民利益”的主体范围是宪法所规定的全体社会主义劳动者、拥护社会主义的爱国者和拥护祖国统一的爱国者。从我国长期以来的政策和法律的规定看，“人民”这个概念一直是一个抽象的、模糊的概念，它的范围无法具体化，它的利益关系无法在法律上予以明确。从民法的角度来说，就是它无法形成法律关系的主体与客体之间的明确关系。如果用这样的概念来定义现实社会的物质利益关系，那肯定会造成无法建立科学明确的物质利益支配关系的困难，法律的政策目标亦无法完成。

如果将“人民”利益应用于拆迁事务中，那么势必会造成有权解释者滥用解释权的情形。这和我们需要的确立具有可操作性和科学性概念的要求相去甚远。

---

① 〔法〕卢梭：《社会契约论》，何兆武译，商务印书馆，1982，第 21 页。

② 周叶中主编《宪法》，高等教育出版社，2000，第 197 页。

（五）多数人利益

我国社会也有相当多的人在使用“多数人利益”这个概念，有时候人们也将这个概念和公共利益的概念相互混同。在诸多相关概念中，多数人利益与公共利益的关系或许是最为暧昧的。因为早在1884年洛厚德发表的《公共利益与行政法的公共诉讼》一文中，将“公共利益”界定为“一个相关空间内关系人数的大多数人的利益”。[①] 这一观点很快就遭到了批评——超越“相关空间的大多数人利益”同样可以是“公共利益”。两年后，纽曼在洛厚德观点的基础上去掉了地域性因素，将公共利益界定为“一个不确定之多数成员所涉及的利益”。如果说洛厚德的概念趋于狭隘的话，[②] 纽曼的概念则趋于矛盾：“多数”是一个既定的数量概念，必须人数特定方能决定是否“多数”，而且，在对财产进行征收和征用的行政程序中几乎无法判断多数和少数的问题。

之所以会有“多数人利益”的概念，原因可能有两个：一是利益本身的多样性和依赖主体感知的特性，决定了利益的多元性。不同主体的利益可能会一致，也可能会互相矛盾。二是利益的多元提高了决策难度，特别是在利益相关者人数众多的情形下，如果不能通过协商达成一致，那么妥协的办法就是通过“少数服从多数”的判断机制来作出决策。这样的结果从政治学的角度看是正义的。可是，我们永远不能忘记还有“多数人的暴政”这回事。

另外，从民法的角度看，多数人决定少数人利益的情形也不能认为总是正当的。比如，在建筑物区分所有权的情形下，多数人共同居住一个楼宇，即使多数人决策属于公共利益，但是多数人也不可以作出消灭少数人的所有权（如将个人驱赶出去）的决策，[③] 其原因在于，少数人的所有权

---

① 陈新民：《德国公法学基础理论》（上册），山东人民出版社，2001，第18页。

② 参见刘连泰《“公共利益”的解释困境及其突围》，中国民商法律网：http://www.civillaw.com.cn/article/default.asp?id=28496。

③ 在中国《物权法》的制定过程中，曾经有学者提出，应该在建筑物区分所有权的制度建设中，赋予多数人以决议的方式驱赶少数人、消灭其所有权的权利。这一做法据说在日本民法中有规定。但是在我们起草《物权法学者意见稿》时，查知日本法并无这样的规定。因此这一观点未被采纳。

等权利属于民法上的绝对权，它只能因为公法的原因被消灭，而不能因为民法或私法的原因被消灭。

对于利益的判断离不开利益主体，主体作出的判断几乎都是站在自己的立场上得出的结论，而不管结果是不是合理的。因此，多数人利益往往意味着对少数人利益的轻易否定和不尊重。多数人利益是应该重视，但绝不能忽略对少数人利益的关注。如果把征收的目的定为“多数人利益的需要”，则会出现两个重大的问题：一是宣扬了对人权的蔑视。因为有多数人就有少数人，而少数人往往是弱者或是利益最切实相关者，坚持多数人利益优先会把利益权衡简单地变成数量比较，是对少数人的压迫。二是多数人利益强调数量上的优势，在实际操作层面会遇到“多少是多数”这样一个技术难题。而且，若只注重决策效率，“多数人的利益”就很容易演变为“代表者的利益”，最终成为“政府所代表的利益”或是“立法机构所代表的利益”。

（六）政府利益

政府利益是一个中国学者一般不使用的概念。在中国连篇累牍的政治与法律教科书中，政府都是代表人民的，政府没有自己的利益。但正如上文分析所指出的那样，我们认为，多年来的政治教条并不符合我国的实际，政府利益是存在的，而且在拆迁事务中，这种利益表现得十分明显。

作为国家行政管理机构，政府最重要的职能就是公共管理，而公共管理的目的就是满足公共利益的需要，并期望使每一个社会成员都从中获利。但是这种设想和现实总是有距离，有时甚至是背道而驰。抛开与民为敌的政府不谈，民主政府的行为偏差主要体现在两种情形：一是政府决策错误；二是与民争利。第一种情况可以说是无法根除的，因为政府的信息很难完全充分、准确，而且决策是人作出的，人难免会有认识错误。第二种情形也是非常普遍的，因为，政府的官员自身需要政治上的业绩，需要良好的办公设施和生活设施。政府利益总是难以去除，原因就在于政府利益的客观存在。政府利益是政府为了自身存在、发展以及政府成员获利等目的所要得到的好处。政府作为公法人组织，与普通人一样有收入、有支出，也有声誉。而且，这些因素都是关乎组织稳定和正常运作的，再加上“满足成员利益需求”的激励，政府一定会有自己的利益。政府利益的内

容不仅包括经济利益，还有更为重要的政治利益。

一般情况下，政府在满足其利益的过程中，也是在满足公共利益的需要，因为这是政府的主要职责。而且，政府在提供公共福利的同时，依法获得财政收入，得到人们的称赞和上级的肯定，提高了职员的福利待遇，这些都是正当的利益取得，既是合理的也是必要的。可见，政府利益与公共利益的内容完全不同，只是很多情况下两种利益会同时产生而已。需要注意的是，政府利益和公共利益一般都是在政府的主导和操作中实现的，政府有条件主动创造额外的利益，而且由于政府掌握一部分立法权，这种利益通常还是以合法的途径获得的。这时，公共利益，甚至是个人利益的一部分就变成了政府的利益。在我国的拆迁过程中，主要体现为政府获得高额土地出让金，而被拆迁人连合理的补偿都拿不到。所以说，区分政府利益和公共利益，并认识到两者存在冲突具有重要的意义。

（七）什么不是公共利益

在进行上述分析之后，我们认为在公共利益的含义方面，形成以下共同的认识也许是有可能的。

首先，我们可以界定什么不是公共利益。第一，公共利益不应该是政府利益，这在当代中国是最值得强调的。政府是拥有自身利益的权力占有者，如果将两种利益混同，必然会给政府谋取私利留下隐患。因此，对于征收是不是出于“公共利益的需要”的考察，第一个评判因素就是政府有没有从中获得不合法或不合理的利益。如果存在政府牟利的情形，即使属于能够实现公共利益的征收，也不能实施。第二，公共利益也不能是多数人的利益。相比个人的利益损失，多数人的利益获得并不具有天然的优先性。现代文明社会的优势并不是基于简单表决机制的整个社会的协同行动，而是基于人性考虑的公共福利增进与人权保障的协调发展。“如果为了集体性质的善或政体性质的善，而牺牲每个单独个人的善，那么，一般的善，也就将被这一牺牲摧毁。仅仅强调一般的善，并以此为名义，显然是会牺牲构成这种一般善的具体个别的快乐享受的总和。”① 所以说，个人利益永远都是公共利益赖以存在的根基，无论公共利益包含怎样多元和复

① 〔英〕约翰·奥斯丁：《法理学的范围》，刘星译，中国法制出版社，2002，第125页。

杂的内容，个人利益的得失都是评判公共利益正义与否的试金石。

其次，我们应该确认，公共利益应该是产生于个人利益、私人利益，不存在抽象的、脱离具体的民众利益的公共利益。孟德斯鸠曾鲜明地指出，当“涉及公共利益的问题时，公共利益决不能通过政治的法律和规定来剥夺私人的利益，或者是削减最微小一部分的私人利益。在这种情况下，应严格地遵循民事法，而民事法就是所有权的保护神。当公家需要某一个人的财产时，决不能利用政治法行事，而使用民法则能获得成功。在民法那母亲般的眼里，每一个个人都被认做是国家本身，公共的利益永远是每个公民永恒不变所享有的民法所赋予的所有权”。[①] 尽管这一论断具有时代局限性，但还是在一定程度上对我们过去所坚持的理念提出了挑战。公共利益不能超越个人利益而存在，这一点怎么强调也不过分。

也正是因为这样，我们不赞成将公共利益和政府利益、“人民利益”画等号或者相混同的观点。这一看法和经典的法学研究是保持一致的。比如，梅叶从政治学、社会学和经济学三个角度阐述了什么是公共利益。从政治学的视角看，公共利益的本质是指政府以超越私人利益范围的行动所追求的利益，包括整体的利益（如法律与秩序）、社群的利益（属于个人利益，但为社群的成员所需要，如健康、卫生、教育等）以及个别利益经由政治过程而转变为公共利益（如政府对弱势群体的照顾、政府对企业家的减税政策等）。从经济学的角度看，公共利益就是公共物品和公共服务。从社会学的角度看，公共利益是由利益所产生的影响是集体性质还是个别性质来决定的。[②] 在法学领域，对公共利益本质的认识较为流行的是社会功利主义的观点，认为公共利益是私人利益的总和；私人或个体利益是公共利益的组成部分，不存在任何超越私人利益的“公共利益”。这一观点的积极意义在于纠正了空洞的“集体主义”倾向，将公共利益的核心价值目标定义为以个体利益为根本的集体利益最大化。张千帆教授还根据方法论的个体主义，借用数学语言将公共利益表示为个体利益

---

① 〔法〕孟德斯鸠：《论法的精神》，孙立坚等译，陕西人民出版社，2001，第571～572页。

② Robert R. Mayer, *Policy and Program Planning*: *A Developmental Perspective*, Englewood Cliffs, Prentice-Hall, Inc., 1985, pp. 63－76，转引自张成福《重建公共行政的公共理论》，《中国人民大学学报》2007年第4期。

的某个函数。[①] 当然，这个方法还存在着无法解决“怎样总和”这个缺陷，但是无论如何，它提出了公共利益与私益的内在联系的逻辑。这一点和传统社会主义意识形态将公共利益与个人利益完全脱离的看法是不同的。应该说，这些观点，才代表了我们社会的进步。

同时我们也应该明确，公共利益，虽然应该直接或者间接反映个人利益，虽然体现出民众的物质利益的价值，但是，它不能确定地只为某些个人的利益，即使这些人群也有不少个人；如果某种被称为公共利益的物质利益确定地为某些人所享用的时候，这样的“公共利益”只能是“少数人的利益”。这也就是说，公共利益必须具有对于社会的民众充分开放的特征。比如我们说兴办公立医院是公共利益，因为公立医院并不是限于为部分人服务的机构。

再次，我们认为，实现公共利益不能意味着可以因此而消灭所针对的私益，而应该给予所损害的私益足额的补偿。这一点可以说是世界上所有的尊重民权国家的一致认识，也是我国当前的社会共识。

最后，我们认为，公共利益可以而且通常由政府代表，并且通过它们的努力来加以实现，而无法由社会的个人或者个人组成的私益团体来代表和实现。从法学上看，政府作为社会管理机构，承担着协调个人利益的职责。个人无法解决超出少数个人范围的利益纷争，而政府则有能力和资格站在“公共”的立场上协调矛盾、化解冲突。这种公共利益可以由政府的权力来体现，因为在民权和法治国家里，这样的公共利益要得到实现，只能借助于公共权力。但是，我们应该明确，拆迁就是征收，而征收就是利用公共权力消灭民众的私有权利，它不是对于个人之间发生争执的协调。因此，在这里应该对公共权力机构比如政府作出足够而且明确的法律限制。当然，在确定由公共权力机构实现公共利益的时候，我们必须对于此时公共权力的形成和应用提出更多的法律要求。我们必须把此时的政府决策依据提出纳入民众诉求的范围之中，从而避免政府借此追求自己的利益。

在现代文明法治的社会中，公共权力的形成和行使总应该受到严格的

---

① 张千帆：《“公共利益”的构成——对行政法的目标以及“平衡”的意义之探讨》，《比较法研究》2005 年第 5 期。

监督。法律文明要求公共权力必须公开透明、廉洁高效。而非文明的法制，却总是自圆其说地认为公共权力自然正当，社会的统治者的眼中只有被管理者的服从，而没有对个人权利的尊重。这些正是我们在确定征收或者拆迁法制时应该防范的问题。

说到这里，发生在美国的一个案例不得不提，这就是在中国《物权法》制定的过程中曾经引起广泛讨论的美国新伦敦市支持在该市建立辉瑞公司是否属于公共利益的争议。该市在美国属于经济不发达地区，十几年来饱受经济萧条困扰，1996 年美国联邦政府还关闭了作为当地经济支柱的一个军事基地。于是到了 1998 年，该市的就业形势变得异常严峻，人口也降至 1980 年来的最低点。同年 2 月，大制药商辉瑞公司在当地设立了研发中心，市政当局看到了经济复苏的希望，便授权一家政府控制下的私有企业（新伦敦市开发公司）来对一块土地进行规划开发，内容包括建立酒店、会议中心等，配合辉瑞公司的建设。该地块共有 115 户居民和商家，其中 15 户不肯将自己的土地卖给开发公司。新伦敦市政府便决定强行征收。包括凯洛在内的 9 户人家选择了诉讼维权，理由是开发计划并不属于“公共使用”范畴。该案一直上诉到联邦最高法院，最后联邦最高法院以 5 比 4 的微弱多数判决 9 户人家败诉。持多数意见的 Stevens 法官在意见书中写道：“该市已仔细地制定了规划，并可以期待能给社区带来可观的利益，此利益至少包括提供就业机会和增加税收。”① 这一判决引起很大的争议，但是在我们看来很有启发意义。因为，支持该案判决的法官之所以会认为辉瑞公司的开发计划符合“公共使用”的要求，很大程度上是基于市政当局为改善当地人生活所作的努力，而且市政府没有从这次土地运作中收取什么费用。这一点很容易被人忽略。但是我们认为，这恰恰是问题的要害。

所以，公共利益的最终需要并不禁止非公共利益的附带实现。“征收及随后的建设行为是否主要为了让社会公众受益；而不在于这个公益目的实现过程中也让特定的企业或私人获益。”② 这一看法我们认为是可以

① See Kelo v. City of New London, 545 U. S. (2005).

② 钱天国：《“公共使用”与“公共利益”的法律解读——从美国新伦敦市征收案谈起》，《浙江社会科学》2006 年第 6 期。

成立的。

笔者认为，对于公共利益的理解应将公法、私法两个角度的认识有机统一起来。公共利益不应是简单的少数服从多数、多数人的统治，而应该是建立在保障人权基础上的良性互动。同时，保障个人权利也不能过分压制共同体成员追求幸福生活的权利。

（八）可以正面确定的公共利益

从上面的分析可以看出，公共利益作为一个法律概念，其含义非常丰富；但是从立法的角度看，立法者还是应该将这个概念在特定的范围里应用的一些具体的表现形式正面确定，让一般人知晓和了解，这也有助于公民和社会予以监督。除了给予公共利益一个尽可能明确的法律概念之外，如果可能，进行一定程度的列举和说明是有必要的。

我国《土地管理法》与《城市房地产管理法》中都规定了可以划拨土地的三种具体情形：国家机关用地和军事用地；城市基础设施用地和公共事业用地；国家重点扶持的能源、交通、水利等项目用地。这三种情形可以说都具有公共利益的性质。中国社会科学院法学研究所起草的《中国物权法草案建议稿》里，也对公共利益进行了列举式的概括："所谓公共利益，指公共道路交通、公共卫生、灾害防治、科学及文化教育事业，环境保护、文物古迹及风景名胜区的保护、公共水源及引水排水用地区域的保护、森林保护事业，以及国家法律规定的其他公共利益。"①

香港特别行政区立法机构根据《基本法》制定了《收回土地条例》，第 2 条规定公共用途包括：(1) 收回卫生情况欠佳的物业，以确使经改善的住宅或建筑物得以在其上建造，或确使该物业的卫生情况得以改善；(2) 收回其上有任何有下列情况的建筑物的土地：该建筑物由于接近或连接任何其他建筑物，以致严重干扰空气流通，或在其他方面造成或导致该等建筑物不适合人居住或危害或损害健康状况；(3) 为与官方的海军、陆军或空军（包括香港各志愿部队）有关的任何用途而作出的收回；(4) 为行政长官会同行政会议决定为公共用途的任何类别用途而作出的收回，不

① 中国物权法研究课题组：《中国物权法草案建议稿附理由》，社会科学文献出版社，2007，第 2 版，第 169 页。

论该用途是否与以上的任何用途同类。

2001 年中国国土资源部颁布的《划拨用地目录》列举了 19 个大类、121 个小项的建设用地情形，这些建设用地项目可以划拨方式取得建设用地使用权或可以有偿方式获得建设用地使用权。事实上，该目录所列举的情形基本上都符合大众对公共利益的理解。立法机关可以在此基础上，再结合近几年政府拆迁过程中出现的新问题、新经验，总结出更为科学、合理的公共利益情形。科学而详细的列举既是对公共利益概念外延的诠释，又能在一定程度上限制征收主体的恣意解释。

新拆迁条例在这个问题上进行了有益的尝试，对公共利益以列举与概括相结合的方式进行了规定。这里我们想要通过对新拆迁条例与前后两次征求意见稿以及《土地管理法》的相关规定进行对比分析，以揭示我国的拆迁立法在这一问题上的演进。新征收条例第 8 条①关于公共利益的规定，从条文字面上看与第二次意见稿第 8 条和第一次意见稿第 3 条中的规定较为接近，同时也延续了《土地管理法》中可以划拨土地的情形，但仔细分析后我们会发现，无论是从表述方式还是具体内容上看，新条例都显得更为合理和准确。例如，两次意见稿中以“国防设施建设的需要”取代《土地管理法》“军事用地”的表述，更能突出公益性，而新条例在此基础上增加了“外交的需要”，从国家安定发展的角度而言这是较为合理的，而且也符合我们上文关于公共利益概念的论证；再有就是关于“保障性安居工程建设的需要”用地的规定，正是对近年来保障性住房用地改革发展经验的总结，比前两次征求意见稿中“廉租住房、经济适用住房”的表述，意思更为明确和全面。另外，尤其值得探讨的是新拆迁条例制定过程中关于“危旧房改造”以及“国家机关办公用房建设需要”是否属于公共利益的争议和探讨。

首先，“危旧房改造”是否属于公共利益？第一次征求意见稿第 3 条

① 新征收条例第 8 条对公共利益的内容作了规定，主要包括：(1) 国防和外交的需要；(2) 由政府组织实施的能源、交通、水利等基础设施建设的需要；(3) 由政府组织实施的科技、教育、文化、卫生、体育、环境和资源保护、防灾减灾、文物保护、社会福利、市政公用等公共事业的需要；(4) 由政府组织实施的保障性安居工程建设的需要；(5) 由政府依照城乡规划法有关规定组织实施的对危房集中、基础设施落后等地段进行旧城区改建的需要；(6) 法律、行政法规规定的其他公共利益的需要。

第5款将“为改善城市居民居住条件，由政府组织实施的危旧房改造的需要”列入公共利益的范围，因此引发了社会广泛的讨论。我们说危房作为不安全因素时刻威胁着不特定的人群，强制征收和拆除危房符合公共利益的需要，因而主要的争议点集中在以下两个方面。第一，旧房改造能否归入公共利益的范围？我们认为旧房改造是否应归入公共利益需要的情形则不能一概而论。我们说旧房与危房的明显区别，除了前文述及的是否存在面向不特定人的安全隐患之外，主要的还在于对“旧”的界定存在太多的不确定性，在社会高速发展、产品更新换代日新月异的今天，到底是五年可以谓之为“旧”，还是十年、二十年甚或更久可以谓之为“旧”？这种不确定性势必给政府留下更多的解释空间和滥用征收权的可能性。另外，旧房进入市场流通几乎不存在障碍，而危房则属于应被强行管制和征收的对象。对于旧房的住户来说，其改善住房条件和生活条件的愿望可以通过转让房屋和搬迁来实现，或是通过房屋翻新和重新装修也能达到目的，彻底摧毁式的改造并不是唯一的途径，因此，这样的利益需求达不到“公共利益需要”的程度。但有一种情形则或许可以构成例外：旧房的破旧虽未达到危房的程度，但其状态和相关设施已无法满足民众一般生活的需要或影响民众正常的生活，甚至以极低的价格转让都无法找到买家。虽然从某种意义上说将此种情形认定为涉及公共利益的实现也未尝不可，但如果仅鉴于这种考虑将旧房改造直接划归公共利益行列则未免有失偏颇。第二，90%条款①的设置是否合理？我们认为第一次征求意见稿中设计这个90%条款的用意除了限制政府征收权的滥用之外，还在于这样的立法考量，即如果说旧房改造涉及公共利益，一种较为合理的解释就是大多数老住户渴望通过改造旧房使生活环境焕然一新，而个别住户却不同意，由此阻碍了大多数人提高生活质量的追求。这里的“大多数人”在第一次意见稿中被规定为90%以上。但正如上文所言，公共利益不应该简单地被理解为多数人的利益，特别是“多数人”只是相对多数的时候，多数人的利益与个人

① 第一次征求意见稿在界定公共利益的时候，将“由政府组织实施的危旧房改造”列为公共利益，但为了防止政府滥用“危旧房”的概念，在程序设计上，将“危旧房”改造的决定权交给了被征收人：其一，明确规定危旧房的改造需经90%被征收人的同意；其二，要求补偿方案需征得2/3以上被征收人的同意；其三，要求补偿协议签约率达到2/3以上方可生效。

的利益相比并不具有当然的优越性。因为在我们民法社会，人与人之间是平等的，不能以多数平等主体的共识来强行消灭个人权利。即使真的是极个别的住户拒绝搬迁，从而阻碍了十几户甚至上百户的人实现旧房改造的愿望，本专题也认为不构成消灭少数人合法民事权利的正当理由。第二次意见稿以及最后的新拆迁条例删除了这一条款，应该说这一决策是合理的，符合民法的基本理念。同时新拆迁条例将条文表述为“由政府依照城乡规划法有关规定对危房集中、基础设施落后等地段进行旧城区改建”。立法者在这里将“依照城乡规划法”作为实施旧城改造的前提，并设置了“危房集中、基础设施落后”的限定条件，限缩了“危旧房改造”的适用范围，具有一定的进步意义。但我们也看到该条款的规定不够具体和明确，仍有可能为地方政府泛化“旧城区改建”的适用、重走《土地管理法》之老路留下制度路径。因而在日后制定实施细则时，仍需为该条款的适用设定更为细致的前置性和程序性要件。

其次，“国家机关办公用房”是否属于公共利益？结合我们上文关于公共利益概念的论述，从国家机关的公共性质与职能角度来说，将“办公用房”列入公共利益的范围也不能说与法理不符。但我们应该看到的是：现在很多地方政府对此存在明显的滥用倾向，政府机关办公大楼占地过大，极度豪华，甚至搭“机关办公用房”之车，假“培训中心、会议中心”之名，行“宾馆、度假、休闲等娱乐场所”之实[①]的也不在少数。这种建立在消灭民众合法权利基础上的奢华和极度浪费，也是城镇房屋拆迁中引发民怨的重灾区！也正是基于这样的考虑，两次征求意见稿虽将“办公用房”列在公共利益范围之内，但适当限制和缩小了《土地管理法》中“国家机关用地”的范围，来缩减适用范围、约束公权力。而新拆迁条例在这一点上则走得更远，将其删除！有学者认为这一规定意味着日后这种需要有可能不通过征收完成，而会通过协商、谈判完成，而“实际上政府

① 据此前新华社报道，“目前全国尚未进入商业酒店序列的各级党政机关、大型国企培训中心超过10000家”。虽名为“培训”，但主要设施并非“教室、图书室、宿舍”等，而是“星级酒店标准的客房，国际标准游泳馆、保龄球房，桑拿、美容、歌舞厅等”，见2006年8月28日《新华每日电讯》，转引自《机关办公房成为公共利益三大前提不可少》，中国新闻网：http://www.chinanews.com/estate/estate-lspl/news/2010/02-25/2137287.shtml。

收缩了自己的权力，某种程度上也是向民意妥协”。[①] 但我们认为，按照新条例的规定仍有可能将其归入第 8 条第 3 款中的“市政公用”设施之列，也有可能结合第 8 条的兜底条款把这种情形列入公共利益。如此一来地方政府依然存在扩大解释、滥用权力的可能，因此在日后实施细则的制定中应该予以明确，严格限制其适用范围，尽量排除“公共利益”成为政府泛化征收权的适用并从中谋取私利的“合理”借口。

由此可见，列举式立法可以让公共利益的含义更为清晰，但要真正发挥公共利益条款的作用还离不开对具体情形的分析和对公共利益本质的认识。这些讨论所涉及的，可以是公共利益的外在表现形式，但是，这种列举不应该排斥还有其他的公共利益的情形。

四　公共利益条款应该限制谁

事实上自从法律设定公共利益条款以来，这个条款在法律实践中主要的应用，是在拆迁这样的事务中，分析和评判实施拆迁行为者，以确定其行为是否具有正当性、合法性。因此，这一条款所发挥的作用，其实就是一个限制某些行为的作用。我国社会以前已经普遍认识到，公共利益作为一个法律条款，它在拆迁事务中发挥的作用其实就是排斥不符合公共利益目标的拆迁行为的作用。但是，这里所说的限制，有一个限制对象的问题——法律设定公共利益条款是让它限制谁的行为？它是针对政府的，还是针对开发商这样的企业的？从我国的立法和法律实务看，不论是立法者、执法者还是社会上的很多人，其实并没有完全掌握其中的法理。

（一）公共利益条款可以限制开发商吗？

在我国的拆迁事务中，很多人认为，公共利益条款所发挥的限制作用，当然应该是针对开发商这样的企业的，因为他们从拆迁中获得了高额的商业性利益，而这些利益中肯定有不正当的利益。所以开发商应该具有追求公共利益的责任。甚至我们的国务院总理都在呼吁，开发商应该具有

① 对此可见北大学者沈岿对该条款的解读，参见《“新拆迁条例”公布施行》，2011 年 1 月 22 日《新京报》。

社会良心。[①] 显然，我国社会中很多人都持有这样的看法，即公共利益条款应该是一个限制房地产开发商的条款，他们认为，开发商应该为公共利益承担责任。

从我们的立法来看，似乎立法者也有这样的看法。因为，按照原来的房地产开发的法律，房地产开发商获得拆迁许可证后将直面被拆迁的民众。原《城市房屋拆迁管理条例》第 7 条规定了申请领取房屋拆迁许可证需要提交的资料，其中就有“办理存款业务的金融机构出具的拆迁补偿安置资金证明”一项。凡是由开发商进行的拆迁，法律把拆迁中将会面对的各种问题完全推给企业自己解决。这样的程序设计掩盖了政府作为征收主体的角色，将开发商推到了拆迁冲突的风口浪尖上。于是，当被拆迁人拒绝搬迁而社会质疑拆迁中是否存在公共利益时，总是开发商首先受到舆论的评判。在这种情形下，多数开发商对此不敢言声，只有个别开发商勇敢地站了出来，声称自己开发土地、经营土地是符合公共利益的。[②] 这样的辩解，遭到社会强烈的反驳，因为我国的不动产市场确实非常活跃，近些年来，凡是涉足这一领域的企业都获得了很好的经济投资回报，甚至那些在传统社会主义体制中承担着政治责任的公有制企业，也纷纷进入这一领域，在其中获得了很高的回报。可以说近些年来不论是公有制房地产企业还是民营房地产企业，而且是大大小小的各种类型的房地产企业，没有谁在这个行业做了亏本的生意。如果说开发商进入不动产市场是为了追求公共利益，那简直让人笑到齿冷。

显然，房地产开发商在土地开发经营的过程中会获得利润，而且在我国很多地方已经远远超过社会的心理底线。我们可以肯定，开发商在此中

① 温家宝总理于 2011 年 2 月 27 日在新华网、中国政府网上与海内外网友进行在线交流时对房产开发商提出告诫：“我也想说一点对房地产商的话，我没有调查你们每一个房地产商的利润，但是我认为房地产商作为社会的一个成员，你们应该对社会尽到应有的责任。你们的身上应该流着道德的血液。”对此参见《总理为何劝诫房产商要有“道德之血”》，新华网：http：//www. xinhuanet. com/comments/20110301jrht/。

② 华远房地产开发公司董事长任志强在人民大学举行的《任你评说》新书发表会上宣称：拆迁通常产生问题的，大部分是因为“钉子户”要价太高。个别性的暴力拆迁是存在的，但是少数的。开发商给大家盖房子，也是公共利益。对此详见《任志强：开发商盖楼也是公共利益 钉子户要价太高》，凤凰网：http：//finance. ifeng. com/news/20101025/2765364. shtml，2010 年 10 月 25 日。

取得如此之高的利润是不正常的，这一点我们要首先予以明确。

但是，我们也应该认真地思考一下，我们是不是就应该依据所谓的“多数人”的道德评判，来要求开发商主动追求公共利益，从而放弃其营利动机？

企业这种经济组织形式产生，应该是一种古老的现象。从经济史的角度看，多数人将其财产聚集在一起来从事经济活动，这种组织形态为时已久，我国历史上就有合伙这种企业的记载。当然现代化的企业尤其是公司制的企业、法人化的企业这种经济组织形式，则是近代才产生的。[①]。在考察企业这种经济组织产生的历史后，我们会看到，不论是哪一朝代的法律，也不论是哪一个国家的法律，也不论是经济学、法律学、政治学、伦理学还是其他各种社会科学，都没有对企业提出使其承担公共利益职能的要求。自古以来，不论是古代的合伙还是现代化的公司，人们兴办企业就是为了赢利。在现代民法学说中以及在市场经济体制下的民事立法中，都是把法人划分为“营利法人”和“公益法人”这两种典型的形式，其中营利法人就是指公司这种法人化的企业。

所以从民法学说的经典分类看，企业就是营利组织，不是公益法人。在市场经济体制下，这一点可以说没有任何疑问。企业要赢利，这并不受到道德或者其他规则的谴责。

但是企业的这种本质特点，在后来建立的社会主义国家里有了重大的改变。按照改革开放之前我们引进的前苏联法学的经典学说，社会主义国家必须组织经济建设，因此国家必须建立公有制企业来从事生产和交换。按照这种学说，社会主义国家的公有制企业性质甚至已经不再是企业了，因为，从组织生产的角度看它们是实现计划经济体制的工具，从国家治理的角度看它们是无产阶级专政的工具。这样的企业，当然不是营利性质的企业。改革开放之前甚至到改革开放初期一段相当长的时间里，我们的教科书、政治宣传以及政治教育中所描绘的公有制企业就是这样的，这些恐怕人们还没有忘记。当然，随着改革开放的深入发展，随着市场经济体制的建立和运行在我国取得成功，这些理论观点已经再也没有人信奉了。现

① 参见《公司的力量》，这是中央电视台2009年度启动摄制的一部大型电视纪录片，2010年8月23日起每晚21:20在中央电视台财经频道播出。

在，即使是公有制企业，也都在积极地创造赢利。在我国当前的不动产市场上，公有制企业参与其中大幅度赢利者也不在少数。对此我们从中央一再提出的要求“央企”从房地产市场中“退市”的指令中就可以明白。

所以在我国的市场经济体制下，企业包括公有制企业和民营企业的赢利，即使是在房地产市场上赢利，都是正常的。我们对它们应该提出的要求是依法经营、不要利用市场的资源控制操纵价格牟取暴利、依法纳税、保障就业、保护生态环境等，这些要求我们都可以依法提出来。但是我们不能向企业提出要求它们承担公共利益的责任。因为，企业无法赢利的时候，那也就是它们走向消亡的时候，它们也就无法照章纳税，也就无法创造就业，也就无法促进社会事业的发展。我国学术界已经认识到，企业的责任首先是“做好自己”，做到为股东谋利、依法纳税、不拖欠工资等行为就是在积极地对社会承担责任。[①] 其他的社会责任，企业只在其力所能及的范围内自愿承担。

当代市场经济发达国家，政府举办的企业多数都是公益性企业，比如公共汽车、公共市政设施企业等，这些企业的举办都不以赢利为目的，而以维持和发展社会需要为目的。这些企业基本上无法赢利，甚至还要从政府获得补贴。但是还有一些非常巨大的公共项目建设，比如兴建大型水库工程等，政府也会和企业合作。此时，政府也必须保障企业有基本利润可得。[②] 当然，企业不承担公共福利责任只是没有法定义务要求的意思，法律并不禁止企业基于善意或其他目的的考虑主动承担这一责任，这和一般人的行善行为是一样的。当今社会，公司企业越来越重视社会评价，而提供一定的公共福利、让利于消费者、为慈善事业作出贡献等，都是公司企业改善自己的外在形象的理性选择。

要求企业尤其是房地产企业在不动产市场上承担公共利益责任的观

---

① 史际春、肖竹、冯辉：《论公司社会责任——法律义务、道德责任及其他》，《首都师范大学学报（社会科学版）》2008 年第 2 期。

② 随着科学技术的进步和经济的发展，各国对公共基础设施的投入逐渐增大，单靠政府财政资金已不能满足需求，而私人企业在公共基础设施的建设中开始发挥作用。从早期的 BOT 到现今流行的 PPP（Public-Private-Partnership），都是通过政府部门与企业的合作来实现“多赢”的现代融资模式。一方面有效率地使用了财政资金，确保了公共设施的建设；另一方面确保了私人企业的“有利可图”。参见陈柳钦《PPP：新型公私合作融资模式》，《建筑经济》2005 年第 3 期。

点，在法学上难以成立的要点，是看不到我国房地产市场的真实运作情形：开发商依据“出让”这种方式，从市、县一级人民政府手中取得建设用地使用权，而同时要向该政府缴纳土地出让金。这一点我们在前面已经充分讨论了。开发商合法取得地权并且向政府缴纳高额的土地出让金之后，在指定土地上从事建设项目，以及开展各种项目内的购销，都属于民事活动。他们不承担公共权力活动，也就不应该承担公共利益责任。只是因为我国旧拆迁条例要求，开发商作为拆迁人直接面对被拆迁人承担责任，所以社会容易产生开发商应该承担保障被拆迁人利益的社会责任的错误认识。现在，旧拆迁条例的弊端已经为我国立法者充分认识，我国法律已经有了根本的转变。因此，要求开发商承担公共利益责任的观点已经完全无法成立。

（二）公共利益是限制政府土地经营行为的法律条款

“公共利益需要”不是对企业的要求，而是对承担公共利益责任的公权力机构的要求，尤其是对于政府行为的要求，这一点历来如此。因为，公共权力机构不论从国家治理的道德伦理上看，还是从人民与国家之间的政治契约或者社会契约的角度看，都是追求公共利益、保护公共利益的责任人。在当代社会，不论是基于哪一种政治形态的国家，其宪法或者类似于宪法的国家纲领，都会要求公共权力机关尤其是政府来承担追求公共利益的责任。

中国是一个市场经济体制国家，但是它的政治基础是社会主义。因此，国家的任何机关都要为民众的公共利益负担责任。

中国宪法性纲领（《中国人民政治协商会议共同纲领》）第18条规定：中华人民共和国的一切国家机关，必须厉行廉洁的、朴素的、为人民服务的革命工作作风，严惩贪污，禁止浪费，反对脱离人民群众的官僚主义作风。

中国《宪法》第27条第2款规定：一切国家机关和国家工作人员必须依靠人民的支持，经常保持同人民的密切联系，倾听人民的意见和建议，接受人民的监督，努力为人民服务。第107条规定：县级以上地方各级人民政府依照法律规定的权限，管理本行政区域内的经济、教育、科学、文化、卫生、体育事业、城乡建设事业等工作。

如果将这些宪法的精神应用于拆迁事务，我们就会清楚地看到，不是别人而恰恰是我们的政府机关应该在拆迁事务中承担公共利益的责任。如上所述，中国不动产市场的基本特点是“土地一级市场的国家垄断制”，政府出让土地、收取土地出让金，这是土地市场运行的起点和基础，也是不动产市场最为关键的环节。什么土地可以进入市场经营，完全取决于这一个环节中政府权力的应用。不论是不动产开发商还是一般的民众，在这个环节中都没有任何决定权，有时候甚至没有知情权和参与权。这个核心要点是我们分析中国法律规定的公共利益条款的基本出发点。

也正因为此，我们可以明确的是，公共利益条款就应该是在这一环节发挥作用。按照大家习惯的说法，公共利益条款就应该是针对政府的“批地”行为提出的限制性要求。这个要求的基本内容是，政府在决定将某一土地进行征收的时候，应该首先确定自己的目标是公共利益，而不能为了第二财政的目标来经营土地，不能为了第二财政的目的来决定某一地块是否应该纳入拆迁，更不能为了第二财政而无所不用其极地推进拆迁的进行。

从法理上看，公共利益条款应该是具有强制力的限制性条款。在法律设定公共利益条款的情况下，我们认为，这一法律条款应该是具有强制力的限制性条款。这也就是说，政府经营土地的行为符合公共利益的，才能够予以贯彻；如果是不符合公共利益的，那么就应该予以废止。从政府开始建立城镇拆迁的规划之时起，公共利益条款就应该发挥作用。政府方面应该将公共利益当做自己主动的追求，而社会也可以运用这一条款对政府的行为作出评价。

在运用这个基本的出发点来分析中国现实的拆迁事务时，我们认为应该对一些地方政府的做法提出质疑。目前，很多地方政府进行土地经营的基本出发点，已经不再是过去的旧城改造、危旧房改造这样的事情，而是为了获得土地出让金收入，也就是上文我们所说的第二财政收入。① 在规划中用于商业开发的土地，政府向开发企业收取一定的土地出让金是必要的；但是如果考虑到这些土地的最终流向，那么我们就应该分门别类，不应该在所有的土地上都开展收取土地出让金的竞赛。例如，以低价或无偿

① 据《南方周末》报道，2009 年中国地方政府土地出让金收入总额达 15000 亿元。城市政府土地出让金收入过千亿元的有杭州和上海，土地出让金超过地方财政收入的有杭州、佛山、厦门、武汉和宁波等。目前我国地方财政收入通常是指一般预算收入，并不包括土地出让金。见 2010 年 2 月 3 日 B9 版《南方周末》。

划拨的方式向公共企业提供建设用地使用权，使公共服务的成本尽量降低；采用招标方式确定承包建设保障性住房的开发商，在保证开发商有利可图的前提下，降低房屋的成本，让利于低收入群体。

在我们的调查中发现，一些地方政府不断申明，他们利用土地取得地方财政也是无奈之举，因为在现行财税体制中，地方政府收入很低，无法解决地方发展问题。我们认为，这个问题确实存在，也应该引起重视，及时解决。但是解决地方财政不足的困难，是否需要大开土地财政之门，我们认为支持的理由不足。不论是从法理的角度看还是从国际经验看，地方财税不足问题的解决，都应该从发展地方实业入手。无论如何，我们不主张将拆迁“卖地”当做地方政府增加收入的最佳手段。因为，这是不符合公共利益的。而且如果将拆迁收入作为解决地方财政收入问题的方法，我们就无法解决土地经营违背社会最基本的公正的问题。

五　由谁来确定公共利益

对公共利益本质的探究、立法列举以及确定标准的运用可以最大限度地限制公权力的滥用，然而，相较于处于不断发展中的社会而言，立法所能明确列举的公共利益实在非常有限，而且因受法律用语的概括抽象性限制，还是会给拆迁实务中的实施者留下许多解释和裁量的空间。常识告诉我们，要使权力受到制约，首先必须明确实施权力的主体。实践中，若使确定主体处于不明确和多元化的状态，则很可能会导致对于一个建设项目是否属于公共利益的判断得出完全不同的结论，公共利益话语权的分散也将给公共利益判断上的纷争埋下伏笔。由谁来确定[①]公共利益？这也是我们应该探讨的重要问题。

本专题认为，无论是从决策成本和效率，还是从公正的角度看，公共利益的确定主体都不应该是唯一的。在征收的不同阶段赋予不同主体确定公共利益的权力，既保证了一个阶段内公共利益确定的权威性，整体上来

① 我们这里所说的“确定”，是与公共利益概念及范畴的界定相区别的概念，它主要是指对项目是否符合公共利益目的作出合理的评判。

说又避免了公共利益话语权一家独大、不容挑战的不合理局面。从城镇房屋拆迁的整个过程看对于确定公共利益有重要意义的阶段主要有两个：征收决定作出阶段和司法救济阶段。根据每个阶段的特点和必须解决之问题的不同，公共利益的确定主体也应该有所差别。

（一）征收立项过程中公共利益的确定

在征收决定阶段涉及的机构应该包括政府及其相关职能部门、反映民意诉求的各级人民代表大会及其他社会组织，以及对行政权作合法性和合理性审查的司法机关或是中立的仲裁机构。这些主体都可以在各自的职权范围内对建设项目是否符合公共利益的需要作出判断，只是这些判断作出后产生的效力有所不同。

我们从前几个专题的论证可以看出征收决定的作出属于行政行为，它主要包括立项规划、论证和最后决定等几个阶段，其间的主导者是具有天然公共属性的政府及其相关职能部门。因此，从理论上说较为合理的设计应该是由市、县级人民政府房屋征收部门为具体工作主体，负责拟定房屋征收范围、征收补偿方案；而且必须征求被征收人及相关方面的意见，对房屋征收范围、征收补偿方案进行相应的修改，并上报市、县级人民政府批准。市、县级人民政府则是决策主体，负责公布最后的征收决定。这样的制度设计原本应该是可行的，因为不管从专业性还是从效率角度考虑，理想状态下的政府部门是最有可能了解公共利益需要并将其付诸实践的机构，所以公共利益的确定主体应该是市、县级人民政府。而且城市的规划和发展蓝图都出自政府部门之手，政府的工作重心之一也是满足公众的各种生存和发展诉求。但正如我们课题前几个专题中论述的，在当前的拆迁实践中政府不仅与开发商结成利益共同体侵害“被拆迁人”的利益，甚至成为拆迁中最大的获利者，而且在暴力拆迁和暴力抗拆频发的今天，民众对政府的信任程度着实堪忧。在这样的背景下，能够集中表达民意诉求之代议机构的介入就显得尤为必要。而且我们认为在城镇房屋拆迁过程中，地方各级人民代表大会的介入主要有两个较为合适的端口。

一个是规划阶段。我们知道，在一个法治社会，城乡土地及其空间利用都是由规划确定的。按照合理的操作程序，任何一个公益开发项目都必须先有规划，再根据规划申请开发，然后才有征收。这三者是有先后次序的。一个城市哪块土地用于什么性质，哪里盖商用住宅，哪里用于道路建设或政府设施，哪里用于居民小区建设，等等，都是由这个城市的总体规划和分区规划确定的。所以，在城乡规划中就必须确定某一块土地及其空间的用途，而不能待到开发时再来确定某块土地和空间是用于公共利益还是商业利益。[①] 所以，如果法律要界定土地及空间的"公共利益"性质，应该是在城乡规划法中作出，然后在具体的城乡规划中加以确定。政府再根据城市规划定下的土地及空间的性质，来决定是否发放开发许可。根据《中华人民共和国城乡规划法》的第 13～15 条的规定，各级政府编制城乡规划后需报上一级政府审批。同时该法第 16 条明确规定："省、自治区人民政府组织编制的省域城镇体系规划，城市、县人民政府组织编制的总体规划，在报上一级人民政府审批前，应当先经本级人民代表大会常务委员会审议，常务委员会组成人员的审议意见交由本级人民政府研究处理。""镇人民政府组织编制的镇总体规划，在报上一级人民政府审批前，应当先经镇人民代表大会审议，代表的审议意见交由本级人民政府研究处理。""规划的组织编制机关报送审批省域城镇体系规划、城市总体规划或者镇总体规划，应当将本级人民代表大会常务委员会组成人员或者镇人民代表大会代表的审议意见和根据审议意见修改规划的情况一并报送。"这里立法就给地方各级人民代表大会创造了介入规划制定的合法渠道，从而有权对拆迁项目是否属于公共利益作出判断。

另一个是征收决定作出之后，如果征收决定作出后仍有很大争议，则法律法规应给予人民代表大会一个介入的机会。在制度设计上可以规定，主持论证的政府部门的第一负责人在出现重大争议后，有权决定是否将争议提交同级人民代表大会及其常委会进行审议。根据现代政治民主的制度架构理念，地方立法机构的决定相比地方政府而言，应该更能体现公共意志。而不能规定发生重大争议时，将争议交由上一级政府裁决，因为"公共利益的需要"还是要由利益涉及区域的相关群体判断，上级政府绝不能代替"当地人"作决定。至于同一阶段出现两个有权决定的主体，是否会产生冲突？答案是否定的。因为如果争议没有被提交到立法机构，那么政府部门的决定在这一阶段就是权威的；而一旦立法机构给出了审议结果，

① 蔡定剑：《征收条例制定不能撇开规划法》，2010 年 2 月 12 日《中国青年报》。

政府部门必须服从。事实上，立法机构能否得到审议的机会要取决于争议的大小，更取决于政府部门第一负责人的判断。当然，该负责人可能会因为部门利益或是其他原因故意拒绝将争议提交到立法机构，但这一弊端可以通过政治责任、部门内外监督等手段予以弥补。

这里殊值一提的是，新拆迁条例第 8 条在对公共利益内容进行列举之后，第 9 条规定："依照本条例第八条规定，确需征收房屋的各项建设活动，应当符合国民经济和社会发展规划、土地利用总体规划、城乡规划和专项规划。保障性安居工程建设、旧城区改建，应当纳入市、县级人民政府国民经济和社会发展年度计划。"这无疑是想通过人民代表大会这样一个议事机构、议事程序来达到由人民代表大会确定公共利益的目标。因为如上文所述在土地利用总体规划、城乡规划和专项规划的编制过程中离不开人民代表大会的介入，而且《中华人民共和国地方各级人民代表大会和地方各级人民政府组织法》第 8 条明确将"审查和批准本行政区域内的国民经济和社会发展计划、预算以及它们执行情况的报告"列为县级以上的地方各级人民代表大会的职权。

另外，在这个过程中公众的参与也显得尤为重要。就当前的实际情况看，直接民主对于中国的被拆迁人来说不免是一种奢望，因而他们对于公共利益的看法，还是通过政府或是代议机构来表达。这种具有公共性质的机构天然地享有对公共利益进行判断的资格，因为设置这些机构的目的之一就是解决类似的社会管理问题。公共利益的确定事关征收权的行使以及公民权益的增减，因此必须通过程序的规制来确保决策结果的公正。特别是决策机构不能关起门来做决策，长官意志也不能代替民众诉求；而且要严加防范以权谋私、滥用权力侵害民众权利的事情发生。在私法的语境下，公共利益作为与权利人相对的一定范围内不特定的第三人利益，更强调利益相关人的主动参与。此时，政府必须为其提供公正参与和意见表达的平台。征求意见不仅要认真考虑被拆迁人的利益诉求，还要针对有切实利害关系的第三人。绝不能像有些地方政府那样，在听证会的参与资格上动手脚，将渴望表达观点的利害相关人拒之门外。

（二）司法的救济

在权利救济阶段，公共利益的确定主体应该是具有一定中立性的机

构。综合考虑我国的现实环境，人民法院应该在权利救济阶段发挥重要的作用。依据宪政国家的法治理念，无论是代表民意的立法机关，还是具有专业性管理职能的行政机关，他们的决策和行为都必须受到司法部门的监督和审查。在征收程序中，经过充分讨论的征收决定作出后，该决定具有法律效力，可以由相关部门依法实施。但由于征收决定不可能充分考虑到每一个被征收人的诉求，再加上相关部门可能出现的程序瑕疵和恣意裁断，因此，当被征收人认为自己的权利受到侵犯时，应该给其提供必要的救济途径。此时，人民法院就可以依法享有确定公共利益的权力，在认真地听取和分析双方当事人的意见之后，站在客观中立的立场上作出判决。需要注意的是，法院在这一过程中行使的是司法裁判权而不是司法行政权。审判组织必须遵循法定的审判程序和司法理念，在积极开展法庭调查的同时，更要保障当事人诉讼权利的实现。法院对于确定补偿标准、评估房屋价格等情况，则可以借鉴国外的经验，引入中立的评估机构得出公正的结论。当然，以上的论述主要是从应然的角度考虑。

我们认为，司法救济对于拆迁事务的态度，我们过去的做法是有严重缺陷的。最高人民法院 2005 年出台的司法解释规定，当事人达不成协议而“就补偿安置争议向人民法院提起民事诉讼的，人民法院不予受理，并告知当事人可以按照《城市房屋拆迁管理条例》第十六条的规定向有关部门申请裁决”。① 这一做法对民众权利救济十分不利。现实中，因为涉及地方利益，我国各级人民法院对于征收侵权的司法救济持谨慎的态度。有的法院甚至以征收决定属于抽象行政行为为由，对被拆迁人的起诉作不予立案处理。

可是两年后，最高人民法院又复函辽宁省高级人民法院，认为“当事人之间达成拆迁补偿安置协议仅就协议内容发生争议的，人民法院应予以受理”;② 而且该受理的依据是民事诉讼法，这意味着若政府部门是拆迁人一方，则其可以规避行政诉讼法有关举证责任的规定。可以说，我国在公共利益确定问题上的司法救济存在严重的缺陷，这样的规定无法给予被拆

① 参见《最高人民法院关于当事人达不成拆迁补偿安置协议就补偿安置争议提起民事诉讼人民法院应否受理问题的批复》(法释〔2005〕9 号)。

② 参见《最高人民法院关于当事人之间达成了拆迁补偿安置协议仅就协议内容发生争议的，人民法院应予受理问题的复函》(〔2007〕民立他字第 54 号)。

迁人足够的保障，也间接地鼓励了拆迁人的“肆无忌惮”。[①] 对此，我们主张应该明确征收侵权的行政诉讼立案条件，并将诉讼范围扩展到包括征收决定争议、补偿协议争议等在内的案件。因为完善的司法救济程序将成为被拆迁人权利保障最后的也是最坚固的防线。

新的拆迁条例无疑采纳了我们研究的成果，在其第 14 条中规定：“被征收人对市、县级人民政府作出的房屋征收决定不服的，可以依法申请行政复议，也可以依法提起行政诉讼。”这为民众合法权益的保护提供了司法路径，也为司法机关参与公共利益的评定打开了通道。可以说这是拆迁立法的一大进步，也是我国司法实践的一大进步。

（三）确定公共利益的特殊程序

公共利益确定主体的问题解决之后，其他程序的设置也至关重要。权利救济阶段的程序设计在解决了可诉性的问题之后，有现行有效的诉讼制度作为依托，基本上能够保障结果的公正。相比之下，作为征收权发动起点的征收论证阶段的程序保障，更应该得到重视。本专题认为，征收论证阶段的程序设计必须满足三个条件：一是公开。公共利益涉及的群体必然具有广泛性，即使很多人不能实际参与程序，但也要通过某种形式公开信息。这样既可以监督公权力的行使，防止“暗箱”操作的发生，又能使利害关系人知晓自己的权利状态，提醒其表达诉求。程序公开要求政府在城市规划时就要公开城市建设方案，公开待建项目的面积、用途及其他信息，公开征地补偿标准等等。二是公平。公平意味着要给利害关系人平等的表达机会，特别是要重视对被拆迁人利益的维护，不能为了达到征收的目的而忽视了对人权的尊重。不但要给被拆迁人争辩的机会，在决策的过程中也要真正地考虑被拆迁人的利益。三是公正。公正作为一个价值判断，很多情况下是由主观性因素主导的；然而程序的公正是可以通过客观因素促成的。公共利益的确定应在重视证据的基础上，强调说理的重要

---

① 对此，值得一提的是我国《国有土地上房屋征收与补偿条例》的征求意见稿中对该问题给予了一定的重视，第一次意见稿第 15 条做出了有益的尝试，取消了对于征收决定有异议的行政裁决前置程序，使得被拆迁人可以直接寻求司法救济。第二次意见稿又取消了行政强拆权，改由“市、县级人民政府依法申请人民法院强制执行”。这是符合法理和保护民权之实践需要的，也是立法的基本导向。

性，通过摆事实、讲道理，在充分的辩论之后，最终由裁判者得出结论。虽然结论的得出在一定程度上还是要依赖自由裁量权的行使，但有了正当程序的限制，结果会更容易为人们所接受。

我们的这一思路，在新拆迁条例中也得到了体现，该条例第 9 条最后一款规定："制定国民经济和社会发展规划、土地利用总体规划、城乡规划和专项规划，应当广泛征求社会公众意见，经过科学论证。"从上文的论述中我们已经阐述了公共利益的确定与规划之间的关系，因此这一条款为民众参与论证某项征收是否属于公共利益创造了合法路径。

六　结语

从上文中对公共利益相关问题的诠释可以看出，公共利益不是什么其他的利益，而是从个人利益保护出发所衍生出来的共同体利益。只要存在共同的生活环境，只要存在让渡权力的行政管理，公共利益的作用就不可或缺。公共利益既能调和利益之间的矛盾，又能协调权力与权利的冲突。但这只是我们想传达出的直观意思。我们真正想引起读者重视的方面是通过对公共利益概念理解的革新，来呼应中国当代社会民众权利意识的提高，并督促政府转变征收理念，规范拆迁行为。

公共利益的确定是十分重要和必要的。国家利益和公共利益都是极为重要的利益类型，它们或许存在一定的交集，但两者之间应该有较为明确的界限。人民利益、多数人利益和公共利益之间，也有显著的差异。至于政府利益这个在中国还相当敏感的词语，它和公共利益的含义也是不同的。公共利益可以反映为民众直接利用的好处，必须要以个人权利的切实保障为前提。现代民主国家不同于以往奴隶制国家、封建制国家的最显著特点就是公民个人权利在国家生活中的重要程度以及保护力度。

从法律的实用功能来看，公共利益条款是一种限制性条款，也就是约束特定的人的特定行为的条款。从目的论角度看，在城镇拆迁法律制度中设置这一条款包含了相辅相成的两层目的，一是为在"迫不得已"的情况下限缩民众的私权提供合法性依据；另一目的则在于有效限制拆迁事务实施主体的行为，防止公权力对私权利的不当侵害。因此，根据拆迁法律关系的行政行为性质，它不应是约束作为"营利主体"的开发商之经营行为的条款，而是约束承担公共职责的政府行为的条款。在拆迁过程中，公共利益条款所需发挥的真正作用，是限制政府机构的行为，避免其只是为了取得土地财政的目的来经营土地。

而公共利益条款这一功能的实现，有赖于立法对其概念和内容作出科学、合理而具体的规定。在此基础上还需要设置必要的制度路径，赋予代议机关、政府机关和民众不同的角色地位与行为效力，使三者之间形成有效的互动和钳制机制，共同参与到公益拆迁项目的具体确定中，确保最后决策的公平与合理。

公共利益必须可以演化为民众的权利，使得社会尤其是被拆迁人或者被征收人来评价政府行为，甚至通过法律的运作来中止拆迁或者征收。“权利使法律本身更为道德，因为它可以防止政府和政治官员将制定、实施和运用法律用于自私或不正当的目的。权利给予我们法律‘正当’的信心……权利给人们以保障，保障人们的法律受道德原则的指导，而不是受享有足够的政治权利的人的私利的指导。”[①] 在拆迁的过程中，政府如果能够从公共利益出发，那就能够做到尊重被拆迁人的房屋财产权、建设用地使用权以及人身权等合法权益，而拆迁事务也才能够顺利进行。

① 〔美〕罗纳德·德沃金：《认真对待权利》，信春鹰、吴玉章译，中国大百科全书出版社，1998，第3页。

专题五
城市房屋拆迁正当程序研究

一 引言

从上面几个专题的研究分析可以看出，近年来城市房屋拆迁引发的矛盾和冲突，突出地展示了我国拆迁制度设计的缺陷。从法理上看法律制度缺陷，应该被区分为实体制度缺陷或者程序制度缺陷，抑或二者兼而有之。观察我国现行城市房屋拆迁制度与现实操作中出现的各种情况，不难发现这一制度在这两方面均存在问题。实体与程序上的双重问题造成了拆迁活动对公民基本民事权益的较大伤害，使拆迁矛盾日益恶化。实体上的缺陷，比如地方政府积极致力于经营土地的政策目标缺陷、公共利益被滥用、拆迁补偿不合理和不充分、住房社会保障制度缺失等，这些问题我们在本项目研究的其他部分已经进行了探讨。在这一专题，我们将关注城市房屋拆迁程序制度方面的问题。

过去10年间，我国的城市房屋拆迁模式主要是以2001年施行的《城市房屋拆迁管理条例》（以下简称《拆迁条例》）为主要体系建立起来的。《拆迁条例》贯彻了“发展优先，兼顾公平”思想，它是一部首先站在管理者的角度，以方便拆迁、保障拆迁顺利进行为主要目的的法律文件，而保护公民的权益则被放在第二顺位。可以说，基于这一目的设计的整个条例都严重缺乏民权保护的理念和具体规则。2011年1月，这一广为人们所诟病的条例终于被废止，取而代之的是《国有土地上房屋征收与补偿条例》（以下简称《征收条例》）。不可否认，较之《拆迁条例》，《征收条例》无论在立法理念上还是在具体条文规定上均有重大的进步。然而，由于征收条例修订时间较短，鉴于之前拆迁条例的严重缺陷所引发的激烈的社会矛盾，颁布得也比较仓促。通过对征收条例的仔细研读我们发现，某些程序的规定不够细致、周全，有待进一步的细化。因此，深入细致地审视当前我国城市房屋拆迁在程序制度方面存在的问题仍是十分必要的。从整体上看我国的城市房屋拆迁模式，一方面由于程序具有辅助实体价值实现的功能，因而拆迁问题实体上的偏差也导致了程序设计上的偏差；另一方面，程序有其限制公权、保护民权的自身价值，但我国在拆迁问题上对这方面的重视明显不够，在程序设计上不仅缺乏保护民权的理念，程序规则本身也不尽合理，致使程序的独特价值无法实现。在本专题中，笔者将从政府的正确定位与职能的充分发挥角度出发，对拆迁的整个过程（即自建设项目立项开始到拆迁实施完成）按照科学的法理进行理性的重构，努力理顺拆迁各个环节背后真实的法律关系，并在此基础上审视现行拆迁程序，提出促使其更加正当化、合理化的建议，进而更好地发挥拆迁程序在保护民权、缓解矛盾中的作用，充分彰显程序正义在拆迁活动中的价值。

二　程序正义之于城市房屋拆迁的价值

（一）程序正义的价值

在英文中，程序由“procedure”或“process”这两个词来表达，它指的是预先规定的活动方式、步骤和过程。在汉语中，其常泛指一种人为的且带有目的性设定的，依照某种次序安排所进行的步骤。[①] 法律程序是指由国家法律予以设定和规范的程序。季卫东先生认为，法律程序“主要体现为按照一定的顺序、方式和手续来作出决定的相互关系”[②]。随着实践的

① 《辞海》（下册），上海辞书出版社，1979，第4112页。

② 季卫东：《法治秩序的建构》，中国政法大学出版社，1999，第12页。

发展和理论研究的深入程序所具有的综合性价值逐步得到认可，当前理论与实务界已普遍认同：程序是通往实体目标的路径。

从古至今，实体正义一直为人们所不懈追求，然而在法治社会里实体正义从来就不是可以脱离正当的程序来实现的。在现代法治社会中，正义的实现离不开法治，而法治的实现又需要借助程序得以完成。程序所特有的在时间和空间上的有序性以及实践中的可操作性，使法治由静态向动态转化，从而有了实现的可能，否则，一切法定权利都将因其不具有可操作性而变得毫无意义。[①] 因此，程序具有辅助实体正义实现的价值。另外，随着人类社会法治的发展，程序的独立性质、地位及其独特的法律价值逐渐被认同和强调，对程序功能的解释越来越与法治、民主、自由、人权等一些价值目标紧密联结。[②] 程序限制公权、保护民权的作用不断得到人们的重视。

正当程序或者正当法律程序（due process of law），最初起源于英国的普通法。[③] 美国有学者不无道理地指出，正当程序本身就是对财产权重要的实质性的保护，它“包括了所有对政府干预财产权的行为所作的来自宪法的明示和默示的限制”。[④] 当代法治社会，没有不重视程序正义的立法。

（二）程序正义之于城市房屋拆迁

城市房屋拆迁从字面上理解就是对位于城市规划区内的国有土地上的房屋及其附属设施进行拆除，并对房屋所有者或使用者进行迁移安置的行为。城市房屋是个人重要的不动产，城市房屋所有权是城市中广大居民的基本物权，房屋拆迁则是对这种基本民事权益消灭与补偿的过程。因此，城市房屋拆迁程序这样一个看似行政色彩浓厚的题目，其实是对基本民事权益消灭与补偿过程的规制。在现代法治国家，“私有财产神圣不可侵犯”虽然已经被“私有财产权须受限制”修正，但是国家公权力应保持对私有财产权的尊重仍是不可动摇的基本理念，这也是我国法律与专制社会独裁

---

① 王克稳等：《城市拆迁法律问题研究》，中国法制出版社，2007，第6页。

② 杨海坤主编《跨入21世纪的中国行政法学》，中国人事出版社，2000，第476页。

③ 赵世义：《财产征用及其宪法约束》，《商法研究》1999年第4期。

④ 〔美〕伯纳德·施瓦茨：《美国法律史》，王军译，中国政法大学出版社，1990，第117页，转引自赵世义《财产征用及其宪法约束》，《商法研究》1999年第4期。

者的横征暴敛、强取豪夺的本质区别。城市房屋拆迁，从公权力的角度看，是权力的强制取得，反之，从相对人的角度看，则是其权利被剥夺和丧失。这样一项直接涉及权力与权利之博弈的活动当然更应该引起我们的关注，尤其是对于公权力过分侵犯民事权利应保持高度警惕，细化到如何在拆迁各个环节充分保护权利丧失者的利益。

因此，我们认为对城市房屋拆迁正当程序的研究在实践中将产生两方面的重要意义：首先，完善的程序设计可以帮助拆迁活动更有序、更快速、更经济地完成，防止拆迁活动过程中行政主体内部的腐化，减少来自外界的干扰；其次，通过程序的限制可以监督和控制行政权，有效制约行政权力的扩张，保护人民的合法权益不被随意侵犯，更好地保障被拆迁人实体权益的实现，进而对化解当前存在的各种拆迁矛盾产生积极作用。

也正基于此，我国在 2004 年就通过宪法修正案的方式表明了立场，《中华人民共和国宪法》（以下简称《宪法》）第 13 条规定："公民的合法的私有财产不受侵犯。国家依照法律规定保护公民的私有财产权和继承权。国家为了公共利益的需要，可以依照法律规定对公民的私有财产实行征收或者征用并给予补偿。"2007 年颁布的《中华人民共和国物权法》（以下简称《物权法》）第 42 条第 1 款与第 3 款又在此基础上对房屋拆迁的模式进行了全新的定位与规制，堪称我国法治与民权理念的进步。为了使《宪法》与《物权法》中尊重民权、强化民权保障的理念能在城市房屋拆迁过程中转化为切实可行的对公权力的限制与对私权利的保护，上文所述程序的独特价值能在这一过程中得到彰显，对于程序的设计与研究就显得尤为必要。基于以上原因，笔者认为，对于城市房屋拆迁正当程序的研究除了基本的基于行政程序法各方面的考虑，更需要注重从房屋所有人、使用人等利益相关个体的角度去思考，从当前制度造成对公民民事权益侵犯、拆迁矛盾激化等不良现象中去反思，从如何更充分、更完善地保障民事权益的角度去设计。

（三）程序价值在拆迁过程中的实现

关于拆迁过程中程序正义价值的研究，所能达到的只是强化当局对程序重要性之认识的目的，并促使其对程序设计背后的价值理念有所认识。程序价值若要在实践中得以实现，还必须建立在其自身设计合理、执行者

中立、相对人权益的保障等一系列基础之上。

首先，关于拆迁程序本身的合理性问题，我国法律建立的拆迁制度留下很多疑问和不足。任何一项程序要想达到预期的目的，首先要求其本身的设计是合理的，这种合理性不仅体现在程序各环节的设计符合基本法理，也要求各环节相互衔接，具有可操作性。实体法是通过一环扣一环的程序行为链而逐步充实、发展的。因而，程序法不应该被视为单纯的手段和形式，程序问题与公正性必须结合起来考虑。行政征收作为一种公权力主体的公权力行为，其做出必须遵守法律规定的程序，而完整、科学的征收程序作为一种制约机制，能够保障征收权依法、合理和正确行使，从而保证征收立法得以充分、完整的实施。我们都知道征收本质上是一种行政强制，按照我国《宪法》和《物权法》的规定，在出于公共利益需要进行的征收拆迁中，补偿是征收合法有效的构成要件，应当在房屋拆迁之前完成，先征收、补偿，然后再拆迁，这样的程序安排才是合理的。而在过去《拆迁条例》第三章“拆迁补偿与安置”的具体规定中，补偿与征收却被人为切割开，本应在征收阶段完成的补偿问题却延至拆迁阶段解决，补偿从征收程序的一部分变成了拆迁程序的一部分。因拆迁、补偿的顺序被颠倒，被拆迁人的权利被肆意侵害，再加上被拆迁人处于弱势地位，基本没有讨价还价的能力，最终导致他们以暴力抗拒拆迁。现在在新的征收条例中，这一顺序已基本被理顺，其标题本身——“国有土地上房屋征收与补偿条例”——就显示着“征收”与“补偿”这两个行政行为之间不可分离的紧密关系。

拆迁程序立法的不合理性还体现在制度设计不周延，可操作性欠缺，例如《土地管理法实施条例》第 25 条规定，如果对征用补偿的标准有异议，则由批准征用的人民政府进行裁决。但是，裁决程序如何，并无规定；裁决适用的标准，没有规定；裁决的后果，也没有规定。此种情况为批准征用的政府部门敞开了自由裁量的大门。有关部门既可以以无程序为由不予裁决，也可以不遵循任何程序规则作出决定，当然还可以推脱逃避，不了了之。这种立法后果的开放性，为争议的双方争取裁判者提供了各种可能性，当然也为管理者权力寻租提供了更多可能性。[①]

其次，拆迁的执行者，无法在法律上保持中立。“任何人都不得做自

① 参见程洁《土地征收征用中的程序失范与重构》，《法学研究》2006 年第 1 期。

己案件的法官”是自然正义的基本精神，其实质在于保障法官的中立性和判决的公正性。这一规则在普通法中的地位非常重要，以至于柯克认为它应凌驾于议会法律之上。将自然正义的上述规则应用于行政领域，将法官改换成行政机关工作人员，就形成了避免偏私、保持行政中立原则。这是对行政机关工作人员提出的最低限度的要求，是程序正义原则的基石。为了使行政机关在案件中保持中立的、超然的、不偏不倚的地位和态度，程序正义原则要求行政机关必须做到“没有利益牵连”、“没有个人偏见”。所谓“没有利益牵连”是指行政机关工作人员及其亲属不得与案件有财产上的牵连。“任何直接的金钱利害关系，哪怕多么微小，都是丧失资格的理由。”此外，“没有利益牵连”还包括不得与案件有精神上的或者感情上的利益关系，如影响案件公正审理的友谊或者恩怨关系等。所谓“没有个人偏见”主要是指行政机关工作人员不得使个人的感情受到某种预设的观点或偏好的支配。为了避免个人偏见的形成，任何人不得在同一案件中既是追诉人又充当裁判者。而根据我们课题其他专题的研究，不难发现，在过去相当长的一段时期内拆迁实践中作为拆迁主导者的政府一方面通过经营土地获取巨额的土地财政，另一方面又以程序制定者的身份将自己排除在拆迁义务主体的范围之外，这与行政中立性原则是明显背道而驰的。

最后，关于相对人权益的保障的程序设计，显然有严重的不足。有专家指出：“一个人或一个社会集团的贫困，大体是两个类型的原因引起的：一个是他们的资源（资本、土地以及教育水准）不足，再一个是他们没有享有与其他人一样的平等权利。”① 具体到拆迁程序，要想改变被拆迁人弱势的法律地位，就必须增加被拆迁人作为行政相对人应享有的权利和话语权，具体言之主要包括以下内容：（1）请求权，即请求行政主管部门作出一定行为的权利。如请求公开房屋基本地价的信息、提前公开或公布拆迁政策和拆迁信息等。（2）参与权。（3）知情权。其中的“情”主要包括：一是拆迁许可设定相关的情况；二是与拆迁行为变动相关的情况，包括撤销、变更、撤回等的理由、补偿事宜等；三是拆迁人的有关情况，包括拆

① 参见陈金玲、朱宝丽《我国房屋拆迁程序的完善及立法建议》，山东省律师协会网：http：//www. sdlawyer. org. cn/001/001002/001002002/2269720871068. htm。

迁人的资质、拆迁补偿费用金额及其是否到位等情况；四是救济方式，在拆迁的不同阶段，可以通过何种途径获得救济等。(4) 正当程序权，即被拆迁人有获得事先告知行为的内容以及行为的根据、理由，向行政主管机关陈述、申辩，并获得相应的救济途径的权利。(5) 对行政主管部门及其工作人员的批评、建议权。(6) 对行政主管部门及其工作人员作出的对自己不公正的行政行为的申诉、控告、检举权。(7) 获得权利救济的权利，即被拆迁人权益受到损害时，可以要求予以补救或对侵害行为予以惩罚的权利。这是规范政府不当行为的最有力手段，也是保护被拆迁人权益最后的途径。

上述三点应该是程序价值在拆迁过程中得以实现的基础与保障，必须在具体程序的设计与执行中得到重视和体现。

三　城市房屋拆迁的应有程序

（一）城市房屋拆迁程序设计的总体思路

在讨论城市房屋拆迁程序设计的总体思路前，有一个问题首先需要明确，即城市房屋拆迁的当事人。当事人范围的确定对于实体与程序皆有重要意义：一方面，只有确定了当事人的范围才能根据其性质、地位、职能等赋予相应的实体性权力（或权利）与义务；另一方面，程序本身就是对当事人行为活动的规制，确定的当事人是程序设计的前提，是程序性权利（或权力）与义务赋予的基础。尊重拆迁现实，重新定性法律关系是理清双方当事人权利义务进而有针对性地设计程序保护业主的民事权益的根本方法。在本课题的第一部分“城市房屋拆迁法律关系分析”中，我们从当前以及过去相当长一段时间内我国广泛存在的政府“经营土地”、“经营城市”的现实情况入手，深入分析了《拆迁条例》在法律关系方面的严重失误，并清楚地理顺了城市房屋拆迁过程中涉及的四层法律关系，而在每一层法律关系中，政府都是一方当事人，都是权利义务的当然承担者，其相对的另一方当事人则因为环节的不同而可能是被拆迁人或者新的土地使用权人。对城市房屋拆迁法律关系与当事人的这一限定，一方面和我国《物权法》中要求政府在拆迁中对业主承担全面的补偿义务与社会保障义务的要求与理念相符，有利于对拆迁过程中政府的实体权利义务进行设定，使其发挥应有的作用；另一方面，将过去相当长一段时间内躲在幕后的政府推到前台，使之与房屋所有人建立起直接的行政法律关系，从而在程序上严格限定政府的公权力，防止其对民事权益的过度侵犯，也有助于消灭各种腐败滋生的温床。在新出台的《征收条例》中，这一科学合理的论断已经得到贯彻。①

在理清了城市房屋拆迁活动的当事人这一重要问题后，我们就需要明确拆迁活动的基本流程应该大致如何、重要的环节都有哪些。笔者认为，城市房屋拆迁程序设计的总体思路应该从更加宏观的视角思考，不应仅仅局限于签订补偿安置协议、实施拆迁等传统意义上理解的拆迁活动。不妨试想，为何会有拆迁活动？根本的原因在于其背后存在一个建设项目需要使用被拆迁房屋所占用的土地，进一步说，任何拆迁活动均是建设项目中的一个重要环节，被拆迁人不仅仅是拆迁活动的当事人，而且是整个建设项目的重要利害关系人。因此，为了更加完整、全面地保护被拆迁人的民事权益，我们就不应该仅仅关注拆迁活动本身，而应该将视野放到整个项目运作过程之中，关注其程序设计对被拆迁人的民事权益实现的影响。

城市房屋拆迁本是社会经济发展引起的城市化的客观需要，同时也是改变人们生存环境、提高生活水平的需要，但是人们现在普遍地将其与暴力拆迁、极端对抗等词语联系在一起。如上所述，主要原因之一，就是拆迁程序的制度中，被拆迁人的意愿未能得到应有的尊重，基本上被排除在决策体系之外，在拆迁中处于被动和弱势地位，对城市拆迁自然产生抵触情绪。因此，在对城市房屋拆迁程序进行设计时更应当注重正当程序的基本精神和基本制度的贯彻，应当以保护被拆迁人的合法权益为终极目标，更加注重社会的公平和正义的实现。具体说来，主要本着以下思路：将在拆迁中可能出现的纠纷和矛盾前置，设立机制充分听取公众和被拆迁人的意见和建议，调动被拆迁人主动参与的积极性，在矛盾得到基本化解后再

---

① 《国有土地上房屋征收与补偿条例》第4条明确规定："市、县级人民政府负责本行政区域的房屋征收与补偿工作。市、县级人民政府确定的房屋征收部门（以下称房屋征收部门）组织实施本行政区域的房屋征收与补偿工作。市、县级人民政府有关部门应当依照本条例的规定和本级人民政府规定的职责分工，互相配合，保障房屋征收与补偿工作的顺利进行。"

实施拆迁。

基于以上考虑，笔者将在本专题的第三部分按照拆迁程序的基本流程对具体程序分六个方面进行研究，分别对其存在的问题进行详细分析并对合理拆迁程序的构建提出建议。这六个方面具体为：立项程序、规划程序、拆迁决定作出程序（包括公共利益确认程序、征求意见程序）、国有土地使用权的收回与建设用地使用权的出让划拨程序、补偿安置程序（包括估价程序、补偿安置协议的签订程序）以及强制拆迁程序。除此之外，由于本专题并非单纯从行政法角度对房屋拆迁程序进行研究，而是从民权保护的角度审视目前的程序，因此笔者将侧重于解决目前房屋拆迁实践中普遍存在的缺乏公开性、救济性、公众参与性、决策性等问题。而在拆迁活动过程中，公告程序、听证程序和司法救济程序作为维护民事权益的主要手段贯穿于拆迁活动的整个过程中，任何环节都有其发挥作用的空间，故笔者将它们从拆迁过程中抽离出来作为本专题的第四部分，分三小节予以探讨。

（二）城市房屋拆迁基本程序设计

1. 立项程序

（1）现行立项程序概述

建设项目立项程序是政府对建设项目的计划管理制度，简单说来就是使建设项目经过履行一系列的程序符合国家产业政策的要求，符合国家经济、社会发展规划和环境与生态等的要求，达到合理的投资规模，在确保投资能够在合理可控的范围内进行后，政府批准项目的设立。

建设项目立项一般由项目建议、可行性研究、设计任务书、初步设计和正式立项五个阶段组成。①

① 相关规定可参见：《国务院办公厅关于加强和规范新开工项目管理的通知》，国办发〔2007〕64号，2007年11月17日；《国家安全监管总局关于印发政府投资建设项目管理暂行办法的通知》，安监总规划〔2007〕128号；《国家计委关于重申严格执行基本建设程序和审批规定的通知》，计投资〔1999〕693号，1999年7月29日发布；《国家计划委员会关于简化基本建设项目审批手续的通知》，计资〔1984〕1684号，1984年8月18日；《关于基本建设程序的若干规定》，财政部、国家计委、国家建设委员会发布，1978年4月22日。

第一，项目建议。项目建议是建设程序的最初工作阶段，是投资决策前对拟建设项目的设想，由项目单位根据国家经济发展的长远规划和行业、地区规划、经济建设的方针、技术经济政策和建设任务，结合资源情况、建设布局等条件，在调查研究、收集资料、踏勘建设地点、初步分析投资效果的基础上形成书面的项目建议书，按照审批权限报送发展改革委员会等项目审批部门。项目建议书中应包括经济效果和社会效益的初步估计，社会效益是判断是否为公共利益拆迁的重要指标之一，项目单位应注重对此部分的论述。①

第二，可行性研究。项目建议书经批准后，便可按照建议书进行可行性研究。可行性研究的任务是根据国民经济长期规划和地区规划、行业规划的要求，对建设项目在技术、工程、经济和外部协作条件上是否合理和可行，进行全面分析、论证，多方比较，作出评价，为编制和审批设计任务书提供可靠的依据。② 根据1983年国家计委颁发的《关于建设项目进行可行性研究的试行管理办法》规定，各级计划部门对提出的项目建议书进行汇总、平衡，按照《国家计委关于编制建设前期工作计划的通知》的规定，分别纳入其前期工作计划，进行可行性研究的各项工作。可行性研究，一般采取主管部门下达计划或有关部门、建设单位向设计或咨询单位进行委托的方式。

第三，设计任务书。可行性研究报告经审批后，成为编制设计任务书的主要依据。设计任务书是在可行性研究的基础上，对推荐的最佳方案再进行深入论证，进一步分析项目的利弊得失，落实各项建设和协作配合条件，审核各项技术经济指标的可靠性，比较、确定建设地址，审查建设资金的来源，为项目的最终决策和初步设计提供依据。③ 对于征收拆迁而言，设计任务书中最主要的应当包括关于经济效果和社会效益的深度分析，以便对其公共利益性质进行判断。

第四，初步设计。初步设计文件是安排建设项目和组织工程施工的主要依据，设计单位必须严格保证设计质量，每项设计要做多方案比较，合

① 关于项目建议书审批的规定可以参见《国家计委关于大中型和限额以上固定资产投资项目建议书审批问题的通知》，1988年1月14日。

② 《关于建设项目进行可行性研究的试行管理办法》，国家计委发布，1983年2月2日。

③ 《国家计划委员会关于编制建设前期工作计划的通知》，1982年9月22日。

理地确定设计方案，对设计质量要负责到底。[①]

第五，正式立项。在可行性研究报告经计划部门审批时，一般便获得初步的立项许可。当初步设计文件经批准时，便会获得建设项目的立项批准文件。该文件对建设项目的投资规模、建筑面积、建筑结构、总概算等指标进行核定。

（2）存在的问题与改进的建议

具体到城市房屋拆迁，在建设项目立项阶段，我们认为主要存在以下三方面的问题。

第一，缺乏被拆迁人等利害关系人参与的机会和程序。作为房屋拆迁的第一关口，建设项目立项是房屋拆迁最具有实质意义的前提条件，一方面，初步设计文件中基本包含了整个项目实施的情况，一旦通过批准将在之后具体实施中对被拆迁人产生实质性的影响；另一方面，政府立项后，国土部门下发建设用地批准文件、规划部门颁发规划许可证都是顺理成章的事情。我国目前的建设项目立项程序完全是项目单位与审批部门之间的各种文件往来，不涉及任何第三方的参与，被拆迁人作为最直接的利害关系人，却没有被赋予任何机会表达自己的意愿。当一项庞大的建设项目立项时，我们很难充满信心地相信项目单位和审批部门能够充分站在被拆迁人的角度思考，妥善地保护其权益，相反，我们可以预想的则是被拆迁人的利益从项目设计之初就难免被忽略、被侵犯的命运。针对这一问题，2004 年国务院《关于投资体制改革的决定》（以下简称《决定》）中曾经提到："进一步完善和坚持科学的决策规则和程序，提高政府投资项目决策的科学化、民主化水平……逐步实行政府投资项目公示制度，广泛听取各方面的意见和建议。"笔者认为《决定》中规定的这一思路是十分正确的，相关制度的完善是很有必要的。具体到涉及公共利益的建设项目，项目单位应该采取一定措施，在项目建议书、初步设计文件报送相关部门审批前向利害相关人公示并征求其意见，对于提出意见的采纳情况也要进行公示并说明理由。

第二，建设项目立项程序规定缺乏明确性和条理性。笔者在研究过程

① 《关于基本建设程序的若干规定》，财政部、国家计委、国家建设委员会发布，1978 年 4 月 22 日。

中查阅立项相关程序时发现我国目前这方面统一、整体的规定很少，仅有的几项规定年代也比较久远，且对立项的标准规定不明确，缺乏可操作性，如1978年《关于加强基本建设管理的几项规定》、《关于基本建设程序的若干规定》。目前各部门大多分别规定自己的建设程序，如1993年《商业部直属直供基本建设项目可行性研究试行办法》、1990年《国家技术监督局基本建设管理办法》、1993年《对外经济贸易部直属单位基本建设工作管理办法》，这种做法虽然起到了细化、具体化建设程序的作用，但同时也出现了程序混乱、标准不一等问题，导致现实中审批部门的自由裁量权过大，项目单位大有漏洞可寻。针对这一问题，笔者认为建设行政部门应该制定统一的建设项目立项程序，明确相关条件、标准，并根据现实情况的变化及时更新相关规定，促使相关部门严格按照程序办事。

第三，在立项审批问题上过于注重效率，忽视公平。严格说来，建设项目立项的每一环节都应经过相关部门的审批才可进入下一阶段的工作。但是为了提高审批效率，国家计划委员会《关于简化基本建设项目审批手续的通知》、国务院《关于投资体制改革的决定》等文件先后对原有审批程序进行了一定的改变。一方面，审批事项减少，目前国家依旧保留的审批事项有：地方全社会固定资产项目、各类专项建设资金的审批与管理、外商直接投资和海外投资项目；需要国家审批的基本建设大中型项目审批程序，简化为项目建议书、设计任务书两项审批。另一方面，简化了审批程序，对于需要多头审批的事项通过会审和联审的方式，对于能够由较低层次行政机关实施审批的，上级机关将审批权下放。现实中，个别地区、部门和企业，无视国家有关规定，越权审批项目，擅自对外签约，甚至自行开工建设国家已明确否决的项目，事后又要求国家予以确认、帮助解决项目建设中和建成后遇到的困难和问题。这种行为可能导致重复建设，并造成资金浪费和不良的社会影响。

涉及房屋拆迁的建设项目关乎公民最重要的财产权——房屋所有权、土地使用权，因此这类建设项目的审批程序在考虑审批效率的同时，应更多地顾及公平的价值，采取更加审慎、严格的态度。基于此，笔者认为应该从以下两方面加以改进：首先，审批程序的简化必须由国家特别批准，各地方、部门不得擅自简化；其次，凡超越规定的审批权限擅自审批的大中型基本建设项目，以及擅自对外签约的基本建设项目，一经发现，应追

究有关审批部门及负责人的责任，并视情节轻重采取暂停审批项目等处罚措施。对越权审批和擅自对外签约等造成的不良后果及善后处理，应一概由违反规定的有关部门、地区或企业自行负责。

2. 规划程序

（1）现行规划程序概述

根据2007年出台的《中华人民共和国城乡规划法》（以下简称《规划法》），城乡规划是以促进城乡经济社会全面协调可持续发展为根本任务、促进土地科学使用为基础、促进人居环境根本改善为目的，涵盖城乡居民点的空间布局规划。城市规划许可是城市规划部门按照城市规划法的要求，对新建、扩建、改建项目是否符合城市规划进行审查，对符合规划的项目颁发规划许可证的行为。

我国现行建设项目规划许可程序大致分为以下几部分：其一，申请核发选址意见书。按照国家规定需要有关部门批准或者核准的建设项目，以划拨方式提供国有土地使用权的，建设单位在报送有关部门批准或者核准前，应当向城乡规划主管部门申请核发选址意见书。主要步骤包括选址申请、选址踏勘、审议定址、签发规划选址意见书。其二，申请建设用地规划许可证。在城市、镇规划区内以划拨方式提供国有土地使用权的建设项目，经有关部门批准、核准、备案后，建设单位应当向城市、县人民政府城乡规划主管部门提出建设用地规划许可申请，由城市、县人民政府城乡规划主管部门依据控制性详细规划核定建设用地的位置、面积、允许建设的范围，核发建设用地规划许可证。在城市、镇规划区内以出让方式提供国有土地使用权的，在国有土地使用权出让前，城市、县人民政府城乡规划主管部门应当依据控制性详细规划，提出出让地块的位置、使用性质、开发强度等规划条件，作为国有土地使用权出让合同的组成部分。未确定规划条件的地块，不得出让国有土地使用权。以出让方式取得国有土地使用权的建设项目，在签订国有土地使用权出让合同后，建设单位应当持建设项目的批准、核准、备案文件和国有土地使用权出让合同，向城市、县人民政府城乡规划主管部门领取建设用地规划许可证。[①] 1990年建设部

① 参见《中华人民共和国城乡规划法》，主席令第74号，全国人大常委会通过，2007年10月28日公布。

《关于统一实行建设用地规划许可证和建设工程规划许可证的通知》规定了申请建设用地规划许可证的一般程序：①凡在城市规划区内进行建设需要申请用地的，必须持国家批准建设项目的有关文件，向城市规划行政主管部门提出定点申请；②城市规划行政主管部门根据用地项目的性质、规模等，按照城市规划的要求，初步选定用地项目的具体位置和界限；③根据需要，征求有关行政主管部门对用地位置和界限的具体意见；④城市规划行政主管部门根据城市规划的要求向用地单位提供规划设计条件；⑤审核用地单位提供的规划设计总图；⑥核发建设用地规划许可证。其三，申请建设工程规划许可证。城市、镇规划区内进行建筑物、构筑物、道路、管线和其他工程建设的，建设单位或者个人应当向城市、县人民政府城乡规划主管部门或者省、自治区、直辖市人民政府确定的镇人民政府申请办理建设工程规划许可证。申请办理建设工程规划许可证，应当提交使用土地的有关证明文件、建设工程设计方案等材料。需要建设单位编制修建性详细规划的建设项目，还应当提交修建性详细规划。对符合控制性详细规划和规划条件的，由城市、县人民政府城乡规划主管部门或者省、自治区、直辖市人民政府确定的镇人民政府核发建设工程规划许可证。城市、县人民政府城乡规划主管部门或者省、自治区、直辖市人民政府确定的镇人民政府应当依法将经审定的修建性详细规划、建设工程设计方案的总平面图予以公布。[①]

（2）存在的问题与改进的建议

我国目前规划许可制度存在以下两个问题：

第一，缺乏利害关系人参与和表达意见的程序。笔者查阅我国从20世纪80年代到最近关于规划许可的规定、决定、政策文件等，几乎没有发现任何涉及规划许可过程中利害关系人相关权利的文字表述。在这一问题上，一些国家的做法值得我们借鉴，如英国的规划许可制规定规划部门在收到申请人的申请报告后，必须给申请人复函。与此同时，地方规划当局要将规划申请文件公布于众供讨论，例如，通知开发者的邻里、在开发区域周围张贴布告，或登报于地方报纸，为公众提供充分表达意

① 参见《中华人民共和国城乡规划法》，主席令第74号，全国人大常委会通过，2007年10月28日公布。

见的机会。在这个过程中，会通知教区、市镇和地方社团，甚至有些特殊项目还需要征求其他一些实体（如郡级议会、地区环境部门和其他政府机构）的相关意见。任何人都可以发表意见，地方议会根据这些意见，可以建议开发者对开发项目进行些许调整。地方政府对规划许可的处理有三种结果：一是批准申请，二是有条件批准，三是不予批准。对于拒绝规划申请的，规划部门一般会主动向公众以及开发商作出解释，以获得理解和支持。[①] 这种公告、发动讨论并采取主动行动广泛征求民意的理念与模式都是十分值得我们学习的，在这个过程里被拆迁人与其他利害关系人可以充分感觉到作为权利人被尊重的同时自身权益得到了比较完整的保护。

第二，现行规划许可程序与《中华人民共和国行政许可法》（以下简称《许可法》）规定不尽相符。《规划法》有关规划许可的条件的规定不甚明确，应尽快通过修订予以完善。《许可法》第4条规定："设定和实施行政许可，应当依照法定的权限、范围、条件和程序。"第16条第4款规定："法规、规章……对行政许可条件作出的具体规定，不得增设违反上位法的其他条件。"由此不难看出，行政许可的条件和程序应当是法定的。《规划法》第36条、37条、38条、40条分别规定了"一书两证"的许可条件，但不甚明确。行政许可的条件和程序，是法律对什么样的情况下应当（或不应当）作出行政许可及如何作出行政许可所作的具体规定。其目的是为了规范许可行为，防止滥用权力，因此尽快明确规划许可的相关条件十分必要。

《许可法》对行政许可的申请与受理、审查与决定、期限、听证及变更与延续作了比较翔实的规定，根据"特别法优于一般法"的原则，在《规划法》没有规定的前提下，这些规定应无条件适用于规划许可。

（3）关于规划的编制

城市规划的编制涉及城市中广大居民的居住、工作、学习地点的规制，因此规划阶段征求民意的环节就显得尤为重要。在这一问题上，我国很多法规政策都有所规定。《规划法》第26条规定："城乡规划报送审批

---

① 李蕾：《国外用地许可相关制度——英国的规划许可制》，发布时间：2006年2月15日，来源：http：//www. lrn. cn/stratage/expertpoint/200602/t20060215_ 90195. htm SRC－7892。

前，组织编制机关应当依法将城乡规划草案予以公告，并采取论证会、听证会或者其他方式征求专家和公众的意见。公告的时间不得少于三十日。组织编制机关应当充分考虑专家和公众的意见，并在报送审批的材料中附具意见采纳情况及理由。”建设部《关于贯彻实施〈城乡规划法〉的指导意见》规定：“（六）加强规划制定的公众参与。保障广泛组织社会各方面人士参与和了解规划。1. 在有关配套法规和规定中细化规划制定过程中公众参与的程序办法。2. 针对不同的规划，制定公开公示的具体方法和要求。3. 明确规划编制成果报送上级人民政府审批时，附具的专家和公众意见及处理情况的材料要求。”建设部颁布的《城市规划编制办法》等也有相关规定。《中华人民共和国土地管理法》（以下简称《土地管理法》）还规定了国家建立土地调查制度、土地等级评定制度，其结果向社会公众公布。这些规定的精神都是十分有益的，无疑是对公民权益尊重的直接体现，因此在具体规划编制的过程中，各部门应该努力按照这个思路设计更加具体的工作流程，并严格遵照执行。

3. 拆迁决定作出程序

（1）征收程序启动申请

之前的《拆迁条例》第7条规定：“申请领取房屋拆迁许可证的，应当向房屋所在地的市、县人民政府房屋拆迁管理部门提交下列资料：（一）建设项目批准文件；（二）建设用地规划许可证；（三）国有土地使用权批准文件；（四）拆迁计划和拆迁方案；（五）办理存款业务的金融机构出具的拆迁补偿安置资金证明。市、县人民政府房屋拆迁管理部门应当自收到申请之日起30日内，对申请事项进行审查；经审查，对符合条件的，颁发房屋拆迁许可证。”这一规定可以看做拆迁程序与建设项目前期立项、规划等程序的衔接。

但对上述程序设计，笔者一直持有异议。因为房屋拆迁程序首先是政府与被拆迁人之间因收回土地使用权而引发的“地权收回”法律关系，对于这一问题下文还将进行详细论述。在这一过程中不可能存在上文提到的拆迁许可证的申请环节。由于这一法律关系发生在政府与被拆迁人之间，地方人民政府就当然应当负责本行政区域内的房屋征收与补偿工作。项目单位在完成前期准备工作后应该向房屋所在地的市、县人民政府房屋征收部门提交建设项目批准文件、建设用地规划许可证等材

料，申请地方人民政府启动房屋征收程序。房屋征收部门在收到申请后对材料的真实性、完整性进行审查，对符合条件的则启动公共利益确认程序。

（2）公共利益确认程序

在现代法治国家，城市房屋公益性拆迁的前提条件即是公共利益的正当性。财产征收行为与财产权受法律保护的规则存在着矛盾和冲突，但是征收行为的公共目的性和公共利益的正当性一方面消弭了这种矛盾和冲突，另一方面，对于作为被征收对象的合法财产权来讲，公共利益条款的限制是一种极为有效的实体保障，是衡量城市房屋公益性拆迁行为是否合法的根本标准和防止征收权滥用的重要措施。目前我国房屋拆迁过程中普遍存在这样一种现象：开发商看中某块土地，然后向政府申请，政府以公共利益之名赋予拆迁人拆迁的权利，然后土地使用权被高价出让给开发商。公民迁出作为自己私有财产的房屋，成就的却是开发商在黄金地段重整土木后的巨额利润与政府获得的城市经营所需的资金。这一现象产生与无法禁止的原因一方面在于我国目前在实体法上缺乏对公共利益的具体界定，公共利益合法边界模糊，缺乏操作性，另一方面是由于对公共利益的确定缺乏程序性的控制，没有以民主决策程序限制政府权力的行使。在实体方面，目前理论与实务界均已达成普遍共识，即应以概括加列举的方式对公共利益条款进行具体化。如第四专题所述，新出台的《征收条例》对于公共利益的界定进行了积极有益的探索，虽然列举的范围可能还不够完全准确，目前学术界对如此规定尚存争议，但是已经大致涵盖了主要的公共利益的基本范围，而且不能否认的是立法部门这种理念的转变本身所具有的进步性。由于公共利益的复杂性与重要性，本课题将设专门章节对其进行研究，本专题不进行实体上过多的探讨。尽管我们可以在立法上对公共利益进行限制，但是由于公共利益的内涵与外延十分复杂广泛，只能在一定程度上类型化却无法穷尽其内容。这给政府在行使公共权力、行政管理过程中遗留了一个极大的自由裁量的空间，政府仍然可以任意解释公共利益，并以此为名侵犯公民个人利益。因此，在程序上设计一个针对公共利益的确认机制就是十分必要的了。

笔者比较赞同由地方代议机关即人民代表大会通过民主程序来对土地

征收的目的是否符合法律规定的公共利益范围进行审查的机制。[①] 因为一方面，人民代表大会应当是最能够体现广大人民意愿的机构，可以最大限度地避免政府因经济利益的诱惑而弃公益于不顾的情况出现；另一方面，对于公共利益的实体界定也是权力机关通过立法完成的，因而在具体审查时仍由人民代表大会进行，将有助于在判断时更好地把握公共利益的本意。可以在县级以上人大常委会下设立征收审查委员会作为常设的公共利益审查机构，其成员应当包括房屋征收部门、立项审批部门、规划许可部门、土地行政部门、相关专家、建设项目负责人以及相当比例的被征收人等利害相关人代表，对征收目的进行审查。[②] 对于涉及地域广、人数多或者争议比较大的建设项目，不能急于得出是否符合公共利益的结论，应当提请同级人民代表大会审查。

(3) 征求意见程序

根据程序涉及对象的不同，征求意见程序主要包括专家认证程序和征求利益相关人意见程序，前者的主要目的在于确保征收本身的可行性与合理性，后者的主旨在于更好地保障利益相关人的合法权益。

第一，专家论证程序。笔者认为在征收决定作出前设计专家论证程序是十分必要的一个环节，这个程序可以使政府在拆迁决定作出前更加充分地调整、完善征收范围、征收实施时间等事项。论证程序应当由发展改革、城乡规划、国土资源、环境保护、文物保护、建设等有关部门的工作人员和相关方面的专家参加。在这个阶段，论证的着眼点不再是整个建设项目，而仅仅是房屋征收活动这一环节，因而论证的重点是征收过程中微观层面的具体而又现实的问题。参与论证的人员应当从其各自的业务及专业领域对某一具体的征收活动提出意见与建议。房屋征收部门将在此基础上确定房屋征收范围、征收时间等事项。

论证作为征求意见的一种手段在许多规范性文件中都有所规定，但是对于论证的程序没有法律法规的专门规定，目前仅有零星部门规章对海域使用、水资源使用等方面的论证程序进行规定，以及一些地方规范性文件规定了论证程序，如鞍山市政府《重大决策事项合法性论证程序规定》、

① 对于这一点我们在第四专题已作了分析，在此不再详细展开。

② 参见王宏《中国城市房屋拆迁程序研究》，山东人民出版社，2008，第1版，第19页。

娄底市政府《重大行政决策事项专家咨询论证办法》等。在实际中论证会作为征求各方意见的方式使用频率是非常高的，我们也时常见到有关部门召开五花八门的论证会。但目前的论证会普遍存在以下问题：其一，启动程序随意，没有制度化的约束，是否召开以及如何召开由决策者决定；其二，参与的专家往往大多代表组织者的观点，反对派的意见难以获得同等的关注，最终如何处理其意见也不得而知；其三，整个过程公开透明度不够，媒体的报道大多仅限于会议时间、参与人员等，而对具体内容以及反对派的观点缺乏报道。导致这些问题出现的关键在于目前对于论证会的定位不确定，其基本程序缺乏应有的规范。

笔者认为，应该由国家制定统一的基本论证程序，确定论证的功能定位，规定从会议准备到会议过程，再到会议结果处理的程序和规则，特别是会议主持回避制度、专家选拔制度、专家责任制度等。

第二，征求利益相关人意见程序。房屋征收部门在专家论证程序的基础上确定房屋征收相关事项后，应当通过公告、召开听证会等形式广泛征求被征收人的意见，并根据被征收人的意见适当修改相关内容。关于公告程序、听证程序将在下文述及。

（4）征收决定的作出

征收决定作出的前提应当是建设项目经公共利益确认程序确认为公共利益目的，经征求被征收人、公众和专家意见，无重大争议；征收决定应该由县级以上地方人民政府领导班子集体讨论作出，防止个人决策可能出现的失误；存有重大争议的事项应报经上级人民政府裁决或由本级人民代表大会批准。另外，由于目前土地使用权和房屋价格的波动比较频繁，无限期的征收决定可能因为实际情况改变而伤及老百姓的合法利益，因此必须对其有效期进行限定，可以规定征收决定的有效期不得超过半年，特殊情况，经报上级人民政府批准，可以延长至一年。

新出台的《征收条例》将第二章命名为“征收决定”，并用 9 个条文对相关内容进行了规定。总体来看，这些规定仍然比较宏观，不够细致、具体。

4. 国有土地使用权的收回与建设用地使用权的出让划拨程序

（1）现行建设用地使用权出让、划拨程序概述

对于建设用地使用权的出让、划拨程序，我国诸多不同效力层级的法

律文件中均有相关规定，[①] 笔者根据这些条文对我国现行建设用地使用权出让、划拨基本程序归纳、总结如下：①建设项目可行性研究论证时，建设单位应当向建设项目批准机关的同级土地行政主管部门提出建设用地预申请。受理预申请的土地行政主管部门应当依据土地利用总体规划和国家土地供应政策，对建设项目的有关事项进行预审，出具建设项目用地预审报告。可行性研究报告报批时，必须附具土地行政主管部门出具的建设项目用地预审报告。②建设单位持建设项目的有关批准文件，向市、县人民政府土地行政主管部门提出建设用地申请，由市、县人民政府土地行政主管部门审查，拟订供地方案，报市、县人民政府批准；需要上级人民政府批准的，应当报上级人民政府批准。③供地方案经批准后，由市、县人民政府向建设单位颁发建设用地批准书。有偿使用国有土地的，由市、县人民政府土地行政主管部门与土地使用者签订国有土地有偿使用合同；划拨使用国有土地的，由市、县人民政府土地行政主管部门向土地使用者核发国有土地划拨决定书和建设用地批准书。

（2）国有土地使用权的物权变动问题

土地对于任何建设项目来说都是无法替代的前提和基础，由于我国城市土地属于国家所有，因此项目单位要进行建设就必须取得建设用地使用权这种用益物权。我国的城市房屋的征收与拆迁实际上都是围绕房屋所有权及其占用土地的国有土地使用权的变动展开的，长久以来，《拆迁条例》规定的城市房屋拆迁制度，其最大的问题在于回避了这一过程中土地使用权的变动问题。令人遗憾的是，新出台的《征收条例》所规定的征收制度仍然仅仅是针对城市房屋的，而没有涉及国有土地使用权的征收问题。

国有土地使用权这种权利事实上在改革开放之前就已经存在于中国

① 相关规定可参见《建设项目用地预审管理办法》，国土资源部令第42号，2008年11月29日；《中华人民共和国城市房地产管理法》（2007年修正），主席令第72号，2007年8月30日；《中华人民共和国土地管理法》（2004年修正），主席令第28号，2004年8月28日；《中华人民共和国城镇国有土地使用权出让和转让暂行条例》，国务院令第55号，1999年5月19日；《建设用地审查报批管理办法》，国土资源部令第3号，1999年3月2日；《中华人民共和国土地管理法实施条例》（1998年），国务院令第256号，1998年12月27日；《国务院关于出让国有土地使用权批准权限的通知》，国发〔1989〕49号，1989年7月22日。

的立法和现实社会之中。新中国成立之后，除“国家”（其实是政府）将国有土地依据行政划拨的方式交给各种机关事业单位使用之外，对于企业的用地，因为企业本身也是依据行政指令创立的，故政府创办企业时同时划拨土地，这就是后来被称为“划拨土地所有权”的权利类型，从物权性质角度而言，事业单位和国有企业在此获得和享有的就是一种国有土地使用权。但是除“划拨”之外，1982 年《宪法》颁布之前，中国城市中的私有土地一直存在；宪法规定城市土地一律归国家所有之后，原来的这些私有土地的所有权，也转化成为“国有土地使用权”。[①] 不过当时立法对此并未明确。1995 年《确定土地所有权和使用权的若干规定》第 27 条、第 28 条规定：“土地使用者经国家依法划拨、出让或解放初期接收、沿用，或通过依法转让、继承、接受地上建筑物等方式使用国有土地的，可确定其国有土地使用权。”“土地公有制之前，通过购买房屋或土地及租赁土地方式使用私有的土地，土地转为国有后迄今仍继续使用的，可确定现使用者国有土地使用权。”依据这一规定，只要最初房屋的取得方式合法，城市私有房屋所有人的国有土地使用权基本都可以得到确认。

那么，在城市房屋拆迁过程中，被拆迁人享有的这种国有土地使用权是如何转移到项目单位手中的呢？《拆迁条例》对此没有规定。《征收条例》第 13 条仅仅规定：“房屋被依法征收的，国有土地使用权同时收回。”查阅相关法律中与之有关的条文，《物权法》第 148 条规定：“建设用地使用权期间届满前，因公共利益需要提前收回该土地的，应当依照本法第四十二条的规定对该土地上的房屋及其他不动产给予补偿，并退还相应的出让金。”《土地管理法》第 58 条规定：“有下列情形之一的，由有关人民政府土地行政主管部门报经原批准用地的人民政府或者有批准权的人民政府批准，可以收回国有土地使用权：（一）为公共利益需要使用土地的；（二）为实施城市规划进行旧城区改建，需要调整使用土地的；（三）土地出让等有偿使用合同约定的使用期限届满，土地使用者未申请续期或者申请续期未获批准的；（四）因单位撤销、迁移等原因，停止使用原划拨的

① 孙宪忠：《国有土地使用权财产法论》，中国社会科学出版社，1994，第 3 页以下，转引自孙宪忠：《中国物权法总论》（第二版），法律出版社，2009，第 138 页。

国有土地的；（五）公路、铁路、机场、矿场等经核准报废的。依照前款第（一）项、第（二）项的规定收回国有土地使用权的，对土地使用权人应当给予适当补偿。”《中华人民共和国城市房地产管理法》第19条规定：“国家对土地使用者依法取得的土地使用权，在出让合同约定的使用年限届满前不收回；在特殊情况下，根据社会公共利益的需要，可以依照法律程序提前收回，并根据土地使用者使用土地的实际年限和开发土地的实际情况给予相应的补偿。”根据以上条文可知，我国确立了一种国有土地使用权的“收回”制度，在特定情况下可以消灭权利人的国有土地使用权并给予一定补偿。由于国有土地使用权是一种物权，因此“收回”的过程实际是物权变动的过程。

根据物权法的基本法理，物权变动区分为如下两种：一种是基于法律行为的物权变动，或者说是根据当事人的意思表示的物权变动；另一种是非因法律行为发生的物权变动。① 非因法律行为发生的物权变动主要包括：依据公共权力发生的物权变动（法定物权变动）、因继承发生的物权变动、因事实行为发生的物权变动、因自然事件发生的物权变动和时效取得。②“收回”所依靠的不是国家作为土地所有人的权利，而是国家公权力。根据“收回”行为的这一特征显然其应该归属于依据公权力发生的物权变动中的征收行为。目前法律条文中普遍使用“收回”一词，而对其“征收”的本质却鲜有提及。这种做法实在不妥，原因如下：其一，其有弱化国有土地使用权的物权性质之嫌，让人对其是否完全归属于权利人产生疑惑；其二，更重要的是“收回”掩盖了征收行为的本质，容易使人们放松对其应有的严格限制，放松对公权滥用的警惕；其三，导致在补偿中对财产价值远高于房产的地产持视而不见的态度，被拆迁人的权益难以得到应有的补偿。除了“收回”国有土地使用权这一实质上的征收行为外，要完成被拆迁人享有的国有土地使用权转移到项目单位手中成为建设用地使用权这一过程还需要建设用地使用权出让、划拨制度，对于这一制度的相关法律规定上文已述。

如前所述，在征收拆迁过程中的物权变动主要包括两个环节：国有土

① 孙宪忠：《中国物权法总论》（第二版），法律出版社，2009，第301页。

② 参见孙宪忠《中国物权法总论》（第二版），法律出版社，2009，第302～310页。

地使用权的“收回”以及项目单位建设用地使用权的取得问题，这里需要特别讨论的是这两个环节在执行中的先后顺序问题。目前，对于从被拆迁人手中收回国有土地使用权的程序何时启动以及如何实行，并没有明确的规定。但是我们从物权发生变动的客观轨迹思考，理顺拆迁过程中土地权属变动的流程其实不困难，道理也并不复杂。国家想要将建设用地使用权出让、划拨给项目单位，在目标土地上设立用益物权必须首先保证土地上不存在与将设立的权利相抵触之他物权，如若存在必先消灭之。因此，关于“收回”与出让、划拨的先后顺序其实是一目了然的：拆迁过程中国有土地使用权的第一次变动是国家从被拆迁人手中征收，消灭其国有土地使用权；第二次变动是国家将土地使用权出让、划拨给项目单位。将“收回”与出让、划拨程序置于整个城市房屋拆迁流程之中时，在立项、规划程序完成之后应该进行“收回”程序即国有土地使用权的征收程序；然后进行具体的房屋拆迁工作，包括征收决定作出程序、补偿安置程序等；最后，当国家拥有目标土地的完全所有权，土地上不存在其他用益物权，房屋拆迁工作基本完成时，国家才能将建设用地使用权通过出让、划拨等形式给予项目单位。目前实践中的普遍做法将建设用地使用权出让、划拨程序置于具体的拆迁工作之前，这显然是一种缺乏物权变动过程基本理念的表现。

目前我国城市房屋拆迁模式存在着对土地使用权的物权变动问题在实体与程序方面皆缺乏应有的重视，甚至是有意回避、忽略的严重问题。世界上很多国家的公用征收制度都是以土地征收法为核心的，在涉及房屋征收时多适用土地征收法。在土地使用权补偿问题上，是否在拆迁过程中一并补偿以及如何补偿等问题一直是人们争议的焦点。对此目前我国仅在1995年国务院法制局《对〈关于拆迁城市私有房屋土地使用权是否予以补偿问题的函〉的复函》、2002年国务院法制办《对北京市人民政府法制办公室〈关于城市私有房屋拆迁补偿适用法律问题的请示〉的答复》两个文件中有所涉及，但这两个文件的态度并不十分明确，而且对这样一个重大问题不进行明文规定而仅仅在复函中解释显然是不合适的。这一问题是涉及广大被拆迁人的重大利益问题，对其进行审慎、周全的考虑与设计并在法律中作出明确具体的规定是十分有意义的，这一部分还将由本课题组的其他成员进行深入论述。

5. 补偿安置程序

（1）估价程序

合理的估价是充分补偿的前提，估价结果是补偿方案的重要依据，当前我国城市房屋拆迁中矛盾最多、最难调和的部分就是补偿金额不合理的问题。可以说估价结果将对被拆迁人的利益产生巨大影响，它同时也是能否签订安置协议的关键环节，因此，如何使得估价结果公平合理，保障作为弱势群体的被拆迁人的合法利益，就成为在程序设计上要解决的重要问题。

首先，现行估价程序概述。我国现行城市房屋估价的相关规定主要有《征收条例》、《城市房屋拆迁估价指导意见》（以下简称《指导意见》）、《房地产管理法》、《城市房地产中介服务管理规定》以及地方政府制定的具体估价办法。其中《指导意见》对估价机构的选择、估价机构的委托、估价时点、估价方法、估价结果的认定等问题进行了比较详细的规定，加之其他规范性文件的辅助，可以说，我国的估价制度相较于之前讨论的制度规定更加清晰、具体。但是，从民权保护的角度看，这一程序仍然存在许多问题。

其次，存在的问题与改进的建议。

第一，城市房屋估价机构缺乏独立性。2000 年之前，我国的房地产估价机构都是房地产管理部门的内设机构，虽然 2000 年建设部发布《关于房地产价格评估机构脱钩改制的通知》，其中规定："凡从事房地产价格评估的中介服务机构，目前隶属或挂靠在政府部门的，均要在人员、财务、职能、名称等方面与之彻底脱钩。房地产价格评估机构脱钩后，要按照《公司法》、《合伙企业法》等有关规定改制为由注册房地产估价师出资的有限责任公司、合伙制性质的企业，参与市场竞争，不得承担房地产价格评估机构资质和人员资格等行政管理、行业管理的职能，这些职能应由房地产行政主管部门行使，或由房地产行政主管部门委托相应的房地产估价师学会（协会）承担。"但由于长时间形成的工作机制的影响，现实中，估价机构与政府部门即使在表面上相互独立实际上仍然有着千丝万缕的联系。其中最为严重的问题就是许多估价机构依靠政府部门获得估价业务，政府从对估价结果的干预中获得利益，在这种情况下一方面原来主管机构不愿放弃管制，另一方面许多估价机构自己也不愿放弃被管制。公平的市

场竞争机制无从形成，估价结果的客观性很难保证，毕竟我们很难相信一个本身不独立的估价机构能够作出公正的估价。

笔者认为以上问题产生的原因是在房地产估价机构的选择与委托问题上没有形成合理的机制，导致表面的脱钩但既存的各方利益关系得以延续，估价机构无法实现真正意义上的独立。要想改变这种局面，一是必须规范估价机构的选择程序。《征收条例》规定："房地产价格评估机构由被征收人协商选定；协商不成的，通过多数决定、随机选定等方式确定，具体办法由省、自治区、直辖市制定。"《指导意见》规定了房地产估价机构的主要选择方式为投票、抽签，但对投票或抽签活动的组织者、范围、具体规则等缺乏规范。在城市房屋征收过程中，政府成为一方主体，其对估价机构选择问题的影响作用就更加值得关注。《指导意见》第 6 条第 1 款规定："市、县房地产管理部门应当向社会公示一批资质等级高、综合实力强、社会信誉好的估价机构，供拆迁当事人选择。"目前一些地方政府发布的估价规范中在保证估价机构独立性方面不乏十分科学的规定，值得借鉴，如重庆市国土房管局印发的《重庆市城市房屋拆迁评估规定》中第 8 条规定："主城区拆迁行政主管部门受理评估申请后，应将项目的名称、座落、户数、建筑面积、联系方式等相关情况在重庆市国土房管网上公示，自公示之日起五个工作日内，拆迁评估机构向项目所在地拆迁行政主管部门报名参与竞争。主城区以外的区县（自治县、市）可参照执行，也可以其他形式通知评估机构，但参与竞争的评估机构不得低于两家。评估机构和评估人员与拟拆迁人或拟被拆迁人有利害关系的，应当回避。各区县（自治县、市）拆迁行政主管部门不得拒绝经公布的拆迁评估机构参与竞争，也不得擅自设定评估机构参与竞争的准入条件。"除此之外，我国应当逐步建立全国统一的估价市场，形成公平竞争的机制，使得当事人可以选择异地的估价机构进行估价，避免本地估价机构可能受到的不当影响。在选择方法上，笔者建议大型的拆迁项目应该按照《中华人民共和国招投标法》和有关规定，引入招投标机制确定估价机构，这样可以改善投票与抽签方式可能产生的低效率和盲目性。二是，在委托合同的签订程序上也需要改进。《指导意见》第 7 条规定："拆迁估价机构确定后，一般由拆迁人委托。委托人应当与估价机构签订书面拆迁估价委托合同。"而且按照有关规定，估价费用一般由拆迁人承担。这些规定导致了拆迁人有可能对投票或抽签选出的估价机构进行控制。笔者认为，在政府进行房屋征收时，不妨设计如下程序：征收程序启动后，政府向被拆迁人推举的代表预支一定金额的估价经费用于估价机构的选择与委托事宜，被拆迁人与选定的估价机构签订委托合同后向其支付费用，多余经费交还政府相关部门，不足部分予以补充。这种模式使得被拆迁人在估价机构的选择上从始至终处于主导地位，可以在很大程度上减少行政机关对估价机构的约束和干预，增加被拆迁人对估价机构及估价结果的信赖程度，同时又不会增加其负担。另外，还可以考虑估价完成后由被拆迁人对估价机构的工作进行打分、评价，纳入评估机构档案。这一设计给予被拆迁人对估价机构工作意见的表达渠道，将话语权归还被拆迁人，使得估价机构更加注重加强自律。①

第二，估价时点与估价方法的选择有待改进。由于房地产市场价格处于不断变化之中，估价时点的不同将导致估价结果的巨大差异，因此合理确定估价时点十分重要。《征收条例》规定："对被征收房屋价值的补偿，不得低于房屋征收决定公告之日被征收房屋类似房地产的市场价格。"《指导意见》规定："拆迁估价时点一般为房屋拆迁许可证颁发之日。拆迁规模大、分期分段实施的，以当期（段）房屋拆迁实施之日为估价时点。"笔者认为，在房屋征收过程中应赋予被拆迁人选择估价时点的权利，被拆迁人放弃或无法达成一致意见时由房屋征收部门指定，这样可以最大限度地保护被拆迁人的权益。在估价方法的选择上，《指导意见》第 16 条规定："拆迁估价一般应当采用市场比较法。不具备采用市场比较法条件的，可以采用其他估价方法，并在估价报告中充分说明原因。"现实中，这一规定容易被地方政府利用，以当地不具备采用市场比较法条件为由，采用由政府公布的当地房地产评估的基准价为标准来进行拆迁评估。《指导意见》还要求"市、县人民政府或者其授权的部门应当根据当地房地产市场交易价格，至少每年定期公布一次不同区域、不同用途、不同建筑结构的各类房屋的房地产市场价格"。各地方政府应当严格按照这一规定执行，积极创造条件，使得市场比较法尽可能的得到适用。

---

① 参见王红建、程雪阳《建立公正的城市房屋拆迁评估机制——以正当程序为视角》，《行政管理体制改革的法律问题——中国法学会行政法学研究会 2006 年年会论文集》。

第三，估价结果的异议及救济程序有待完善。《指导意见》比较详细地规定了对估价结果有异议时的救济方法，概括起来就是赋予异议方申请原估价机构或另行委托估价机构重新估价的权利，如果重新估价后仍然有异议或不能达成一致可以向房地产价格评估专家委员会申请技术鉴定。笔者认为这一程序应从以下三方面进行改进，排除被拆迁人的顾虑，真正起到救济的作用。其一，当被拆迁人选择委托新的估价机构时，在委托协议的签订与估价费用的负担上应与首次委托时相同，由被拆迁人作为估价协议一方当事人，由政府实际负担估价费用。这种做法的用意与上文所述相同。其二，评估专家委员会在确定鉴定组组成人员的过程中，应给予被拆迁人选择或发表意见的机会，这样可以使被拆迁人大大加强对鉴定组的信任，从而信服其得出的结果。其三，对鉴定组的鉴定时间应该加以限制，防止过度拖延。

（2）补偿安置协议的签订程序

要对拆迁补偿安置协议的签订程序进行设置，首先要解决的是协议的主体与性质的问题。根据我们本课题前述专题的论述，政府是拆迁法律关系的主要当事人，也是拆迁补偿以及社会保障等义务的主要承担者，基于此，我们认为拆迁补偿安置协议的签订主体应是作为拆迁人的政府和被拆迁人。那政府作为一方当事人参与的协议应如何定性：是行政合同抑或民事合同？要回答这一问题须对行政合同的特性有一个明确的认识。

我们知道公认行政合同制度来自法国，法国的行政合同制度被认为是来自民法上的合同概念，经过行政法的改造后，成为和民法上的合同性质不同的行政合同，如同法国法上的公法所有权。主要包括公共工程承包合同、公共工程捐助合同、公共工程特许合同、公务特许合同、独占使用共用公产合同、出卖国有不动产合同等。[①] 通常认为行政合同具有以下四个特征：合同的当事人中必须有一方是行政主体；直接执行公务（或者是当事人直接参加公务的执行，或者合同本身是执行公务的一种方式）；行政主体保有某些特别权力，如监督甚至指挥合同的实际履行，可以单方面变更合同的内容，认定对方违法并予以制裁；合同超越私法规则。[②] 从这个

① 参见王名扬《法国行政法》，北京大学出版社，2007，第186页。

② 参见崔建远《准物权研究》，法律出版社，2003，第55页。

角度而言如若将拆迁补偿协议严格界定为行政合同，无疑赋予政府过多的自由裁量权，也可能会对被拆迁人的权益造成损害。而且从现行立法关于拆迁补偿协议的相关规定看，其与行政合同的“行政主体可以单方面变更合同”等特征不符，故学界倾向于将其归入民事合同，“即使一方当事人为行政机关（如政府采购合同），即使法律规定强制签约（如粮食订购），也仍然属于民事合同”。①

在合同签订过程中应当遵循双方当事人协商一致的原则，否则就丧失了作为合同的基本属性。因此，在补偿安置协议签订程序设计上，应当赋予被拆迁人相应程序性权利，使其与房屋征收部门之间能够形成平等对话关系。针对当前拆迁谈判中广泛存在的相关工作人员对被拆迁人采取恐吓、欺骗、骚扰等方式使其签订协议的现象，笔者认为，在协商过程中，被拆迁人应有权要求房屋征收部门首先提供完整、准确的协议事项所需资料，并留存于被拆迁人手中，对不足部分有权要求补充，对不理解的内容有权要求解释。这样有助于平衡双方之间的信息不对称，使得被拆迁人在协商过程中不至于处于只能被动接受的地位。另外，在协商过程中应允许被拆迁人进行录音、录像，这样可以促使工作人员注意规范自己的言行举止，防止上文所述现象出现。

过去，在《拆迁条例》中没有明确规定补偿安置必须在拆迁活动之前进行，于是一些地方变相要求被拆迁人在获得补偿前搬出房屋，如天津规定：因市政基础设施建设项目拆迁房屋的，按照先拆迁腾地、后处理纠纷的原则办理。被拆迁人及其上级主管部门应当服从建设需要，在规定的搬迁期限内完成搬迁。在此情况下，被拆迁人在补偿协议的谈判中，实际上完全处于被动的地位，其权益极易受到损害。另外，有些地方从保障被拆迁人利益的角度出发，规定了不得先拆迁后签订安置协议。如《南京市城市房屋拆迁管理办法》明确规定：拆迁人不得要求被拆迁人或者房屋承租人先搬迁，后订立补偿协议，但实践中并不能完全杜绝这种现象。在新出台的《征收条例》中我们能够看到“实施房屋征收应当先补偿、后搬迁”的规定已被明确写入其中。在实践中，我们必须落实这一规定，并且在签订补偿协议之前必须设置补偿方案公告的制度，同时必须保障补偿协议的

① 梁慧星：《民法学说判例与立法研究》（二），国家行政学院出版社，1999，第191页。

签订率。

6. 强制拆迁程序

强制拆迁是整个房屋拆迁矛盾的集中点，其所引发的社会矛盾和社会问题一直是中国社会近些年来的不稳定因素。因此，规范强制拆迁程序具有十分重要的意义。

过去《拆迁条例》采取由地方政府、法院实施强制拆迁，行政复议、诉讼期间不停止执行的模式。这一模式最大的问题在于极易导致复议、诉讼的结果尚未确定，被拆迁人已被实施强制拆迁，房屋已被拆除，待到复议决定、法院判决作出了，即使被拆迁人胜诉了，意义也不大了，因为房屋已被拆除，在事实上灭失了，无法恢复。另外，房屋的实际情况是复议机关及法院据以判断补偿决定是否违法的最重要的依据，十分有必要对其加以保留。《征收条例》已经取消了这一规定。

在执行问题上，还有一个问题值得我们注意，即强制执行权的行使主体。《拆迁条例》规定："被拆迁人或者房屋承租人在裁决规定的搬迁期限内未搬迁的，由房屋所在地的市、县人民政府责成有关部门强制拆迁，或者由房屋拆迁管理部门依法申请人民法院强制拆迁。"这样一种制度设置使得地方政府在拆迁活动中的角色定位十分模糊，处于既当"运动员"、又当"裁判员"的地位，行政权力缺乏制约和监督，导致公民权利和行政权力的极度不平衡，容易引发严重的社会矛盾。在这一问题上，笔者十分赞同《征收条例》取消行政机关的强制执行权而改由司法机关行使的规定。① 我们应该充分肯定"司法强拆"取代"行政强拆"的进步意义，一方面，它符合我国《行政诉讼法》第66条关于"非诉行政强制执行"的规定："公民、法人或者其他组织对具体行政行为在法定期限内不提起诉讼又不履行的，行政机关可以申请人民法院强制执行，或者依法强制执行"；另一方面，更具有积极意义的是，在公民和政府之间引入中立第三方、引入强拆司法裁决机制，将有利于平衡二者的权利和地位，维护拆迁的公平、公正。但是，同时我们也应该认识到要将这种良好的意图真正落

① 《国有土地上房屋征收与补偿条例》第28条第1款规定："被征收人在法定期限内不申请行政复议或者不提起行政诉讼，在补偿决定规定的期限内又不搬迁的，由作出房屋征收决定的市、县级人民政府依法申请人民法院强制执行。"

实到现实的拆迁活动中，防止强制拆迁的权力被滥用，光凭立法上的确认是不够的，要使司法机关能够真正发挥其中立作用，还需要在以下几方面进行完善：其一，强制拆迁涉及“强拆裁决”和“强拆执行”的问题。强拆裁决是司法行为，实施强拆实质上是一个行政行为。“司法强拆”如果不以裁执分离制度为前提，统一由法院执行庭或行政庭实施，同样会导致滥权、侵权和腐败。较理想的方案应该是：法院裁决，行政机关组织实施，法院予以监督，还可受理被征收人对违法拆迁行为的起诉。[①] 其二，法院的司法独立问题。长期以来，我国司法系统的设置基本上还是走行政区划的老路子，司法工作行政化现象极为明显，司法机关的人事权、财产权受制于当地政府。不论是经费、编制、人员还是办公场所，都有赖于地方政府的支持。当前，地方政府对司法机关的影响力毋庸赘言。[②] 如何保障司法机关能够比较独立地作出判断，是将对被拆迁人权益的理论性保障变成现实性保障的关键，是“行政强拆”中的问题不在“司法强拆”中重演的根本保证。在现行体制下，可以尝试建立回避制度来减少外力的干预。

四　强化民权保障的几个特别程序

（一）公告程序

了解是参与的前提，想要达到使被拆迁人充分参与城市房屋公益性拆迁的过程，维护被拆迁人权益的目的，就要充分公开信息，保证被拆迁人的知情权。被拆迁人无论是要对行政机关的管理活动进行监督，还是主张自己的权利和利益，都以了解行政机关相关情况为前提。因此在城市房屋拆迁过程中，各相关部门发布各种公告是贯穿始终的一种重要公开方式，将各有关事项及时告知被拆迁人，有助于使其了解、信服，有利于拆迁活动的顺利进行。

---

① 姜明安：《司法强拆实现进步有三个前提》，2010 年 12 月 17 日 A02 版《新京报》。

② 孙瑞灼：《“司法强拆”公正的前提是司法独立》，2010 年 12 月 21 日《中国国土资源报》。

如前所述，公告程序是贯穿拆迁活动始终的，在本专题第二部分所论述的从立项程序到强制拆迁程序的流程中，每一个程序环节的完善都离不开履行一次或数次的公告程序，如立项过程中项目建议书、初步设计文件等草案的公示，房屋征收范围、时间的公告，估价机构估价结果的公告等。目前我国关于公告程序只有《北京市国土局关于征地公示公告程序的通知》等少量规定，更多的是实体法个别条文对公告范围的列举规定或各相关部门的内部规定，这些规定的标准各不相同。尽管由于具体情况不同，公告在范围等方面有所区别，但为了保护被拆迁人及利害相关人的知情权，应该对公告程序的一些基本内容作出统一规定，作为最低的要求，各部门可以在此基础上作出适合自己的进一步规定。下面笔者将从如何更好地保证公众知情权的角度对公告程序的几个基本方面进行探讨。

第一，公告的内容范围。由于拆迁活动中不同环节的具体内容不同，相应公告内容的范围也不相同，但笔者认为一个基本原则是任何过程涉及且结果对被拆迁人或其他利害相关人利益产生影响的活动，均应该向被拆迁人或其他利害相关人进行公告。特别是在整个建设项目的立项、规划阶段，虽然此时对被拆迁人利益的影响是在整体上的，不是具体的，是初步的，不是最终的，但应该重视公告，使未来可能出现的矛盾前置，及早了解、吸收被拆迁人的意见，使整个建设项目的立项、规划更加完善。

第二，公告的方式。公告方式的选择首先应当考虑的是尽量使一定范围内的被拆迁人能够看到公告，因此应选择醒目的位置张贴公告；涉及区域较大时应注意使公告保持一定密度；应派人定期维护、更换公告，保证其完整、清晰；同时应当在报纸、网络上登载公告，并在相关部门办公场所留存公告供公众长期自由查阅；在公告中应注明各种查阅公告的方式。

第三，公告的期限。期限在程序法中具有十分重要的意义，在大多数程序规则中期限直接决定当事人的权利和状况。对此值得借鉴的是《行政处罚法》的相关规定，其对行政程序规定了诸多期限，而且使期限之间环环相扣，如果行政主体不按期限履行职能就会侵犯行政相对人的权益，而行政相对人不按期限履行行政行为就会丧失某种权利。公告程序中亦应当制定严格的期限规则，如行政行为作出以后，应当几日内向被拆迁人进行公告；公告后几日内可以向相关部门提出意见、建议；根据公告事项的重要程度和涉及范围对存续时间作相应调整，等等。[①]

（二）听证程序

听证，就是指行政机关在作出重大的、影响相对人权利义务关系的决定之前，充分听取当事人的陈述、申辩和质证，在全面核查、充分论证的基础上作出决定的一种程序。城市房屋拆迁中的听证程序具有十分重要的现实意义。

首先，有利于促进拆迁决策的科学性和合法性。相关部门在作出各项决定之前展开听证，认真听取各方面尤其是被拆迁人的意见，可以深入了解实践环节存在的问题，充分预见拆迁工作将要面临的问题，对于相关决策的科学性与周全性无疑是有帮助的。

其次，有利于保护被拆迁人的合法权益。近些年来，拆迁所引起的上访、集会事件甚至更极端的冲突、自焚事件层出不穷，主要原因就是被拆迁人在自己的利益面临严重侵犯时缺乏表达自己意愿、争取自己利益的机会。在拆迁过程中建立完善的听证程序，旨在给被拆迁人及其他利害关系人说话和表达自己意见的机会，对相对人的合法权益进行事前救济，能将相对人权益的保障提高到一个新的水平。如果说公告是对被拆迁人知情权保护的重要手段，那么听证则是被拆迁人参与拆迁活动的重要形式，是对参与权的保护，没有参与的机会，公告只是让被拆迁人及利害关系人知晓而不可为，其民主权利依然无法真正实现。

再次，有利于加强政府和被拆迁人之间的协调和沟通，降低拆迁成本，提高拆迁效率。虽然从表面上看听证制度的设立增加了相关部门的负担，但如果从全局的角度看并非如此。一项行政决定是对一部分人利益的剥夺，必须得到相对人的理解和认可，使相对人在程序完成之后，能够心甘情愿地服从决定。通过听证充分听取各方当事人的意见，一方面具备公开性与公正性，另一方面最终决策必然最大限度地接近民意，即使未采纳当事人意见，政府也能够通过听证向当事人详尽地阐释和宣传、与当事人

① 参见张淑芳《行政公示程序立法研究》，《社会科学研究》2009 年第 5 期。

进行充分交流与沟通，从而不仅有利于该决定的顺利实施，还大大减少了行政复议与诉讼，最终降低了成本、提高了效率。因此，从这一角度上讲听证程序不仅是为公众设立的，也是为听证机关设立的，它具有其他制度不可替代的重要作用。①

目前我国涉及城市房屋拆迁听证规定的规范性文件主要有建设部2003年出台的《城市房屋拆迁行政裁决工作规程》、2004年出台的《建设行政许可听证工作规定》、2005年出台的《城市房屋拆迁工作规程》，国土资源部2004年出台的《国土资源听证规定》等，和《行政许可法》、《行政处罚法》中规定的听证制度，以及各省、自治区、直辖市的房屋拆迁管理部门出台的地方性规定。综合以上规定，目前我国拆迁听证程序启动主要有以下五种情况：拆迁立法、制定拆迁政策过程中的听证；实施拆迁许可前的听证；对违法拆迁行为实施行政处罚前的听证；受理拆迁行政裁决申请前的听证；实施行政强制拆迁前的听证。② 这一看似完善的体系仍存在较多问题，导致实践中拆迁听证流于形式，失去公信力，下面笔者将对房屋拆迁听证过程中存在的问题进行分析。

第一，房屋拆迁听证范围过窄，启动时间滞后，未形成听证机制。根据上文所述的听证启动情况来看，在一个具体的建设项目中，听证程序的启动基本是在拆迁活动开始后。然而，我们知道在拆迁活动启动前，整个建设项目已经进行了立项、规划等一系列前期工作，拆迁活动作为建设项目中相对滞后的环节，实际上是处于被项目推着上的无奈境地。因此，虽然《城市房屋拆迁工作规程》第6条规定："拆迁许可听证应当对拆迁许可条件，特别是拆迁计划、拆迁方案和拆迁补偿安置资金落实情况进行听证。听证意见作为房屋拆迁管理部门核发拆迁许可证的重要参考依据。"但是，由于拆迁计划、方案等问题已经在之前的环节中进行了一定设计，并通过了相关审核，即使此时通过听证反映出拆迁方案等与实际有较大出入或失误，听证如何解决这个问题呢？如果要求重新制定或更改拆迁方案势必耗费更多人力、物力，且可能受到来自各方面的阻力，显然，面对这

---

① 参见高飞、郝雷《城市房屋拆迁听证制度探析》，《重庆建筑大学学报》2007年10月第29卷第5期。

② 马久健：《论城市房屋拆迁管理中听证程序的法律价值》，《中国房地产》2005年第6期。

种情况听证意见多数情况下会选择对听证内容进行肯定而非否定，导致听证失去应有的作用，流于形式。拆迁活动中另外两种启动听证程序的情况是受理拆迁行政裁决申请前的听证和实施行政强制拆迁前的听证，这使听证成为拆迁中不得已情况下的一道工作程序，而非一项制度。

要使听证程序真正发挥其应有的作用，应当将其提升到制度层面。笔者认为应该使听证程序的启动时点前移，使听证范围扩大，让听证程序覆盖拆迁活动全程。具体说来，在建设项目立项、规划审批、土地使用权划拨、公共利益确认、估价、补偿安置协议的签订、强制拆迁、拆迁行政处罚等环节均设计听证程序，根据各环节的不同情况赋予其相应的任务，环环相扣，一个阶段的听证解决一个阶段的问题。听证程序可以涉及的内容主要有：立项是否正确、规划是否科学、拆迁人是否具备拆迁的资质、价格评估是否公平合理等，搬迁期限、补偿方式、补偿标准、安置地点、过渡方式、过渡期限等均应是听证的重点内容。对于听证中反映强烈的、不合法的、不合理的内容应该即时进行修正和调查；对于相关部门与被拆迁人分歧较大的，应该加强协调和沟通，尽可能通过多种渠道达成一致意见。另外，应特别注意建设项目立项、规划许可时听证程序的设立，因为这是拆迁活动产生的源头，对于拆迁活动的计划此时就已经开始，在此时举行听证可以使被拆迁人参与到拆迁计划、方案的制订过程中，最大限度地消除拆迁时的矛盾冲突隐患。

第二，提高听证的法律效力。尽管法律、行政法规等对房屋拆迁听证作了规定，但是对听证笔录的效力、相关部门怠于听证的责任、听证意见反馈的程序等方面没有详细具体的规定，导致现实中对拆迁活动有利的就举行听证，不利的就不听证；只采纳有利的听证意见，不采纳反对的听证意见等情况出现。关于听证笔录的效力，目前只有《行政许可法》规定了必须以听证笔录作为作出行政许可决定的依据，但其他类型的听证均没有确定听证笔录的效力。这容易导致在实践中相关部门在如何听取意见的问题上，享有较大的自由裁量权，听证笔录被选择性使用，难以保障公众参与政策制定的民主权利。因此应该明确听证笔录的排他作用，相关部门必须根据听证笔录作出决定，不能在笔录之外，以当事人不知道或没有论证的事实为依据，否则作出的决定无效。应注重对听证意见的反馈，要对听证参加人发表的意见和提交的书面意见进行认真归纳，合理的予以充分采纳，未采纳的给予书面答复，阐明理由，从而最终实现听证会的民主性功能。另外，对于应听证而未听证就作出拆迁许可、拆迁行政裁决等决定是自始无效还是可以撤销，法律也无明文规定，给行政复议和诉讼带来了困扰，这也是相关部门不重视听证效果的重要原因。对此，应该加强相关部门在听证启动方面的责任，明确规定应当听证而不举行听证的法律后果，还要对直接负责的主管人员和其他直接责任人员依法给予行政处分。①

第三，完善听证程序。任何一个制度的设立和实施均离不开严密的措施和严谨的程序保障，听证程序的法定性是听证程序的主要特征之一，也是听证制度的重要保障。目前在《城市房屋拆迁行政裁决工作规程》、《城市房屋拆迁工作规程》中，均没有对听证程序的具体规定，导致了听证不具有可操作性而难以真正发挥作用。因此应尽快参照《建设行政许可听证工作规定》、《国土资源听证规定》、《行政许可法》、《行政处罚法》中规定的听证程序制定拆迁程序启动后听证的详细程序。

（三）司法救济程序

对于城市房屋拆迁过程中出现的诸多矛盾、纠纷，诉诸司法裁判是解决问题的最后途径。通过公正的司法程序有利于平衡拆迁过程中被拆迁人与行政机关及其他主体之间力量对比的严重失衡状况；司法机关是解决纠纷的专门机关，其中立地位与丰富的经验也更有利于维护被拆迁人的合法权益与纠纷的妥善解决。

如前文所述，房屋拆迁活动并非一个简单的行为，而是由一系列行为构成，其中有民事行为也有行政行为。因此，房屋拆迁活动的纠纷可以分为房屋拆迁民事纠纷和房屋拆迁行政纠纷。房屋拆迁民事诉讼的受案范围包括：拆迁人与被拆迁人达成补偿安置协议后又反悔的，当事人可以提起民事诉讼或者申请仲裁；拆迁人违法拆除被拆迁人房屋，属于民事侵权行为，被拆迁人可以提起民事损害赔偿之诉等。房屋拆迁行政诉讼的受案范围包括：人民政府或房屋拆迁主管部门不履行法定职责的诉讼；对房屋拆迁主管部门作出的拆迁纠纷裁决不服提起的诉讼；对产权有纠纷的房屋及设有抵押权的房屋作出的房屋拆迁决定不服提起的诉讼；对房屋拆迁主管

---

① 参见王宏《中国城市房屋拆迁程序研究》，山东人民出版社，2008，第1版，第89~91页。

部门作出的行政处罚决定不服提起的诉讼；行政机关滥用职权违法拆除房屋的，被拆迁人可以提起行政赔偿诉讼；等等。[①] 目前，我国法院审理房屋拆迁案件的法律依据主要有诉讼方面的法律法规如《中华人民共和国民事诉讼法》、《中华人民共和国行政诉讼法》；房屋拆迁方面如《征收条例》、最高人民法院的批复、地方有关拆迁活动的各种规范性文件；民事方面、行政方面的相关法律法规如《中华人民共和国合同法》、《中华人民共和国行政许可法》。

目前，我国城市房屋拆迁诉讼中有以下两个问题值得我们关注。

1. 调解在行政诉讼中的适用

行政权是国家的法定权力，任何机关和个人都不能转让、放弃，即不能处分。而调解的前提是当事人有处分权，行政机关只能根据法律规定的权限履行自己的职责，而无权处分国家的法定权力，因此，我国行政诉讼案件普遍不适用调解制度，这是行政诉讼与民事诉讼的一个重大区别。具体到房屋拆迁纠纷案件来看，由于在拆迁的部分环节中拆迁人、被拆迁人之间属平等主体，故应有调解适用的空间。如当事人对房屋拆迁裁决不服提起行政诉讼的情形往往是拆迁人与被拆迁人之间无法达成补偿安置协议，房屋拆迁主管部门对这一纠纷进行了裁决，当事人不服这一裁决而向法院提起诉讼。不难看出，在这一过程中，争议的本质并没有发生变化。但是，人民法院一般只能对行政裁决的合法性进行审查，作出维持或撤销的判决。当事人请求的补偿、安置等问题并不能被解决，这一结果不利于矛盾的根本化解。因此，在审理拆迁行政案件中要勇于改革，人民法院可以按照最高人民法院《关于执行〈中华人民共和国行政诉讼法〉若干问题的解释》的规定，大胆探索在解决补偿安置民事争议中引入调解机制，就行政裁决中有关民事权利义务的内容进行调解，以彻底解决安置补偿民事纠纷，减少当事人的讼累。[②]

2. 房屋拆迁诉讼公正性问题

近年来，我国城市房屋拆迁中的极端事件层出不穷，许多被拆迁人选择当“钉子户”或选择群体性上访、越级上访，甚至以暴力对抗的方式解

① 参见许海峰主编《房屋拆迁》，人民法院出版社，2004，第114～118页。

② 参见王宏《中国城市房屋拆迁程序研究》，山东人民出版社，2008，第1版，第130页。

决问题。这一现象不得不引起我们的深思，应该看到，目前，司法诉讼作为排除拆迁矛盾的最后一道防线，却没有起到应有的作用。在行政诉讼中，“诉讼难”的说法由来已久，不仅仅是在房屋拆迁诉讼案件上，作为行政诉讼被告一方的行政机关借助自身权力不当影响的事实大量存在。在涉及房屋拆迁案件的民事诉讼中，也存在被拆迁人一审胜诉率极低、二审上诉成功率不高的现象。面对这种局面，被拆迁人不得不放弃选择诉讼的方式维护自身合法权益。

五　结语

近年来，我国城市房屋拆迁矛盾日益突出，极端案例不断出现在公众视野，这清楚地反映出我国城市房屋拆迁制度存在缺陷，特别是在拆迁程序存在的严重缺陷：被拆迁人缺乏知晓、参与整个拆迁过程的渠道，无法表达其权利的诉求，迫不得已只能采取极端的方式以抗争。为了避免类似悲剧的再度重演，制度的变革成为当前迫在眉睫的任务。我们应当首先从立法思想上抛弃过去行政管理优先于公民权益保障的思维模式，以保护公民权利为总的指导思想来设计城市房屋拆迁程序，最终，使程序性制度在关于城市房屋拆迁的各项立法条文中得以体现，使程序的理念在各个环节得以张扬，使程序性的权利切实掌握在每个被拆迁人手中，使程序在促进公民实体权益的实现、化解拆迁矛盾与推进社会关系和谐发展的过程中的独特价值得到彰显。本专题通过对从建设项目立项开始到拆迁实施完成的整个拆迁流程的梳理与分析，审视在很长一段时间内我国的拆迁程序方面的问题。按照拆迁程序的基本流程分七个方面对具体程序进行研究，分别对其存在的问题进行详细分析并对构建与完善的方式提出建议。我们很欣慰地看到其中我们提出的部分程序上的制度构想已经变成现实。但是，同时仍有一些地方有待完善，我们期待能够通过制定实施细则来进一步完善拆迁程序的相关规定。

专题六 拆迁补偿研究

一 引言

在矛盾迭出的拆迁[①]过程中，合理有效的补偿就是政府解决冲突与矛盾的一种有效途径。政府基于公益对于民众的土地使用权进行收回，房屋进行拆毁，体现了社会公益与民众私益的一种冲突。在社会的发展过程中，政府出于城建、交通、国防建设等社会公益之需要，而对部分民众的土地使用权与房屋所有权进行征收，如前述专题所揭示的，这一行为从本质上来讲也是符合被拆迁民众的根本利益的，但从被拆迁人的角度看，让他们无条件地欢迎拆迁却是不现实的。另外，政府的不当拆迁行为以及一些地方政府与开发商私下谋利益的不良印象也使得民众对于拆迁存在抵触情绪。对于这一冲突，法律也许可以最终许可强制拆迁，以获得冲突的解决与公益目的的实现，但一味的强制并不能使得社会公益得到最好的实现，因为公益本身就是由无数的私益组成，而肆意侵犯私益获得的公益更加难以立足于正义的旗帜下，只会成为少数人掩饰其

① 在最近的《国有土地上房屋征收与补偿条例（征求意见稿）》中，弃存有多年的“拆迁”不名而以“搬迁”代替，不仅体现了对政府手段的限制，更体现了政府谦恭的态度和决心，对此笔者表示赞赏。但基于此条例尚未明确生效，以及探讨的方便，本书继续以“拆迁”一词进行讨论。

贪婪与狰狞的面具。

基于此，拆迁补偿就具有极其重要的意义。从理论上来讲，它体现了国家行为与个人私益冲突的解决之道，因为对于民众而言，对土地的使用与房屋的所有，是一种权利，更是一种社会安全感的来源。法律对于民众合法物权的保护，是民众在这一国度或者社会安身立命的根本，“物权尤其是所有权，对于社会大众而言，其作用不仅仅是财产权利，而且是具有重大人文价值的基本权利”。[①] 拆迁补偿说明民众的基本权利是受到国家与法律保护的，国家仅在基于公益的情况下“不情愿”地剥夺了民众的权利，并积极地予以补偿，用以证明政府的态度与诚意，从而，补偿使得政府的行为更加具有正当性。从实践上来说，其意义似乎更加明显，这几年种种拆迁事件频发，将政府与被拆迁民众的矛盾推到风口浪尖之上，引起了社会的广泛关注，在众多关注之中，民众更想了解的是，如何解决社会发展过程中的民众与政府愈加尖锐的矛盾。百姓是朴实并且现实的，只有在拆迁手段与拆迁补偿上做到合法合理，才能够彻底地解决问题，而拆迁补偿就是本部分重点探讨的问题。

对拆迁补偿的研究，需要着力解决的问题主要包括拆迁补偿行为的定性、补偿的范围与方式的选择，以及补偿的标准的确定。在研究的过程中我们始终本着私权保障的理念，展开对相关问题的论述，而这一理念也是我们在面对一些利益冲突的难题时，所应秉持的价值取向与思路指引。希望从中可以得到略有裨益的结论。

二　拆迁中补偿行为的定性

欲对拆迁中的补偿行为进行定性，必须对拆迁主体有一个明晰的认识。如本课题前面专题所述，在拆迁过程中，最重要的三个主体就是政府、开发商与被拆迁民众，只是在以往的诸多理论甚至立法中，错误地将拆迁行为乃至拆迁补偿的主体界定为开发商与被拆迁民众，而政府处于“居中协调”的地位，只是土地开发事务中的监督人和管理者。如专题一所述，这一观点的根本错误在于不了解中国城市土地经营的核心要点“土

① 孙宪忠：《中国物权法总论》，法律出版社，2009，第2页。

地一级市场的国家垄断”原则，不知道土地的出让和收取土地出让金是土地市场运行的第一步，而且是不动产市场的基础。不论从哪个角度看，开发商都完全没有权力对土地及房屋进行拆迁，只有政府才可以基于人民授予的公权力对民众的土地使用权与房屋所有权进行征收。

既然征收行为的主体只能是政府，那么补偿的主体也就只能是政府，因此，在公益征收中，现行的由开发商来与民众谈判签订补偿协议的做法是不恰当的。政府出让土地获取利润，却不出面解决后续的补偿等一系列社会问题，其实质便是权利与义务的不对等，是不符合最基本的法理与社会正义的。

因此，拆迁补偿的主体只能是政府，这是在界定补偿行为之前所必须了解的题中之义。新拆迁条例认识到了这一点，不仅在第 4 条规定由市、县级人民政府负责本行政区域的房屋征收与补偿工作，在第 17 条更加明确地指出须由作出房屋征收决定的市、县级人民政府对被征收人给予补偿。这样的规定使得政府在城镇房屋拆迁中的角色得到了科学的回归。而我们关于征收补偿性质的界定也是建立在这一基础之上的。

（一）行政补偿抑或行政赔偿?

1. 行政补偿与行政赔偿的界分

（1）传统理论上行政补偿与行政赔偿的区别

按照传统行政法理论，行政补偿，又称行政损失赔偿，是指行政主体（主要是行政机关）的合法行为给无义务的特定公民、法人或者其他组织的合法权益造成损失，依法由国家给予补偿的制度。[①] 行政补偿制度是一种行政救济制度，其目的在于填平国家的合法行为给公民、法人或者其他组织造成的损失。行政赔偿则是指行政机关及其公务员违法行使职权侵犯公民、法人和其他组织的合法权益造成损害的，由国家给予受害人赔偿[②]的制度。行政赔偿亦是一种行政救济制度，其目的在于使国家不当行为给公民造成的损害得以消弭。

从上述定义可以看出，行政补偿制度与行政赔偿制度都是国家为了对

① 余卫明、邓成明主编《行政法与行政诉讼法》，湖南大学出版社，2001，第 233 页。

② 张正钊主编《行政法与行政诉讼法》，中国人民大学出版社，2008，第 3 版，第 358 页。

其给公民、法人或者其他组织造成不利益①结果的行为进行补救的救济制度，两者的制度设计目的有类似的地方。但是，在传统行政法理论下，两种制度还是存在诸多差异的。

第一，两者产生不利益结果之原因行为的性质不同。行政补偿是由合法行为引起的；而行政赔偿则一定是由违法行为造成的。

第二，两者对不利益结果发生的时间要求不同。行政补偿既可以在损失产生之后，也可以在损失产生之前进行，但一般在损失产生之前进行；而行政赔偿只能在违法行为造成损害之后发生，这是因为国家不可能预先估计到会给相对人造成损害。

第三，两者造成的不利益内容不同。行政补偿主要是一种财产上的不利益，当然也存在一些人身方面的不利益，如对于人力的征用，但基本是以财产范围为主；而行政赔偿就不局限于此了，一般来讲，人身权利也被包含其内，以我国为例，就有基于公务人员违法侵害公民人身、自由而给予赔偿的诸多相关规定。

第四，两者的构成要件不同。一般来讲，行政赔偿要求行政机关存在主观上的过错和客观上行为的违法性②，而行政补偿则不存在这些要求。

第五，两者产生的历史先后顺序不同。从历史发展来看，行政补偿的产生要早于行政赔偿。这是由两者的要件结构与历史原因决定的。有学者认为：行政补偿源于18世纪的开明专制主义，③ 当时的君主对百姓的财产损失进行补偿，更多的是一种恩惠的态度，符合早期国王神的化身与正义的代表之形象；而行政赔偿在历史河流中的进程就较为坎坷，这是因为，诚如前述，在早期奴隶制社会和封建制社会，君主地位崇高并代表国家，被公认为背负着神的旨意，是不可能犯错的，由此产生了“国王不能为

① 依照传统理论，行政补偿对应损失，行政赔偿对应损害，一字之差，使得两者在价值评价上有所区别，这里在同时对比行政补偿与行政赔偿时，只是为了客观中立地描述相对人的状态，故抽取了损失与损害中相对人角度的客观元素——不利益来进行陈述。后文亦有类似用法。

② 随着“结果违法性”理论的提出以及过失与违法关系一元化的提出，行政赔偿的这些要求也在渐渐淡化，但基于传统理论，这些要件确实存在。

③ 参见王错《从赔偿与补偿的界限看我国〈国家赔偿法〉的修改方向》，《河南省政法管理干部学院学报》2005年第4期。

非”的原则，而行政赔偿要求主观过错和客观违法性的存在，要在专制时代将其加诸君主之身，可谓难矣。因此，相对而言，使得君主愈显仁慈的行政补偿制度就要比让君主直承其非的行政赔偿制度更早也更容易地发展起来。

第六，两者对公务人员可否追偿不同。[①] 依照行政赔偿理论中“代位责任说”，在公务人员违法“为非”时，国家只是代为进行财产赔偿，真正的责任主体依旧是公务人员本身，国家在赔偿后有权对责任主体进行追偿；而行政补偿则不存在事后追偿的问题，因为行政补偿是一种以社会公平责任负担为基础的责任，这种责任只能由国家而非个人承担。

第七，两者的补救方式和额度不同。一般来讲，行政补偿以财产补偿为主；而行政赔偿则远不限于此，依我国《国家赔偿法》的相关规定，行政赔偿的方式有：支付赔偿金，返还财产，恢复原状，消除影响、恢复名誉、赔礼道歉等，[②] 可以单独适用，也可以并用。另外，有学者认为行政补偿与行政赔偿的额度标准是不同的：前者小于直接损失，而后者等于直接损失；还有学者认为：行政赔偿具有惩罚性，是故数额应当大于行政补偿。[③]

（2）行政补偿与行政赔偿的融合趋势

如上文所述，在传统理论上行政补偿与行政赔偿存在一些差异，但随着时代的发展，学界与实务界对于行政补偿与赔偿的理解也日趋加深，尤其是基于对行政救济利益填补功能的不断认识，国内外立法有将行政补偿和行政赔偿当做同一问题对待的倾向。

其实，行政补偿和行政赔偿有着类似的理论基础，那就是行政救济理论。“行政救济”一词，通常不是法定词语而是法学词语，各国学者基于不同的观点对行政救济的含义有着不同的理解。一般认为，行政救济是指国家为排除行政行为对公民、法人和其他组织合法权益的侵害，而采取的

① 肖峋：《中华人民共和国国家赔偿法的理论和实用指南》，中国民主法制出版社，1994，第264页。

② 参见翁岳生《法治国家之行政法与司法》，月旦出版社，1994，第211页。

③ 参见姜明安主编《行政法与行政诉讼法》，北京大学出版社、高等教育出版社，1999，第403页。

法律手段与措施构成的补救制度。[①] 按照这种观点，行政补偿与行政赔偿皆列数其中，属于国家对合法权益受损的行政当事人进行救济的手段。

另外，在历史的发展进程上，如前文所述，行政补偿源自君主对于民众财产损失的一种补偿恩惠，用以彰显其神圣而慈悲的心怀；这与基于违法行为而产生的行政赔偿之作用相去甚远。但随着人权思想的兴起与兴盛、国民民主意识的觉醒与进步，这种君主式的恩赐之法理基础早已轰然倒塌，随着资产阶级革命与生产关系的巨大变化，天赋人权与社会契约的理论深入人心。行政补偿再也不是国家或君主对于人民财产损失的一种恩赐，而是在国家基于公共利益的需要对于少部分人予以不利益的财产剥夺或限制的情况下给予补偿，因为这种剥夺与限制是小部分人为另一大部分人的利益作出的“特殊牺牲”。依照法谚：“为大家牺牲者，其损失应由大家分担而补偿之。”[②] 共同订立社会契约的其他民众应当通过一个共同而适当的组织来给予损失方一定的补偿，而这个组织自然就是国家。

与此同时，行政赔偿制度也在不断地发展，但减少或弥补相对人损失的宗旨与目的没有改变。行政补偿与行政赔偿在源起时因为出发点不同而“失之交臂”，却在人权主义的星空下奇妙地相逢。

尽管行政补偿与行政赔偿的原始界限已被打破，但横亘在两者之间的障碍依旧存在，那就是行政赔偿的“违法性”要件。历来提及行政补偿和行政赔偿之区别，主要关注点就是违法性。传统行政法理论基于历史的原因和实践的认识，将行政补偿与行政赔偿划分成两种相对独立的制度：国家的合法行政行为造成民众的损失将启动行政补偿制度；国家的违法行为造成民众的损害将启动行政赔偿制度。不过，将违法性作为引发不同行政救济制度的核心要求，究竟是否存在意义，尚有疑问。有学者指出：“对于相对人来说，（行政补偿和行政赔偿）都是由于行政权的行使而遭受损失，结果都是由国家给予相应的救济，区分两者的意义并不大。”[③] 有的学者更是直接质疑道：“现在看来，（以违法性区分行政补偿与行政赔偿）这种观点在理论上有种种漏洞，对实践中的许多问题难以解释：同样是合法

---

① 参见张载宇《行政法要论》，汉林出版社（台北），1977，第427页。

② 郑玉波：《法谚》（二），三民书局（台北），1984，第25页。

③ 张正钊主编《行政法与行政诉讼法》，中国人民大学出版社，2008，第369～370页。

权益遭受损害，为什么违法侵犯造成的就赔偿，过失或无过失造成的就补偿？这类赔偿、补偿的形式、标准有什么区别？如果没有什么区别，有什么必要加以区分？”[①]

要想廓清概念的阴霾，就需要从概念本身入手进行探究。我国《国家赔偿法》第2条规定：“国家机关和国家机关工作人员违法行使职权侵犯公民、法人和其他组织的合法权益造成损害的，受害人有依照本法取得国家赔偿的权利。”其中“违法行使职权”数字值得关注，究竟这一“违法”二字指向的是行为，还是结果？究竟是行为本身的违法性，还是行为造成的违法结果导致了行政补偿与行政赔偿的区分？

这个问题在理论学界，存在着两种不同的学说，即“行为违法说”与“结果违法说”。对我国《国家赔偿法》的其他条款[②]进行体系解释，我国司法实务界应当是采取“行为违法说”，在学界这一学说的倾向度也极高。这一学说的优点在于可以清晰地厘清行政赔偿与行政补偿的差异，用以获得明朗的结论，但是这一学说存在的问题也极为明显。

第一，“行为违法说”对相对人权益保护不够全面、周延。“行为违法说”所构建的理论链条是这样的：合法行政行为——损失——行政补偿；违法行为——损害——行政赔偿。其中的“合法行政行为”要求行政行为属于合法的行政法律行为，即该行为必须是符合行政实定法的行为，如行政法中明确规定的行政征收、行政公开等行为。行政法律行为类同民事法律行为，要求行为产生主体所希望的行政权利义务关系，这些行为通常是为行政程序所明确规定并严格限制的。但是，由于现代国家与行政机关担负的行政任务极其庞杂烦琐，其触角也触及民众生活的方方面面，其中有大量的行为是未被行政法明确规定的。问题在于，这些行为，如一些行政指导等弱强制行为，或者修筑道路等事实行为，也同样有可能侵犯到民众的合法权益，但由于其并不是行政合法法律行为，则不能启动行政补偿制度；另外，由于其行为本身并不违法，则同样的，行政赔偿制度也无法启动，这就可能造成民众的合法权益受到侵害而救济无门的状况，使行政救济产生了空白。对于这个问题，日本学者曾有

① 参见姜明安主编《行政法与行政诉讼法》，北京大学出版社，1993，第239页。

② 主要指《国家赔偿法》第3条、第4条。

诸多论述，提出了三种学说[①]：首先是“狭义违法说”，这即是指上述的“行为违法说”，认为应当以行为是否违背实定法作为评判标准，这是一种形式主义的观点，其不当之处一如前述，不赘。其次是“广义违法说”，“广义违法说”不以违反实定法为限，认为违法还同时包括违反诚信、信赖保护、比例、公序良俗等原则。另外，对于传统属于合法性范畴的行政裁量行为，如果出现逾越裁量权限或者滥用裁量权限之行为，也以违法论。最后是“最广义违法说”，其不仅将“广义违法说”的规定尽收囊中，还指出，即使是公务人员的裁量瑕疵，只要造成违法不当结果，亦属违法。从行政救济的填补还原功能和人权保障的角度来看，对于民众权利保障最为彻底者，当属“最广义违法说”，但有一点需要注意，此学说看上去对民众保护甚周，但将过多要求加诸公务人员之身，试想，若是连基于人类认识限制而造成的行政裁量不当都要冠以“违法”之评价，公务人员的积极性只会每况愈下，到时候，行政违法行为确实会减少，但行政不作为的蔓延趋势会使社会更加紊乱。最大程度保护相对人利益确实是行政救济的宗旨，但行政行为之效率也是我们必须考量的重要因素。因此，基于保障人权和行政效率的竞合，选择“广义违法说”似乎较为合适。

第二，“行为违法说”关注的是积极行政行为的不当之处，但对于极为严重的消极行政不作为行为就显得有些力不从心了，而这种行政不作为行为有时危害更巨。为了更好地保护相对人的合法权益，德国法学界提出了“违反对第三人之职务义务”的违法认定法。该观点认为，公务人员依法负有执行职务的义务，因而公务人员于执行职务时，应注意维护人民之权益，若公务人员于执行职务，违反对第三人之职务义务时，其行为即属违法。[②] 这里的第三人可以理解成公民、法人和其他组织。另外，德国学界还认为，除特殊的、单个规范设定的职务之外，还存在一般的职务。也就是说，主权任务应当在不侵害第三人特别是无关的人的生命、健康、自由和财产的情况下予以执行。[③] 这也就是说，当行政机关在执行公务时，

---

① 参见翁岳生主编《行政法》（下），中国法制出版社，2002，第 1599 页；杨建顺：《日本行政法通论》，中国法制出版社，1998，第 637 页。

② 翁岳生主编《行政法》（下），中国法制出版社，2002，第 1601 页。

③ 〔德〕哈特穆特·毛雷尔：《行政法学总论》，高家伟译，法律出版社，2000，第 628 ~ 629 页。

不管是出于什么情况或理由，作为或不作为，只要侵害到了第三方的合法权益，就算是违反了其应尽的一般义务，即为违法。从德国的这个理论可以看出，“行为违法说”已经在一定程度上得到突破，人们基于对民众私有财产的尊重与保护，越来越倾向于关注民众遭受不利益的结果。

“行为违法说”的问题主要在于，过于关注行政主体的行为并以此为标准，将行政补偿与行政赔偿进行人为的划分；但随着人权意识的不断增强，行政救济制度越来越关注行政相对方的不利益的结果状态，行政主体方的视角角度不断模糊，民众的视角角度不断清晰。基于此，“结果违法说”也就应运而生了。

“结果违法说”认为，只要公权力行为所生之结果系法规所不容许者，即不问该行为本身是否有法规之依据，均属违法。[①]“结果违法说”跳出了“行为违法说”对于行政行为本身的分析，而将关注点放在了遭受不利益的相对人身上，单从法律思维的角度来说，是一种进步。因为，这与行政救济的立法宗旨相一致，有利于对人权的保障。但需要注意的是，若以“结果违法说”来看，行政补偿与行政赔偿的界限就可能完全消弭。因为，依照“结果违法说”，只要给相对人造成了合法权益的损害，就算是违法，这样一来，行政补偿就会全部为行政赔偿所取代，一切给民众带来权益损害的行为，皆是违法行为，国家皆须赔偿。

目前，行政补偿之所以尚未被行政赔偿吸收，还是源于各国对于行政赔偿尚且要求公务人员存在过错。以德国法为例，对于行政人员不存在过错但是违法的行为，联邦普通法院并不将其视为赔偿启动的原因，因为这一行为不具备获得赔偿的要件——过错。但是，这一行为所造成的结果又明显不能适用行政补偿制度，基于保护相对方的合法权益，德国法院提出了一个新的制度，即准征收补偿制度，用以填补法律的空白。这里也可以看出各国法院的一种态度，他们注重保障民众的合法权益，但又不愿意将补偿与赔偿的界限完全消弭，于是在承认甚至是“人为创造”两者区别的同时，用新兴的制度来填补因补偿与赔偿分离而产生的救济空白。放弃一种制度是需要勇气的，但有时放弃更需要一种智慧与胸襟，在笔者看来，

① 〔德〕哈特穆特·毛雷尔：《行政法学总论》，高家伟译，法律出版社，2000，第628~629页。

对于制度区分的这种坚持，在某种程度上是不必要的。

综上，可以看出，尽管在传统理论上，行政补偿与行政赔偿之间存在着种种不同，但是，在新兴的理论中，这种传统的划分已经有些不合时宜了，可以预见，无论在理论界还是实务界，行政补偿与行政赔偿界限的消弭是一种渐进的趋势。所谓赔偿补偿，大抵不过是国家对相对方不利后果之消除手段，从这个角度和宗旨来看，行政补偿与行政赔偿的区分意义实在不大：盖民众所求，公平而已，在自身合法权益遭受不利益之时，其所需要的，绝对不是严密周详的行政学救济理论，而是便捷有效的救济措施，对于民众来说，补偿也好，赔偿也罢，最终能否有效地获得救济才是真正的重点。因而，在人权保障理念日益彰显的今天，模糊并进而消弭行政补偿与行政赔偿的界限，或者将其盖摄于同一行政救济制度之下，对于民众来说，不啻是一件值得欢欣的事情。当然，笔者并不是要否认行政补偿与行政赔偿两者划分的意义，从行政诉讼与行政监督管理的角度来讲，两者的划分还是很有意义的。笔者只是想要强调：从国家弥补民众不当损失这个角度来看，补偿、赔偿界限之消弭，实是大势所趋。

2. 我国现行拆迁补偿的定性与立法趋势

（1）拆迁行为中的财产救济应当定性为补偿

国家为了公共利益而收回民众享有的土地使用权，通过必要的合法手段对居民房屋进行拆迁，并对居民进行适当的财产救济与补偿，就是本专题所要解决的拆迁补偿问题。虽然诚如前述，随着人权保障意识的不断增强，行政救济手段在理论和实践上都存在渐进融合的趋势，其背后呈现的私权保护理念，理应成为我们进行补偿研究，尤其是补偿制度设计中所追求的一个价值导向。但就当前的实际而言，我国还是遵循传统理论实行补偿与赔偿相区分的救济路径，那么，就拆迁方面，笔者认为，在本着救济为主、保障人权的认识前提下，拆迁过程中的国家填补损失行为，还是界定为补偿为宜。

首先，从起源来看，国家的拆迁行为起源于公益征收，其本身也是一种公益征收的手段。所谓公益征收，是指国家为了公共利益对特定人财产的所有权或使用权的强制剥夺。[①] 公益征收制度是西方传来的制度。从古

① 参见王锴《从赔偿与补偿的界限看我国〈国家赔偿法〉的修改方向》，《河南省政法管理干部学院学报》2005 年第 4 期。

至今，公益征收制度经历了萌芽、发展的一系列过程。在德国，公益征收制度经历了近代公益征收概念之形成、古典征收概念的兴起、魏玛时代“扩张的征收概念”，最终至德国基本法中确立了征收概念。其间又包括德国统一以前各邦国的立法实践，统一以后帝国法院、德国联邦宪法法院、联邦最高普通法院、联邦最高行政法院对该制度的阐释和补充，而及于完备，并对世界各国特别是大陆法系国家相关法律制度的发展产生了深远影响。[①] 公益征收制度是对财产权绝对保护的一种突破，认为国家在基于公共利益的原因下可以对民众的财产予以剥夺，是对“私人财产神圣不可侵犯”原则的一种修正；但同时，公益征收也体现着或者说依旧保留着国家对于民众私有财产的尊重，因为这种公益征收与封建时代的横征暴敛不同，其正当性来源只能是基于公共利益的需要，另外最重要的一点就是国家必须给予相对人一定的补偿。拆迁行为，如前分析，其本质也是一种公益征收的手段，因此，国家对于相对人的财产缺失之填补也应属于补偿的范畴，这与制度发展的历史沿革是一脉相承的。

其次，从法理来看，拆迁行为是为了公共利益而为，以特定主体之特定牺牲为必需，则大众须为小众之牺牲为填补。根据社会契约理论，人民让渡部分权利于国家，使之为公共管理之职，国家即相当于为大众效力地为相关事务。当国家以公共利益为由对部分主体的财产进行征收时，其实是大众对小众的一种利益博弈，即为了全社会的利益而使部分主体利益受损。既然是为了全社会的利益，那么，所付出之代价也就应当由全社会分摊，盖计算行使之繁复困难，则由国家代为行使。由此可以看出，国家对于特定主体利益牺牲的财产救济，不是一种赔偿，而是一种补偿。其实质，并非是国家对于民众的一种补偿，而是全社会委托国家对特定主体的一种补偿，用以恢复少部分人利益受损的不平等状态。因此，行政补偿是宪法上平等原则的一种表现。[②] 它与基于政府违法行为而进行的赔偿还是不同的，其关键在于，从法理上来看，补偿是事先可以预见到不利益存在，但基于更大的社会公共利益，可以放弃这部分利益；而赔偿制度就完

① 王克稳等：《城市拆迁法律问题研究》，中国法制出版社，2007，第4～5页。

② 王锴：《从赔偿与补偿的界限看我国〈国家赔偿法〉的修改方向》，《河南省政法管理干部学院学报》2005年第4期。

全是计划外的不利益，仅在发生之后可以进行及时的补救而已。基于此，拆迁中的国家对相对人的利益填补，应当属于补偿的概念范畴。

最后，从我国的立法与司法实践来看，补偿制度的采用更加能够保障相对人的合法权益，与行政救济的宗旨更加契合。我国的行政赔偿制度主要是依据《中华人民共和国国家赔偿法》构建的，依其要旨，行政机关及其公务员行使职权时侵犯受害人的人身权和财产权，受害人有权请求国家赔偿。而对于下列情形之一的，国家不承担赔偿责任：①行政机关工作人员行使与职权无关的个人行为；②因公民、法人和其他组织自己的行为致使损害发生的；③法律规定的其他情形。[①] 另外，在我国，对于国家行为、抽象行政行为、内部行政行为，相对人都无法通过《国家赔偿法》得到相应的救济，只能通过补偿的方式得到救济。因此，从我国立法的实际来看，对处于弱势的拆迁相对人来讲，拆迁决定的作出，拆迁中行政人员的违法或不当行为，都无法得到高效率并合适的国家赔偿，这并非是行政赔偿制度的问题，而是我国法制现状的尴尬；而与此同时，不当拆迁决定的作出与拆迁人员私自的违法或不当行为，正是不当拆迁中饱受民众与社会诟病的两大毒瘤，如何根治这一社会顽症，当然是需要整个法治进程的推进与民众自主意识的觉醒来实现，但就从国家填补不利益这一块来讲，行政补偿在当代中国，应当担负起更重的社会与法律义务。

因此，综上，对于中国当代的拆迁问题，其国家救济措施，最起码从相对人权益保障的角度来讲，界定为补偿更为合适。而从新近颁布的拆迁条例的标题以及具体条文中所频繁使用的“征收与补偿”字眼上看，就可以清楚地看到该条例也采纳了这一定位。

（2）拆迁补偿的立法前瞻

在我国，目前尚没有一部统一的行政补偿法。对于相对人的救济，一般散见于单行的法律、法规之中。那么，究竟有没有必要制定一部完整的行政补偿法，抑或是制定出诸如拆迁补偿法、征收补偿法等单行的具有针对性的补偿法律、条例呢？此外，正如前文所述，在补偿、赔偿界限日渐模糊的今天，在我国已经存在《国家赔偿法》的今天，是否有必要再制定一部国家补偿法呢？

---

① 参见《中华人民共和国国家赔偿法》。

2004年，十届全国人大二次会议通过了宪法修正案，将原有的《宪法》第10条第3款修改为“国家为了公共利益的需要，可以依照法律规定对土地实行征收或者征用并给予补偿”。第一次从宪法角度对行政补偿作出了规定，使得民众的补偿权利获得了宪法保护。这一定程度上对保障民权起到了积极作用，但与西方各国以及真正人权保障的要求相比较而言，我国的行政补偿法律制度尚有可以提高的空间。

首先，尽管在宪法上规定了公民依法有获得补偿的权利，但是没有宪法上的制度保障。当今法治各国的普遍做法，都是对于征收补偿给予高度的认知与重视，如美国《权利法案》第5条规定：“……人民私有财产，如无合理补偿，不得被征为公用。”日本1946年《宪法》第29条第3款规定：“私有财产在正当补偿下得收为公用”，因此，我国也应当在《宪法》第10条第3款后再补充加上“非经合理补偿与合法程序不得进行征收”的“唇齿条款”。这样，不仅民众的补偿权利可以得到宪法的保障，也可以为具体规定补偿的专门法律提供宪法依据。

其次，没有一部统一的国家补偿法，只有零落的条文制度对补偿作出规定，造成补偿范围、方式、原则的不统一。不同于《国家赔偿法》的存在，我国至今没有一部涵盖统一补偿制度的部门法律，导致整个补偿领域较为混乱，诸如《土地管理法》、《城市房地产管理法》、《城市私有房屋管理条例》，分别规定了不同的补偿方式与补偿原则。[①] 不仅如此，有的征收“法律”还把补偿原则问题交给其他制度来规定，如《国防交通条例》规定征收补偿“按照国家有关的规定执行”。这样，我国就出现了在行政补偿方面“百花争鸣”的尴尬局面，不但各种补偿原则与方式层出不穷造成补偿执行的困难，更为严重的是，不严谨的补偿立法给行政机关补偿不力提供了借口与理由，使得民众的合法补偿权益得不到真正的落实与保障。

前面曾提到，补偿制度的构建目的就是为了填补民众的特别牺牲，用以保障民众的基本人权和合法权益。但美好目的的实现不是“空中楼阁”，它需要完善而严谨的制度来保证实现。对于行政补偿制度的立法方式，有以下两个问题需要解决：第一，是统一立法还是分散立法；第二，与《国家赔偿法》之间的关系。

---

① 参见周佑勇、张向东《论公益征收的补偿原则》，《法商研究》1996年第5期。

第一个问题，笔者认为我国需要一部统一专门的国家补偿法律来进行规制。诚如前述，我国目前的国家补偿法律凌乱而不统一，造成补偿实现的困难；分散立法原本也是存在积极价值的，就是可以针对不同的行政行为在不同的情况下作出合适的补偿，用以调整统一立法的僵硬的原则性，使得“个案正义”得到最大程度的实现。但遗憾的是，就目前的立法实践来看，我国之所以出现不同情况下由不同补偿制度规制，完全不是出于立法特殊化、精致化的考虑，而是我国立法布局不严谨、不同时期立法不呼应的立法瑕疵造成的，正是因为这样，才会导致“在行政补偿领域，各层次的规范性文件乃至县、乡一级都可以设定补偿标准的奇怪现象”。[①] 这种状况所造成的法条林立、原则漫天，对于民众利益的保障与补偿目的的实现是没有益处的。因此，制定一部统一的规定国家补偿制度的法律很有必要，最起码，要对补偿制度的基本原则、范围、方式有一个概括而可操作的规定。

第二个问题，关于和国家赔偿立法之间的关系。在2004年补偿制度进入宪法修正案时起，就有学者提出要制定一部统一的《国家补偿法》与《国家赔偿法》相互呼应。但对于两者之间的关系，学者们提出了不同的制定思路：一种是单独制定一部国家补偿法，一种是在国家赔偿法下单设一章国家补偿制度。此外，通过对于国外学者著作的分析，我们还可以得到别的立法思路，如日本学者室井力的做法是在“国家补偿”一章下统摄“损失补偿”和“国家赔偿”两节。他的解释是：国家补偿是指国家或地方公共团体的活动对国民造成的损害或损失所给予补偿的制度的总称，它基本上由损失补偿和国家赔偿制度构成。[②] 另一位日本学者和田英夫的观点也是在“国家补偿”一章下统摄“国家赔偿”和“损失补偿”两节，他认为，近代自由主义的法治国家的传统学说根据造成损害发生的行为，划分出基于违法行为的损害赔偿和基于合法行为的损失补偿两种类型。[③] 综上，我们可以看到，对于补偿与赔偿立法的思路不外乎分别进行立法与一方涵盖另一方两种。对此，笔者认为，这两种立法思路主要还是从行政

---

① 参见周佑勇、张向东《论公益征收的补偿原则》，《法商研究》1996年第5期。

② 〔日〕室井力主编《日本现代行政法》，吴微译，中国政法大学出版社，1995，第190页。

③ 转引自王锴《从赔偿与补偿的界限看我国〈国家赔偿法〉的修改方向》，《河南省政法管理干部学院学报》2005年第4期。

主体行为的角度出发，其理论基础仍然未能跳出“行为违法说”的窠臼。前面提到，随着人权保障意识的不断增强，补偿与赔偿制度的界限也正在日渐消弭，对于相对人来说，补偿也好，赔偿也罢，其实都是其在合法利益受损之后获得国家救济的手段。名谓的不同，意义并不是十分巨大。基于此，笔者认为，国家对于民众合法利益受损的一种填补行为，称为补偿或是赔偿只是各国渊源与习惯的不同，在当今的补偿赔偿一体化的趋势下，严格区分并无多大实际意义。尤其是在行政补偿与行政赔偿急剧扩张的现代，如果再对补偿与赔偿作出刻板僵硬的区分，对于民众的认知能力不啻是一种错误的高估。因此，笔者赞同日本学者和田英夫的观点，“现代社会福利国家的行政机能的不断扩大和复杂化，消解了上述差别显著的（补偿与赔偿的）二元方式，要求将填补被害者的损害置于社会公平负担的原则上，在包含结果责任和危险责任的一元的国家补偿体系下，以新的观点重建理论，并进一步实现立法统一化”。① 在这样的认知下，“确立一个名曰‘国家责任法’的统一法典也许是真正的需要”。② 否则，无论是将补偿归入赔偿，还是将赔偿归入补偿，都难逃对于两者区别限制的名称思考，也许，另立一个合适的称谓是目前解决名实之争最好的方法了。在国家责任法的统一涵摄下，基本宗旨是保障民众的基本人权与合法权益，模糊国家行为的合法与违法，重点着眼于民众的财产与利益损失，对民众的救济方式、范围、原则、程序作出统一的规制，最大程度地保障民众的合法利益。

（二）拆迁补偿：与侵权责任的竞合？

1. 对侵权责任法之侵权构成要件的分析

国家基于公共利益对相对人的土地进行征收，并对相对人的原有房屋进行破坏拆毁，从行政行为的角度来看，应当通过行政补偿制度来进行救济；但跳出行政法领域的限制，从民法角度来看，拆迁过程中是否可能存在侵权呢？从侵权法理的角度来看，应该存在侵权的可能。从以往拆迁的案例来看，更是给人一种侵权的直观感受：难以想象，若是一种合法的公

---

① 〔日〕和田英夫：《现代行政法》，倪健民、潘世圣译，中国广播电视出版社，1993，第282～283页。

② 〔日〕和田英夫：《现代行政法》，倪健民、潘世圣译，中国广播电视出版社，1993，第284页。

益征收，又怎会存在以死抗争拒绝拆迁的民众；若是一种救济合理的补偿，又怎会导致民众与政府的矛盾不断激化；若是一种正常的行政行为，又怎会是政府强拆成风、百姓怨声载道的不堪局面。这一切的社会现状，不只是让法界诸人，甚至是让怀有一颗朴素法律之心、正义之道的普通民众产生疑问，拆迁行为中真的没有侵权行为的存在吗？行政行为就当然的不能适用民事制度来救济吗？

侵权责任一般是指在民事关系中，一方基于过错的行为给另一方的合法权益造成损害，依法应当给予对方损害赔偿的一种责任。要在拆迁行为中适用侵权责任，有如下几个问题必须解决：第一，一般来讲，正常的拆迁行为属于宪法规定的公益征收，是一种合法行为，是否可以适用侵权责任？第二，拆迁行为是一种国家政府行为，其执行主体是国家与政府，对侵权责任来说其主体是否适格？第三，一般侵权责任要求行为人存在过错，国家的征收拆迁行为是否存在过错，过错的认定是属于国家过错还是公务人员过错？第四，纵然拆迁行为符合侵权行为的构成，那么此侵权责任与国家的补偿责任之关系如何解决，是两者并存还是择一而决？若是后者，选择权又在于谁，是相对人、政府，抑或是法院？笔者认为，这几个问题属于拆迁行为侵权认定的关键问题，必须详加分析以获得解决。

2009 年 12 月 26 日，第十一届全国人民代表大会常务委员会第十一次会议通过了《中华人民共和国侵权责任法》，将侵权责任从《民法通则》中独立出来加以规制，这是我国第一部独立规范侵权责任的部门法律。在这部实体法中，对于侵权构成的一些要件作出了规定，对于上述问题的探讨与解决，有着实体法上的理论与实践意义。

《侵权责任法》第 2 条第 1 款规定："侵害民事权利，应当依照本法承担侵权责任。"基于这个条款，我们可以认识到，就《侵权责任法》的认定来看，只要是侵害民事权利，不论是合法行为，还是违法行为，都要承担相应的民事责任，这一责任是由民事主体的合法权益受损决定的，而并不是由行为的违法或是合法性质决定的。由此我们可以看出，类似于前文所分析的补偿与赔偿日渐消弭的趋势，我国的侵权责任立法也日渐趋向于对损害结果的关注，而不再是仅仅局限于对行为本身性质的分析，这也是我国乃至全世界人权保障趋势下的立法要求。

《侵权责任法》第 2 条第 2 款规定："本法所称民事权益，包括……所有权、用益物权……等人身、财产权益。”拆迁行为包括国家对于土地使用权[①]的征收和对于房屋的拆毁，在这个过程中必然涉及所有权、用益物权或者其他合法权益的处理甚至是侵害。而基于这个条款，我们可以看到，拆迁行为所涉及的所有权、用益物权等合法权益是受到《侵权责任法》保护的，是存在适用实体法的条件的。

《侵权责任法》第 4 条第 1 款规定：“侵权人因同一行为应当承担行政责任或者刑事责任的，不影响依法承担侵权责任。”由此可知，即使在拆迁中，国家承担行政责任时，只要构成侵权责任之构成要件，依旧要承担民事侵权责任。问题在于，这里的“行政责任”是否包括行政补偿责任。毋庸置疑，行政赔偿责任必然是属于本条款所述的“行政责任”，但行政补偿责任是否属于这里所说的“行政责任”呢？对于行政补偿责任，行政法学界历来认为是一种“基于社会平等负担为基础的国家责任”，[②] 但这种国家责任是否是“行政责任”呢？行政法学界对于行政责任的构成有诸多学说，[③] 但综合来看，行政责任[④]都是要求行政违法或行政不当所引起的法律后果。从这个角度来看，似乎行政补偿责任是不能作为“行政责任”来认知的。笔者这里无意对《侵权责任法》这一条款进行学理上的详尽分析，只是想对于政府或国家侵权责任与行政补偿责任的关系予以廓清。笔者认为，既然从行政责任的字面无法对行政补偿责任的归属作出明确界定，不如跳出这一概念的樊篱，从另一个角度来进行分析：从立法意图的角度来分析，即使行政补偿不属《侵权责任法》第 4 条第 1 款所规定的“行政责任”范畴，即本条款之“行政责任”仅指行政赔偿的话，在这种相对人已经获得行政赔偿救济的情况下，法律依旧给予相对人侵权赔偿的救济，可见，在人权保障的认知下，国家对于公民财产权的保护是不遗余力的。在已经存在国家赔偿救济的情况下，相对人尚可以获得侵权赔偿的

① 对于城市居民来说就是建设用地使用权。

② 张正钊主编《行政法与行政诉讼法》，中国人民大学出版社，2008，第 3 版，第 358 页。

③ 参见许崇德、皮纯协主编《新中国行政法学研究综述（1949～1990）》，法律出版社，1991，第 524～527 页。

④ 需要注意，行政责任从广义上说，有学者认为应当包括行政相对人的责任，但这里笔者探讨的是行政主体在拆迁时行政补偿责任与行政责任的关系，故只考虑以行政主体为责任主体的行政责任学说。

救济，那么，举重以明轻，在仅获得国家补偿的情况下，为何侵权制度无法适用呢？另外，从制度冲突的角度来看，即使在存在国家赔偿或者行政赔偿的前提下，侵权制度依旧可以适用，那么，在仅有行政补偿制度下，侵权制度也应该当然的可以适用。

《侵权责任法》第34条第1款规定："用人单位的工作人员因执行工作任务造成他人损害的，由用人单位承担侵权责任。"这里规定了用人单位可以成为民事侵权责任的主体，从而不受到侵权主体的资格限制。但究竟国家与政府是否可以成为侵权责任的主体，其成为侵权主体的依据何在，《侵权责任法》中并未作更多的交代。

从实体法角度看，我国的《侵权责任法》对于侵权行为合法性的要求、资格主体的要求，以及对其与行政责任之竞合方面都已经有所涉及，但对于某些细节方面却语焉不详，难以得出肯定的结论。笔者认为，单从实体法的角度也许是难以获得准确的论断的，更多的方面，也许我们可以通过对国家侵权理论方面的分析而有所获益。但在那之前，笔者想要再指出一点，那就是对于实体法名称的问题。众所周知，在民事侵权立法中，历来有主张以"侵权行为"与"侵权责任"命名的两种流派，其间差别深幽精邃，笔者不想作过多的分析，但单从二者名称差别的角度来看，我们可以看出二者对于立法关注角度的不同："侵权行为"更多关注的是侵权行为的主体是否构成侵权之要件；"侵权责任"则更多地关注侵权者对于受害人的救济责任以及对于受害人的权益保护。两者孰优孰劣，笔者不作评价，只是认为，在理解实体法模糊点的时候，立法者关注的角度与潜在的立法意图，也许就隐藏在法条命名之中，这不仅对于我们理解法条有所帮助，对于我们上述的核心问题解决也不无裨益。

2. 国家行为承责学说

前面曾提到，单从实体法的角度分析，我们是难以得到完整的结论的，想要更进一步了解，就必须从国家赔偿[①]的理论来作分析。关于国家承责，学界主要有三种学说。

第一，国家无责任说。这个理论的存在有两个基础：一是委托责任理

① 须注意，这里所指的国家赔偿是就广义上来讲的，是指包括行政赔偿与民事赔偿在内的一种国家赔偿，即是国家基于其行为（包括民事和刑事）而对公民作出救济填补之制度。

论；二是“国王不能为非”理论。在这个理论体系框架下，国家接受民众的权利让渡管理国家，但国家毕竟只是一个政治民主的虚拟实体，其本身难以直接对国家进行管理。所以，国家需要委托公务人员对公共事务进行管理，因而国家与公务人员的关系是属于委托关系。在委托责任理论中存在着两种归责方式：受托人在委托范围内所为行为，其效果当然的属于委托人；但受托人在委托范围之外所为行为，其效果由自己承担。又基于“国王不能为非”的原则，国家是不可能要求公务人员侵害公民权利的，因此，国家所为侵害公民权利之行为其赔偿责任当然的由公务人员承担，而此时公务人员所承担的也就不是行政责任，而是私法上的侵权责任，国家不应当承担任何责任，此之谓国家无责任说。

第二，国家代位责任说。国家无责任说将国家撇清在侵权责任之外，让公务人员承担巨大的行政风险，不但对于公务人员不公平，对于受损民众的救济也不够有力。因此，逐渐发展出了一种新的学说：国家代位责任说。国家代位责任要求国家基于公务人员的职务行为造成的损害先行进行赔偿，事后再向公务人员追偿。这种学说在一定程度上解决了对于受损民众救济困难的问题，但是依旧没有解决对于公务人员不公处理的问题。盖行政行为本就对于效率有着极高的要求，在某种意义上效率甚至是最高之标准，在这种高效率要求下，又对公务人员课以如此重责，很难想象这对于公务人员的积极性会是多大的打击，在动辄得咎的心态下，行政机关的办事效率也就可想而知。另外，即使是在对于受损民众方面，国家代位责任说也依旧存在不小的问题。因为国家代位责任说依旧是以公务人员承担责任为基础的，国家只是先行代为承担，而要求公务人员的责任成立，就基础的私法原理来讲，依旧要求其存在过错，在过错的举证上就存在着大量导致受损民众难以获得救济的情况，主要表现为：其一，要让受害人承担公务人员存在过错的举证责任是非常困难的，而且也是不公平的。其二，有的时候，实施加害行为的公务人员也许并未出现，受害人无法指明。其三，对于那些不存在公务人员过错但的确带来损害的行为，受害人只能忍受，这显然也是不公平的。[①]

---

① 王锴：《从赔偿与补偿的界限看我国〈国家赔偿法〉的修改方向》，《河南省政法管理干部学院学报》2005 年第 4 期。

第三，国家自己责任说。基于上述两种学说的保护力度不足，学界又发展出一种新的国家责任学说，即国家自己责任说。这一学说认为，国家对于自己选任之公务人员负有保证其合法合理执行公务之义务，是故当公务人员在执行公务之时侵害公民权益，由国家直接承担责任，向民众作出救济。从对于民众的保护力度来讲，国家自己责任说无疑是最为有力的，但各国对于该说的应用极为谨慎，目前一般仅在公共设施瑕疵造成损害方面有所应用。[①] 究其原因，有学者认为是基于国家财政的考虑，[②] 因为这样会给国家带来大量的赔偿支出，有学者认为这是为了与其现行立法制度相吻合，因为其现行立法上都将公务人员之过错作为构成国家赔偿之要件。笔者认为这种观点可能陷入理论迁就实践的尴尬，不利于呼应人权保障的趋势。但无论如何，各国目前仍以“国家代位责任说”为通说。

明显的，国家自己责任对于民众的权益保护最为周延，这主要是从救济的便利性和赔偿主体的赔偿能力来说的。但一种制度的价值并不能从其单一的积极性中获得，而法律也从来不是一个独立的社会制度，它需要与各种各样的社会制度与元素相互协调统一才可能完成。笔者认为，国家自己责任理论是发展的必然趋势，这一点毋庸置疑，但究竟是否应当立即适用，全面适用，还是一个未知数。各国并未普遍采取国家自己责任说不是没有理由的，因为在一个不成熟的社会环境中一个折中的制度也许可以起到比最为完善的制度更加有效的社会效果。有学者就认为代位责任论是一方面国家责任论否定论的存在和另一方面为提高受害者保护实效性的需要之间妥协的产物。[③] 基于此，笔者认为，在法治发展的道路上，并没有绝对至高的价值，因为随着时代的不断发展与人类认识的不断进步，民众与社会的需求也会不断地改变，在这样的历史观认知下，笔者认为，需要对拆迁制度这一具体社会问题作切实的制度分析，以期获得其救济性质与救济手段取舍的答案。当然，这也是在理论分析的基础与指引之下进行的。

3. 拆迁中救济制度的合理构造

拆迁行为中存在着多种不同的法律关系，有民事的，也有行政的，也

---

① 如日本《国家赔偿法》第 2 条、我国台湾地区赔偿法第 3 条第 1 款。

② 参见〔德〕哈特穆特·毛雷尔《行政法学总论》，高家伟译，法律出版社，2000，第 801 页。

③ 〔日〕盐野宏：《行政法》，杨建顺译，法律出版社，1999，第 453 页。

有纯粹的事实行为[①]，在实际的拆迁操作中，必定会存在着种种的矛盾与问题。最起码从以往的案例来看，民众权利不受保护的现状比比皆是，在民众的朴素观念看来，拆迁已经被广泛地认知为一种极度暴力与强权的政府不当行为。从拆迁基于公共利益的初衷来看，着实令人觉得讽刺。

政府基于公共利益征收民众的土地使用权，消灭住户的房屋及地上建筑、养殖物之所有权，并通过拆毁房屋等行为清理被征收土地，其中的每种行为都可能导致民众的合法权益遭受牺牲或者侵害。对于政府或者学界来说，可以慢条斯理地从民事角度与行政角度对这一系列行为作精细的分析与定性，从客观上讲，这也确实有利于制度的不断建设，与问责机制的精化；但从民众的角度来看，从保障人权的宗旨来讲，相对人所关注的绝对不是自己受到的是何种政府行为之定性，他们最关注的永远只有两点：如何获得救济与能够获得多少救济。其他的一系列学术分析与手段定性，对于百姓来讲，并无太大价值，起码从个案的现实层面来说，毫无价值。基于此，笔者认为，本着救济的目的，应当对于百姓的救济渠道予以保障和加强，就拆迁行为来看，应当是行政补偿与民事侵权行为并存[②]之救济手段，以实现民众权利之周延保障。

从立法先例来看，法律也并不排斥多种救济途径并存。以民法为例，最为典型的就是合同法中对于侵权责任与违约责任的竞合，依我国实体法，当一方既构成违约又构成侵权时，另一方就获得了违约之诉与侵权之诉的选择权。当事人可以选择最有利于己方救济的方式来进行诉讼，从而获得最大的救济；不只是民法的部门法之间，诚如前文所述，在《侵权责任法》之中，就有规定行政责任与刑事责任不影响侵权责任之承担；另外，在刑事诉讼中，也有民事责任与刑事责任可以并存的相关规定。可见，在我国的司法实践中，早就存在了跨法救济的相关途径，用以保护不同的法律关系与法益，哪怕救济针对的是同一行为。

基于此，笔者认为对于拆迁行为中民众合法权益的保护，哪怕想得再详尽也不为过，因为，在一个原本崇尚公有、重公轻私的政治与法制环境

---

① 如政府的具体拆毁房屋行为。

② 须注意，笔者这里针对的是政府的合法征收与拆迁行为，若是在过程中出现政府或公务人员违法行为侵犯民众权益，则自然启动行政赔偿与民事侵权制度，相应的权利救济，会在后文提到。

下，普通民众所能实际获得的救济途径与方法实在是太少了。有学者认为，在多重救济途径的基础下，民众可能会基于侵害行为获益，例如基于拆迁行为获得大量的补偿而暴富。这里笔者倒想质疑一句，究竟是民众通过救济获益的情况更多，还是政府基于征收获益的情况更多？更何况退一万步讲，即使在立法中存在政府通过征收获益或者民众通过征收获益的两难局面，我们也应当坚定不移地选择后者，因为在人权保障明显薄弱的中国，即使矫枉过正，民众的基本权益也才有可能获得最基本保证，更遑论通过征收行为获益了。更何况，就是从法理分析来看，通过前文的分析，我们也可以看到，民众获得法律救济的各种途径与手段都是于法有据的，并非人为主观臆断，在符合各种救济要件之要求下，获得多种的救济途径，也未尝不可。

（三）小结

其实，从国外历史上的一些立法来看，无论是对于补偿赔偿之划分，还是对于行政补偿与民事侵权之划分，其界限都曾经模糊过，立法者会更加关注对于民众损失的弥补，而并不过分在意造成行为的性质。早在 1749 年，德国普鲁士邦国颁布了《普鲁士一般邦法》，其中规定的征收补偿包括被征收物的通常价值和特别价值，这种规定表明，“征收补偿和侵权行为的补偿没有什么差别，即公民遭到公权力的损害时应补偿任何损失。”① 因此，笔者认为，无论是行政补偿还是行政赔偿，无论是行政救济还是民事救济，在目前看来，其宗旨必须是为了保障民众合法权益而服务的。立足于这个基准点，我们就可以从一个全新的角度来观察与认识这些不同的救济制度，并宽容地对待其交叉重复的地方。毕竟，在一个民众权利保障不够完善的国度，在救济执行难以得到完全而合理的实现的前提下，采用立法多重保护的手段进行救济，也算是我们力所能及的努力。因此，从民权角度扩充救济机制，不拘泥于救济之方式与要件，更多地关注民众之需求与权益，应当是我们目前对于拆迁救济制度构建的基本态度了。

颇值欣慰的是：关于拆迁补偿问题新拆迁条例设置了 13 个条文，就补偿范围、补偿方式、补偿标准等内容进行了较为具体的规定。而且从条文

① 邓志宏：《德国公用征收补偿制度对中国的启示》，《社科纵横》2008 年 8 月。

内容可以看出无论从立法的理念、目的还是从技术角度看，较以往的拆迁制度都有了明显的突破。但它也留下了许多不确定性因素，或许需要待日后另行规定，如第 18 条规定住房保障之具体办法“由省、自治区、直辖市制定”；第 19 条规定房屋征收评估办法“由国务院住房城乡建设主管部门制定”；第 20 条规定房地产价格评估机构协商不成情况下的选定办法“具体办法由省、自治区、直辖市制定”；等等。可以说，这种“留白”性条款不仅有可能对拆迁制度价值的实现留下隐患，也从另一个侧面体现了我国现有行政补偿法律制度方面的不足。我们这里关于补偿立法的研究或能为日后弥补这种不足提供一种思路。

三 拆迁补偿的具体范围与实现方式

（一）确定补偿范围的基本思路

对于民众来说，好的生活状态是自己对于所生活的时代的基本评价标准，而好的生活状态并非是单纯地通过个人的努力就可以获得的，对于现代社会来讲，一个优良的制度环境也许比个人百年的努力更加重要。因此，民众积极地期许自己所在国度的政府能够为民谋利，在客观上使得民众可以过上物质富足与精神充实的生活，这基本上也构成了一代代志士仁人所不断努力的目标。

好的生活状态也就是一般意义上的幸福，应当由物质富足与精神充足所构成，两者缺一不可，很难想象民众可以通过单一目的的实现来获得幸福。从不同的学科角度来看，幸福的定义也有不同，但从法哲学的角度来看，幸福是以前一个要素即物质富足为基础的，即使是精神充实，也需要民众对于自身财产的安全系数有所期望，对于自身财物的保护力度有所期许。而在现代社会，这一目标在法治理念下，就成了物权制度所要实现的目标。黑格尔曾经指出，“人之所以为人，就必须拥有所有权。人只有在（拥有）所有权之内，方可合乎理性”。① 现代法学认为人身权利依附于财产权利，也就是更加确定了对于财产权保护的重视，可以说人权保障最基

① 转引自陈新民《德国公法学基础理论》（下册），山东人民出版社，2001，第 405 页。

础也可以说是最重要的一点就是保护公民的财产权。财产权如此重要，从法治的角度来看，就体现在法律条文与司法实践上。

另外，对于民众的人身权利而言，财产权的保护也十分必要，因为正如前述，人身权利依附于财产权，一个心理健康的民众必然是对于其财产有着足够的安全预期的，就是因为有完善的制度与法律保证公民财产的良好存在与流转，公民之身心方可实现健康。可见，对民众财产权利之保护，对于民众之身心健康十分重要，对民众好的生活状态之实现也十分重要，从而也就必然事关一个国家的安定发展。古人云“有恒产者有恒心，若无恒产，因无恒心”，就是这个道理。因此，国家对于民众的财产权保护也就极有意义。

对于民众财产权的保护，最为常见的就是物权立法的保护，《物权法》的制定对于私有财产的确认和保护有着极为重要的意义。因为“物权尤其是所有权，对于社会大众而言，其作用并不只是财产权利，而且是具有重大人文价值的基本权利”。① 物权立法之于社会民众财产权之意义尤为重大，对于民众而言它不仅为财产权提供一种制度上的保护，更为重要的是，物权立法的存在，代表着国家对于民众私权的一种尊重态度，从某种意义上说，态度的宣示有时更重于保护本身。

立法彰显其价值取向之后，接下来要考虑的就是权利的切实保障问题。要想对民众的财产权进行合理的保护，就必须对民众应受保护的财产权进行确认。一般来讲，这一任务主要是经由法律来完成的，被法律确认的财产权利为法定财产权，又可称为财产权利；另外，未被法律所明文规定，但依据法理、公序良俗或立法解释应当或事实上已经予以保护的财产权为事实财产权，又可称为财产权益。② 对于法定财产权的保护毋庸置疑，列表式的法条措辞与条文中关于法律后果的规定，都将民众权利牢固地包裹其内，当然其缺点也是显而易见的——这一般也是实体法所固有的缺点——灵活性与周延性的丧失。对于民众来说，这意味着新兴但合理的权利无法得到保护；对于国家而言，这就意味着对于民众非法定财产权的忽

① 孙宪忠语，参见孙宪忠《中国物权法总论》，法律出版社，2009，第2页。

② 此处两种财产权的划分是参考了孙宪忠《论法律物权和事实物权的区分》一文。但笔者的划分依据与划分标准与原作者有所不同，笔者借用的是原作者的划分思路与冲突意识。当然，后续分析的思路与方法亦对前文有所借鉴。

视，哪怕这种权利合情合理。有趣的是，法定财产权的不足正好可以由事实财产权来填补，因为事实财产权的出现，从某种意义上正是由于法定财产权之不足造成的。在法律规定的“缝隙”中，依旧存在着合理性权利繁衍的空间，基于自然正义的法理，法律自然不能对其视而不见，起码不能够作出否定性的评价。

就法定财产权来讲，其在民众私权保护中的价值是明显的。首先，法律对于民众的财产进行了确认，这种确认具有两个目的，既是代表国家对这种权利予以肯定，同时又向社会宣示民众的该种权利是受法律保护，不受非法侵犯的；其次，国家对民众该种权利的保护具有了可操作性，法律的具体性和可操作性要求条文的细节性，也就是说，法定财产权的保护是具体的、可实现的，更准确地说，法定财产权在条文生效时，就已经可以被民众预见到将会受到怎样的保护；最后，法定财产权基于民众该项权利某种意义上的正当性或者说是正义性，民众的一项权益一旦被实体法明文规定保护，那么对于社会来讲，这项权利就是正当的，当事人就是正义地拥有该项财富，[①] 且具有类似要件的当事人也可以正当地拥有类似的标的物。

就事实财产权来讲，其对于民众私权保护的价值也是显而易见的。事实财产权主要保护的是法律未能明确规定，但于理于情或依据法理是应当保护的财产权。之所以没有在现行实体法中进行保护，主要有两方面的原因：一是由于立法者自身局限性，对一些细节未能详尽地考虑到；二是由于法律的滞后性，使得法律无法对于新兴的一些事物作出及时的规制，从而导致相应的民众的一些权利无法得到实体法的保护。

就两者的联系来看，一般来讲，法定财产权的保护是主流，也更加有力，而且，在法律即正义的潜台词下，用实体法来保护民众权利会更加“理直气壮”；但是，从另一个角度来看，事实财产权的存在又是不可避免的，因为人类的认知永远是局限的，法律永远是滞后的，而对于民众权利的保护又是永远不能停歇的，这样，事实财产权的存在也就永远有着现实

① 对于此点，“恶法亦法”的实证派学者们可能会颇有微词，但这里笔者只是揭示一个不完全归纳的社会现实：对于一般民众来讲，法律就是正义的代名词，起码要证明法律的非正义要比证明法律正义更加困难，也更加需要思维逆向。

性的意义。从某种角度来说，法治不断发展的过程就是事实财产权不断被确认为法定财产权的过程，基于法律即正义的观点，这也就是一个社会的公平与正义被不断具体化和实现的过程。

在拆迁过程中，民众的诸多权利，包括财产权、人身权等权利受到了一定程度的灭失或者损害，原先的生活状态发生了变化，而作为填补这种损失的补偿行为，其实质，就是使得民众因拆迁而受有损失的相关权利或权益得到合理而充分的填平，因此，民众接受补偿的范围应当以民众在拆迁前或者拆迁中的权利与权益为标准，其根本目的就是为了使民众的合法权利与权益得到最大限度的恢复或者补救。

在以往拆迁补偿的具体操作中，因为没有明确的补偿标准，而且缺乏合理的可操作性规则，法律明文规定的权利尚难得到有效保护，在实体法上没有明确规定的合法权益更是无从谈起。因此，为了增强补偿范围的明确性与具体补偿机制的可操作性，需要对补偿范围进行明确的界定。笔者认为，拆迁补偿的范围应当包括两个部分：一是，对民众明确的实体性权利之损失进行补偿，要对国家实体法中民众的基本权利进行梳理概括，使其在拆迁补偿范围的框架下成为标杆；二是，民众在实际生活中的自然状态下所拥有的合法利益，虽然并未为实体法所载，但在拆迁过程中也受到了一定程度的影响，使得民众的生活水平或生存状态发生了不良的改变，因此也应当纳入补偿范围之中。①

进行这项梳理的目的在于，让民众的实体权利及相关法益在拆迁补偿的框架下得以整合与统一，让民众的权利与权益在拆迁过程中得到合理的补偿，这个合理不仅是指方式与额度的合理，也是指补偿的有凭有据。

（二）补偿范围之实体性权利

1. 土地使用权

《中华人民共和国物权法》第 117 条规定：“用益物权人对他人所有的不动产或者动产，依法享有占有、使用和收益的权利。”

---

① 须注意，这里笔者所进行的梳理是以明确补偿范围为目的的，因此，所归纳的权利或者权益并非是民众在拆迁中的所有权利或权益，而是可以在拆迁补偿中被填补的权益和权益，但民众的权利或权益绝不止于此，其他的权利或权益也应当受到同等的保护与救济。

第120条规定："……所有权人不得干涉用益物权人行使权利。"

第135条规定："建设用地使用权人依法对国家所有的土地享有占有、使用和收益的权利，有权利用该土地建造建筑物、构筑物及其附属设施。"

第149条第1款规定："住宅建设用地使用权期间届满的，自动续期。"

基于上述规定，我们可以看出土地使用权是被拆迁方所拥有的两大基本权利之一。在我国，城市土地的所有权归于国家，公民仅享有土地使用权。笔者认为，对于该项权利的认识，最为关键的就是一个认识态度的问题。

首先，关于土地所有权的规定。我国是社会主义国家，土地实行国家所有的原则，个人无法拥有土地所有权。我国之所以要实行土地公有制，一是因为土地在社会政治、经济及文化生活中占有重要地位；二是因为我国现在土地尤其是耕地严重缺乏。对土地的使用作出严格规定，这是我国土地所有权制度的必然要求。[①] 但国家毕竟是一个虚拟的实体，其无法如同公民一般直接行使所有权的权能，更何况国家对于土地所有权的掌控，更多的是一种意识形态的需要，并非是国家需要对土地进行真实的占有、收益等。所以在"对土地的使用必须符合土地所有人——国家和集体经济组织的规定，尤其是要符合国家法律"的前提之下，允许民众享有土地使用权，也是对土地价值予以具体化实现的必然。但土地使用权依法取得之后，它便不再附属于土地所有权，而是一种独立存在的民事权利。在《民法通则》中，土地使用权与所有权一样是作为单独条文规定在《土地管理法》中，而且土地使用权与土地所有权是并列规定的。这也就是说，土地使用权虽然是从土地所有权中派生出来的，但它派生出来之后，则在法律上取得了与土地所有权平等的地位。只要享有使用权的法人和公民依法对土地进行合理利用，其权利就不受侵犯。[②] 其实，从《物权法》第149条第1款的"自动续期"规定就可以看出这一点。因此，不能因为民众对于土地没有完整的所有权，就认为其对于土地的权利是低一等的，从而忽视对于其的保护力度。笔者认为从事实角度来讲，民众对于其房屋下的土地

① 孙宪忠：《论我国的土地使用权》，《中国社会科学院研究生院学报》1987年第3期。

② 孙宪忠：《论我国的土地所有权》，《中国社会科学院研究生院学报》1987年第3期。

使用权之拥有，应当获得与所有权一样的重视程度。

其次，对于土地使用权的认识。从土地使用权的获得来看，“解放初期，在城市，是由于国家没收了官僚买办资产阶级的大地产和接收了旧国家政权的地产，直接交由新民主主义国家机关和国家所有的企事业直接使用；另外当时即已产生的“官地民房”的问题，也是城市土地使用权的例子”。[①] 民众最初的土地使用权获得是出于国家的给予和历史上的事实占有，国家之所以应当对于城市居民的土地使用权予以重点保护，是因为我国宪法与民事法律都承认公民私房所有权的存在，而公民获得私房所有权就必然要获得法律对于公民土地使用权的承认。因此，国家承认与保护民众的土地使用权，不仅是法理上权利群体系的必然要求，也是实践的客观需要。

土地使用权是享有独立民事主体资格的法人和公民，依照一定法律程序取得的利用国家或集体所有的土地的权利。土地使用权的设立，要履行必要的行政程序，要受行政法的调整。但这种权利在设立之后，却不是一种行政权利，而是一种比较充分独立的民事权利。因此，在拆迁补偿的范围内，对于收回的土地使用权之补偿显得尤为重要，可谓重中之重，在旧的“拆迁条例”中一般将补偿额度的确定依据仅限于房屋本身，从对应角度看来，似乎仅仅是对被毁房屋的补偿，其实这是有悖法理的。如上所述，正因为在我国实行的是国有土地所有权与使用权相分离的土地制度，按照我国《民法通则》和《物权法》的规定，土地使用权是一项独立的民事权利，是一种物权。在土地使用权存续期间，土地使用者在法律设定的权利范围内，还可以享有转让权、抵押权等权利。因而土地使用权在我国从很大程度上来说具有与土地所有权相平等的价值权能。故国有土地使用权理应涵盖在拆迁补偿的范围之内，而且应当构成补偿的主要对象。但遗憾的是，新拆迁条例未对此作出明确的规定。该条例第 13 条第 3 款仅规定“房屋被依法征收的，国有土地使用权同时收回”，但对如何收回、收回后是否需要给予补偿等关键性的问题，却只字未提；而且从条例第 17 条关于补偿范围的罗列中，也未能看到我们一直期待的“土地使用权”。

2. 房屋及附属物所有权

《中华人民共和国民法通则》第 75 条第 1 款规定：“公民的个人财产，

---

① 孙宪忠：《论我国的土地所有权》，《中国社会科学院研究生院学报》1987 年第 3 期。

包括公民的合法收入、房屋、储蓄、生活用品、文物、图书资料、林木、牲畜和法律允许公民所有的生产资料以及其他合法财产。”第2款规定：“公民的合法财产受法律保护，禁止任何组织或者个人侵占、哄抢、破坏或者非法查封、扣押、冻结、没收。”

《中华人民共和国物权法》第39条规定：“所有权人对自己的不动产或者动产，依法享有占有、使用、收益和处分的权利。”

第64条规定：“私人对其合法的收入、房屋、生活用品、生产工具、原材料等不动产和动产享有所有权。”

第66条规定：“私人的合法财产受法律保护，禁止任何单位和个人侵占、哄抢、破坏。”

现有立法表明，房屋所有权亦是被拆迁方所拥有的两大基本权利之一。国家对于民众私人所有权的尊重与保护已经在前述法条中有所展现。所有权是最为圆满完整的物权，因而也备受法学家们的推崇。在拆迁活动中，政府基于公共利益收回土地使用权，并对民众的房屋所有权进行灭失处理。从上述其他专题的论证中，我们不难发现基于公共利益的需要，使得民众的房屋所有权得以合法地灭失，具有其内在的合理性。但必须要注意，承认了征收行为的合法性，绝对不意味着民众的房屋所有权不受保护了，只是因为在两种权利价值难以并存的时候，政府与法律所作出的一种不得已的决定，在某种意义上说，这种行为应该得到合理的限缩，因为它毕竟损害了少部分人的利益。从更彻底的角度上来讲，正是因为国家对于民众权利的重视，才会有政府征收行为的存在，正是为了更大的民众利益的实现，政府才有正当性对少部分民众的合法权益进行收回。但无论何时，政府征收行为的正当性都没有理由成为否认民众房屋财产权保护的依据，而使得征收正当性得以实现的必备要件就是合理补偿，因此，民众房屋所有权就理所应当的纳入拆迁补偿范围之中。

另外，附属物①所有权的保护也是拆迁中必须考虑的问题。无论是原来的《城市房屋拆迁管理条例》，还是《国有土地上房屋征收与补偿条例（征求意见稿）》，都有强制拆迁制度的存在，对于公益征收来说，基于社

① 这里所谓的附属物，是指在民众所有的拆迁中所必然涉及的土地与房屋之外的物，如地上植物、附着物、屋内家具等。

会公益与行政效率价值的要求，尽管强制拆迁并非被称道的行为，但依旧存在适用的法理依据。但赋予政府在强制拆迁权力的上述两条例都没有明确具体规定如何强制，更没有涉及对民众附属财产予以保护的条文。但在大量的执法实践中，常常遇到执法人员在强制拆迁中对于民众家中财产予以破坏的情况，在推土机下，民众的合法财物伴随着房屋灰飞烟灭，而民众却求告无门。我们不禁要产生疑问，究竟政府是否具有消灭民众房屋附属物的权力呢？若是依照公益征收的原理，基于公共利益可以对于民众财产权予以征收，但这种公益行为是否可以无止境地扩张呢，是否只要在公益征收的大义之下就可以肆无忌惮地破坏呢？马丁·路德·金曾经言道，手段代表了进行之中的目的，人们无法通过邪恶的手段来达到美好的目的。很难想象，在一片狼藉与哀叹声中升腾起的会是所谓的公益。悉数各个法条规章，都没有对拆迁中民众附属物所有权合法利益的直接保护之规定，因此，民众就陷入了如下一个尴尬的境地：附属物在强制拆迁中被破坏或遗弃，但由于其不属于征收的明确标的，因而无法获得补偿。

基于此，笔者认为，对于民众房屋附属物的保护与补偿实属必要，但在被拆房屋的补偿上，新拆迁条例第 17 条仅将被征收房屋的价值列入补偿范围之类，对房屋附属物等却未有涉及，但这点或有可能通过扩大关于“被征收房屋的价值”的解释予以解决。这一点需要在日后的实施细则中予以必要的重视。结合前文关于国家补偿与侵权责任的分析，笔者认为，在目前对于房屋附属物所有权补偿救济不足的情况下，通过国家赔偿（公务人员违法）或者侵权（公务人员未违法）救济来进行保障也许尚有可为。

3. 其他使用权人的相关权益

在物权高度剥离的现代，房屋的所有权人与房屋实际使用人很可能并不相同，甚至存在所有权人一直不使用房屋，或者购买房屋就是用以出租的现象：在现实生活中，单位，尤其是国家机关的住房以低价租赁给员工作为员工宿舍的现象实属普遍；另外，城市住户拥有两三套房产，将其中的一些房产专门作出租之用的现象也是屡见不鲜。在这些情况下，拆迁所涉及的，不仅仅是房屋所有人的利益，从某种角度上说，承租人的利益的相关性显得更加重要。

但在相关的法例中，包括各城市的房屋拆迁管理条例之中，对于补偿对象的规定大都仅限于被征收人或被拆迁人，也就是房屋所有权人，对于房屋的实际使用人的权益鲜少关注。即使有所提及，也是从承租人在拆迁中的相关利益或相关不便出发，给予其一定的便利或者为维护其基本居住生计而进行的一种救济。例如《北京市城市房屋拆迁管理办法》中的第26条、第27条、第28条[①]就对于私人或者公有住房作为出租房的情况作出了规定，对于私人出租的，承租人要依照相关规定搬出，仅在实在有困难时由拆迁方予以资助或提供临时安置；对于公有住房的承租方，采取促使其依房改政策购买公有住房的方式获得产权，然后以所有权人的身份获得被拆迁人的地位，获得补偿。在这两种情况下，都体现了立法者对于所有权人以外的利益相关方获得拆迁补偿的不认可，后者完全是进行了一种地位转换，将承租人变为了所有权人，而前者则是为了维护社会稳定和承租人的基本生存居住给予的一定救济，其潜台词就是，在承租人没有困难的情况下，无法得到任何补偿。

笔者认为，对于房屋所有权人以外的利益相关方的接受补偿主体地位予以剥夺的态度是不可取的。在现代社会，物上权利高度细化，所有权人与物的关系有时只是法律上的归属关系而已，占有、使用、收益等权能可能分属不同对象，在这种复杂的关系之下，法律应当适时调整适用对象，将补偿的对象范围合理扩大，让真正的利害相关人得到应有的补偿。因为在前述的一些情况下，承租人的日常生活、工作实在与房屋早已息息相

---

① 第26条 拆迁执行本市规定租金标准的私有出租房屋，拆迁人对被拆迁人给予补偿，房屋承租人应当按照市人民政府关于解决城镇私有标准租出租房屋问题的有关规定搬出。房屋承租人搬出确有困难的，拆迁人可以给予资助或者提供房屋临时安置。

第27条 拆迁已购公有住房，拆迁人应当按照被拆迁房屋的房地产市场评估价对被拆迁人给予补偿，政府对被拆迁人不再提供经济适用住房。被拆迁人住房超过房改政策规定的标准的，拆迁人应当扣除超标部分的补偿款中属于应当上缴财政或者返还原售房单位的部分，并分别上缴或者返还。

第28条 拆迁市和区、县人民政府所有、并指定有关单位管理的公有住房（以下简称直管公有住房）的，直管公有住房应当按照房改政策出售给房屋承租人。房屋承租人购买现住公房后作为被拆迁人，由拆迁人按照本办法第二十七条规定给予补偿。

拆迁机关、企业、事业单位自管的公有住房（以下简称自管公有住房）的，可以按照前款规定处理。

直管公有住房的出售收入、补偿款应当纳入同级人民政府的住房基金，专项用于廉租住房。

关，拆迁与其关系可能比与所有权人关系更大，若是将其划出补偿对象之外，实是于理不合；另外，单从法理上来讲，房屋所有权人其实也只是土地使用权人，同样依照用益物权人的身份获得补偿，其法理就在于合法权益遭受损失的填平，因此，真正与房屋利害相关的承租人等用益物权人或其他利害相关人，都应当获得合理的补偿。对于这一立法思想的认可在我国的立法中早已有所体现，如《合同法》第229条规定："租赁物在租赁期间发生所有权变动的，不影响租赁合同的效力。"另外，《物权法》第190条规定："订立抵押合同前抵押财产已出租的，原租赁关系不受该抵押权的影响。抵押权设立后抵押财产出租的，该租赁关系不得对抗已登记的抵押权。"该两条确立的"买卖不破租赁"规则甚至打破了债权的相对性特征。我们这里以"买卖不破租赁"来论述承租人权益保护的重要性，不在于强调其可以对抗征收权，而仅借鉴其背后的立法理念，用以强调征收中对租赁权人基本权益给予合理保护的必要性。

当然这里的"利害相关人"，并不是说所有设定于房屋之上的权益的主体都应当成为补偿的主体，那样不但于法不合，亦同样不存在可操作性，国家原先不承认非房屋所有权人为补偿主体，也是存在着这样的考量。笔者认为：作为公房承租方的一方，在实际生活中与真正所有权人并无二致，当然应当成为补偿主体，前文北京市的将其转换为所有权人的方式，在符合自愿合法的情况下亦是可行，但在双方不能达成一致的情况下，笔者认为应当承认其以承租人的身份获得补偿的权利；对于私房承租方来讲，若是其承租房屋是为满足自身生活居住之用，就应当承认其作为承租人接受补偿主体的地位，若是进行转租、经营等商事目的，则不能获得本部分所探讨的接受补偿的全部内容。

对于以租赁权为代表的相关合法权益，笔者认为，虽然应当正视其补偿地位，但与所有权人在补偿内容上还是应该有所差别，具体来看，应当遵循如下原则：第一，遵循自愿合法的原则，尊重其实体权利与程序权利，使其享有包括选择补偿方式、补偿前置等权利；第二，提供多种合适的补偿方式，包括货币补偿、在新房建成后的优先承租权①、搬迁补偿费用等相关权利权益；第三，在合法前提下，约定优先，允许拆迁方、房屋

① 这里主要针对的是公房出租的情况。

所有人与承租人之间订立相关协议，让其合法地自由解决争议；第四，禁止武力或不当手段强制拆迁。

在实际操作中，一些城市秉持中央的态度，结合地方特色，采取了一些行而有效的处理办法①（此处不赘），该部分要探讨的结论即是，要承认房屋所有人之外的相关使用权人接受补偿的权利并予以实现。但根据新拆迁条例第 2 条的规定，即“为了公共利益的需要，征收国有土地上单位、个人的房屋，应当对被征收房屋所有权人（以下称被征收人）给予公平补偿”。此处仅仅规定了对房屋所有人的权益进行补偿，对房屋所有人之外的其他使用权人并未作出规定。对于这一点立法者或者更倾向于：被拆迁房屋之承租人的损失向取得补偿款的出租人主张。

4. 小结

对于征收补偿来讲，其范围应该包括民众享有的土地使用权与房屋所有权等两大基本权利，但基于房屋的附属物所有权，以及其他用益物权人的合法权益也应得到合理的保障，而这也都是有实体法律作为依据的。

但从切实保障私权的角度来看，仅将上述权利纳入补偿范围也还是远远不够的，因为在整个征收过程中，乃至征收过程之后的生产、生活中，民众原先的正常生活一定会受到影响，经济利益也必然会受到损失，本着充分补偿的原则，对于这些诸多权益，政府也应当进行充分的考虑和合理的赔偿，这就需要我们对于征收过程采取一种动态的观察视角与全面的思维方式，在整个流程中探究民众的相关合法权益，用以填充补偿范围之不足。

（三）补偿范围之其他合法权益②

1. 概述

民众的合法权利受到法律的明文保护，并在其受到侵害时能够得到合理的救济是法治社会的应有之义。可是我们研究发现在拆迁过程中，民众还存在着大量的合法权益，其未被法律明文规定，但依法理或依学说，确

① 参见北京、南京两市的相关补偿条例。

② 此处需要注意，本部分所讨论之合法权益中，部分权益已存在于两版“征求意见稿”之中，盖该条例尚未颁布，因此视为“合法权益”。

确实实是民众应当获得承认与保护的合法权益。

其实权益与权利除了是否被实体法规定之外，区别并不是很大。前文已经提到，权利是由权益发展而来，先有权益，后有权利；当权益发展到获得社会与立法者认可并具有切实的操作性时，立法者便会将其明确在立法之中。从社会保障功能来讲，对于权益的认可与保护对权利有补充的作用，因为具体明确的法条是不可能将民众所有应当保护的权益囊括在内的，但现代法治之精神又无法对于民众的权益置之不理，在这种情况下，权益的补充作用就展现出来了。

在拆迁活动中，法律关系复杂，法律行为与事实行为交错，每一个环节都有可能侵犯到公民的合法权益，而正如前文所述，法律条文是难以周延地对所有权益进行涵盖的；但同时，是否在人权保障的宗旨之下就可以对民众的一切权益予以保障，如何协调法治社会建设下法定权利与非法定权益的博弈，这些问题殊值考虑。因此，对于拆迁中民众的合法权益进行分析与认定就显得十分重要。

但拆迁毕竟是一种行政行为的体现，在对于民众充分补偿的原则下必须要考虑效率和可操作性，因此，有些权益尽管存在合理性，但从补偿范围的角度来看，或者最起码从现阶段来看，尚不适合纳入补偿范围之中。对于这些权益，笔者的态度是，在拆迁过程中予以尊重和肯定，但在拆迁补偿范围中不予考虑。

2. 房屋与附属物情感因素

城市居民居住房屋多为代代相传，尽管在现代社会，商品房流通日渐增多，房屋更换频率较之以往大幅上升，但平均来看，大多数城市居民在一幢房屋的居住时间还是相当久远的。据相对数据显示，即使在换房频率较高的中国发达城市，居民平均的换房年限也达到 10 年；另外，在一些二、三线城市中有许多居民终其一生也未打算更换房屋，有些房屋更是从上辈流传下来，对于居民有着特殊的意义。

因此，居民对于安土重迁的认知和对于“祖屋”情节的坚守，都会导致拆迁中的困难重重。而基于公民对于物的情感因素的评价认知不同，或者认知程度的巨大差异，会导致行政拆迁机构对于民众合法权益的不理解与淡漠态度，从而造成社会矛盾的激化。房屋附属物的情感因素亦是如此，如屋主对于周边亲手种植的草木怀有不舍，但又无法或不适宜移植，就会造成征收行为的障碍。

对于这个问题，笔者认为应当作如下认识：第一，对民众寄于房屋及附属物的情感因素予以重视，但在实务中，是无法对于情感因素进行计算加成的，因而就无法进行量化分析：我们难以确定一个居住了十年的屋主对于房屋的感情就一定大于一个居住了五年的屋主。因此，这种主观的因素就难以在立法中得到明确的规定，从而很难获得可操作的补偿，因为法律的可操作性要求内容必须确定。第二，尽管难以在立法中予以明确，甚至在实践中也难以给予逻辑严谨的适度补偿，但政府依旧是有可为，即对于民众对物的情感因素予以最大的尊重与认可，尽管不能量化补偿，但在拆迁时应对附属物尽量保持原状，建立起完善的拆迁物品档案管理制度与管理问责制度，从而最大程度地保障居民利益。

3. 停产停业损失

民众的房屋除了居住的功用之外，还会存在生产经营的功用，在拆迁乃至搬迁的过程中，由于房屋无法使用，房屋的生产经营功用自然也无法发挥，民众的经济收入也会因此受损，这一停产停业的损失，也应当归入拆迁补偿的范围之中。因为这也是民众基于拆迁行为所受的损失，理应获得填补，当然，补偿额度与范围应当以与拆迁原因相关为限。

对于停产停业的损失补偿，存在一些问题，最为关键的就是补偿损失归属的问题。如果生产经营的一方不是房屋产权人，在面临拆迁时，对于这份生产经营的补偿的归属自然会产生争议。对于此，存在两种立法思路：一种认为，应当归于产权人，原因是，产权人将房屋进行出租本身就是一种经营行为，[①] 加上其是合法的房屋所有人，理应获得赔偿；另一种观点认为，对于房屋的停产停业补偿是针对房屋的门面经营功能，即最直观的经营生产功能，因此，因拆迁直接受到影响的应当是承租的经营业主，所以应当由其受领补偿。

笔者认为，争议双方对于该房屋都有一定的投入，应当获得补偿，但补偿是为了填平损失的，所以单从补偿与损失的对应性上来看，应当是由承租方获得补偿，因为拆迁行为直接影响了其生产经营行为，而房东的投

---

① 广西壮族自治区东兴市就采取了这种处理办法，参见《停产停业补偿费应当补给谁》，2009 年 3 月 26 日《南国早报》。

入可以从上述房屋所有权和附属物的补偿中得到，若是存在产权人针对出租行为而专门进行的投入且无法获得补偿的，可以从停产停业的补偿款中，按比例予以补偿。[①]

在现实拆迁事务中，我国家庭工商户、私营企业拆迁涉及的停产停业损失是否能够获得补偿，是过去的法律法规一直忽略的问题。新拆迁条例第 17 条将“征收房屋造成的停产停业损失”列入了补偿范围之内，对此我们可以联系重庆“最牛的钉子户”案件来看一下规则的进步性。这是学者、立法者努力的结果，但更确切地说是市场经济发展的需要。但该条款将补偿界定为由“作出房屋征收决定的市、县级人民政府”向“被征收人”给予补偿，显然采取了上述第一种立法思路。我们认为，这一规定的合理性还有待进一步斟酌。

4. 瑕疵损害赔偿

此权益主要是针对拆迁过程中合法的事实行为或者基于执法人员不可抗的瑕疵行为[②]造成的损害而言的。在拆迁过程中，具体是指在拆迁执行尤其是强制拆迁的过程中，工作人员与被拆迁人的身体接触、对于房屋的拆毁、对于附属物的搬离等细节行为，都有可能造成民众一些权益的损害。而这一行为是事实行为，而非行政法律行为，难以获得行政补偿；又非违法行为，难以获得行政赔偿；又可能是无过错的不可抗瑕疵行为，是故又不能获得侵权法的救济。

在这种情况下，笔者认为，国家在正常情况下应当给予民众自行整理附属物的合理期限，在此情况下的权益毁损由当事人自行负责；但在强制拆迁中，必定是由行政拆迁人员对房屋进行拆毁，这就需要对附属物进行隔离保存，在这种情况下，国家应当建立相应的登记制度或者公证制度，[③]对于附属物作尽可能保值的存放，事后在公证下交付当事人。最关键的就是建立起完善的强制拆迁制度，用以规范强制拆迁行为的程序，保障公民最大的利益。

但需要注意，在这种情况下，对于执行人员不可抗的瑕疵行为，是无

① 可以参照上文用益物权及相关利益人的补偿方案思考。

② 比如工作人员在强制搬离附属物时，对于较为精细的物品有所碰损。

③ 《国有土地上房屋征收与补偿条例（征求意见稿）》第 17 条就有关于房屋档案的相关制度设计，但一来不够具体；二来该条设计的目的与本部分似乎不甚相同。

法问责也不应问责的，可以视为当事人不当行为的社会成本，不应纳入补偿范围之中。

5. 征收及搬迁活动支出

法律难以将当事人所有的应当加以补偿的权利明确列举，但即使立法者承以诸般大能将权利一一列举，也难以维护民众所有法益于周全，因为在征收以及搬迁过程中，民众所要支付的费用实在是难以列举详尽，也难以预先周知，但此番损失又是当事人实实在在因为拆迁而遭受的，因此，对于民众从拆迁到新入住过程中基于拆迁行为所支出的相关费用，都应当给予补偿。

一般来讲，搬迁过程中的费用包括搬迁相关费用、临时安置费用等，其中具体条目难以悉数，但可以把握的原则即是与拆迁相关的搬迁费用都应当予以补偿。新拆迁条例第 17 条第 2 款对我们的这一研究结论予以了肯定。

6. 有关被征收人强制征收请求权

被征地者的强制征收请求权是指在被征收土地或其附着物的残余部分丧失全部或大部分经济价值时，被征地者享有在法定期限内请求征地机关一并予以征收的权利。① 民众对于政府的公益征收行为，有时确实无能为力，政府挟公益之大旗，一路横扫千军，不亦快哉。

但必须注意，公益不是一切行为的通行证，公益应当是谦卑而谨慎的，在征收过程中出现的不利益风险应当由政府来承担。在这里，当政府对一块土地进行不完全征收时，剩余的经济利益大减的土地就成了经济上的包袱，这个不利益的后果若是由所有人承担，就明显违反了保障人权的规则，甚至违反了公益本身的目的，会使政府成为与民夺利的投机分子。因此，赋予被征收人强制征收请求权实属必要。

但这种强制征收请求权是否属于一种补偿呢，笔者认为，这种请求权不是拆迁补偿范围的一种，而是对于拆迁补偿目的达成的一种有效补充。说其不是一种补偿，是因为，补偿是针对损失的一种填补，此填补有其所针对的损失，而强制征收请求权并没有所对应的损失，其本身要求便是一

① 转引自王坤《论我国土地征收法律制度创新》，《中共杭州市委党校学报》2008 年第 5 期。

种由损失到填补的过程；说其是补偿目的的一种补充，是因为补偿行为的目的是为了让民众的权利或权益在公益征收下不致受损，这一“不受损”的状态不仅存在于拆迁过程中，也存在于拆迁后民众的基本生活中，而强制征收请求权就是保障民众在征收补偿后的生活与生产水平质量的一种方式，因此与征收补偿的目的相同。

（四）补偿方式研究

1. 补偿方式多元化

国家基于公益对于民众房屋所有权与土地使用权进行征收，用以获得更大的社会福利，正是因为这个更大的社会福利，才使得拆迁行为甚至是强制拆迁行为获得其正当性。确实，从全社会的角度看来，公益征收行为也许可以使得全体公民的生活质量有所提高，但在这个过程中，全社会的利益提升是以牺牲少部分人的合法权利与利益为前提的。当我们全社会区分为受益方和被拆迁方两个群体，就可以看出其中的问题所在。

以修建地铁为例，设甲、乙、丙三地相邻，政府试图在甲处修建地铁，则对于甲处居民来说就要面临着拆迁的问题，而相邻的乙、丙两地的居民就有可能面临交通便利、地价提升所带来的社会福利增值。对于甲、乙、丙三地全体居民来说，全区域的社会福利可能是上升的，也就是说社会实现了公益的增加；但若是将甲地与乙、丙两地的居民分开来分析，就会发现问题所在：在这个过程中，乙、丙两地居民纯粹获益，正是因为他们的获益才使得甲地居民利益暂时受损取得其正当性。当我们关注甲地居民时，就会发现，公益征收的正当性未必固若金汤。

国家的职能之一就是对社会资源与利益进行分配与协调，在分配中必然会有不平等的现象发生，正如上文所述的甲地与乙、丙两地的情况，那么，在什么样的情况下，这种不平等的分配或者是安排才是符合公益的，或者说是正义的呢？罗尔斯认为：“对社会基本结构的正义原则是：……第二，社会和经济的不平等将安排得：……适合于最少受惠者的最大利益。”[①] 可见，在这个例子中，只有被迫拆迁的甲地居民最终获得最大利益，也即是在变化中获得比原先更好的居住条件，这次的征收与拆迁才算

① 转引自沈宗灵《现代西方法理学》，北京大学出版社，1992，第90页。

是正义的。

因此，这就对我们保障拆迁住户的补偿标准提出了严格的要求。一般来讲，被拆迁方拥有在拆迁后的合理期限内获得不次于原先生活质量的居住环境之权利，这其实是拆迁补偿的最根本的要求。

但是，这一要求是不可能通过单一的补偿形式来实现的。一般来讲，补偿都是通过金钱补偿来进行，但是民众原有的生活状态一旦被打破，所损失的很多利益是无法用金钱来衡量或弥补的。对于民众来讲，最可贵的莫过于原有生活状态的保持并改善，但诚如上文分析，原有的生活状态包括区位、交通、公共基础设施等一系列的要素，单单用金钱来补偿，是无法实现的，因此多元化的补偿方式就成为必然；从另一个角度来讲，多元化的补偿方式不但更加人性化，也可能会使得政府的补偿支出小于金钱单一化的补偿方式。

2. 具体补偿方式

对于补偿方式，笔者认为应当包括：一是货币补偿。评级机构对于房屋进行估价，对于民众的损失加以评估，然后以货币的方式予以支付，使公民得以所得货币弥补先前损失。货币补偿是诸多补偿方式中最基本的一种，也是较为灵活的一种，可以为其他补偿方式的不足提供缓冲。二是房屋产权调换，是指“拆迁人用自己建造或购买的房屋产权与被拆迁人的房屋进行产权调换，并按被拆迁房屋的评估价和调换房屋的市场价进行差价结算的行为”，相对来说这也是一种更接近补偿目的的方式，如果环境合适得当，就真正实现了公益征收的目的：民众生活水平不降，而政府也获得了相应的土地。对这两种方式，新拆迁条例予以了充分的肯认，并于第21条规定被征收人可以选择货币补偿，也可以选择房屋产权调换。被征收人选择房屋产权调换的，市、县级人民政府应当提供用于产权调换的房屋，并与被征收人计算、结清被征收房屋价值与用于产权调换房屋价值的差价。

货币补偿和房屋产权调换是最为基本的两种补偿方式，但是为了实现公益征收的目的，单一依靠两种补偿方式或者两者结合也还是不够的，有时需要辅以民众其他的权利保障方式才能够实现。其一，公民在选择货币补偿的方式后，政府有义务提供合适的房源，这是为了减少公民在寻找房源过程中所耗费的时间成本与经济支出，真正实现两种基本补偿方式的实

际统一；其二，因危房、旧房改造的拆迁，民众享有就近回迁的权利，旧危房改造成新的安全住房，民众的其他基本生活条件不变，而投入完全由政府承担，可以说，民众在这种情况下享有的权利是对公益征收正当性的最佳注脚与证明。

结合前文关于补偿范围的分析，笔者将公民接受补偿权利方式多元化总结为以下几个方面。

第一，公民可以享有多种合适的补偿方式，如货币补偿、房屋产权调换或者两者相结合等合理形式；第二，在法律允许下，公民可以自由选择接受补偿的方式；第三，公民若选择货币补偿形式，国家有提供符合公民需求与条件的房源[①]之义务，则公民享有居住质量不遭恶化之权利；[②] 第四，因旧危房改造而进行的拆迁中的被拆迁人有就近回迁的权利。[③] 论及回迁权，我们知道回迁是很多拆迁户的心愿，但是这一点在以往的拆迁立法中基本上被忽略了。很多地方拆迁，为节省成本，将被拆迁人迁到很远的郊区，造成民众生活的不便，这种不便是全方位的，包括交通、就学、就医、就业等各个方面，从而扩大了公益征收对被拆迁人的不利影响，这显然不符合公益目的和公平理念，所以有必要赋予民众在需要时提出回迁要求的权利。对此，新拆迁条例对此作出了一个积极的回应。它在第 21 条第 3 款规定："因旧城区改建征收个人住宅，被征收人选择在改建地段进行房屋产权调换的，作出房屋征收决定的市、县级人民政府应当提供改建地段或者就近地段的房屋。"依据这个规定，回迁就有了法律的依据。但该规定相较于城镇房屋拆迁的复杂情形而言还是显得过于简单，当然以后应该制定更加明确且可操作的规则为宜。但无论如何，新的的征收条例相较于之前的拆迁制度而言，确定了更加多元化的补偿方式，赋予了被拆迁人更多的选择权。

---

① 包括商品房与经济适用房或廉租房。

② 对于此点的理解，需加注意：对于选择房屋所有权调换的民众，可以获得质量保障的新的居住环境；而对于选择货币补偿的民众，则有持币无房之虞，因此由国家提供合适房源，其目的就是要让民众的居住环境质量尽量不受影响。因此综上，可以推知国家立法之目的就是要使民众在征收后的生活质量不致下降。

③ 该权利殊值肯定，因为它在很大程度上制约了政府滥用拆迁权力达到不当城市改造的目的。

四 拆迁中的补偿标准探究

（一）征收补偿的意义和原则

公益征收是国家基于公益对当事人财产权的一种剥夺制度，公益是启动该制度的唯一原因。在公益征收中，私权对于公益作出不得已的让步，但这种让步，只是两种暂时冲突的价值在一定的时空中的为难取舍，绝不是说对于两者的价值判断存在恒定的影响。在不得已侵犯公民私权的公益征收中，代表公益的政府应当怀着一种歉疚与补偿的心态：民众为了公益做出了不得已的特定牺牲，除了这个牺牲之外，政府应当给予其一切合理的填补，用以尽可能地使民众的生活不受影响；另外，作为国家的执行机关，政府也就代表了全社会的契约缔结者，对于为了全体缔结者利益而做出牺牲的少数民众，政府也应当代表社会给予其足额的补偿，实现全体社会公摊社会成本之目的。这就是征收补偿存在的法理意义之一。

另外，从政府的角度来看，补偿制度的存在可以使得政府成为一个理性的政府。试想，若是补偿制度不复存在，政府基于公权力可以对民众的私有财产进行肆意的征收。虽然，在公益目的与正当程序的制约下，政府不会成为与民夺利的“怪兽”，但可以想象，在政府看来建设城市与改造旧城是一个无成本的公益行为，而依照经济学的原理，一个行为一旦成本为零或趋近于零，行为人就会非理性地作出错误的决策，从而陷入“财政错觉”（fiscal illusion）。[①] 基于此，为了防止政府陷入财政错觉，迫使政府在征收时受到补偿或者赔偿制度的限制，政府基于机会成本的考量，就会恢复理性，对于每一项征收决定进行考量，从而成为一个理性的政府。这同样也是民众所乐于见到的。是故，补偿制度对于进行公益征收的政府也有积极的意义。

至于公益征收补偿应当遵守什么原则，历来众说纷纭，有适度补偿、完全补偿等学说。笔者认为，对于这个问题，不能仅从固定的补偿标准角度思考，而要从规定性的视角来探讨。依笔者浅见，公益征收的补偿原则

① 王克稳等：《城市拆迁法律问题研究》，中国法制出版社，2007，第7页。

有四：第一，合理性原则，即在一定的财政条件和法律制度下，在征收实行之前，给予民众最接近或超出原生活状态①的补偿；第二，公民视角原则，即在处理价值取舍和矛盾冲突时，要以方便民众、服务民众为视角，而不是以政府效率与方便为考量视角，其核心要求就是以保障人权为宗旨；第三，政府承担不利益原则，在征收过程中，所出现的突发状况之成本以及计划外所造成的损耗，这种社会风险应当由政府承担；第四，补偿必要原则，即无适当补偿则无征收。②

（二）补偿标准探究

1. 拆迁补偿标准的发展趋势

德国的征收与补偿制度历经诸多改变，并随着时代的不同而有所不同。18 世纪，德国受法国大革命的影响，遵循自由法治的原则，对于公民的财产权进行绝对的保障。其邦国普鲁士在 1749 年颁布的《普鲁士一般邦法》以及其另一大邦国的巴伐利亚 1837 年颁布了《公益征收法》，都在立法层面肯定了国家对于当事人的损失予以完全补偿的原则：均规定补偿不仅包括公民的通常损失，还包括了公民基于征收所产生的不利益。第一次世界大战之后，德国对于战前的完全补偿原则予以修正，并赋予法院一定的自由裁量权力，最为典型的体现就是《魏玛宪法》，该法主要考虑到战后德国经济发展的实际情况，赋予立法者更大的自由裁量权，到了纳粹时期，就真正形成了相当补偿学说，即以被征收标的物之收益价值为限，但对于那些依靠被征收土地为生的民众依旧给予完全补偿或一般补偿，即给予其获得另一块相当土地的能力。第二次世界大战之后，德国在 1949 年颁布了《基本法》，其中对于征收补偿作出了“一揽子”与公平补偿的规定。所谓“一揽子”规定，就是指征收与补偿必须“一揽子”作出规定，

---

① 关于此处“超出”二字，笔者绝非是指希望民众依靠补偿获利，而是指在补偿无法保证绝对的与实际损失相当，而必须或多或少的时候，笔者更倾向于多于实际损失的处理方法。

② 这里的“无适当补偿则无征收”并非是指一些学者所说的补偿款项不到，则征收无法实现或征收无效，那样会造成行政效率的降低，甚至造成只要民众拒绝接受补偿，则征收就无法进行下去的尴尬局面。笔者这里的意思是，若政府不主动启动适当的补偿程序，则不能启动征收程序，即使是强制征收，也必须启动适当的补偿程序。

有征收必有补偿，强调了补偿对于征收的不可或缺性；至于公平补偿的规定，则是指法律赋予法官一定的自由裁量权，法官可以根据当时的经济、政治环境的不同来调整补偿的额度，用以平衡大众与小众之间的利益冲突，实现社会公平的最大化。到第二次世界大战之后，德国经历了由衰到兴的过程，补偿的标准与额度也在不断地变化，1960 年，德国通过的《联邦建筑法》对于补偿的规定非常具有代表性，值得我们进行研究。该法对于补偿作出了三种规定，包括实体损失补偿、其他财产损失补偿和特别不利补偿。实体损失补偿是指以市场价格来界定当事人的损失，并进行补偿；其他财产损失补偿是指在实体补偿之后，政府对于当事人仍然存在的损失作出的补偿，如迁徙所产生的负担费用；特别不利补偿是指在拆迁过程中，民众的经济生活状态确实受到了影响，但是这种损失又无法通过征收的实质补偿或者后果补偿的方式得到救济，在此，基于公平的原则，对于当事人的特别经济损失进行补偿，以实现社会的公平正义，是为特别不利补偿。①

从德国征收补偿标准发展的过程来看，西方发达国家对于征收补偿是这样一种态度，即在国家经济条件可以支持的情况下，对于拆迁民众的一切合理损失予以补偿，其目的在于，要使得民众的生活质量不受影响，而其中的额外成本支出，也由政府承担。笔者认为，这也就是我国目前应当采取的补偿指导思想。

2. 合理补偿标准的确立

通过对于德国公用征收补偿制度的梳理，笔者认为，对于我国的征收补偿标准的设定，有三个方面需要注意：一是征收补偿的不可或缺性，即无补偿即无征收原则的建立；二是公平补偿原则的建立，即国家以保障人权为基础，对于民众因拆迁所遭受的损害予以实质性的完全的补偿，其评价标准是实现社会的公平公正，不让民众因公益而受损；② 三是补偿具体

---

① 参见邓志宏《德国公用征收补偿制度对中国的启示》，《社科纵横》2008 年第 8 期。

② 有学者认为我国应当先采取合理补偿或者叫适度补偿的原则，等到经济条件成熟了再进行完全补偿，但笔者认为，所谓公益征收本就是为了民众利益而设的，补偿中的经济问题应当由政府自己来进行考量，正如前文所言，政府在成本的考虑下，会成为一个理性经济人，对于征收决策的作出起到一定的滥用限制的作用，这对于我国现在地方政府征收过度的现状十分有意义。另外，从法理上来讲，可操作性并不能成为应然的阻却结果，不能因为政府资金不足，就否认完全补偿的应然性，更何况，以笔者所见，我国政府并不当然存在不足以进行完全补偿的困难。

细则的确立，即建构一套可操作的程序性补偿机制，符合公正与效率双重价值的实现。

就第一点来看，我国《宪法》以及《物权法》中均已对征收中补偿的重要性予以了肯定，其中后者鲜明地指出了立法对于补偿的态度，不管是协商合意后的征收，还是强制拆迁式的征收，补偿都是不可或缺的前置程序，这点极其重要；第二点和第三点是相辅相成的，前者是后者的指导，后者是前者的具体化，就本部分而言，应当更加关注后者，从后者中来反映和落实前者。具体来说，如何实现补偿的公平正义，如何使得补偿更有效率，如何使民众的生活质量不受影响，是我们对于补偿标准制度设计的重大问题。

一般来讲，无论是西方国家还是我国，在基础的补偿标准制定上都采取了市场定价的方法。理论界和实务界也已基本达成共识：“货币补偿的金额，应该根据被征收房屋的区位、用途、建筑结构、新旧程度、建筑面积等因素，以房地产市场评估价格确定。”① 即使是之前的《城市房屋拆迁管理条例》中，也有如下规定：“货币补偿的金额，根据被拆迁房屋的区位、用途、建筑面积等因素，以房地产市场评估价格确定。具体办法由省、自治区、直辖市人民政府制定。”新征收条例则在此基础上前进了一大步，于第 19 条则首次明确规定“对被征收房屋价值的补偿，不得低于房屋征收决定公告之日被征收房屋类似房地产的市场价格。”这些规定说明了，在我国拆迁补偿标准已经逐步由过去的成本定价变为市场定价，补偿标准由固定化变成随着市场变化而变化。

市场化定价，顾名思义，就是依照当时、当地的房地产市场房屋买卖的情况来确定补偿的具体金额，这个过程看似简单，但实际操作时并不能一蹴而就，需要大量的市场配套设施的建立来实现。

3. 市场化评估之配套设施的建立

（1）丰富房地产交易案例

市场化拆迁评估的基础性方法是市场比较法，市场比较法应用的一个基本要求是有比较丰富的房地产交易实例，建立起丰富的房地产交易案例

---

① 这在《国有土地上房屋征收与补偿条例（第二次公开征求意见稿）》第 20 条中得到了体现，而这也应该是我国征收立法的趋向。

体系，对于市场化评估房价，进而有效合理地实现补偿额度的确定，有着十分重要的积极意义。

对于国内的发达城市，一般是采取以丰富的二手房市场作为交易案例的来源，例如在国内较为发达的江苏南部地区与沪、浙地区，二手房市场也同样发达，其积累的大量案例材料可以系统地为政府提供丰富的案源。以长三角地区的南京为例，其一年的二手房成交量就达到20万套之多。相应的，在市场化拆迁评估中，《南京市城市房屋拆迁评估技术规范》中明确规定，选择与被拆迁房屋最为接近的二手房市场作为可比实例时，应当选取同一地段范围内的类似二手房市场。

问题在于，像上海、南京乃至苏州、无锡、常州这些发达地区，依仗着丰富的二手房市场，可供选择的市场交易案例极为丰富；可在一些二线乃至三线城市，二手房市场并不发达，难以提供足够的案例参考。但近些年来，这些中小城市迅速崛起发展，城市规划日益扩张，使得拆迁成为一件频繁的事情，因此，寻找补偿中所需的合适参考案例，就成了日益紧迫的课题。对于这个问题，总结江苏一些地级市的相关做法，主要有两个扩大参考案源的方法：一是房屋种类的扩大；二是房屋地段的扩大。所谓房屋种类的扩大，是指引入商品房市场，在一定程度上利用商品房的交易价格来确定二手房市场的定价规律，这种方法对于发达城市有一定的困难，当然也没有必要，但对于二手房交易市场不够发达的二、三线城市来讲，却是切实可行的。因为这些城市的房地产市场规模较小，商品房在市场中占有较大的比例，因此，商品房的价格与二手房的价格具有较为规律的联动效应，只要将成新、成套的因素考虑进来，就可以获得较为正确的二手房价格。所谓房屋地段的扩大，是指可以适当扩大被拆迁房屋类似地段的概念，并对其进行适度延展，因为中小城市不同于发达城市，其城市中心一般只有一个，整个城市即是以这个中心向四周均态辐射的，因此，选取大范围的房屋市场，只要考虑到地段价值的变化幅度，就不会对被拆迁房屋价值的评估的准确性造成较大的影响。①

（2）建立标本房、典型房屋参考体系，提高评估效率

在拥有足够二手房市场案源的基础上，就需要切实地对于被拆迁房屋

① 参考张睿《市场化拆迁评估的配套环境与条件分析》，《城市开发》2005年第3期。

进行价值的定位，找出其在市场上较为明确的价位。对于此，实践中一般采取标本房或者典型房参考的方法。①

所谓标本房屋市场评估法，是指在一个拆迁区域中选取最具代表性的一套房屋，该房屋需要在建筑面积、户型、结构、朝向、装修等方面处于中等层次上，以方便比较，之后再将小区内的其他房屋与此标本房作比较，进行价格上的修正；所谓典型房屋市场评估法，与标本房的方法有所类似，但更加具体与细致，主要区别就是将拆迁区域内的房屋分为居住用房、商业用房、办公用房、工业用房等不同类型，在同一类型中选取一套典型房屋作为估价基准，其他房屋作细微的调整，获得市场估价。

标本房、典型房屋的市场评估法的好处在于可以大大提高估价的效率，但需要注意的是，具体情况要具体分析，不能一味地机械适用上述方法。

（3）建立权威中立的评估机构

在以往，依照机械的估价标准，民众经过简单计算，自己也可以得出补偿的金额；但随着市场估价机制的引入，房屋的定价过程中涉及众多市场元素，房屋的价格估计变得十分烦琐，就不是普通民众可以介入的了，这时候，就需要专业的房屋评价机构参与进来，但是，对于远离民众的专业计算机构，民众如何对其保持信任，如何保证其不会联合政府侵害公民的合法权益呢？从这点上来看，建立权威中立的评估机构就显得十分重要了。②

目前，对于权威的中立的评估机构的设立问题，实践中普遍采取的对策包括：一是加强对于拆迁评估机构的资格管理，实行向社会公布拆迁评估机构名录的办法，列入名录的评估机构可以承接拆迁评估业务。各地一般都进行规定，只有具备三级及以上房地产评估资质的机构才能列入名录；同时，无论是抽签选定还是共同认定，在选择拆迁评估机构过程中，都要事先在拆迁范围内公示各有关评估机构的资质等级等内容，以便比较

① 参见王晓《对城市房屋拆迁评估的看法》，《引进与咨询》2006 年第 1 期。

② 目前我国《国有土地上房屋征收与补偿条例（征求意见稿）》的相关规定体现了政府对于中立权威评估机构在立法上的重视，但在实践方面，却显得有点力不从心，例如资质的确定、评估责任的认定等实务问题，都没有得到很好的解决，还有待日后的不断摸索和努力。

和共同监督。二是明确必须具有注册房地产估价师资格的估价专业人员，才能进行城市房屋拆迁评估业务。三是加强对估价专业人员的培训工作，特别是拆迁评估技术规范的专项培训工作，通过培训和考核合格才可以上岗执业。

总之，权威中立的评估机构对于房屋估价以至补偿定额都十分重要，值得引起我们的关注。

（4）综合考量保障救济

通过演绎的方式对于民众权利进行总结总是显得苍白的，同样，用条款的形式对于民众的补偿进行规定也是注定不完全的。上述对于民众补偿标准的确定方式，对于现在而言，也许尚存有一定的积极意义，但随着时代的发展与人权理念的不断进步，我们相信，这些标准一样会变得不合时宜，而被更新的标准取代。

民众从一个地方搬迁到另一个地方，所失去的绝对不仅仅是房屋与土地而已，包括熟悉的地段、方便的交通甚至是和睦的邻里，都有可能是民众所希望获得救济与补偿的标的，作为基于公益的政府，对于民众一些隐性的生活上的保障与救济就应当得到越来越多的重视。①

上述配套设施的确立和协调适用，是公正合理的市场化评估方式得以实现的重要保障。新征收条例对其余三项未予明确设计，仅对评估机构的选定办法、职责等作了一般性规定，它于第19条规定："被征收房屋的价值，由具有相应资质的房地产价格评估机构按照房屋征收评估办法评估确定。""对评估确定的被征收房屋价值有异议的，可以向房地产价格评估机构申请复核评估。对复核结果有异议的，可以向房地产价格评估专家委员会申请鉴定。""房屋征收评估办法由国务院住房城乡建设主管部门制定，制定过程中，应当向社会公开征求意见。"这为房地产价格评估机构在确定补偿价格过程中发挥作用开了一道合法的大门。其第20条接着规定："房地产价格评估机构由被征收人协商选定；协商不成的，通过多数决定、随机选定等方式确定，具体办法由省、自治区、直辖市制定。""房地产价格评估机构应当独立、客观、公正地开展房屋征收评估工作，任何单位和个人不得干预。"但这里我们需要指出的是，被征收人协商选定方式应为

① 此处在本专题另一部分详有论述，此处不赘。

如何？协商不成状态下，省、自治区、直辖市如何制定公平合理的选择办法？以及如何保证被征收人选择范围内的评估机构，都具有独立性，能自主经营，而不是某个房地产公司的下设机构，能替被拆迁户解忧、说话？这一系列问题能否得到妥善的解决，无论是对于合理征收补偿标准的确定，还是对于新征收条例既定价值目标的达成都至关重要！有待我们作进一步深入的思考和研究。

五　结语

拆迁与城市化是一个国家走向现代化的必要过程与必经阶段，本身应当是一项利民惠民的行为，但之所以造成拆迁字眼的妖魔化，笔者认为，拆迁补偿不合理是其中最主要的原因之一。可以说拆迁补偿是否合理与充分，直接关系着拆迁行为本身的正当性与合法性，从实务的角度来讲，它更直接决定了拆迁行为能否顺畅进行，拆迁的根本目的能否顺利达成。因此对于拆迁补偿的分析就显得尤为重要。

本专题对拆迁补偿的分析，主要着眼于拆迁补偿的定性、拆迁补偿的具体范围及其实现方式，希望可以通过对民众的合法权益的梳理与思考，为补偿标准的确定提供合理的参照系。对于拆迁补偿的定性研究，可以更好地厘清拆迁中的相关法律关系，使得政府、开发商、民众这三个主体的权利义务关系更加明晰。就征收补偿的范围而言，其不仅应该包括民众享有的土地使用权与房屋所有权等两大基本权利，基于房屋的附属物所有权以及其他用益物权人的合法权益也应受到合理的保障。另外，本着充分补偿的原则，我们认为，对房屋与附属物情感因素、停产停业损失、瑕疵损害赔偿、征收及搬迁活动支出、有关被征收人强制征收请求权在征收补偿中也应该给予考虑。为了达到保障被拆迁人在拆迁后获得不低于原先生活质量的居住环境之权利，但这一要求是不可能通过单一的补偿形式来实现的，因此我们主张采取多元化的补偿方式。其中货币补偿和房屋产权调换是最为基本的两种补偿方式，但是为了实现公益征收的目的，还需要辅以其他的权利保障方式才能够实现。在补偿标准上，我们认为合理的补偿标准应以完全补偿为原则，以市场评估价为基础，同时综合考量保障救济。而这一补偿原则需要通过建立丰富的房地产交易案例体系、制定科学的市场评估方法来予以实现。同时我们还需要建立权威中立的评估机构以保证评估的公平。

在拆迁过程中，存在着不同价值位阶的冲突、不同权益类型的博弈，而拆迁补偿无疑是保持各种权益动态平衡的调节器，本专题在面对这种冲突的过程中，所秉持的基本理念是保障民权与民生的基本原则，以民众的基本人权保护为宗旨，在各种冲突中优先考虑民众，将价值冲突所可能造成的风险与成本交由政府承担，笔者相信，这样才最符合拆迁的初衷与价值预设。

专题七
拆迁中的社会保障责任

一 引言

一般人也许会认为，拆迁问题和以住房保障为核心的社会保障问题无关。但是这个看法是错误的，本课题第一个专题研究部分在分析拆迁中的法律关系时指出，城镇中的拆迁隐含着社会保障的法律关系。对此我们简单地回忆一下就知道，在20世纪80年代，中国各地城市普遍进行的旧城改造和危旧房改造工作中，这两件事情就是密切联系在一起的。那时候，城镇拆迁的目标就是解决包括居民住房问题在内的社会发展的历史遗留问题，这一任务显然包含着为民众解决住房保障现实问题的内容。

新中国成立之后很长一段时间内，国家宏观决策长期忽视民众生活水平的提高，城镇社会发展水平很低，其中一个最为显著的社会困境，就是城市居民和一般体力劳动者比如工人家庭的住房问题，长期得不到解决。改革开放初期，这一问题仍然非常严重，甚至在建立市场经济体制之后也没有显著的缓解。也就是因为这样，在20世纪80年代城镇危旧房改造、旧城区改造需要拆迁的时候，被拆迁的民众绝大多数对于拆迁都是满怀着衷心拥护的心情，他们甚至因为自己将被拆迁而奔走相告，喜上眉梢。确实，这个时期我国各地城镇拆迁基本上都是旧城区改造、危旧房改造工程，政府在组织拆迁的时候，基本的出发点还是要解决城市发展问题，解决城市居民、个人等劳动者的居住条件改善问题。这些做法既符合国家土地所有权制度建立的目标，也符合人民群众的普遍心愿。

只是在进入20世纪90年代中期之后，中国城市的土地运作开始了大规模的市场化机制建设，“经营城市”、“经营土地”口号响彻云霄，而以解决社会保障的现实问题作为出发点的城镇拆迁，慢慢离开了它的本源，走向了以取得第二财政为基本出发点的目标。尤其是在“招、拍、挂”的措施出台以后，土地使用权的出让只是以追求高地价为目标，中国因此出现了一个又一个的“地王”，也出现了对于一般民众而言高不可攀的房价。此时，城镇拆迁虽然名义上将城市发展作为目标，但是这一目标实际上已经不再包含解决社会保障问题这一最主要的内容。

20世纪90年代中后期，我国城镇住房制度改革也开始实施了。从那时发展到现在，市场机制在优化和提高住房资源配置效率等方面已经发挥了基础性作用，很多居民的住房条件得到了改善。这一点我们应该首先予以确认。但是，这种市场化住房机制所发挥的作用，对于尚没有富裕起来的民众，其积极的效果并不明显。在解决一般劳动者尤其是城市体力劳动者的住房问题方面，实事求是地说，市场化机制难以发挥作用。其中的原因不必详述。特别是近几年城镇商品房价格的快速上涨，使得住房价格已远远超出了中低收入居民的正常经济承受能力，这部分居民的居住问题应该如何解决已成为社会政策关注的一大热点。这种情况，在一般体力劳动者阶层表现得更为突出。

在商品房大量上市的情况下，似乎被拆迁人的住房保障的现实问题也在其中得到了解决。不但一些地方政府的官员认为，而且我国社会很多人都认为，被拆迁人的社会保障已经不再是问题，因为大多数被拆迁人在拆迁之后住房问题也解决了，生活水平也提高了。但是正如本课题研究的第一个专题所指出的那样，在这些已经进行了的拆迁之中，其实是房地产商的高房价承担了对于被拆迁人的社会保障责任；但是“羊毛出在羊身上”，房地产商的高房价归根结底是由购买房屋的一般民众来负担的。因此，在虚高的房价中，包含了针对被拆迁人的社会保障部分的费用——这些费用实际上是由购房人来负担的。

这种情况，使得一些地方政府的领导者出现了一系列政策幻觉。其中

一个幻觉就是，被拆迁民众总是衷心拥护拆迁的，而且这种拥护似乎不需要前提条件。一些地方政府官员认为，拆迁本身就是社会保障责任的承担，因为拆迁对那些居住条件长期得不到改善的民众而言是一个难得的机会。因此只要大力推进拆迁，被拆迁人的居住条件就会自然而然地得到改善。也就是基于这样的考虑，地方政府官员普遍认为，即使有个别人不同意拆迁，这些人肯定只是少数甚至是极少数。

对于这些少数甚至是极少数不同意拆迁者，一些地方政府官员想出来一个自认为绝佳的办法，那就是让所有涉及拆迁的民众集体投票，让大多数人的声音来战胜那些少数人的声音。但是，发生在 2007 年的北京酒仙桥地区的拆迁事务，对于这些自以为是的官员来说，却发生了事与愿违的结果。

该案以危房改造的形式出现，地方政府在整个土地运作过程中，也没有从中取得利益的私心。而且，政府将是否拆迁的决定权以“民主投票”的方式交给了被拆迁的民众，由他们行使多数人的投票决定权，这似乎也合乎民主决策的法治文明精神，那么，按理说，这样的拆迁，不论是其目的还是其运作形式，总应该是得民心的吧？但是，这一拆迁的运作却中途夭折，从中折射出的问题尤其值得深思。那么，问题到底出在哪里呢？

酒仙桥拆迁案中途废止的实例，给了我们非常有益的启示：在拆迁事务中长期以来被无形淹没的社会保障责任承担这一话题，还是不是一个需要解决的问题？如果答案是肯定的，那么接下来的问题是，在解决城镇低收入家庭的住房保障这种社会问题时，谁应该承担这个责任？怎样来解决这样的问题？这些问题，据我们的调查，在拆迁的法律事务中至今没有人提出来讨论过。正如本课题第一专题关于拆迁涉及的法律关系的探讨中所揭示的，这几个问题其实一直是存在着的，也是需要我们认真予以思考和解决的。

二　操作不合法抑或制度不合理?

（一）案例回顾

酒仙桥街道地处朝阳区，国有企业较为集中，人口密度大，且该地区街道房屋建筑大批建于 20 世纪五六十年代，属于苏式筒子楼和平房，墙体、市政设施老化严重。经朝阳区房屋安全鉴定站鉴定，这一地区破旧的三、四类房屋占房屋总数的 70% 以上。按照建设部《城市危险房屋管理规定》，三类房屋应停止使用，四类房屋应整体拆除。2003 年，这一地区二、四、六、七、十一街坊和十街坊的一部分被批准列入危旧房改造范围，涉及居民约 5473 户，企事业单位 18 家，规划建筑面积 84 万余平方米。不论是从涉及建筑面积看还是从涉及居民数量看，这一项目都是北京市改革开放以来最大的城市危改项目。①

为有效杜绝“钉子户”，北京市朝阳区人民政府决定，此次拆迁不采取签一户搬一户的方式，而是实施同步搬迁方案，居民中达到一定比例的人签订协议后，才实行同步搬迁，以避免越到最后拿到的补偿越多的现象发生。如果同意搬迁者达不到较高比例，搬迁将予以暂缓。实行此种拆迁方式，当然首先是为了避免拆迁中的不公平现象发生，同时缩短拆迁时间。

据媒体报道的情况，我们可以总结出，这次规模很大的危旧房改造的过程，已经发生的情形如下：②

2003 年酒仙桥地区列入市危旧房改造范围。

2005 年 10 月 19 日，朝阳区危改办发布了《北京市朝阳区酒仙桥地区危旧房改造拆迁补偿安置实施细则》，确认电控阳光公司为酒仙桥危改实施单位，按照房改带危改的形式进行，而且规定最低货币补偿标准是 9.9 万元。

2006 年 9 月，该地区半数居民签订《回迁安置房预定书》。

2007 年 5 月，酒仙桥街道办事处组织《酒仙桥危改区居民意见调查》，问卷涉及危改政策、危改进程、危改拆迁补偿等方面。

---

① 关于酒仙桥拆迁事件的这些背景资料，有兴趣者可以参阅《北京酒仙桥危改的“民主”操作》的报道，人民法院报网站：http：//rmfyb. chinacourt. org/public/detail. php？ id = 109753。

② 对于酒仙桥危改案情的简要回顾，主要参考裴智勇、吴志龙、杜娟《酒仙桥危改：僵局如何打破》，人民网—《人民日报》，2007 年 8 月 14 日 23：39，http：//society. people. com. cn/GB/1062/6115137. html；《北京酒仙桥危改的“民主”操作》，人民法院报网站：http：//rmfyb. chinacourt. org/public/detail. php？ id = 109753。

2007年5月，项目实施单位公布《酒仙桥危改工作补充意见（草案)》，规定在第一批次外迁奖励标准2300元每平方米的基础上，增加外迁安家奖励费2000元每平方米。此外，对低保户在拆迁公告明确的搬迁期限内按期搬家的，给予每户3万元补助。

2007年6月2日危改拆迁表决书发到居民家中，定于6月9日进行投票。当天，该地区居民绝大多数行使了表决权，将自己对于是否拆迁的意愿投入了指定的票箱之中。

2007年10日晚上，北京市酒仙桥危改项目“居民投票”结果终于在万众瞩目下出炉了。不过，这个投票结果却使得很多决策者、操作者感到十分意外。因为据媒体报道，在全部5473户居民中，最终的投票结果是2451票同意，1228票反对，32票无效，1762户弃权。[①] 这就是说，多数人对于被拆迁的表态是不支持的。至此，名噪一时的北京最大拆迁项目拆迁工作陷入僵局。

（二）项目运作缺少了什么?

酒仙桥地区的拆迁留给我们很多思考。我们看到，政府部门在拆迁伊始，就向被拆迁人作出了一项正当的承诺，那就是，通过酒仙桥一带的危房改造工程改善当地居民的生活条件和居住条件。从这一点看，酒仙桥拆迁案应当是改善居民生活的“民心工程”，也符合《宪法》、《物权法》关于拆迁须符合公共利益目的的基本前提。

在决策程序方面，政府的做法也没有严重的不当之处。虽然在酒仙桥危改拆迁项目中，朝阳区建委、开发商和街道办几个方面议定的“民主拆迁”和“同步拆迁”的方式遭到很多质疑，但是因为政府方面没有自己赢利的目的，而且总的拆迁目标是使得全部被拆迁人都能够受益，所以这些质疑都可以得以化解。比如，在这一项目中产生了关于多数人投票决定消灭少数人权利的正当性的质疑——应该说，这一质疑的提出有一定的道理，但是我们也应该看到，如果政府决定拆迁的全部设想能够得到实现时，那么这里所说的少数人的利益其实不是被消灭了，而是被改善了。所

① 参见《北京酒仙桥危改的“民主”操作》，人民法院报网站：http：//rmfyb. chinacourt. org/public/detail. php？ id = 109753。

以这样的质疑也是可以化解的。

在具体的拆迁方案中，危旧房改造的目标得到了体现，这也是应该予以强调的。比如，朝阳区人民政府确定，酒仙桥回迁房的房价不能高，确定在每平方米2000元，这里面包含了回迁房本身的建筑安装成本以及相关配套规划建设的成本。按北京现有的建筑成本，这个房屋的价格，剔除了土地的价格，也基本上消除了建造房屋的赢利空间，可以说，这个价格，只剩下了建造房屋的物质材料以及人工的成本。在这个价格的基础上向拆迁户提供住房，对于被拆迁人来说，应该说是最有利的。

按照政府方面的规划，通过拆迁，原住户的居住条件可以得到较大改善。同时，拆迁方案考虑到当地居民收入普遍较低，而且老年人居多，都要求回迁，低保户相对较多（有100多户）的现实，在建设回迁房时特别考虑了配间。所谓配间，就是20平方米左右带卫生间的独立房屋，回迁户可以选择带配间的回迁房。这样，配间可以出租也可以自住，如果是出租，可以每月有数百元收入。这样，可以很大程度上避免城市拆迁过程中原居民被迫迁往郊区和不发达区域，尽量做到有利于被拆迁人。

但就是这样一个无论从目的、程序、补偿方案等角度看都相当好的设计，甚至在决定拆迁与否时还采取“民主拆迁”这种吸引眼球的方式的危改项目，却没有得到民意的支持。问题出在哪里？难道民众真的那么不通情达理吗？

对这个问题，被拆迁的几位民众给出了自己的回答。这些民众普遍的呼声是：“谁不愿意住好房子，住大房子啊？”但是，居民介绍，按最新政府给出的政策，如果拆迁后另觅住处，居民一般可获得35万元左右的补偿；如果选择回迁，居民则需支付15万元左右的差价。“35万，除非到河北买房，15万，我们一辈子没挣到这么多钱。”“2006年3月，大家听说要开始进行‘危改’，积极性可高啦。但看完宣传片我就不同意了，我举手问，你说在我们酒仙桥穷和破的时候，为什么不说说‘那段历史’。”“我算了一下，我工作一辈子的工资，再加上下岗的那点儿钱，一共是16211元，离要交的22万元远着呢。”①

① 参见《北京酒仙桥危改的“民主”操作》，人民法院报网站：http：//rmfyb. chinacourt. org/public/detail. php？ id = 109753。

结合民众的此般心声，我们有必要分析一下其背后被很多人忽视的历史背景。酒仙桥危改区域的大部分居民，绝大多数是计划经济时代的老工人家庭。在计划经济的背景下，我国曾长期处于“高积累，低消费”的经济状态，基于这一背景老工人家庭获得的住房，一般都比较狭小而且大多已经破旧，居住条件非常差。正如他们自己所表达的那样，危房改造是众望所归，绝大多数居民都盼望通过政府的旧城改造工程来改善自己的居住环境和生活环境。但他们普遍较低的收入和积蓄，导致其无力承担因拆迁而增加的经济负担。这就是本专题重点关注的也是在城镇拆迁中必须解决的一个不容忽视的问题。

而这种为弱势群体提供的改善他们的生活条件的责任，就是社会保障责任。而酒仙桥拆迁项目的运作，从一开始设计就缺乏解决这一责任负担问题的方案。如前文所述，在其他地方的拆迁中，因为社会保障的责任为其他购房人所分担，这个问题没有明显地表现出来；而酒仙桥拆迁案中，因为地处首都机场航线区无法增加容积率，而且房子必须保障被拆迁人回迁，房价也不能许可建设单位赢利，因此房屋建造的成本价格必须由被拆迁人自己承担。但是即使是成本价，该地区的绝大多数老工人家庭还是无力承担。也正是因为本应受到极大重视的住房社会保障责任承担问题被忽略了，这样一个基于良好动机、良好方法的拆迁，却难以为继。

这就说明了，在拆迁的过程中无法忽视为这一群体的民众提供社会保障的问题。而且我们应该注意到，酒仙桥拆迁项目并非个案，其他地区的危房改造项目也面临同样的问题。①

（三）拆迁中的制度缺陷

尤其值得注意的一点是，酒仙桥危改项目的做法不仅是符合当时的拆迁法律制度的，而且与之前乃至同期的拆迁案例相比还具备了更多的“民主”因素。这更加迫使我们必须对当时的拆迁制度进行检讨。对于拆迁中涉及社会保障的问题，原来我国建立的拆迁制度，对其采取了隐藏、屏蔽的方法。对此我们可以从旧拆迁条例的相关规定中窥见一斑。

---

① 对类似的报道有兴趣者，可以参阅《拆迁户要安居城管无力　暴露社会保障力缺位》，http://www.jiaodong.net，2005－05－11 08:38:47。

原《城市房屋拆迁管理条例》第 4 条规定："拆迁人应当依照本条例的规定，对被拆迁人给予补偿、安置；被拆迁人应当在搬迁期限内完成搬迁。""本条例所称拆迁人，是指取得房屋拆迁许可证的单位。""本条例所称被拆迁人，是指被拆迁房屋的所有人。"第 13 条第 1 款规定："拆迁人与被拆迁人应当依照本条例的规定，就补偿方式和补偿金额、安置用房面积和安置地点、搬迁期限、搬迁过渡方式和过渡期限等事项，订立拆迁补偿安置协议。"按照这一规定，城市房屋拆迁法律关系的当事人为拆迁人（即取得房屋拆迁许可证的单位，主要为享有新的土地使用权的房地产商）和被拆迁人（即原先的业主，是被拆迁房屋的所有人和原土地使用权人），由此，拆迁过程中的基本法律关系，由拆迁人与被拆迁人直接发生，补偿安置等责任无疑也须由开发商来承担。从该条例的文字上看，是开发商拆了被拆迁人的房屋，因此他应对业主承担全方位的义务。旧拆迁条例在这里体现的立法意图是，拆迁人和被拆迁人之间的法律地位是平等的，他们之间法律关系的性质，是平等主体间的民事法律关系。这种补偿的性质属于民法上的损害赔偿，其中自然不应涵括社会保障性质的补偿。

另外，旧拆迁条例确定的补偿安置，是指补偿被拆迁人因为拆迁而受到的既有经济损失，而不包括改善和提高被拆迁人居住条件的因素。在旧的《城市房屋拆迁管理条例》中，也没有任何条款规定了政府应当承担拆迁中的社会保障责任。

在这样的立法框架下，政府"合法地"推开了社会保障责任。对被拆迁人补偿安置中具有社会保障性质的那部分责任，也通过立法推卸给拆迁人承担。但我们知道此时的拆迁人多数情况下是开发商，他们是市场经济体制下的赢利主体[①]而不是慈善机构，不可能自愿负担改善被拆迁人居住条件的责任。追求利润最大化，是开发商经营的目的，为了追求赢利，开发商往往通过追求房屋容积率的扩大，以取得将其分担的给予被拆迁人的补偿款分摊给更多购房人的效果。这样，开发商才会有良好的销售业绩。可以说这是大部分城市房屋拆迁中，被拆迁人的社会保障责任分担的模式。但由于酒仙桥地处机场附近，房屋容积率不能改变；政府要求房价必须充分低廉；而且这一地区的房屋拆迁要保障足额回迁，因此，建造商根

① 关于这一点，本书的第四专题已有较为详细的分析，在此不予展开。

本无法将增加的社会保障的成本分摊出去。酒仙桥一带居民改善生活条件的希望也自然随之落空。

在原来的拆迁制度设计中，政府将对被拆迁人所有的补偿责任都推给了开发商，其中也包含了社会保障的责任；但是开发商承担的补偿与安置责任是以其能够取得赢利为前提条件的。一旦开发商无以转嫁拆迁补偿以及拆迁中承担社会保障责任的成本，被拆迁人的利益便会落空。

正如我们专题一研究中所指出的那样，在当代，政府才是拆迁中社会保障责任的当然承担者。通过对酒仙桥案例的分析，再次表明在拆迁中如果社会保障责任的问题没有得到很好的解决，拆迁不会成功；而政府将这一责任推卸给开发商，则不符合法理，也无法实行。而这些，恰恰是我国长时期实行的拆迁制度的一个内在的缺陷。

（四）城市中的居住弱势群体

通过对酒仙桥居民状况的分析会引出一个普遍的也是更深层次的问题——城市居住弱势群体的存在，这是我们在研究拆迁涉及城市居民的社会保障问题时必须关注的，也就是说我们必须从弱势群体的角度来理解其中的社会保障问题。

大量的研究成果表明，由于社会和自然的原因，城市中必然有部分经济条件困难，在住房体系中处于弱势群体，即居住弱势群体（也可称为住房弱势群体）的存在。目前为止，学界对居住弱势群体之特性的界定存在差异，如有学者认为住房弱势群体具有以下特点：第一，住房弱势群体是指其个人及家庭住房达不到社会最低生活标准的、有困难的群体；第二，住房弱势群体依靠自己的力量无法改变目前的无房、危房、拥挤、共用等住房弱势状况；第三，社会救助是改变住房弱势群体住房状况必需、唯一、可行的办法。①

中国人民大学土地管理系主任叶剑平教授认为，居住弱势群体在我国至少有以下几层的含义：第一，他们在现实生活中的居住水平处于社会平均水平以下；第二，他们在未来的一定时间内存在无法改变自己住

① 邱冬阳、王牧：《廉租房——城镇住房弱势群体救助的现实选择》，《重庆建筑大学学报》2003 年第 6 期。

房现状的可能；第三，在社会、政治、经济生活中，他们也往往处于弱势的地位。①

综合这些讨论，并结合我国住房保障的相关政策与实践，我们可以将我国城市带居住弱势群体概括为居住现状水平不能满足基本居住需要、自身住房支付能力不足而且难以通过自己的力量从房地产市场获得住房的社会民众群体。这一群体，大多属于城市社会弱势群体，包括城市低收入者、经济结构调整过程中的失业人员等，低收入是他们共同的特征。

而对于以贫困人口为代表的城市弱势群体聚居区域的生态与发展问题，国内也有很多研究者从实证调研、社会空间分布、居住空间分异等角度进行了大量研究。北京市社会科学院对这些区域进行了调查，发现这些区域普遍存在环境脏乱差、市政基础设施不足、危旧平房集中、居民整体文化素质不高、居民总体收入偏低等特征。该课题组在最后的调查报告中指出，旧城历史街区、老旧居民区、城中村、厂中村等地段成为居住弱势群体的主要聚居区域。②

另一项调查报告则展示了对南京市城市贫困阶层的空间分布的调查情况。该报告指出，城市户籍贫困人口的空间分布在一定程度上与企业（尤其是大中型国有企业）的空间分布相关，多分布在城区边缘地带，同时在老城区仍然存在由于人口过于密集、开发成本过高而在短时间内无法实现再开发的衰退区域，也集中着大量的城市贫困人口。③

还有一项研究成果通过对西安城市社会收入空间分布结构的分析指出了该市居住弱势群体的居住分布状况。报告指出，西安中低收入阶层主要分布在旧城商务与传统街坊社会区域、北郊铁路与技术开发混合区以及东部纺织城。其中低技术工人、退休人员和外地打工人员约占54%；低收入阶层主要分布在城市东北部重型机械区、西北部仓库与演替式边缘社会区

① 郑杭生主编《中国人民大学社会发展研究报告2002：弱势群体与社会支持》，中国人民大学出版社，2003，第23页。

② 北京市社会科学院“北京城区角落调查”课题组：《北京城区角落调查》（No.1），社会科学文献出版社，2005，转引自焦怡雪《城市居住弱势群体住房保障的规划问题研究》，北京大学博士后研究工作报告，2007，第23页。

③ 刘玉亭：《转型期中国城市贫困的社会空间》，科学出版社，2005，转引自焦怡雪《城市居住弱势群体住房保障的规划问题研究》，北京大学博士后研究工作报告，2007，第23页。

域、西部电工机械与单位制社会区域以及郊区演替式边缘社会区域，这些区域中下岗职工和待业人群比例高达68%。①

综合已有的研究，可以看出目前城市居住弱势群体聚居的主要空间包括：居住条件长期未得到改善的旧城平房区、衰退厂矿企业的老宿舍区和城中村。这在很大程度上与我国在计划经济体制时期实行的“低消费、高积累”政策直接相关，在那样的背景下城市居民住房条件长期得不到改善。改革开放后，之前收入不高的老一代工人和一些居民也没有能力自己改善住房。因此，必须依靠政府或者他人的帮助，才能满足基本居住需求。现实中，这些居民大都把拆迁当做改善自己居住条件的机会。在我国很多地区，都存在着很多等待拆迁的居民，他们固守城市中所谓黄金地段上的古旧房屋，拆迁成为他们改善住房的机会。这样，城市房屋拆迁尤其是危改项目拆迁常常与社会保障与社会救济问题紧密联系在一起。

（五）居住弱势群体面临拆迁困境

通过上文我们对酒仙桥危改项目的简要回顾，可以发现该地区大约有5000户无产权住户，② 而且如上文所述这些住户大多是下岗职工，在经历了国有企业改制后，其经济状况有了很大变化。虽然这些住房基本属于危旧房，改造后能很好地提高住户的生活质量，但由此产生的搬迁、回迁费用是那些经济困难群众所无法承受的。故而社会保障问题在该案中显得尤为明显。而且我们在上面的分析中已经指出，拆迁中的社会保障责任缺失，其实是拆迁的法律制度造成的。所以，就住房弱势群体而言，他们的住房问题如果单单通过原有拆迁模式来解决，那么这些民众遇到的困难就会非常大。

根据世界银行为其资助的将建设项目制定的业务政策——非自愿移民系单独条款，编号0P4.12中的规定，对于非自愿移民而言，单纯的经济补偿不足以抵挡非自愿移民所带来的贫困状况。因此，传统的拆迁补偿思维是不合理的，也难以解决拆迁所带来的种种社会问题。而且，一

① 王兴中等：《中国城市生活空间结构研究》，科学出版社，2004，转引自焦怡雪《城市居住弱势群体住房保障的规划问题研究》，北京大学博士后研究工作报告，2007，第24页。

② 其中包括4211户无产权合居筒子楼住户，555户无产权的平房住户。对此参见闫铮《京城酒仙桥的故事》，《城市开发》2007年第9期。

般情况下的拆迁，都存在着三方主体——政府、开发商和被拆迁人的博弈，被拆迁人毫无疑问的身处劣势。这是因为，上述三方主体由于各自的需求不同、立场不同，所以在拆迁过程中有着不同的利益追求。这样的利益追求，使得他们之间在拆迁过程中总是呈现为一种动态利益博弈的状态——被拆迁人或积极配合或坚决“钉”住；开发商或利诱或威逼；政府或动用公权力强制拆迁或动用公权力保护被拆迁人的私有财产。中国已经开始进入利益时代，利益博弈已经成为我国经济社会生活的一个重要内容。但是，正如前几个专题所分析的，在原有拆迁制度的框架下失范的博弈在城市房屋拆迁中不断重复发生，其结果对被拆迁人往往更为不利。在这种情况下，如果解决城市住房的社会保障问题不力，又会发生什么结果呢？

由于城市房屋拆迁，城市重新规划建设后，位于较好区位的地段住房价格和租金都会有大幅度的提高。虽然在拆迁改造政策中，大多城市都会对居住弱势群体给予最低补偿面积、最低补单价、最低补偿总额等照顾，但由于居住弱势群体的原有住房大多存在居住面积较小的情况，所获得的拆迁补偿款总额相对有限，面对更新后高昂的房价他们仍然难以支付回迁费用，只好外迁到房价较低的郊区居住。

2001 年北京南池子普渡寺片区的拆迁改造就是很好的例证。《北京市区南池子历史文化保护区（试点）房屋修缮和改建实施细则》规定，货币补偿，依据“补偿款 = 经济适用房住房均价 × 原建筑面积 ×（1 + 补偿系数）”的公式计算，其中经济适用房均价为 3500 元/平方米，因此补偿标准为 5950 元/平方米（住房面积不足 15 平方米的按 15 平方米计算）。而回迁安置户型为 45 平方米（一居）、60 平方米（二居）和 80 平方米（三居）三种，安置标准分别对应于建筑面积不足 20 平方米、20～30 平方米、30～40 平方米三档，超过 40 平方米或者给予货币补偿，或者多套安置，原建筑面积以内的部分以 1970 元/平方米成本价格购买，超过原建筑面积的部分按照当地经济适用房价格 6000 元/平方米购买。[①] 当时该片区共有居民 511 户，居住人口 1479 人，户籍人均面积 9.27 平方米，居民多为中

① 相关数据参见焦怡雪《城市居住弱势群体住房保障的规划问题研究》，北京大学博士后研究工作报告，2007，第 42 页。

低收入者，户均月收入1630元。[①] 按户均住房面积26.8平方米计，如原地购买60平方米的回迁房，需要支付金额为：26.8×1970+（60-26.8）×6000≈25.2万元。如果选择货币补偿方式，户均获得的补偿款为15.95万元。这一笔补偿款对于那些居住弱势群体的被拆迁人意义何在？他们事实上既不能选择回迁，而且也无法选择另行购买住房。因为虽然回迁有优惠补贴政策，但对于户均月收入1630元、仅够最基本生活支出的低收入家庭来说，这仍然是超负荷的，因此大部分居住弱势群体不得已选择迁往房价低廉的郊区购房。

居住弱势群体从原来区位优越的住房搬迁到房价较低的郊区后，虽然住房条件（主要是建筑面积和厨卫生活设施条件）比原住房有较大改善，但由于郊区生活服务设施条件的便利程度较差，典型的如他们会因此失去利用旧城区良好的医疗、教育、交通设施的便利；远离工作地点或者失去赖以谋生的非正式工作，同时失去邻里社会网络的支持，致使他们的生活成本增加、实际生活质量下降。[②]

对于这一点，已有学者进行详细的调查，从他们的调查数据中我们也能够得到一定程度的佐证。[③] 该调查报告指出，旧城地区在商业服务、文化教育和医疗卫生等方面本来就具有优势。随着城市的发展和危旧房改造任务完成，旧城各项生活指标的优势将更加明显。而这些，那些已经外迁的居住弱势群体是无法享受的。

另外，北京宜居城市研究报告[④]显示，在作为城市更新外迁主要房源地的回龙观和天通苑两大经济适用房社区中，与其他城市住区相比，居民的居住满意度偏低，其中在生活方便性评价、医疗设施方便性评价、居住

① 汪光焘：《北京历史文化名城的保护与发展》，新华出版社，2002，转引自焦怡雪《城市居住弱势群体住房保障的规划问题研究》，北京大学博士后研究工作报告，2007，第42页。

② 参见焦怡雪《城市居住弱势群体住房保障的规划问题研究》，北京大学博士后研究工作报告，2007，第2页。

③ 刘阳：《北京旧城居住区改造中人工环境效益与人口迁居的研究》，清华大学博士学位论文，1997，转引自焦怡雪《城市居住弱势群体住房保障的规划问题研究》，北京大学博士后研究工作报告，2007，第43页。

④ 张文忠、尹卫红、张锦秋等：《中国宜居城市研究报告》，社会科学文献出版社，2006，转引自焦怡雪《城市居住弱势群体住房保障的规划问题研究》，北京大学博士后研究工作报告，2007，第43页。

环境舒适度评价、通出行评价和安全性总体满意度等方面都处于全市最低状态。这反映了目前城市外围经济适用房社区的生活便利程度与城市中心区相比仍存在巨大差距。

这正好反映了一个不可否认的事实：社会代价往往大多数是由社会弱势群体来承担的，这就是社会学特别关注没有话语权或很少有话语权的弱势群体的理论渊源之一。[①] 为什么说社会弱势群体承担着更多的社会代价呢？根据“马太效应”，即好者愈好，差者愈差；富者愈富，贫者愈贫。在市场竞争中，具有资金、权力、能力以及社会关系等资源优势的是强者，他们处于优势积累的有利地位，一旦起步领先，便会出现“放大效应”。相反，弱者鉴于资源的匮乏和地位的限制，改变自己处境的机会相当少，在竞争中处于劣势。正因为如此，社会弱者往往最先也最强烈地感受并承受到改革的代价。从理论上来讲，改革的社会代价应当由全体社会成员来共同承担，但在现实中，却往往是承受力薄弱的弱势群体遭受最大冲击。犹如经济学上的“木桶效应”，从历史经验教训来看，社会风险最容易在承受力最低的社会群体上爆发，从而构成危及社会稳定进而影响社会发展的一个巨大隐患。从另一角度，可以这么说，一个弱势群体得不到保障的社会，一个弱势群体受到歧视的社会，不可能是一个健康稳定性的社会，更不可能是和谐发展的社会。因此，帮助弱势群体减轻来自各方面的压力，不仅是政府部门的责任，也是全社会的义务。

通过这些分析，我们可以看出对于居住弱势群体的生态问题，其自身特性决定了他们本已无力依靠自身力量改变居住状况，若因拆迁导致其生活条件、居住条件更趋恶化，这不仅与公平社会理念不符，也极可能导致城市拆迁中社会矛盾的加剧。

三 社会保障责任的承担

通过上文的分析，我们可以看出在城镇房屋拆迁的过程中，住房社会

① 参见郑杭生、李迎生《走向更加公正的社会——中国人民大学社会发展研究报告 2002 ~ 2003》，中国网：http：//www. china. org. en/ehinese/zhuanti/264615. htm#12，2003 年 3 月 10 日。

保障问题是现实存在的，要妥善解决这个问题，势必需要对原有的拆迁制度中的相关设计进行根本性改革。而改革中首先要涉及的问题是，这一责任到底应由谁来承担？

（一）政府对于社会保障的责任

我国国务院于1998年便下发了《关于进一步深化城镇住房制度改革加快住房建设的通知》，并指出要“建立和完善以经济适用住房为主的多层次城镇住房供应体系”，“最低收入家庭租赁由政府或单位提供的廉租住房；中低收入家庭购买经济适用住房；其他收入高的家庭购买、租赁市场价商品住房”。并于2007发布了《国务院关于解决城市低收入家庭住房困难的若干意见》（国发〔2007〕24号），指出“以城市低收入家庭为对象，进一步建立健全城市廉租住房制度，改进和规范经济适用住房制度”，明确了“‘十一五’期末，全国廉租住房制度保障范围要由城市最低收入住房困难家庭扩大到低收入住房困难家庭”，并指出“经济适用住房供应对象为城市低收入住房困难家庭，并与廉租住房保障对象衔接”。这在一定程度上表明政府对住房弱势群体的社会保障问题已逐步予以关注。

但是上述文件仅仅指出有城市居住弱势群体这么一个问题，却没有建立相关的制度来解决这个问题。在上述这样一个政策性文件中，我们看不到句子的“主语”，也就是看不到解决这个问题的责任承担者。因此我们认为，在解决居住弱势群体保障这个问题上，我们首先还是应该明确其责任主体。当然，居住人自己应该做出自己的努力，但是正如上文关于酒仙桥地区拆迁案件的分析所指出的那样，在民众自己实在无力解决这个问题的时候，政府是不是应该伸出援手？

马克思认为，在社会主义国家，政府要承担起一般管理、满足社会共同需要、社会保险与保障、救灾等公共职能。马克思在《哥达纲领批判》一书批判拉萨尔关于社会主义社会中劳动者应当得到“不折不扣”的“劳动所得”的观点时指出，社会总产品在进行个人分配之前，必须先作六项扣除：一是用来补偿消费掉的生产资料的部分；二是用来扩大再生产的追加部分；三是用来应付不幸事故、自然灾害等的后备基金或保险基金；四是和生产没有直接关系的一般管理费用；五是用来满足共同需要的部分，如学校、保健设施等；六是为丧失劳动能力的人等设立的基金。其中，一般管理、学校与保健等共同需要、保险与救灾等公共产品方面的支出，应当是由政府来承担的。

一般认为，社会保障是指“为对贫者、弱者实行救助，使之享有最低生活，对暂时和永久失却劳动能力的劳动者实行生活保障并使之享有基本生活，以及对全体公民普遍实施福利措施，以保证生活福利增进，而实现社会安定，并让每个劳动者乃至公民都有生活安全感的一种社会机制”，[①] 社会保障制度则指“国家和社会，通过国民收入的分配与再分配，依法对社会成员的基本生活权利予以保障的社会安全制度”。[②] 以住房保障这一核心问题为例，住房保障制度是指政府和单位在住房领域行使社会保障职能，对城镇居民中低收入家庭进行扶持和救助的一种住房政策措施，是为解决低收入家庭的住房问题而设置的社会保障性住房供给方式，是多层次住房供应体系的重要组成部分。[③] 就此我们说住房保障体制从本质上而言是政府向居民提供的一种公共产品，其效用就是通过支付转移的方式实现社会收入的再分配，使广大中低收入和最低收入居民家庭也能够享受经济发展的利益，从而保持分配公平和社会稳定。[④]

而且纵观当今世界国家，为了实现经济社会的持续稳定发展，都认为政府有责任和义务保证中低收入家庭也能安居乐业。根据奥肯的理论，市场化体制所牺牲的公平必须被判断为可以得到更多效率的必然手段，而住房保障所牺牲的效率必须被判断为可以得到更多公平的必然手段。[⑤] 因此，政府应该注重住房公平分配，通过对中低收入阶层的补助，缩小他们与其他阶层在居住水平上的差距，使他们能够达到政府规定的住房标准。

所以，从应然角度而言承担社会保障责任是政府的当然职责。虽然，我们也应该看到，在我国一些地方政府虽然在解决这个问题时付出了许多努力，但是由于原来制度设计方面的缺陷，现实中实际的住房社会保障覆

① 侯文若：《社会保障理论与实践》，中国劳动出版社，1991，第106页。

② 陈良瑾主编《社会保障教程》，知识出版社，1990，第55页。

③ 崔桂芳、关胜学：《完善我国住房保障制度的思考》，《建筑管理现代化》2005年第3期。

④ 褚超孚：《住房保障政策与模式的国际经验对我国的启示》，《中国房地产》2005年第6期。

⑤ 转引自郭玉坤《中国城镇住房保障制度研究》，西南财经大学博士学位论文，2006，第67页。

盖情况不容乐观。问题主要在于：一是保障覆盖面偏低，无法满足大量低收入群体的住房需求；二是保障覆盖对象与目标存在偏离，部分高收入家庭获得了保障性住房，而住房弱势群体却难以获得。另外，由于经济发展水平不同，保障性住房覆盖水平的地区差异明显。①

另外，根据我国土地市场国家一级垄断制度的原则，政府在收回国有土地使用权和将土地使用权再次出让给开发商的过程中，获取了大量出让金，这些钱的用度值得关注。我们认为，这些收入就应该用之于民众的居住问题的解决，以实现上文所说的土地制度建立的社会主义理想。据国土资源部的统计显示，2007 年全国土地出让收入近 13000 亿元，其中招、拍、挂出让土地收入超过 9000 亿元。即便是 2008 年受房地产市场低迷的影响，全国土地出让收入缩水，但仍然维持在 9600 亿元的高水平之上。据业内专家预测，除去征地、拆迁、补偿、税费等成本，土地出让的净收益一般在 40% 以上。这也意味着，近两年地方政府获得的土地出让净收益，每年应该在 4000 亿元以上。国务院发展研究中心的一份调研报告显示，对一些地方政府来说，土地直接税收以及城市扩张带来的间接税收占地方预算内收入的 40%，而土地出让金净收入占政府预算外收入的 60% 以上。②出售土地，除了使得各级地方政府获得了投入义务教育、公共医疗、社会治安等关系国计民生的重大领域所需要的资金外，政府也应当承担起住房方面的社会保障责任。不仅如此，如前文所述，土地出让和城市扩建还有可能直接引起被拆迁人生活水平的下降，从公平角度上讲，对这部分居民承担起社会保障责任更应是政府分内的事。

（二）住宅权概念的提出

对于居住弱势群体的居住问题，世界上发展出了“住宅权”或者“居住权”这个概念。这个概念包含着对于居住方面的弱势群体提供国家帮助的意思，其含义和我国“居者有其屋”的含义相当，也就是政府必须保障人人得有住房的意思。从这一点看，这个概念具有人权法的性质。

---

① 参见焦怡雪《城市居住弱势群体住房保障的规划问题研究》，北京大学博士后研究工作报告，2007，第 84 页。

② 陆一：《何为房产和房地产》，《读书》2010 年第 2 期。

西方国家大多实行两党制或多党制，不同政党在住房保障政策的问题上也持不同政见。秉持自由主义理论的政党，坚持国家的“守夜人”角色，不主张政府过多干预市场；但强调社会政策的社会党则主张国家应当承担保障公民住房权的积极义务。笔者在此列举其中比较有代表性的声明与文件以资说明。《社会党国际的宣言》（1951）宣布：“社会党人不仅主张基本的社会权利，并主张经济与社会的权利。”这些权利中就包括“适当住房的权利”。《德国社会民主党基本纲领》（1959）宣布：“人人都有权得到一个合乎人的尊严的住所，即他家的栖身之地。所以住宅必须继续受到社会的保护，而不应仅仅是私人谋取利润的对象。必须通过采取住房政策和地皮政策来加速消除住房匮乏的现象。必须鼓励公家建筑住宅。”1989 年德国社会民主党纲领宣布：“我们要提供充足的符合家庭和个人需要的，有利于健康而又价格合理的住房。居住同劳动和教育一样是基本的权利。每个人有权要求获得符合人的尊严的住房。国家和社会的任务是帮助无法靠自己的力量来实现其住房的合理需求的人，或作为少数特殊的，在住房市场上遭到拒绝的人。因此，不能放弃供租用和私人用的社会福利住宅的建设。”①

上述声明和文件中都明确地规定了“保障基本的住房条件是国家与社会的义务”，国家有义务保障公民“获得符合人的尊严的住房”。而且，这样一些政策思想很早就已经反映在一些国家和地区的法律文件之中了。

德国 1919 年《魏玛宪法》第 155 条规定：“土地之分配及利用，应由联邦及州加以监督，以防止其滥用，且使所有德国人均获健康之住居，所有德国家庭，尤其子女众多之家庭，均得应其需要，获得住居及家庭需要之家产，将来制定之家产法，应特别顾及出征军人。”②

但作为人权意义上的住宅权的概念还是由国际人权法上首先提出的。《世界人权宣言》第 25 条第 1 项明确规定：“人人有权享有为维持他本人以及家属的健康和福利所必需的住宅，这就是住宅权的核心内容和基本依据。”③ 1981 年 4 月在伦敦召开的“国际住宅和城市问题研究会议”上通

① 张群：《住宅权及其立法文献》，《法律文献信息与研究》2008 年第 1 期。

② 参见《各国宪法汇编》（第二辑），台北“司法行政部”，1960，第 68 ~ 70 页。

③ 孙宪忠、常鹏翱：《论住宅权的制度保障》，《南京大学法律评论》2001 年秋季号，第 69 页。

过的《住宅人权宣言》中指出："我们确认居住在良好的适宜人居住的住处，是所有人民的基本权利。"

可以说，近代意义上的住宅权是随着公民权和人权观念的产生而出现的，是现代法治发展的结果。它实际上包含三个层面的权利内涵：首先是住宅权人居住保障权，这也是最核心的权利内涵，这部分内涵强调的是政府应当保障公民获得居住的权利；其次是公民的居住空间不受非法侵害，这个层面的权利具有人身权的性质，指的是未经居住人同意，任何人不得闯入居住人的住所；最后是住宅权人的财产权，既包括住宅人的房屋所有权，也包括合法的占有和其他物权。世界各国都存在这样的通说：住宅问题是关乎民生的重要问题，住宅是人之为人所必不可少的生活资源。从上述表述中，我们得知，住宅权并不是为社会的高收入阶层和已有充分住房的阶层提出的权利，而是为社会的低收入阶层提出的权利，其保障的是公民基本的住房需求能够得以满足。

从权利属性上看，住宅权在人权的权利体系中应归属于经济、社会和文化权利中的社会权利。而社会权利不同于人权中的自由权利。"所谓自由权，实际上是一种旨在保障应该委任于个人自治领域而使其不受国家权力侵害的权利，是要求国家权力在所有的国民自由领域中不作为的权利。"① 而社会权利的特点是要求国家为了民众的幸福承担作为义务，并积极建立某种福利制度。因此，政府有保障公民基本住宅权的责任，即保障其公民能够"居者有其屋"。但上述人权法律文件中关于住宅权的规定基本仅仅具有宣言性质，并没有具体规定政府应当怎样对公民住宅权的保障承担义务。这样对住宅权的保障是非常不利的。

就这点而言，《一九六一年工人住房建议书》（第115号建议书）无疑向前跨了一步：在确定国家对住宅权的保障承担义务这方面作出了突出的贡献。该建议书中规定了这样几项原则：

（1）在总的住房政策范畴内，各国应促进住房和相关集体设施的建设，使所有工人及其家属能有一套适当和合适的住房以及一个适当的居住环境。

（2）各国应给予急需住房者一定程度的优先。

---

① 〔日〕大须贺明：《生存权论》，林浩译，法律出版社，2001，第62页。

(3) 住房应是可承担的，工人不必为得到一套适当住房而在房租或购房方面的支出超过收入的合理比例。

(4) 政府应当根据当地的情况确定并实施住房的最低标准，确保住宅建筑的安全并在体面、卫生和舒适方面达到合理水平。

(5) 工人住房标准应随着社会、经济和技术的发展及人均实际收入的增加而及时修订。

笔者认为，在国内外历史上诸多规定住宅权保护的文件中，这份文件具有划时代的意义。因为它在人权法的历史上第一次明确规定了国家对于保障公民住宅权承担积极义务，明确国家应当通过政策的制定和政府权力的行使使得公民的住宅权利得以实现。并且，该文件还规定了国家承担义务的类型和方式。文件中还规定了住宅权的保护应当立足于保障人民的生活需求，且保障水平应当随着社会文化与经济的发展相应提高，提高的水平与经济发展的速度应当相一致。通过《一九六一年工人住房建议书》(第 115 号建议书) 明确出来的上述有关保护住宅权的观点对当时以及日后住宅权的保护都具有积极意义。

随着经济与社会的不断发展，住宅作为准公共产品的属性逐渐凸显。住宅与其他生活用品相同，对居民的生活水平的高低起着决定性的作用。在这样的历史背景下，1991 年，联合国经济、社会和文化权利委员会就“适当住宅权”发表了著名的第 4 号意见，明确提出了国家对公民住宅权应承担义务。国际法上对国家承担公民住房保障义务的倡导和要求，对于推动各国政府积极履行住宅方面的社会保障义务有促进作用。

从住宅权发展的历史来看，近一个世纪之前，国际上就对住宅权的保护达成了基本的共识，即国家有义务提供基本的住宅，保障公民舒适居住的权利是国家当仁不让的责任。这一思想在各国的立法上也得到了应有的体现，而且相关制度设计也逐步得到了完善。但遗憾的是，近百年后的今天，在我国的大部分地区，政府并没有如此的意识。有些地方政府还认为民权的保护应当为经济增长让步。他们没有这样的意识，即衡量经济和社会进步的标准不仅仅是 GDP 的增长，衡量一个城市繁荣昌盛的标准也不仅仅是城市扩建与更新的速度。对公民权利的保护力度也是衡量国家文明的重要标准。因此，我们有必要再次重申：政府应当对改善公民居住条件承担积极义务。保障公民“居者有其屋”的责任也应当由政府承担。

（三）居者有其屋：历史的期盼

在我国，从古至今，住宅对于人民的生活都具有重大的意义。自周公时代“五亩之宅，树之以桑”到“安居乐业”等与住房相关的成语举不胜举。唐代诗人杜甫的“安得广厦千万间，大庇天下寒士俱欢颜”的诗句更是传诵千古。

民国时期，城市贫民的住房问题就引起了政府和学者的深切关注。国民政府除了在民法中保护人民的房屋所有权之外，还在《土地法》中规定了城市的准备房屋制度。政府应当保证有3%的房屋可以随时出租。在抗日战争时期颁布的《社会救济法》也将提供低价和无偿住房作为一种救济措施。但在当时的条件下，政府难以在住房问题上积极作为，只能对社会上的房屋租赁进行宏观调控。当时的国民政府还颁布了《战时房屋租赁条例》，强制住户将空余房屋出租，并限制租金和无正当理由退租，以达到保障“居者有其屋”的目的。抗战结束后，又重新修订颁布了《房屋租赁条例》。

住房问题更是工农运动时期的重点。刘少奇在安源领导工人运动的时候，一项重要的措施就是要求资本家改善工人的居住条件。省港工人大罢工的口号也是改善住房。新中国成立初期，中国共产党在土地革命中，也实施了无偿没收地主房产分配给农民的政策。①

这一系列的史实证明：首先，住宅问题一直是我国国家发展过程中关系民生的重要问题；其次，“住宅权”的内涵也一直存在于我国的民权保护体系当中。上述政策和法律文件的规定都体现出一个统一的趋势：政府对公民住宅方面的权利的保护应当积极作为。同时，我国历史上保护居民住宅权的一系列做法对现今政府承担住房保障责任也有积极的影响。

我国是社会主义国家，而社会主义，英文为socialism，该单词本身就具备“福利”的含义。词典中关于社会主义的英文解释为“the political idea that is based on the belief that all people are equal and that money and property should be equally”。从词源解释的角度上讲，社会主义国家建立的目标便是为人民创造福利，使得全体社会公民能公平地享受社会发展

---

① 张群：《住宅权及其立法文献》，《法律文献信息与研究》2008年第1期。

的成果。社会党国际第一次大会通过的纲领宣言《民主社会主义的目标与任务》中写道："社会主义是一个国际运动。它不要求观点的严格划一。不论社会党人是否以马克思主义或其他某种社会分析方法作为信念的基础，不论他们是否信奉宗教或人道主义原则——他们都力求达到一个目标，公正的社会制度、美好的生活、自由与世界和平。"① 社会主义革命者最初想要建立的社会模式是公民共享社会发展的成功，政府提供优良的福利制度。我国在新中国成立之初所进行的各项工作也是为了这个目标而努力的。

同时胡锦涛同志在党的十七大报告中明确提出要"加快推进以改善民生为重点的社会建设"，"社会建设与人民幸福安康息息相关。必须在经济发展的基础上，更加注重社会建设，着力保障和改善民生，推进社会体制改革，扩大公共服务，完善社会管理，促进社会公平正义，努力使全体人民学有所教、劳有所得、病有所医、老有所养、住有所居，推动建设和谐社会"。这也证明了，我们党在建设社会主义国家时，确立的目标是为了使公民过上幸福、稳定的生活，同时政府应当在其中承担起公共管理的职责，尤其在社会保障方面应当做出努力，切实使公民没有后顾之忧。在城市房屋拆迁中，人民政府因为所谓"公共利益"拆了人民的房子，住宅又是公民必要的生活之所，也是一切生活保障的基础。因此，居住权涉及的社会保障责任应当引起政府的重视。

四　尝试以及经验

（一）有益的实践

尽管我国原有拆迁制度在住房社会保障方面的设计上存在很大的缺陷，但我国一些地方政府在城市房屋拆迁中已经开始了由他们自己承担社会保障责任的积极实践，他们对于社会主义理念的积极实践也获得了民众的普遍认可。

---

① 〔苏〕费多谢耶夫等：《什么是"民主社会主义"》，石健等译，中国社会科学出版社，1984，第10～11页。

我国的城市拆迁始于20世纪，有些城市进行危旧房改造和旧城区改造的工作很早。比如，北京的危改拆迁从20世纪60年代就已经开始进行。现今城市房屋拆迁中的各种矛盾，甚至暴力拆迁和关于拆迁补偿的各种争议这些问题，那个时候却不曾发生。其中的原因，就是当时的这些拆迁都是将为民众改善住房条件、改善城市基本功能作为基本目标的，政府的财政力量在拆迁中起到了很重要的作用。当时发生在北京市的危改拆迁的情况实际上是：政府出资、政府定标准、政府安置住户，对被拆迁人的补偿与房屋安置都是由政府一手包办，政府也承担起了城市房屋拆迁中应当承担的社会保障责任。

1990年之后，北京市先后进行了两次大的危改拆迁工程。拆迁改造的目的之一，是为居民解决居住困难问题。这两次拆迁使得当时居民的居住条件和生活状况得到了明显的改善，并且当时的被拆迁人的回迁率比较高，部分被拆迁人被安置在了离旧城区较近的地段。在当时，拆迁是大多数居民所盼望的事情。有人评论说，拆迁是当时最大的民心工程。①

近几年，媒体上关于城市房屋拆迁的负面报道比比皆是。但笔者的调查发现，在城市房屋拆迁中，地方政府的做法并不是一团漆黑，有些地方政府的做法还是值得提倡、值得向全国推广的。这些政府的做法不仅有效地缓解了城市房屋拆迁中的利益冲突和矛盾，还有力地承担起政府应当承担的社会保障责任。在这里我们试举几例。

1. 昆明市的有益探索

我国云南省昆明市在进行城中村拆迁中所采取的“回迁制度”已经渐渐显现出政府承担社会保障责任的雏形。在昆明市官渡区的城中村改造工程中，实现了“百姓得到合理补偿、企业获取合理利润、政府树立良好形象”的三赢局面。昆明市城中村改造中，被拆迁居民原则上可以选择回迁。选择回迁的被拆迁人可以获得“一比一”的回迁房屋。另外，被拆迁人还可以获得政府提供的安置补助。在昆明市其他一些地区的城中村改造工程中，政府承诺原则上都可以回迁，不能回迁的住户补偿300平方米。这仅仅是政府承担的责任，政府承担责任的数额和开发商承担的损害赔偿

① 对此可参见赵凌《拆迁十年悲喜剧》，2003年9月4日《南方周末》，转引自南方网：http：//www.southcn.com/weekend/commend/200309040001.htm。

数额互不影响，被拆迁人的利益得到了保障，城市房屋拆迁中的利益冲突与矛盾也得到了化解。

2. 浙江省的有益探索

浙江省人民政府发布了《关于加快做好城镇房屋拆迁安置工作的通知》，该通知中规定了三方面有利于保护被拆迁人利益的做法。其中包括：

（1）浙江省各地要对以往拆迁中没有进行安置的过渡户进行排查，重点解决长期没有获得合理安置的被拆迁人的安置问题。同时限制了解决问题的期限。

（2）明确规定了“未建安置房不准拆迁”的制度。实践中，一些地方的城市旧城改造和房屋拆迁工作，有的不讲实效，有的不量力而行，不合理规划拆迁规模，有的没有严格把好拆迁许可的关卡。为了解决这些问题，浙江省人民政府规定：对未列入年度拆迁计划的项目，不得发放拆迁许可证；对列入拆迁计划的项目，在审批时要严格审查其安置房源的落实情况，未落实拆迁安置房的，不得发放拆迁许可证。

（3）对安置房的建设手续要优先审批批准。另外，超过期限未完成被拆迁人的安置工作的，要支付过渡补助费。

浙江省的一系列做法已经将对被拆迁人的安置工作提到了重要地位。笔者认为，有一点必须明确，那就是政府在这其中应当承担主要责任，具有社会保障性质的补偿均应由政府负责。城市房屋拆迁中，不应当令开发商承担过多的责任。

3. 天津市的有益探索①

天津市社会保障住房体系到目前已经建立了数年时间。在这数年里，通过建立廉租房、经济租赁房、经济适用房三条住房保障线，不仅使市中心城区2003年以来所有拆迁项目涉及的5000余户中低收入拆迁家庭通过享受社会保障住房政策，解决了住房问题，而且对解决中低收入群众的住房安置问题、提高人民生活质量、全面建设小康社会也起到了积极的作用。

该市住房保障体系是根据拆迁家庭困难程度的不同情况建立的，为困难被拆迁人提供了多层次的住房保障：第一，为生活、住房都困难的“双

---

① 参见《天津：三条住房保障线真正惠及拆迁困难群众》，2005年9月8日《天津日报》。

困”拆迁家庭提供配租廉租房；第二，为既不符合廉租条件，暂时又买不起房，被称为“夹层”的拆迁户，提供用于过渡安置的经济租赁房；第三，向拆迁中有购房置业需求的中低收入群体，定向销售经济适用房。这三种相互衔接、互为补充的住房保障办法，切切实实地使被拆迁群众享受到了实惠，从而赢得了广大被拆迁群众的欢迎。

同时，为了体现住房的社会保障性，在筹措房款问题上，政府给予了多项优惠政策，廉租房建设全部由政府出资。从 2003 年底开始建设廉租房以来，到 2005 年 9 月共筹集约 3.5 万套适合中低收入家庭购买或租赁的中小户型房源。廉租房配租租金标准仅为每平方米每月 1 元钱，比现行公房租金标准低 40%。经济租赁房租金标准为市场价的 50%，另外的 50% 租金由政府补贴，据统计，每年补贴资金达 5000 万元。经济适用房的建设同样享受多项优惠政策：土地由政府划拨，市政基础设施大配套费按现行标准 70% 收取，行政事业性收费减半收取等。不仅如此，开发企业的利润核定在 3% 以内；利润低，建房标准不低，从规划、设计、建设到配套、环境等配置，均不低于商品房的标准。

为了使社保房政策真正惠及拆迁困难群众，防止政策执行“走样”，房管部门还本着公开、公正、公平的原则，建立了严格的资格审查和监管制度。其中，配租廉租房、经济租赁房都需要经过申请、初审、公示、复核等程序才能获得配租资格。在摇号、选房过程中，时间、地点公开，不仅全部资格人可以参加，而且管理部门还邀请人大代表、政协委员、街道代表和新闻单位参加，并请公证机关进行现场公证，保证了配租工作的透明度和多方面的监督性。到 2005 年 9 月已进行五次摇号、选房活动，没有发生一次起诉事件。

另外，据我们调查，西安、上海等地在农地征收过程中对于社会保障问题的解决，也积累了许多积极的经验。因为本课题题目所限，我们对此就不展开讨论了。

（二）积极推进相关法制建设的设想

1. 存在的问题

从我国既往城市房屋拆迁涉及社会保障制度的尝试和探索中，我们可以得出的结论是：不仅在农村的征地拆迁过程中存在社会保障的问题，在城市房屋拆迁过程中同样需要面临因社会保障问题带来的种种困扰；社会保障问题的解决不仅有利于困难被拆迁人权益的保障，也有利于拆迁工程的顺利有效开展；社会保障责任的承担主体为政府；政府承担社会保障责任需要遵循一定的程序，建立相应的运行机制。因此我们认为，我国应该尽快将拆迁涉及的社会保障责任纳入法律制度建设的内容。

住房是人类生存的必要条件，在市场经济体制下一般的住房具有商品性，但是我们也应该认识到，让全部的住房都进入市场交易机制是不可以的。因为住房问题不仅涉及社会成员的基本生活、安居乐业，也关系到整个社会的稳定和进步，但是在任何一个社会，不管其社会经济发展到什么阶段，都会存在社会的部分低收入家庭无法完全依靠市场来解决住房问题，因而政府提供住房保障是绝大多数国家在经济发展和城市化进程中不可回避的现实问题。同时，各级政府应该认识到自己的义务，而整个国家应该建立相关法制体现住房保障的责任。[①]

从世界各国住房保障实践的经验来看，住房的立法历来受到各国政府的高度重视，各国普遍制定了规范、严谨可行的住房法律体系，从而保证了住房产业政策和住房保障政策的贯彻和实施。西方国家涉及住房问题的法律较多，各国基本上已经形成了相互补充的比较完整的住房保障法律体系，有关住房保障的制度既包括在宪法、行政法、民法等一般性综合性法律中，也包括在一些专门立法之中。我们可以看到，市场经济发达的国家几乎都颁布了有关住房保障的专门性法律，[②] 以体现其中的福利制度的理念。

我国现有涉及住房保障制度的法规，不但零散无法形成体系，而且立法的层级不高。除了国务院发布的几个通知或意见之外，其他的都是各部委出台的管理办法，以及地方政府适用于本地区的管理办法。这些文件属于行政法规和地方性法规的层次，法律效力远不及全国人大和全国人大常委会制定的法律。所以，我国涉及住房保障的法律制度建设是相当滞后的。

---

① 王晓瑜、郭松海、张宗坪：《住房社会保障理论与实务》，中国经济出版社，2006，第103页。

② 褚超孚：《城镇住房保障模式研究》，经济科学出版社，2005，第87页。

在原有的制度建设中，涉及城市拆迁中的住房社会保障的制度就更为罕见了，更关键的是在制度设计上还存在如我们上文论述的法律主体错位。新拆迁条例已经认识到了这个问题，条例第18条规定："征收个人住宅，被征收人符合住房保障条件的，作出房屋征收决定的市、县级人民政府应当优先给予住房保障。"这表明了政府对应该承担这一责任的积极的态度。这个规定虽然比较简单，但是其立法意图应该得到肯定。但从条文后半段"具体办法由省、自治区、直辖市制定"的留白条款，也可以看出我国现有涉及住房保障的法律制度建设的缺位，有待日后推进。

2. 立法必须明确政府在拆迁中的社会保障责任

根据我国现在城市房屋拆迁弱势群体社会保障不力问题凸显的现状，我们认为，立法应确立"政府为城市房屋拆迁中社会保障责任的承担者"这个基本主旨，至于其中的立法考量和法理依据，前文已有详尽的论证。与此同时，还必须明确政府在拆迁中承担社会保障责任时所需要遵循的原则。

（1）公平、公开原则

我国城市房屋拆迁的现状中存在典型的"马太效应"。[①] 在拆迁中，真正属于中低收入群体的那些被拆迁人的生活状况得不到应有的保障。另外，"暗箱操作"、"不合法议价"现象也时有存在，具有社会保障性质的公共用房的申请、购买、使用等也存在不公开、不公正的现象。住房保障制度设计的原初目的就是保障社会中低收入群体的住房状况。因此，对待所有被拆迁人公平、公开的原则应当成为首要原则。被拆迁人，尤其是其中经济条件困难的被拆迁居民都应当有平等的权利享受到政府的安置房屋，并且应当有平等的权利享受到住房方面的社会保障。另外，我国政府还应当从立法的角度对申请社会保障、购买保障性住房的程序进行系统规定，从而保障对住房保障制度的构建确能实现应有之目的。

（2）保障被拆迁人居住条件的原则

笔者在上文中提到，按照原有拆迁条例，被拆迁人在城市房屋拆迁中得到的补偿价款非常低，他们往往没有能力在原地购买同等面积的住房，

① "马太效应"，是指好的愈好、坏的愈坏的一种现象。名字来源于《圣经·马太福音》中的一则寓言。"凡有的，还要加给他叫他多余；没有的，连他所有的也要夺过来。"

为此不得不迁往郊外，生存成本大增，被拆迁人贫者愈贫的现象比比皆是。因为对于中低收入的被拆迁人而言，居住地点和居住环境的变化可能会导致被拆迁人生活更为贫困。因此，我们认为，在进行拆迁中有关住房社会保障体制的构建时，应当遵守“保证被拆迁人居住条件”的原则。在对被拆迁人进行保障的时候应当尽量保障原址回迁；在原址回迁确有困难时，应当尽量就近安置被拆迁人，尽量避免因为拆迁增大被拆迁人的生活成本。对此，日本理论界的“生活权补偿说”值得我国借鉴。“生活权补偿说”是当今日本出现的一种新的补偿理论。该理论认为：如果作为征用对象的财产具有财产权人生活基础的意义，那么对其损失的补偿，就不仅限于对其财产价值进行的市场性评估，还应考虑附带性的损失补偿，甚至有必要给付财产权人为恢复原来的生活状况所必需的充分的生活补偿。① 这对于确定我国拆迁中的社会保障体制是具有重大意义的。城市房屋拆迁中的社会保障应当保障什么内容？能够享受到社会保障的有哪些主体？确定这些内容时都应当以保障被拆迁人的居住条件为原则。否则，社会保障制度施行的结果可能会与目标背道而驰。

除此之外，笔者通过对近几年典型的城市房屋拆迁案件的研究发现：在拆迁时保障了被拆迁人的居住条件，满足其“就近安置”或“原址回迁”的要求，或虽然没有原址安置但没有增加被拆迁人的生活成本的拆迁政策，往往不易激发矛盾。2009 年，上海首个旧区改造就近安置试点项目已经开始实施。杨浦区住房保障和房屋管理局副局长吴岩在接受记者采访时表示，② 尽管就近安置的土地成本比较高，但从构筑多层次、多渠道住房保障体系，缓解中低收入家庭居住困难的角度讲，还是要尽可能多建一些就近安置房，以满足市民需求。同时，享受到“就近安置”政策的居民也向媒体表示，这次的拆迁安置符合民心，保障了居民的生活水平，同时提高了被拆迁人的动迁积极性，变“政府要我动迁”为“我要动迁”。上海市“就近安置”政策的成功与前文所述的“酒仙桥危改拆迁”的失败构成了鲜明的对照。通过两起案件的对比，我们认为，政府如果能切实做好

① 林来梵：《从宪法规范到规范宪法》，法律出版社，2001，第 204 ~206 页。

② 对此可参见《就近安置得民心——上海实施旧区改造新机制侧记》，2009 年 8 月 10 日《中国建设报》。

对中低收入群体的住房保障工作，保障被拆迁人生活水平不因拆迁的发生而降低，城市房屋拆迁中的矛盾便可以迎刃而解。

（三）拆迁中社会保障体系的具体构造

虽然新的征收条例明确了政府应当在城镇房屋拆迁过程中承担住房社会保障的责任，但其规定过于简单和概括，而我们知道拆迁中社会保障体制的构建是一个复杂而系统的工程，具体应该包括以下几个方面的内容。

1. 合理的保障体系

住房保障的实质是政府承担住房市场价格与居民支付能力的差距，以解决部分居民住房支付能力不足的问题。而城市房屋拆迁中的弱势被拆迁人的住房支付能力是千差万别的，因此住房保障的水平也必须具有层次性，以体现对每一个居民的公平。

（1）廉租房

廉租房是指政府在住房领域行使社会保障职能，向具有本市非农业常住户口的最低收入家庭提供的租金补贴或者以低廉租金配租的具有社会保障性质的普通住宅。它是保障性住房的主要类型之一。

按照住房保障的一般模式，廉租住房的实施方式主要有两种：租房补贴和实物配租。其中实物配租给符合廉租住房申请标准、家庭成员中有60周岁以上（含60周岁）老人、严重残疾人员、患有大病人员的家庭和承租危房及面临拆迁的家庭，其余符合廉租住房申请标准的家庭实行租房补贴。

廉租房实施过程中应针对被拆迁家庭的住房困难程度，采取租金补贴、租金减免、租金补贴还贷购房和实物配租四种方式：一是对人均住房面积低于住房困难标准的最低收入家庭，给予租金补贴，由其自行到市场租房；二是对人均住房面积高于住房困难标准（人均住房使用面积7.5平方米）的低收入家庭，实行租金减免政策；三是对拆迁的低保家庭，如果原住房面积小、所得拆迁补偿款少，可以申请租金补贴还贷购房政策；四是对优抚、孤老、重残等特殊情况的被拆迁家庭实行实物配租政策。

（2）经济适用房

经济适用住房是指政府提供优惠政策，限定建设标准、供应对象和销售价格，向低收入住房困难家庭出售的具有保障性质的政策性住房。它是保障性住房的主要类型之一。经济适用住房主要是通过政府的财政补贴来提高购买者的支付能力，从而解决中低收入被拆迁人的住房问题。

总结我国现有经验，我们认为经济适用住房的补贴方式主要有两种：一是“砖头补贴”，是一种实物补贴方式，即通过优惠政策降低经济适用住房的销售价格来提高购买者的支付能力，其补贴需要房屋的成功销售才能最终得到落实；二是“人头补贴”，是一种货币补贴方式，即通过政府对中低收入被拆迁家庭直接给予经济补贴。目前北京市经济适用住房补贴采取的是“砖头补贴”方式。

（3）限价房

限价房，又称为两限商品住房，是指政府采取招标、拍卖、挂牌方式出让商住房用地时，提出限制销售价格、限制住房套型面积、限制销售对象等要求，开发企业通过公开竞争取得土地，并严格执行限制性要求开发建设和定向销售普通商品住房。简而言之，限价房是一种限房价、限套型面积、限销售对象的政策性商品房，是当前高房价下，为满足中等收入家庭购房需求，政府出台的一个带有福利性的行政措施，其购买对象在户口、收入、资产方面都有严格的限定。虽然目前政府并未将限价房归入保障性住房范畴，但限价房从形态到售价、销售对象等都由政府决定，从这个角度看，限价房理应属于公共产品或准公共产品之列，属于保障性住房范畴。

（4）搬迁过渡时期的保障性住房

在以往的城市房屋拆迁中，不乏被拆迁人搬进新住所之前居无定所、颠沛流离的情况。浙江省政府曾出台政策要求在没有准备好过渡时期的安置住房时不准颁发拆迁许可。浙江省的做法值得提倡，并且是可复制的。被拆迁人从搬离住所的那一刻起，对其住宅权的保障就是政府不可推卸的义务。不论是什么性质的拆迁，政府都应当提供过渡时期的安置住房，这是被拆迁人住宅权的应有内涵。

2. 完善的配套设施

配套设施的建设包括产业配套、公交配套以及社会事业配套三个部分。[①] 本专题的研究表明，配套设施的完善与否直接关系到居民的入住选择，并极大地影响其融入新迁入地的可能性。因此，完善配套设施是促进

① 对此可参见徐建《社会排斥视角的城市更新与弱势群——以上海为例》，复旦大学博士学位论文，2008。

弱势群体社会融合的重要手段。

在产业配套层面，需要发展一定比例的适合普通市民充分就业的产业，同时，努力扩大政府公益性岗位的数量。

公交配套直接关系到居民的机动性能力。政府应加快完善城郊一体的公交体系，改变现有的城乡交通二元体制，加大对动迁安置社区的公交投入，落实新建居住区与中心城区之间的交通配置。在交通工具上，可采取轨道交通和地面交通并举，加强轨道交通未达之地的大容量快速地面交通配套。

在社会事业配套层面，政府应逐步实施城乡和各区域内教育、医疗、文化、体育等公共资源的均衡化配置。尽快确定不同层次（新城、新市镇、中心村）社会事业配备的指标体系。采取措施，鼓励市区三级医院、优质教育资源到郊区办分院、分校，加大财政、税收、政策方面的支持，为郊区居民提供优质的医疗卫生、教育服务。

3. 合理的操作程序

（1）规划前置

根据《城市规划编制办法》（建设部令第146号），“城市规划是政府调控城市空间资源、指导城乡发展与建设、维护社会公平、保障公共安全和公众利益的重要公共政策之一”，“编制城市规划，应当考虑人民群众需要，改善人居环境，方便群众生活，充分关注中低收入人群，扶助弱势群体，维护社会稳定和公共安全”。因此，在拆迁项目规划中应对城市居住弱势群体的社会保障问题有充分的考量，对保障规模、保障住房设置等问题进行初步的设计。

（2）有效的进出机制

关于进入程序：北京市住房保障制度审核实行三级审核、两级公示制度[①]可以为我们提供借鉴，该市在审核申请保障性住房家庭的资格过程中，街道（乡镇）、区（县）、市三级都要参与保障性住房申请资格的审核，并在街道（乡镇）、区（县）进行两次公示。

在申请材料方面，该市要求申请人填写《北京市城镇居民购买经济适用住房申请核定表》或《北京市城镇居民申请廉租住房家庭情况核定表》，其中要求申请人准备及填写的材料包括：申请人及共同申请人家庭基本情

① 参见高欣欣《北京市住房保障制度研究》，首都经济贸易大学博士论文，2008。

况、申请人及共同申请人住房情况、申请人及共同申请人收入和资产情况、家庭成员住房情况证明、申请家庭年收入核定意见（由审核单位填写）、街道入户调查及一次公示情况（由街道办事处填写）、街道初审及配售意见（由街道办事处填写）、区县住房保障管理部门复核意见、市住房保障管理部门备案意见十项内容。

在申请流程上，申请人到户籍登记地的街道（乡镇）住房保障办公室提出申请，领取《核定表》→申请人填写《核定表》并提供相关材料送交街道（乡镇）住房保障办公室→街道（乡镇）住房保障办公室受理→组织对申请家庭情况入户调查、第一次公示→初审→报区（县）住房保障办公室复审→进行第二次公示→报市住房保障办公室备案→轮候摇号→配售。通过这样的层层把关确保社会保障对象的合理性和必要性。

关于退出程序：2005 年建设部、民政部联合发布的《城镇最低收入家庭廉租住房申请、审核及退出管理办法》中，明确规定了住房保障对象退出的条件：①未如实申报家庭收入、家庭人口及住房状况的保障家庭；②家庭人均收入连续一年以上超出当地廉租住房确定的收入标准的保障家庭；③因家庭人数减少或住房面积增加，人均住房面积超出当地廉租住房政策确定的住房标准的保障家庭；④擅自改变房屋用途的保障家庭；⑤将承租的廉租住房转借、转租的保障家庭；⑥连续六个月以上未在廉租住房居住的保障家庭。享受保障性住房的家庭存在上述情况之一的，应由房地产行政主管部门作出取消保障资格的决定，收回承租的廉租住房、停止发放租赁补贴或者停止租金核减。

北京市更是在此基础上建立了更为严格的退出管理制度，用以克服以前保障性住房的退出弊端，其针对廉租和住房经济适用住房提出了各自不同的退出条件。[①] 所有这些都可以为我们拆迁过程中社会保障操作程序提

① 北京市廉租房的退出条件为：（1）未如实申报家庭住房、收入、人口及资产状况骗取廉租住房保障的；（2）享受廉租住房的家庭将承租的廉租住房转借、转租，擅自改变房屋用途的和连续 6 个月以上未在廉租住房内居住的；（3）家庭总收入、人口及资产状况连续 1 年超出规定标准的。经济适用住房的退出条件为：（1）弄虚作假，隐瞒家庭收入、住房和资产状况及伪造相关证明的；（2）享受经济适用住房的家庭将经济适用住房用于出租或出借以及从事居住以外任何活动的；（3）已经购买经济适用住房又购买其他住房的；（4）已经在北京市住房保障办公室备案，收入、住房面积、人口和资产条件生变化，不再符合经济适用住房购买资格的。参见高欣欣《北京市住房保障制度研究》，首都经济贸易大学博士论文，2008。

供有益借鉴。

（3）完备的监督机制

城市房屋拆迁中的社会保障问题不仅关涉城市居住弱势群体的基本生活保障，也关涉拆迁的公平与效率，因而在社会保障实施的过程中构建完备的监督机制亦属必要。这主要通过对拆迁区域社会保障对象调查结果的公示、保障对象的确立与不同层次补偿标准的确立阶段的公示等予以实现，在公示过程中应广泛接受民众的监督。

3. 充足的经费保障

稳定的资金来源是住房保障制度充分发挥作用的必要保证。目前我国保障性房的支出以地方财政负担为主，经济适用房采用了政府减免税费的间接补贴方式，廉租房采取的是市、县政府财政支出直接补贴的方式。研究中我们发现，我国住房保障支出存在以下问题：首先，住房保障支出未列为财政预算内支出项目，缺乏稳定来源。其次，住房保障支出所占比例过低。如据北京市建委透露的数据，到2006年北京市投入廉租房的全部财政资金不到3.4亿元人民币，这还不到北京市一个中高档楼盘的投入资金，而且，这些资金全部来自单一渠道——住房公积金（由个人和单位各缴纳一部分）的增值收益。以南方沿海经济发达城市广州为例，1998年广州在全国率先实施了廉租房政策，截至2003年底，政府也仅投入2亿多元，只解决了1041户，显然离实际需求还有很大的距离。中国经济中心城市上海也是如此。该市自2000年10月试点廉租房政策，并于次年11月在全市推开，而该政策实施五年来，全市共计发出租金补贴只有1.4亿元，与上海动辄投资几十亿元的房地产市场是不相匹配的。[①] 最后，住房保障支出仅由地方一级财政负担，中央财政缺乏投入。

因此，为保证政府在城市房屋拆迁中社会保障责任的有效落实，应作出强制性、法制化的规定，将住房保障支出列入拆迁区域上下级政府预算内财政支出项目，增加财政投入力度，保证稳定的资金来源。

与此同时，为了避免产生在同一区域拆迁补偿金额因社会保障费用的出入而导致的补偿数额差异可能引发的“补偿不公”的质疑，笔者建议将

---

① 冯建华：《廉租房难以发挥社会保障作用　政府缺位是主因》，新华网：http://news.xinhuanet.com/politics/2006-06/27/content_4756497_3.htm。

社会保障部分的补偿经费单独设置、独立核算，并按照其自身的特性独立公开，这样不仅能保证社会保障的透明性，以确保实效，同时也有利于减少因社会保障补偿差异带来的新的社会矛盾。

4. 完善的配套体系

当前我国大多数城市没有建立起个人住房档案和个人信用体系，使保障性住房审核工作缺乏数据支撑，难以保障中低收入家庭的住房需要。因此建立拆迁区居民的住房档案和个人信用体系，准确和动态掌握中低收入家庭的住房状况和个人信用体系是目前完善住房保障体制最基础、最关键的工作。

（1）个人住房档案的建立。在欲拆迁范围内开展居民住房状况调查，调查的项目应包括三个大类：一是住房水平，具体包括每户总人数、每户住房套数、每套住房的建筑面积和使用面积；二是住房来源情况，具体包括私房、公房、经济适用住房、租金补贴房屋、实物配租房屋、租借房屋等；三是房屋结构类型及配套设施情况，房屋结构划分为钢混结构、砖混结构、砖木结构、简易结构及其他结构，配套设施情况划分为独立使用厕所与厨房和洗澡设施、集中供暖和分户供暖等。通过调查为区域居民建立住房档案，做到一户一档，并进行区域联网，实现与民政、财政、资金管理中心等部门的信息共享，为拆迁中社会保障工作的落实到位提供依据。

（2）个人信用体系的构建。住房保障制度实施的前提就是准确判定中低收入家庭，而解决这个问题的最基本的前提就是建立个人信用体系：通过制定信用法律体系来加强对个人收入、资产的监管。应建立个人信用管理查询系统。通过建立个人信用体系来动态掌握个人的收入、资产、住房等情况，能准确判定中低收入家庭的划分标准、中低收入家庭的动态情况，为在拆迁过程中开展住房保障工作及其他社会工作提供准确的数据支持。

五 结语

随着社会的不断发展，福利国家、积极行政的理念逐渐成为主导的法治理念。夜警国家的幻想已经一去不复返。国家，特别是行政权开始承担起更多的积极义务，为公民提供基本的生存保障。保障公民基本的生存条

件成为国家不可推卸的责任。但在过去，保障民众的基本生存条件却没能成为我国政府的主要职责，这一点在原有城镇房屋拆迁制度的设计中可见一斑：原拆迁条例不仅未对被拆迁人的住房社会保障问题作明确规定，更通过巧妙的制度设计将这一原本具有公共产品属性的责任推给了开发商。而在大多拆迁案例中，作为营利主体的开发商则不着痕迹地将这部分成本转嫁给了购房者，由此大多城镇拆迁得以推进。一旦这种转嫁路径被阻断，拆迁工作也必然难以进行，酒仙桥危房改造案便是很好的明证。我们说由于各种主客观因素的影响，城市居住弱势群体的存在在所难免，而在城镇房屋拆迁过程中，这部分弱势被拆迁人的权利若得不到合理的保障，他们的生活状况极可能因为拆迁的发生而每况愈下，这也不是城市房屋拆迁的原本目标。因此，拆迁所引发的社会问题很多时候不是通过对被拆迁人的民事赔偿就可以解决的。这里面牵涉到很多与社会保障相关的权利，而按照现代国家的理念，这部分职责的承担主体必然是具有公共属性的政府。这一点必须在城镇房屋拆迁法律制度设计中予以明确，同时，立法关于政府在拆迁中所需承担社会保障责任的义务内容和操作规程也应当规定得更为详尽，并对不履行义务所需承担的责任形式作出具体规定。另外，由于各种各样的原因，社会保障责任的承担在实践中极可能沦为虚谈，因此，必须有合适的司法途径规范政府行为，使被拆迁人能切实行使自己的权利，使政府等义务主体能有效履行自己的义务。

专题八

拆迁：公权与私权的矛与盾

一　引言

通过上面各专题的探讨，我们大体上对于我国城镇拆迁涉及的一些民法（包括物权法）甚至行政法方面的法理问题有了一定的认识。在本专题中，我们将把拆迁放置中国法制发展设计民权保护的历史大潮中，从我国法律政策的基本思想的角度作出更进一步的分析。

在热火朝天的拆迁浪潮中，政府、开发商、被拆迁户以及社会公众都卷入其中；公共利益、个人利益和政治利益、商业利益交织在一起。这些都是我们能够看得到的。但是，这些不同的社会主体、不同的利益关系的冲突，反映在法律上，就是不同的法权的冲突，也就是统领社会或者管理社会的公共权力和被统领、被管理的民众的私权的冲突。对于这一点，我国社会上上下下并不一定有统一的、深切的认识。不论是在中国当前各个大学的法学教科书中，还是在国家主导型的法律思想宣教材料中，有一个信条得到了普遍的遵守，那就是国家利益和人民利益的一致性的理论。这个教条，是中国法律体系建立的众口一词的、不可以改变的理论基础。显然，仅仅从中国城镇拆迁所反映的现实情况看，中国法律理论的基础方面存在严重的脱离实际的缺陷。如果从中国城镇拆迁的实践看，这些中国法律基础理论简直就是乌托邦理论。可是，并不仅仅只是拆迁的法律制度，

实际上中国整体的法律制度都是按照这样的理论建立起来的。因此，我们不能仅仅探讨中国城镇拆迁所涉及的民法（包括物权法）、行政法方面的理论问题，相反，我们必须将拆迁问题作为一个切入点，来探讨中国法制发展的基本理论问题。

中国城镇拆迁反映出的法权冲突，是个理论问题，也是中国改革开放发展到20世纪末21世纪初期这个特殊的历史时期的现实问题；但是我们对这个问题的分析，不能仅仅把它局限在中国问题的视野之内，也不能把它仅仅局限在这个狭小的时间范围内。如果我们仅仅把拆迁局限在中国经济发展大潮这一段狭小的历史视野中，那么我们甚至都能够认同在中国社会中，有很多人认为拆迁带来的民权损害是一种必要的代价，像有些官员说的"没有拆迁就没有新中国"那样所谓的"道理"。但是如果真的是这样，人民对于自己权利的保护将会从法律的指导思想方面产生强烈的不信任。因此这样的研究方法和结论，只能给我国社会带来迷茫和慌乱，甚至带来悲观和失望，而不能带来发展的信心。而且我们应该看到，一方面随着拆迁这样的事件愈演愈烈，另一方面民众对于法律问题尤其是权利承认和保护问题无法化解而产生的法律悲凉和失望情形也是越来越重。我国社会很多人似乎只看到了中国社会的法权冲突现象，而看不到这种现象下巨大的潜流，更看不到这种现象发展的前途。

但是，在我们把中国城镇拆迁放置在中国法律文明发展大潮之中的时候，也就是将城镇拆迁造成的法制现象放置在民权或者私权发展这个法律社会的基本矛盾之中进行分析的时候，尤其是从中国民权发展的基本趋势的角度予以分析的时候，我们会获得很多的启迪，而且会增加对于中国法律发展的信心，进而增加对于中国社会发展的信心。

法律社会发展演化的历史表明，自从有了法律之后，就有了法律上的公共权力和私权利的冲突。这一冲突实际上构成了人类社会法律生活的基本方面，其原因是人既有自然属性也有社会属性，人类社会自从产生之后，就一直面临着单一的人和群体性的人之间的利益冲突。单一的人有自己的生命健康、财产和生命繁衍方面的利益需求，这些利益需求表现为个人的一系列私权，英文为 Private Right；而群体的人有整体安全、稳定发展方面的需要，这些需要表现为社会统治者的公权，英文为 Public Power。Right 这个概念，体现的是法律主体的一种诉求或者请求，或者法律对于某种利益关系的承认和保护。而 Power，则表现为一种从上到下的控制，因此在法学上，也有人将 Public Power 称为“公共强力”、“公共暴力”，现在一般称为公共统治权，即公权。

在法律历史上，公权力和私权利始终存在冲突。冲突的原因，我们只要将“right”和“power”这两个字的本来意义对比一下就可以得知。具体地说，公权力和私权利相冲突的原因之一，是因为公权的拥有者其实也是自然人或者这些自然人的集合，他们也有自己的私人利益，或者私权；在历史上，公共权力的拥有者依据公共权力来追求自己的私人利益的情形并不是偶然的，而是经常发生的。这时，公共权力就会和社会一般的自然人的私权构成冲突。冲突的原因之二，是因为公权拥有法律以至于军队这样的统治工具，它相对于私权而言显得十分强大，公权侵害私权非常容易，甚至在历史上形成常规的情形，这一点构成法律历史上恒久的冲突。这些法律上的基本认识，在启蒙运动时代就已经非常清楚了，但是在中国法学界的著述中基本上是很难看到踪迹的。

这样，如何认识公权和私权的矛盾或者冲突，也形成历史上法学恒久探讨的命题。法律的本初含义与本质含义乃是公平正义，如果认识公权和私权冲突上的公平正义，也就成为法律恒久研究命题，因此，历史上有无数的法学学说都在探讨公权下的私权如何承认和保护的话题。现在我们已经知道，奴隶制、封建制法学在这一方面主导的法学观核心是私权绝对服从公权，以达到让人们盲目绝对地服从统治者的目的。对这种愚弄人民的法学进行革命的是启蒙运动，它依据人民主权学说，提出了公权必须以私权作为道德基础、依据人民的私权而建立并且必须为人民的私权而运作的观点。这种观点，恰如美国林肯总统所说，公共权力必须“民有、民享、民治”。启蒙运动的法学观点对欺压人民的各种法学观点进行了彻底革命，它的这种民权学说，开启了以人民权利作为法律根本、以公共权力作为民权维护者而不是损害者的法律文明的历程。这种法律思想，在世界大多数国家里即使是在一些宗教国家里也得到了承认。

但是在中国法律基础理论中，启蒙运动的关于公权力和私权利的上述学说是没有得到承认的。在 20 世纪 50 年代，中国法律制度的建立从指导思想到基本制度都是从前苏联照搬而来的。在前苏联的法学说中，认为公权力和私权利的划分的观点是资产阶级的；而社会主义国家只要坚持了公

有制、坚持了党的领导，那么国家利益和人民利益就是一致的，就不必要承认他们的区别。正是前苏联的这样的学说，否定了公权力和私权利之间的矛盾这个法制文化数千年人们关注和探讨的核心问题，当然，它更加否定了人民权利应该作为当代法制文明的道德基础、国家的公共权力应该为人民权利而建立和运作的法律启蒙思想。前苏联人就是这样依据阶级斗争的学说，割断了他们自己的法律发展历史，也割断了所谓的社会主义法学和世界法学的思想联系。因此我们可以看到，凡是继受前苏联法的国家或者地区，都不承认自己的地域里存在着公共权力和民众私权的矛盾，更不会承认自己的政权体制存在着损害民众私权的可能性。中国在继受前苏联法学之后，数十年没有人想一想这里的问题，改革开放至今主流的法思想还是将这些前苏联的理论当做社会主义的正宗。

但是，恰恰在城镇拆迁这个领域，我们发现前苏联法学，也就是我国社会很多人还在坚持，甚至立法者中很多人还在坚持的所谓社会主义法学，和中国的现实格格不入。近几年频发的暴力拆迁案件，从其表面上看似乎是被拆迁人和开发商之间权利的激烈碰撞，但从我们前几专题的分析可以看出，其本质当然是公权力与私权利的较量。

而且我们说，公权和私权矛盾运动是一个历史的范畴，当2011年《国有土地上房屋征收和补偿条例》开始加强民众私权保护的力度的时候，我国社会能不能看到，中国法律实际上已经走上了民权化的道路？这也就是说，我们的法律是不是也已经重归法律文明的历史大潮，开始从科学的角度来思考和规制公共权力和民众私权之间的矛盾问题？

无论如何，我们在此不仅仅看到了民众权利意识的觉醒；实际上我们也从拆迁立法的演进过程中，看到了我国立法者民权理念的发展。

二 拆迁引发的思考：强化公权还是私权？

拆迁过程体现的是一场两个群体的对抗，强势群体和弱势群体在拆迁问题上进行着博弈；更是一场思想潮流的对抗，公权力和私权利，两者究竟谁应该得到强化？通过对社会各界在这一问题上的认识与观点的分析，或许可以使我们清楚地看到社会对这个问题的态度；而通过对我国城镇房屋拆迁立法之变迁的研究，则可以为我们展示国家或者说立法者在这个问题上的态度，从而为我们进一步探寻这个问题的答案提供一些思路。

（一）地方政府的看法

从前面几个专题的分析中，我们可以看出由于城镇房屋拆迁能给地方政府带来巨大的利益和政绩，而原有拆迁制度的设计也为其趋利打开了制度缺口。长久以来我国侧重效率、兼顾公平之执政理念的偏差，使得在很多拆迁官员们看来自然是拆得越多越好，拆得越快越好。至于采用什么手段、程序是否正义、如何保障权利等这些问题在他们眼中，似乎显得并不那么重要。

如在前面专题中也提到过的湖南省嘉禾县珠泉商贸城拆迁项目中，当地政府曾在体育馆旁打出几条醒目的横幅："坚持服从和服务于县委、县政府重大决策不动摇"，"谁不顾嘉禾的面子，谁就被摘帽子，谁工作通不开面子，谁就要换位子"，"谁影响嘉禾发展一阵子，我影响他一辈子"。[①] 这无疑是当地官员对私权进行的公然挑衅，从其所使用的威胁语气中反映出他们为了追求拆迁的高效率，完全不考虑民众甚至基层干部的基本权利的非理性心态。类似的宣言还出现在典型的唐福珍案中，面对民众自焚悲剧，金牛区政府拆迁主要负责人仍对《南方周末》记者表示，他所做的一切只是在执行和捍卫法律。[②] 并认为"我觉得唐福珍自焚是一个法盲的悲剧。唐福珍对我们工作的不了解，把个人利益凌驾于公共利益之上。而我们既然是执法，肯定有强制性"，"我对唐福珍不存在歉意。我是执法者，应严格执法，在法律面前不应有歉意"。[③] 这些对于民众生命如此漠视的话语，其道德品位甚至连信奉"人命大于天"的封建时代的官员都不如。

另外，在北海市银海区银滩镇白虎头村拆迁中，一份名为《关于协助做好银滩改造拆迁户尽快签订协议工作的通知》中，当地政府的五个"非常"的拆迁指示也让人触目惊心："要采取非常办法、非常措施、非常力

① 《湖南嘉禾县政府：谁影响发展 我影响他一辈子》，http://news.sina.com.cn/c/2004-05-26/ba3336837.shtml，访问日期：2010年4月24日。

② 《拆出人命的地方官员果然个个还在》，2010年4月8日《南方周末》。

③ 《实话还是假话，这是个问题》，2010年4月13日《北京晚报》。

度、非常政策、非常速度，限期完成银滩改造被拆迁户120多户协议签订工作。"[①] 在这样的五个"非常"下，一些地方为了完成拆迁任务，在手段上可谓无所不用其极，杀伤力最大的莫过于"株连式拆迁"。政府以拆迁者或拆迁者亲属中的公职人员的"饭碗"相要挟，不仅要求他们签订一些明显不合理的拆迁协议，而且要求他们动员自己的亲属签订拆迁协议，否则即予以停薪、停职、调离等。类似公然滥用行政权力的非法行为，也曾在山东[②]、江西[③]等地上演。

而在上述案件以及更多类似案件中，拆迁官员们都认为，他们积极地拆迁，是为了发展经济，而反对者都是自私自利；政府对这些有缺陷的民众实行强制措施是在秉公执法。但是，这些地方政府官员多数并不严格地遵守法律程序和条件，在出现矛盾的时候他们习惯的做法是想办法弥补法律漏洞。他们认为自己所采取的拆迁程序都是按照法律的规定，没有不合法之处。也许是拆迁官员站在公权的立场，利益的驱动抑或是长期以来公权的强势地位带来的惯性思维，使他们认为拆迁就是为了公共利益，此时限制公权力的观念，就是为私人说话，就是不符合社会主义道德的。正是这种思维极易导致政府主观上愿意扩张对"公共利益"的解释，以便扩大公权征收的适用范围，使得各级政府热衷于从事"经营土地"、"经营城市"活动，赚取巨额土地出让金形成"第二财政"，而忽视了民权在现有法治国家中应获得合法、充分的保障。在实际操作中，当政府征收的目的不再是公共利益而是与民争利之时，社会生活的各个方面，一系列的矛盾就凸显出来了。

（二）媒体对拆迁的报道

媒体在当代社会被称为"第四权力"，因为拥有强大的话语权，所以它也承担了一定的社会责任。从法学的视野看，媒体尤其是中国的主流媒

---

① 陈英凤：《"株连式"拆迁是暴力拆迁的变种》，2010年10月19日《大众日报》，http：//www.workercn. cn，2010年10月19日08：35。

② 案例参见《山东聊城40余名公职人员因亲属不拆迁遭株连》，http：//news. qq. com/a/20100101/000356. htm。

③ 案例参见《江西丰城实行亲属株连方式强行拆迁受质疑》，http：//news. qq. com/a/20080115/002569. htm。

体的观点，实际上是主流甚至是公共权力观点的另一种表现方式。

在重庆市“杨家坪拆迁事件”中，一些媒体几乎调动了一切能够调动的手段进行报道。从“拆迁户”到“钉子户”到“最牛的钉子户”再到“史上最牛的钉子户”，明显反映出传媒机构是在炒作和煽情，但对事件理性深入分析的报道，我们很少看到。实际上，将拆迁户称为“钉子户”，本身就是对公民物权观念的不尊重，是对私权一种歧视。公民的私有财产权需要得到保护，但在其权利很难寻求合理的救济的情况下，为了捍卫自身的权利拒绝拆迁，他们不惜铤而走险。或许他们维权的手段有些极端，可是我们的媒体，为了抓住公众的眼球，使报道的主题与事件本身不断偏离，而且事件的冲突面也被不断地夸大、扭曲。

而随着我国经济的快速发展和社会的不断进步，信息产业和服务产业日益加强了与社会各个环节之间的联系，媒体报道事实真相和监督政府行为的职能迫切需要进一步完善。公众也要求自己的知情权、表达权、参与权能够更为便捷、畅通地行使。真实和理性，不仅是媒体必须担负的社会责任，也是让事件朝积极方向发展的助推器。作为舆论的引导者，媒体记录的必须是事件的真相，尽可能地避免掺杂主观因素。同时也要理性深入地对事件进行分析，为受众的判断提供参照，这样整个社会的价值观才会实现良性的发展。在这样的背景之下，之后的拆迁案件报道中，媒体在不断地完善自己的工作，也逐步认识到其自身要对政府行为进行监督、为公民权利提供舆论保障，并不是靠炒作和煽情，而需要及时的真相，让民众和政府知道真实的情况，在两者中建立沟通的渠道。

当然，在中国也有一些媒体开始注意到自己的独立性问题，也开始用不同于公共权力拥有者的角度来报道案件。比如，在媒体对于武广铁路荔湾段征地拆迁事件的报道中，体现了这一转向。由于刚开始对事件的真实情况不了解，导致动迁工作遭遇瓶颈。在强大的公权面前，广州几大报纸从不同的关注层面出发，报道、解读事情的最新进展，包括大家关心的延期签订协议的拆迁户的补偿是否增加以及复建房何时开工等相关问题，积极地为老百姓争取利益。

随着我国社会权利意识的高涨，也就是民众私权观念的高涨，很多媒体也意识到了这一历史发展的潮流，他们在拆迁等事务中，对政府行为开始持有一种怀疑的态度。面对拆迁，媒体也更加理性地监督政府的程序和

行为是否正当合法；更多的是客观分析老百姓的实际权利能否得到保障。在强大的公权和弱势的私权面前，媒体要做的是通过真实的报道，监督政府的行为，帮助老百姓维护自身的权益。这都是媒体逐渐成熟的表现，也是维护私权的观念在媒体中逐渐萌生并发展的表现。

（三）社会思潮

城市房屋拆迁问题充分体现了公权与私权的冲突，包含着沉重的历史问题和尖锐的现实问题，从中可以反观我国私权发展过程中遭遇的现实困惑。我们知道在公和私的关系上，传统社会主义的意识形态认为，公是一切权利的根本，它是社会主义一切法律制度建立的最终目的，因此，只要是为了“公”，那么一切做法都是崇高的、正当的。相比而言，任何私的东西都是可耻的，从意识形态来说是应该予以压抑、限制甚至可以打倒的。改革开放前主流的意识形态教导我们要不断地“斗私批修”，而这里的“私”，其实主要就是私人的财产。“斗私批修”的教导，就是要求民众不可以面对国家或者政府主张自己的财产权利。但是一个国家若没有私权利的保障能兴旺吗？一个国家不承认私人财产，这个国家能够有一个真正富裕、强大的政治基础吗？① 我们的改革开放证明了这个道理：要想国家强大，私人财产要丰富，私人利益要保障。

从历史角度考察，我们国家私权的发展在历史上是极其微弱的。改革开放就是从扩大私权开始，从增强公民的私权意识开始，从加强对私权的保护入手的。30 多年的改革开放，人民的私权理念逐步确立并得到了很大的发展，尤其是物权法的出台使人民的私权理念空前高涨，从而呈现一种特殊状态：一方面，我国政府的权力仍然比较大；另一方面，民权意识开始觉醒并空前高涨，于是出现了公权与私权的冲突与对抗，这在城镇房屋拆迁的过程中体现得尤为明显。当然在这种浪潮中，也出现了部分民众不合理地主张私权扩张，甚至主张私权绝对不受限制，抗拒公益拆迁或者意欲从中获取额外利益。这些社会思潮从一个侧面折射出 20 世纪 90 年代形

---

① 正如英国法学家布莱克斯通所言：“没有任何东西像财产所有权那样如此普遍地激发起人类的想象力，并促动起人类的激情。”对此可参见孙宪忠《争议与思考——物权立法笔记》，中国人民大学出版社，2006，第 202 页。

成的并对社会发展有重要影响的两大思潮，即“新左派”和“新自由主义”思潮。事实上在物权法制定的过程中，这两种极端思潮一直发挥着很大影响。

所谓的新自由主义思潮也称新保守主义思潮，是20世纪30年代后在反凯恩斯主义的过程中逐渐形成和发展起来的当代西方经济学说。[①] 它的基本主张就是自由产生公正，因此不可以有任何公共权力的干预。新自由主义思潮具有多种存在形态，其中，最具典型意义的当推盛行一时的“原教旨主义”。这种思潮的突出特点是反对政府干预的经济自由主义基本思想，并把自由市场经济制度的作用无限夸大，[②] 否定“市场缺陷”及其“失灵”的可能性与现实性，片面夸大市场的自修正和自复衡功能，否认政府干预对于弥补市场缺陷、克服市场失灵的积极作用，认为除了维护法制和社会秩序以外的任何形式的政府干预都将有损于市场及其健康运行。新自由主义继承了亚当·斯密的让市场这只“看不见的手”来自发地调节经济活动的思想，以及萨伊的供给会自动创造需求、通过价格机制的调节作用整个经济会自动导致平衡的思想。[③] 其认为自由市场经济能够顺利地解决一切经济问题，使得经济资源获得最佳配置，为个人谋得最多的福利，并防止严重的全面的经济危机的发生。在政策上，新自由主义要求创造一切条件，让市场自发地发挥调节作用，反对政府对国民经济的任何调节，主张政府职能最小化，同时反对社会福利制度，反对工会维护工人利益的活动。[④]

“新自由主义”认为自由主义是自由市场制度存在的基础，也是经济自由的基本出发点，[⑤] 主张市场经济，主张把权力交给个人。它是我国改革开放以来影响极大的一种思潮，其导致的结果是贫富差距急剧扩大，社会财富聚集到了少数人的手中，而多数劳动者却没有获得多少利益。我国一个非常著名的经济学教授多次在讲话中提出，中国为了促进经济的快速

① 程恩富：《新自由主义的起源、发展及其影响》，《求是》2005年第3期。

② 于同申：《20世纪末新自由主义经济思潮的沉浮》，《中国人民大学学报》2003年第5期。

③ 张世鹏：《关于新自由主义研究的几个问题》，《当代世界与社会主义》（双月刊）2003年第6期。

④ 周新城：《新自由主义的核心观点及其对我国改革的影响》，《学习论坛》2010年第1期。

⑤ 程恩富：《新自由主义的起源、发展及其影响》，《求是》2005年第3期。

发展，不能建立社会保障制度，只有这样，才可以调动劳动者的积极性。这种观念是非常错误的，因为他没有指出，这样迅速积聚的财富要集聚到哪里，这样集聚的财富到底要为谁所用；而且更为重要的是，作为财富创造者的劳动者可以从这些财富中获得些什么。我们可以看到，改革开放的成果很大一部分聚集到了政府手里，另一部分聚集到了少数“富商”手中，而多数劳动者却被拒在富裕生活的门外。从这个意义上说，“新自由主义”带来了经济发展的活力，却没有带来社会发展的均衡与公正。[①]

另一种社会思潮“新左派”，是近年来中国思想界出现的对抗新自由主义的另一种极端思潮。[②] 其对于中国社会发展不均衡、贫富差距大、贫穷者没有社会保障的现状采取的是批判的态度。它的基本特点包括：关注穷人以及社会下层，并对失控的发展不满。“新左派”不过是在前苏联解体、东欧剧变的背景下，中国社会进入20世纪90年代后出现的一系列变化和矛盾在人们思想中的一种反映，[③] 他们彻底抛弃了对西方模式的迷信，也不再把西方模式当做终极目标。新左派在本质上是在坚持社会主义制度的前提下批判和改造社会主义社会的那种愿望在思想上的表现，其立场试图维护劳动人民的权益，但是，这种思潮主张应漫无边际地加强公权力，公权力应完全介入私权领域。这样，这种思潮就又回到了改革开放之前的意识形态。在经济发展与社会均衡发生矛盾的时候，他们甚至提出了“重返毛泽东”的要求，[④] 认为毛泽东时代的平均主义社会才是理想社会。新左派将社会均衡与公平视为一切，忽视了经济发展的效率同样是不可取的，有些人甚至为了坚持平均主义而宁愿放弃发展，这种具有乌托邦色彩的幻想在以发展为时代主题的当今世界是绝对立不住脚的。

随着市场经济体制的建立我国已经进入多元化的社会，我们不能也不愿意强硬地宣布一种自己认为正当的思潮作为正确的意识形态。但是，我们可以发现，在城镇拆迁这一特殊的法现象里，上面的这些思潮，还有传

---

① 对此可参见孙宪忠《争议与思考——物权立法笔记》，中国人民大学出版社，2006，第308页。

② 孙宪忠：《争议与思考——物权立法笔记》，中国人民大学出版社，2006，第308页。

③ 《谈谈新左派思潮》，人民日报—网友之声：http://www.people.com.cn/wsrmlt/wyzs/2000/11/26/112604.html。

④ 孙宪忠：《争议与思考——物权立法笔记》，中国人民大学出版社，2006，第308页。

统的前苏联式的社会主义法思想等，都在我国社会的拆迁事务中展现出来了。对于苏联法思想我们前面已经有了简要的评价。因此我们也应该在此对于“新自由主义”和“新左派”的观念作一些简要评价，以说明拆迁事务中公共权力和民众私权相对抗的出路问题。在我们看来，“新自由主义”是反对国家的一切干预，主张所有的都让市场来自我调节的观点，当然是难以成立的。原因很简单，自由不能自发地产生公正；人际社会当然具有公共利益，因此，公共权力当然应该存在而且发挥积极的作用。在任何一个社会里，公共利益都大于私人利益，因此，公权力应该享有高于私权利的法律效力。但是，“新左派”的法权观念也是十分错误的，因为不论是基于历史的分析还是基于现代法学的共识，绝对的不受任何限制的公共权力是对民主和法治原则最彻底的破坏，这种公共权力结构才是最可怕的。公共权力和民众私权的矛盾运动数千年，新中国法制建设的经验教训数十年，我们必须明白的是，必须把民众私权当做国家的根本。

在确定城镇拆迁法律制度建立的法思想的时候，我们必须明确效率和公正两者都不可缺少，只有这样，才能保证经济、社会的健康协调发展，法律制度的建立才有了源源不断的活水。在法治时代，应当尽力实现公权与私权在具体制度中的平衡，既不主张公权绝对至上，也不盲目强调私权绝对化。具体到拆迁制度中，就是应当合理划定公权与私权的范围。鉴于我国之前对于民权保护意识不强，强化对于私权的保护理所应当，但是，我国社会以及民众，如果把充分承认和保护民众私权理解为私权神圣或者私权绝对，进而得出公权绝对不可对私权进行限制的结论，那这种观点也是错误的。

三 中国拆迁立法回顾——以公权与私权关系为核心

自新中国成立至今，城镇拆迁一直发生着，涉及公共权力和民众私权之间关系的立法，其实也不是一成不变的。而这样的立法变化，本质是随着整个经济体制、社会制度的变迁，人们的思想认识尤其是主导我国社会的法思想和价值观的变化的体现。在此我们对这些变化进行一番梳理，也许我们可以从这些变化中探寻到我国公权力与私权利的关系发

展变化的基本规律，从而对我国社会未来的法权关系发展建立科学的认识和评判。

（一）改革开放前的拆迁制度

1. 计划经济体制下人民的私权

1957年社会主义改造完成，标志着我国进入了社会主义时期。从此，我国开始了一段为期30多年的高度集中的计划经济体制时期。基于当时客观的经济环境以及主观上的认识，我国希望以优先发展重工业来带动整个经济建设，从而实现赶超发达国家的经济发展战略。为了解决重工业发展的要求和现实资金稀缺的矛盾，需要采取一系列政策来抑制市场的作用，人为压低重工业资本形成的成本，便有了牺牲农业发展工业、牺牲轻工业发展重工业等思路。因而，当时形成了以压低利率、汇率、资本品价格、工资和消费品价格为主要内容的宏观政策环境。①

在计划经济体制下，政府、国家支配全部社会经济资源，并通过指令性计划、以行政权力直接介入资源的配置，从事资源的直接管理与经营，政府的行政权力无限膨胀。不要说一般的自然人，就是公有企业，也没有什么权利，他们一年内的生产数量、生产品种和价格，以及原材料的供给与产品的销售，都处于政府计划部门和主管机构的计算控制之下。企业哪怕只是微微摆脱一下计划的安排，或者是稍稍违背一下政府行政主管机构的意愿，其就会受到政府的制裁，企业领导人会受到撤职或其他处分。②

在这种体制下，作为劳动者的一般民众，他们的私权利同样受到极端的压抑。为了贯彻计划，一般民众作为劳动者，其身份只是劳动力资源；这种资源必须接受国家计划的支配，而不能有劳动者自主自愿的主张。实际上，在计划经济体制下，个人也没有主张自己的权利的机会。吃饭要饭票，穿衣要布票，出差要开单位介绍信，甚至连结婚都要组织批准。人们的衣食住行和流动都失去了自由，因为这些都成了国家计划中的一部分。就这样，这一时期内，虽然我们的宪法主导的舆论工具都在声称，劳动者

---

① 林毅夫、蔡昉、李周：《论中国经济改革的渐进式道路》，《经济研究》1993年第9期，第3页。

② 厉以宁：《计划经济体制与中国经济体制改革》，《中国发展观察》2008年第8期，1978~2008年改革开放三十年纪念专辑，第30页。

是国家的主人翁；可是这种主人翁却没有最基本的私人权利或者民事权利。稍稍有一点儿年纪的人都还记得，毛泽东在20世纪70年代中期掀起了批判“资产阶级法权”的运动，而“资产阶级法权”这个词汇来自德文，它的本来含义就是“民事权利”（Buergliches Recht）。在这种政治背景下，我们完全可以想象人民的私权在法律上的地位——如果按照当前中国某些人的说法，那时候也算是一种法制状态的话。

2. 计划经济体制下的拆迁制度

1949年新中国成立之初，城市房屋拆迁只是在市政建设和“解危”工程中少量出现，也没有建立相应的城市房屋拆迁制度。当时的城市建设用地主要是通过没收帝国主义、官僚资本主义和反革命分子等所占有的城市房地产，以及赎买或经租民族资本主义工商业者、私有房地产业主拥有的城市房地产来获得的。在“大公无私”口号的宣传下，以及个人利益服从于国家利益和集体利益的政治要求，人们都表现出“无私奉献”的精神。整个社会强调的是义务，是以义务为本位的。在拆迁中，完全是政府主导的行为，人民是依附于行政部门的，更多地只能遵守决议、政策，很难提出一些相反的声音。

从立法层面看，当时我国主要颁布的是关于土地公益征收的法律和条例。因为当时的投资主体完全是政府，而且拆迁行为的发生也往往是由于征用土地而引起的，所以对于房屋拆迁补偿的规定都是列在土地征收征用的法律当中。如1950年政务院颁布的《城市郊区土地改革条例》第14条规定：“国家为市政建设及其他需要征用私人所有的农业土地时，须给以适当代价，或以相等之国有土地调换之。”当时的“以地换地”可以说是公平合理的。在1953年12月5日政务院颁发《关于国家建设征用土地办法》，其中规定：“因国家建设的需要，在城市市区内征用土地时，地上的房屋及其他附着物等……按公平合理的代价予以补偿。”

在1958年1月6日，国务院公布了《国家建设征用土地办法》，其中也有规定：“遇有因征用土地必须拆除房屋的情况，应当在保证原来住户有房屋居住的原则下给房屋所有人相当的房屋，或者按照公平合理的原则发给补偿费。”以上这两个《办法》都对征收程序和补偿范围作了具体规定，同时也均明确表示因国家建设征收土地，既应该根据国家建设的实际需要，保证国家建设所必需的土地，又应该照顾当地人民的切身利益，必

须对被征收土地者的生产和生活做出妥善安置。①

通过这些资料我们可以看出，在土地无偿国有化之前，国家在因建设征收土地的过程中征收房屋时，还是规定应当予以补偿的。但征收的根据和补偿的标准规定得很模糊，也没有相应的法律法规承认公民的私有财产权，而且在当时的计划经济体制下，一般都是政府掌握话语权，法律的价值并不大。②

但是这样的环境也没有维持多久，因为中国就是在这个时候开始确立了法律虚无主义的指导思想。1958 年 8 月 21 日在北戴河召开的中共中央政治局扩大会议上，毛泽东发表了那段对后来几十年的中国法制产生绝对影响的著名谈话："不能靠法律治多数人。韩非子是讲法制的，后来儒家是讲人治的。我们的各种规章制度，大多数，百分之九十是司局搞的，我们基本上不靠那些，主要靠决议、开会，一年搞四次，不靠民法、刑法来维持秩序。"③ 从这个讲话中我们已经知道，民众的私权从那个时候已经彻底失去了法律的保障。

从现有的资料看，那个时代即使发生了拆迁，也不会有什么人敢于主张自己的权利。所以我们不会从文字资料上看到拆迁过程中维权的呼声，也不会看到发生的纠纷。十年"文化大革命"期间，更是"和尚打伞，无法无天"的浩劫，④ 社会主义民主和法制遭到了严重的破坏和践踏。人们的基本人权都得不到应有的保障，私有财产权也被公权肆无忌惮地侵犯。

3. 民权意识薄弱的缘由及其反思

这个时期薄弱的私权意识根源于计划经济体制要求的"大公无私"。对于"大公无私"精神的宣传，使得当时的社会环境和语言环境对"私"字充满了无限的贬义，这里的"公"是指全国各民族和人民群众的利益，"私"是指个人享有的利益。当时"大公无私"的口号是政治文化中需要

---

① 李牧、耿宝建：《论我国土地征收及补偿制度的完善》，《法商研究》2005 年第 2 期。

② 对此可参见李步云《"五个主义"的摒弃与中国法学的未来》，《现代法学》2009 年第 5 期。

③ 全国人大常委会办公厅研究室：《人民代表大会制度建设四十年》，中国民主法制出版社，1991，第 102 页。

④ 李步云：《"五个主义"的摒弃与中国法学的未来》，《现代法学》2009 年第 5 期。

重点宣传的价值标准和价值准则，“斗私批修”[①]、“狠斗私字一闪念”以及“私为万恶之源”等各种各样的指令和政治运动出现在人们的正常生活中，导致人人谈“私”色变。[②] 毛泽东、刘少奇、朱德在各自的论著中都有使用这个词，但都是在与自私自利相反含义的语境中使用，并没有消灭个人利益、不能有个人利益的意思，而是指不能把个人利益放在第一位，在二者冲突时，要以个人利益服从国家利益、人民利益。但是由于极“左”思潮的影响，使得对“大公无私”的含义进行了歪曲的理解。而极“左”思潮的特点，就是为了表明自己是最革命的，要把问题推向极端。在极“左”思潮的影响下，对个人主义的批判，扩大到对个人利益的否定和批判，而不区分这种个人利益是正当的还是不正当的。即便是通过正当的手段追求个人利益，也是被禁止的。[③]

前文已经提到因为计划经济的特点，人们一切的生产消费行为都要纳入计划之中，个人完全被置于行政部门附属物的地位。同时，大公无私、一切为公的思想让老百姓在公权力不断侵犯自身正当的个人利益的情况下，也不敢产生维护权利的企图。例如，由于生产资料公有制的要求，当时一些地区的农村对每一个农民家庭中饲养的母鸡数目都要有限制，而农民出售鸡蛋的行为都被认为是资本主义。这几乎将老百姓个人的所有权意识压抑到极端。这种一方面盲目崇拜领导者的公共权力、另一方面强烈压抑民众权利的封建观念，事实上在中国一直没有清理过。[④]

另外，中国社会崇拜领袖的传统因素，和前苏联法学的引入，妨害了中国社会民权意识的生成。中国历史上没有经过人文主义革命和启蒙运动，人们对于现代法律制度文明基本上是无知的。中国历史上一直存在普通大众对领导人魅力的盲目崇拜。这也是中国历史上长期人治带来的负面

① 根据百度百科的详解，“斗私批修”是“文化大革命”的产物。1967 年 9 月 25 日，《人民日报》报道说，毛主席最近视察了华北、中南和华东地区，沿途发表谈话。他说，无产阶级文化大革命形势一片大好，两派革命群众组织要实现革命的大联合，要团结干部的大多数。他提出“要斗私，批修”。这是“斗私批修”口号首次与广大干部群众见面。十天之后，10 月 6 日的《人民日报》发表社论《“斗私，批修”是无产阶级文化大革命的根本方针》。具体见 http：//baike. baidu. com/view/2399424. htm。

② 对此可参见刘志琴《公私观念与人文启蒙》，摘自 2003 年 4 月 20 日《深圳特区报》。

③ 陈升：《“大公无私”考》，《中国青年政治学院学报》1993 年第 4 期，第 10 页。

④ 孙宪忠：《争议与思考——物权立法笔记》，中国人民大学出版社，2006，第 3 页。

效应。我们说即使是在柏拉图《理想国》里的哲学王，也会有犯错的概率，如果再加上老百姓对领导者的无限崇拜和缺乏及时的监督反思，这种错误的影响将会被扩大化，从而给国家和社会带来巨大的损失。当时的中国就是这样，老百姓对领导者的盲目崇拜代替了对制度运行的监督思考。这使得人们的权利只能停留在口号的宣传中，而缺乏相应制度保障。

在苏联法学进入中国之后，这种法学理论和中国传统文化因素相结合，产生了后果十分严重的法律虚无主义。而法律虚无主义的核心，是民权的虚无主义，同时又是公共权力绝对主义。对于这一点，中国法学界至今并没有清楚的认识。

1922 年列宁给民法典草案的指导性意见中表示，“我们不承认‘私的’，对我们来说，经济领域中的一切都是公法上的东西”，“私法的基础是生产资料私有制，在生产资料公有制的国家，私法失去了存在的基础”，“社会主义制度消灭了社会利益和个人利益的对抗性，公、私法的划分也就失去了意义”。[①] 1949 年新中国成立后，百废待举、百业待兴，国家在废止了包括《中华民国民法典》在内的“六法全书”的同时，开始了对苏联社会主义法律体系的全面继受。

中国借鉴苏联的模式推动法制建设，在民事立法中，尽可能地把人民的私权压缩到极致。私权这种原本应与公权相对的概念，却为“民事权利”这样的中性词所取代；个人利益更是被否定和批判，而被公共利益取代，为谋求公共利益而行使的公权力在这种环境下具有了绝对的权威。而且即便是这种基本的法律制度建设，从新中国成立之日起也仅仅持续了八年。1957 年，法律虚无主义开始弥漫于整个国家和社会。一个拥有数亿人口大国的治理，不是依靠法律和制度，而是宣扬一种法律虚无主义，通过决议和开会，将国家的稳定繁荣、长治久安寄托于主要领导人的思想和能力。虽然在 50 年代中后期法学家钱端升、王造时等提出了法治主张，但因为法律虚无主义的思想占据了主导地位，整个国家还是以“人治”方式进行治理，以革命的思维推进社会建设。在“砸烂公、检、法”的喧嚣中，主张法治的声音销声匿迹。正如学者李步云表述，“法律虚无主义”是现代中国前 30 年里危害最烈的一种思潮，其表现形式就是把法律看成是可有

① 王涌：《私权的概念》，《公法》1999 年第 1 期，法律出版社，第 403 页。

可无的东西，其直接的危害则是人治主义。①

现在我们更要清楚地认识到，法律虚无主义并不是一种将所有的规则都打烂的思潮，它的要害只是极端扩展公共权力而否定民权。不论是中国还是前苏联，在法律虚无主义时代，公共权力都是绝对不受限制的，而民众私权是受到极端压抑的。

（二）改革开放初期的拆迁制度

1. 时代背景

计划经济体制排斥市场的作用、否定价值规律的功能，并且忽视个人利益，违背社会主义国体的问题，在20世纪70～80年代已经充分表现出来。当时因为这种体制，我国的国民经济发展出现了极大的困难。在农村，人民公社化运动导致粮食长期处于供应紧张的状态，城乡居民无法解决吃饭问题。在城市，原有的高度集中的计划经济体制和政企不分、所有权经营权不分、统收统支的国有企业经营方式的弊端也逐渐显现出来，与经济的发展越来越不适应。这一切都在客观上呼唤对经济体制、经营方式、所有制结构进行必要的改革。②

1978年12月18日至22日，中共十一届三中全会在北京召开。从此中国开始了世界上著名的经济体制改革和对外开放。改革开放首先在中国农村进行，其特点是家庭联产承包责任制，农民从集体、公社中解放出来，解放了生产力。城市的经济体制改革从80年代开始，从一开始的政企分离发展到现代企业改制。公有制企业实行所有权和经营权分离，同时废弃平均主义的分配方式，企业开始走上活路。与此同时，也出现了个体经营，打破了公有制一统天下的局面。非公有制经济的发展，既给老百姓提供了大量的就业、创业的机会，又为国家提供了更多的税收。事实促使人们对非公有制经济与社会主义的关系的认识逐步深化，③ 也开始使得人们对于私权利的正当性问题重新开始了思考。

---

① 李步云：《“五个主义”的摒弃与中国法学的未来》，《现代法学》2009年第5期，第5页。

② 朱佳木：《党的十一届三中全会与中国当代史上的伟大转折》，《当代中国史研究》2008年第5期，第9页。

③ 李正华：《中共十一届三中全会与改革开放的伟大历程》，《当代中国史研究》2008年第6期，第19页。

2. 改革开放初期的拆迁立法

20 世纪 70 年代末，由于长期忽视城市建设而造成严重的居住问题，我国城市住宅紧张情况十分突出，全国开始了主要以“解危”为目的的旧城改造。相关的拆迁活动立法主要以“六统一”为特点，即统一规划、统一投资、统一设计、统一施工、统一分配、统一管理。[①] 例如，20 世纪 70 年代北京的危房改造，主要采取由政府投资的“滚雪球”的模式，拆除危旧平房，建楼房，并按照“拆一建三，分二余一”的目标实施，[②] 这在一定程度上局部缓解了居住问题。十一届三中全会之后，城市的经济体制改革也逐渐展开。这个阶段的旧房改造主要结合了城市综合开发和住房制度改革两个特点，按照统一规划、多方集资、分批实现的模式，努力解决旧城改造中的资金的问题。

新中国成立以来，由于意识形态因素的影响，我国的住房体制主要是以福利和非生产性为特点，很少有人将房屋当做商品。这种认识一直持续到改革开放初期，当时对于住宅是福利还是商品这个问题，依旧存在着争论。1981 年 4 月 10 日在国务院转发的《国家城市建设总局、中华全国总工会关于组织城镇职工、居民建造住宅和国家向私人出售住宅经验交流会情况的报告》中，政府提出个人住宅也是生活资料；把个人购买、建造住宅说成是发展资本主义私有制是不妥当的。这些观点，不仅仅说明人民的观念开始转变，而且主导的意识形态也开始在私权利方面转变了口吻。20 世纪 80 年代，政府打开了私人购买房屋的市场，同时城市的房屋拆迁活动也呈现规模化的态势。

这个时期人们的民权意识只是刚刚萌芽发展，对自己合法权利遭受公权的侵犯时并没有强烈的维权意识，相关的拆迁立法也并没有体现对私权的保护，利益的天平还是明显向公权倾斜。例如，1983 年 12 月《城市私有房屋管理条例》第 4 条第 2 款规定，拆迁房屋“应当服从国家建设的需要，按期搬迁，不得借故拖延”；1984 年《城市规划条例》第 47 条规定：“必须服从城市人民政府的改建规划和拆迁决定，不得阻拦改建拆迁工

① 费安玲：《私权理念与城市私房拆迁的立法》，《政法论坛》2004 年第 5 期。

② 刘速：《浅析北京市宣武区二环路内人口规模发展趋势及其控制措施》，《北京规划建设》1997 年第 6 期。

作。”从这样的条款中，我们可以看出，拆迁的顺利进行是第一位的，公权力让你搬迁，私有财产权不应该以任何理由对抗，只能服从。“不得”、“必须”、“应当”这些字眼充分展现了公权力凭借其强制力誓将拆迁进行到底的决心，公民的私有财产权，在拆迁的顺利进行面前，是微不足道的，是应该并且必须完全服从的。

我们也可以从这一时期国家陆续颁布的一些征收土地的法律中看到私权受制于公权的状态。1982 年国务院颁布的《国家建设征用土地条例》首次对建设用地的征用及其补偿作了规定，其第 1 条规定：“根据中华人民共和国宪法，为合理使用土地资源，保证国家建设必需的土地，并妥善安置被征地单位群众的生产和生活，特制定本条例”；第 4 条规定：“国家建设征用土地，凡符合本条例规定的，被征地社队的干部和群众应当服从国家需要，不得妨碍和阻挠。”从第 1 条中我们看出，保证国家建设必需的土地是绝对优先的，第二位的才是被征地单位群众的生产和生活，而从第 4 条我们得出的“道理”是，私权应当绝对服从国家的需要，不得妨碍和阻挠公权的行使。这是公权明目张胆的对私权的蔑视，私权在面对公权时，不需要任何理由必须让位。

我国正式建立起房屋拆迁制度的标志是 1991 年国务院颁布的《城市房屋拆迁管理条例》(以下简称《1991 年条例》)，《1991 年条例》也明显带有这个时期的历史痕迹。如前文所述，该条例将“保障城市建设”放置于“保护拆迁当事人利益”之前，体现其立法精神对保障私权的不重视。在拆迁补偿方面，《1991 年条例》规定了对被拆迁人进行拆迁补偿的三种模式，即产权调换、作价补偿以及对使用人的房屋安置。其中第 28 条第 2 款中提到“对从区位好的地段迁入区位差的地段的被拆除房屋使用人，可以适当增加安置面积”，但却没有规定如何确定“适当的面积”，使得区位补偿具有一定的灵活性，这无疑会造成被拆迁人与开发商或者政府之间出于对补偿数额的不同意见而引发矛盾。同时，《1991 年条例》对如何保护拆迁过程中房屋所有权人的合法权益，没有任何专门规范，但是对国家和集体享有所有权的房屋在拆迁中应如何给予保护却予以专门规定。这反映了当时人们的私权并没有得到足够的重视，私权意识的缺乏导致的直接结果便是在立法中对私权保护的不完善甚至是忽略。《1991 年条例》于 2001 年被修订（以下简称《2001 年条例》)，虽然《2001 年条例》较《1991 年

条例》有些进步，但私权被公权压抑的状态还是没有得到根本的扭转，这在下文我们会具体分析到。

3. 民权意识在这一时期的萌发

党的十一届三中全会之前，邓小平发表了一系列关于发展社会主义民主、加强社会主义法制的讲话，明确提出并多次重申坚持发展民主和法制是党和国家坚定不移的基本方针。在这样的认识下，十一届三中全会对民主和法制问题进行了认真的讨论，并在全会公报上写道："为了保障人民民主，必须加强社会主义法制，使民主制度化、法律化，使这种制度和法律具有稳定性、持续性和极大的权威，做到有法可依，有法必依，执法必严，违法必究。在法律面前人人平等，不允许任何人有超越法律之上的特权。"① 1986 年邓小平同志表示："搞四个现代化一定要有两手，只有一手是不行的。所谓两手，即一手抓建设，一手抓法制。"② 因此，这逐渐形成了邓小平同志的"民主与法制结合论"方针。在这个时期，立法数量逐年增加，民事诉讼第一审受理案件数也呈递增趋势，律师供不应求。老百姓的私权意识逐步觉醒，开始尝试使用法律的武器维护自身的合法的民事权益。

1978 年 2 月，在政协直属小组会议上，梁漱溟先生就中国法制问题发言时强调："中国历史发展到今天，人治的办法已经走到了尽头。中国的局面由人治渐入法治，现在是个转折点。"③ 邓小平在这一时期也提出了"民主与法制结合论"，实质就是要杜绝人治，要改变封建专制传统的思想，不能允许个人意志代替人民意志，把个人意志凌驾于人民意志之上。

此时，由于多年的法律虚无主义影响，法律上的空白很多。为了能给经济的发展及时提供制度上的条件，这一时期的立法快而多，但是比较粗糙。对此，邓小平说："现在立法的工作量很大，人力很不够，因此法律

① 《中国共产党第十一届中央委员会第三次全体会议公报》（1978 年 12 月 22 日通过），http：//cpc. people. com. cn/GB/64184/64186/66677/4493869. html，访问日期：2010 年 4 月 17 日。

② 邓小平：《在中央政治局常委会上的讲话》（1986 年 1 月 17 日），《邓小平文选》第3卷，人民出版社，1993，第 154 页。

③ 参见公丕祥主编《当代中国的法律革命》，法律出版社，1999，第 317 ~318 页。

条文开始可以粗一点，逐步完善。总之，有比没有好，快搞比慢搞好。”①因为很多立法尤其是地方制定的规则很模糊，缺乏实际的可操作性，老百姓的权利保障是有难度的。并且，由于当时仍处在改革初期，思维上的惯性因素使得强大的公权力依旧具有很大的不规范性和恣意，这也阻碍了公民权利意识的萌芽发展。

十一届三中全会后中国社会进入转型期，民间经济生活也不断活跃，随之而来，调整私法关系的一批私法相继出台。其中1979年颁布的《中外合资经营企业法》、1982颁布的《商标法》、1984年颁布的《专利法》、1985年颁布的《继承法》、1986年颁布的《矿产资源法》和《外资企业法》，特别是三部合同法的颁布，即1981年颁布的《经济合同法》、1985年颁布的《涉外经济合同法》和1987年颁布的《技术合同法》，这些民事立法改变了完全简单地由行政法规来调整经济和人民生活的局面，对之后我国大量私法的制定和研究乃至私权理念的树立都有着巨大的推动作用。

以“为了保障公民、法人的合法的民事权益，正确调整民事关系，适应社会主义现代化建设事业发展的需要”为目的的《民法通则》得以制定，这是我国民权保护史上的一大进步。1986年4月12日的第六届全国人民代表大会第四次会议通过了《民法通则》。《民法通则》在一定程度上帮助我们树立起了平等、自主的个体意识。《民法通则》第2条规定：中华人民共和国民法调整平等主体的公民之间、法人之间、公民和法人之间的财产关系和人身关系；第3条规定：当事人在民事活动中地位平等；第10条规定：公民的民事权利能力一律平等。这些规定表明了每个在法律上平等的社会成员，都可以按照私法意思自治的原则从事自己的个人行为，个人在思想观念上不再依附于其他主体，而是可以独立自由地存在。平等的人格也得到确立，并使得私权观念第一次具备了对抗政府公权力的正当性。王泽鉴教授在评价《民法通则》时正确地指出：“在某种意义上，我们或可以说《民法通则》就是一部民事权利宣言。”②

当然，《民法通则》的不足之处也非常明显，这有很大一部分原因是

① 邓小平：《解放思想，实事求是，团结一致向前看》，《邓小平文选》第2卷，人民出版社，1994，第147页。

② 王泽鉴：《民法学说与判例研究》（第六册），中国政法大学出版社，1997，第289页。

其立法指导思想具有历史局限性。最突出的不足便是整篇条文有意或无意地回避了某些民众私权的概念，比如物权这样重要的权利。《民法通则》第五章笼统规定了民事权利，其中第一节为“财产所有权和与财产所有权有关的财产权”，总共13条。然而在这13个条文中，与公民取得个人财产权和相关保护有联系的条文只有6条（第71、72、75、76、78、83条），而以土地和房屋为代表的不动产方面的规定则更少，已制定出的条文也非常笼统，导致在实际生活中可操作性不强。这种状况也反映了长期公有制和计划经济体制造成的对公民财产所有权的回避和漠视。这并不是因为《民法通则》起草人忽视了现实情况中人民获得的财产权，而是“思想意识形态的改变还没有快到可以完全为‘物权’恢复名誉的程度……于是就产生了《民法通则》第五章第一节，标题是‘财产所有权和与财产所有权有关的财产权’”。①

总的来说，这一时期是中国民众权利的萌发时期。一些基本的民众私权开始走进了法律，司法体系也开始建立完善起来了，民权的很多权利得到了保障。但是，此时制定的国家立法普遍缺乏可操作性，同时还保留了计划经济体制的原则。这样，民权基本观念还是歪曲的。从民众自身的方面看，人们开始意识到自己的财产权已经由法律进行明文规定的保护，也意识到自己可以通过法律途径维护自身的合法利益，因此，出现了越来越多的民事权利诉讼，而且针对行政侵权的民权诉讼也在中国民事诉讼法中得到了反映。此时，拆迁事务实际上已经普遍展开，但因为历史的原因，处于萌芽状态的民权意识尚不能和强大的公共权力发生真正的对抗。这一时期出现的电影《夕照街》就比较准确地反映了这一方面的情形。

（三）市场经济时期的拆迁制度

1. 市场经济体制的建立为私权利创造了条件

自1978年我国实行的改革开放，至1992年发生了最根本的进展，那就是市场经济体制的确立。经济基础决定上层建筑。在我国经济基础转变为市场经济体制之后，我国的法制整体势必要发生重大变化，其中涉及城镇拆迁的法律制度，当然也要发生本质变化。

---

① 陈弘毅：《法治、启蒙与现代法的精神》，中国政法大学出版社，1998，第170页。

由计划经济转向市场经济的体制改革，要求由市场来调节社会资源的分配，协调生产、分配、交换、消费的运作，市场成为资源配置的主导力量。在这种体制下，产品和服务的生产及销售完全由自由市场和自由价格机制所引导，而不是像计划经济时期一般由国家政府或政策所引导。随着改革开放的程度进一步向前推进，我国由封闭的社会向开放的社会转变，也使得人与人之间从熟人社会向陌生人社会转变，从传统的农业社会向现代工业社会转变，使得以“身份依附”为主的人与人之间的关系向“建立在物依赖性基础上的人的独立性”为主的人与物之间的关系转变。美国学者弗里德曼曾经描述的美国社会与当前市场经济下的中国社会很是相似。[①]我们正在告别过去的“熟人社会”而步入“陌生人社会”。在一个这样的“陌生人社会”，私权利势必要觉醒而且不断地扩大。[②] 这是因为，陌生人社会本质上就是契约社会，人与人之间的一切活动都必须依据合同来约束；同样，人们也就必须时刻注意自己的权利和义务，以保护自己的利益关系，甚至人们会越来越习惯于讨价还价，斤斤计较。而这些在熟人社会之中是不会发生的。这些正是权利觉醒的标志。所以，在中国社会里，权利的觉醒，其实正是从民事权利或者私权利的角度开始的。

随着时间的推移和实践的发展，人们的主体意识、权利意识会超越和自己利益关系密切的合同法领域而全面高涨，因为无论是谁都会认识到，各种各样的权利，包括民事权利和公法权利，都是密切的联系在一起的。因此，民众对于城镇拆迁方面的权利意识觉醒和高涨，完全是一种水到渠成的结果。

2. 市场经济条件下的拆迁立法变迁

实际上，这一时期国家层面的立法，也突出了对民众权利的保护。当然，这一期间里国家最为重要的民众权利立法，首推《物权法》。该法制

---

① 弗里德曼曾把美国称为“陌生人的国家”，其描写道：“我们为大公司工作。我们购买制好的食品衣服。当我们走在大街上，陌生人保护我们，如警察；或威胁我们，如罪犯。陌生人扑灭我们的火灾，陌生人教育我们的孩子，建筑我们的房子，用我们的钱投资。陌生人在收音机、电视或报纸上告诉我们世界上的新闻。当我们乘坐公共汽车、火车或飞机旅行，我们的生命便掌握在陌生人手中，如果我们得了病住进医院，陌生人切开我们的身体、清洗我们、护理我们、杀死我们或治愈我们，如果我们死了，陌生人将我们埋葬。”

② 江平：《私权的呐喊》，首都师范大学出版社，2008，第 41 页。

定历时 13 年，在制定该法的过程中，我国社会确定的立法主流思想，势必要触动拆迁方面既有的法律法规。

在这一方面，立法改变最明显。1991 年《城市房屋拆迁管理条例》经过十年的实施，到市场经济体制建立发展的成熟时期后，它已经表现出整体不合时宜的特点。个别规定的修正明显不能适应新的形势的需要，因此该法需要重新制定；于是 2001 年 6 月 6 日国务院第四十次常务会议通过了重新制定的《拆迁条例》。2001 年的条例较之 1991 年条例的规定在一些方面有了明显的进步，一定程度体现了民权理念的进步，具体表现在如下几个方面。

（1）在立法理念上，开始重视对于民众财产权利的承认和保护

2001 年和 1991 年两个《城市房屋拆迁管理条例》相比，前者最大的进步就是开始承认和保护民众私权。比如，1991 年的《城市房屋拆迁管理条例》在立法目的上，将“保障城市建设”放置于“保护拆迁当事人利益”之前，而 2001 年的《城市房屋拆迁管理条例》则相反，将“保护拆迁当事人利益”放置于“保障城市建设”之前。这一看似不大的改变实质上反映了立法理念的改变，① 即开始对拆迁当事人的利益给予关注。同时，房屋所有权人应有的法律地位得到了确认。1991 年的《城市房屋拆迁管理条例》将被拆除房屋及其附属物的所有人和被拆除房屋及其附属物的使用人放在同一个法律主体位置上，其结果导致应当得到保护的房屋所有权人的利益没有获得应有的保护。② 而 2001 年的《城市房屋拆迁管理条例》将被拆迁人解释为“是指被拆迁房屋的所有人”。这从某种程度上意味着作为房屋所有权人的合法权益应当受到保护。

（2）补偿标准开始明确关注民众的实际损害

在 2001 年拆迁条例之后，建设部 2003 年底制定了《城市房屋拆迁估价指导意见》（以下简称《意见》），自 2004 年 1 月 1 日起施行。虽然在上文中我们分析到《意见》并没有改变政府在补偿标准上的主导地位，但其出台还是对房屋拆迁估价制度方面进行了一定程度的完善，使拆迁过程中的补偿程序更趋向公正合理。一方面，在《意见》制定实施之前，城市房

---

① 费安玲：《私权理念与城市私房拆迁的立法》，《政法论坛》2004 年第 5 期。

② 费安玲：《私权理念与城市私房拆迁的立法》，《政法论坛》2004 年第 5 期。

屋拆迁估价部门的地位是不中立的，导致评估结果往往也是不公正的，高价低估的现象经常发生；另一方面，被拆迁人却几乎没有发表意见的机会，“一座座新崛起的高楼背后，往往隐藏着被拆迁户在补偿上所遭遇的不公正。”[①] 财产权不是财产作为物的权利，而是人作为人支配物的权利。[②] 财产权和公民的生命权、自由权并重，是公民的一项重要权利，是具有重大人文价值的基本权利。法律应该本着保护公民私人财产的精神，按照财产的市场价值确定公正的补偿标准。这就是所有发达国家所通用的“公正补偿”（just compensation）标准，而我们的宪法和法律恰恰漏掉了“公正”这个关键词。[③] 对于这些法治国家保护民权的思想，虽然在那个时候我国法律还没有采纳，但是，国家负责部门已经认识到了这些问题。国务院法制办负责人在上述“意见”的说明中表示，中央拟采用按公平市价计算的公正补偿标准。这一点说明我国立法者已经认识到我国的城镇拆迁立法确实存在补偿不公的缺陷。

当然，如果从中国《物权法》所宣告的民权思想的角度看，2001 年的拆迁条例还是有明显缺陷。首先，它对拆迁法律关系的界定是不科学的，这一点我们已经在前面进行了分析。在此我们还要说的是，该条例对待公权力与私权利之间的关系的认识也是有明显不足的。它过分关注公权并不合理限缩私权，而且这种倾向体现在拆迁过程的各个环节当中。[④] 对此我们可以简要列举几点：第一，政府决定拆迁的前提由政府自证，而没有纳入社会讨论。它作为一个具体的执行性的法规，其关于征收前提的限制，甚至不如 2003 年的宪法修正案详细。在当时已经公布的《物权法》草案已经设定了“公共利益”前提的条件下，该条例的立法者一点儿都没有想到和物权法的配合问题。在现实生活中，我们经常可以看到的是，地方政府单方面地界定的公共利益常常是很随意的，没有法律上的科学性。第二，它没有建立被拆迁人利益表达机制的基本程序。现实中甚至出现了不

① 陈晓：《拆迁补偿公允的制度保障：被拆迁群体仍处弱势》，2003 年 12 月 31 日《新闻周刊》，焦点房地产网：http：//www. house. focus. cn。

② 刘军宁：《风能进，雨能进，国王不能进》，《公共论丛：自由与社群》，三联书店，1998，第 142 页。

③ 张千帆：《拆迁条例修订的原则与难题》，《南风窗》2010 年第 2 期，第 22 页。

④ 对于这几点，在我们前几个专题中已有详细的论述，这里不再展开，点到即止。

知不觉中闯进民众的住宅，并实施强行拆迁的事例。[①] 在这些案件中，被拆迁人甚至从来没有获得过一些必要程序的告知。不建立拆迁人利益表达机制，这与宪法保护公民私人财产的精神又是背道而驰的。第三，对被拆迁人基本人权保障的不足。对此我们在第七专题已经讨论过了。拆迁中，拆迁人随意停水、停电、阻断交通，损害基本民生，甚至以逼死人命来逼迫被拆迁户就范。重庆“最牛钉子户”一案其实只是拆迁人的手段比较“柔和”的示例之一。对此国务院办公厅虽于2004年发布《关于控制城镇房屋拆迁规模严格拆迁管理的通知》（以下简称《通知》），要求拆迁人及相关单位要严格执行有关法律法规的规定，严禁野蛮拆迁、违规拆迁，严禁采取停水、停电、停气、停暖、阻断交通等手段，强迫被拆迁居民搬迁。但此《通知》并不是行政法规，而且对违法者也并未规定具体的制裁措施。第四，补偿不足。这主要表现在补偿标准偏低与政府角色的缺位。按照现代法治精神，“剥夺所有权在任何情况下都不能是单纯地增加国家财产的手段，否则剥夺私人财产的行为是不正义行为”。[②]

（四）中国《物权法》对拆迁的规定

中国《物权法》是我国财产关系的基本法，它并不是专门规范城镇拆迁活动的法律；但是在规范物权基本制度时，它应该对于物权变动的基本制度作出规范。因此，在负责编写《中国物权法学者建议稿》的“总则部分”时，本课题负责人在其中写上了“非依法律行为的物权变动”的建议条文，[③] 后来，这些建议为我国《物权法》采纳，这些条文反映在立法的第42条之中。该条文的规定是：“为了公共利益的需要，依照法律规定的权限和程序可以征收集体所有的土地和单位、个人的房屋及其他不动产。”“征收集体所有的土地，应当依法足额支付土地补偿费、安置补助费、地上附着物和青苗的补偿费等费用，安排被征地农民的社会保障费用，保障被征地农民的生活，维护被征地农民的合法权益。”“征收单位、个人的房

① 华新民：《找准“孤岛”事件的祸根》，2007年4月5日B15版《南方周末》。

② 孙宪忠：《德国当代物权法》，商务印书馆，1980，第208页。转引自费安玲《私权理念与城市私房拆迁的立法》，《政法论坛》2004年第5期。

③ 对此，请参见孙宪忠《争议与思考——物权立法笔记》，中国人民大学出版社，2007，第62页以下。

屋及其他不动产，应当依法给予拆迁补偿，维护被征收人的合法权益；征收个人住宅的，还应当保障被征收人的居住条件。”“任何单位和个人不得贪污、挪用、私分、截留、拖欠征收补偿费等费用。”

《物权法》对于我国建立既符合保护民权的现代法律文明精神又符合法律科学原理的拆迁制度发挥了基石作用。我国历来的拆迁法律制度，都是建立在“发展优先、兼顾公平”的指导思想之上；而《物权法》建立在“一体承认、平等保护”的指导思想之上。该法第 3 条、第 4 条等，都规定了对于民众的财产权利必须和公共财产权利予以平等保护、充分保护的原则。所以，《物权法》和此前一切拆迁制度有着重大的性质差异。因为指导思想的变化，我国的立法开始走上了民主和文明的道路。另外，从法律技术上看，《物权法》使用“征收”这个法律概念，而不再使用“拆迁”这个词汇。这两个名词的法律意义的显著差别，表示立法者对于“拆迁”事务中基本法律关系的不同定性。关于这一点，本书第一个专题有十分明确的探讨。

从 2001 年《拆迁条例》中的“拆”到《物权法》中的“征”，两个简单汉字转换的背后却是我国公民在与公权力对抗过程中争取私权的艰辛历程。原来的拆迁条例一味的追求结果，注重的是拆迁流程中最后的一个环节，即拆除房屋的环节；注重的是公权对拆迁的管理。而《物权法》中的“征”意味着只有经过征收这个程序将私有财产权转为国有，“拆”才能进行下去，倾向于将拆迁房屋的重心转到征收的程序和对被拆迁人的补偿上来。“拆”虽说是最终目的，但“拆”之前的“征”的程序公平和“拆”之前的补偿合理才是最重要的。这些科学法律制度的建立，对于进一步规范拆迁制度发挥了重大推动作用。

布莱克斯通指出：“财产所有权是一个人能够在完全排斥任何他人权利的情况下，对世间的外部事物所主张并行使的那种专有和独断的支配权。”① 物权法高调保护财产所有权，为政府权力的扩张侵犯私有财产权树起了一道屏障，使人们对拆迁变局给予了更高的期望。有学者指出，《物权法》将彻底解决“强制拆迁”、“圈地运动”等问题，因为此法对征收制

① 〔德〕罗伯特·霍恩、海因·科茨、汉斯·G. 莱塞：《德国民商法导论》，楚建译，中国大百科全书出版社，1996，第 189 页。

度的规定，将商业目的用地排除于国家征收之外，企业取得商业用地要与土地使用权人谈判签约。随着《物权法》的颁布，人们的私权观念也得到了空前的高涨。在这一段时间里，如果遭遇强制拆迁，则民众肯定要拿起《物权法》来对抗公权力，保护自己的私有财产权。这就形成了中国拆迁制度发展史上有名的法律（《物权法》）与法律（《拆迁条例》）的对抗。

（五）2011年新征收条例的颁布及其突破

2011年1月21日，国务院颁布了《国有土地上房屋征收与补偿条例》，该条例明确宣告，它正是替代2001年拆迁条例的法规。因此，我国社会习惯于将这个法规称为“新拆迁条例”。实际上，这两个法规的内容制度是有重大差别的。该条例的制定过程显示了社会各界对民权保障的高度关注，其具体条文则凝聚了学界和立法者在对待政府公权力和民众合法民事权利协调发展问题上的最新态度。

从立法进程看，立法部门对该条例的修订工作早在《物权法》颁布之前就已经着手进行。确切地说从2005年就开始了该条例的修订工作，原来的工作计划是该条例修订之后和《物权法》同时实施。但是该条例涉及利益关系重大，修订十分困难，因此直到《物权法》在2007年10月生效后，也无法修订完毕。由于该条例和中国《物权法》的思想以及制度设计有重大的不同，外加不断升级的暴力拆迁和抗拆群体性事件，使得修订工作更加迫在眉睫。此后三年以来，条例修订的工作小组，包括建设部、国土资源部、国务院法制办的同人们，曾经举办各界调查会、研讨会、座谈会45次，并曾经在2010年1月29日公布了第一次征求意见稿，2010年12月15日颁布了第二次征求意见稿，这些都曾经引起社会热烈讨论。即使2011年1月国务院颁布正式的条例之后，社会的讨论也还没有停止。这一现象发生的原因很简单，这个条例是关于拆迁制度的法规，而拆迁实务在我国已经成为公共权力的盲目、开发商的企业强势和社会民众的利益冲突的最主要的来源。而这旷日持久的拆迁立法条例制定之路，也揭示了立法者在对待这个问题上的审慎态度，表明他们意欲在公权力和民众私权利之间达到基本平衡的立法取向。

该条例的进步可以大体总结如下：

第一，在基本的指导思想方面实现了本质改进。如上所述，旧的拆迁条例建立的基本指导思想是“发展优先、兼顾公平”，而“新拆迁条例”体现了有效保障民权、合理限制公权的价值取向。

第二，该条例对于“拆迁”进行了本质性的制度改造，那就是将“拆迁”改变为“征收”。这一点，从根本上扭转了原有条例在法律关系界定上的错误，而且征收的主体只能是政府，而不是房地产开发商、建设单位等。这一点对于“拆迁”制度的建设，意义重大。

第三，该条例建立了“公共利益”条款，来对征收进行根本性的限制。依据该条例，政府只能为了公共利益的需要，行使公共权力，征收民众的土地使用权和房屋所有权。因为征收必然导致消灭民众的这些权利，故征收只能为了公共利益才能进行。

第四，该条例提出了市场价格补偿的标准，使得拆迁补偿终于和市场接轨，终于达到了民众期待的标准。

第五，该条例废止了政府的强制拆迁权。这对于法律制度文明发展意义重大。

第六，该条例还设定了一系列有效的程序，并且明确规定被征收人可以就征收、补偿这两个关键的问题提起诉讼，以救济当事人的权利。[①]

尽管该条例在许多制度设计上还存在不足，尚有可争议和改进的地方，但相较于以往的拆迁立法，它的指导思想已基本实现了民权保护的目标，它的基本制度建设也符合了法律科学的基本要求。

四 私权的承认和保护——中国法制文明发展的必然趋势

在2011年1月的《国有土地上房屋征收和补偿条例》颁布施行之后，我们进行了一些社会调研活动，收集了一些关于该条例中民众私权保护制度的看法。其中肯定的意见当然不少，但是批评的意见也不在少数。这些批评多是围绕着“私”这个字展开的。从这些批评意见可以看出，除了传统“社会主义法学”也就是前苏联法学对于私法、私权这些理论的批判之

① 对此有兴趣者，可以参阅“中国法学网”刊载的、本课题负责人孙宪忠关于“新拆迁条例”的几篇报告。

外，中国自有文化传统对于私法、私权这个法律概念中所承受的法律思想，也是比较排斥的因素。这些现象说明，以现代私权观念为核心的民权法思想在中国大地上能否得到顺利成长，至少现在还是有些障碍。在中国《物权法》制定的过程中，出现了围绕着“公”与“私”的辩论甚至是政治风波；《物权法》颁布生效后不久，中国社会就出现了“极左思想”的回潮；“新拆迁条例”颁布生效，可是并不能顺利实施，这种种情况说明，而且我们完全应该认识到，公共权力与民众私权之间的法学问题，在中国当前并不仅仅是一个学术问题，而且还是一个需要解决的现实问题。

因此，不论是为了更好地贯彻《国有土地上房屋征收和补偿条例》、更好地贯彻《中华人民共和国物权法》，还是为了建设更加符合民权保护目标的中国法制，我们都有必要进一步讨论公共权力和民众私权之间的关系问题。

（一）公权力和私权利概念的产生和发展

1. 概念产生

古希腊的哲学家已经探讨了公共权力和民众私权之间的关系。古希腊哲学家柏拉图是最早阐述国家与个人或公权与私权关系的人，他认为，公共权力是作为私人权利的保护神而产生的。西塞罗认为，国家是人民为了正义和保护私有财产，通过协议而建立起来的政治组织。政府存在的主要目的就在于维护私人财产权，因而城邦不应该干涉私人财产。[①] 这些关于公权力和私权利之间关系的探讨，与我们东方国家的看法有着截然的不同。

在继承古希腊哲学思想的基础上，古罗马的法学家提出了公法和私法的划分。早在罗马法的形成时期，罗马人就已存在相当强烈的“公私相分”的观念。罗马五大法学家之一的乌尔比安首次提出了公法和私法的划分，他的划分标准是：规定国家公务的为公法，如有关政府的组织、公共财产的管理、宗教的祭仪和官吏选任等法规；规定个人利益的为私法，如调整家庭、婚姻、物权、债权、债务和继承关系等的法规。[②] 查士丁尼

---

① 刘美希：《私权神圣理念的历史演变考》，《河南省政法管理干部学院学报》2009 年第 3 期（总第 114 期）。

② 周枏：《罗马法原论》（上册），商务印书馆，1994，第 83 ~ 84 页。

《法学阶梯》第一卷开卷伊始就肯定了该理论："……这一研究有公法和私法两个领域。公法是关系到罗马人的公共事务之状况的法律；私法是关系个人的法律。"由此我们得知，在罗马法中，公法规定国家政权活动、宗教仪式、神职人员和地方长官任命、权限等，保护整个国家和社会利益，是调整国家机关活动的原则和宗教祭祀活动的规范：这是古代社会的法律基础；私法保护一切私人利益，是调整所有权、债权、家庭婚姻和继承关系的法律规范：这是古代罗马关于个人利益的法律保障。

公法和私法的划分意义重大，影响深远，因为这一区分，揭示出了人类社会法律制度运作的基本规律，这就是规范代表公共利益的国家行为与代表私人利益的个人行为之间的法律规范的差异与对立。两者的差别，鲜明地体现于乌尔比安随后在《学说汇纂》中具体化的列举之中："它们有的造福于公共利益，有的则造福于私人。公法见之于宗教事务、宗教机构和国家管理机构之中……"；"罗马人对国家与个人进行了严格的区分，他们各自有其特定的权利和义务。国家是社会性存在的一种必需的和自然的框架，但是个人而不是国家才是罗马法律思想的中心。与此相应，对于个人权利的保护被认为是国家存在的主要目标。国家因此被视为一个法人，它在确定的界限内行使自己的权力。公民也同样被视为一个法人，它拥有受到法律保护的不受别人以及政府自身非法侵害的权利。"① 据此，公法和私法的职能分工和调整范围得以相对明确并长期沿袭下来。②

罗马法的发展主要集中在私法领域，公法很不发达。从公元前450年制定的第一部成文法《十二表法》到体现罗马法发展最高成就的法律巨著《国法大全》，都以私法为其主要内容。罗马国家的这一立法趋向同时影响了法学家的视角，多数罗马法学家认为，罗马法就是指罗马私法。正因为如此，伴随统治阶级的重视与社会的发展，罗马私法日益发达完善，其对简单商品经济的重要关系均作了详尽而明确的规定，不仅内容丰富，而且体系完备、概念准确、法理精深，成为影响后世的法律瑰宝。而罗马公法在其法制建设中始终未能像私法那样得到充分发展，因此对后世的影响显

① R. G. Gettell, *History of Political Thought*, New York: Appleton-Century Crofts, Inc., 1924, p. 68，转引自唐士其《西方政治思想史》，北京大学出版社，2002，第125页。

② 占茂华：《论罗马公私法的划分》，《学术界》（双月刊）2009年第3期（总第136期）。

得比较逊色。“事实上，仅仅私法才是许多世纪以来人们认真注意的对象；公法仿佛是个徒有其名的、无用的，甚至是危险的对象，罗马没有我们所理解的宪法或行政法。刑法也只是在私法周围发展，因而它基本上似乎是有关私人的事务，刑法实际上从未成为‘公法’部分，从未达到私法那样的发展程度。”[①] “罗马法提出了公法和私法的划分，但这样做的目的在于撇开公法——如果真的存在公法的话。换句话说，法学家谨小慎微地避开了这个危险的禁区。”[②]

古罗马由于简单商品经济高度发展，民事法律关系扩展到社会生活的各个方面，从而使私法得到迅速发展。马克思认为，随着社会利益分化为私人利益和公共利益两大相对独立的体系，整个社会就会分裂为私法社会（市民社会）和政治国家两个领域，前者是纯粹的私人利益关系的总和，后者则是普遍的公共利益的总和。现实中的社会都是政治国家与私法社会（市民社会）的对立统一体，只有当私法社会（市民社会）发展到一定阶段，私人利益与国家利益、市民权利与国家权力的冲突方得以彰显。因此，罗马法学家对公私法的划分表面上是为了解决国家公共利益与私人利益间的矛盾，但实质上是解决罗马奴隶制社会市民权利与国家权力间的矛盾。因为公法的本质在于限制权力，防止其侵害市民应有的权利。在法律发展的最初阶段，公权是伴随私权的发展而发展的，其并没有对私权构成侵犯，相反，公权存在的目的就是为私权服务。公私法的初步划分意味着公权力与私权利各自的存在领域得到了人们的理性界定。[③] 在这一时期，公权与私权相互之间基本上自成一体，并行不悖。

2. 公权与私权理念在资产阶级革命时期的发展

由古罗马法学家创立的公法与私法的划分，在中世纪天主教神权统治时期曾一度沉寂，后伴随罗马法的复兴、人文主义革命的兴起而得以再现，而且得到了本质的发展。资产阶级革命的胜利和资本主义市场经济体制的确立，使私法社会（市民社会）与政治国家的分离最终成为现实，从

① 〔法〕达维：《当代世界主要法律制度》（英文版），1978，第75页。

② 参见郭明瑞、于宏伟《论公法与私法的划分及其对我国民法的启示》，《环球法律评论》2006年第4期。

③ 汪渊智：《理性思考公权力与私权利的关系》，《山西大学学报》（哲学社会科学版）2006年7月第29卷第4期。

而使公权力与私权利的完全分离成为一种革命的理想和国家治理的原则。因为，在人文主义革命推动下，产生了人民主权的国家与法律的基本原则，按照这一原则，公共权力和民众私权之间的关系，到底是以谁为主、以谁为辅，在这一时期发生了基础置换。这一思想革命对于法律基本指导思想的转化是本质的。

近代公权力与私权利关系确立的基础是社会契约论，由17~18世纪启蒙思想家霍布斯、洛克、卢梭等提出。洛克认为人们虽然享有各种自然权利，但这种权利很不稳定，随时都可能遭到破坏。因此，人们相互之间达成协议，自愿放弃为了保护自己和别人的自然权利而单独执行自然法的权利，也就是私力救济权；而把这种权利交给社会，由社会委托立法机关或指定专门人员按照全体成员的共同意志行使。这样，人们就由自然状态进入了社会状态，于是国家出现了，公共权力和法律产生了。正如他所表述的那样，“政治权力是每个人交给社会的他在自然状态中所有的权力，由社会交给它设置在自身上面的统治者，附以明确的或默许的委托，即规定这种权力应用来为他们谋福利和保护他们的财产。”[①] 显然，洛克的基本分析，完全建立在人民主权的基础之上，他的理论要点是依据人民主权的法律伦理来解释公共权力建立的基础。他的学说被认为是法律领域里启蒙思想的大成。

在这个基础上，洛克进一步分析了公共权力与民众私权之间的法理逻辑。他说，人们订立契约时转让的只是保护自己和别人不受他人侵犯的权利，生命、自由、财产等自然权利不可放弃、不可转让，因此它们神圣不可侵犯。[②] 洛克还认为，被授予权力者也是契约的参加者，必须接受契约内容的限制，按社会成员的委托，公权力应根据以契约为内容的法律来行使。以私法社会（市民社会）关系为调整对象的私权利，必然在一个国家的法律体系中占有重要的地位，公权对私权的尊重与保护是法治产生和发展的内在动力，只有在真正意识到权利的价值并以公权力承认它的社会中，私权利才可能为社会所需要，才可能得到蓬勃的发展。[③] 他主张严格

---

① 〔英〕洛克：《政府论》（下篇），叶启芳、瞿菊农译，商务印书馆，1993，第105页。

② 〔英〕洛克：《政府论》（下篇），叶启芳、瞿菊农译，商务印书馆，1993，第82页。

③ 阎巍：《和谐视角下公私权力（利）配置的历史考察》，《法学家》2007年第2期。

地限制政府权力，公权力必须为公意的目的在法治轨道内行使，人民的权利必须得到弘扬。①

卢梭是社会契约论的集大成者，在秉承传统的权利与平等观念的基础上，提出了“社会契约论”。卢梭认为，按照自然法的原则，人们要在完全平等的基础上自愿联合起来，通过订立社会契约建立国家，制定法律，以保护每一个人的天赋权利。② 根据卢梭的公权与私权关系理论，私权利是公权力产生的基础，公权力源于私权利的让渡。其原因正如黑格尔所言，私人领域即私法社会（市民社会）具有独立却不自足的属性。

因此，我们可以将社会契约论的基本观点概括为：人类为弥补自然状态的缺陷，确保个人权利的实现，从而签订契约，自愿地将自己的一部分权利交给大家一致同意的某个人或某些人，这就是国家的最初形态，同时也是立法权和行政权等公权力的原始权利和它们得以产生的原因。③ 到了近代，资产阶级民主国家的建立使启蒙思想家的理论成为现实，并最终推动了私权神圣理念的逐步确立。

私权神圣是资本主义国家初期宪法的基本原则之一，也是资本主义经济发展的重要法律基础。作为一项重要的宪法原则，私有财产神圣不可侵犯直接规定在英国1215年的《自由大宪章》之中。当时的议会针对国王约翰肆意扩大征税权、滥用国家征税与征收权力、凭借国家机器侵害贵族和自由民的财产权的行为，通过了一系列限制王权的议案。这就是《自由大宪章》，它构成了私有财产特殊保护的法律渊源。这一法律文件的基础，是公共权力必须是有限制的、必须不妨害民众私权的原则。

1776年的美国《独立宣言》则在英国私有财产法律保护的基础上作了进一步发展，它认为“人人生而平等，他们都从‘造物主’那里被赋予了某些不可转让的权利，其中包括生命权、自由权和追求幸福的权利。为了保障这些权利，人们才成立政府。政府的正当权力则需要得到被统治者的同意。如果有任何一种形式的政府想损害这些目的，那么人民就有权利来改变或废除它，以建立新的政府”。美国《独立宣言》从政府与人民关系

---

① 何勤华主编《西方法律思想史》，复旦大学出版社，2007，第87页。

② 卢梭：《社会契约论》，何兆武译，商务印书馆，2003，第23~25页。

③ 〔英〕洛克：《政府论》（下篇），叶启芳、瞿菊农译，商务印书馆，1993，第215页。

的角度，第一次以政治纲领的形式确定了政府的权力来源和保护人民权利的责任。它在法理上的重大意义在于揭示了公共权力来源于民众私权，在道德上必须为私权服务的现代法律文明原则。这和封建时代君主要求民众绝对服从、盲目服从的法律原则有着根本的不同。

1789 年法国的《人权宣言》被马克思称为“第一个人权宣言”，“私有财产神圣不可侵犯”作为一个完整的法律原则是在这个法律文件中最终确立的，其在第 17 条宣称：“财产是神圣不可侵犯的权利，除非当合法认定的公共需要显然必需时，且在公平而预先赔偿的条件下，任何人的财产不得受到剥夺。”①

依照社会契约和人民主权原则，国家产生的主要目的和责任在于保护私人的财产和权利，但实际上国家一旦成立，极可能不但不保护私人的财产和权利，相反却凭借人民授予的权力而形成的国家机器来侵害私人的财产和权利。国家有军队、警察、监狱等强大国家机器足以保护其公有财产，私有财产却往往容易受到国家的侵害，在国家对私人财产权利进行侵害的过程中，私人始终处于弱势的一方，为了实现平衡的正义，在理论假设上就应赋予私人财产权利的“神圣”地位，并以此为基础设计防止国家侵害私人财产权利的具体制度。因此，法国等资产阶级政权大多以宪法规定私有财产神圣不可侵犯，使其一时成为资产阶级国家的标志和资产阶级政党的旗帜。

因为人文主义革命的结果，公共权力和民众私权之间的道德伦理基础发生了改变，这一点在世界文明历史上影响极为重大。从那时之后，世界上所有的国家都承认了人民主权的原则，也都承认了国家拥有的公共权力必须建立在民众私权的授权基础之上，并且应当通过民众投票选择来实现这一原则的宪法制度；同时，公共权力必须有限制地行使，而不能绝对行使，依法行政成为宪政的最主要的标志。民众的私权被宪法宣告为神圣，而从此之后再也没有哪一个国家敢于通过宪法宣告统治者的公共权力神圣。这样，私法社会（市民社会）与政治国家的完全分离，私权利与公权力的行使界限开始廓清。私权利获得了自己独立的存在空间与合理性基

① 刘运宏：《私权神圣、公权神圣与平等保护——对物权保护方式立法趋势的探讨》，《云南大学学报》（法学版）2007 年第 4 期。

础，并建立起体系化的权利救济途径与开放型的权力对抗路径。[①]

3. 现代社会公权对私权的有限干预

自由资本主义时期所盛行的私权神圣理念，赋予了私权绝对性、优越性的强大效力，结果造成社会财富日益集中于少数人手中，贫富悬殊、劳资对立、财富浪费等社会问题日益严重。[②] 尤其是20世纪以来，主要资本主义国家由自由资本主义进入垄断资本主义阶段，特别是受到两次世界大战以及1929～1933年空前严重的世界性经济危机的冲击与影响，欧洲各国统治阶级和有识之士已充分认识到，因过分强调个人主义而导致的无政府主义及经济发展的失控与无秩序状况，已使资本主义的发展受到极大的伤害。人们发现，不受干预的私法社会（市民社会）并没有带来人们所预期的自由理想，相反却出现了个人主义的泛滥和对平等的践踏，而失去平等的自由和权利最终也很难得到有效、广泛的保障。而且，经济危机频繁发生的事实说明，法律不仅要注重保护个人权利，而且更应注重强调和维护社会利益。[③] 在此情况下，西方法制的理念发生动摇，从传统的“个人本位”迅速转向“社会本位”。“社会本位”的观念给私人权利保护（尤其是最具代表性的财产权利）带来的最大影响便是公共利益与私人利益之间的冲突和对抗：现代私法已经不可能再如一百多年前自由资本主义时期所弘扬的对私人权利不加限制的保护，政府在社会管理与福利发展上越来越削减了“守夜人”角色，代之以更积极地介入社会经济与福利生活。为了证成政府的此类干预行为的正当性，世界上大多数国家都将公共利益的维护与实现作为一定程度上限制私人利益的正当理由并通过立法给予确定。

在剧烈的时代变迁中，私法社会（市民社会）与国家的关系也由分化对立而走向交叉互渗。国家主体的地位与作用日益提高，不再仅仅充当个人权利自由的保护者与“守夜人”的角色，而是以国家的身份和社会公共利益维护者的姿态，开始积极主动地干预和介入社会经济生活与其他社会活动，协调各种矛盾和冲突，解决各种新形势下的社会问题。在法律领

① 汪渊智：《理性思考公权力与私权利的关系》，《山西大学学报》（哲学社会科学版）2006年第4期。

② 刘美希：《私权神圣理念的历史演变考》，《河南省政法管理干部学院学报》2009年第3期（总第114期）。

③ 叶秋华、王云霞主编《大陆法系研究》，中国人民大学出版社，2008，第103页。

域，私权神圣理念不再是绝对的与不受任何限制的了，在维护社会公共利益的前提下，个人权利与义务的行使受到了一定程度的限制。

在现代社会，一方面，随着国家权力的行使和加强，公法不断介入传统私法领域，私人权利之领域日渐受到来自公法的影响乃至限制。譬如，作为最重要的私权的财产权的行使，就不断受到公法上强制性规定的限制。另一方面，随着国家公共职能的转变，国家不仅要运用传统的公法方法，而且为了更好地适应市场经济的需要也在不断吸纳私法的合理内核，借鉴和引入大量的私法制度和观念，以便更好地实现公法目的，导致公权私法化现象。[①]

但整体而言，西方近代以来的社会，是一个私权发达，公权介入适度，公权与私权关系比较平衡、合理并可随时作适度调整的社会组织模式。而且我们从早期现代化和后期现代化的国家的共同情况分析，不难发现现代社会发展的一个主要结论就是：个人、企业等主体自主、自立、自由和自我责任的模式，更易于激发创造力，继而推动社会发展；而公权干预过多，过分介入和约束私权，则限制创造力，从而制约社会的发展。

4. 当代社会公权力与私权利关系的一般性

资产阶级革命时代对于公共权力和民众私权之间的道德伦理关系、法理逻辑的原则，是人类历史数千年法学发展历史的重大进步。因为，在人类历史上，在漫长的奴隶制、封建制时代，民众私权在道德伦理上处于绝对依附公共权力的地位，被统治的人民在法律上没有独立的民事权利和政治权利。资产阶级革命首先在法律伦理上实现了革命，使得被统治的人民成了法律上的主人。这就是真实的革命。我们可以看到，西方现代国家的法治这一期间的发展在以私权为本位并存在发达的私法系统的情况下，在法治的轨道内逐步从私权中让渡出一部分权利由公法加以调整，这是一种社会政治契约的过程，是理性化、自愿且有序的结果。即使是在现代社会，公权也有逐渐介入私权甚至不断膨胀的趋向，但其法治理念仍然没有改变，即公权的行使依然是以保护私权为目的，只不过是更多地考虑到了社会公共利益的需要。

---

① 王春业：《公权私法化、私权公法化及行政法学内容的完善》，《内蒙古社会科学》（汉文版）2008 年第 29 卷第 1 期。

我们应该知道的是，这些进步的思想在苏联法学中是被批判的，中国法学也继受了这些批判。这些批判的基本论据是有钱的资产阶级从人文主义革命获得了真正的利益，而一般劳动大众没有获得利益。这就是在中国政治概念中常常提到的资产阶级的虚伪性。我们要说的是，这种批判从历史上看是不中肯的，因为经历过这一革命的国家里，公共权力从建立到运行，都受到了法律的实实在在的限制；人民的私权的提升和奴隶制、封建制完全不可以相比。而且，这些批判从现在来看是后果十分消极，因为继受苏联法的国家里，公共权力建立和运作到现在还都存在着很多民主与法制方面的缺陷。

其实不管从公权与私权的关系还是从其历史发展的角度看，民权意识的提高都是必然的历史趋势。以私权为核心考虑包括拆迁在内的各种社会问题是构建和谐社会的必然要求。回望我国拆迁立法政策的变迁，虽然现实操作中尚存在许多不合理的现象，但我们还是能从中看到这样的历史进程：从公权力的完全主导，私权必须服从到公权力的逐渐“收敛”，这是一个值得关注的进步。而这种进步与公权私权关系的演变及其发展趋势无疑具有相当的契合性。

我们说私法社会（市民社会）与政治国家一直在人类历史的演进中矛盾发展，在法律领域里，这种发展体现为私权利与公权力的不断纠合、对峙、妥协，这条历史轨迹也决定着不同路径下各民族国家的法治实现方式。人类的发展史，可以说就是一部权力和权利资源在不同阶层按不同方位排列组合的历史。[①] 认识这些，定能为我们科学拆迁制度的确立提供方向，也能为我国法制的发展提供思想的源泉。

（二）中国法中的民权保护

与西方法治发展轨道不同，自周秦以来，我国一直是一个政治国家与私法社会（市民社会）不分、政治国家吸收私法社会（市民社会）的国家。历代王朝均以加强中央集权为目标，倡导皇权、父权、夫权，压制人性与个人权利的伸张以及通过诉讼来维护私权的行为，并建立了以公法为

① 汪渊智：《理性思考公权力与私权利的关系》，《山西大学学报》（哲学社会科学版）2006年第4期。

核心的法律体系。可以说，在两千多年的封建历史中，私权的发展以及对私权的研究几乎一片空白。生活在这种制度下，人们的权利意识从出生之日起就为强大的公权所压抑，维权意识也极其薄弱。只是到今天，中国宪法确立了市场经济体制之后，中国开始出现契约社会，人们的权利意识才开始觉醒，并且成长壮大起来。

1. 私权理念在古代中国法制中的缺失

中国与西方世界一样，表面上经历了原始社会、奴隶社会、封建社会及资本主义的萌芽期，但是其背后的社会内容却有着质的不同。中国社会的经济状况，一直是自给自足的小农经济占主导地位，以农业经济为基石的古代中国一开始就陷入了集权专制的迷途。古代中国是沿着由家而国的路径进入到阶级社会，家国一体，对宗法血缘关系的维护成为传统法制的核心。国家形成的基础不是城市，而是宗族与土地。国家是凌驾于所有这一切小的共同体之上的综合统一体，表现为更多的所有或唯一的所有者，每一个单个个人在事实上失去了财产，故在中国古代社会里，难以形成与国家相抗衡的私法社会（市民社会），私法社会（市民社会）的核心即私权利始终也就无法生长，私权时时受到公权力的侵犯也就理所当然。中国传统法律，强调礼主刑辅、身份本位、义务本位，诸法合体、以刑为重，强化权威服从和顺民的观念，强调个人对家庭、社会和国家的义务，法律条文多为禁止性规范，而少权利性内容，轻视人的独立人格、自由、尊严和利益。

数千年来，指导中国成长的法思想是儒家学说。占正统地位的儒家思想重视的是道德在治理国家中的作用，它并不强调个人及其权利的概念。传统中国的社会结构、儒家文化的价值取向以及法律制度的设置方式和目的，都是义务导向的，均不利于私权意识的发展。而且，在儒家文化所追求的中国社会中，人格是道德成长和个性发展的问题，培养美德重于追逐物质利益，责任优先于权利，个人应该服从一个较大的社会群体和它的权威、要求和目标。① 社会正义以主张群体权利为核心，以至于压倒并替代私权。君王的权力虽然有来自道德等方面的约束，但是缺乏硬性的制度方

① 陈弘毅：《权利的兴起：对几种文明的比较研究》，《公法》1999 年第 1 期，法律出版社，第 191 页。

面的限制。法律对他们并不构成威胁，他们可以在法律之上。[①] 这样，中国古代就不可能产生以民法和法治为前提的西式的私法社会（市民社会），也就不可能有以自由平等为信念的民法，由于缺乏公共意识和“尊法精神”，所以中国社会不存在真正的近代意义的私法秩序，也就不可能像西方那样产生强的私权，以抗衡公权。

2. 改革开放前中国民权制度的发展

尽管从人类社会的历史长河来看，私法具有悠久的历史，但对中国来说，私法观念的引进却只有短短百年历史，在这短短的百年历史中，私法观念也还是一直处于从属地位。“私权”这个概念正式进入中国人的视野是在1911年《大清民律草案》中。1929～1931年国民党政府颁布了中国历史上第一部民法典《中华民国民法典》，标志着具有近代私法特征的法律制度在中国开始慢慢成长起来。然而，由于20世纪末困扰中国的一直是软弱贫穷，而且占主导地位和承袭下来的政治思想模式始终认为个人是集体的一部分，尤其是在1949年以前，所有民权运动或思想解放运动，往往被外患内战打断；有些人推进的法律与权利的启蒙教育，或者仅仅发生在高级知识分子中间，或者以阶级和民族的整体为单位，个体的权利意识启蒙则没有取得重要发展。个人权利被视为主要是为在混乱时期建立秩序和创设一个能保护和发展民族的强大国家而发挥作用。[②] 所以，从严格意义上来说欧风美雨捎来的权利概念连同社会达尔文主义、阶级斗争论所推动乃至塑造的实际上主要是关于群体权利的理论与实践。

1949年新中国成立后，废止了包括《中华民国民法典》在内的“六法全书”。由于受苏联意识形态的影响，中国的法制从开放式的“西学东渐”转向对苏联法律体系的全面继受。上文提到，苏联法学对公共权力和民众私权之间的关系的认识，与近现代法律文明历史发展来的原则看法本质不同。苏联法的这些理论，在列宁的分析中能够充分表现出来。1922年

① 群体权利（rights of group）概念是可以成立的，但有法律意义和非法律意义的区别。根据某些群体特征如种族、宗教和民族的特征而剥夺个人权利的情况下，主张群体权利是绝对正当的。参见 Nathan Glazer，“Individual Rights Against Group Rights”，1978。

② 〔美〕安德鲁·内森：《中国权利思想的渊源》，黄列译，《公法》1999年第1期，法律出版社，第79页。

列宁对民法典草案的起草给予的指导性意见是："我们不承认'私的'，对我们来说，经济领域中的一切都是公法上的东西"，[①] "私法的基础是生产资料私有制，在生产资料公有制的国家，私法失去了存在的基础"，"社会主义制度消灭了社会利益和个人利益的对抗性，公、私法的划分也就失去了意义"。[②]

但是，依据苏联法这种依据阶级斗争理论建立的国家与法律的理论，在社会主义国家里，还有没有公共权力？有没有民众的私权？公共权力又如何建立、如何运作？如何实现人民的私权？这些法律历史上争论了数千年的核心问题，在社会主义国家里还存在吗？依据苏联法学，这些问题似乎已经不存在了。但是，实际上，是人民的私权基本上不存在了（或者说人民的私权被压缩到极致），而公共权力又被扩展到极限。这种情形，又好像退回到资产阶级革命之前的情形，人民当家作主的口号演化成为一个最大的笑话。

由于继受苏联法学，中国在数十年的时间里，几乎是谈私色变，私法、私权利，都被政治运动清扫一空。随之而来的是，无视和践踏公民权利的事件不断发生、不断加码。在"文化大革命"那样的"群众运动"中，民众甚至到了人人自危的程度。[③] 但是另一方面，公共权力发生了极端扩张，甚至整个国家事务一言堂，这种情形，是没有君主的君主制，它已经完全背离了社会主义的宗旨。

不论是苏联大肃反的教训，还是中国的"文化大革命"的教训，都说明了一个最为简单的道理，如果轻视民众私权，那么就必然会极端扩张公共权力。如果没有公共权力建立和运作制度的科学化和法治化，那也就没有民众私权的充分承认和保护；反过来也是一样，如果民众的私权没有得到充分承认和保护，那公共权力的法治化、科学化也就是一句空话。这样看来，社会主义社会和人类社会的其他法律社会一样，照样存在着公共权力和民众私权的基本法律现象，这一对法权也构成了我国法律社会的基本矛盾。

---

① 王涌：《私权的概念》，《公法》1999年第1期，法律出版社，第403页。

② 王涌：《私权的概念》，《公法》1999年第1期，法律出版社，第403页。

③ 夏勇主编《走向权利的时代——中国公民权利发展研究》，社会科学文献出版社，2007，第45页。

3. 改革开放以来我国社会民众私权法治的发展

“文化大革命”结束后，随着对“文化大革命”期间各种践踏人权、践踏人的尊严的行为的反思，特别是改革开放以后确立了社会主义市场经济制度，随着社会财富的增加，人们的权利意识、财产意识重新苏醒，以保护民权为目的的私法的建设才逐渐提上议事日程。应该说，中国的民众私权制度建设就是在改革开放的时期开始迈开步伐的。但是在改革开放的初期，人们对于法律社会认识尚浮于表面，人们的民权意识还处于较低水平。但是随着改革开放的深入发展，我国民众的私权法治建设的步伐越来越快，已经走上了基本正常的道路。

中国民众私权立法最重要的里程碑，是1986年我国制定的《中华人民共和国民法通则》。该法是在我国还无法制定民法典的时代，国家最高立法机关颁布的民法基本法。它在第2条规定，民法是平等主体之间的财产关系和人身关系的基本法。这一规定意义十分重大，因为，在当时我国还处于计划经济体制的情况下，我国主导的法思想还是坚持着公法私法不应该加以区分的观念；而《民法通则》明确宣告，法律所调整的社会关系，既有平等社会主体之间的内容，也有社会管理和服从的内容；而民法只是调整平等主体之间的社会关系。这一规定，实际上从根本上改变了前苏联法学最为基本的观念，将民法立法和社会管理的法律区分开来，这就为中国后来数十年的改革开放的立法，确定了良好的基本的架构。我国后来的法律体系建设，就是在这一基础上进行的。另外，该法把中国基本民事权利规定为人身权和财产权，第一次以基本民事权利的方式确定人身权、知识产权等，这些做法在社会主义国家的法律制度建设方面都是创造性的。这些权利的规定，为后来我国社会整体的法制观念的形成和发展发挥了奠基作用。我国社会发展有今天的现状，《民法通则》功不可没。在此之后，中国《公司法》的制定与修订、中国《合同法》的颁布、中国《物权法》的颁布，以及中国《婚姻法》的颁布和修订等，都为我国民众私权的发展作出了贡献。当然，中国“宪法”、“刑法”、各种行政法律法规，以及我国的民事诉讼法、刑事诉讼法、行政诉讼法等，也已经颁布生效，甚至还进行了很有成效的修订。因此，中国最高立法机关在2011年底宣告，中国市场经济体制的法律体系已经建成。这些法律，基本上都是直接规定或者涉及民众私权的法律。

总体来说，中国立法者对于民众私权的保护采取的是鼓励和发展的态度，因此中国民众私权的立法发展速度还是比较快的。我们应该认识到，当前社会民众权利意识如此高涨，其实也是我国立法积极促进的结果。虽然有时立法的速度慢了一些，虽然有些法律规范比较粗糙——正像《国有土地上房屋征收和补偿条例》所表现的那样，但是我国的立法总是在朝着民权化的方向发展，这一点完全符合法律文明的发展大趋势。

（三）现实问题和未来走向

在上文讨论中国现代社会整体的权利意识觉醒的时候，我们已经指出，民事权利观念的复苏是整体权利意识觉醒的发动机。从中国城镇拆迁事务的法律制度分析中我们也可以看到，民众正是从自己的基本财产权入手，来维护自己的其他各项权利的。因此，在我们考虑中国社会现代整体的法律制度走向的时候，我们也必须牢记，以民事权利为基础和核心的整体民众私权的发展，是我国法制不断走向文明的标志。

但是我们要看到，我国是一个有着几千年“人治”传统的国度，加之中国又具有数千年“集体本位”思想的潜在影响，致使“个人本位”和“权利本位”这些法律理念的生成和发展比较困难。这种情形，关键的原因还是在于公共权力系统对于民众私权的保护意识淡薄，其中前苏联法学那种非民权的理念，还在我国被主导的法思想认定为正宗社会主义法思想。在今后一段时间里，民众私权向公共权力争夺自己的生存和发展空间的潮流，将成为我国法律文明发展的主要动作。

改革开放以来的中国民众私权发展的道路，表现出了公共权力向民众私权“放权”、“让利”这样一种特点，也有人认为这种情形可以称为“还权于民”。总体来说，公共权力在这一方面表现出了主导者的特点。正是因为这样，很多官员产生了民众的权利来源于政府、来源于领导人的观念。在拆迁事务中，很多官员声称，民众的发财致富，来自官员手中的规划。这些违背中国宪法规定的人民主权原则的观念，在实际中并不少见。在我国社会中，公共权力自然正当、不受限制的做法屡见不鲜。我们的一些政策文件，实际上在支持着这些行为。这种情况在城市房屋拆迁中表现得更为尖锐和突出。

对这种情况，一大批有识之士十分忧虑。有很多人对我国经济体制中

的公共权力运作所坚持的理念提出了质疑，提出了合理限制公权、有效保障私权的观点。正如有学者指出的："我们的目的是建设一个好的，也就是规范公正、有利于大众的市场经济，要在转型过程中努力保持机会的平等和起点的公正，防止陷入权贵资本主义的泥坑。"① 更有学者在谈到如何走向好的市场经济时指出："任何一个市场经济中都潜在着两种掠夺。一种是私人掠夺，可以是私人掠夺私人，第二种掠夺是政府掠夺，第三种情况是私人通过政府权力的掠夺，对于上述掠夺，法治可以达到一箭双雕的目的。法治既能限制政府掠夺，也能限制私人掠夺。"② 同时，也有社会学研究者从社会与经济的关系角度进行了反传统视角的研究，提出："从根本上讲，坏的市场经济不在市场经济本身，而是嵌入于其中的政治社会环境。因此，我们现在所面临的任务，不仅仅是进一步完善市场经济本身，同样重要的是建立一套可以保证市场经济能够健康运转的政治社会体制。好的市场经济有赖于一个相当发育程度的社会，所谓一个相当发育程度的社会，其实质是不同社会群体表达和争取自己利益的能力，以及由这样一种能力所达成的社会利益格局的大体均衡。"③ 这些观点，从法学的角度看，就是要正确处理公共权力和民众私权之间的关系问题。正如中国社会科学院农村所社会问题研究中心的于建嵘教授所说，④"弱者"的产生与公权力过强有关。

甚至国家领导人也清楚地阐明了这里的问题。温家宝总理在2010年全国人大会议上提出："我们所做的一切都是要让人民生活过得更加幸福、更有尊严，让社会更加公正、更加和谐。"一个真正的和谐社会，不会以稳定的名义用高压政策压制私权的诉求，将公民正当的利益诉求视为不稳定因素，将民众的利益表达为社会稳定的对立面。正当利益不能顺畅表达，可能助长社会基础秩序的失范：腐败盛行；强势利益集团肆无忌惮；社会公平正义遭受侵蚀；不同社会群体之间出现疏离，缺乏平等有效的沟通和互动……这些问题，才是影响社会稳定的真正的长期的

① 吴敬琏在"中国改革论坛"上的发言，http：//www.china.org.cn，2003年10月23日。

② 钱颖一：《如何走向好的市场经济》，2004年12月28日《经济观察报》。

③ 参见孙立平在2004年11月4日《经济观察报》的"中国·社会"专栏文章。

④ 于建嵘：《反社会人格，最恐怖的发泄》，http：//www.nfcmag.com/，访问时间：2010年4月30日。

祸患。[①]

探究近段时间连续发生的自焚自残抗拆案，我们发现最主要的原因是强大的公权力的失范。同时，民众因为私权受到损害而寻求救助的时候，法律缺乏合理的利益表达渠道，导致他们走上了偏激的道路。比如，一度我国法律明确规定，拆迁事务不得起诉，法院不受理征收与补偿的案件。当然，这些法律问题已经从立法的层面得到了解决，但是立法在现实中贯彻到底如何，还需要我们观察和研究。

目前，我国正在积极构建和谐社会，而和谐社会需要处理好三对关系，即公权力与公权力的关系、私权利与私权利的关系以及公权力与私权利的关系。其中，最难处理的则是公权力与私权利的关系。要促进社会的和谐发展，必须使公权力与私权利处于平衡与和谐状态。如果说社会权力的总量是有限的话，那么公权力与私权利的关系应该是一种反比例关系。这是中国法律发展必须时刻注意的。我们在这里提出一些观念更新的想法，希望能够引起注意。

第一，我国公共权力机关应该认识到，“有限公权”是我国宪法规定的“依法治国”原则的内容之一，应该认识到自己的权力基础来源于人民，应该按照宪法和法律行使，谁都不应该掌握绝对公权力。这个指导思想应该早日在我国社会成长起来。在依据公共权力消灭民众私权的时候，这些原则更加应该得到遵守。

第二，建设法治政府，尊重公民的合法权益。财产权是公民享有的一项重要私权，《物权法》赋予私人财产与国家财产同等的法律地位，只有为了公共利益[②]的需要，才能对公民的私有财产在经过法定程序，并予以充分补偿的情况下征收。在当前强调并践行法治政府的建设，将法律切实置于政府之上是十分必要和紧迫的。

第三，开放言路，建立利益均衡机制，[③] 为社会不满情绪的宣泄提供

---

① 清华大学社会系社会发展研究课题组：《维稳新思路：利益表达制度化，实现长治久安》，http：//www.infzm.com/content/43853，访问时间：2010 年 4 月 28 日。

② 此处的公共利益应指社会成员能够直接享受到利益，强调社会成员享受的是直接利益而非间接利益。梁慧星教授也是这么认为的。其中经济利益排除在公共利益范围之外。

③ 清华大学社会系社会发展研究课题组：《维稳新思路：利益表达制度化，实现长治久安》，http：//www.infzm.com/content/43853，访问时间：2010 年 4 月 28 日。

制度化渠道。对于已经形成的以失地农民、进城民工、拆迁户等为代表的弱势群体，公共权力系统更应该给予关注，应该许可他们表达自己的意见，甚至表达自己的不满。大量研究表明，在诸多矛盾冲突事件背后，是利益表达机制的缺失，因此需要建立利益均衡机制。利益均衡机制包括：信息获取机制，让公民在第一时间获取与其利益相关公共事务信息，信息的不公开及暗箱操作，是导致冲突激化的重要原因；利益凝聚机制，经过凝聚的利益诉求，也更容易通过谈判和仲裁的方式获得解决；诉求表达机制，在涉及公众利益的问题上，以听证、表意、监督、举报等方式向公众提供表达的渠道；施加压力机制，强势群体拥有的资源多，争取利益的手段也多，弱势群体要有为自己争取利益的能力，必须得有特殊的施加压力机制。有了规则和规范，社会冲突就犹如水渠中的水流，尽管有时看上去汹涌激荡，但是知道它流向哪里、流到什么地方就能恢复平静。

五　结语

从上文的分析我们可以充分理解到，为什么在法律制度的发展过程中，公共权力和民众私权的矛盾运动是法与权问题的核心——它不仅仅是理论研究的中心，而且也是制度建设的中心。中国城镇拆迁制度恰恰涉及了这个中心矛盾，这一制度的行程，也非常充分地说明了中国法制建设数十年在处理公共权力和民众私权问题上的经验和教训。

同样，从上文的分析我们可以看出，中国社会之所以在相当长的时间里，公共权力扩张到极限，而民众私权被压缩到极限，原因就是新中国成立到改革开放初期数十年，模仿苏联贯彻计划经济体制。在计划经济体制下，一般民众仅仅被当做劳动力资源，而不被当做法律上的权利主体；苏联法学更不会从人民民主的角度理解法权问题，所以，它否定社会主义国家还存在着公共权力和民众私权之间的划分，并且以此为据，否定了民众私权必须得到充分承认和保护的正当性。在继受苏联法学之后，中国法学主导思想回避了中国社会存在公权力和私权利的矛盾，因此，在这种指导思想引导下，我国立法者在相当长的一段时间里，都不再从公权力和私权利的矛盾出发，来考虑法律制度的建设问题。这样，公共权力不断地自我扩张，越来越失去必要限制，也越来越失去民权基础。改革开放之后，中国立法者在最初只是基于“文化大革命”的惨痛教训，呼吁开始建立法制，但是仍没有从民权的角度来思考法律制度建设的基础问题。建立市场经济体制后数十年，因为开始承认私权利的正当性而开始给予明确肯定的承认和保护，因此民众私权有了充分的发展，但是因为没有看到公共权力和民众私权之间的矛盾，因此我国法律制度并没有恰当地解决民权保护中的根本问题；只是到了《国有土地上房屋征收和补偿条例》时代，我们才开始真正从限制公权力的角度，来解决私权利保护的根本问题。这数十年的历史再一次表明，如果忽视限制公权力，民众私权的保护就总是存在着治标不治本的缺陷。

正如耶林在《为权利而斗争》中所言，权利是一个人的道德基础，也是一个国家的道德基础，是一个国家的生存之本，为权利而斗争不仅是对个人的义务，也是对集体的义务、对国家的义务，如果一个人面对损害他权利的行为无动于衷，缩头缩脑，胆怯不前，就不要希望他在国家的危难时刻挺身而出，如果一个国家以公权的名义任意践踏其人民的权利，且不让其为人民受损的权利有所作为，那么也不要希望这个国家的人们在国家危难时挺身而出，那么这个国家就是一个岌岌可危的国家，是一个不用太大力量就可以被摧毁的国家。封建王朝的毁灭就很好地论证了这一点。

我国现在已经是世界第二大经济体。一个现代化社会，应该不仅是一个经济高度发展的社会，更应该是民权得到良好保护的社会。社会的变革、发展应该以人的全面发展、尊重个人的权利为最终目的。而城镇房屋拆迁法律制度无疑集中体现了公权力与私权利的博弈，更直观地展示了国家在配置两种法权过程中的价值取向。沿着我国拆迁制度和立法发展的路径，我们不难发现，私权理念已经历了一个从萌生到逐步发展壮大的过程。而且，无论从西方国家公权私权的发展脉络，还是从我国市场经济的发展以及和谐社会的构建角度看，保障私权的合理性作为一种主旋律必然会统摄整个社会生活的变奏。可以想见，随着政府对私权的态度从漠视转变为呵护，随着私权立法的不断完善与社会私权文化的逐渐形成，我国的私权保障必将达到新的水平。因而我国当前在对待公权力与私权利的关系上，应当树立私权优位主义的观念，即在公权力与私权利之间，以私权利为核心；在国家与社会之间，以社会为核心，培养和加强民众的私权理念，实现中国法治的模式从“国家型法治”向“社会型法治”回归，使民

众积极参与其中，只有这样才能真正实现和谐社会。

我们认为，中国法律制度的民权化走向是中国法律制度文明化的标志，因为民权保护是不可阻挡的历史潮流。那些主张公权绝对、否定私权的旧意识形态终究会消失，毕竟不符合历史的潮流，必将被淹没在历史的长河中。和谐社会、以人为本理念的提出更让我们坚定了将民权保护继续向前推进的勇气、决心与信心，但如何将这种执政理念转化为实际可行的法律制度，如何在拆迁中以及公权力行使的过程中平衡公权与私权的力量，如何在立法、执法过程中切实而有效地保障民权，还需要我们继续努力，民权保护之路任重而道远。

附
拆迁典型案例及简要分析

一　前言

在进行土地拆迁理论研究的过程中，我们发现伴随着城市化进程的加快，全国各地出现了大量房屋拆迁的案例，既包括轰动全国的暴力强拆案、被拆迁方暴力抗拒拆迁案，也包括成功的拆迁案例。对于拆迁理论的深入研究和拆迁立法的完善而言，对具体案例的分析具有很大的现实意义和研究价值，故将这些案例调查收集于此，以记录这段拆迁的历史。

二　暴力拆迁案

（一）海淀区非法强拆受害者被裸体挟持案[①]

2011 年 3 月 23 日凌晨，北京市海淀区八里庄街道办事处彰化南路徐庄 45 号发生一起非法拘禁和非法拆迁案。租住在徐庄 45 号的赵敦义被人

① 上述报道参考《海淀区八里庄街道办发生非法强拆案　受害者竟被裸体挟持》，http：//www. wangluolianbo. com/argument. jsp？ id = 1026，访问时间：2011 年 3 月 28 日。本案例记述有删改。

挟持拘禁约2个小时后，其居住的房屋连同屋内所有物品被毁。至今，公安机关仍未对此事予以刑事立案。

2011年3月23日凌晨1点左右，数名（赵说有四五人）身份不明的犯罪嫌疑人将赵敦义的屋门踹开，抓住赵敦义后便对其拳打脚踢，在赵敦义一丝不挂的情况下将赵的头蒙住并挟持至停在外面的一辆汽车上并将车开到附近一桥下。

赵敦义回忆当时的情景显得心有余悸，赵说：“犯罪嫌疑人破门而入时我正在睡觉，他们进屋后像抓犯人一样将我控制得不能动弹，他们声称如果我动或者叫唤就弄死我。”赵敦义被挟持到汽车后两名犯罪嫌疑人分别用刀或枪顶住腰部，并威胁赵敦义如果动就将其杀掉，“在汽车内，我得知是因为我没有及时腾出我租住的房屋他们才对我下此狠手，挟持我的人声称和‘玉北公司’作对就是这个下场”，赵敦义气愤地说。大约一个小时后（23日凌晨3点），犯罪嫌疑人将赵敦义送回原住处后扬长而去，摘下头套的赵敦义不敢相信眼前的一切：赵敦义等4户租住（另外三户家中无人）的房屋已变成一片废墟，室内的所有物品被掩埋于废墟之中。

赵敦义告诉记者，其房屋内有电视机、电冰箱、洗衣机、微波炉等生活用品以及办公桌等办公用品和其他很多重要文件资料，其中还有价值不菲的古玩和字画，“犯罪嫌疑人的行为给我一家造成直接经济损失将近20万元，他们还打我并非法拘禁我近3个小时，由于惊吓过渡，我至今无法安然入睡”。赵敦义和另外三户受害者从案发后便日夜守护在案发现场（其中一来自东北的租户开了粮油店，一户开了便利店，一户开了油漆店，三户的损失也颇为严重）。截至目前，海淀区八里庄街道办事处及其下属单位无一部门就此事出面与受害者沟通。

而据受害者赵敦义等人透露，案发后赵等人在第一时间拨打110报了警，恩济庄派出所调查后将案件移送至海淀区公安分局相关部门，从案发至今已过去了近4天，受害者赵敦义等人未得到“立案”的答复。据赵敦义等人透露，海淀区八里庄街道办事处彰化南路徐庄45号产权人为北京市海淀区玉渊潭玉北实业公司（以下简称玉北公司），知情人透露该公司隶属于八里庄街道办事处下属北京玉渊潭农工商总公司。提到玉北公司，赵敦义等人满腹怨言。原来，赵敦义等人从2008年4月便租住在彰化南路徐庄45号，2009年前后，海淀区有关部门开始对赵敦义等人租住房屋的地段实施拆迁。2010 年 7 月，玉北公司通知赵敦义等人称公司要用地，合同期满后不再续签租赁合同。但在赵敦义等人所承租房屋未到期的情况下，(2010 年 9 月）赵敦义等人所租住房屋的水、电、暖气被全部断掉。2011 年春节前夕，赵敦义等人承租房屋的二楼被人拆除，这让赵敦义等租户感到无比气愤和无奈。

非法强拆房屋造成赵敦义等人屋内财产被毁的犯罪嫌疑人显然构成故意毁坏财物罪，我国《刑法》第 275 条规定，故意毁坏公私财物，数额较大或者有其他严重情节的，处三年以下有期徒刑、拘役或者罚金；数额巨大或者有其他特别严重情节的，处三年以上七年以下有期徒刑。

受害者赵敦义等人仍未从公安机关得到正式立案的答复，“在伟大的首都北京发生这样的恶性事件实在是令人发指，希望海淀区公安分局能够尽快立案并尽快破案而还我们受害者一个公道，如果这件事没有一个结果，海淀区八里庄街道办事处和玉北公司如对此事无动于衷，我们只有行使我们自己的权利！”赵敦义如是说！

（二）新拆迁条例实施后首例强拆事件[①]

2011 年 3 月 19 日早上，《法制日报》记者刚刚打开手机，一名女士的电话便打了进来：“快来辽宁体育大院拆迁现场采访一下吧，一伙匪徒又开始暴力拆迁了，弄不好要出人命的。”

《法制日报》第 1 版曾于 2011 年 2 月 17 日以《沈阳多名体育功勋家遭打砸》为题报道了一起强拆事件。事隔一个月后，问题不但未解决而且事态逐步恶化——原来遭打砸的部分楼房已经被推倒；尚未拆迁楼房又有强拆现象；记者采访时遭围攻手背被抓、相机遮光罩被摔坏。

记者放下电话，备好采访工具便直奔拆迁现场。到达现场后，记者被眼前的景象惊呆了——去年遭打砸的楼房已经有部分被推倒，现场有挖掘机和工人正在作业；在去年未被拆迁的楼房里，已经有几十户的窗户被拆除，还有人正在“噼里啪啦”地砸，吓得路过的行人急忙躲闪。

记者发现，楼道内的电表箱敞开着，电表已经被摘走，电话线也被拔

① 上述报道参考《新拆迁条例实施后沈阳现首例强拆事件》，2011 年 3 月 22 日《检察日报》。本案例记述有删改。

掉。被拆迁户家的大门已经被撬开，锁头被破坏，窗户全部被拆除，屋内一片狼藉。记者见状急忙下楼到车上取相机，在采访过程中，记者被一群男子推搡围堵，气势汹汹地做出抢相机的动作，并要求记者把拍的照片删掉。十几名男子将车围得水泄不通，4 个车门有 3 个关不上。这时，旁边还聚集了几十名围观的被拆迁户，但无一人敢站出来制止。记者拨打了 110，但是即便报了警，围堵车辆的几名男子仍没有放行之意，依然死死把住车门不放，还强行要求记者交出相机。随后记者向和平区政府求援才得以脱身，在途中，记者发现自己手背被挠出一道红痕，相机遮光罩被摔裂。

第二天，记者与 7 名被拆迁户约定见面。“这两天被砸的多数都没有签补偿协议，我们只是几个代表，还有许多被拆迁户想当面向你反映情况，可是怕被跟踪，没来那么多。”在第二期拆迁过程中遭打砸的“中国柔道之父”刘武功的老伴徐荣秀说。

一名不愿透露姓名的东电公司高级工程师说，暴力拆迁行为在 3 月 9 日就已经开始了，包括单元防盗电子门、楼道窗户都陆续被拆走了，室温骤降。有的家门的锁眼还被堵上胶，有的家的门锁被换了锁芯。

在采访中，有 3 名受访者明确向记者表示，千万不要透露其姓名，因为自 2010 年 10 月以来，始终有一个胳膊上刺青的“秃头”在院内指挥拆迁，来时还拎着一把长刀在院里横晃，谁出头朝谁去。

在采访中，多位受访者提出质疑，2011 年 1 月 21 日，《国有土地上房屋征收与补偿条例》已经实施了，怎么在沈阳还会发生这种强制拆迁事件?

记者注意到，《国有土地上房屋征收与补偿条例》附则中最后一句话为，“本条例施行前已依法取得房屋拆迁许可证的项目，继续沿用原有的规定办理，但政府不得责成有关部门强制拆迁”。

（三）新四军老战士斗强拆后“消失”案①

2011 年 1 月 11 日，江苏滨海县政府对强拆 82 岁新四军老战士刘太香的住房一事回应称，被拆迁的房子并不是刘太香所有，也非其居住房屋，

① 上述报道参见《新四军老战士斗强拆后疑被“有关部门”控制》，http://www.zaobao.com/wencui/2011/01/others110113cc.shtml，2011 年 2 月 20 日。本案例记述有删改。

该房屋也长时间无人居住。记者赶赴盐城调查，了解到的情况却与官方说法存在出入。更令人诧异的是，作为“强拆”事件的当事人，刘太香老人和他其他几位亲属竟在11日失踪，电话也显示无法接通。

滨海县新闻发言人解释，被拆迁的房屋原为农机公司宿舍区房屋，在改制时被刘太香继女刘建平购买，现房屋产权人为刘建平。2008年10月农机公司宿舍区约70亩的土地挂牌出让，被某房产有限公司拍得。2009年初，按照省市拆迁补偿安置办法对涉及的133家住户进行依法拆迁，132户按照拆迁协议于2009年底基本完成拆迁。只剩刘建平一户因不满拆迁条件没有达成协议，该房屋已经一年多无人居住。

为不影响该房产公司绿都家园工程的正常开展，一年来，相关单位多次上门做刘建平的思想工作，但刘建平要求在正常的补偿安置基础之上再无偿增加一套120平方米的住房，远远超出了规定的补偿标准，多次协商未果。

房屋被拆后第二天，刘建平将刘太香从老人一直居住的坎东社区越河新村接到房屋的废墟上，给人造成老人无家可归的假象。刘太香夫妇现在越河社区已有两层楼的住房，并领取了政府住房补贴。11日下午，多家媒体记者来到强拆现场时，发现那片废墟仍在，但是临时搭建的简易棚子空着，不见了刘太香的女儿和老伴，记者还发现现场外围有不少身份不明的人，注视着记者在废墟旁拍照。记者向他们打听刘家人到哪去了时，他们都警觉地说“不知道”。在不到一公里外的滨海县中医院三楼病房里，也不见了老人刘太香。同房间的病友说，老人在下午被人叫走了，不知道去了哪里，但是还没有退房出院。

有不愿意透露姓名的知情人称，政府回应稿出来后，仍然无法平息外界一片质疑声，刘家人全部被“有关部门”控制了。

官方称，被拆迁房产权人为刘太香的继女刘建平，且非刘太香居住房屋，该房屋也已经一年多无人居住。然而，记者调查发现，此说法存在疑点。

对于房屋产权问题，老人亲口表示过，产权确实是女儿的，但是他和老伴一直住在房子里，有20多年了，“这房子实质就是女儿给我养老的房子”。周围的居民证实，强拆前和强拆的当天晚上，房子里一直有人居住，因为老房子在空地上很醒目，长期以来，大家都知道这里有人居住。“如

果是空房子搁在这里，早就在大白天推平了，还要等到晚上人家去医院的时候偷拆?”这与官方所称的“老人不住在这里，一年多无人居住”的说法相悖。

（四）辽宁新民市官商勾结非法拆迁惹民怨案[①]

2010年11月24日，这是杨宝春、杨勇、杨泽一家永生难忘的日子，除杨家4000多平方米房屋被新民市政府组织人员非法强拆财物被毁坏外，杨勇和杨泽的妻子亦被强制拆迁者殴打。

2010年11月24日上午，新民市政府组织城管、公安、国土等以及腾浩地产等数个部门工作人员近300人将杨宝春、杨泽、杨勇家包围。随后，3台铲车、1台挖掘机在2小时内将杨宝春一家修建使用10年以上的房屋夷为平地，当时在现场的围观者则用野蛮加暴力来形容拆迁的场景。据悉，杨泽曾要求强拆者出示证件和强拆手续，却被告知是按照新民市政府的要求实施“行政强拆”。

“拆迁的人说没有手续，还声称是新民市政府下的命令，执法者听从市政府的命令在无手续的情况下将我家房屋非法强拆，这是在犯罪，是法律的耻辱，这与建设社会主义和谐社会法制中国完全背道而驰!”杨泽气愤地说。

杨勇回忆强拆现场则显得心有余悸，“我看到父亲杨宝春被几个人围住便想上前解救，但被几个人围住并用拳头围攻，事后我的头部肿得厉害，脸也被打青了。”录像显示，杨宝春和租住在杨宝春家住房户房屋内的物品全部被掩埋于废墟之中，电视机、桌椅、生活物品散落在强拆的废墟里一片狼藉。

2010年初，新民市腾浩地产公司（以下简称腾浩地产）开发“依林尚城”商品楼后，该公司动迁人员声称要对杨家的房产实施拆迁，并要杨家接受其早已算好的补偿价格。在没见到拆迁许可证、拆迁公告、征地手续的情况下，2010年11月3日拆迁工作人员又向杨宝春出示一份《动迁

① 上述报道参考《辽宁新民市拆迁惹民怨 村民联名控诉官商勾结非法拆迁》，作者：葛树春，http://bbs.ifeng.com/viewthread.php?tid=5868706，2011年1月16日。本案例记述有删改。

补偿测算书》，测算书声称杨宝春家占地 9075 平方米，总计补偿 644977 元。杨宝春一家拒绝了腾浩地产动迁工作人员的低价补偿条件。

杨宝春家房屋被强拆一事在新民市南郊村引起强烈反响，愤怒的村民于近日揭竿而起，村民们认为新民市腾浩地产开发“依林尚城”中涉嫌官商勾结非法拆迁并联名控诉。另有知情人透露，新民市辽滨街附近土地对外出让价格已达 85 万元每亩。控告信还称，拆迁过程中拆迁方不出示拆迁许可证，无拆迁公告，补偿暗箱操作、参差不齐，甚至被拆迁户连最基本的拆迁协议都不能得到。原来，南街村杨宝春家被强制拆迁之前曾有一被拆迁户也被强拆，而被拆迁户们从未见到拆迁公告、拆迁许可证和征地手续，强拆手续更无从谈起。

“由于不接受低价拆迁补偿新民市政府便组织人马以强拆违章建筑的名义实施强制拆迁，这理由看起来很名正言顺，但新民市政府的行为已公然对抗国务院发布的禁止强拆令，新民市那么多违章建筑为何不拆而偏偏拆除杨宝春家的？如果新民市政府和新民市行政执法部门喜欢拆违建，那我们以后天天去举报新民市的违章建筑，如果不管我们将告其行政不作为！”南郊村数位参与联名的村民如是说。

（五）太原强拆入室行凶致死案①

2010 年 10 月 30 日凌晨 2 时许，山西省太原市晋源区金胜镇古寨村，一待拆迁民房内发生入室行凶案，造成一死一伤。死者为村民孟福贵，伤者是房主武文元。上述两人当时正在睡觉，遭到破窗而入的十余男子围殴，后被弃路边。

据晋源区政府下发到古寨村的动员文件和拆迁通知书显示，负责这次拆迁的主体是晋源区政府。李劲松律师说，来太原后自已在调查中发现，在“10·30”案发生前，已发生拆迁户强拆和被扔燃烧瓶事件，而这些都是发生在区政府下达强拆通知书之前。“我已着手准备提请政府信息公开，要求晋源区政府，就谁直接分管这次拆迁，如果在计划期内完成拆迁有什

---

① 上述报道参考《暴力拆迁引发入室行凶案》，2010 年 11 月 1 日第 A17 版《新京报》，作者：崔木杨；追踪报道《太原拆迁命案政府被指护短》，2010 年 11 月 4 日第 A21 版《新京报》，作者：崔木杨。本案例记述有删改。

么奖励，反之有什么处罚等消息进行公开”，他说，这样才能把事情查得水落石出。

经有关部门调查，负责“10·30”拆迁的单位为晋源区滨河西路南延协调指挥部。案发前，该指挥部将拆迁工程委托给山西同心旧建筑拆除有限公司。此后，该公司在口头上与柒星保安公司达成协议，后者负责拆迁。据了解，柒星保安公司为物业安保公司。

太原市晋源区政府在通报中称，案件发生后，山西省、太原市领导高度重视，明确要求迅速侦办案件，依法严惩凶手，并积极做好善后；晋源区委、区政府采取措施：成立了调查侦破、善后处置等六个工作组；公安机关成立了专案组，迅速侦破、依法办案、严惩凶手；区政府主要领导已于当天慰问了死者家属和伤者，区政府组成了专门机构善后。

“性质已经确定，这是一起因违法暴力拆迁引发的恶性案件。”山西省太原市晋源区一主要领导告诉记者：“我很郑重地表示，将及时向社会公布案件进展情况，依法严惩犯罪，全力做好善后工作。”据太原市警方通报，经查，此次涉案的违法拆迁方为同心旧建筑拆迁公司，作案人员系社会无业闲散人员，已有5名疑犯被刑事拘留，其他涉案人员亦接受了警方的调查取证。据警方介绍，山西太原违法拆迁致人死亡案件，目前被查涉案人员已升至7人。因相关部门至今未公布雇用拆迁公司的主体是何部门，因此被疑袒护幕后指使者。对此，记者在向有关部门求证时，被告知暂时不便透露。

11月1日，面对记者关于是谁雇用了行凶的保安公司这一问题，一名官员说：“拆迁指挥部、拆迁公司我们都联系了，但联系不上。我想你可以去公安局找找看”，他说，是否会有官员因此事受处分他不得而知。不过他认为政府袒护责任人的情况绝不会存在。2010年11月1日，死者之子孟建伟来到了太原市刑警大队，与大队长就案件展开交谈。“我想知道，是谁雇用了那些行凶的人，还想知道，那个保安公司是谁开的。”孟建伟说，遗憾的是在近一个小时的谈话里，对方只告诉他，承揽这次拆迁工程的是山西同心旧建筑拆除有限公司，入室行凶的则是柒星保安公司。两者之间为雇佣关系。

尽管太原市官方否认在处理此事上存在袒护，但有些群众还是提出了自己的质疑。“都五天了，抓几个打手就再不公布消息了”，一古寨村村民说。这次拆迁的主体是晋源区政府，消息只公布到拆迁公司，对雇用拆迁公司的部门闭口不谈，显然有袒护嫌疑。涉案的五名犯罪嫌疑人已被警方刑拘。同时，太原市政府已将该案件定性为非法拆迁致人死亡。

（六）北海银滩株连拆迁案①

2010年10月10日，广西壮族自治区北海市银海区银滩镇白虎头村外，建筑工人正在对包围白虎头村的围墙进行最后的合拢。围墙内还剩50余户村民拒绝拆迁，围墙外竖立着高档楼盘的广告。

10月8日清晨，31岁的白虎头村村民许勇恍如经历了战争大片中的一幕。早上5点多，还在睡梦中的许勇被一阵响声惊醒，他抬头望向窗外，上百名警察将他和邻居的住宅楼团团围住，昏暗中，几个大灯将小楼照得通亮。还没等他反应过来，从楼顶和一楼进入的防暴警察锯开门锁，一下将他按倒，给他铐上手铐，带到楼下的车里。

出楼门时，许勇看到邻居何显福一家4口人也被警察铐着带了出来，老老少少有的还光着膀子、穿着内衣。执法人员安排搬家公司将屋内家具物品搬出后，迅速将位于银滩路的这几栋靠海住宅用机器推倒。直到房子变成一片废墟，何显福依然拒绝在拆迁协议上签字。“如果政府的拆迁合法合理，我早就签了，但现在政府的行为不合法也不合理！”他说。

白虎头村之所以卷入这场拆迁风波，是因为北海市政府实施的一项银滩改造和建设工程。北海市市长连友农在接受记者采访时表示，由于历史原因，在银滩中区留下了大批与“天下第一滩”美誉不相称的房子，既不符合北海城镇化建设要求，也不符合把银滩建设成为世界一流的海滩旅游度假景区的需要。2007年初，北海市委、市政府作出了对银滩进行大改造的重大决策。占地750亩、总人口2850人的白虎头村是此次拆迁改造工作的重点。北海市政府宣称：2006年，在《征收土地预公告》发布后，白虎头村委会根据群众意愿进行了确认，对土地补偿标准、安置途径无异议，

---

① 上述报道参考《北海银滩：土地拆迁中的民意博弈》，本文作者：谢洋，2010年10月18日《中国青年报》。本案例记述有删改。

不申请听证。村委会原主任冯坤代表白虎头村签署了不申请举行听证会的说明，消息传出后，引起了村民的愤怒。

“可以说，95%以上的村民当时都不知道征地这回事，是村委会几个人偷偷地搞的。”何显福表示，他一直觉得政府这一行为不合法，所以一直坚持到现在。像何显福这样，一直拒绝签署搬迁协议、始终坚持留在白虎头村的村民，有60户200来人。最首要的问题是，对征地这样关系到全体村民的大事，村委会既没有召开村民大会，也没有召开村民代表大会，此举剥夺了村民的财产权、知情权和听证权。

后来，村民从北海市银滩改造和建设工作领导小组2009年3月4日下发的《关于限期完成银滩改造和建设工程项目征地拆迁工作有关问题的通知》中了解到，银海区政法委、法院都是银滩中区改造拆迁的责任单位。“政法委、法院都成了拆迁的责任单位，哪里还有司法公正可言呢？”

2009年12月，北海市建委作出《房屋拆迁行政裁决书》，要求村民许振奋等人接受土地中心的拆迁补偿款和其他安置条件，并于收到裁决书之日起15日内自动迁出房屋，将被拆迁房屋交土地中心拆除。许振奋等多个村民不服，向银海区法院起诉，法院一审作出维持北海市建委的裁决。村民们上诉至北海中院，结果也被驳回上诉，维持原判。白虎头村村民的一系列法律维权行动均以失败告终，等待他们的，是法院执行强拆的通知书。

2009年4月29日，村委会干部冯君团、蔡中雄、冯坤等5人在村委会主任许坤不知情的情况下，和北海市土地储备中心签订合同，盖章领取了北海银滩中区改造和社会主义新农村基础设施项目建设补偿费。

2009年5月13日上午，白虎头村村支书冯君团等人告知许坤，说已经和北海市土地储备中心签了合同，“补偿费”已经到位。当天下午，许坤主任召集村民代表，向村民代表通告村党支部书记及其他村干部已经和北海市土地储备中心签了合同、领取“补偿费”的事情。代表在会上提议并表决通过决议：不经村民代表大会同意处置集体资产，没有村委会主任同意盖章领钱的行为是严重的违法行为，村民代表大会一概不予承认；追究非法盖章、签合同人员的法律责任。

家住白虎头村文教路的李女士是2009年4月跟政府签署拆迁协议的。

“我有个女儿在北海市内教书，如果我不签，教育局就说把我女儿调到山区去教书。”回忆起被政府强逼拆迁的过程，李女士忍不住抹眼泪。

2009年3月，春季学期刚刚开学，李女士的女儿突然回到了家中。“怎么不用上课了？”李女士疑惑地问道。女儿回答说，校长让她回家做家人的思想工作，劝母亲早日在拆迁协议上签字。

出于对政府违背村民意愿实施拆迁的不满，个性倔强的李女士一直拒绝在拆迁协议书上签字。尽管政府工作人员、女儿学校的校长多次找到她，她依然没有松口。两个月过去了，没有做通母亲工作的女儿依旧没能回到学校教书。一天，女儿哭着对母亲说：“老妈，你不签，我不怪你，但是我没有了这份工作，要出去再找。以后，家里房子迟早也要给人家推掉，你钱得不到，我又没了这份工作，那不是惨了！”随后，李女士问前来做工作的政府工作人员，如果她签字卖房子给政府，是不是孩子就可以回去上班了？对方肯定地回答说：“你签了，她明天就可以回去上课。”无奈之下，李女士最终在拆迁协议上签上了自己的名字。

事实上，遭遇“株连拆迁”的远不止李女士一家。在北海市自来水公司工作的高女士，从2009年3月到9月，被停工要求回到咸田村，做通家属的思想工作。停工近半年的高女士从2009年5月开始，被停发了奖金。一份盖有“北海市自来水公司”公章的通知中写道：“由于你在银滩拆迁工程中未能按上级有关部门的要求在规定时间内做通家属的思想工作”，“从5月1日起扣除你本人月度效益工资”。

许坤在网上公布的一份名为《关于协助做好银滩改造拆迁户尽快签订协议工作的通知》中，五个“非常”的拆迁指示触目惊心：“市委、市政府主要领导要求采取非常办法、非常措施、非常力度、非常政策、非常速度，限期完成银滩改造被拆迁户120多户协议签订工作。”因为许坤的母亲林瑞兴至今未签订协议，通知要求许坤所在的白虎头村村委会，在“接到通知后，督促该同志必须在1个月内全脱产做好亲属（亲戚）的思想教育工作，签订好拆迁协议。逾期没有完成任务的，区纪委、区委组织部、区监察局将对责任单位、责任领导和责任人按照干部管理权限进行问责”。通知下方盖有中共北海市银海区纪检委、中共北海市银海区委组织部和北海市银海区监察局的公章。

2010年4月，在接受记者采访时，北海市银海区区长邓昌达对“株连拆迁”的现象予以了承认。他说，在“银滩中区二期改造工程”的拆迁工作中，一些单位急于求成，工作方式方法简单，的确要求公职人员返村做亲属的思想工作，由此产生了所谓的“株连”现象，在社会上造成了比较恶劣的影响。下一步，北海市将对银滩中区二期工程建设全过程进行全面核查，避免再出现任何违法、违规问题。

（七）拆迁通知附子弹案①

2010年9月25日，内蒙古呼和浩特市赛罕区原第三毛纺厂，刘老汉的房子面临拆迁，尚未在拆迁协议上签字的他接到一份充满火药味的“拆迁通知”，通告左下方用透明胶带贴着一颗子弹。对此，落款的房地产开发公司否认系其所为。

住了30来年的房子面临拆迁，他此前接到的限拆通知，让他及和他一样尚未在拆迁协议上签字的人，惊出过一身冷汗。

7月下旬始，贴吧、网络社区和红网论坛，出现了一篇题为《呼和浩特拆迁通告附带一颗步枪子弹》的曝光帖，并附带一张“拆迁通知”的照片。此“通知”开头写道：“凡居住在毛纺大院的住户，必须于我公司规定的拆迁期内，即7月31日前来我公司办理拆迁手续事宜。”接着话锋一转，“通知”说道：“对于抗拒本通知，拒不搬迁者，原第三毛纺织厂职工王就是你们的榜样。”“对于2010年8月15日后仍继续居住在毛纺大院，对抗指示、拒绝搬迁的钉子户，本公司将为每位住户赠送一份礼品。”记者注意到，在“通知”的左下方，用白色胶带贴着一颗暗黄色的子弹，右边落款是内蒙古某房地产开发公司及公章，日期为2010年7月19日。

9月24日下午，作为拆迁户之一的刘老汉，站在即将被拆的房子附近，接受了记者的电话采访。他说，附带子弹的拆迁通知确实存在，两个月前贴在毛纺大院的门口，网上流传的照片可能是路人拍摄的。刘老汉说，当地（呼和浩特市赛罕区）人民路派出所已经介入调查，警方曾经挨

---

① 上述报道参见《“附子弹限拆通知”是对新拆迁条例的倒逼》，作者：周稀银，2010年9月26日《中国青年报》；《内蒙古现附子弹限拆通知，称子弹为拒拆“赠礼”》，2010年9月25日《潇湘晨报》。本案例记述有删改。

家挨户调查过院子里的住户，问谁当过兵等。

记者联系了呼和浩特市赛罕区人民路派出所一位刘姓副所长。他透露说，确有这样的附带子弹的拆迁通知，有个别几户接到了这种通知。因为影响比较大，警方十分重视，上级公安分局也有主要领导负责此事。“目前，正由派出所和刑侦队负责调查来源等，详细调查暂时不便透露，但会给居民一个交代的。”

（八）蚌埠强拆民房后强迫市民接受8年前补偿标准案[①]

安徽蚌埠市民龚广军一家原本过着安逸而幸福的生活，从2003年龚所居住的农业科贸楼地段被以修建蚌埠市“光彩大市场”的名义实施拆迁起，龚一家便失去了往日的宁静，因为拒绝接受低价安置补偿，家里的财产被人“洗劫”，直至2010年5月房屋被强制拆除还要被迫接受2002年的低价补偿，龚和其家人现已做好赴省、赴京告状的准备，原本利国利民的拆迁却给龚广军一家带来了挥之不去的阴影。

2010年5月16日，蚌埠市蚌山区朝阳路农业科贸楼龚广军等被拆迁户的房屋被蚌埠市行政执法局组织百余人实施强制拆迁，之所以被强拆是因为龚和邻居们拒绝接受拆迁方的低价安置补偿。一份录像显示，数百人（包括该地区领导和信访局领导）在一栋楼房的周围，一台挖掘机两分钟内将一栋楼房毁于一旦，龚的妻子情绪激动地大声与相关人员理论，但没有人理会。另一段录像则记录了龚的邻居陈某因为抵制强制拆迁而拒绝走出自己家门，面对挖掘机，面对被恐吓会被拘留，陈表示自己连命都不要了不会怕被拘留……

蚌埠市蚌山区朝阳路农业科贸楼范围内从2003年起以修建“光彩大市场”的名义实施拆迁，拆迁补偿安置沿用蚌埠市〔2002〕6号文件，补偿价格为900余元每平方米，时至2004、2005年有当地官员以“舍小家、保大家”的口号再次动员被拆迁户接受拆迁安置方案，但遭到了被拆迁户的拒绝。2007年1月，龚一家被告知要求参加强制拆迁听证会，方知拆迁

---

① 上述报道参考《安徽蚌埠行政强拆民房后强迫市民接受8年前补偿标准》，作者：葛树春，http://www.cnhan.com/gb/content/2010 - 12/14/content_ 1235170.htm，访问时间：2010年12月14日。本案例记述有删改。

方已经向蚌埠市房产管理局对自己的房屋进行了裁决并申请强制拆除。“我们并不知道被申请裁决，最后下来的裁决书我们也是在近期才通过和拆迁方理论得到的，因为2007年距离拆迁之初已近4年，所以那时候我们为被莫名地叫去开听证会感到极为震惊，记得当时每户被强拆户被叫去一人参加听证，拆迁人坚称按照2002年的拆迁补偿安置方案实施补偿合理，我的妻子表示不能接受那不合理的安置补偿方案，更有参加旁听的社会公信代表对拆迁人的荒谬言论表示质疑，但听证会只是走了一下过场，他们对我们的意见和质疑熟视无睹。”龚广军表示：“蚌埠市土地储备中心的工作人员甚至在听证会上声称他们是2003年开始拆迁的，如果50年后他们没有拆，仍然要沿用2002年的拆迁补偿安置方案?”强制拆迁听证会之后，龚广军等被拆迁户的家里多次发生了不寻常的盗窃案，龚家的生活物品以及其他财产在家中无人的情况下被人搬走，甚至连防盗窗等财物都被人卸了下去，龚甚至为此而报案，现场勘查的办案民警也认为窃贼绝非“普通人”。

强制拆迁听证会和盗窃案发生后，没有人再找龚广军协商拆迁事宜，直到2010年5月16日龚等人的房屋被行政执法局实施强制拆迁。值得注意的是，2010年5月16日，正值国务院下文发布补偿安置不到位禁止强制拆迁的第二天。

龚广军的房屋从被拆迁到被强制拆迁的过程中，两人始终没见建设用地批准文件、房屋拆迁许可证等与拆迁活动紧密联系的拆迁手续，拆迁方声称已将龚广军的房屋进行了评估，但评估机构是哪家，评估报告是什么样子，龚一概不知。

2010年6月12日，龚广军夫妇找到蚌埠市拆迁管理处工作人员要求查看拆迁许可证等实施拆迁必备的手续，却被告知拆迁管理处没有存留，需要到现场拆迁办公室索要。拆迁办公室工作人员却告知不能查看拆迁许可证等手续，就未见评估报告一事，亦有拆迁办工作人员表示有评估报告，但无须让龚查看，也无须让被拆迁户查看。

龚广军夫妇在房屋被强拆前后曾向有关部门举报，龚广军现已通过互联网向中央国家机关举报，还将逐级信访，“我们这个地块其他的老百姓都出于恐惧而不敢告这个事情，但是我坚信此次拆迁过程中存在严重的违法行为和严重的欺民行径，所以我将控告到底”。

（九）河北涿州市法院野蛮强拆案[①]

2010年4月14日，河北省涿州市人民法院在未公告、未进行听证的情况下，组织近300人采用先予执行的方式将涿州市松林店镇史各庄村养殖户康国树、张国珍（康、张二人为夫妻）家的房屋强制拆除。康国树称，由于法院的野蛮执行致使自家直接经济损失近200万元。目前，康国树夫妇正在四处控告中。

因为拒绝接受拆迁方松林店镇政府的低价补偿，涿州市史各庄村养殖户康国树被占地者涿州市盛弘机械有限责任公司起诉至涿州市人民法院并被法院先予执行，康国树一家经营近30年的养殖场被涿州市法院毁于一旦。

2010年4月12日下午4点，涿州市松林店镇史各庄村养殖户康国树一家接到涿州市法院王翠芳法官（该案主审法官为孙铁军）送来的起诉书、传票和先予执行裁定，并被要求尽快将房屋自行拆除，否则将被强拆。

在未进行听证、申辩且未见到强拆公告的情况下，涿州市法院组织近300人于2010年4月14日下午将康国树的养殖场包围，强行将属于康的房屋拆除。涿州市法院强制拆除康国树家养殖场的行为遭到了现场围观者和被执行人康国树一家的强烈愤慨，野蛮的执行方式亦遭到了史各庄和周边村大多数村民的谴责。

涿州市法院突如其来的强拆行动和野蛮的执行方式让康国树一家损失惨重，康国树向笔者出示的“非法拆迁致部分财物损失清单”统计显示，仅养殖的活物和生产、生活用品损失就近200万元。

康国树一家于2010年12月23日前往涿州市法院执行局，并欲与执行局人员理论野蛮强拆致其损失等问题，在执行局却查不到任何有关康国树一家的被执行信息，最高人民法院中国法院网有关康国树的被执行信息也全无。

---

① 上述报道参考《河北涿州市法院野蛮强拆致受害者损失百万赔偿无影》，作者：葛树春，http：//bbs. zhongsou. com/3/20110313/753994. html，访问时间：2011年3月11日。本案例记述有删改。

对此，康国树一家及其聘请的律师均怀疑涿州市法院违反法律规定、程序，滥用职权借先予执行的名义将康家的房屋强制拆除。“松林店镇政府一方作为拆迁人欲拆我房屋占我土地，因补偿价格极低加上没有给我们有效的安置，且没找过我们协商拆迁事宜，所以我们没有同意拆迁人（松林店镇政府）的拆迁要求。随即我们被威胁同意就自行拆除，不同意就会被强拆，就给我们一天时间考虑，没想到第二天便遭到强拆的厄运。”

康国树说：“他们本应根据《城市房屋拆迁管理条例》依法补偿依法拆迁，但就因他们没有合法的拆迁征地手续，最后才借司法的名义将属于我家的房产强制拆除。涿州市法院的一些办案法官在本次非法拆迁征地过程中充当打手，不同意拆迁就对我实施司法报复，他们抓住上级法院袒护下级法院枉法法官的心理，自认为我们不能拿他们怎样，我们申诉到省高院乃至最高人民法院和全国人大也要告到底!”

拆迁征地原本是一件利国利民的好事，然而涿州市松林店镇的拆迁征地行为却让辖下失地农民怨声载道。

（十）七旬老妇被拆迁公司活埋案①

2010 年 3 月 3 日，湖北省武汉市黄陂区一名叫王翠云的 70 岁老妇因阻止强制拆迁施工，被殴打后摔入一沟内，遂被挖土机铲土活埋，被家人送医院后不治身亡。

陈家三层楼住着 18 口人。74 岁的陈升全老汉、69 岁的王翠云婆婆，另外还有陈家 5 兄弟的 5 个家庭。动迁在 2009 年就开始了。在历时一年的坚守之后，作为毛店村中心湾唯一的“钉子户”，陈永发说他们当时已决定放弃，原因是“已经被搞得精疲力尽了”。去年国庆节后，陈家周围毛店村中心湾的其他 30 多户陆续搬走，春节过完，仅剩下陈家。按陈家兄弟的说法，迟迟未搬是因为家里人口太多，又是老人又是孩子的，还没想好往哪搬。而毛店村的村民透露，真实原因是条件没谈拢，对于拆迁后的补偿标准，陈家也颇多微词。陈永发介绍，陈家三层楼建筑面积 398 平方米，按补偿办法，除按面积一比一还建新房外，另外每平方米只补 106 元，而

① 上述报道见《七旬老妇阻拆迁被活埋续：官方回应称属意外》，2010 年 3 月 19 日第 023 版《京华时报》。本案例记述有删改。

按照现在镇上的商品房行情，每平方米卖到了3000多元，“家属肯定是不满意的，给我们还建的胜海家园小区，位置相对要偏僻得多。”对拆迁补偿不满的并非陈家。很多村民反映，有些住宅的顶层阁楼，只能按每平方米15元的标准补偿，“这等于拱手白送了”，而很多村民之所以搬迁，“是迫不得已被逼走的”。动迁期间，部分村民遭遇断水断电、门口被泼大粪，甚至人被打、车胎被扎破。村民龚某因迟迟不搬，深夜来了一帮人，敲门入户打了他的妻子。而村民熊继六的一辆六轮农用车，连续三个晚上被人扎破车胎，不堪其扰只好搬走。而在老母亲展开双臂阻挡拆迁铲车的前一天，即3月2日，陈永发说，那天他们一家本已把衣物打包完毕，等候武湖农场滨湖分场来人，准备把拆迁协议给签了。

据说，在场施工方警察见状一拥而散，见死不救，在场官员称王翠云系意外跌落沟中，外界哗然，称之为“史上最暴力的拆迁”。须补充的是，王翠云并非“钉子户”，她只不过因行李没转移完而要求暂时停止施工。

武汉“活埋钉子户”事件引发了众多网友的关注和议论，而当地官方说，这是一起“意外事故”，“不存在活埋”，“不存在警察见死不救”，目前已与家属达成赔偿协议，家属获5套房和60万元赔款。

（十一）普陀巷暴力拆迁引发群体性事件案①

2009年11月27日，贵州贵阳市数十名不明身份者携带钢管、撬棍和封口胶破门而入，将正在熟睡的13名居民强行拽入汽车，拖离现场。民警到场制止，而拆迁者继续指挥工人加快拆迁进度，居民用40罐液化气封堵路口，贵阳警方调集警力平息现场，刑事拘留24人。

11月27日5时许，贵阳市云岩公安分局普陀路派出所接报警称，贵州博宇房地产开发有限公司正在对普陀巷36号、贵乌南路20号等9家住户和8间门面进行暴力拆迁。贵阳警方称，当时，数十名不明身份人员携带钢管、撬棍和封口胶，采取暴力手段破门进入被拆房屋，将正在熟睡的13名无辜群众强行拽上汽车、拖离现场，致使4名群众受伤。接到报警后，贵阳警方迅速派遣民警赶赴现场。当时房地产开发商正在使用两台挖

① 上述报道参考《贵阳政府紧急处置11－27堵路事件24人被刑拘》，2009年12月1日第020版《京华时报》。本案例记述有删改。

掘机对临街门面实施野蛮拆除，导致26间房屋被毁。部分群众手拿刀具与房地产开发商方面人员对峙，民警当即上前制止，然而野蛮的拆迁人员不仅不听从告诫，反而继续催促工人加快拆迁速度。在获悉增援警力即将到达后，暴力拆迁人员迅速逃离现场。

暴力拆迁事件发生后，当天6时30分许，被拆迁住户约30余人不听现场民警劝阻，情绪激动，用红布条和40余瓶液化气罐将红边门路口等四个方向堵断，采取违法过激行为讨要说法。至8时20分许，事态得以平息。据交警部门统计，11月27日7时至9时，违法堵路事件造成近万台车辆滞留，数万群众上班延误。

经查，2009年11月，拥有涉案拆迁土地开发资质的贵州博宇房地产开发有限公司负责人单晓捷，找到贵州铜锣湾娱乐有限公司负责人陈启荣、李小平、张甲荣，要求他们出面“解决”延误该楼盘开发的几户“钉子户”。11月26日，犯罪嫌疑人陈启荣、李小平、田尚志、张甲荣召集“铜锣湾”保安部经理邓小亮、主管王祖礼及该场所数十名保安策划实施暴力拆迁。经预谋，11月27日凌晨，李小平等驾驶10辆面包车来到拆迁现场，采取突然袭击、暴力破门的方式，同时撬开8户居民的房门，并按预先安排，快速将正在熟睡的13名无辜群众强行拖上汽车、带离现场，非法限制人身自由，准备在拆迁完成后再“放人”。

对于这起性质恶劣的暴力野蛮拆迁引发违法堵路的群体性事件，贵阳警方向媒体通报结果称陈启荣等20名犯罪嫌疑人因涉嫌故意损坏财物罪，另外4名犯罪嫌疑人因涉嫌聚众扰乱交通秩序罪，已被贵阳警方依法采取刑事拘留等强制措施；因暴力拆迁受到影响的群众也正在妥善安置。

（十二）教师拒拆被停课案①

2009年10月，天津市宁河县东棘坨镇史庄中心小学的教师张熙玲在县城里的房子被列入拆迁范围，由于认为补偿标准对自己不利，张熙玲拒绝拆迁自家楼房而被停课，县教育局党委书记在做其工作时称：“在中

① 上述报道参考《钉子户曝光官员劝拆录音：在中国你说不拆肯定拆》，2010年3月23日《南方周末》，本文网址：http：//www.infzm.com/content/42888；王俊秀：《天津宁河：不配合拆迁，教师被强制停课》，2010年2月20日《中国青年报》。本案例记述有删改。

国，你说不拆，肯定把你拆了。我就这一句话，这就是我们为什么在全世界牛逼。”

从 2009 年 10 月 20 日到 30 日的短短 10 天内，就有四拨人来做张熙玲的工作，包括宁河县教育局局长于志怀、东棘坨镇总校长郑恩东、史庄中心小学校长李振立、县教育局党委书记刘广宝。据张熙玲讲，2009 年 11 月 9 日上午，第二节课刚下，东棘坨镇总校长郑恩东来到她的办公室，召集史庄中心小学校长李振立以及其他几名教师，宣布刚刚接到的教育局通知，“从现在开始，对张熙玲老师实行停课处理，学校的一切事情由校长安排”。

张熙玲向记者提供的一份录音资料显示，东棘坨镇总校长郑恩东告诉她，11 月 12 日是个“分水岭”。如果在这个日期之前签了字，县里会有一些优惠政策。

在这一次谈话的录音中，郑恩东苦口婆心地劝张熙玲：“荣（建勋）书记是这样说的，只要在不违法的情况下，教育局拿出什么手段，县里都支持。好多中央的指令到省市级都走样，何况在这儿，现在区县级领导是太上皇。”见张熙玲不为所动，郑恩东有点儿急了，“你哪顶得过县里？那是谁的天？你的天？那就是人家的天。”3 月 16 日，记者拿这段话向郑恩东进行核实，对方矢口否认，“她属于胡编，胡编乱造，没那回事！”

在对张熙玲做了几次劝导工作后，宁河县教育局局长于志怀有很长一段时间没有再出面，取而代之的是县教育局党委书记刘广宝。2009 年 11 月底，刘广宝第四次来到张熙玲家，这一次的谈话录音长达 2 小时 45 分钟。“在英国，你说不拆，任何人不敢拆你的。在中国，你说不拆，肯定把你拆了。我就这一句话，这就是我们为什么在全世界牛逼！”这次谈话中，刘广宝同时教育张熙玲，“凡是宁河县的公民，必须执行宁河县委、县政府制定的决策，或者说政策。在执行政策的角度上，你是政策的执行者，同样，教育局也是政策的执行者”。之后的又一次谈话中，刘广宝举起了唐福珍的例子。“干啥啊？要点煤气罐啊？浇汽油啊？那才是笨蛋呢！浇了汽油将来你儿子谁管呢？你以为浇了汽油，荣书记就免职了？李县长就免职了？你浇了汽油，你儿子就缺了妈妈。你算过这账了吗？现在全国都在这儿摆着呢嘛，把谁处理了？处理了又到别的地方去了。”刘广宝接

受记者采访时表示，他确实拿英国和中国做过比较，但话并不是那么说的，“我想要表述的意思是，人家国外的私有财产，本人不同意，国家是不能拆的。咱们国家，在大县城规划的前提下，这些事，你该做不都得做嘛。当然，条件你可以谈”。至于一些过激的话，刘广宝明确否认自己说过，“自焚的那个例子我倒是举过，但我不应该这样劝我的老师吗？我这是劝她珍爱生命、热爱生活”。刘广宝曾用“胡萝卜”和“大棒”打过比方。他认为，在说服工作中，如果递过去的胡萝卜不吃，大棒就该下来了。

张熙玲等拆迁户不愿在拆迁协议上签字，主要是认为补偿标准不合理。按照目前宁河县土地整理中心下达的拆迁公告及拆迁补偿办法，宁河县土地整理中心给出的补偿办法提到，现金补偿标准是每平方米 4900 元左右，此外，拆迁户也可以选择按 1:1.1 的面积比例回迁。30 个月的过渡期中，政府会给每户每月 800 元的临时安置补助费。补偿方案公布之初，就遭到了拆迁户们的一致指责。拆迁户们认为，他们的房屋处于县城黄金地段，市场价值至少在每平方米 8000 元左右，4900 元明显偏低。对此，宁河县土地整理中心主任宋连起的解释是，拆迁项目批下来时，当地房价确实是 4900 元每平方米左右，后来房价涨起来了，但标准定好也不好随便改。拆迁户可以选择按 1:1.1 的面积比例回迁，这样就不会受房价波动影响。“事实上，现在签了协议的都是选择回迁的方式。”

截至 2010 年 3 月 16 日，张熙玲仍未在拆迁协议上签字。其他拆迁户们之所以陆续签了字，据张熙玲了解，除了上面给的“大棒”之外，有人得到了不少“胡萝卜”，“有的人得到了生二胎的名额，县里还答应把他的儿子调到镇政府工作。还有人拿到了不少回迁房的房票，可以去卖，这又是一笔不小的收入”。

（十三）重庆“最牛钉子户”案①

2007 年 3 月 21 日，重庆杨家坪鹤兴路 17 号的主人——“史上最牛钉

① 上述报道参考《重庆“钉子户”事件内幕调查》，2007 年 3 月 28 日《南方周末》，作者：张悦，本文网址：http://www.infzm.com/content/9631；《年度事件：中国“拆迁史”的里程碑》；2008 年 1 月 18 日《南方周末》南方人物周刊，记者：何三畏，检索网址：http://www.infzm.com/content/4646；《拆迁时代的典型样本》，2007 年 3 月 28 日《中国青年报》冰点特稿第 620 期，记者：徐百柯。本案例记述有删改。

子户”杨武孤身攀上高出大坑 17 米的“孤岛”保卫他的房子，经过再三谈判与协商，双方终于达成协议，杨武撤出，小楼拆除。

僵局起源于 1993 年。那一年，杨家木质结构的老房子年久失修，吴苹获准在原址重建起现在这栋小楼。然而，杨家的房子还未干透，鹤兴路就张贴出拆迁公告，宣布重庆南隆房地产开发有限公司为拆迁开发商。从当时的照片看，杨家新翻修的房子在众多棚户房中格外醒目。但对于鹤兴路上那些长久住在困危房中的居民们来说，拆迁无疑是有吸引力的。任忠萍说，当时这就是一个危房改造项目，鹤兴路片区地处当地的商业核心地段，但 80% 左右的建筑系危房。然而，由于资金原因，拆迁却一直没有动静，且一停就是 11 年。直到 2004 年，重庆南隆与重庆智润置业有限公司签署联建协议，后来，重庆正升加入，成为该项目法人。动迁从此重新启动。该项目的拆迁补偿方案有现房安置和货币安置两种。但吴苹选择了房子，“我要还房”。由于开发商一直不同意吴苹原地安置的条件，双方没有正式协商。“当时开发商本着先易后难的原则，把她先放了一下”，任忠萍说，“之后，通过一户户谈判做工作，其他拆迁户都接受了安置方案”。到 2006 年 9 月，整个鹤兴路上只剩下吴苹一家，按照评估价格，吴苹家楼房价值 247 万多元。“我从未考虑过货币安置，从未向开发商开过价。”吴苹说。从 2006 年 9 月 14 日到 2007 年 2 月 9 日，吴苹和开发商进行了三次协商。2007 年 1 月，九龙坡区房管局下达行政裁决书，要求杨武在 15 日内自行搬迁。根据 3 月 19 日九龙坡区法院的裁定，杨武必须在 22 日以前自行搬迁，否则法院将予强拆。

2007 年 3 月 21 日下午，杨武挣脱保安的阻拦，用两根铁管在陡坡上铲出几块踏足处，从楼房背面的一个墙洞里钻进屋内。他旋即出现在楼顶平台最高处的木架上，在楼顶挥动国旗，并挂出写着“公民合法的私有财产不受侵犯!”的白布横幅，引起围观者惊哗。与此同时，吴苹和哥哥吴健运来一桶矿泉水、两袋食品、一床被褥以及两个日后被杨武频频举起示威的液化煤气罐，将一条绿色粗尼龙绳抛给杨武，陆续将东西拉上去。尽管吴健声称这些东西都是临时买的，杨武也是一气之下冲上去的，但吴苹坦然承认：“我们是有备而来的。我们绝对不搬，我们要与房子共存亡!”杨武挥舞国旗的照片以超出对面轻轨好多倍的速度，出现在全国各大网站和媒体上。

3 月 22 日过去了，强拆并没有执行。此后，事件在高度的紧张中僵持了 12 个昼夜，其间，政府和法院一边给吴苹夫妇维持着“强拆”的压力，一边寻求柔性的解决之道——26 日，市长王鸿举表示“决不迁就漫天要价”，并“有能力妥善解决‘钉子户’事件”，同一天，法院再次发出“强拆令”，限期只有 3 天，29 日为最后的“自行搬迁”期限。吴苹则再次表示坚守房屋的决心，同时要求与市长对话。29 日，第二个拆迁限期过去了。30 日，重庆市委书记汪洋“特别指出，要通过学习宣传《物权法》……学会运用法律手段解决利益纠纷，促进社会和谐”。同一天，法院第三次发出“强拆令”。这一次，法院留出了比前两次更长的宽限：4 月 10 日以前，为“自动搬迁”时间。一而再、再而三的“强拆令”，杨武誓言与房屋共存亡的决心和一天天持续的“孤岛”生存，插着国旗和挂着宪法条文的孤岛图片传遍了世界……

“最牛钉子户事件”的一个关键的转折是，在被强制人以死相抗的情况下，政府和法院放弃了已经生效的强制裁决。因此，它受到的另一个有代表性的批评是：“法律没有受到信仰”。江平先生说：“判决了就应该执行。”这里的矛盾在于：政府在事件处置后受到舆论赞扬的，也正是在最后的时刻从现实政治出发做出的妥协，即放弃了对“法律的信仰”。否则，以当时的情形，可能会使财产利益的对抗再加上生命的代价。4 月 2 日，事件终于以开发商和“最牛钉子户”双方接受的协议结束，“最牛钉子户”获得了始终坚持的实物补偿。双方最终达成协议，男户主杨武将插在屋顶的国旗取下，并走下“钉子楼”，房子全部拆完，现场四处是凌乱的建筑材料，政府官员陆续离场。

在前辈学者中，江平先生对“最牛钉子户”的批评是最全面的。对于补偿方式，江平认为，《物权法》所说的“拆迁补偿当然是补偿费用，绝对不是实物的”。在这之前，另一位经济学前辈吴敬琏说过：“城市化过程并不是房主自己创造的价值，因此城市拆迁补偿不应按市场价进行。”这些观点换句话说就是，吴苹要求房屋补偿既不合法，也不应分享城市化带来的红利。

以“物权法”的诞生和“最牛钉子户”事件为标志，2007 年被称为“物权年”。“史上最牛钉子户”坚忍不拔地捍卫个人财产的努力，把自己锲入中国城市化运动的历史。

（十四）广州从化市政府暴力拆迁案[①]

2005年3月7日，广东省广州从化市政府以国道整治和市政建设为由，决定拆迁小海区张灿成等人的商铺，在未达成补偿协议的情况下，政府强制拆迁。张灿成向强拆人员泼洒农药、淋汽油、扔砖块，后张灿成以“妨害公务罪”被判处有期徒刑一年零六个月。

被拆迁的从化市街口镇小海桥开发区的3幢商铺位于105、106国道的咽喉要道，系从化市最早开发的商贸区域，于1990年经有关部门批准建设，该地段铺位当时的售价为1400～1500元/平方米。1994年，105国道广州至从化段进行了扩建改造。接着，从化市出台了《关于加强从化市国道两旁建筑管理的通知》，其中规定：“凡1992年8月24日后不符合广从公路宽度要求的建筑，都是违章建筑”，而从化市街口镇小海桥开发区的商铺是在此规定之前建设好了的，因此并不违章。1998年8月7日，从化市政府出台了《关于拆除105国道小海地段违章建筑及占道经营的通告》，将小海地段的建筑定性为违章建筑，决定对该地段建筑物进行清拆。但是，由于当时给出的补偿参考价格由市政府作出，其价格为200元/平方米，远远低于当时购买的价格。为此，小海开发区的部分业主聘请了会计师事务所来重新评估，其评出的价格为4288元/平方米。在价格相差悬殊的情况下，业主起诉了拆迁人，且官司打赢了。在此情况下，于1999年2月10日，由从化市规划局组织的拆迁队伍只对部分违章建筑和已签合同的商铺进行了清拆。据悉，这些被拆迁的建筑和商铺基本上属于集体性质企业的物业。而那些私有性质商铺的业主们通过法律途径暂时保住了自己的合法财产。

2003年，从化市政府方面再次作出了拆迁小海区四幢19号、20号等商铺的决定。此次拆迁给出的最充分的拆迁理由和依据就是国道整治和市政建设。此时给出的补偿标准仍然由从化政府定为200元/平方米，后来在业主的抗争下，政府又单方面指定评估公司进行评估，其价格为2500元/平方米。而此标准依然远低于市场价格。实际上，早在2004年4

① 上述报道见《广州从化暴力拆迁触目惊心 内藏巨大经济利益》，2005年5月24日《中华工商时报》，作者：张晓晖。来源于人民网。本案例记述有删改。

月，广东省出台的《关于防止和纠正城镇房屋拆迁中侵害居民利益行为有关问题的通知》中就指出，涉及城镇房屋拆迁项目，包括市政及公用设施项目，要严格按照国家和省出让土地使用权的有关规定，在当地土地交易机构通过公开招标、拍卖或者公开上网竞价方式进行出让……不得以市政、公用设施建设需要为由，降低拆迁补偿和安置标准。可见，从化市政府在拆迁小海区商铺问题上，显然与该《通知》规定大有出入。有知情人透露，此地拆迁后，可推出商铺建筑面积约1900多平方米，按照从化此地段的地价，每平方米建成后可售价13000元/平方米，而政府补偿给业主的价格为2500元/平方米，因此，该项目做下来至少可赚2000万元。

但是，2005年3月7日上午8时左右，广东省广州从化市政府组织了由公安（及警犬）、计生办工作人员、城监、国土房管、法制、信访、医护人员等近千人的拆迁队伍，在从化市副市长陈加猛及公安局两位副局长的带领下，对该市街口镇小海桥区进行了暴力拆迁。闻讯而来的多家海内外媒体均被从化市政府方面的人拦住了，致使记者无法当天到达现场，暴力拆迁的消息也因此一度被封锁。上午9时，被拆迁业主代表要求与带队前来拆迁的副市长陈加猛对话，但没有得到回复。直到上午10时左右，声势浩大的拆迁队伍已经将小海区的被拆迁商铺团团围住，拆迁小组组长邝显猷才表示要与业主“协商”。邝显猷向被拆迁户之一的张灿成提出，用附近的临近省道仅数米的、无法办理产权证的违章建筑作为置换房进行安置，该方案遭到了张灿成等人的拒绝。由于协商无果，业主们手持《中华人民共和国宪法》对拆迁者动之以情、晓之以理地进行了长时间的劝阻，并大声疾呼：“法律何在，天理何在，共产党员何在?!”双方相持到下午5时左右，拆迁人员开始用警棍、盾牌推打前来阻拦拆迁的手无寸铁的业主，并先后抓走了5位业主。当天的拆迁导致了数名老人与妇女被消防高压水枪射昏在地才告暂停。当天的拆迁引发了数千群众的围观，并引发了105国道的大堵塞。时至2005年3月30日，在神不知鬼不觉的凌晨时分，在事先没有通知被拆迁人张灿成的情况下，拆迁队破门而入，铐走了从睡梦中惊醒的张晓亮（张灿成之子），而后又将闻讯赶来的张灿成铐走，清走了其价值近百万元的货物，强行推倒了张的商铺。从“光天化日”到“摸黑行事”，从化市政府上演了一场触目惊心的暴力拆迁惨剧。

在3月7日的拆迁中，失去房子和近百万货物的张灿成为反对政府的非法拆迁，在自己的房内有过激言行，而于3月30日凌晨被从化市公安机关以妨碍公务罪逮捕。

（十五）嘉禾行政命令拆迁案①

2003年，湖南省嘉禾县政府引进开发商开工建设珠泉商贸城工程，针对与拆迁户有家属关系的全县160多名公职人员，出台了“四包”、“两停”政策，以行政命令搞强制拆迁，嘉禾县政府打出“谁影响嘉禾一阵子，我就影响他一辈子”的标语强拆。

2003年8月7日，嘉禾县委、县政府为配合珠泉商贸城拆迁，以县委办、政府办“两办”名义下发了“嘉办字〔2003〕136号文件”。文件中要求“全县广大党员干部职工尤其是党政机关和企事业单位工作人员，务必做好珠泉商贸城建设范围内被拆迁对象中自己亲属的拆迁动员工作”，并具体提出了“四包”责任和“两停”的处罚方式。其中“四包”指在规定期限内完成拆迁补偿评估工作；签订好拆迁安置补偿协议；腾房并交付各种证件；做好“妥善安置工作，不无理取闹、寻衅滋事，不参与集体上访和联名告状”。“两停”指对达不到要求的干部，将“暂停原单位工作，停发工资”。2003年8月31日，嘉禾县政府办又将“四包、两停”调整为“单位干部职工有被拆迁户直系亲属的，该干部职工可暂停其原单位工作，将其工作任务调整为做好被拆迁户的思想教育及宣传发动工作，其工资可不停发，但必须将其工作情况与工作绩效挂钩，实行定期考核，对工作绩效突出的予以表彰”。第一批拆迁工作涉及当地居民300多户，一些居民反映拆迁补偿标准偏低，抵制拆迁。嘉禾县政府以行政命令搞强制拆迁，全县有160多名公职人员是这些拆迁户的家属，县政府针对他们出台的“四包”、“两停”政策，要求他们负责保证做好各自亲属的拆迁工作，否则将被暂停工作、停发工资。“谁影响嘉禾一阵

① 上述报道参考《建设部副部长带队调查嘉禾强制拆迁事件》，2004年5月27日《中国青年报》；《嘉禾县撤销因强制拆迁受“株连”公职人员的处分》，2004年5月28日《中国青年报》；《嘉禾强制拆迁事件县委书记县长均被撤职》，2004年6月5日《中国青年报》。本案例记述有删改。

子，我就影响他一辈子”，嘉禾县政府打出类似标语，强制拆迁引起当地群众不满。事后，这160多名公职人员几乎全部受到牵连，其中部分公职人员因为其家属对拆迁提出质疑，或拒绝在拆迁同意书上签字而被调离原工作岗位。

2004年5月，媒体曝光了嘉禾拆迁事件，嘉禾县政府有关负责人曾表示，从5月11日起废止“四包”、“两停”政策，但这项政策并未真正废止。一名最早接受媒体采访的拆迁户于4月26日被拘留，5月15日被逮捕，罪名是涉嫌“妨害公务”。此外，还有两名拆迁户也因“暴力抗法、阻碍公务”被嘉禾县公安局羁留。但5月27日，11名因拆迁事件影响受降职和调离处分的公职人员已全部返回原工作单位，处分全部撤销。

6月5日，根据国务院领导的批示，湖南省政府、建设部联合调查组基本查明嘉禾拆迁事件的主要违法违规事实：湖南省嘉禾县珠泉商贸城是一个以商业营业用房为主的房地产开发项目，嘉禾县在未进行规划项目定点的情况下，为开发商发放《建设用地规划许可证》；先办理《建设用地批准书》，再补办土地使用权挂牌出让手续；在开发商未缴纳土地出让金的情况下，发放《国有土地使用证》。在缺少拆迁计划、拆迁方案和拆迁补偿安置资金足额到位证明等要件的情况下，为拆迁人发放《房屋拆迁许可证》；在没有按规定程序举行听证的情况下，对11户被拆迁人下达强制拆迁执行书。在项目实施过程中，县委、县政府滥用行政权力强制推进房屋拆迁，2003年12月以来，先后对11名公职人员作出了降职、调离原工作岗位到边远乡镇工作等错误处理，并错误拘捕李会明等三人。根据《中国共产党纪律处分条例》和《国家公务员暂行条例》的有关规定，湖南省委常委会研究决定，责成有关部门按规定程序撤销周余武中共嘉禾县委委员、常委、书记职务；撤销李世栋中共嘉禾县委委员、常委、副书记职务，并依法撤销其县人民政府县长职务；给予李水福党内严重警告处分，责令其引咎辞去中共嘉禾县委副书记、嘉禾县人民政府常务副县长职务；给予中共嘉禾县委常委、政法委书记周贤勇留党察看一年处分；给予雷知先党内严重警告处分，免去其嘉禾县人民政府党组成员、县长助理、城关镇党委书记职务。对涉嫌触犯刑律人员的刑事责任，由司法机关调查后作出决定。

三 暴力抗拒拆迁案

(一) 湖北拆迁户驾车撞城管案①

2011 年 4 月 11 日上午，湖北农民龚泽林驾车撞伤城管案在武汉市黄陂区法院一审开庭。龚被控以危险方法危害公共安全罪，而辩护律师则认为龚仅构成故意伤害罪，且应予减轻处罚。庭审持续近 3 个小时，未当庭宣判。

当天的庭审中，公诉方指控称，2010 年 11 月 16 日下午，被告人龚泽林得知本区区政府将对自己房屋进行拆除，遂驾驶一辆牌号为鄂 A08478 的奇骏牌越野车向拆违队伍冲撞，连续撞倒、碾压 12 名拆违工作人员，致 1 人重伤、2 人轻伤、多人轻微伤，请求法庭以用危险方法危害公共安全罪追究龚泽林的刑事责任。

龚泽林的辩护律师王令、栗红不同意公诉方的指控，认为公安机关没有对龚泽林事发之前受到殴打的情况予以调查，此外，“公务员安全不等同公共安全，被撞伤的人员也只是特定的站在龚泽林车前的强拆人员，事件本身与公共安全无涉”。故认为龚泽林并不构成以危险方式危害公共安全罪，仅构成故意伤害罪。

据《新京报》此前的报道：2010 年 11 月 16 日，武汉市城管执法局组织 2000 多人、26 台铲车，对武汉黄陂区后湖村一块近 9 万平方米的违建，实施集中强拆行动。后湖村村民龚泽林驾车撞城管事件即在此次拆违行动当天发生。

11 月 17 日，武汉市委书记杨松对此事作出批示：“抓紧救治伤员，依法严惩凶手，坚定不移拆违。”龚泽林于同日因涉嫌以危险方法危害公共安全罪被武汉市公安局黄陂分局拘留，11 月 23 日被正式逮捕，后关押于黄陂区看守所。

龚的家属对该事件一直有不同说法。龚泽林的父亲曾谈到：龚泽林是

① 上述报道参考《湖北拆迁户驾车撞城管案一审开庭》，财新网，2011 年 4 月 11 日。本案例记述有删改。

遭到执法人员殴打、躲到车上准备逃走时，才误伤了3人。执法人员在龚泽林撞人后，把龚从车窗中拉出来，继续围殴，致使龚泽林当场昏厥。

当天的庭审中，龚泽林本人也强调事出有因，称“他们（城管）打我了，还用棒子敲我车子的引擎盖”。此外，龚反复强调自己的房子不应该被拆除。事后的勘验报告显示，龚泽林所驾越野车的车窗玻璃、车灯，均被砸得粉碎。

龚的辩护律师认为，龚的房屋原本不在强制拆除范围内，强拆其房屋纯属个别领导临时起意，毫无合法性可言。而龚的行为符合过当行使自己防卫权利的全部特征，构成《刑法》第20条规定中的防卫过当，应当减轻或免除处罚。

（二）云南绥江村民不满征地安置堵路踩踏公安局长案①

2011年3月25日11时至29日近17时，云南绥江部分村民因不满征地拆迁安置政策，采取聚集县政府、堵路等极端方式反映诉求，共持续了102个小时。绥江县政府称，堵路民众最多时达2000余人。这是公安部发布关于公安民警参与征地拆迁等非警务活动的禁令之后，已知的全国第一起涉及征地拆迁的群体性事件。而2011年3月，公安部刚刚下发了《2011年公安机关党风廉政建设和反腐败工作意见》（以下简称《意见》），严禁公安民警参与征地拆迁等非警务活动。

事情最初发生在3月25日上午11时许。十余名村民称，这一天，是政府限定的“签约截止日”。移民王国强说，政府告知3月25日之前不签征地拆迁协议的，将视为自动放弃。因不满征地拆迁政策，部分村民拒绝在协议上签字，并陆续来到绥江县人民政府反映诉求。村民何艳丽说，聚集的民众高峰时超过了7000人。绥江县公告称，高度重视并认真接待了反映诉求的群众。然而，一些村民抱怨，政府工作人员只是敷衍了事。于是，他们就封堵了县城的一些道路，想借此引起政府的重视。

25日中午12时40分许，一起意外冲突令局势骤然恶化。村民毛祥

① 上述报道参考《云南绥江村民不满征地安置堵路踩踏公安局长》，http://news.ifeng.com/photo/news/detail_2011_03/31/5483786_0.shtml，访问时间：2011年3月31日。本案例记述有删改。

说，云南建工集团（施工单位）的一辆越野车强行冲撞村民“把守”的路口，撞伤了多名村民并口出狂言。“我亲耳听见的，车内的那名（云南建工）老总撞人后说‘公司有钱，撞死几十个也赔得起’。”移民朱瑞安说，这一举动激怒了村民们。25 日 13 时许，村民们与一名现场拍摄录像的云南建工集团工作人员发生肢体冲突后，将其围困在一辆轿车内。

据堵守路口的村民们说，26 日凌晨 0 时 30 分许，多名民警到来，随后还来了一辆 120 救护车，“民警是来‘解救’那名被围困的‘云南建工’，医护人员将车厢内的‘云南建工’转移到了 120 车内，输上了药液。”当时“云南建工”因缺少进食与紧张害怕，已经虚脱了，“需要挂盐水”。但民警依旧并没能说服围堵的村民放了这名“撞伤村民的仇人同党”。在事件发生 16 个小时后，也就是 26 日 3 时 10 分许，村民们第一次看到了成批的公安民警。凌云等村民说，七八十名身穿警服、迷彩服的人员趁夜赶来，与村民发生了肢体冲突，多名移民受伤，“其中一王姓小伙是被摁倒在地打的，一条胳膊与一条腿都骨折了。”多名村民坚称，公安人员还抓走了 2 名村民，但不久后因“慑于移民的压力，怕引起冲突，把抓走的 2 人又给放回来了”。

不过，村民们并未停止声讨。26 日上午 9 时，越聚越多的村民开始谴责警察与“迷彩服”打人的行径。两名距离伤员最近的民警遭移民包围，被要求将伤员背到 2 公里外的绥江县人民政府“讨说法”。村民并没有离开县政府。随后，绥江县县长杨淞与昭通市移民局、三峡公司、中南设计院等部门的负责人相继与移民进行了再次会谈。但村民们说：他们的解释移民同样不满意。

27 日凌晨 2 时许，绥江县公安局长高发兴拿着大喇叭，带领七八名便衣警察来到了村民聚集区，前来“营救”被困在 120 车上的 3 人（云南建工的工作人员与两名政府人员）。一些村民称，高发兴在正面吸引了他们的注意力，“便衣”们趁乱接近了 120 救护车，打开车门将里面的人“救”走了。发现这一情况后，部分村民情绪激动，围住了高发兴，不久，他“被愤怒的群众打倒”，“被人群给踩了”。此前，警方高层遭遇殴打，往往会引发警方更具效力的强制行动。不过，高发兴被打事件发生后，绥江警方保持了相对克制，没有出动大批警员进行“营救”，事后也没有对涉案移民采取大规模抓捕行动。6 个小时后（27 日 8 时），县委书记卢云峰召

开紧急会议，要求各单位负责人在移民工作中“严禁工作方法简单，工作态度粗暴，平稳处理移民诉求，促进尽早化解这场危机”。

（三）王国栋遗书抗拆案①

2011 年 1 月 1 日 6 时许，几条接踵而至的手机短信把王国栋吵醒了。从在微博上发布遗书那天算起，这已经是王国栋日夜“住守”老宅的第 27 天了。这些天，他的时间概念有些混乱，看到这些祝福短信，方才知道新年到了。

老宅属王国栋的妈妈马清华所有。作为青岛市 2010 年 18 个“两改”项目（即旧城区改造项目和城中村改造项目——记者注）之一的晶华玻璃有限公司及周边改造项目的一部分，楼房于 2010 年 7 月 31 日开始拆迁。

但王国栋等少数住户至今拒绝搬离。项目拆迁程序不合法、补偿不合理是王国栋“住守”的主要理由。2010 年 12 月 6 日，他的名为“青岛横枪立马”的微博因为发布了遗书而引起网友围观，进而成为一起公共事件。在“新拆迁条例”二次征求民意的热议中，王国栋“住守”的老宅成为网民围观拆迁事件的又一标本。

这栋位于青岛市四方区遵化路 27 号、29 号和昌化路 9 号合围大院内的老宅，由三侧七层楼房组成。目前，原有 105 户的整栋楼只剩下八九户。继续“住守”的，除了包括王国栋在内的四户一层门面房住户外，还有四五家楼上的住户。但有邻居告诉王国栋，剩下的住户中，有几户也许会很快搬走。

新年第一天的上午，他却遭遇了一些小麻烦，客厅里的灯不亮了。起初他还以为是灯坏了。但在所有开关被摁遍后，屋子里仍一片漆黑。一个念头闪现在他的脑海中：电被掐了。“新年第一天怎么能断我的电？”王国栋拿起单反相机冲出门外，“我要拍下证据”。

断电一事让王国栋在第一时间点开微博，他觉得没有什么比此事更想和大家分享，尽管笔记本电池电量并不会维持太久。

他的微博头像是两岁半儿子的照片，“这代表着希望。”王国栋说。去

---

① 上述报道参见邢婷《“被钉子户”王国栋的老宅新年》，2011 年 1 月 5 日《中国青年报》，本案例记述有删改。

年12月6日，若不是微博上的围观效应，王国栋和老宅的命运轨迹或将改变。当天，看到门口的强拆令的王国栋心情糟透了，找人将阳台门紧紧焊死，拿出汽油，在微博上留下一封遗书。

他事后承认，原意是准备在强拆之日，即12月17日自杀，不料被网友误认为当天寻短见。有当地网友赶赴现场，甚至有网友叫来了110。王国栋事后反驳“作秀”质疑，“那种境遇下根本想不到去‘秀’什么”。那条被转发7000多次的微博还在，王国栋最终得到了“暂缓强拆”的结果。这些经历让一度绝望的王国栋感到了温暖。9时55分，王国栋在微博上发出了新年祝愿。10时5分，他发出了有挖掘机配图的微博。王国栋的大部分微博是关于老宅拆迁的进展：下水管道被堵，电话线被掐，何时和办事处官员谈判，甚至详细到给相关部门发出行政复议书的时间。

除了播报老宅的“住守”经历，王国栋还利用微博和网友交流，反驳不实传闻。有人在回复中称王国栋的要价是两套房子外加200万元，这让他感到愤怒：“我从没跟任何人提过这样的条件，消息从何而来?”

王国栋不愿自己被称作“钉子户”，“准确地说，是‘被钉子户’。争取自身权利应是常态，当个维权的老百姓怎么这么难?”自从在微博上一夜成名后，王国栋的微博私信中多了很多陌生网友的来信——大多是各地拆迁户希望借他的影响力传播自身境遇。

新年的第一天，王国栋给朋友们的祝福都是“心想事成”。他想好了，等事情解决那天，他会找一个别人都找不着他的地方好好睡一觉；如果老宅躲不过被拆的命运，他还会依法维权到底。

（四）江西宜黄强拆自焚案①

2010年9月10日上午，江西省抚州市宜黄县凤冈镇东门郊外农科所23号，宜黄县主管城建副县长李敏军亲自指挥近200人强拆，钟如琴、罗志凤、叶忠诚当场自焚，被烧成重伤，后79岁伤者叶忠诚经抢救无效死亡。

2007年宜黄县政府兴建河东新区客运站，项目得到了上级部门的批

① 上述报道参考《烧伤者录音还原抚州拆迁“自焚”事件经过》，2010年9月14日《南方周末》，网址：http://www.infzm.com/content/50042。本案例记述有删改。

准，于2007年开始对涉及该项目的居民住宅进行拆迁，由宜黄县投资发展有限公司负责拆迁工作。报道显示，一直到2009年底，该公司拆迁范围内的大部分居民住宅才得以拆除，而钟如田家的三层楼房则成为最后拆迁的对象。当地政府曾向钟家提供三个安置条件：第一，在钟如田现在所居住的位置向郊区前进50米，建造一栋七层楼的安置房，按照钟如田家现有的面积，提供三套住房给予钟家，平均每套130平方米左右，总面积与现有住房面积持平。第二，在离钟家现有住址的下方1000米处，现较偏僻地段，按照钟家现有的13口人的总数，提供300平方米左右的集体用地，可以建筑三层楼的房屋。第三，为钟家13口人提供十年左右的低保。

协调多次，双方无法就安置和拆迁条件达成一致。鉴于现实情况，为了让拆迁工作能顺利进行，宜黄县人民政府给宜黄县供电公司下了政府抄告单，要求供电公司不准给钟如田一家开户供电，准备强制拆迁。

2010年9月10日上午，发生恶性拆迁冲突，致使拆迁户三人被烧成重伤，对于媒体报道所称的3人"自焚"，宜黄县人民政府网站9月12日发布的《关于"宜黄县一拆迁对象泼洒汽油不慎烧伤"的事实情况》进行了否认，称当时是到其家中，就房屋拆迁开展有关政策法规解释和思想教育工作，并未进行强拆，"其间拆迁对象钟家故伎重演，以浇灌汽油等极端方式对工作人员进行威吓，不慎误烧伤自己3人"，伤者家属则坚称以前"从未泼过"汽油，政府100多个人上门更不是为了"思想教育"，而是为了把人拉远再强拆。

对于"误伤说"，钟家人钟如翠则表示，当天的天气并无大风，另外妹妹钟如琴其时在二楼的房间里，不可能有风袭到，更不可能是"误伤"。

没人想到的是，9月13日，在二楼屋内，钟家人找到了"自焚"当日的"黑匣子"——被拆迁执行人员搜查房屋后侥幸留存下的钟如琴的手机。这台手机记录了从当天上午约9点30分到11点，拆迁人员从抵达到陆续撤走的全部录音。

录音中，拆迁执行人员发出"你们今天不拆，明天怎么死的都不知道"的恐吓，钟如琴三哥在院中持续近两分钟呼喊："快去让我救我妈妈啊，都点着了！"在事发三日后拿到这台手机时，记者依旧能够闻到手机上浓烈的汽油味。据钟家老三钟如奎回忆，他发现这台手机时，上面蒙着妹妹钟如琴一件浇过汽油的衣服。正是这件衣服，让这台手机留存下的现场录音被完整保留下来。从录音中，能够辨别出钟如奎站在院中呼喊的声音："快去让我救我妈妈啊，都点着了！"这样撕心裂肺的喊叫声持续了近两分钟。事发时，钟如奎是被控制住的，几个人翻转着手扣住了他。在这段手机录音中，还有撞门声、叫喊声、哭闹声，以及拆迁执行人员发出的"连邹国宏这样有能力有关系的人我们都拆掉了，你们的也得拆"、"你们今天不拆，明天怎么死的都不知道"的恐吓。

2010 年 9 月 19 日《新京报》报道，江西抚州市委 17 日对宜黄县"9·10"拆迁自焚事件中八名相关责任人作出处理，负有重要领导责任的宜黄县委书记邱建国、县长苏建国被立案调查；负有主要领导责任的宜黄县副县长李敏军被免职、立案调查。

（五）黑龙江强拆自焚案①

2010 年 7 月 30 日 10 时 30 分左右，黑龙江省绥化市绥棱县居民在政府部门强拆自己的房屋时，和前来强拆的工作人员发生争执，身体大面积被火烧伤。事发后，该县拆迁办主任对记者说："我只懂拆迁法，不知道什么《物权法》。"

伤者潘立国告诉记者，在没有任何人提前通知他和现场评估的情况下，自家墙上突然贴上了拆迁公告，同时公告上已经将他的房屋进行了作价，总共 15 万元，而路对面的楼房门市已是 3500 元一平方米。由于作价太低，他和周围的居民都没有接受。事情一直僵持到 7 月份，当时仅剩潘立国夫妇家还没有被拆迁，另一家邻居已被强拆完毕。

2010 年 7 月 30 日 10 时 30 分左右，王淑艳刚打开家门就看到 110、120、119 等二三十辆车停在门外的马路上，这时县拆迁办王主任下车告诉她，"今天拆你家。"王淑艳告诉记者，当时在场的公检法司人员都没有穿制服，全部为便装，也没有人向她出示任何有效身份证明，这时候有人说把门撬开，周围的人一下冲上来，有人砸玻璃，有人撬门。眼见门锁即将被撬开，站在屋里的潘立国立即将门顶住，此时破碎的玻璃和砖头四处迸溅，玻璃碴和砖头将潘立国划伤，看着身上流出的鲜血，愤

① 上述报道参考《黑龙江绥棱一房主阻强拆严重烧伤，官员称不知物权法》，2010 年 8 月 16 日《南方周末》。网址：http：//www. infzm. com/content/48998。本案例记述有删改。

怒的潘立国随手拿起旁边装在矿泉水瓶中用来清洗自家三轮车零件的汽油开始向楼下和门口挥洒，并拿着打火机警告楼下的拆迁人员，如果再继续打砸，他就要将汽油点燃。经过多次警告，这些打砸的人才停手退到楼下。

事发后潘立国被送进了医院，由于当地医院表示烧伤严重治不了，随后潘立国被转到了哈尔滨市第五医院进行治疗。等王淑艳再回到家中时，家里已被停电，且电线被剪断。找到电力部门，对方表示“你们找政府吧”，而县信访办相关工作人员的答复仅有5个字，“我们知道了”。王淑艳告诉记者，出事后她多次找到县信访局说明情况，爱人烧伤住院急需用钱，不管是救助还是其他途径，能不能先解决一下看病的问题，可对方的答复都是先谈房子，只要先拆了房子治病的事就好办，如果不先把房子问题谈好，其他免谈。8月9日，信访办再次找到她协商拆房一事，并告诉她隋副县长要和她谈谈。王淑艳说：“我随后就赶到了县政府，隋副县长先问了问我的拆迁要求，听完之后告诉我大局当前要顾及整体，80多户要回迁，并且工期不等人，要顾全大局，先把房子拆了，剩下的事以后再商量。当时我丈夫烧伤入院，能否治愈还不知道，这边县长和政府官员又不停地给我施加压力，无奈之下，我告诉他们愿意拆你们就拆了吧，愿意留就留着，不过我还是坚持我的意见。随后信访局的人将我送回家并拿走了房门钥匙，当时还告诉我拆迁时我应该在现场，我和他说我是被强迫的，所以我不到场。”随后王淑艳离开了家，后来听邻居说，当天11时她家门口聚集了很多人，很快二层楼就被夷为平地。

8月12日，拆迁负责人王主任告诉记者：“土地是国家的，没有补偿，只对地上的产权房屋进行补偿，冷库也是招商引资过来的项目，能提高居民收入，应算公益项目。我只懂拆迁法，不知道什么《物权法》。”

（六）“死亡告示”抵制拆迁案①

2010年4月13日，江苏省常州市新堂花园，一张名为《敬告拆迁办

① 上述报道见左志英《拆迁小区业主张贴死亡告示》，2010年4月14日AA21版《南方都市报》及追踪报道；《拆迁方：对死亡威胁我们会做防范》，2010年4月15日AA21版《南方都市报》。本案例记述有删改。

工作人员》的死亡告示，以一个新堂花园小区业主的口吻警告拆迁人员，“如再来骚扰，我一不警告，二不报警，直接送你们归西”，以死亡威胁前来拆迁的人员。

新堂花园是常州市最早的商品房小区之一，位于常州市火车站北侧，1996年前后建成，共有11栋楼。2009年10月，常州市土地收购储备中心决定拆迁新堂花园，用于打造综合商住区。按照拆迁计划，2010年4月1日本是拆迁的最后期限。面对拆迁，业主们心力交瘁。2009年12月，与张贴死亡告示的4号楼相邻的3号楼内，有位70多岁的老太太上吊自杀，并留下遗书说，是为非法拆迁而死。

新堂花园4号楼甲单元的业主黎明（化名）说，大概是3月26日晚上8点多，他下楼到外面溜达，回来时发现单元大门上多了张32开大小的纸，上面写着：“我知道拆迁是你们的工作，也是你们对于家庭的责任。不论你们以何种借口来拆房，我只要求最低标准：原地拆一还一，装修和过渡协商货币补偿。如若不行，那就免谈。如再来骚扰，我一不警告，二不报警（报警多次后无果已丧失信心），直接性送你们归西。一个两个不要来，我欢迎你们多来几个。不要怪我心狠，虽然我也知道你们有妻有子有父有母，但你们三番五次地来烦我，已使我丧失平安生活的念头。所以，你们去敲我的门之前，先和你家人交代一下，免得留下遗憾。另外，你们来我不会和你们吵了，我会热情地接待你们的，因为我的路上有你们相送相陪，还是要感恩一下的。”落款是“新堂花园一业主”。

对此，一位负责该小区拆迁的工作人员说：“防范还是要防范的”，但认为那个威胁未必是真的。“我没看过告示，但听说过，相信写告示的人是认真的，不是用来吓唬人，如果强拆，真可能发生悲剧，希望常州市政府能认真考虑。我理解他，同情他，也欣赏他。”家住新堂花园、老伴被拆迁逼死的八旬老人梅新范说。老伴上吊自杀后，拆迁方给他优厚条件，70多平方米的房子加上一个车库，总共补偿100万元，但他坚决不同意，“因为这是非法拆迁”。

拆迁指挥部也没有妥协的打算。该部业务科一名杨姓工作人员说，前天在网上看到这个告示，如果知道哪个人贴的，肯定会找他沟通解释。他说，拆迁公司没有过激行为，不存在业主所说的强行拆迁。他表示，不会因为业主的激烈言行而改变补偿标准，“政策的制定有个延续性，要保持

平稳，不可能一会一个样，否则对前面的或后面的不公平”。他说对这个问题，他们和业主一直在反复沟通解释。

对于死亡告示，小区业主看法不一，悲凉、无奈是大部分人的共同感受。黎明说，生命很可贵，有办法的话，谁也不会这么做。业主田禾（化名）认为死亡告示“写得有点过”，但显示了业主的愤慨，某种意义上是业主自我调侃，表达一种心情，也是一种失望。

（七）“钉子户”刺死建委主任案①

2010 年 4 月 8 日，辽宁抚顺高湾区指挥拆迁的建委主任王广良，被“钉子户”杨义用刀杀死。祸起暴力拆迁。

从 2002 年起，高湾开始了大规模的房地产开发，2007 年 3 月 24 日，高湾区管委会发表《致高湾居民的公开信》，第 9 条称：“凡涉及拆迁的居民，要积极配合拆迁工作，做到通情达理，按时拆迁。对无理取闹、不听劝告、野蛮阻拦拆迁的住户，管委会将依照法律程序予以强制拆除，由此造成的损失全部由该住户承担。”2006 年，高湾经济区开始棚户区改造，杨家特钢厂被列入拆迁范围内。拆迁补偿费 41.6 万元，这个价码让杨家无法接受。拥有 20 多个工人的黎明特钢厂，每年光缴税就近 40 万元。直至 2010 年 3 月 11 日，法人代表杨勇接到一份强制拆迁通知：“根据地区规划要求，现通知你于接到本通知三日内，自行迁出你方物品。逾期，我方将视为你放弃物品的权利并依法强制予以拆除。”通知落款日期为“3 月 9 日”。

杨勇回忆，4 月 8 日上午约 8 点半，他和妻子王艳秋、岳父王洪涛在工厂一间宿舍，门被突然打开，闯进一二十个身穿黑色制服、头戴白钢盔的人，领头的手拿一把大铁锤，进来就说“都给我出去”。王洪涛刚问一句“你们是什么人”，“哪那么多话”，就被其中一人一脚踹在床上。杨勇站起来反抗，被几个人摁在床上一顿暴打。随后三人分别被四五个人架着胳膊从房间拖出，推过车间，架到停放在工厂外的几辆面包车上，“车顶带警灯，上面有‘警察’两个字。”王艳秋到外面才看到来了七八十人，

① 上述报道见占才强《抚顺拆迁命案“轮回”：钉子户刀杀建委主任》，2010 年 4 月 14 日《南方都市报》深度周刊 AT04 版。本案例记述有删改。

车停满外面的道路，还开来一辆大铲车。王洪涛当天是恰巧到厂来探望女儿女婿的，五六个人把他往车上塞。杨勇说，在车上四个人对着他的脑袋、前胸轮番打了十多分钟。杨说有能耐就把我打死，对方说打死也是白打。十多分钟后司机接到一个电话，“让开回去”。车回到工厂，杨勇下车吐了一摊血。

与此同时，拆迁队员正等现场指挥王广良的一声令下，用开来的铲车完成他们的任务，却看到工厂后面车间突然窜出一人，拎着刀直奔王广良而来。杨勇说，杨义不住厂里，住在紧挨工厂的一栋楼房，他分析，他和岳父在楼下被打的时候，动静很大，“我哥看到他的弟弟被人打，肯定一时冲动，从五楼跑下来，从工厂的后门进去，到工具箱取了那把刀。”被塞进另一辆车带走的王艳秋，在车上听到其中一人给领导打电话，说三个人已经抓齐了，那边可以动手了。王艳秋理解“动手”的意思，就是指那边可以拆了。“他们目标是我们三人，两男一女，可能误把我父亲当成了杨义，没想到杨义当时并不在厂里。”

多位目击者称，拆迁队和铲车开来时，随行带了一辆救护车。并由此猜测在执行这次强拆任务前，拆迁方已经为可能发生的状况做了医疗准备。

当天下午4点多，凶手杨义被刑警重新押回工厂，指认现场。王广良被刺当天，据说有老百姓当街放起了鞭炮。这是一个很奇怪的现象，一条鲜活人命的陨落，在当地老百姓的口中，没有了对生命的关怀，竟变成一种奔走相告的欢呼。连日来，在抚顺市高湾区，百姓已公开签署联名信，要求保杀人凶手杨义的性命。截至4月11日，记者拿到的联名信已签名、摁手印的群众达600多人。“执法者不执法，杀人者不偿命。”一位签上自己姓名的群众同时在联名信上留下这句话。据了解，杀人者杨义事后已被刑事拘留，关押在抚顺市第一看守所。

（八）父子自焚抗强拆案[①]

2010年3月27日上午，江苏连云港市东海县黄川镇一户村民为阻拦

---

① 上述报道见《江苏父子自焚后房屋仍遭强拆，官方通报称其抗拒国道施工》，2010年3月29日《南方周末》，网址：http://www.infzm.com/content/43155。本案例记述有删改。

镇政府强拆自家的养猪场，两人浇汽油自焚，68 岁的男子陶惠西死亡，其 92 岁的父亲陶兴尧被烧伤。“半边身子已经烧焦，脖子以上血肉模糊。”

《南方日报》报道，陶惠西一家 1995 年到东海县桃李工业园建养猪场，他们投资 20 多万元，在 2 亩地上建养猪场，并将家安在此处。2009 年，东海县在建的 310 国道准备从桃李工业园通过，需拆除陶惠西家以及周围的 5 户人家。此前，其他 5 家已拆迁完毕。死者陶惠西的儿子陶秋宇说，东海县黄川镇政府半年前通知他家，310 国道准备经过他家猪场，要求他们拆迁，并没有补偿。当时其父陶惠西强烈抵抗，“抱着必死的决心”，当时拆迁未果。随后，黄川镇出具评估报告，占地 2 亩的养猪场补偿 7.5 万元。陶惠西认为费用太少，并先后提出 50 万元和 100 万元的拆迁补偿要求。陶秋宇说，镇政府几天前说，他家的猪场不在法律保护范围内，“政府赔多少就是多少”，并说，要赶在 4 月 1 日新的拆迁条例颁布前强行拆除他家，否则就拆不了了。

《新京报》报道，在协商未果的情况下，3 月 27 日陶家听闻镇政府准备来强拆，陶惠西准备好汽油，并连同 92 岁的父亲陶兴尧各抱着液化气瓶拍摄录像留念，称要“以死相拼”。陶秋宇说，当日 7 时 40 分，黄川镇政府拆迁工作组在镇长朱文军（音）的带领下，镇上多个部门近百人来到陶家。五六个人将陶秋宇的母亲、妻子和姐姐架走，塞进一辆面包车，开走了。陶惠西和陶兴尧反锁房门，并向门口倾倒汽油。上午 8 时许，拆迁人员继续砸门，推土机也强行推进。陶惠西便将汽油浇在身上，但“来人不予理会，继续砸门”。陶惠西便将身上的汽油点燃。这时候“他们来拆迁的好多人就跑来救火了”。火被扑灭之后，陶惠西倒在地上，但还活着。陶兴尧也被烧伤。进来救火的人给陶惠西找来一床被子盖上，任陶惠西在里面动弹、叫喊，也置之不理，直到他不再动弹。

陶秋宇说，来拆迁的这群人，派村干部将陶兴尧送到连云港市第一人民医院，将陶惠西的遗体带走，并留下部分人在现场看守，其余的人就离开了。12 时许，被送到外面的母亲、妻子、姐姐陆续被送回来。家里的女人们告诉陶秋宇，她们被分别送到了荒郊野外，看守他们的人用电话与现场联系。直到现场的人接到撤的命令，她们才重获自由。陶秋宇承认，父亲自焚、爷爷也被烧伤时，他并不在现场。“我在镇里面有熟人，他们叫我不要露面，如果露面，也会像我妈妈姐姐那样被抓起来。”

目击者称，两人自焚后，拆迁工作人员并未施救，拆迁工作也未停止。

《南方都市报》报道，29日上午，江苏连云港市东海县政府就事件召开新闻发布会，县政府新闻发言人李宝福表示，陶兴尧与陶惠西两父子自焚后，拆迁工作的确仍在进行。但这并不是为了拆迁而拆迁。“主要是因为自焚事件发生后，陶家的房屋严重损毁，之所以继续拆迁，根本原因是，现场的工作人员担心火灾引起次生灾害。”李宝福将这次一死一伤的自焚事件称为村民伤亡事故，两名农民因抗拒拆迁自焚，造成一死一伤，相关部门和领导正进行善后工作。

（九）唐福珍自焚案①

2009年11月13日，成都市金牛区居民唐福珍因阻止有关政府部门拆迁而站在楼顶抗争，最后泼上汽油用打火机自焚，11月29日晚，唐福珍因伤势过重，经抢救无效死亡。

事件中被拆除的建筑被官方认定为违法建筑。据介绍，1996年，成都市金牛区天回镇街道金华社区（原金华村）4组私营企业主胡昌明，以租地的名义与金华社区签订了《建房用地协议》，在一直未办理《规划建设许可证》及用地审批手续的情况下，修建了面积约为1600平方米的砖混结构及简易结构房屋，用于企业经营。2007年8月，成都市为推进城北大天污水处理厂配套工程建设，决定实施金新路建设，胡昌明的建筑就处在这一建设工程规划红线以内。“我们金牛区城管执法局在有关方面多次做工作要求胡昌明自行拆除都没结果的情况下，于2007年10月依法向胡昌明下达了《限期拆除违法建设决定书》。胡昌明对限期拆除决定不服提起行政复议。2008年2月，成都市城管执法局经审查，依法维持了金牛区城管执法局作出的限期拆除违法建设决定。对此复议决定，胡昌明在法定期限内并未向人民法院提起诉讼。”金牛区城管执法局局长钟昌林说：“据我

① 上述报道参考《成都自焚拆迁户唐福珍死亡》，2009年12月2日AA32版《南方都市报》，作者：上官敫铭；“成都拆迁户唐福珍自焚死亡”，2009年12月3日第021版《京华时报》；《“唐福珍事件”何以如此糟糕》，2009年12月4日第A03版《新京报》；《成都女户主阻止城管暴力拆迁自焚身亡》，中国新闻网，2009年12月02日。本案例记述有删改。

所知，金牛区有关方面考虑到该建筑体量及投资较大，拟参照当年土建成本给予适当的补偿，但胡昌明拒不接受，提出了高达800多万元的要价。”钟昌林给媒体算了一笔账：胡昌明的违法建筑建于1996年，当年的建筑成本包括装修在内，按最高标准也不会超过每平方米1000元，胡的房子大概1600平方米，无论怎么算也达不到800万元。从2008年2月起，金牛区相关部门，包括政府相关领导、天回镇街办干部和工作人员等多次与胡昌明沟通协商，希望其自行拆除，并讲明如对金牛区城管执法局的决定不服可通过法律途径解决，但均遭到胡的拒绝，一直拒不拆除。

究竟是执法局暴力拆迁还是钉子户暴力抗法，官方与家属说法截然不同。

2009年11月27日出现在人民网地方频道的一则官方通报称，今年4月13日，金牛区城管执法局就曾依法对胡昌明违法建筑实施拆除，“胡昌明、唐福珍纠集其亲属采取投掷汽油瓶和向执法人员泼洒汽油等方式暴力抗法，致使依法拆除行动被迫取消”。11月13日，钟昌林再次带领金牛区城管执法局人员对胡昌明违法建设实施依法拆除。“当时胡昌明虽不在现场，但仍通过电话等方式与在其违法建筑楼顶平台上的前妻唐福珍及亲戚10余人联络，对执法人员的喊话、劝说置若罔闻，再次采取向执法人员投掷砖头、石块、汽油瓶及点燃汽油等方式进行阻挠，致使10多名执法人员被打伤、烧伤。当然，在拉锯过程中双方有一些肢体抓扯，这也是事实。”钟昌林说。在相持了近三小时后，站立于楼顶平台楼梯井顶端的唐福珍情绪失控，做出极端举动：向自己身上倾倒了汽油并用自备打火机点燃。

但唐福珍的三哥唐福明介绍，13日凌晨5时左右，大批拆迁人员赶到楼下，将整个楼围住并开始砸门冲进楼里，“都是穿迷彩服的，有的拿着盾牌，有的拿着钢管，不分男女老少，见人就打”，“我的一个侄女，抱着一个小孩子，也被打倒在地，住在楼里的妹妹和亲友们是在打斗过程中被逼到三楼平台上去的”，在双方对峙的过程中，“我的妹妹还对着楼下喊话，说只要他们撤人就可以坐下来谈”，他说当时唐福珍往身上倒了两次汽油，下面的人没有试图阻止，还回话要求其“不要与政府作对，你现在下来还来得及”。他说妹妹正是因为“看到亲友被打得很惨”才最终毅然选择点燃身上的汽油的。唐福明认为妹妹自焚时执法人员不作为，“是在（妹妹）倒下后，才上去抢救的”。

据唐福珍妹妹唐福英介绍，自从 11 月 13 日发生自焚事件后，唐福珍病房日夜有 4 名治保人员监守，亲人都见不到唐福珍。唐的数名亲人或受伤入院或被刑拘，当地有关部门将该事件定性为暴力抗法。另据唐福珍的一位亲戚称：当晚 9 时许，其看见金牛区副区长、天回街道办书记等来到医院，当时楼下有十多辆警车，许多警察和治保人员、城管人员在现场维持秩序。亲属强烈要求政府把羁押在看守所的唐福珍的其他亲属带来，以期见唐最后一面，但未得到允许，11 月 29 日晚 11 时许，医院宣布唐福珍死亡。12 月 3 日晚 10 时，成都市金牛区通报了金牛区“11 · 13”拆迁户自焚事件初步调查情况，金牛区城管执法局局长钟昌林已被停职接受调查。

（十）老翁树上蜗居三月抗拆迁案①

陈茂国，61 岁，奉节县朱衣镇冒峰村 2 组村民，因修建渝宜高速公路连接道，陈茂国 1200 多平方米的房屋被推倒。由于拆迁补偿金相差 22 万元，2009 年 8 月 30 日，老人爬上自家的树蜗居三个月抵制拆迁，后在当地媒体的调解下，双方达成赔偿协议。然而，就在陈茂国下树的当天，当地警方以涉嫌聚众扰乱社会秩序罪将陈刑拘。

陈茂国介绍称，他夫妻俩从 1981 年起开始做酿酒生意，后来又开百货店，家中建有两楼一底共 1200 多平方米的房子，全家日子过得红红火火。后来，规划中的渝宜高速公路奉节连接道，必须经过陈茂国的家。2008 年 12 月底，陈茂国的家被强制推掉，有些百货也被压在墙根处。对此，朱衣镇党委书记、朱衣片区新城建设指挥部副指挥长任泽斌介绍称，根据国家的相关政策，陈茂国的 1200 多平方米的房屋共补偿了 39 万余元，抵扣给他们全家的 3 套共 270 平方米的住房，实际应给他们 31 万余元，而相关业主方也同时答应给他们 26 万元的百货和酿酒原料等损失费。面对这 58 万元的赔付，陈茂国则称，自从房屋被推掉至今，他们一直没有营业，再加

---

① 上述报道参考《61 岁老翁大树上“蜗居”绳子吊食物，3 月未下地》，2009 年 11 月 18 日 027 版《重庆商报》，记者：黄平；《陈茂国的两个儿子也被当地警方抓了》，2009 年 11 月 25 日第 008 版《华西都市报》，记者：庞山岚；《奉节男子索高额赔偿　树上睡了 3 个月终被刑拘》，http：//cqqx. cqnews. net/html/2009 - 11/23/content_ 2087860. htm，访问时间：2009 年 11 月 23 日，作者：高勇。本案例记述有删改。

上其他方面的损失费，至少要求赔偿 80 万元。

陈茂国家被推倒的废墟旁，一棵约 15 米高的桉树显得高大挺拔。在离地面约 12 米高处的树枝间，搭有一个窝棚，窝棚上端挂着陈茂国的营业执照和税务登记照以及卫生许可证等证件，旁边树枝上还挂着一个喇叭。每天上午 9 时左右，陈茂国从树上放下一根绳子，在树底搭有一个棚子居住的妻子沈正兰来到树下后，将早早煮熟的红薯放进一个白色塑料袋中，然后用放下来的那根绳子拴住，陈茂国再将口袋拉上去。陈茂国每天吃喝拉撒全在树上解决，并用塑料袋装好放到地上处理工作：陈茂国每天高声放着喇叭给村民"宣讲"政策。陈介绍，他爬上树后，从下面吊了大大小小 60 块木板，用铁丝捆在树枝上，搭成一个只能半躺的"窝棚"。每当狂风暴雨袭来时，窝棚顶端的被单就会被淋湿，这时他会用事前备好的小塑料口袋裹住头部，抵挡暴雨侵袭。"他在上面日晒雨淋，经常生病，他又不愿意下来，我们只得把药物让他拉上去。"

此事引起了重庆一家媒体的关注，愿意从中撮合协调，2009 年 11 月 18 日凌晨 1 时，经紧急磋商，由业主单位国平集团最终同意增补这笔费用给陈家，开具了一张 80 万元的现金支票。18 日凌晨 5 时左右，陈茂国在树上放下软梯，从树上下来。"整整 3 个月未下地的他，左脚刚一着地，突然身子一软，险些摔倒在地，陈的 3 个儿子马上将他扶住。"村民陈治亮说。就在陈茂国走下树的当天下午，他就被县公安局的民警抓走，并于 11 月 19 日被刑拘，涉嫌的罪名是聚众扰乱社会秩序罪，羁押在奉节县看守所。

（十一）潘蓉手掷燃烧瓶抗拆迁案①

2008 年 6 月，上海闽行区，潘蓉，一个 43 岁的上海女人，为了保卫祖产，将自制的燃烧瓶扔向正在前进的挖掘机，潘蓉夫妇的"捍卫"行动并没有改变祖屋被强拆的结果，而二人最终被以"妨害公务罪"的罪名判处有期徒刑 8 个月。

---

① 上述报道参考《潘蓉：手持燃烧瓶的"勇敢女人"》，2009 年 12 月 2 日《南方周末》，记者：黄秀丽。本文网址：http：//www. infzm. com/content/38292；央视《经济半小时》2009 年 11 月 21 日节目实录，记者：鄢闻余。本案例记录有删改。

潘蓉的家是一幢建筑面积480平方米的四层小楼，位于上海闵行区。1994年，夫妇二人留学新西兰，之后取得新籍。2007年3月，二人得知祖居面临拆迁，回国处理。潘蓉夫妇的小楼位于上海机场集团兴建的“虹桥交通枢纽工程”征地范围内。动迁方给出的拆迁补偿包括每平方米761元的房屋重置补贴，以及1480元的土地补偿，加上其他补偿共计118万元。据时任工程指挥部主任的吴仲权向媒体介绍，拆迁涉及5000多家农户，但大多数是协议拆迁，强拆的只有27家。

潘蓉就是其中的一个“钉子户”。在她看来，市价上千万的房子如此贱卖，太不公平，双方谈判一年没有结果。但是在动迁方看来，一切都经过了法定程序。上海机场（集团）有限公司向闵行区房屋土地管理局申请仲裁，后者裁决张家撤离原址；张未撤离，闵行区政府下达强制执行，通知6月12日不迁就强拆。

2008年6月11日晚，潘蓉夫妇把汽油装入红酒瓶，用墩布条做成引线，做了几只燃烧瓶，又找到在奥克兰打野鸭用的弓弩。12日，张龙其背着弓弩在屋顶上走来走去，潘蓉则拿着大喇叭和动迁方喊话。“请你们按照法律办事！”拆迁队伍中有人喊着。“中国的法律是这样的吗？你拿法院的判决来！”潘蓉回应，“你们违法在先，我要以暴制暴！今天不是你死就是我亡！”双方的喊话断断续续持续了一个小时。忍耐不了的挖掘机还是开了过来，潘蓉扔下第一个燃烧瓶，草地上蹿起一片火苗，随拆迁队而来的消防车将火焰浇灭；又一只燃烧瓶扔了下来，挖掘机继续前行，围墙坍塌了，接着是房屋主体。潘蓉夫妇被迫下楼，拆迁人员一拥而上，将他们按倒在地。时隔一年之久，12月1日，张龙其回忆当时的心情：“信心满满，在依法治国的今天，何况又是在上海，一个国际化大都市，强拆岂不是一个童话？”

2009年4月，上海中院一审判处潘蓉夫妇妨害公务罪，张龙其获刑8个月；潘蓉因要照顾5岁的儿子，取保候审后免予刑事处罚。7月二审维持原判后，按照上海市公安局出入境管理处的要求，潘蓉夫妇离开上海回到了新西兰。

法院随后又安排了一次潘蓉夫妇和拆迁方的谈判。潘蓉对《南方周末》记者说，她不能接受法院的“好意”，“他们仍然强调拆迁是合法的，而我们还是要求强拆要有法院的裁决”。

回国处理祖产的这段悲惨经历，让潘蓉夫妇悲从中来。拆迁参与者、闵行区华漕镇镇长高宝金在接受央视采访时说："所有的强迁程序，所有动迁的法律规定都给他们了，他们转不过弯来。"潘蓉记得，这位镇长曾对拆迁户们说过更狠的话："你们家里的财产损失，都是作为历史翻过去了，想赔偿是白日做梦，想都不用想。"

11 月 11 日，张龙其的父亲向上海中级人民法院递交行政诉状，状告闵行区政府强拆违法。至今，法院仍未决定是否受理此案。

（十二）张剑捅死拆迁人员案[①]

2008 年 5 月 14 日，辽宁省本溪市 28 岁居民张剑，为阻止非法强拆其私产，将长约 20 公分的水果刀刺向与其年龄相仿的拆迁人员赵君，张剑自首后，法院最终以"防卫过当"定刑。

张剑是本溪市明山区东兴街道办事处长青社区 22 组居民，失业。他所在的社区，是本溪城区最后一片大型棚户区。2005 年 4 月，本溪市政府下发通知，把长青社区列为该市采煤沉陷区治理择址建设用地，要求居民限时腾空房屋。这片棚户区改造项目通过商业开发的模式进行：本溪市华厦房地产开发公司获取了长青社区所在大片土地的开发权，盖起了名为"山水人家"的豪华别墅群。包括张剑家在内的 15 户长青社区居民成了"钉子户"。他们认为在自己世代生活的土地上盖起的是天价别墅，并非公共事业，要求得到一笔合理补偿。谈不拢，可以通过合法程序强制拆迁，但华厦公司走的不是这条路。2007～2008 年，华厦公司员工多次带人找这些"钉子户"的麻烦。尽管本溪市政府拆迁办 2006 年就明令禁止其非法拆迁，但华厦公司的员工并没有对"钉子户"们收手，他们依然打人、砸东西、强行扒房。张剑那一刀，就发生在家人被一群不速之客围攻的情形之下。

依照判决书所述，2008 年 5 月 14 日上午，华厦公司王维臣、周孟财带人闯进张剑家中，他们将张剑和其家人都堵住，四五个男的把他摆在

① 上述报道参考《本溪暴力拆迁命案加害人获缓刑》，2009 年 10 月 19 日《中国青年报》，记者：宋广辉；《被拆迁者捅死拆迁者　被判缓刑重获自由》，2009 年 9 月 30 日第 1338 期《南方周末》，记者：朝格图。本案例记述有删改。

炕头墙角拳打脚踢，此时张剑从炕席下抽出一把不锈钢、直把、长约20公分的水果刀，对着打他的其中一个男子的肚子扎了两刀……扎完人后，张剑一口气跑进了平顶山的林子里。张剑离开之后，他家里的房子便被夷为平地。

2008年6月16日，在律师和母亲的陪同下，张剑到北京市宣武区陶然亭派出所投案自首。2009年3月9日，本溪市人民检察院对张剑提起公诉。3月底，本溪市中级人民法院开庭审理此案。为张剑做代理的北京才良律师事务所律师王令认为，张剑的刺杀发生在暴力侵害并有可能继续面临暴力侵害的情况下，他是为保护私人财产免受破坏和自己及家人免受人身侵害而采取的自力救济行动，属于正当防卫的范畴，应免于刑事处罚。2009年9月4日，本溪市中级人民法院作出判决，认定被告人张剑犯故意伤害罪，但因具有“自首”情节，并系“防卫过当”，判处张剑有期徒刑三年，缓刑五年。涉事房地产商华厦公司也终于给张家作出了50万元的强拆赔偿。

这一纸判决，让张剑走出了他已待了400多天的本溪市看守所，重获人身自由。而在本溪当地，张剑的判决催生了本溪市一份旨在提倡和谐拆迁、打击暴力拆迁的文件。知情者告知，该文件分两部分，第一部分明令禁止采取断水、断电、短路、打杂、恐吓等“擅自非法拆迁”和“野蛮拆迁”行为；另一部分则列举了对应的惩罚。这是本溪第一次以如此力度打击野蛮拆迁，第一次明确公安部门将介入非法暴力拆迁事件。在部分法律界人士看来，张剑杀人犯罪但未抵命，是我国新时期拆迁纠纷中出现的首例判决。该案向社会释放出积极信号，可成为我国法律保护公民私权的典型案例。

（十三）马雪明杀死拆迁人员案①

2007年3月22日，江苏省苏州市“金阊新城物流园”白洋湾钢材交易中心工地上的“钉子户”马雪明，把两名拆迁人员和一名街道干部堵在家里，用凳子砸死了苏州拆迁公司项目经理张金龙和工作人员钱先莉。砍

① 上述报道见《坚守两年后，一个寡言的人为何爆发》，2007年4月25日《南方周末》，记者：曹筠武，本文网址：http：//www. infzm. comcontent5842。本案例记述有删改。

杀拆迁人员致两死一重伤，马雪明以“故意杀人罪”被判处死刑，妻子被判处无期徒刑，其子被判处有期徒刑 8 年。

51 岁的杀人疑犯是洋湾民主路 165 号户主，苏州钢厂高速线材车间工人，在熟人眼里，马雪明平时是个沉默寡言、喜欢认死理的人。从 2004 年底通知拆迁以来，当地住户陆续搬走，2007 年 1 月，钢材交易中心奠基开工时，工地上只剩下马家、张家两栋二层小楼。按照图纸规划，“钉子户”的家将变成“苏州地区第一座集现货交易、电子期货交易于一体的首脑型钢材交易市场”，并成为苏州金阊新城综合物流园的重要组成部分。而苏州拆迁公司项目经理张金龙，就是执行人。“这个人不简单”，曾经的住户李盘金称：“跟我们没什么废话的，就是狠狠告诉你，快点搬走！”苏州“金阊新城物流园”项目建设中，按照拆迁公司通知的补偿标准，每平方米土地基建补偿 2500 元，市政府补贴 600 元，房屋修建费 400 元。另外，整体补偿装修费 6 万 ~7 万元。住户和拆迁公司的分歧集中在房屋面积上。拆迁公司只按原始房产证上的面积补偿，但住户们房子大多修建于 20 世纪 80 年代，此后各家都在自家宅基地上逐渐加修房屋。如今，这些房屋不能计入赔偿面积。马雪明认为拆迁公司补偿不合理，拒不搬迁。有邻居证实：马雪明根本不让拆迁公司的评估人员进屋。他要对方“拿出拆迁许可证和评估上岗证才准进门”。“他们从来没把这两个证给我们看过，但我们不懂，拆迁公司说怎么办就怎么办了。”一位邻居说。坚守的任务并不简单，夜晚尤其难熬，马家堆起了滑石粉，一是用来防潮，另外，“晚上可能拿来对付流氓”。

3 月 22 日10 点 20 分，马雪明把两名拆迁人员和一名街道干部堵在家里，将凳子狠狠砸向他们的脑袋。苏州拆迁公司项目经理张金龙、干部钱先莉当场死亡，拆迁公司职员陶小勇负伤逃出。十多分钟后，邻居在屋外院子里大喊：“杀人了，老四（马雪明排行第四）杀人了！”警车已经开到了马雪明家门外，警灯闪烁中一大群人把房子围得水泄不通。一个头上流血的人坐在一边打电话，那是拆迁公司工作人员陶小勇。其妻杨根英在警察们的簇拥下，被戴上手铐，马家的孩子马春凌也被警方带走。此时，拆迁公司经理张金龙和街道干部钱先莉已被救护车送往医院。“砸得不成样子了，送来的时候就不行了。”苏州大学附属第二医院的一名工作人员回忆。医院的工作人员称：两人的眼里有石灰一类的粉末——滑石粉发挥了作用。目击者称，从拆迁公司项目经理张金龙等3人进入马雪明家，到陶小勇逃出呼救，其间不过20分钟。进入马家查看过的马海龙称：厅堂里桌旁椅子是拉开的，桌上有茶水，证明事前双方曾经有最后的交谈。

砍杀拆迁人员致两死一重伤，马雪明以“故意杀人罪”被判处死刑，妻子被判处无期徒刑，其子被判处有期徒刑8年。

（十四）李民生拒强拆上吊自杀案[①]

2006年6月，山东菏泽市牡丹区兴建香格里拉广场，以公益建设为名兴商业开发之实，由于房屋补偿价格偏低，李民生等居民不愿意拆迁，上吊自杀身亡。当地拆迁指挥部某位领导知道这一情况后用一种见怪不怪的口吻当众说：“哪个地方拆迁不死几个人啊？气死的、吓死的、逼死的……”

2005年6月27日，山东省菏泽市牡丹区委、区政府联合下发了《关于成立香格里拉广场建设项目工程指挥部的通知》，通知称：为加快区域性商贸中心城市建设步伐，确保该项目顺利进行……54人组成了庞大的指挥部领导班子。广场属于公益项目，大多数涉及拆迁的百姓对此很是理解也表示支持。然而，事情很快出现了转折。2005年7月10日，菏泽市房管局发出了《关于香格里拉嘉园建设房屋拆迁的公告》，该“公告”称，为落实城市规划，经市政府批准，实施香格里拉嘉园建设项目。但具体的总拆迁面积、涉及拆迁户数、补偿标准等百姓关心的问题，“公告”并未告知。据了解，该项目涉及570余户群众拆迁，占地面积达12.92公顷，拆迁人是菏泽市华通房地产开发有限公司，实施拆迁单位是山东菏泽市拆迁服务中心。

而关于上级部门的审批手续是否健全、是批的广场还是商品房开发等问题，群众一直疑惑不解。马桂荣等群众认为：“如果这个项目是公益性的广场建设，区里成立‘指挥部’指导敦促工作合情合法，如果是现在确认的商品房开发项目，那么有关部门如此兴师动众显然已经‘越位’，违

① 上述报道参考《一副典型的酷吏嘴脸》，中国新闻网，2006年12月6日，来源于《检察日报》，作者：邬凤英；《山东菏泽强制拆迁居民上吊　有官员称拆迁都死人》，2006年11月28日《记者观察》，来源于国际在线，2006年11月30日。本案例记述有删改。

背了‘政府不得参与拆迁’的有关规定！由此可见，区政府成立‘香格里拉广场’建设指挥部纯属移花接木、掩人耳目，是为了便于插手拆迁，便于出面帮助开发商赶走居民、腾出土地做准备的!”

2005年7月10日，菏泽市华通房产开发有限公司取得了《房屋拆迁许可证》，房管局发布了《拆迁公告》，指挥部召开了拆迁启动会，第二天开始入户丈量，7月底基本丈量完毕。9月5日发放了评估报告，众多面临拆迁的群众认为：“评估报告很不合理。”山东恒正房地产评估有限公司采取了“重置成本法”的评估方法，正房的补偿价为每平方米360元，楼房为每平方米480元。而百姓呼声很高的“市场比较法”并没有得到采用。至于为何采取这样的评估方法，菏泽市房管局法制科科长郭良端认为：不同的房屋采取不同的评估方法，三种评估方法得出的补偿标准都是接近市场价的。房屋补偿价格偏低、拒绝签订补偿协议，是5月28日对宋崇义等几家实施强制拆迁的根本原因，何彦芳、马桂荣的房屋被强制拆迁后，政府提供了周转房，但周转房的房租都是自己交。

2006年6月5日，目睹一切的被拆迁户李民生，因为无法承受开发商和当地政府“找不到房子就强拆”的巨大压力在自己家的三楼上吊自尽了。他留下了写有这样内容的遗书：“逼着找不倒（到）房子就抢（强）拆，我没钱，咱不着（找）房子，没路走了，我死去了，你们娘俩别怨我，只怪是人家逼的，对不起你娘俩了。”令人惊讶的是，当地拆迁指挥部某位领导在知道这一情况后，不是着手化解矛盾，调整拆迁工作，反而用一种见怪不怪的口吻当众说：“哪个地方拆迁不死几个人啊？气死的、吓死的、逼死的……”

可他的死，并没有阻止拆迁办的铁蹄，甚至连一丝同情都没有换来，他就像一根草芥一样，无声无息地消失了。

（十五）翁彪自焚抗拆迁案①

2003年8月22日，江苏省南京市玄武区邓府巷28号居民翁彪，因不满拆迁办提供的拆迁费而拒拆，但当看到自家的房子被夷为平地时，他愤

① 上述报道参考《南京拆迁户“自焚”事件调查》，2003年8月31日《新民周刊》，记者：杨江；《翁彪之死切换》，2008年12月18日《现代快报》。本案例记述有删改。

怒地冲向拆迁办，点燃了汽油。

邓府巷属黄金地段新街口的老城区，居住条件相当简陋。2003 年 6 月 12 日，南京市有关部门公布了邓府巷的拆迁公告。这块地皮据说是新街口片区老城改造面积中最大的一块，土地级别为一级。当地媒体早些时候曾报道，“改建后的邓府巷将成为一个具有新时代气息的商贸区，集商贸、休闲和娱乐为一体”。

拆迁的截止日期为 8 月 30 日，拆迁办公布的拆迁费用为每平方米 3370 多元，至 8 月 22 日，邓府巷 1000 多户居民大多已搬迁，仅剩翁彪及其他近 10 户居民因对拆迁费存在异议，迟迟不肯搬迁。

翁彪的屋子建筑面积 20 多平方米，拆迁办给出的拆迁费是 8.5 万元，但翁彪一直在与拆迁办协商，试图将这个数字争取到 10 万元，他认为 8.5 万元过低，无法重新购置房屋，因此一旦拆迁将使他无家可归。

22 日上午 10 点，他已经去拆迁办协商过一次，他提出要一套 65 平方米的经济适用房以解决住房问题，别无其他要求。据周洁后来介绍，拆迁办当时回答翁：不要做梦，协商未能继续。翁彪随后回到家中，夫妇二人商议一番后，决定在拆迁费上进行最后一次努力，无论能否遂愿，第二天都将搬家。11 点 15 分，翁彪提着两只鸭子头、一盘酸菜鱼、一瓶啤酒回到家中后，第二次前往拆迁办协商。周洁说，翁彪离家不久，拆迁办一名叫谢彪的拆迁人员便带来了一帮人，在屋内找到一桶汽油（翁彪家有辆助动车），不顾周的阻拦，拎着就走。随后十几个拆迁人员拥进屋子，围着翁彪 74 岁的父亲，要求翁媳二人离开屋子。周洁以正准备吃午饭为由拒绝了。此时一名叫沈永康（音）的，据周洁称可能是拆迁办综合组的工作人员，嚷道：“你再不走，老子就揍你！”“我们被推推搡搡赶出家门，我身上被扯打得青一块紫一块，他们把公公推倒在砖头堆上便不再理睬。”周洁说，随后一部推土机开来，不到两分钟就把房子铲平了。“我在这里生活了 10 年，很多家当都没来得及撤出，房子瞬间变为废墟……我的一部照相机，还有结婚时姐姐给的金银首饰都没有了，VCD、床、信用卡、5000 块现金……都被人拿走了……”邻居回忆，未过多久，翁彪从拆迁办赶回家中，一看房子已被夷为平地，大叫一声，转身拾起一样东西，似乎是香烟或打火机，然后折回拆迁办。12 点前后，拆迁办方向突然传来火警声。周洁觉得奇怪，走到半途，邻居拦住了她：翁彪没事。周洁遂回到房屋废

墟上照顾公公。此后一直到傍晚，周洁始终没有得到任何有关丈夫的消息。她开始产生不祥的预感。当天晚上，警方找到她：翁彪出事了！周得到消息，翁彪在拆迁办公室用汽油“自焚”，并烧伤了拆迁办的其他 6 名人员。

翁彪死后，相关部门给周洁一家安排了一处 65 平方米的住处，另外给了 26 万元慰问金。这是翁彪自焚之前，周洁梦寐以求的，然而，得到它之后，她却多次想到了自杀。“我们家翁彪用一个人的命，换来大家的幸福，相关部门在他死后，提高了拆迁补偿系数。”周洁说，这一点是她最欣慰的，她相信翁彪在天之灵，也会得到一些安慰。

翁彪之死，直接导致了 2003 年 8 月 22 日之后，直到 2004 年 2 月 1 日拆迁新政出台之前，南京几乎所有拆迁项目全部暂停。2004 年 2 月 1 日，南京拆迁新政（227 号令）在广泛听取了意见后出台。这一政策出台的背后实际上是一场从“舍小家，为大家”到“以人为本”的城市发展理念的根本性转变，它甚至在全国上下引领了“城市建设以人为本”的风潮。

四　拆迁成功案

（一）昆明城中村改造案[①]

凤凰新村作为昆明首个成功交易的城中村土地，俊发地产 CEO 赵彬表示，凤凰新村项目工程进展顺利，也不存在资金紧缺的问题。据了解，凤凰新村的 SOHO 俊园项目为世纪俊园 2 期 10 - 2 栋，项目总投资约 5.7 亿元，总占地面积约 29.3 亩，总建筑面积为约 8 万平方米，由两幢现代时尚的城市住宅构成，并有商业和住宅两种物业形态。赵彬告诉记者，之所以要选择该城中村的改造，一方面是考虑到土地资源的稀缺，好地段可利用的土地已不多，而另一个最重要的因素就是 SOHO 俊园建成后，世纪俊园、SOHO 俊园、时光俊园、星雅俊园、俊发中心几大项目将连成一片。因此，凤凰新村地块对整个片区的发展、附加值的提升都具有十分重要的

① 上述报道参见《聚焦昆明城中村改造》，2009 年 6 月 19 日《春城晚报》。本报道记述有删改。

作用。

在市场不景气、投资信心不足的情况下，2008 年 11 月，昆明市出台了《关于贯彻〈云南省人民政府关于促进云南省房地产市场健康稳定发展的意见〉的实施意见》，12 月又出台了《昆明市城中村改造优惠政策》。这些政策对城中村改造也起到了极大的促进作用。优惠政策涉及市级行政事业性收费和地方性税收两个方面，以免、减、缓三种方式，根据不同的情况予以不同额度的优惠。同时，对城中村改造项目的土地出让金净收益部分由县区支配，专项用于对城中村改造项目的市政和公建配套设施建设补助。通过这一系列优惠政策降低城中村改造项目成本，减轻参与企业资金压力。昆明市政府副秘书长王忠表示，在城中村改造过程中，政府都在实施一系列的减免优惠政策，并希望通过这些政策来降低城中村改造的成本。他透露，通过这些减免优惠政策，城中村项目的楼面地价成本多的能减少 400 元/平方米，少的每平方米也能降低 200 元。换句话说，政策不仅从成本上控制了房价，也给开发企业留出了利润空间，这也是吸引众多企业参与城中村改造的一个重要原因。

2008 年俊发地产以 2.0571 亿元的价格拿下凤凰新村土地，单价创下当年“地王”。占地 19.935 亩，成交价 2.0571 亿元，折算后每亩约为 1031 万元。该地块的楼面地价就达到了 3800 元/平方米左右，加上近 2000 元左右的建筑成本以及其他各种费用，成本就将达到 6000 元/平方米左右。对此，赵彬表示，就该项目的住宅本身企业确实是微利的，由于该城中村改造的各项成本就比一般的项目高，因此，该项目主要还得靠商业和对周边楼盘的带动来提升其价值。

与非城中村项目比较，城中村项目需要投资前期各种拆迁、安置补偿等费用，但这些前期投入的费用都已经包含在土地价格当中了。王忠告诉记者，目前，城中村土地“招拍挂”的价格基本就是城中村土地一级开发总成本，加上很少部分的土地出让金净收益，而目前城中村改造项目政府基本属于零收益。因此，这也是政府优惠措施中的一大利好政策，它从房地产的一级开发阶段上就降低了城中村改造的开发成本。由于影响房价最主要的因素地价就已经降低了开发成本，因此，城中村改造并不会带来高房价。即使到明年、后年城中村项目推出的价格比现在高，也主要是由市场因素决定的，而不是城中村导致的。开发商在考虑房价的制定上除了拆

迁、安置以及土地、建设等各种成本外，最主要考虑的还是当前的市场环境和消费者的承受能力。“最终还得市场说了算，再高也不能超出市场接受能力。”王忠说。事实上，城中村改造之前，昆明二环内的土地稀缺资源已经很难再现，可大规模的城中村改造又使得许多稀缺土地资源供应向市场，这对开发商来说，吸引力不言而喻。城中村改造所在的地段都是黄金地段，对周边项目品质的影响及提升片区附加值都具有很大意义。

（二）五百业主成功反迁案①

2010 年 1 月 11 日晚七点，广州市越秀区东川三街召开的“反拆迁业主维权大会”，“反拆迁总司令”——胡永将一张 A4 纸卷成一个“话筒”，一脸庄重地向几百业主感慨：“我们成功了！”

2009 年 10 月 13 日，在广州市东川三街通往广东省人民医院的一个医疗垃圾出口，贴出了一张拆迁规划公示，业主们惊讶地发现，自己的住房面临被拆迁的危险。省医称由于教学科研任务重，需要进行扩建。扩建范围覆盖省医旁边 20 多栋楼房、530 多户居民，其中包括东川一二三街、前鉴通津、长庚门后街。2 号楼居民余止水听闻拆迁消息，趿着拖鞋立即狂奔下楼，看到了传闻中的公示，第一反应就是“不得了了”。胡永在东川三街居住了 47 年，见证了东川路的变迁。“我 1 岁就在电力局大院住了，住了这么久有感情了，我坚决反对拆迁。”他自费掏钱打印了 500 多份反拆迁的资料，贴于小区楼道各处。他还对 20 多栋、530 多户居民进行扫楼，挨家挨户上门收集意见书和签名。“当时居民不知道使用自己的权利”，在扫楼签名的时候，有人不敢签名，觉得签名是“搞事”，甚至有人觉得可以“拿一笔高额补偿”。同去“游说”的余止水反复强调：“现在的政府已经非常开明了。但如果自己都不去维权，老天爷也帮不了我们。”经多方打听，余止水发现作为公益性用地，该地块拆迁补偿最低可能只有 5800 元/平方米，而市场价该地块的二手楼价一般在 10000 元/平方米。他认为居民内部必须形成“统一战线”。经历了几轮大会动员，反复扫楼的

① 上述报道参见《五百业主成功反拆迁记　现实版“阿凡达”保卫家园》，2010 年 1 月 13 日《南方周末》，作者：刘志杰。本文网址：http：//www.infzm.com/content/40193。案例记述有删改。

行动，业主的立场渐渐统一起来，一场捍卫家园的“反拆运动”开始酝酿。

小区没有业委会，业主就自发成立了“司令”、“参谋”俱全的“反拆筹备组”。筹备组成了收集意见、组织活动的“后方阵地”，反拆活动都在筹备组的指挥下有条不紊地进行。10 月 20 日，是他们的第一次上访。胡永一行 5 名业主代表带着厚厚的意见书和 380 户居民签名，一早来到广州市城市规划局。“省医为什么不用马路对面的自家物业，那是省医的职工楼和省医出租的商铺”，座谈会上，业主代表接连抛出“反拆理由”，信访办工作人员表示会认真考虑这些问题，并将意见转达给市规划局。第二次上访是 10 月 23 日，这次一共去了 6 人。业主代表依然对扩建提出“尖锐意见”，谈话期间，一名 50 多岁的规划局工作人员脱口而出：“你们说的是对的，医疗资源怎么合理配置是个问题。”

1 月 6 日，东川三街居民终于等来了广州市城市规划局的《关于省医控规调整项目有关情况说明的函》。回函表示：“周边居民作为省医扩建项目的直接利益相关人，他们的意见是本项目可否继续向前推进的关键要素。因此，在相关反对意见未协调好之前，我局不会启动对该项目下一阶段的工作，不会将该项目规划调整方案呈报市规委会审议，也不会启动规划许可工作。”“从目前的情况看，卫生部门在提出项目意向之前并未与周边居民进行充分沟通”，因此要求省医“重新检讨目前的项目意向”，“充分听取居民意见”。反拆成功的消息贴上了墙头，替代了原来的控规公示图。东川三街剥落的墙壁上贴着的红色标语特别显眼：“热烈庆祝省医征地被规划局叫停”。“这应该是规划局第一次对拆迁维权进行了积极的书面回复。”业主余止水认为。

1 月 11 日，广东省人民医院副院长何斌透露，省医领导班子正在重新讨论扩建事宜，一周左右后会公布结果。在居民眼中“态度积极公正”的广州市规划局，却显得非常低调。该局宣教处副处长唐晓玲表示，政府听取民意是很正常的，规划局只是按正常程序办事。而业主余止水则对广州市规划局与广州市政府不吝赞美：“这虽是政府听取民意的正常举动。但能如此中肯地作出公正决策，我们认为是政府工作的进步，我们为生活在开明的广州感到幸运。”

余止水还认为，业主们这种积极、稳健、利用一切合法渠道理性维权

的行为，也是能反拆成功的重要原因，“我们在维护自身权利中，感受着公民社会的成长”。

（三）深圳非暴力拆迁案[①]

在寸土寸金的深圳，被拆迁的城中村村民非但没有遭遇暴力，反而拆成了亿万富豪。这一与外地迥然不同的非暴力拆迁现象，既与过去十年飞涨的房价有关，也与深圳各个城中村居民自治组织的形成和开发商在造城模式上的探索有关。

2010 年 1 月 23 日，深圳最大的旧村改造项目——改造面积达 68.4 万平方米的大冲旧改村民物业签约仪式正式举行，这标志着由华润置地投资超过 60 亿元的“造城项目”进入实质启动阶段。在深圳最近这两个城中村旧改的补偿中，村民们不仅按规定获得了 400 多平方米合法面积、每平米一两万元的充分补偿，还包括相当部分属于“历史遗留问题”的违章建筑也得到相应的补偿，“如果只按每户四百多平方米宅基地计算，怎么可能补出那么多亿万富翁?”大冲旧改负责人说。

实际上，深圳城中村改造能够实现非暴力拆迁，涉及两个独特的重要因素，一是类似于大冲股份公司这样的“城市居民自治组织”，在谈判中发挥了巨大作用；二是如华润这样的开发商找到了创新的开发模式，使得开发商在有利可图的预期下，将补偿标准提高到合理的市场水平。

城中村村民兼具“股东”的双重身份，使得股份公司在领导层选举程序中，呈现出某种奇特的“直接民主”形态：身为“股东”的村民们，按照自己的村民身份，一人一票选出新任董事长和管理层。大冲股份公司是由大冲村集体经济的领导层改制而来的股份公司，村民们也是该公司的股东。旧改推进过程“异常艰难”，但大冲旧改项目的补偿协议“是特区内迄今为止总体上表述最完整、补偿最优惠、保障措施最健全的旧改拆迁安置补偿协议”。而早在 1992 年的特区农村城市化改造中，政府的规划是将原有农村集体资产交由股份公司经营，同时将原村委所属的行政、社会管

① 上述报道参见《两个城中村改造项目 数十亿万富豪诞生——非暴力拆迁的深圳样本》，2010 年 2 月 3 日《南方周末》，本文网址：http：//www.infzm.com/content/41166。本案例记述有删改。

理职能交由新成立的居委会和街道办管理，实现“政企分开”。然而在随后的实践中，由于政府无力兼顾“城中村”的公共投资与管理，因此由原村集体经济的领导层改制而来的股份公司，自然承担起了各村的经济、行政和公共管理等各项职能，政府下设的居委会也因运作资金匮乏而受控于股份公司。从这个意义上而言，城中村股份公司在很大程度上已经脱离了政府原本设定的“企业经营”模式，而形成了某种集行政、经济、社会职能于一体的“城市居民自治组织”。而新任的董事长和管理层心中也深知，他们要带给村民的，不仅仅是“股东利益最大化”，还包括城中村的公共管理、村民的福利保障和不同村民间的利益平衡。另外，作为原集体经济管理者的股份公司，在城中村旧改的“财富升级”过程中，也将获益巨大。这也使得股份公司管理层在面临重重阻力时，依然有动力继续推进旧改进程。

万象城这一总投资额高达60亿港元，开发周期长达8年，集住宅、商业、娱乐等内容于一身的庞大“造城项目”，在起步之初就被当时的业界各方认为是一场命悬一线的“豪赌”。早在1998年，大冲就被列入了深圳市的旧改规划，2002年更被列为旧改试点村之一。但直到2005年引入华润集团，大冲才正式确立了“推倒重来、整体开发”的旧改模式。城中村改造规划之所以如此艰难，关键原因之一是“计划赶不上变化”。这使得无论是补偿标准还是利益分配，都难以令许多村民满意，旧改进程也因此陷入僵局。转机的出现，一方面来自城市化过程中，城中村的“土地升值”逐渐为“功能升值”所取代：原有地价和房租的上涨趋势渐停，更大的升值空间只能来自城中村整体规划和功能的“升级”；另一方面，则来自引入开发企业的创造性解决方案，如华润在大冲“再造万象城”的规划，规模化开发带来的巨大增值效应，不仅有效地满足了村民们的补偿要求，而且对其周边社区的功能完善和价值提升发挥着重要的“辐射效应”。2001年深圳市罗湖区渔民村的改造，标志着特区政府在城中村改造中，开始以合作创新的“多赢模式”取代过去单纯的“查堵违建”思路。尽管由于经验和制度的不足，这一改造方案今天看来仍有缺憾，但其“合作开发”和“集约化发展”的思路，至今仍具划时代的意义。到了2005年前后，深圳市的高速城市化进程终于遇到了资源瓶颈：特区内土地资源因多年的高速开发而消耗殆尽，在难以通过城市扩张从外部“开源”的状况下，内部资源的“挖潜”成为必然的选择。以2004年出台《深圳市城中村（旧村）改造暂行规定》为标志，深圳市政府推出了一系列的政策和措施，开始了新一轮的“城市更新”运动。与此同时，启动了“再造华润”计划、雄心勃勃地从千亿集团向两千亿门槛迈进的华润集团，也在新的地产战略中，将已经日渐成形的“万象城模式”纳入集团的战略核心，并开始在全国一线城市进行复制。从2005年到2008年，作为香港上市公司的华润置地凭借“万象城模式”及其相关战略，综合营业额以每年40%以上的速度高速成长，市值从20多亿元剧增至800多亿元。城中村改造对村民们而言，并不仅仅意味着财富的升级，更意味着传统村民们“从组织管理，到生存方式，再到思想观念的全面升级”。相对而言，后者的升级与转型，远比财富的升级来得艰难。

五　另类拆迁案：南京古稀老人假离婚案①

这边刚领结婚证，那边就急着要办理离婚手续，这本就是一件费解的事，让人瞠目结舌的是，这些人都是年过6旬，甚至有已达8旬的老人。2010年9月13日，南京江宁民政局婚姻登记处发生了以上离奇事，前来离婚的人全天达到了98对，至少80对有“猫腻”，而里面不少是古稀老人。“猫腻”所在皆因拆迁，因为这样借假离婚，可以在拆迁补偿中获得更多的利益。

在登记大厅，一位孙姓男子给记者算了一笔账，他称离婚分户后，每个户头都可以分1.8万元的补偿款，此外，拆迁一户按照最高240平方米补偿安置房，如果两人离婚了，就变成了2户，这样就可以享受最高480平方米的安置房指标，就算自己家拆迁的房子达不到480平方米，也可以按照安置房的价格花钱来补齐。一旦离婚各立门户，只需要90元办理离婚费用将换来200倍回报。“不管我算的对不对，相比而言，离婚的成本相比获得的好处来说，微不足道。”孙先生说，既然如此，暂时离婚也没什么，拆迁之后再领结婚证不就结了。

---

① 上述报道参见陈迪晨《南京多对古稀老人被疑为拆迁补偿假离婚》，2010年9月14日《扬子晚报》。本案例记述有删改。

在拆迁地之一，大定林自然村村头，一份房屋拆迁公告刚刚被贴上。“因南京市麒麟科技创新园开发建设需要，经江宁国土征拆字〔2010〕第6号《南京市江宁区征地房屋拆迁批准通知书》批准，南京市麒麟科技创新园一期（泉水区域）用地范围内的房屋将于2010年9月15日起实施拆迁，范围涉及泉水社区城头、小湖头等9个自然村村庄及范围区内企业。”记者注意到，该公告补偿政策执行《南京市江宁区征地拆迁补偿安置办法》（江宁政发〔2005〕166号），而公告发布日为9月13日。随后，记者找到了江宁区麒麟街道，他们也听说了村民频频离婚一事，但确实没法干涉。“只要是符合婚姻法的相关规定，在拆迁时也达到《南京市江宁区征地拆迁补偿安置办法》中的要求，我们就必须按照规定进行补偿。”相关人士表示，村民的行为显然是钻空子，但是他们已经发布了公告，此后的离婚行为，在拆迁补偿中将不予认可。据该人士介绍，此次拆迁后期还涉及玄武、栖霞等区，估计这股离婚潮还会因此蔓延。

“我们算了一下，当天前来办理离婚的人有98对，平常周一最多也就20对，据我们了解，其中至少80对夫妻不是真正离婚，而是因为拆迁。”江宁婚姻登记处有关人士告诉记者，最近一个月来，前来办理离婚的人都很多，其中有不少人都是古稀老人，由于没有结婚证，所以他们都补办了结婚证，然后马上办理了离婚。

在此，我们可以从道德上规劝这些拆迁户们，但是这种规劝的力量显然无法与巨大利益的诱惑相抗衡。因此，职能部门应该思考的是：我们鼓励人们自觉向善的同时，还应从制度层面着手，堵塞那些通过非道德手段钻的空子。

六　涉及暴力拆迁的官员言行

有官员在强制拆迁时私下放言：即使被拆迁人自焚，官员仕途也不会受丝毫影响。[①] 调查发现一些官员的言行十分惊人。比如：

---

① 本节案例以及评论，来自《拆出人命的地方　官员果然个个还在》的报道，2010年4月7日《南方周末》，记者：赵蕾，本文网址：http://www.infzm.com/content/43533。本报道记述有删改。

天津市宁河县教育局党委书记刘广宝说："现在全国都在这儿摆着呢，把谁处理了？"江苏东海、盐城，北京海淀，山东胶州，福建泉州，黑龙江东宁先后发生拆迁户自焚，湖北武汉拆迁户被铲土机活埋，当地官员无一人被问责；即使是唐福珍事件中被停职的科级干部日前亦官复原职。经过多方查证，发现在最近三年发生的八起拆迁自焚或活埋案中，无一名地方"一把手"受到问责或追究。

"你以为浇了汽油，荣书记就免职了？李县长就免职了？你浇了汽油，你儿子缺了妈妈，你爸爸缺了儿媳妇。你算过这账了吗？现在全国都在这儿摆着呢嘛，把谁处理了？处理了又到别的地方去了。"据《瞭望东方周刊》报道，在劝说小学老师张熙玲接受拆迁时，刘广宝这么说。

2010 年 3 月 27 日，江苏省连云港市东海县黄川镇，陶姓人家为阻拦镇政府强拆自家的养猪场，父子浇汽油自焚，68 岁的陶惠西死亡，其 92 岁的父亲陶兴尧被烧伤。事发至今，县委书记还是关永健，县长还是徐家保。①

2010 年 3 月 3 日，湖北省武汉市黄陂区。69 岁的王翠云在阻止拆迁方施工的过程中，被铲土机扫进土沟活埋，不治身亡。事发至今，黄陂区委书记还是袁堃，区长还是胡洪春。

2010 年 1 月 26 日，江苏省盐城市亭湖区迎宾路拓宽工程地段，居民曾焕为抗强拆点火自焚致大面积烧伤。事发至今，亭湖区区委书记还是王荣，区长还是陈红红。

2009 年 12 月 14 日，北京市海淀区北坞村。席新柱为抵制强拆点燃身上汽油自焚。事发至今，海淀区区委书记还是赵凤桐，区长还是林抚生。

2009 年 11 月 13 日，成都市金牛区。该区居民唐福珍在她前夫胡昌明房屋被强行拆迁时点燃汽油自焚，后因抢救无效身亡。事发至今，区委书记还是徐季桢，区长还是马旭。

2009 年 10 月 28 日，山东省胶州市（县级市）拆迁现场。张永霞在一辆要拆掉她房子的挖掘机前浇下汽油自焚。目前她仍在青岛公安消防医院接受治疗。事发至今，胶州市市委书记还是祝华，市长还是刘赞松。

---

① 因本书初稿完成于 2011 年底，故书中所引用时间所谓"今日"、"至今"等，指书稿初稿完成的时间。下同。

2008年4月3日，福建省泉州市洛江区居民何全通点火自焚致死。区长朱团能告诉《南方周末》记者，此事对他没有任何影响。事发至今，区委书记还是吕竞，区政府网站显示，区长还是朱团能。

2008年6月5日，黑龙江省东宁县拆迁现场，靳丽霞点火自焚致严重烧伤。事发至今，县委书记还是孙永先，县长还是任侃，当时负责强制执行拆迁的东宁县人民法院副院长周涛，如今已经升任院长。

唐福珍事件中被停职的城管局局长钟昌林已官复原职，而嘉禾拆迁事件中被撤职的县委书记、县长等官员也均调往市里任官，或者升职。

嘉禾是近年来唯一一起有县级官员被问责的拆迁事件。当时，县委书记、县长、常务副县长、县政法委书记、拆迁所涉镇党委书记受到撤职、党内严重警告、留党察看等处分。处分由湖南省委做出，并得到了国务院的批准。但是，处分决定没下多久，报道此事件的《新京报》原记者、现《财经》杂志副主编罗昌平发现，国务院批准的处分在现实执行中成了表象：被撤职的县委书记周余武与郴州市水利局长实现职务对调；同样被处分的政法委书记周贤勇，不仅享受专车外出旅游待遇，还若无其事地在他原来的办公室接待拆迁户。另据了解，周余武现任郴州市教育局长，被撤职的县长李世栋现任郴州市南非商务联络处调研员，被免职的原县长助理、城关镇党委书记雷知先现任郴州市嘉禾县计生委主任，被责令引咎辞职的常务副县长周水福不久后调任湖南某县级市常务副市长。“不处分还好，处分完都到市里去当官，更风光了！”嘉禾拆迁户维权带头人李会明说：“现在去跟一些部门交涉，他们（有关部门的官员）会说‘爱告告去吧，那些人（当年被处理的官员）现在不也一样好好的！’”有嘉禾民众调侃说，当年县政府打出的“谁影响嘉禾发展一阵子，我就影响他一辈子”这则口号，适用于被处分的官员：他们的仕途只被影响了一阵子，一阵子过后，前途无量。在嘉禾拆迁事件中，原城关镇党委书记、商贸城拆迁协调办副主任雷知先曾对记者说，作为决策的执行者，自己从来就没有想过项目究竟合不合法，“连怀疑都不敢”。

江苏陶姓父子自焚事件中被暂停职务的黄川镇镇长周文君，在当地居民眼里，就是一个强势领导。涉及陶家人房子的310国道改线工程拆迁，就由他亲自上阵。当地一位居民透露，去年就在他打电话向副镇长求情时，眼见周文君指挥的拆迁人员和机器已经朝他家房子轰然开动，来不及

收拾屋子里的东西，自家房子就被夷为平地。

据媒体报道，就在武汉市黄陂区王翠云被活埋致死发生前一个月，武湖街工委书记周少敏在一次题为“奋勇争先，乘势攀高”的讲话中指示，要“强力推进征地拆迁，从空间上保障项目落户”，还特别提到和王翠云家拆迁相关的仟吉食品城建设项目要加快，“力争今年新厂投产”。“时间紧、要求高、任务重”，周在讲话中说，将把征地拆迁工作作为加快发展的硬任务来落实，全力以赴打好攻坚战，务求必胜。

唐福珍自焚事件后，在唐福珍所在的金牛区区长马旭所作的2009年政府工作报告中，只字未提举国关注的唐福珍事件，却把旧城改造和重大项目拆迁“签订拆迁协议6757户、企业184家”作为成绩进行报告。

发生过自焚事件的黑龙江东宁县拆迁劲头同样不减。该县县长任侃近日率县政府考察团赴吉林、辽宁考察学习城市建设、棚户区改造经验。在当地媒体的报道中提到：被考察城市“对拒不拆迁的被拆迁户，各地均采取了依法行政强迁，在拆迁中改造了城市，在拆迁中消除了烟尘污染，在拆迁中改善了百姓的居住环境，最终赢得了广大群众的理解”，“大家纷纷表示，他山之石可以攻玉……为我县棚户区追赶、跨越发展作出新的更大贡献。”

在拆迁这件事情上，从上到下强调的是执行力度和效率，很少强调依法执行。全国不少市、县（区）都曾颁布拆迁问责办法，这些五花八门的地方规定，主要针对不按规定时间带头拆迁或者干扰拆迁工作的党员干部进行问责。实践中，因拆迁推进不力受到调整工作岗位或降职的处理，明显多于因拆出人命被问责的情况。因此也有人说，只要地方政府拿地的利益冲动不止，就难有真正的问责。

事实上，在中共中央办公厅、国务院办公厅联合颁布的《关于实行党政领导干部问责的暂行规定》中，拆迁拆出人命属于典型的需要问责的范围。问题在于，因为问责主体和问责对象往往关系过密，导致问责很难启动，即使启动了也往往问不了责。比如，目前正在对江苏东海父子自焚事件进行问责调查的是东海县监察局，外界难以指望它对东海县县委书记、县长甚至更高级别的官员作出问责决定。在唐福珍事件中，记者注意到，成都市委的纪委书记身兼金牛区区委书记，这种情况下，负责问责调查的金牛区政府有关人员也只能拿区领导以下的官员开刀。嘉禾事件之所以能有“高规格”的问责，就与问责调查机关脱离了地方利害有关。当年，在媒体的大力呼吁下，在国务院领导高度重视下，由最高人民检察院督办，湖南省检察院主办，郴州市检察院协办下启动的。罗昌平说，嘉禾事件如此规格的问责，带有一定的偶然性。2004 年前后正是全国各地拆迁事件频发的时期，嘉禾株连拆迁被曝光后，各地拆迁户纷纷来到嘉禾声援，大规模群体性事件一触即发。当时正值中央加大宏观调控力度，种种因素促成了嘉禾事件问责的升级。

人命关天，官员却安居其位。国家行政学院汪玉凯说，目前对拆迁中有关官员的问责，确实难以平息社会的不满，需要对问责制度进行客观的评估。

七 小结

世界发达国家的现代化，都会经历城市化的过程。因此中国的城市化，其实是社会进步发达的标志。但是中国的城市化和世界上很多国家的城市化不一致的，就是城镇拆迁。当然，拆迁这个词语，已经被 2011 年《国有土地上房屋征收和补偿条例》定义为“征收”，也就是由“国家”（其实是由地方政府）出面，以公共权力作为支持运作土地。而市场经济发达国家却不能够直接在这里运用公共权力，它们只能采取市场购买的方式来进行土地开发。因此我们应该明确认识到，拆迁是中国这样公共权力强大的国家的特色。

从世界范围看，世界各国的城市化运动都带来了社会经济进步，民众也分享了这一进步的成果。但在中国城市化进程中，伴随着经济发展和社会进步的脚步，却总是出现民众以鲜血甚至生命为代价阻碍拆迁的事实。在这一小节里，我们收集整理了“新拆迁条例”颁布之前的一些案件，这些案例客观包含着我国现实中的一些拆迁惨剧，尤其是暴力强拆造成的惨不忍睹的悲剧。这些活生生的案例，向我们展示了原有的拆迁实务中存在的诸种制度和操作上的缺陷；而通过我们收集的这些案件中主持拆迁尤其是强制拆迁的官员们的言论，我们就可以看出，造成拆迁惨剧的根本原因，从表面上看好像是某种不合时宜的制度，但是实质上是在我国一度占据主流地位的法思想。这种法思想，既具有封建时代的官民意识，也具有

计划经济时代的绝对公权意识，唯一缺乏的就是民权意识。

当然我们也欣喜地看到，少数和谐拆迁的案例也正在城市改造中、在饱受诟病的拆迁进程中闪出耀眼的光芒，他们虽然数量有限，却会对我国城镇房屋拆迁立法制度的完善发挥巨大的示范作用。

事实上早在《物权法》生效之前，学者就已关注到原有拆迁制度的缺陷，而且立法部门也在学者的呼吁声中开始了修订该条例的工作。但因该条例涉及的利益关系重大，修订十分困难，无法在《物权法》实施的同时完成修订工作。但正如我们第二专题所述，《物权法》第 42 条正是针对当时拆迁法制的不足，对房屋征收与拆迁作出了科学合理的规定。故以“物权法”的诞生和“最牛钉子户”事件为标志的 2007 年也被称为“物权年”。参与物权法起草的民法专家梁慧星曾表示，物权法将终结“圈地运动”和“强制拆迁”，使其真正成为历史名词。但遗憾的是，《物权法》的颁布未能为暴力拆迁的历史画上句号，从其后发生的诸多暴力拆迁或抗拆案例看，这其中有法制层面的原因，更有意识形态层面的原因。在我国社会民权思想获得极大发展、政府主导者和民众两个方面的民权意识都有很大提升的前提下，拆迁条例的修订获得巨大动力；但是也面临巨大阻力。在“新拆迁条例”终于得以颁布之后，我们还应该看到，该条例的贯彻实施还是面临着巨大阻力。这一点非常值得我们深思。

该条例虽然姗姗来迟，而且许多规定也不尽完满，但其中也的确包含了很多的闪光点。但新条例颁布后新近几起暴力拆迁案却给我们敲响警钟，我国城镇房屋拆迁实务的科学化发展还有一段路要走，其中的原因有二：一是合理法律制度和操作规程取代已实施数十年的旧制度尚需时日；二是，缺位已久的民权理念要想在一些地方政府官员意识中得以树立，并非一朝一夕所能完成的。

在本小节我们收集的案例中，出现了很多真实的姓名。我们原本要将这些真实的姓名隐去，以免是非。但是，我们的案例都是从公开的媒体上收集而来的，媒体在报道案件时为何采取真实姓名，一定有其斟酌。而且这些媒体的报道多数已经经过了比较长的时间，很多案例中的情形可以说早已“朝闻天下”。从尊重事实、尊重原始报道的角度考虑，我们保留了这些名字。这是我们最后要说明的。

术语索引

图书在版编目(CIP)数据

物权法的实施．第1卷，物权确定、第2卷，城镇拆迁与物权/
孙宪忠等著．—北京：社会科学文献出版社，2013.3
（中国社会科学院文库．法学社会学研究系列）
ISBN 978－7－5097－3751－4

Ⅰ.①物… Ⅱ.①孙… Ⅲ.①物权法－法的实施－研究－中国
Ⅳ.①D923.24

中国版本图书馆CIP数据核字（2013）第038856号

中国社会科学院文库·法学社会学研究系列
物权法的实施
第二卷：城镇拆迁与物权

著　　者／孙宪忠 等

出 版 人／谢寿光
出 版 者／社会科学文献出版社
地　　址／北京市西城区北三环中路甲29号院3号楼华龙大厦
邮政编码／100029

责任部门／社会政法分社（010）59367156
电子信箱／shekebu@ssap.cn
项目统筹／刘骁军
经　　销／社会科学文献出版社市场营销中心（010）59367081　59367089
读者服务／读者服务中心（010）59367028

责任编辑／赵建波
责任校对／师军革
责任印制／岳　阳

印　　装／三河市尚艺印装有限公司
开　　本／787mm×1092mm　1/16
版　　次／2013年3月第1版
印　　次／2013年3月第1次印刷
书　　号／ISBN 978－7－5097－3751－4
定　　价／258.00元（共2卷）

本卷印张／24.75
本卷字数／465千字

本书如有破损、缺页、装订错误，请与本社读者服务中心联系更换
▲ 版权所有 翻印必究